XII

COMENTÁRIOS AO CÓDIGO DE PROCESSO CIVIL

DO INVENTÁRIO E DA PARTILHA

RODRIGO REIS MAZZEI

Doutor em Direito Processual Civil pela Faculdade Autônoma de Direito (FADISP), Mestre em Direito Civil pela Pontifícia Universidade Católica de São Paulo (PUC-SP), com pós-doutoramento na Universidade Federal do Espírito Santo (UFES). Professor (Graduação e Programa de Pós-Graduação em Direito) da Universidade Federal do Espírito Santo (UFES). Líder do Núcleo de Estudos em Processo e Tratamento de Conflitos (NEAPI - UFES), grupo de estudos fundador da PROCNET (Rede Internacional de Pesquisa sobre Justiça Civil e Processo contemporâneo). Membro do Instituto Brasileiro de Direito de Família (IBDFAM) e do Instituto Brasileiro de Direito Processual (IBDP). Advogado, consultor jurídico e atuação em arbitragem.

COORDENADORES

JOSÉ ROBERTO F. GOUVÊA
LUIS GUILHERME A. BONDIOLI
JOÃO FRANCISCO N. DA FONSECA

XII

COMENTÁRIOS AO CÓDIGO DE PROCESSO CIVIL

DO INVENTÁRIO E DA PARTILHA

ARTS. 610 A 673

1ª edição
2023
2ª tiragem
2023

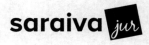

saraiva jur

saraiva EDUCAÇÃO | saraiva jur

Av. Paulista, 901, Edifício CYK, 4º andar
Bela Vista – São Paulo – SP – CEP 01310-100

SAC | sac.sets@saraivaeducacao.com.br

Diretoria executiva Flávia Alves Bravin
Diretoria editorial Ana Paula Santos Matos
Gerência de produção e projetos Fernando Penteado
Gerência editorial Thais Cassoli Reato Cézar

Novos projetos Aline Darcy Flôr de Souza
Dalila Costa de Oliveira

Edição Jeferson Costa da Silva (coord.)
Deborah Caetano de Freitas Viadana

Design e produção Daniele Debora de Souza (coord.)
Rosana Peroni Fazolari
Camilla Felix Cianelli Chaves
Deborah Mattos
Lais Soriano
Tiago Dela Rosa

Planejamento e projetos Cintia Aparecida dos Santos
Daniela Maria Chaves Carvalho
Emily Larissa Ferreira da Silva
Kelli Priscila Pinto

Diagramação Fabio Kato
Revisão Viviane Oshima
Capa Aero Comunicação/Danilo Zanott
Produção gráfica Marli Rampim
Sergio Luiz Pereira Lopes
Impressão e acabamento Edições Loyola

DADOS INTERNACIONAIS DE CATALOGAÇÃO NA PUBLICAÇÃO (CIP)
DE ACORDO COM ISBD
ODILIO HILARIO MOREIRA JUNIOR – CRB-8/9949

M477c Mazzei, Rodrigo Reis

Comentários ao Código de Processo Civil – Vol. XII (arts. 610 a 673): do inventário e da partilha / Rodrigo Reis Mazzei ; coord. José Roberto F. Gouvêa, Luis Guilherme A. Bondioli, João Francisco N. da Fonseca. - São Paulo, SP : SaraivaJur, 2023. (Comentários ao Código de Processo Civil)

1.000 p.

ISBN: 978-65-5559-991-6 (impresso)

1. Direito. 2. Direito civil. 3. Código de Processo Civil. I. Gouvêa, José Roberto F. II. Bondioli, Luis Guilherme A. III. Fonseca, João Francisco N. da. IV. Título. V. Série.

2022-2090 CDD 347
CDU 347

Índices para catálogo sistemático:

1. Direito civil 347
2. Direito civil 347

Data de fechamento da edição: 14-12-2022

Dúvidas? Acesse www.saraivaeducacao.com.br

CÓD. OBRA 713516 CL 607789 CAE 803216

Dedico o presente livro a minha mãe, Maria de Fátima Leal Mazzei,
meu maior exemplo de força na vida e amor pela docência.

APRESENTAÇÃO

Nossa relação com a Editora Saraiva tornou-se pública em 1995, com a publicação da 26ª edição do *Código de Processo Civil e legislação processual em vigor* e da 14ª edição do *Código Civil e legislação civil em vigor*, ainda de autoria exclusiva de Theotonio Negrão, mas já com a colaboração do primeiro subscritor desta apresentação, revelada na nota daquelas edições. Atualmente, mais de 20 anos depois, essas obras estão na 47ª edição e na 34ª edição, respectivamente, o que é motivo de imensa alegria e satisfação para nós.

Um outro momento marcante desta relação se deu em 2005, por ocasião do lançamento da Coleção Theotonio Negrão, destinada à publicação de dissertações de mestrado e teses de doutorado aprovadas nas melhores instituições de ensino jurídico do País, sob a coordenação do primeiro subscritor desta apresentação e com a participação, na condição de autores, dos outros dois subscritores.

Pouco depois de 2005, em nossas constantes conversas com a Editora Saraiva, surgiu a ideia de mais um projeto conjunto, qual seja, a edição de *Comentários ao Código de Processo Civil*, compostos por volumes a serem escritos individualmente por estudiosos do direito processual civil brasileiro. A inspiração óbvia para esse projeto era a paradigmática coleção coordenada pelo Mestre José Carlos Barbosa Moreira noutra casa editorial. Quando esse projeto não passava ainda de uma simples conversa, a constituição de uma comissão de juristas para a elaboração de um anteprojeto de Código de Processo Civil em 2009 nos causou sensações mistas. De um lado, esse anteprojeto nos colocava em compasso de espera e adiava a concretização do tal projeto. De outro lado, referido anteprojeto nos deixava a certeza de que, um dia, o mencionado projeto ganharia concretude e proporções maiores do que as imaginadas originalmente.

Entre 2009 e 2015, acompanhamos com atenção o processo legislativo que passou pela elaboração dos Projetos de Lei n. 166/2010 e 8.046/2010 e culminou com a publicação da Lei n. 13.105, de 16 de março de 2015, que trouxe para o Brasil um novo Código de Processo Civil. Nesse ínterim, nosso mais recente projeto conjunto com a Editora Saraiva foi tomando corpo. Conseguimos reunir um selecionado time de doutores, livres-docentes e professores das mais renomadas faculdades de direito do País, que se integrou ao nosso projeto e foi determinante para que ele se tornasse realidade. A todos os integrantes desse time, ficam aqui os nossos mais sinceros agradecimentos!

Com a chegada do ano de 2016, o Código de Processo Civil entrou em vigor, um ano após a sua publicação e já alterado pela Lei n. 13.256, de 4 de fevereiro de 2016. Foi o período de maior reflexão e estudo na história processual recente do País. E é um extrato dessa reflexão e desse estudo que pretendemos ver presente nesta coleção de *Comentários ao Código de Processo Civil*, elaborada em 21 volumes, que, esperamos, contribuam para a boa compreensão e aplicação da lei processual mais importante do Brasil.

São Paulo, julho de 2016.

José Roberto Ferreira Gouvêa

Luis Guilherme Aidar Bondioli

João Francisco Naves da Fonseca

SUMÁRIO

Seção III

Do Inventariante e das Primeiras Declarações

Seção IV
Das Citações e das Impugnações

Seção V
Da Avaliação e do Cálculo do Imposto

Seção VI
Das Colações

Seção VII
Do Pagamento das Dívidas

Seção VIII
Da Partilha

DO INVENTÁRIO E DA PARTILHA

Seção I
Disposições Gerais

Art. 610. Havendo testamento ou interessado incapaz, proceder-se-á ao inventário judicial.

§ 1º Se todos forem capazes e concordes, o inventário e a partilha poderão ser feitos por escritura pública, a qual constituirá documento hábil para qualquer ato de registro, bem como para levantamento de importância depositada em instituições financeiras.

§ 2º O tabelião somente lavrará a escritura pública se todas as partes interessadas estiverem assistidas por advogado ou por defensor público, cuja qualificação e assinatura constarão do ato notarial.

CPC de 1973 – art. 982

1. A legislação federal e o inventário extrajudicial

O art. 610 substitui o art. 982 do CPC de 1973, que, por sua vez, ocupou o lugar do art. 465 do CPC de 1939. A anotação se faz necessária, pois, no período que vigorou entre a a promulgação do CPC de 1939 até as alterações introduzidas pela Lei n. 11.441/2007 no art. 982 do CPC de 1973, a legislação federal não permitia a instauração de inventário pela via extrajudicial, sendo, pois, o caminho judicial a estrada única no sentido.[1] Em resenha, o art. 982 do CPC de 1973 – na sua redação desenhada pela Lei n. 5.925/1973[2-3] – era

1 Até a entrada em vigor do CPC de 1939, o direito processual era regulado pelos códigos estaduais, não sendo a matéria tratada de forma uniforme. A situação propiciava diversidade de procedimentos para o inventário (Caio Mário da Silva Pereira, *Instituições de Direito Civil,* v. VI, p. 369). Dentre as diferenças, é possível se observar a admissão de inventário e/ou partilha extrajudicial, como é o caso do Código do Espírito Santo, em seu art. 1.406 (Rodrigo Mazzei, *Código de Processo Civil do Espírito Santo*: texto legal e breve notícia histórica, p. 201). Em São Paulo, o tema foi alvo do Decreto n. 5.131, de 23 de julho de 1931 (J. do Amaral Gurgel, *Do inventário amigável*). Ocorre que o CPC de 1939 adotou a fórmula da codificação do Distrito Federal, que afastava a possibilidade de inventário extrajudicial, postura que foi duramente criticada por Carlos Maximiliano, *Direito das Sucessões*, v. III. 4, p. 255 – destaques originais do texto.

2 "Art. 982. Proceder-se-á ao inventário judicial ainda que todas as partes sejam capazes."

3 Antes da Lei n. 5.925/1973, o texto original do art. 982 do CPC de 1973 previa a possibilidade de partilha extrajudicial, mas com compulsória homologação judicial, assunto tratado nos seus parágrafos. Ocorre que o dispositivo foi alterado pela Lei

peremptório ao fixar que o inventário não poderia se alojar fora do ambiente judicial.[4] O CC atual seguiu a linha da codificação civil anterior e não alterou o quadro ao prever, em seu art. 2.015 (em espelho ao art. 1.773 do CC de 1916), que, mesmo se a partilha amigável fosse efetuada por herdeiros capazes por meio de escritura pública, seria necessária a homologação judicial.[5] Foi somente após a Lei n. 11.441/2007, introduzindo mudanças no art. 982 do CPC de 1973, que se passou a admitir a realização do inventário e da partilha pela via extrajudicial, seguidos os requisitos básicos traçados na lei, com a dispensa de qualquer passagem ou de homologação judicial.

Apesar de boa área de contato, a redação do art. 610 do CPC em vigor não é idêntica ao dispositivo revogado, destacando-se algumas diferenças: (a) o superado art. 982 fazia menção apenas à possibilidade de registro imobiliário da escritura, não tratando de bens móveis que se sujeitam à semelhante situação (por exemplo, veículos automotores), correção feita no § 1º do art. 610; (b) a menção à possibilidade de contratação de advogado comum (expressa no art. 982) não foi repetida no art. 610; (c) a previsão do § 2º do art. 982, que dispunha que a escritura e demais atos notariais serão gratuitos àqueles que se declararem pobres sob as penas da lei, não foi reproduzida internamente no art. 610.

2. A relação do CPC atual com a Resolução n. 35/2007 do CNJ

O tema *inventário e partilha extrajudicial* estaria mais bem alocado no CC do que na codificação processual, tendo em vista que se trata de assunto estranho ao processo judicial e a maioria dos pontos mais nervosos e com desdobramentos mais agudos acabam reclamando a análise do direito material. De toda sorte, ao invés de alterar o CC,[6] o legislador optou por inserir mudança no âmbito da codificação processual civil, fazendo-o por meio de econômica regulação que,

---

n. 5.925/1973 de forma prévia a sua entrada em vigor e, assim, como bem anota Sérgio Sahione Fadel: "tais dispositivos não chegaram a viger, tendo sido suprimidos pelo referido diploma legal" (*Código de Processo Civil comentado*, p. 124). No tema, confira-se ainda: Clóvis do Couto e Silva, *Comentários ao Código de Processo Civil*, v. XI, tomo I, p. 258.

4 A arquitetura original do art. 982 fazia apenas menção ao *inventário*, sem fazer alusão à partilha, em clara demonstração de que são figuras íntimas, mas que não podem ser vistas como indissociáveis. A observação é importante e possui várias repercussões práticas, até porque, na época, o art. 1.773 do CC de 1916, admitia a partilha extrajudicial (desde que esta fosse homologada judicialmente), sem fazer qualquer possibilidade de inventariança que não nos autos de processo judicial. No tema: Pontes de Miranda, *Comentários ao Código de Processo Civil*, v. XIV, p. 10.

5 No mesmo sentido: Euclides de Oliveira, *Código Civil comentado*, v. XX, p. 194.

6 A partilha extrajudicial é tema de Código Civil de outras nações: Argentina (art. 3.462), Portugal (art. 2.102) e França (arts. 835 a 840).

ao entrar em vigor, pela singeleza, despertou dúvidas acerca de alguns pontos, fato que poderia conspirar contra a aplicação da reforma introduzida.

Diante da postura legislativa de efetuar diminuto tratamento ao inventário e partilha extrajudicial, após a Lei n. 11.441/2007 (alterando o art. 982 do CPC de 1973), abriu-se espaço para situação anormal de regramento do tema, em que o Conselho Nacional de Justiça (CNJ) invocou para si tal tarefa, tendo editado, em 24 de abril de 2007, a Resolução n. 35 (doravante tratada como Resolução n. 35/2007).

A constitucionalidade (ou não) da Resolução n. 35/2007 não foi objeto de discussão relevante na doutrina, situação no mínimo curiosa, já que (ao menos alguns) dos seus dispositivos são verdadeiras regras de direito civil/processo civil, sobre as quais a competência para legislar é privativa da União Federal (art. 22, I, da CF). Nessa perspectiva, apenas em exemplificação, o art. 17 exige a *outorga uxória* "quando houver renúncia ou algum tipo de partilha que importe em transmissão, exceto se o casamento se der sob o regime da separação absoluta". O dispositivo acaba por abrir o espectro do art. 1.647, I, do CC, que faz alusão à necessidade da outorga uxória para *alienar* ou *gravar* bens imóveis, não fazendo qualquer menção à renúncia de herança ou à partilha sucessória. Em outro exemplo, a Resolução n. 35/2007 prevê, em seu art. 27, que "a existência de credores do espólio não impedirá a realização do inventário e partilha, ou adjudicação, por escritura pública", regra esta que coloca em jogo a aplicação completa do art. 663 do CPC vigente (que ocupou espaço do art. 1.035 do CPC de 1973), na medida em que há supressão de parte fundamental do dispositivo contido na codificação, em que se exige a prestação de garantia em favor dos credores para a homologação da partilha amigável no arrolamento sumário.[7]

Registre-se que a Resolução n. 35/2007 não deve ser analisada apenas a partir das exemplificações acima trazidas, pois seu exame mais completo acaba por descortinar outra questão que reclama o enfrentamento. Com efeito, após ser invocado o genérico art. 19, I, do Regimento Interno do CNJ, as justificativas para sua edição estão cravadas nos seus "*considerandos*", nos quais se evidencia que a Resolução em comento teve como objetivo ocupar áreas não abrangidas pela Lei n. 11.441/2007, a fim de afastar dúvidas e propiciar

7 A existência de credores não pode impedir a partilha amigável, mas isso não significa que estes poderão ser preteridos (ou prejudicados) no inventário, afastando-os da fase de liquidação, para propiciar partilha sem a prévia resolução das dívidas do espólio. A parte final do art. 663 do CPC em vigor não deixa margem acerca da necessidade de reserva de bens em favor dos credores, procedimento este que se efetua com contraditório daqueles, consoante expresso no parágrafo único do dispositivo. Vide comentários ao art. 663.

aplicação uniforme da referida Lei federal que alterou, à época, o CPC de 1973. Há, assim, vínculo evidente da Resolução n. 35/2007 com a Lei n. 11.441/2007, extraindo-se, de tal conclusão, o caráter precário da dita resolução que, repita-se, surgiu para preencher espaços de omissão da legislação federal. Ocorre que os dispositivos federais que alterados/introduzidos pela Lei n. 11.441/2007 estão todos revogados pelo CPC atual, fato que afeta a própria motivação do ato emanado pelo CNJ.

Não está aqui se defendendo a inconstitucionalidade absoluta da Resolução n. 35/2007, pois há dispositivos nela plasmados que estão na alçada de regulação do CNJ, justificando plenamente a sua presença em ato normativo de sua alçada (por exemplo, seus arts. 20-24, que tratam da documentação que deve ser exigida no inventário e partilha extrajudicial). Os pontos nervosos são aqueles em que se evidencia que o referido ato normativo regulou tema claramente de direito civil ou processo civil, em desrespeito ao art. 22, I, da CF.[8] Demais disso, criou-se uma situação inusitada, pois, formalmente, estão revogados os dispositivos que a Resolução n. 35/2007 do CNJ veio a socorrer, já estando em vigor a nova lei federal que tratou do assunto. Todavia, a nova lei (= Lei n. 13.105/2015) mantém – de forma semelhante – espaços omissos, não detalhando temas importantes em relação ao inventário, partilha e dissolução de separação e divórcio no ambiente extrajudicial.

O caótico quadro faz com que a Resolução n. 35/2007 – que foi editada sob a escora de legislação atualmente revogada – continue sendo aplicada, muito embora sua força normativa seja discutível. Não se trata apenas de enfrentamento de possível inconstitucionalidade (ao menos de alguns artigos), mas de análise acerca de vício de forma que alcança a totalidade das suas disposições. Ao se fazer a análise das alterações que vêm sendo empregadas no seu texto legal, percebe-se que se pretende ocupar definitivamente o espaço que era para ser preenchido por lei federal. Com efeito, sem prejuízo de singelas retificações inseridas pela Resolução n. 179, de 03/10/2013, o CNJ por meio da Resolução n. 362, de 26/06/2020, efetuou modificações redacionais na Resolução n. 35/2007 com nítido objetivo de apagar seu vínculo com a Lei n. 11.441/2007 (ou seja, com o revogado CPC de 1973). No sentido, basta observar que o mote da Resolução n. 362 foi de retirar do corpo dos dispositivos a referência expressa que existia à Lei n. 11.441/2007, consoante se infere do comparativo entre o texto original da Resolução n. 35/2007 e o atual

8 Provavelmente, as incursões equivocadas da Resolução n. 35/2007 decorrem do processo acelerado em que foi edificada, não tendo tempo para que fosse, de fato, discutida e maturada de forma adequada. Basta, no sentido, observar que a dita resolução foi editada em 24 de abril de 2007, poucos meses depois da entrada em vigor da Lei n.11.441/2007 (em janeiro do mesmo ano).

(vide arts. 1º, 6º, 7º, 8º, 10º e 52[9]). Ocorre que, além da sua própria história (que não poderá ser mudada), a Resolução n. 362, de 26/06/2020, não retificou os *"considerandos"* da Resolução n. 35/2007, e o seu art. 30 que, de forma insofismável, demonstra que se trata de ato normativo originado de omissões da Lei n. 11.441/2007 que, repita-se, efetuou mudanças em legislação atualmente revogada (CPC de 1973).[10]

Às claras, o tratamento do tema por nova lei federal, de âmbito mais completo que o CPC (Lei n. 13.105/2015), é o melhor caminho a ser adotado, de modo a afastar a aplicação da Resolução n. 35/2007. De toda sorte, em razão da sua importância (ao menos como inspiração) para as escrituras públicas de inventário e de partilha, os assuntos abarcados pela Resolução n. 35/2007 sobre a temática merecem ser destacados, dialogando suas disposições com a legislação federal (seja o CC, seja o CPC), até mesmo para fixar os limites de exorbitância do CNJ ao deliberar sobre os temas. Nesse prisma, em relação ao inventário e à partilha de natureza extrajudicial, a Resolução n. 35/2007 trata dos seguintes pontos: (I) competência (art. 1º); (II) natureza facultativa (art. 2º); (III) independência do poder judiciário e a formação de título hábil para transferência de titularidades (art. 3º); (IV) valor dos emolumentos (arts. 4º e 5º); (V) gratuidade das escrituras públicas (arts. 6º e 7º); (VI) participação do advogado/defensor público (arts. 8º e 9º); (VII) registro/cadastro da escritura pública (art. 10); (VIII) inventariante (art. 11); (IX) capacidade por emancipação e representação por mandato (art. 12); (X) retificação de erros materiais (art. 13); (XI) admissão para as verbas da Lei n. 6.858/1980 (art. 14); (XII) recolhimento de tributos (art. 15); (XIII) participação de cessionário da herança (art. 16); (XIV) renúncia da herança (art. 17); (XV) reconhecimento de direitos do companheiro (art. 18); (XVI) reconhecimento de meação (art. 19); (XVII) aspectos formais de identificação e documentos para lavratura da escritura (arts. 20-24); (XVIII) sobrepartilha e capacidade superveniente (art. 25); (XIX) adjudicação em caso de herdeiro universal (art. 26); (XX) inventário e partilha com credores (art. 27); (XXI) inventário negativo (art. 28); (XXII) vedação em relação aos bens localizados no exterior (art. 29); (XXIII) aplicação em óbitos anteriores à resolução (art. 30); (XXIV) possibilidade de

9 A exceção do art. 52 que é atrelado ao divórcio consensual, todos os demais estão ligados ao inventário. e partilha extrajudicial. A Resolução n. 362 ainda alterou a remissão do art. 11 da Resolução n. 35/2007 ao art. 990 do CPC de 1973, ajustando-o para o atual art. 617 do CPC.

10 Ademais, em manutenção da desconexão com o CPC atual, o art. 6º da Resolução n. 35/2007 faz remissão à gratuidade da escritura de inventário e partilha extrajudicial, mas tal situação não está prevista no art. 610, ou seja, está atrelada ao art. 982 do CPC de 1973 que tratava do tema.

instauração tardia (art. 31); e (XXV) tabelião e os indícios de fraude ou veracidade das informações prestadas por herdeiro (art. 32).

Quando se projeta o olhar para o art. 610, fica claro que sua superfície de regulação é muito menor e, ainda que com ajustes e alterações em relação ao art. 982 do CPC de 1973, mantém o núcleo introduzido pela Lei n. 11.441/2007. Em suma, o disposto da codificação processual dispõe sobre os seguintes temas: (I) requisitos básicos para o acesso da via extrajudicial (interessados capazes, consensualidade geral e inexistência de testamento – art. 610, *caput* e § 1º – primeira parte); (II) formação de título hábil para transferência de titularidades (art. 610, § 1º – segunda parte); e (III) participação do advogado/defensor público (art. 610, § 2º).

Do comparativo entre a Resolução n. 35/2007 e o art. 610, extrai-se que, à exceção dos requisitos básicos para o acesso da via extrajudicial (= *inexistência de testamento, interessados capazes e consensualidade geral*), que são tratados tão somente no *caput* e no § 1º da codificação processual, os demais temas regulados no CPC foram também alvo da resolução editada pelo CNJ (*formação de título hábil para transferência de titularidades* – art. 3º; *participação do advogado/defensor público* – arts. 8º e 9º). Não fica, portanto, dúvida que a Resolução n. 35/2007 é muito mais ampla do que o art. 610 do Código em vigor, fato que justifica, como já dito, o grande apego que há em relação à dicção emanada pelo CNJ, nada obstante os vícios formais que, *a priori*, contaminam a resolução (ou ao menos parte dela).

A situação é tão paradoxal que a "completude" da Resolução n. 35/2007 acaba por extrapolar o âmbito do inventário extrajudicial, na medida em que, em determinados momentos, acaba sendo invocada para completar o CPC ou para demonstrar inexatidões de seus dispositivos que tratam do inventário judicial. Em ilustração, o art. 656 do CPC em vigor apenas prevê que a partilha – mesmo que com a concordância de todas as partes – somente poderá ser emendada nos mesmos autos em caso de "erro de fato na descrição dos bens", ao passo que o art. 13 da Resolução n. 35/2007 permite a retificação da partilha por escritura pública em sentido amplo, sem a limitação do texto legal codificado. Seria absurdo pensar que no âmbito do inventário judicial as partes capazes e concordes não poderão postular a emenda (= *retificação*) da partilha em razão da literalidade do texto do art. 656, ao passo que assim está permitido na via extrajudicial.[11]

De outro giro, é inevitável também que – em influxo inverso – a Resolução n. 35/2007 sofra impactos de regramentos do CPC (Lei n. 13.105/2015), de

11 Vide comentários ao art. 656 desta obra.

modo que recepciona comandos que não estavam presentes (ao menos de forma tão evidente) no CPC de 1973 (mesmo depois das alterações efetuadas pela Lei n. 11.441/2007). No ponto, merece ser destacado que a convocação por edital (tema do art. 626, § 1º) é aplicável também no inventário extrajudicial, pois a natureza concursal do procedimento não é perdida pelo simples fato de possuir trilho de curso externo ao Poder Judiciário. Recorde-se, com tal ótica, que a convocação por edital é exigida na usucapião extrajudicial (art. 216-A, § 10, da Lei n. 6.015/1973[12]), não sendo, assim, medida exótica e não prevista para situação semelhante. Em suma, a convocação por edital se aplica (seja no âmbito judicial, seja no espectro judicial), para que se propicie publicidade e alcance "eventuais interessados incertos ou desconhecidos" (art. 259, III, CPC).[13]

Portanto, embora com todas as ressalvas formais já lançadas, a "acidental" sedimentação da Resolução n. 35/2007 do CNJ cria ambiência compulsória de sua análise quando o assunto envolver inventário e partilha *causa mortis*, sendo inevitável que assim ocorra ao longo dos comentários que seguem. Diante do escopo da presente obra, contudo, o foco da comunicação estará nas disposições do CPC sobre inventário e partilha, reservando-se para estudo futuro – específico sobre o inventário e partilha extrajudicial – o debate completo, pois este alcançará áreas que fogem do direito processual.

3. Inventário/partilha extrajudicial e os seus pressupostos basilares

A leitura do art. 610, *caput* e § 1º – primeira parte – aponta que há uma tríade de requisitos básicos para que as partes possam se valer do inventário/ partilha extrajudicial, a saber: (i) inexistência de testamento, (ii) interessados capazes e (ii) consensualidade geral. Do quadro, extraem-se dois requisitos negativos (ou seja, que não podem estar presentes na sucessão), quais sejam: *existência de testamento* e *presença de interessado incapaz*. Superada tal análise, há, ainda, um requisito positivo (isto é, de presença obrigatória) para que seja possível efetuar o inventário extrajudicial: *a ampla concordância entre os interessados.*

3.1 A existência de testamento: sempre um obstáculo ao inventário extrajudicial?

O texto do *caput* do art. 610 é peremptório ao apontar que, a partir da verificação de deixa de testamento pelo falecido, qualquer que seja a modali-

12 Não bastasse a legislação, há previsão explícita inclusive no art. 16 do Provimento n. 65/2017 do CNJ (ou seja, ato normativo posterior ao CPC vigente). A Resolução n. 35/2007 não se deu conta do texto impositivo do art. 626, § 1º, da codificação processual, estando, pois, no particular, incompleta e incongruente com o Provimento n. 65/2017 do CNJ.

13 Vide comentários ao art. 626 desta obra.

dade [público, particular, cerrado (art. 1.862 do CC), marítimo, aeronáutico ou militar (art. 1.886 do CC)], o inventário extrajudicial estará descartado. A interpretação literal do dispositivo, sem dúvida, pode causar perplexidade, pois, mesmo nos casos em que todos interessados são capazes e estão concordes em cumprir o testamento, haverá a necessidade de inventário judicial.

Com efeito, ao consultar os registros acerca da construção da Lei n. 11.441/2007, extrai-se dicção do deputado Maurício Rands (relator do projeto na Comissão de Constituição e Justiça e de Cidadania da Câmara dos Deputados) de que a interpretação de cláusulas testamentárias seriam "passíveis de ensejar" divergências entre herdeiros, situação que diminui as chances de partilha de natureza consensual e, via de talante, autorizaria o descarte de sucessão com testamento do âmbito do inventário/partilha extrajudicial.[14] Tal argumento, com todo respeito, não possui critério jurídico e, como o *consenso geral*, é também requisito para o inventário/partilha extrajudicial, em caso de divergência da interpretação do testamento, surgiria situação de litígio, que, por si só, afastaria a via judicial. Tal hipótese, contudo, não ocorreria se todos os interessados capazes, em *consenso geral*, resolvessem cumprir as cláusulas testamentárias, dando ao testamento interpretação comum e acorde.

Na verdade, ao que parece, a maior justificativa está no fato de que todo testamento deve ser registrado judicialmente (arts. 735-737 do CPC em vigor). Assim, o inventário que envolver testamento (qualquer que seja a modalidade) acaba sendo atraído para via judicial, sendo necessário que se adotem dois procedimentos autônomos (embora interligados): (1) *registro judicial do testamento* e (2) instauração do inventário *causa mortis*. Como o art. 610 não traz exceções, mesmo se o testamento for parcial, alcançado parte mínima do acervo hereditário, o inventário será projetado para a via judicial, em decorrência do registro testamentário que, repita-se, ocorre em ambiente judiciário. Portanto, em caso de abertura de sucessão com presença de testamento, há *procedimento bifásico* em que o registro do testamento será a *primeira fase* e, pela obrigatoriedade de seu registro judicial, acaba por ancorar para a mesma via o inventário *causa mortis* (*segunda fase*), em relação ao cumprimento propriamente dito das disposições testamentárias.

---

14 Extrai-se do texto: "(...) a restrição imposta à realização do procedimento extrajudicial nos casos em que exista testamento, deve-se ao fato de que a prática forense tem demonstrado que a interpretação desses documentos geralmente suscita grandes divergências entre os herdeiros, o que aumenta consideravelmente as chances de uma partilha consensual, posteriormente, transformar-se litigiosa, o que inutilizaria os atos praticados no procedimento extrajudicial". Relatório disponível em: <https://www.camara.leg.br/proposicoesWeb/prop_mostrarintegra?codteor=386354&filename=Tramitacao-PL+6416/2005>. Acesso em: 3 dez. 2021.

Sob tal ótica, mesmo admitindo-se tal natureza *bifásica*, não se pode descartar a possibilidade de registro judicial do testamento e, em seguida, sendo todos os interessados capazes e concordes com os termos testamentários, sem nenhum tipo de conflito, seja efetuado o inventário extrajudicial.[15] Em suma, o registro judicial do testamento não resultará necessariamente em inventário judicial, bastando que os interessados capazes e totalmente acordes cumpram o testamento, plasmando suas disposições na escritura do inventário extrajudicial. Com fundamento na supracitada natureza *bifásica*, a 4ª Turma do Superior Tribunal de Justiça – no julgamento do REsp 1.808.767/RJ[16] – reconheceu a possibilidade de os herdeiros procederem ao inventário extrajudicial, desde que registrado judicialmente o testamento e atendidos os requisitos do art. 610.[17]

De outra banda, é possível imaginar a presença (*física*) de testamento, mas que este esteja acometido de algum vício de validade gerador de anulação ou declaração de nulidade (arts. 1.900, 1.903 e 1909 do CC, por exemplo), assim

---

15 No sentido: Enunciado n. 600 do CJF da VII Jornada de Direito Civil: "Após registrado judicialmente o testamento e sendo todos os interessados capazes e concordes com os seus termos, não havendo conflitos de interesses, é possível que se faça o inventário extrajudicial"; Enunciado n. 51 CJF da I Jornada de Direito Processual Civil: "Havendo registro judicial ou autorização expressa do juízo sucessório competente, nos autos do procedimento de abertura, registro e cumprimento de testamento, sendo todos os interessados capazes e concordes, poderão ser feitos o inventário e a partilha por escritura pública"; e Enunciado n. 77 do CJF da I Jornada sobre Solução Extrajudicial de Conflitos: "Havendo registro ou expressa autorização do juízo sucessório competente, nos autos do procedimento de abertura e cumprimento de testamento, sendo todos os interessados capazes e concordes, inventário e partilha poderão ser feitos por escritura pública, mediante acordo dos interessados, como forma de pôr fim ao procedimento judicial".

16 STJ, 4ª Turma, REsp 1.808.767/RJ, j. 15/10/2019, *DJ* 03/12/2019. No citado julgamento, registrou-se que o intento do legislador, ao autorizar o inventário extrajudicial, foi desafogar o Poder Judiciário e garantir a celeridade almejada, sendo certo que, se a via judicial não é imprescindível, de modo que seria desarrazoado proibir, em caso de inexistência de conflito de interesses, que herdeiros, capazes e assistidos por advogados, lançassem mão da via administrativa, respeitando testamento já examinado pela jurisdição estatal.

17 É importante lembrar que as disposições testamentárias podem não ter caráter patrimonial, sendo permitido, inclusive, testamento redigido única e exclusivamente com finalidade extrapatrimonial, como é o caso do perdão ao indigno (art. 1.818 do CC). Não há lógica que, nessa situação especialíssima (testamento sem disposição patrimonial), torne-se compulsório o inventário judicial nos casos em que todos os interessados são capazes e não possuem nenhum tipo de divergência acerca da sucessão e, seguindo o exemplo, não há sequer discordância em relação ao perdão efetuado em vida pelo autor do testamento. Com semelhante ideia, confira-se: Christiano Cassettari, *Divórcio, extinção de união estável e inventário por escritura pública*: teoria e prática, p. 142-143.

como tenha sido objeto de rompimento (arts. 1.973-1.975 do CC), revogação (arts. 1.969-1.972 do CC) ou caducidade (por exemplo, arts. 1.891, 1.895 e 1.939 do CC). Tais situações poderão provocar o descarte do testamento, não se justificando o óbice do art. 610. Numa análise mais livre, quando se verificar que o testamento não demanda registro (até mesmo pela inutilidade de tal ato), não se enquadrando em hipótese de cumprimento da vontade do autor da herança, não há sentido em afastar o inventário extrajudicial.[18] No caso de testamento em que os herdeiros contemplados são aqueles que são chamados pela ordem de vocação hereditária, inexistindo divergência subjetiva de beneficiários, há efeito semelhante ao previsto no disposto no art. 1.788 do CC, pois, ao se retirar as disposições testamentárias de cena, emerge a sucessão legítima (que não possui qualquer óbice no inventário extrajudicial). Como a legislação federal é omissa a respeito, a temática passou a ser analisada no âmbito dos Tribunais de Justiça (por meio de comandos administrativos de lavra das respectivas Corregedorias Gerais de Justiça), editando-se atos variados acerca da instauração de inventário extrajudicial com a presença de testamento dentro das variantes apresentadas. Todavia, além de nova invasão na órbita do art. 22, II, da CF, não há sistematização uniforme sobre o tema, situação que causa inevitáveis conflitos. Em suma, há de ser analisada a situação de forma pontual em cada Estado da Federação.[19]

A partir de tudo o que foi apresentado, a interpretação literal do art. 610 não é o melhor caminho, com remessa para via judicial de toda e qualquer sucessão em que o falecido efetuou testamento. Há nuances e desdobramentos que desaconselham que se adote posição inflexível em relação ao comando do art. 610.

3.2 O conceito de "interessado" para o inventário extrajudicial

O art. 610 descarta o inventário extrajudicial se verificada a presença de *"interessado"* incapaz, utilizando, assim, nomenclatura mais abrangente do que *"herdeiro"*.[20] A opção do artigo comentado não é refratária ao que está disposto

---

18 Próximo: Francisco Jose Cahali, Antônio Herance Filho, Karin Regina Rick Rosa e Paulo Roberto Gaiger, *Escrituras públicas:* separação, divórcio, inventário e partilhas consensuais, p. 61.

19 O assunto, trazendo o cenário dos atos emitidos na esfera dos Tribunais, foi abordado de forma mais ampla e aprofundada por: Rodrigo Mazzei e João Maurício Brambati Sant'Anna, Inventário e partilha extrajudiciais quando da existência de testamento: um estudo exploratório das disciplinas internas das corregedorias dos Tribunais de Justiça brasileiros. *Revista Nacional de Direito de Famílias e Sucessões* (no prelo).

20 Próximo: Luciano Vianna Araújo, *Comentários ao Código de Processo Civil*, v. 2, p. 177.

no art. 659 (que dispõe sobre a partilha amigável vinculada ao arrolamento sumário), já que tal regra usa a expressão "*partes capazes*", ou seja, que também transborda os conceitos de herdeiro.

Sem delongas, o conceito básico de "interessado", para fim de aplicação no inventário *causa mortis* extrajudicial, pode ser retirado do art. 626 do CPC em vigor, que dispõe sobre as pessoas que devem ser obrigatoriamente citadas do processo sucessório. Isso porque, conjugando o art. 626 com o art. 238 (parte final) do mesmo diploma, extrai-se que há personagens que deverão ser convocados para *integrar a relação processual*. Observe-se, com tal simbiose, que, embora o art. 626 liste expressamente somente o *cônjuge/companheiro sobrevivente, os herdeiros e os legatários* como as pessoas que devem ser citadas acerca do inventário *causa mortis,* tal dispositivo contempla bandeja de natureza *permeável*, isto é, que pode receber outras figuras na sua textura.[21] Em exemplificação clara, aqueles que figuram no inventário *causa mortis* por direito de representação (arts. 1.851-1.856 do CC) não estão ali como herdeiros do autor da herança, pois são chamados a suceder em todos os direitos do representado, em que este sucederia, se vivo fosse. O cessionário da herança (art. 1.793 do CC) é outro exemplo de interessado que não está contemplado no art. 626 (e nem se confunde com a figura do herdeiro do falecido[22]), mas que se posiciona em situação jurídica que permite receber patrimônio advindo da sucessão. No ponto, ao se fazer a análise da Resolução n. 35/2007 do CNJ, extrai-se do seu art. 16 que é perfeitamente admissível a presença de cessionário de direitos hereditários no inventário extrajudicial, desde que sua participação seja consensual.

Portanto, o conceito de "interessado" para o inventário extrajudicial deve ser extraído do art. 626, a partir da análise do grupo de pessoas que – se o inventário fosse judicial – receberia citação, uma vez que a sua integração na relação processual é *obrigatória.* Da premissa posta, podem-se tirar algumas conclusões.

De plano, não se pode confundir, portanto, "interesse" para instauração do inventário sucessório, cujo rol está estampado no cardápio do art. 616, com a figura do "interessado", entendendo-se este como aquele de participação obrigatória no inventário sucessório, interpretação que, repita-se, se faz com auxílio do disposto no art. 626. O pormenor é importante, pois que se refere aos credores (arts. 1.997, § 1º, e 2.000 do CC), muito embora se vislumbrem "interesses" destes em relação ao patrimônio constante da herança, tendo le-

21 O tema foi tratado com zelo nos comentários ao art. 626 desta obra.

22 Até porque a qualidade de herdeiro é *personalíssima*. Igualmente, defendem: Nelson Rosenvald e Felipe Braga Netto, *Código Civil comentado*, p. 1.883.

gitimação, inclusive, para instaurar o inventário *causa mortis* (art. 616, VI), tais figuras não são tratadas como "interessados" para efeito de inventário extrajudicial, pois não estão encartados como pessoas que deverão receber citação real (art. 626, *caput*). Isso significa que a presença de credor incapaz ou discordante com os termos do inventário não impedirá que este tenha curso pela via extrajudicial.[23] Em outra conclusão, fica evidenciado que o conceito de "interessados" engloba personagens com posições jurídicas heterogêneas, sendo necessário que estas fiquem perfeitamente demarcadas nos autos do inventário extrajudicial de forma consensual.

Fixados os contornos acerca da nomenclatura utilizada no art. 610 (= *interessado*), há de se perquirir as consequências que o gabarito fixado traz. No particular, a partir da própria sistemática interna do dispositivo comentado, duas questões precisam ser analisadas: (a) capacidade e (b) consenso geral. Em relação à capacidade, aplica-se de forma unitária a aferição a todos os "interessados" no inventário. Isso significa que, pela redação atual do art. 610, o critério de capacidade será único para todos os "interessados", de modo que não se pode cogitar em fixar níveis de capacidade a partir de cada posição jurídica. Em ilustração, é vedado fixar a "capacidade plena" para todos os herdeiros, mas admitir mitigações para outros "interessados", como – por exemplo – para aquele que está no inventário em razão do direito de representação. Em suma, o mesmo critério aplicado para aferição de capacidade – que passou por mudança após a edição da Lei n. 13.146/2015 (EPD) – deverá ser aplicado para todos os interessados, sendo pouco relevante a sua posição jurídica no inventário *causa mortis*. No entanto, em relação ao *consenso geral*, o nível de concordância dependerá da posição jurídica de cada "interessado" no inventário *causa mortis*. Não se pode, por exemplo, comparar a necessidade de consenso entre os herdeiros em relação à divisão feita na partilha com a do cônjuge/companheiro sobrevivente que não é herdeiro, mas a quem foi garantido o direito de habitação, como pode ocorrer em caso de casamento sob o regime da separação obrigatória (art. 1.829, I, do CC). O cônjuge sobrevivente não terá que concordar com os termos da partilha, no que se refere à

23 Registre-se, em reforço do acima dito, que no arrolamento sumário (art. 659 do CPC), em que há exigência de capacidade das "partes" e ampla consensualidade (tal como no inventário extrajudicial), admite-se que ocorra litígio entre as "partes" e o "credor" acerca da constituição da garantia (art. 663, parágrafo único). O fato demonstra que o credor não está no "grupo dos interessados", pois em tal conjunto interno é inadmissível qualquer conflito (vide comentários ao art. 663 desta obra). Ademais, ao se fazer a leitura do art. 642 do CPC, depreende-se que é permitido ao credor postular seus direitos externamente ao inventário sucessório. Este segundo fato também distancia o credor dos demais atores, não estando, assim, na amálgama do condomínio hereditário (arts. 1.784 e 1.791 do CC).

divisão efetuada pelos herdeiros, restando apenas examinar, no exemplo, se não há discordância daquele acerca da constituição do direito de habitação sobre determinado bem da herança. É fundamental que tais delimitações jurídicas sejam bem estampadas, a fim de que o inventário extrajudicial não seja impedido pela falta de consenso de pessoa que não está legitimada a opinar sobre todas as áreas abarcadas pela partilha.

Por fim, diante da invasão normativa efetuada pela Resolução n. 35/2007 do CNJ, os "cônjuges dos herdeiros" serão tratados como "interessados" (ainda que sem vínculo direto com a sucessão) se a escritura pública do inventário extrajudicial contiver "renúncia ou algum tipo de partilha que importe em transmissão, exceto se o casamento se der sob o regime da separação absoluta" (art. 17). Saliente-se que, no âmbito do inventário judicial, vige entendimento de que, se a partilha contemplar ato dispositivo de algum interessado (em regra, herdeiro) que represente renúncia ou divisão fora das cotas apuradas, o cônjuge respectivo deverá ser convocado para o ato, a fim de explicitar sua concordância.[24-25] A interpretação adequada do art. 17 da Resolução n. 35/2007 do CNJ não pode ser feita de forma mais rigorosa do que ocorre no âmbito judicial, de modo que, se a partilha observar adequadamente os quinhões e direitos de todos os interessados, a convocação não se posta como obrigatória.

3.3 Capacidade do interessado

A capacidade em relação ao "interessado" no inventário extrajudicial é assunto de grande importância, sendo essencial fixar, desde já, uma premissa óbvia, mas relevante: *capacidade* não se confunde com *maioridade*.[26]

3.3.1 Influxo do Estatuto da Pessoa com Deficiência (EPD)

O texto do art. 610, § 1º, foi moldado de acordo com sistema de capacidade que não mais se aplica, pois estava atrelado à redação original dos arts. 3º e 4º do CC. No entanto, a partir da Lei n. 13.146/2015, que instituiu o Estatuto da Pessoa com Deficiência (EPD), houve mudança no regime de capacidades aplicável no Brasil, alterando-se, de forma expressa, por força do art. 114 do referido estatuto, a redação dos dispositivos indicados do CC. Em suma, depois das mudanças, a legislação civil atual trata como absolutamente incapaz para exercer pessoalmente os atos da vida civil apenas o menor de 16 (dezesseis)

24 No mesmo sentido: Euclides de Oliveira e Sebastião Amorim, *Inventário e partilha*: teoria e prática p. 399; e Carlos Roberto Gonçalves, *Direito Civil Brasileiro*, v. 7, p. 511.

25 Vide comentários ao art. 626 desta obra.

26 No mesmo sentido: Maria Berenice Dias, *Direito das Sucessões*, p. 587.

anos (art. 3º do CC), sendo considerado como incapaz, relativamente a certos atos ou à maneira de exercê-los (art. 4º do CC): (a) o maior de dezesseis e menor de dezoito anos, (b) o ébrio habitual, (c) o viciado em tóxico, (d) aqueles que – por causa transitória ou permanente – não puderem exprimir sua vontade, e (f) o pródigo.[27]

Aplicando-se o EPD apenas sobre os arts. 3º e 4º do CC, o tema não terá grandes desafios. A problemática se torna, de fato, complexa quando se analisa a legislação estatutária de forma mais ampla. Isso porque, segundo o art. 2º do EPD, deverá ser considerada "pessoa com deficiência aquela que tem impedimento de longo prazo de natureza física, mental, intelectual ou sensorial, o qual, em interação com uma ou mais barreiras, pode obstruir sua participação plena e efetiva na sociedade em igualdade de condições com as demais pessoas".

Registre-se que, nos termos do art. 6º do EPD, *a deficiência não afeta a plena capacidade civil da pessoa*, sendo enumerados, de forma exemplificativa, alguns atos não alcançados, observando-se, no rol, a proteção da autonomia da vontade em situações existenciais, como é o caso do direito de decidir sobre o número de filhos e de ter acesso a informações adequadas sobre reprodução e planejamento familiar. Há prestígio à vontade da pessoa com deficiência (arts. 11-13, EPD), preferenciando a *figura da tomada da decisão apoiada* (TDA) à curatela (art. 84, §§ 2º e 3º, EPD). Seguindo-se o modelo fixado no art. 1.783-A do CC em vigor (pela próprio EPD), na *tomada da decisão apoiada* (TDA), "a pessoa com deficiência elege pelo menos 2 (duas) pessoas idôneas, com as quais mantenha vínculos e que gozem de sua confiança, para prestar-lhe apoio na tomada de decisão sobre atos da vida civil, fornecendo-lhes os elementos e informações necessários para que possa exercer sua capacidade". Nesse contexto, *a curatela constitui medida extraordinária, aplicável com foco apenas nos atos relacionados aos direitos de natureza patrimonial e negocial* (art. 85, *caput*, EPD), sendo capital, como medida restritiva excepcional, que conste da sentença as razões e motivações de sua definição, preservados os interesses do curatelado (art. 84, §§ 1º e 3º, c/c art. 85, § 2º, EPD). É, portanto, a *ultima ratio*.

O quadro acima resumido indica que o art. 610, § 1º, do CPC, não pode ser lido sem encaixe harmônico com o panorama desenhado pelo EPD. Há espaço para discussões noviças, não cogitadas à época da redação do CPC atual.[28] Por exemplo, é possível pensar na admissão do inventário extrajudicial, por

27 A capacidade dos indígenas fica reservada à lei especial (art. 4º, parágrafo único, do CC).

28 Semelhante raciocínio (efetuando-se as devidas adaptações) será aplicado em outras hipóteses previstas na legislação que admitem solução extrajudicial por escritura pública. No CPC, o art. 571 (com redação que não se afasta do disposto no art. 610 e parágrafos) prevê que a demarcação e a divisão poderão ser realizadas por escritura pública, desde que maiores, capazes e concordes todos os interessados. Note-se,

meio da lavratura de escritura pública, com participação de pessoa com deficiência albergada pela tomada de decisão apoiada. Com efeito, o § 4º do art. 1.783-A do CC prevê que a decisão tomada por pessoa apoiada terá validade e efeitos sobre terceiros, sem restrições, desde que esteja inserida nos limites do apoio acordado e não ocorra divergência de opiniões entre a pessoa apoiada e um dos apoiadores (art. 1.783-A, § 6º). Portanto, há influxo do EPD que não pode ser desprezado e que deverá ser analisado a partir da situação concreta.

Assim, não poderá ser descartada a possibilidade de inventário extrajudicial com a participação de pessoa com deficiência acobertada por tomada de decisão apoiada, desde que esteja clara a vinculação aos limites do apoio e não ocorra divergência alguma entre a pessoa apoiada e seus apoiadores, situação que deverá estar devidamente estampada no âmbito do inventário extrajudicial. Mais ainda, deverá o tabelião estar atento se há conflito de interesses, pois, assim ocorrendo, a solução mais adequada será o envio do inventário para a via judicial, aplicando-se a inteligência constante do disposto no art. 32 da Resolução n. 25/2007, pois não pode pairar "dúvidas sobre a declaração de vontade de algum dos herdeiros".

3.3.2 Momento de aferição da capacidade

É intuitivo que a abertura da sucessão seja utilizada como marco para aferição da capacidade. No entanto, tal linha de pensar é falha, pois, em verdade, tal concepção está atrelada à legitimação para receber a herança (arts. 1.798 e 1.799 do CC). Quando a análise envolve a capacidade do interessado, é necessário que se faça aferição dinâmica que, embora seja iniciada no momento da instauração do inventário *causa mortis*, deverá ser revisitada até que ocorra o respectivo desfecho (lavratura da escritura).

A justificativa para a situação peculiar está no fato de que a capacidade é um dos pilares que sustenta a autonomia da vontade. Apesar de não estar inserida de forma explícita no art. 610, a interpretação do dispositivo indica que a autonomia da vontade permeia não apenas a opção do interessado pelo in-

---

contudo, que, para homologação do penhor legal pela via administrativa, isto é, perante o tabelião, os arts. 703-706 do CPC não fazem alusão à capacidade dos interessados, ao passo que os arts. 731-733, que regulam o divórcio e da separação consensuais e a extinção consensual de união estável, somente levam em consideração a capacidade dos filhos e presença de nascituro (art. 733), nada regulando acerca da capacidade de cônjuges ou companheiros. Os desvios de redação dos dispositivos acima (arts. 703-706 e 731-733) não podem prevalecer, pois, na forma plasmada nos arts. 610 e 571, a capacidade dos interessados (seguindo-se o perfil que conjuga o CC e o EPD) afigura-se como requisito intrínseco a todas as hipóteses em que há resolução consensual plasmada em escritura pública.

ventário extrajudicial, como também dá esteio ao consenso geral que deverá estar plasmado na escritura pública.

O inventário extrajudicial raramente se encerrará no mesmo dia que instaurado, ou seja, a escritura raramente é lavrada no mesmo dia do início do inventário. Basta lembrar que, além de diversos documentos que deverão ser apresentados, em caso de inventário positivo, os impostos deverão ser recolhidos antes da lavratura da escritura.[29] Em tais casos, o Tabelião certificará a data de instauração de abertura do inventário, a fim de que este seja finalizado com observância no prazo do art. 611. Dessa forma, ainda que determinada pessoa possua capacidade no momento da abertura da sucessão, mas venha a perder tal condição (por exemplo, por meio de "interdição ampla"), não se permitirá o inventário de natureza extrajudicial, mesmo que este já tenha sido instaurado, mas não tenha sido finalizado (faltando, em ilustração, a definição de toda a partilha, pois aguarda a avaliação dos bens pela Fazenda para fazer a divisão dos valores pecuniários da herança). De modo inverso, também é possível que determinada pessoa não possua capacidade plena no momento da abertura da sucessão, mas, por fato superveniente (por exemplo, emancipação), a alcance posteriormente, abrindo espaço para o inventário extrajudicial. A capacidade, em síntese, sujeita-se à observância de fatos posteriores à abertura da sucessão e até mesmo à instauração do inventário, assunto que será abordado com mais minúcias no item seguinte.

Certamente, não é incomum a hipótese de interessado menor de idade à época da abertura da sucessão, mas que, passado determinado tempo, venha a completar a maioridade, atingindo a capacidade pregada no art. 5º do CC. No exemplo, havia incapacidade no momento da abertura da sucessão, mas o decurso do tempo, por si só, provocou alteração do *status* da capacidade do interessado na sucessão. A mudança permite o acesso ao inventário extrajudicial, pois a causa impeditiva (incapacidade do interessado) deixou de estar presente, diante da própria superação temporal. Não é por acaso que o art. 25 da Resolução n. 35/2007 do CNJ admite a sobrepartilha extrajudicial com herdeiro que era incapaz (em razão de menoridade) à época do fechamento do inventário judicial, mas que teve tal *status* alterado.[30] Em suma, com o decurso do prazo, o herdeiro (antes incapaz) passou a ter capacidade plena, e a via antes negada (a extrajudicial) se tornou possível, razão pela qual não se pode impe-

29 No sentido, vide art. 15 da Resolução n. 35/2007 do CNJ.

30 Ilustração interessante de capacidade superveniente prevista na Resolução n. 35/2007 (art. 12) envolve a emancipação do interessado após a abertura da sucessão. Com a emancipação, na forma da lei (art. 5º, I, do CC), cessará a incapacidade para o menor (desde que este tenha 16 anos completos), de modo que a vedação do art. 610 do CPC não alcançará o interessado emancipado.

dir a sobrepartilha por escritura pública, mesmo diante da pretérita partilha judicial compulsória.

O inventário extrajudicial terá que se converter em judicial não apenas nas situações de perda de capacidade do interessado (como pode ocorrer em caso de "interdição total"), mas, também, quando aquele falecer e deixar herdeiros incapazes. O exemplo mais comum no sentido estará na morte de herdeiro que, embora capaz, deixe herança pessoal (da qual faz parte quinhão que estava no bojo do inventário extrajudicial) para grupo de herdeiros em que há a presença de incapaz.

Os fatos que podem ensejar a capacidade ou incapacidade superveniente deverão ser analisados no caso concreto, pois, diferente do que pode inicialmente se pensar, o assunto extrapola em muito o disposto no art. 5º do CC, sendo sensível a diversas situações, inclusive, aos exemplos acima postos. De todo modo, ratificando o item anterior, a análise da capacidade não está fixada a algum marco fixo (como a abertura da sucessão ou o prazo ditado em lei para que o inventário seja instaurado), pois, na realidade, sua análise é dinâmica e permanente, percorrendo a linha temporal da instauração ao fechamento do inventário extrajudicial.

3.3.3 Capacidade e a presença de nascituro

O art. 610 não faz nenhuma alusão expressa à existência de nascituro como obstáculo à via extrajudicial, já que o dispositivo tem seu foco no interessado incapaz. No entanto, o art. 733 do CPC prevê que a presença de nascituro impede a lavratura de escritura pública de divórcio consensual, de separação consensual e de extinção consensual de união estável, de modo que deve ser consignada, em tal instrumento jurídico, declaração negativa quanto ao estado gravídico.[31-32]

Muito embora os textos dos arts. 610 e 733 sejam diferentes no ponto destacado, a restrição da via extrajudicial, quando se verificar a presença de nascituro, há de ser aplicada. Isso porque os direitos do nascituro devem ser salvaguardados, pois é legitimado para receber herança desde a concepção (art. 1.798 do CC), tendo, inclusive, o direito de reserva de seu quinhão (650 do CPC). Há, contudo, uma dinâmica no art. 2º do CC, que deve ser compreendida, pois os direitos protegidos desde a sua concepção somente serão incorporados de forma definitiva quando do nascimento com vida. Assim, a legitimação do nascituro para suceder, que lhe garante a reserva de quinhão

31 O tema está tratado nos arts. 34 (parágrafo único) e 47, letra *d*, da Resolução n. 35/2007 do CNJ (com redação alterada pela Resolução n. 220/2016).

32 Flávio Tartuce, *Direito Civil*: direito das sucessões, p. 618-619.

hereditário, concretizar-se-á no nascimento com vida, situação positiva que, embora espelhe personalidade civil (art. 2º, primeira parte, do CC) e consolide sua posição de herdeiro, não lhe estenderá a capacidade reclamada no art. 610, visto que estará encaixado no art. 3º do CC (= absolutamente incapaz para exercer pessoalmente os atos da vida civil, pela menoridade abaixo de dezesseis anos). Portanto, a presença do nascituro como herdeiro (ou como beneficiário da herança) deverá ser investigada quando da instauração do inventário extrajudicial, rejeitando-se tal via em caso de verificação de estado gravídico.[33] Reitera-se que é de bom tom que seja ao menos efetuada declaração negativa sobre o fato, a fim de que as informações levadas em consideração na lavratura da escritura fiquem plasmadas de forma transparente.

4. Competência do inventário extrajudicial

As regras de competências fixadas no art. 48 do CPC não se aplicam ao inventário extrajudicial. Isso porque o instituto envolve atividade típica de tabelião, de tal sorte que se adota a Lei n. 8.935/1994, que prevê a liberdade de escolha do tabelião de notas, qualquer que seja o domicílio das partes ou o lugar de situação dos bens objeto do ato ou negócio (art. 8º). A Resolução n. 35/2007 do CNJ, em seu art. 1º, por sua vez, não discrepa da citada lei federal e, de forma expressa, aponta que é livre a escolha do tabelião de notas, afastando o inventário extrajudicial das regras de competência do Código de Processo Civil. Há de se fazer registro que a livre escolha se submete às restrições da própria Lei n. 8.935/1994, de modo que o tabelião de notas não poderá praticar atos de seu ofício fora do Município para o qual recebeu delegação (art. 9º).

A livre escolha do tabelião, muito embora amparada em lei, merece ser detalhada de forma mais aguda na legislação, fixando-se sistema de controle mais rígido para coibir as fraudes.[34] Dentre os problemas que podem ser aferidos, o que se afigura mais preocupante está na falta de publicidade quando da instauração do inventário extrajudicial. Tal situação reforça o que já foi anunciado anteriormente acerca da necessidade de aplicação do disposto no art. 626, § 1º, do CPC ao inventário extrajudicial, sendo, pois, obrigatória a publicação de edital que propicie a convocação dos "interessados incertos ou desconhe-

---

33 Próximo: Christiano Cassettari, *Divórcio, extinção de união estável e inventário por escritura pública*: teoria e prática, p. 151. No ponto, a Corregedoria do CNJ editou a Recomendação n. 22 (06/06/2016) no sentido de que os Tabelionatos não lavrem as escrituras públicas previstas na Resolução n. 35/2007, incluindo-se, assim, as referentes ao inventário extrajudicial (e, consequentemente, partilha), havendo nascituro.

34 No sentido: Fernando da Fonseca Gajardoni, *Processo de conhecimento e cumprimento de sentença:* comentários ao CPC 2015, v. II, p. 1.031-1.302.

cidos" (art. 259, III).[35] Sem prejuízo da veiculação de edital, há obrigatoriedade de comunicação da lavratura da escritura do inventário e da partilha, pois o art. 7º do Provimento n. 18/2012 do CNJ prevê que os Tabeliães deverão remeter ao Colégio Notarial do Brasil – Conselho Federal, quinzenalmente, por meio da CENSEC, informação sobre a lavratura de escrituras.

A situação invulgar da competência para o inventário extrajudicial acaba tendo repercussão tributária. Com efeito, o art. 155, I, § 1º, da CF fragmenta a competência dos Estados e do Distrito Federal para cobrança do imposto de transmissão *causa mortis* e doação, destacando-se o particular: (i) no que se refere aos bens imóveis, será levada em conta a situação do bem; (ii) e em relação aos bens móveis títulos e créditos, a competência será do local onde se processa o inventário ou arrolamento. Diante da liberdade concedida pelo art. 8º da Lei n. 8.935/1994, é possível que as partes escolham o Tabelionato localizado em Estado cuja alíquota do imposto *causa mortis* tenha percentual mais baixo, uma vez que há variáveis no sentido de um Estado para outro e em relação ao Distrito Federal. A opção poderá ser relevante quando a herança for composta de "bens móveis, títulos e créditos" que alcancem alto valor, aplicando o art. 155, I, § 1º, II, da CF, de modo que o imposto de transmissão (e de doação, caso ocorra partilha desigual) será cobrado pelo "Estado onde se processar o inventário ou arrolamento, ou tiver domicílio o doador, ou ao Distrito Federal".[36]

5. Inventário extrajudicial: facultatividade

O inventário *causa mortis* pela via extrajudicial é uma faculdade, não se afastando a via judicial. Em síntese, mesmo que, no caso concreto, estejam presentes todos os requisitos para a realização do inventário extrajudicial, a opção pelo uso da escritura pública não é obrigatória, o que fica evidenciado no texto do art. 610, quando emprega a locução verbal "poderão ser feitos".[37] No mesmo sentido, de modo expresso, o art. 2º da Resolução n. 35/2007 dispõe ser "facultada aos interessados a opção pela via judicial ou extrajudicial".

35 Tema tratado com mais vagar nos comentários ao art. 626 desta obra.

36 Há no tema decisão do Tribunal de Justiça do Estado de Goiás, mantendo-se o foro de escolha feito pelos herdeiros para lavrar a escritura (TJGO, 2ª Turma Recursal dos Juizados Especiais, RI 5094375.64, j. 30/01/2020).

37 Contra, com entendimento de que, se presentes os requisitos do inventário extrajudicial, faltará aos interessados interesse de agir, por falta de necessidade da via judicial, confira-se: ALEXANDRE FREITAS CÂMARA, *Lições de Direito Processual Civil*, p. 418. Com a mesma ideia (ainda que voltada para o divórcio extrajudicial): ANDRÉ FRANCO E MARCOS CATALAN, Divórcio na esfera extrajudicial: faculdade ou dever das partes? In: Antônio Carlos Mathias Coltro e Mario Luiz Delgado (coords.). *Separação, Divórcio, Partilhas e Inventários extrajudiciais*: questionamentos sobre a Lei n. 11.441/2007, p. 119-121.

A fixação da premissa é capital, pois, embora tenham pontos comuns nos requisitos, há nítida diferenciação nos regimes do inventário e partilha extrajudicial em relação ao arrolamento sumário (arts. 659-663 do CPC), destacando-se, na ocasião, a avaliação dos bens e o recolhimento dos impostos de transmissão. Assim, em hipótese alguma, poderá ocorrer imposição para que as partes tenham que se valer do inventário e partilha extrajudicial, uma vez que, repita-se, este não se sobrepõe ao arrolamento sumário, diante do perfil próprio deste. As diferenças entre os referidos institutos estão tratadas nos comentários ao art. 659.

6. Advogado ou defensor público

O § 2º do art. 610 determina que, para a eleição da via do inventário (e partilha/adjudicação) extrajudicial, todas as partes interessadas estejam assistidas por advogado ou por defensor público, cuja qualificação e assinatura constarão do ato notarial.

Há mudança redacional no dispositivo em vigor em relação ao texto do art. 982 (e seus parágrafos) da codificação revogada, seja na versão primeira que permitiu a instauração de inventário extrajudicial (Lei n. 11.441/2007), seja na versão que retificou a redação do citado dispositivo posteriormente (Lei n. 11.965/2009). No sentido, não consta expressamente no CPC atual a possibilidade de que todos os interessados sejam assistidos por advogado comum, tal como antes constava no § 1º do art. 982 (parágrafo único, antes da Lei n. 11.965/2009). A omissão legislativa, todavia, não impede que todas as partes interessadas sejam assistidas por advogado comum. Na verdade, a alteração tem efeito muito mais simbólico e visou plasmar, em certa medida, orientações fixadas na Resolução n. 35/2007 do CNJ (art. 9º) e Provimento n. 118/2007 (art. 1º, § 2º), no sentido de que o Tabelião (ou outra pessoa vinculada ao Tabelionato) não poderá interferir na escolha do profissional, sendo vedado disponibilizar ou indicar advogado para assistir os interessados.

A exigência do § 1º do art. 610 deve ser vista como assessoria técnica, que preserva a função real do advogado (e defensor), cabendo ao profissional orientar e explicar acerca das repercussões das posições jurídicas adotadas pelos interessados. O inventário *causa mortis* pode ser palco de negócios jurídicos benéficos (por exemplo, doações ou renúncia hereditária), assim como atrair temas com grau de tecnicidade que não são de fácil compreensão ao homem comum (por exemplo, dispensa de colação). Sempre que o inventário *causa mortis* trabalhar com questões que, de alguma forma, causem restrição aos direitos dos interessados ou atraiam maior grau de tecnicismo, é salutar que sejam redigidas cláusulas cheias, de modo que as partes estejam esclarecidas, de forma expressa, acerca das consequências jurídicas das deliberações, postura que protegerá, inclusive, as próprias disposições contra possíveis alegações de vícios na autonomia da vontade.

A apresentação de mandato é dispensada para efeito de inventário extrajudicial, pois o profissional deverá presencialmente assinar a escritura respectiva, nela constando seu nome, número de registro na OAB e dados profissionais (art. 8º da Resolução n. 35/2007). Caberá, contudo, ao advogado levar a sua documentação profissional, a fim de que o tabelião faça a sua devida conferência.

Em relação ao defensor público, não é necessária a sua inscrição junto à OAB,[38] mas esse deverá apresentar documentação que o credencia como tal (por exemplo, a sua respectiva matrícula funcional), a fim de que a situação possa ser averiguada pelo Tabelião. Essa particularidade justifica que se efetue prévio credenciamento da Defensoria junto aos Tabelionatos, relacionando os defensores que estão vinculados para a referida atuação, postura que evitará possíveis entraves burocráticos.

Se a parte interessada no inventário *causa mortis* estiver regularmente inscrita na OAB como advogado, por óbvio, não será necessário que seja assistido por outro profissional, podendo "advogar em causa própria". Em relação ao defensor, todavia, tal regra não pode ser espelhada, já que sua atuação é vinculada à prestação de serviço público. Assim, o interessado que é defensor, diante das restrições que lhe são aplicáveis para labor particular, não poderá se valer do mesmo raciocínio, especialmente se não possuir inscrição na OAB. Isso porque, embora tenha conhecimentos jurídicos suficientes para assistir terceiros, sua capacidade de postulação não é idêntica em horizontes a que é conferida aos advogados privados.

A presença de advogado particular não afasta eventual pedido de gratuidade dos serviços notariais, não se podendo cogitar que a referida postulação somente poderá ser feita se as partes estiverem assistidas por defensor público.

Por fim, salienta-se que a redação original do art. 12 da Resolução n. 35/2007 do CNJ continha restrição quanto à atuação do advogado, pois este não poderia figurar acumulando 'as funções de mandatário e de assistente técnico das partes', ainda que o ato fosse formalizado por instrumento público. A referida restrição foi retirada pela Resolução n. 179/2013, após decisão proferida nos autos do Pedido de Providências 0000227-63.2013.2.00.0000,[39] ensejando nova redação ao art. 12 da Resolução n. 25/2007.[40]

38 No sentido: STJ, 2ª Turma, REsp 1.710.155 CE, j. 01/03/2018, *DJ* 02/08/2018. Igualmente (e trazendo vários julgados na mesma linha): STJ, 2ª Turma, AgInt no REsp 1.719.664 GO, j. 22/06/2020, *DJ* 25/06/2020.

39 CNJ, PP 0000227-63.2013.2.00.0000, j. 23/09/2013.

40 "Art. 12. Admitem-se inventário e partilha extrajudiciais com viúvo(a) ou herdeiro(s) capazes, inclusive por emancipação, representado(s) por procuração formalizada por instrumento público com poderes especiais."

7. Gratuidade da escritura para os que se declaram pobres

Não consta no art. 610 da codificação atual regramento acerca da gratuidade dos emolumentos para o inventário extrajudicial, tema que era tratado pelo § 2º do art. 982 CPC de 1973. Em síntese, durante a tramitação do Projeto na Câmara dos Deputados, foi suprimido o parágrafo que previa, para aqueles que se declararem pobres, a gratuidade da escritura e dos demais atos notariais referentes ao inventário e à partilha.

O vacilo legislativo, todavia, não se afigura suficiente para afastar a gratuidade do inventário extrajudicial, pois tal direito está devidamente assegurado em outros dispositivos legais. De plano, o art. 98, IX, do CPC, ao tratar da gratuidade da justiça, prevê de forma expressa que estão incluídos em tal âmbito "os emolumentos devidos a notários e registradores em decorrência da prática de registro, averbação ou qualquer outro ato notarial necessário à efetivação de decisão judicial ou à continuidade de processo judicial no qual o benefício tenha sido concedido". Diante de tal previsão e da correta noção de acesso à justiça (que não se fixa apenas na jurisdição estatal, mas no dever do Estado de solucionar os conflitos, ainda que por outras vias que não a judicial[41]), seria um contrassenso exigir da pessoa que se encaixa como beneficiária da gratuidade da justiça o pagamento de emolumentos referentes a estes atos no caso de o inventário e a partilha se processarem administrativamente. De todo modo, mesmo que o CPC vigente não tivesse tratado do tema no art. 98, IX (ainda que de forma nebulosa), a gratuidade não poderia ser afastada, em razão do disposto no art. 5º, LXXIV, da CF, ao dispor que "o Estado prestará assistência jurídica integral e gratuita aos que comprovarem insuficiência de recursos". No particular, não se pode tirar de mira que inventário extrajudicial foi criado com inspiração no efetivo acesso à justiça (em sua concepção ampla), até porque a *desjudicialização* – para que determinadas questões sejam solucionadas de forma mais célere – é medida que se encarta em tal gabarito.[42] Criar válvula de efetivo acesso à justiça (por meio do inventário *causa mortis* administrativo), mas restringir sua entrada em razão de custo financeiro é um procedimento contraditório, que conspira contra a ordem constitucional, notadamente porque alijará diretamente as pessoas que mais necessitam da nova via aberta no sistema legal.[43]

Nada obstante a Resolução n. 35/2007 do CNJ, através dos arts. 6º e 7º, fazer menção à gratuidade da escritura de inventário *causa mortis*, o assunto

41 Sobre o tema, confira-se: Rodrigo Mazzei e Barbara Seccato Ruis Chagas, Métodos ou tratamentos adequados de conflitos? *Inovações e modificações do Código de Processo Civil*: avanços, desafios e perspectivas, v. 1, p. 113-128.

42 Com razão, confira-se: Paulo Cezar Pinheiro Carneiro, *Inventário e partilha judicial e extrajudicial*, p. 243.

43 Próximo: Flávio Tartuce, *Direito Civil*: direito das sucessões, p. 574-575 e 619.

voltou à cena após a entrada em vigor do CPC, tendo em vista a omissão no art. 610, na forma acima denunciada. Através de decisão proferida no âmbito da Consulta n. 0006042-02.2017.2.00.0000,[44] o CNJ reafirmou a gratuidade dos emolumentos atinentes à escritura de inventário extrajudicial. Note-se que a decisão referenciada aponta, textualmente, que o CPC atual em nada alterou as questões sobre a gratuidade do inventário extrajudicial, ao fundamento de "plena eficácia da Resolução n. 35 do CNJ, em especial seus arts. 6º e 7º". Tal posição reafirma, portanto, a impossibilidade de cobrança de emolumentos, ainda que os interessados estejam assistidos por advogado particular, bastando que aqueles, previamente, tenham feito simples declaração de que não possuem condições de arcar com os emolumentos (art. 7º).

8. Prazos de instauração e término do inventário extrajudicial

No art. 610, não se dispôs sobre o prazo para instauração do inventário extrajudicial, presumindo-se que deverão ser seguidos aqueles fixados no art. 611 do CPC em vigor: (a) instauração – 2 (dois) meses (a contar da abertura da sucessão); (b) fechamento (com lavratura da escritura) – 12 (doze) meses subsequentes.

Em relação ao prazo previsto para início do inventário, o disposto no art. 611 é perfeitamente adaptável ao inventário extrajudicial, até porque o não cumprimento do prazo fixado no dispositivo legal não impedirá que os interessados instaurem o inventário mais tarde, ou seja, em data posterior a dois meses. Na realidade, a abertura do inventário dentro do referido prazo tão somente afasta a aplicação de eventual multa, já que é possível a fixação de apenamento pecuniário pelos Estados e o Distrito Federal em caso de instauração de inventário *causa mortis* a destempo, isto é, extrapolando o período indicado pela legislação federal para tanto. O atraso, portanto, avançando-se em data posterior aos dois meses cravados no art. 611 não poderá ser colocado como óbice para a instauração de inventário extrajudicial, sujeitando-se os interessados tão somente à multa pela serôdia, caso assim esteja previsto na legislação

44 Confira-se: "1. Consulta. 2. Tribunal de Justiça da Paraíba. 3. A consulta é respondida no sentido que 'a gratuidade de justiça deve ser estendida, para efeito de viabilizar o cumprimento da previsão constitucional de acesso à jurisdição e a prestação plena aos atos extrajudiciais de notários e de registradores. Essa orientação é a que melhor se ajusta ao conjunto de princípios e normas constitucionais voltados a garantir ao cidadão a possibilidade de requerer aos poderes públicos, além do reconhecimento, a indispensável efetividade dos seus direitos (art. 5º, XXXIV, XXXV, LXXIV, LXXVI e LXXVII, da CF/88), restando, portanto, induvidosa a plena eficácia da Resolução n. 35 do CNJ, em especial seus artigos 6º e 7º'" (CNJ, CONS 0006042-02.2017.2.00.0000, j. 20/04/2018).

local. O assunto está tratado na Resolução n. 35/2007 (art. 31), que explicita que a "escritura pública de inventário e partilha pode ser lavrada a qualquer tempo, cabendo ao tabelião fiscalizar o recolhimento de eventual multa, conforme previsão em legislação tributária estadual e distrital específicas".

O assunto passou a ficar inseguro depois da edição da Resolução nº 452/2022 do CNJ, que inseriu três parágrafos no texto do art. 11 da Resolução n. 35/2007 do CNJ. Isso porque, dentre as mudanças, ficou assentado no § 3º do referido texto normativo que os prazos do inventário são contados a partir da nomeação do inventariante. A alteração não é inspirada, afastando (ainda que em parte) aplicação do art. 611 em relação ao inventário judicial, em detrimento ao comando de competência legislativa do art. 22, I, da CF. A correta interpretação da mudança legal deve ser vista como a obrigatoriedade de nomeação do inventariante no ato da instauração do inventário extrajudicial, pois a discriminação de prazos, operada na forma supra, é inconstitucional.

Apesar de o prazo de 12 (doze) meses ter dimensionamento adequado para o encerramento do inventário e partilha extrajudicial, pois não haverá questões internas conflituosas, é possível que, por motivos alheios aos interessados, não se consiga efetuar seu encerramento no aludido prazo (por exemplo, demora na avaliação de determinados bens pela Fazenda Pública e/ou problemas burocráticos na emissão de certidões fiscais). Assim ocorrendo, é importante que o tabelião certifique o motivo pelo qual o prazo não foi cumprido, pois tal justificativa, caso seja de natureza externa à atividade dos interessados, poderá ser usado como fundamento para afastar eventual multa pelo atraso no encerramento do inventário.

Por fim, é fundamental salientar que somente será permitido exigir multa pelo atraso na instauração e/ou no encerramento do inventário extrajudicial na hipótese de existir expressa previsão no sentido na legislação local, diante da submissão ao princípio da legalidade e da eloquente omissão do CPC acerca de sanção pelo não cumprimento dos prazos do art. 611. De toda sorte, a sanção não poderá ser modulada fora do esquadro do art. 611, de modo que qualquer multa não pode ser imposta antes de vencidos os prazos legais: (a) dois meses da abertura da sucessão (para a instauração do inventário) e (b) 12 meses da instauração do inventário (no caso de enceramento deste).

9. Inventariante

O *consenso geral* que vigora no inventário e na partilha extrajudicial não permite, todavia, que o procedimento seja instaurado sem a prévia escolha de "interessado" para figurar como inventariante. Tal premissa está estampada no art. 11 da Resolução n. 35/2007 do CNJ, que prevê que: "É obrigatória a nomeação de interessado, na escritura pública de inventário e partilha, para representar o espólio, com poderes de inventariante, no cumprimento de obrigações ativas ou passivas pendentes, sem necessidade de seguir a ordem prevista no art. 617 do Código de Processo Civil." É interessante analisar a questão e projetá-la ao ambiente judicial, pois a conclusão será de que o juiz somente deve decidir (= impor) sobre a nomeação se as partes não tiverem solucionado a questão de forma amigável, ou seja, o art. 617 do CPC possui espaço residual à escolha das partes interessadas, devendo a designação consensual vigorar como prioritária.

Não se deve descartar que sejam fixados poderes prospectivos à escritura pública, isto é, que o inventariante possa representar o espólio mesmo após o encerramento formal do inventário extrajudicial. Assim, o inventariante poderá ficar como o responsável por representar o espólio e cumprir obrigações passivas pendentes (por exemplo, assinatura de escritura de compra e venda de imóvel negociado em vida pelo falecido, com recebimento completo do preço) ou, ainda, para arrecadar patrimônio em prol do espólio, propiciando sobrepartilha. No sentido, em relação aos bens litigiosos, aos de liquidação difícil ou morosa e aos situados em lugar remoto da sede do juízo onde se processa o inventário, a legislação indica que a guarda e a administração destes fica a cargo do inventariante, admitindo-se nomeação específica, inclusive de pessoa, se assim for desejado, diversa da que atuou originariamente na inventariança (art. 669, parágrafo único, do CPC e art. 2.021, do CC).

A Resolução nº 452/2022 do CNJ, ao inserir parágrafos ao art. 11 da Resolução nº 35/2007 do CNJ, regulou alguns temas acerca da inventariança extrajudicial. As alterações, embora louváveis, padecem de boa técnica redacional e podem causar embaraço na aplicação efetiva.[45]

10. Formação de título hábil: registro civil, transferência de bens e afirmação de titularidades

Não haveria sentido algum se a escritura pública de inventário (com desfecho positivo de partilha/adjudicação) necessitasse de homologação judicial, pois, se assim fosse, estaria mantida a regra do art. 2.015 do CC. Dessa forma, a Lei n. 11.441/2007 inovou ao não exigir a homologação judicial quando o inventário *causa mortis* envolver interessados capazes e concordes, instituindo,

---

45 No tema, com vagar: MAZZEI, Rodrigo. Inventário extrajudicial e as alterações introduzidas pela Resolução n. 452/2022 do CNJ: primeiras impressões e algumas reflexões necessárias. *Revista Magister de Direito Civil e Processual* Civil, Porto Alegre, v. 18, n. 109, p. 23-46, jul.-ago. 2022.

de fato, a via extrajudicial. Para dar efetividade ao inventário extrajudicial, a lei em comento – ao alterar a redação do art. 982 do CPC de 1973 – fixou que a própria escritura pública poderia ser o vetor de transferência patrimonial, dispensando-se, assim, a expedição à formalização de partilha judicial e/ou expedição de ofícios para tanto. O texto da codificação revogada, no entanto, era incompleto, pois indicava que a escritura pública constituía "título hábil para o registro imobiliário", sem fazer alusão a outras situações que são alcançadas pelo inventário extrajudicial, seja no plano patrimonial, seja no âmbito extrapatrimonial.

O CPC (Lei n. 13.105/2015), em certa medida, corrigiu o atropelo da Lei n. 11.441/2007, ao consignar no § 1º do art. 610 que a escritura pública decorrente do inventário *causa mortis* extrajudicial "constituirá documento hábil para qualquer ato de registro, bem como para levantamento de importância depositada em instituições financeiras". Há duas alterações claras, pois a legislação passa a usar a palavra "documento" ao revés de "título" na busca de ser mais abrangente, com indicativo sequencial de que tal "documento" terá outras finalidades que não – apenas – a transferência da propriedade de imóveis.[46] Com tais mudanças, o CPC abriu o espectro patrimonial da regra legal, para dispor que a escritura pública é vetor para toda e qualquer transferência patrimonial que necessite de registro (pouco importando se tratar de bens móveis ou imóveis), assim como para o levantamento de verbas pecuniárias depositadas em instituições financeiras.[47]

O § 1º do art. 610 possui redação fluida, admitindo que a escritura pública de inventário seja título hábil para a "para qualquer ato de registro". Logo, permite-se incluir os direitos reais sobre coisas alheias, como é o caso do direito real de habitação previsto no art. 1.831 do CC ou mesmo algum direito real constituído para compensar os quinhões e igualar as partilhas (por exemplo, usufruto ou direito de superfície por tempo determinado).

Em arremate, nada obsta que as partes definam questões que não serão abarcadas diretamente pelo inventário e partilha extrajudiciais, mas que são relevantes para os interessados. Por exemplo, pode-se reconhecer na escritura pública que o falecido, em vida, teve relação de convivência, deixando companheiro sobrevivente,[48] isto é, a escritura pública do inventário *causa mortis* pode ser palco de reconhecimento de união estável que não foi formalizada em ato documentado em vida (art. 1.725 do CC[49]). O reconhecimen-

46 No tema, confira-se o art. 3º da Resolução n. 35/2007 do CNJ.
47 Igualmente: Sérgio Bermudes, *CPC de 2015*: inovações, v. II, p. 92.
48 No sentido, confira-se art. 18 da Resolução n. 35/2007 do CNJ.
49 Sem entrar na legalidade do ato e da invasão de competência para "legislar" sobre

to da união estável em inventário extrajudicial pode ser relevante não apenas para a sucessão nele contida, mas também para questões externas e que sequer fazem parte do inventário *causa mortis* propriamente dito, como é o caso do recebimento pelo companheiro de verbas advindas de seguros e/ou aposentadorias.

11. Verbas da Lei n. 6.858/80 (art. 666 do CPC)

O art. 666 permite que determinadas verbas sejam recebidas independentemente de inventário *causa mortis*. Nada obstante o assunto estar tratado nos comentários ao dispositivo supramencionado, salienta-se aqui que as partes interessadas – desde que preenchidos os demais requisitos do art. 610 – podem se valer da escritura pública para deliberar sobre tais verbas. Assim, embora não se trate de inventário *causa mortis* propriamente dito (já que incide sobre verbas que estão fora do seu alcance), a via administrativa pode ser usada para recebimento de determinados valores, afastando-se a necessidade de alvará judicial (art. 725, VII, do CPC), desde que as partes preencham os requisitos do art. 610, quais sejam, consenso geral e capacidade dos interessados. Em tal situação, a escritura pública não se diferencia da decisão judicial, devendo ser considerada como documento hábil para levantamento de importância depositada na instituição financeira (conforme parte final do § 1º do art. 610).[50]

12. Herdeiro universal: inventário extrajudicial e adjudicação

É perfeitamente possível que o inventário extrajudicial seja efetuado para efeito de adjudicação, ou seja, hipótese de herdeiro universal (= *herdeiro único*).[51] Aplicar-se-ão, ao caso, as regras do inventário extrajudicial com desfecho

Direito Civil, o Provimento n. 37/2014 da Corregedoria do CNJ trata sobre o registro de união estável, fixando requisitos formais da respectiva escritura (como o uso Livro "E" pelo Oficial de Registro Civil das Pessoas Naturais). Ocorre que a maioria das uniões estáveis é constituída sem qualquer tipo de formalização e mesmo as que são documentadas nem sempre seguem o cartel de formalidades fixadas pelo CNJ. Tal fato justifica a atenção ao tema, pois muitas das relações de convivência terão que ser reconhecidas por ato *post mortem*, projetando-se o assunto em vários casos para o inventário *causa mortis*.

50 No sentido, a Resolução n. 35/2007 do CNJ prevê em seu art. 14: "Para as verbas previstas na Lei n. 6.858/1980, é também admissível a escritura pública de inventário e partilha".

51 O tema também foi tratado na Resolução n. 35/2007 do CNJ, com expressa admissão, consoante dispõe seu art. 26: "Havendo um só herdeiro, maior e capaz, com direito à totalidade da herança, não haverá partilha, lavrando-se a escritura de inventário e adjudicação dos bens".

positivo, que resulta em partilha, com pequenas adaptações, pois, como a herança propriamente dita possui único personagem beneficiário, não será formado condomínio específico para posterior cisão.

É de capital importância sublinhar que o fato de estar presente apenas um herdeiro não significa que o inventário terá apenas um interessado. Por exemplo, o autor da herança deixa apenas um "único herdeiro", mas como era casado sob o regime da comunhão universal, a sucessão contempla também cônjuge sobrevivente na qualidade de meeiro. A capacidade e o consenso – requisitos fixados no art. 610 para o inventário extrajudicial – também se aplicam em caso de adjudicação, com foco na relação herdeiro e interessados. Dessa forma, seguindo na ilustração acima, para a fixação da meação do cônjuge sobrevivente não herdeiro, terá que ocorrer o consenso entre este e o herdeiro universal (descendente único do falecido), muito embora a parte destinada ao cônjuge remanescente não seja tratada como herança.

A opção pelo inventário extrajudicial não descarta a possibilidade de apresentar pedido de adjudicação pela via judicial, até mesmo diante da existência de pequenas diferenças entre os procedimentos.[52]

13. Inventário com *desfecho zero* e com *desfecho negativo* (espólio em estado de insolvência)

A parte final do art. 1.796 do CC é clara ao dispor que a partilha é apenas um dos possíveis resultados da *liquidação* esperado no inventário. Feita advertência, tem-se que o art. 610 foi desenhado com pensamento no inventário com *desfecho positivo*, isto é, situações em que o resultado da liquidação apontará que há saldo patrimonial a ser partilhado ou adjudicado por herdeiro(s). No sentido, da leitura completa dos arts. 610 e 659 (regra de inspiração do dispositivo comentado), são extraídas alusões expressas à partilha (art. 610, § 1º, e art. 659, *caput*) e à adjudicação (art. 610, § 1º), nada se aferindo acerca de resultado outro que não saldo patrimonial para ser transferido para herdeiro(s). A questão que se coloca, com tal farol, está na possibilidade (ou não) de se efetuar inventário com *desfecho zero* e inventário com *desfecho negativo* no âmbito extrajudicial.

Em relação ao inventário com *desfecho zero*, a via extrajudicial poderá ser utilizada para as suas duas hipóteses: (a) apuração de que não há patrimônio, nem dívidas ou obrigações do falecido e (b) há patrimônio arrecadado, mas este foi todo voltado para os credores, que deram à quitação quanto às dívidas e obrigações do falecido. São duas situações diversas em que o resultado final

52 A adjudicação por arrolamento sumário foi tratada nos comentários ao art. 659.

não permitirá a partilha/adjudicação, cujo desfecho, no entanto, interessa aos herdeiros, pois ostentarão material documentado probante (ainda que de caráter relativo) acerca da inexistência de obrigações e dívidas do falecido. Interessante notar que o *inventário de resultado zero* não ficará desnaturado pelo simples fato de que há obrigação a ser cumprida pelo espólio em favor de terceiro, desde que sem caráter pecuniário (por exemplo, assinatura de escritura de compra e venda para formalizar operação feita pelo falecido em vida e com pagamentos já quitados[53]). Isso porque a pedra de toque para o *desfecho zero* está na caracterização de resultado que não permite partilha/adjudicação, mas não importa em saldo de dívida pecuniária capaz de caracterizar a insolvência (dívidas não suportadas pelo *status* patrimonial).

Na primeira hipótese versada, o inventário com *desfecho zero* possui horizontes mais limitados, já que a arrecadação negativa de bens, dívidas e obrigações passivas (de natureza pecuniária) se afinará como declaração efetuada pelo(s) herdeiro(s) acerca da apuração que foi levada a cabo. De modo diverso, na segunda situação, utilizando-se o patrimônio arrecadado para pagar as dívidas e obrigações passivas do falecido, o inventário com *desfecho zero* terá natureza de quitação que (embora relativa no aspecto global) vinculará aos credores que assim o fizerem. Se, em qualquer das hipóteses acima, todas as partes interessadas forem capazes e estiverem concordes com a apuração e o desfecho, não há motivo para se impedir o trânsito do inventário pela via extrajudicial.[54]

No que se refere, todavia, ao inventário com *desfecho negativo*, entendendo-se como aquele em que o resultado da liquidação indica que o patrimônio do falecido não permite partilha/adjudicação em razão de saldo negativo apurado, isto é, estado de insolvência (art. 955 do CC e art. 748 do CPC de 1973), tendo em vista que as dívidas e obrigações pecuniárias são maiores do que as forças patrimoniais da herança. O assunto merece alguns temperamentos.

Na hipótese de as partes (todas capazes) e os credores ajustarem situação global que permita que o patrimônio do falecido (mesmo menor do que o total das dívidas) seja utilizado para o pagamento integral das dívidas, ajus-

53 Ainda que sem fazer alusão expressa ao inventário zero, o art. 11 da Resolução n. 35/2007 admite que o inventariante extrajudicial represente o espólio para o cumprimento de obrigações ativas ou passivas pendentes, em claro indicativo de que estas não necessariamente terão caráter pecuniário, ajustando-se, assim, ao exemplo fixado no corpo dos comentários.

54 Ainda que usando a expressão equivocada de "inventário negativo", a conclusão é ratificada (ao menos em parte) pela Resolução n. 35/2007 do CNJ, ao dispor em seu art. 28: "É admissível inventário negativo por escritura pública".

tando-se divisão consensual no sentido, a hipótese poderá ser tratada *acidentalmente* como *inventário com resultado zero.* Nesse caso, será efetuada quitação com o patrimônio encontrado, lançando-se remissões quanto a determinadas dívidas e obrigações (ou saldos respectivos). De modo um pouco diverso, caso não efetuadas todas as quitações e/ou remissões em relação às dívidas e obrigações do falecido, mas mesmo assim os credores – de comum acordo com os interessados – fizerem a distribuição amigável do patrimônio, sem controvérsia alguma, inclusive, quanto às preferências e os saldos pendentes, preenchidos os requisitos gerais do art. 610, deve também se admitir o inventário com *desfecho negativo extrajudicial.* Assim, as partes capazes podem chegar a resultado que, ainda que não suporte todas as dívidas, seja satisfatório para os interessados e credores. O fato de não se ter obtido a quitação completa não desnatura a consensualidade que marca o inventário extrajudicial. Nesse sentido, os credores não precisam renunciar aos eventuais saldos que possam persistir, ficando a cobrança destes sujeita à localização de novos bens do espólio, de modo que a cobrança (e pagamento) demandará ato prospectivo, que foge ao próprio inventário.

Todavia, se ocorrer qualquer tipo de divergência acerca da divisão do patrimônio, extensão das dívidas ou ordem de preferência, restará prejudicado o inventário extrajudicial, pois faltará o *consenso* desenhado no art. 610 (e adaptado para a hipótese). Observe-se que, caso apurado saldo negativo no curso de inventário já instaurado extrajudicialmente (apuração esta caracterizadora de insolvência) e posterior controvérsia dos credores quanto ao direcionamento do patrimônio para satisfazer as dívidas, deverá o inventariante requerer a remessa para a via judicial, a fim de que, naquele ambiente, postule a declaração de insolvência (art. 618, VIII, do CPC em vigor). Caso o inventariante assim não o faça, qualquer dos credores poderá assim requerer, aplicando-se o disposto no art. 753, I, do CPC de 1973, que está em vigor por força do art. 1.052 do CPC. Em tal hipótese, deverão ser aplicadas as regras de insolvência (conforme previsões da codificação de 1973), cabendo ao judiciário resolver as questões pertinentes (art. 92, I, CPC de 1973[55]).

Em arremate, tem-se que há impropriedade na expressão "inventário negativo", que está, inclusive, presente no texto da Resolução n. 25/2007 (art. 28), na medida em que esta não mira no desfecho completo do procedimento, mas apenas na "arrecadação negativa", sem levar em conta que esta pode gerar tanto o *desfecho zero* ou a insolvência do espólio (= *desfecho negativo*), na forma acima explicitada.

---

55 "Art. 92. Compete, porém, exclusivamente ao juiz de direito processar e julgar: I – o processo de insolvência;"

14. O inventário extrajudicial e a arbitragem

Os requisitos do art. 610 do CPC são semelhantes, em certo ponto, aos exigidos para a instalação do juízo arbitral. Com efeito, o art. 1º da Lei n. 9.307/1996 dispõe que "as pessoas capazes de contratar poderão valer-se da arbitragem para dirimir litígios relativos a direitos patrimoniais disponíveis". O art. 3º da mesma lei prevê, ainda, que "as partes interessadas podem submeter a solução de seus litígios ao juízo arbitral mediante convenção de arbitragem, assim entendida a cláusula compromissória e o compromisso arbitral". Da breve análise, tem-se que tanto o inventário extrajudicial quanto a arbitragem trabalham com um binômio semelhante, qual seja: *capacidade* dos interessados e consensualidade.

Por certo, a análise do acordo de vontades se opera com cargas e focos diferentes, mas nas duas situações as partes interessadas (ostentando capacidade) elegem a via para a resolução de controvérsias de caráter patrimonial, com a diferença que no inventário extrajudicial os pontos estarão solucionados por autocomposição, sendo, assim, tão somente plasmados na escritura pública. Tal fato, no entanto, não é suficiente para impedir que as partes capazes possam acordar acerca da instalação do juízo arbitral como palco para a resolução de controvérsia patrimonial que envolva a sucessão, pois não há qualquer tipo de vedação a respeito no CPC, no CC e muito menos na art. 1º da Lei n. 9.307/1996. No sentido, aplicando-se o art. 6º da Lei n. 9.307/1996, poderão as partes capazes lançar acordo acerca da opção adotada, sem prejuízo de provocação por interessado, manifestando "à outra parte sua intenção de dar início à arbitragem, por via postal ou por outro meio qualquer de comunicação, mediante comprovação de recebimento, convocando-a para, em dia, hora e local certos, firmar o compromisso arbitral".

Fique claro que não se trata de instauração de inventário no âmbito arbitral, mas de uso da via para resolução de conflito sucessório que afeta o desfecho do inventário.

Sem rebuços, em determinadas situações, a arbitragem propiciará melhor resposta aos interessados, podendo se citar, em breve exemplo, os debates societários entre interessados que possuem como pano de fundo a sucessão da participação do autor da herança, pois são situações que, não raras vezes, demandam a convocação de profissionais especializados (nem sempre disponíveis na jurisdição estatal) e de soluções mais céleres (diante da necessidade de preservação da empresa).

O tema extrapola o foco dos comentários, mas o registro há de ser feito, pois, à míngua de vedação legal, respeitando-se os ditames dos arts. 1º e 3º da Lei n. 9.307/1996, a ampla moldagem procedimental admitida na arbitragem é indicativa de sua boa superfície para receber debates advindos da sucessão,[56] ainda que fracionados, aplicando-se, no particular a técnica de remessa do art. 612 do CPC e o art. 6º da Lei n. 9.307/1996.

Art. 611. O processo de inventário e de partilha deve ser instaurado dentro de 2 (dois) meses, a contar da abertura da sucessão, ultimando-se nos 12 (doze) meses subsequentes, podendo o juiz prorrogar esses prazos, de ofício ou a requerimento de parte.

CPC de 1973 – art. 983

1. Alterações inseridas

O dispositivo atual possui pequeno ajuste redacional em relação ao art. 983 do CPC de 1973, uma vez que não faz mais alusão à *abertura* do inventário, mas, sim, à sua *instauração*. No plano das alterações de conteúdo, o art. 611 – apesar de manter o prazo de 12 (doze) meses para finalização do inventário *causa mortis* – passa a adotar o prazo de 02 (dois) meses para a abertura. Essa sutil alteração – ao menos no plano formal – é coerente, pois o dispositivo ficou simétrico ao se valer de prazos com o mesmo referencial (meses), afastando a dualidade da regra revogada que trabalhava com dois parâmetros de contagem diversos (dias para a instauração e meses para o fechamento do inventário).

2. Antinomia (parcial) com o art. 1.796 do CC

O texto do art. 611, em parte, se conflita com o art. 1.796 do CC, que prevê, na sua parte inicial, que a instauração do inventário sucessório se submete ao prazo máximo de 30 (trinta) dias da abertura da sucessão. Trata-se de antinomia que já existia no CPC revogado,[57] mas que não foi dissipada pela codificação em vigor, que deixou de ajustar a redação do CC, tal como efetuado no art. 1.068 do CPC em relação aos arts. 274 e 2.027 do CC. Diante da não inclusão do art. 1.796 do CC no espectro de saneamento do art. 1.068, soluciona-se o conflito das normas pelo *critério da cronologia*, prevalecendo a mais nova (já que ambas são leis ordinárias), que no caso é o dispositivo comentado.

---

56 No tema (mais amplo): Mario Luiz Delgado, Arbitragem no direito de família e das sucessões: Possibilidades e casuística. *Revista Jurídica*: órgão nacional de doutrina, jurisprudência, legislação e crítica judiciária, v. 71, n. 523, p. 10-45.

57 Na verdade, o art. 1.796 já estava superado pela legislação processual, fato este anterior à própria edição do CPC, pois a Lei n. 11.441/2007 (ao alterar o art. 983 do CPC de 1973) já previa prazo diferente do ditado na codificação de direito material.

3. Temas do art. 611

A leitura corrida do art. 611 pode conduzir à falsa impressão de que a regra legal apenas trata dos prazos de instauração (= *dois meses*) e finalização do inventário *causa mortis* (= *doze meses*). Todavia, a análise mais detida indica que o dispositivo também prevê a obrigatoriedade do inventário *causa mortis*, na medida em que o art. 611 determina que este *deve ser instaurado*, assumindo, portanto, tom imperativo. A obrigatoriedade do inventário *causa mortis* envolve a concepção de *processo necessário*, pois é a partir deste que, em regra, será efetuada a formalização do translado de direitos e obrigações do falecido a terceiros, cujo espectro é muito mais amplo do que a simples ideia de herança (no plano objetivo) ou de herdeiros (no plano subjetivo).[58] Basta lembrar que o inventário *causa mortis* se impõe, por exemplo, para a dissolução de condomínio fixado em vida com o cônjuge/companheiro sobrevivente em caso de comunhão patrimonial ("meação"), pouco importando que tal interessado figure como herdeiro, pois tais posições jurídicas não se confundem.

Ao se aferir que o art. 611 trata da instauração do inventário *causa mortis*, fica evidenciada a sua direta comunicação com o art. 615, que dispõe sobre (1) a legitimidade habitual para a instauração do inventário e (2) a documentação básica necessária que deve ser trazida no ato. Dessa forma, é intuitivo que os arts. 611 e 615 deveriam ser sequenciais ou, de outra banda, aglutinados em dispositivo único[59] (que fixassem as regras estruturais à instauração do inventário *causa mortis*).[60]

4. Obrigatoriedade do inventário *causa mortis*

Não consta na legislação federal nenhuma forma expressa de sanção em caso de não cumprimento do comando do art. 611 quanto à obrigatoriedade de instauração do inventário sucessório.[61] Destaque-se, desde já, que, em re-

---

58 Bem próximo: Luiz Paulo Vieira de Carvalho, *Direito das sucessões*, p. 975.

59 Não é sem motivo que o art. 615 faz remissão expressa ao art. 611, para observância do prazo de instauração.

60 A anotação supra não é uma crítica isolada, pois legislador, ao desenhar os atuais arts. 610-673 – além de não observar as mudanças na realidade social e legal que repercutem no inventário *causa mortis* – não teve a preocupação de afastar deslizes do CPC de 1973 e moldar um novo procedimento especial adequado às próprias técnicas e opções levadas a cabo no procedimento comum no CPC em vigor. A própria repetição da divisão sistêmica do inventário *causa mortis* e a manutenção mesma quantidade de dispositivos da codificação anterior para o tema são fatos que confirmam a assertiva posta.

61 Semelhante: Luiz Paulo Vieira de Carvalho, *Direito das sucessões*, p. 978.

lação à instauração com atraso, o tema tem sido alvo de regulação por legislação estadual e distrital, fixando-se multa à guisa de embaraço no recolhimento do imposto de transmissão *causa mortis*.[62]

Ainda no assunto, permite-se dizer que a obrigatoriedade da instauração do inventário *causa mortis* ficou, de alguma forma, fragilizada[63] pelo fato de o CPC não conter regra que espelha o art. 989 do CPC de 1973, dispositivo que permitia a sua abertura por ato de ofício do juiz.[64] Todavia, apesar de não se adotar (ao menos expressamente) os ditames do revogado art. 989 no diploma atual, a regra em comento parece subsistir no sistema processual, a teor do art. 738 do CPC, que prevê que o juiz proceda à arrecadação da herança, caso se verifique que esta é jacente (art. 1.819 do CC), isto é, na hipótese de se aferir que a pessoa falecida deixou patrimônio a ser arrecadado, mas sem notícia de herdeiros conhecidos.[65] Note-se, ainda, que, com a nomeação de administrador provisório (art. 1.797, IV, do CC) o juiz estará envolvido, ainda que de forma indireta, na abertura do inventário *causa mortis*, tendo em vista que a atividade (instauração do processo) será inerente ao labor do administrador provisório judicial (que será pessoa de confiança do juízo).[66]

---

62 Vide item adiante, específico sobre o tema.

63 Sobre a não adoção da regra do art. 989 do CPC de 1973 na codificação atual, confira-se: Ricardo Alexandre da Silva e Eduardo Lamy, *Comentários ao Código de Processo Civil*, v. IX, p. 492.

64 Art. 989. O juiz determinará, de ofício, que se inicie o inventário, se nenhuma das pessoas mencionadas nos artigos antecedentes o requerer no prazo legal.

65 Por tal passo, Ronaldo Vasconcelos defende a possibilidade de o juiz instaurar o inventário de ofício, caso seja verificada situação que se encaixe como herança jacente (*Comentários ao Código de Processo Civil*, v. 3, p. 411). Embora com forte crítica à postura adotada pelo legislador, Robson Renault Godinho também vê, no art. 789, palco para atuação de ofício do juiz para determinar a arrecadação em caso de herança jacente (Robson Renault Godinho, *Comentários ao Código de Processo Civil*, v. IV, p. 285-286).

66 O quadro deixado pelo CPC é conflituoso, pois admite – ao menos a partir de interpretação de dispositivo legal (art. 738) – que o juiz inicie arrecadação de ofício se caracterizada herança jacente, ou seja, verifique que há patrimônio a ser arrecadado e que não há notícia acerca de herdeiros do falecido. Todavia, caso o mesmo juiz constate que há acervo hereditário positivo, mas com a presença de herdeiros conhecidos, não lhe é franqueado qualquer ato para instar (ainda que por estímulo) o inventário *causa mortis*, tendo em vista que não se extrai do art. 616 do CPC (ou de outro dispositivo do trecho dos arts. 610-673) texto que permita a excepcional legitimidade judicante para instauração de arrecadação *causa mortis*, de forma assemelhada ao disposto no art. 738 (muito menos ainda de forma simétrica ao revogado art. 989 do CPC de 1973). Dessa forma, as duas posições firmadas na codificação atual estão postadas de modo contraditório e, diante da imperatividade do art. 611 do CPC em vigor, afigura-se possível que o

5. Contagem do prazo de instauração

O prazo para instauração do inventário *causa mortis* é de dois meses a contar do falecimento. Diante da opção de contagem de prazo por "módulo" (mês), não se aplica o disposto no art. 219, do CPC, que se volta apenas à contagem fixada em "dias" (hipótese em que serão computados apenas os "dias úteis"). Em suma, o prazo em meses não levará em conta os dias respectivos, mas o bloco unitário de cada mês, pouco importando as variações internas de dias que os compõe.[67] Assim, em exemplo, se o óbito ocorrer no dia 10 de fevereiro (mês com menor número de dias), deverá se projetar o prazo máximo a partir da conjugação do art. 611 com o art. 132 do CC. A combinação de dispositivos fará com que seja excluído o dia do óbito e, fixado o marco para a contagem do prazo (dia posterior ao falecimento), projetam-se dois meses, ou seja, no exemplo, o prazo seria dia 11 de abril para a instauração do inventário *causa mortis*.

A escolha do CPC em traçar prazo superior ao previsto no art. 1.796 do CC (30 dias) é adequada, pois tal opção respeita o período de luto dos parentes do falecido (*período do nojo*), evitando que a instauração do inventário *causa mortis*, em alguns casos, seja feita em momentos de dor e/ou angústia,

---

dispositivo seja lido com apoio no art. 738 do mesmo diploma para se admitir atuação de ofício do juiz, consistente na instauração do inventário. Ainda que sem fazer conexão com o art. 738, FABIO CALDAS DE ARAÚJO defende que no CPC a revogação do art. 989 do CPC de 1973 não veda que o juiz instaure o inventário por impulso oficial (*Curso de Processo Civil,* tomo III, p. 224-225). De modo diverso, JEFFERSON CARÚS GUEDES defende que o art. 738 não afeta o inventário *causa mortis*, sendo inviável a sua instauração por impulso oficial (*Comentários ao Código de Processo* Civil, v. XI, p. 396). O tema foi tratado com mais vagar nos comentários aos arts. 615 e 616 desta obra.

67 Não obstante a opção do CPC no uso de mês – como bloco temporal de referência para a contagem do prazo de instauração do inventário *causa mortis* – não possa ser tratada como postura inédita (já que o art. 467 do CPC de 1939 se valia do mesmo parâmetro), a alteração efetuada deve ser aplaudida. Sem dúvida, além da simetria com o parâmetro de finalização do inventário, o uso do mês como referência permite contagem mais segura e de fácil previsibilidade, afastando variantes que podem ocorrer a partir da aferição unitária de dias, diante da existência de meses com maior ou menor extensão no sentido. Não por acaso, CLÓVIS DO COUTO E SILVA fez crítica à dualidade de parâmetros que havia no art. 983 do CPC de 1973, entendendo mais correta a opção do art. 467 do CPC de 1939, mais próximo no sentido do art. 611 do CPC de 2015 (*Comentários ao Código de Processo Civil*, v. XI, tomo I, p. 279). No ponto, vale conferir texto de AUGUSTO PASSAMANI BUFULIN e MIRYÃ BREGONCI DA CUNHA BRAZ Braz que traçam situações hipotéticas em que o termo final do prazo varia conforme seja feita a contagem, em dias ou meses (Aspectos jurídicos sobre a controvertida multa nas ações tardias de inventário. In: *Revista de Direito de Família e Sucessão*, v. 6, p. 56).

fatores que indiretamente podem prejudicar o bom relacionamento dos interessados na herança, considerando que a morte de ente que os vincula poderá eclodir mágoas adormecidas. O prazo mais alargado, de certa maneira, acaba por favorecer acomodações e pacificações, sendo certo que a diminuição das áreas de conflito é capital para que o encerramento do inventário seja mais breve (ou, ao menos, não tão moroso).[68]

A interpretação literal do art. 11, § 3º, da Resolução n. 35/2007 do CNJ, indica que não basta a instauração do inventário extrajudicial, sendo necessária nomeação do inventariante para que o curso do prazo do art. 611 do CPC seja interrompido. A correta exegese aplicável ao dispositivo, até para salvá-lo de inconstitucionalidade (art. 22, I, da CF), deve ser feita no sentido de que ao se instaurar o inventário extrajudicial se exige a imediata nomeação do inventariante.

6. Instauração do inventário *causa mortis* e a presença de testamento

A instauração do inventário sucessório quando a sucessão contempla testamento é um tema nervoso, pois reclama a conjugação do prazo de instauração do inventário (art. 611) com a exigência procedimental do "registro do testamento" (arts. 735-737). Trata-se de situação em que os interessados terão que trabalhar com sistema *bifásico*, diante da exigência de dois procedimentos autônomos: (a) *homologação de testamento* (arts. 735-737) e (b) inventário *causa mortis* (arts. 610-673).

O texto do CPC sinaliza, a partir de interpretação lógica (já que há omissão de regras expressas), que as disposições testamentárias devem ser cumpridas previamente, ou seja, antes de instaurado o inventário *causa mortis*. Tal linha de raciocínio é extraída de dispositivos que tratam do testamenteiro, pois a figura somente poderá ser assim considerada depois da aprovação do testamento pelo juiz e assinado o termo da testamentária, ficando autorizado o cumprimento das disposições de última vontade do falecido (art. 735, §§ 3º e 5º). Assim, antes de homologado o testamento, nenhuma pessoa poderá se postar

68 A análise mais profunda do prazo de 02 (dois meses) do art. 611 remete à percepção de que as técnicas de autocomposição (em especial a mediação e/ou conciliação) no inventário *causa mortis* poderão ser instauradas em momentos variantes e a escolha de data próxima à sua instauração nem sempre é o momento mais adequado. No particular, sem prejuízo do seu caráter patrimonial, no plano da relação interpessoal de seus protagonistas, a sucessão *causa mortis* agrega variantes singulares, como o luto pessoal e vínculos já rompidos muito antes da morte do falecido (muitas vezes, arrastando as mágoas pessoais). Sobre o encaixe da etapa da autocomposição no inventário, confira-se os comentários aos arts. 626, 627 e 664 na parte que fazem alusão ao tema.

(ao menos com plena eficácia de atuação) como testamenteiro. Ocorre que o prazo previsto no art. 611 acaba sendo curto, pois o registro do testamento teria que estar finalizado antes de dois meses, sobrevindo espaço temporal remanescente para que o inventário *causa mortis* fosse instaurado ainda dentro do aludido prazo.[69]

Diante do quadro, uma solução que se afigura como adequada é a admissão de convenção processual para conjugar os dois procedimentos em ambiente processual único.[70] Trata-se de convenção que não possui óbice de competência[71] e que pode alcançar até partes incapazes, em razão do disposto no art. 665 do CPC, desde que o Ministério Público concorde com a alteração de procedimento. Ora, se o citado dispositivo prevê convenção processual que permuta de todo procedimento, permitindo que o inventário comum seja convertido em arrolamento (art. 664), não se pode descartar a cumulação da *homologação de testamento* com o inventário *causa mortis*, medida procedimental muito mais simples.[72] Dessa forma, apresentando-se convenção processual, a instauração do inventário poderá ser efetuada com a cumulação de pedido de registro do testamento e, no que for alcançado pelas disposições testamentárias, aguardará o desfecho sobre a homologação do testamento, a fim de que, devidamente registrado, seja cumprido no bojo do próprio inventário *causa mortis*.[73]

7. A não instauração no prazo legal e as suas possíveis consequências

O CPC atual não traça, ao menos de forma direta, uma (ou mais) sanção(ões) pela não instauração do inventário *causa mortis*, deixando também de regrar as consequências pela sua abertura tardia, isto é, depois de vencido

---

69 Próximo: Daniel Amorim Assumpção Neves, *Novo Código de Processo Civil comentado*, p. 1.187.

70 Em termos: Fabio Caldas de Araújo, *Curso de Processo Civil*, tomo III, p. 496.

71 A competência relativa não possui nenhum óbice para que seja alvo de convenção processual.

72 O art. 665 não pode receber interpretação restritiva, como se única hipótese de convenção processual em inventários *causa mortis* com participação de interessado incapaz. Na realidade, a simbiose dos arts. 665 e 190 do CPC possibilita que sejam feitas convenções processuais com incapaz no inventário *causa mortis*, desde que concordem todas as partes e o Ministério Público, notadamente quando fica evidente que o negócio jurídico processual beneficiou o incapaz (fato este que pode ser caracterizado pela redução de custos e melhor eficiência do processo). O tema foi tratado nos comentários ao art. 665 desta obra.

73 No mesmo sentido: Cristiano Chaves de Farias, O cumprimento de testamento no novo Código de Processo Civil e a possibilidade de adaptação procedimental (cláusula geral negocial) do inventário. In: *Famílias e Sucessões*, p. 656.

o prazo de dois meses. Tal postura é contrária à dicção do art. 611 que indica que o inventário *causa mortis* possui natureza obrigatória (= *processo necessário*).

Seja como for, há de se firmar a premissa de que o prazo para instauração não possui efeitos extintivos, de modo a impedir que os interessados possam abrir o inventário *causa mortis* depois de vencido o prazo de dois meses fixado no art. 611. Dessa forma, a qualquer tempo, por mais remota que tenha ocorrido a abertura da sucessão, será possível a instauração do inventário *causa mortis*, inclusive no âmbito extrajudicial (vide art. 31 da Resolução n. 35/2007 do CNJ). A conclusão é, de certa forma, óbvia, pois seria de todo despropositado imaginar que um ato de natureza obrigatória (e, portanto, não facultativa) trabalhe com prazo extintivo. Entretanto, o fato de não ter efeito extintivo não impede que a o atraso na instauração propicie espaço para aplicação de sanção (ou, no mínimo, revés).

Dentre as consequências pelo atraso da instauração do inventário *causa mortis*, é possível a aplicação de multa de caráter fiscal, que deve estar fixada em legislação tributária estadual ou distrital. A situação se justifica em razão de o ITCMD ser um tributo de competência estadual/distrital, nos termos do art. 155, I, da CF, de modo que a não instauração do inventário, no prazo legal, pode contribuir para que o imposto seja recolhido a destempo.[74] A legalidade da imposição da multa já foi alvo de apreciação pelo STF, que editou a Súmula 542,[75] cujo entendimento é ainda aplicável.

Como se trata de legislação estadual/distrital, a moldura da multa por atraso na instauração do inventário *causa mortis* estará desenhada de forma pontual em cada Estado e no Distrito Federal, não seguindo modelo único, apesar de intuitivos pontos de contato (como, por exemplo, a base de cálculo que, em regra, é o valor do imposto devido, isto é, o ITCMD devido, servirá de superfície para a incidência de cálculo da multa). Dentre as variações, é possível não só a fixação de alíquotas diferentes, mas, também, de uso de progressividade a partir da aferição do atraso. Destaque-se, no ponto que, se a multa tiver como base de cálculo o valor do ITCMD, a sanção terá caráter restrito aos inventários *causa mortis* com *desfecho positivo*, ou seja, que resultem em partilha ou adjudicação. Isso porque, em caso de *inventários com resultado zero* ou *negativo*, faltará base de cálculo, na medida em que, nestes casos, não há patrimônio a ser transferido para herdeiro e/ou legatário. Tal situação de-

74 Próximo: LUIZ GUILHERME MARINONI, SÉRGIO CRUZ ARENHART E DANIEL MITIDIERO, *Novo curso de processo civil:* tutela dos direitos mediante procedimentos diferenciados, v. 3, p. 191.

75 Súmula 542 do STF: "Não é inconstitucional a multa instituída pelo Estado-Membro, como sanção pelo retardamento do início ou da ultimação do inventário".

monstra, mais uma vez, que a legislação nacional segue a premissa de que o inventário *causa mortis* terá – invariavelmente – desfecho positivo, o que é falso. A assertiva pode ser aferida pelo fato de que a legislação tributária, de um modo geral, indica o herdeiro ou o legatário como contribuintes do ITCMD, especificamente na hipótese de transmissão *causa mortis*.

Como a competência para legislar sobre o prazo para instauração do inventário *causa mortis* é da União, já que envolve tema de *Direito Civil* e *Processo* (art. 22, I, da CF), os Estados e Distrito Federal não poderão estipular qualquer tipo de multa desalinhada ao que estiver disposto em lei federal. O registro deve ser feito, pois o prazo do art. 611 foi alvo de intervenção legislativa na época da "primeira onda" da pandemia provocada pela COVID-19. Mediante o art. 16 da Lei n. 14.010/2020, fixou-se a postergação dos prazos de instauração do inventário sucessório das sucessões abertas a partir de 1º de fevereiro de 2020, a fim de que a contagem respectiva somente se iniciasse no dia 30 de outubro do mesmo ano. Assim sendo, durante o período em que vigorou tal legislação (que tece caráter temporário), os Estados e o Distrito Federal ficaram inibidos de aplicar a multa por atraso na instauração do inventário *causa mortis*, tendo em vista o expresso comando legal federal.[76]

Sem prejuízo do acima dito, o art. 611 autoriza que o juízo sucessório releve o não cumprimento dos prazos nele previstos (instauração e encerramento do inventário), fazendo-o por meio de decisão motivada, cujo teor será comunicado à Fazenda. A parte final do dispositivo dispõe expressamente que o juiz poderá "prorrogar esses prazos", apontamento feito no *plural* indicativo de abarcar não só o encerramento, mas também a instauração do inventário *causa mortis*. Para tanto, deverá de ficar configurado o *justo motivo* que autoriza a medida excepcional, ou seja, a ocorrência de fato que foge da esfera pessoal das partes (tal como fechamento temporário do Poder Judiciário, como ocorreu em períodos da pandemia gerada pela COVID-19). Como já dito, é capital que seja proferida decisão judicial motivada no sentido, efetuando-se contraditório diferido à Fazenda.

Saliente-se, em arremate, que a não instauração do inventário pode colocar o herdeiro em desconfortável situação de exposição de seu patrimônio pessoal para terceiros (credores do espólio). Com efeito, o art. 1.792 do CC prevê que o herdeiro não responde por encargos superiores às forças da heran-

---

76 Sobre o tema, confira-se: RODRIGO MAZZEI E DEBORAH AZEVEDO FREIRE, Instauração do inventário causa mortis: breves (mas não óbvias) anotações a partir do regime jurídico emergencial e transitório das Relações Jurídicas de Direito Privado (RJET) no período da pandemia do coronavírus – COVID-19. In: *Revista Nacional de Direito de Família e Sucessões*, p. 12-23.

ça, incumbindo-lhe a prova do excesso, salvo se houver inventário que a escuse, pois este, a partir da apuração e liquidação efetuada, poderá servir de prova documentada para demonstrar o valor dos bens herdados. Assim, a partir do desfecho do inventário, o herdeiro poderá ter a seu favor prova (ainda que relativa) acerca dos limites da herança (em caso de partilha ou adjudicação) ou de que nada herdou (inventário com resultado *zero* ou *negativo*), evitando qualquer tipo de invasão (ainda que apenas para exposição) de seu patrimônio pessoal.[77]

8. Marco para o início da contagem do prazo para encerramento

O prazo de 12 (doze) meses para encerramento do inventário *causa mortis* deve ser contado a partir da sua instauração. É irrelevante no sentido a data da abertura da sucessão, pois esta é usada como o termo inicial da contagem apenas para a "instauração" do inventário *causa mortis*.[78] Por conseguinte, os 12 (doze) meses se referem ao prazo que os interessados terão para ultrapassar todas as fases do inventário e apresentar o resultado, finalizando toda a arrecadação com uma das possibilidades de desfecho (*positivo*, *zero* ou *negativo*). Portanto, há dois marcos de contagem distintos: (a) *abertura da sucessão* → abre o prazo de dois meses para a instauração do inventário *causa mortis*; (b) *instauração do inventário* → uma vez inaugurado o inventário, inicia-se a contagem de 12 (doze) meses para que este seja finalizado.

9. As opções adotadas no CPC sobre prazos e o impacto na parte final do art. 611 (prazo de encerramento do inventário)

Não se desconhece que o prazo de 12 meses fixado atualmente no CPC para encerramento do inventário *causa mortis* é superior ao que já foi fixado para tanto. No sentido, os arts. 1.770 do CC de 1916 e 467 do CPC de 1939 previam que o prazo seria de três meses. O CPC de 1973 (art. 983), na sua versão original, dilatou o termo do inventário *causa mortis* para seis meses, prazo este que veio a ser novamente alterado, passando para 12 meses por meio de modificação efetuada Lei n. 11.441/2007. Há, portanto, no ventre das co-

77 Na lição de José Fernando Simão (em cotejo ao art. 1.792 do CC): "O ônus de prova que os bens não vieram do falecido cabe ao herdeiro e, para isso, o inventário servirá de prova. Se inventário não houver, caberá ao herdeiro provar que o falecido não deixou bens, sob pena de responder com os seus próprios. A transmissão de dívidas não poderá atingir os bens que já eram dos herdeiros feita a prova do que o herdeiro recebeu por meio de inventário" (*Código Civil comentado*, p. 1.417-1.418). Próximo: Mauro Antonini, *Código Civil comentado*, p. 2.162.

78 No sentido: Clóvis do Couto e Silva, *Comentários ao Código de Processo Civil*, v. XI, p. 280.

dificações, sequência de mudanças, em que o prazo de três meses foi recebendo alterações até chegar aos 12 meses que foram ratificados no art. 611 do CPC em vigor. Ocorre que, em se tratando de inventário *causa mortis* litigioso, dificilmente o prazo definido na parte final do art. 611 será efetivamente cumprido.

Com efeito, os atuais tons do direito material que envolvem a sucessão da pessoa natural (que cada dia se tornam mais complexos e fracionados), por si só, já seriam suficientes para demonstrar que o prazo de 12 meses será insuficiente para que, no curso do inventário sucessório, sejam solucionados todos os seus conflitos, notadamente quando este se torna palco de litígios qualificados, criando-se incidentes policêntricos e cujos protagonistas respectivos estão postados em posições de cambiantes.

No entanto, há questões mais pontuais aplicadas internamente à codificação processual que indicam que o prazo de 12 meses fixados no art. 611 raramente será cumprido e que, de outra banda, confirmam o desleixo do legislador com os procedimentos atrelados ao inventário sucessório. Isso porque, embora o CPC vigente tenha mantido o mesmo prazo definido pela Lei n. 11.441/2007 para o encerramento do inventário *causa mortis*, com a inserção do art. 219 na codificação processual, foi introduzida alteração substancial nos prazos processuais em geral, já que estes passaram a ser contados apenas em "dias úteis". Em consequência de tal mudança, ainda que de forma indireta, as manifestações processuais no bojo do inventário sucessório foram alargadas, já que a contagem em dias úteis, em regra, alcançará períodos temporais mais longos do que o agrupamento de "dias corridos" (que se aplicava do CPC de 1973). Não suficiente a adoção do critério geral dos prazos, o CPC em vigor alterou diversos prazos internos do inventário *causa mortis*, postura esta sendo efetuada – quase na totalidade das vezes – no sentido de *aumentá-los*, ou seja, permutando-se prazos mais curtos por outros mais alongados.[79] Quando se conjuga a regra geral de contagem de prazos apenas em "dias úteis" (art. 219) com as numerosas mudanças de alargamentos de prazos, o espaço temporal de 12 meses do art. 611 se tornou "mais apertado", reduzindo-o reflexamente.

Para comprovar o aqui dito, é de bom tom plasmar ilustração com roteiro básico do inventário *causa mortis*, seguindo-se a cronologia e prazos do CPC, a saber: (I) cinco dias a partir da intimação da nomeação do inventariante até a assinatura do termo de compromisso – art. 617, parágrafo único; (II) 20

79 Confira-se (em rápidos exemplos): (a) arts. 627, 628, § 1º, 635, 637, 639 e 647 – alteração do prazo de 10 (dez) para 15 (quinze) dias; (b) arts. 623, 629, 641 e 652 – mudança do prazo de 05 (cinco) para 15 (quinze) dias. Como exceção, tem-se que o art. 629 possui o prazo reduzido para 15 (quinze) dias, pois, no CPC de 1973 (art. 1.002), este era de 20 (vinte dias).

(vinte) dias, para apresentação das primeiras declarações – art. 620; (III) 30 (trinta) dias para citação dos sujeitos envolvidos e intimação do órgão fazendário e ministerial, levando em conta ainda neste cômputo a citação editalícia com prazo mínimo de 20 (vinte) dias – arts. 626, § 1º, e 259, III; (IV) 15 (quinze) dias para manifestação dos interessados – arts. 626-627 (situação que provoca o contraditório geral, com novo prazo); (V) 15 (quinze) dias para manifestação da Fazenda Pública – art. 629; (VI) 15 (quinze) dias para elaboração de laudo pericial (avaliação) – art. 630; (VII) 15 (quinze) dias para manifestação das partes acerca da estimação – art. 635 (podendo haver impugnações, caso que reclama contraditório e ampla defesa e culmina na dilação temporal); (VIII) 20 (vinte) dias para o inventariante apresentar as últimas declarações (depois de resolvidas eventuais controvérsias); (IX) 15 (quinze) dias para que as partes sejam ouvidas acerca das últimas declarações – art. 637; (X) elaboração do cálculo tributário (não há prazo fixado); (XI) 05 (cinco) dias para manifestação das partes acerca deste, cabendo impugnação – art. 638; (XII) os credores podem habilitar-se e requerer o pagamento de seus créditos, intimando para, no prazo mínimo 5 (cinco) dias, manifestarem-se os sujeitos processuais (em caso de concordância destes, suceder-se-á expropriação, procedimento este que é inviável estabelecer prazo fictício); (XIII) 15 (quinze) dias para os pedidos de formulação de quinhões – art. 647 (sendo necessário contraditório geral); (XIV) 15 (quinze dias) para as partes se manifestarem sobre o esboço da partilha – art. 652; (XV) com o pagamento do tributo (prazo indeterminado), os autos serão conclusos para sentença a partilha (não há prazo para tanto). Do quadro tracejado, que inicia da assinatura do termo do inventariante até se chegar à sentença da partilha, a própria ordem sequenciada do CPC permite uma contagem "por volta" de 200 (duzentos) dias úteis.[80] Note-se que, na listagem acima, não foram inseridos vários prazos inerentes ao inventário, pois, em exemplo, foram excluídos os vinculados aos serviços cartorários e os atrelados ao juízo sucessório (muito embora, descritas boa quantidade de questões que se submetem a sua deliberação). Note-se, outrossim, que não se consideram também as manifestações sucessivas do Ministério Público e, muito menos, do testamenteiro, dicções que são obrigatórias nas hipóteses do art. 178 do CPC e em caso de sucessão testamentária. Considerando que, cada ano possui aproximadamente 252 dias úteis,[81] há um 'saldo curtíssimo' para cumprimento do prazo

---

80 Conforme se extrai do calendário do Estado do Espírito Santo, observado no ano de 2021. Disponível em: https://www.dias-uteis.com/quantos_dias_uteis_no_ano_2022_Esp%C3%ADrito%20Santo.htm#:~:text=Restam%20260%20dias.,252%20dias%20%C3%BAteis%20em%202022%20. Acesso em: 02 de jun. de 2021.

81 Na verdade, a situação certamente é mais grave, pois as comarcas podem se submeter a quadrante de feriados locais e regionais que reduz ainda mais os prazos.

ditado pelo art. 611, saldo este que deverá ser consumido pelos atos que propositalmente foram excluídos do cenário de contagem.

Dessa forma, independentemente do aumento da complexidade do direito material nos dias atuais, a dupla opção (contagem de prazos apenas em dias úteis e o aumento de vários prazos internos do inventário) impactou fortemente a parte final do art. 611. Caso se exija que todos os atos previstos para o inventário sejam cumpridos, ainda que com forte celeridade, certamente o inventário não se encerrará em 12 meses, pois estes, em verdade, representam na faixa de 252 "dias úteis". A exposição permite, dentre outras conclusões, aferir a falta de cuidado do legislador, pois a análise ora apresentada demonstra a despreocupação sistêmica nas alterações legislativas e o seu efetivo impacto em disposições (tratadas como *"normas gerais"*) do inventário *causa mortis*.

10. Prorrogação do prazo para encerramento do inventário

O art. 611 permite a prorrogação do prazo previsto em lei para encerramento do inventário *causa mortis*, ficando evidente, assim, que se trata de prazo que pode ser dilatado. No ponto, vale notar que a parte final do dispositivo em comento prevê que o juiz sucessório poderá prorrogar os prazos de "ofício ou a requerimento de parte".

Adaptando o disposto no § 2º do art. 322 do CPC, estará implícito o pedido de prorrogação quando for apresentado pedido no bojo do inventário *causa mortis* que releve a necessidade de expansão do prazo, em razão de diligências que necessitam ser feitas ou de etapas que ainda não foram encerradas. Mais ainda, considerando que a dilatação de prazo pode ser adotada de ofício, os atos judicantes determinando que um interessado (ou a figura do inventariante) adote determinada providência (por exemplo, apresentação de documentos) poderão ser interpretados como prorrogação implícita do prazo. Não se pode pensar diferente, pois o comportamento de todos os atores do processo não pode ser desprezado num ambiente de boa-fé processual, tal como preconizado pelo art. 5º do CPC.

11. Sanção pelo não cumprimento do prazo de encerramento

Diante da omissão do art. 611 acerca de apenamento em caso de não cumprimento do prazo para encerramento do inventário *causa mortis*, a extrapolação do termo final previsto na norma pode ficar sem qualquer tipo de sanção. O quadro não inibe que a legislação estadual, de forma semelhante ao que ocorre em relação à instauração do inventário *causa mortis*, trate do assunto. Todavia, para que se aplique sanção pecuniária (multa), é fundamental que esta esteja prevista em lei, como corolário lógico do princípio da legalidade.

A partir da análise do rol art. 622 do CPC (que trata de hipóteses de remoção da inventariança), tem-se que o simples fato de o inventariante não cumprir o prazo de encerramento previsto no art. 611 não autoriza, por si só, a sua remoção, sendo necessária a configuração de alguma das hipóteses previstas no rol do referido dispositivo.[82] De outra banda, a partir da dimensão de que se trata de *processo necessário*, ou seja, de que o inventário *causa mortis* é ato obrigatório, não se afigura como solução correta a extinção processual, na hipótese de extrapolação do prazo, mesmo em situação de desídia do inventariante. Nessa hipótese, como o inventário *causa mortis* pode envolver rol variado de interessados (inclusive a Fazenda para efeito de eventual recolhimento de ITCMD), o juiz deverá determinar a intimação pessoal dos que possuem interesse na arrecadação (e no seu desfecho), a fim de que estes adotem providências para continuidade do inventário *causa mortis*. A partir da postura dos interessados, restará configurado o melhor caminho a seguir, sendo certo que a simples omissão daqueles não autoriza, por si só, a extinção do inventário *causa mortis*, até porque as condutas, a partir de cada caso concreto, apontarão na melhor trilha a ser seguida (por exemplo: nomeação de inventariante dativo, conversão em herança jacente – em caso de renúncia dos herdeiros – ou até arquivamento do inventário, situação esta que não se confunde com a sua extinção).[83]

12. Da importância da parte final do art. 611 como a bússola de referência temporal do inventário *causa mortis*

A leitura do item anterior pode levar à afirmação de que a parte final do art. 611 – ao delimitar o prazo de 12 meses para encerramento do inventário – é inútil. Tal dicção, contudo, é falsa, pois, a partir da disposição, permite-se identificar o perfil do inventário *causa mortis* como procedimento *acelerado*, isto é, que foi cunhado para ser finalizado em curto espaço de tempo. Assim, na condução e organização do procedimento, a parte final do art. 611 é uma '*bússola temporal*' que norteia o inventário, no sentido de que deverão ser adotadas todas as medidas para que o seu encerramento se efetue logo.

82 No sentido: TJRJ, 17ª Câmara Cível, AI 0016588-39.2007.8.19.0000, j. 22/11/2007, *DJ* 17/01/2008. Igualmente: TJSP, 5ª Câmara Cível de Direito Privado, AI 2090617-50.2015.8.26.0000, j. 03/08/2016, *DJ* 04/08/2016 e TJRS, 7ª Câmara Cível, AI 70081286577, j. 04/06/2019, *DJ* 05/06/2019.

83 De modo próximo (e com base na jurisprudência), Luiz Paulo Vieira Carvalho defende que: "Caso haja **demora demasiada** ou **inércia** no andamento do processo judicial de inventário, **não se admite a extinção do feito**, mesmo porque há interesse, inclusive fiscal, em sua conclusão. Na prática, determina-se o arquivamento e aguarda-se a provocação dos interessados para seu prosseguimento" (*Direito das sucessões,* p. 976 – destaques no original).

A partir da premissa, técnicas internas do processo sucessório poderão ter seu uso justificado com base na parte final do art. 611. Em exemplo concreto, a *sobrepartilha* deve ser analisada sob seu aspecto *prospectivo* (art. 2.021 do CC), servindo como técnica de depuração na arrecadação, a fim de afastar os "bens remotos do lugar do inventário, litigiosos, ou de liquidação morosa ou difícil", pois tal medida é contrária à bússola de encerramento célere do processo sucessório.[84] Com semelhante iluminação, as técnicas de remessa externa (cuja base é o art. 612) devem projetar pouso em superfícies ("vias ordinárias") que possam solucionar as pendengas da forma mais rápida possível (fato que abre espaço para que plataformas outras que a ação judicial pelo procedimento comum sejam analisadas, tais como a arbitragem, o juizados especial cível e a instalação externa de autocomposição).[85] As partes, à luz da parte final do art. 611, poderão efetuar negócios processuais que propiciem acelerações procedimentais, como a definição de produção autônoma de provas sobre determinados assuntos (art. 381), trazendo o material obtido de forma documentada ao juízo sucessório, de modo a concentrar as atividades com foco decisório no bojo do inventário, colhendo-se provas externamente sem o risco de aplicação da remessa do art. 612. Em ilustração derradeira (que não encerra em absoluto os exemplos), a parte final do art. 611 aponta pela necessidade de adoção das técnicas processuais que permitem decisões no curso do inventário, atraindo-se, assim, o transporte de figuras gerais no sentido (tutelas provisórias e julgamento parcial de mérito) e dando grande relevo aos engenhos internos com tal vocação, dentre os quais se destaca o disposto no art. 647, parágrafo único (partilha antecipada).[86]

Não suficiente a função de *'bussola temporal'*, a parte final do art. 611 é um bloco temporal de referencial, pois, segundo o desenho legal, o inventário sucessório deveria se encerrar em 12 meses da instauração do inventário. Compreendendo tal função do dispositivo, haverá seu diálogo com outras regras aplicáveis ao inventário sucessório, transportando-se seu *'bloco temporal de referência'* para recepção. Exemplo frisante de sua projeção se encarta no art. 618, VII, que prevê que o inventariante deverá prestar contas de sua gestão "ao deixar o cargo ou sempre o juiz o lhe determinar". Considerando a projeção da parte final do art. 611, o inventariante deixaria ordinariamente o cargo ao fim do inventário, ou seja, 12 meses depois de instaurado o processo sucessório, de modo que caberá a este apresentar a prestação de contas sempre que romper o *'bloco temporal de referência'*. Dessa forma, da comunicação entre a

84 Vide comentários ao art. 669 desta obra.
85 Vide comentários ao art. 612 desta obra.
86 Vide comentários ao art. 647 desta obra.

parte final do art. 611 com o art. 618, VII, extrai-se que a prestação de contas no inventário *causa mortis* será – no mínimo – anual, pois o segundo dispositivo foi forjado a partir de um contexto de encerramento do processo sucessório em 12 meses.

13. Da imperiosa necessidade de organização e "calendarização" dos atos processuais

Os itens anteriores anunciaram a importância do apego das técnicas de organização do processo, sendo inevitável, no sentido, a importação do calendário (art. 191), pois tal figura permitirá a melhor acomodação dos atos processuais dentro "*bloco temporal de referência*". Com efeito, por meio do "calendário processual", as partes e o juiz estipulam marcha do procedimento, a fim de que os atos sigam uma cadência pré-determinada, em que estarão fixados não apenas os prazos, mas os atos que deverão efetivamente ocorrer, data por data.

Como as partes e o juiz participam da moldagem do calendário, tendo, por isso, ciência absoluta de seus termos, não é necessário qualquer tipo de intimação posterior das partes que construíram o calendário, fato que gera agilidade, pois são dispensados os atos formais de comunicação. Definido o calendário, apenas se admite a sua modificação em casos excepcionais (devidamente motivados), de modo que a nova moldagem deve ser feita mediante novo acerto entre as partes e o juiz. Registre-se que o instituto previsto no art. 191 possui textura que admite moldagem ampla. Tanto assim que o calendário poderá ser fixado em qualquer momento procedimental e não precisa ser único, isto é, poderá ser inserido em várias fases processuais, fato que permite sua presença plúrima na mesma ou em diferente etapa processual. Em suma, há ampla liberdade na inserção de calendários processuais, não sendo possível adotar noção limitadora, pois se trata de figura flexível e que pode ser desenhada de acordo com as necessidades específicas de cada situação.

Apesar de os dispositivos que tratam do inventário *causa mortis* desconhecerem a figura do calendário processual, o trecho dos arts. 610-673 possui espaços para que esse seja efetuado, sendo a sua inserção de grande valia não só para o desenvolvimento, mas também para a organização procedimental. No sentido, com olhos na referida técnica processual, aplicada no inventário *causa mortis*, a feitura de calendário processual posterior à apresentação das primeiras declarações pelo inventariante propiciará organização e fluidez procedimental desde o início do processo sucessório.

O art. 191 não define como o calendário será construído, admitindo-se, portanto, formas variadas de construção. Poderá o calendário ser proposto pelo inventariante ou por qualquer das partes, colhendo-se o contraditório respectivo (até porque as manifestações podem trazer contribuições ou pedidos de ajustes). Não se pode descartar postura ativa do juízo sucessório no sentido, apresentando esboço de calendário para ser cumprido. Assim ocorrendo, o contraditório conferirá maior estabilidade ao calendário, pois, igualmente ao que ocorre em caso de postulação por algum interessado ou pelo inventariante, a oitiva permite retificações e sedimentação da cadência.

Acrescenta-se que nada obsta (e é até recomendável em casos mais complexos) que o calendário seja edificado em audiência específica. Adaptando-se o disposto no art. 357, § 3º, o ato também se perfila como de organização processual, ou seja, técnica com modulação afinada ao art. 191 do mesmo diploma legal. Fique bem claro que não há qualquer vedação que impeça que o juízo sucessório determine a realização de audiência, conclusão esta que pode ser tirada, inclusive, pela análise do procedimento concentrado e acelerado do arrolamento comum, que expressamente prevê o ato (art. 664, § 2º). O que não se permite no inventário é que seja realizada audiência de instrução que fuja dos trilhos da cognição limitada no art. 612 (e as exceções previstas em lei[87]).

Em desfecho, mesmo sem encaixe perfeito na textura do calendário previsto no art. 191, poderá o juízo sucessório – a partir da configuração de inércia das partes ou de manifestações conflitantes – tracejar, ele próprio, a sequência dos atos procedimentais, valendo-se dos seus poderes para a condução do processo (art. 139, II e VI). Sem dúvida, a "calendarização" obtida por consenso será o melhor caminho, pois, além de diminuir o espaço para impugnações, envolve participação das partes, comprometendo-as para o cumprimento dos atos processuais.[88]

Art. 612. O juiz decidirá todas as questões de direito desde que os fatos relevantes estejam provados por documento, só remetendo para as vias ordinárias as questões que dependerem de outras provas.

CPC de 1973 – art. 984

1. Alteração (melhorada) da redação do dispositivo

Há duas mudanças no atual art. 612 em relação ao seu correspondente no CPC de 1973 (art. 984): (a) permuta da expressão *meios ordinários* para a adoção

87 A regra geral é apenas a juntada de prova já documentada, mas em situações pontuais – devidamente excepcionadas – a legislação admite a produção de prova técnica para avaliar bens (vide arts. 630, 663 e 664, § 1º), admitindo-se cognição ampla no caso de incidente de remoção do inventariante (art. 663).

88 Com outras análises acerca da "calendarização", vide os comentários aos arts. 627 e 635.

de nova nomenclatura (= *vias ordinárias*)[89] e (b) a exclusão da dicção *alta indagação* do texto legal. A primeira retificação acima destacada não possui repercussão prática, mas a segunda merece ser aplaudida, pois a expressão "alta indagação", anteriormente contida no revogado art. 984, carregava vagueza indigesta, uma vez que não permitia a extração de seus contornos, causando interpretações ambíguas. Pior ainda, abria espaço para que se sustentasse a existência de duas hipóteses distintas de exportação de questões do juízo do inventário para os "meios ordinários" (= vias ordinárias): (i) questões que necessitassem de prova documentada e (II) os temas de "alta de indagação".

O texto adotado no art. 612 afasta, por certo, a interpretação acima posta, pois, segundo o dispositivo em vigor, o juiz decidirá todas as questões de direito desde que os fatos relevantes estejam provados por documentos (= *documentadamente*), comando que indica que questões que sejam vistas como de "alta indagação" (compreendendo-se estas como de complexidade elevada) deverão ser decididas pelo juízo do inventário, bastando que as eventuais provas sejam apresentadas na forma reclamada no dispositivo (= *prova documentada*).[90] Trata-se, em suma, de técnica que trabalha com o filtro probatório, mas que firma *competência ampla do juízo sucessório* para decidir internamente sobre qualquer questão atrelada ao inventário, bastando que seja apresentado ao julgador completo material probatório já previamente documentado.

2. O inventário como processo documentado (*processo de natureza documentada*)

O art. 612 anuncia que o inventário *causa mortis* deve ser tratado como *espécie* de *processo documentado* (comumente, chamados de *processo documental*). Em apertada síntese, o *processo documentado* é notabilizado por admitir – como regra ordinária – apenas *prova já previamente documentada*, não havendo superfície interna para a confecção ("produção") de prova a ser colhida pelo julgador internamente, ou seja, dentro do próprio procedimento não se permite a

89 Postura esta que se estende a outros dispositivos em relação aos seus correspondentes na codificação revogada: arts. 627, § 3º, 628, § 2º, 641, § 2º e 643 (arts. 1.000, parágrafo único, 1.001, 1.016, § 2º e 1.018 – CPC de 1973).

90 No sentido (entre vários): Luciano Vianna Araújo, *Comentários ao Código de Processo Civil*, v. 2 (arts. 539-925), p. 184; e Paulo Cezar Pinheiro Carneiro, *Inventário e partilha judicial e extrajudicial*, p. 41. O entendimento possuía algum eco também na jurisprudência (mesmo antes do CPC em vigor), no sentido de que devem ser tratadas, como "alta indagação", "aquelas questões que não puderem ser provadas nos autos do inventário" (STJ, 4ª Turma, REsp. 450.951/DF, j. 23/03/2010, *DJ* 12/04/2010). Igualmente: STJ, 3ª Turma, AgRg no Ag 855.543/RS, j. 21/07/2007, *DJ* 01/08/2007. No tema, com sólida construção, confira-se: Hamilton de Moraes Barros, *Comentários ao Código de Processo Civil*, v. IX, p. 195-198.

confecção ("produção") de prova, uma vez que esta será sempre importada para os autos. Há, em tal cenário, análise retrospectiva da prova (olhar lançado sobre aquilo que já se encontra plasmado/documentado), tendo como objetivo alcançar aceleração para que se chegue ao desfecho do processo de forma célere.[91] Dessa forma, evidencia-se que a opção legal está atrelada ao aspecto *temporal* do inventário *causa mortis*, procedimento que foi desenhado para ter encerramento breve, consoante plasmado na parte final do art. 611 da codificação processual.

A constatação de que inventário se molda como *processo documentado* é importante, pois permite diálogo com outras figuras que estão agrupadas no mesmo gênero (mesmo que com peculiaridades). Dentre estas, destacam-se, sem dúvida, o mandado de segurança[92] e a ação monitória.[93] Fazendo breve paralelo, no mandado de segurança, não há a possibilidade de produção de outro tipo de prova senão a documentada, sendo hipótese de trancamento da via, com extinção sem resolução de mérito, caso o julgador verifique a necessidade de dilação probatória judicial com outros tipos probatórios (por exem-

---

91 Com foco nos *processos documentais*, a doutrina aponta que: "A técnica de sumarizar através da redução dos meios de prova é também antiga, mas mantida no direito moderno, objetivando sempre uma solução mais célere da demanda. Aqui, o que se limita é o campo probatório, excluindo-se da decisão judicial os fatos que exigem para sua comprovação prova complexa e temporalmente dilatada (...) Indubitável que a redução dos meios de prova documental provoca sensível encurtamento das atividades processuais, com lucro temporal imediato, colocando-se à disposição das partes instrumento processual bastante célere e eficaz" (ELAINE HARZHEIM MACEDO, *Do procedimento monitório*, p. 35-36).

92 As lições de ARRUDA ALVIM sobre o mandado de segurança no particular merecem ser trazidas: "(...) os fatos só podem ser provados por documento e liminarmente. É evidente que à Administração dá-se o direito de responder e contraprovar, mas sempre de forma documental. Pode dizer-se, diante disso, que o mandado de segurança filia-se àquilo que, no Direito europeu, conhece-se como *processos documentais*. É evidente, também, que essa idéia de processo documental ancora-se na outra idéia, condicionante anterior, que se tem da própria finalidade do mandado de segurança, qual seja, a da sua celeridade, e que, por definição, não comporta uma fase probatória" (Mandado de segurança. In: *Mandado de segurança e direito público*, p. 349). No tema, confira-se também: LEONARDO CARNEIRO DA CUNHA, *A Fazenda Pública em juízo*, p. 506.

93 O perfil adotado para ação monitória no Brasil está atrelado ao *processo documentado* (*"processo monitório documental"*), desapegando-se da *ação monitória pura* (em que não se exige a prova escrita com a petição inicial). Na linha: ERNANE FIDÉLIS DOS SANTOS, *Ação monitória*, p. 33 e JOSÉ RODRIGUES e CARVALHO NETO, *Da ação monitória*: um ponto de vista sobre a Lei 9.079 de 14 de julho de 1995, p. 51. Sobre as diferenças, realçando as características do *procedimento monitório documental*, confira-se: JOSÉ ROGÉRIO CRUZ E TUCCI, *Da ação monitória*, p. 41-44.

plo, prova oral e/ou pericial).[94] Admite-se, contudo, a produção probatória diferida caso o material documentado necessário à constatação do direito em jogo não esteja na mão do interessado, sendo apenas encontrado nas mãos de outra pessoa (art. 6º, §§ 1º e 2º, da Lei n. 12.016/2009). Note-se, contudo, que, no inventário *causa mortis* judicial, a decisão que reconhece a necessidade de produção de outras provas que não as já disponíveis de forma documentada não acarreta a extinção do debate judicial. No particular, o art. 612 trata de uma técnica de "remessa", que não opera a "extinção processual", mas tão somente a exclusão do debate no ventre do inventário, que prosseguirá com os temas que não exigem outro tipo de prova senão a já documentada. Em relação à ação monitória, apesar de o art. 700 do CPC indicar que o autor deve apresentar prova escrita sem eficácia de título executivo (ou seja, *prova documentada*), o réu poderá apresentar embargos e pleitear a produção de prova outra que não a documentada (art. 702), fato que abre também ao autor a possibilidade de apresentação de provas com outra natureza, até mesmo em razão do princípio da isonomia processual (arts. 7º e 139, I, do CPC). [95]

Quando se faz o agrupamento dos *processos documentados*, permite-se efetuar a identificação e a análise de técnicas processuais que poderão ser importadas ou exportadas. Sem dúvida, há engenhos processuais que não são íntimos aos processos *documentados* e, portanto, poderão ter obstáculo ao abrigo no inventário judicial *causa mortis*, diante do filtro geral fixado no art. 612. Por exemplo, na aplicação do art. 938, § 3º, do CPC, que prevê a possibilidade de que, no julgamento do recurso, o relator determine a produção de prova que entende relevante, situação em que será necessário observar os contornos ín-

---

94 Gerson Fischmann, apesar de não fazer o agrupamento em relação ao gênero (*processo documentado*), reconhece que há ponto de toque do inventário *causa mortis* judicial com o mandado de segurança no sentido de que a técnica de atos documentos tem o objetivo aceleração processual, evitando retardos com dilações probatórias no curso processual (*Comentários ao Código de Processo Civil*, v. 14, p. 42).

95 Do cenário acima, percebe-se que há variações de rigidez nos processos de natureza *documentada* e a redação do art. 612 indica que o inventário *causa mortis* judicial se encaixa em posição intermediária dentro do grupo de exemplos trazidos. Para tanto, basta observar que, no trecho dos arts. 610-673, em determinados momentos, está autorizada a produção de prova outra que não a previamente já documentada (em que se destaca a avaliação de bens, arts. 620, § 1º, 630, 663 e 664, § 1º, e a prova livre no incidente de remoção do inventariante). De todo modo, as exceções que admitam prova que não está documentada previamente deverão ser extraídas da legislação ou, de forma excepcional, por meio de convenção processual (art. 190 do CPC). Não há, portanto, a severa rigidez do mandado de segurança (que somente admite prova documentada), mas também não há a liberdade que pode se extrair do art. 702, aplicável à ação monitória (que abre a recepção de qualquer meio probante, caso opostos embargos).

timos do *processo documentado* (o que, no particular, está excepcionado no trecho dos arts. 610-673), não se admitindo a colheita de prova que estava vedada ao juízo sucessório. De forma diversa, a partir dos pontos de contato, pode-se cogitar a importação de técnicas de outros processos documentados para o inventário *causa mortis* judicial,[96] podendo-se citar, como exemplo, a providência prevista no § 1º do art. 6º da Lei n. 12.016/2009, atrelada ao mandado de segurança. Nem sempre, o inventariante terá em seu poder toda a documentação necessária para apresentar as primeiras declarações (art. 620), admitindo-se que, caso esta esteja em poder de interessado no inventário *causa mortis* judicial, seja determinada a apresentação judicial do material documentado, adaptando-se a regra da legislação aplicável ao mandado de segurança.

Por fim, deve-se gizar que não se pode, contudo, confundir *prova documentada* com *prova documental*. O disposto no art. 700, § 1º, aplicável à ação monitória (outro exemplo de processo documentado), ratifica a ideia aqui posta ao indicar que a prova escrita pode consistir em prova oral documentada, produzida antecipadamente, seguindo o disposto no art. 381 do CPC. Com tal norte, além da possibilidade da importação da técnica, o art. 700, § 1º, permite interpretar a palavra *documento*, inserida no corpo do art. 612 do CPC, como *prova documentada previamente*, pois, para efeito de uso processual, os meios probatórios deverão estar documentados independentemente da sua natureza, tanto assim que as prova orais e/ou pericial, para serem admitidas no processo, deverão estar plasmadas em termo ou laudo, ou seja, atos de documentação.[97]

96 Sobre o traslado de técnicas processuais, confira-se: RODRIGO MAZZEI E TIAGO FIGUEIREDO GONÇALVES, Ensaio sobre o processo de execução e o cumprimento da sentença como bases de importação e exportação no transporte de técnicas processuais. In: *Processo de execução e cumprimento da sentença*: temas atuais e controvertidos, p. 27-32; e FREDIE DIDIER JR., ANTÔNIO DO PASSO CABRAL E LEONARDO CARNEIRO DA CUNHA, *Por uma nova teoria dos procedimentos especiais*, p. 77-95.

97 Sobre o tema, é boa a síntese de LUIZ GUILHERME MARINONI e SERGIO CRUZ ARENHART (ainda com olhos no CPC de 1973): "(..) pode-se, desde logo formular a advertência de que nem todo 'documento' (prova documentada) constitui, *ipso facto*, prova documental. Essa conclusão pode ser atingida, com certa facilidade, quando se observa que, no processo, todo o ato é documentado. As declarações prestadas por testemunhas são documentadas, porque reduzidas a termo (art. 417 do CPC); a prova pericial é documentada através do laudo (art. 433 do CPC), etc. Enfim, porque nosso direito acolhe, predominantemente o princípio da escritura – em que pesem inúmeras concessões ao princípio da oralidade –, os atos do processo ficam normalmente documentados nos autos. E, apesar de todos este atos estarem representados por 'documentos' nos autos, nem por isso perdem sua essência (de provas testemunhais, periciais, etc.) para se tornarem provas documentais. São, sim, provas documentadas da colheita de outras provas. Ou seja, é possível dizer que determinado termo de depoimento, ou que o laudo pericial, é prova que representa diretamente o fato da colheita de material probatório. Em relação ao fato

Exemplo frisante de ato documentado – que não é documento propriamente dito – pode ser tirado a partir do exame de DNA para aferir a paternidade, porquanto o resultado da análise técnica estará estampado de forma documentada no laudo, indicando as conclusões do exame efetuado. No entanto, tal documentação não muda a essência da prova que continuará sendo técnica. A prova de filiação, de forma documental, deve ser feita com a certidão de nascimento, mas o resultado do DNA – embora não seja documento propriamente dito – é ato documentado da análise técnica que conclui (ou não) pela paternidade. Não resta dúvida de que o exame de DNA pode ser usado no ventre do inventário judicial para que se efetive a reserva de bens, municiando requerimento de interessado para efeito de admissão no inventário (art. 628 do CPC).

O processo *documentado* pode, portanto, valer-se de provas que não são propriamente *documentos*, mas que estão *documentadas previamente* e que permitam aferir determinados fatos. Por exemplo, enquanto a comprovação de casamento reclama prova de natureza restrita, aplicando-se para a hipótese o disposto no art. 406 do CPC, é certo que não se aplica a mesma rigidez em se tratando de união estável. É, portanto, perfeitamente possível que a união estável seja comprovada por conjunto de atos documentados (por exemplo, declaração de dependência em pensões e/ou seguros, preenchimento de documentos indicando a qualificação de companheiro e nominando a contraparte). De posse de acervo documentado hígido (ainda que sem a presença de escritura de união estável), será possível que o juiz decida sobre o assunto, aplicando-se a regra do art. 612 apenas se o material trazido (e colocado a contraditório) não for suficiente para comprovar o que foi aduzido pelo postulante.[98]

Perceba-se, no ponto, a importância que a ata notarial (art. 384 do CPC) pode ter no inventário *causa mortis* judicial, pois se trata de prova que – embora não seja tratada como documento – estará sempre plasmada de forma *docu-*

---

primário – objeto de prova que se colhia – aqueles elementos permanecem sendo prova testemunhal e prova pericial, não se convertendo em prova documental por sua documentação" (*Manual do processo de conhecimento,* p. 393-394). No tema, confira-se, ainda: Rodrigo Mazzei, Mandado de Injunção. In: *Ações Constitucionais,* p. 226-227).

98 Nesse sentido: "O reconhecimento de união estável em sede de inventário é possível quando esta puder ser comprovada por documentos incontestes juntados aos autos do processo" (STJ, 3ª Turma, REsp. 1.685.935/AM, j. 17/08/2017, *DJ* 21/08/2017); Bem específico: TJSP, 10ª Câmara de Direito Privado, AI 2254775-20.2018.8.26.0000, j. 19/12/2018, *DJ* 19/12/2018. Com alusão apenas ao uso de documentos, sem admitir os atos documentados (ao menos de forma expressa), confira-se: Francisco José Cahali e Renato Santos Piccolomini de Azevedo, *Código de Processo Civil anotado*, p. 866.

mentada. Em suma, o tabelião fará constar em ata aquilo que ele próprio aferiu acerca da existência e quanto ao próprio modo de determinado fato que lhe é apresentado pelo interessado objetivando tal análise.[99] Assim, em breve ilustração, pode-se cogitar a utilização da ata notarial para comprovar a existência de declarações feitas pelo falecido em redes sociais reconhecendo o tempo de existência de união estável com determinada pessoa (fato corriqueiro em postagens efetuadas em datas festivas, não raras as vezes feitas por meio de vídeos). Assim, será plasmado, na ata notarial, todas as percepções do tabelião sobre a ocorrência e a forma do fato, trazendo, no exemplo posto, as informações da postagem, tais como os dizeres do declarante, a data, o local, a rede social e etc.[100]

De outro giro, ao se diferenciar "documento" de "prova documentada", é intuitivo que se pense na ação autônoma de prova prevista no art. 381 do CPC, já que, em ambiente próprio, é possível a colheita de qualquer tipo de prova, cujo resultado ficará *documentado* e poderá ser utilizada no curso do inventário.

Em arremate, seguindo-se a linha trazida, há grande abertura acerca do espectro daquilo que pode municiar o inventário como espécie de *processo documentado* ('processo documental', como ortodoxamente tratado), pois, ao se olhar com atenção aos contornos aplicáveis à *prova documentada,* ficará eviden-

---

99 Não se deve confundir ata notarial com a chamada *escritura declarativa,* já que a última se refere apenas a declarações que são prestadas ao tabelião – este que registra na escritura aquilo que foi dito (= *declarado*) por aquele que compareceu ao tabelionato para tal fim. Na ata notarial, diferentemente, deverá ficar cravada a percepção de determinados fatos que são apresentados pelo interessado ao tabelião. Exemplo de ata notarial interessante e que demonstra a impossibilidade de confusão com escritura declarativa está previsto no art. 261-A, I, da Lei n. 6.015/73 (redação inserida pelo art. 1.071 do CPC) em relação à usucapião administrativa. O citado dispositivo indica que o pedido de usucapião administrativa deve ser feito contendo a ata notarial lavrada pelo tabelião, cujo objetivo é que aquele ateste o tempo de posse do requerente e seus antecessores (conforme o caso e suas circunstâncias). Não se trata de escritura declarativa em que o possuidor ou terceiros farão narrativas (declarações) acerca da posse e o tabelião simplesmente estampará aquelas para escritura, mas de ato cartorário em que o tabelião firmará suas convicções a partir do que lhe foi apresentado de forma documentada sobre a posse, não se descartado, inclusive, eventual comparecimento deste na área para a aferição dos fatos, ou seja, quanto à existência e ao próprio modo vinculado à situação de posse do interessado, nos moldes do art. 384 do CPC.

100 A aplicação da ata notarial, no inventário *causa mortis,* fica ratificada quando se analisa o § 1º do art. 700 que admite, em sede de ação monitória, que o autor apresente a *"prova oral documentada"* como *"prova escrita".* Embora o artigo em questão faça menção à técnica do art. 381, não há motivo para não projetar raciocínio semelhante para a figura prevista no art. 384.

ciado que esta não pode ser restrita ao que pode ser plasmado em "papel" (com escritos ou figuras semelhantes), mas também a qualquer outra forma de representação sensorial que já esteja pronta (= *produzida previamente*) e se permita encartar internamente ao processo judicial, sem criar óbice de consulta ampla ou embaraço ao contraditório. Em exemplo, a avaliação e a vistoria de imóvel que faz parte do acervo do espólio poderão estar documentadas por meio de laudo escrito, mas também o poderá estar em forma de vídeo, com filmagem do local, com imagens e narração do *expert* acerca das suas impressões.[101] A forma com que o laudo estará documentado não afeta o procedimento acelerado do inventário *causa mortis*, pois, em nenhuma das duas situações ilustradas, será necessária a "produção interna" de nova prova, senão a manifestação "documentada" das partes interessadas.

3. Comunicação do art. 612 com os arts. 627, § 3º, 628, § 2º, 641, § 2º, e 643, parágrafo único: a reserva de bens

Conforme firmado no item anterior, em se tratando de processo documentado, não se admite a instrução probatória de outra forma que não a apresentação de documentos ou de atos já documentados, exceto se expressamente ressalvado na lei. A restrição probatória está justificada em razão de que os processos com tal natureza são guiados pela necessidade de celeridade, bastando, para tanto, observar os exemplos que foram trazidos (mandado de segurança e ação monitória).

Muito embora a aceleração processual não fique realçada na *práxis* forense do inventário *causa mortis* judicial, a celeridade faz parte do gabarito do instituto,[102] bastando observar o disposto a parte final do art. 611, que indica que o inventário *causa mortis* judicial, caso não ocorra nenhuma prorrogação, deve ser finalizado no prazo máximo de em 12 meses a contar da sua instauração. Para que o inventário seja finalizado no aludido prazo (ou pelo menos em período curto) as questões de fato que não puderem ser decididas no ventre do inventário judicial, em razão da insuficiência de prova documentada, deverão ser resolvidas fora de tal ambiente. Quando o juiz se vale da técnica

101 Bem próximo, Eduardo Talamini (ao fazer alusão à prova documental e não à prova documentada na forma do texto), sustenta que: "O conceito de prova documental é extremamente largo. Abrange todo e qualquer objeto sensorialmente perceptível, passível de ser levado ao processo e que traga em si alguma representação de fato pretérito (...) A noção ampla de documento abrange não só a representação gráfica, escrita ou não (símbolos, mapas, desenhos...), como ainda a fonográfica, cinematográfica, fonográfica ou de outra espécie" (*Tutela monitória*, p. 68).

102 Com semelhante análise: Gerson Fischmann, *Comentários ao Código de Processo Civil*, v. 14, p. 39-42.

do art. 612, não há, portanto, descarte da análise da questão propriamente dita, mas apenas a remessa do assunto controvertido para fora do seio do inventário *causa mortis* judicial, a fim de que prova sobre a questão controversa seja colhida e documentada, permitindo, assim, que seja proferida decisão a respeito. Por tal passo, há questão controvertida com "pendência" de julgamento (*litis + pendência*).

Embora a redação do art. 612 não faça menção da adoção de qualquer medida acautelatória (= reserva de bens), a análise se impõe e poderá ser adotada de ofício pelo juiz. No sentido, é importante observar que a técnica do artigo comentado preenche espaço que não foi coberto por outros dispositivos que tratam de situações pontuais do inventário *causa mortis* judicial, a saber: (a) art. 627, § 3º (retenção de entrega do quinhão ao herdeiro contestado), (b) art. 628, § 2º (não admissão de interessado no inventário), (c) 641, § 2º, (colação não efetuada) e (d) 643, parágrafo único, (não pagamento de dívida fundada em documento e a impugnação não se fundar em quitação).[103] Há evidente ponto de toque do art. 612 com os dispositivos destacados, pois, em todas as situações elencadas (mesmo que com algumas variantes), o juízo sucessório, ao efetuar a remessa para as "vias ordinárias", analisará a necessidade de constituição de reserva patrimonial, preservando, assim, os interesses das partes envolvidas no conflito que foi descartado do bojo do inventário.

A omissão do art. 612 acerca da adoção da medida acautelatória (= formação de garantia patrimonial) não pode ser interpretada de forma literal, pois fugiria da essência da técnica que é uma conjugação de dois atos: (i) remessa do debate para as "vias ordinárias" e (ii) reserva de bens para assegurar o resultado útil da resolução da questão. Há, pois, espaços que não foram ocupados pelos arts. 627, § 3º, 628, § 2º, 641, § 2º e 643, parágrafo único, sendo certo que outras questões que podem surgir incidentalmente no curso do inventário judicial e cuja resolução demandará produção probatória diversa dos atos documentados já colacionados, reclamando-se, por tal passo, a aplicação da técnica de remessa do art. 612. Por exemplo, a discussão acerca da caducidade ou não de determinado legado por alteração na coisa (art. 1.939 do CC) é uma questão afeta ao inventário, pois envolve o cumprimento do legado, mas poderá reclamar provas outras que não aquelas trazidas de forma documentada.[104]

---

103 O tema também é tratado no CC (art. 1.997, § 1º).

104 A necessidade ou não de dilação além do material documentado, na maioria dos casos, dar-se-á a partir da análise concreta, não sendo possível indicar hipóteses em abstrato. Por exemplo, a viabilidade ou não de renúncia de determinado herdeiro poderá ser analisada apenas por atos documentados, caso este, por exemplo, não tenha capacidade para tal (em razão de decisão proferida em ação própria). Todavia, outros vícios acerca da eventual renúncia, notadamente aqueles que incidiram sobre

Assim, repita-se, o art. 612 é uma técnica geral de remessa que preenche os trechos que não estão alcançados pelos arts. 627, § 3º, 628, § 2º, 641, § 2º, e 643, parágrafo único, razão pela qual seu regime é semelhante, não se dispensando, pois, a reserva de bens.

Fixada a premissa acima, é fundamental perceber que, embora os textos dos arts. 627, § 3º, 628, § 2º, 641, § 2º, e 643, parágrafo único, não deixem dúvida quanto à possibilidade da reserva patrimonial ser determinada pelo juízo sucessório de ofício,[105] isto é, sem a necessidade de pleito específico, subtendendo-se, no particular, a existência de "pedido implícito", merece ficar registrado que tal fato não afasta a necessidade de se aferir a existência de *fumus boni iuris* em favor daquele que será o beneficiário da reserva.[106] Isso significa que, apesar de o juiz do inventário ter a possibilidade de agir de ofício para efetuar a reserva patrimonial atrelada à remessa externa ("vias ordinárias"), tal fato não afasta a necessidade de aferição da presença de *juízo de probabilidade* para sua constituição. No ponto, apenas o art. 643, parágrafo único, traz alusão expressa no sentido, indicativa de que a *reserva patrimonial não é automática*, pois demanda a análise concreta do litígio, a partir dos elementos comprobatórios (*documentados*) trazidos aos atos. Dessa forma, a mecânica que pode ser extraída do art. 643, parágrafo único, ao exigir quadro de probabilidade para que a reserva seja constituída, aplicar-se-á não só nos arts. 627, § 3º, 628, § 2º, 641, § 2º, como também na técnica geral do art. 612.

Portanto, sem prejuízo das suas particularidades, há um regime comum nos arts. 627, § 3º, 628, § 2º, 641, § 2º, e 643, parágrafo único (técnica de remessa pela necessidade de prova outra que não a documentada trazida aos autos + possibilidade de determinação de reserva patrimonial ofício pelo

---

a vontade do agente, poderão reclamar a dilação probatória externa, fato que justificará a aplicação do art. 612.

105 No sentido: Clóvis do Couto e Silva, *Comentários ao Código de Processo Civil*, v. XI, tomo I, p. 364; Paulo Cezar Pinheiro Carneiro, *Inventário e partilha judicial e extrajudicial*, p. 161; Humberto Theodoro Júnior, *Curso de Direito Processual Civil*, v. II, p. 275 e Fábio Caldas de Araújo, *Curso de Processo Civil*, tomo III, p. 256.

106 A reserva de bens possui traços semelhantes ao arresto, uma vez que, na maioria das vezes, seu objetivo será de garantir futura penhora. No sentido: STJ, 3ª Turma, REsp 703.884/SC, j. 23/10/2007, *DJ* 08/11/2007. Próximo: Fernando da Fonseca Gajardoni, *Processo de conhecimento e cumprimento de sentença:* comentários ao CPC 2015, v. 2, p. 1.089 e Fábio Caldas de Araújo, *Curso de Processo Civil*, tomo III, p. 256. Diferentemente, a ordem judicial de separação de bens se encaixa com mais perfeição, como *penhora*, no sentido de constrição como ato limiar da expropriação. Bem próximo: Gerson Fischmann, *Comentários ao Código de Processo Civil*, v. 14, p. 144; Ovídio A. Baptista da Silva, *Comentários ao Código de Processo Civil*, v. XI, p. 110; e Humberto Theodoro Júnior, *Curso de Direito Processual Civil*, v. II, p. 275.

juízo sucessório), que também é aplicável no art. 612. Trata-se, pois, de providência que tem, como bússola, a celeridade do inventário, evitando que internamente seja deflagrada dilação probatória que possa impedir seu desfecho célere.[107]

4. O art. 612 em simbiose com algumas técnicas adotadas pela atual codificação: produção autônoma de provas e cooperação judiciária

Ao longo dos comentários, será repetida uma premissa: as maiores alterações ocorridas no inventário *causa mortis* não estão dentro do trecho reservado ao instituto (arts. 610-673). Vários dispositivos – como é o caso do art. 612 – tiveram apenas mudanças redacionais, mas sua interpretação e aplicação se alteraram brutalmente diante do novo modelo de codificação e das técnicas que foram inseridas em pontos estratégicos do CPC em vigor.

Com efeito, em razão da natureza do inventário *causa mortis* judicial, as questões de fato que dependerem de outras provas que não se perfilem como *documentos* (ou que pelo menos já estejam *documentadas*) não poderão ser examinadas internamente. Na vigência do CPC de 1973, o revogado art. 984 expulsava tais matérias do bojo do inventário *causa mortis*, as quais desaguavam em "nova demanda", isto é, iniciava-se ação judicial da "estaca zero", proposta perante outro juízo que não o sucessório. Assim, necessariamente, havia o abandono da atividade probatória eventualmente já efetuada no bojo do inventário, pois a pretérita técnica propiciava uma solução solteira: propositura de ação judicial que guardava obediência ao completo procedimento comum (ou especial, a depender da questão discutida). A grande diferença entre os diplomas de 1973 e 2015 não está na permuta de expressões ocorrida entre os arts. 984 e 612 ("meios ordinários" → "vias ordinárias"), mas nas técnicas que podem ser utilizadas acopladas e em diálogo com a "remessa".

Anote-se, antes de tudo, que o texto do art. 612 reforça a ideia de que, se o juiz do inventário *causa mortis* já estiver de posse de material probatório documentado, ainda que a questão seja de alta relevância ou complexidade, a decisão sobre o tema se impõe, pois o artigo em comento é enfático (*"o juiz decidirá todas as questões de direito desde que os fatos relevantes estejam provados por documento"*) e a remessa externa se opera por exceção (*"só remetendo para as vias*

---

107 A confirmar que a reserva de bens é medida vinculada à celeridade desejada pelo art. 611, é de bom alvitre conferir que a providência também se impõe quando um dos interessados na herança é nascituro (art. 650, do CPC), pois, embora o inventário *causa mortis* tenha trânsito livre, o quinhão que seria cabível ao nascituro deverá ficar reservado em poder do inventariante até o seu nascimento, isto é, até a aferição do desfecho de fato externo ao próprio inventário.

ordinárias as questões que dependerem de outras provas"). Extrai-se daí a correção da assertiva de que *"as questões complexas, sejam de direito ou de fato, prioritariamente devem ser resolvidas no processo de inventário, não ocorrendo tal fato apenas se for exigida prova que não comporta a sua produção pelo juízo sucessório"*.[108] Dessa forma, a competência do juízo sucessório é ampla, atraindo qualquer tipo de questão que envolva o inventário, inclusive assuntos que aparentemente não estão na órbita da sucessão, como é o caso de reconhecimento de união estável a partir de robusto acervo probatório[109] e de filiação declarada em testamento (art. 1.609, III, do CC). O ideário de *universalização do juízo do inventário causa mortis* decorre justamente de tal situação (a regra é que o juiz respectivo decida sobre todas as questões que se apresentem), só se valendo da "técnica de remessa" se for necessária a dilação probatória que a legislação não admite que seja efetuada internamente no inventário, tendo em vista a natureza *documentada* e *sumária*.[110] A aplicação da técnica do art. 612 não está ligada, portanto, a qualquer falta de competência funcional[111] no juízo do inventário *causa mortis* judicial.[112]

Retornando aos trilhos principais do debate, na vigência do CPC de 1973, ao aplicar o art. 984, o juiz efetuava a remessa para ação autônoma completa (no sentido de que esta teria que percorrer todo o procedimento, fosse este comum ou especial), pois somente havia tal possibilidade. Ocorre que o CPC de 2015 traz opções não contempladas – ao menos de forma expressa – na codificação revogada. No particular, dentre as opções que podem ser adotadas em diálogo com o art. 612, destacam-se a ação autônoma de provas (art. 381)[113] e a possibilidade da cooperação nacional (arts. 67-69),[114] em que há alusão aos

---

108 No sentido: STJ, 3ª Turma, AgRg no Ag 855.543/RS, j. 21/06/2007, *DJ* 01/08/2007; STJ, 4ª Turma, AgInt no REsp. 1.584.129/SP, j. 24/11/2020, *DJ* 10/03/2021.

109 STJ, 3ª Turma, REsp 1.685.935/AM, j. 17/08/2017, *DJ* 21/08/2017.

110 Bem próximo: Hamilton de Moraes Barros, *Comentários ao Código de Processo Civil*, v. IX, p. 197) e Gerson Fischmann, *Comentários ao Código de Processo Civil*, v. 14, p. 39. Parecendo concordar: Clóvis do Couto e Silva, *Comentários ao Código de Processo Civil*, v. XI, tomo I, p. 280.

111 Segue-se aqui a noção de competência funcional como aquela determinada pela lei para o prévio exercício da jurisdição por determinado órgão. Vide, por todos, Cândido Rangel Dinamarco, *Instituições de Direito Processual Civil*, v. I, p. 445.

112 No tema, Pontes de Miranda leciona que: "o juiz decide quanto ao inventário, à partilha e às prejudiciais (...) Se ele tem competência, ou não, para a conhecer a questão em processo ordinário, é sem relevância para a aplicação do art. 984 [CPC/73]" (*Comentários ao Código de Processo Civil*, v. XIV, p. 25). Com ideia próxima: Sergio Sahione Fadel, *Código de Processo Civil. Arts. 890 a 1.220*, p. 129.

113 Sobre a figura, confira-se: João Luiz Lessa Neto, *Produção autônoma de provas e o processo comparado:* Brasil, Estados Unidos e Inglaterra.

114 No assunto: Fredie Didier Jr., *Cooperação judiciária nacional*: esboço de uma teoria para o direito brasileiro – arts. 67-69; e Antonio do Passo Cabral, *Juiz natural e*

atos concertados entre juízes cooperantes (art. 69, IV), no sentido que determinado juiz solicitado pode efetuar a produção de provas, documentá-las e enviar para o juiz solicitante (art. 69, § 2º, II).[115]

De forma resumida, a produção autônoma de provas somente era admitida no CPC de 1973 caso o requerente demonstrasse a existência de *periculum in mora*, no sentido de que a prova deveria ser feita de forma *antecipada* para se evitar o risco de sua dissipação, consoante se afere dos arts. 846-851 do diploma superado, dispositivos estes que estavam postados topograficamente dentro das regulações sobre processo *cautelar*. O art. 381 do CPC em vigor, apesar de manter – em seu inciso I – *antecipação cautelar* da prova, admite outras hipóteses de colheita autônoma sem a necessidade da urgência, destacando-se, no particular, a parte final do inciso II, que dispõe no sentido de autorizar a produção probatória se tal medida for adequada para a solução de conflito. O esquadro do art. 381, II, se encaixa com a técnica do art. 612, pois o conflito não foi resolvido no inventário *causa mortis* judicial justamente pela carência de material probatório completo. Logo, a atividade a ser desenvolvida na ação autônoma de produção probatória, colhendo e documentando a prova vedada no âmbito do inventário *causa mortis* judicial, terá o fim de permitir a solução do conflito, amoldando-se, assim, o art. 612 com o art. 381, II.[116]

No que se refere à cooperação nacional, o CPC atual trouxe capítulo inédito, não constante da codificação revogada. Com efeito, o trecho percorrido pelos arts. 67-69 traz regras de administração gerencial do Poder Judiciário[117] que, em busca da eficiência e da duração razoável do processo (arts. 4º e 8º), permite o câmbio e o ato de delegações de trabalhos entre os órgãos do Poder Judiciário nacional, no seu sentido mais amplo, consoante se pode aferir do *caput* do art. 67 e do art. 69, § 3º, já que a cooperação judiciária pode ser realizada entre órgãos jurisdicionais de diferentes ramos.[118] O rol dos atos de

---

eficiência processual: flexibilização, delegação e coordenação de competências no Processo Civil.

115 De forma próxima: Marco Antonio Rodrigues, Em busca do inventário mais eficiente: como conhecer no inventário questões que não precisem de prova não documental. In: *Revista IBDFam – Família e Sucessões*.

116 Na interação juízo sucessório (art. 612) e juízo probatório eventual (art. 381), é importante a fixação do gabarito de atuação do segundo, pois como bem leciona Cassio Scarpinella Bueno há um limite no sentido, diante da "própria finalidade da medida, que é a de *colher* a prova" (*Curso sistematizado de direito processual:* procedimento comum, processo nos tribunais e recursos, v. 2, p. 241-242).

117 Há evidente influência no sentido da Recomendação n. 38/2011 do CNJ.

118 O Enunciado n. 5 do FPPC admite que a cooperação seja ampla e não alcance apenas os órgãos do Poder Judiciário, indicando que o procedimento pode ser ado-

cooperação é livre (art. 68), mas, dada a importância da colheita de prova, o tema está expresso no cardápio legal (art. 69, § 2º, II), tratando-a como ato concertado. A partir da breve minuta, sem prejuízo da previsão da ação autônoma de prova, não se deve descartar a possibilidade de produção de provas pela técnica aqui comentada, notadamente nos casos de ações já em curso ou de situações que envolvam órgãos jurisdicionais de ramos diversos.

Da breve resenha, é intuitivo que a cooperação judiciária se opera de forma incidental ao curso do inventário. O pormenor precisa ser realçado, pois, igualmente, a ação autônoma de provas poderá ser utilizada de forma incidental, a fim de suprir o *déficit* do inventário *causa mortis* em relação à produção probatória.[119] Não se pode limitar a figura do art. 381 do CPC ao manejo antecedente ao inventário, pois a sua maior função será justamente a de produzir as provas que, no curso do processo sucessório, se tornem necessárias, mas que o filtro do art. 612 não permite.

Em razão do contexto apresentado, que indica que o atual CPC abriga técnicas para a colheita de prova que eram desconhecidas do diploma antecessor e que a justificativa para a remessa externa da questão não é a competência funcional do juiz do inventário *causa mortis*, mas a impossibilidade da colheita de determinados tipos probantes no ventre processual, tem-se que o art. 612 não pode ser limitado pelas antigas interpretações do antecessor (e revogado) art. 984. A assertiva apresentada decorre da análise comparativa dos dois diplomas codificados já que, repita-se, no CPC de 1973, não estavam presentes técnicas de produção probatória externa, diferente do que ocorre com o CPC em vigor. Logo, na vigência do CPC de 1973, a remessa para os "meios ordinários" acarretava não apenas a produção da prova, mas também decisão judicial externa, que posteriormente seria acoplada ao inventário judicial.

Por conclusão, tem-se que as técnicas de produção de prova externa prestigiam a noção de *juízo universal sucessório*, pois estas se limitam a colheita de

---

tado entre a jurisdição estatal e arbitragem. Confira-se: "O pedido de cooperação jurisdicional poderá ser realizado entre árbitro e o Poder Judiciário".

119 Sobre o cabimento da ação autônoma de provas em caráter incidental (embora sem fazer alusão ao inventário), confira-se: Thiago Caversan Antunes, Produção antecipada da prova em caráter incidental. In: *Da produção antecipada da prova*: questões relevantes e aspectos polêmicos, p. 415-422. Também admitindo (em aspecto geral) a ação autônoma de provas postulada incidentalmente, confira-se: Fredie Didier Jr., Paula Sarno Braga e Rafael Alexandria de Oliveira, *Curso de Direito Processual:* teoria da prova, direito probatório, decisão, precedente, coisa julgada e tutela provisória, p. 164-165. Francisco José Cahali e Renato Santos Piccolomini de Azevedo admitem o uso da ação autônoma de provas em comunicação com o inventário *causa mortis* judicial, fazendo, todavia, análise restrita ao seu manejo antes da abertura do inventário (*Código de Processo Civil anotado*, p. 867).

prova que não pode ser desenvolvida no ventre do inventário *causa mortis* judicial. Assim, finalizada a dilação probatória, o material respectivo (já devidamente documentado) será devolvido ao juízo do inventário, permitindo que este decida e exerça a jurisdição original que lhe foi conferida e que, por ato acidental, teve que ser ajustada pela necessidade probatória do caso concreto. Consolida-se, portanto, o juízo do inventário *causa mortis* como aquele que deve decidir sobre as questões controvertidas que envolvem as suas respectivas fases (identificação dos interessados e sua posição jurídica, arrecadação, distribuição nos blocos/condomínios, avaliação e liquidação).[120]

5. Correta (e atual) interpretação da expressão "vias ordinárias": cardápio variado de plataformas

Conforme já anunciado, a mudança redacional que ocorreu entre o art. 984 do CPC revogado e o art. 612 do CPC em vigor, ao permutar a expressão "meios ordinários" por "vias ordinárias" não pode ser analisada apenas no plano terminológico. O ponto nodal está em compreender o que pode ser traduzido como "vias ordinárias" na perspectiva do CPC em vigor, pois tal aferição trará opções para a comunicação do art. 612 com plataformas que propiciam a obtenção de prova cuja produção, no ambiente interno do inventário *causa mortis*, está vedada. Note-se que tal empreitada é de todo desejável, pois é adequada a concepção do *juízo universal do inventário causa mortis*, na medida em que as decisões que interferem nas questões relevantes ao desfecho do inventário poderão ser proferidas pelo juiz do inventário (ainda que a colheita da prova seja feita por outro órgão judiciário).

Antes de avançar, é de bom tom registrar que o inventário *causa mortis* possui técnica de fracionamento que permite a retirada – de forma justificada – da análise de determinadas questões, fato que não retira a competência do juízo sucessório para decidi-las no futuro quando se apresentam adequadas para tanto. Faz-se alusão aqui à *técnica da sobrepartilha prospectiva* (art. 2.021 do CC),[121] que permite que o inventário prossiga normalmente, afastando do seu ventre a arrecadação dos "bens remotos do lugar do inventário, litigiosos, ou de liquidação morosa ou difícil". Tal situação não quebra a unidade do inventário, pois tais bens estarão postados sob a "guarda e a administração" do inventariante e, em caso de arrecadação positiva, haverá a *sobrepartilha* pelo juízo sucessório (art. 670 do CPC). O fracionamento, portanto, provocado pela aplicação do art. 2.021 do CC, não retira a competência do juízo sucessório

120 Sobre o juízo universal do inventário, confira-se: Hamilton de Moraes Barros, *Comentários ao Código de Processo Civil*, v. IX, p. 195-198).

121 Vide os comentários ao art. 669 desta obra.

quanto ao inventário, pois a partilha suplementar (caso ocorra) será por ele efetuada em forma de *sobrepartilha*.[122]

A anotação confirma que a concentração decisória no juízo do inventário *causa mortis* judicial é salutar, pois tal medida evita que sejam proferidas decisões contraditórias, privilegiando o juízo que tem conhecimento mais completo e agudo das questões, tendo em vista que, muitas vezes, há assuntos intrincados entre o que foi decidido no inventário *causa mortis* judicial e aqueles que acabaram sendo remetidos para aferição externa. Basta pensar que, embora seja possível aferir *documentadamente* que o autor da herança teve relação de convivência com determinada pessoa, decidindo-se tal fato no bojo do inventário a partir dos elementos dos autos, não se consegue concluir a data do início da relação, assim como o patrimônio que foi alcançado pela comunhão (arts. 1.659 e 1.660 do CC), pois, por exemplo, há controvérsia acerca de bens que estão em nome do companheiro sobrevivente, mas que fazem parte da "meação" do falecido (e vice-versa). Sem dúvida, é preferível que o mesmo juiz que entendeu pela existência de união estável decida em relação a questões vinculadas a esse fato, ainda que outro juiz conduza a produção probante acerca dos temas que não tinham prova documentada suficiente no ventre do inventário.[123-124]

---

122 Vide os comentários ao art. 670 desta obra.

123 Com proposta sedutora, Caio de Sá Dal'Col e João Roberto de Sá Dal'Col defendem a possibilidade da remessa externa do art. 612 ser efetuada para o próprio juízo sucessório, a fim de que se forme "incidente" (= *ação incidental*) para apuração do ponto que desafia a produção de prova outra que não as já documentadas. Confira-se: "(...) Considerando que o juiz do inventário seja competente para o julgamento das questões a serem enviadas para as vias ordinárias, assim como é o que já teve contato com aquele caso particular e, por conseguinte, o que possui a maior proximidade com a causa e suas respectivas particularidades, não se justifica o envio de qualquer questão incidente para ser processada e julgada por outro juiz. (...) Com efeito, num Estado Democrático de Direito, processo eficiente é aquele que alcança o resultado pretendido de modo satisfatório. Ou seja, o próprio juiz do inventário, ao verificar uma questão que demandaria produção de prova, determinaria a separação da questão incidente e abertura imediata de apenso para discussão simultânea da questão, sem prejuízo do andamento do processo de inventário e sem que a parte necessitasse de produzir uma petição inicial para tanto. Por oportuno, o magistrado, cuidando do inventário e das questões incidentes, poderia controlar melhor, e de modo eficiente, a distribuição do tempo dos processos (inventário e apenso(s)) sem que houvesse prejuízo ao direito material" (A (des)necessidade da remessa de "suposta" questão dependente de prova às vias ordinárias. *Famílias e Sucessões*, p. 616-618).

124 Quando se analisa que a reserva de bens é íntima à técnica de remessa (art. 612), fica mais evidenciado ainda que a concentração decisória no juízo sucessório é oportuna. Isso porque, quando ocorre bipartição e a questão é remetida para apuração e decisão em ação autônoma completa, embora a providência cautelar seja determinada pelo juízo do inventário, este fica impedido de decidir sobre a questão

A breve exposição é indicativa de que a concentração decisória é salutar, remetendo-se para fora do ambiente do inventário apenas a produção da prova que, depois de colhida e documentada, será devolvida ao juízo sucessório. Dever-se-á aferir, no caso concreto, se a produção de provas se dará de forma mais hígida por meio de ação autônoma de provas (art. 381) ou de atos de cooperação entre juízos (arts. 67-69), já que, dentre os atos concertados entre juízes cooperantes (art. 69, IV) é perfeitamente viável a solicitação de produção probatória (art. 69, § 2º, II). Não se pode pensar, todavia, que todas as questões poderão ser resolvidas por meio de técnicas de produção probatória externa, com retorno para decisão pelo juízo do inventário *causa mortis* judicial. Com efeito, há assuntos que, apesar de terem repercussão na sucessão *causa mortis*, são afetos a discussões específicas que extrapolam os limites do processo judicial de inventário. Por exemplo, a alegação por herdeiro de usucapião sobre determinado bem que foi arrecadado pelo inventariante como parte do acervo patrimonial do falecido é uma questão com clara influência no inventário *causa mortis* judicial, mas que, em razão dos contornos específicos da questão (e até do efeito em relação a terceiros), merecerá ser examinada em ação própria.[125] Não é ocasional que determinadas questões sucessórias possuem previsões expressas de exame em ações próprias, como é o caso das hipóteses de exclusão da sucessão (arts. 1.814-1.818 do CC) e da deserdação (arts. 1.961-1.965 do CC). Ademais, há situações em que o inventário estará maduro (ou próximo) para o julgamento (= *desfecho*), criando-se cenário em que a técnica (adaptada) da sobrepartilha prospectiva poderá ser mais eficaz (art. 2.021 do CC).

Mais ainda, deve-se lembrar que o CPC em se notabiliza por trabalhar não apenas com a jurisdição estatal em seu sentido clássico, ou seja, vinculada

---

propriamente dita. A mesma impossibilidade, só que em sentido inverso, impõe-se ao julgador que decidirá a ação autônoma completa, pois apesar de ser aquele que deliberará sobre a questão controvertida, este juízo não poderá decidir sobre a garantia (reserva de bens), que continua sobre o domínio exclusivo do juízo do inventário. Assim, em situação hipotética, embora toda a produção da prova colhida externamente indique que o pedido será julgado improcedente e, portanto, sem justificar a garantia, a providência acautelatória não poderá ser revogada pelo juízo externo (= *juiz da ação autônoma completa*), já que esta depende de decisão do juízo do inventário. No tema, vide Paulo Cezar Pinheiro Carneiro, *Inventário e partilha judicial e extrajudicial,* p. 227. O assunto foi tratado nos comentários ao art. 628.

125 Em suma, há discussões que embora causem impacto no inventário *causa mortis* judicial são íntimas à arrecadação patrimonial que dá direção ao processo em voga, já que o eixo do debate é outro. Nessa perspectiva, boa parte das questões envolvendo interesses do espólio em confronto com terceiros (que não os herdeiros ou o "meeiro") deverão ser resolvidas externamente, como é o caso de ação de extinção de condomínio em que o falecido é titular de fração ou ações que visem a desconstituição de negócios jurídicos em que o autor da herança era parte pactuante.

a uma decisão proferida pelo Poder Judiciário. Na verdade, a codificação atual reconhece outras formas de resolução das controvérsias que não a solução adjudicada judicial, admitindo, de forma expressa, ao longo dos ditames que estruturam o seu art. 3º, a arbitragem (art. 3º, § 1º) e os métodos consensuais, pouco importando que estes últimos se desenvolvam no ambiente judicial ou não (art. 3º, § 3º). Com efeito, há de se ter em mente que a codificação atual não está insensível à ideia de tratamento adequado do conflito, fixando-se, a partir de tal concepção, que as técnicas são mecanismos para solucionar o conflito, de modo que este deve ser investigado para que se selecione e utilize a(s) melhor(es) ferramenta(s) disponível(veis). Não se pode adotar raciocínio ingênuo de que determinado método é superior a outro, pois, em verdade, a partir do conflito, ou seja, do caso concreto, é que estes se apresentam como ferramentas, de modo a se aferir qual(ais) será(ão) a(s) mais adequada(s) para aquela situação peculiar.[126] Nesse passo, não há qualquer tipo de embaraço na hipótese de, na solução de determinado conflito, serem reunidas várias técnicas, notadamente como ocorre no inventário *causa mortis* judicial, procedimento marcado pelo policentrismo de questões e de assuntos que estão tingidos de coloridos outros que não apenas relações jurídicas, diante do inegável vínculo com as relações familiares que o direito sucessório nacional carrega.

Dessa forma, as "vias ordinárias" não se limitam às técnicas de jurisdição estatal, sendo perfeitamente possível que assuntos vinculados ao inventário *causa mortis* sejam analisados em sede arbitral (observando-se os requisitos de admissão da Lei n. 9.307/1996) ou de submissão a algum método consensual de resolução do conflito, tratamentos estes que se darão externamente ao processo judicial, ainda com aplicação, em regra, do art. 612, inclusive com a reserva de bens.[127]

No que se refere aos métodos de solução consensual de conflitos, o fundo familiar que sustenta o direito sucessório capaz de criar figuras, como, por

---

126 No assunto: Rodrigo Mazzei e Barbara Seccato Ruis Chagas, Métodos ou tratamentos adequados de conflitos? *Inovações e modificações do Código de Processo Civil*: avanços, desafios e perspectivas, v. 1, p. 113-128.

127 Sem dúvida, há questões em que a arbitragem poderá tratar o conflito de modo muito mais eficiente do que a jurisdição estatal, notadamente nas hipóteses em que a controvérsia envolver questões especializadas e que a rapidez e, por vezes, o sigilo do processo se impõe. Situação clara envolve a sucessão *causa mortis* de participações societárias, já que controvérsias a respeito delas são habitualmente examinadas em tal ambiente, justamente em razão das justificativas acima postas. O cenário autoriza a remessa para tal ambiente, se assim as partes convencionarem, já que se trata de método que demanda o consenso geral dos envolvidos para sua aplicação (arts. 1º e 3º da Lei n. 9.307/1996). Vide comentários ao art. 610 (em que se faz breve paralelo entre arbitragem e o inventário extrajudicial).

exemplo, o herdeiro necessário (art. 1.845 do CC) e a influência do regime de bens na posição do cônjuge/companheiro sobrevivente na sucessão (art. 1.829, I, do CC), faz com que seja intuitiva a lembrança da técnica processual prevista nos arts. 694-695 do CPC. No sentido, para se transportar a referida técnica para o âmbito do direito sucessório, basta que se faça a correta interpretação do art. 693 da codificação em vigor, extraindo-se deste que a técnica não está vinculada a rol taxativo de conflitos[128] e que a expressão "ações de família" contida no art. 694 está atrelada aos conflitos que envolvam familiares,[129] conflitos estes que podem ser deflagrados a partir da abertura da sucessão, isto é, o evento é *inter vivos* (conflito entre pessoas vivas, familiares) embora decorra da morte de familiar. Em suma, nesses casos, é o direito sucessório que faz eclodir determinado conflito entre familiares.[130]

A boa conexão entre o art. 612 com os métodos autocompositivos permitirá compreender que a abertura de *processo autocompositivo* externo ao inventário também poderá ser tratado como "espécie" de "via ordinária", adaptando-se, para tanto o disposto no art. 16 da Lei n. 13.140/2015. Com tal norte, em regra não haverá a suspensão completa do inventário sucessório, mas tão somente em relação ao ponto controverso alvo da "remessa" (art. 612). Como consequência, não haverá a contagem do prazo previsto no art. 668, I, do CPC, para eventual ação judicial ou postulação arbitral, até que se encerre o *processo autocompositivo*.

Portanto, a nomenclatura "vias ordinárias" deve ser entendida como gênero do cartel de técnicas admitidas pelo CPC para a produção probatória externa conjugada (ou não) com a atividade decisória. Dessa forma, a técnica de remessa do art. 612 pode ser conjugada com várias figuras, dentre as quais – *grosso modo* – se destacam: (a) ação pelo procedimento comum (por exemplo, ação de investigação de paternidade), (b) ação pelo procedimento especial (por exemplo, conflito possessório entre interessados), (c) ação autônoma de provas

---

128 No sentido, confira-se o teor do Enunciado n. 72 do FPPC: "O rol do art. 693 não é exaustivo, sendo aplicáveis os dispositivos previstos no Capítulo X a outras ações de caráter contencioso envolvendo o Direito de Família".

129 Para Michelle Ivair Cavalcanti de Oliveira (com olhos nas técnicas procedimentais previstas entre os arts 693 a 699 do CPC) devem ser "consideradas como ações de família aqueles litígios que envolvam familiares unidos pelo vínculo conjugal ou de parentesco até o quarto grau em polos opostos ou em posições antagônicas na ação, sendo relevante para a solução da causa a solução do conflito familiar, e, portanto, adequado o tratamento especial para a questão, uma vez que privilegia e oportuniza de forma mais enfática o consenso entre os membros familiares" (*Ações de família no CPC/2015:* definição e técnicas, p. 56).

130 Sobre a possibilidade de etapa de automposição no inventário *causa mortis,* confira-se os comentários aos arts. 626 e 627 desta obra.

– art. 381 do CPC (por exemplo, para investigação com prova oral sobre a data de início e os bens alcançados pela união estável[131]), (d) atos de cooperação entre juízos distintos – arts. 67-69 (técnica que pode ser útil quando outro juízo tiver condições mais adequadas de colher determinada prova[132]), (e) arbitragem (por exemplo, para resolução de questões societárias alcançadas pela sucessão, tais como gestão e apuração de haveres) e (f) procedimento autônomo de autocomposição – art. 16 da Lei n. 13.140/2015 (postura que inibe, até o seu desfecho, a contagem do prazo previsto no art. 668, I).

Ainda que no limitado espaço dos comentários aqui tracejados, percebe-se que a expressão "vias ordinárias", inserida no art. 612, deve ser interpretada não só a partir de todo o rol de técnicas previstas no CPC 2015, mas também com iluminação e diálogo com o seu art. 3º, que abre uma comunicação pulsante da jurisdição estatal com outras plataformas de solução de controvérsias. Fica, por certo, a certeza da inviabilidade de se manter a visão restrita de somente enxergar a ação judicial autônoma e completa, pois se trata de exegese ancorada no revogado CPC de 1973.[133]

6. Necessidade de comunicação do art. 612 com o art. 6º do CPC (deveres de cooperação do juízo sucessório)

A partir da variedade de técnicas que podem ser aplicadas decorrentes do perfil adotado pelo CPC vigente, o juiz deverá ouvir as partes interessadas antes de aplicar o art. 612, fato este que poderá não só alertar acerca da possibilidade do envio de determinada questão para as "vias ordinárias", como também permitir que as partes optem pela técnica a ser utilizada em caso de

131 Complementando o acervo probatório que internamente reconheceu a existência de união estável, mas que não foi suficiente para precisar a data de início da relação, fato que precisa ser elucidado para fixar o marco de comunhão patrimonial entre o companheiro sobrevivente e o falecido.

132 Pode-se usar como exemplo também acerca da união estável envolvendo o falecido, pois, muitas vezes, o debate se opera no âmbito de ações cíveis (por exemplo, para receber verba securitária) ou previdenciárias (com o intento de receber pensões). Note-se, no ponto, que a cooperação pode ser realizada, nos termos do § 3º, do art. 69, entre órgãos jurisdicionais de diferentes ramos do Poder Judiciário.

133 Ideia seguida no CPC de 1973 por Clóvis do Couto e Silva, *Comentários ao Código de Processo Civil,* v. XI, tomo I, p. 280-281. Já em relação ao CPC de 2015, há autores que parecem manter as limitações quanto à remessa do art. 612 às ações autônomas completas (com procedimento comum ou especial): Luciano Vianna Araújo, *Comentários ao Código de Processo Civil,* v. 2, p. 184; Ricardo Alexandre da Silva e Eduardo Lamy, *Comentários ao Código de Processo Civil,* v. IX, p. 493 e 495; Conrado Paulino da Rosa e Marco Antônio Rodrigues, *Inventário e partilha,* p. 315-316; e Cassio Scarpinella Bueno, *Novo Código de Processo Civil anotado,* p. 399).

remessa, estimulando, inclusive, que seja convencionado negócio jurídico processual a respeito. A proposição que se lança está escorada no art. 6º do CPC atual, que dispõe no sentido de que todos os sujeitos do processo devem cooperar entre si para que se obtenha, em tempo razoável, decisão de mérito justa e efetiva. E, ao aplicar o art. 6º, adota-se aqui a concepção do luso Miguel Teixeira de Sousa,[134] que faz a divisão dos deveres de cooperação, depurando-o em esclarecimento, prevenção, consulta e auxílio.[135]

Não é um desatino dizer que, no inventário *causa mortis,* o *dever de esclarecimento* terá conexão especial com o *dever de prevenção,* pois, no avançar das fases processuais, os passos de condução trazidos pelo julgador – em forma de fundamentação decisória – poderão representar verdadeiro convite ou, no mínimo, anúncio, para que as postulações sejam apresentadas de acordo com aquele gabarito, efetuando, inclusive, ajustes, se necessário for. No particular, diferentemente do procedimento padrão, cada fase do inventário *causa mortis* admite a apresentação de postulação específica, não se aplicando regras vulga-

---

134 *Estudos sobre o novo processo civil*, p. 62-67.

135 Embora seja possível vislumbrar pontos de toque entre os deveres de *esclarecimento, prevenção, consulta* e *auxílio*, há situações singulares que não podem ser desprezadas. De forma bem resumida, o *dever de esclarecimento* é aplicável às partes e ao julgador, no sentido de que as postulações devem ser claras e coerentes, sendo franqueado, por conseguinte, ao órgão decisório, que busque o esclarecimento junto às partes, a fim de compreender corretamente suas alegações. O *dever de esclarecimento* tem outra faceta especial voltada ao julgador que é o de esclarecer às partes acerca dos seus pronunciamentos e da condução processual, a fim de que ocorra a perfeita compreensão dos atos judiciais e da cadência que está sendo adotada. O *dever de esclarecimento* é, portanto, um *dever* circular (= *reciprocidade*) que envolve não apenas as partes, mas também órgão decisor. O *dever de prevenção,* por sua vez, é voltado exclusivamente ao julgador, no sentido que este deve *convidar* as partes para que aperfeiçoem suas postulações, alertando sobre consequências, de modo a permitir adequações e saneamentos nos atos postulatórios com vistas ao melhor desenvolvimento processual. Já o *dever de consulta* está associado à ideia de que o juiz não poderá decidir sobre qualquer questão relevante (ainda que de conhecimento oficioso) sem a oitiva das partes, oitiva esta que deve ser prévia (salvo exceções legais, em que a *consulta* poderá ser feita de forma diferida). O *dever de consulta* consagra a possibilidade de as partes (no inventário *causa mortis judicial,* os interessados) participarem da construção da decisão, pois permite que sejam trazidos fundamentos, argumentos e subsídios para que o julgador adote a melhor postura. Muito se trabalha com o *dever de consulta* o projetando para as decisões finais (no CPC, com pujança no art. 10), mas sua aplicação é geral, sendo de capital relevância sua conexão com as decisões atreladas à condução estrutural do processo (tais como as de saneamento e, no caso em análise, de aplicação do art. 612). Por fim, deve-se compreender o *dever de auxílio* como tarefa voltada ao julgador, a fim de que este tenha postura ativa na superação de obstáculos enfrentados pelas partes (interessados) para o cumprimento de ônus ou deveres processuais.

res de consumação e de unicidade do procedimento comum às manifestações no decurso do processo sucessório. Isso porque as questões para debate se formam por fases, que seguem um grande esboço (passível de vários ajustes) que é lançado nas primeiras declarações (art. 620), com cadência determinada no CPC ao longo de Seções inseridas no trecho dos arts. 610-673.

Seguindo as linhas postas, o *dever de prevenção* pode se voltar especificamente para aplicação do art. 612, não apenas para que o julgador, a partir da verificação de questão controvertida que precisa ser decidida, explicite que as provas a serem produzidas deverão ser trazidas já de forma documentada, como também alerte sobre o risco do tema ser enviado para as "vias ordinárias", caso a produção de outras provas seja relevante. Assim, o juiz deve esclarecer as limitações probatórias a que os interessados estão sujeitos, a fim de que estes privilegiem a prova documentada e, de outra banda, justifiquem a produção de outros tipos probantes, demonstrando a sua pertinência e utilidade no caso concreto. Tal postura permitirá que as postulações sejam desenhadas não só a partir do perfil do art. 612, mas que contenham subsídios para que o juiz examine se é caso de aplicação da técnica de remessa. Demais disso, o *dever de prevenção* unido ao de *esclarecimento,* permitirá que os interessados, caso entendam pela necessidade de dilação probatória externa, já apresentem dimensionamento adequado para suportar os efeitos patrimoniais da reserva.

O *dever de consulta*, por sua vez, pode ter aplicação na plataforma do art. 612 justamente para que – antes de efetuar a remessa para "as vias ordinárias" – o juiz ouça os interessados acerca da técnica cuja aplicação melhor se adequa ao caso concreto, diante da existência de cardápio com opções. Dessa forma, nenhum interessado será surpreendido com a remessa da questão para fora do âmago do inventário *causa mortis* judicial, tendo, pois, a possibilidade prévia de discutir e colaborar na formação do convencimento judicial acerca da técnica a ser utilizada. Perceba-se, portanto, que é possível que as partes não divirjam sobre a técnica a ser empregada e que a consulta judicial culmine, inclusive, na concretização de convenção processual no sentido (art. 190 CPC).[136]

Adotando o *dever de auxílio* como atividade do julgador em prol de superação de obstáculos enfrentados pelos litigantes, a fim de que a tutela jurisdicional seja prestada, é possível cogitar a sua aplicação com olhos no art. 612. Com efeito, em razão de regra de vedação de uso de outras provas que não as já documentadas (salvo exceções legais), o julgador deverá auxiliar os interessados na obtenção destas. Por conseguinte, embasado no *dever de auxílio*, é admissível que se adote medida para exibição de material documentado de

136 O tema negócios jurídicos processuais no âmbito do inventário *causa mortis* está tratado nos comentários ao art. 665 desta obra.

posse de determinada pessoa que não o postulante, nas hipóteses em que o fato demonstrado pelo documento seja relevante para o inventário *causa mortis* judicial. Esse dever pode justificar a aplicação (ainda que adaptada) da técnica prevista no art. 6º, § 1º, da Lei n. 12.016/2009, devendo o julgador auxiliar a parte interessada na obtenção dos atos documentados. Aplicando-se as noções de *dever de auxílio*, em exemplo, o inventariante poderá requerer ao juiz que os herdeiros apresentem documentação sobre o acervo hereditário que estão na sua posse respectiva, sem que o inventariante tenha o acesso respectivo.

Do exposto, fica evidente que a técnica do art. 612 não poderá ser isolada dos ditames do art. 6º, pois, em verdade, a regra comentada se submete a todos os deveres que decorrem da cooperação, a saber: *esclarecimento*, *prevenção*, *consulta* e *auxílio*.

7. Exceções legais (expressas) ao art. 612: produção de prova não documentada no ventre do inventário *causa mortis* judicial

O inventário *causa mortis* judicial é um exemplo de *processo documentado* que adota modelo de rigidez moderada, uma vez que, em determinadas situações – previstas por lei – admite a produção interna de prova que não a previamente documentada.

7.1 Incidente de remoção de inventariante

A remoção de inventariante é um incidente do inventário *causa mortis* judicial, processando-se em apenso e que admite dilação probatória ampla. O inventariante não se submete a nenhum tipo de tipo de restrição em relação aos meios probatórios para defender sua posição e impugnar o pedido de remoção[137] (art. 623).[138] Como o requerido (inventariante) tem a faculdade de produção ampla de provas, a mesma liberdade probatória deve ser conferida ao postulante da remoção, aplicando-se o princípio da isonomia processual (arts. 7º e 139, I). Não há que se falar em aplicação da técnica do art. 612, pois se trata de apuração que, em regra, paralisa o andamento processual do inventário, de modo que será inadequado o uso da técnica de reserva de bens para avanço processual enquanto se discute a questão controvertida. Assim, a remessa externa não teria utilidade prática, uma vez que o inventário sucessório não terá marcha interna normal em busca de desfecho célere (motivação para aplicação do art. 612).

---

137 No mesmo sentido: Paulo Cezar Pinheiro Carneiro, *Inventário e partilha judicial e extrajudicial*, p. 99-100.

138 O art. 623 repete a fórmula do art. 998 do CPC de 1973. Vide os comentários ao art. 623 desta obra.

7.2 Avaliações de bens que estão sob o domínio do inventário

No trecho dos arts. 610-673, há permissão de produção de provas técnicas de natureza simplificada no curso do inventário *causa mortis* judicial, admitindo, para tanto, a nomeação de *expert* com a finalidade de realizar avaliações patrimoniais atreladas ao acervo hereditário. Senão vejamos: (a) arts. 630-638 – na Seção V (*avaliação e cálculo do imposto*), há previsão de avaliação judicial para apuração do valor dos bens do espólio, medida que visa a aperfeiçoar a arrecadação e propiciar o pagamento do imposto de transmissão; (b) art. 620, § 1º, I e II – se o autor da herança era empresário individual ou sócio de sociedade que não anônima, o juiz determinará que se efetue o balanço na primeira hipótese ou a apuração de haveres na segunda, com a designação de perito (art. 630, parágrafo único);[139] (c) art. 663, parágrafo único – no caso de arrolamento sumário com a presença de algum credor do espólio, deverá ser feita reserva patrimonial, mas haverá avaliação judicial caso o credor não concorde com a estimativa das partes; (d) art. 664, § 1º impugnada a avaliação feita pelo inventariante nas suas declarações, o juiz nomeará avaliador para apresentação de laudo.

8. Possibilidade de estimação judicial (em áreas não demarcadas expressamente)

O quadro apresentado no item anterior é indicativo de que não há repulsa a produção de prova técnica no bojo do inventário *causa mortis* judicial, notadamente se for hipótese em que, além de íntima à sucessão, seja desenvolvida sem grande complexidade. Há de se compreender a gênese das exceções legais, a fim de que seja possível reconhecer outras situações (ainda que não expressamente previstas em lei) que admitem a produção de prova pericial com semelhante perfil. Exemplo interessante está na aferição (avaliação) do valor dos bens que serão objeto de colação, das acessões e das benfeitorias que o donatário fez, pois o parágrafo único do art. 639 do CPC apenas indica que aqueles bens a serem conferidos na partilha – assim como as acessões e as benfeitorias realizadas pelo donatário – calcular-se-ão pelo valor que tiverem ao tempo da abertura da sucessão. A interpretação do art. 630 é indicativa de que todos os bens atraídos pelo espólio poderão ser alvo de avaliação, não estando excluído de tal quadrante aqueles que se submetem à colação (art. 1.847 do CC). A diferença pulsante estará na possibilidade de avaliação também das

139 No tema, confira-se: Rodrigo Mazzei e Fernanda Bissoli Pinho, O balanço do estabelecimento e a apuração de haveres no inventário *causa mortis*: necessidade de adequada interpretação do artigo 620, § 1º, do CPC. In: *Revista Nacional de Direito de Família e Sucessões*, v. 43, p. 75-24.

benfeitorias e/ou das acessões, pois a colação respeitará o valor líquido do bem, ou seja, descontando-se os melhoramentos e/ou implantes feitos pelo herdeiro necessário.[140] Note-se que as restrições probatórias previstas no § 2º do art. 641 estão ligadas à controvérsia quanto à necessidade ou não de se efetuar a colação, ou seja, investigação quanto ao recebimento dos bens ou a obrigação de conferi-los, não se aplicando a simples avaliação do bem sujeito à conferência.

A partir das exceções legais, da ilustração trazida e da identificação de que o inventário *causa mortis* judicial é uma espécie de *processo documentado* que adota modelo de rigidez moderada (diferente do que ocorre no mandado de segurança, em que o regime é intolerante a qualquer atividade técnica), pode-se cogitar em outras incursões avaliativas que serão fundamentais para o desfecho do inventário sucessório. Ilustração frisante se volta para o arbitramento (prova técnica valorativa) que objetiva apurar o montante dos frutos atrelados aos bens da herança, cuja posse fática – após a abertura da sucessão – se postou sobre a órbita do herdeiro, do cônjuge/companheiro sobrevivente, do inventariante (art. 2.020 do CC) e/ou do administrador provisório (art. 614 do CPC).[141] A prova pericial de arbitramento, no caso ilustrado, não é complexa e não foge à linha das exceções legais, razão pela qual não é contrária à natureza moderada de rigidez do inventário *causa mortis* como processo documentado.[142]

Conclui-se que é perfeitamente admissível que internamente ao inventário *causa mortis* sejam efetuadas avaliações para apuração patrimonial, pois

---

140 Perceba, no detalhe, que a estimação trabalhará com duas bases avaliativas diversas, a saber: (i) o bem que se submete à colação e (ii) as benfeitorias e/ou das acessões. Dando a interpretação isonômica pregada nos comentários ao art. 639, toda estimação será feita com valores correspondentes à abertura da sucessão.

141 O mesmo arbitramento deve também ser autorizado para apurar eventuais valores de reembolso das despesas necessárias e úteis suportadas pelas citadas pessoas para a manutenção e melhoria de bem(ns) pertencente(s) ao acervo do espólio, mas que ficou(caram) na sua esfera possessória. A apuração ilustrada necessita ser agregada ao espólio para a partilha, todavia, a sua apuração (resultado financeiro da apuração dos frutos, depois descontadas as despesas necessárias e úteis), em muitos casos, é desprezada justamente em razão da falta da respectiva prova documentada.

142 Na ilustração posta, somente se justificaria a produção de provas externamente ao inventário se a apuração alcançar elementos outros que a própria aferição de valor (por exemplo, alegação de que o herdeiro não estava na posse ou de que não é caso de reposição de valor algum ao espólio, afirmando-se que o bem foi alcançado pela usucapião pelo possuidor), pois a questão controvertida se desloca para ponto que extrapola o labor técnico do arbitramento. Se o exercício da posse é tema incontroverso, ficando em aberto apenas a apuração dos valores que representam patrimonialmente a posição assumida pelo possuidor, a questão está apta a ser resolvida por avaliação técnica, que se dará por arbitramento, caso não esteja disponível material probante documentado completo.

tal medida não é contrária à dinâmica de tal processo sucessório. Muito pelo contrário, sua textura admite expressamente tal incursão, diante dos reflexos que a estimação correta afetará no dimensionamento dos bens (sentido amplo) atraídos pelo inventário e sob a titularidade do espólio. Assim, os arts. 630-638, 620, § 1º, 663, parágrafo único, e 664, § 1º, devem servir de bases para a exegese a ser aplicada, a fim de admitir estimações judiciais quando necessário for.

9. Possibilidade de exame ou vistoria: decomposição e inteligência dos arts. 464 e 872 do CPC

A compreensão sobre a mecânica que envolve a estimação judicial – como espécie de prova técnica efetuada por *expert* – releva a possibilidade de que o juízo sucessório possa deferir, se necessário for, o *exame* e a *vistoria*, institutos que estão agrupados juntamente com a *avaliação* no art. 464 do CPC como o *trio de modalidades da prova pericial*. Com efeito, de forma semelhante, tanto no *exame* como na *vistoria*, o *expert* designado pelo juiz fará a análise do estado de bens e/ou pessoas, sendo que a primeira modalidade de perícia envolve os *bens móveis* e as *pessoas*, ao passo que a segunda está atrelada aos *bens imóveis*. Seja como for, o nomeado para a empreitada deverá apresentar *relatório de forma descritiva* acerca do *estado atual* daquilo que é o foco de sua análise. A partir da sua aferição, a pessoa designada pode agregar outras informações relevantes, tais como as prováveis causas que contribuíram para o estado atual do que foi examinado e/ou vistoriado e/ou as medidas de correção a serem adotadas (acaso verifique anormalidades passiveis de retificação).

O que se espera da avaliação, por sua vez, é a estimação do valor de determinado bem, seja este móvel ou imóvel. Assim, a avaliação técnica espelhará a representação econômica de bem(ns) específico(s). É intuitivo, portanto, que, para que se apresente qualquer avaliação técnica, de forma antecedente, deverá o perito efetuar o *exame* ou a *vistoria*, pois a determinação a ele confiada de fixação de valor patrimonial reclamará a verificação do "estado de bens".[143] Não é ocasional que o art. 872 do CPC (aplicável ao inventário sucessório por força do art. 631) faça expressa menção à necessidade de que a avaliação contenha "vistoria" e "laudo". O citado dispositivo exige a especificação dos "bens, com as suas características e o estado em que se encontram" (inciso I), ou seja, o prévio exame do bem a ser avaliado, para, somente depois, como consequência, ser plasmado o valor respectivo (inciso II). Com outras palavras, a letra legal

143 Parecendo concordar: Conrado Paulino da Rosa e Marco Antônio Rodrigues, *Inventário e partilha*, p. 379; e José da Silva Pacheco, *Inventários e partilhas*: na sucessão legítima e testamentária, p. 473.

atesta que não é possível a avaliação sem a prévia aferição do estado do bem.[144] Mais ainda, o art. 872 indica que a avaliação tem estrutura *bifásica*, iniciando-se pela *vistoria* ou *exame* para, somente depois de fixadas as conclusões vinculadas, apresentar a estimação que lhe foi confiada.

Não é por acaso que o estado atual de conservação dos bens em comparação com o quadro que naturalmente esperava a respeito (e/ou em confronto com outro bem de semelhante característica) é um elemento de grande importância para fixação do valor da avaliação. Assim, avaliações mais completas poderão contemplar não apenas o valor do bem, mas também a indicação de seu posicionamento em relação a outras opções de mercado e/ou a partir do *status* que se espera como padrão. Assim, não se afigura lógico imaginar, portanto, que, no âmbito do inventário *causa mortis*, seja permitida a avaliação de bens, inclusive nos céleres ritos dos arrolamentos (arts. 663, parágrafo único e 664, § 1º), mas não se admita o *exame* e/ou a *vistoria*, procedimentos que, como se viu, são mais simplórios. Isso porque, repita-se, decompondo-se a avaliação, tem-se que o *exame* e/ou a *vistoria* fazem parte da aludida prova técnica, sendo, pois, os pilares da estimação.

Dessa forma, deve-se admitir, no inventário, não apenas o deferimento de produção de prova técnica envolvendo a *avaliação* dos bens do espólio, mas também de *exame* e/ou *vistoria* quando assim for necessário, ou seja, quando ocorrer controvérsia sobre o estado de bens atrelados ao inventário sucessório. Por exemplo, poderá o juiz determinar que o *expert* apresente laudo acerca do estado de determinados bens, a partir de informação de que estes não estão sendo conservados adequadamente por aquele que está na posse direta do bem (art. 2.020 do CC), havendo risco de que os frutos esperados não sejam colhidos, fato que frustraria o repasse previsto.[145] Ademais, o *exame* e/ou *vistoria* poderão ser fundamentais para situações qualificadas para o desfecho do inventário, como, por exemplo, a aferição de possibilidade de divisão cômoda de bens do espólio (arts. 2019 do CC e 649 do CPC), analisando-se não só a possibilidade legal e física do fracionamento do bem, mas também sua viabilidade econômica (art. 87 do CC).

Em busca de aceleração processual, poderá o juízo sucessório se valer da "prova técnica simplificada" (art. 464, § 2º, do CPC), a fim de que, efetuado *in loco* o *exame* (e/ou vistoria), se proceda à inquirição do especialista na pre-

144 Próximo: Luciano Vianna Araújo, *Comentários ao Código de Processo Civil*, v. 2, p. 217.

145 Em outra ilustração, caso surja a necessidade de aferição que determinado bem necessita de reparos para a sua conservação, o juízo sucessório poderá designar pessoa para que faça *exame* e/ou *vistoria*, trazendo suas impressões (inclusive, se necessário, orçando os custos respectivos).

sença das partes, a fim de elucidar o tema. Trata-se, pois, de técnica aplicada nos Juizados Especiais (arts. 35 da Lei n. 9.099/1995) e que não destoa do inventário *causa mortis*, na medida em que o art. 664, §§ 2º e 3º, permite a realização de audiência para resolução de pontos pendentes no arrolamento comum. Não se pode criar um dogma probatório no inventário sucessório, fazendo do art. 612 um obstáculo à boa condução do processo sucessório. O que deve ser levado em contra – sempre – é que as incursões técnicas precisam ser feitas de forma mais abreviada possível, em respeito à bússola temporal do art. 611.

10. Da possibilidade de importação da técnica do art. 510

O art. 139, VI, permite que o juiz altere "a ordem de produção dos meios de prova, adequando-os às necessidades do conflito de modo a conferir maior efetividade à tutela do direito". Com inspiração no aludido dispositivo, quando o juízo sucessório estiver defronte de situação que reclama prova pericial, poderá invocar o art. 510 do CPC (técnica aplicável à liquidação por arbitramento e que possui, como objetivo, a aceleração processual), que inverte a sequência da prova técnica, objetivando a dispensa da perícia judicial.

Com efeito, ao aplicar o art. 510, o juiz propõe a permuta da perícia pela apresentação pelos interessados de pareceres técnicos ou documentos elucidativos. A determinação de prova pericial judicial fica sobrestada e somente será determinada caso os pareceres técnicos e/ou documentos apresentados não esclareçam a questão, impedindo que o juiz decida sobre o tema conflituoso. De modo diverso, caso o material documentado trazido pelos interessados seja suficiente para que o juiz delibere sobre a questão controvertida, a prova pericial (propriamente dita) será afastada, decidindo-se, frise-se, com base em acervo (pareceres técnicos ou documentos elucidativos) que foi produzido externamente ao processo e colacionado de forma documentada. Ao se utilizar a técnica inserida na bandeja do art. 510, há troca na ordem procedimental que envolve perícia, permuta esta que é instada pelo julgador. Em suma, a atividade das partes (com seus assistentes técnicos) se opera antes de nomeado o perito, com a possibilidade de sequer ocorrer sua designação, caso os pareceres e documentos trazidos pelos interessados sejam capazes de convencer o juiz, propiciando decisão judicial a respeito.

Note-se que a técnica do art. 510 não se confunde com a hipótese prevista no art. 472 do CPC, pois a última é mais simples e não conta com a postura provocadora do julgador. Basta observar que o art. 472 trabalha com a dispensa da prova pericial em razão da *apresentação voluntária* pelas partes de pareceres técnicos ou documentos elucidativos. No art. 510, de forma diversa, *o juiz convoca as partes, facultando-as a apresentarem os pareceres técnicos ou documen-*

tos elucidativos. Nesse passo, a proposta trazida é de conjugação do art. 139, VI, com o art. 510, já que tal quadro permite que o juiz determine a produção de prova de caráter técnico para o inventário *causa mortis* de forma externa, a fim de que seja documentadamente acoplada aos autos, postura que poderá atingir resultado capaz de superar o obstáculo do art. 612.

11. Relevância dos negócios jurídicos processuais na aplicação do art. 612

A textura do art. 612 revela o grande espaço que o dispositivo abre para que os interessados possam lançar mão de negócios jurídicos processuais (art. 190), fazendo-o em diversas formas de convenções processuais. Mesmo que se mantenha o gabarito básico do art. 612 (admissão apenas de prova documentada e as exceções vinculadas às provas técnicas), os horizontes são amplos. Em rápida ilustração, é perfeitamente possível que as partes renunciem a qualquer outro tipo de prova que não seja a documental e a previamente documentada, de modo que o julgador terá que decidir com base no acervo probatório que lhe foi apresentado, fato que impedirá a remessa da questão para as "vias ordinárias". Mais ainda, a partir de tal convenção, pode ser pactuado que eventual resolução prejudicial à análise da questão controvertida será alcançada pela coisa julgada, não se aplicando o disposto no § 2º do art. 503 (até porque a restrição quanto à produção de provas e/ou cognição é fruto de exercício da autonomia da vontade, estando fora do espectro do citado texto legal).[146]

Com olhos na expressão "vias ordinárias", que está inserida art. 612, há espaço para que os interessados convencionem a superfície de remessa para que a dilação probatória seja efetuada, uma vez que há opções variadas e, portanto, não pode ser vista como sinônimo de ação judicial autônoma (seja pelo procedimento comum, seja pelo procedimento especial). Sem rebuços, o julgador terá papel capital como *estimulador* para que o referido negócio jurídico processual seja efetivado ou, no mínimo, ponderado entre os interessados. O juízo sucessório não pode se afastar dos ditames do art. 6º do CPC, que lhe

146 Diante da própria ambiência e do pano de fundo do inventário (direito patrimonial sucessório), em algumas situações, o negócio processual entabulado poderá ter repercussões atreladas ao direito material, razão pela qual deverá detalhar tais desdobramentos, a fim de evitar dúvidas a respeito. Por exemplo, é intuitivo que as partes possam convencionar sobre os bens que formarão a reserva patrimonial aplicada à técnica de remessa. Em tal situação, é de bom tom que o negócio processual não só indique o bem (ou bens) que formará(ão) a garantia, mas, também, dentre outras questões pertinentes, descreva seu guardião (ou depositário), a titularidade acerca dos frutos e a responsabilidade sobre as despesas do bem até que a questão se resolva. É salutar que tais assuntos estejam estampados na convenção, a fim que não se crie controvérsia a partir da aplicação do art. 2.020 do CC sobre o bem que foi afetado como garantia.

impõem os deveres que decorrem da cooperação processual, a saber: *esclarecimento, prevenção, consulta* e *auxílio*. Por certo, a prévia intimação das partes, antes de aplicar a técnica do art. 612, consultando-as acerca do assunto, poderá propiciar que os interessados apresentem escolha comum, lastreada em convenção processual detalhada para o sentido.

A arquitetura do negócio jurídico processual é fluida, respeitado o gabarito legal, permitindo-se, em novo exemplo, que seja fixada convenção para que, antes de se iniciar a dilação probatória (qualquer que seja o ambiente), as partes se submetam a procedimento de autocomposição. Em tal hipótese, a convenção processual poderá desenhar as regras aplicáveis à autocomposição (por exemplo, opção por mediação judicial ou extrajudicial, escolha de determinada câmara de mediação etc.).

De tudo acima posto, é inegável que o art. 612 se traduz em uma plataforma de grandes horizontes para os negócios jurídicos processuais, bastando compreender a essência da técnica e sua aplicação flutuante (e variável) dentro da dinâmica processual e das questões tratadas ao longo do inventário *causa mortis* judicial.

Art. 613. Até que o inventariante preste o compromisso, continuará o espólio na posse do administrador provisório.

Art. 614. O administrador provisório representa ativa e passivamente o espólio, é obrigado a trazer ao acervo os frutos que desde a abertura da sucessão percebeu, tem direito ao reembolso das despesas necessárias e úteis que fez e responde pelo dano a que, por dolo ou culpa, der causa.

CPC de 1973 – arts. 985 e 986

1. Do administrador provisório do CPC

Com modificações apenas redacionais, a administração provisória do espólio está regulada no CPC próximo ao que ocorria na codificação processual pretérita. Não há precisa delimitação sobre o gabarito do administrador provisório, tratando-se, no art. 613, apenas sobre a limitação temporal da administração provisória e, no art. 614, sobre a representação do espólio, as responsabilidades que o administrador provisório assume em função do exercício do encargo e o direito de reembolso de despesas.

Os arts. 613 e 614 são dispositivos, a toda evidência, *heterotópicos*, ou seja, vinculados ao direito material, mas posicionados dentro da codificação processual.[147] O tratamento da figura (administrador provisório) no CPC

147 Deve ser considerada como regra *heterotópica* aquela que está *deslocada*, ou seja, está

é inoportuno, uma vez que a sua atuação se notabiliza na *seara extraprocessual*, vinculada à administração da herança e representação do espólio até que o inventário seja formalizado (= instaurado) e nomeado inventariante. Melhor seria que toda matéria ficasse concentrada no CC, valendo destacar, no sentido, que tal diploma apenas traz rol (sugestivo) das pessoas que exercerão a administração da herança até que seja nomeado inventariante (art. 1.797), indicando, em seguida, que a administração da herança pelo inventariante somente se inicia com a assinatura do compromisso (art. 1.991), labor este que se estenderá até a "partilha" (na verdade, até o *desfecho* do inventário).[148]

2. Interpretação de acordo com o art. 1.797 do CC: pessoas que podem exercer a administração provisória

O art. 613 indica que o administrador provisório será assim postado em decorrência de situação fática configurada: *posse de bens da herança*. A letra da lei indica que tal situação de fato deve ser preservada até que seja formalizada a inventariança, pois o legislador foi direto ao dispor o seguinte: "até que o inventariante preste o compromisso, *continuará* o espólio na *posse* do administrador provisório". Pela *saisine*, a titularidade da herança é transmitida imediatamente com a abertura da sucessão, sem qualquer tipo de formalidade (arts. 1.784, 1.226 e 1.227 do CC), criando-se uma espécie de condomínio forçado (art. 1.791, parágrafo único, do CC). Embora os herdeiros possam proteger a posse dos bens que integram o espólio (art. 1.314 do CC),[149] a legislação projeta para o administrador provisório o exercício da posse da herança, a fim de administrar o patrimônio do espólio.

---

em *diferente* (*héteros*) *lugar (topikòs)* do que é esperado habitualmente. Assim, quando o diploma legal for de índole processual – como é o caso do CPC – e for localizado dispositivo de caráter eminentemente material, este terá natureza *heterotópica*, já que *difere*, na essência, dos demais artigos da legislação, estando, sob tal enfoque, *deslocado*. Registre-se que tais regras não se confundem com os dispositivos *bifrontes*, pois estes não são identificados pela sua posição topográfica deslocada, mas pelo fato possuírem – simultaneamente – dupla faceta: material e processual (há, pois, a natureza híbrida no dispositivo legal). O estudo do inventário e da partilha congrega a análise de dispositivos heterotópicos e bifrontes, até mesmo diante da *dupla regulação* (CPC e CC). Com análise mais detalhada sobre os dispositivos *bifrontes* e *heterotópicos*, confira-se: Rodrigo Mazzei, Algumas notas sobre o ('dispensável') artigo 232 do Código Civil. In: *Prova, Exame Médico e Presunção*: o artigo 232 do Código Civil, p. 261-262).

148 O texto do art. 2.020 do CC ratifica a natureza heterotópica dos regramentos sobre administração provisória no CPC, tendo em vista que sua redação é muito próxima da contida no art. 614 adiante comentado.

149 No sentido: STJ, 3ª Turma, REsp 537.363/RS, j. 20/04/2010, *DJ* 07/05/2010.

O detalhe é indicativo de que raramente haverá a nomeação judicial de administrador provisório,[150] pois este se posta – a partir de quadro fático – como *gestor* da herança. A "nomeação" (= *posicionamento*) do administrador provisório para os atos extraprocessuais, em regra, ocorrerá de forma natural, sem qualquer formalidade e independerá de deliberação judicial.[151] Nada obstante, é importante que os interessados estejam concordes (ou pelo menos não se oponham) acerca da atuação do administrador provisório, sendo perfeitamente viável a confecção de termo (seja por instrumento público ou até particular) para formalizar a escolha ou assentimento a respeito da pessoa que ocupou a administração provisória da herança, pois tal ato facilitará não só a representação, como também vinculará o administrador à prestação de contas.

2.1 Cônjuge, companheiro sobrevivente e herdeiro

O inciso I do art. 1.797 do CC indica que a administração da herança deve ficar a cargo do cônjuge ou companheiro supérstite, desde que o sobrevivente estivesse *convivendo* com o falecido na época da abertura da sucessão. A exigência indica a preocupação do legislador quanto à necessidade de posse efetiva da herança, presumindo-se, a partir do requisito lançado no dispositivo, a *ocorrência de composse*, em vida, entre os cônjuges ou companheiros, sendo irrelevante a análise do regime de bens do casal.[152-153] Caso a relação conjugal ou de convivência tenha sido rompida por *separação fática*[154] antes da abertura da sucessão, não haverá – muito provavelmente – a situação de *composse* que

---

150 No mesmo sentido (entre muitos): Antonio Carlos Marcato, *Procedimentos especiais*. p. 177; Paulo Cezar Pinheiro Carneiro, *Inventário e partilha judicial e extrajudicial,* p. 49; e Luciano Vianna Araújo, *Comentários ao Código de Processo Civil*, v. 2, p. 186. De modo diverso, Rosa Maria de Andrade Nery e Nelson Nery Junior anotam a necessidade de nomeação judicial do administrador provisório (Rosa Maria de Andrade Nery e Nelson Nery Junior, *Instituições de Direito Civil*, v. 4, p. 819).

151 Próximo: Luciano Vianna Araújo, *Comentários ao Código de Processo Civil*, v. 2, p. 185-186.

152 No mesmo sentido: Francisco José Cahali e Renato Santos Piccolomini de Azevedo, *Código de Processo Civil anotado*, p. 868.

153 Perceba-se, no ponto, que há aproximação com o art. 617, I, do CPC, pois o *rol de referência* para designação do inventariante exige que o cônjuge/companheiro sobrevivente demonstre *convivência* com o autor da herança à época do seu passamento.

154 Sobre os efeitos da separação de fato (em sentido amplo), confira-se do STJ: 3ª Turma, REsp. 1.660.947/TO, j. 05/11/2019, *DJ* 07/11/2019; 4ª Turma, REsp 555.771/SP, j. 05/05/2009, *DJ* 18/05/2009; 4ª Turma, AgRg no REsp 880.229/CE, j. 07/03/2013, *DJ* 20/03/2013; 4ª Turma, REsp 140.694/DF, j. 16/10/2017, *DJ* 15/12/1997; 4ª Turma, REsp 32.218/SP, j. 17/05/2001, *DJ* 03/09/2001; 4ª Turma, REsp 127.077/ES, j. 23/09/1997, *DJ* 10/11/1997; 3ª Turma, REsp 67.678/RS, j. 19/11/1999, *DJ* 14/08/2000.

autoriza a administração provisória, funcionando esta quase como uma extensão daquilo que ocorria quando o autor da herança estava vivo. Portanto, o estado de *composse* (extraído como presunção da *convivência mútua*) é que justifica a administração provisória pelo cônjuge/companheiro sobrevivente independentemente do regime de bens do casamento/união estável.[155]

Os incisos I e II do art. 1.797 do CC devem ser lidos de forma conjunta e harmoniosa, até mesmo diante da possibilidade de encaixe do cônjuge ou do companheiro nas duas situações (*conviver* como falecido no momento da abertura da sucessão e ser herdeiro). O que se extrai, em verdade, é que a administração da herança será exercitada pela união dos seguintes fatores: (a) *posse anterior dos bens* e (b) *melhores condições para administrar o patrimônio.* Com efeito, é perfeitamente possível que o cônjuge ou companheiro sobrevivente se posicione em situação de composse dos bens e, na qualidade de herdeiro, seja o mais velho na sucessão como beneficiário na herança. Tais fatos, todavia, podem ceder diante da realidade em que o cônjuge ou companheiro deixa de exercer a posse da herança em razão de outra pessoa (herdeiro ou interessado) assim o fazer, situação que se comprovará faticamente e que terá espaço quando a nova pessoa possuir melhores condições de administrar a herança. Não é incomum, por exemplo, que o cônjuge/companheiro sobrevivente tenha idade elevada, dificultando, assim, a tarefa de administração da herança e/ou não possua aptidão para atos de gestão de patrimônio, fato que abre espaço para que ocorra a substituição fática da administração da herança, muito embora se consiga aferir composse entre os cônjuges ou companheiros no momento do falecimento do autor da herança.

2.2 Testamenteiro

A presença do testamenteiro no inciso III do art. 1.797 do CC é por deveras interessante, pois, se o testador deliberar sobre a pessoa que exercerá essa função, restará plasmada legitimação extraída da vontade do autor da herança. Com tal norte, poderá o testador escolher pessoa mais apta para a empreitada e/ou com posição que consiga conciliar eventuais interesses conflitantes depois

155 O apego à posse efetiva fica mais evidente quando se lê o inciso II do art. 1.797 do CC, uma vez que, na parte final do dispositivo, está previsto que a administração provisória ficará a cargo do herdeiro que *estiver na posse e administração dos bens* deixados pelo falecido, fixando-se a premissa de que, em caso de composse envolvendo mais de um herdeiro, a administração deverá ser feita pelo mais velho (presunção de que a pessoa com mais idade terá mais experiência para gerir os bens da herança). A opção em prestigiar o herdeiro mais velho revela o caráter conservador do CC. O CPC atual, ainda que mais discreto, parece seguir a mesma postura conservadora no art. 616, IV.

do seu passamento. Ocorre que a administração provisória, como se viu, está lastreada em pilares fáticos (a posse efetiva dos bens da herança) e a figura do testamenteiro se submete a gabarito formal, já que terá de ser efetuado o registro judicial do testamento e assinatura do termo da testamentária (arts. 735-737 do CPC). Assim, o inciso III do art. 1.797 do CC não tem caráter puramente fático, uma vez que, escorado em formalidades notadamente o registro judicial do testamento.

Sem prejuízo do acima exposto, aplicando-se fielmente o art. 1.977 do CC, o testador somente poderá conceder ao testamenteiro a posse e a administração da herança, ou de parte dela, em caso de inexistência de cônjuge/companheiro ou de herdeiros necessários.[156] Com todo respeito, o texto do art. 1.977 não é de boa inspiração e, por certo, será desafiado na realidade e na dinâmica de determinadas sucessões. Isso porque a administração provisória é, repita-se, sobretudo, calcada em cenário fático, e a proibição terá pouca eficácia em relação à situação de fato que se imporá naturalmente e/ou em respeito à vontade do autor da herança. Efetuando-se interpretação rígida da comunicação dos arts. 1.977 e 1.797, III, o testador somente poderá designar pessoa (testamenteiro) para figurar como administrador provisório (concessão de "posse e administração da herança") em caso de inexistência de cônjuge/companheiro sobrevivente (convivendo com o falecido à época do óbito) e/ou de herdeiros necessários ou caso este se posicione como tal (ou seja, ostente a posição de cônjuge/companheiro e/ou herdeiro necessário).[157] A exegese fechada do art. 1.977 foi, em alguma medida, desestabilizada com a inserção do art. 2.014 do CC, que permite que o autor da herança trace a partilha sucessória no seu testamento. Interpretação mais elástica do art. 1.793, III, devidamente apoiada no art. 2.014, admitirá não só o posicionamento do testamenteiro como administrador provisório, mas também a sua designação prévia como inventariante, notadamente se a partilha já estiver plasmada no testamento.[158]

2.3 Pessoa de confiança do juiz

Na ausência das pessoas apontadas nos incisos I a III do art. 1.797 do CC ou, ainda, quando alguma daquelas tiver sido afastada por motivo grave leva-

---

156 Poderia ser dito que se trata de regra aplicada à inventariança, mas, ao se fazer a leitura do dispositivo seguinte, percebe-se a sua afinidade com a administração provisória, pois, segundo o art. 1.978, quando o testamenteiro estiver na "posse e a administração dos bens, incumbe-lhe requerer inventário e cumprir o testamento".

157 Há um "detalhe" no art. 1.977 que não foi "lembrado" no art. 1.797, II, pois o primeiro faz menção expressa aos *herdeiros necessários*, enquanto o segundo faz alusão genérica aos *herdeiros*, sem restringir ao grupo dos necessários (art. 1.845 do CC).

158 No tema, vide comentários ao art. 617.

do ao conhecimento do juiz, sem a possibilidade de substituição por outra pessoa que também se encaixe nos referidos incisos, a legislação guarda solução residual a ser adotada. Com efeito, em tal situação extrema, o art. 1.797, IV, prevê que o administrador provisório deverá ser nomeado judicialmente, recaindo a escolha sob pessoa de confiança do magistrado. Apesar de a hipótese não se confundir com a inventariança dativa (que pressupõe a instauração de inventário *causa mortis*), as regras aplicáveis a esta deverão ser projetadas (com adaptação), impondo-se, por exemplo, nos termos do art. 75, § 1º, do CPC a convocação dos sucessores[159] do falecido nos processos em que o espólio seja parte.

De forma semelhante ao inventariante dativo, em caso de nomeação de administrador provisório pelo juiz, serão devidos honorários (cujo arbitramento será judicial[160]). Trata-se situação especialíssima aplicável apenas quando há convocação de terceiro, desafeto a sucessão para ocupar o posto, não sendo devidos honorários caso a pessoa tenha algum interesse advindo da sucessão.[161]

Por fim, há um tema envolvendo o art. 1.797, IV, do CC, que é extremamente nervoso e que merece ser trazido, desde já, por meio de uma indagação: caso o juízo sucessório tome conhecimento de que o administrador provisório e os demais legitimados em concorrência não instauraram o inventário *causa mortis* no prazo do art. 611 do CPC, seria possível a aplicação do art. 1.797, IV, a fim de afastar o atual administrador provisório, efetuando-se a nomeação de pessoa de confiança do juiz para a função? O tema é complexo, mas, se ficar evidente que o administrador provisório pretendeu tomar o es-

---

159 O conceito de sucessor previsto no art. 75, § 1º, do CPC merece ampliação, já que é possível que, consoante previsto no art. 1.829, I, do CC, o cônjuge/companheiro sobrevivente não figure como herdeiro, mas tenha interesse na sucessão em razão da comunhão de patrimônio em vida, tornado-se "meeiro". No sentido: Flávio Tartuce, *Direito Civil:* direito das sucessões, p. 590 e Euclides de Oliveira e Sebastião Amorim, *Inventário e partilha*: teoria e prática, p. 321. O art. 626 pode ser usado como base de comunicação, pois o dispositivo possui plataforma para que outras pessoas (ainda que não herdeiras) sejam obrigatoriamente citadas, como é o caso do cônjuge/companheiro meeiro.

160 Não há no CPC (muito menos no CC) regra de fixação para os honorários do inventariante dativo. Em razão da omissão, tem-se aplicado, como parâmetro, os percentuais fixados para atuação do testamenteiro, conforme prescreve o art. 1.987 do CC. No sentido: TJPR, 12ª Câmara Cível, AI 1512672-8, j. 24/08/2016, *DJ* 22/09/2016. Pois bem, considerando que, pela própria essência, o labor do administrador provisório é menor do que o do inventariante, o arbitramento deverá ser efetuado em valor abaixo do mínimo prescrito no art. 1.987. Note-se, todavia, que, como são funções diversas, a fixação dos honorários do administrador provisório dativo não prejudica o arbitramento dos honorários para a inventariança.

161 Próximo: Francisco José Cahali e Renato Santos Piccolomini de Azevedo, *Código de Processo Civil Anotado*, p. 869; e Fernando da Fonseca Gajardoni, *Processo de conhecimento e cumprimento de sentença:* comentários ao CPC 2015, v. 2, p. 1.043.

paço da inventariança, com adoção de medidas que extrapolam os limites do art. 614 e/ou que visem sedimentar posição de gestão, em flagrante burla aos comandos dos arts. 611, 613 e 615, a resposta poderá ser positiva.[162]

2.4 Nomeação (específica) para representação judicial

A representação judicial do espólio poderá ser necessária em determinadas situações, nada obstante não ter ocorrido a nomeação de inventariante ou sequer a instauração de inventário *causa mortis*. Trata-se, pois, de tema não alcançado pelo art. 1.797, mas que poderá reclamar a intervenção judicial para designação de administrador provisório. Com efeito, após o falecimento do autor da herança, o espólio responderá pelas dívidas do falecido, de modo que este poderá figurar como parte (arts. 799, II, e 796 do CPC c/c art. 1.997 do CC). Ocorre que a legislação indica que a representação do espólio em juízo será feita pelo inventariante (art. 75, VII), fato que pressupõe a instauração de inventário, pois, sem este, não há como se efetuar a inventariança.

Muito embora tenha o credor legitimidade para abertura de inventário *causa mortis* (art. 616, VI), firmou-se o entendimento de que este pode ajuizar ação contra o espólio independentemente da instauração do inventário sucessório.[163] Nessa hipótese, interpreta-se o art. 75, VII, em consonância com os arts. 613 e 614, a fim de que a representação do espólio recaia no administrador provisório.[164] Dessa forma, afigura-se viável que o juiz nomeie o administrador provisório, designação esta que utilizará o art. 1.797 do CC como balizamento, sem prejuízo de levar em conta a vontade dos interessados, caso assim seja manifestado. A nomeação do administrador provisório não só afastará qualquer problema formal de representação, saciando o disposto no

---

162 O assunto foi tratado nos comentários ao art. 615.

163 No sentido: "(...) até que o inventariante preste o devido compromisso, tal representação far-se-á pelo administrador provisório, consoante determinam os arts. 985 e 986 do CPC-73. (...). O espólio tem legitimidade para figurar no pólo passivo de ação de execução, que poderia ser ajuizada em face do autor da herança, acaso estivesse vivo, e será representado pelo administrador provisório da herança, na hipótese de não haver inventariante compromissado" (STJ, 3ª Turma, REsp. 1.386.220/PB, j. 03/09/2013, *DJ* 12/09/2013). O rumo decisório acima plasmado foi prestigiado no julgamento do STJ, 3ª Turma, REsp 1.559.791/PB, j. 28/08/2018, *DJ* 31/08/2018, extraindo-se do voto relator: "(...) se já houver sido ajuizada a ação de inventário e já houver inventariante compromissado, a ele caberá a representação judicial do espólio; de outro lado, caso ainda não tenha sido ajuizada a ação de inventário ou, ainda que proposta, ainda não haja inventariante devidamente compromissado, ao administrador provisório caberá a representação judicial do espólio (...)".

164 Bem próximo, confira-se: Paulo Cezar Pinheiro Carneiro, *Inventário e partilha judicial e extrajudicial*. Rio de Janeiro: Forense, 2019, p. 51.

art. 75, VII, como também, nos termos do art. 614, vinculará o administrador nomeado a prestar contas da sua atuação.

Raciocínio semelhante, apenas com fluxo inverso, há de ser aplicado também às ações movidas pelo espólio como credor (art. 798, II) sem que o inventário *causa mortis* tenha sido instaurado e, portanto, sem superfície formal para a nomeação de inventariante capaz de satisfazer o disposto no art. 75, VII. Seguindo a mesma inspiração, o juiz, ao receber a ação impulsionada pelo espólio, deverá fazer a nomeação de administrador provisório, eleição esta que observará os ditames do art. 1.797 do CC e a vontade dos interessados manifestada em postulação. A medida protege o espólio como um todo, já que o eventual produto da ação deverá ser remetido para o acervo hereditário, com respeito ao art. 1.791, parágrafo único, do CC, evitando que ocorra absorção (ou distribuição) em prejuízo do monte.

As hipóteses acima envolvem ações que foram movidas após o falecimento do autor da herança, mas a ideia pode ser transportada, com as devidas adaptações, para ações anteriores ao óbito. Com efeito, os arts. 313, § 2º, I e II, 687-692 do CPC[165] trabalham com o falecimento da parte no curso processual, isto é, óbito posterior à propositura da ação, tendo o objetivo de permitir que os sucessores tomem o lugar do falecido no processo. Dessa forma, o espólio, ao ocupar o espaço processual do falecido, atrairá a aplicação do art. 75, VII. Caso não tenha sido instaurado inventário, inexistindo a figura do inventariante, nada obsta que seja nomeado administrador provisório, a fim de que ocorra o prosseguimento do processo judicial.[166] No particular, deverá ser efetuada a convocação de todos os herdeiros para que estes indiquem quem é o administrador legal ou, na sua falta, apontem a sua preferência na nomeação, a fim de que o juiz decida no sentido (tendo o art. 1.797 do CC como apoio decisório). Tal medida, no entanto, não pode ser confundida com a imposição de que todos os herdeiros participem do processo, em conjunto, como se todos fossem administradores provisórios.

165 Sobre habilitação processual, confira-se: Rodrigo Mazzei e Sarah Merçon-Vargas, *Código de Processo Civil comentado*, p. 844-849.

166 É despropositado pensar que a habilitação processual em razão de falecimento de parte deve ser feita com a inclusão de todos os herdeiros no polo da ação, a fim de que estes, conjuntamente, representem espólio. Essa solução é contrária não só à ideia de representação do espólio pelo administrador provisório, como também vulnera a inteligência dos arts. 796 do CPC e art. 1.997 do CC, já que somente se cogita convocar qualquer herdeiro para integrar a ação como parte depois de efetivada a partilha. É contraditório admitir que a presença do inventariante é o bastante para a representação judicial do espólio (art. 75, VII, do CPC), mas, ao usar da mesma base legal (ainda que adaptada para os arts. 613-615), seja exigida a representação do espólio pela totalidade dos herdeiros.

Igualmente, inadmissível que os herdeiros proponham (*em nome próprio*, isto é, particular) ação envolvendo direito alcançado pela abertura da sucessão e que não pode ser individualizado para aqueles, pois faz parte da herança, ou seja, já alcançado pela universalidade decorrente da *saisine* (arts. 80, II, 91, 1.784 e 1.791, CC).[167] A administração provisória se impõe por força legal, não podendo ser afastada pelo simples fato de que todos os herdeiros participam da ação, pois estes não são propriamente os legitimados, considerando que o direito controvertido é do espólio. O que se pode admitir, em razão do primado do acesso à justiça, é que a ação seja movida por herdeiros – em nome do espólio, e, a partir de tal situação, seja feita a nomeação judicial de um (ou mais) herdeiro(s) para a representação na qualidade de administrador provisório, isto é, aquele que representará judicialmente o espólio na pendenga.

Há, sem dúvida, a possibilidade de que mais de um herdeiro seja posicionado como administrador provisório,[168] mas tal situação não significa que estão postulando em nome próprio, ou seja, como herdeiros.[169] Tanto assim que – em regra – a partilha sobre eventual crédito a ser obtido com a ação se sujeitará à tramitação de inventário,[170] fato comprovador de que o herdei-

---

167 As decisões não são claras na identificação da legitimação da ação, criando-se espaço para o (incorreto) entendimento de que os herdeiros são partes da ação. No tema: STJ, 1ª Turma, MS 20.365/DF, j. 09/04/2014, *DJ* 14/04/2014; STJ, RMS 15.377/RN, j. 02/12/2004, *DJ* 16/02/2004; STJ, 2ª Turma, REsp 554.529/PR, j. 21/06/2005, *DJ* 15/08/2005, p. 242). Correta a anotação de ALEXANDRE DE PAULA (citando decisão do TACivSP): "Não tem legitimidade o administrador provisório dos bens do espólio para promover ação de despejo em nome próprio, devendo fazê-lo em nome do espolio e em nome deste (...) JTACivSP 100/225" (*Código de Processo Civil anotado*, v. IV, p. 3.676).

168 No sentido, Cristiano Imhof traz a lume decisão do TJMT em suas anotações: "Ausente o processo de inventário, os herdeiros podem representar ativamente os interesses do espólio, na qualidade de administradores provisórios" (CRISTIANO IMHOF, *Direito das Sucessões:* Inventários e Partilhas, p. 245).

169 Espelhando-se a discussão para as dívidas do falecido, os herdeiros não se tornam devedores individuais pela inexistência de inventário *causa mortis*. No sentido: STJ, 3ª Tuma, REsp. 1.125.510/RS, j. 06/10/2011, *DJ* 19/10/2011). Assim, o herdeiro não possui legitimidade própria para causa (seja como credor, seja como devedor), fato que justificará a nomeação de administrador provisório nos autos toda vez que o herdeiro judicialmente se posicionar nos interesses do espólio.

170 Correta a assertiva de HAMILTON DE MORAES BARROS: "(...) no mesmo ato da morte, passam a propriedade e a posse dos bens do morto para seu herdeiros legítimos e testamentários (...) Entretanto, somente mais tarde, com o inventário e partilha, é que se vai saber o quê e quanto vai tocar a cada um" (*Comentários ao Código de Processo Civil*, IX, p. 201). Parecendo adotar tal linha: STJ, 2ª Turma, REsp. 136.434/SP, j. 12/12/2000, *DJ* 09/04/2001. De forma contrária, permitindo que os herdeiros figurassem como partes, postulando direito que seria do espólio: STJ, 4ª Turma, REsp. 1.297.611/SP, j. 06/06/2017, *DJ* 01/08/2017.

ro não postula em nome próprio, mas a favor do condomínio hereditário de que faz parte, que está erigido em quinhões que podem ser desproporcionais e que se submete a um processo de liquidação. Às claras, adaptando o disposto no § 3º do art. 1.793 do CC, para a ilustração posta, é certo que o crédito de titularidade do falecido que foi obtido judicialmente por "ação movida por herdeiro" faz parte da massa hereditária e, como tal, é indivisível,[171] reclamando a instauração de inventário *causa mortis* para que, efetivada a liquidação, possam os herdeiros receber sua parte, de acordo com o seu quinhão. Não é ocasional que a parte inicial do art. 647 do CPC indique que a *etapa da partilha* (pedido de quinhões) somente será iniciada depois de findada a *liquidação da herança*.

O raciocínio diverso abre espaço, levando-se à potência máxima, para que sejam cometidas fraudes. Basta pensar na hipótese em que, após a abertura da sucessão, os herdeiros verificam dívidas de alta monta em nome do falecido e, tencionando não as quitar, deixam de instaurar o inventario *causa mortis*. Paralelamente, em nome próprio, os herdeiros manejam postulações de recebimento de créditos do falecido pela via judicial, a fim de que, como partes, recebam as verbas sem a formalização de inventário. O exemplo demonstra a importância de nomeação de administrador provisório, ainda que incidentalmente nas ações em nome do espólio, pois este ficará responsável pela abertura do inventário (arts. 614 e 615), distribuindo-se, em tal ambiente, a eventual verba obtida no processo judicial para os herdeiros, passado o processo de liquidação (que possui a participação dos credores).[172]

Saliente-se, em arremate, que a nomeação de administrador provisório, para satisfazer pontualmente a regra do art. 75, VII (ou seja, para uma ação em curso), não pode ser traduzida como credenciamento para administração de toda a herança. A conclusão decorre, em especial, da análise do ambiente em que a nomeação foi feita, pois a eleição para representação judicial

---

171 Os poderes do administrador provisório são limitados (art. 614 do CPC), sendo um delírio imaginar que este *licitamente* pode fazer o rateio de verba obtida em processo judicial. Não é por acaso que sua posição de posse da herança determina que seja instaurado o inventário (art. 615), a fim de que no seu ventre seja nomeado novo agente com poderes mais amplos (o inventariante), ficando este responsável pela missão.

172 Dessa forma, ainda que se admita que os herdeiros possam ajuizar em nome do espólio ações judiciais, tal fato, contudo, não significa aceitar que o ajuizamento daquela se dê em nome próprio e/ou sem a nomeação incidental do administrador provisório, sob pena de negativa de vigência aos arts. 613 e 614 do CPC, com desprezo às estruturas em que está deitado o sistema do direito sucessório, que labora com a universalidade, relações condominiais e a diferenciação do direito próprio do herdeiro com o do espólio, consoante arts. 91, 1.784, 1.791 e 1.793, § 3º, CC.

específica não pode ser comparada com a que ocorre no inventário, já que o último corresponde a um procedimento próprio que visa apurar e liquidar o acervo sucessório (justificando o calibre de poderes concedido ao inventariante – arts. 618 e 619).

3. A presunção de que a administração provisória será exercida isoladamente

Seguindo-se a redação literal dos arts. 613-614 do CPC e do art. 1.797 do CC, a administração provisória será exercida por uma pessoa, não se cogitando que a função possa ser compartilhada de forma alguma. Semelhante situação é verificada em relação ao inventariante (art. 617), tendo em vista a redação sempre no singular acerca da pessoa que poderá ser nomeada para a inventariança. Ocorre que, em relação ao testamenteiro, o art. 1.976 do CC prevê que o "testador pode nomear um ou mais testamenteiros, conjuntos ou separados, para lhe darem cumprimento às disposições de última vontade". Portanto, o texto da lei civil admite a nomeação plúrima de testamenteiro, seja para atuação sucessiva (preferência em relação a quem cumprirá o testamento), como também compartilhada (cindindo-se a eleição a partir de determinadas funções). Da regra legal, extrai-se, por lógica, a possibilidade de *atuação conjunta*, até porque o legislador não fez qualquer restrição no sentido.

Não se pode, portanto, descartar a possibilidade concreta de que a administração da herança possa ser exercitada por mais de uma pessoa, até porque a posição de administrador provisório está atrelada à situação fática (posse), ou seja, realidade factual. É perfeitamente possível que os bens da herança sejam administrados por pessoas diferentes, uma vez que existe a probabilidade de determinados bens estarem concretamente na posse de determinadas pessoas, enquanto outros estão no domínio fático de outras.[173] Também não se pode descartar a hipótese de os interessados na herança assumirem, conjuntamente, a totalidade da posse, em situação capaz de configurar a composse integral do acervo, criando-se, naturalmente, a administração conjunta.

173 Basta pensar em bens que estão situados em diversos locais, de forma que determinado herdeiro assume a posse e administração daqueles próximos ao último domicílio do falecido, ao passo que outro passa a cuidar dos bens mais distantes, longínquos ao domicílio derradeiro do autor da herança. Ademais, não são raros os casos em que o exercício da posse dos bens (mesmo que geograficamente próximos) fique faticamente cindido, de modo que um herdeiro promova atos de gestão de determinado tipo de bens (por exemplo, passe a responder perante a sociedade e a terceiros quanto às cotas sociais de pessoa jurídica de que o falecido era sócio), mas sem ter a posse dos bens imóveis (por exemplo, uma fazenda e bens destinados à locação), que acaba ficando com outro herdeiro.

4. Administrador provisório: período de atuação

A própria nomenclatura voltada à figura jurídica indica que o administrador *provisório* terá atuação temporal limitada. Em suma, aberta a sucessão, o encargo de administrador provisório está franqueado àquele que está na posse da herança, labor este que findará com a designação de inventariante. No ponto, salvo se a lei excepcionar de forma expressa,[174] a inventariança estará sedimentada formalmente depois de assinado o compromisso respectivo pela pessoa eleita (arts. 613 e 617, parágrafo único, do CPC e 1.991 do CC).

O administrador provisório deve atuar diretamente para que seu labor seja substituído na dinâmica do inventário *causa mortis* pela atuação do inventariante, pois, a teor do art. 615, a postulação de abertura do inventário *incumbe a quem estiver na posse e na administração do espólio*. Sem prejuízo da legitimação concorrente prevista no art. 616, aquele que se postar como administrador provisório poderá ser penalizado no caso de instauração a destempo do inventário *causa mortis*, demonstrada a ocorrência de culpa no sentido, pois estará descumprindo incumbência expressa (art. 615), que se submete ao prazo do art. 611.

Não é incomum que a mesma pessoa exerça a função de administrador provisório e, posteriormente, de inventariante. Todavia, é fundamental observar que tal situação não é obrigatória, e mais, a má gestão na primeira atividade (administração provisória) poderá desaconselhar que a segunda (inventariança) se mantenha na mesma pessoa. Demais disso, o bom desempenho da primeira atividade não representa necessariamente que a segunda se desenvolverá da mesma forma, sendo, assim, de todo recomendável que se efetue a cisão do espaço temporal referente às funções.

Portanto, o administrador provisório é *figura transitória*,[175] devendo ser tratada como tal. Não se confunde, pois, com o a figura do inventariante (que exerce poderes muito mais amplos no curso do inventário *causa mortis* – arts. 618-619), muito menos com a do testamenteiro (cujo mote é o cumprimento do testamento – art. 1.976 do CC).

---

174 No sentido, no caso de inventário sob o procedimento de arrolamento (sumário ou comum) a assinatura do termo de compromisso é desnecessária (arts. 660 e 664 do CPC).

175 Próximos: Clóvis do Couto e Silva, *Comentários ao Código de Processo Civil*, v. XI, tomo I, p. 282; Hamilton de Moraes Barros, *Comentários ao Código de Processo Civil*, v. IX, p. 200; Antonio Carlos Marcato, *Procedimentos especiais*, p. 177; Luciano Vianna Araújo, *Comentários ao Código de Processo Civil*, v. 2, p. 185; Sergio Sahione Fadel, *Código de Processo Civil*. Arts. 890 a 1.220, p. 129-130; José Fernando Simão, *Código Civil comentado*, p. 1.421; e Fernando da Fonseca Gajardoni, *Processo de conhecimento e cumprimento de sentença:* comentários ao CPC 2015, v. 2, p. 1.041.

5. Atuação extrajudicial do administrador provisório

O grande campo da representação do administrador provisório está na esfera extrajudicial, sendo facilmente aferível que a redação do art. 614 não abrange todas as atividades que são inerentes à figura. Em rápidas ilustrações, caberá ao administrador provisório adotar medidas para administrar e conservar os bens da herança, arrecadando-os a fim de que o acervo se apresente de forma organizada e em condições hígidas.[176] Diante da sua natureza *transitória*, o labor deve ser desenvolvido com objetivo de criar fundações para que a inventariança seja fluída. No sentido, inclui-se, no espectro da administração provisória, apresentação de informações por escrito e a colheita de documentação acerca dos interessados (herdeiros, cônjuges, credores etc.), do acervo hereditário num todo (patrimônio, obrigações e dívidas) e da situação de fato sobre cada bem.[177]

As informações colhidas (com a prova documentada respectiva) e a prestação de contas do trabalho desenvolvida pelo administrador provisório deverão ser anexadas ao inventário *causa mortis* para apreciação dos interessados e do inventariante (caso seja nomeado para a inventariança pessoa diversa da do administrador provisório), pois o último prosseguirá no labor com poderes mais amplos. Dessa forma, em consonância com o art. 615, a instauração do inventário *causa mortis* pelo administrador provisório deve ser instruída com as informações documentadas e prestação de contas na forma acima, já que tal medida encerrará o ciclo do labor provisório, permitindo quitação no sentido.[178]

6. Órbita das funções do administrador provisório: necessidade de moldar gabarito próprio a partir da inventariança e da curadoria (herança jacente)

Diante da plataforma acanhada do art. 614, é natural que, na descrição das funções do administrador provisório, sejam analisadas a partir daquelas que serão exercidas pelo inventariante, tendo em vista que este o sucederá no labor.[179] Todavia, há de se ter zelo na projeção dos arts. 618-619 para o rol de

176 Próximo: Sergio Sahione Fadel, *Código de Processo Civil*. Arts. 890 a 1.220, p. 130.

177 Por exemplo, conjugando o art. 614 do CPC com o art. 2.020 do CC, caberá, ao administrador provisório, a partir da apuração feita, descrever a relação de bens do espólio e indicar a situação pontual da posse de cada um deles – tendo em vista que estes podem estar na esfera de terceiros e/ou de pessoas vinculadas ao espólio (cônjuge, companheiro ou herdeiro considerando a necessidade de levantamento dos frutos e remessa respectiva ao monte).

178 O tema foi tratado como vagar nos comentários ao art. 615 desta obra.

179 Pontes de Miranda defende que: "os deveres são os que terão qualquer pessoa nomeada inventariante" (*Comentários ao Código de Processo Civil*, v. XIV, p. 33).

atividades atreladas ao administrador provisório, pois há atribuições fixadas para o inventariante as quais não poderão ser transportadas para a figura.[180]

Às claras, em pontos de contato, o administrador provisório deve gerir o espólio, *velando-lhes os bens com a mesma diligência que teria se seus fossem* (art. 618, II) e apresentar toda documentação e informações que colheu sobre o acervo hereditário (art. 618, IV-VI). No entanto, ainda que seu labor deva ser documentado, não aplica ao administrador provisório a rigidez da apresentação de primeiras e últimas declarações (art. 618, III), bastando, pois, relatório simplificado, consoante já fixado. A prestação de contas, por sua vez, é ato inerente à função do administrador provisório, não sendo necessária a exigência do juiz (art. 618, VII). No que se refere à representação judicial (art. 618, I), conforme tratado em item anterior, há limitação na administração provisória, sendo hipótese de representação pontual em cada processo. Em relação ao pedido de insolvência do espólio (art. 618, VIII), trata-se de requerimento de legitimação que não alcança o administrador provisório, estando tal postulação apenas na esfera do inventariante, já que o primeiro é simples gestor da herança.[181]

O distanciamento com a forma de autuação do inventariante fica também clara quando se enfrenta o rol do art. 619, em que se fixou os atos que podem ser efetuados mediante autorização judicial, ou seja, atos que demandam a conjugação de postulação com deliberação judicante, a saber: (a) alienação de bens de qualquer espécie (art. 619, I), (b) transação em juízo ou fora dele (art. 619, II), (c) pagamento de dívidas do espólio (art. 619, III) e (d) fazer despesas necessárias à conservação e ao melhoramento dos bens do espólio (art. 619, IV). Por ser labor *antecedente* à instauração judicial do inventário e de exercício de período efêmero (art. 613 c/c art. 611), é despropositado pensar que atividades a serem desenvolvidas pelo administrador provisório reclamam que sejam autorizadas por decisão judicial, pois tal exigência iria de encontro à natureza *provisória* do instituto e, repita-se, prévia à judicialização do inventário. Perceba-se, no senti-

---

Próximo: Arruda Alvim, Araken de Assis e Eduardo Arruda Alvim; Ricardo Alexandre da Silva e Eduardo Lamy, *Comentários ao Código de Processo Civil*, v. IX, p. 493 e 498. Com semelhante ideia, Gerson Fischmann trata o administrador provisório como "espécie de inventariante temporário" (*Comentários ao Código de Processo Civil*, v. 14, p. 44).

180 Próximo: Francisco José Cahali e Renato Santos Piccolomini de Azevedo, *Código de Processo Civil anotado*, p. 869.

181 No tema, Clóvis do Couto e Silva pontifica: "Apesar de possuir representação ativa e passiva do espólio, não lhe compete a faculdade de requerer a declaração de insolvência. Não se trata de administração semelhante à do inventariante, que se destina ao ato final e que põe termo à situação de direito hereditário, à partilha" (*Comentários ao Código de Processo Civil*, v. XI, tomo I, p. 283-284).

do, que, diferente do disposto no art. 619, IV, a redação do art. 614 aponta que o administrador provisório não depende de prévia autorização judicial para efetuar despesas necessárias e úteis. A motivação legal está justamente nas bases da administração provisória, labor que ocorre compulsoriamente após a abertura da sucessão, de natureza provisória e, *a priori*, de prazo curto.

Quando se compara a atuação do administrador provisório em relação ao labor do curador judicial em caso de herança jacente (art. 739, § 1º, do CPC), percebe-se que há identificação mais próxima, que acaba por suplantar o seu parelhamento à inventariança. Com efeito, embora com necessárias adaptações (até porque o curador é figura que depende de nomeação judicial, fato dispensável em relação ao administrador provisório, exceto em situações específicas), extrai-se do dispositivo que as atribuições do curador são provisórias, limitando-se, por tal passo, os seus atos de gestão (guarda, a conservação e a administração da herança) até a respectiva entrega ao sucessor legalmente habilitado ou até a declaração de vacância. No sentido, os arts. 741, § 3º, e 743 do CPC c/c arts. 1.819-1.820 do CC deixam claro que o objetivo da curatela é de que seja efetuada gestão do acervo hereditário, a fim de que ocorra a conversão em inventário (caso habilitado algum herdeiro) e, se assim não for possível, de forma residual, que se proceda à declaração de vacância. A partir do perfil tracejado, as modulações afetas às atribuições do referido curador demonstram que o seu labor se volta para *atuação provisória* (art. 739, § 1º, do CPC), a saber: (a) representação da herança em juízo ou fora dele (art. 739, I), (b) guarda e conservação dos bens arrecadados (art. 739, II, primeira parte), (c) arrecadação de outros bens (art. 739, II, segunda parte), (c) execução de medidas conservatórias dos direitos da herança (art. 739, III), (d) prestação de contas mensal, por meio de exibição de balancete da receita e da despesa (art. 739, IV); (e) prestação de contas ao fim da sua gestão (art. 739, V). Dessa forma, em alguns pontos, o art. 739, § 1º, pode preencher os espaços em branco do art. 614,[182] mas, por certo, as figuras não podem ser igualadas. Tanto assim que em casos especialíssimos (e justificados, posteriormente, em prestação de contas) admite-se que o administrador provisório venha alienar bens, mesmo sem prévia autorização do juízo sucessório (por exemplo, no caso de bens sujeitos à deterioração ou perecimento, poderá se tornar imperiosa a sua alienação antecipada[183]).

182 Robson Renault Godinho aponta áreas de contato entre o trabalho do curador da herança jacente com o de inventariante (*Comentários ao Código de Processo Civil*, v. IV, p. 290-291). Sobre a atividade do referido curador, com larga exposição, confira-se: Jefferson Carús Guedes, *Comentários ao Código de Processo Civil*, v. XI, p. 402-409.

183 No ponto há distanciamento do curador que atua na herança jacente, pois os atos de alienação se sujeitam a autorização judicial (art. 742), situação natural em razão

Vale notar, em arremate, que a atuação do administrador provisório – com as devidas adaptações – atrai a aplicação das regras aplicáveis ao *gestor de negócios* (art. 861-875 do CC). Por tal passo, é importante que as decisões sejam divididas com os demais interessados, ouvindo-os previamente sempre que for possível. É de bom tom que as decisões sejam plasmadas em atos documentados, a fim de que seja comprovado pelo administrador provisório que possuía autorização dos interessados, em especial quando se tratar de atos "extraordinários", ou seja, que fujam da plataforma do art. 614 (ainda que com as complementações aqui propostas).

7. Arrecadação dos "frutos e produtos": diálogo do art. 614 do CPC com o art. 1.232 do CC

O administrador provisório deverá trazer para o acervo hereditário todos os "frutos" que arrecadar desde a abertura da sucessão, encartando-se no conceito de "frutos" tantos os *naturais* (aqueles que a natureza produz espontaneamente), quanto os *industriais* (que advêm da conjunção do trabalho humano com utilização de equipamentos ou instalações) e os *civis* (decorrentes de rendas variadas, como os advindos da locação de imóveis ou de investimentos financeiros).[184] A partir de tal classificação encaixada em dinâmica, os "frutos" – em razão do seu *estado* (ou *estágio evolutivo*) – poderão estar *pendentes para colheita*, *prontos para retirada*, *colhidos* (= *separados*) ou *percebidos* (= *consumidos*),[185] ou seja, não há desnaturação da figura a partir da evolução fática, havendo apenas ajustes evolutivos em linha temporal, que geram consequências práticas, bastando observar que, quanto aos frutos *pendentes*, devem-se descontar os custos de sua colheita e, quanto aos *consumidos* ou *alienados,* aplicar-se-ão, com mais severidade, os efeitos da mora.[186] Seja

não só da própria designação judiciária, mas pelo fato de que o labor de tal ator é mais prolongado.

184 A classificação sobre frutos comporta divergências de nomenclatura, conforme bem anota Astolpho de Rezende, *Manual do Código Civil Brasileiro,* v. XX. p. 360. Sobre o tema, vide ainda: Euclides de Oliveira (*Código Civil comentado,* v. XX, p. 222) e Luciano Vianna Araújo, *Comentários ao Código de Processo Civil,* v. 2, p. 186.

185 No particular, Euclides de Oliveira entende que "distinguem-se os frutos pelo seu estado evolutivo, conforme ainda permaneçam ligados ao bem de origem (estantes ou pendentes), ou em fase de colheita (percipiendos), já colhidos (percebidos ou armazenados) ou já extintos (consumidos ou alienados)" (*Código Civil comentado,* v. XX, p. 222). No mesmo sentido: Flavio Tartuce, *Manual de Direito Civil*: volume único, p. 208. Próximo: Anderson Schreiber, *Manual de direito civil contemporâneo*, p. 195.

186 No ponto, os arts. 1.214-1.216 do CC trabalham com variações acerca dos frutos tanto na sua classificação quanto em relação à sua essência, assim como consideram seu posicionamento dinâmico evolutivo.

como for, para aplicação do art. 614, entende-se abrangida toda e qualquer espécie de "frutos", observando-se suas peculiaridades.[187]

Embora o dispositivo comentado seja omisso, cabe, ao administrador provisório, também a arrecadação dos "produtos" advindos dos bens de titularidade do espólio. Isso porque o art. 614 necessita ser combinado com o art. 1.232 do CC, regra legal que prevê que os "frutos" e "produtos" da coisa, mesmo quando separados, pertencem ao seu proprietário (= *titular*), exceto se, por "preceito jurídico especial", a outro se destinarem. Assim, o diálogo com o art. 1.232 do CC alonga o alcance do art. 614, já que não abarca apenas aos "frutos", mas também, aos "produtos", seguindo a fórmula dos arts. 92 e 95, do CC.[188]

8. Da necessária comunicação do art. 614 com o art. 2.020 do CC

O art. 614 pode levar à equivocada compreensão de responsabilidade exclusiva do administrador provisório acerca da remessa dos "frutos" e "produtos" atinentes às titularidades que compõem o acervo hereditário. Com efeito, se, por ficção, entende-se que, com a *saisine* e o exercício da administração provisória, os bens da herança ficam automaticamente na posse direta do gestor, enquanto a posse indireta se coloca com os herdeiros,[189] o disposto no art. 2.020 do CC demonstra que tal quadro abstrato pode ceder à realidade fática, ao prever que *os herdeiros em posse dos bens da herança, o cônjuge sobrevivente e o inventariante são obrigados a trazer ao acervo os frutos que perceberam, desde a abertura da sucessão; têm direito ao reembolso das despesas necessárias e úteis que fizeram, e respondem pelo dano a que, por dolo ou culpa, deram causa*. À exceção da parte inicial do art. 614 (que trata da representação ativa e passiva do espólio), a lei civil possui o mesmo texto do dispositivo inserido na codificação processual.[190]

Há, portanto, no art. 2.020 do CC, o reconhecimento de que, nem sempre (no plano fático), o administrador provisório ou o inventariante estarão

---

187 Ainda que fazendo alusão ao art. 2.020, Euclides de Oliveira possui a mesma opinião (*Código Civil comentado*, V. XX, p. 221).

188 Embora exista o traço distintivo entre "frutos" e "produtos", que se finca, especialmente, no vínculo com a coisa principal, pois os primeiros não afetam a substância do bem, ao passo que os produtos acarretam a gradual exaustão do bem principal, o art. 1.232 do CC abriga as duas figuras (em todas as suas modalidades internas), de modo que a sua simbiose com o direito sucessório gera ampliação na arrecadação do administrador provisório, na medida em que este também se obriga a trazer os "produtos" para o acervo hereditário, apesar da injustificada omissão do art. 614 do CPC.

189 No sentido: Mauro Antonini, *Código Civil comentado*, p. 2.364.

190 Também conectando o art. 614 do CPC ao art. 2.020 do CC, confira-se (bem direto): Luiz Paulo Vieira de Carvalho, *Direito das Sucessões*, p. 989.

exercendo a posse direta sobre os bens do acervo sucessório, já que se admite que os herdeiros e o cônjuge/companheiro em tal posição, inclusive recebendo os frutos de bens da herança. Pois bem, da combinação do art. 614 com o art. 2.020 do CC resulta a conclusão de que o administrador provisório deverá, imediatamente, trazer os "frutos" e "produtos" referentes aos bens que estão na sua esfera de exercício, providência, por vezes, inviável em relação aos que estão na órbita dos herdeiros e/ou do cônjuge/companheiro sobrevivente. Em tais casos, *o administrador provisório deverá notificar aqueles que se sujeitam à aplicação do art. 2.020 da lei civil*, postulando que os "frutos" e "produtos" (ou resultado financeiro destes) passem a ser enviados para a massa hereditária (condomínio). O mapeamento da situação possessória dos bens pertencentes ao espólio e a sua respectiva arrecadação deverão constar na prestação de contas do administrador provisório, a fim de que o inventariante dê prosseguimento às medidas adotadas.

Saliente-se, por deveras relevante, que a notificação do administrador provisório em relação ao herdeiro e/ou ao cônjuge/companheiro que está de posse de bem da herança poderá ter o efeito previsto no art. 1.202 do CC,[191] cessando a alegação de boa-fé daquele que se posta como possuidor. Tal medida, invertendo-se o *status* possessório para o quadro de má-fé, terá repercussão direta na relação possessória, pois os efeitos da posse sofrerão mutação, inclusive em relação ao direito de reembolso previsto na parte final do art. 2.020 do CC, já que, em exemplo, ao possuidor de má-fé, somente é dado tal direito em razão das benfeitorias necessárias (art. 1.220 do CC[192]), e, assim sendo, afasta-se postulação no sentido quanto às benfeitorias necessárias eventualmente efetuadas em bens de titularidade do espólio. A alteração do *quadrante possessório* do art. 1.202 não se restringirá às benfeitorias, valendo notar que, também em conexão com o art. 2.020, rígido regime acerca dos "frutos" será aplicado ao possuidor de má-fé (arts. 1.214-1.218 do CC), assim como em relação à perda ou deterioração da coisa (arts. 1.217 e 1.218).[193]

191 Marco Antônio Bezerra de Melo – acerca do efeito previsto no art. 1.202 do CC – esclarece que: "Essa perda de boa-fé pode se dar de forma extrajudicial ou judicial. No primeiro caso, pode se dar por uma notificação feita pelo proprietário ou um ato no qual o possuidor ateste documentalmente que o direito sobre o bem pertence a outrem" (*Código Civil comentado*: doutrina e jurisprudência, p. 839).

192 O CC traz um regime específico sobre os efeitos da posse em relação às benfeitorias, consoante se depreende dos arts. 1.219-1.222.

193 Sobre a mutação da posse e seus regimes, confira-se: Rodrigo Mazzei, Breve esboço sobre a sistematização da posse no direito brasileiro atual. In: *Estudos sobre Direito Processual*: a interação entre o Código de Processo Civil e o Ordenamento Jurídico, v. 1, p. 25-47.

O exercício possessório particular por interessado de bem que compõe a herança, seguindo o perfil aqui desenhado, não prejudica um ou outro herdeiro, mas todo o espólio, já que acaba por criar embaraço na arrecadação. Basta pensar no cônjuge sobrevivente que, além de ocupar imóvel residencial para sua moradia, retém, na sua posse pessoal (e exclusiva), outros imóveis que fazem parte da massa hereditária (por exemplo, casas de campo e de praia) durante o processamento do inventário *causa mortis*, adotando postura que não só impede o uso condominial dos bens pelos demais titulares, como também que o patrimônio produza frutos para a herança.[194] Logo, para que o espólio não tenha prejuízo econômico na apuração dos frutos, o possuidor (mesmo que interessado na herança) deverá consignar pecúnia em valor que represente economicamente a posse que está exercendo, valor este que deverá ser fixado por consenso geral ou por meio de prova técnica[195-196] que, em última análise, poderá ser efetuada até mesmo no bojo do inventário *causa mortis*, tendo em vista que se trata de avaliação por *expert*, dilação probatória que não recebe repulsa (tema tratado nos comentários ao art. 612). Necessária, portanto, a comunicação do art. 614 com o art. 2.020 do CC, sendo fundamental para tanto, adoção das medidas acima descritas, até porque o mapeamento transparente da distribuição e da situação possessória dos bens da herança, de acordo com sua realidade fática, poderá viabilizar a *partilha antecipada* (art. 647, parágrafo único).[197]

Por fim, ainda que os "frutos" e "produtos" façam parte do acervo hereditário, estando aptos, inclusive, para serem usados como créditos na fase de liquidação e, em caso de saldo, sejam levados à partilha, como o fato gerador não é propriamente a *causa mortis*, a legislação tributária tem tratado

---

194 Com olhos em situação hipotética próxima, J. M. Carvalho Santos traz a correta ponderação: "Ora, tanto faz o condômino perceber aluguéis de prédio comum como ocupá-lo sem os pagar; em um e outro caso, dá-se enriquecimento à custa dos outros compartes, na proporção dos respectivos quinhões" (*Código Civil Brasileiro interpretado*, v. XXIV, p. 424).

195 No sentido: José Miguel Garcia Medina e Fábio Caldas de Araújo, *Código Civil anotado*, p. 1.181 e J. M. Carvalho Santos, *Código Civil Brasileiro interpretado*, v. XXIV, p. 427-428.

196 Perceba-se, pois, que a solução é adequada, até porque surge como alternativa que pode ser menos traumática que o ajuizamento de ação possessória, pois o exercício exclusivo de posse fática por condômino sobre bem que compõe o acervo hereditário pode ser encartado como esbulho no âmbito condominial. No sentido: "(...) possível a caracterização do esbulho na composse pro indiviso do acervo hereditário quando um compossuidor exclui o outro do exercício de sua posse sobre determinada área, admitindo-se o manejo de ação possessória" (STJ, 3ª Turma, AgInt no AREsp 998.055/SP, j. 18/05/2017, *DJ* 01/06/2017).

197 Vide comentários ao art. 647.

as figuras (mas explicitamente quanto aos "frutos") como não alcançadas pelo ITCMD.[198]

9. Reembolso de despesas e benfeitorias

O art. 614 faz alusão às "despesas" necessárias e úteis e não às "benfeitorias" necessárias e úteis. A anotação se justifica, pois "despesas" não se confundem com "benfeitorias", ainda que seus regramentos possam ter pontos de toque.[199] O detalhe é importante, na medida em que o art. 614 detém superfície tanto para atrair o reembolso de "despesas" (já que a o legislador fez questão de invocá-las no corpo do dispositivo comentado), como também em relação às "benfeitorias". Isso porque a bússola que rege o art. 614 e o art. 2.020 do CC é o exercício fático da posse, situação que atrai a aplicação das regras sobre os efeitos da posse (arts. 1.212-1.220 do CC), dentre os quais está o direito de ressarcimento pelas benfeitorias, consoante demonstrado no item anterior. Assim, analisando-se o dispêndio de pecúnia vinculado ao melhoramento e acréscimo dos bens do acervo, deverá ser aplicada a classificação do art. 95 do CC, projetando-se esta para os ditames dos arts. 1.219-1.222, que tratam dos efeitos da posse em relação às benfeitorias.

Do acima exposto, conclui-se que se deve conferir interpretação ampla às *despesas necessárias para a conservação e manutenção do acervo hereditário*, a fim de que, incluídas em prestação de contas, possam ser reembolsadas. Não há necessidade de que tais despesas tenham qualquer vínculo físico com a coisa, ainda que acidentalmente isso possa ocorrer (por exemplo, pagamento pela limpeza de quintal, capina de imóvel rural ou faxina de bem móvel). O ponto nodal está em verificar que a despesa mantém o *status* de regularidade da coisa no mundo jurídico, com objetivo conservar seu valor de mercado. Por tal passo, são exemplos claros de despesas necessárias o pagamento de impostos (IPTU e ITR) e os rateios de condomínios em relação aos bens que se submetem a tal regime.

---

198 Em exemplo, a Lei n. 10.011/2013, que regulamenta o Imposto de Transmissão *Causa Mortis* no Estado do Espírito Santo, determina que: "Art. 5º. O imposto não incide sobre a transmissão causa mortis ou por doação: [...] § 4º O imposto não incide, também: [...] IV – sobre o fruto e rendimento do bem do espólio havidos após o falecimento do autor da herança ou legado".

199 Benfeitorias – em acepção extraída de interpretação art. 95 do CC – devem ser tratadas como melhoramentos ou acréscimos sobrevindos ao bem, ao passo que despesas são gastos que não estão ligadas à transformação ou produção de bem. Assim, o pagamento de impostos referente aos bens que compõem o acervo sucessório não se enquadra no conceito benfeitorias, já que o procedimento não conduz à alteração da coisa em si, capaz de melhorá-la ou de agregar-lhe acréscimo. Parecendo concordar, apesar de algum exagero no apego ao regime das benfeitorias, confira-se: Astolpho de Rezende, *Manual do Código Civil Brasileiro*, v. XX, p. 361.

Partindo do que foi dito acima, semelhante postura há de ser aplicada em relação às despesas úteis, que devem ser entendidas como aquelas que não estão atreladas como melhoramentos que aumentam ou facilitam o uso do bem, conceituação que é afeta às benfeitorias. A partir de tal ideia, em ilustração, permite-se encaixar no conceito de despesa útil o pagamento a *expert*, com objetivo que esse avalie bens do acervo hereditário, assim como a potência respectiva de cada bem na produção de frutos e/ou produtos. Não se trata, sem dúvida, de despesa atrelada à conservação ou à manutenção dos bens, mas que poderá ser de capital utilidade para dimensionamento da herança e alocação possessória de interessados até a partilha, procedimento este que considerará não apenas o valor de mercado, mas também a capitação de frutos.[200]

Abrindo-se o conceito de despesa útil para aquelas feitas em benefício do espólio, ou seja, propiciando para este alguma forma de benefício concreto, sem que aquela se confunda com os dispêndios de conservação, de manutenção e de regularidade da coisa no mundo jurídico (que estão atrelados às despesas necessárias), pode-se cogitar que, em determinadas situações, os custos com benfeitorias voluptuárias poderão receber o tratamento de despesa útil. Por exemplo, após a abertura da sucessão, determinado herdeiro passa a exercer a posse de imóvel específico e, em tal condição, com seus recursos próprios, efetua reformas na respectiva área de lazer, dentre as quais, agrega uma churrasqueira e uma pequena piscina. Caso o imóvel na partilha fique com o referido herdeiro, não resta embargo que tal despesa não será considerada como útil para o condomínio hereditário, no entanto, em hipótese diversa, caso o imóvel seja alienado e o produto do bem seja convertido em pecúnia para o monte, é possível projetar que as despesas com as benfeitorias voluptuárias foram úteis ao espólio, bastando, pois, observar se as reformas afetaram positivamente o preço do bem. O quadro posto confirma que não se deve confundir "despesas" com "benfeitorias", conforme alerta inicial, e que a aferição de "despesa útil" deverá se efetuar concretamente a cada caso, tendo sempre como bússola a aferição de benefício (ou não) da herança.

Diante dos contornos possessórios que envolvem o dispositivo em comento, surge instintiva indagação sobre a possibilidade de direito à retenção em favor do administrador provisório, objetivado o pagamento das despesas do

200 Em outra ilustração, também terão o *status* de despesas úteis o dispêndio feito pelo administrador provisório para obtenção de certidões fiscais atreladas ao falecido e/ou aos bens da herança (visando aferir a existência de dívidas com a Fazenda). Igualmente, serão despesas úteis os gastos efetuados pelo administrador provisório visando à arrecadação de bens, tais como obtenção de certidões em junta comercial (para verificação de posição societária do falecido) ou nos cartórios de registro imobiliário.

espólio que cobriu com seu capital pessoal. A resposta afigura-se como negativa, pois as despesas são efetuadas em favor de massa hereditária, não sendo caso de análise pontual de inserção em determinado bem, tal como ocorre no regime de benfeitorias. Desse modo, deverá o administrador provisório lançar as despesas que suportou na prestação de contas, classificando-as como necessárias e úteis (na forma acima), a fim de que efetue o recorte da verba junto aos créditos apurados em favor da herança (que também estarão devidamente discriminados na prestação de contas).[201] Caso as despesas arcadas pelo administrador provisório superem o total de crédito em espécie disponível, o saldo deverá ser consignado na prestação de contas, credenciando o administrador provisório como credor da herança. O pagamento (= reembolso) ao administrador provisório se efetuará de forma preferencial, já que se trata de dívida atrelada a encargo sucessório (despesa íntima à herança), cujo labor se efetuou em prol do monte.

Como já adiantado em item anterior (e tratado no art. 619, com olhos para o inventariante), é importante que seja colhida – tanto quanto possível – a oitiva dos interessados acerca dos atos dispositivos (incluindo, no ponto, o pagamento das despesas necessárias e úteis), pois tal medida evitará controvérsias e debates quando da solicitação do reembolso.

10. Prestação de contas e quitação em favor do administrador provisório

O art. 614 não indica, de forma expressa, se o administrador provisório deverá prestar contas de sua atuação por escrito,[202] muito embora tal condita seja intuitiva. Seguindo-se a dinâmica dos arts. 613 e 615, a prestação de contas será documentada e acompanhará o pedido de instauração do inventário *causa mortis*, servindo de base para o início do trabalho do inventariante.

Caso a abertura do inventário se efetue sem a prestação de contas do administrador provisório e o inventariante tenha ciência da pessoa que exerceu a função, caberá notificação para que o primeiro[203] apresente as informações detalhadas de seu labor. Na hipótese de o inventariante não ter conhecimento acerca da pessoa que exerceu a administração provisória, deverá veicular notificação para as pessoas indicadas nos incisos I a III do art. 1.797 do CC, a fim

201 Próximo: Francisco José Cahali e Renato Santos Piccolomini de Azevedo, *Código de Processo Civil anotado*, p. 870.

202 No sentido: Francisco José Cahali e Renato Santos Piccolomini de Azevedo, *Código de Processo Civil anotado*, p. 869.

203 Caso o inventariante tenha notícia de que mais de uma pessoa laborou na administração provisória, a notificação deverá ser efetuada para todos que exerceram o encargo. Sobre a possibilidade de mais de uma pessoa se postar como administrador provisório, vide os comentários ao art. 613 desta obra.

de que estes se manifestem sobre o tema, no sentido de informarem sobre a existência (ou não) de administração provisória, e, em caso positivo, indicarem a(s) pessoa(s) que exerceu(ram) a função, no intuito de permitir que o inventariante reclame daquela(s) a prestação de contas.

Saliente-se, especificamente quanto à movimentação financeira, que a própria redação exemplificativa do art. 614 inclui o recebimento de frutos e o pagamento de despesas necessárias e úteis e o pedido de reembolso. A prestação de contas deverá ser apresentada com apoio ao disposto no art. 739, § 1º, do CPC, de modo que convém a exibição documentada de balanço contábil (ainda que simplificado),[204] escorado com os comprovantes respectivos das informações lançadas.

Destaca-se, ainda, que não é raro que aquele que exerceu a administração provisória venha a atuar, posteriormente, como inventariante. Todavia, como são funções distintas, inclusive com extensões de labor diversos, tal fato não afasta a necessidade de prestação de contas por parte do administrador provisório. No sentido, é importante compreender que esta não se volta apenas para o inventariante, pois, como envolve o espólio, seu foco é toda a herança e, via de talante, alcançará os interessados no inventário *causa mortis*, notadamente os vinculados à sucessão (legal ou testamentária). Com tal visão, ainda que o inventariante seja a mesma pessoa que tenha exercido a administração provisória, o relatório completo da atuação como gestor precário deverá ser feito, pois este deverá ser exibido para os interessados da herança junto com as primeiras declarações, abrindo espaço, inclusive, para esclarecimentos e impugnações em caso de dúvidas ou discordâncias (art. 627).[205]

É de capital importância a prestação de contas, pois, com sua apresentação e respectiva conferência pelos interessados, fecha-se o ciclo do administrador provisório. Para tanto, examinada a prestação de contas, o administrador provisório possui direito à quitação, ato que poderá ser efetuado por termo nos autos ou por instrumento público/particular anexado à documentação do inventário. Na hipótese de o inventariante ser pessoa diversa da do administrador provisório, caberá ao primeiro efetuar manifestação inicial sobre a prestação de contas do administrador provisório, anexando-se aquela e suas observações por escrito (notadamente em caso de discordância), a fim de que os interessados possam sobre ela se manifestar quando da apresentação das

---

204 Próximo: Luciano Vianna Araújo, *Comentários ao Código de Processo Civil*, v. 2, p. 187.

205 Mesmo nas situações em que a administração provisória não se configurou, fato que não é incomum nos casos em que o inventário é instaurado em data próxima ao óbito, o inventariante deverá consignar tal informação nas primeiras declarações, fazendo-o de forma explícita.

primeiras declarações (arts. 626 e 627). Caso o inventariante seja a mesma pessoa que laborou como administrador provisório, este fará a exibição de relatório com prestação de contas da sua atuação anterior, anexando o material documentado junto das primeiras declarações, de modo a permitir o contraditório (esclarecimentos e impugnações) aos interessados.

Caso o administrador provisório não exiba a prestação de contas (ainda que estas não sejam reclamadas pelos interessados) ou, apresentadas estas, não se colha a respectiva quitação, cria-se ambiente de insegurança, pois o alongar do tempo prejudica o procedimento não só de prestação de contas, como também de aferição, já que dados podem ser perdidos com a serôdia injustificada. No particular, não são invulgares os casos de administração provisória prolongada, extrapolando, em muito, o prazo do art. 611 do CPC, em que a prestação de contas se torna extremamente dificultosa.[206]

11. Responsabilidade civil

A responsabilidade civil será analisada sobre todo o período da gestão do administrador provisório, situação que coloca o administrador provisório em situação delicada quando o inventário é instaurado de forma bem tardia (vide item anterior).[207] A prestação de contas toma relevante importância, pois, como

---

206 A problemática acima posta tem efeito agudo nos casos de abertura da sucessão em que as partes interessadas deixam de instaurar o inventário *causa mortis*, tendo em vista que o art. 614 será projetado para aquele que se postou como administrador, atraindo para ele não apenas a obrigação de prestar contas de forma posterior, mas também de responsabilização civil, consoante parte final da regra comentada.

207 No ponto, vale lembrar que a Lei n. 14.010 de 10 de junho de 2020 (Regime Jurídico Emergencial e Transitório das Relações Jurídicas de Direito Privado – RJET), editada por força da pandemia gerada pela "primeira onda" da COVID 19, por meio do seu art. 16, dispôs, em relação às sucessões abertas a partir de 1º de fevereiro de 2020, que o prazo de contagem para instauração dos inventários sucessórios somente se iniciaria em dia 30 de outubro do mesmo ano. Dessa forma, o referido dispositivo alterou *transitoriamente* o comando do art. 611 do CPC, com alargamento do prazo de abertura do inventário no período alcançado pelo regime especial. Ao assim efetuar, a legislação criou ambiência para o exercício da administração provisória de largo período. Isso porque, nos casos em que a abertura da sucessão ocorreu no dia 1º de fevereiro de 2020, o prazo para a instauração do inventário somente se iniciou ao fim de outubro daquele ano e, assim sendo, somando-se no trecho temporal os 02 (dois) meses do art. 611, a abertura do processo sucessório foi projetada para o fim de dezembro de 2020. Com outras palavras, criou-se situação anormal em que a legislação permitiu que a administração provisória fosse exercida por até 10 (dez) meses. Examinando o assunto com vagar, confira-se: RODRIGO MAZZEI E DEBORAH AZEVEDO FREIRE, *Instauração do inventário causa mortis: breves (mas não óbvias) anotações a partir do Regime Jurídico Emergencial e Transitório das Relações Jurídicas de Direito Privado (RJET) no período da pandemia do coronavírus – COVID-19*, p. 12-23.

postura ativa, se efetuada espelhando os atos de gestão realizados com postura adequada, o espaço para responsabilização civil fica diminuído, diante da transparência dos atos e da convocação dos interessados para se manifestarem, caso queiram.

Interpretando corretamente o texto do art. 614, é inviável se limitar a responsabilidade civil apenas aos descompassos do administrador provisório vinculados aos frutos e/ou produtos dos bens do acervo da herança, já que alcança todos os atos da sua atuação. Como a administração da herança envolve a posse de bens do acervo sucessório, há de ser importada, em exemplo, os regramentos de responsabilização respectivos, tais como o atinente à perda e deterioração da coisa (arts. 1.217-1.218 do CC).

Diante do que se extrai da parte final do art. 614 (que faz alusão expressa ao dolo e à culpa[208]), fica evidenciado que se trata de responsabilidade subjetiva (art. 186 do CC).[209] A responsabilidade prevista no dispositivo comentado está diretamente ligada à atuação do administrador provisório em relação aos interessados no desfecho da herança, notadamente os herdeiros e aqueles que estão vinculados ao condomínio hereditário, ainda que de forma acidental (como ocorre com o cônjuge/companheiro que não é herdeiro).[210]

Por fim, salienta-se que é bastante comum que, dentre os interessados na sucessão, estejam postadas pessoas incapazes, fato que pode alargar o período em que o administrador provisório se sujeitará à responsabilização civil, já que, contra tais pessoas, não corre a prescrição (art. 198, I, do CC). A verificação de presença de incapaz poderá levar ao afastamento da prescrição não apenas para aquele, mas para todos os interessados em situação semelhante, caso o ilícito afirmado alcance obrigação indivisível (art. 201 do CC), fato que não será invulgar no âmbito da sucessão aberta, diante do seu aspecto condominial (art. 1.791, parágrafo único, do CC).

---

208 Conforme Clóvis do Couto e Silva: "Já bastaria a responsabilidade por culpa, mas o Código, especificou que responderia, o que é óbvio, também por dolo" (*Comentários ao Código de Processo Civil*, v. XI, tomo I, p. 283).

209 No sentido: Flávio Tartuce, *Direito Civil*: direito das sucessões, p. 584; e Fernando da Fonseca Gajardoni, *Processo de conhecimento e cumprimento de sentença:* comentários ao CPC 2015, v. 2, p. 1.043. Com olhos no art. 2.020 do CC, mas com inteligência que se projeta ao art. 614 do CPC: José Fernando Simão, *Código Civil comentado*, p. 1.552; Euclides de Oliveira, *Código Civil comentado*, v. XX, p. 223; Mauro Antonini, *Código Civil comentado*, p. 2.364.

210 Próximo: Clóvis do Couto e Silva, *Comentários ao Código de Processo Civil*, v. XI, tomo I, p. 283. Parecendo concordar: Gerson Fischmann trata o administrador provisório como "espécie de inventariante temporário" (*Comentários ao Código de Processo Civil*, v. 14, p. 47).

Seção II

Da Legitimidade para Requerer o Inventário

Art. 615. O requerimento de inventário e de partilha incumbe a quem estiver na posse e na administração do espólio, no prazo estabelecido no art. 611.

Parágrafo único. O requerimento será instruído com a certidão de óbito do autor da herança.

CPC de 1973 – art. 987

1. *Legitimação natural* do administrador provisório para instaurar o inventário (judicial e extrajudicial)

Nada obstante a *legitimação concorrente* prevista no art. 616, é intuitivo que a instauração do inventário *causa mortis* fica a cargo do administrador provisório, pois este será a pessoa que estará na gestão do espólio (art. 614), postura esta que se opera, na grande maioria das vezes, em decorrência de situação fática, isto é, o exercício da posse de bens que representam a herança (arts. 1.797, I e II, CC).[211] No sentido, o art. 615 é imperativo ao dispor que o "requerimento de inventário e de partilha *incumbe*" ao administrador provisório, não se tratando apenas de exercício de legitimidade (que o art. 616 indica que é plúrima, mas de natureza *disjuntiva*), mas de cumprimento de atribuição que a lei confere àquele que está na posse da herança e que completa, de certa maneira, o rol de tarefas que está fixado no art. 614.[212] Em suma, enquanto o art. 616 legitima determinadas pessoas a instaurar o inventário, o artigo em exame prevê *incumbência* para o administrador provisório, pois aponta a apresentação de requerimento de abertura do processo sucessório como tarefa que deve ser por ele cumprida.[213]

---

211 Tema longamente tratado nos comentários ao art. 613 desta obra.

212 Em razão de a instauração do inventário ser indicada expressamente pela lei como uma incumbência do administrador provisório, Sergio Shaione Fadel (*Código de Processo Civil. Arts. 890 a 1.220,* p. 132) defende que há espécie de *preferência* no processamento do inventário apresentado pelo gestor, em caso de concomitância de apresentação de pedido com algum legitimado.

213 No sentido: Daniel Amorim Assumpção Neves, *Novo Código de Processo Civil comentado,* p. 1.056. Pontes de Miranda (em cotejo ao art. 987 do CPC de 1973) indica que a legislação processual não prevê apenas a legitimação, mas também o "dever" do administrador provisório de "requerer o inventário e a partilha" (*Comentários ao Código de Processo Civil,* v. XIV, p. 35). Semelhante observação é feita por Arruda Alvim, Araken de Assis e Eduardo Arruda Alvim (*Comentários ao Código de Processo Civil,* p. 1.466) e Clóvis do Couto e Silva (*Comentários ao Código de Processo Civil, v. XI, tomo I,* p. 284). Na vigência do CPC atual, Luciano Vianna Araújo faz a seguinte anotação: "Trata-se de uma das suas atribuições, além daquelas previstas no art. 614 do CPC 2015" (*Comentários ao Código de Processo Civil,*

2. Gabarito básico do requerimento de instauração do inventário *causa mortis*

O art. 615 possui redação incompleta, já que o seu parágrafo único apenas faz alusão à juntada da certidão de óbito do autor da herança. No entanto, a postulação de abertura do inventário *causa mortis* possui desenho que reclama a apresentação de informações e documentação outras, assim como de requerimentos (com variações a partir do caso concreto).

A legitimação do postulante terá que ser, sem dúvida, demonstrada, uma vez que esta foi delimitada pela legislação. No caso de pedido de abertura de inventário sucessório efetuado por pessoa que se intitula como administrador provisório, o requerente demonstrará sua legitimação a partir do rol do art. 1.797 do CC, fazendo a subsunção respectiva à hipótese do leque legal.[214] Em tais condições, o postulante deverá colacionar o relatório da sua atuação, o acervo de informações colhidas (por exemplo, identificação de interessados, relatório sobre a conservação dos bens e mapeamento do exercício fático da posse dos bens que compõem o monte) e a prestação de contas (que terá foco especial na movimentação de créditos, tais como recebimento de frutos e despesas efetuadas). Caso o requerimento seja apresentado por pessoa que não se identifique como administrador provisório, deverá ser indicado no pleito aquele que se postou como administrador provisório, tendo em vista que a figura possui responsabilidade junto ao espólio (art. 614).[215]

As particularidades da postulação em voga não se encerram na demonstração de "legitimação". No ponto, em razão das peculiaridades que emergem do direito material, o requerimento inicial previsto no art. 615 (instauração do inventário *causa mortis*) não se encaixa no gabarito da petição inicial descrito no art. 319 do CPC, cuja plataforma está afinada às hipóteses do procedimento comum ou com postulação que com este se compatibiliza.[216] De toda

v. 2, p. 187). Próximo: Euclides de Oliveira, *Comentários ao Código de Processo Civil*, p. 722; Luiz Gulherme Marinoni, Sérgio Cruz Arenhart e Daniel Mitidiero, *Novo Código de Processo Civil comentado*, p. 637; e Rafael Knorr Lippmann, *Breves comentários ao novo código de processo civil*. p. 2.016 e 1.691. Paulo Cezar Pinheiro Carneiro, por sua vez, entende que se trata de "obrigação legal" (*Inventário e partilha judicial e extrajudicial*, p. 53).

214 Na realidade, qualquer que seja o legitimado, dever-se-á, no requerimento de abertura de inventário sucessório, demonstrar sua posição jurídica, a fim de que seja avaliada pelo juiz a legitimidade ativa do postulante. Próximo: Ricardo Alexandre da Silva e Eduardo Lamy, *Comentários ao Código de Processo Civil*, v. IX, p. 502.

215 A identificação daquele que foi apontado como administrador provisório propiciará sua convocação e, caso não haja controvérsia a respeito, deverá apresentar o relatório, as informações e a prestação de contas na forma acima gizada.

216 Bem próximo: Fernando da Fonseca Gajardoni, *Processo de conhecimento e cumprimento de sentença:* comentários ao CPC 2015, v. 2, p. 1.044; e, diversamente, parecendo entender que o requerimento do art. 615 se sujeira aos ditames do art. 319:

sorte, o passeio pelos incisos do art. 319 pode ser usado em suporte didático, até porque acaba ratificando a conclusão de que o "requerimento" previsto no art. 615 possui caráter singular.[217]

Com olhos no art. 319, I, antes de tudo, é importante analisar as regras de competência. No sentido, o art. 48 (*caput*) do CPC e a parte inicial do art. 1.785 do CC, dispõem que o inventário deve ser instaurado no domicílio do autor da herança. Quando não se apurar domicílio certo em relação ao *de cujus*, deverão ser observadas as gavetas do parágrafo único do art. 48, que dispõem que o inventário deverá ser aberto: (I) no foro de situação dos bens imóveis; (II) havendo bens imóveis em foros diferentes, qualquer destes; (III) não havendo bens imóveis, o foro do local de qualquer dos bens do espólio.[218]

Em relação ao art. 319, II, é imprescindível que o protagonista do pedido de abertura do inventário *causa mortis* apresente sua qualificação completa, assim como em relação ao falecido, adaptando-se, na medida, a regra do procedimento comum.[219] A identificação dos interessados na herança (com as respectivas qualificações), apesar de não ser ato obrigatório, propiciará que estes venham a ser convocados a se manifestarem sobre o pedido de instauração de inventário, fato extremamente oportuno, pois permitirá oitiva, desde logo, sobre a prestação de contas que deverá acompanhar o requerimento do administrador provisório.[220] Ademais, a integração dos interessados no limiar do inventário dará ensejo à atuação (com colaboração) mais eficiente, pois, em exemplos, poderão trazer informações úteis ao acervo, assim como se traduz

---

RAFAEL KNORR LIPPMANN, *Breves comentários ao novo Código de Processo Civil*, p. 2.016 e 1.692.

217 A legislação prevê mais de um tipo de procedimento aplicável ao inventário sucessório judicial, já que, além do usual (tratado como *procedimento especial padrão*), a legislação oferta ritos mais compactos (postos como *arrolamentos* – arts. 659-667). O pleito esculpido no art. 615 pode ser encaixado para qualquer das modalidades procedimentais, pois seu objetivo é a instauração do processo sucessório. Dessa forma, nada impede que, depois de instaurado o inventário pelo administrador provisório (ou outro legitimado), os interessados migrem para os procedimentos que fogem da trilha padrão, fazendo-o por meio de requerimento próprio, devidamente traçado na legislação processual, consoante se extrai dos arts. 660 (arrolamento *sumário*) e 664 (arrolamento *comum*). Parecendo concordar: FELIPPE BORRING ROCHA, *Comentários ao novo Código de Processo Civil*, p. 947.

218 Conforme alertado nos comentários ao art. 610, o art. 48 do CPC não se aplica ao inventário extrajudicial, submetendo-se este a conjunto de regras que conferem liberdade de escolha do tabelionato (arts. 8° e 9° da Lei n. 8.935/1994 e art. 1° da Resolução n. 35/2007 do CNJ).

219 Próximo: FRANCISCO JOSÉ CAHALI E RENATO SANTOS PICCOLOMINI DE AZEVEDO, *Código de Processo Civil anotado*, p. 870.

220 Vide comentários ao art. 614 desta obra.

em oportunidade de participarem da eleição do inventariante, até porque se admite, para tanto, convenção processual (art. 190 do CPC).

A narrativa fática e dos fundamentos do pleito de instauração do inventário sucessório (em adaptação a disposto no art. 319, II) estará vinculada à abertura da sucessão. Desse modo, o requerimento trará a notícia formal do óbito e, sem prejuízo, veiculará as informações ao próprio inventário (por exemplo, descrição dos bens e mapeamento da situação possessória respectiva) e a prestação de contas atrelada à gestão provisória. O "pedido" propriamente dito (art. 319, IV) é de instauração do inventário *causa mortis*. Nada obsta que o administrador provisório apresente outros "requerimentos" na mesma peça, tais como em relação à nomeação de inventariante e a comunicação da abertura do inventário aos interessados na herança, convocando-os a integrar a relação processual (art. 238, parte final, do CPC).

Em relação ao valor da causa (art. 319, V), salvo nos raros casos em que já há prévio dimensionamento valorativo do monte hereditário, o administrador provisório apresentará *valoração por estimativa*, já que, em regra, em tal momento inicial, não é possível precisar as forças da herança e/ou o resultado da liquidação.[221] No caso de arrolamento sumário (arts. 659-663) ou de arrolamento comum (art. 664) – na hipótese da abertura do inventário ocorrer concomitante com a da apresentação da petição inicial – deverá ser apresentado o valor exato, não sendo hipótese de valoração por estimativa.

No que se refere às provas (art. 319, VI), o pedido de instauração do inventário *causa mortis* deve estar acompanhado com prova pré-constituída da abertura da sucessão, que se fará mediante certidão de óbito do autor da herança ou de documentação que possa fazer as suas vezes, como, por exemplo, é o caso da sentença que declara a morte presumida (art. 7º do CC).[222-223] Saliente-se que a referida exigência contida no art. 615 possui eco na legislação registral, tendo em vista que o art. 77 da Lei n. 5.015/73 prevê que a certidão

221 Próximo: GERSON FISCHMANN, *Comentários ao Código de Processo Civil*, v. 14, p. 49-50; CONRADO PAULINO DA ROSA E MARCO ANTÔNIO RODRIGUES, *Inventário e partilha*, p. 350; RAFAEL KNORR LIPPMANN, *Breves comentários ao novo Código de Processo Civil*, p. 2.016, 1.692; FERNANDO DA FONSECA GAJARDONI, *Processo de conhecimento e cumprimento de sentença*: comentários ao CPC 2015, v. 2, p. 1.044; e RICARDO ALEXANDRE DA SILVA E EDUARDO LAMY, *Comentários ao Código de Processo Civil*, v. IX, p. 503.

222 Próximo: LUIZ PAULO VIEIRA DE CARVALHO, *Direito das Sucessões*, p. 987 e Artur César de Souza, *Código de Processo Civil*, v. III, p. 1.464.

223 Além da morte presumida (art. 7º do CC) é possível que ocorra sucessão em decorrência da declaração judicial de ausência (art. 28 do CC). Em tais situações, em que a morte demanda a declaração judicial, o art. 615 do CPC deverá ser adequado à realidade fática e procedimental das ações (que podem determinar cadência sucessória diferenciada, conforme arts. 26-39 do CC).

de óbito é documento exigido para o sepultamento. Trata-se de documentação indispensável que deve instruir o requerimento inicial, cuja ausência enseja a convocação para que a falta seja sanada, sob pena de indeferimento, até porque não se pode falar em inventario *causa mortis* sem que tenha ocorrido a abertura da sucessão.[224]

A juntada da certidão de óbito, de outra banda, exerce papel fundamental para a análise das pessoas que obrigatoriamente deverão ser citadas do inventário *causa mortis*, assim como de medidas que devem ser adotadas para seu processamento. Com efeito, por determinação do art. 80 da Lei n. 6.015/1973, no assento de óbito, deverá obrigatoriamente, conter a informação se o falecido era casado (e, via de talante, em situação de união estável), com a identificação do nome do consorte sobrevivente em caso positivo. A mesma regra legal reclama que sejam cravadas informações que possibilitem a identificação dos herdeiros do falecido, uma vez que o art. 80 determina que conste do assento também os nomes dos ascendentes diretos, dos seus filhos (vivos e já falecidos) e de herdeiros menores (ou interditos). Além disso, no assento de óbito, deverá ser declarada a existência de testamento, informação que, se positiva, reclamará a convocação de herdeiro testamentário e/ou legatário. Da resenha posta, há comunicação do art. 615, parágrafo único, com o art. 626, pois a certidão de óbito trará informações acerca das pessoas que deverão ser citadas do inventário *causa mortis* e dos atores funcionais que deverão ser convocados (já que indicará a presença de incapaz e de testamento, situações que envolvem participação do Ministério Público e/ou do testamenteiro).

Em razão do disposto nos arts. 1º e 2º do Provimento n. 56/2016 do CNJ, o pedido de instauração do inventário *causa mortis* deverá trazer certidão expedida pela CENSEC quanto à inexistência de testamento deixado pelo autor da herança, ou seja, tal certidão também será considerada como indispensável à abertura do inventário *causa mortis*. Todavia, como se trata de cadastro que o magistrado possui acesso, a falta da juntada da referida certidão poderá ser suprida pela consulta judicial ao CENSEC, colacionando-se o resultado da busca nos autos.

É importante que a instauração do inventário seja feita no prazo legal, ainda que o administrador provisório não tenha todas as informações e/ou documentação completas, pois a providência evitará a aplicação de eventuais sanções, notadamente as de natureza fiscal.[225] Caso assim ocorra, o postulante

224 No sentido: Clóvis do Couto e Silva, *Comentários ao Código de Processo Civil*, v. XI, tomo I, p. 285; e Daniel Amorim Assumpção Neves, *Novo Código de Processo Civil comentado*, p. 1.056.

225 Vide comentários ao art. 611 desta obra.

invocará a aplicação do art. 223 do CPC, indicando, no sentido, a *justa causa* que impediu a apresentação completa do pleito previsto no art. 615.[226] Demais disso, adaptando o disposto no § 1º do art. 319, poderá o administrador provisório requerer, ao juízo sucessório, "diligências necessárias" para obtenção das informações e da documentação faltante (tais como documentos pessoais de identificação do falecido e dos seus herdeiros e interessados na sucessão).[227] Assim ocorrendo, o requerente deverá indicar, na peça, justificadamente, os motivos da falta, postulando a diligência reclamada ao juiz ou fixação de prazo para trazer as informações e/ou documentos (caso a falta possa ser suprida diretamente pelo postulante).

Faltando qualquer documento que o juízo sucessório repute como essencial, aplica-se o disposto no art. 321 do CPC, devendo ser efetuada intimação ao administrador provisório com indicação precisa sobre "o que deve ser corrigido ou completado". A eventual extinção pela falta de apresentação de documentação indispensável não causará nenhum óbice para que novo pedido seja apresentado pelo administrador provisório ou quaisquer dos colegitimados.[228]

No que se refere à indicação da "opção do autor pela realização ou não de audiência de conciliação ou de mediação" (art. 319, VII), tal informação não se coaduna com o pedido de instauração do inventário *causa mortis*, diante das suas peculiaridades procedimentais. A situação particular não afasta, todavia, a realização de etapa autocompositiva ao longo do processo sucessório,[229] mas tão somente não faz parte formal da peça de instauração do inventário sucessório.

Também se mostra importante a aferição da capacidade postulatória, tendo em vista que o requerimento de instauração do inventário *causa mortis* deverá ser confeccionado e assinado por advogado (art. 103 do CPC c/c arts. 1º, I, e 3º, do Estatuto da Advocacia).[230-231]

Considerando que a instauração do inventário *causa mortis* é o ponto de partida para o desenvolvimento do processo sucessório, a postulação inaugural

---

226 Próximo: Conrado Paulino da Rosa e Marco Antônio Rodrigues, *Inventário e partilha*, p. 350.

227 Semelhante: Ricardo Alexandre da Silva e Eduardo Lamy, *Comentários ao Código de Processo Civil*, v. IX, p. 502.

228 Próximo: Gerson Fischmann, *Comentários ao Código de Processo Civil*, v. 14, p. 49.

229 Vide comentários aos arts. 626 e 627 desta obra.

230 Semelhante: Francisco José Cahali e Renato Santos Piccolomini de Azevedo, *Código de Processo Civil anotado*, p. 871.

231 A exigência não é exclusiva do inventário na esfera judicial, pois a participação do advogado como responsável pela postulação pode ser aferida também no âmbito extrajudicial (art. 610, § 2º, do CPC e art. 8º da Resolução n. 35/2007 do CNJ).

deverá conter pedido de convocação do fato para os demais colegitimados, notadamente o cônjuge/companheiro sobrevivente, os herdeiros e aqueles que participarão do *inventário causa mortis* em razão de sucessão testamentária, ainda que como herdeiros não se configurem (como é o caso do legatário estranho à herança e o testamenteiro).[232] Tal medida evitará a *'listispendência sucessória'*,[233] isto é, que mais de um inventário seja instaurado para tratar da mesma sucessão aberta e, de outro giro, permitirá nomeação mais hígida do inventariante. Isso porque, consoante tratado nos comentários ao art. 617, o juiz somente deverá efetuar a nomeação adjudicada do inventariante, ou seja, a escolha por determinação judicial, se as partes não tiverem efetuado, por convenção processual (art. 190 do CPC), a eleição do protagonista da inventariança, de forma semelhante ao que ocorre em relação à designação de *expert* (art. 471, I, CPC).[234]

Observe-se que a convocação dos interessados (partes) na sucessão na forma acima posta não se confunde com a "citação" prevista no art. 626, cuja finalidade mor é a manifestação acerca das primeiras declarações que serão apresentadas pelo inventariante (art. 620). No sentido, a parte final do § 4º do art. 626 é clara ao dispor que a parte que já estiver "representada nos autos" será convocada (na pessoa de seu advogado), para se manifestar sobre as primeiras declarações. Note-se, em arremate, que expressamente a parte final do art. 238 do CPC prevê a citação como ato de convocação do "interessado para integrar a relação processual". Assim, a integração antecipada dos interessados no inventário está autorizada pelo art. 238 do CPC e não suprime o contraditório talhado no art. 626. Mais ainda, de modo positivo, permite a cooperação processual (art. 6º, CPC), já que autoriza que informações valiosas sejam antecipadas no inventário *causa mortis*, fato que permitirá trabalho mais desenvolto pelo inventariante, inclusive de maior precisão em relação à confecção das primeiras declarações. Sem rebuços, a integração processual no limiar do inventário sucessório poderá diminuir áreas de atrito, antecipando, inclusive, cognição sobre assuntos em que o debate é lançado para o bloco dos arts. 627 e 628 do CPC.

Conclui-se, assim, que, o pedido de instauração de inventário *causa mortis*, embora se notabilize como comunicação de óbito feita por legitimando com a finalidade de iniciar o processo sucessório, possui peculiaridades

---

232 Próximo: EUCLIDES DE OLIVEIRA, *Comentários ao Código de Processo Civil*, p.723.

233 Sobre litispendência de inventários sucessórios, confira-se: CONRADO PAULINO DA ROSA E MARCO ANTÔNIO RODRIGUES, *Inventário e partilha*, p. 346-347. Vide comentários ao art. 616.

234 Note-se que o inventariante terá atribuições que não se distanciam das exercidas pelo administrador de condomínio (art. 1.791, parágrafo único, do CC) e, assim sendo, a vontade dos condôminos da herança deverá ser levada em consideração (art. 1.323 do CC).

e detalhes que não estão explicitados no corpo do art. 615. E mais, seu perfil formal não segue o exato gabarito do art. 319 do CPC, sendo necessárias várias adaptações.

3. Instauração de inventario *causa mortis* com a sucessão testamentária

Na hipótese de abertura de inventário *causa mortis* que trabalhe com sucessão testamentária, o requerimento de abertura deverá expressamente trazer tal informação, carreando-se prova respectiva (por exemplo, cópia do testamento ou certidão judicial referente ao processamento da homologação de testamento).[235] A informação acerca da presença de testamento é fundamental, pois, em caso de sucessão que tenha sido alcançada por disposições testamentárias, o *processo sucessório* terá bifurcação em dois procedimentos autônomos: (a) *homologação de testamento* (arts. 735-737) e (b) *inventário causa mortis* (arts. 610-673). Seguindo a linha do CPC de 1973, a codificação atual trabalha com sistema *bifásico* com parca harmonia, uma vez que: (i) não detalha procedimento específico para a *dual situação,* (ii) não dita a sequência a ser seguida e (iii) muito menos cogita a possibilidade (ou não) de cumulação dos procedimentos. A solução comumente adotada é a instauração do inventário no prazo ditado no art. 611 (para se evitar sanção por abertura tardia), apresentando-se, em seguida, em nova postulação dirigida ao juízo sucessório, o registro do testamento, a fim de que, obtendo-se decisão (art. 735, §§ 2º e 3º, do CPC), seja esta trazida para o bojo do inventário sucessório.

Perceba-se que, se o requerimento de instauração de inventário *causa mortis* contemplar a convocação de todos os interessados – vide item anterior – será possível adotar trilha muito mais eficiente e racional. Ora, considerando que todas as partes que deverão ser citadas para o registro do testamento também serão alvo de convocação no inventário sucessório (art. 626), assim como, em regra, haverá competência comum do mesmo juízo para os dois procedimentos, não há óbice para que as partes possam apresentar negócio jurídico processual já no início do inventário (art. 190), a fim de cumular os procedimentos e o registro do testamento se opere como fase inicial (e internamente) ao inventário *causa mortis.*[236] Saliente-se que a presença de incapaz na sucessão

---

235 Atualmente, consoante antecipado em item anterior, por força do Provimento n. 56/2016 do CNJ, o interessado, ao efetuar a instauração de inventário sucessório (seja judicial, seja extrajudicial), deverá apresentar certidão expedida pela CENSEC quanto à inexistência de testamento deixado pelo autor da herança (arts. 1º e 2º do referido provimento).

236 Bem próximo: Cristiano Chaves de Farias, O cumprimento de testamento no novo Código de Processo Civil e a possibilidade de adaptação procedimental (cláusula geral negocial) do inventário. In: *Famílias e Sucessões*, p. 656.

não é obstáculo para a dita convenção, pois, além de o registro do testamento – por si só – reclamar a presença do Ministério Público (art. 735, § 2º), o texto do art. 665 do CPC permite que sejam efetuadas convenções processuais "ainda que haja interessado incapaz, desde que concordem todas as partes e o Ministério Público".[237] Caso não seja efetuada a convenção processual sugerida, os interessados na herança alcançada por disposições testamentárias se submeterão ao *duplo procedimento*, em que o prazo de instauração do inventário cria embaraço de coordenação procedimental.[238-239]

Por fim, saliente-se que, uma vez efetuado o registro judicial do testamento e todos os interessados sejam capazes, tem-se admitido a migração para o inventário extrajudicial, apresentando-se a concordância integral dos termos inventariados e da partilha.[240]

4. A falta de instauração do inventário *causa mortis* e a nomeação judicial de administrador provisório judicial: interpretação do art. 1.797, IV, do CC

A falta de instauração de inventário *causa mortis* cria espaços para situações indesejáveis no plano da relação *entre vivos*, já que propicia não só a marginalização de titularidades formais, como também abre palco para que fraudes e atos ilícitos sejam perpetrados. No sentido último, na contramão dos arts. 1.784

---

237 O art. 665 não pode ser interpretado restritivamente como hipótese única de convenção processual no inventário *causa mortis* com presença de incapaz. Trata-se, em verdade, de exemplificação da qual se pode extrair o modelo geral (vide os comentários ao art. 665). Em sentido amplo, acerca da possibilidade de convenção processual com a presença de incapaz, confira-se: Antonio do Passo Cabral, *Convenções processuais:* teoria geral dos negócios jurídicos processuais, p.340-342 e 402-404; Pedro Henrique Nogueira, *Negócios Jurídicos Processuais*, p. 277; e Fredie Didier Jr., *Curso de Direito Processual Civil*: introdução ao Direito Processual Civil, Parte Geral e Processo de conhecimento, p. 507.

238 Vide comentários ao art. 611 desta obra.

239 A resenha ratifica a importância de convocação dos interessados tão logo seja instaurado inventário sucessório, não se justificando postergar tal ato apenas para depois das primeiras declarações, em interpretação literal (e ineficiente) do art. 626. Com efeito, o referido artigo tem objeto específico de propiciar o contraditório dos interessados acerca das primeiras declarações apresentadas pelo inventariante. Tal fato, todavia, não veda a integração dos interessados no processo sucessório de forma antecedente, ou seja, logo após a instauração do inventário *causa mortis*, diante das inegáveis vantagens que a medida pode propiciar em prol de desenvolvimento processual mais acelerado e coeso. Com outras palavras, o deslocamento da citação dos interessados tão logo seja instaurado o inventário *causa mortis* não terá o condão de afastar o contraditório após a apresentação das primeiras declarações (art. 626) e, mais ainda, é simétrico ao disposto no art. 238 do CPC, que prevê a citação como ato de convocação para que o interessado *integre* a relação processual.

240 O assunto foi abordado com vagar nos comentários ao art. 610.

e 1.791, parágrafo único, do CC, o patrimônio que é indivisível e faz parte de universalidade (art. 91 do CC) pode sofrer desvio para absorção pessoal de interessados na herança, fato que não apenas suprime a correta divisão em quinhões, mas até enseja o afastamento de personagens importantes no processo de liquidação da massa (inclusive os credores).[241] Sem rebuços, não é de todo raro que pessoas que se postavam como administradores provisórios com o decorrer do tempo, a partir da exorbitância de poderes, passem a se apropriar dos bens da herança (e/ou distribuir favor daqueles que elege), desprezando outros protagonistas da sucessão e de todo processo de liquidação patrimonial que a legislação trata como obrigatório.

Feita a anotação acima, extrai-se, do trecho dos arts. 610-673 do CPC atual, que não há dispositivo que permita o juízo sucessório instaure de ofício o inventário *causa mortis*, diferente do que ocorria na codificação revogada, diante da presença do art. 989 no corpo do CPC de 1973.[242-243] Destaque-se, no entanto, que, apesar de o art. 989 não estar presente no bojo do CPC, ainda está prevista atuação judicante de ofício em caso de herança jacente (art. 1.819 do CC). Em tal situação especial, admite-se que o juiz determine a arrecadação judicial da herança (art. 738 do CPC). Trata-se (ainda que com peculiaridades) de anômalo inventário sucessório, pois o objetivo mor do procedimento da herança jacente é a arrecadação (conservação e manutenção do patrimônio do falecido) até a localização de herdeiro (art. 741, § 3º), fato que, com resposta positiva (habilitação), ensejará a imediata conversão do procedimento para o rito comum do inventário *causa mortis*.

Em apertado resumo, o juiz sucessório receberá alguma comunicação informando que determinada pessoa com titularidade patrimonial faleceu e não que há notícia acerca de "testamento, nem herdeiro legítimo notoriamen-

241 A instauração do inventário permite não apenas a "partilha" entre os interessados na herança, mas também o pagamento das dívidas do falecido, como também a habilitação de credores em relação às dívidas de herdeiros, alcançando, no sentido, os quinhões hereditários.

242 Dispositivo que seguia a linha do disposto no parágrafo único do art. 468 do CPC de 1939.

243 A referida regra legal era fortemente criticada (até mesmo diante das interpretações que lhe eram postas). No sentido: Paulo Cezar Pinheiro Carneiro, *Comentários ao Código de Processo Civil*, v. IX, tomo I, p. 47. Assim, a não repetição do art. 989 no CPC vigente foi bem recebida. No sentido, Flávio Tartuce afirmou que: "(...) o inventário envolve interesses substancialmente patrimoniais, de determinados interessados, e não a ordem pública. Ademais, essa impossibilidade atual segue o princípio da inércia da jurisdição" (*Direito Civil*: direito das sucessões, p. 582). Próximo: Euclides de Oliveira e Sebastião Amorim, *Inventário e partilha*: teoria e prática, p. 319; Felipe Borring Rocha, *Comentários ao Novo Código de Processo Civil*, p. 949; e Mônica Monteiro Porto, *Código de Processo Civil comentado*, p. 800.

te conhecido" (art. 1.819 do CC). Em decorrência do fato, o juiz nomeará curador para que este inicie a arrecadação, cujo objetivo mor é a proteção do patrimônio do falecido para a entrega posterior a quem de direito. Observe-se, no sentido, o esquadro do art. 739, § 1º (especialmente os textos dos incisos II e III), que indica o curador deverá guardar e conservar os bens arrecadados, promover a arrecadação de outros porventura existentes e executar as medidas conservatórias dos direitos da herança. Sem rebuços, a referida atuação é semelhante ao trabalho desenvolvido pelo administrador provisório, pois, nas duas situações, os atos são marcados por gestão limitada e de natureza transitória, tanto assim que o objetivo primeiro do procedimento previsto nos arts. 739-743 é que a arrecadação da herança jacente (ou seja, procedimento vinculado à atuação do curador) seja convertida em inventário (art. 741, § 3º), fato que reclamará a nomeação de inventariante. Note-se, em pormenor capital, que o juízo sucessório não instaura inventário *causa mortis*, mas adota procedimento que consiste na nomeação de pessoa de sua confiança para arrecadação, ou seja, com outras palavras, o juiz nomeia uma espécie "peculiar de administrador provisório" para trabalhar em situação singular (herança jacente).

Compreendidos os contornos que envolvem a nomeação especial, há de se indagar se semelhante possibilidade é franqueada ao juiz sucessório que recebe informação de falecimento de determinada pessoa que deixa patrimônio, mas os legitimados para instauração do inventário *causa mortis* não o fizeram. Dentro de contexto hipotético, para tornar o exemplo mais agudo, a notícia contempla informação de que, provavelmente, há herdeiro(s) que está(ão) se apropriando da herança em nome próprio e/ou que a administração provisória está sendo efetuada com poderes que exorbitam os atos de gestão da função. Em tais casos, sob pena de considerar letra morta do art. 1.797, IV, do CC,[244] é possível se ponderar sobre a possibilidade de o juiz sucessório determinar a nomeação de administrador dativo e, a este, em razão do comando no art. 615, caberá a abertura de inventário *causa mortis*.

Vale notar que o art. 1.797 do CC atual não possui correspondente no corpo do CC de 1916, não sendo comum a abordagem da doutrina sobre sua superfície, notadamente em relação ao seu inciso IV.[245] Análise panorâmica mais detida indica que o revogado art. 989 do CPC de 1973 poderia ter sido reinter-

---

244 Vide os comentários ao art. 613 desta obra.

245 Não se formou um debate efetivo sobre o art. 1.797 do CC e alguns autores, ao examinarem o dispositivo, fazem alusões comparativas à inventariança. No sentido: DÉBORA GOZZO, *Comentários ao Código Civil Brasileiro*, v. XVI, p. 73-76; e MAURO ANTONINI (*Código Civil comentado*, p. 2.169).

pretado a partir de conjugação com o art. 1.797, IV, do CC,[246] pois, de forma assemelhada ao que ocorrente no caso da herança jacente, a função do juiz não é de instaurar inventário,[247] mas de nomear pessoa de confiança para que faça os atos de gestão antecedentes, que estão na órbita da administração provisória.[248]

A identificação do curador com o administrador provisório nomeado judicialmente é tão evidente que basta observar que a primeira hipótese de nomeação prevista no art. 1.797, IV, é justamente a falta de identificação no caso concreto de que o falecido não deixou o cônjuge ou companheiro sobrevivente (com convivência ao tempo da abertura da sucessão), muito menos herdeiro ou testamenteiro, pessoas tratadas, respectivamente, nos incisos I, II, e III do citado dispositivo da lei civil. De outro giro, fixando-se o farol na parte final do inciso IV do art. 1.797, tem-se que – ainda que presentes as pessoas previstas nos incisos anteriores – será hipótese de nomeação de administrador provisório em decorrência da (i) omissão daquelas em adotar postura positiva no sentido, ou ainda, (ii) se postarem forma gravemente inadequada. Portanto, o art. 1.797, IV, determina a nomeação de administrador dativo em caso de "escusa" dos legitimados em se posicionar no sentido, assim como quando ocorrer "motivo grave" que justifique o afastamento da função.

Na falta de melhor detalhamento na parte final do dispositivo colacionado, "motivo grave" pode ser entendido como atuação aguda fora dos trilhos do art. 614 do CPC e que coloca em jogo os interesses do espólio. Dessa forma, mesmo diante da existência e conhecimento de pessoas com legitimação para exercer a administração provisória (art. 1.797, I, II e III, do CC), deverá o juiz sucessório determinar que tal função seja exercida por pessoa de sua confiança, caso verifique concretamente a "escusa" ou a ocorrência de "atos graves" no exercício da administração provisória dos legitimados (art. 1.797, IV).

246 A doutrina não se deu conta da possibilidade de efetuar interpretação unindo o art. 989 do CPC de 1973 ao art. 1.797, IV, do CC, fato capaz de diminuir as fortes críticas que eram feitas ao dispositivo revogado. A provável razão está no fato de que o art. 1.797 não possuía correspondente no CC de 1916, somente vindo a entrar no cenário legal em janeiro de 2003, vencida a *vacatio legis* respectiva. Dessa forma, o art. 989 foi analisado, por muito tempo, de forma isolada, já que, além de presente desde a versão inicial do CPC de 1973, seu texto não é estranho ao direito anterior, bastando observar o disposto no parágrafo único do art. 468 do CPC de 1939.

247 Parecendo concordar: Ernane Fidélis dos Santos, *Manual de Direito Processual Civil*, v. 3, p. 91.

248 No caso da herança jacente, a pessoa nomeada judicialmente (= *curador*) adotará atos de arrecadação, guarda e conservação dos bens arrecadados, isto é, atos de preservação do acervo patrimonial, a fim de que este seja alvo de inventário futuro (caso habilitado herdeiro ou beneficiário de testamento), transferindo-se a titularidade do conjunto ao Município ou do Distrito Federal, caso seja declarada a herança vacante (art. 1.822 do CC).

Nomeando-se o administrador dativo, pela própria natureza transitória da função, terá este, dentre outras tarefas, a incumbência de abrir o inventário sucessório (em respeito ao disposto nos arts. 611, 613 e 615 do CPC e arts. 1.796 e 1.991 do CC). O inventário *causa mortis*, portanto, não é instaurado por ato de ofício do juiz, mas em decorrência de postulação a ser apresentada pelo administrador provisório dativo. Pode parecer sutil, mas a compreensão da sistemática que envolve toda superfície sequencial do art. 1.797, IV, do CC, afinando-a com os ditames do arts. 738-743 e 613-615 CPC, indica variadas situações de nomeação de administrador provisório, todas com vocação para que o inventário *causa mortis* se instale.

Retornando aos comentários ao art. 613, a designação judicial para administração provisória pontual, isto é, para processo específico, já é por si só assunto nervoso. Isso porque, a partir da premissa de que a formalização do inventário não pode ser obstáculo para o acesso à justiça – fato que justificaria que o espólio pode figurar em qualquer posição jurídica no âmbito das ações judiciais, antes mesmo da instauração do processo sucessório –, certo é também que os herdeiros não podem postular em nome próprio a partir de direitos que estão vinculados à massa hereditária, assim como não podem responder com patrimônio pessoal pelas dívidas do falecido.[249] Assim, a nomeação incidental do administrador provisório, em processos em que o espólio é parte nas condições acima, é imperiosa, pois explicita a existência de dualidade patrimonial com os herdeiros e, de outro giro, formaliza a representação judicial, em adequação simbiótica do art. 614 com o art. 75, VII. No entanto, a nomeação pelo juiz de administrador provisório, credenciando aquele que representará a massa naquela pendenga específica, não se confunde com a representação propriamente regulada no art. 1.797, IV, do CC.

A nomeação acima tratada refere-se à eleição pontual efetuada por juiz diverso daquele que atua no juízo sucessório[250] e terá finalidade específica de explicitar, naquele caso concreto, quem é o protagonista da gestão em nome do espólio, pois não se justifica – e seria contrário ao disposto no art. 614 – que

---

249 Nos comentários ao art. 613, há jurisprudência sobre o contexto apresentado.

250 Não pode o juiz cível (ou outro que não seja o *sucessório*) efetuar nomeação global que alcance a toda a herança, pois lhe falta competência. Dessa forma, de forma assemelhada ao que ocorre com o curador da herança jacente (arts. 738-739 do CPC) e o próprio inventariante (art. 617 do CPC), a nomeação para a administração geral da herança (ainda que provisória) somente pode ser feita pelo juízo sucessório, ou seja, aquele com competência para processar o inventário *causa mortis*. Com fundamentos que levam a tal conclusão, confira-se: José Olympio de Castro Filho, *Comentários ao Código de Processo Civil,* v. X, p. 204-211; Robson Renault Godinho, *Comentários ao Código de Processo Civil,* v. IV, p. 285; e Jefferson Carús Guedes, *Comentários ao Código de Processo Civil,* v. XI, p. 398-399.

se exija que todos os herdeiros e, em alguns casos, o cônjuge/companheiro sobrevivente venham a integrar o processo judicial. A partir da convocação dos interessados, em adaptação ao art. 75, VII, § 1º, o juiz nomeará, para aquela administração provisória específica, o gestor, escolha esta que passará pelo natural rol do art. 1.797, I-III, do CC. O art. 1.797, IV, do CC trabalha, pois, com contexto diferente, partindo da premissa de que não é possível a nomeação das pessoas arroladas nos incisos I a III, em razão de inexistência daquelas (hipótese primeira do inciso IV), "escusa" dos legitimados em assumir a gestão provisória (segunda previsão do inciso IV) e, por fim, da ocorrência de "graves fatos" que desaconselham a nomeação das figuras legitimadas nos incisos anteriores (último ditame do inciso IV).

Pois bem, a omissão injustificada de determinado legitimado em regularizar a representação judicial de ações em curso, desprezando as regras sobre habilitação (arts. 313, § 2º, I e II, 687-692 do CPC) é um indicativo de que aquele está se escusando em relação à administração provisória. Espera-se do legitimado que quer se colocar como administrador provisório postura ativa, de preenchimento do espaço do art. 614, de modo que a carência de habilitação revela que a pessoa está se escusando em se postar como gestor provisório do espólio. De outra banda, no que se refere aos "graves atos" que desaconselham a administração provisória, é possível se verificar, no âmbito de ações judiciais envolvendo o espólio, condutas ilícitas de legitimado que têm o fim causar embaraço à universalidade da herança, aos condôminos que dela fazem parte e de interessados na liquidação do monte. Por exemplo, merece repulsa a atitude do legitimado que – travestindo-se de administrador provisório – postula, em nome pessoal, o recebimento de créditos do espólio, com ocultação em relação aos demais condôminos acerca do procedimento.[251]

---

251 Em outro exemplo, caracteriza-se como "fato grave" aferido no âmbito processual a exclusão de determinado herdeiro do rateio dos créditos recebidos, ou a modulação de quinhões desproporcionais, de modo a favorecer parte de condôminos da herança, em detrimento de outros. Ainda em ilustração (e de modo mais íntimo ao art. 1.797, IV, do CC), fique evidenciado conluio dos herdeiros para que os bens da herança sejam partilhados sem a liquidação, e, com tal intenção, as ações judiciais visando o recebimento dos créditos do espólio sejam escoradas em representação precária, isto é, por administrador provisório, a fim de que o produto seja distribuído (= partilha) entre os herdeiros sem liquidação prévia, que considere o pagamento das dívidas do espólio. Na exemplificação última, as partes transgridem os contornos e limites da administração provisória, que é transitória e se limita a ato de conservação, para se valer daquela como forma de *gestão definitiva* do patrimônio da herança (= clara intenção de não regularizar a representação do espólio) e obter os resultados definitivos em relação ao monte.

Por certo, nem sempre será possível extrair, dos elementos dos autos, que a administração prolongada possui algum fim ilícito específico, de modo que é absolutamente inviável cogitar que os "atos graves" previstos no art. 1.797, IV, são sinônimos de atos de torpeza dos legitimados devidamente comprovados. Com efeito, a própria negligência em instaurar o inventário *causa mortis* poderá ser invocada como "motivo grave" que justifica a nomeação de administrador provisório diligente, que cumpra o disposto nos arts. 611 e 615. Isso porque a inércia do administrador provisório em abrir o inventário, por si só, coloca em jogo a aplicação dos arts. 91, 1.784, 1.791 e 1.796 do CC e contraria a própria essência do instituto que é uma representação *transitória* (arts. 613 do CPC e 1.991 do CC), de caráter antecedente, à da inventariança. Assim, a negativa na instauração do inventário sucessório deve ser tratada como "motivo grave", pois a postura, além de contrária ao disposto em lei (arts. 611 e 615), se configurará em abuso de gestão, em decorrência de desviada eternização de atos de administração em nome do espólio, fato que é contrário, como a própria nomenclatura indica, à natureza *provisória* do labor, que deve ceder lugar à representação (mais ampla) a ser exercida pelo inventariante.

Fixadas as premissas acima, antes da imputação do desvio que abrirá espaço para a aplicação do art. 1.797, IV, do CC, o juiz condutor da ação judicial que envolve o espólio deverá intimar os interessados (legitimados indicados no art. 1.797, I-III), para que comprovem a instauração do inventário *causa mortis* e regularizem a representação que está sendo exercida precariamente pelo administrador provisório.[252] Decorrido o prazo sem resposta positiva, deverá ser provi-

252 Ainda que sem fazer alusão ao art. 1.797, IV, do CC, as considerações de Fábio Caldas de Araújo reforçam a posição defendida no corpo do texto, confira-se: "O início do processo de inventário poderá ser determinado pelo magistrado, ainda que não repetida a redação do art. 989 do CPC de 1973. A iniciativa de determinação de abertura não fere o princípio dispositivo porque o processo de inventário será essencial para a solução de processos paralelos. A morte da parte em um processo em andamento exige a suspensão, para a regularização do polo, o que depende no mínimo, de abertura do processo de inventário, para que o inventariante possa assumir a responsabilidade pelo andamento do processo. Trata-se de quebra relativa ao princípio dispositivo. Há um nítido interesse público na regularização da situação fática oriunda do falecimento do autor da herança. O juiz tomará conhecimento por decorrência de relações processuais marginais que exigirão a regularização do inventário, além da habilitação de herdeiros no processo. É importante ressaltar que a desídia e a ausência no impulso não consistem em causas lícitas para a resolução do processo pelo art. 485, III, do CPC. O juiz deverá remover o inventariante, com nomeação de outro legitimado (arts. 622 e 625 do CPC)" (*Curso de Processo Civil*, tomo III, p. 224-225. Moisés Mileib de Oliveira, em comentário ao art. 616 do CPC, afirmou que: "Deve-se lembrar que a não observância do prazo de abertura do inventário poderá fazer com que este seja instaurado de ofício com nomeação até mesmo de inventariante dativo" (*Comentários ao Código de Processo Civil*, p. 878).

denciada solicitação formal ao juízo sucessório (art. 48 do CPC), a fim de que seja efetuada a nomeação de administrador provisório dativo. Saliente-se que a nomeação em voga envolverá pessoa de confiança do juiz sucessório (e não do juiz solicitante) e terá, como objetivo, o cumprimento do art. 615 para, depois de instaurado o inventário, permitir que a representação do espólio seja estabilizada, por meio da nomeação de inventariante (ainda que dativo).

A análise cuidadosa do quadro demonstra que o juiz não instaura o inventário *causa mortis* de ofício, ou seja, não é próprio órgão julgador que confecciona e apresenta postulação no sentido, já que esta estará na alçada do administrador provisório. Assim sendo, embora a atuação do juiz seja fundamental à deflagração do procedimento, já que nomeia o administrador provisório, a abertura do inventário ficará a cargo de outro ator (tal qual previsto no art. 615).[253] O diálogo entre as dicções judiciais, ou seja, entre a deliberação do juiz que aplica o art. 1.797, IV, do CC (em decorrência da constatação de negligência e/ou abuso do administrador provisório) e a nomeação judicial de novo gestor pelo juízo sucessório (dando concreção ao comando antecedente), pode ser tido como exemplo de ato de cooperação judicante (arts. 67-69 do CPC), tendo em vista a necessidade de complementação harmoniosa de comandos judiciais.

Art. 616. Têm, contudo, legitimidade concorrente:

I – o cônjuge ou companheiro supérstite;

II – o herdeiro;

III – o legatário;

IV – o testamenteiro;

V – o cessionário do herdeiro ou do legatário;

VI – o credor do herdeiro, do legatário ou do autor da herança;

VII – o Ministério Público, havendo herdeiros incapazes;

VIII – a Fazenda Pública, quando tiver interesse;

IX – o administrador judicial da falência do herdeiro, do legatário, do autor da herança ou do cônjuge ou companheiro supérstite.

CPC de 1973 – art. 988

1. Rol de legitimados para instauração do inventário: alterações

Há pequenas alterações internas no ventre do art. 616 em relação ao art. 988 do CPC de 1973. Além de ajustes de nomenclatura e de reposicionamen-

253 Próximo, com anotação referente à herança jacente, mas que pode ser ajustada ao inventário *causa mortis*, confira-se: Fábio Caldas de Araújo, *Curso de Processo Civil*, tomo III, p. 501.

to dos incisos finais, em prestígio ao disposto no art. 226, § 3º, da CF, foi conferida expressa legitimação ao companheiro sobrevivente para instaurar o inventário *causa mortis*. Todavia, a maior mudança está fora do seu âmbito interno, pois o CPC atual não repetiu a previsão contida no revogado art. 989, dispositivo que conferia "legitimação" para que o juízo sucessório instaurasse de o inventário *causa mortis* de ofício.

2. Revogação do art. 989 do CPC de 1973 e da necessidade de observância do disposto no art. 1.797, IV, do CC

Não obstante se defendesse, na vigência do CPC de 1973, que o rol de legitimados para instaurar o inventário *causa mortis* era taxativo[254] (= *número fechado de personagens que assim poderia fazê-lo*), o discurso sofria abalo pelo art. 989 do CPC de 1973, uma vez que o dispositivo estabelecia o dever do juízo sucessório determinar, de ofício, a abertura do inventário, caso vencido prazo respectivo e nenhum dos legitimados tivesse postura ativa do sentido. Em razão da premissa seguida de que o revogado art. 989 era uma regra *imperativa*,[255] o juízo sucessório poderia ser instado a iniciar o inventário *causa mortis* por meio de requerimento de qualquer pessoa – mesmo sem legitimação fixada em lei – caso esta informasse a ocorrência de óbito e o estado de inércia dos legitimados (= ultrapassagem do prazo legal para abertura do processo sucessório). Assim, a taxatividade do rol do art. 988 do CPC de 1973 era desafiada pelo disposto no art. 989, pois o último dispositivo – ainda que de forma transversa – permitia que aquele não legitimado provocasse a abertura do inventário sucessório, muito embora por meio de requerimento indireto de comunicação do óbito, já este compelia o juízo sucessório a instaurar o inventário *causa mortis*, diante da existência de *norma imperativa* no sentido. Ao não se repetir o preceito do art. 989 da codificação pretérita, há alteração significativa, e a mudança de ambiência permite que se diga, com mais segurança, que o rol do art. 616 é taxativo.

Registre-se que o art. 989 era aplicado de forma isolada, funcionando como uma bandeja legal que autorizava a própria instauração do inventário pelo juízo sucessório. Conforme já abordado nos comentários ao art. 615, o

254 No sentido: HAMILTON DE MORAES BARROS, *Comentários ao Código de Processo Civil*. v. IX, p. 210; PONTES DE MIRANDA, *Comentários ao Código de Processo Civil*, v. XIV, p. 40; SERGIO SAHIONE FADEL, *Código de Processo Civil*. Arts. 890 a 1.220, p. 134; e GERSON FISCHMANN, *Comentários ao Código de Processo Civil*, v. 14, p. 58.

255 No sentido: "Ao tomar conhecimento de que ultrapassado o prazo (Art. 983 do CPC) ninguém requereu a abertura do inventário, o juiz deve fazê-lo de ofício. A norma do Art. 989 do CPC é imperativa" (STJ, 3ª Turma, REsp. 515.034/RS, j. 08/03/2007, *DJ* 26/03/2007, p. 231).

art. 989 do CPC 1973 não recebeu, pela doutrina e jurisprudência, exegese que o limitasse, situação que seria possível depois da entrada em vigor do CC atual, que trouxe – como novidade – o art. 1.797. Diante de tal quadro, a revogação do art. 989 em nada afeta a aplicação do art. 1.797, IV, do CC, dispositivo que possui engenho peculiar que permite nomeação de administrador provisório judicial pelo juízo sucessório.

Em apertada resenha,[256] o art. 1.797, IV, do CC, prevê que o juízo sucessório deverá efetuar a nomeação de pessoa para atuar como administrador provisório ou como curador (em caso de herança jacente), a partir de efetivo noticiamento de alguma das situações descritas no dispositivo, a saber: (a) não localização de cônjuge/companheiro sobrevivente, herdeiro ou testamenteiro, (b) escusa destes em assumir a administração provisória e (c) existência de motivo grave na administração provisória pelos legitimados para tanto (entendendo-se como hipótese, inclusive, aguda exorbitância temporal da gestão precária). A interpretação adequada do dispositivo revela que, no aplicar do art. 1.797, IV, o juízo sucessório não instaura o inventário *causa mortis*, limitando-se seu labor, nos termos da lei, a *nomear administrador provisório dativo*. O ato de credenciamento não fere a legitimação do art. 616 do CPC, pois, a teor do art. 615, a abertura do inventário sucessório está na órbita das incumbências do administrador provisório. Portanto, a aplicação do art. 1.797, IV, do CC não pode ser confundida como a do art. 989 do CPC de 1973, já que limita a atuação do juiz à nomeação do administrador provisório dativo.

3. As bases da legitimação para instauração do inventário

A legitimação para instaurar o inventário *causa mortis* possui as seguintes características basilares: (a) a natureza *concorrente* e *disjuntiva* da legitimação; (b) a inexistência de sujeição à cadência *subsidiária;* (c) a ausência de aguardo de vencimento de qualquer prazo para o exercício da legitimação. De fato, o CPC trabalha com listagem de *legitimados concorrentes*, isto é, com atribuição a mais de uma pessoa. Embora não esteja expresso no texto, percebe-se que se trata de legitimidade *disjuntiva*,[257] pois, em tal modalidade, diferente das raras hipóteses de *legitimação conjunta*, o legitimado pode postular isoladamente, sem prejuízo de apresentar requerimento conjunto por opção, uma vez que este decorre de ato vinculado à autonomia das partes e não por cumprimento de

256 Vide os comentários ao art. 615 desta obra.

257 No sentido: Fernando da Fonseca Gajardoni, *Processo de conhecimento e cumprimento de sentença:* comentários ao CPC 2015, v. 2, p. 1.045; e Sergio Sahione Fadel, *Código de Processo Civil*. Arts. 890 a 1.220, p. 133.

determinação legal.[258] De todo modo, como o administrador provisório possui a *incumbência legal* de instaurar o inventário *causa mortis*, há expectativa natural de que seja o protagonista da instauração do inventário, até mesmo diante da responsabilidade civil que lhe pode ser imputada por culpa no desempenho das suas atribuições (arts. 614-615).

A leitura do art. 616 indica que todos os legitimados possuem interesse na *liquidação* da herança, fato que justifica o alongado rol. No entanto, fazendo análise mais detida, fica evidenciado que o artigo em comento contempla grupo heterogêneo, em que os interesses jurídicos de seus protagonistas não são os mesmos.[259] No particular, ainda que a liquidação da herança seja ponto de toque do interesse jurídico entre todos, há personagens que são contemplados pela sucessão (por exemplo, o herdeiro legatário), enquanto outros são atraídos para o inventário para resolver direitos preexistentes à própria sucessão (situação clara do cônjuge/companheiro que almeja o desfazimento/cisão do condomínio patrimonial que se formou em vida com o falecido – "meação"). Portanto, o art. 616 aglutina personagens que possuem posições jurídicas distintas, admitindo-se, inclusive, que a mesma pessoa possa se encaixar em mais de uma situação legitimadora.[260]

Em razão da opção plasmada nos arts. 615 e 616, há ambiência para que sejam instaurados mais de um inventário, inclusive em foros diversos (caso o autor da herança não possua domicílio certo – art. 48, parágrafo único, do CPC. Para definição do inventário que prevalecerá, é defensável que a análise da posição jurídica das partes seja usada como um dos elementos para dirimir o embate sobre a instauração plúrima.[261] O detalhe demonstra que, ainda que se diga que a legitimação do art. 616 *não é preferencial*, tal dicção estará voltada *exclusivamente* para o ato de abertura do inventário e não co-

258 FRANCISCO JOSÉ CAHALI E RENATO SANTOS PICCOLOMINI DE AZEVEDO lecionam que: "(...) quisesse o legislador também estabelecer ordem entre legitimados concorrentes para a abertura do inventário, o teria feito expressamente como na hipótese da inventariança. Exceção a essa regra seriam os legitimados constantes dos incisos IV, VI, VII, VIII e IX", pois não se trata de beneficiários diretos da herança, devendo, nesse caso, aguardar o decurso do prazo para o pedido" (*Código de Processo Civil anotado*, p. 872). No tema também: HAMILTON DE MORAES BARROS, *Comentários ao Código de Processo Civil*, v. IX p. 210.

259 Com observação próxima: LUCIANO VIANNA ARAÚJO, *Comentários ao Código de Processo Civil*, v. 2, p. 188.

260 Em exemplo simples, o cônjuge sobrevivente que contraiu casamento com o autor da herança sob o regime de comunhão parcial de bens, além do natural direito à meação dos bens que se comunicaram em vida, poderá figurar como herdeiro caso existam bens particulares do falecido – art. 1.829, I, do CC.

261 Vide tópicos adiante sobre a *'instauração de mais de um inventário em foros diversos'* e a *'litispendência'* entre inventários *causa mortis*.

loca os seus personagens em pé de igualdade para todos os temas do processo sucessório.

Por fim, o leque do art. 616 em nada se confunde com o cardápio de legitimação para a inventariança (art. 617) e não resulta em preferência para o desempenho da função.[262] A legitimação que gravita para a instauração do inventário *causa mortis* está atrelada ao interesse jurídico de abertura do *processo de liquidação,* já que o resultado deste se projeta ao requerente diante da posição jurídica que ostenta. Não se afere, portanto, na legitimação para abertura do inventário sucessório, os predicados do postulante como administrador do condomínio sucessório, mas apenas análise de interesse jurídico (ou funcional) na liquidação da herança. Tanto assim que há personagens presentes no rol do art. 616 e que não estão arrolados no leque do art. 617 (vide o credor e a Fazenda Pública). De forma resumida, o rol do art. 616 tem, como inspiração, os *interesses,* ao passo que o elenco do art. 617 tem, como bussola, a *aptidão* para administrar a herança.[263]

4. Perfil do requerimento de instauração do inventário pelo legitimado do rol do art. 616: adaptação das regras do art. 615 e peculiaridades

O requerimento de instauração do inventário *causa mortis* a ser confeccionado por legitimados do rol do art. 616 se submete, ainda que com adaptações, ao disposto no art. 615 (vide comentários respectivos). Há, todavia, dois pontos específicos à abertura de inventário sucessório por legitimado constante do leque do art. 616, a saber: (a) identificação clara da posição jurídica do legitimado e (b) requerimento de identificação e prestação de contas em relação ao administrador provisório.

A primeira questão acima plasmada é de fácil percepção, pois, como legitimação para instauração do inventário decorre – em regra – de gabarito legal, o postulante deverá trazer fundamentação e prova documentada acerca da sua posição jurídica em encaixe no elenco do art. 616.[264] No que se refere ao tema seguinte, diante da quebra da trilha natural fixada no art. 615 (ou seja, a instauração do inventário se opere por pessoa outra que não o próprio administrador provisório), deverão ser dotadas medidas a respeito, pois o perío-

---

262 Igualmente (dentre vários): Clóvis do Couto e Silva, *Comentários ao Código de Processo Civil,* v. XI, tomo I, p. 286, e Francisco José Cahali e Renato Santos Piccolomini de Azevedo, *Código de Processo Civil anotado,* p. 871.

263 Muito próximo: Pontes de Miranda, *Comentários ao Código de Processo Civil,* v. XIV, p. 36; e Gerson Fischmann, *Comentários ao Código de Processo Civil,* v. 14, p. 51. Vide comentários ao art. 617 desta obra.

264 No mesmo sentido: Luciano Vianna Araújo, *Comentários ao Código de Processo Civil,* v. 2, p. 188.

do de gestão de tal personagem interessa ao condomínio hereditário. Caso o postulante tenha prévio conhecimento acerca da pessoa que exerceu a incumbência prevista nos arts. 613-614, o pedido de abertura do inventário deverá contemplar a convocação do administrador provisório, a fim de que este se manifeste por escrito, trazendo a prestação de contas de seu labor e o material documentado que seja vinculado à sua gestão. Na hipótese de desconhecimento acerca da pessoa que exerceu a administração provisória,[265] na peça de instauração do inventário, deverá ser formulado requerimento de convocação dos legitimados indicados no art. 1.797, I-III, do CC, para que aqueles noticiem se exerceram a função, trazendo atos documentados pertinentes (em caso positivo) ou apresentando informações acerca de pessoa(s) que assim se postou(ram) (em caso negativo). Sem rebuços, a adoção da medida acima, elucidando o labor efetuado pelo administrador provisório, terá importância para que ocorra o fechamento do ciclo de gestão provisória, iniciando-se a inventariança de forma mais hígida.

5. Instauração de mais de um inventário (*litispendência entre inventários*)

A legitimidade *concorrente* e *disjuntiva*, sem dúvida, abre espaço para que mais de um inventário *causa mortis* seja instaurado, situação indesejável, mas que advém diretamente da opção adotada no art. 616. Com tal enredo, a doutrina e a jurisprudência[266] têm trabalhado a instauração plúrima de inventários a partir do fenômeno da *litispendência*, cuja descrição está talhada nos parágrafos do art. 337 do CPC e pode ser vista, *grosso modo*, como *a repetição de ação judicial que está em curso*. O pormenor destacado merece aprofundamento, pois, seguindo as linhas gerais da figura, para que a *repetição* seja encartada como *litispendência*, é necessário que as ações sejam idênticas, no sentido de que possuam as *mesmas partes, a mesma causa de pedir e o mesmo pedido* (art. 327, § 2º). Passeio mais amplo no CPC diz que somente poderá se imputar a *litispendência* depois da determinação da citação pelo órgão judicial, mesmo que incompetente (art. 240), e a verificação da sua ocorrência acarreta a extinção do processo sem resolução de mérito (art. 485, V). Sem rebuços, o gabarito da *litispendência* está voltado para os processos que seguem o procedimento comum ou que com estes se perfilam, o que, definitivamente, não é o caso do inventário *causa mortis*.

---

265 Situação natural quando o inventário sucessório for instaurado pelo credor do autor da herança ou de herdeiro específico (art. 616, VI), com desconhecimento do horizonte dos herdeiros legais e/ou sucessórios do falecido.

266 No sentido: CONRADO PAULINO DA ROSA E MARCO ANTÔNIO RODRIGUES, *Inventário e partilha*, p. 346-348; e RICARDO ALEXANDRE DA SILVA E EDUARDO LAMY, *Comentários ao Código de Processo Civil,* v. IX, p. 504. Na jurisprudência, confira-se: (STJ, 3ª Turma, REsp. 1.591.224/MA, j. 26/04/2016 , *DJ* 29/04/2016).

Com efeito, em relação à identidade de partes, não há, no inventário, a fixação de polos processuais rígidos, mas de *multipolaridade* com dinâmica móvel,[267] que se torna mais aguda a partir dos vários focos decisórios, fazendo do inventário *causa mortis* um palco *policêntrico*. Dessa forma, não se deve buscar a identidade de partes em *planos retos*, ou como partes *opostas* ou, ainda, partes que estão em litígio (= *litigantes*). Tanto é assim que o requerimento de abertura do inventário sequer trabalha com a ideia de "autor" e "réu", pois o que interessa, realmente, é que as partes interessadas na liquidação sucessória sejam identificadas para integrar relação processual, pouco importando suas posições jurídicas (arts. 626 e 628, parte final).[268]

Não é ocasional que o rol do art. 616 anuncia a possibilidade de convivência de pessoas no processo sucessório com posições jurídicas totalmente distintas, mas aglutinadas (de algum modo) pela reunião condominial provocada pela *saisine* (arts. 1.784 e 1.791, parágrafo único, do CC). No sentido, em exemplo singelo, o cônjuge sobrevivente que estava casado sob o regime da comunhão universal (arts. 1.667 e 1.829, I, do CC) estará presente no inventário *causa mortis* com objetivo de encerrar o condomínio que formou em vida com o falecido, ao passo que os herdeiros comparecem para reivindicar quinhão do patrimônio do autor da herança e o credor do espólio se posiciona para receber seu crédito sobre a superfície positiva do acervo hereditário. O cenário posto, em desdobramento, revela que a causa de pedir do inventário é a própria *liquidação* do condomínio formado a partir da abertura da sucessão, e o pedido é a instauração de procedimento que assim o faça. Dessa forma, é ingênuo pensar que, apenas com olhos na listagem de pessoas trazida no pedido de instauração do inventário sucessório, será possível conferir a totalidade de partes interessadas, pois nem sempre tais requerimentos estarão plasmando a identificação de todos os personagens que devem ser incluídos na liquidação da herança. Logo, a análise das partes reclama projeção abstrata daqueles que devem (ou podem) participar do processo sucessório, pois há interesse jurídico, dentro das flutuações definidas pela legislação.

Conclui-se, portanto, que as adaptações das regras de *litispendência* não podem fugir das singularidades do inventário *causa mortis*. Dentre as diferenças

---

267 Sobre movimentações dinâmicas no âmbito do processo, confira-se: Antonio do Passo Cabral, Despolarização do processo e "zonas de interesse": sobre a migração entre polos da demanda. In: *Reconstruindo a Teoria Geral do Processo*; Rodrigo Mazzei, A intervenção móvel da pessoa jurídica na ação popular e ação de improbidade administrativa (artigos 6º, 3º da LAP e 17 3º da LIA). In: *Revista Forense,* v. 400, p. 227-254; e Sofia Temer, *Participação no processo civil*: repensando litisconsórcio, intervenção de terceiros e outras formas de atuação, p. 203-211.

268 Vide os comentários ao art. 626 desta obra.

mais pulsantes em relação à *litispendência*, não se afigura que extinção do segundo inventário (e outros sucessivamente instaurados) como a solução mais adequada, pois tal medida, por diversas vezes, será contra eficiente e desrespeitará o art. 8° do CPC que prega justamente o oposto. Basta imaginar hipótese em que a litispendência se efetiva entre inventário que foi instaurado pelo credor de herdeiro (art. 616, VI) e pelo administrador provisório (art. 615), que apresentou a prestação de contas e relato sobre a posição patrimonial dos bens do falecido, sem menção à dívida do credor por desconhecimento do fato (por exemplo, não havia informação nos documentos do falecido sobre a operação que ensejou a dívida). Qualquer que seja o inventário prevalecente, ou seja, aquele que será mantido como "vivo" (*"pendente"*), a extinção do segundo pedido de instauração causará prejuízo documental ao contexto das primeiras declarações, já que a legitimação definida a partir de posições jurídicas distintas terá provável reflexo nas informações trazidas nas respectivas postulações.

O quadro tracejado indica que a solução mais adequada é a *reunião dos pedidos de abertura de instauração do inventário causa mortis*, sendo natural a concentração no pleito mais antigo. Deve-se utilizar, no particular, as regras previstas nos arts. 43, 58, 59 e 312 do CPC, a fim de que com o *registro* ou com a *distribuição* inicial[269] se firme prevenção atrativa.[270] Assim, faz-se adaptação adequada às regras gerais apresentadas, pois ainda que não se trate de *conexão* ou *continência*, a reunião permitirá o aproveitamento dos atos processuais, evitando a repetição desnecessária no sentido.[271] Note-se que o critério cronoló-

269 Os dispositivos acima devem ser compatibilizados ainda com o art. 284 do CPC, uma vez que *registro* não se confunde com *distribuição*, pois, como bem exemplifica Flávio Galdino "nas unidades de jurisdição (por exemplo, comarcas) onde há apenas um órgão jurisdicional em atuação, as petições iniciais são submetidas apenas a registro. Já nas unidades de jurisdição, onde há mais de um órgão jurisdicional, as petições iniciais devem ser distribuídas, sendo certo que a distribuição deverá ser alternada e aleatória (NCPC, 285)" (*Comentários ao novo Código de Processo Civil*, p. 90).

270 Ainda que sem determinar a reunião dos inventários, há julgados no âmbito do TJRS em que a litispendência entre inventários sucessórios foi resolvida com base no "critério balizador da prevenção", que "é a distribuição da petição inicial, consoante preconiza o art. 59 do CPC" (TJRS, 8ª Câmara Cível, AC 70073472607, j. 28/09/2017, *DJ* 03/10/2017). Igualmente: TJRS, 8ª Câmara Cível, AC 70081351033, j. 28/11/2019, *DJ* 09/12/2019.

271 A reunião dos inventários é a medida mais acertada, pois evita contradições decisórias, como a que pode ser vista na conclusão do julgamento do REsp 1.739.872/MG, em que o voto relator, depois de definir que a "ação de inventário e partilha que deverá permanecer em tramitação é aquela ajuizada pelo recorrente", determinou "(...) de um lado, a extinção da ação idêntica que fora proposta pela recorrida, e de outro lado, o máximo aproveitamento dos atos processuais já praticados no processo que deverá ser extinto" (STJ, 3ª Turma, j. 29/05/2018 , *DJ* 22/11/2018). A decisão acaba por criar a necessidade de translado de peças (ao invés de usar as

gico a partir do *registro* ou da *distribuição* inicial se demonstra como mais seguro e acertado,[272] até porque, com a revogação do art. 219 do CPC de 1973, não se pode mais usar a citação como vetor de prevenção, tendo em vista que o art. 240 do CPC não repete a mesma fórmula.[273]

Ademais, diferente do que ocorre no procedimento comum, no inventário *causa mortis*, a citação comumente somente é determinada após a apresentação das primeiras declarações pelo inventariante (art. 626), momento procedimental adiantado, posterior à ocorrência de atos relevantes,[274] como a própria formalização da inventariança (art. 617, parágrafo único, do CPC), fato que também justifica o descarte da citação como marco da prevenção.

A peculiaridade da citação postergada no inventário *causa mortis* – muito provavelmente – motivou que alguns julgados fixassem a data de formalização da inventariança como o marco que daria ensejo a *Litispendência* de inventário *causa mortis*.[275-276] Tal posição, todavia, não merece prosperar por diversos as-

originais), postura que poderá abrir debate acerca de remessa incompleta dos atos documentados, com a possibilidade de gerar incidente decisório para deliberação sobre qual o conjunto documentado que será transladado. Caso a conclusão fosse pela reunião nos autos, os enleios não ocorreriam, aproveitando-se tudo aquilo que era inédito e descartando o que se apresentou como repetitivo.

272 Na mesma linha: Arruda Alvim, Araken de Assis e Eduardo Arruda Alvim, *Comentários ao Código de Processo Civil*, p. 1.467.

273 Em resenha, no CPC de 1973, para compatibilizar o art. 219 com o art. 106 (já que tanto a citação quanto o primeiro despacho provocavam a prevenção), entendia-se que em causas conexas com competência territorial diversa a prevenção seria definida pela citação (art. 219), ao passo que, nas situações de igual competência territorial, deveria se observar aquele em que se despachou primeiro (art. 106). As regras em questão não possuem mais pouso na codificação atual, descartando-se o uso da citação como elemento caracterizador da prevenção. No mesmo sentido: José Augusto Garcia de Souza, *Comentários ao novo Código de Processo Civil*, p. 385; Daniel Amorim Assunção Neves, *Novo Código de Processo Civil Comentado*, p. 102; e Luiz Dellore, *Teoria Geral do Processo:* parte geral: comentários ao CPC de 2015, p. 222.

274 A situação peculiar ratifica os comentários efetuados no art. 615, no sentido de que o requerimento do pedido de instauração do inventário *causa mortis* já deve conter o pedido de citação, a fim de que os interessados vinculados à abertura da sucessão possam integrar a relação processual em momento limiar, isto é, inicial do processo sucessório, pois a citação somente pode ser tardia depois de confeccionada as primeiras declarações, no sentido de se verificar somente em data avançada que há mais de um inventário instaurado.

275 Como se sabe, ordinariamente, o ato de nomeação e compromisso do inventariante será posterior à distribuição e registro do pleito de instauração do inventário (art. 615), mas anterior ao momento em que se processa ordinariamente a citação dos interessados (art. 626).

276 No sentido destaca-se a consolidada posição do TJMG, citando-se (entre vários): "Configurada a litispendência entre dois ou mais inventários, tem-se como preven-

pectos, pois, além de não possuir qualquer eco legal no CPC, traz resquícios claros do revogado art. 106 do CPC de 1973 (que considerava prevento o juízo que despachasse em primeiro lugar em caso de competência territorial), fato que remete a questão para variável que foge ao controle do jurisdicionado (funcionamento adequado da máquina judiciária). Demais disso, ainda que de forma indireta, a prevalência de tal posição pode forçar a nomeação prematura de inventariante, uma das decisões mais importantes no inventário *causa mortis*, apenas com intuito de firmar prevenção, fato de todo indesejável. Dessa forma, o critério não possui a melhor inspiração e pode causar ambiente de insegurança.[277-278]

Voltando à ilustração que trabalha com *Litispendência* entre os requerimentos do credor e do administrador provisório, a seguir a ideia plasmada nos comentários, o pedido do credor de instauração do inventário não será extinto e poderá ser recebido como habilitação de crédito, a fim de que ocorra o

---

to o juízo que primeiro nomeou o inventariante, sendo irrelevante a ordem de distribuição" (TJMG, 7ª Câmara Cível, AC 1.0338.17.001194-8/001, j. 06/03/2018, *DJ* 13/03/2018). Vide, ainda: TJMG, 8ª Câmara Cível, AI 1.0518.09.165479-9/003, j. 25/05/2017, *DJ* 13/06/2017.

277 Há decisão do STJ imputando litispendência entre inventários *causa mortis*, com a extinção daquele tido como tardio, em que o critério definidor foi a data de apresentação do pedido de instauração do inventário sucessório, com expressa reprimenda ao uso do momento de nomeação do inventariante como ponto de definição. Confira-se trecho do voto relator: "(...) A tese adotada pelo acórdão recorrido, no sentido de que seria **a data de nomeação do inventariante** o elemento definidor acerca de qual ação litispendente deveria sobreviver, além de **não encontrar absolutamente nenhum respaldo** na legislação em vigor, configura **marco temporal nitidamente inseguro**, porque relacionado a sucessivas movimentações e atos processuais que não dependem exclusivamente das partes, mas, sim, do Poder Judiciário, atraindo subsequentes debates acerca da incidência do art. 240, § 3º, do CPC/15, segundo o qual *'a parte não será prejudicada pela demora imputável exclusivamente ao serviço judiciário'*. Na hipótese, tendo sido a ação de inventário ajuizada pelo recorrente anterior à mesma ação ajuizada pela recorrida, **deve permanecer em tramitação àquela que foi primeiramente proposta**, marco que possui **amparo legal** e que, ademais, é o mais **preciso** e **seguro** para a definição acerca de qual ação deverá permanecer em curso após o reconhecimento da litispendência" (STJ, 3ª Turma, REsp 1.739.872/MG, j. 29/05/2018, *DJ* 22/11/2018 – negrito no original – o julgado já citado na nota de rodapé anterior). A decisão transcrita não vem tendo eco geral nos Tribunais Estaduais, citando-se, em exemplos: (a) posição do TJMG, 5ª Câmara Cível, AC 1.0093.14.002140-8/001, j. 28/03/2019, *DJ*. 02/04/2019 (publicação da súmula em 02/04/2019); (b) TJCE, 4ª Câmara Direito Privado, AC 0146101-05.2016.8.06.0001, j. 02/07/2019, *DJ*. 03/07/2019.

278 Sergio Sahione Fadel propõe que se use com critério a escala de legitimados, seguindo-se a ordem do rol, conforme comentário feito sob a égide do art. 988 do CPC (*Código de Processo Civil*. Arts. 890 a 1.220, p. 133).

pagamento ou a reserva de bens (arts. 642-646 do CPC). Igualmente, a reunião de processos permitirá a mantença da prestação de contas do administrador provisório nos autos, material fundamental para o deslinde de todo inventário. Assim, a extinção de uma das postulações apenas causará a necessidade de repetição de pleito no processo que remanesceu, um esforço desnecessário, que pode ser evitado a partir da reunião dos autos, com a prevalência processual daquele que foi eleito como matriz, cujo critério será cronológico, aplicando-se as bússolas dos arts. 43, 58, 59 e 312 do CPC.

6. Instauração de mais de um inventário em foros diversos

Quando o autor da herança não possuir domicílio certo, a instauração de múltiplos inventários poderá ocorrer com outro complicador, a saber: *abertura de processos sucessórios em comarcas distintas.* Com efeito, se o falecido não possuía domicílio certo, o inventário poderá ser aberto no foro de situação dos bens imóveis, sendo que, caso estes estejam situados em foros diversos, admite-se a instauração do inventário em quaisquer dos locais em que os imóveis estejam cravados (art. 48, parágrafo único, II, do CPC). No caso de o autor da herança (sem domicílio certo) não deixar bens imóveis, o inventário pode ser instaurado no foro da situação de qualquer dos bens do espólio (art. 48, parágrafo único, III, do CPC).

Nas situações acima narradas, mesmo havendo mais de um inventário *causa mortis* instaurado, a análise da prevenção poderá ficar em segundo plano, pois o debate prioritário será o da aplicação adequada das regras de competência previstas nas gavetas do art. 48, parágrafo único. A parte, tomando ciência da abertura do inventário em desalinho ao referido dispositivo, postulará a correção por meio de exceção de incompetência.[279] A

279 Fixou-se o entendimento segundo o qual a competência para instauração do inventário possui natureza relativa: STJ, 2ª Seção, CC 13.646/PR, j. 09/08/1995, *DJ* 25/09/1995. Assim, necessário o manejo de exceção de incompetência a modificação de competência, regra esta aplicável, inclusive, ao Ministério Público como *custos legis*: STJ, 3ª Turma, REsp 630.968/DF, j. 20/03/2007, *DJ* 14/05/2007. Saliente-se que as disposições sobre o procedimento comum acerca da exceção de competência (arts. 336, 337, II, e 340 do CPC) não penetram com encaixe perfeito no *procedimento verdadeiramente especial* do inventário *causa mortis*. De forma diversa do procedimento padrão, em que a exceção de incompetência será deduzida no bojo da contestação, a postulação de deslocamento de competência deverá ser manifestada em peça própria (exceção), em forma de impugnação que ataque exclusivamente a competência atrelada ao inventário *causa mortis*, aplicando-se, por extensão o prazo de 15 (quinze) dia para tal. Deve se admitir, por certo, também a apresentação de exceção no bojo da impugnação a que alude o art. 627 (ou peça postulatória semelhante).

mesma providência deverá ser adotada pelo legitimado que não abriu inventário *causa mortis,* mas que deseja impugnar o foro eleito no processo sucessório já iniciado. Saliente-se, no particular, que a exceção de competência deverá ser apresentada com a demonstração de interpretação adequada das bandejas do parágrafo único do art. 48, procedimento este que não se limitará apenas à crítica em relação à opção do foro que está sendo alvo da impugnação, mas também trazendo a fundamentação que demonstra que o local apontado pelo postulante é o correto. Em suma, se o art. 48 for o vetor para o deslocamento do foro inventário, a parte discordante terá que se valer de exceção de competência, trazendo, para tanto, dupla fundamentação (a) crítica ao foro escolhido pela parte contrária; e (b) demonstração do local correto para a tramitação do inventário.

A alegação de "prevenção", por si só, não terá o condão de consolidar o primeiro inventário instaurado, pois tal ideia afastaria as regras de competência dispostas no corpo do art. 48. Ademais, prevenção não é, tecnicamente, matéria de exceção de competência e sequer necessita ser arguida com rigidez formalidade postulatória, ao revés da exceção de competência propriamente dita, que se submeterá a regramentos específicos da exceção (ainda que com ajustes necessários). Percebe-se, da célere exposição, que a alegação de prevenção somente terá repercussão prática se o debate não puder ser definido com base nas regras de competência do art. 48.

Observe-se, contudo, que outros fundamentos poderão ser trazidos para o debate, visando à sedimentação do foro para o curso do inventário *causa mortis*, destacando-se, no sentido, as posições jurídicas e *status* particular das partes vinculadas ao processo sucessório. Isso porque, em determinados casos, a fluidez do texto contido nos incisos II e III do parágrafo único do art. 48 apontará para mais de uma solução, todas aceitáveis a partir da exegese do dispositivo. Por exemplo, o autor da herança sem domicílio certo deixa dois imóveis, tendo esses valores compatíveis, mas posicionados comarcas diversas. O quadro autoriza que o inventário sucessório seja instaurado em qualquer dos dois locais, sendo intuitivo se trazer, ao debate, as regras de prevenção para solucionar o conflito.

Francisco José Cahali e Renato Santos Piccolomini de Azevedo propõem, em tal situação limítrofe, que se aplique a "ordem sequencial do art. 616",[280] posicionamento que, de certa maneira, prestigia a posição jurídica dos interessados no inventário, pois o dispositivo em debate possui ordenamento decrescente com tal inspiração. Ocorre que tal método não terá aptidão para

280 *Código de Processo Civil anotado*, p. 872. Parecendo adotar posição semelhante: Sergio Sahione Fadel, *Código de Processo Civil*. Arts. 890 a 1.220, p. 133.

resolver todas as questões. Retornando à exemplificação acima (duplo posicionamento de imóveis deixados pelo falecido sem domicílio certo), basta pensar que os herdeiros estão divididos em dois grupos, sendo que os incapazes residem todos em uma comarca, ao passo que os herdeiros com capacidade plena possuem domicílio no outro foro. A ilustração demonstra que a aplicação do art. 48 não é livre e demandará respeito ao disposto no art. 8º do CPC que prevê que *o juiz – ao aplicar o ordenamento jurídico – atenderá aos fins sociais e às exigências do bem comum, resguardando e promovendo a dignidade da pessoa humana e observando a proporcionalidade, a razoabilidade, a legalidade, a publicidade e a eficiência.* Assim, aplicando-se noções de *eficiência* e de *finalidade social* no âmbito do inventário *causa mortis*, a posição jurídica das partes e o seu *status pessoal* deverão ser levados em consideração. Sem aprofundar no assunto, para que não ocorram desvios de rota nos comentários, as concepções de *forum shopping* e *forum non convenins* devem se projetar para o art. 48, a fim de que alcançada a *competência adequada.*[281]

A questão invulgar ratifica a necessidade de visão diferenciada do inventário sucessório, a partir de suas peculiaridades, definindo-se o foro a partir da análise concreta. A observância do rol sequenciado do art. 616 é útil para identificar posições jurídicas mais pujantes, mas não é suficiente para resolver os impasses que possam surgir. Como se viu da exemplificação, dentro da mesma classe (por exemplo: herdeiros), é possível se verificar vulnerabilidades (como a incapacidade[282]) que deverão ser ponderadas para análise do melhor foro para a instauração do inventário *causa mortis.*[283]

---

281 Utilizando-se da doutrina de Fredie Didier Jr., o *forum shopping* se notabiliza pela possibilidade de escolha pelo demandante de um foro a par da existência de opções no sentido, ao passo que o *forum non conveniens* surge como mecanismo de controle de abuso da escolha foro que, embora competente, não se mostre adequado (por exemplo, dificulte a defesa do demandado ou de processamento factual). O juízo provocado (escolhido) poderá recusar a prestação jurisdicional ao verificar, de forma clara (e a partir de elementos concretos nos autos), que há outro em melhores condições de fazê-lo, em seu aspecto amplo, inclusive sob a ótica das partes envolvidas (*Curso de Direito Processual Civil*, v. I, p 250-353).

282 As vulnerabilidades, como a que se presume em relação ao incapaz, podem estar fixadas em lei, como se nota do art. 50 do CPC (A ação em que o incapaz for réu será proposta no foro de domicílio de seu representante ou assistente). A aplicação adaptada do dispositivo em foco, no âmbito do inventário *causa mortis*, terá que ser adequada, levando-se em consideração a multipolaridade do procedimento especial, que também não possui polos horizontais de "autor" (polo ativo) e "réu" (polo passivo), característico do gabarito do procedimento padrão.

283 A vulnerabilidade como elemento de fixação de foro judicial é tema recorrente em decisões judiciais envolvendo relação de consumo, fixando foros favoráveis aos consumidores quando se verifica que a postulação daqueles pode ficar onerosa ou prejudicada, fato que justifica até que o foro de eleição seja desconsiderado em

7. "Litispendência" entre inventários judicial e extrajudicial

Registre-se que eventual *Litispendência* entre inventário judicial com procedimento sucessório de natureza extrajudicial se resolverá sempre em favor do primeiro, bastando que seja verificado qualquer tipo de litígio interno e/ou a presença de incapaz, já que se aplica, no particular, o filtro do art. 610. Em verdade, análise com sintonia fina indica que, se as partes interessadas não definirem amigavelmente qual será o inventário que deverá funcionar como matriz, a própria divergência acerca do ambiente fará com que prevaleça o inventário judicial, pois o art. 610 trabalha com a dimensão da ampla concordância. Dessa forma, havendo algum tipo de conflito antes do encerramento do inventário extrajudicial, o tabelião deverá ser comunicado por escrito da desavença ou da instauração do inventário judicial, a fim de que seu labor seja interrompido, em semelhança ao previsto no art. 32 da Resolução n. 35/3007 do CNJ.

8. Art. 616: rol taxativo que se submete ao *acoplamento por atração* e à interpretação extensiva

A instauração do inventário sucessório – no modelo adotado pelo CPC – se submete à *taxatividade*, ou seja, a legitimação para o ato decorre de elenco que é fixado pela lei. Há, assim, blindagem que impede que outras pessoas – diversas das ditadas das autorizadas por lei – sejam protagonistas da abertura do processo sucessório.

Inicialmente, há se realçar que a assertiva acima não cria uma *taxatividade topográfica* vinculada ao art. 616, no sentido de que apenas as pessoas que estão inclusas internamente no seu rol serão consideradas como legitimadas para instaurar o inventário sucessório. É perfeitamente possível que o legislador (art. 22, I, da CF) preveja outros legitimados para a abertura do inventário sucessório, desde que seja editada regra legal no sentido, mesmo que *geograficamente* de forma externa ao cardápio do art. 616. Exemplo claro está no texto do art. 615 em vigor, pois, ao dispor sobre a *incumbência* do administrador provisório para instaurar o inventário *causa mortis*, a lei também tratou, por imperativo lógico, sobre sua *legitimação*. Com outras palavras, a *taxatividade* está atrelada à

---

determinadas situações. No sentido: STJ, 1ª Turma, REsp 986.633/SC, j. 08/04/2008, *DJ* 24/04/2008). Confira-se (entre vários): STJ, 3ª Turma, AgRg no AREsp 735.249/SC, j. 15,12/2015, *DJ* 04/02/2016; STJ, 3ª Turma, REsp 298.522/SP, *DJ* 19/11/2001, p. 265. Na doutrina, destaca-se a dicção de FERNANDA TARTUCE. A autora defende que a vulnerabilidade é um fator que deve ser ponderado na fixação de competência, pois tal conduta se extrai do sistema jurídico, não sendo necessária a positivação expressa em dispositivo legal no sentido para cada hipótese (*Igualdade e vulnerabilidade no Processo Civil Brasileiro*, p. 287-288).

existência de previsão legal, sendo de pouca importância seu *posicionamento topográfico* e, dessa forma, é equivocado dizer que o legislador poderá plasmar as figuras com legitimação para instaurar o inventário sucessório apenas no campo interno do art. 616.[284]

De outra banda, mesmo que o legislador não preveja expressamente que determinados atores tenham legitimação para a instauração do inventário, deve-se admitir a busca de figuras que podem ser acopladas ao rol taxativo, desde que estas estejam previstas em lei e seja inegável sua identidade com o cardápio legal. No ponto, José de Oliveira Ascensão[285] defende a possibilidade de complementação de rol taxativo por meio da *analogia legis*, procedimento este que se notabiliza pelo preenchimento do cardápio a partir de outros modelos ditados pela lei, não se confundido, assim, com a *analogia livre* (que não pode ser tolerada quando a bússola é a própria lei). Usando outras palavras, para Ascensão, não é possível ampliar a lei, mas apenas interpretá-la dentro das suas próprias opções já previamente plasmadas na legislação. Com base em tal pilar, o autor luso fixou as noções sobre *tipicidade delimitativa,* que admite a analogia vinculada às situações previstas na lei (*analogia legis*). Pois bem, sem prejuízo de possível crítica quanto à nomenclatura da expressão (*tipicidade delimitativa*) e do apego desta à analogia (que, em verdade, se notabiliza como método que deve ser utilizado quando há omissão legal), a contribuição do jurista português não pode ser renegada.

Com efeito, identificando as bases da doutrina de José de Oliveira Ascensão (e efetuando ajustes necessários), percebe-se que o ponto nevrálgico do tema envolve o agrupamento de tipos/situações ditados pela lei, medida necessária em decorrência de fracionamentos topográficos indesejáveis. Por tal passo, em se tratando de deslocamento de figuras ou hipóteses para fazerem parte de determinados elencos legais (como é o caso do art. 616), tem-se que a expressão *acoplamento por atração* é mais didática e fiel ao fenômeno. Em resenha, o *acoplamento por atração* envolve a interligação entre modelos legais e, por isso, não pode ser confundida como *interpretação extensiva*, ao menos no seu sentido estrito, pois esta é marcada pela extração do significado da letra da lei, ampliando-se o alcance de palavras inseridas em texto legal, postura que poderá aumentar o espectro da norma, açambarcando outras situações. No particular, o *acoplamento por atração* é um exercício comunicativo que envolve mais de um dispositivo legal, ou seja, em que não

---

284 Ricardo Alexandre da Silva e Eduardo Lamy parecem fixar a taxatividade apenas ao art. 616, ao afirmarem que "as hipóteses do art. 616 não são, portanto, *numerus clausus*" (*Comentários ao Código de Processo* Civil, v. IX, p. 504).

285 *A tipicidade dos direitos reais*, p. 51-53. Confira-se, ainda sobre o tema e do mesmo autor: *Direito Civil*: Sucessões, p. 139.

se admite análise solteira (postura última comum na interpretação extensiva que tem como mote a ampliação de determinada norma como protagonista). Dessa forma, o *acoplamento por atração* exige interação entre normas legais, com reposicionamento topográfico, fato que pode até acontecer na *interpretação extensiva*, mas o é feito de forma acidental, diferente do que ocorre em relação ao acoplamento, em que se busca a atração de texto normativo, para colocá-lo no abrigo de rol taxativo. Há, pois, no *acoplamento por atração*, exame múltiplo de dispositivos legais, na busca de encaixe que respeite a taxatividade do dispositivo que recebe a alocação.[286] Às claras, a simbiose de modelos legais – que marca o *acoplamento por atração* – é um procedimento muito mais simples do que a interpretação extensiva, a última reclama exer-

286 Em exemplo frisante sobre o tema, extrai-se, da leitura do rol (taxativo) do art. 1.814 do CC, que fica evidenciada a ausência de previsão expressa acerca da possibilidade de declaração de indignidade a partir de abandono material por parte do beneficiado com a herança em relação ao falecido. Tal conduta, todavia, pode ser trazida como fundamento que justifica a revogação da doação por ingratidão do donatário (art. 555 do CC – primeira parte). Note-se que o tema não é estranho ao direito sucessório, pois se permite a deserdação dos descendentes por seus ascendentes em caso de desamparo do ascendente em alienação mental ou grave enfermidade, assim como a deserdação dos ascendentes pelos descendentes se configurado o desamparo do filho ou neto com deficiência mental ou grave enfermidade (arts. 1.962, IV, e 1.963, IV, do CC). Ao se admitir o abandono material – embora sem previsão no rol do art. 1.814 – como hipótese que permite a declaração da indignidade, há exemplo de *acoplamento por atração*. Isso porque o art. 1.814 não é preenchido a partir de inovação interpretativa, mas de hipótese prevista em lei e que possui identidade com a própria regra que pede complementação. Trata-se, em verdade, de alocação interna de outra norma para o rol legal, procedimento este que não vulnera a *taxatividade*, pois, repita-se, o preenchimento é efetuado a partir de figura ou hipótese prevista em lei. José de Oliveira Ascenção, utilizando as premissas da *tipicidade delimitativa*, traz o exemplo no direito civil luso, confira-se: "Em princípio, as tipificações legais não devem ser consideradas taxativas; mas não pode deixar de se encontrar um acento restritivo no enunciado das causas de uma penalização tão grave como a exclusão da sucessão. Entre uma e outra consideração, concluímos que o art. 2.034 consagra uma tipicidade delimitativa. Ou seja, que não é possível uma analogia livre, a partir do conceito de indignidade, mas é possível a analogia mais limitada, a partir de alguma das causas previstas na lei. Por outras palavras, não seria possível a analogia *iuris*, mas já seria possível a analogia *legis*" (*Direito Civil*: Sucessões. p. 139). Ainda que sem o uso das nomenclaturas, o assunto não é estranho à jurisprudência, colhendo-se notícia no Informativo n. 0135 do STJ (20-24 de maio de 2002): "(...) apesar de o instituto da indignidade, não comportar interpretação extensiva, o desamparo à pessoa alienada mentalmente ou com grave enfermidade comprovados (arts. 1.744, V, e 1.745, IV, ambos do CC 1916) redunda em atentado à vida a evidenciar flagrante indignidade, o que leva à exclusão da mulher da sucessão testamentária" (O informativo faz alusão ao REsp 334.773/RJ, 4ª Turma, j. 21/05/2002, *DJ* 26/08/2002).

cício que busca a extração de significado e alcance da letra da lei, ao passo que na primeira hipótese bastará o perfilhamento de normas.

Em exemplo do uso da técnica do *acoplamento por atração*, o art. 616, IX, prevê tão somente a legitimação para o "administrador judicial da falência do herdeiro, do legatário, do autor da herança ou do cônjuge ou companheiro supérstite", não fazendo nenhuma alusão ao administrador judicial em relação à insolvência dos mesmos personagens. Note-se, contudo, que o art. 766, I, do CPC de 1973 (em vigor por força do art. 1.052 do CPC atual) dispõe que cumpre a tal ator funcional "arrecadar todos os bens do devedor, onde quer que estejam, requerendo para esse fim as medidas judiciais necessárias". Da ilustração posta, fica evidenciado que não se trata de *interpretação extensiva*, pois a legislação trata do assunto, muito embora de forma fracionada, situação que justifica que ocorra o *acoplamento*, pois a superfície comum permite a *atração*. De toda sorte, diante da imperfeição do texto do art. 616, em alguns momentos, a técnica do *acoplamento por atração* não será suficiente para esclarecer o alcance do rol fixado na norma legal, sendo necessário se buscar a interpretação extensiva. Em ilustração, o inciso VI do art. 616 traz apenas na sua plataforma a legitimação do credor do "herdeiro", do "legatário" ou do "autor da herança" para instaurar o inventário, sem fazer qualquer alusão ao credor do "cônjuge/companheiro sobrevivente". No entanto, certo é que o inventário pode ser palco de apuração do patrimônio do "cônjuge/companheiro supérstite" (independentemente de figurar como herdeiro ou legatário), situação que se torna evidente nos casamentos e uniões estáveis sob o regime de comunhão universal (arts. 1.667 e 1.829, I, do CC). Assim, na exemplificação, deverá ser efetuada a interpretação extensiva do inciso VI do art. 616, para conferir legitimação ao credor do "cônjuge/companheiro sobrevivente".[287]

8.1 Cônjuge ou companheiro supérstite

O art. 616, I, em inovação (na verdade, uma correção bem tardia[288]), prevê a legitimidade do companheiro supérstite para a abertura do inventário *causa mortis*. Assim, na mesma bandeja legal, o legislador tratou de dois atores distintos (cônjuge e companheiro sobrevivente) que, embora com pontos co-

287 Ao longo dos comentários sobre os incisos do art. 616, o assunto será tratado com outras ilustrações.

288 Nada obstante as várias reformas no CPC de 1973 posteriores à promulgação da CF de 1988, o art. 988, I, se manteve silente quanto à legitimação do companheiro para instaurar o inventário sucessório, na contramão do art. 226, § 3º, do diploma constitucional.

muns na sucessão,[289] possuem algumas particularidades que se projetam na instauração do inventário sucessório.

Inicialmente, a legitimação prevista no inciso no art. 616, I, não se confunde com a que segue no inciso II (herdeiro) ou outra qualquer do dispositivo (por exemplo, legatário – inciso III), muito embora não seja raro que a mesma pessoa tenha aptidão para acumular mais de uma posição jurídica.[290] A assertiva permite dizer que a legitimação do art. 616, I, não se aplica no campo interno da herança propriamente dita (formação de condomínio hereditário – arts. 1.784 e 1.791 do CC), mas especificamente em decorrência de anterior casamento ou união estável atrelado ao autor da herança e ao cônjuge/companheiro sobrevivente. Por tal passo, o regime de bens do casamento/união estável que o cônjuge/companheiro supérstite esteja submetido não afetará a legitimação prevista no dispositivo colacionado.[291] Além do dispositivo não efetuar nenhuma discriminação no sentido, a participação do cônjuge/companheiro pode se operar de modo facetado, até porque, ainda que não se poste como herdeiro, restará íntegro seu direito de receber a sua cota patrimônio dos bens em comunhão ("meação") ou ao exercício de direito de habitação (situação em que a lei deixa clara a irrelevância do regime de bens para hipótese – art. 1.831 do CC).

No caso de cônjuge sobrevivente, a legitimação será comprovada com a certidão de casamento. Em se tratando de companheiro sobrevivente, caso não tenha sido lavrada escritura referente à união estável, será necessário que o postulante apresente material documentado que evidencie a existência do vínculo de convivência com o falecido.[292] Como a instauração do inventário

---

289 O STF efetuou a equiparação das figuras para fins sucessórios (Tribunal Pleno, RE 646.721/RS, j. 10/05/2017, *DJ* 16/05/2017; e RE 878.694/MG, j. 10/05/2017, *DJ* 06/02/2018).

290 Situação clássica do cônjuge/companheiro sobrevivente cujo regime patrimonial com o falecido era da comunhão parcial de bens – art. 1.829, I, do CC, pois tal ator poderá se posicionar como "meeiro" dos bens em comunhão e herdeiro dos bens particulares deixados. Vide comentários ao art. 620.

291 No sentido: CLÓVIS DO COUTO E SILVA, *Comentários ao Código de Processo Civil*, v. XI, tomo I, p. 286; ANTONIO CARLOS MARCATO, *Procedimentos especiais*, p. 177; e GERSON FISCHMANN, *Comentários ao Código de Processo Civil*, v. 14, p. 51; FERNANDO DA FONSECA GAJARDONI, *Processo de conhecimento e cumprimento de sentença:* comentários ao CPC 2015, v. 2, p. 1.045; e ARTUR CÉSAR DE SOUZA, *Código de Processo Civil*, v. III, p. 1.465; PAULO CEZAR PINHEIRO CARNEIRO, *Inventário e partilha judicial e extrajudicial*, p. 50; e ARRUDA ALVIM, ARAKEN DE ASSIS E EDUARDO ARRUDA ALVIM, *Comentários ao Código de Processo Civil*, p. 1.468. Próximo: SERGIO SAHIONE FADEL, *Código de Processo Civil*. Arts. 890 a 1.220, p. 133. Parecendo concordar: PONTES DE MIRANDA, *Comentários ao Código de Processo Civil*, v. XIV, p. 36.

292 No sentido: STJ, REsp 1.685.935/AM, 3ª Turma, j. 17/08/2017, *DJ* 21/08/2017. Vide comentários ao art. 612 desta obra.

causa mortis se submete a prazo legal (art. 611), caso o requerimento seja feito por quem se intitula companheiro, o rigor acerca do calibre da prova de união estável deve ser moderado. Com efeito, o pleito tem vínculo com o exercício de legitimidade processual de processo obrigatório, sendo que o requerimento (com suas razões e provas) será submetido ao contraditório dos demais interessados[293] e a decisão judicial que instaura o inventário, por si só, não sedimenta qualquer efeito material no processo sucessório em favor do requerente. A carência de prova robusta acerca da união estável poderá refletir na não nomeação do suposto companheiro para inventariança ou até mesmo em exclusão processual posterior, mas tais desdobramentos fogem aos trilhos do art. 616 que, repita-se, limita-se à análise (superficial) de legitimação para instauração do inventário sucessório.

Considerando que o "direito à meação" (embora sem vínculo hereditário), por si só, já caracteriza interesse jurídico para instaurar o inventário *causa mortis*, a correta interpretação do art. 616, I, confere legitimação ao cônjuge/companheiro que, na data da abertura da sucessão, se encontrava em "estado de separação" (seja jurídica, seja de fato[294]) com o falecido, desde que, em momento anterior, não se tenha ultimado a divisão (partilha) dos bens alcançados pela comunhão que se amealhou durante a convivência comum,[295] ou seja, em estado de *mancomunhão*.[296] A cisão condominial do patrimônio que se construiu durante a relação em vida junto ao falecido, apartando-se o direito de "meação" do ex-cônjuge/companheiro, será remetida para o âmbito do inventário *causa mortis*, como consequência da indivisibilidade patrimonial, fato que legitima a pessoa que se coloca em tais condições para a instauração do processo sucessório. Nos tempos atuais, em que é comum a ocorrência de *separação de fato* sem a definição e resolução da comunhão patrimonial em vida,[297] não será raro que o inventário

293 No ponto, a legislação reserva incidentes próprios (arts. 627, III e 628 do CPC), com contraditório das partes, acerca da inclusão de interessados no inventário.

294 Vide arts. 1.562, 1.581, 1.723, § 1º, do CC.

295 Bem próximo: Gerson Fischmann (*Comentários ao Código de Processo Civil*, v. 14, p. 51) e Arruda Alvim, Araken de Assis e Eduardo Arruda Alvim, *Comentários ao Código de Processo Civil*, p. 1.468.

296 Na linha: STJ, 3ª Turma, REsp 1.537.107/PR, j. 17/11/2016, *DJ* 25/11/2016; 3ª Turma, AgInt nos EDcl no REsp 1.723.688/DF, j. 26/06/2018, *DJ* 29/06/2018; 3ª Turma, AgInt nos EDcl no REsp 1.479.030/RS, j. 06/08/2019, *DJ* 15/08/2019. Sobre o tema, vide os comentários ao art. 626 desta obra.

297 Registre-se que a jurisprudência vem aplicando "prazo prescricional" para a "pretensão" decorrente do direito de partilha dos bens em estado de *mancomunhão*, por entender que se trata de pedido condenatório, muito embora a questão esteja afeta à comunhão de patrimônio em regime condominial, fato que, em princípio, abriga a aplicação das regras de ação de cisão condominial. Sobre a posição

causa mortis seja aberto por ex-cônjuge/companheiro que se encaixe na situação narrada.[298]

Saliente-se, todavia, que não se pode limitar a legitimação do cônjuge/companheiro sobrevivente à demonstração de existência de meação, pois a sua legitimidade poderá estar atrelada a outros contextos, como o direito real de habitação (art. 1.831 do CC) ou mesmo a quadro de composse em relação ao autor da herança (situação que poderia o colocar, inclusive, como administrador provisório – arts. 613-615). Não é ocasional, portanto, que o art. 626 exija a citação do cônjuge ou companheiro supérstite sem fazer nenhum tipo de pressuposto específico. O detalhe deve ser gizado, pois, para a instauração do inventário *causa mortis*, bastará que a parte (cônjuge ou companheiro sobrevivente) demonstre o seu enquadramento legal como tal, podendo se reservar no direito de delimitar as suas posições jurídicas posteriormente, depois de aberto o inventário.

Registre-se, em arremate, que a legitimidade do cônjuge/companheiro sobrevivente para instaurar o inventário sucessório se submete a dois dos binários que norteiam o direito sucessório: (a) *uniões em casal* e (b) *abrigo apenas aos regimes do casamento e união estável.* Trata-se de modelo conjunto (arranjo afetivo em casal + submissão ao *standard* do casamento ou da união estável), que, uma vez preenchido, satisfaz o art. 616, I.[299] A anotação se justifica, pois – no momento em que o livro foi escrito – qualquer situação que fuja do gabarito binário, na forma acima descrita, não é recepcionada pelo direito sucessório. Ao contrário, há repulsa ferrenha ao concubinato ao longo do CC (por exemplo, o disposto nos arts. 1.727 e 1.801, III) e posicionamento sedimentado nos Tribunais Superiores aplicando o dueto

---

jurisprudencial, confira-se: STJ, 3ª Turma, REsp 1.660.947/TO, j. 05/11/2019, *DJ* 07/11/2019.

298 O cenário acima demonstra o distanciamento da legitimação prevista no art. 616, I, em relação à legitimação para o exercício da administração provisória (art. 1.797, I, do CC), assim como à legitimação para inventariança (art. 617, I), pois essas são hipóteses em que a convivência com o falecido é necessária, justificando, inclusive, que o cônjuge/companheiro sobrevivente em tais condições se posicione como *gestor* e/ou *administrador* da herança. Assim, o cônjuge/companheiro sobrevivente que estava separado do autor da herança, embora tenha legitimação para instaurar o inventário, seguindo-se a modulação legal, não o terá para figurar como inventariante.

299 No ponto, o art. 616, I, abriga as relações homoafetivas (sem qualquer diferenciação às heteroafetivas), desde que estas se encaixem no padrão binário, na forma acima delineada.

binário.[300-301] De toda sorte, de forma semelhante ao que ocorreu em relação ao revogado art. 988, I, do CPC de 1973, que somente previa legitimidade ao *cônjuge supérstite* e que, diante da realidade de texto normativo que reconheceu a união estável como entidade familiar, encaixou o companheiro sobrevivente também como legitimado no seu rol, há de se compreender que a textura do art. 616, I, apesar de taxativa, tem capacidade de receber pouso de norma externa envolvendo a abertura dos *binários sucessórios*, ou seja, com admissão de outros partícipes de relações de afeto como partes interessadas, tendo em vista a possibilidade de invocar, no sentido, o *acoplamento por atração* (tema do item anterior). Assim, superfície do dispositivo supracitado é, atualmente, permeada pelo *duplo binário* (uniões em casal, em regimes do casamento e união estável), fato não impeditivo de recepcionar novos personagens ou modulação diversa envolvendo *cônjuge/companheiro* sobrevivente (admitindo-se, por exemplo, arranjos familiares múltiplos). Para tanto, todavia, há de se efetuar encaixe normativo que assim o permita, que poderá advir da fixação de precedente judicial no sentido (caso se revisite e altere a posição hoje vigente).

8.2 Herdeiro

Diante da necessidade de comunicação com o direito material, o dispositivo em análise açambarca tanto os herdeiros legais quanto os de origem

300 O STF, no julgamento do RE 1.045.273/SE (j. 21/12/2020, *DJ* 09/04/2021), afetado para fins de repercussão geral pelo tema 529, fixou a seguinte tese: "A preexistência de casamento ou de união estável de um dos conviventes, ressalvada a exceção do artigo 1.723, § 1º, do Código Civil, impede o reconhecimento de novo vínculo referente ao mesmo período, inclusive para fins previdenciários, em virtude da consagração do dever de fidelidade e da monogamia pelo ordenamento jurídico-constitucional brasileiro" (como detalhe do caso em questão, uma das relações tinha natureza homoafetiva, muito embora tal situação não tenha sido decisiva para o desfecho do julgamento). No momento de fechamento dos comentários desta obra, ainda restava pendente o julgamento do RE 883.168/SC, afetado com o tema 526 da sistemática da repercussão geral, que trata sobre a "possibilidade de concubinato de longa duração gerar efeitos previdenciários". De todo modo, com o julgamento do tema 529, o STF afastou (ao menos por agora) a concepção de que o direito brasileiro comporta a concomitância de uniões afetivas paralelas. No STJ há diversos julgados anteriores, no mesmo sentido (vide, em exemplos: 4ª Turma, REsp 1.754.008/RJ, j. 13/12/2018, *DJ* 01/03/2019; 3ª Turma, REsp 1.348.458/MG, j. 08/05/2014, *DJ* 25/06/2014) Há, contudo, decisões no âmbito dos tribunais estaduais efetuando o reconhecimento de outros modelos de relações familiares, em que se destaca o TJRS (vide acórdãos da 8ª Câmara Cível: Ac. 70033154303, j. 03/12/2009, *DJ* 22/09/2011; Ac 70039284542, j. 23/12/2010, *DJ* 11/01/2011).

301 Diante do cenário, não é de se estranhar a postura do CNJ acerca da vedação da lavratura de escritura vinculando relações afetivas com número superior a duas pessoas (CNJ, PP 0001459-08.2016.2.00.0000, j. 29/06/2018).

testamentária.[302] De forma bem resumida, os *herdeiros legais* são os que se vinculam à *sucessão legítima*, esquadro previamente formado pela legislação de que fazem parte o cônjuge, o companheiro, os descendentes, os ascendentes e os colaterais (arts. 1.829-1.856 do CC). A péssima redação do CC que, à exceção de breve menção efetuada no art. 1.844, não trata do companheiro no trecho destinado à sucessão legítima e que, originalmente, posicionou a figura no superado (e inconstitucional) art. 1.790, demonstra a falta de zelo do direito sucessório com a união estável. No que diz respeito aos *herdeiros testamentários*, o CC trabalha com ampla legitimação (arts. 1.798 e 1.799), pois, com foco na *pessoa* como o personagem que pode ocupar a posição de herdeiro (e legatário), o Direito Civil nacional admite a deixa não só para as pessoas nascidas, como também para as já concebidas no momento da abertura da sucessão e para os filhos ainda não concebidos de pessoas indicadas pelo testador (desde que vivas estas ao abrir-se a sucessão). Ademais, a sucessão testamentária pode alcançar tanto as pessoas jurídicas já existentes no momento da abertura da sucessão, como também aquelas cuja organização for determinada pelo testador, desde que sob a forma de fundação.

Portanto, é possível que o inventário seja instaurado por pessoa jurídica,[303] bastando que esta seja herdeira testamentária ou legatária (art. 1.799, II, do CC), sem prejuízo da possibilidade de aquele que for nomeado como responsável pela organização da fundação também fazê-lo (hipótese, com alguma aproximação da legitimação do testamenteiro – art. 616, IV, já que se trata de pessoa nomeada para dar cumprimento às disposições testamentárias – art. 1.799, III, do CC).

Em relação aos herdeiros instituídos, é importante observar o disposto nos arts. 1.801 e 1.802 do CC, pois esses indicam hipóteses de pessoas que não podem ser beneficiadas pela sucessão testamentária (= *'os que não podem ser nomeados herdeiros testamentários, nem legatários*[304]*'*). Trata-se de grupo composto por pessoas que, de alguma forma, participam da elaboração do testamento

302 Igualmente: Gerson Fischmann, *Comentários ao Código de Processo Civil*, v. 14. p. 51; Pontes de Miranda, *Comentários ao Código de Processo Civil*, v. XIV, p. 36; e Francisco José Cahali e Renato Santos Piccolomini de Azevedo, *Código de Processo Civil anotado*, p. 872. Com fundamentação próxima: STJ, 3ª Turma, REsp 658.831/RS, j. 15/12/2005, *DJ* 01/02/2006, p. 537. Sobre as principais classificações aplicadas aos herdeiros, confira-se: Rodrigo Mazzei, Noção geral do Direito de Sucessões no Código Civil: introdução do tema por 10 (dez) "verbetes". In: *Revista Jurídica*, v. 62, v. 438, p. 9-13.

303 A pessoa jurídica, na forma de seu contrato/estatuto social, deverá vir representada por aquele ali nomeado (art. 75, VIII, do CPC), mas o direito próprio decorrente da abertura da sucessão é da primeira.

304 Conforme Carlos Roberto Gonçalves, *Direito Civil Brasileiro*, v. 7, p. 80.

(como é o caso da pessoa que, a rogo, escreveu o testamento, as testemunhas testamentárias e o tabelião vinculado ao instrumento), restrição esta que alcança os seus respectivos ascendentes, descendentes, irmãos e cônjuge (ou companheiro). Como as pessoas alcançadas pelos arts. 1.801 e 1.802 não podem ser contempladas em testamento pelo autor da herança, em razão de vínculos específicos descritos nos dispositivos, tem-se que estes não poderão figurar como herdeiros testamentários (nem como legatários), fato que não impede que estes sejam postados como herdeiros legais, caso se encaixem em tal posição jurídica.

Em adendo relevante, deve-se dizer que as pessoas que formam o grupo tratado nos arts. 1.801-1802 do CC, ou seja, aquelas que não possuem legitimação para nomeação sucessória e, por isso, também não detêm legitimação para instaurar o inventário *causa mortis*, não podem ser confundidos com os *excluídos da sucessão* (em seu aspecto global). Os últimos, de forma diversa, possuem legitimação para receber os benefícios da herança, mas são afastados desta em razão de decisão judicial que impute a ocorrência de *indignidade* (arts. 1.814-1.818 do CC) ou de *deserdação* (art.1.961-1.965 do CC).[305] Até que seja declarada judicialmente a exclusão da sucessão, aqueles que figuram como réus nas *ações de indignidade ou de deserdação* possuem legitimidade para instaurar o inventário *causa mortis*. A legitimação para a abertura do processo sucessório não representa qualquer ato de estabilização acerca do recebimento de benefício advindo da herança, muito menos garante a reserva de bens, pois tal medida específica deverá ser feita em postulação própria, com atos concertados entre o juízo do inventário e da ação autônoma de exclusão da sucessão. No sentido, mais uma vez, é importante notar que o requerimento previsto no art. 615, que vincula à legitimação do art. 616, é restrito à instauração do inventário *causa mortis*.[306]

---

305 Resumidamente, para a configuração da *indignidade*, os interessados na herança deverão propor ação judicial contra herdeiro (legal e/ou testamentário) e/ou legatário da sucessão (arts. 1.814-1.815 do CC) apontado como *indigno*, a fim de que seja declarada judicialmente a ocorrência de ilicitude (tipificada em lei), cuja consequência é a exclusão do réu do recebimento de qualquer benefício advindo da abertura da sucessão. A *deserdação*, por sua vez, possui campo mais restrito alcançando apenas os herdeiros necessários, mas igualmente reclama ação (e decisão) judicial para que se opere a exclusão. Destaque que, para deserdação, não basta que seja proposta ação judicial pelos interessados da herança, pois, em tal hipótese, faz-se necessário que o autor da herança tenha cravado o seu desejo previamente quanto à deserdação em testamento, indicando, de forma expressa, que o sujeito passivo da deserdação incorreu em alguma das condutas traçadas em lei que autorizam tal forma de exclusão.

306 Perceba, pois, com os detalhes acima postos, que o inventário *causa mortis* instaurado por herdeiro excluído da sucessão (assim declarado em decisão temporalmente

Por fim, não consta no art. 616 uma bandeja específica que autorize a instauração do inventário pelo beneficiário de codicilo (arts. 1.881-1.884 do CC).[307] Tal situação, todavia, não impede que este seja trazido para o rol, por meio da técnica de *acoplamento por atração* para preencher o rol taxativo do art. 616. Isso porque, extrai-se, do art. 737, § 3º, do CPC, que o beneficiário do codicilo possui legitimação para efetuar o registro/cumprimento respectivo. Mesmo com as limitações legais, o codicilo pode possuir área patrimonial,[308] justificando que o beneficiário no sentido, devidamente declarado em instrumento com a feição e contornos do instituto, possa postular a instauração do inventário *causa mortis*, a fim de incorporar no seu patrimônio a deixa feita pelo falecido (por exemplo: joias de família ou determinados livros). Assim, o beneficiário do codicilo terá legitimação não só para iniciar o procedimento previsto nos arts. 735-737 da codificação processual, como também, por imperativo lógico, para instaurar o inventário *causa mortis*, pois, no âmbito do segundo, será cumprida a vontade plasmada pelo testador no instrumento talhado nos arts. 1.881-1.884 do CC.

---

posterior à abertura do processo sucessório) não deve ser nulificado automaticamente, notadamente se tiver seu curso normal, com a participação de demais interessados na herança. Isso porque, para se analisar a legitimação referente à instauração do inventário *causa mortis*, há de se observar o momento da apresentação da postulação. Dessa forma, os efeitos da decisão externa (= *proferida em ação autônoma*) de exclusão da sucessão devem ser acomodados na superfície do inventário, aplicando-se os arts. 277 e 281 do CPC e art. 184 do CC, no sentido de que ao juiz deverá aproveitar todos os atos que subsistam, fazendo-o de forma expressa, tal qual determinado pelo art. 282 do CPC.

307 O codicilo é instituto que se perfila ao testamento, ainda que seu espectro seja bem delimitado, já que tem como alvo disposições especiais sobre o enterro do falecido, esmolas, deixas de pouca monta (a certas e determinadas pessoas, ou, indeterminadamente, aos pobres de certo lugar), assim como para legar móveis, roupas ou joias, de valor moderado e/ou de seu uso pessoal (art. 1.881 do CC). Não se trata propriamente de herdeiro testamentário ou legatário, mas o perfil traçado indica que a estes se equipara, efetuados os encaixes atrelados à própria silhueta do instituto. Bem próximo: Paulo Cezar Pinheiro Carneiro, *Inventário e partilha judicial e extrajudicial*, p. 56; e Arruda Alvim, Araken de Assis e Eduardo Arruda Alvim, *Comentários ao Código de Processo Civil*, p. 1.468.

308 O art. 1.881 do CC informa que a área patrimonial do codicilo é limitada, ao usar a expressão "pouca monta". O texto tem sido interpretado com variações, sustentando Carlos Roberto Gonçalves (com apoio na jurisprudência) que a liberalidade não pode ultrapassar "10% do acervo hereditário" (*Direito Civil Brasileiro*, v. 7, p. 302). Luiz Paulo Vieira de Carvalho também reconhece a superfície patrimonial limitada do codicilo, apontando que seu teto não pode ser superior a "10% ou 20% do tamanho do patrimônio líquido a ser inventariado" (*Direito das Sucessões*, p. 712-713).

8.3 Legatário

O CPC não indica ordem de precedência entre o registro judicial do testamento (arts. 735-737) e a instauração do inventário *causa mortis*. Assim, o prévio registro do testamento não é requisito para que o legatário ou o herdeiro testamentário requeiram a abertura do inventário sucessório. De toda sorte, a postulação reclama a juntada de testamento (ainda que em cópia) ou de ato documentado que demonstre a sua existência, com indicação clara de que o postulante é beneficiário de disposição testamentária patrimonial, procedimento este que também se aplica ao herdeiro testamentário.[309]

Em panorama geral, no CPC, o legatário possui legitimidade para instaurar o inventário *causa mortis* (art. 616) e também para laborar como inventariante (apesar de incompreensível omissão do art. 617).[310] Como é uma figura relevante, feitas as primeiras declarações, o legatário deverá ser citado (art. 626) para recebimento do legado (se for o caso), cravando-se o cumprimento respectivo na partilha (arts. 647 e 653), em caso de empreitada positiva. Todavia, o CPC atual (em repetição do diploma de 1973) foi extremamente "econômico" ao tratar da participação do legatário no inventário, pois, além de omissões injustificadas,[311] o texto do art. 645 cria a (falsa) impressão de que sua oitiva somente deve ser exigida nas hipóteses previstas nos respectivos incisos.

Todas as modalidades de legados previstas no CC[312] estão alcançadas pela legitimação do art. 616, III, do CPC, já que pouco importa a forma do legado, o seu cumprimento deve se efetuar no âmbito de inventário sucessório devidamente formalizado.[313] O cumprimento do legado está vinculado à existên-

---

309 Vide comentários ao art. 615 desta obra.

310 Todavia, há flagrante descuido no art. 617, pois não foi concedida legitimidade ao legatário para atuar como inventariante, muito embora tenha legitimado o seu cessionário (art. 617, VI). Vide comentários ao art. 617 desta obra.

311 Em rápidos exemplos: (a) o parágrafo único do art. 647 não faz alusão à figura do legatário na "partilha antecipada"; (b) nada consta sobre a participação do legatário na avaliação dos bens do espólio, empreitada que pode afetar no cumprimento do legado; (c) não consta, no procedimento, o momento exato em que o cumprimento do legado deve ser efetuado. Note-se, ainda, que, como o legatário possui direito à percepção de frutos vinculados ao legado desde a abertura da sucessão (art. 1.923, § 2º, do CC), a figura terá legitimidade para requerer prestação de contas no sentido junto ao administrador provisório (art. 614 do CPC e 1.797 do CC) e ao inventariante (art. 2.020 do CC), com adoção de medidas de conservação, inclusive, como a abertura de conta judicial exclusiva para o depósito das verbas de captação dos frutos.

312 Vide arts. 1.912-1.922 do CC.

313 Bem próximo: Clóvis do Couto e Silva, *Comentários ao Código de Processo Civil,* v. XI, tomo I, p. 286. Registre-se, todavia, que CC não traz conceituação sobre a figura do legatário. Na verdade, o legado é tratado em diversos pontos do diploma, a

cia de forças da herança para tanto, pois este somente poderá ser exigido após pagamento das dívidas do espólio e sua extensão poderá ser redimensionada ou até mesmo sofrer frustração no seu pagamento se houver invasão da parte indisponível, ou seja, aquela que possui preservação legal em favor dos herdeiros necessários. Portanto, o legatário é figura que possui *direito expectativo*[314] (art. 130 do CC), pois não se pode negar que lhe foi conferida titularidade, mas o seu exercício depende da ocorrência (positiva) de evento futuro, no caso uma condição suspensiva (apuração de forças da herança), que permite a entrega do legado.[315] Todavia, a vinculação do legatário ao *direito expectativo* não

---

partir de contornos gerais (arts. 1.912-1.922) e temas que lhe são afetos, em especial, seus efeitos, pagamento e caducidade (arts. 1.923-1940). Há alguns assuntos sobre legado que estão regulados junto à herança testamentária (em exemplos, o direito de acrescer e às substituições, conforme arts.1.941-1.946 e 1.947-1.950, respectivamente). Muito embora o herdeiro testamentário e o legatário sejam beneficiários da herança de ato de liberalidade do testador, em decorrência de nomeação que consta em testamento, o legado não pode ser tratado como herança, não fazendo parte interna do rol de atores do condomínio hereditário. Isso porque a titularidade que é dirigida ao legatário será sempre individualizada, com nomeação testamentária que determina não apenas ao sujeito que se beneficia (no caso, o legatário), mas que, dentro do conjunto do patrimônio do testador, afeta peça(s) específica(s), discriminando-a(s) do acervo, de modo que fique(m) apartada(s). Tal fato não ocorre em relação ao herdeiro testamentário que, de modo diverso, terá direito a quinhão da parte alcançada pelo testamento, ou seja, parcela da universalidade que é a herança. De tal percepção, decorre a afirmação vulgar de que o legatário está vinculado à *sucessão singular* e o herdeiro se sujeita à *sucessão universal*. No sentido: ANTONIO CARLOS MARCATO, *Procedimentos especiais*, p. 178; e FERNANDO DA FONSECA GAJARDONI, *Processo de conhecimento e cumprimento de sentença:* comentários ao CPC 2015, v. 2, p. 1.046.

314 A nomenclatura "*direito expectativo*" é creditada à doutrina de PONTES DE MIRANDA, *Tratado de Direito Privado*. Parte Geral, tomo V, p. 282-285. Trata-se de direito já na esfera jurídica do seu titular, mas cuja consolidação aguarda a ocorrência de um evento futuro. Sobre o tema, confira-se: RODRIGO MAZZEI, Noção geral do Direito de Sucessões no Código Civil: introdução do tema por 10 (dez) 'verbetes'. In: *Revista Jurídica*, v. 438, p. 12-13.

315 Não se pode negar que a abertura da sucessão projeta direito em favor do legatário, já que o *caput* do art. 1.923 do CC dispõe que há afetação patrimonial no sentido. A dicção legal aponta claramente que o bem alcançado pelo legado *pertence* ao seu titular respectivo, conforme indicado em testamento. Todavia, o exercício de "titularidade" decorrente do legado demandará a prévia liquidação patrimonial do espólio (com pagamentos de dívidas) e, caso presentes herdeiros necessários na sucessão, respeito à legitima. Assim, a titularidade e a posse indireta sobre o legado (que pode ser extraída dos parágrafos do art. 1.923) somente se confirmarão depois de vencidas as etapas acima, apurando-se se há massa patrimonial que suporte seu cumprimento. Caso se confirme que o legado será cumprido, haverá efeito retroativo, pois o legatário poderá reclamar os frutos vinculados ao legado (caso seja a hipótese de modalidade que assim admita) desde a abertura da sucessão, em clara decorrência de traços da sua posse indireta.

faz com que sua legitimação perca qualquer tipo de pujança, até porque não se trata de personagem único no sentido no processo sucessório, podendo-se citar, em exemplo, a situação do herdeiro nascituro.[316] A legitimação do legatário para instaurar o inventário, portanto, se projeta para sua participação no processo sucessório, consoante resenha apresentada.

8.4 Testamenteiro

Apesar de o art. 1.976 do CC ditar que o testamenteiro será aquele que dará efetivo cumprimento às disposições de última vontade do autor da herança, o CPC apenas faz menção a tal figura em três momentos, a saber: (a) art. 616, IV (legitimação para instauração do inventário); (b) 617, V (aptidão para inventariança); e (c) necessidade de citação para integrar a relação processual (art. 626). Nada obstante o parco quadro, a partir da sua legitimação para instaurar o inventário e da necessidade de citação, presume-se que o testamenteiro deverá ser intimado dos atos processuais vinculados ao inventário sucessório, a fim de que possa colaborar e até impugnar os atos dos herdeiros e/ou do inventariante, pois sua missão é o cumprimento cabal das disposições e atribuições inseridas no testamento (art. 1.976 do CC), labor que fará com a prestação de contas de sua atuação (art. 1.980) e defesa, se necessário, do testamento (art. 1.981). Em ilustração, como o cumprimento dos legados está na esfera das disposições testamentárias, é intuitivo que o testamenteiro deverá participar ativamente, reclamando que a ele sejam dirigidas intimações para se manifestar nos incidentes que envolvam o pagamento das dívidas, já que estas, em estado avolumado, podem afetar o cumprimento dos comandos testamentários de entrega dos legados.

A legitimação do testamenteiro para instauração do inventário *causa mortis* judicial está intimamente ligada ao procedimento *bifásico* a que a sucessão testamentária se submete,[317] já que a legislação desenhou dois procedimentos distintos: (a) registro judicial do testamento (arts. 735-737 do CPC) e (b) cumprimento das disposições testamentárias patrimoniais a partir do inventário

316 O nascituro, desde a concepção (art. 2º, CC), é titular de direitos sucessórios, mas estes somente serão estabilizados se ocorrer o nascimento com vida. No sentido, o art. 650 do CPC, em caso de presença de nascituro como interessado na sucessão, os direitos advindos da abertura da sucessão ficarão reservados em poder do inventariante até que ocorra o nascimento. Assim, de forma semelhante em relação ao legatário (cujo direito expectativo se finca em disposição testamentária), o nascituro será projetado para momento temporal futuro incerto, sendo este a data do nascimento no caso ilustrado e a apuração de forças da herança que permite o cumprimento do legado na hipótese do art. art. 616, III, do CPC.

317 Próximo: Hamilton de Moraes Barros, *Comentários ao Código de Processo Civil*, v. IX, p. 206-207.

judicial. Não há, na legislação processual, a exigência de que o registro judicial do testamento seja feito de forma antecedente à abertura do inventário, postura que pode ser até intuitiva, mas que, por vezes, diante do curto prazo do art. 611, se torna inviável. Assim, é perfeitamente possível que o testamenteiro primeiro instaure o inventário *causa mortis*, para somente depois vir a providenciar o registro judicial do testamento, não estando, assim, a legitimidade do art. 616, IV, condicionada ao prévio cumprimento do disposto nos arts. 735-737.[318] Ademais, efetuado o registro judicial do testamento, no caso de presença apenas de interessados capazes, em que vigore ampla concordância, o testamenteiro também terá legitimidade para requerer a abertura de inventário extrajudicial.[319]

Considerando que o art. 1.976 do CC permite que o testador possa nomear mais de um testamenteiro, para que estes atuem em conjunto ou mesmo em separado visando ao cumprimento das disposições testamentárias, há de se adaptar tal dispositivo em relação ao art. 616, IV. No caso de testamenteiros que possuem atuação fixada em relação a assuntos específicos, ou seja, de testamentária em separado, a instauração poderá ser feita de forma isolada por qualquer dos eleitos pelo testador. No caso de eleição para *atuação conjunta* (= reclame a participação comum de mais de um testamenteiro), o requerimento de instauração deverá ser veiculado por todos aqueles a quem o testador atribuiu atuação simbiótica. De toda sorte, nada impede que um dos testadores vinculado à atuação conjunta instaure o inventário *causa mortis* e postule a intimação do(s) outro(s) testamenteiro(s) ao juízo sucessório, a fim de que o ato seja ratificado. No particular, como o rol do art. 616 trata de colegitimação, ainda que não ocorra ratificação pelo testamenteiro convocado, qualquer dos demais legitimados poderá fazê-lo, atraindo para si a legitimidade, fato que superará qualquer alegação de vício na abertura do processo sucessório.

A figura do testamenteiro está, em regra, atrelada à nomeação de pessoa com tal função no bojo de testamento, a fim de que disposições fixadas em vida pelo autor da herança sejam executadas. Não se pode esquecer, com tal dado relevante, que os testamentos se submetem a rígido sistema formal, sendo alcançado, inclusive, pela taxatividade (*rol fechado de modelos*), mas também

---

318 A conduta permite que, depois de instaurado o inventário *causa mortis* pelo testamenteiro, os interessados possam convencionar negócio jurídico processual (art. 190) e internalizar o registro do testamento para o ventre do inventário, postura possível até mesmo diante da competência comum do juízo sucessório e registral do testamento. Vide comentários aos arts. 611 e 615 nos tópicos respectivos.

319 O STJ entendeu que, efetuado o registro do testamento, se todas as partes forem capazes e estiverem concordes com todos os termos do inventário e partilha, permite-se que o procedimento seja extrajudicial (REsp 1.808.767/RJ, 4ª Turma, j. 15/10/2019, *DJ* 03/12/2019). Vide comentários ao art. 610 desta obra.

ao da tipicidade (*os contornos formais de cada modelo são fixados pela lei*). Diante da situação peculiar, é de se indagar se é possível o credenciamento de pessoa especificamente para a instauração de inventário *causa mortis* em instrumento próprio, sem que tal ato documentado de eleição siga os rigores formais dos tipos legais de testamento previstos no CC (arts. 1.862 e 1.887 – testamentos ordinários e especiais). A resposta afigura-se, na nossa visão, positiva e está embasada na própria lei civil (arts. 1.881 e 1.883), que admite que, por meio de codicilo – *instrumento de formalidade livre* – o autor da herança possa fazer a nomeação e a substituição de testamenteiro. Com efeito, a instauração do inventário *causa mortis* é, pois, uma incumbência do testamenteiro, de modo que, quando se nomeia pessoa para a função, já está se legitimando que esta postule a abertura do inventário sucessório. Assim, ao nomear um testamenteiro (ainda que por *substituição*), estar-se-á, via de talante, legitimando-o para instaurar o inventário *causa mortis*.

O art. 1.733 do CC, § 2º, prevê a possibilidade de inserção de disposição testamentária para nomeação de curador, no intuito que este atue em benefício de herdeiro menor que foi contemplado com deixa feita pelo testador (herança ou legado), ainda que o beneficiário (menor) se encontre sob o poder familiar (ou tutela). É importante notar, fixando-se o olhar no perfil ordinário de *curatela* (arts. 1.767-1.778, CC[320]), que a figura do *curador* plasmada no art. 1.733 possui silhueta singular, dispensando-se, inclusive, qualquer tipo de nomeação judicial.[321] Há pontos de aproximação com o personagem tratado no art. 616, IV, do CPC, visto que se trata de pessoa cuja eleição está cravada no ventre de testamento e cujo labor envolve o cumprimento de disposição testamentária. Dessa forma, há legitimidade para que o curador da hipótese invulgar instaure o inventário *causa mortis*, já que tal medida está alcançada pela atribuição que foi fixada pelo testador.[322]

8.5 O cessionário do herdeiro ou do legatário

A legitimação prevista no do art. 616, V, terá aplicação em relação ao cessionário que é estranho à sucessão, pois, se este exerce outra posição em

---

320 Dispositivos que se comunicam com os arts. 747-758 do CPC.

321 O aprofundamento do assunto transbordará os horizontes dos comentários, mas fique registrado que a *curatela* não pode ser vista apenas a partir do instituto fixado nos arts. 1.767-1.778 do CC. Há *curatelas de natureza especial* previstas na legislação, tendo cada uma delas seus contornos próprios. No tema, confira-se: Rodrigo Mazzei, Curatela. In: *Dicionário de Direito de Família*, p. 255-260.

322 Bem semelhante: Paulo Cezar Pinheiro Carneiro, *Inventário e partilha judicial e extrajudicial*, p. 56; e Arruda Alvim, Araken de Assis e Eduardo Arruda Alvim, *Comentários ao Código de Processo Civil*, p. 1.468.

relação à herança (por exemplo, cônjuge sobrevivente ou herdeiro), seu pleito poderá ser efetuado a partir de outra situação jurídica. Demais disso, qualquer cessão de direitos à herança e/ou ao legado somente poderá ser efetuada após a abertura da sucessão, tendo em vista que o direito nacional repudia os negócios jurídicos que tenham como objeto a herança de pessoa viva (tratados como *pacto de corvina*[323]), vedação esta firmada no art. 426 do CC.[324] A cessão dos direitos do herdeiro possui epicentro nos arts. 1.793-1.795 do CC e, apesar de os citados dispositivos não efetuarem alusão expressa à cessão do legado, as premissas antes lançadas para a herança devem ser adaptadas.[325] Embora não usual, nada obsta também a cessão dos direitos advindos da meação, situação que legitimará o cessionário respectivo para a instauração do inventário sucessório.[326]

A cessão de direitos decorrentes da sucessão aberta se submete a determinadas formalidades. Em ilustração, como a herança é considerada bem imóvel (art. 80, II, do CC), pouco importando a natureza dos bens que compõem o acervo hereditário, a cessão se submete ao regime de escrituração pública (art. 1.793 do CC – parte final), assim como de outorga uxória nos casos reclamados em lei, pois haverá transferência de *titularidade* de bem tido como *imóvel*. Ademais, os arts. 1.794 e 1.795 do CC determinam que, em caso de cessão onerosa de quinhão hereditário, deverá se observar o direito de preferência em relação aos demais participantes do condomínio aberto com a sucessão, ou seja, os coerdeiros. Note-se que a redação dos dispositivos citados indica que o direito de preferência somente se aplica em casos de alienação (cessão onerosa)

---

323 No sentido: Antônio Carlos Marcato, *Procedimentos especiais*, p. 179; e Fernando da Fonseca Gajardoni, *Processo de conhecimento e cumprimento de sentença*: comentários ao CPC 2015, v. 2, p. 1.046.

324 O art. 426 possui eco no art. 1.793 do mesmo diploma, pois o último admite as cessões vinculadas depois *sucessão aberta*, isto é, após o falecimento do autor da herança (em seu sentido mais amplo). Próximo: Hamilton de Moraes Barros, *Comentários ao Código de Processo Civil*, v. IX, p. 207.

325 Apesar de os arts. 1.794-1.795 do CC não fazerem alusão ao legado, a regra parece ser aplicada ao instituto. A cessão do legado possui traços de negócio jurídico aleatório (arts. 458-461 do CC), em razão da existência de risco e da necessidade de ocorrência de fatos futuros para que seja cumprida a obrigação. Isso porque o cumprimento do legado, além de somente ocorrer depois do pagamento prévio de todas as dívidas do espólio, deve respeitar a parte indisponível da herança (legítima) em caso de presença de herdeiros necessários. Assim, é possível que o objeto da cessão (o legado) seja consumido ou reduzido, em razão de dívidas do espólio ou de redimensionamento do seu alcance derivado de avanço indevido (muitas vezes, involuntário) na parte disponível.

326 Sobre a possibilidade de cessão da meação, confira-se Carlos Eduardo Elias de Oliveira (Contrato de cessão de meação: cabimento, forma e registro, <https://www.migalhas.com.br/coluna/migalhas-contratuais/337013/contrato-de-cessao-de-meacao--cabimento--forma-e-registro>, acesso em 14 out. 2021).

de cotas hereditárias para pessoas estranhas à sucessão, isto é, que não se posicionem também como coerdeiro (tal como cedente).[327]

Acentua-se que os direitos obtidos com a cessão pelo cessionário não o posicionam juridicamente como herdeiro e/ou legatário, mas tão somente como receptor dos direitos patrimoniais que o cedente possuía no momento da cessão.[328] Tanto assim que, em exemplo, o § 1º do art. 1.793 do CC dispõe "os direitos, conferidos ao herdeiro em consequência de substituição ou de direito de acrescer, presumem-se não abrangidos pela cessão feita anteriormente". De tal arte, em caso de sobrepartilha, atraindo-se para a herança bens que não estavam localizados no momento da cessão (arts. 2.021-2.022 do CC e art. 669 do CPC), o quinhão respectivo se voltará ao herdeiro (cedente).[329]

Aplicando de forma adaptada o disposto no art. 1.808, § 2º, do CC, que prevê que a renúncia dos direitos está vinculada a cada posição jurídica, a cessão de direito decorrentes ou atraídos pela sucessão deve plasmar as áreas que abrange, e, desse modo, não pode ser interpretada como integral, se assim não indicar, em caso de pessoa que possui mais de uma posição jurídica na sucessão. Em exemplificação, se um a pessoa, simultaneamente, se posta na mesma sucessão como herdeiro legítimo, testamentário e legatário, a cessão deverá apontar o(s) foco(s) que alcançou, a fim de que o cessionário ocupe o espaço respectivo ao que foi alcançado pela operação de translado de direitos. O contexto demonstra que o cessionário – que se vale o art. 616, V, do CPC para instaurar o inventário *causa mortis* – deverá trazer escritura pública de aquisição dos quinhões ou do legado junto ao seu requerimento, instrumento público este que possui submissão a vários aspectos formais, inclusive, na hipótese de negócio jurídico oneroso, de respeito ao exercício do direito de preferência de

---

327 O objetivo dos arts. 1.794 e 1.795 é permitir que a entrada de pessoa estranha ao condomínio somente venha ocorrer se nenhum dos demais condôminos (coerdeiros) exercer o direito de preferência, equiparando a oferta feita pelo personagem externo. Todavia, tal procedimento, como é óbvio, não se aplica à cessão gratuita (doação), pois se trata de liberalidade do titular, o que afasta o direito de preferência. De outra banda, diante do escopo da regra (abertura do condomínio à pessoa estranha ao condomínio), o sistema de preferência não é aplicável internamente, ou seja, o quinhão pode ser alienado por coerdeiro para qualquer outro coerdeiro sem que tal procedimento fira o direito de preferência de interessado que também seja coerdeiro.

328 Com ideia semelhante: Clóvis do Couto e Silva, *Comentários ao Código de Processo Civil*, v. XI, tomo I, p. 287; Gerson Fischmann, *Comentários ao Código de Processo Civil*, v. 14, p. 56; e Nelson Rosenvald e Felipe Braga Netto, *Código Civil comentado*, p. 1.883.

329 Portanto, o resultado da sobrepartilha não será incorporado ao cessionário, justamente pelos efeitos limitados de tal negócio jurídico, que não é capaz de alterar o *status* e a posição jurídica das partes no âmbito do direito sucessório.

herdeiro(s). Em se tratado de herança testamentária ou legado, o cessionário deverá colacionar também algum documentado que demonstre que o objeto alcançado pela cessão tinha titularidade do cedente, procedimento este que se fará por meio de comprovação de disposição testamentária no sentido (por exemplo, juntada de testamento em cópia ou certidão no sentido).[330] No caso de sucessão legal, deverá ser efetuada a prova documentada de que o cedente consta do rol de ordem de vocação hereditária e que a abertura da sucessão o alcançou, postura esta que deve ser feita com encaixe daquele no esquadro do art. 1.829 do CC.

Por fim, nos termos do art. 16 da Resolução n. 35 do CNJ, é possível a instauração de inventário extrajudicial por cessionário de direitos hereditários, mesmo na hipótese de cessão de parte do acervo, desde que todos os herdeiros estejam presentes e concordes.[331]

8.6 Credor do herdeiro, do legatário ou do autor da herança

Em razão da própria natureza do inventário *causa mortis* (procedimento que visa liquidar herança – art. 1.796, parte final, do CC), nada mais correto do que conferir legitimação ao credor para que postule a sua abertura. Em regra, o credor que se legitima para instaurar o inventário sucessório é aquele que possui créditos anteriores à abertura da sucessão,[332] sem prejuízo da admissão também de dívidas contraídas depois desta no período da administração provisória. De toda sorte, o art. 616, VI, também confere legitimação ao credor do herdeiro e do legatário, tendo em vista a possibilidade de estes se beneficiarem com o desfecho positivo do inventário *causa mortis*. Assim, a legitimidade do credor, em tais condições, está projetada para alcançar o quinhão do herdeiro e/ou do legado do legatário, ou seja, a relação jurídica não é diretamente com o espólio, mas como personagem que (abstratamente) será contemplado na "partilha" (= *desfecho positivo do inventário*). Haverá, em tal situação, a comunicação do art. 616, VI, com o art. 860 do CPC, que

---

330 No que se refere à cessão advinda de sucessão testamentária, Arruda Alvim, Araken de Assis e Eduardo Arruda Alvim fazem, ainda, a seguinte observação: "Eventual gravame, imposto em testamento, impedindo cessão, no todo ou em parte, dos direitos hereditários, não impede que o cessionário até que se desconstitua o negócio jurídico respectivo, requeira o inventário" (*Comentários ao Código de Processo Civil,* p. 1.468).

331 Vide comentários ao art. 610 desta obra.

332 Alexandre de Paula faz forte crítica quanto à forma redacional no CPC de1973, mantida pelo CPC vigente, de vinculação da dívida ao autor herança. Para o citado autor: "Não há porque falar-se em 'credor do autor da herança', isto é, credor do *de cujus*. Quem morto está, nada é, tanto na vida física como na jurídica. Nem mais credor nem devedor" (*Código de Processo Civil anotado*, v. IV, p. 3.678).

permite a penhora de "direito que se pleiteia em juízo" (herança ou legado).[333-334]

Diante da legitimação conferida ao credor do herdeiro e do legatário, a bandeja do art. 616, VI, restou incompleta, pois não apontou – de forma expressa – a legitimidade do credor do cônjuge/companheiro sobrevivente para instaurar o inventário *causa mortis* (caso configurada a comunhão patrimonial com o falecido). Basta pensar, em ilustração, que o patrimônio construído em comunhão estava todo titulado apenas em nome do *de cujus* (art. 1.660, I, do CC) e, no bojo do inventário *causa mortis*, será reconhecida e definida a participação do cônjuge/companheiro supérstite. A aludida "meação" não se confunde com herança, mas será reconhecida e formalizada em nome do cônjuge/companheiro supérstite no ventre do processo sucessório. A incompletude denunciada fica evidente quando se efetua a leitura do art. 616, IX, já que tal dispositivo traz, como legitimado, o administrador judicial de falência que alcance não só o autor da herança, o herdeiro e o legatário, mas também o cônjuge/companheiro sobrevivente.[335]

Salienta-se que a instauração do inventário *causa mortis* é uma opção do credor, pois este, se preferir, poderá reclamar seu crédito fora do ambiente do processo sucessório. Tal possibilidade, contudo, não permite a *dupla postulação*,

---

333 Há julgado admitindo a participação do credor no inventário em decorrência da "adjudicação do quinhão hereditário" (STJ, 3ª Turma, REsp 1.330.165/RJ, j. 13/05/2014, *DJ* 02/06/2014).

334 Em se tratando de credor do autor da herança, ao se verificar que, no mesmo inventário, há credores de herdeiros, é importante que o requerimento ressalte a aplicação do art. 2.000 do CC, a fim de que seja feita depuração do patrimônio que envolve o acervo hereditário em relação ao saldo positivo que será destinado ao herdeiro. Isso porque o credor do autor da herança participa de processo de liquidação prioritário, em que a própria herança (= *espólio*) responde pelo pagamento das dívidas do falecido (art. 1.997 do CC e art. 796 do CPC – primeira parte). O credor dos herdeiros, por outro lado, não participa desta primeira rodada de pagamento, somente tendo direito de pleitear o recebimento de seus créditos depois de satisfeitas as dívidas do falecido e do monte. O credor do legatário também deverá se atentar à aplicação do art. 2.000 do CC, pois a regra cria preferência ao cumprimento do legado, que se posiciona de forma antecedente ao pagamento do credor do herdeiro.

335 O diálogo com o art. 616, IX, é importante para fixar também que o credor somente terá legitimação para instaurar o inventário *causa mortis* se o autor da herança, o herdeiro, o legatário e/ou o cônjuge/companheiro sobrevivente não estiverem açambarcados por declaração de falência ou de insolvência. Caso assim ocorra, diante do quadro concursal específico aplicado à falência e à insolvência, a legitimidade para abrir o inventário e reclamar o crédito será do administrador judicial respectivo.

ou seja, de reclamar a dívida por meio de ação própria e, concomitantemente, lançar habilitação no inventário.[336]

O requerimento de abertura do inventário deverá carrear, além da comprovação do óbito do autor da herança, "prova literal" (= *prova* documentada) acerca da existência de "dívida líquida e certa", ainda que não vencida (arts. 642, § 1º, e 644). Não é necessário que a "prova literal" da dívida, na forma acima, seja representada por título executivo,[337] mas é capital que a obrigação contida na *prova documentada* esteja com os atributos da *certeza* e da *liquidez*. O que interessa à habilitação do crédito no inventário *causa mortis* e, por conseguinte, à instauração do processo sucessório, é que a postulação do credor traga *prova documentada* de dívida em que se extraia a existência de obrigação *certa* e *líquida*.[338]

Tema interessante pode ser extraído do disposto no art. 1.813 do CC em relação aos credores de herdeiros e/ou legatários. Isso porque os efeitos da *saisine* (art. 1.794 do CC) ficam sujeitos à aceitação da herança pelos herdeiros (arts. 1.804-1.805 do CC), procedimento que também se aplica, com modulações próprias, ao legatário quanto ao seu *direito expectativo de receber o legado*. A renúncia deve ser interpretada restritivamente (art. 114 do CC) e, por isso, para ser levada a cabo, precisa ser feita de forma lídima por escrito, exigindo a lei que seja feita por meio de termo nos autos do inventário ou por escritura pública (art. 1.806 do CC), hipótese última, por óbvio, que se encaixa se a renúncia for efetuada de forma antecedente à instauração do inventário. De modo geral, a renúncia é apresentada nos autos de inventário sucessório, fixando-se a lei, inclusive, a possibilidade de intimação judicial com prazo para que o beneficiário indique se aceita ou não a herança (art. 1.807 do CC). Pois

---

336 No sentido: TJRS, 11ª Câmara Cível, AC 70076563899, j. 04/04/2018, *DJ* 06/04/2018. Vide comentários ao art. 642.

337 No ponto, confira-se: Cristiano Chaves de Farias e Nelson Rosenvald, *Curso de Direito Civil: Sucessões,* v. 7, p. 566-567; Paulo Cezar Pinheiro Carneiro, *Inventário e partilha judicial e extrajudicial,* p. 156; e Ernane Fidélis dos Santos, *Manual de Direito Processual Civil*, v. 3, p. 107. Registre-se que a exigência que era feita no CPC de 1939 que, em seu art. 468, IV, fazia alusão à "sentença executória" e ao "título de crédito líquido e certo".

338 Em ilustração, a confissão de dívida efetuada pelo autor da herança – por meio de *ato inter vivos* em instrumento particular – que contenha obrigação pecuniária tida como *certa* e *líquida,* mesmo que desprovida da assinatura de duas testemunhas (exigência formal do art. 784, III, do CPC para o trânsito executivo), será apta para instruir pedido de abertura de inventário sucessório ou a habilitação de crédito no curso deste. Pode-se cogitar, assim, que o credor se valha do disposto no § 1º, do art. 700, importando técnica prevista para ação monitória, e traga, prova oral documentada, produzida antecipadamente (art. 381). Vide comentários ao art. 642 desta obra.

bem, tracejada a questão nos pontos nucleares, tem-se que a prévia renúncia de herdeiro ou de legatário (ou seja, efetuada antes de instaurado o inventário *causa mortis*), quanto aos benefícios que lhes seriam advindos com a abertura da sucessão, não se operam aos seus credores, que poderão requerer sua admissão no inventário *causa mortis*, por meio de postulação ao juiz para que a herança e/ou legado sejam a eles destinados, nos limites do crédito pleiteado. Dessa forma, a renúncia na forma ilustrada não prejudica a legitimidade dos credores em questão que, no particular, invocarão a regra do art. 1.813 do CC em seu suporte, podendo, assim, abrir o inventário *causa mortis*.[339]

Em se tratando de credor do espólio, há de ser feita interpretação mais ampla para permitir a instauração do inventário sucessório, não podendo se limitar ao art. 616, VI, apenas às dívidas em dinheiro (obrigação certa e líquida). Com efeito, é perfeitamente possível que o espólio seja colocado em situação obrigacional, cabendo a este prestação que não se configura como de natureza pecuniária. Por exemplo, o espólio pode ser demandado para que seja outorgada escritura de compra e venda de bem, cuja promessa foi feita em vida pelo falecido em instrumento próprio. Nada obstante não existir previsão legal de fase procedimental para o cumprimento de outras obrigações que não as de natureza pecuniária, tem-se aceitado que tais pedidos sejam efetuados no bojo do inventário *causa mortis*, notadamente quando não há controvérsia a respeito do adimplemento da obrigação que não chegou a ser efetivada em vida pelo autor da herança. Assim, de igual modo, deve ser aceita a instauração de inventário *causa mortis* por credor em tais condições, a fim de que, nomeado inventariante, a obrigação seja cumprida.[340]

8.7 Ministério Público (em caso de interessado incapaz)

Não foi corrigida falha presente no texto do art. 988, VIII, do CPC de 1973. Em suma, mantendo o deslize anterior, o art. 616, VII, só faz alusão à legitimidade do Ministério Público para os casos de *"herdeiro"* incapaz, ficando a falsa impressão de que apenas possui diálogo com o art. 616, II. O mal andar do legislador, no entanto, não prospera, pois o art. 616 deve ser interpretado à luz do art. 178, II, que não restringe a atuação ministerial apenas ao "herdeiro". Dessa forma, é perfeitamente admissível que a legitimação extraordinária prevista no art. 616, VII, seja aplicada a outros personagens do rol

339 Igualmente: Antônio Carlos Marcato, *Procedimentos especiais*, p. 179.

340 O texto do art. 11 da Resolução n. 35/2007, de certa forma, confirma a premissa ao exigir a nomeação de inventariante, cuja incumbência alcança o "cumprimento de obrigações ativas ou passivas pendentes". Na doutrina, parecendo concordar: Gerson Fischmann, *Comentários ao Código de Processo Civil*, v. 14, p. 57; e Paulo Cezar Pinheiro Carneiro, *Inventário e partilha judicial e extrajudicial*, p. 55-56.

do art. 616, pois a incapacidade, sem dúvida, poderá alcançar atores outros, tais como o cônjuge/companheiro sobrevivente e o legatário.[341] Às claras, todos os personagens alcançados pelo rol fluído do art. 626 (ou seja, cuja integração no inventário *causa mortis* é obrigatória[342]), estão açambarcados pelo art. 616, VII.

Diante da vinculação do art. 616, VII, ao incapaz, somente estará franqueada a instauração de inventário *causa mortis* pelo Ministério Público quando evidenciado tal quadro. O pormenor merece relevo, pois, quando da promulgação do CPC, o sistema de capacidade estava basicamente alicerçado nos arts. 3º-5º do CC. Todavia, antes mesmo da entrada em vigor da codificação processual, os pilares legais acerca da capacidade foram alterados pela Lei n. 13.146/2015 (EPD – Estatuto da Pessoa com Deficiência), ficando reservado ao CC apenas às questões de capacidade ligadas à idade da pessoa (arts. 3º e 4º, I) e algumas figuras com *incapacidade relativa*. Desse modo, a participação do Ministério Público como *custos legis* (art. 178, II) ou como *legitimado* para instaurar o inventário *causa mortis* exige a análise no caso concreto, aferindo-se se a pessoa poderá ser imputada como *incapaz*, exame que extrapola o CC, diante do forte influxo causado pelo EPD.[343]

Ademais, como o conceito de *capacidade* tratado no art. 178, II, é atrelado apenas às *pessoas naturais*, além de óbvios descartes de comunicação interna do art. 616, VII (situação evidente em relação à Fazenda Pública – VIII), faz-se corte de aplicação da gaveta legal examinada. Assim, nada obstante a possibilidade de a pessoa jurídica ser postada como herdeira testamentária (art. 1.799, II, do CC), tal ator não estará sob a alçada da legitimação extraordinária do art. 616, VII.

---

341 No sentido: Euclides de Oliveira, *Comentários ao Código de Processo Civil*, p. 723. Parecendo concordar: Hamilton de Moraes Barros, *Comentários ao Código de Processo Civil*, v. IX, p. 209; Gerson Fischmann apenas faz extensão à legitimação do Ministério Público ao legatário, negando-a ao cônjuge, exceto se o último for herdeiro (*Comentários ao Código de Processo Civil*, v. 14, p. 58). Parecendo adotar posição semelhante, Pontes de Miranda faz alusão ao legatário (*Comentários ao Código de Processo Civil*, v. XIV, p. 40). Prevalecendo a interpretação literal, o Ministério Público possuirá legitimação para instaurar inventário em caso de *herdeiro testamentário incapaz*, mas não o teria para postular a abertura de processo sucessório visando à proteção dos interesses de *legatário* em idêntica situação, criando-se cenário absurdo.

342 Vide comentários ao art. 616.

343 O EPD (Lei n. 13.146/2015) é posterior ao CPC (Lei n. 13.105/2015). Todavia, a *vacatio legis* da legislação estatutária foi mais curta (180 dias – art. 127) do que o diploma codificado (um ano – art. 1.045), razão pela qual o EPD entrou em vigor em janeiro de 2016 e o CPC em março do mesmo ano, fato que causou o embaraço temporal denunciado no texto. Com breve análise da aplicação do EPD no inventário *causa mortis,* vide os comentários ao art. 610 desta obra.

Questão elegante envolve a aplicação do art. 616, VII, em favor de "credores incapazes", já que tal análise extrapola o eixo intuitivo de comunicação que se opera com o art. 626. Pois bem, não se pode perder de vista que as participações das partes no inventário *causa mortis* possuem, por excelência, objetivo patrimonial (situação vislumbrada, inclusive, sob a perspectiva do herdeiro que está expressamente açambarcado pelo art. 616, VII). O detalhe, levando-se em consideração os interesses do credor (que são patrimoniais), permite identificar que não é despropositado estender para o Ministério Público a legitimação para instauração de inventário *causa mortis* em caso de credor incapaz. Em ilustração, determinada pessoa (afetada por *incapacidade* para os efeitos da lei) é credora do autor da herança em razão de sentença condenatória que fixou indenização de alimentos em decorrência de acidente causado pelo último que vitimou os genitores do primeiro. Caso a única bandeja que encaixe o incapaz em relação ao elenco do art. 616 seja a do credor (inciso VI), não se afigura viável afastar a legitimação do Ministério Público para postular a abertura do inventário *causa mortis* e requerer o pagamento da dívida. Isso porque, salvo a alegação da inconstitucionalidade do dispositivo supracitado, vedando o Ministério Público para instaurar inventário *causa mortis* em todas as hipóteses (diante do perfil patrimonial do pleito), é descabido privilegiar o *herdeiro incapaz*, fixando neste a única figura no inventário *causa mortis* que atraia motivação para a legitimação especial debatida. Dessa forma, superada a questão da constitucionalidade da norma comentada, o contraste com o art. 129 da CF (que traz rol com as funções mínimas do Ministério Público) leva a outra conclusão, notadamente se aplicado o inciso IX do citado artigo constitucional, pois este projeta legitimação ao órgão ministerial sempre que a atuação não fugir das suas finalidades funcionais. Ainda que com adaptações, a legitimidade aqui defendida é coerente com o entendimento cravado no texto da Súmula 594 do STJ,[344] que justamente se baseia na compreensão das funções do Ministério Público, tendo, como fonte, o art. 128 da CF, dentre as quais está a tutela em prol de incapazes.

A questão posta desnuda ponto fundamental do dispositivo, a saber: a *legitimação extraordinária limitada do Ministério Público,* que se vincula *apenas* à instauração do inventário sucessório. Não há, na superfície do dispositivo comentado, comando que indique que o Ministério Público postulará internamente no in-

---

344 Confira-se o texto: "O Ministério Público tem legitimidade ativa para ajuizar ação de alimentos em proveito de criança ou adolescente independentemente do exercício do poder familiar dos pais, ou do fato de o menor se encontrar nas situações de risco descritas no art. 98 do Estatuto da Criança e do Adolescente, ou de quaisquer outros questionamentos acerca da existência ou eficiência da Defensoria Pública na comarca" (Súmula 594 do STJ).

ventário em nome do incapaz, representando-o. Às claras, trata-se de legitimação efêmera, que se esgota tão logo instaurado o inventário *causa mortis*. No sentido, fundamental observar que, efetuada a abertura do inventário pelo Ministério Público, tal fato – por si só – não retira a administração provisória da pessoa que a exerce, de modo que aquela continuará com a mesma atribuição até que seja formalizado o compromisso de inventariante. De outra banda, como pode se extrair das hipóteses de nomeação de inventariante (art. 617), o Ministério Público não assume a inventariança, muito menos se postará como representante do incapaz. Portanto, uma vez instaurado o inventário sucessório, o órgão ministerial assume o papel descrito no art. 178, II, do CPC, em dinâmica decorrente do esgotamento da legitimação prevista no art. 616, VII. Tanto assim que, mesmo que o inventário seja aberto pelo Ministério Público, não haverá dispensa da atuação do órgão como *"fiscal da ordem jurídica"*,[345] já que a legitimação para instauração do inventário sucessório não faz do Ministério Público o autor da ação, seja por não existir tal figura no processo sucessório, seja pelo fato de que a administração da herança ficará nas mãos do inventariante.

Instaurado o inventário, caberá ao juízo sucessório a adoção das medidas acerca da representação do incapaz, dentre as quais poderá nomear curador para tanto, se necessário for. Por tal passo, mesmo que o inventário tenha sido instaurado em razão de requerimento apresentado pelo Ministério Público, definida a representação do incapaz, o órgão ministerial atuará doravante com esteio no art. 178, II, do CPC, ou seja, haverá uma *permuta* de posicionamento processual.[346] Assim, a legitimação do Ministério Público é pontual e não se confunde com a representação, embora esta seja admitida em situações críticas pela jurisprudência.[347]

Por fim, como há previsão de outros legitimados extraordinários nas gavetas do art. 616 (IV – testamenteiro; IX – administrador judicial), admite-

345 No sentido: Ricardo Alexandre da Silva e Eduardo Lamy, *Comentários ao Código de Processo Civil,* v. IX, p. 505; e Rafael Knorr Lippmann, *Breves comentários ao novo Código de Processo Civil,* p. 2.016, 1.693.

346 Observe-se que, enquanto a legitimação do Ministério Público se esgota com a instauração do inventário *causa mortis* (já que, em ato dinâmico, o órgão ministerial passa a ter sua atuação processual ditada pelo art. 178, II), tal situação peculiar não se aplica ao testamenteiro e ao administrador judicial (art. 616, IV e IX). Com efeito, o testamenteiro e o administrador judicial possuem legitimação extraordinária para a abertura do inventário em nome alheio, conservando a mesma legitimidade para outros atos processuais, fato que, imune de dúvidas, destaca a natureza invulgar do art. 616, VII, uma vez que a legitimação do Ministério Público é específica (temporária) apenas para a instauração do inventário *causa mortis*, encerrando-se tão logo resolvida a representação do incapaz.

347 Como é caso dos alimentos na hipótese alcançada pela Súmula 594 do STJ.

-se que ocorra a legitimação concorrente destes com o Ministério Público nos casos em que a sucessão envolver incapaz, bastando que existam encaixes comuns nas bandejas legais. Por exemplo, na hipótese de sucessão testamentária com a presença de herdeiro instituído incapaz, há legitimação extraordinária para instaurar o inventário tanto do Ministério Público quanto do testamenteiro, diferenciando-se, todavia, as situações a partir da dinâmica posterior à abertura do processo sucessório, diante do deslocamento que ocorrerá em relação ao Ministério Público que, repita-se, se postará para participação gabaritada pelo art. 178, II, do CPC.

8.8 Fazenda Pública

A previsão do art. 616, VIII, de legitimação possui alguma sobreposição com a bandeja do art. 616, VI, já que este permite que o Fisco (em sentido amplo e na qualidade de credor) instaure o inventário sucessório para cobrar seus créditos em relação ao autor da herança (além do próprio espólio), herdeiros, legatários e cônjuge/companheiro sobrevivente. Sob a ótica da Fazenda Estadual e Distrital, há interesse específico na instauração do inventário sucessório, pois abertura deste permitirá a arrecadação do imposto de transmissão *causa mortis* (art. 155, I, e § 1º, da CF).[348]

De outra banda, não é despropositado afirmar que a legitimação decorre também da regularização formal das relações jurídicas, pois será no ambiente do inventário *causa mortis* que estas se definirão, uma vez que, depois do passamento, manutenção da titularidade de bens em nome do autor da herança não reflete mais o estado de arte patrimonial. Há interesse da Fazenda em efetuar a liquidação da herança, pois o desfecho do inventário indicará os novos titulares do patrimônio, cujo rol não se limita ao cônjuge/companheiro com direito à "meação", ao herdeiro, ao legatário e aos respectivos cessionários. O inventário, enquanto processo de arrecadação e liquidação, pode atrair pessoas outras que passarão a ter titularidade de bem do falecido, como é caso,

---

348 No sentido: Fernando da Fonseca Gajardoni, *Processo de conhecimento e cumprimento de sentença:* comentários ao CPC 2015, v. 2, p. 1.047; e Ricardo Alexandre da Silva e Eduardo Lamy, *Comentários ao Código de Processo Civil*, v. IX, p. 505. Vale notar, no particular, que, com a instauração do inventário (a exceção dos procedimentos de arrolamento – art. 662), cria-se ambiente processual para que a Fazenda Estadual participe na avaliação dos bens e apuração do referido imposto (arts. 629, 633, 634 e 638), que deverá ser recolhido antes da partilha ou da adjudicação em caso de desfecho positivo do processo sucessório (art. 654). A intervenção da Fazenda é de relevância tal que, mesmo nos casos em que esta tenha instaurado inventário *causa mortis*, depois de apresentadas as primeiras declarações, deverá ser efetuada a intimação respectiva (art. 626).

por exemplo, do credor que recebeu bem em dação em pagamento ou o arrematante de bem do espólio que foi objeto de expropriação judicial para pagamento de dívida do autor da herança. Portanto, a legitimação da Fazenda Pública não pode ficar restrita à análise de existência de crédito vencido ou ao interesse em receber o imposto de transmissão, pois a definição acerca do destino das titularidades do falecido criará ambiente seguro de formalização do agente passivo para relação tributária atual e futura, fato que, por si só, pode justificar a instauração do inventário.[349]

8.9 Administrador judicial da falência do herdeiro, do legatário, do autor da herança ou do cônjuge ou companheiro supérstite

A legitimação conferida no art. 616, IX, ao administrador judicial[350] pressupõe a existência de prévio processo falimentar, ambiente em que já ocorreu a sua nomeação.[351] A leitura da Lei n. 11.101/2005 demonstra que a instauração do inventário causa *mortis* está inserida como medida que deve ser adotada pelo referido ator funcional, pois cabe ao administrador judicial da falência a arrecadação de ativos para a massa (art. 22, III, *f*).

Registre-se que é possível a declaração de insolvência do espólio, conferindo-se legitimação ao inventariante para apresentar tal pedido (art. 618, VIII, do CPC). Aplicam-se, no particular, os arts. 748-786 do CPC de 1973 (que estão em vigor conforme dita o art. 1.052 do CPC atual).[352] O detalhe é importante, já que indica que não apenas o administrador judicial da falência poderá instaurar o inventario *causa mortis*, mas também o administrador judicial da insolvência.[353] Com semelhanças e diferenças em relação à falência,[354] a

349 Em sentido contrário, Ricardo Alexandre da Silva e Eduardo Lamy defendem que "no âmbito da Fazenda Pública o interesse do Estado é, essencialmente, o de arrecadação do ITCMD, não se vislumbrando outras formas de interesse que justifiquem tal legitimidade" (*Comentários ao Código de Processo Civil*, v. IX, p. 505).

350 A Lei n. 11.101/2005 substituiu o Decreto-Lei n. 7.661/1945, fato que justificou a alteração da nomenclatura contida no art. 988, VI, do CPC de 1973 (que fazia alusão ao "síndico da falência") para administrador judicial.

351 Caso a decretação de "falência do espólio" seja efetuada posteriormente à instauração do inventário, aplica-se o disposto do art. 125 da Lei n. 11.101/2005.

352 Vide comentários no art. 618.

353 No sentido: Sergio Sahione Fadel, *Código de Processo Civil*. Arts. 890 a 1.220, p. 134; e Arruda Alvim, Araken de Assis e Eduardo Arruda Alvim, *Comentários ao Código de Processo Civil*, p. 1.468.

354 Apesar de semelhanças, os institutos da insolvência civil e da falência são se confundem. Grosso modo, a insolvência se aplica aos devedores civis e terá espaço para decretação quando as dívidas excedem o patrimônio do devedor, de modo que aquele não é suficiente para quitar todas as obrigações pecuniárias de determinada pessoa. A falência, a seu turno, está ligada ao devedor empresarial, consoante art.

insolvência poderá ser decretada antes ou após a abertura da sucessão (arts. 759 e 753, III, do CPC de 1973, respectivamente).

A insolvência cível tem espectro sobre pessoas naturais, fato que possibilita a sua declaração em relação aos personagens (interessados) da herança, caso suas dívidas excedam seu patrimônio (arts. 748 do CPC de 1973 e 955 do CC). Sem rebuços, o espectro da insolvência é maior do que o da falência em relação ao possível abarcamento de atores do processo sucessório, pois a segunda tem espaços delimitados aos empresários e às sociedades empresárias (art. 1º da Lei n. 11.101/2005). Note-se, ainda, que proposições acerca do *acoplamento por atração* que foram trazidas nos comentários quando se examinou o rol taxativo do art. 616 aplicam-se em relação à legitimação do administrador judicial do processo de insolvência. Isso porque a omissão que há no sentido no corpo do art. 616, IX, é preenchida pela própria legislação (art. 766, I, do CPC de 1973), ou seja, não se cria hipótese nova, mas tão somente se faz a atração para o rol legal de figura que já possui legitimação fixada em lei.

A falência ou a insolvência, em relação ao autor da herança, cria desvio natural do processo de liquidação do inventário *causa mortis*, pois este se dará a partir das regras específicas da Lei n. 11.101/2005 ou dos arts. 748-786 do CPC de 1973, a depender da hipótese. Assim, a declaração de falência ou de insolvência voltada ao autor da herança (ou ao seu espólio) fará com que o patrimônio do acervo hereditário seja enviado para os processos judiciais respectivos, somente retornando ao inventário – em forma de *saldo* – se todas as dívidas do falecido forem quitadas com os credores habilitados na falência ou na insolvência.[355] Diferentemente, os efeitos da falência ou insolvência em relação ao herdeiro ou legatário não afetam o curso da liquidação efetuada no

---

1º da Lei n. 11.101/2005, que fixa o seu âmbito para alcançar o empresário e a sociedade empresária. Portanto, diante de aplicação em áreas distintas, não se figura possível que o devedor civil tenha sua falência decretada muito menos que seja declarada a insolvência civil de empresário ou sociedade empresária. De toda sorte, além da necessidade de processo judicial para a declaração da insolvência civil e da falência, como ponto comum, nas duas situações, há convocação dos credores para que se faça a habilitação, a fim de que se abra, se necessário, concurso respectivo, de modo que, durante o procedimento que envolve a insolvência civil e a falência, os devedores não poderão administrar o seu patrimônio, sendo, para tanto, nomeado administrador judicial para o mister.

355 Há vários pontos comuns entre a falência/insolvência civil e o inventário *causa mortis*, pois são procedimentos que possuem como mote a arrecadação, liquidação e para a possível distribuição de ativos. Bem próximo: Hamilton de Moraes Barros, *Comentários ao Código de Processo Civil*, v. IX, p. 209; e Gerson Fischmann, *Comentários ao Código de Processo Civil*, v. 14, p. 69. Há, por tal passo, identidade para transporte de técnicas entre tais procedimentos (tema tratado nos comentários ao art. 618).

inventário (em seu aspecto geral), uma vez que apenas criam a canalização do quinhão de determinado herdeiro ou de legado(s) específico(s). Em síntese, estes não serão recebidos pelos seus beneficiários (herdeiro ou legatário alcançados pela declaração de falência ou insolvência), mas pelo administrador judicial que, em nome daqueles, recepcionará o patrimônio que decorre da abertura da sucessão para agregá-lo na arrecadação da massa da falência ou dos bens que irão a concurso na insolvência.[356]

Seção III

Do Inventariante e das Primeiras Declarações

Art. 617. O juiz nomeará inventariante na seguinte ordem:

I – o cônjuge ou companheiro sobrevivente, desde que estivesse convivendo com o outro ao tempo da morte deste;

II – o herdeiro que se achar na posse e administração do espólio, se não houver cônjuge ou companheiro sobrevivente ou se estes não puderem ser nomeados;

III – qualquer herdeiro, quando nenhum deles estiver na posse e na administração do espólio;

IV – o herdeiro menor, por seu representante legal;

V – o testamenteiro, se lhe tiver sido confiada a administração do espólio ou se toda a herança estiver distribuída em legados;

VI – o cessionário do herdeiro ou do legatário;

VII – o inventariante judicial, se houver;

VIII – pessoa estranha idônea, quando não houver inventariante judicial.

Parágrafo único. O inventariante, intimado da nomeação, prestará, dentro de 5 (cinco) dias, o compromisso de bem e fielmente desempenhar a função.

CPC de 1973 – art. 990

---

356 Em relação ao cônjuge/companheiro sobrevivente alcançado por falência ou insolvência com declaração judicial, os personagens devem ser analisados nos estritos limites de tal posição jurídica. Com tal advertência, a legitimidade do administrador judicial está autorizada em razão da possibilidade de arrecadar a "meação" do cônjuge/companheiro que será descolada da parte do falecido, procedimento este que se dará no bojo do inventário *causa mortis*. Assim, diferente do herdeiro e do legatário (em que a arrecadação se efetua a partir de direitos que advêm da abertura da sucessão), em relação ao cônjuge/companheiro sobrevivente, o administrador judicial arrecadará patrimônio que foi adquirido em vida, mas que foi individualizado somente no inventário, com o desfazimento da comunhão patrimonial que vigia com o falecido. Próximo: Hamilton de Moraes Barros, *Comentários ao Código de Processo* Civil, v. IX, p. 209.

1. Da necessidade de releitura do art. 617

O art. 617 ocupa o espaço do art. 990 do CPC de 1973. Buscando raízes mais antigas, percebe-se que há vínculos do artigo comentado em relação aos arts. 469 do CPC de 1939 e 1.579 do CC de 1916. Todos os dispositivos citados possuem um ponto em comum: fixação de rol para a *designação judicial*, ou seja, o juízo sucessório como o protagonista da escolha do inventariante, pois em tais dispositivos não constava qualquer sinalização no sentido de que as partes poderiam influenciar na designação judicial. Ocorre que, com o CPC vigente, há mudança clara no cenário, pois o modelo de processo adotado se curva expressamente aos ditames constitucionais (vide art. 1º da codificação). Não é ocasional, portanto, que o contraditório amplo e refinado, com a participação das partes, está determinado em diversos dispositivos ao longo do diploma processual, destacando-se o art. 6º, que faz parte das normas fundamentais do diploma. Dentro do mesmo trecho (arts. 9º e 10), extrai-se, ainda, a necessidade de contraditório prévio às decisões judiciais, uma vez que a participação das partes somente faria sentido se tiver pujança para influenciar o órgão decisor, depreendendo-se, de tal situação, uma das facetas da cooperação processual (art. 6º).

Às claras, o art. 617 não pode ser interpretado em repetição ao que ocorria em relação ao art. 990 da codificação revogada, uma vez que, como acima se denunciou, está inserido em modelo processual em que o contraditório é o farol máximo. Incursão mais profunda indica que o problema não está apenas no art. 617, pois, para a nomeação do inventariante, a codificação atual repete a balada procedimental do CPC de 1973, que é marcada por *déficit* de contraditório. Isso porque a estrutura procedimental dos arts. 615, 616, 617, 620, 626 e 627, II, do CPC em vigor, é de toda criticável, pois permite que a designação do inventariante (pessoa que administrará o presumido condomínio hereditário) se efetue com contraditório (muito) diferido em relação aos interessados na herança. Os dispositivos em voga, se aplicados em sequência e na literalidade da legislação processual, permitem que aquele que instaurou o inventário *causa mortis* postule para si o exercício da inventariança ou indique pessoa para tanto. Com tal quadro, o juiz – antes mesmo de dar ciência aos interessados da abertura do processo sucessório – é instado a designar o inventariante, pessoa esta que já começará a trabalhar em nome do espólio, a fim de apresentar as primeiras declarações. Assim, os interessados que não participaram da instauração do inventário se colocam em situação de *déficit* no contraditório, pois somente terão conhecimento da designação vinculada à inventariança somente depois de serem citados para se manifestarem sobre as primeiras declarações, trabalho este elaborado pelo inventariante nomeado.[357]

357 O procedimento acima delineado cria espaço para que as partes busquem instaurar inventários para ficar em vantagem na nomeação da inventariança, pois a nomeação

Sem prejuízo do acima dito, considerando que o inventário *causa mortis* trabalha com relações condominiais (art. 1.791, parágrafo único, do CC), é inaceitável imaginar que o juízo sucessório poderá impor determinado administrador às partes sem que essas sejam consultadas previamente sobre as suas preferências. A convocação inicial das partes, por certo, cria ambiente de concentração de esforços e manifestações para se alcançar as soluções sedimentadas para o inventário sucessório, incluindo, sem dúvida, a designação do inventariante.

A breve introdução demonstra a necessidade de uma releitura do art. 617 dentro de espectro mais amplo, a fim de compreender que a designação do inventariante não foge ao modelo de processo que ilumina toda a codificação processual em vigor, sendo necessário se enfrentar o tema em suas diversas nuances.

2. Da convocação (contraditório) para a designação do inventariante

Conforme destacado nos comentários ao art. 615, é fundamental que, ao se instaurar o inventário *causa mortis*, sejam todas as partes cientificadas do ato, sendo essas convocadas para que integrem e participem da relação processual (parte final do art. 238 do CPC). A citação dos interessados desde o início do inventário *sucessório* é positiva por diversos aspectos, destacando-se os seguintes pontos: (a) ajuda a evitar a *"litispendência de inventários"* (situação propiciada pela ampla legitimação para sua instauração);[358] (b) as partes podem trazer informações importantes para construção das primeiras declarações; (c) propicia a melhor escolha acerca do inventariante, colhendo-se a opinião das partes no sentido.[359]

Adotando-se a convocação no limiar do inventário *causa mortis*, o juízo sucessório deverá proferir decisão (que deverá ser plasmada no mandado de citação) acerca da participação das partes naquele momento, explicitando que os interessados deverão trazer ao inventário as informações e documentos de

---

se opera sem contraditório dos demais interessados. Logo, a abertura do inventário, em verdade, espelha a disputa do posto de inventariante, não sendo raro que os postulantes da instauração reclamem para si a função de administrador da herança, acomodando-se tal logo obtido êxito no sentido. A adoção cega (e literal) o procedimento talhado nos arts. 615, 616, 617, 620, 626 e 627, II, do CPC, permite a designação oculta do inventariante, fato capaz de gerar animosidade logo na partida do inventário sucessório.

358 Vide comentários ao art. 616.

359 Registre-se que a citação na forma supra em nada alterará a manifestação que deverá ser feita quando da apresentação das primeiras declarações pelo inventariante (arts. 620 e 626), bastando conferir o disposto na parte final do § 4º do art. 626, que prevê que é a parte que já estiver "representada nos autos" será intimada (na pessoa de seu advogado), para se manifestar sobre as primeiras declarações.

interesse da sucessão que estão na sua posse, assim como se manifestarem acerca da nomeação do inventariante. Considerando que o espólio deve ser gerido até a definição do inventariante, o juiz sucessório, na referida decisão, indicará o responsável pela administração provisória. O detalhe demonstra a importância de que, na instauração do inventário *causa mortis*, seja feita a identificação do administrador provisório, pois, se sua gestão ocorreu sem atropelos, será natural a mantença na função. No caso de aferição em contrário, poderá o juízo sucessório destituir o administrador provisório "fático", efetuando designação precária no sentido (art. 1.797, IV, do CC). A designação do administrador precário até a definição da nomeação do inventariante é uma tutela de caráter provisório, que vigorará até que seja assinado o termo da inventariança (art. 617, parágrafo único, do CPC).

A convocação para manifestação acerca da designação do inventariante, por sua vez, poderá estimular que as partes apresentem, desde logo, convenção processual no sentido,[360] evitando que o juízo sucessório tenha que deliberar sobre o assunto, fato que, sem dúvida, contribuirá para ambiente menos conflituoso no inventário *causa mortis*. De toda sorte, as dicções das partes sobre a(s) pessoa(s) que poderão exercer a inventariança permitirá que o juízo sucessório decida com mais segurança acerca da nomeação do administrador da herança. Por certo, as partes podem trazer informações relevantes que não seriam colhidas pelo julgador sem o contraditório prévio (por exemplo, alto grau de litigiosidade do cônjuge/companheiro sobrevivente com outras partes interessadas na sucessão). Ademais, trazendo o disposto no art. 1.323 do CC para o inventário sucessório, a medida permite que o juízo sucessório colha a manifestação da vontade da "maioria" dos interessados na herança, fator que pode ser relevante na designação judicial do inventariante. Há, de certa maneira (e de forma adaptada), o deslocamento do incidente do art. 627, II, e § 2º, do CPC para a fase inicial do inventário, sendo que o objeto não envolve a remoção do inventariante, mas a sua própria designação. Da decisão do juiz que, após exame dos fundamentos e ponderações das partes, definir a nomeação do inventariante, caberá agravo de instrumento (art. 1.015, parágrafo único, do CPC).[361]

360 Admitindo negócio processual para designação de inventariante, confira-se: Luciano Vianna Araújo, *Comentários ao Código de Processo Civil*, v. 2, p. 195. Parecendo concordar: Conrado Paulino da Rosa e Marco Antônio Rodrigues, *Inventário e partilha*, p. 352; e Paulo Cezar Pinheiro Carneiro, *Inventário e partilha judicial e extrajudicial*, p. 62.

361 Sobre o tema (incidente de designação e reclamação sobre a nomeação da inventariança), vide comentários ao art. 627 desta obra.

3. A natureza residual do "rol de referência" do art. 617

Das conclusões obtidas nos itens anteriores, tem-se que é incorreta a interpretação de que a nomeação do inventariante será feita prioritariamente pelo juiz sucessório, quando, em verdade, trata-se de procedimento *residual*, isto é, a designação somente ocorrerá por designação judicial se as partes não apresentarem previamente um eleito para a função. Com outras palavras, o art. 617 somente terá espaço para ser aplicado como "rol de referência" ao juízo sucessório se as partes não apresentarem convenção processual sobre o tema (art. 190 do CPC).[362] Em suma, a interferência judicial na designação do inventariante somente é cabível se as partes não resolverem a questão por elas próprias, elegendo um nome de consenso para a função.

É inegável que, no espectro das convenções processuais admitidas pelo art. 190 está a eleição consensual de determinados auxiliares da justiça. Tanto é assim que, de forma expressa, o CPC admite a escolha do mediador ou do conciliador (art. 168), assim como do perito (art. 471). Note-se, em detalhe (e confirmando o já dito no item anterior), que o § 2º do art. 168 prevê que a deliberação judicial acerca do mediador ou conciliador é ato *residual* à escolha das partes, pois somente caberá interferência no sentido se não houver acordo. O citado dispositivo confirma que a nomeação judicial quanto ao inventariante deverá aguardar (o quanto seja possível) a escolha consensual das partes em relação à pessoa que exercerá a atividade no âmbito do processo judicial.

Note-se, em detalhe decorrente da aplicação do art. 1.791, parágrafo único, do CC, que como a escolha do inventariante envolve eleição de pessoa para administração do condomínio formado pela abertura da sucessão, ainda que com suas especificidades, não se pode afastar a aplicação do já citado art. 1.323 do CC. O artigo da lei civil dispõe que administração do condomínio deve ser fruto de deliberação dos condôminos, prevendo, inclusive, a possibilidade de escolha de pessoa estranha aos condôminos para a função (em semelhança ao que está previsto, em sentido amplo, no art. 617, VII e VIII). Por certo, a regra citada condominial deveria ser aplicada antes mesmo da vigência do CPC de 2015, mas que, agora, a partir do renovado diploma processual, toma mais força, diante da previsão da cláusula geral do art. 190, que prevê a possibilidade de negócios processuais atípicos.

Dessa forma, o cardápio do art. 617 – como esteio para decisão judicial que imporá às partes um inventariante nomeado por decisão judicial – somente terá valia se for verificada a falta de negócio jurídico processual que delibe-

362 Bem próximo: ANA LUISA MAIA NEVARES, As inovações do código de processo civil de 2015 no direito das sucessões. In: *Revista IBDFAM*: Família e sucessões, v. 13, p. 67.

re acerca da pessoa que funcionará como inventariante. Trata-se, sob tal análise, de *rol de natureza residual*, aplicável tão apenas se não houver acordo de vontades acerca da designação do inventariante. Portanto, uma premissa deve ficar desde já cravada: *a designação do inventariante por determinação judicial somente terá espaço se as partes não elegerem o ator da inventariança por convenção processual (art. 190 do CPC)*.

4. Nomeação do inventariante por negócio jurídico processual

Nos comentários ao art. 665, tratou-se longamente acerca da possibilidade de que sejam efetuados negócios jurídicos processuais no bojo de inventário *causa mortis*. No ponto, é fundamental observar que não há qualquer obstáculo para que convenção processual no sentido seja efetuada, ainda que com presença de "incapazes". De forma breve (e já projetando o leitor aos comentários ao art. 665), a vedação do art. 190 do CPC está atrelada ao "incapaz" sem representação legal. Em se tratando de convenção no curso do processo, dispõe o art. 71 que o "incapaz será representado ou assistido por seus pais, por tutor ou por curador, na forma da lei". Portanto, estando o incapaz com *"representação processual adequada"*, nada obsta que este seja ator de negócio jurídico sobre a designação do inventariante, até porque seria contraditório aceitar que este possa efetuar atos da vida civil em tais condições, mas lhe seria proibido efetuar a aludida convenção processual.[363] A contradição se estenderia ao art. 617, IV, pois o CPC atual permite que a inventariança seja exercida por "herdeiro incapaz", por meio de seu representante legal, mas o mesmo representante legal não poderia firmar convenção processual em nome do incapaz na ambiência do inventário *causa mortis*.

Saliente-se que, em se tratando de inventário sucessório com a presença de incapaz, será necessária a oitiva do Ministério Público a respeito da convenção processual (art. 178, II, do CPC), exigência esta que está, inclusive, contida no texto do art. 665 do CPC em vigor. Embora o citado artigo seja expresso ao reclamar a concordância do Ministério Público, será capital que a posição de resistência à convenção processual feita pelo ator funcional seja realizada de forma fundamentada, indicando a existência concreta de algum prejuízo ao incapaz.[364] Em síntese, o art. 665 é uma bússola para a tradução do

---

363 Com fundamentos que ratificam a posição defendida, confira-se: Fredie Didier Jr., *Curso de Direito Processual Civil:* introdução ao Direito Processual Civil, Parte Geral e Processo de conhecimento, p. 507; Pedro Henrique Nogueira, *Negócios Jurídicos Processuais*, p. 277; e Antonio do Passo Cabral, *Convenções processuais:* teoria geral dos negócios jurídicos processuais, p. 340-342, 402-404.

364 Assim, não bastará a simples oposição ao negócio/convenção processual efetuado pelo incapaz. Trata-se de interpretação que pode ser extraída da parte final do art.

art. 190 na esfera do inventário *causa mortis*, para se admitir negócios jurídicos em tal tipo de procedimento especial, inclusive envolvendo incapazes, desde que esteja representado ou assistido (art. 71 do CPC), ocorra concordância ampla dos interessados e não haja qualquer oposição justificada do Ministério Público.[365]

Questão elegante envolve a importação do art. 1.323 do CC para o negócio jurídico processual acerca da eleição do inventariante, pois o dispositivo da lei civil não reclama a unanimidade na deliberação sobre a administração da coisa comum (condomínio), satisfazendo-se com a *votação da maioria*. Observe-se que a mesma premissa está prevista no parágrafo único do art. 669 do CPC e na parte final do art. 2.021 do CC acerca da designação do inventariante que ficará com "a guarda e a administração" dos bens submetidos à sobrepartilha.[366] Não se trata – como visto – de regra isolada, uma vez que a legislação em três dispositivos distintos prevê que a administração do condomínio (inclusive para sobrepartilha) pode ser resolvida por posicionamento *da maioria*.

O tema trazido confirma (mais uma vez) a importância do contraditório prévio para efeito da designação da inventariança (em qualquer hipótese), pois a vontade das partes deverá ser observada. No ponto, ainda que se interprete a convenção processual para designação do inventariante (art. 617) isolada dos arts. 1.323 e 2.021 (parte final) do CC e do art. 669, parágrafo único, exigindo-se a concordância geral das partes (adotando-se o modelo do art. 665 do CPC), certo é que a vontade da maioria será levada em consideração pelo juízo sucessório ao tomar a decisão adjudicada. Por certo, seguindo os ditames legais, *a vontade da maioria somente deverá ser afastada se ficar evidenciado algum tipo (ou risco) de prejuízo ao espólio e/ou ao(s) interessado(s) em minoria*. Em tal hipótese, poderá o juízo do inventário – mediante decisão fundamentada – nomear *protutor sucessório* para fiscalizar o inventariante eleito pela maioria ou até mesmo designar inventariante dativo,[367] a fim de que a administração da herança ocorra sem animosidades, com imparcialidade e transparência máxima.

Por fim, é ingênuo pensar que os negócios processuais envolvendo a inventariança ficam limitados à escolha do inventariante. Na verdade, há fértil

---

279, § 2º, do CPC, pois a manifestação do Ministério Público se submete à análise de "existência ou a inexistência de prejuízo". Tal concepção pode também ser retirada da exegese das Súmulas n. 99 e n. 226 do STJ, pois a intervenção do Ministério Público é justificada se demonstrar (ao menos em tese) potencial prejuízo.

365 Contra, apenas admitindo a eleição consensual do inventariante, se todos os interessados forem capazes (parecendo fazer alusão ao direito material), confira-se: EUCLIDES DE OLIVEIRA E SEBASTIÃO AMORIM, *Inventário e partilha: teoria e prática*, p. 321; e LUCIANO VIANNA ARAÚJO, *Comentários ao Código de Processo Civil*, v. 2, p. 195.

366 Sobre a dimensão de "maioria", vide os comentários ao art. 669.

367 Assuntos (*protutor sucessório* e inventariança dativa) abordados adiante.

espaço para convenções que tenham como pano de fundo o tema, podendo se citar, em exemplos simples: (a) eleição de mais de um inventariante[368] (com definição de áreas de atuação); (b) rodízio de pessoas no exercício da inventariança e/ou com atuações demarcadas pelo tempo ou fases do inventário; (c) delimitação acerca da forma e periodicidade com que as contas deverão ser prestadas, (d) limitação de poderes do inventariante (indicando matérias que devem ser submetidas para votação dos interessados, com a fixação de *quorum* respectivo); (e) responsabilidade quanto ao pagamento dos honorários do inventariante judicial ou dativo; (f) nomeação de fiscal à atuação do inventariante (= *protutor sucessório*); e (g) cognição e ônus probatório no caso de requerimento para a remoção de inventariante (arts. 622-625 do CPC).

5. A incompleta textura do art. 617: necessidade de comunicação com os arts. 1.735 e 1.736 do CC e 21 da Lei n. 11.101/2005 (busca de critérios mais atuais e objetivos)

Conforme já abordado, quando a escolha do inventariante é feita pelas partes, a ordem constante na listagem do art. 617 é irrelevante.[369] O citado rol só possui importância concreta quando a designação fica – *residualmente* – a cargo do juízo sucessório, não tendo se alcançando composição entre as partes quanto à eleição do inventariante. Feita a advertência, frisa-se que o foco da discussão que envolve o cardápio do art. 617 (diferente do que ocorre em relação ao art. 616) não está na análise de possível taxatividade. Os pontos nervosos do rol em comento estão na análise de sua textura (completa ou não) e na existência (ou não) de obrigatoriedade na escolha sequencial das opções elencadas. No segundo tema, destaca-se que está expresso, no *caput* do art. 617, que o juiz deve seguir a *"seguinte ordem"*, ou seja, o desenho legal adotado gera uma expectativa de ordenação preferencial.[370]

Definidos os pontos do debate, é inegável que o art. 617 não contempla texto seguro para que o juízo efetue a designação judicial, isto é, nomeação adjudicada do inventariante, hipótese final acaso as partes não cheguem a eleição consensual. Isso porque a textura do art. 617 é incompleta, não se extraindo da sua simplória ordem sequencial todos os elementos que devem ser

368 A inventariança plural foi tratada em item adiante.

369 No ponto, confira-se o art. 660, I do CPC e o art. 11 da Resolução n. 35/2007 do CNJ.

370 A ideia de ordem sequencial do art. 617 está replicada no texto do art. 626, § 2º, pois, em caso de acolhimento da impugnação quanto à nomeação do inventariante, segundo a letra da lei, a nova designação deve observar a "preferência legal", caminho este que também deverá ser seguido em caso de remoção do inventariante (art. 624, parágrafo único).

levados em consideração pelo juízo sucessório quando da designação do inventariante.[371] Para a adequada aplicação do dispositivo comentado, sem dúvida, é capital que se faça a sua conjugação dialogada com os arts. 1.735 e 1.736 do CC (aplicáveis à nomeação de tutor) e art. 21 da Lei n. 11.101/2005 (voltado à nomeação do administrador judicial da falência ou da recuperação judicial).

Com efeito, conforme já alertado, o cardápio do art. 617 repete a concepção do art. 990 do CPC de 1973, que, por sua vez, está atrelado às opções dos (também revogados) arts. 469 do CPC de 1939 e 1.579 do CC de 1916. As grandes mudanças aplicáveis no direito das famílias e das sucessões necessitam ser levadas em conta na aplicação do art. 617 do CPC atual, pois a análise de tal panorama impede que o citado dispositivo tenha exegese semelhante àquela conferida ao art. 990 do diploma superado. Isso porque a nomeação de inventariante no CPC de 1973 estava escorada em contexto que se postava em direito material que não mais se mantém. Dentre as diferenças mais pulsantes, na entrada em vigor do diploma revogado (CPC de 1973), vigia quando em que: (a) o casamento era indissolúvel; (b) a comunhão universal era o regime legal do casamento; (c) o cônjuge não se posicionava como herdeiro concorrente de descendentes ou ascendentes; (d) os efeitos patrimoniais do casamento só seriam cessados após o desquite, não servindo a *separação de fato* para tanto; (e) a união estável não era reconhecida, mantendo-se o casamento como única forma de constituição de família;[372] e (f) o elenco da descendência sucessória era reduzido em decorrência da discriminação na filiação (que alcançava apenas os "legítimos"). Os pontos destacados não podem ser desprezados, pois estão fixados na legislação que foi editada entre os CPC de 1973 e o CPC de 2015, destacando-se: (i) Lei n. 6.515/1977 (Lei de Divórcio); (ii) CF de 1988; (iii) Leis n. 8.971/94 e n. 9.278/96 (leis de regulamentação da união estável); e (IV) CC de 2002.

Não há como negar que as alterações legislativas, em que se destacam – em dois pilares – a radical mudança da modulação de casamento e a fragmentação da "família legítima" abriram espaço para criação de áreas de conflito no inventário *causa mortis* que eram inexistentes ou de rara ocorrência quando da entrada em vigor do CPC 1973. Apenas em rápidos exemplos, com a eleição da comunhão parcial como regime legal pela Lei n. 6.515/1977, aberta a sucessão, há a necessidade de apuração dinâmica do patrimônio do casal e do

371 Sobre o tema, com mais vagar, confira-se: Rodrigo Mazzei e Deborah Azevedo Freire, Nomeação do Inventariante: critérios para (interpretar) e aplicar o art. 617 do CPC. In: *Revista Nacional de Direito de Família e Sucessões*, v. 41, p. 7-31.

372 A comunhão de fato, reconhecida na Súmula 380 do STF, não teve força para ensejar regulação legal, fixando-se seus efeitos apenas no plano patrimonial em decisões judiciais.

individual de cada partícipe (bens comuns e particulares), sendo que, para a aferição, não se levará em conta apenas curva temporal que se inicia com a relação conjugal (ou de convivência), mas também a natureza de cada uma das aquisições, pois algumas não se comunicam (art. 1.659 do CC), enquanto outras são automaticamente incorporadas em comunhão (art. 1.660 do CC), ainda que não formalizadas com titularidade comum.

É perceptível a grande diferença para o início da década de 70, quando se aplicava a comunhão universal como regime geral do casamento, porquanto não era feita divisão de linha do tempo e as aquisições, salvo exceções legais (art. 263 do CC de 1916), eram projetadas para uma grande massa, a ser dividida em dois após a sucessão.[373] Considerando que, a partir do CC de 2002, o cônjuge e o companheiro passaram a ser tratados como herdeiros concorrentes,[374] a análise da linha de comunicação de bens durante a relação, notadamente no caso do regime de comunhão parcial, passou a ter colorido mais pulsante. No

---

373 Consoante já dito, o art. 617 foi construído com base em dispositivos já revogados e que estavam deitados em presunções que indicavam pessoas, em ordem sequencial, que se postavam em posições que facilitariam a administração do espólio e não provocariam, em regra, insurgências agudas dos demais interessados na sucessão, pois estariam longe das zonas de conflito. Ocorre que tais presunções não se aplicam ao direito material atual, uma vez que vige outra realidade legal. Com outras palavras, os elencos legais que esculpiram o art. 617 (art. 1.579 do CC de 1916, art. 469 do CPC de 1939 e art. 990 do CPC 1973) estão escorados em direito material superado. O contexto pretérito, às claras, levava à conclusão de que cônjuge sobrevivente era a pessoa mais recomendada para a inventariança, pois não havia colisão de interesses com os herdeiros (em regra descendentes comuns, diante do esquadro fechado do casamento indissolúvel, da sucessão legítima e da baixa expectativa de vida, não sendo comuns os casos de sucessão com ascendentes). Assim, quando da entrada em vigor do CPC de 1973, aberto o inventário, bastava que se efetuasse o corte da meação, fixando-se o monte hereditário, para em seguida, pagas as dívidas, se efetuar a partilha (nos casos de apuração positiva), cujos beneficiários eram pessoas do mesmo grupo familiar (de *"natureza legítima"* e protegida em célula). O nível de animosidade era baixíssimo, pois, além de não existirem áreas de disputa na herança, a administração, comumente, era exercida por pessoa por quem os herdeiros possuíam temor referencial, ou seja, por um dos seus genitores. Na falta de cônjuge sobrevivente, a função da inventariança recaia sobre o descendente do falecido que já tinha, de alguma maneira, a posse da herança ou dos bens do espólio, consoante está expresso no texto dos arts. 1.579, § 2º, do CC de 1916, 469, II, do CPC de 1939, e 990, II, do CPC de 1973. No particular, o uso da expressão *posse da herança*, ainda que com variações de redação, é indicativa de que o acervo seria composto de bens duráveis e projeta uma ideia de patrimônio sem cisão do falecido, como se todo este estivesse no abrigo familiar.

374 E, posteriormente, igualando-se companheiro e cônjuge na posição de concorrência, por meio de equiparação efetuada pelo STF (Tribunal Pleno, RE 646.721/RS, j. 10/05/2017, *DJ* 16/05/2017; e RE 878.694/MG, j. 10/05/2017, *DJ* 06/02/2018).

particular, os bens particulares do falecido são tratados como herança em favor do cônjuge/companheiro sobrevivo, que concorrerá com os descendentes e ascendentes do autor da herança em tal parcela patrimonial (art. 1.829, I, CC).

Nada obstante o cenário acima posto, o legislador não se preocupou em criar mecanismos para que a designação judicial sobre a inventariança acompanhasse a complexidade dos vínculos familiares patrimoniais, fato indicativo de que a superfície do art. 617 está incompleta. A omissão do artigo em comento fica evidenciada quando se faz seu confronto com o art. 1.735 do CC, dispositivo aplicável à tutela e que traz, de forma expressa, hipóteses de proibição de nomeação de tutor. Ao se efetuar a depuração do art. 1.735 do CC, tem-se que a vedação de nomeação do tutor está fincada, basicamente, em duas premissas: (a) *motivos para afastamento de administração de patrimônio alheio* (incisos I, IV, V e VI) e (b) *existência de conflitos de interesses entre o pretenso tutor e o tutelado* (incisos II e III). O dispositivo em voga é, de certa forma, completado pelo art. 1.736, pois este, embora não traga proibições para designação, elenca hipóteses em que o nomeado para a função de tutor poderá apresentar pedido de escusa do encargo, ao trazer, na letra legal, situações indicativas de que a designação é presumidamente desaconselhável, seja em razão de fatores pessoais que impedem a dedicação ao encargo (art. 1.736, I, III, VI e VII), seja por questões que podem inviabilizar a incumbência (art. 1.736, II, IV e V).

Como se vê, é de todo cândido o entendimento de que o art. 617 possui pujança suficiente para escorar a designação do inventariante, pois, mesmo que respeitada a sua ordem preferencial, é perfeitamente possível que a nomeação judicial recaia sobre pessoa que está proibida ou que não deve administrar o patrimônio alheio (art. 1.735, I, IV, V e VI) e/ou que se encontre em posição de colisão de interesses com um ou mais interessados diretos do patrimônio a ser administrado (art. 1.735, II e III). No ponto, como ficou demonstrado na resenha, o direito material permitiu que várias áreas de litígio fossem criadas, tornado outras, por sua vez, mais agudas, fatos que, todavia, não foram projetados para o seio do art. 617, adotando-se caminho diferenciado do que consta do art. 1.735, notadamente nas hipóteses tratada nos incisos II e III.

Saliente-se, de outra banda, que, a partir do texto do art. 1.736, é possível se vislumbrar que há designações que – embora não sejam proibidas – são desaconselhadas, projetando-se, pelo quadro subjetivo do eventual nomeado, que o exercício da função não será efetuado com a máxima eficiência. Trazendo tal concepção para a inventariança, por certo há espaço para que ocorra designação que siga a ordem do cardápio do art. 617, mas que, no caso concreto, a nomeação se torne nociva para a função, tendo em vista que o escolhido não pode priorizar o exercício da função, diante da existência de fatores pessoais que impedem a dedicação ao encargo (art. 1.736, I, III, VI e

VII) e/ou questões que podem inviabilizar a incumbência (art. 1.736, incisos II, IV e V).

Em ilustração, aplicando os filtros trazidos em empréstimo (arts. 1.735 e 1.736 do CC), o cônjuge/companheiro sobrevivente que convivia com o falecido à época do óbito está postado como a pessoa preferencial para exercer a inventariança, a partir da leitura seca do art. 617, mas não poderá ser nomeado inventariante se contra ele tiver sido decretada a insolvência civil (art. 1.735, I, do CC), sendo desaconselhável a designação se o sobrevivo for pessoa com grave enfermidade (art. 1.736, IV, do CC). Assim, o transporte dos arts. 1.735-1.736 do CC para a designação do inventariante[375] desnuda a fragilidade do art. 617, notadamente quando o dispositivo é utilizado como fundamento único para a escolha do protagonista da inventariança. Mais do que isso, a comunicação do art. 617 com os arts. 1.735-1.736 do CC revela que a designação judicial do inventariante demanda análises outras do que o rol previsto no dispositivo comentado, devendo ser afastada nomeação que comprometa a inventariança, destacando-se, no ponto, o afastamento do cargo daqueles que: (i) não podem (ou não devem) administrar o patrimônio alheio (art. 1.735, I, IV, V e VI); (ii) que se encontrem em cenário de colisão com seus interesses pessoais (art. 1.735, II e III); e (iii) os que não desempenharão com propriedade e/ou eficiência a função (art. 1.736).[376]

Mas não é só, além da mudança do direito material acerca das relações familiares, há alteração radical em relação às titularidades que são alcançadas

---

375 Tratando do transporte de técnicas (tendo como pano de fundo o direito material) confira-se: RODRIGO MAZZEI E TIAGO FIGUEIREDO GONÇALVES, Ensaio sobre o processo de execução e o cumprimento da sentença como bases de importação e exportação no transporte de técnicas processuais. In: *Processo de execução e cumprimento da sentença*: temas atuais e controvertidos, p. 27-32; e FREDIE DIDIER JR., ANTÔNIO DO PASSO CABRAL E LEONARDO CARNEIRO DA CUNHA, *Por uma nova teoria dos procedimentos especiais*, p. 77-95.

376 Na busca dentro do direito sucessório de regras que possam ser alvo de conexão com os arts. 1.735 e 1.736 do CC, extrai-se apenas a preocupação acerca do conflito de interesses entre o incapaz e seu representante legal. Com efeito, o art. 671, II, do CPC prevê a possibilidade de nomeação de curador especial ao incapaz quando este concorre com seu representante legal na partilha, ao reconhecer que se trata de hipótese de presumida "colisão de interesses". Apesar da limitação temática, o art. 671, II, desnuda que o "conflito de interesses" é um problema que precisa ser enfrentado no processo sucessório, sendo que o exercício da inventariança é um dos palcos de análise do assunto. A nomeação do inventariante não pode ficar imune a tal aferição, pois a eleição de pessoa com "conflito de interesses" pode colocar em jogo não apenas a lisura da administração, como também abrir espaço para que se instale ambiência de litigiosidade, fato que prejudica a fluidez de avanço das etapas do inventário *causa mortis*.

pela sucessão, na medida em que estas, atualmente, são bem diversas daquelas que eram habituais no século XX (incluindo a década de 70), em que vigia grande foco nos bens físicos (móveis, semoventes e imóveis, com destaque para os de raiz). Sem ir muito longe, basta pensar na quantidade de sucessões que, em tempos atuais, envolvem cotas de sociedade, uma vez que figurar como sócio de empresa ou empresário individual (nas modalidades permitidas em lei) é uma realidade pulsante, inclusive, para as atividades de labor diário, formando-se grande cartel de empresas de prestação de serviços (muitos de natureza personalíssima). O patrimônio físico e concentrado de outrora abre espaço para titularidades fluídas e pulverizadas e, tanto assim, que a chamada "herança digital" é uma realidade pulsante nos dias atuais.

Portanto, as relações patrimoniais contemporâneas não são as mesmas do século passado, não podendo se presumir que a simples convivência ou o exercício da posse (muitas vezes, inviável para determinadas titularidades) sejam as principais estampas que permitam aferir capacidade de administrar.[377] O registro se faz necessário, pois o art. 617 possui ordem sequenciada – enraizada em dispositivos de outro momento histórico – em que a *composse dos bens do autor da herança em vida* e *a posse patrimonial depois da abertura da sucessão* edificaram a presunção de que as pessoas em tal quadro fático teriam as melhores condições para administrar o espólio.[378] Tal presunção foi a muito elidida pela realidade contemporânea, mais ainda com flutuações que devem ser observa-

377 Afora a mutação deflagrada pelo contexto legal, a visão acerca do patrimônio na década de 70 era bem diversa do que se tem nos dias atuais, pois, além de seguir uma cultura da acumulação patrimonial (que se aglomerava durante gerações nas famílias), a propriedade era tida como espécie praticamente única de titularidade, projetando-se para os bens de natureza duráveis. O contexto fazia com que a administração do patrimônio da herança se fixasse basicamente na conservação de bens duráveis, sendo que tais bens, na maioria das vezes, eram provenientes de herança ou de aquisição com recursos próprios, pois as linhas de crédito bancárias (e financiamentos respectivos) não se colocavam em grande escala para a população.

378 Os dispositivos que inspiraram o art. 617 do CPC em vigor (art. 1.579 do CC de 1916, art. 469 do CPC de 1939 e art. 990 do CPC 1973) trabalham com realidades que não se identificam com a vida contemporânea. Em exemplo mais recente, o art. 990 do CPC de 1973 – desde a sua redação original até sua revogação – sempre exigiu, para a inventariança, que o cônjuge sobrevivente *estivesse convivendo com o outro ao tempo da morte deste* (art. 990, I, do CPC de 1973), reclamando, em relação ao herdeiro para tal função, de forma prioritária, quem se achasse *na posse e na administração do espólio* (art. 990, II, do CPC de 1973). As exigências estão intimamente ligadas ao exercício pretérito de administração, de tal sorte que, em relação ao cônjuge sobrevivo, se presume que todos os bens da herança se colocam em condomínio (e/ou em composse) na relação conjugal e, no que se refere aos herdeiros, que a posse de bens da herança se traduz em postura que projeta atos de administração respectiva.

das em casos concretos. É inegável que determinados inventários *causa mortis* reclamarão a presença de inventariante que tenha conhecimentos mais profundos de *gerenciamento patrimonial*, que pode ser variante em relação às titularidades que estejam alcançadas pela herança. Basta pensar que o gestor para propriedades rurais, provavelmente, não terá a mesma aptidão para administrar titularidades mais fluídas, como as participações sociais e acionárias em pessoas jurídicas.

Ao se buscar diálogos com o art. 617, a exemplificação sobre algumas das atribuições do inventariante (moldadas nos arts. 618-619) demonstra que a designação deve recair sobre pessoa com aptidão concreta para a administração de bens alheios, presumindo-se que tenha experiência, seja organizada e que compartilhe a sua atuação com os demais interessados. Tais predicados do inventariante serão fundamentais para que o condomínio hereditário seja dissolvido no prazo do art. 611, buscando o melhor resultado possível.[379]

As premissas acima indicadas (e que não estão postas de forma expressa no corpo do art. 617) fazem parte da escolha do administrador judicial da falência, tendo em vista que o art. 21 da Lei n. 11.101/2005 prevê que a nomeação deve se voltar para *profissional idôneo*, preferencialmente *advogado, economista, administrador de empresas ou contador, ou pessoa jurídica especializada*. Projetando-se o dispositivo em voga – que é ínsito à liquidação falimentar, procedimento que possui inegável semelhança ao do inventário *causa mortis* – ratifica-se, mais uma vez, a importância de que a eleição leve em conta dois fatores: (a) administração da massa por pessoa com aptidão para a função e (b) afastamento de áreas de conflitos.[380-381] Ao fazer alusão ao "profissional idôneo", o art. 21 da lei extravagante fixou a noção de que o administrador deve estar fora de qualquer tipo de suspeita, fato que não ocorrerá se houver algum tipo

379 A boa administração, a partir da colheita de dados e informações, poderá levar o inventário para desfechos variados, de acordo com a realidade patrimonial deixada pelo falecido, não se afastando, inclusive, a apresentação de pedido de insolvência (art. 618, VIII).

380 Não é ocasional a anotação de Hamilton de Moraes Barros de que, mesmo sob a égide do CPC de 1973, ainda que com nomenclatura diversa, já se projetava o dueto como a base de atributos do inventariante. Senão, vejamos: "(..) dois requisitos influem na escolha entre os herdeiros: a sua probidade e as suas qualificações para o encargo" (*Comentários ao Código de Processo Civil*, v. IX, p. 217).

381 Há grande fluxo de troca iterativa de técnicas entre o inventário sucessório e a Lei n. 11.101/2005. Não se trata de comunicação isolada, nem de fluxo único da referida Lei, pois técnicas do inventário também são exportadas para o processo concursal falimentar, como é o caso do incidente de remoção de inventariante (aplicável ao administrador judicial). Vide comentários ao art. 618 desta obra.

de conflito de interesses.[382] De outra banda, ao se efetuar a escolha a partir de profissionais de áreas específicas (*advogado, economista, administrador de empresas ou contador, ou pessoa jurídica especializada*), o legislador deixou evidenciado que o eleito terá que ter aptidão para a função.

Observe-se que a própria doutrina que sustenta que a sequência do rol do art. 617 possui caráter obrigatório (= *cronologia preferencial*) admite que ordem ditada se sujeita a algum temperamento, isto é, pode ceder em razão de circunstâncias fáticas.[383] Aliás, a jurisprudência tem se posicionado no sentido de que a picada fixada pelo art. 617 fica fragilizada quando se verifica que a nomeação recairá sobre pessoa inapta à administração da herança e/ou que a sua designação cria agudo ambiente de animosidade.[384]

Do resumo apresentado, podem-se extrair algumas conclusões: (a) a superfície do art. 617 é incompleta, pois não traz nenhum tipo de filtragem para a escolha (diferente do que ocorre nos arts. 1.735-1.736 do CC); (b) o art. 617 contém um *rol de referência*, cardápio este que foi edificado a partir de presunções sobre pessoas que teriam melhores condições de administrar o espólio; (c) as referidas presunções não mais subsistem, até porque atreladas a contexto diverso ao verificado na promulgação do CPC 2015; (d) a alteração do quadro de direito material afeta sobremaneira o art. 617, sendo inviável sustentar a sua obrigatoriedade diante da desconexão dos atores do rol em relação às presunções; (e) o juízo sucessório deverá levar em conta na designação a *capacitação* da pessoa para a função e as áreas de litígio, evitando-se, ao máximo, a criação de animosidades decorrente de conflitos de interesses que envolvam o inventariante; (f) os arts. 1.735-1.736 do CC e o art. 21 da Lei n. 11.101/2005 são técnicas que devem ser importadas (ainda que com adaptação) para definir o inventariante.

---

382 No sentido, além do previsto no art. 30 da Lei n. 11.101/2005 (que traz impedimentos ao exercício da administração judicial), o texto do art. 21 da mesma Lei se distancia do que estava disposto no art. 60 do Decreto-Lei n. 7.661/45 (revogada Lei de Falências), em que a opção prioritária se dava entre os credores da falência, fato que propiciava não só "conflitos de interesses", mas possível aumento de litigiosidade em relação aos demais credores.

383 No sentido: Ricardo Alexandre da Silva e Eduardo Lamy, *Comentários ao Código de Processo* Civil, v. IX, p. 508; Conrado Paulino da Rosa e Marco Antônio Rodrigues, *Inventário e partilha*, p. 351-352; Paulo Cezar Pinheiro Carneiro, *Inventário e partilha judicial e extrajudicial*, p. 59; Luciano Vianna Araújo, *Comentários ao Código de Processo Civil*, v. 2, p. 191; Flávio Tartuce, *Direito Civil:* direito das sucessões, p. 593; Hamilton de Moraes Barros, *Comentários ao Código de Processo Civil*, v. IX, p. 213; Dimas Messias de Carvalho, *Direito das sucessões*: inventário e partilha, p. 390-391; e Euclides de Oliveira e Sebastião Amorim, *Inventário e partilha*: teoria e prática, p. 320.

384 No sentido: STJ: REsp 283.994/SP, 4ª Turma, j. 06/03/2021; *DJ* 07/05/2001; STJ, REsp 1.055.633/SP, 3ª Turma, j. 21/10/2008, *DJ* 16/06/2009.

Todo o quadro apresentado reforça a importância da oitiva das partes antes da designação judicial do inventariante, pois tal procedimento, além de abrir espaço para que essas apresentem eleição consensual, permitirá a colheita de informações sobre os candidatos à inventariança e da vontade exercitada pelas partes, possibilitando que o juízo sucessório faça a melhor designação entre os pretendentes, sem prejuízo de deliberações outras, tais como a nomeação de *produtor sucessório* (adaptando o disposto no art. 1.742 do CC),[385] inventariança plúrima e a nomeação de inventariante dativo (art. 617, VII e VIII). A anotação se justifica, pois as questões que desautorizam a nomeação judicial do inventariante têm sido analisadas, na maioria das vezes, a partir de *visão retrospectiva*, ou seja, para se decidir *posteriormente* à designação judicial no conflituoso ambiente do incidente de remoção da inventariança.[386]

Os arts. 1.735 e 1.736 do CC e 21 da Lei n. 11.101/2005 apontam, no entanto, que a análise deve ser feita de *forma prospectiva*, isto é, projetando os embaraços que a eleição pode causar no caso concreto, notadamente em se tratando da análise dos conflitos de interesses e da capacidade/probidade administrativa dos candidatos. Tal postura preventiva será de grande utilidade para se evitar a ocorrência de ilícito na administração na herança e/ou condução nociva do espólio, de modo que a aplicação (adequada) do art. 617 é peça chave para o desfecho exitoso do inventário sucessório.

6. Escolhas do rol do art. 617

A escolha dos figurantes do rol do art. 617 deve ser feita de forma estancada e coerente com as premissas já fixadas.

6.1 Cônjuge/companheiro sobrevivente que convivia com o falecido

O cônjuge/companheiro supérstite pode ser nomeado inventariante independentemente do regime de bens a que se vinculava com o falecido. Exige o texto da lei que estivesse "convivendo" com o de *cujus* ao tempo do falecimento, "convivência" esta que deve ser traduzida como inexistência de separação jurídica ou fática que deu fim ao casamento ou à união estável. Logo, a legitimidade ampla do art. 616, I, para instaurar o inventário *causa mortis* (que

385 Vide item específico sobre o tema adiante.

386 Em exemplo: "(...) a remoção do inventariante foi justificada pelo intenso dissenso entre a maioria dos herdeiros e explícito conflito de interesses entre o inventariante e o espólio (...) mencionando também desídia na condução do inventário (andamento lento sem perspectiva de solução) e acusações de condutas graves na condução do cargo (utilização do acervo patrimonial para se enriquecer ilicitamente)" (STJ, 4ª Turma, AgInt no REsp 1.294.831/MG, j. 06/06/2017, *DJ* 20/06/2017).

açambarca o ex-cônjuge e o ex-companheiro que não foram contemplados com a partilha dos bens em comunhão) não é refletida no dispositivo em análise, pois este reclama a ocorrência de situação fática (*convivência ao tempo do óbito*).

As diferenças presentes no direito material à época do CPC de 1973 (em relação ao da entrada em vigor do diploma atual) podem impactar na escolha do cônjuge/companheiro sobrevivente como primeira opção no rol de referência do art. 617. Todavia, mesmo com pulsantes mudanças no cenário jurídico, entendeu-se pela manutenção do sobrevivo da relação conjugal/convivência como predileto no modelo de escolhas (= *rol de referência*) para a inventariança. Com efeito, a convivência à época do falecimento cria, em favor do cônjuge/companheiro sobrevivente, quadro presumido de *composse*, que está presente na administração provisória (art. 1.797 do CC). A convivência permite – ao menos de forma presumida – que o cônjuge/companheiro supérstite tenha mais condições de obter informações acerca das relações jurídicas do falecido que interessam ao inventário *causa mortis*.[387-388]

387 No sentido: Hamilton de Moraes Barros *Comentários ao Código de Processo Civil*, v. IX, p. 214.

388 Há um detalhe que, mesmo em nota de roda pé, merece ser registrado. O art. 617, I, do CPC exige a *convivência* como situação fática tanto ao cônjuge sobrevivente como em relação ao companheiro sobrevivo, muito embora o casamento e a união estável, enquanto institutos, não possuam modulações idênticas. Às claras, da comparação dos arts. 1.566 e 1.724 do CC, tem-se que a lei apenas trata como dever dos cônjuges a vida em comum, a ser exercitada no domicílio conjugal (art. 1.566, II), nada trazendo a respeito da união estável. Dessa forma, a partir da interpretação conjunta dos dispositivos, formou-se posição de que a coabitação não é requisito para a união estável, sendo aplicável apenas ao casamento. No sentido: STJ, 4ª Turma, REsp 474.962/SP, j. 23/09/2003, *DJ* 01/03/2004; 3ª Turma, REsp 275.839/SP, j. 02/10/2008, *DJ* 23/10/2008; 3ª Turma, REsp 1.107.192/PR, j. 20/04/2008, *DJ* 27/05/2010; AgRg no AREsp 59.256/SP, 3ª Turma, j. 18/09/2012, *DJ* 04/10/2012. Há complexo quadro de diálogo entre os institutos do casamento e da união estável, em que a última não pode ser reduzida a gabarito de *casamento de fato*. Não é por acaso que a legislação trabalha com a ideia de *conversão* da união estável em casamento, ou seja, parte do ideário de dois tipos de relação jurídicas distintas (art. 1.726 do CC), em que se admite a mutação de regimes jurídicos. A legislação trabalha, pois, com dualidade de tratamento em que extraem pontos de contato e de distância, cuja análise deverá ser pontual e sistêmica, a fim de desvendar se determinado assunto admite solução comum ou reclama definição singular. Assim, retornando aos trilhos do art. 617, I, a exigência da *convivência* que consta no dispositivo está justificada pela ocorrência de *posse comum* (que propiciaria melhor administração da herança, já que seria a continuação de postura fática já assumida em vida) e na possibilidade de colheita de informações com mais facilidade, pouco importando, portanto, se o sobrevivente era cônjuge ou companheiro do falecido. O que é relevante é a posição pretérita do sobrevivo acerca do exercício fático sobre

O art. 617, I, não traça contornos sobre como se efetiva a convivência, muito menos apresenta desenho que indique algum tipo de prazo temporal caso tenha ocorrido separação de fato, situação que não é de todo incomum, inclusive com hipóteses de superação do afastamento, com reaproximação e estabilização da relação. Note-se que a lei civil, em seu art. 1.830, faz alusão ao reconhecimento de direito sucessório de cônjuge sobrevivente se, ao tempo da morte do outro, não estavam separados judicialmente, nem separados de fato há mais de dois anos.[389] Não se pode, contudo, confundir o foco do art. 1.830 do CC (manutenção da qualidade de herdeiro) com o espectro do art. 617, I, na medida em que este não busca catalogar o cônjuge/companheiro sobrevivente como "herdeiro", mas tão somente em situação fática indicativa de que tal personagem está na *administração dos bens deixados pelo autor da herança*. Assim, a separação (de fato ou por decisão judicial) é contrária ao cenário que é apontado na legislação processual (= *convivência*), pois retira a presunção de que o cônjuge/companheiro supérstite está na posse dos bens do espólio.[390]

---

o patrimônio daquele que faleceu. Logo, ainda que se admita a união estável sem coabitação, tal fato pode corroer a nomeação do companheiro em tal situação fática como inventariante, pois se o falecido tinha domicílio que não era compartilhado com efetiva composse do sobrevivente, as justificas do art. 617, I, estarão esvaziadas. Em arremate, a aferição da *convivência* para o dispositivo em foco será semelhante para o casamento e a união estável, entendo-se esta como situação fática que indique que o sobrevivente tinha posse comum dos bens do falecido, pouco importando que a titularidade fosse apenas daquele que veio a óbito. Portanto, é admissível que cônjuge/companheiro sobrevivente possa comprovar que convivia com o autor da herança à época do falecimento, mas que, nada obstante tal fato, não tinha sobre seu poder a posse dos bens que envolvem o acervo possessório. Tal cenário, *a priori*, poderá descartar o companheiro sobrevivo da inventariança, pois faltará encaixe à lógica da bandeja do art. 617, I, do CPC (*composse* dos bens).

389 O art. 1.830 do CC é marcado por conter redação não muito clara, destacando-se, no sentido, que faz menção à culpa quanto ao rompimento da relação, em desacordo ao sistema atual, em que ocorre, em regra, sem que seja analisada qualquer tipo de conduta culposa dos cônjuges/companheiros. Pior ainda, o dispositivo citado adota texto obscuro que permite projetar a análise de culpa não só para o cônjuge/companheiro, como também para aquele que faleceu.

390 Como posto no corpo do texto, a separação jurídica ou fática da relação conjugal ou de convivência são indicativos de que o sobrevivente não está na posse e administração dos bens alcançados pela abertura da sucessão, fato este que poderá ceder diante da própria realidade pontual, uma vez que, mesmo após a separação ex-cônjuges/companheiros poderão ter a posse comum dos bens, postura esta que se dá não mais como partícipes da relação familiar em si, mas como condôminos de fato de bens comuns. Por exemplo, os cônjuges/companheiros que possuem como patrimônio comum três imóveis e, após separação de fato, cada qual se aloca em um deles, fixando-se a residência respectiva. O terceiro imóvel, seguindo a ilustração, é alugado, repartindo os cônjuges/companheiros (até o óbito) os valores auferidos a tal título. No exemplo, ocorreu separação de fato em que não foi formalizada

Sendo assim, não se pode exigir o cumprimento do prazo do art. 1.830 (dois anos), pois a ruptura da convivência pode ter ocorrido em prazo muito inferior, situação que afastou o cônjuge/companheiro sobrevivente da administração dos bens do falecido.

Sem prejuízo do acima posto, consoante já anunciado em item anterior, para a designação do inventariante, não basta a observância daquele que possui faticamente as melhores condições para administrar a herança. O protagonista da inventariança deverá se postar – o quanto possível – fora das áreas de conflito instauradas após a abertura da sucessão, razão pela qual deve se descartar nomeação no sentido que adicione animosidade ou insegurança ao inventário *causa mortis*. O CPC vigente – ao conferir prioridade ao cônjuge/companheiro sobrevivente no *"rol de referência"* para designação como inventariante – seguiu a mesma rota dos textos originais dos arts. 1.579, do CC de 1916 e 469 do CPC de 1939 e 990 do CPC de 1973, sem que o legislador tenha se dado conta que presunções que sustentam tais dispositivos tenham sido severamente abaladas por mudanças legais ocorridas depois da segunda metade da década de 70.

Conforme já aduzido, o "cônjuge sobrevivente" perdeu a presumida posição de neutralidade a partir da mudança do regime legal para comunhão parcial (Lei n. 6.515/1977), já que o inventário *causa mortis* passou a ser palco de debates sobre a natureza de bens particulares e comuns, controvérsia esta também que ocorre nas partilhas vinculadas às separações judiciais e aos divórcios. Muito embora com agudos interesses no momento da arrecadação sucessória, tendo em vista que, em tal etapa, deve se definir quais são os bens particulares de cada cônjuge, assim como os que são alcançados pela meação, a administração da herança continuou a ser confiada ao cônjuge sobrevivo. Ademais, as áreas de interesse do cônjuge sobrevivente no inventário *causa mortis* ficaram mais acentuadas depois da entrada em vigor do CC de 2002, pois esse passou a contemplar aquele como herdeiro em concorrência com os herdeiros do falecido (art. 1.829, I), estrutura aplicável também ao companheiro (arts. 1.790), ainda que com algumas diferenças (mais tarde dissipadas pelo STF no julgamento do RE 646.721/RS e do RE 878.694/MG).

Dessa forma, bases do CPC de 1973 ainda estão inseridas no atual art. 617, I, muito embora as estruturas de direito material tenham se alterado subs-

partilha, mas os bens continuaram em condomínio, ou seja, o sobrevivente participava da administração patrimonial, mesmo com o rompimento da relação familiar. A exemplificação, contudo, narra hipótese que foge da presunção que sempre foi seguida pela legislação nacional e que, novamente, está plasmada no art. 617, qual seja, a convivência como tradução da administração comum.

tancialmente. A administração comum que justificava a inventariança em 1973 decorria da composse advinda do regime de comunhão universal, que colocava o cônjuge sobrevivente como condômino do falecido. Sob tal perspectiva, o inventário *causa mortis* era o ambiente em que a relação condominial entre os cônjuges – após o falecimento de um deles – seria desfeita, sendo que a parte referente ao que foi a óbito seria partilhada pelos herdeiros (rol em que o cônjuge não era posto em concorrência). Como o casamento formava ambiente de bens comuns, havia também a presunção de que o cônjuge sobrevivente teria interesse e condições de prestar as informações, pois o seu quinhão dependia do dimensionamento condominial. Com a mudança do regime legal pela Lei n. 6.515/77 (que passou a ser o da "comunhão parcial de bens"), a presunção de que o cônjuge sobrevivente terá condições de administrar melhor o patrimônio sucessório e terá mais informações sobre o acervo hereditário não decorre mais da "propriedade" (= *titularidade*) pretérita em comunhão com o falecido, mas de eventual posse que tenha exercido sobre bens comuns e também os alheios, ou seja, aqueles que entram na comunhão e aqueles tidos como particulares do falecido, com o detalhe que, sobre os últimos, a depender do regime de bens, o sobrevivo participará da disputa.[391]

A posição "privilegiada" do cônjuge/companheiro sobrevivente como a pessoa que está na posse e administração dos bens não pode ser levada à análise cega (como sugere a leitura literal do art. 617), pois há clara ambiência para agudos conflitos deste com outros interessados na herança, de modo que a condução do inventário por tal personagem fica em xeque quando há animosidades acerca da sua designação como inventariante. Surgindo disputas nervosas entre o cônjuge/companheiro sobrevivente no âmbito do inventário *causa mortis*, a melhor solução é o descarte deste como inventariante, com a convocação para que as partes elejam nome de consenso ou, se não for assim possível, que o juiz designe pessoa estranha às áreas de conflito. A solução

391 Sem dúvida, as presunções de outrora aplicadas ao CPC de 1973 foram sendo enfraquecidas, uma vez que, se a regra é de aplicação do regime da comunhão parcial de bens, abre-se espaço para conflitos de interesse na fixação da meação. Basta pensar que, se o cônjuge sobrevivente, como inventariante, apartar determinados bens, indicando que estes são de sua titularidade exclusiva, invocando-os como bens particulares adquiridos por sub-rogação (art. 1.659, I e II, do CC), haverá a exclusão destes do monte hereditário. De outra banda, poderá o cônjuge sobrevivente deliberar que determinado bem particular que está na titularidade exclusiva do falecido, na sua visão, está alcançado pela comunhão patrimonial em vida, autorizando-se, assim, a meação (art. 1.660, I, do CC). Fora isso, o inventariante pode ter de disputar com herdeiro a acomodação de quinhão na parte dos bens particulares, pois estes, a depender da hipótese, podem concorrem no mesmo espaço (art. 1.829, I, do CC).

última pode se efetuar por meio de nomeação de outro legitimado, desde que a escolha também não desencadeie outra situação de interesse em conflito. Não sendo possível nomear inventariante que esteja no rol dos legitimados que se beneficiam com a abertura da sucessão, sem que tal fato não importe também em conflito de interesses, o juiz poderá designar pessoa estranha ao inventário *causa mortis* (art. 617, VII e VIII).

Saliente-se que, a partir do cenário acima posto, o descarte do cônjuge/companheiro sobrevivente para a inventariança deverá advir da aferição de conflituosidade concreta, e não apenas abstrata, pois é perfeitamente possível que, mesmo com zonas de interesse pessoal, os demais interessados na herança não se oponham ao exercício da inventariança por tal ator (ou por outro legitimado que esteja em tal situação).

De toda sorte, não se pode esquecer, ainda, que a projeção de inventariança exercitada com eficiência também faz a análise acerca da *capacidade* da pessoa que será nomeada, não se afastando o cônjuge/companheiro sobrevivente de tal quadro. Com a evolução da sociedade, as titularidades e relações jurídicas atuais são bem diversas das presentes com pujança na década de 70, situação crítica que necessita ser levada em consideração quando da designação de inventariante, pois o nomeado deve ter aptidões para o desenvolvimento adequado do labor. Dessa forma, o grau de complexidade que o administrador da herança enfrentará em decorrência das peculiaridades do acervo hereditário (que admitirá grandes variantes a partir do caso concreto) precisa ser projetado para análise quanto à capacidade administrativa das pessoas que podem ocupar a inventariança. Tal fato, repita-se, não é diferente em relação ao cônjuge/companheiro sobrevivo, até porque podem estar presentes fatos íntimos a este (por exemplo, idade avançada e/ou pouco conhecimento negocial) que podem descredenciá-lo do exercício das funções em determinados inventários *causa mortis*, marcados por multiplicidades de relações patrimoniais, muitas destas de natureza singular (em ilustração, administração de produção agrícola e/ou de fundos de crédito).

Diante do exposto, a designação do cônjuge/companheiro sobrevivente (ainda que demonstrada a convivência com o autor da herança) não é automática, sendo certo que diversos fatores deverão ser ponderados, destacando-se, no sentido, a análise das áreas de interesse pessoal em contraste com a de outros interessados, bem como o nível de conflituosidade que a designação causa e a própria capacidade para a empreitada. Por tais motivos – mais uma vez retornando aos itens iniciais – é capital que os ditames dos arts. 1.735 e 1.736 do CC (aplicáveis à designação de tutor) e o art. 21 da Lei n. 11.101/2005 (voltado à falência e à recuperação judicial) sejam adaptados para aplicação na nomeação do inventariante, qualquer que seja hipótese, inclusive em se tratando de cônjuge/companheiro sobrevivente supérstite.

6.2 Herdeiro que se achar na posse e administração do espólio

Seguindo-se no "rol de referência" do art. 617, o seu inciso II prevê que, em caso de inexistência de cônjuge ou companheiro sobrevivente ou se estes não puderem ser nomeados, a designação deverá recair sobre o herdeiro que se achar na posse e na administração do espólio. Igualmente ao que ocorre em relação ao cônjuge/companheiro sobrevivo, não bastará apenas que o herdeiro esteja na posse e na administração do espólio para que seja designado inventariante, pois há elementos outros que devem ser levados em consideração, em que se destacam: (a) áreas de interesse em disputa com outros interessados; (b) a animosidade que sua nomeação pode causar; e (c) a capacidade de administração de bens. Trata-se, pois, de requisitos comuns a qualquer ator que se candidate à inventariança, que guarda observação ainda à importação adaptada dos arts. arts. 1.735 e 1.736 do CC e 21 da Lei n. 11.101/2005.

Analisando o próprio texto do art. 617, II, tem-se que não foi feita qualquer diferenciação acerca de tipologia da figura, pois o que interessa para o dispositivo é a identificação de pessoa que se encontre na posição jurídica de *herdeiro* e que esteja exercendo a posse e a administração do espólio, pouco importando se este se encaixa como de natureza *"necessária"*, *"legítima"* ou *"testamentária"*.

Há aparente descompasso do art. 617, II, com os arts. 1.784 e 1.791, parágrafo único, do CC, que indicam que, depois de aberta a sucessão, a propriedade e a posse são imediatamente transferidas aos herdeiros. Interpretação literal dos dispositivos da lei civil levaria à conclusão de que todos os herdeiros estão abarcados pelo dispositivo comentado, já que a posse em favor destes é uma consequência natural da *saisine*. A afirmação, no entanto, é falsa, pois *a posse reclamada para a inventariança é de natureza fática*, não se limitando àquela decorrente da *saisine*, bastando observar que há conjugação desta (posse indireta) com a administração do espólio (posse direta).[392]

Em verdade, a comunicação mais adequada do art. 617, II, se faz com o disposto no art. 1.797, II, do CC, que trata da administração provisória. Pode-se extrair do aludido dispositivo que o herdeiro que se postou como administrador provisório, tendo posse dos bens do espólio, se candidata entre tal grupo (coerdeiros) como candidato natural para exercer a inventariança. Indo mais além, caso se verifique que a administração provisória pelo herdeiro resulta da própria dinâmica fática, não tendo o cônjuge/companheiro sobrevivente convivido com o falecido à época do óbito e, portanto, não tendo

392 Correto Hamilton de Moraes Barros: "A posse, que dá preferência ao herdeiro para o encargo é a posse direta, imediata, pois que a indireta, ou mediata, em consequência da morte do inventariado se transmite também e desde logo a outros herdeiros" (*Comentários ao Código de Processo Civil*, v. IX, p. 215).

ocupado a gestão do espólio, a nomeação do último, apesar de fixada como preferencial no art. 617, I, não terá espaço, vez que a sua coexistência familiar com o autor da herança não resultou em espelho na administração do espólio.

Observa-se que texto do art. 617, II, trabalha com a premissa de que a posse e a administração da herança estarão sendo exercidas por apenas um herdeiro. Diferentemente, o art. 1.797, II, do CC prevê a possibilidade de que mais de um herdeiro se coloque em tais condições, devendo, em tal hipótese, assumir a administração provisória o "mais velho". A solução para administração provisória acima citada precisa ser compreendida na essência, até porque segue linha que não era a adotada pelo CC de 1916 em relação à nomeação de herdeiro como inventariante, cuja preferência, em caso de mais de um estar exercendo a "posse corporal" e "a administração dos bens", deveria recair naquele com mais "idoneidade" (art. 1.579, §§ 2º e 3º). Seja como for, a análise geral dos dispositivos revela que, para a administração da herança (tanto provisória, como pela inventariança), a legislação projeta labor singular, ou seja, exercido apenas por uma pessoa.[393]

Ocorre que a administração dos bens do espólio poderá ficar, ao menos no plano fático, pulverizada. O disposto no art. 2.020 do CC ratifica tal possibilidade, pois esse prevê o exercício da posse dos bens da herança por várias pessoas (herdeiros, cônjuge/companheiro e inventariante), de modo que cada um responderá junto ao espólio pela administração respectiva dos bens que estão sob sua esfera possessória.[394] O quadro, além de apontar pela possibilidade de nomeação de mais de um inventariante, revela que a solução do art. 1.797, II, do CC de escolha de herdeiro mais velho (ainda que no âmbito da administração provisória), pode não ser a melhor opção. É necessário não só interpretar corretamente o dispositivo citado, pois a definição pelo herdeiro mais velho aponta, na realidade, para que a nomeação seja feita na pessoa com mais *experiência*, buscando-se critério de *aptidão para gestão*. Isso porque a designação do herdeiro de maior idade, em interpretação puramente literal, pode ser a mais nociva ao espólio, na medida em que poderá ter menos força de trabalho, em decorrência justamente de idade mais avançada.[395]

---

393 Vide item adiante, acerca da possibilidade de inventariança plúrima.

394 Ademais, o art. 614 (aplicável aos poderes de gestão do administrador provisório) possui texto muito próximo ao que consta no citado art. 2.020, situação indicativa da possibilidade de fragmentação da posse dos bens do espólio.

395 Próximo, Hamilton de Moraes Barros defende que: "A preferência natural e lógica é pelo mais velho onde se presume maior experiência. Pode acontecer que a idade maior contra-indique o herdeiro para o encargo, pois que, o trabalhoso, exige forças e a atividades que já mais não tenha. Mais uma vez, é o caso concreto que ditará a melhor escolha" (*Comentários ao Código de Processo Civil*, v. IX, p. 216).

Buscando outros referenciais, em caso de posse compartilhada por mais de um herdeiro (ou até outros interessados na herança) é possível se importar regras aplicáveis ao condomínio, conforme dita, inclusive, o art. 1.791, parágrafo, do CC. Às claras, em tal tipo de relação, faz-se importante observar a proporção dos quinhões para diversos atos de administração, como se percebe, por exemplo, do disposto nos arts. 1.315, 1.320 e 1.325 do CC. Dessa forma, caso a opção seja de nomeação de apenas uma pessoa como inventariante, não é desarrazoado cogitar que se use, como critério, o dimensionamento das áreas cobertas pelo exercício possessório em relação à superfície da herança por cada herdeiro, adaptando-se a ideia de proporção de quinhões. Com outros termos, estando a posse e a administração do acervo do espólio sendo exercida por mais de um herdeiro de forma fragmentada, a extensão respectiva à posse de cada um poderá ser utilizada como fator de definição da inventariança.

Por fim, consoante já alertado, mesmo que o herdeiro esteja na posse e administração dos bens do espólio, deve ser analisado pelo juiz para a designação do art. 617, II, no caso concreto, não só a capacidade daquele de administrar o acervo hereditário, mas também do seu envolvimento com eventuais áreas de conflito de interesses (por exemplo, descendente que, ao longo da vida do autor da herança, recebeu várias doações e terá que efetuar a colação), pois a animosidade em alto grau cria ambiente indesejável no inventário *causa mortis*.

6.3 Herdeiro sem posse ou administração do espólio

O art. 617, III, trabalha com nomeação de pessoa que não ocupou a administração provisória anteriormente, assumindo a inventariança sem ter passado pela gestão precária. Dessa forma, em regra, o art. 617, III, terá espaço em dois cenários pretéritos, quais sejam: (a) não ocorrência de administração provisória anterior por cônjuge/companheiro sobrevivo ou herdeiro; (b) necessidade de designação de pessoa diversa da que se postou como administrador provisório.

Apesar da dicção legal analisada informar que a designação para a inventariança pode recair a "qualquer herdeiro", é intuitivo que a escolha recairá sobre herdeiro com *capacidade civil*. Para tanto, basta observar a sequência de incisos do art. 617, pois o inciso III antecede o inciso IV que admite (de forma especial) a nomeação do *herdeiro incapaz* por inventariante. A inventariança é, por essência, ato personalíssimo, muito embora tal concepção tenha sido excepcionada pela abertura do inciso IV (que passou a admitir a inventariança do "herdeiro menor", por representação legal). Todavia, a preferência pelos civilmente capazes não se apega apenas à natureza personalíssima, mas também à presunção de aptidão que militará em prol do grupo de herdeiros com capacidade plena. Há, portanto, filtro inicial com base na *capacidade civil*, preferindo-se aqueles que não tenham restrição no sentido.[396]

Acrescenta-se que não há boa comunicação do art. 617, III, com o art. 1.797, III, do CC, pois, no confronto entre os dispositivos, tem-se que, para nomeação de inventariante, a legislação processual privilegia o herdeiro que não exercia a posse da herança, ou seja, prega designação em detrimento ao testamenteiro que assumiu a administração provisória, na forma da lei civil. Analisando o rol do art. 617, extrai-se que, se seguida a ordem ali fixada, o testamenteiro somente assumirá a inventariança se o falecido não deixar nenhum tipo de herdeiro, bastando, pois, notar a cronologia do art. 617, II-V. O deslize fica mais evidenciado quando o artigo comentado recebe análise com o art. 1.977, que prevê que o testador pode conceder a posse e a administração da herança (total ou parcialmente) ao testamenteiro em caso de *inexistência de cônjuge/companheiro sobrevivo e/ou herdeiro(s) necessário(s)*. No ponto, ao se trazer o art. 1.977 para o ventre do art. 617, III – diante do complexo sistema protetivo que envolve a legítima – afigura-se que é intuitivo que os herdeiros necessários sejam colocados em posição de prioridade em relação aos demais herdeiros, seguindo-se a ordem com os testamentários (por serem inclusos na sucessão por força da vontade do testador) e os legítimos (que, residualmente, foram mantidos por força da lei, sem exclusão, ainda que tácita, em testamento).[397]

As regras de concorrência para a inventariança acima são orientações que podem ceder às circunstâncias fáticas, das quais não se afastam os predicados positivos e negativos dos herdeiros para administrar o espólio. Registre-se (mais uma vez) que o art. 617 trabalha com presunções que geram *referências* ao intérprete, mas estas podem ceder em razão das variáveis que envolvem o acervo hereditário e aspectos subjetivos ligados aos legitimados à inventariança.[398] É ingênuo pensar que, com a complexidade das relações jurídicas atuais, o legislador possa previamente fixar com precisão fórmulas que assegurem a

396 Parecendo concordar (ainda que com abordagem mais genérica): Francisco José Cahali e Renato Santos Piccolomini de Azevedo, *Código de Processo Civil anotado*, p. 873.

397 A proposição, de certa forma, encontra eco em Hamilton de Moraes Barros, que defende que, na escolha da inventariança, o "herdeiro mais próximo prefere ao remoto" (*Comentários ao Código de Processo Civil*, v. IX, p. 216).

398 Em ilustração, o ascendente do falecido é herdeiro necessário com capacidade plena, surgindo concorrência com determinada pessoa sem parentesco, também com capacidade plena, que se posiciona como herdeiro testamentário. Ocorre que o ascendente, além de idade avançada, não detém familiaridade com administração patrimonial, ao contrário do herdeiro testamentário que comprova ter experiência no sentido, inclusive, em relação à gestão patrimonial de bens semelhantes aos que compõem a maior parte do monte (por exemplo, administração de imóveis rurais).

melhor escolha para a inventariança. Coube a este traçar o rol de referência (art. 617), que reflete as presunções adotadas, sendo tarefa do intérprete, no caso concreto, adotar a melhor solução, postura que reclama análises que extrapolam o direito processual.

6.4 Herdeiro menor (= *incapaz*), por seu representante legal

A hipótese do art. 617, IV, não possui correspondente no código revogado. Trata-se de inovação que afasta um dos pilares da inventariança, pois vigia o entendimento de que esta tinha natureza personalíssima e, portanto, que deveria ser exercida diretamente pela pessoa designada, sem a possibilidade de representação legal.[399] Sem prejuízo, como a inventariança exige capacidade civil, no caso de nomeação de herdeiro tido como incapaz, será necessária a representação legal.[400]

Há deslize imperdoável no texto do art. 617, IV, por fazer alusão apenas ao "herdeiro menor". A correta interpretação do dispositivo indica que a nomeação envolve o "herdeiro incapaz", e não tão somente situação cuja incapacidade decorra da menoridade. No particular, deve-se aproximar o art. 617, IV, do disposto no art. 616, VII, que faz alusão ao "herdeiro incapaz".[401]

A representação legal (necessária ao *suprimento da capacidade*) cria *relação dual de pessoas* (herdeiro e representante legal), fato que não pode ser desprezado. Com efeito, todas as análises que são feitas em relação à designação do inventariante (tais como capacidade de gestão e envolvimento em áreas de conflito) deverão ser ponderadas com foco no seu representante legal, pois será este que, de fato, administrará do espólio. Há de se analisar, inclusive, se há algum tipo embate de interesses entre o representante legal com o próprio herdeiro incapaz que desautorize a nomeação para inventariante, pois, assim ocorrendo, a designação deverá ser descartada.[402]

---

399 No sentido: "Herdeiro menor ou incapaz não pode ser nomeado inventariante (...) a função de inventariante é personalíssima" (STJ, 3ª Turma, REsp 658.831/RS, j. 15/12/2005, *DJ* 01/02/2006, p. 537).

400 Igualmente: Daniel Amorim Assumpção Neves, *Novo Código de Processo Civil comentado*, p. 1.059.

401 Note-se, ainda, que o art. 616 do CPC também faz alusão ao herdeiro *incapaz* e não apenas ao *menor*, em relação à participação do Ministério Público (art. 178, II).

402 Por exemplo, o autor da herança deixa como herdeiro um menor incapaz que, seguindo a letra da lei, será representado pelo genitor sobrevivente. Ocorre que o representante legal do herdeiro incapaz, por direito próprio, também possui interesse direto no inventário *causa mortis*, pois, seguindo na ilustração, teve com o autor da herança pretérito vínculo de união estável, que se findou por separação de fato e sem que tivesse ocorrido a apuração dos bens que foram alcançados pela comunhão patrimonial. Assim, na exemplificação, apesar da possibilidade de nome-

6.5 Legatário (figura esquecida no rol do art. 617)

O CPC de 2015 inovou ao prever, no art. 617, VI, a possibilidade de o cessionário do herdeiro ou do legatário assumir a função de inventariante, uma vez que, na codificação revogada, não havia tal permissivo legal, limitando-se à legitimação a prever instauração do inventário *causa mortis* (art. 988, V), regramento este repetido no art. 616, V, do diploma atual. Ocorre que apenas o cessionário do legatário está arrolado como legitimado para a inventariança, não estando o *próprio legatário* credenciado com igual legitimidade. Repita-se, há previsão de legitimação para o cessionário do legatário, muito embora o cedente (legatário) não esteja presente no rol do art. 617. Trata-se de bisonho cochilo legislativo que, todavia, não retira a legitimidade do legatário para atuar como inventariante. Sem rebuços, o perfil e os próprios interesses do legatário credenciam a sua atuação na inventariança, até porque o cumprimento do legado demandará a liquidação da herança.

6.6 Testamenteiro

O art. 617, V, do CPC, em cópia ao disposto no inciso IV do art. 990 do CPC de 1973, prevê duas hipóteses em que o testamenteiro funcionará como inventariante, a saber: (i) ter sido confiada a administração do espólio a ele e (ii) a herança estiver distribuída em legados.

---

ação do herdeiro menor como inventariante, seu representante legal tem interesse pessoal na apuração da comunhão patrimonial respectiva à união estável que teve com o falecido, a fim de que a partilha se dê no ventre do inventário *causa mortis*. Quanto maior for a área da comunhão patrimonial com o ex-companheiro (representante legal), menor será a superfície da herança para o herdeiro incapaz (representado). Assim, a apuração feita pelo inventariante estará em área conflituosa dos interesses do representante e do representado. Note-se que como o inciso V do art. 617 é uma novidade no CPC 2015, o art. 671, II, (por reproduzir cabalmente o art. 1.042 do CPC de 1973) não cogitou que a colisão de interesses entre o herdeiro incapaz e o seu representante legal pudesse envolver a designação da inventariança. A hipótese aqui versada não envolve conflito de interesses entre o incapaz e o seu representante legal por concorrência na partilha que, na forma plasmada no art. 671, II, do CPC, seria resolvida com a nomeação de curador em favor do incapaz. Com apoio nas disposições que norteiam a designação de tutor, a nomeação para a inventariança no caso ilustrado deverá ser bloqueada, aplicando-se a inteligência da parte final do art. 1.735, II, do CC, haja vista que a tutela (= *inventariança*), não pode ser exercida por aquele que tiver que fazer valer direito pessoal contra o tutelado (= *representado*). No exemplo fixado, o herdeiro incapaz se submete à definição prévia, no seio do inventário, de resolução patrimonial que interessa ao seu representante legal e que poderá diminuir o resultado da herança a seu favor, não sendo certo que a solução prevista no art. 671, II, do CPC terá suporte para proteger os interesses do representado.

O art. 617, V, do CPC parte da concepção de que o testamenteiro nomeado pelo testador, para funcionar como inventariante, será pessoa estranha à sucessão. Caso o testamenteiro se encaixe em alguma das hipóteses dos incisos I, II, III, IV ou VI do art. 617, a análise se dará de forma conjugada e não apenas como foco na designação testamentária para a função de inventariante. Isso porque a presunção de neutralidade em favor do testamenteiro (como pessoa que não tem interesse direto na herança) cederá se este também for personagem que tenha interesse patrimonial no desfecho do inventário sucessório, tendo em vista a possibilidade de se verificar conflito no sentido.[403]

A nomeação do testamenteiro como inventariante está tratada tanto no CPC quanto no CC, extraindo comunicação ruidosa entre as codificações. No sentido, embora não conste, no dispositivo comentado, nenhum tipo de restrição, ao se aplicar a parte final do art. 1.977 do CC, o testador sofrerá limitação para designar o testamenteiro como administrador do espólio, pois somente poderá fazê-lo se a sucessão não envolver herdeiros necessários e/ou atrair cônjuge/companheiro supérstite.[404] Em suma, como o art. 617, V, não traz qualquer alusão à vedação prevista no art. 1.977 da lei civil, cria-se ambiente de insegurança, pois não fica claro se houve a revogação da lei civil ou se os dispositivos necessitam de compulsória conjugação, o que esvaziaria em boa parte a disposição do CPC. A dualidade do art. 1.977 do CC com o art. 617, V, propicia a análise de antinomia e, considerando que o assunto é tratado por legislação com igual competência (art. 22, I, da CF de 1988) e sem especialidade marcante, o conflito de norma é resolvido pelo *critério cronológico*.[405] Assim, prevalece o dispositivo mais recente que, como é notório, trata-se do artigo do CPC em vigor.

Nada obstante a solução pragmática acima adotada, é importante que o art. 1.977 do CC seja contextualizado, pois a empreitada permite extrair ade-

403 Observe-se que, em algum grau, o legislador se preocupou com a ocorrência de conflito de interesses no duplo posicionamento de beneficiário da herança e exercício da função de testamenteiro, pois, a teor dos arts. 1.987 e 1.988, o herdeiro e o legatário que forem nomeados como testamenteiros terão de escolher se receberão a herança/legado ou a remuneração de testamenteiro ("prêmio"). A inteligência do dispositivo, por certo, se aplicará se o testamenteiro foi inventariante, não se admitindo o duplo benefício.

404 O texto do art. 1.977 é descuidado (ou no mínimo redundante). A dicotomia utilizada (cônjuge + herdeiro necessário) não leva em conta o disposto no art. 1.845 do CC (que fixa o cônjuge como herdeiro necessário) e, ademais, de forma injustificável, não faz alusão ao companheiro sobrevivente. Bem próximo: José Fernando Simão, *Código Civil comentado*, p. 1.534.

405 No sentido, vale lembrar que o "critério da temporalidade" tem sido aplicado para resolver os conflitos entre o CPC e o CC no direito sucessório. No sentido: STJ, 3ª Turma, REsp 1.698.638/RS, j. 14/05/2019, *DJ* 16/05/2019.

quada exegese do dispositivo. No particular, deve ser destacado que a parte final do art 1.977 é incoerente ao regime de autonomia do testador que está presente no atual Código Civil. Com efeito, o art. 2.014 do CC permite que o autor do testamento indique os bens e valores que devem compor os quinhões hereditários, deliberando ele próprio a partilha, que prevalecerá, salvo se o valor dos bens não corresponder às quotas estabelecidas. Fundamental observar, no ponto, que o art. 2.014 não reproduz nenhuma regra do revogado CC de 1916, podendo ser visto como dispositivo que sinaliza que a lei civil atual aumentou os poderes de disposição do testador. Observa-se, ainda, que o art. 2.014 não faz ressalva de sua aplicação em relação à área indisponível (que alcançaria os herdeiros necessários – arts. 1.845-1.846 do CC), postura adotada expressamente pelo art. 1.977. Dessa forma, analisando a inovação inserida no CC, extrai-se que, na codificação atual, o testador possui mais autonomia para redigir as disposições testamentárias, posição esta que não foi acompanhada pelo art. 1.977 (que repete o texto do art. 1.754 do CC de 1916).

Aplicando-se literalmente os arts. 1.977 e 2.014 do CC, no mesmo testamento, o testador poderá *indicar os bens e valores que devem compor os quinhões hereditários, deliberando ele próprio a partilha*, mas o autor da dita disposição testamentária não terá permissão para escolher livremente a pessoa para dar cumprimento à partilha (inventariante), em hipótese que o processo sucessório estaria praticamente resolvido. Com outras palavras, restaria admitida a definição integral da partilha de forma antecipada no testamento, mas o testador não poderia nomear pessoa para funcionar como inventariante, caso deixe herdeiros necessários e/ou cônjuge/companheiro sobrevivo. Dessa forma, há contradição interna no âmbito do CC (que tem como pano de fundo a autonomia do testador) que ratifica a antinomia entre o art. 617, V, com o art. 1.977 do CC. Percebe-se, no particular, que o art. 2.014 (repita-se, uma novidade do CC) não possui rusga com o art. 617, V, diferentemente do que se extrai com o diálogo deste com o art. 1.977 da lei civil.

Como várias vezes foi mencionado, o art. 617 contempla *rol de referência* voltando ao juiz, que somente será usado se os interessados não chegarem a um consenso quanto à pessoa que exercerá a inventariança, ou seja, o dispositivo traz elenco de *natureza residual* e voltado tão somente ao juiz quando não for manifestada a vontade dos interessados acerca da eleição do inventariante. Em assim sendo, da mesma forma que deve ser prestigiada a autonomia da vontade dos interessados na herança quanto à eleição do inventariante, esta também deve ser observada se for manifestada pelo autor da herança em disposição testamentária, até porque, em muitos casos, a designação será efetuada justamente para evitar controvérsias entre os beneficiários e atraídos pela herança. Tanto assim que, se a designação efetuada pelo testador, de modo diverso, gerar ambiente de aguda animosidade ou que abra espaço para conflitos de interesses, poderá o juiz efetuar a correção da eleição, não sendo vedada a nomeação judicial para a retificação do deslize do autor do testamento, fazendo-o mediante decisão fundamentada. Assim, a designação do testamenteiro como inventariante, confiando a este a administração do espólio, é um ato de vontade do autor da herança,[406] que somente poderá ser afastado judicialmente se houver justificativa plausível. A situação indica que o art. 617, V, na bem da verdade, não está sujeito a exame de ordem sequencial dos incisos anteriores. Se assim o fosse, os horizontes do testamenteiro como inventariante estariam drasticamente reduzidos, pois, em caso de presença de cônjuge/companheiro sobrevivente e/ou qualquer tipo de herdeiro na sucessão, a disposição testamentária de indicação de inventariante estaria superada.

Com base no disposto no art. 1.976 do CC, que admite que o testador nomeie um ou mais testamenteiros, conjuntos ou separados, para lhe darem cumprimento às disposições de última vontade, afigura-se viável que a designação plúrima alcance pessoa para, na qualidade de testamenteiro, exercer as funções de inventariante. Dessa forma, o autor do testamento pode nomear pessoas para cumprir partes específicas do testamento e, sem prejuízo, designar ator para que administre a herança até o desfecho do inventário *causa mortis*, isto é, para a inventariança. Unindo as ideias postas, deve-se admitir a possibilidade de o autor da herança não só nomear testamenteiro que funcione como inventariante, assim como que seja previamente designado *"protutor sucessório"*, isto é, pessoa que fiscalizará o exercício da inventariança.[407-408] Tal medida, caso adotada em disposição testamentária, poderá diminuir as desconfianças acerca do exercício da função do inventariante, fato natural quando o labor é efetuado por pessoa que, de alguma forma, é beneficiária ou interessada na herança.

---

406 A ponderação de Hamilton de Moraes Barros merece ser registrada: "Desde que nomeou testamenteiro e lhe deu a posse e a administração, é porque julgou mais credenciado, isto é, com maior idoneidade e qualificações, capaz de melhor desempenho" (*Comentários ao Código de Processo Civil*, V. XI, p. 217).

407 Tema tratado em item adiante.

408 Visão mais ampla permite que o autor da herança designe, em disposição testamentária, pessoas para auxiliar os trabalhos do testamenteiro e/ou do inventariante, providência de todo interessante quando o acervo hereditário açambarcar patrimônio de difícil administração, tais como os de grande flutuação (por exemplo: mercado de capitais e ações) ou que demandem conhecimento muito específico (por exemplo, exploração de marcas). Ainda que tais deliberações não sejam absolutas, até porque com a *saisine* haverá a transferência de titularidade (art. 1.784 do CC), não se pode perder de vista que os atos de liberalidade podem ser efetuados com restrições e encargos (vide arts. 553 e 1.713, § 3º, do CC), de modo que as disposições no sentido deverão ser analisadas nos casos concretos.

O art. 617, V, do CPC também determina que o testamenteiro será o inventariante caso toda a herança esteja distribuída em legados, repetindo o que está disposto no art. 1.990 do CC. Com efeito, para aplicar a segunda parte do inciso V do art. 617, com afirmação categórica de que o patrimônio do falecido foi todo dividido em legados, em interpretação literal, estar-se-á dizendo que aquele não tinha herdeiros[409] e toda a deliberação acerca dos bens está tratada pela sucessão testamentária em favor de legatários. Assim, nada mais natural do que confiar a inventariança ao testamenteiro, ainda que este não tenha sido indicado de forma expressa pelo testador como inventariante, pois a entrega dos legados decorre da obrigação do testamenteiro de cumprir o testamento (art. 1.980 do CC).[410]

Deve ser dito, contudo, que o texto do art. 1.990 do CC, além de tratar de situação que não é comum, não pode ser confundido com o que dispõe art. 2.014 do mesmo diploma, pois o último não trabalha com legado, mas com herança, por meio de partilha prévia de quinhões (com alocamento respectivo de bens a partir do valor destes). Logo, ao se aplicar o art. 2.014, não há divisão norteada pela individualidade dos bens, mas de partilha que é direcionada pelos quinhões hereditários que, posteriormente, serão complementados, preenchimento este que se fará com os bens devidamente avaliados. Em arremate, a partilha prévia autorizada pelo art. 2.014, em que o testador – a partir da arquitetura dos quinhões hereditários – delibera sobre os bens que serão destinados aos herdeiros, não os transforma em legatários, pois o direito deste quanto à quota hereditária se mantém. Tanto assim que será necessária intervenção se o valor dos bens não corresponder ao dimensionamento do quinhão em percentual sobre a herança.[411]

Como já dito em momento anterior, o art. 2.014 é uma inovação no âmbito do Código Civil, uma vez que não se encontra, na codificação revogada, nenhum dispositivo semelhante, ao contrário do que ocorre com o art. 1.990 (que tem como antecedente histórico o art. 1.769 do CC de 1916). O art. 617, V, do CPC reproduz a fórmula do art. 990, IV, do CPC de 1973, dispositivo este que se escora apenas no texto do CC de 1916, ou seja, com desenho (por motivo temporal), que apenas reconhece o art. 1.990, desconhecendo, assim, a existência do art. 2.014 do CC de 2002. Reitera-se que tal omissão não afasta a comunicação do art. 617, V, com o art. 2.014 do diploma

409 No sentido: HAMILTON DE MORAES BARROS, *Comentários ao Código de Processo Civil*, v. IX, p. 217; e JOSÉ FERNANDO SIMÃO, *Código Civil comentado*, p. 1.538.

410 Próximo: FRANCISCO JOSÉ CAHALI E RENATO SANTOS PICCOLOMINI DE AZEVEDO, *Código de Processo Civil anotado*, p. 875.

411 Semelhante: ZENO VELOSO, *Código Civil comentado*, p 1.946; e JOSÉ FERNANDO SIMÃO, *Código Civil comentado*, p. 1.550.

civil, pois o cumprimento da partilha desenhada pelo testador é, sem dúvida, atividade do testamenteiro, pois este está *obrigado a cumprir as disposições testamentárias* (art. 1.980 do CC). Portanto, o art. 2.014 do CC atual aumenta a área se aplicação do art. 617, V, a fim de que a inventariança seja efetuada pelo testamenteiro se o testador tiver desenhado a partilha sucessória por completo.

Nomeando-se o testamenteiro para atuar como inventariante, a função deverá ser remunerada, cabendo ao juiz verificar se na disposição testamentária o tema foi regulado pelo testador. Em caso negativo, o art. 1.987 do CC prevê que o arbitramento deverá ser feito com parâmetro de 1% (um por cento) até o teto de 5% (cinco por cento) sobre a herança líquida, velando-se em consideração a importância do acervo e a maior ou menor complexidade na execução do testamento. Às claras, a cumulação de funções (execução do testamento + inventariança) pode resultar em fixação mais ampla, alcançando o teto do art. 1.987 do CC. Se a pessoa indicada para funcionar como testamenteiro for herdeiro ou legatário, perderá este o direito à remuneração, exceto se renunciar o direito à herança ou ao legado (art. 1.988 do CC). Ademais, as regras aplicáveis aos honorários do inventariante dativo (tema adiante tratado) podem ser importadas com ajustes para a verba devida ao testamenteiro que assume o posto de inventariante.

6.7 Cessionário do herdeiro ou do legatário

O cessionário que adquire os direitos que estavam na órbita do herdeiro e/ou do legatário, que já tinha legitimidade para requerer a abertura do inventário (arts. 988, V, do CPC de 1973), tem agora também – por expressa autorização legal – a possibilidade de ser nomeado inventariante.[412] A legitimação afigura-se como ampla para qualquer espécie de cessionário vinculado aos direitos atrelados à abertura da sucessão, seja no plano da vocação legítima, seja no espectro da sucessão testamentária.[413-414]

412 O prestígio à posição do cessionário veio se consolidando. Tanto assim que a Resolução n. 35/2007 do CNJ, em seu art. 16, admite a promoção de inventário extrajudicial por cessionário de direitos hereditários, mesmo na hipótese de cessão de parte do acervo, desde que todos os herdeiros estejam presentes e concordes.

413 Há de se ponderar, portanto, sobre a legitimação do cessionário dos direitos da meação. Vide comentários ao art. 616.

414 Vale lembrar que a mesma pessoa pode estar posicionada no inventário *causa mortis* a partir de títulos distintos e, assim sendo, a cessão pode se limitar a determinada titularidade sucessória (por exemplo, a mesma pessoa pode figurar simultaneamente como herdeiro legítimo, testamentário e legatário). No sentido, aplica-se a inteligência do art. 1.808, § 2º, do CC, que trata da possibilidade da renúncia se limitar às áreas de cada posição jurídica, adaptando-se a regra à cessão. Vide comentários aos arts. 620 e 616.

O cessionário não se transforma em herdeiro ou legatário com a cessão, mas passa a ter posição jurídica patrimonial de interesse no desfecho positivo do inventário *causa mortis*,[415] legitimando-o não apenas para a sua instauração, mas também para sua administração. De toda sorte, como qualquer personagem candidato à função de inventariante, para a sua designação judicial é fundamental que o juízo sucessório esteja atento ao preenchimento do art. 617 com os ditames (transportados em adaptação) dos arts. 1.735 e 1.736 do CC e 21 da Lei n. 11.101/2005.

6.8 Inventariante judicial e o inventariante de "confiança do juiz"

As hipóteses previstas no art. 617, VII e VIII, são espécies da inventariança dativa (enquanto gênero), em que a designação ocorrerá de forma extraordinária pelo juiz, mediante decisão motivada, diante da impossibilidade de que a função seja exercida por aqueles que estão abarcados pelas regras de sucessão legítima e testamentária. Como o inventariante judicial (art. 617, VII) e o inventariante de "confiança do juiz" (art. 617, VIII) são figuras muito próximas, a análise de dará de forma conjunta, realçando-se as diferenças.

O inventariante judicial – para assim ser considerado – necessita de previsão na organização judiciária local,[416] tendo em vista a omissão da legislação processual no sentido, já que, seguindo o vácuo do diploma anterior, não consta no rol (exemplificativo) dos auxiliares da justiça do CPC (art. 149).[417] De todo modo, certo é que algumas lições aplicáveis aos auxiliares da justiça hão de ser transportadas ao inventariante judicial. Com efeito, seguindo o disposto no arts. 156, § 1º, e 167 (aplicáveis aos peritos, mediadores e conciliadores), é viável que seja efetuado cadastro nos Tribunais a que estejam vinculados. O cadastro (com acesso público) permitirá não só designação mais segura pelo juiz, como também facilitará a escolha consensual pelos interessados, até porque previamente poderão analisar questões envolvendo eventuais impedimentos ou suspeições.[418] A formação técnica do inventariante judicial e sua experiência são elementos relevantes à escolha, tendo em vista que o

415 No tema: Clóvis do Couto e Silva, *Comentários ao Código de Processo Civil*, v, IX, p. 287; Gerson Fischmann, *Comentários ao Código de Processo Civil*, v. 14, p. 56; e Nelson Rosenvald e Felipe Braga Netto, *Código Civil comentado*, p. 1.883. Vide comentários ao art. 616.

416 No sentido: Hamilton de Moraes Barros, *Comentários ao Código de Processo Civil*, v. IX, p. 218-219.

417 No sentido, fixando o entendimento de que o art. 149 possui textura exemplificativa, confira-se: Rodrigo Mazzei e Sarah Merçon-Vargas, *Novo CPC anotado e comparado*, p.188.

418 Vide art. 156, § 4º, CPC (aplicável aos conciliadores e mediadores judiciais).

acervo hereditário pode exigir aptidões de administração mais específicas. Mais ainda, havendo cadastro, será exercido controle de forma efetiva acerca da atuação do inventariante judicial, inclusive de exclusão em caso de atuação inadequada, tal qual ocorre em relação aos conciliadores e mediadores judiciais (art. 173 do CPC).[419]

Seguindo a linha acima posta, a designação de inventariante de "confiança do juiz" terá espaço quando não houver cadastro prévio de pessoas aptas ao exercício da inventariança, isto é, em caso de carência de listagem prévia e pública vinculada ao Tribunal no sentido, de forma semelhante ao que ocorre em relação à perícia (art. 156, § 5º, CPC)[420] ou, ainda, em caso extremos, se as pessoas listadas como inventariante judicial no cadastro tenham algum tipo de impedimento ou fato que possa ser visto como de colisão de interesses com os interessados na herança.[421]

Para a designação de inventariante dativo (qualquer que seja a modalidade) as aptidões técnicas da pessoa a ser nomeada deverão ser levadas em consideração, pois este trabalhará para que o inventário *causa mortis* tenha desfecho eficiente. No particular, os incisos VII e VIII do art. 617 devem ser arejados pelo disposto no art. 21 da Lei n. 11.101/2005, que prevê que o designado para funcionar como administrador judicial da recuperação judicial ou da falência deve ser *profissional idôneo*, em indicação a toda evidência de que a nomeação deverá recair não apenas sobre pessoa *proba* (= idônea), mas também com conhecimentos *técnicos* (= *profissional*) para a função. Tanto assim que, na parte final do dispositivo, há indicação de classes profissionais em que o designado deverá estar perfilado preferencialmente (advocacia, economia, administração de empresas ou contabilidade), com expressa admissão de nomeação de pessoa jurídica especializada (art. 21, *in fine* e parágrafo único, da Lei n. 11.101/2005).

No inventário *causa mortis* o inventariante dativo terá que dar cabo ao condomínio hereditário, resolvendo as eventuais obrigações pendentes do espólio, a fim de que os beneficiários com a herança, dentro das possibilidades das suas forças, sejam contemplados (art. 648 CPC e art. 2.017 CC) ou ao menos afastados do espectro das obrigações do falecido (art. 1.792 do CC). Assim, é intuitivo que o inventariante dativo deverá possuir conhecimentos jurídicos, notadamente nas áreas em que o direito sucessório está deitado (como é o caso do direito de família, do direito das coisas e do direito processual

419 No sentido: Rodrigo Mazzei e Sarah Merçon-Vargas, *Novo CPC anotado e comparado*, p. 214.

420 No sentido: Rodrigo Mazzei e Sarah Merçon-Vargas, *Novo CPC anotado e comparado*, p. 196-197.

421 No sentido: Hamilton de Moraes Barros, *Comentários ao Código de Processo Civil*, v. XI, p. 219.

civil), sendo que, em alguns casos concretos (a depender do acervo deixado pelo falecido), poderá ser exigido conhecimento mais específico (em ilustração, direito societário em caso de herança envolvendo participações em empresas). Não se pode deixar de considerar também a capacidade de administração patrimonial do designado, sendo de todo recomendável que o nomeado domine as técnicas de autocomposição, a fim de que possa, no sentido, contribuir, para que arestas sejam evitadas no curso do inventário *causa mortis*.

Com a designação de inventariante de natureza dativa, há aplicação do art. 75, § 1º, do CPC, que determina, como obrigatória, a "intimação"[422] dos sucessores do falecido em caso de ação judicial em que o espólio for parte. Com outras palavras, em caso de inventariança dativa, quando o espólio for parte em algum processo judicial (que não o próprio inventário *causa mortis*), os "herdeiros" deverão ser *convocados* para, querendo, intervir no processo.[423] Apesar de o art. 75, § 1º, apenas fazer alusão aos "herdeiros", a convocação talhada no dispositivo merece interpretação extensiva para alcançar outras figuras atraídas para o inventário sucessório, como é o caso do legatário, do testamenteiro (se ação alcançar as disposições testamentárias que deve cumprir – art. 1.981, CC), do o cessionário de direitos hereditários e do legado (na forma supra) e do cônjuge/companheiro sobrevivente (caso a ação possa, de alguma forma, intervir na sua esfera jurídica, por exemplo, diminuindo a sua meação ou colocar em jogo o direito de habitação – art. 1.831 do CC).

O texto do art. 75, § 1º, do CPC atual (que não repete a redação do art. 12, § 1º, do CPC de 1973[424]), confirma que a inventariança dativa não transforma os "herdeiros" (= *interessados*) em litisconsortes necessários,[425] mas tão somente cria a obrigatoriedade de comunicação processual quanto à existência

---

422 Embora o art. 75, § 1º, faça alusão expressa à "intimação", o artigo determina convocação que faculta *a integração do interessado ao processo*, e, assim, sendo, ato que possui maior afinação com a parte final do art. 238 do CPC (que trata da citação), do que com a noção no art. 269 do mesmo diploma, que parte da ideia da cientificação de ato processual específico e que ocorre internamente no processo. Com concepção próxima: STJ, 4ª Turma, AgInt no AREsp 222.241/SP, j. 18/10/2016, *DJ* 21/10/2016. Vide comentários ao art. 618 desta obra.

423 No sentido: Bruno Vasconcellos Carrilho Lopes, *Comentários ao Código de Processo Civil*, v. II, p. 41.

424 Há sensível mudança de textos, pois o dispositivo revogado criava ambiente para interpretação da ocorrência de litisconsórcio necessário entre inventariante e herdeiros e não de necessidade de convocação dos últimos. Confira-se o texto do art. 12, § 1 o, do CPC: "*Quando o inventariante for dativo, todos os herdeiros e sucessores do falecido serão autores ou réus nas ações em que o espólio for parte*".

425 Entendendo, mesmo no ambiente do CPC, se tratar de litisconsórcio necessário, confira-se: Daniel Amorim Assumpção Neves, *Novo Código de Processo Civil comentado*, p. 1.059.

de processo judicial, facultando-lhes a participação. Trata-se de *singular intervenção de terceiros* que tem como objetivo a estabilização da representação do espólio, pois esta, quando está sendo exercida por inventariante dativo, não é de todo plena.[426] Efetuada comprovadamente a convocação do "herdeiro", restará cumprido o art. 75, § 1º. No ponto, a eventual manifestação do convocado é marcada por *mobilidade*, pois, além de se manter inerte, poderá comparecer para se postar não só do lado do espólio, como também em posição contrária (caso o inventariante dativo adote postura que seja contrária aos seus interesses e/ou do espólio).[427] Portanto, não se pode resumir a intervenção do art. 75, § 1º, em convocação para que o herdeiro assuma posição de assistente litisconsorcial do espólio ou para fiscalização dos atos do inventariante.[428]

O inventariante dativo faz jus à remuneração fixada pelo juiz[429] (admitindo-se exceção em caso de profissional que faz parte dos quadros da organização judiciária na qualidade de servidor público lotado para a função). Como a legislação é omissa, tem-se se utilizado do art. 1.987 do CC como parâmetro para a fixação dos honorários, que, com tal base, serão arbitrados judicialmente, de 01 (um) a 05 (cinco) por cento sobre a herança líquida,[430] levando-se em conta as características da herança (por exemplo, tipologia do patrimônio e quantidade de interessados) e a dificuldade no exercício da função (por exemplo, concentração ou não de bens na comarca).[431] Ocorre que a fórmula do art. 1.987, ao fazer menção à "herança líquida", trabalha com a ideia de que o desfecho do inventário *causa mortis* será sempre positivo, o que é absolutamente falso (art. 618, VIII).[432] O cenário pode reduzir a nomeação de inventariante dativo apenas para os inventários *causa mortis* que – potencialmente – projetem resultado positivo,

---

426 Igualmente: Fernando da Fonseca Gajardoni, *Processo de conhecimento e cumprimento de sentença:* comentários ao CPC 2015, v. 2, p. 1.049. No sentido: STJ, 2ª Turma, REsp 1.053.806/MG, j. 14/04/2009, *DJ* 06/05/2009.

427 Sobre a *mobilidade* nas intervenções processuais, confira-se: Antonio do Passo Cabral, Despolarização do processo e "zonas de interesse": sobre a migração entre polos da demanda. In: *Reconstruindo a Teoria Geral do Processo.* Confira-se também (ainda que com olhos voltados no processo coletivo): Rodrigo Mazzei, A intervenção móvel da pessoa jurídica na ação popular e ação de improbidade administrativa (artigos 6º, 3º da LAP e 17 3º da LIA). In: *Revista Forense*, v. 400, p. 227-254.

428 No sentido: Ricardo Benduzi, *Comentários ao Código de Processo Civil,* v. II, p. 72.

429 No sentido: Euclides de Oliveira e Sebastião Amorim, *Inventário e partilha*: teoria e prática, p. 321.

430 No sentido: TJSP, 5ª Câmara de Direito Privado, AI 2024843-34.2019.8.26.0000, j. 10/05/2019, *DJ* 15/05/2019.

431 O espaço temporal que o inventariante dativo atuou tem sido levado em consideração no arbitramento dos honorários. No sentido: TJSP, 8ª Câmara de Direito Privado, AI 2056732-40.2018.8.26.0000, j. 20/06/2018, *DJ* 27/06/2018.

432 Vide os comentários ao art. 618 desta obra.

fato nem sempre perceptível no momento da designação, pois, em muitos casos, as forças da herança somente se desenham concretamente após a apuração das dívidas do falecido, quando já em curso a fase de liquidação.

Na busca de solução sistêmica, tem-se, que em se tratando de falência, em que se presume desfecho negativo, a Lei n. 11.101/2005 (ao longo do art. 24 e seus parágrafos) prevê que a fixação nos honorários do administrador judicial terá como base de cálculo valor de venda dos bens na falência (art. 24, § 1º). Observe-se que, em regra, o limite do percentual dos honorários para o administrador judicial (art. 24, § 1º) é mesmo do art. 1.987 do CC (cinco por cento) e que o arbitramento deve levar em consideração peculiaridades que envolvem a massa (art. 24, *caput*), no sentido de que as situações particulares da falência são vetores de flutuação para a diminuição ou aumento do percentual dos honorários, tal qual também ocorre em relação à herança. A partir da existência de pontos de contato com a Lei n. 11.101/2005,[433] fica evidenciado que é possível a aproximação da técnica de arbitramento de honorários utilizada da referida legislação. Com tal norte, tem-se que, no art. 24, § 2º, o legislador prevê a cisão dos honorários do administrador judicial da falência, reservando-se 40% (quarenta por cento) para o desfecho daquela (arts. 154 e 155), que se dá com a realização do ativo, distribuição do produto entre os credores e apresentação das contas (com relatório final) pelo administrador judicial.

Ao nomear o inventariante dativo, far-se-á a fixação de honorários iniciais, cuja fonte de pagamento se efetuará – em regra – com recursos disponíveis no inventário (por exemplo, dinheiro deixado pelo falecido ou recursos provenientes de bens alienados antecipadamente). A fixação inicial dos honorários do inventariante dativo se efetua como "adiantamento",[434] pois o arbitramento final somente será efetuado após a finalização do seu trabalho. Os honorários iniciais poderão ser reavaliados ao final do inventário *causa mortis*, a partir da análise do labor efetuado pelo inventariante dativo, não sendo vedada a sua majoração, desde que presente situação motivadora e não se ultrapasse o teto legal. Assim, valor fixado inicialmente possui natureza provisória e as quantias recebidas pelo inventariante no curso do inventário serão levadas em conta no arbitramento final pelo juiz, efetuando-se o desconto respectivo, a fim de evitar a "dupla remuneração".[435]

---

433 A aproximação do inventário *causa mortis* em relação ao processo falimentar, permitindo a troca de técnicas, foi alvo de análise nos comentários ao art. 618.

434 Na jurisprudência, há eco no sentido de que o arbitramento inicial é um "adiantamento" (TJSP, 6ª Câmara de Direito Privado, AI 2246641-09.2015.8.26.0000, j. 10/06/2016, *DJ* 22/06/2016).

435 Aplicando ideia próxima: TJPR, 11ª Câmara Cível, AI 1296254-4, j. 26/06/2015, *DJ* 14/07/2015; TJCE, 2ª Câmara Direito Privado, AI 0621058-75.2017.8.06.0000, j. 24/01/2018, *DJ* 24/01/2018.

Na hipótese de *inventário com desfecho não positivo*, a verba inicialmente arbitrada será absorvida pelo inventariante dativo em razão do labor prestado, já que houve contraprestação em favor do espólio (apuração das forças herança), mas a eventual complementação da verba segue análise diversa do que ocorre no caso de presença de herança líquida. Com efeito, no caso de *inventário com desfecho negativo* (= *mais dívidas do que patrimônio*), o labor do inventariante será interrompido, pois não será este o personagem que fará o pagamento dos credores. Isso porque, em tal caso, caberá ao inventariante a apresentação de pedido de insolvência (art. 618, VIII), nomeando-se administrador específico para conduzir o concurso de credores. Já quando em caso de *inventário com desfecho zero*, a atividade do inventariante será completa, mas, diferente da hipótese de resultado positivo, não haverá transferência patrimonial em favor de herdeiro. Dessa forma, a solução apresentada, de certa maneira, trabalha com a ideia de fixação dos honorários a partir das características da herança, em que aquela com potência positiva enseja maior remuneração (até mesmo diante da presunção de que o inventariante terá atividade mais complexa em tal hipótese).[436]

A compreensão da natureza jurídica dos honorários do inventariante dativo é fundamental para se afastar a ideia única da herança líquida como base de cálculo e fonte de pagamento da verba. Isso porque os honorários do inventariante dativo devem ser equiparados às despesas processuais, sendo assim, de responsabilidade exclusiva do próprio espólio, não sendo hipótese de responsabilidade particular dos herdeiros e/ou de outros interessados na herança, sob pena de violação do art. 1.792 do CC. Assim, se a regra do art. 1.987 do CC se aplica para os inventários com desfecho positivo, nos casos em que o espólio está desprovido de recursos para o pagamento dos honorários do inventariante dativo, a responsabilidade será do Estado,[437] efetuando-se, com os

---

436 O que não se pode admitir, com todo respeito, é vincular a remuneração da inventariança dativa apenas nos casos de apuração de herança líquida (= *desfecho positivo*), pois, assim se permitindo, haveria a designação de profissional que laboraria sem remuneração em contraprestação ao seu trabalho. Tal quadro se agrava, pois a figura do administrador judicial (art. 617, VII) enquanto servidor público é figura rara, de modo que a inventariança dativa normalmente recai sobre pessoa da esfera privada (art. 617, VIII).

437 O assunto, ainda que com algumas diferenças, possui pano de fundo assemelhado com que a discussão que ensejou o Tema Repetitivo n. 510 do STJ (1ª Seção, REsp 1.253.844/SC, j. 13/03/2013, *DJ* 17/10/2013), pois, nas ações civis públicas movidas pelo Ministério Público, a regra de não adiantamento das despesas processuais (art. 18 da Lei n. 7.347/1985) não pode compelir perito judicial a exercer seu ofício gratuitamente. Assim, não se pode também exigir que o inventariante dativo trabalhe gratuitamente, de modo que caberá ao Estado arcar com a despesa respectiva.

encaixes necessários, as regras de assistência judiciária.[438] O art. 98, § 1º, do CPC, possui textura com permeabilidade para que os honorários do inventariante dativo (ou de qualquer outra pessoa designada pelo juiz como auxiliar da justiça) sejam encartados pela gratuidade, pois o dispositivo deve ser lido de acordo com o comando constitucional plasmado no art. 5º, LXXIV, da CF/88, no sentido de que *o Estado prestará assistência jurídica integral e gratuita aos que comprovarem insuficiência de recursos.*[439]

Em coerência ao acima exposto, os honorários do inventariante dativo devem ser tratados como despesa de *natureza extraconcursal*, de modo que seu pagamento se faz desde logo, sem entrar em procedimento de concurso de credores do espólio. Não se trata, assim, de uma "preferência" propriamente dita, pois esta se analisa a partir de dívidas do espólio, ao passo que os honorários do inventariante dativo são despesas advindas do próprio processo de inventário, devendo ser alvo de pagamento antes mesmo de iniciado o concurso, pouco importando se no rol dos seus atores estarão postados credores trabalhistas[440] e/ou de natureza fiscal.[441]

7. Nomeação de pessoa jurídica como inventariante

O CPC inovou ao inserir o texto do inciso IV do art. 617, que permite que a inventariança seja exercida por herdeiro incapaz, fazendo-o por meio de da representação legal. A mudança alterou o gabarito que até então se aplicava à inventariança, pois vigia o entendimento de que se tratava de função de caráter personalíssimo, fato que afastava a possibilidade de exercício por pessoas que necessitam de representação legal. A nova orientação, aplicada em caráter mais amplo, permite também que a pessoa jurídica possa funcionar como inventariante, observando-se, para sua representação, o disposto no art. 75, VIII, do CPC.[442]

A pessoa jurídica pode figurar como herdeira testamentária e/ou legatária (art. 1.799, II, do CC) e, assim sendo, a partir da abertura efetuada art. 617, IV, não resta obstáculo para que esta possa ser designada como inventariante, observando-se a representação legal segundo seu contrato/estatuto social.

---

438 No sentido: TJMG, 5ª Câmara Cível, AC 1.0024.07.773295-6/001, j. 27/06/2019, *DJ* 02/07/2019.

439 No sentido: TJMG, 3ª Câmara Cível, AC 1.0024.00.109653-6/001, j. 18/10/2018, *DJ* 30/10/2018.

440 No sentido: TJRS, 8ª Câmara Cível, AI 70044810778, j. 29/03/2012, *DJ* 03/04/2012.

441 No sentido: TJCE, 2ª Câmara Direito Privado, AI 0621058-75.2017.8.06.0000, j. 07/05/2018, *DJ* 07/05/2018.

442 Em sentido contrário, LUCIANO VIANNA ARAÚJO afirma que o "inventariante será sempre uma pessoa física" (*Comentários ao Código de Processo Civil*, v. 2, p. 196).

A nomeação da pessoa jurídica para a inventariança poderá ocorrer mesmo que esta não figure como herdeira ou legatária, designando-a na qualidade de inventariante dativa. Basta observar que a Lei n. 11.101/2005, em seu art. 21, permite que o juiz designe empresa especializada para atuar na administração judicial de falência e/ou recuperação judicial. Em tal hipótese, consoante previsto no parágrafo único do art. 21, declarar-se-á, no termo de compromisso, "o nome de profissional responsável pela condução do processo de falência ou de recuperação judicial, que não poderá ser substituído sem autorização do juiz". A nomeação de pessoa jurídica para funcionar como administrador se submete ao *caput* do art. 21, de modo que, além da idoneidade, deve ficar configurada a capacitação técnica para a empreitada. Aproveitando-se da modulação fixada na lei supra, solução semelhante poderá ser adotada em relação ao inventário *causa mortis*, notadamente nos casos em que o monte hereditário está pousado em feixe de titularidades complexas, de difícil administração para a pessoa natural comum (por exemplo, herança com participações societárias, bens de fluidez de mercado e/ou de natureza muito específica).

Admitindo-se a designação de pessoa jurídica para exercer a inventariança, semelhante providência deverá ser permitida a sua nomeação para funcionar como testamenteiro, aplicando também em tal situação (de forma adaptada) os ditames do art. 21 da Lei n. 11.101/2005.[443] No particular, considerando que a própria legislação admite a nomeação de mais de um testamenteiro (art. 1.976 do CC), poderia o testador reservar áreas específicas para a(s) pessoa(s) jurídica(s) assim nomeada(s), com objetivo de que atuem em prol do acervo hereditário, conservando-o e protegendo-o de forma mais efetiva. Em ilustração, o testador poderia definir que determinada pessoa jurídica com especialização na administração de bens atuasse durante determinado período em determinada parte do acervo hereditário, cujo gerenciamento reclama conhecimentos específicos, como ocorre quando o patrimônio do testador abarca propriedades com exploração rural e ações do mercado de capitais, ou seja, quando corresponde a acervo heterogêneo capaz de justificar a indicação de mais de uma pessoa jurídica como testamenteira, fixando-se a atuação com base na sua especialização.

443 O art. 1.985 do CC não pode ser tido como óbice para a nomeação de pessoa jurídica como testamenteira, pois o dispositivo citado prevê que o *encargo da testamentaria não se transmite aos herdeiros do testamenteiro, nem é delegável, admitindo-se a representação em juízo e fora dele, mediante mandatário com poderes especiais*. As vedações do art. 1.985 também se aplicam ao inventariante e ao administrador judicial, no entanto, estas (não transmissão *causa mortis* do encargo ou a impossibilidade de sua delegação) não se confundem com a representação legal, que está expressamente admitida no parágrafo único do art. 21 da Lei n. 11.101/2005 e no art. 617, IV, do CPC.

8. Nomeação de mais de um inventariante (nomeação plúrima)

O item anterior anunciou o tema que aqui se aborda, qual seja: a possibilidade de nomeação de mais de um inventariante. A questão é pouco trabalhada na doutrina e a repulsa à ideia está baseada na concepção de que inventariança plural gera embaraços na representação do inventário, tornando-a mais insegura.[444] Muito embora o raciocínio seja coerente, afigura-se como possível (e recomendável) a representação plúrima em diversas ocasiões, até porque a lei admite tal possibilidade em situações que possuem identidade com a inventariança.

Ainda que com diferenças conceituais, a figura do inventariante possui pontos de contato com a do testamenteiro, sendo certo que, no caso da última, não há nenhum tipo de restrição para a atuação de mais de uma pessoa. Com efeito, extrai-se do art. 1.976 do CC a possibilidade de o testador nomear um ou mais testamenteiros para que, em conjunto ou de forma separada, fiquem responsáveis pelo cumprimento das disposições de última vontade. Considera-se *nomeação conjunta* quando a designação alcança mais de uma pessoa e todas estas, indistintamente, ficam vinculadas ao cumprimento das disposições testamentárias, entendendo-se, por sua vez, como *nomeação em separado* quando o testador faz a depuração de determinada tarefa para um dos testamenteiros, ou seja, reserva para um dos cumpridores do testamento uma ou mais missões específicas. Assim, na segunda hipótese, embora sejam nomeados mais de um testamenteiro, há demarcação das áreas que cada um funcionará no cumprimento do testamento.

Independentemente da peculiar situação do testamenteiro, mesmo fora do direito sucessório, há modelos que comprovam que a representação plúrima não é repudiada pelo sistema legal, sendo possível se demarcar, inclusive, limites a seu respeito. No particular, em relação ao mandato, a simbiose dos arts. 660 e 672 do CC indica não só a nomeação plural (= *mandato conferido a mais de uma pessoa*), mas variações no sentido, a saber: (a) a atuação isolada (= *por qualquer dos nomeados*); (b) conjunta (= *por todos nomeados*); (c) para atos diferentes (=*poderes demarcados a determinado mandatário*); e (d) subordinados e sucessivos (= *sequência de atuação dos mandatários nomeados*). Sem prejuízo de peculiaridades de cada mandato, o quadro demonstra que a nomeação não singular não está vedada (sequer desaconselhada) em lei e atrai obrigações do mandatário (arts. 667-674). Em arremate, aquele que se apresenta como mandatário deverá sempre apresentar o instrumento que lhe conferiu poderes (arts. 653-654), instrumento este que deverá não apenas delimitar a sua extensão,

---

444 A síntese da posição pode ser tirada das palavras de Paulo Cezar Pinheiro Carneiro: "De modo a garantir a segurança jurídica ao espólio e a terceiros que tenham como ele relações jurídicas, não se afigura possível a escolha de mais de um inventariante" (*Inventário e partilha judicial e* extrajudicial, p. 63).

mas o desenho da atuação plúrima dos mandatários, de acordo com as variações que a legislação expressamente permite. A exibição do mandato na forma acima, como se trata de representação em nome alheio, é um procedimento natural, podendo o terceiro com quem o mandatário tratar exigir sempre a demonstração de que o mandato é hígido (art. 654, § 2º).

Não se diga que a representação plúrima por mandato, por ter natureza voluntária, não pode ter sua inteligência aplicada no inventário *causa mortis*. Tal raciocínio não prospera, até porque a eleição do inventariante pode ser objeto fruto de deliberação consensual, valendo-se as partes de negócio jurídico processual (art. 190 do CPC). Não suficiente, mesmo no plano da representação judicial (e compulsória), o assunto não é estranho à legislação. Com efeito, dentre as mudanças efetuadas pelo EPD (Lei n. 13.146/2015), foi inserido o art. 1.775-A no CC, dispositivo este que, de forma expressa, passou a admitir a *curatela compartilhada*, isto é, o exercício de representação plúrima em favor do curatelado. Muito embora o texto do art. 1.775-A do CC use a expressão *"curatela compartilhada"*, a legislação trata de *curatela plúrima*, não havendo vedação de outros tipos de *curatela plural*. A *curatela compartilhada* importa na designação de mais de curador, em que a delimitação da atuação de cada um destes não é previamente definida pelo juiz, ou seja, trata-se de situação em que se nomeará mais de uma pessoa responsável por cuidar (*amplamente*) dos interesses do curatelado. Justamente por esta característica, as situações de *curatela compartilhada* estão atreladas à extensão do *"poder familiar e da guarda"* que, salvo exceções, são de natureza compartilhada.[445] A designação plural de mais de uma pessoa, todavia, pode seguir outro modelo, definindo-se na nomeação a demarcação das áreas de atuação de cada um dos designados à curatela. Trata-se de situação de *curatela conjunta*, mas cuja representação estará depurada na própria nomeação judicial.[446]

---

445 É o caso de menor de idade, acometido de doença mental capaz de configurar a incapacidade, que atinge a maioridade. Com a maioridade do filho, o poder e guarda compartilhada dos pais cessa, sendo necessário o manejo de ação de interdição. Na ação judicial, os pais poderão postular a *curatela compartilhada*, a fim de dar continuidade ao exercício de fato acerca da pessoa e dos bens, demonstrando ser esta a solução mais conveniente aos interesses do incapaz.

446 Por exemplo, em caso de pessoa que se sujeita à curatela por necessitar de tratamento médico intensivo, o juiz poderá determinar a curadoria do cônjuge, a fim de que este adote todas as medidas adequadas à rotina do interdito, notadamente ao controle de tratamento de saúde e administração de recursos no sentido em favor do curatelado, e, simultaneamente, nomear um filho para atuar em relação à gestão e conservação do patrimônio do curatelado. Assim, haverá a divisão de tarefas, nem sempre fáceis de conciliar. Sobre vários desdobramentos da curatela, tratando, inclusive, das hipóteses de nomeação plúrima e trazendo a classificação acima, confira-se: Rodrigo Mazzei, *Dicionário de Direito de Família*, p. 255-260.

Portanto, a nomeação judicial de mais de uma pessoa para a representação legal não pode ser tratada como solução marginal, pois a legislação vem admitindo tal possibilidade. Há, inclusive, hipótese em que a nomeação plural é exigida pela lei, pois a tomada de decisão apoiada requer que a pessoa com deficiência seja amparada por (no mínimo) mais de uma pessoa, a fim de que exerça atos da vida civil (art. 1.783-A do CC). Em reforço a tudo acima dito, o CPC atual não repete o que estava disposto no § 1º do art. 1.043 do CPC de 1973, que previa que, em caso de cumulação de dois inventários, haveria apenas um inventariante para a administração de ambos. A não repetição da regra no art. 672 da codificação em vigor confirma a possibilidade de nomeação de mais de um inventariante, já que a exigência (ainda que específica para cumulação de inventários) de concentração na designação do protagonista da inventariança não está mais presente na codificação processual.[447]

Por certo, a nomeação de mais de um inventariante poderá criar, inclusive, espaço para cooperação entre os interessados na herança, pois se admite união entre pessoas para a melhor administração do acervo hereditário. Pode se pensar na construção de modelos a partir dos casos concretos, cujas bases principais seriam as seguintes: (a) *inventariança compartilhada* (= exercida por mais de uma pessoa sem delimitação de área), (b) *inventariança conjunta* (= os atos devem ser exercidos por conjuntamente todos nomeados) e (c) *inventariança demarcada* (= delimitação de poderes de representação específicos para os inventariantes).[448]

Em arremate, no caso de inventariança plúrima, o termo de compromisso da inventariança deverá estampar os exatos contornos da representação, discriminando todos os detalhes respectivos (por exemplo, a existência ou não de demar-

---

447 Contra, posicionando-se pela necessidade de designação única de inventariante em caso de cumulação de inventários, confira-se: Euclides de Oliveira e Sebastião Amorim, *Inventário e partilha:* teoria e prática, p. 293-294; e Rodrigo Ramina Lucca, *Breves comentários ao novo Código de Processo Civil*, p. 1.747. Vide comentários aos arts. 672 e 673.

448 Por certo, os modelos acima sugeridos não reduzem as possibilidades de desenho da inventariança plúrima, notadamente quando este for fruto de convenção entre os beneficiados diretos da herança, fato que, mais uma vez, reforça a importância de se compreender o art. 617 como um rol que o juiz somente deve usar como referência e em caráter residual, ou seja, se as partes não elegerem o(s) protagonista(s) da inventariança. Ademais, a nomeação de mais de um inventariante pode diminuir as áreas de aresta do processo sucessório e tornar a administração mais eficiente, com a distribuição de representantes legais em áreas delimitadas e a eliminação de conflito de interesses pela transparência que será inerente à administração por mais de uma pessoa. A representação não singular permite a convocação de pessoa estranha ao processo sucessório que, designada para funcionar junto à pessoa vinculada pessoalmente à sucessão, possa contribuir no sentido, sendo intuitiva, no ponto, a atração de pessoa com capacidade de gestão afinada com o patrimônio deixado pelo *de cujus*.

cação de poderes em relação aos inventariantes e a possibilidade de atuação isolada ou de necessidade de participação conjunta nos atos). Diferente não pode ser, pois o termo de compromisso é o documento formal que credencia perante terceiros o inventariante como representante legal do espólio (art. 617, parágrafo único), de forma assemelhada ao que ocorre em relação ao mandato (arts. 653-654 do CC) e à decisão judicial que determina a curatela (art. 755, I, do CPC).

9. Nomeação de "fiscal" do inventariante (*protutor sucessório*)

Não se pode cogitar apenas no duplo modelo de inventariança (singular e plúrima), até porque a inventariança plúrima, em boa parte das vezes, terá espaço mais adequado quando houver ambiência de consenso dos interessados na herança. Todavia, à míngua de quadro harmônico, não é raro que sejam instalados conflitos prévios entre os atores da herança em decorrência da prévia desconfiança em relação às pessoas legitimadas à inventariança, fato que, por vezes, acaba por criar disputa acerca da nomeação.

O ambiente de suspeição quanto ao inventariante (ou até de ceticismo quanto à sua capacidade para administrar a herança) e a vagueza legal que não fixa contornos claros para a fiscalização da inventariança podem ser afastados por meio da importação, com as devidas adaptações, da figura do *protutor* para o inventário *causa mortis*. De forma resumida, no seu esquadro original, trata-se de pessoa que será designada judicialmente com o objetivo de fiscalizar o tutor (art. 1.742 do CC) ou o curador (art. 1.774 do CC) na administração patrimonial em prol do tutelado ou do curatelado. Trazendo o *protutor* para o inventário *causa mortis*, percebe-se, de plano, que este não se confunde com nenhuma modalidade de inventariança plúrima, pois terá a função específica de fiscalizar o inventariante. Tanto assim que o *protutor sucessório* – de forma semelhante ao que ocorre na tutela e na curatela – não será tratado como representante legal do espólio, mas tão somente como fiscal da atuação do inventariante.[449]

449 Diante na natureza condominial da herança (art. 1.791, parágrafo único, do CC) e da possibilidade de contraposição de interesses dos condôminos, é instintivo que se criem meios de fiscalização efetiva dos atos do inventariante, pois a ideia de um *conselho fiscal* é inerente às relações condominiais. Tanto assim que, em relação ao condomínio edilício, o art. 1.356 do CC prevê expressamente, a possibilidade de se formar um comitê para "dar parecer sobre as contas do síndico". Ademais, a Lei n. 4.591/1964 (= *Lei de Condomínios e Incorporações*), em seu art. 23, conta com a possibilidade de formação de Conselho Consultivo, para assessorar o administrador do Condomínio, sem prejuízo de outras funções que a Convenção assim defina (entre as quais a de fiscalização). Outrossim, ainda que com formatação peculiar ao direito material de que tratam, os arts. 22 e 27 da Lei n. 11.101/2005 dispõem no sentido de que o administrador judicial – na recuperação judicial e na falência – se

No exercício de sua função, é intuitivo que o *protutor sucessório* exigirá a constante prestação de contas do inventariante e apresentará sistematicamente relatório acerca dos atos e da administração que estão sendo praticados na inventariança. Percebe-se, assim, que é fundamental que o *produtor sucessório* tenha aptidão técnica para fiscalizar e opinar acerca dos atos do inventariante, devendo, para tanto, na designação, observar as peculiaridades do patrimônio que o acervo hereditário traz. Observando-se tal cenário, a designação do *protutor sucessório* cria ambiente de maior transparência em relação à inventariança, afastando, presumidamente, as desconfianças dos protagonistas e interessados no espólio, pois estes terão uma pessoa com (presumível) aptidão técnica para examinar os atos de administração patrimonial do inventariante.[450] A atuação do *protutor* não é de simples alegoria, pois, além de resultar no contato direto com o juiz e com os interessados na herança, noticiando o curso da inventariança, provoca a atração de responsabilidade civil solidária para aquele que assim for designado, caso se comprove prejuízo causado pelo inventariante e ocorra falha de fiscalização (art. 1.752, § 2º, do CC).

A nomeação de *protutor*, de outra banda, pode preencher o espaço que não foi devidamente completado pelo art. 671, II, do CPC, pois a colisão de interesses entre os interessados na herança não fica restrita ao incapaz e seu representante legal, hipótese única tratada no citado dispositivo. Em verdade, o conflito de interesses pode surgir a partir de outras situações, eclodindo de forma presumida quando um beneficiário da herança exerce a função de inventariante no processo sucessório, diante da contraposição dos seus interesses pessoais com as funções de administração do condomínio hereditário.

Embora o art. 1.742 do CC apenas preveja a designação de *protutor* por ato do juiz, nada impede que, para o inventário sucessório, este seja previamente designado em testamento pelo autor da herança ou por convenção processual dos interessados (art. 190 do CPC). Sem dúvida, a nomeação de *produtor sucessório* é menos incisiva do que a designação de inventariante dativo, tendo também custo financeiro mais baixo. Isso porque os honorários deverão ser fixados levando em conta o trabalho de fiscalização designado (art. 1.752, § 1º, do CC) que, certamente, possuem calibre menor do que o conjunto de atividades exercidas na inventariança dativa. Assim, o juiz sucessório, verificando que há agu-

submete não só ao controle do juiz, mas também à fiscalização do Comitê de Credores, que são as pessoas interessadas no desfecho do processo.

450 Em exemplo, a partir do trabalho desenvolvido pelo *protutor sucessório* apontando censura aos atos do inventariante, poderá ser manejado pedido de remoção (art. 622), na medida em que será produzido material que documentará os atos afetos à inventariança. Igualmente, o relatório do *produtor sucessório* poderá ser usado para subsidiar a defesa do inventariante, acaso seja acusado injustamente de má-gestão (art. 623).

da animosidade entre as partes e/ou áreas de interesses conflituosos, poderá convocar as partes interessadas, trazendo-lhes as opções (inventariança dativa ou produtor sucessório), a fim de que sua decisão seja arrimada nas dicções colhidas (caso as partes não apresentem convenção processual no sentido).

É perfeitamente possível, dentro do que foi traçado ao longo dos comentários, que o *protutor sucessório* tenha atividade delimitada, ou seja, trabalhe apenas em determinadas áreas patrimoniais. Com outras palavras, é possível que seja designado *protutor sucessório* apenas para fiscalizar parte da administração do inventariante, como, por exemplo, em relação à administração de propriedades rurais que estejam inclusas no acervo hereditário.

Conclui-se, portanto, que a importação (ainda que adaptada) da figura do art. 1.742 do CC para o ambiente do inventário sucessório deve ser estimulada.

10. Termo de compromisso

O parágrafo único do art. 617 prevê que o inventariante, intimado da nomeação, prestará, dentro de cinco dias, o compromisso *de bem e fielmente desempenhar a função.* Trata-se de ato de natureza formal para que a inventariança seja iniciada (art. 613 do CPC c/c art. 1.797, do CC), pois o inventariante exerce *munus público* (ainda que em situação peculiar), fato que justifica a exigência da prestação de compromisso.[451] Registre-se, todavia, exigência não se aplica nos inventários sob o rito do *arrolamento sumário* e do *arrolamento comum* (arts. 660 e 664), ao fundamento de que seus procedimentos são acelerados e concentrados, de modo que a formalização do termo de compromisso para inventariança poderia ensejar a perda da aceleração processual ínsita a tais figuras. Assim, o art. 617, parágrafo único, tem aplicação restrita ao *inventário padrão*, ou seja, àquele que segue o *procedimento especial comum.*[452]

O prazo de cinco dias para que o inventariante assine o termo de compromisso obedece ao disposto no art. 219 do CPC (= contado em dias úteis).[453] Pequenos atrasos deverão ser relevados, pois não há qualquer *efeito preclusivo.* De toda sorte, em caso de decurso de longo prazo sem a assinatura do termo respectivo, a serôdia poderá ensejar nova designação de inventariante, tendo em vista que, antes mesmo de iniciados os trabalhos, ficou patenteada a falta de diligência do escolhido.

O termo de compromisso será utilizado como instrumento de representação em favor daquele que exerce a inventariança em relação aos terceiros, fato

451 No sentido: Daniel Amorim Assumpção Neves, *Novo Código de Processo Civil comentado,* p. 1.059.

452 Vide comentários ao art. 659 acerca dos procedimentos aplicáveis ao inventário.

453 Igualmente: Luciano Vianna Araújo, *Comentários ao Código de Processo Civil,* v. 2, p. 194.

que exige que algumas cautelas sejam observadas.[454] No sentido, aquele que foi designado como inventariante poderá ser representado por advogado para o ato, desde que haja poderes específicos na procuração, pois o ato (*de firmar compromisso*) está fora da procuração em geral para o foro (art. 105 do CPC).[455] O termo de compromisso da inventariança deverá estar redigido em linguagem simples e direta, com identificação completa não só do inventariante, como também do autor da herança. Em caso de nomeação de mais de um inventariante, se torna capital que o termo de compromisso explicite o detalhamento da representação plúrima, tais como necessidade (ou não) de assinatura conjunta para exercício dos atos e a delimitação de atividades (em caso de *inventariança demarcada*). Com tal visão, em se tratando de inventariança dativa, é fundamental que assim se explicite, diante do disposto no art. 75, § 1º, do CPC.

Diante da omissão do parágrafo único do art. 617 em apresentar gabarito formal, deve-se utilizar a inteligência dos arts. 653-654 do CC e do art. 755, I, CPC, em empréstimo, extraindo-se de tais dispositivos que o termo de compromisso deverá conter o número do processo judicial, a data e o juiz responsável pela designação judicial, a data e o lugar em que foi assinado o temo, as qualificações do autor da herança e do(s) nomeado(s) e a delimitação dos poderes a serem exercidos pelo inventariante.

Assinado o termo de compromisso, o inventariante (*por ficção legal*) assume a posse dos bens que integram o espólio, passando a exercer administração sobre eles. O detalhe é importante, pois, a partir da assinatura do termo de compromisso, encerra-se o ciclo da administração provisória (arts. 613 do CPC e 1.997 do CC), sendo imperiosa a comunicação do fato à pessoa que exercia a gestão precária, em caso de inventariança que será exercida por pessoa que não se postou como administrador provisório. A intimação, portanto, terá a finalidade não só de dar oficialmente cabo da administração provisória, evitando indesejáveis choques de representação do espólio, como também convocará o administrador provisório para que preste as contas de sua gestão, caso

---

454 O termo de compromisso é comumente confeccionado na própria escrivaninha do juízo, mas nada impede que as partes interessadas, seguindo-se as noções estruturais que são ínsitas a tal ato documentado de representação, apresentem o termo devidamente assinado pelo(s) inventariante(s). Essa situação será natural quando as partes apresentarem convenção processual elegendo o inventariante. Caso assim se faça, como não terá conferência na serventia acerca da identidade do inventariante antes da assinatura do termo, é de bom alvitre que seja apresentado o termo com a firma reconhecida do compromissado.

455 Próximo: Francisco José Cahali e Renato Santos Piccolomini de Azevedo, *Código de Processo Civil anotado*, p. 875. Observe-se que a exigência supra é coerente ao que o CPC dita para a apresentação das primeiras declarações (arts. 618, III, e 620, § 2º).

assim ainda não tenha feito.[456] A partir da assinatura do termo de compromisso se inicia o prazo para apresentação das primeiras declarações.[457]

No caso de convenção processual com eleição de inventariante, seguindo o inventariante o procedimento padrão (ou seja, não se tratando de alguma espécie de arrolamento sucessório), não se dispensará o termo de compromisso e o prazo para apresentação das primeiras declarações será contato da sua assinatura. Na hipótese de o negócio jurídico processual já carregar o compromisso para os autos, o prazo passa a contar da data do protocolo judicial da convenção processual (art. 200 do CPC).

Quando a designação para inventariança recair em pessoa jurídica, deverá ser aplicado o disposto no art. 21, parágrafo único, da Lei n. 11.101/2005 (ínsito à nomeação de administrador judicial), a fim de que, no termo de compromisso, fique estampado o nome (com completa qualificação) do profissional responsável pela condução do inventário *causa mortis*, que não poderá ser substituído sem autorização do juiz. Procedimento semelhante ocorrerá na hipótese do art. 617, IV, ou seja, em caso de nomeação de inventariante incapaz, ocasião em que o nome (com a respectiva qualificação) do representante legal deverá constar no termo de compromisso (vedada a substituição sem prévia autorização judicial).

Por fim, apesar de a figura do inventariante (como administrador da herança) não ser propriamente "parte" no aspecto do direito material, mas de pessoa que exerce múnus público, tal fato não impede que seja importada inteligência do art. 190 do CPC para que este seja protagonista de negócios jurídicos processuais em relação ao exercício da inventariança. Não há óbice para que o negócio jurídico seja desde logo lançado no próprio termo de compromisso ou por meio de ato processual específico contemporâneo à sua assinatura, a fim de produzir efeitos processuais imediatos. No sentido, o termo de compromisso poderá contemplar – em ilustração – a forma com que as comunicações processuais (intimações) em relação ao inventariante deverão ser efetuadas (por exemplo, meio eletrônico, indicando-se endereço específico para tal) ou, ainda, a periodicidade com que apresentará a prestação de contas e/ou relatório de suas atividades em prol do espólio.

11. Rol do art. 617 e o inventário extrajudicial

A nomeação de inventariante também será exigida no inventário extrajudicial (art. 11 da Resolução n. 35/2007 do CNJ[458]). Como se trata de no-

456 Vide comentários ao art. 615 desta obra.

457 Próximo: Rafael Knorr Lippmann, *Breves comentários ao novo Código de Processo Civil*, p. 1601.

458 *Vide* comentários ao art. 610 desta obra.

meação consensual, tendo a exigência de concordância geral do art. 610, não há qualquer submissão à listagem sequencial do art. 617. Inclusive, o final do *caput* do art. 11 da Resolução n. 35/2007 do CNJ é inconteste nesse sentido, ao dispor expressamente que não há a "necessidade de seguir a ordem prevista no art. 617 do Código de Processo Civil".

Embora o dispositivo não preveja, ao menos expressamente, a exigência do termo de compromisso respectivo à inventariança, não parece dispensar a sua confecção e assinatura, pelo menos no tocante àquele que é eleito de forma incidental, no curso do inventário extrajudicial.

Por outro lado, há de se ressaltar que a Resolução n. 452/2022 do CNJ introduziu os §§ 1º, 2º e 3º à Resolução n. 35/2007 do CNJ, permitindo, ao meeiro e aos herdeiros, a nomeação de inventariante, mediante escritura pública (§ 1º), antes mesmo da instauração do inventário extrajudicial, de modo que o ator poderá laborar, na prática de determinados atos (§ 2º), em prol do espólio e a nomeação servirá de termo inicial do procedimento de inventário extrajudicial (§ 3º). Na ocasião, considerando que a manifestação de vontade dos legitimados a promover a inventariança antecipada deverá ser feita por meio de escritura pública (§ 1º), presume-se a dispensabilidade do termo de compromisso exigido no parágrafo único do art. 617 do CPC.

12. Impugnação e recurso quanto à designação judicial sobre a inventariança[459]

Em se tratando de convenção processual que elege o inventariante, diminui-se o espaço para as impugnações, tendo em vista que a designação estará cristalizando a vontade dos interessados. Há, contudo, espaço para manejo de recurso se a convenção processual não for recepcionada pelo juiz, admitindo-se, no ponto, a interposição de agravo de instrumento (art. 1.015, parágrafo único).[460]

Quando a designação do inventariante decorrer de decisão judicial, há de se ter atenção acerca da existência ou não de prévio contraditório a respeito da nomeação. Caso a parte não tenha sido previamente convocada para se manifestar acerca da eleição, tomando ciência do fato somente depois da nomeação, esta poderá apresentar reclamação interna nos autos (art. 627, II). Todavia, de modo diverso, se a parte participou ativamente de incidente acerca da designação judicial do inventariante, não se aplica o referido dispositivo legal, sendo hipótese de agravo de instrumento. Assim, em breve corte, se a parte não foi consultada

459 O tema foi tratado com mais vagar nos comentários ao art. 627 desta obra.

460 Reforça tal raciocínio o entendimento firmado no STJ (Tema 988 – recurso repetitivo – REsp. 1.696.396/MT, j. 05/12/2018, *DJ* 19/12/2018), no sentido de que "O rol do art. 1.015 do CPC é de taxatividade mitigada, por isso, admite a interposição de agravo de instrumento quando verificada a urgência decorrente da inutilidade do julgamento da questão no recurso de apelação".

acerca da designação do inventariante, não lhe sendo facultada manifestação prévia a respeito, a impugnação se dará por postulação interna (art. 627, II), ao passo que, se a nomeação judicial for precedida de manifestação da parte acerca do tema, o reclame deverá ser efetuado pela via recursal (agravo de instrumento).

De toda sorte, mesmo nas situações de nomeação direta, isto é, sem contraditório prévio à parte, admite-se que o interessado possa atacar a decisão de designação (diretamente) por meio de agravo de instrumento, demonstrando-se que a escolha judicial é extremamente nociva ao espólio ou à parte (por exemplo, quando há designação de inventariante com insolvência civil decretada).[461]

Art. 618. Incumbe ao inventariante:

I – representar o espólio ativa e passivamente, em juízo ou fora dele, observando-se, quanto ao dativo, o disposto no art. 75, § 1º;

II – administrar o espólio, velando-lhe os bens com a mesma diligência que teria se seus fossem;

III – prestar as primeiras e as últimas declarações pessoalmente ou por procurador com poderes especiais;

IV – exibir em cartório, a qualquer tempo, para exame das partes, os documentos relativos ao espólio;

V – juntar aos autos certidão do testamento, se houver;

VI – trazer à colação os bens recebidos pelo herdeiro ausente, renunciante ou excluído;

VII – prestar contas de sua gestão ao deixar o cargo ou sempre que o juiz lhe determinar;

VIII – requerer a declaração de insolvência.

CPC de 1973 – art. 991

1. Incumbências ordinárias do inventariante

O dispositivo em comento versa sobre as incumbências do inventariante, sendo complementado pela disposição do art. 619. A postura do legislador, de efetuar a divisão supra, decorre da opção que foi adotada em dividir os *atos de natureza ordinária* a serem exercitados pelo inventariante (que são extraídos do rol do art. 618) em relação aos de natureza extraordinária (que estão postados no cardápio do art. 619). Os atos vulgares do inventariante (art. 618) prescindem de prévia oitiva dos interessados e de autorização judicial para a sua execução, ao passo que os atos tidos como especiais (art. 619) se submetem a tais

461 Bem próximo: confira-se: Luciano Vianna Araújo, *Comentários ao Código de Processo Civil*, v. 2, p. 212-213. Na jurisprudência, confira-se: STJ, 3ª Turma, REsp 141.548/RJ, j. 19/05/2005, *DJ* 13/06/2005. Vide comentários ao art. 627.

exigências.[462] É importante identificar na gênese a diferença de tais atos (ordinários e extraordinários), até porque tanto o rol do art. 618 quanto o previsto no art. 619 são exemplificativos (vide itens respectivos). De forma bem resumida, no corpo do art. 618, estão fixados os atos de administração geral e representação do espólio, enquanto as gavetas do art. 619 envolvem atos dispositivos com vínculo patrimonial e cuja consecução, de alguma forma, seja capaz de alterar as forças da herança.

2. Da função precípua do inventariante: o desfecho da sucessão (extinção do condomínio hereditário)

Quando se faz a análise da legislação em sentido panorâmico, extrai-se que a função precípua do inventariante é o próprio desfecho do condomínio hereditário, incumbência esta que lhe é conferida, por meio de várias atribuições, pela presunção de que se formará uma massa patrimonial depois de aberta a sucessão (arts. 1.784 e 1.791 do CC). A parte final do art. 1.796 do CC anuncia, de forma resumida, o objetivo do inventário *causa* mortis, que é a *liquidação da herança*, a fim de que, se houver saldo positivo, seja efetuada a partilha respectiva.[463] Os arts. 618 e 619 ratificam tal concepção, pois a análise das incumbências fixadas para o protagonista da inventariança demonstra que o legislador fixou uma série de atos que são necessários para que se alcance o encerramento do condomínio patrimonial que, repita-se, presumidamente, se formará com a morte de pessoa natural.

A partir do gabarito desenhado pelo CPC, as atividades do inventariante atreladas à sua função finalística (encerramento do condomínio hereditário) pressupõem que existirá massa patrimonial na sucessão, de modo que a arrecadação é medida integrante das atribuições do inventariante.[464] Uma vez localizado patrimônio alcançado pela abertura da sucessão, o inventariante terá

---

462 No sentido, Clóvis do Couto e Silva, *Comentários ao Código de Processo* Civil, v. XI, tomo I, p. 298.

463 Não é ocasional que as regras inerentes ao inventário sucessório sejam importadas para a *"dissolução e liquidação das sociedades"*, procedimento que visa extinguir a pessoa jurídica (art. 671 do CPC de 1939), pois, em tal situação, os atos a serem perpetrados são semelhantes (arrecadação, liquidação e divisão do saldo, caso este seja positivo). Como o objetivo da abertura da sucessão é criar relações condominiais, também é natural que o inventário sucessório importe as regras condominiais (art. 1.791, parágrafo único, CC) e, de outra banda, exporte disposições acerca da partilha para o direito condominial (art. 1.321. CC).

464 O teor das primeiras declarações (art. 620) demonstra que a primeira tarefa do inventariante está em dimensionar o condomínio hereditário, com a identificação dos seus condôminos (e interessados), assim como a massa de bens que é formada.

de distribuir o ativo a partir dos blocos patrimoniais que podem ter se formado (fala-se em blocos patrimoniais, pois é ilusório pensar que, no modelo atual do direito sucessório, haverá sempre apenas relação condominial unitária).[465] Em resenha, depois de arrecadados e avaliados os bens, será feita a distribuição patrimonial nos blocos condominiais e, posteriormente, a identificação das obrigações que vinculam o espólio, abrindo-se espaço para a fase de liquidação, quando será realizado o pagamento das dívidas do espólio. Ao fim do procedimento liquidatório, apurando-se saldo positivo entre o valor do patrimônio hereditário e valor das dívidas do espólio, haverá partilha (ou adjudicação, em caso de herdeiro universal).

É inegável, portanto, que a função do inventariante possui caráter *transitório,*[466] sendo certo que a celeridade do exercício das suas funções é um predicado desejável. Assim, é fundamental que o inventariante apresente *plano de trabalho*[467] que, de forma resumida e motivada, plasmará a projeção das atividades que serão desenvolvidas no âmbito da inventariança para que o inventário sucessório seja encerrado. Diante do feixe de atribuições que lhe são dirigidas, bem como das diversas fases do processo de inventário, as funções devem ser exercidas com diligência e de forma transparente, do que se impõe a necessidade de prestação de contas, bem como da busca de consenso junto aos interessados, o que reclamará a constante oitiva destes.[468] Os atos ordinários (art. 618) e extraordinários (art. 619) representam, em cenário de projeção, as principais atividades e atribuições que serão exercidas pelo inventariante ao longo do inventário *causa mortis*.

3. Da necessidade de importação de técnicas em relação ao administrador judicial

Há, sem dúvida, vários pontos comuns entre a falência/insolvência civil e o inventário *causa mortis*, pois são procedimentos concursais e que possuem, como mote, a arrecadação, a liquidação e a possível distribuição de ativos.

465 Com a participação do cônjuge/companheiro (a depender do regime de casamento/união estável – art. 1.829, I, do CC) formam-se blocos patrimoniais distintos internamente à sucessão: um formado pelos bens particulares do falecido e o outro decorrente dos bens em estado de comunhão. Note-se que os condôminos de cada bloco hereditário não serão as mesmas pessoas, pois o cônjuge/companheiro sobrevivente não participa como herdeiro do condomínio dos bens em comunhão (sendo atraído como meeiro). O cenário cria relações condominiais diversas a partir da delimitação dos bens comuns e dos bens particulares.

466 Igualmente: Hamilton de Moraes Barros, *Comentários ao Código de Processo Civil*, v. IX, p. 227.

467 Vide os comentários ao art. 620 desta obra.

468 Vide os comentários ao art. 617 desta obra.

Presume-se, pela estruturação do inventário sucessório, que haverá saldo positivo, fato que pode ser tirado a partir da projeção segundo a qual este terminará em partilha. De forma diversa, na falência e na insolvência, há presunção de saldo negativo, sendo raras as hipóteses de resultado com pagamento integral dos credores em concurso. Seja como for, a aproximação dos institutos permite, com as adaptações, que técnicas da falência e da insolvência civil, notadamente de arrecadação e concurso de credores, sejam aplicadas no ventre do inventário *causa mortis*[469] e em influxo inverso. Dessa forma, diante da identidade estrutural, há forte translado de técnicas dos procedimentos da falência (Lei n. 11.101/2005) e da insolvência civil (arts. 748-786-A do CPC de 1973, vigentes ante ao art. 1.052 do CPC atual) para o inventário *causa mortis* e vice-versa, ou seja, também em influxo inverso, tendo como base o rito sucessório e projeção para tais sítios procedimentais especiais.[470-471]

Feita a importante anotação acima, é inegável que as incumbências do inventariante encontram pontos comuns com as exercidas pelos administradores judiciais dos processos de arrecadação e concursais, pois tais personagens, assim como aquele, atuam com projeções de trabalho iniciadas a partir de universalidade patrimonial e que possuem, como finalidade, mediante a superação de etapas sequenciais, a distribuição do resultado econômico para aqueles que se colocam como legitimados no processo.[472] O exercício da inventariança também se aproxima do labor do síndico (enquanto administrador de condomínio) que administra a coisa comum, com a ressalva de que a sua

---

469 No tema: Hamilton de Moraes Barros fez a segunda afirmação: "(...) tem a falência de comum com o inventário visarem ambos os procedimentos à liquidação de um patrimônio. Eis por que, para que isso aconteça nas falências do morto ou do seu cônjuge sobrevivo, é imprescindível que se saiba o que se compõe tal patrimônio, dissolvida pela morte a sociedade conjugal" (*Comentários ao Código de Processo Civil*, v. IX, p. 209).

470 Ao longo dos comentários, serão traçados vários exemplos no sentido. Algumas importações de técnicas da falência serão analisadas no âmbito dos comentários ao art. 618 e, como exemplo, de exportação no sentido, as disposições sobre o incidente de remoção do inventariante (arts. 622-625 do CPC) podem ser transportas para a destituição compulsória do administrador judicial da falência, da recuperação judicial e da insolvência. Vide comentários ao art. 622 desta obra.

471 Analisando o traslado de técnicas processuais: Rodrigo Mazzei e Tiago Figueiredo Gonçalves, Ensaio sobre o processo de execução e o cumprimento da sentença como bases de importação e exportação no transporte de técnicas processuais. In *Processo de execução e cumprimento da sentença*: temas atuais e controvertidos, p. 27-32; e Fredie Didier Jr, Antônio do Passo Cabral e Leonardo Carneiro da Cunha, *Por uma nova teoria dos procedimentos especiais*, p. 77-95.

472 Bem próximo: Hamilton de Moraes Barros, *Comentários ao Código de Processo Civil*, v. IX, p. 209; e Gerson Fischmann, *Comentários ao Código de Processo Civil*, v. 14, p. 69.

atuação sempre estará jungida a um fim específico, que é a extinção do condomínio hereditário. Com efeito, a herança é, por excelência, um condomínio que precisa ser desfeito ("dividido"), sendo o inventariante aquele que tem a incumbência de conduzir a herança até tal fim.

Com tal bússola, os arts. 618 e 619 do CPC necessitam ser *completados*, pois não esgotam, em absoluto, as funções do inventariante. Para tanto, será necessário o constante diálogo de tais dispositivos com regramentos relacionados ao ator funcional que exercem labor afim ao desenvolvido pelo inventariante. No ponto, destaca-se o forte influxo dos ditames da Lei n. 11.105/2005, em especial o seu art. 22, que traz as funções que deverão ser exercidas pelo administrador judicial na falência e na recuperação judicial, assim como os aplicáveis ao "síndico" (= administrador) dos condomínios em geral.

4. Rol exemplificativo

Conforme já anunciado, o inventariante é o personagem incumbido de praticar os atos necessários ao encerramento do condomínio hereditário. Assim, todos os atos que, no caso concreto, forem indispensáveis para este fim, deverão ser por ele praticados, sob pena de desídia. Sob esta perspectiva, tem-se que o rol do art. 618 é exemplificativo, eis que, a partir da análise das particularidades do caso concreto, poderão ser acrescidas outras incumbências ao inventariante que não estão alocadas no referido rol, mas se apresentam essenciais para o desfecho do condomínio hereditário.[473] Registre-se, no sentido, que a legislação traça outras funções inerentes ao encargo, que não foram contempladas pelo rol dos arts. 618 e 619.[474] Ademais, ao se efetuar a comunicação proposta no item anterior (importação de técnicas), a leitura do art. 22 da Lei n. 11.101/2005 revela incumbências do inventariante ausentes no cardápio dos arts. 618 e 619.

5. Representação do espólio

O espólio é ente sem personalidade jurídica, mas com *personalidade judiciária*, que se apresenta judicial e extrajudicialmente o objeto do inventário ("herança" em aspecto bem global). Assim, até a conclusão do inventário, é o espólio que "representa" os bens do autor da herança, na pessoa do inventariante.[475] Com outras palavras, trata-se de pessoa formal, cuja representação é

473 No sentido: Sergio Shaione Fadel, *Código de Processo Civil*, p. 140.

474 Tema tratado em item adiante. Ademais, merece salientar que, justamente em razão de tal situação (cardápio ilustrativo dos arts. 618 e 619), o rol de causas para remoção do inventariante também seja tratado como exemplificativo. Vide comentários ao art. 622 desta obra.

475 No sentido: Marcelo Abelha, *Manual de Direito Processual Civil*, p. 833.

feita pelo inventariante até que se ultime a "partilha" (= *desfecho do inventário*[476]). Em negócios privados de seu interesse, figura como parte na relação, fazendo-se representar pelo inventariante. Em processo judicial, é dotado de capacidade de ser parte, mas por não possuir legitimidade *ad processum*, ou seja, capacidade para estar por si só em juízo, precisando ser representado pelo inventariante (art. 75, VII) ou pelo administrador provisório quando não tiver sido instaurado o inventário (art. 614 – primeira parte).[477]

À míngua de tratamento da matéria pela codificação civil,[478] coube, à codificação processual, tratar acerca da representação do espólio. O art. 618, I, prevê, de forma abrangente, que a representação ativa e passiva do espólio será exercida pelo inventariante nas esferas judicial e extrajudicial, ao passo que o art. 75, VII, trata especificamente da representação judicial do espólio pelo inventariante. O art. 75, § 1º, por sua vez, estabelece regra a ser observada quando a representação judicial do espólio for exercida por inventariante dativo.

5.1 Representação judicial do espólio

A legitimidade *ad causam*, seja ativa ou passiva, em torno de questões que envolvem os bens que o integram, é do espólio. Isso não impede, contudo, que qualquer dos herdeiros atue em juízo – segundo já definido na jurisprudência[479] – como assistente litisconsorcial do espólio. Em regra, finda-se a *legitimidade ad causam* do espólio com o encerramento do processo de inventário, momento em que cessa, por consequência, o poder de representação conferido ao inventariante,[480] excetuando-se a situação prevista no art. 669, parágrafo único, do CPC (bens reservados à sobrepartilha).

O inventariante, por força dos arts. 75, VII, e 618, I, representa o espólio em juízo ativa e passivamente. Desse modo, caber-lhe-á a adoção das medidas judiciais nos processos em que o espólio for parte, pouco importando a posição processual em que se encontre. Esse poder de representação do espólio pelo inventariante tem direta relação com outra incumbência que lhe é dada por lei: a função de administrar os bens (art. 618, II). Salienta-se que, nas hipóteses em que o inventariante exercer a representação judicial do espólio passivamente, será seu dever apresentar manifestação para que sejam *defendidos os in-*

476 Vide comentários ao art. 669 desta obra.

477 Vide comentários ao art. 613 desta obra.

478 A codificação civil apenas assinala, em seu art. 1.991, que "desde a assinatura do compromisso até a homologação da partilha, a administração da herança será exercida pelo inventariante", função na qual se insere a representação do espólio.

479 No sentido: STJ, Corte Especial, AgRg no Ag 122.092/MG, j. 02/12/1998, *DJ* 29/03/1999; e STJ, 2ª Turma, REsp. 1.019.337/PR, j. 21/02/2008, *DJ* 07/03/2008.

480 No sentido: STJ, 3ª Turma, REsp 1.162.398/SP, j. 20/09/2011, *DJ* 29/09/2011.

teresses deste.[481] Em outros termos, se o espólio for citado em alguma ação judicial, será incumbência do inventariante atuar da forma mais adequada em prol dos interesses do espólio e dos personagens que sobre ele têm interesse jurídico.[482]

Embora a lei seja omissa, é de bom tom que o inventariante – sempre que for possível – colha manifestação das partes acerca da postura adotada nas ações judiciais. Tal modo de agir prestigia internamente a cooperação das partes interessadas, trazendo-lhes também a responsabilidade da decisão, até porque, a depender da trilha adotada (como é o caso da transação ou pagamento de dívidas – art. 619, II e III), a oitiva é obrigatória. Deve-se seguir a premissa de que, na representação processual do espólio, não pode o inventariante realizar atos de disposição (como renunciar ou reconhecer juridicamente o pedido), porquanto, para tais atos, será necessária a oitiva dos interessados, operando-se correta (e conjunta) interpretação aos arts. 618 e 619.[483-484]

Com olhar mais amplo, em caso de ação judicial em que o espólio figure como parte, é de suma relevância que o inventariante dê ciência do fato aos herdeiros, ainda que no bojo do processo de inventário. No curso do processo, deverá mantê-los informados acerca das manifestações judiciais que serão realizadas em favor do espólio na demanda judicial, se possível, promovendo a audiência prévia dos herdeiros para a prática dos atos processuais. É incontestável que as demandas judiciais movidas contra o espólio têm o condão de ampliar o passivo da herança, afetando diretamente o processo de liquidação e ultimação do inventário *causa mortis*. Assim, a transparência quando à existência e curso das ações judiciais é medida de boa-fé e que traz os interessados

481 No sentido: Gerson Fischmann, *Comentários ao Código de Processo Civil*, v. 14, p. 91.

482 O cenário não significa dizer que o inventariante terá que opor resistência incondicional a qualquer ação que seja movida contra o espólio. Em ilustração, o inventariante ao receber citação advinda de execução fiscal e verificar que a dívida está sendo exigida de forma correta (reconhecendo, inclusive, trechos alcançados pela prescrição), poderá justificar que não possui os recursos disponíveis para pagamento à vista e fazer a indicação de bem a penhora observando o art. 646. Sem prejuízo, com análise do fluxo de caixa e apresentando o quadro aos interessados (art. 619, III), o inventariante poderá, observando o art. 619, III, efetuar o parcelamento da dívida, postura que permitirá a obtenção da certidão de regularidade fiscal (até porque esta será exigida para que seja proferida a decisão acerca da partilha – art. 654). A exemplificação demonstra que a resposta aos processos judiciais não pode ser – sempre – traduzida como apresentação de "defesa processual" (interpretação que poderia se extrair da parte inicial do inciso IV do art. 622), mas de adoção de postura que melhor acolha os interesses do espólio.

483 Parecendo concordar: Daniel Amorim Assumpção Neves, *Novo Código de Processo Civil comentado*, p. 1.061.

484 No tema, vide os comentários ao art. 619 desta obra.

para a resolução do problema, pois facultará não só a presença destes nas pendengas (quando se assim se admitir), mas possibilitará projeções de soluções estratégicas sobre o conflito.[485] Por óbvio, poderão existir situações em que a oitiva dos herdeiros não poderá ser realizada antes da prática dos atos judiciais. Basta imaginar a hipótese em que o inventariante tiver de cumprir prazos judiciais curtos.[486] Nesse caso, a comunicação aos herdeiros deverá ser efetivada após a prática do ato, em ato retrospectivo. Ainda que de forma retrospectiva, a comunicação aos herdeiros será de extrema importância, pois garantirá a transparência da administração do espólio, bem como os prevenirá das repercussões que a ação judicial poderá ter na esfera dos seus direitos. Na perspectiva do inventariante, a comunicação será benéfica, pois terá o condão de protegê-lo de futuras reclamações ou pedido de remoção por parte de interessados que se mantiveram inertes ou anuíram com o ato judicial, ainda que tacitamente.[487]

Para conferir transparência à administração e à representação do espólio, o inventariante pode usar, de forma adaptada, a fórmula prevista no art. 22, I, *k*, da Lei n. 11.101/2005. Assim, por meio de endereço (sítio) eletrônico, as peças processuais relativas às ações que envolvem o espólio restariam disponibilizadas às partes que figuram no inventário sucessório. Sem prejuízo, as par-

---

485 Em razão de estar postado como representante de massa patrimonial pertencente a outros sujeitos, o inventariante não possui qualquer tipo de "poder discricionário" acerca das manifestações a serem efetuadas nas ações judiciais na defesa dos interesses do espólio. É importante ressaltar que o inventário *causa mortis* se encontra escorado em relações condominiais relativas à herança (art. 1.791, parágrafo único, do CC), de modo que a administração do espólio demanda a efetiva participação dos condôminos. A estes deve ser concedida a garantia de ter ciência sobre fatos que envolvem o espólio, a fim de que possam manifestar-se. Disso decorre o dever imposto ao inventariante de prestação de contas, previsto no art. 618, VII, que, para além da exibição de operações contábeis, consiste na apresentação de relatórios que contenham o detalhamento dos atos de administração, nos quais se incluem aqueles praticados em ações judiciais.

486 Por exemplo: citação de ação que visa à prestação de tutela cautelar em caráter antecedente, fixando o prazo de 05 dias para a resposta (art. 306).

487 Deve ficar claro que a posição aqui defendida não se trata de generalização do previsto no art. 71, § 1º, do CPC, que prevê que, em caso de inventariança dativa, os sucessores do falecido deverão ser "intimados" (= convocados/citados) no processo em que o espólio figure como parte. A comunicação realizada aos herdeiros quanto à existência de ação judicial (ora defendida no corpo do texto) decorre da necessidade de transparência da administração da herança, devendo ser realizada em prestação de contas, ao passo que o disposto no art. 71, § 1º, se refere à comunicação processual na ação judicial específica, com objetivo de estabilização da representação judicial do inventariante dativo e, se for o caso, permitir a participação do interessado convocado. Vide comentários ao art. 617 desta obra.

tes poderão, junto com o inventariante, entabular procedimento específico de comunicação dos atos processuais, permitindo, inclusive, prévio opinamento.

Em arremate, para ilustração mais ampla de atos que deverão ser praticados pelo inventariante (como representante judicial do espólio), é possível que sejam adaptados os modelos fixados no art. 22, III, da Lei n. 11.101/2005, voltados ao administrador judicial da falência, pois, assim como aquele, este também figura como representante judicial de massa patrimonial que não lhe pertence (alínea *c* do dispositivo). Assim, em exemplo, incumbirá ao inventariante: (a) a arrecadação dos valores dos depósitos realizados em processos administrativos ou judiciais nos quais o espólio figure como parte, oriundos de penhoras, de bloqueios, de apreensões, de leilões, de alienação judicial e de outras hipóteses de constrição judicial (art. 22, III, *s*); (b) providenciar, no prazo máximo de 15 (quinze) dias, as respostas aos ofícios e às solicitações enviadas por outros juízos e órgãos públicos, relativas ao espólio, sem necessidade de prévia deliberação do juízo (art. 22, I, *m*).

5.2 A representação judicial do espólio por inventariante dativo

O CPC de 2015 alterou a regra do CPC de 1973 quanto à representação do espólio no caso de inventariança dativa. Na pretérita codificação, havia previsão no sentido de que, em caso de nomeação de inventariante dativo, os próprios herdeiros exerceriam a representação do espólio em juízo (art. 12, § 1º, do CPC 1973). De forma diversa, o art. 75, § 1º, do CPC atual preceitua que, nas hipóteses de inventariança dativa, o espólio será representado em juízo pelo inventariante, sendo necessária a convocação dos "herdeiros"[488] nos feitos em que o espólio seja parte. Embora o código tenha utilizado a expressão *"intimar"*, certo é que se trata de dispositivo que cria a necessidade de citação dos "herdeiros" para, querendo, intervir no processo.[489]

O texto do art. 75, § 1º, do CPC em vigor, em contraposição com a redação do art. 12, § 1º, do CPC de 1973, confirma que a inventariança dativa não transforma os convocados em litisconsortes necessários,[490] mas tão somen-

488 A convocação do art. 75, § 1º, deve ser interpretada de forma extensiva para albergar outras figuras, desde que a ação tenha pujança para afetar a sua posição jurídica ou a sua atividade funcional. Assim, embora o dispositivo faça apenas alusão aos "herdeiros", a convocação poderá ser mais ampla, alcançando, em exemplo, o cônjuge/companheiro não herdeiro, o legatário, o cessionário de direitos hereditários e do legado e até o testamenteiro (se a ação açambarcar as disposições testamentárias – art. 1.981 do CC). Vide comentários ao art. 617 desta obra.

489 No sentido: Bruno Vasconcellos Carrilho Lopes, *Comentários ao Código de Processo Civil*, v. II, p. 41. Vide comentários ao art. 617 sobre inventariança dativa.

490 Em sentido contrário, confira-se: Daniel Amorim Assumpção Neves, *Novo Código de Processo Civil comentado*, p. 1.059.

te cria a obrigatoriedade de comunicação processual quanto à existência de processo judicial, facultando-lhes a participação. Trata-se de "atípica" intervenção de terceiros que tem a finalidade de estabilizar a representação do espólio, porquanto esta não é de todo plena quando está sendo exercida por inventariante dativo (consoante pode se extrair da interpretação conjunta dos arts. 618, I, e 75, § 1º).[491] Saliente-se que, comprovada a convocação do "herdeiro", restará cumprido o art. 75, § 1º, mesmo que o "intimado" não responda ao chamado, mantendo-se inerte.

A convocação será para integrar a relação processual (art. 238 do CPC) e não necessariamente para assumir posição no polo ativo ou passivo da ação judicial ao lado do espólio.[492] Destarte, a intervenção do art. 75, § 1º, não pode ser resumida ao simples chamamento para que o herdeiro figure como assistente litisconsorcial do espólio ou apenas exerça a fiscalização dos atos praticados pelo inventariante.

---

491 Igualmente: FERNANDO DA FONSECA GAJARDONI, *Processo de conhecimento e cumprimento de sentença:* comentários ao CPC 2015, v. 2, p. 1.049. Na vigência do CPC de 1973, prevalecia o entendimento de que: "No caso de inventariante dativo, o legislador entendeu que não haveria legitimidade para representação plena do espólio, razão pela qual todos os herdeiros e sucessores são chamados a compor a lide" (STJ, 2ª Turma, REsp 1.053.806/MG, j. 14/04/2009, *DJ* 06/05/2009).

492 O referido chamado se justifica para proteger interesses do convocado, os quais poderão convergir ou divergir com os interesses do espólio (representado pelo inventariante). Existe a possibilidade de agrupamento de herdeiros (interessados) com interesses convergentes e herdeiros (interessados) com interesses divergentes aos defendidos pelo inventariante, assim como de que não ocorra nenhum tipo de manifestação. Portanto, efetuada a "intimação" (= citação – art. 238, parte final) admite-se que o convocado permaneça inerte, assim como se poste tanto do lado do espólio, como também em posição contrária. A ilustração permite visualizar intervenção com mobilidade sem apego aos polos da demanda. Nesses casos, a análise da legitimidade e do interesse para a prática dos atos processuais pelos herdeiros deverá ser realizada *ad actum*, isto é, a partir de cada ato postulatório (art. 17 do CPC), já que a sua atuação não ocorrerá de forma linear. Sobre a possibilidade da aferição da legitimidade e do interesse *ad actum*, conferir: ANTONIO DO PASSO CABRAL, Despolarização do processo e "zonas de interesse": sobre a migração entre polos da demanda. In: *Reconstruindo a Teoria Geral do Processo*; e SOFIA TEMER, *Participação no processo civil*: repensando litisconsórcio, intervenção de terceiros e outras formas de atuação, p. 203-211. A possibilidade de migração entre polos da demanda tem sido admitida pelo STJ em casos de intervenções atípicas, como ocorre quando há atuação processual do INPI em pendengas sobre marcas. No sentido: STJ, 3ª Turma, REsp 1.775.812/RJ, j. 19/03/2019, *DJ* 22/03/2019; STJ, 4ª Turma, REsp 1.817.109/RJ, j. 23/02/2021, *DJ* 25/03/2021. Semelhante concepção pode ser aplicada ao herdeiro na hipótese do art. 75, §1º, do CPC. Sobre intervenção móvel, confira-se: RODRIGO MAZZEI, A intervenção móvel da pessoa jurídica na ação popular e ação de improbidade administrativa (artigos 6º, 3º da LAP e 17, § 3º da LIA). In: *Revista Forense*, v. 400, p. 227-254.

5.3 A contratação de advogado pelo inventariante para o exercício da representação do espólio

Para a representação judicial do espólio em outro processo judicial no qual o espólio figure como parte, deverá o inventariante contratar advogado para a apresentação de postulações perante o Poder Judiciário.

Internamente ao inventário, consoante pode se extrair do art. 620, § 2º, do CPC, a contratação de advogado não é obrigatória, podendo o inventariante atuar sem a presença de profissional no sentido, situação de toda censurável, diante da necessidade de conhecimentos jurídicos (sobretudo de direito sucessório). A contratação de advogado pelo inventariante para atuar em nome do espólio no *âmbito interno* do inventário *causa mortis* excepciona a regra geral do art. 619. Isso porque, além de não se caracterizar como *ato extraordinário* (uma vez que se trará de contratação que já é esperada, inclusive como parâmetros que podem ser tirados de situações afins[493]), seguindo-se o rito ortodoxo do inventário judicial, os trabalhos do inventariante – reclamando o labor de advogado – se iniciam antes mesmo da presença de todas as partes, o que torna inviável a observância do rito do art. 619.[494]

Em relação a eventuais postulações autônomas (externas ao inventário) em que o espólio figure como parte, a aplicação do engenho do art. 619 será permitida quando houver tempo hábil para que todo o rito seja completado (oitiva das partes e autorização judicial), fato que nem sempre será possível diante da escassez de tempo em algumas hipóteses, notadamente nos casos em que o espólio for réu da ação (sendo citado para respondê-la) ou quando se tratar de postulação urgente (por exemplo, risco de perecimento do direito). De toda sorte, parece ter prevalecido o entendimento de que a contratação de advogado não exige a autorização judicial,[495] fato que não furta que seja dado conhecimento às partes, até mesmo diante da necessária prestação de contas (art. 618, VII). Seja como for, o ideal é que – como toda e qualquer contrata-

---

493 Ainda que com variações, há precificação básica na Tabela de honorários da OAB, admitindo-se também a aplicação do disposto no art. 113 do CC.

494 A estrutura procedimental do inventário impõe tal conclusão, pois as partes – seguindo-se a lógica fixada no CPC – somente serão convocadas quando o inventariante já tiver apresentado as primeiras declarações (arts. 617, 620, 626 e 627). Próximo: José da Silva Pacheco, *Inventários e partilhas:* na sucessão legítima e testamentária, p. 442. Sobre a inviabilidade de nomeação do inventariante sem a prévia convocação das partes, vide os comentários aos arts. 615 e 617 desta obra.

495 No sentido: Gerson Fischmann, *Comentários ao Código de Processo Civil*, v. 14, p. 66. Com posição diversa, defendendo que o contrato de serviços advocatícios deverá ser objeto de prévio conhecimento dos herdeiros/interessados e aprovação judicial: Fernando da Fonseca Gajardoni, *Processo de conhecimento e cumprimento de sentença:* comentários ao CPC 2015, v. 2, p. 1.052.

ção em nome do espólio – é que ocorra consenso das partes acerca da pactuação.[496] No ponto, caberá ao inventariante agir com a maior transparência possível na escolha do profissional e em relação aos termos entabulados com o advogado.

Em caso de declaração de insolvência do espólio (art. 618, VIII), a contratação do advogado para laborar em favor da massa exigirá a prévia autorização judicial, consoante art. 766, II, do CPC de 1973 (ainda em vigor por força do art. 1.052 do CPC 2015). A regra tem inspiração na própria realidade do acervo, já que em caso de insolvência civil, não há patrimônio suficiente para o pagamento das dívidas.

Por fim, anote-se que os honorários referentes à contratação serão suportados pelo espólio e, sobre eles, não incidirá imposto de transmissão *causa mortis* (Súmula 115 do STF).

5.4 Ações para a proteção da posse e propriedade de bem da herança

Enquanto perdurar o condomínio proveniente da sucessão, aos herdeiros, é garantido o direito de reivindicar os bens da herança em relação a terceiro e defender a posse respectiva (art. 1.314 do CC). Desse modo, poderá o herdeiro mover ação possessória ou reivindicatória para proteger e/ou recuperar a posse de bem que pertence ao espólio, mesmo antes do desfecho do processo de inventário.[497] Há de ficar bem claro, contudo, que o herdeiro terá legitimidade para postular as referidas ações judiciais em nome próprio (como titular de uma cota hereditária), e não em nome do espólio.[498] Caso o espólio mova ação possessória contra quem o tenha esbulhado, a sua representação judicial será realizada pelo inventariante.

6. Administração do espólio

Cabe ao inventariante administrar o patrimônio que integra o espólio, devendo, ainda, como decorrência desse encargo, prestar contas de sua "gestão" (art. 618, II e VII).

---

496 Próximo: PONTES DE MIRANDA, *Comentários ao Código de Processo Civil*, tomo XIV, p. 69.

497 O legatário, por estar alcançado pelo art. 130 do CC e diante da posse indireta que pode ser extraída do art. 1.923, § 2º, do CC, poderá mover ação judicial para preservar situação fática para o cumprimento do legado. No tema, ainda que breve, confira-se: RODRIGO MAZZEI, Noção geral do Direito de Sucessões no Código Civil: introdução do tema por 10 (dez) verbetes. In: *Revista Jurídica*, v. 438, p. 9-13.

498 No sentido: STJ, 4ª Turma, REsp. 1.117.018/GO, j. 18/05/2017, *DJ* 14/06/2017; TJSP, AI 2003836-49.2020.8.26.0000, 12ª Câmara de Direito Privado, j. 27/02/2020, *DJ* 27/02/2020.

O texto do art. 618, II, foi propositalmente insculpido de forma genérica, fórmula que se afigura adequada. Com efeito, as incumbências fixadas no dispositivo sofrerão variações de acordo com a base patrimonial da herança, seus protagonistas e as decisões que deverão ser adotadas com objetivo de finalizar o inventário sucessório. O dispositivo ratifica a concepção de que a enumeração das atribuições da inventariança efetuada no CPC é exemplificativa, pois seria impossível ao legislador prever todas as situações em que deverá o inventariante atuar e intervir.[499] Sendo assim, todos os atos que integrem a função de administração do espólio deverão ser praticados pelo inventariante, estando eles elencados ou não no rol dos arts. 618 e 619 do CPC.

De toda sorte, com olhos no art. 618, II, é fundamental fixar a premissa que lhe dá espeque, pois se trata de dispositivo firmado na concepção da *diligentia quam suis*, que no direito romano era usado na responsabilização daquele que está de posse de bem alheio. Trata-se, em apertada síntese, do dever de zelo de quem administra bem de outrem, devendo desenvolver cuidados que teria se a titularidade do patrimônio estivesse na sua esfera.[500] Portanto, a administração de que trata o dispositivo supracitado é de caráter ordinário, ou seja, compreende a prática de todos os atos de administração e conservação dos bens que compõem o espólio,[501] mas que não avança na superfície do art. 619. Em sendo assim, se, no curso da administração do espólio, for necessária a execução de algum tipo de ato que se encaixa como extraordinário (por exemplo, alienação de determinado bem para pagar credores), será preciso que o inventariante colha manifestação dos herdeiros e expressa autorização judicial para a sua efetivação.[502] Caberá, em tal situação, que o inventariante demonstre, de forma clara, que a consecução do ato extraordinário é imperiosa, trazendo, para tanto, motivação bastante, a fim de permitir que os interessados possam opinar a respeito, de modo que seja obtida a autorização judicial.

---

499 Bem próximo: Sergio Shaione Fadel, *Código de Processo Civil*. Arts. 890 a 1.220, p.140.

500 No sentido: Clóvis do Couto e Silva, *Comentários ao Código de Processo* Civil, v. XI, tomo I, p. 317-318.

501 No sentido: Gerson Fischmann, *Comentários ao Código de Processo Civil*, v. 14, p. 66.

502 Há, no sentido, didático acórdão do STJ exemplificando atos de administração ordinária e extraordinária: "Os poderes de administração do inventariante são aqueles relativos à conservação dos bens inventariados para a futura partilha, dentre os quais se pode citar o pagamento de tributos e aluguéis, a realização de reparos e a aplicação de recursos, atendendo o interesse dos herdeiros. (...). A atuação do inventariante, alienando bens sociais e buscando modificar a natureza das ações e a própria estrutura de poder da sociedade anônima, está fora dos limites dos poderes de administração e conservação do patrimônio. (STJ, 3ª Turma, REsp, 1.627.286/GO, j. 20/06/2017, *DJ* 03/10/2017).

Não se cumprindo o dever de administração desenhado no art. 618, II, é possível a responsabilização do inventariante e a sua remoção (art. 622, III). Relacionando-se o dispositivo comentado à *diligentia quam suis*, para a averiguação da culpa do inventariante na conservação dos bens do monte, deverá ser feita a comparação da atuação deste em relação aos seus bens e negócios particulares.[503]

Embora apenas para a prática dos atos de administração extraordinária se imponha a exigência de prévia manifestação dos interessados e autorização judicial, é importante que o inventariante convoque a reunião (= assembleia) *sempre que entender necessária* a oitiva prévia, ainda que para a execução de atos de administração ordinária. Tal procedimento pode ser adotado com inspiração no art. 22, I, *g*, da Lei n. 11.101/2005, que garante, ao administrador judicial dos processos concursais, a prerrogativa de requerer a convocação de assembleia para a oitiva dos interessados antes da tomada de decisões, caso entenda relevante. Na hipótese, é admissível o transporte da técnica de votação realizada por meio de sistema eletrônico, prevista no art. 39, §§ 4º e 5º, da citada lei extravagante, para permitir a realização de assembleias virtuais para a tomada de decisões consensuais pelo conjunto de interessados na herança.

7. Apresentação de primeiras e últimas declarações

As primeiras e últimas declarações são peças essenciais para o processo sucessório, porquanto registram os trabalhos relativos à inventariança. Em síntese, conforme a própria nomenclatura expressa, a inicial atribuição processual do inventariante no inventário *causa mortis* é a elaboração das primeiras declarações (art. 620), sendo a sua última tarefa a apresentação das últimas declarações (art. 636).

Caso se esteja diante do *procedimento especial padrão* do inventário *causa mortis*,[504] formalizada a inventariança (art. 617, parágrafo único), o inventariante deverá apresentar as primeiras declarações no prazo de 20 dias, computados apenas em dias úteis (art. 219). Trata-se, entretanto, de prazo dilatório, na medida em que, a depender da situação fática, o inventariante terá de realizar diligências (ex.: buscar informações e/o documentação) que demandam o desbordamento do prazo. Assim ocorrendo, poderá o inventariante requerer, a junto ao juiz do inventário, a dilação do prazo, consoante autoriza o art. 139, VI, do CPC.

A leitura do art. 620 revela que há alto grau de detalhamento para a perfeita elaboração das primeiras declarações. Mais ainda, fica evidenciado que o

503 Vide os comentários ao art. 622 desta obra.

504 Sobre o *procedimento especial padrão do inventário* em contraposição aos ritos dos arrolamentos sumário e comum, vide comentários ao art. 659 desta obra.

referido esboço inicial somente poderá ser confeccionado depois de efetuado prévio labor pelo inventariante, voltado à arrecadação de todos os bens e documentos do espólio. Embora as primeiras declarações, em regra, representem a vestibular manifestação do inventariante nos autos do inventário, é certo que, na maioria dos casos, a inicial atribuição por ele exercida – além da própria administração do espólio – consiste na arrecadação/avaliação dos bens e/ou documentos atrelados à sucessão, além da identificação dos herdeiros e demais interessados na herança.[505]

Verifica-se, no ponto, que o inventariante poderá enfrentar óbices à elaboração das primeiras declarações (por exemplo, retenção de determinados documentos por interessados, terceiros ou até por repartições públicas). Com olhos no art. 108 da Lei n. 11.101/2005, caso o administrador judicial encontre obstáculo para a arrecadação/avaliação dos bens e a colheita de documentação atrelada ao "auto de arrecadação", resta facultada a possibilidade de requerer ao juiz as *medidas necessárias* para que a sua tarefa seja concretizada. De forma próxima, o art. 766, I, do CPC de 1973 (ainda em vigor por força do art. 1.052 do CPC) prevê que o administrador judicial da insolvência civil deverá "*arrecadar* todos os bens do devedor, onde quer que estejam localizados, requerendo para esse fim as *medidas judiciais necessárias*". Diante do cenário, deve-se admitir que o inventariante postule junto ao juízo sucessório o deferimento de *medidas necessárias*, quando estas se demonstrarem capitais à apresentação hígida das primeiras declarações. Em tal hipótese, o inventariante formulará pedido a respeito, com motivação bastante (e indicação dos óbices encontrados), a fim de que o juízo sucessório possa deliberar, transportando-se, com os ajustes necessários, as técnicas de apoio do art. 108 da Lei n. 11.101/2005 e do art. 766 do CPC de 1973 para o inventário *causa mortis*.[506]

No que tange às últimas declarações, inexiste prazo para a sua apresentação (art. 636).[507] Assim, na hipótese em que o juiz intimar o inventariante para a apresentação dessas, sem indicar o prazo para a juntada da peça aos autos,

505 Semelhante ao que ocorre no processo falimentar, em que o administrador judicial, antes de elaborar o auto de arrecadação, composto pelo inventário e pelo respectivo auto de avaliação dos bens que compõem a massa falida (art. 110 da Lei n. 11.101/2005), efetua a *arrecadação* e *avaliação* dos bens da massa falida.

506 Conforme comentários ao art. 612, diante da natureza documentada do inventário sucessório, afigura-se pertinente a adoção da técnica do art. 6º, § 1º, da Lei n. 12.016/2009, ínsita ao mandado de segurança (instituto também do grupo dos *processos documentados*) que prevê a possibilidade de determinação judicial para exibição de documento que "se ache em repartição ou estabelecimento público ou em poder de autoridade que se recuse a fornecê-lo por certidão ou de terceiro".

507 Também atento à omissão legislativa, confira-se: Clóvis do Couto e Silva, *Comentários ao Código de Processo Civil*, v. XI, tomo I, p. 317.

deverá ser aplicado, por analogia, o prescrito no art. 620, isto é, o prazo de 20 (vinte) dias.[508] Semelhantemente, caso o inventariante perceba que o referido prazo não se adequa ao labor que será realizado, poderá requerer a sua dilação, desde que antes do seu termo final.

De toda feita, caso seja desbordado o prazo para a apresentação das primeiras ou últimas declarações, deverá o inventariante ser intimado para o cumprimento da empreitada. Nessa hipótese, poderá o juiz ajustar com a figura o prazo para a apresentação das declarações, de modo a adequar o processo à realidade fática (adaptando o disposto no art. 191 do CPC). Poderá, ainda, determinar a intimação do inventariante para a apresentação do *plano de trabalho*, postura que é de grande valia, mormente quando se tratar de confecção das primeiras declarações. Por outro lado, percebendo indícios de que não há justo motivo para o atraso na apresentação das declarações, poderá o juiz instaurar, de ofício, o incidente de remoção do inventariante (arts. 623-625).

7.1 Do plano de trabalho

A partir do que já foi dito, é oportuno que o inventariante, logo após a assinatura do termo de compromisso, elabore *plano de trabalho* que esboce os atos que serão praticados para a execução do seu labor. De forma bem resumida, o inventariante traçará um plano de ação, tracejando as atividades que pretende desenvolver e listando as providências que deverão ser adotadas. Assim o fazendo, o juízo sucessório e as partes terão conhecimento prévio acerca de como será conduzido o inventário sucessório, sendo-lhes facultada a apresentação de manifestações no sentido.

O plano de trabalho não se confunde com as primeiras declarações, pois estas possuem natureza descritiva, ao passo que o primeiro reflete o labor propriamente dito que será feito pelo inventariante, fixando-se etapas e atividades que o vincularão. Respeitadas as peculiaridades (e fazendo ajustes necessários), o plano de trabalho do inventariante se aproxima, de alguma forma, do *plano de recuperação* que o administrador judicial deve apresentar para a recuperação judicial (art. 22, II, *d*, da Lei n. 11.101/2005), pois, nas duas situações, há uma projeção dos trabalhos que serão executados. A textura do plano de trabalho é ampla, podendo trazer, em exemplo, a listagem de diligências necessárias à arrecadação/avaliação dos bens e documentos do espólio. No ponto, o inventariante, explicitando que não detém condições técnicas para avaliar determinados bens do espólio (art. 22, III, *h*, da Lei n. 11.101/2005), poderá

508 Gerson Fischmann não faz a equiparação ao prazo fixado para as primeiras declarações, sustentando que caberá ao juiz delimitar o prazo para as últimas declarações (*Comentários ao Código de Processo Civil*, v. 14, p. 89).

requerer a contratação de avaliadores para a estimação respectiva, visando atender o art. 620, IV, *h*, do CPC (que determina a indicação do valor corrente de cada um dos bens do espólio).[509]

7.2 Declarações intermediárias e relatórios

A retificação das primeiras declarações é perfeitamente admissível após a sua apresentação e efetuadas as manifestações das partes. Aliás, no curso do inventário *causa mortis*, consoante se avançam nas etapas do processo sucessório, as declarações do inventariante podem ir se alterando de acordo com a nova realidade que se extrai (por exemplo, no caso de *separação de bens* – art. 642, §§ 2º e 3º, o bem alienado sairá da lista de bens arrecadados e o valor obtido na expropriação fará com que credores sejam atendidos). Assim, embora a legislação não faça menção expressa, o inventariante também terá a incumbência de efetuar as *declarações intermediárias*, pois se trata de exigência que decorre da dinâmica do inventário *causa mortis*, cabendo, ao protagonista da inventariança, a elaboração de declaração que, de fato, represente a realidade fática do processo sucessório.[510] Os relatórios a serem apresentados pelo inventariante no curso do inventário sucessório, de outra banda, não se confundem com as "declarações do inventariante". Na verdade, os relatórios são atos documentados que apresentam resumo de questões e o panorama do inventário que são voltados ao juízo sucessório, a fim de que este possa deliberar sobre os pontos que estão pendentes. Não se pode esquecer que o inventariante exerce a função de auxiliar do juízo sucessório e, como tal, deve laborar levando subsídios fáticos seguros para as decisões que serão adotadas no curso do inventário sucessório.[511]

8. Exibição dos documentos relativos ao espólio

Estabelece o art. 618, IV, que o inventariante exibirá em cartório, a qualquer tempo, para exame das partes, os documentos relativos ao espólio. O texto lacônico da codificação processual merece alguns comentários. Antes de tudo, não se pode confundir o tema do inciso IV com o do VII (prestação de contas), pois o último assunto é uma atividade inerente à administração e se opera de forma independente à apresentação de documentos e informações que possam ser requeridas pelas partes no curso do inventário. O "dever funcional" do inventariante às partes, fique bem registrado, não se limita tão somente à apresentação

509 Nos comentários ao art. 620, foram trazidas exemplificações de itens que poderão fazer parte do plano de trabalho.

510 Vide os comentários aos arts. 620 e 636 desta obra.

511 Vide os comentários ao art. 627 desta obra.

de documentos ou à prestação de contas, mas também a todas as informações e esclarecimentos solicitados a respeito da administração da herança.[512]

Embora o art. 618, IV, fixe ambiente físico para a apresentação da documentação (ao fazer alusão à "exibição em cartório"), é possível a utilização de meio virtual para a disponibilização da documentação às partes. Na verdade, com apoio da tecnologia, as informações e documentação atreladas ao inventário serão apresentadas de forma muito mais eficiente se o inventariante providenciar seu alocamento em ambiente virtual. Inspirando-se no disposto no art. 22, II, *h*, da Lei n. 11.101/2005, poderá o inventariante manter sítio eletrônico para a disponibilização de informações e documentos do inventário aos interessados, valendo-se de tal via também para atender às solicitações efetuadas por estes. Ademais, as partes, junto com o inventariante, poderão convencionar a melhor forma de atender o disposto no art. 618, IV, fixando-se, por exemplo, prazos ou a forma da disponibilização (que poderá ser virtual, consoante acima apontado).

9. Juntada da certidão do testamento

Determina o art. 618, V, que incumbe ao inventariante juntar aos autos certidão do testamento, se houver, para possibilitar a sua abertura e cumprimento (arts. 735 a 737 do CPC). Conforme já alertado nos comentários ao art. 615, em razão do Provimento n. 56/2016 do CNJ, ficou determinado que, na instauração do inventário *causa mortis*, deverá ser juntada a certidão respectiva. Caso esta não seja apresentada na abertura do inventário sucessório, prescreve o art. 1º do referido provimento que os próprios juízes de direito deverão acessar o Registro Central de Testamentos *On-Line* (RCTO), módulo de informação da Central Notarial de Serviços Compartilhados (CENSEC), com o intuito de verificar a existência (ou não) de testamentos públicos e instrumentos de aprovação de testamentos cerrados. Realizada a consulta, o juiz deverá extrair certidão acerca da deixa de testamento pelo autor da herança, que será expedida *on-line* pela CENSEC.

A expedição de certidão negativa no momento da instauração do inventário *causa mortis* retirará a incumbência do inventariante, que, todavia, deverá noticiar a existência de testamento particular, uma vez que a busca efetuada pelo Provimento n. 56/2016 do CNJ não alcança as cédulas testamentárias privadas.

A notícia acerca da existência de testamento faz parte das primeiras declarações (art. 620, I) e tem o objetivo de propiciar a citação dos legatários e dos herdeiros

512 Igualmente: GERSON FISCHMANN, *Comentários ao Código de Processo Civil*, v. 14, p. 67.

testamentários,[513] assim como serve de mote para que a intimação do testamenteiro seja providenciada. Demais disso, o juízo sucessório aguardará que as partes adotem a providência formal que está determinada nos arts. 735-737, a fim de que se opere o cumprimento do testamento, na parte que caiba (trechos patrimoniais deste), no ventre do inventário *causa mortis*.[514] A sonegação de testamento por parte do inventariante é ato grave, que justificará a sua remoção (comprovando-se, durante o incidente respectivo, a culpa ou o dolo do ator funcional).[515]

10. Colação dos bens doados ao herdeiro pelo *de cujus*

Pela literal redação do art. 618, VI, cumpre ao inventariante trazer à colação apenas os bens recebidos pelo herdeiro ausente, renunciante ou excluído. Observa-se, contudo, que há choque redacional entre a regra legal em comento com o art. 620, IV, pois o último dispositivo – ao regular as primeiras declarações (outra atribuição do inventariante – art. 618, III) – determina que o inventariante apresente a relação completa e individualizada de todos os bens do espólio, *"inclusive aqueles que devem ser conferidos à colação"* em suas primeiras declarações. Nesse contexto, não se pode limitar a incumbência do inventariante de trazer à colação apenas os bens recebidos pelo herdeiro ausente, renunciante ou excluído, consoante dispõe o art. 618, VI, pois seu dever de arrecadação é total, incluindo o herdeiro em qualquer posição jurídica, como corretamente dispõe o art. 620, IV.[516] Portanto, deverá o inventariante arrecadar (indistintamente) os bens que se submetem à colação já nas primeiras declarações (art. 620, IV) e, caso tome ciência do fato posteriormente (por exemplo, por denúncia de outro herdeiro interessado na manifestação prevista do art. 627), deverá efetuar a emenda (por meio de "declarações intermediárias"), pois, repita-se, a atribuição não está limitada às hipóteses de herdeiro ausente, renunciante ou excluído, mas em qualquer situação em que a colação se faça necessária.[517]

---

513 Nesse sentido: Gerson Fischmann, *Comentários ao Código de Processo Civil*, v. 14, p. 67; e Clóvis do Couto e Silva, *Comentários ao Código de Processo Civil*, v. XI, tomo I, p. 317-318.

514 Vide os comentários aos arts. 611 e 615 desta obra.

515 Note-se que a sonegação na apresentação do testamento não está expressa no rol do art. 622, que enumera causas de remoção da inventariança, o que confirma que o cardápio do dispositivo é exemplificativo.

516 Próximo: Luciano Vianna Araújo, *Comentários ao Código de Processo Civil*, v. 2, p. 201. Corrobora com este entendimento o fato de que, segundo a própria legislação, o herdeiro que renunciou à herança ou que foi dela excluído não se exime, pelo fato da renúncia ou exclusão, de conferir, para o efeito de repor a parte inoficiosa, as liberalidades que obteve do doador (art. 640 do CPC). Vide os comentários ao art. 620 desta obra.

517 Igualmente: Clóvis do Couto e Silva, em relação ao art. 991, VI, do CPC de 1973, cuja redação foi repetida no art. 618, VI, do CPC atual (*Comentários ao Código de Processo Civil*, v. XI, tomo I, p. 302).

11. Prestação de contas

Como o inventariante é "administrador de bens alheios", terá de prestar contas da sua atuação.[518] Para tanto, o art. 618, VII, prevê a prestação de contas como consequência do encerramento do labor do inventariante, ou seja, a sua apresentação quando deixa o cargo. Sem prejuízo, a prestação de contas poderá ser exigida no curso do inventário *causa mortis* pelo juiz sucessório, sendo de pouca relevância se por ato de ofício ou em resposta a requerimento apresentado por qualquer interessado. Embora não esteja explicitado no artigo em comento, no caso de remoção do inventariante, também será necessária a apresentação de prestação de contas, pois se trata de situação em que se interrompem as atribuições da inventariança.[519]

O quadro acima posto permite dizer que o inventariante se submete a apresentar duas espécies de prestação de contas, a saber: (i) ordinária – quando finda sua atribuição; e (ii) extraordinária – quando é provocado para fazê-lo ou em decorrência da remoção do cargo).[520] Além do dueto acima, é perfeitamente admissível que ocorra a "prestação de contas por ato", situação intuitiva em relação aos atos de natureza extraordinária (que estão previstos no art. 619), de modo que, uma vez executados, caberá ao inventariante colacionar a prestação de contas respectiva (por exemplo, o inventariante autorizado a fazer despesas extraordinárias de melhoramento em bem que compõe a herança terá que trazer os recibos respectivos e o resultado da intervenção).

De modo comum, a prestação de contas deve ocorrer incidentalmente no processo de inventário, tramitando em apenso (art. 553 do CPC). Poderá, contudo, ser apresentada no ventre do inventário quando se tratar de *prestação de contas por ato* e, por fim, não se poderá descartar, em situações de controvérsia qualificada (e com necessidade de dilação probatória que não apenas a prova documentada) que a prestação de contas seja remetida para "as vias ordinárias" (art. 612), a fim de que a marcha do inventário não seja prejudicada. Se não forem prestadas contas ou estas forem rejeitadas (= *"não forem julgadas boas"*), deverá ser instaurado o incidente de remoção do inventariante, providência que poderá ser adotada a requerimento do interessado ou por ato de ofício do juízo do inventário (art. 622, V, do CPC).

---

518 No sentido: STJ, 3ª Turma, REsp 60.575/SP, j. 04/11/2004, *DJ* 17/12/2004.

519 No tema, o art. 22, III, "r", da Lei n. 11.101/2005 prevê que o administrador judicial deverá "prestar contas ao final do processo, quando for substituído, destituído ou renunciar ao cargo".

520 Próximo: Gerson Fischmann, *Comentários ao Código de Processo Civil*, v. 14, p. 93.

11.1 Prestação de contas ordinária (periodicidade)

O texto do art. 618, VII, não possui redação inspiradora. Com efeito, interpretando-se o dispositivo de forma literal, chega-se à conclusão de que, se o juízo sucessório não determinar extraordinariamente a prestação de contas, esta será realizada apenas quando o inventariante finaliza a sua função, ou seja, no encerramento do inventário. Logo, o inventariante – muito embora esteja administrando o patrimônio alheio – não teria a incumbência de prestar contas regularmente, exceto se fosse instado para tanto, criando-se situação de instabilidade pela falta de transparência na gestão, especialmente nos inventários de longa duração (aqueles capazes de romper grandes trechos temporais), além de ambiência para animosidades (na medida em que o pedido de prestação de contas pode sugestionar uma impressão do postulante de má administração pelo inventariante).

Pois bem, a referida interpretação literal não pode ser adotada, sendo necessário que – para a obtenção da real exegese do art. 618, VII – sejam trazidos outros dispositivos para diálogo. Assim sendo, é capital que o dispositivo em comento receba comunicação com o art. 611 do CPC, que fixa que o inventário deverá se encerrar no prazo de 12 meses. Há, portanto, a presunção de que a prestação de contas ordinária se operará no máximo em 12 meses, já que este é o prazo fixado para a finalização do inventário *causa mortis* (art. 611 – parte final). Dessa forma, o texto do art. 618, VII, está pousado na sumariedade temporal do procedimento, de modo que se torna intuitivo o raciocínio de que o inventariante deverá prestar contas espontaneamente, ao menos de forma anual, já que o inventário que ultrapassa 12 meses deve ser tido como hipótese excepcional (vide art. 611, *in fine*). Tanto assim que somente se justifica a prorrogação prevista no aludido dispositivo, com a permanência do mesmo inventariante, se ficar comprovada que a sua administração é regular, fato que é averiguado mediante prestação de contas.[521]

Conclui-se, pois, que a prestação de contas ordinária se submete a ciclo anual, medida que se impõe para harmonizar o art. 618, VII, com a parte final do art. 611. Como se trata de ato esperado do inventariante, não será necessário que anualmente se faça provocação do inventariante para a prestação das contas ordinárias. É de bom tom, todavia, que o juízo sucessório faça constar a providência no termo de compromisso da inventariança (art. 617, parágrafo

521 Corrobora com o posicionamento acima adotado não apenas o exame dialogado dos dispositivos do inventário *causa mortis* (arts. 611 e 618, VII, ambos do CPC), mas também outras previsões legais que contemplam a prestação de contas anual, a exemplo do que ocorre relativamente ao síndico, ao condomínio edilício (arts. 1.348, VIII, e 1.350 do CC) e ao direito de empresa (arts. 1.065 e 1.078 do CC e art. 132, I, Lei n. 6.404/1976 – Lei das Sociedades Anônimas).

único, do CPC), "alertando" o inventariante acerca da periodicidade que envolve a prestação de contas ordinária.

11.2 Possibilidade de importação de técnicas aplicáveis à prestação de contas

Devido à importância da prestação de contas para a administração da herança e da má redação dos dispositivos que a regulam no inventário *causa mortis*, deve ser permitida a importação de técnicas que não se encontram presentes no trecho dos arts. 610-673 para preencher as lacunas quanto à prestação de contas. De plano, não há obstáculo para que, com inspiração no texto dos arts. 190 e 191, seja convencionado modelo para a apresentação da prestação de contas e as respectivas manifestações dos interessados, fixando-se datas e contornos a respeito, postura que contribuiria para a transparência e administração do inventariante.

De outra banda, é perfeitamente viável, também, que seja designado *protutor sucessório*,[522] a fim de que tal personagem tenha a atribuição de fiscalizar a atuação do inventariante.[523] Em síntese, efetuada a designação de *protutor sucessório*, este terá a incumbência não só de exigir a prestação de contas (que possibilitará a elaboração de parecer acerca da autuação do inventariante), mas também de analisar o teor as contas apresentadas. No particular, o *protutor sucessório* terá função assemelhada à exercida pelo administrador judicial da recuperação judicial, pois trata-se de encargo para fiscalizar o labor realizado por outrem.[524] Assim, com inspiração no art. 22, II, *c*, da Lei n. 11.101/2005, poderá ser atribuído, ao *protutor*, a apresentação de *relatório mensal* das atividades do inventariante, em que fiscalizará a veracidade e a conformidade das informações por ele prestadas, assim como os atos executados em nome do espólio.

Por fim, há outras técnicas previstas na Lei n. 11.101/2005 que, devidamente adaptadas, podem ser transportadas para o bojo do inventário para calibrar a atuação do inventariante no que diz respeito ao dever de prestação de contas, a saber: (i) manter endereço eletrônico na internet com informações atualizadas do processo, propiciando a consulta às peças principais (art. 22, I, *k*); e (ii) publicar em endereço eletrônico o relatório mensal das atividades e da execução do plano de trabalho (art. 22, II, *h*). Às claras, a manutenção de endereço eletrônico pelo inventariante contendo informações atualizadas e as

522 Vide os comentários aos arts. 617 e 671 desta obra.

523 Mesmo sem fazer a alusão à figura do *protutor*, Clóvis do Couto e Silva defendeu a possibilidade de designação de pessoa para atuar como fiscal do inventariante (*Comentários ao Código de Processo Civil*, vol. XI, tomo I, p. 305-306).

524 Sobre a atuação de fiscalização do administrador judicial da recuperação judicial, confira-se: Geraldo Fonseca, *Reforma da Lei de Recuperação Judicial e Falência*: comentada e comparada, p. 37.

principais peças do processo de inventário terá o condão de conferir maior publicidade aos autos e facilitará a fiscalização da administração do espólio por parte dos herdeiros e demais interessados. De outra banda, a publicação do relatório mensal das atividades do inventariante conferirá maior transparência para a administração do espólio, traduzindo-se em prestação de contas mensal, em lugar da anual.

12. Declaração de insolvência

Em caso de inventário que projeta "desfecho negativo", caberá ao inventariante requerer a declaração de insolvência do espólio (art. 618, VIII). A dimensão de "desfecho negativo do inventário sucessório" é intima à verificação de "insolvência" que – seguindo os desenhos dos arts. 955 do CC e 748 do CPC de 1973 (em vigor por força do art. 1.052 do CPC atual) – restará configurada quando as dívidas excedam à importância dos bens do devedor.[525] Dessa forma, o "inventário com desfecho negativo" não se confunde com *inventário de resultado zero* (comumente tratado como "inventário negativo"),[526] pois este último se notabiliza quando: (i) o desfecho indica que não há patrimônio do falecido para transferir e, igualmente, não se encontraram dívidas a ser pagas; (ii) havendo patrimônio, este é suficiente para pagar as dívidas respectivas, efetuando-se quitação no sentido, não restando bens para a transferência patrimonial ao(s) herdeiro(s).

Ainda que de forma tímida, o CC trabalha com a ideia de que o inventário poderá ter múltiplos resultados, a depender do resultado da liquidação da herança.[527] No sentido, o art. 1.796 da codificação civil que dispõe que – depois da abertura da sucessão – se instaurará "inventário do patrimônio hereditário, perante o juízo competente no lugar da sucessão, para fins de liquidação e, *quando for o caso*, de partilha da herança". Como se percebe na parte destacada da letra legal, admite-se resultado outro que não o desfecho positivo da partilha, muito embora o procedimento do inventário em sua estruturação habi-

---

525 Sobre as noções de insolvência, confira-se: Mário Luiz Delgado, *Código Civil comentado*, p. 638-639.

526 No sentido (entre vários): Anderson Schreiber, *Manual de Direito Civil Contemporâneo*, p. 990; Inácio de Carvalho Neto e Érika Harumi Fugie, *Código Civil comparado e comentado*, v. VII, p. 34; Luciano Vianna Araújo, *Comentários ao Código de Processo Civil*, v. 2, p. 179-180; e Ricardo Alexandre da Silva e Eduardo Lamy, *Comentários ao Código de Processo Civil*, v. IX, p. 487-488.

527 Ademais, a atenta leitura do CPC indica que o legislador trabalha nos arts. 610-673 com *procedimento bifásico*, em que, na parte inicial (inventário), há arrecadação/avaliação dos bens, posicionamento dos interessados e liquidação da herança, e, caso apurado resultado positivo, adentra-se na *segunda etapa* (partilha). A conclusão pode ser tira do *caput* do art. 647 (vide comentários respectivos).

tual tenha sido cunhado para tal resultado. Seja como for, diante do reconhecimento do art. 1.796 do CC, de que o inventário *causa mortis* poderá ter resultado outro que não a partilha, na bandeja do art. 618, VIII, foi inserido mecanismo para a sua "conversão" em insolvência civil.[528] Como já adiantado, assim ocorrerá quando se fizer projeção concreta de que resultado da liquidação da herança será negativo, isto é, quando as dívidas do espólio forem superiores à importância total dos bens deixados pelo falecido.[529]

A declaração de insolvência do espólio é tema que está especificamente tratado nos arts. 759 e 760 do CPC de 1973. O transporte de tais dispositivos para a gaveta do art. 618, VIII, da codificação em vigor (determinada pelo seu art. 1.052), revela que o pleito deverá ser feito pelo inventariante (como representante legal do espólio – art. 759 c/c art. 753, IIII),[530] indicando: (i) a relação nominal de todos os credores, com a indicação do domicílio de cada um, bem como da importância e da natureza dos respectivos créditos (art. 760, I); (ii) a individuação de todos os bens, com a estimativa do valor de cada um (art. 760, II); (iii) o relatório do estado patrimonial, com a exposição das causas que determinaram a insolvência (art. 760, III). A insolvência civil, quando declarada por decisão judicial, cria novo quadrante nas relações entre o insolvente e os credores respectivos,[531] abrindo-se concorrência do patrimônio que se submete à classificação dos créditos e dos títulos legais de preferência (arts. 956-965 do Código Civil e arts. 768-773 do CPC de 1973).[532]

Com as anotações acima, o inventariante tão logo elabore as primeiras declarações, poderá perceber que o espólio se encontra em estado de insolvência, pois encontrou mais dívidas do que patrimônio em nome deste. Apesar de o art. 620, IV, *f*, do CPC sugerir que será feito apenas um balanço com as "dívidas ativas e passivas", na realidade, deverá o inventariante tracejar quadro mais amplo, que alcance todos os bens do espólio. Isso porque, embora o "balanço" específico do art. 620, IV, *f*, possa ter resultado negativo, isto é, o valor das "dívidas passivas" possa superar o das "dívidas ativas" (crédito, na verdade), a força patrimonial representada pelos bens da herança poderá cobrir tal resul-

528 Sem prejuízo da possibilidade de ser proposta ação autônoma – arts. 753. III, 759 e 760 do CPC de 1973.

529 No sentido: Francisco José Cahali e Renato Santos Piccolomini de Azevedo, *Código de Processo Civil Anotado*, p. 877.

530 Por todos: Pontes de Miranda, *Comentários ao Código de Processo Civil,* tomo XI, p. 348.

531 No sentido: STJ, 4ª Turma, REsp 621.492/SP, j. 15/10/2009, *DJ* 26/10/2009.

532 No tema, confira-se: Humberto Theodoro Júnior, *A insolvência* civil, p. 220-341; Celso Neves, *Comentários ao Código de processo Civil,* v. VII, p. 334-336; Pontes de Miranda, *Comentários ao Código de Processo Civil,* tomo XI, p. 302-304; e José de Moura Rocha, *Comentários ao Código de Processo* Civil, v. IX, p. 133-151.

tado, apurando-se, ao final, que a herança possui "forças positivas", isto é, que a estimação total do patrimônio do espólio (no seu aspecto global) supera o conjunto das dívidas passivas listadas.[533] Dessa forma, seguindo-se os trilhos dos arts. 955 do CC e 748 do CPC de 1973, o inventariante somente terá segurança para apontar quadro de insolvência depois de encerrar a arrecadação e a avaliação de todos os bens do espólio, a fim de que sua estimação global seja confrontada com a relação (e o resultado agregado) das dívidas em nome da herança. Em determinadas situações, portanto, não será possível que o inventariante, já nas primeiras declarações, possa apontar quadro de insolvência, pois, em exemplos, poderá estar aguardando respostas sobre bens a serem arrecadados e/ou não ter em mãos a avaliação precisa de todos os bens. O momento de verificação da insolvência é fundamental. A aferição deve ser feita a partir das projeções patrimoniais, confrontando-se as estimativas do patrimônio frente às dívidas, antes de se iniciar a fase de liquidação da herança, isto é, os pagamentos das obrigações pecuniárias do espólio. O ponto é crucial, pois, se a insolvência for declarada depois de efetuado um ou mais pagamentos, haverá sério risco de que o concurso de credores tenha sido prejudicado, na medida em que existem preferências legais que deverão ser observadas.

Diante das repercussões concretas aos interessados na herança, já que haverá encerramento do inventário sucessório, convertendo-o em insolvência, o inventariante, antes de requerê-la, deverá efetuar a oitiva geral das partes, dando-lhes ciência do quadro aferido.[534] Logo, será facultada a manifestação dos convocados, até porque a projeção do inventariante poderá estar equivocada, deixando, em ilustração, de estimar corretamente as forças da herança e/ou estar potencializando o valor de dívidas deixadas pelo falecido. O contexto é indica, imune de dúvidas, que, embora a postulação de insolvência esteja postada no rol do art. 618, não se trata de ato ordinário, mas sim de requerimento de natureza extraordinária que dependerá, inclusive, de decisão judicial declarando a insolvência. Há, portanto, melhor encaixe da hipótese versada no seio do art. 619, extraindo-se equívoco na topologia da regra legal aqui comentada.[535]

Com a "conversão" do inventário em insolvência, será observado o rito descrito no trecho do art. 748 ao art. 786-A do CPC de 1973, bem como as

533 Semelhante: Pontes de Miranda, *Comentários ao Código de Processo Civil,* v. XIV, p. 68; e José de Moura Rocha, *Comentários ao Código de Processo* Civil, v. IX, p. 90.

534 No caso de inventariança dativa, não resta embargo que deve ser aplicada a regra do art. 75, § 1º, do CPC, adaptando-a, pois os limites de representação do inventariante em tal condição são curtos, exigindo ativa participação dos "herdeiros". Próximo: Humberto Theodoro Júnior, *A insolvência civil*, p. 194.

535 Com fundamentos não exatos, mas chegando a conclusão semelhante, confira-se: Humberto Theodoro Júnior, *A insolvência civil*, p. 195.

disposições contidas nos arts. 955-965 do CC. Na falta de regulamentação sobre algum aspecto necessário à efetivação dos direitos dos credores, o julgador poderá buscar auxílio no regramento do processo de falência (Lei n. 11.101/2005), trabalhando com o transporte de técnicas, porquanto a execução contra devedor insolvente "tem nítida feição de falência civil, sendo, em verdade, execução por concurso universal de credores em detrimento de devedor sem patrimônio suficiente para com as suas obrigações".[536]

A legislação não é clara, mas a leitura conjunta dos arts. 759 do CPC de 1973 e do art. 618, VIII, do CPC vigente, parece indicar que a declaração de insolvência do espólio, quando postulada pelo inventariante, será apresentada mediante requerimento no bojo do inventário sucessório e, uma vez declarada, faz-se a "conversão" do procedimento. Em tal hipótese, não há justificativa para que o inventário tenha curso no juízo especializado das sucessões,[537] devendo ser redistribuído de acordo com a competência fixada na organização judiciária local.[538] Demais disso, os textos dos arts. 753, 759 e 760 do CPC de 1973 apontam para a possibilidade de ação autônoma, independente da ambiência interna do inventário *causa mortis,* para a declaração de insolvência do espólio. No entanto, diante do disposto no art. 753, a legitimação (além de alcançar os credores quirografários – 753, I[539]) está fixada na pessoa do inventariante (753, III),[540] pressupondo-se que houve a instauração prévia de

---

536 STJ, 4ª Turma, REsp 1.257.730/RS, j. 03/05/2016, *DJ* 30/05/2016.

537 Para Hamilton de Moraes Barros: "o procedimento de inventário e partilha perde seu objeto, por falta de bens a forma a herança" (*Comentários ao Código de Processo Civil,* v. IX, p. 228).

538 No sentido, Gerson Fischmann defende que: "(...) o inventariante fará pedido de insolvência, nos próprios autos do inventário, procedendo-se, então, de acordo com o disposto no art. 748 et seq. do CPC [CPC/73]" (*Comentários ao Código de Processo Civil,* v. 14, p. 69). Igualmente: Pontes de Miranda, *Comentários ao Código de Processo Civil,* v. XIV, p. 69. Paulo Cezar Pinheiro Carneiro defende que o juízo sucessório não pode declarar a insolvência do espólio, mas apenas aquele definido nas regras de organização judiciária (*Inventário e partilha judicial e extrajudicial,* p. 80-81). A declaração de insolvência, todavia, não faz com que a jurisdição seja sedimentada junto ao juízo sucessório, até porque se trata de procedimento com várias etapas. Assim, o que parece estar vedado ao juízo do inventário é a continuidade dos atos atinentes à sucessão. A partir do disposto nos arts. 67-69 do CPC atual, pode-se cogitar até em atos concertados entre o juízo cível e juízo da sucessão. De toda sorte, o tema terá como pano de fundo a organização judiciária local.

539 O art. 753, II, do CPC de 1973 traz a legitimação do devedor (ou seja, da pessoa natural insolvente que está "viva").

540 Clóvis do Couto e Silva, em coerência ao disposto no art. 1.977 do CC (que ocupou o espaço do art. 1.754 do CC de 1916), sustentou que deve se conferir legitimação ao testamenteiro quando o personagem exerce a posse e administração da herança (*Comentários ao Código de Processo Civil*, v. XI, tomo I, p. 274).

inventário, com designação de protagonista para a inventariança.[541] Há, todavia, na doutrina, posição que defende que, em tais casos, "o espólio atuará em juízo pelo conjunto de herdeiros".[542]

Com a declaração de insolvência, encerra-se o inventário *causa mortis* e nenhuma responsabilidade patrimonial remanescerá aos herdeiros, não sendo possível o credor demandá-los pela dívida ou pelo que dela restou. Por exceção, se ficar configurado que houve transferência patrimonial àqueles no curso do inventário, em postura que tenha desfalcado a herança, pode ser aplicada a inteligência dos arts. 1.997 do CC e 796 do CPC, limitando-se, contudo, ao benefício do herdeiro.

A decisão que declarar a insolvência civil terá eficácia imediata, produzindo efeitos na data de sua prolação para o espólio, os herdeiros e os credores, independentemente do trânsito em julgado.[543] Caso o inventariante, diante de inventário com clara projeção de desfecho negativo, deixe de requerer a insolvência do espólio, poderá responder, perante os herdeiros, pelos danos que a sua omissão lhes resultar. Tal situação, na prática, será rara, pois os herdeiros terão que demonstrar obstáculo que os impediu de agir para repudiar a postura inerte do inventariante (por exemplo, pedido de sua remoção). Ademais, vale o registro que há entendimento que defere aos herdeiros a possibilidade de requerer a declaração de insolvência, considerando que há "legitimação concorrente ou supletiva".[544] Não poderá, contudo, ser responsabilizado o inventariante pelos eventuais prejuízos causados aos credores, pois estes têm legitimidade para requerer a insolvência do espólio (art. 753, I, do CPC de 1973). Se sobrevier a eles algum dano, a pretensão indenizatória deverá ser exercida em face do espólio e não do inventariante.[545]

Correta a lição, pois, em verdade, o testamenteiro exercerá as atribuições da inventariança.

541 Bem próximo: Paulo Cezar Pinheiro Carneiro, *Inventário e partilha judicial e extrajudicial*, p. 80; e Arruda Alvim, Araken de Assis e Eduardo Arruda Alvim, *Comentários ao Código de Processo Civil*, p. 1.473.

542 Humberto Theodoro Júnior, *A insolvência civil*, p. 194. Clóvis do Couto e Silva defende que, caso não tenha sido instaurado o inventário, poderá qualquer herdeiro postular declaração de insolvência, citando-se, em tais casos, os demais coerdeiros (*Comentários ao Código de Processo Civil*, v. XI, tomo I, p. 274).

543 No sentido: STJ, 4ª Turma, REsp 1.074.724/MG, j. 27/04/2017, *DJ* 18/05/2017.

544 Humberto Theodoro Júnior defende que: "aos herdeiros cabe legitimação concorrente ou supletiva que se manifesta em casos de: a) sucessão aberta sem inventariante nomeado; b) inventariança dativa; c) omissão do inventariante em postular a medida judicial" (*A insolvência* civil, p. 195).

545 No sentido: Gerson Fischmann, *Comentários ao Código de Processo Civil*, v. 14, p. 70.

13. Outras funções do inventariante

Por derradeiro e seguindo as assertivas apresentadas nas linhas iniciais destes comentários, tem-se que o rol do art. 618 é, repita-se, meramente exemplificativo, porquanto outras incumbências ao inventariante que não estão alocadas no referido cardápio se apresentam necessárias ao desfecho do condomínio hereditário. Inicialmente, merece destaque que há várias incumbências do inventariante que não estão postadas nos arts. 618 e 619, mas estão previstas de forma esparsa na legislação, podendo-se citar, em rápidas ilustrações: (i) formalizar reserva de bens (vide arts. 627, § 3º, 628, § 2º, 641, § 2º, 642, § 2º, 643, parágrafo único, 650 e 669, parágrafo único do CPC); (ii) conservar e manter o legado de coisa, no local em que deva se encontrar (art. 1.917 do CC); (iii) assumir a função de testamenteiro, na hipótese de distribuição da herança em legados (art. 1.990 do CC); (iv) defender a validade do testamento, ao lado do testamenteiro, com ou sem o concurso dos herdeiros instituídos (art. 1.981 do CC); (v) trazer para o acervo os frutos dos bens da herança que percebeu, desde a abertura da sucessão (art. 2.020 do CC); (vi) exercer os direitos inerentes à quota de sociedade, relativamente ao espólio de sócio falecido (art. 1.056, § 1º, do CC); e (vii) cobrar dívidas do espólio (art. 622, IV, do CPC). A comunicação com a Lei n. 11.101/2005, como se viu em vários exemplos ao longo dos comentários, também demonstra a natureza permeável dos cardápios dos arts. 618 e 619, pois não há dúvida, em breves ilustrações, que caberá ao inventariante: (vii) estimular a autocomposição (art. 22, I, *j*); (ix) responder os ofícios e às solicitações enviadas por outros juízos e órgãos públicos, sem necessidade de prévia deliberação do juízo (art. 22, I, *m*); (x) apresentar plano de trabalho e relatório de execução (art. 22, II, *d*); (xi) contratar, mediante autorização judicial, profissionais ou empresas especializadas para, quando necessário, auxiliá-lo no exercício de suas funções (art. 22, I, *h*).

Na realidade, o que deve ser compreendido é que as atribuições do inventariante não se limitam ao que está expressamente fixado na legislação,[546] pois há de se fazer interpretação fluída dos arts. 618 e 619 para permitir a consecução de todos os atos que estejam vinculados à representação e à administração do espólio. Assim o fazendo, a partir da análise concreta do ato, o intérprete fará o seu encaixe como ato ordinário ou extraordinário, a fim de aplicar o regime do art. 618 ou art. 619 para que possa ser executado.

Art. 619. Incumbe ainda ao inventariante, ouvidos os interessados e com autorização do juiz:

546 Bem próximo: SERGIO SHAIONE FADEL, *Código de Processo Civil*. Arts. 890 a 1.220, p. 140.

I – alienar bens de qualquer espécie;

II – transigir em juízo ou fora dele;

III – pagar dívidas do espólio;

IV – fazer as despesas necessárias para a conservação e o melhoramento dos bens do espólio.

CPC de 1973 – art. 992

1. Atos ordinários (art. 618) × atos extraordinários (art. 619)

Com o objetivo de demarcar a atuação do inventariante, trazendo diferenciação em relação aos atos ordinários de administração e representação do espólio (previstos no art. 618), no dispositivo em comento, o legislador cravou atos que considerou como de natureza *extraordinária*. Vale notar, do rol do art. 619, que os atos tidos como *não ordinários* envolvem opções que podem efetivamente impactar patrimonialmente a herança, justificando, por isso, que, antes de executados pelo inventariante – em regra – se opere a oitiva dos interessados e seja providenciada a autorização judicial. Assim, fazendo-se a boa comunicação entre os arts. 618 e 619, é possível depurar os atos que poderão ser efetuados pelo inventariante de forma isolada e sem a autorização judicial (*atos ordinários* – art. 618) daqueles que reclamam o contraditório prévio e a chancela jurisdicional para que sejam operados (*atos extraordinários* – art. 619).[547]

A divisão de atos em *ordinários* e *extraordinários* não é incomum na administração das empresas, convencionando-se, para tanto, gabarito para que, em determinadas situações, seja seguindo rito especial (como é o caso da alienação de bens do ativo fixo). Normalmente, os atos extraordinários são

547 Não parece adequada a afirmação de que as atribuições fixadas no art. 619 são "facultativas" ao passo que as fixadas no rol do art. 618 seriam "mandatórias". A nomenclatura, de forma involuntária, remete a análise para foco equivocado, dando a impressão de que o inventariante teria certo "juízo de conveniência" acerca da consecução dos atos funcionais vinculados ao inventário e ao espólio. Na verdade, a análise mais vertical dos dois dispositivos revela que a depuração foi efetuada para dividir os atos de representação e de rotina administrativos atrelados ao inventariante (art. 618) em relação aos que exorbitam tal espectro e que, presumivelmente, possuem repercussão patrimonial de calibre para o espólio (art. 619). No tema, confira-se: RAFAEL KNORR LIPPMANN, *Breves comentários ao novo código de processo civil*, p. 1.696; e RICARDO ALEXANDRE DA SILVA E EDUARDO LAMY, *Comentários ao Código de Processo Civil*, v. XI, p. 515. Por tal passo, para melhor exprimir o dueto, afigura-se mais correto dividir os atos do inventariante em *ordinários* (art. 618) e em *extraordinários* (art. 619). Bem próximo, confira-se: CLÓVIS DO COUTO E SILVA, *Comentários ao Código de Processo Civil*, v. XI, tomo I, p. 298; FERNANDO DA FONSECA GAJARDONI, *Processo de conhecimento e cumprimento de sentença:* comentários ao CPC 2015, v. 2, p. 1.053; e ANTONIO CARLOS MARCATO, *Procedimentos especiais*, p. 182.

plasmados em cláusula específica no contrato social, traçando-se as exigências respectivas para que sejam efetuados (por exemplo, assinatura de todos os sócios ou que representem a maioria do capital social, postura que impede que um administrador societário atue e decida isoladamente).[548] No caso do inventário *causa mortis,* como o vínculo entre as partes decorre da abertura da sucessão, ou seja, não possui origem de ato de natureza convencional, fez bem o legislador em fixar alguns atos como extraordinários (embora nem sempre as opções inseridas no rol tenham sido as melhores, *ex vi* o art. 619, IV).

2. Da possibilidade de alteração (consensual) do gabarito do art. 619

Como alertado no item anterior, afigura-se correta a postura legislativa de fixar atos de natureza extraordinária em relação à atuação do inventariante, fazendo a eleição, como se verifica do rol do art. 619, com olhos em atos de "disponibilidade" (sentido amplo) que podem impactar patrimonialmente o espólio. Ocorre que a adoção do engenho fixado no dispositivo comentado, por vezes, fará com que a administração da herança fique "engessada", criando embaraços para o trabalho mais eficiente do inventariante (e que resultam, indiretamente, em potencial risco de prejuízo ao espólio). Em ilustração, determinados bens podem ficar sujeitos ao perecimento em decorrência de fato imprevisível (por exemplo, queda do galpão onde estavam guardados durante uma forte tempestade), pois rotina determinada pelo art. 619, I (que inclui a alienação de bens de qualquer espécie), pode provocar prejuízo à herança.[549] Ademais, a concentração da execução de atos extraordinários exclusivamente na pessoa do inventariante pode ser nociva à boa administração do espólio.[550]

O quadro justifica que as partes criem mecanismos para que a administração da herança (inclusive quanto aos atos extraordinários) se opere com mais fluidez, fixando-se, de forma consensual, modulações no sentido. Em outros termos, por meio de atos consensuais, as partes poderão limitar a abrangência geral do art. 619, com intuito de que a administração do espólio seja efetuada de modo mais dinâmico. Salienta-se que as deliberações das

548 Com paralelo semelhante: PAULO CEZAR PINHEIRO CARNEIRO, *Inventário e partilha judicial e extrajudicial*, p. 81.

549 Se o inventariante decidir isoladamente acerca da alienação dos bens no estado que se encontram, tentando minimizar o prejuízo diante da eminente deterioração, poderá ser responsabilizado pelo seu ato, caso este seja reprovada pelas partes e o juízo sucessório não ratifique a atuação proativa.

550 Em outra exemplificação, pelo art. 619, II, atribui-se ao inventariante a representação em procedimentos autocompositivos, fato que não impedirá a nomeação de pessoa mais talhada para tal labor específico. Para tanto, deve se admitir, inclusive, a contratação de profissional para assim o fazê-lo ou auxiliar o inventariante na missão, consoante previsto no art. 22, I, *h*, da Lei n. 11.101/2005.

partes no sentido deverão ser feitas de forma documentada e assinada, a fim de ser apresentada ao juízo sucessório para que a atuação do inventariante possa seguir a bússola definida, alterando-se, assim, de forma consensual, as barreiras do art. 619. Considerando os efeitos externos ao termo de compromisso da inventariança,[551] o juízo sucessório determinará que se faça a consignação do adendo no referido ato, devendo o inventariante também assiná-lo, vinculando-o.

Dentre as soluções, podem as partes estipular que determinados gastos (por exemplo, os de conservação dos bens – art. 619, IV) poderão ser efetuados sem a necessidade de prévia oitiva de todas as partes, desde que respeitado teto valorativo mensal previamente estipulado e o inventariante apresente judicialmente posterior prestação de contas (que garantirá contraditório diferido). Em outro exemplo, podem as partes nomear pessoa ou grupo para que o inventariante se reporte em caso de necessidade de consecução do ato. Em tal hipótese, a oitiva não será efetuada de modo global, dirigindo-se apenas a determinado(s) ator(es), a fim de que este(s), de forma ativa, possa(m) autorizar ou não a medida sugerida pelo inventariante.[552] Dando dinamismo à proposta, as comunicações entre o inventariante e o eleito(s) poderão ser feitas extrajudicialmente, a fim de evitar que as formalidades procedimentais inerentes ao inventário (enquanto processo judicial) prejudiquem a fluidez nas tomadas de decisões.[553]

Nada obsta, de outra banda, em solução mais tradicional, que as partes, de forma individual, sem a necessidade de consenso geral, concedam mandato ao inventariante com poderes especiais (art. 661 do CC), fixando o objeto e os limites deste para aplicação do art. 619.[554] Assim, o inventariante – na qualidade de mandatário – terá que prestar contas acerca da sua atuação ao mandante (art. 668 do CC), que lhe terá concedido poderes relativos aos temas

551 Vide comentários ao art. 617 desta obra.

552 Com outras palavras, as partes, previamente, farão a escolha de pessoa(s) ou de grupo para que as represente(m) no diálogo e tomada de decisão acerca de questões alcançadas pelo art. 619.

553 Note-se que a segunda proposição ilustrativa, de certa maneira (ainda que adaptada), tem como inspiração o Comitê de Credores que está previsto no art. 26 da Lei n. 11.101/2005, fixando-se para o(s) designado(s) funções de fiscalização e representação em relação ao trabalho do inventariante, construção esta que pode se valer da base prevista no art. 27 da citada lei extravagante, que dita as atribuições do grupo de trabalho em destaque. As partes terão liberdade de deliberar sobre questões anexas (tais como a prestação de contas e até mandato dos membros do comitê), sendo possível criar outras incumbências ao grupo de trabalho para este que funcione como uma espécie de "conselho fiscal do condomínio hereditário".

554 Admitindo a solução, confira-se: ARNALDO RIZZARDO, *Direito das Sucessões*, p. 627.

atrelados ao art. 619 (por exemplo, possibilidade de transacionar com credores e devedores até determinado limite de valor ou margem percentual sobre o crédito/débito).[555]

3. Rol exemplificativo

O cardápio do art. 619 é exemplificativo (ou ao menos necessita de interpretação extensiva). De plano, nas gavetas de alguns incisos do art. 619 é inegável que deverá ser feita leitura amplificada. Em exemplo, na interpretação do inciso II – que faz a alusão apenas à "transação em juízo ou fora dele" – deve estar encartado o reconhecimento jurídico do pedido e a renúncia, pois estes são atos que poderão importar em disponibilidade do patrimônio da herança. De outro turno, há assuntos que, embora não estejam versados no art. 619, não permitem que o inventariante adote decisão isolada, pois não se encaixam com atos ordinários de administração. No sentido, a Lei n. 11.101/2005 traça hipóteses – perfeitamente plausíveis de ocorrência no inventário *causa mortis* – que se submetem a controle assemelhado ao previsto no art. 619, a saber: (i) contratar, mediante autorização judicial, profissionais ou empresas especializadas para, quando necessário, auxiliá-lo no exercício de suas funções (art. 22, I, *h*); (ii) contratar avaliadores, de preferência oficiais, mediante autorização judicial, para a avaliação dos bens caso entenda não ter condições técnicas para a tarefa (art. 22, III, *h*); (iii) remir, em benefício da massa, bens apenhados, penhorados ou legalmente retidos (art. 22, III, *m*); (iv) conceder abatimento de dívidas, ainda que sejam consideradas de difícil recebimento (art. 22, § 3º, segunda parte); (v) alugar ou celebrar outro contrato referente aos bens da massa (art. 114). Os exemplos apresentados com esteio na Lei n. 11.101/2005 demonstram que há regime diferenciado para cada situação, pois, em alguns casos, segundo dicção literal da referida legislação extravagante, se exigirá apenas a autorização judicial (vide a contratação de profissionais de apoio), ao passo que a autorização do Comitê poderá satisfazer outras hipóteses (por exemplo, a celebração do contrato de locação de bens da massa).

---

555 Não se buscou aqui estampar a totalidade de medidas que podem ser adotadas para que o art. 619 seja aplicado de forma mais eficiente. A exposição tão somente tencionou demonstrar que o dispositivo comentado – que se impõe pela segurança que pretende imprimir no inventário – por vezes, terá efeito noviço, justificando que as partes possam, mediante cooperação processual em sentido real (art. 6º, do CPC), buscar solução modulada para atender a realidade da administração da herança. De toda sorte, é inegável que situações peculiares poderão dificultar a adoção das soluções acima postas, destacando-se a animosidade gratuita entre as partes, que redundará na falta de ambiência para se buscar o consenso acerca da melhor forma de administração da herança. Em tais casos, aplicar-se-á o art. 619 na forma inteiriça em que foi plasmado pelo legislador.

Transportando as ilustrações da Lei n. 11.101/2005 à ambiência do inventário *causa mortis*, tem-se que, toda vez que o ato envolver a disposição de patrimônio já existente (= postura que acarrete afetação às forças da herança), aplicar-se-á em totalidade o disposto no art. 619, ou seja, será necessária a oitiva dos interessados no inventário e a autorização judicial. De outro giro, quando se tratar de temas negociais envolvendo o patrimônio da herança, cujo objetivo é a obtenção de renda e/ou de conservação sem custos do acervo do espólio (por exemplo, locação na primeira hipótese e comodato na segunda), o inventariante convocará as partes, dando-lhes ciência do negócio que pretende entabular. Somente se justificará a autorização do juízo sucessório em tal caso se for apresentada discordância por algum dos interessados.[556-557]

Por fim, saliente-se que poderá surgir, no curso do inventário, a necessidade de análise quanto à efetivação de atos de natureza extraordinária que, em tese, não impactarão patrimonialmente o espólio. Exemplo frisante está na obrigação deixada pelo falecido de assinar a escritura definitiva de venda de bem imóvel prometido por contrato preliminar e com o preço já totalmente recebido antes da abertura da sucessão.[558] Na ilustração, o inventariante terá um papel formal (assinatura da escritura), mas que, pela natureza extraordinária, demanda o prévio contraditório das partes e a autorização judicial para representar o espólio no ato. Assim, em se tratando de ato extraordinário, que foge do engenho comum que está assentado no álbum do art. 618, o rito do art. 619 será aplicável, de modo que o inventariante, antes de executar o ato invulgar, deverá consultar as partes e postular a autorização judicial para agir, mesmo que não se vislumbre impacto patrimonial direto.[559]

---

556 De forma próxima, Arnaldo Rizzardo defende que: "não é permitido ao inventariante tomar decisões que comprometam o uso, como a locação de prédios ou de arrendamento de terras. O espólio, aí, deverá ter a autorização judicial, ou o consentimento de todos os herdeiros" (*Direito das Sucessões*, p. 627). No mesmo sentido: Orlando Gomes, *Sucessões*, p. 277. Na jurisprudência, parecendo concordar: TJMG, 6ª Câmara Cível, AI 1.0000.19.129538-5/001, j. 18/02/2020, *DJ* 28/02/2020.

557 De toda sorte, o inventariante deverá ser transparente em relação aos atos negociais com bens da herança que estão na sua posse, pois, a teor do art. 2.020 do CC, há vínculo de responsabilidade perante o espólio. A prévia oitiva das partes evitará, por exemplo, que o inventariante seja responsabilizado pela dissipação de frutos de bens da herança, acaso tenha contratado comodato com terceiro ou mesmo efetuado locação abaixo do valor de mercado, causando prejuízo ao espólio. A administração de patrimônio alheio atrai a necessidade de que os atos sejam praticados com a máxima limpidez possível, de modo que o contraditório faz com que a decisão adotada tenha natureza plural, ainda que seja definida por deliberação judicial, caso se manifeste alguma discordância.

558 No tema, vide os comentários ao art. 620 desta obra.

559 Próximo: Paulo Cezar Pinheiro Carneiro, *Inventário e partilha judicial e extrajudicial*, p. 85.

4. O engenho do art. 619 (oitiva dos interessados e autorização judicial) e os seus desdobramentos

O art. 619 possui um procedimento para que os atos extraordinários sejam efetuados, merecendo análise com destaque aos detalhes que o cercam.

4.1 Prévia audiência dos "interessados"

A cabeça do art. 619 usa de nomenclatura aberta, pois indica que a oitiva se volta aos "interessados". A opção decorre do fato de que cada sucessão possui peculiaridades, particularidades estas que se aplicam no seu plano subjetivo. Assim, as convocações dependerão das figuras que estão presentes no inventário sucessório, analisando-se, ainda, se o ato extraordinário poderá afetar sua esfera jurídica, notadamente quando este acarretar alguma mudança patrimonial. Dito isso, há comunicação do art. 619 com o disposto no art. 626, que fixa o rol das partes que deverão ser citadas para compor a relação jurídica do inventário *causa mortis*. Note-se, contudo, que excepcionalmente outras pessoas poderão ser convocadas (além daquelas que constam no cardápio do art. 626), pois, consoante se infere do art. 642, § 5º, o donatário deve ser ouvido se o pagamento das dívidas (tema que consta do inciso art. 619, III) puder causar a redução da doação. Observe-se, outrossim, que a leitura do art. 645 leva à conclusão de que a participação do legatário somente será obrigatória se o ato extraordinário, de alguma forma, puder prejudicar o cumprimento do legado. Do rápido exposto, conclui-se que a superfície legal (= "interessados") deverá ser preenchida no caso concreto, observando-se, dentro dos contornos de cada ato extraordinário, os seus efeitos na esfera jurídica das partes presentes no inventário sucessório, isto é, seus atores obrigatórios.

O art. 619 torna obrigatória "a oitiva prévia dos interessados" acerca de ato extraordinário proposto pelo inventariante. Assim, não se exige a adesão dos interessados, pois o foco do dispositivo está em permitir que estes possam – de forma fundamentada – opinar acerca do ato, seja no aspecto da necessidade, viabilidade ou até das condições em que foi proposto. Trata-se de regra de contraditório que, no palco do CPC, encarna a cooperação e a boa-fé processual (arts. 5º e 6º). Dessa forma, a discordância de alguma parte (ou mesmo a totalidade do grupo) quanto à proposição do inventariante não impede a autorização judicial para a consecução do ato extraordinário.[560] Caso assim ocorra, o juízo sucessório deverá proferir decisão fundamentada que afaste os motivos trazidos

560 No sentido: STJ, 4ª Turma, REsp. 972.283/SP, j. 07/04/2011, *DJ* 15/04/2011; 4ª Turma, AgInt no AREsp 232.146/MG, j. 2/12/2017, *DJ* 18/12/2017.

pelas partes para o repúdio do ato,[561] decisão esta passível de impugnação por meio de agravo de instrumento (CPC, art. 1.015, parágrafo único).

Embora seja possível que o juiz conceda autorização, mesmo sem concordância de todos os interessados, adota-se engenho decisão judicial não poderá ser proferida sem prévia oitiva destes.[562] Pode ocorrer, contudo, situações pontuais em que seja necessária a consecução do ato extraordinário em prazo abreviado, incompatível com aquele que será consumido para a oitiva de todos os interessados. Em tais hipóteses, a pedido do inventariante, o juízo sucessório poderá conceder a autorização judicial para a efetivação do ato, determinando que se faça o contraditório das partes de forma *diferida*. Transporta-se, portanto, para o bojo do inventário *causa mortis*, ainda que com adaptações, a técnica de tutela provisória de urgência (arts. 9º, I, 300 e 318, parágrafo único, do CPC).[563]

4.2 Autorização judicial: análise dos pontos principais

A moldura do dispositivo em comento exige que os atos extraordinários passem pelo crivo judicial, constando de forma expressa a necessidade de autorização respectiva. No ponto, é muito importante trazer o art. 1.793, §§ 2º e 3º, do CC para o diálogo com o art. 619 comentado, pois consiste em dispositivo que não possuía espelho no CC de 1916. No particular, como o art. 619 do CPC atual espelha o art. 992 do CPC de 1973, a comunicação que se pretende efetuar não foi imaginada quando da elaboração da codificação processual revogada.

Com efeito, o art. 1.793 do CC – ao longo se seus parágrafos – imputa como *ineficaz* tanto a cessão efetuada pelo herdeiro "de seu direito hereditário

561 No sentido: Paulo Cezar Pinheiro Carneiro, *Inventário e partilha judicial e extrajudicial*, p. 82; e Daniel Amorim Assumpção Neves, *Novo Código de Processo Civil comentado*, p. 1.061.

562 No sentido: Daniel Amorim Assumpção Neves, *Novo Código de Processo Civil Comentado*, p. 1.061. Há julgado no STJ em que se entendeu que a alienação dos bens por inventariante dativo que "estava em pleno exercício do munus a ele atribuído" e com a "devida autorização judicial, malgrado tenha sido contra a vontade dos herdeiros, que não se insurgiram no âmbito do inventário" deve ser encartado como ato anulável, não nulo (STJ, 4ª Turma, REsp 982.584/PE, j. 25/11/2008, *DJ* 23/03/2009).

563 Igualmente: Fernando da Fonseca Gajardoni, *Processo de conhecimento e cumprimento de sentença:* comentários ao CPC 2015, v. 2, p. 1.053. Admitindo o levantamento de valores pelo inventariante para pagamento de dívidas e realização de despesas para conservação do patrimônio inventariado, sem a prévia oitiva dos herdeiros interessados, fixando-se, para tanto, o valor necessário para adoção das medidas apontadas como imperiosas, confira-se: STJ, 3ª Turma, REsp 1.358.430/SP, j. 03/06/2014; *DJ* 17/06/2014.

sobre qualquer bem da herança considerado singularmente" (§ 2º), como também o ato disposição efetuado "por qualquer herdeiro, de bem componente do acervo hereditário, pendente a indivisibilidade" sem que se providencie a "prévia autorização do juiz da sucessão" (§ 3º). Embora o art. 1.793 somente faça alusão aos atos dos herdeiros (sem qualquer menção à atuação do inventariante), não resta dúvida que será considerado como *ineficaz* todo negócio jurídico que envolva a alienação de bem individualizado que compõe o acervo universal da herança, caso não seja providenciada a respectiva autorização judicial.

O quadro anunciado demonstra a necessidade de se aferir os efeitos da consecução de ato extraordinário sem a prévia autorização judicial, pois há posicionamento que defende – principalmente com olhos nos atos de alienação – que o ato será considerado nulo.[564]

Antes de tudo, merece ser gizado que o art. 619 trata de duas situações distintas (oitiva dos interessados e autorização judicial), mas que são exigidas de forma somada. O pormenor merece realce, pois o enleio do ato extraordinário poderá estar localizado tanto na inexistência de audiência dos interessados quanto na carência de autorização judicial. Demais disso, é perfeitamente possível que ocorra a consecução do ato extraordinário com *dupla falta*, isto é, carecendo este de observância completa do engenho do art. 619 (carência de oitiva e de autorização judicial). A depuração é capital até mesmo para análise da jurisprudência que se debruçou sobre o tema, pois as hipóteses poderão ser diferenciadas a partir do(s) ponto(s) em que o(s) imbróglio(s) esteja(m) localizado(s). No sentido, há dois julgados do STJ[565] que, embora com pano de fundo diferenciado, adotaram o posicionamento de que não é permitida a alienação de bem do acervo hereditário pelo inventariante sem a oitiva dos herdeiros. A falta de autorização pelo juízo sucessório nas operações narradas nos julgados, embora possa ser extraída dos acórdãos, não foi o fator determinante para a censura das alienações contestadas no Poder Judiciário. Enfim, nos dois casos a questão fulcral se fincou na falta de oitiva dos herdeiros.[566]

564 No sentido: Paulo Cezar Pinheiro Carneiro, *Inventário e partilha judicial e extrajudicial*, p. 83. Parecendo concordar: Antonio Carlos Marcato, *Procedimentos especiais*, p. 182.

565 STJ, 4ª Turma, AgRg no REsp 1.145.366/MS, j. 8/04/2014, *DJ* 30/04/2014; e STJ, 3ª Turma, REsp 140.369/RS, j. 22/09/1998; *DJ*. 16/11/1998.

566 No REsp 140.369/RS, ficou plasmado que: "(...) O inventariante tem seus poderes plenamente delimitados pelos arts. 991 e 992 do Código de Processo Civil [CPC/73], sendo imperativa a autorização dos herdeiros para a venda de bens (...)". No AgRg no REsp 1.145.366/MS, a seu turno, apesar de a ementa consignar duplo fundamento – ao cravar que: "(...) A invalidação operou-se por ter sido o aditivo firmado sem autorização judicial e sem a participação dos filhos, herdeiros do *de cujus*, os quais passaram a ser coproprietários de parcela do patrimônio do falecido tão logo

É possível, em casos emergenciais, que a autorização judicial venha a ser conferida posteriormente à efetivação do ato extraordinário. Sem dúvida, em determinadas situações extremas, de forma excepcional, a autorização judicial poderá ser efetuada após a execução do ato pelo inventariante, devendo-se demonstrar, em tal hipótese, que não houve tempo hábil para que a autorização fosse obtida.[567] Assim, a falta de autorização prévia não significa, por si só, que o ato do inventariante está acoimado de nulidade.[568]

O contexto acima reforça a possibilidade de se fazer interpretação do art. 619, I, do CPC conjugada com o art. 1.793, §§ 2º e 3º, do CC, no sentido de que a falta de autorização judicial, por si só, não será capaz de nulificar os atos de disposição efetuados pelo inventariante, notadamente quando houver a concordância dos interessados. Tal conclusão é intuitiva, pois, segundo previsto no dispositivo do diploma civil, a falta de autorização judicial, por si só, não gera a nulidade da alienação efetuada pelo herdeiro, mas a sua "*eficácia fica condicionada a evento futuro e incerto*".[569] Assim, o negócio jurídico ficará aguardando a implementação da *condição* (autorização judicial). Frisa-se que, caso o

---

aberta a sucessão, em harmonia com o princípio da saisine" –, o acórdão está, de fato, alicerçado na inexistência de ciência/participação dos interessados no negócio jurídico feito unilateralmente pela inventariante. No ponto, a estrutura da fundamentação segue a premissa de que "(...) o referido aditivo é nulo perante tais herdeiros porque não participaram da avença".

567 Igualmente: FERNANDO DA FONSECA GAJARDONI, *Processo de conhecimento e cumprimento de sentença:* comentários ao CPC 2015, v. 2, p. 1.053. Basta pensar que, em razão de situação inesperada, determinados bens da herança se sujeitaram ao perecimento, sendo necessária a alienação rápida para que não houvesse perda patrimonial significativa. Na ilustração, o decurso do tempo para se obter a autorização judicial poderá inviabilizar o próprio negócio, diante do risco de perecimento do seu objeto, notadamente quando se demonstra que a própria prestação da tutela jurisdicional se encontra acometida de situação anormal, ou seja, não há projeção segura de que haverá resposta em tempo hábil no sentido (durante alguns períodos dos anos 2020 e 2021, por exemplo, com a pandemia da COVID-19, os serviços forenses foram ofertados de forma precária em todo território nacional, fato que afetou as convocações processuais). Portanto, em certas hipóteses, o ato extraordinário poderá ser executado sem a autorização judicial prévia, fato que não afasta a necessidade de que este seja levado ao conhecimento do juízo sucessório para posterior análise de legalidade, além de oitiva das partes (caso a providência não tenha sido adotada).

568 O grande problema da execução do ato extraordinário nas situações emergenciais – sem a observância dos requisitos previstos no art. 619 – é que o inventariante se coloca na posição de gestor de negócios (art. 861-875 do CC), e, portanto, responde perante as partes e os terceiros caso seu ato não seja ratificado pelo juízo sucessório. No mesmo sentido: PAULO CEZAR PINHEIRO CARNEIRO, *Inventário e partilha judicial e extrajudicial*, p. 83.

569 NELSON ROSENVALD E FELIPE BRAGA NETTO, *Código Civil comentado*, p. 1.885.

bem componente da herança tenha sido alienado pelo herdeiro e, posteriormente, tenha ocorrido sua respectiva distribuição na partilha, o negócio jurídico pretérito (alienação) terá eficácia, pois este não estava alvejado por qualquer tipo de nulidade.[570]

Transportando a concepção do art. 1.793, §§ 2º e 3º, do CC para a plataforma do art. 619, I, se o ato extraordinário for autorizado judicialmente (ainda que posteriormente), aquilo que antes foi "acordado" – sob condição – pelo inventariante com terceiros terá eficácia. No entanto, de modo diverso, não sendo obtida a autorização judicial, não poderá ser exigido que o espólio cumpra a promessa, pois, esta, repita-se, foi forjada com vínculo a uma condição.[571]

A priori, o terceiro alcançado pelo ato extraordinário na forma acima posta sequer poderá alegar boa-fé para exigir o imediato cumprimento deste, pois a execução dos atos dispositivos vinculados ao espólio, consoante expresso na legislação, necessitam de autorização judicial (fato de conhecimento público[572]). Assim, a condição (autorização judicial) alcança o eventual terceiro. De toda sorte, em prestígio à boa-fé e à transparência, é salutar que se consigne cláusula contratual de que a eficácia do ato extraordinário estará condicionada à autorização judicial. Assim, por exemplo, se o inventariante, em nome do espólio, efetuar uma transação para dar cabo a determinado processo judicial, é importante que conste cláusula específica indicando a necessidade de respeito ao engenho do art. 619, de modo que somente terá eficácia depois da autorização judicial do juízo sucessório. Na ilustração, caso os interessados já tenham sido ouvidos, o inventariante fará constar na transação a posição de cada um, levando o negócio jurídico para apreciação do juízo sucessório, postulando a sua autorização, o que lhe dará eficácia. No caso de não ter sido possível colher a manifestação de todos os interessados, a mecânica do art. 619 reclamará a implementação de dupla condição, ou seja, a oitiva dos interessados faltantes e a autorização judicial acerca do ato.

Observe-se, dentro do quadrante acima posto, que, se a sucessão envolver incapaz, a oitiva alcançará não apenas o seu representante legal, pois o Ministério Público também será intimado para se manifestar sobre a proposição, na qualidade de ator funcional que labora para os interesses daquele. Tal fato não torna a proposição do inventariante nula previamente, pois a transação, na

570 Para José Fernando Simão (ao comentar o dispositivo): "Não se pode falar aqui, em nulidade absoluta ou relativa (plano de validade), mas apenas que a lei lhe retira os efeitos (plano da eficácia). Com a partilha, se o bem tocar ao herdeiro que fez a cessão esta produzirá efeitos normalmente" (*Código Civil comentado*, p. 1.542-1.543).

571 Próximo: Silvo de Salvo Venosa, *Código Civil interpretado*, p. 1.793.

572 Art. 3º da LINDB: Ninguém se escusa de cumprir a lei, alegando que não a conhece.

forma ilustrada, poderá estar sendo efetuada – em exemplo – justamente para permitir a melhor acomodação dos interesses do incapaz.

As breves linhas demonstram, pois, que a interpretação do art. 619 merece ser arejada pelo art. 1.793, §§ 2º e 3º, do CC2, pois traz dinamismo ao inventário sucessório, na medida em que permite que o inventariante possa atuar trazendo proposições já concretamente vinculadas com terceiros, mas com a eficácia destas atreladas ao exame do juízo sucessório, das partes e do Ministério Público (em caso de incapaz). Note-se que, ao se fazer o alinhamento da autorização judicial ao *plano da eficácia,*[573] a posição ora defendida vai ao encontro de entendimento doutrinário que, ainda que com outros fundamentos, admite a convalidação do ato extraordinário, ratificando-o.[574-575]

Por fim, nada obstante tom plural do art. 1.793, §§ 2º e 3º, do CC (ao fazer alusão à situação de coerdeiros), a autorização judicial também será reclamada no caso de inventário com herdeiro único e universal, pois a exigência também deve ser vista na perspectiva da preservação dos direitos de terceiros e

573 No sentido (a falta de autorização atinge o plano da eficácia): Francisco José Cahali e Renato Santos Piccolomini de Azevedo, *Código de Processo Civil anotado*, p. 878.

574 Nesse sentido: Fernando da Fonseca Gajardoni, *Processo de conhecimento e cumprimento de sentença*: comentários ao CPC 2015, v. 2, p. 1.054.

575 É perfeitamente adaptável, com os ajustes necessários, a inteligência do que foi decidido pelo STJ no julgamento do REsp 1.809.548/SP: "(...) A cessão de direitos hereditários sobre bem singular, desde que celebrada por escritura pública e não envolva o direito de incapazes, não é negócio jurídico nulo, tampouco inválido, ficando apenas a sua eficácia condicionada a evento futuro e incerto, consubstanciado na efetiva atribuição do bem ao herdeiro cedente por ocasião da partilha" (3ª Turma, REsp 1.809.548/SP, j. 19/05/2020, *DJ* 27/05/2020). Se aplicado o art. 619, I, com rigidez, o inventariante não poderia traçar nenhum negócio jurídico com o pretenso adquirente, pois restaria necessário que primeiramente obtivesse a autorização judicial. O cenário, de forma involuntária, acaba por servir de desestímulo à aquisição de bens que compõem acervo hereditário, dada a fragilidade de vínculo negocial do terceiro com o espólio. Portanto, por meio do transporte adaptado do texto art. 1.793, §§ 2º e 3º, do CC, dando dinamismo à atividade do inventariante, deve-se permitir a apresentação no negócio jurídico entabulado mediante condição, a fim de que este seja apreciado pelas partes (caso alguma ainda não tenha tomado conhecimento) e pelo juízo sucessório, ou seja, respeitando-se os ditames fixados na superfície do art. 619, I, do CPC. Tal medida em nada alterará os direitos das partes interessadas, pois, se a proposição não for considerada como favorável ao espólio, as partes discordantes poderão – motivadamente – se manifestarem no sentido. De outra banda, a autorização judicial – acaso concedida – não afetará o direito de preferência dos herdeiros que, consoante já sustentado, terão a possibilidade de efetuar lance para que a alienação seja direcionada à sua esfera pessoal, afastando, com tal postura, a oferta do terceiro, que estará pousada de forma clara em negócio jurídico sob condição.

de credores.[576] Se assim não o fosse, em inventário com nítido quadro de insolvência (mais dívidas do que patrimônio – art. 955 do CC e art. 748 do CPC de 1973), poderia o herdeiro universal, em detrimento aos credores, efetuar alienação dos bens da herança. Por igual motivo, é permitido ao juiz negar autorização à alienação mesmo se todos os interessados sobre ela anuírem.[577]

5. Alienação de bens: aspectos gerais

O primeiro ato tratado como extraordinário no art. 619 é a alienação de bens, alcançando-se "qualquer espécie" no sentido. Assim, qualquer que seja o tipo do bem, a autorização judicial será necessária à sua alienação, sendo intuitivo alcançar também os frutos advindos de bens da herança (por exemplo, crias de semoventes ou colheitas obtidas em propriedades rurais depois da abertura da sucessão). Ademais, salienta-se que o aspecto global da regra não alcança apenas os bens (de "qualquer espécie"), mas também a concepção do "ato de alienar". Deve ser entendido como alienação todo e qualquer ato de disposição sobre o bem, e não apenas a transferência da titularidade ("propriedade") para outrem. Pode-se buscar, como apoio, o encaixe da interpretação conferida ao poder/faculdade de "dispor" do proprietário previsto no art. 1.228 do CC, que vai muito mais além do que a simples alienação do bem. Com a bússola fixada, a alienação prevista no art. 619, I, alcança todos os atos dispositivos sobre a titularidade (ainda que em fatias) sobre os bens do espólio, tais como: (a) compra e venda; (b) permuta; (c) constituição de garantia; e (d) constituição de direitos reais de fruição.

No procedimento padrão do inventário *causa mortis*, há previsões de "alienações típicas",[578] segundo a moldagem aberta acima proposta, desenhadas para

576 No sentido: Francisco José Cahali e Renato Santos Piccolomini de Azevedo, *Código de Processo Civil anotado*, p. 878.

577 Na linha: Gerson Fischmann, *Comentários ao Código de Processo Civil*, v. 14, p. 71. Restaria, em tal situação (negativa do juízo sucessório), a possibilidade da cessão dos direitos hereditários (que não precisa de autorização judicial), mas cujo objeto terá caráter universal. Próximo, confira-se: Paulo Cezar Pinheiro Carneiro, *Inventário e partilha judicial e extrajudicial*, p. 82-83. Na hipótese de cessão sobre bem individualizado, esta, consoante postos nos autos, se submeterá à condição, isto é, ao desfecho da sucessão que preserve o objeto (bem) alcançado pelo negócio jurídico.

578 Para que exerça atuação eficiente, o inventariante deve estar atento às possibilidades amplas da "alienação", uma vez que atos dispositivos outros que não a "venda de bem do espólio" poderão se apresentar como mais adequados (e, portanto, eficientes) à resolução de pendengas do espólio. Em exemplo, a constituição de anticrese sobre os bens do acervo hereditário que produzem frutos é uma solução que pode ser empregada, pois, além de criar ambiência para o pagamento de dívidas, preserva o patrimônio do espólio para eventual partilha. Vide os comentários ao art. 642.

situações pontuais previamente estipuladas pelo legislador, podendo-se citar no sentido: (a) reserva de bens por litígios internos ao inventário (hipótese, por exemplo, dos arts. 627, § 3º, 628, § 2º, 643, parágrafo único); (b) separação de bens para expropriação em favor do credor de dívida reconhecida (art. 642, §§ 2º e 3º); (c) adjudicação em favor do credor (art. 642, § 4º); (d) bens reservados para a penhora (art. 646); (e) afetação de bem para garantir o pagamento de dívida contra a Fazenda (art. 654, parágrafo único); e (f) reserva de bens em prol do nascituro (art. 650). Tais hipóteses não fazem parte da alçada do art. 619, I, do CPC, que, em verdade, possui natureza ambulatória, isto é, poderá pousar em qualquer etapa do inventário, ao contrário das hipóteses típicas, que estão postadas para atender determinadas situações. No entanto, em alguns casos, o art. 619, I, é convocado para dialogar com alguns dispositivos, preenchendo seus espaços, como é o caso do art. 659, que não foi insculpido com a indicação do contraditório obrigatório.[579]

A análise comparativa com as alienações típicas permite ainda observar que a técnica disposta no art. 619, I, trabalha apenas como as alienações que são *propostas pelo inventariante*,[580] ou seja, não se impõem em caso de pedido de outra pessoa ou decorrente de comando de ação judicial externa. Tal conclusão é importante, pois, se algum interessado deseja que determinado bem seja alienado deverá, antes de tudo, fazer a comunicação da pretensão ao inventariante, a fim de que este analise a viabilidade do pleito. Os pedidos de alienação advindos de personagens externos e que sejam compulsórios, isto é, fora do âmbito propositivo do inventariante, não se submetem ao engenho do art. 619, I. Tal situação, por exemplo, ocorrerá no caso de desapropriação do bem pelo Poder Público (Decreto-lei n. 3.365/1941) para atingir o interesse público ou na hipótese de expropriação judicial de determinado bem para a satisfação do interesse de algum credor. Em tais casos, a alienação não estará sujeita à prévia autorização do juízo do inventário.

A alienação de bens da herança na modalidade mais habitual (= *compra e venda*) terá, em regra, a finalidade de *sub-rogação* do seu peso patrimonial em dinheiro. Com outras palavras, a alienação de bens não se confunde com partilha antecipada, mas de operação marcada pela sub-rogação, em que o bem

---

579 A partir de tal exemplificação, tem-se que as constituições de garantia (reserva de bem), atividades típicas do inventariante (vide arts. 627, § 3º, 628, § 2º, 643, parágrafo único e 650), estão submetidas ao contraditório das partes e ao controle judicial, ainda que com procedimentalização própria. Não haveria razão em sitiar tais situações e impedir a comunicação com o art. 619, I, pois são exemplos de "alienação em sentido amplo".

580 Igualmente: Paulo Cezar Pinheiro Carneiro, *Inventário e partilha judicial e extrajudicial*, p. 81.

será substituído por dinheiro. Dessa forma, quando se faz a venda de determinado bem, não se deve ter em mira a divisão do valor pelos seus herdeiros, mas de envio do produto para a herança, a fim de que ocupe o espaço do patrimônio alienado. Por certo, em alguns casos, a alienação estará vinculada a alguma operação (tal como ao pagamento de dívidas), mas esta situação não faz com que o saldo seja enviado aos herdeiros, pois pende sobre este a indivisibilidade da herança (arts. 80, II, e 1.791 do CC).[581]

Da breve resenha, é possível extrair características importantes da alienação prevista no art. 619, I, a saber: (a) alcança qualquer tipo de bem que compõe o acervo hereditário; (b) tem natureza ambulante, isto é, não está vinculada a nenhuma etapa específica do inventário *causa mortis*, podendo assim ser encaixada em qualquer momento até o desfecho do processo sucessório; (c) pode servir de base procedimental para hipóteses de alienação típica em que o legislador não arquitetou rito específico; (d) tem, como legitimação natural para sua apresentação, a figura do inventariante; (e) não se aplica em relação às alienações externas e compulsórias; e (f) tem, como finalidade precípua, a sub-rogação do valor do bem no produto obtido na operação, não se confundindo com partilha prévia.

5.1 Aspectos formais do requerimento, contraditório, exercício do direito de preferência e aprovação de negócio já "entabulado"

O requerimento de alienação do bem deverá ser adequadamente motivado, destacando a necessidade e, se for o caso, a finalidade do ato. Além disso, contemplará pedido de oitiva dos interessados acerca da proposição, sendo possível que, em caso de concordância prévia, as partes possam assinar conjuntamente a postulação, sem prejuízo da juntada de material documentado no sentido, a fim de comprovar a concordância (por exemplo, ata de reunião em que o assunto foi debatido, estando esta devidamente assinada pelas partes).

Observa-se que o art. 619 não especifica o prazo que deverá ser concedido para a oitiva dos interessados a respeito do requerimento de alienação. Em nada sendo fixado pelo juízo sucessório, aplica-se a regra do art. 218, § 3º, do CPC, que prevê o prazo de cinco dias caso inexista "preceito legal ou prazo

581 O quadro narrado fica mais evidenciado quando a alienação é autorizada em razão do perecimento ou deterioração do bem, uma vez que, em boa parte das hipóteses, a medida é adotada de forma preventiva, para evitar a queda patrimonial, sem que – necessariamente – já se estipule um destino para o resultado da avaliação. Efetua-se a sub-rogação dos bens pelo produto da alienação, passando este – enquanto verba pecuniária – a compor o acervo hereditário, atraído pela situação de amálgama e indivisibilidade característica da herança.

determinado pelo juiz". Nada impede, contudo, que o juízo sucessório, com inspiração no art. 853 do CPC (aplicável à alienação antecipada nos processos de execução), fixe o prazo de três dias para tanto.

Em regra, o requerimento deverá apresentar o valor estimado do bem que se pretende alienar, pois a discordância de alguma parte poderá se fixar em tal ponto (e não propriamente no ato de disposição). É importante que o juízo sucessório, importando a técnica prevista no art. 880, § 1º, do CPC, fixe as diretrizes da alienação, definindo, em exemplos: (a) preço mínimo; (b) condições de pagamento; e (c) prazo para que a alienação seja efetuada. Não há, inclusive, óbice para que o inventariante postule a "alienação por sua própria iniciativa ou por intermédio de corretor ou leiloeiro público credenciado perante o órgão judiciário" (art. 880).

A estimação e as condições da alienação terão também aplicação interna, notadamente para os herdeiros, uma vez que serão a base para o exercício do direito de preferência. O silêncio do art. 619, I, acerca da possibilidade de lance de prelação pelo herdeiro não descarta tal direito, pois a alienação envolverá bem que faz parte do condomínio da herança. Em suma, os herdeiros são condôminos da herança e devem ter a possibilidade de exercer o direito de preferência em qualquer hipótese de alienação dos bens desta, regra que se aplica tanto às operações alcançadas pelo art. 619, I, quanto às expropriações judiciais de bens da herança.[582]

Há de se ponderar a necessidade de a Fazenda ser ouvida de forma compulsória. Em se tratando de alienação de bens da herança que possam comprometer a base de cálculo do imposto de transmissão, justifica-se a oitiva da Fazenda Estadual, situação clara quando se opera o pagamento de dívidas, vez que

582 Necessária, portanto, a importação adaptada dos arts. 504, 1.793 e 1.794 do CC para o seio do art. 619, I, do CPC, de modo a garantir aos herdeiros o direito de preferência acerca da alienação dos bens do condomínio hereditário. O exercício do direito de preferência por herdeiro será indiferente para efeito do resultado pretendido. Isso porque, como o objetivo da alienação é a sub-rogação do bem por dinheiro, somente se admitirá oferta com tal modulação e o direito de prelação não trouxer nenhuma vantagem outra ao herdeiro senão a vitória em caso de empate de oferta com o terceiro estranho ao condomínio. Pode-se pensar na aplicação das regras de adjudicação adaptadas (art. 876 e parágrafos, do CPC), sempre mediante ofertas em dinheiro e com base no valor da avaliação, abrindo-se a legitimação para os lances. Embora o tema não tenha chegado ao debate no STJ, a análise da jurisprudência indica posicionamento de proteção ao exercício do direito de preferência, em sinal indicativo de recepção da proposta. No sentido, confira-se: 4ª Turma, REsp 550.940/MG, j. 20/08/2009, *DJ* 08/09/2009; 4ª Turma, REsp 729.705/SP, j. 13/08/2013, *DJ* 23/08/2013; 4ª Turma, REsp 50.226/BA, j. 03/08/1994, *DJ* 19/09/1994.

diminuirá a superfície da "herança líquida".[583] Ocorre que nem sempre a alienação antecipada terá tal finalidade, pois, como antes demonstrado, poderá ocorrer com o objetivo específico de *sub-rogação* de bens em dinheiro, inexistindo, assim, interesse concreto na oitiva da Fazenda, já que as forças da herança restarão mantidas, apenas com permuta de posição de bem de outra natureza para depósito em valor pecuniário.

Por fim, adotando a linha apresentada em item anterior acerca conjugação do art. 619, I, com o disposto no art. 1.793, §§ 2º e 3º, do CC, pode-se admitir que o inventariante efetue negócio jurídico que vise à alienação de bem que compõe a herança, ficando assentado que a autorização judicial é condição para a implementação do negócio jurídico. Não é de todo incomum que, no curso do inventário, sejam efetuadas ofertas acerca de bens que compõem o acervo hereditário, sendo que, em alguns casos, as propostas são vantajosas ao espólio.[584] Ainda que sob condição, admitindo-se que o negócio jurídico em completude possa ser examinado pelo juízo sucessório (para a autorização judicial), cria-se ambiência mais concreta acerca da alienação.

5.2 Alienação antecipada de bens de difícil conservação, deterioráveis, perecíveis, de conservação arriscada e/ou dispendiosa

Dentre os assuntos de maior relevância encampados pelo art. 619, I, está a alienação antecipada de bens de difícil conservação, deterioráveis, perecíveis, de conservação arriscada e/ou dispendiosa.[585] Com efeito, quando a herança for composta por bens nessas condições, deverá o inventariante, já nas primeiras declarações, apresentar listagem específica de tais bens, a fim de que, ouvidas as partes (interessados), sejam alienados antecipadamente, ultimando-se a sub-rogação dos seus valores em dinheiro, com a remessa do produto para as forças da herança.[586]

O art. 619, I, deverá ser preenchido com outros dispositivos que trabalham com a temática, destacando-se, no sentido: (i) art. 742 do CPC (que trata da herança jacente); (ii) art. 113 da Lei n. 11.101/2005 (regra aplicável à falência); e (iii) art. 852, I, do CPC (técnica atrelada à execução civil). Com tal molde,

583 Vide comentários ao art. 642 e a participação da Fazenda no incidente de pagamento de dívidas.

584 Por exemplo, por estampar valor acima do normalmente verificado em situações semelhantes ou, de outra banda, permitir vantagem em operação paralela, tal como a quitação de dívida com bom desconto.

585 O assunto foi alvo de tópico próprio nos comentários ao art. 620, sendo aqui tratado em resumo apertado.

586 Parecendo concordar: GERSON FISCHMANN, *Comentários ao Código de Processo Civil*, v. 14, p. 90.

a alienação antecipada terá, como alvo preferencial: (1) os bens móveis quando forem de conservação arriscada, difícil ou dispendiosa (art. 742, I, c/c art. 852, I); (2) os semoventes, quando não forem empregados na exploração de alguma indústria (art. 742, II); (3) os títulos e papéis de crédito, sempre que houver fundado receio de depreciação (art. 742, III); (4) as ações de sociedade se, reclamada a integralização, não dispuser a herança de dinheiro para o pagamento (art. 742, IV); (5) os bens imóveis se ameaçarem ruína, não convindo a reparação, ou se estiverem hipotecados e vencer-se a dívida, não havendo dinheiro para o pagamento (art. 742, V, *a* e *b*); (6) os bens (de qualquer espécie) que sejam perecíveis ou deterioráveis (art. 113 da Lei n. 11.101/2005); (7) os bens (de qualquer natureza) sujeitos à considerável desvalorização (art. 113 da Lei n. 11.101/2005).

O inventariante, ao fazer a relação dos bens acima destacados nas primeiras declarações (ou no plano de trabalho), apresentará, desde logo, requerimento de alienação antecipada no início do inventário.[587] Com tal medida, usará do contraditório obrigatório (arts. 626 e 627) para fazer o encaixe da técnica do art. 619 (ato de economia processual). Mesmo que não se faça o pedido de alienação antecipada já nas primeiras declarações, é importante que se lancem os bens que a ela se sujeitam, pois a listagem dará previsibilidade acerca dos atos de administração, não podendo as partes alegarem surpresa acerca da necessidade de alienação antecipada.[588]

Em casos limítrofes, admite-se a alienação antecipada com contraditório diferido, levando-se a questão para posterior análise do juízo sucessório. Deve-se permitir, todavia, tal postura apenas em casos especiais, pois a análise acerca das características de tais bens (difícil conservação, deterioráveis, perecíveis, de conservação arriscada e/ou dispendiosa) deve ser aferida o quanto antes. Demais disso, a solução extremada, conforme já exposto, coloca o in-

587 A postura evitará dispêndio de gastos de conservação desnecessários ou pouco produtivos, fato que não deixa de ser um ganho financeiro ao espólio. O inventariante deve tratar o patrimônio da herança com a mesma diligência que teria com o seu, extraindo-se, certamente, da sua postura com tais bens, um bom espelho de comprometimento com a administração do espólio (art. 618, II). Não é ocasional, portanto, a regra do art. 622, III, que permite a remoção do inventariante em caso de deterioração ou dilapidação de bens da herança por culpa sua. Pode-se acrescer, a tal bandeja legal, o perecimento e o gasto exagerado para manutenção de bens no acervo, cuja conservação é arriscada e/ou dispendiosa.

588 Ademais, a listagem prévia acerca dos bens como de difícil conservação, deterioráveis, perecíveis, de conservação arriscada e/ou dispendiosa é importante, de outra banda, para que as partes que eventualmente tenham interesse na aquisição de algum dos itens relacionados possam apresentar oferta no sentido, valendo-se da estimação já efetuada ou formulada especialmente para efeito da alienação.

ventariante na indesejada posição de gestor de negócios (arts. 861-875 do CC), correndo risco patrimonial pessoal acaso sua postura não seja abonada pelo juízo sucessório.[589]

5.3 Alienação antecipada motivada por "manifesta vantagem"

Não se pode limitar a alienação antecipada aos bens de difícil conservação, deterioráveis, perecíveis, de conservação arriscada e/ou dispendiosa. Isso porque determinados bens poderão ser alienados antecipadamente, desde que restar provada a manifesta vantagem na operação (art. 852, II, do CPC). Quando se faz alusão à "manifesta vantagem" que está descrita no aludido dispositivo, é intuitivo se pensar na "oferta acima do valor de mercado" ou "no aquecimento inesperado no preço do bem". Todavia, não se deve reduzir o dispositivo a tais exemplos, mormente para situações como o inventário, em que há uma administração constante e, por vezes, bem complexa, que pode permitir bom planejamento em busca do melhor resultado patrimonial. Assim, a regra legal pode ser encaixada para a alienação antecipada dos frutos obtidos no curso do inventário, explicitando o inventariante o melhor momento para o negócio jurídico.[590]

5.4 Pedido externo (e compulsório) de alienação de bens da herança

Consoante já repetido algumas vezes, a mecânica que envolve o art. 619 está atrelada a ato extraordinário proposto pelo inventariante no exercício das suas funções. Pode ocorrer, contudo, a "alienação" de bem do espólio que seja postulada por terceiro, hipótese em que o artigo em comento não se aplicará. O exemplo clássico está na expropriação do bem pelo Poder Público para atingir o interesse público (Decreto-lei n. 3.365/1941),[591] em que fica, vedado, inclusive, discutir no âmbito do processo judicial os motivos que ensejaram a alienação compulsória (arts. 9º e 20).[592]

---

589 No tema, confira-se: PAULO CEZAR PINHEIRO CARNEIRO, *Inventário e partilha judicial e extrajudicial*, p. 83; E FERNANDO DA FONSECA GAJARDONI, *Processo de conhecimento e cumprimento de sentença:* comentários ao CPC 2015, v. 2, p. 1.053.

590 Por exemplo, nem sempre será oportuno que se acumule a colheita obtida em propriedades rurais ou as crias advindas dos semoventes, de modo que o inventariante poderá requerer a alienação antecipada, observando, no particular, os períodos de alta do mercado, propiciando ganho patrimonial para o espólio.

591 Igualmente: GERSON FISCHMANN, *Comentários ao Código de Processo Civil,* v. 14, p. 71.

592 Em outra ilustração, o STJ analisou interessante caso envolvendo ação de alienação compulsória (art. 730 do CPC), movida por cotitular do bem (e que também se postava como herdeiro), firmando-se entendimento de que bastava a citação do inventariante na qualidade de representante legal do espólio, dispensando as comunicações às partes previstas no art. 922 do CPC de 1973 (atual art. 619). Vide: 3ª Turma, REsp 284.588/PR, j. 18/03/2004, *DJ* 03/05/2004).

Nas ações que envolvem a expropriação de bens da herança, apesar de o art. 619, I, não apontar pela obrigatoriedade da intimação dos herdeiros, é capital que o inventariante dê ciência a tais atores, a fim de que estes possam exercer o direito de preferência. Isso porque, consoante já dito em item anterior, os herdeiros são condôminos da herança e a expropriação de bem de titularidade do espólio adentra na sua esfera jurídica. Não por acaso, o art. 1.314 do CC (na sua parte final) permite ao condômino adotar medidas de proteção do seu patrimônio, não podendo se afastar de tal rol o direito de preferência, a teor do art. 504. Sem discrepar, o sistema executivo do CPC concede ao "coproprietário" do bem o direito de acompanhar os atos de expropriação, sendo imprescindível a sua intimação prévia ao leilão judicial (art. 889, II), justamente para que possa exercer a preferência na concorrência com terceiro (art. 843, § 1º).[593] Vale dizer, de outra banda, que se afigura possível (e pertinente) a aplicação da hipótese prevista no art. 876, § 5º (técnica de salvamento de bem, sob a alcunha de "adjudicação") no âmbito das alienações de bens da herança, garantindo-se ao cônjuge/companheiro, descendentes e ascendentes do herdeiro o direito de lance, observado o valor da avaliação.[594]

Em razão do dever de administração transparente, ainda que para efeitos internos ao inventário, o inventariante deverá dar ciência aos interessados acerca de qualquer ação judicial que possa reduzir o acervo patrimonial da herança. A falta da providência poderá autorizar a sua remoção, pois a atuação não estará se operando dentro do modelo de transparência esperado, já que envolve bens alheios (ainda que ele próprio seja um condômino).[595]

5.5 Necessidade de oitiva dos cônjuges dos "interessados" para a alienação de bens do espólio

Para aplicação do art. 619, I, não é necessária a oitiva dos cônjuges dos interessados. De toda sorte, registra-se que prevalece o entendimento de que, se a alienação consistir em ato de liberalidade envolvendo o próprio quinhão

593 Saliente-se que, a teor do art. 861, II, no caso de penhora de quotas ou as ações de sócio em sociedade simples ou empresária, haverá intimação da sociedade, a fim de que esta as ofereça aos demais sócios, operação que visa justamente ao exercício do direito de preferência. O exemplo, ainda que não seja com a exata moldura da penhora de bem componente do acervo hereditário, mostra a preocupação do legislador em conferir preferência aos cotitulares. Comentando o dispositivo em voga, confira-se: Rodrigo Mazzei e Sarah Merçon-Vargas, *Comentários ao novo Código de Processo Civil*, p. 1.230-1.232.

594 Vide comentários ao art. 620 desta obra.

595 Vide comentários ao art. 618 desta obra.

do herdeiro (por exemplo, renúncia ou partilha desigual), poderá ser necessária a convocação do cônjuge (de acordo com o regime de bens).[596]

6. Transação judicial e extrajudicial

Embora não tenham ocorrido alterações no texto do art. 982, II, do CPC de 1973, em relação ao art. 619, II, do CPC, de 2015, há uma boa quantidade de temas que envolvem o dispositivo.

6.1 Da limitação equivocada do art. 619, II: necessidade de interpretação mais ampla

A leitura apressada do art. 619, II, pode acobertar um vacilo legislativo, mantendo-se deslize presente no CPC de 1973. Isso porque a citada bandeja apenas contemplou a *transação* como ato de vontade, sem fazer alusão ao *reconhecimento da procedência do pedido* e à *renúncia à pretensão,* apesar da identificação comum das figuras como atos dispositivos para dar cabo de litígios. Saliente-se, no sentido, que o trio (*reconhecimento do pedido, transação e renúncia* à pretensão) está unido do texto do art. 487, III, do CPC, que traz os institutos na sequência das alíneas *a* a *c*. Sem delongas, não deve ser efetuada interpretação literal ao art. 619, II, pois a sua exegese adequada atrai não apenas o *reconhecimento da procedência do pedido* e a renúncia da pretensão, como também outras figuras outras que encarnam atos dispositivos semelhantes, como, por exemplo, o Termo de Ajustamento de Conduta (TAC).

6.2 Da necessidade de releitura do comando real à luz da *justiça multiportas*: o papel do inventariante na autocomposição

Há um ponto especial do art. 619, II, que merece destaque, pois não cogitado (ao menos com a pujança atual) na vigência do seu antecessor (art. 992 do CPC de 1973). Com efeito, o direito processual civil atual trabalha com o modelo de *justiça multiportas,* em que a autocomposição é uma das vigas de estrutura de sua configuração.[597] A solução consensual (muitas vezes plasmadas em transação) é, pois, um dos resultados almejados pelo sistema autocompositivo que hoje está postado não apenas fora do Poder Judiciário, mas também

---

596 Igualmente: Euclides de Oliveira e Sebastião Amorim, *Inventário e partilha*: teoria e prática, p. 399; e Carlos Roberto Gonçalves, *Direito Civil Brasileiro,* v. 7. p. 511. Confira-se, na jurisprudência: STJ, 3ª Turma, REsp 1.706.999/SP, j. 23/02/2021, *DJ* 01/03/2021. Vide comentários ao art. 626 desta obra.

597 Sobre o tema, para visão geral sobre o assunto, confira-se a obra: Hermes Zanati Jr. e Trícia Navarro Xavier Cabral, *Justiça Multiportas*: mediação, conciliação, arbitragem e outros meios de solução adequada dos conflitos.

(e cada vez mais) presente na jurisdição estatal. Tanto assim que, em visão adequada de acesso à justiça, que pode ser extraída do art. 3º (e seus parágrafos) do CPC, não se deve simplesmente se primar pela possibilidade de as partes alcançarem as portas do Poder Judiciário, mas que este lhe propicie mecanismos para a *"solução de mérito"*, resultando este geral (e que alcança a automposição), afastando-se a ideia de que as resoluções passam, necessariamente, pela decisão do juiz como a palavra final.[598]

A transação – figura expressamente anunciada no art. 619, II, e que está modulada nos arts. 840-850 do CC – permite que as partes "previnam" ou "encerrem" litígios mediante concessões mútuas,[599] sendo atraída, como já dito, para o palco especialíssimo do sistema autocompositivo de solução dos conflitos. Assim, a atuação do inventariante frente à transação não está limitada à observância do rito fixado no art. 619, II, pois envolve também postura que adote, efetivamente, a autocomposição como método para o *tratamento dos conflitos* que afligem o espólio. Portanto, há de ser efetuada comunicação entre o referido artigo com o disposto no art. 3º, § 3º, do CPC, que determina que todos os sujeitos do processo deverão estimular a "conciliação, a mediação e outros métodos de solução consensual de conflitos". Apesar de o art. 3º, § 3º, fazer alusão apenas aos "juízes, advogados, defensores públicos e membros do Ministério Público", trata-se de enumeração que é puramente enunciativa, na medida em que o art. 6º preceitua que todos os sujeitos do processo devem cooperar para a resolução do conflito, incluindo-se, em seu espectro, os "auxiliares do juízo". Tanto assim que, de forma expressa, o art. 154, VI, do CPC, prevê a participação do oficial de justiça na ciranda autocompositiva, devendo este "certificar, em mandado, proposta apresentada por qualquer das partes, na ocasião de realização de ato de comunicação que lhe couber".[600]

A proposição trazida está corroborada pela Lei n. 11.101/2005 em relação ao administrador judicial (auxiliar do juízo que exerce funções na falência e na recuperação judicial), cujas incumbências possuem identidade com as que estão vinculadas ao inventariante no inventário *causa mortis*.[601] Isso porque, com mudança legislativa introduzida pela Lei n. 14.112/2020, a redação do art. 22, I, *j*, passo a prever que o administrador judicial deverá "estimular, sempre que

---

598 Tratando o tema, com síntese: RODRIGO MAZZEI E BARBARA SECATTO CHAGAS, Métodos ou tratamentos adequados de conflitos. In: *Inovações e modificações do Código de Processo Civil*: avanços, desafios e perspectivas, v. 1, p. 113-128.

599 Confira-se: LUCIANO VIANNA ARAÚJO, *Comentários ao Código de Processo Civil*, v. 2, p. 198.

600 No tema: confira-se RODRIGO MAZZEI E TIAGO FIGUEIREDO GONÇALVES, *Comentários ao Código de Processo Civil*, p. 246-247.

601 Vide os comentários ao art. 618 desta obra.

possível, a conciliação, a mediação e outros métodos alternativos de solução de conflitos relacionados à recuperação judicial e à falência, respeitados os direitos de terceiros, na forma do *§ 3º do art. 3º da Lei n. 13.105, de 16 de março de 2015 (Código de Processo Civil)*". Da regra legal, extrai-se não só que o § 3º do art. 3º do CPC se aplica aos "auxiliares da justiça", mas que a autocomposição faz parte do exercício da administração e representação de administradores de massas patrimoniais, de modo que o previsto no texto atual do art. 22, I, *j*, deve ser transportado para a inventariança.

Dada a importância que a autocomposição possui atualmente para a resolução dos conflitos, por certo, a tarefa fixada no art. 22, I, *j* – *estímulo à autocomposição* – não pode ser vista como "ato extraordinário", pois a busca da solução dos litígios por meio de métodos autocompositivos se incorpora nas "atribuições ordinárias" do administrador judicial e, no caso em estudo, em relação ao inventariante. Assim, o translado do dispositivo inserido na Lei n. 11.101/2005 se efetua para o ventre do art. 618 do CPC. No entanto, a atuação proativa de *estimular a autocomposição* não afeta a estrutura formal acerca da consecução do negócio jurídico em voga, pois, consoante se infere do § 3º do art. 22 da Lei n. 11.101/2005, o teor da transação deverá ser submetido ao Comitê e ao devedor, com análise judicial. Assemelhada situação ocorre no inventário sucessório, pois a atribuição de estímulo à autocomposição que é conferida ao inventariante, encaixada no art. 618, não altera a célula formal acerca da própria "transação", mantendo-se para esta a necessidade de observância ao disposto no art. 619, ou seja, de oitiva dos interessados e autorização judicial.

6.3 Autocomposição, inventário e importação de soluções da Lei n. 11.101/2005

Como já adiantado no item anterior, dentre as principais mudanças que a Lei n. 14.112/2020 provocou no texto da Lei n. 11.101/2005 destacam-se as inserções vinculadas à autocomposição. Além de trazer o administrador judicial para o epicentro do tema, atribuindo-lhe a função de estimular o uso dos mecanismos de autocomposição (art. 22, I, *j*), foi criada a Seção II-A, postada no Capítulo II (disposições gerais), que trata das "conciliações e das mediações antecedentes ou incidentais aos processos de recuperação judicial",[602] conso-

602 Registre-se que, embora a nomenclatura da Seção II-A esteja atrelada à recuperação judicial, várias técnicas do trecho se transportam para o procedimento falimentar, pois seria incoerente que o legislador determinasse que, no art. 22, I, *j*, o administrador da falência tivesse postura proativa em busca da autocomposição (estimulando-a), mas não lhe conferisse técnicas a sua concretização.

ante se extrai do trecho compreendidos entre o art. 20-A até o art. 20-D. Da leitura do bloco de artigos, percebe-se que há disposições que poderão ser perfeitamente transportadas para o âmbito do inventário, destacando-se: (i) a autocomposição no âmbito judicial não se processará perante o juízo sucessório, a fim de preservar sua imparcialidade, devendo ser instaurado procedimento no Centro Judiciário de Solução de Conflitos e Cidadania (CEJUSC) do tribunal competente ou da câmara especializada (art. 20-B); (ii) ainda que a questão controversa já esteja sendo debatida em processo arbitral ou judicial em curso, poderá ser instaurado procedimento de autocomposição, postulando-se a suspensão, em princípio, por 60 (sessenta) dias (arts. 20-A e 20-B); (iii) o "acordo" obtido por meio de conciliação ou de mediação será homologado pelo juízo competente, que será o juízo sucessório em caso de inexistência de processo judicial ou arbitral anterior (art. 20-C);[603] (iv) as sessões de conciliação e de mediação poderão ser realizadas por meio virtual, bastando disponibilização de meios no sentido pelo CEJUSC ou pela câmara especializada (art. 20-D).[604]

Saliente-se que a Lei n. 11.101/2005 não criou uma etapa de conciliação, mas conjunto de regramentos gerais que podem ser aplicados em vários momentos procedimentais. Observe-se, com tal detalhe, que no inventário *causa mortis* não há área demarcada para a tentativa de autocomposição, situação que faz com que a importação também possa se operar em momentos variados, sempre que a situação assim reclamar. Demais disso, as técnicas voltadas à autocomposição poderão ser aplicadas tanto aos conflitos internos do inventário sucessórios (ou seja, aqueles entre os seus participantes),[605] como também aos do espólio com terceiros. O ponto é importante, pois o engenho do art. 619, II, possui aplicação externa ao inventário sucessório, ou seja, da relação do próprio espólio com terceiros e não das pendengas internas dos personagens legitimados para participarem do inventário sucessório (art. 626). Assim, ainda que o inventariante possua poderes de representação e administração do espólio (art. 618, I e II), para que possa transigir em nome deste, será necessá-

603 Assim, em caso de ação já em curso, será o juiz/arbitro responsável pelo "processo" e, caso ainda não tenha sido proposta ação, a homologação se dará pelo juízo sucessório.

604 Há, na Lei n. 11.101/2005, outras técnicas que podem ser trazidas para o inventário *causa mortis*, com intuito de criar base estruturante para as soluções autocompositivas, devendo, assim, se evitar a limitação de análise ao hiato legal compreendido entre os arts. 20-A e 20-D. Em ilustração, as partes poderão criar grupo de trabalho inspirado no Comitê de Credores (arts. 26-27), a fim de orientar e nortear os trabalhos voltados à autocomposição.

605 Sobre a autocomposição e os conflitos internos, vide os comentários aos arts. 626 e 627 desta obra.

rio, seguindo o gabarito tradicional, que ouça os interessados na herança e obtenha autorização judicial destes.

6.4 Inventariante e o mandato com poderes para transigir e efetuar atos dispositivos

O disposto no § 10 do art. 334 do CPC (que tem como foco a audiência de conciliação ou sessão de mediação inicial) prevê que atores envolvidos na autocomposição devem estar munidos de poderes para negociar e transigir, situação que acarretará a conferência de mandato especial para tanto (art. 661 do CC), caso a parte não compareça pessoalmente e constitua representante para tanto. Transportando a concepção para o inventário sucessório, o simples comparecimento do inventariante à audiência/sessão prevista no art. 334 ou de outro ato autocompositivo poderá restar frustrado, na medida em que este, em razão da mecânica do art. 619, II, não possui poderes para "negociar e transigir" em nome do espólio. Seguindo-se a modulação legal, cada interessado teria que comparecer pessoalmente ou nomear procurador com os ditos poderes especiais, a fim de que a negociação fosse destrancada, no intuito de se obter alguma forma de solução consensual.

Não há óbice, contudo, para que os interessados outorguem ao inventariante, por meio de procuração, poderes específicos (especiais e expressos) para transigir sobre os bens do espólio e/ou para praticar outras espécies de conciliação.[606] No pormenor, o mandato é uma espécie de contrato com moldagem flexível, podendo ser ajustado com boa margem de liberdade para atender aos interesses do mandante. Dessa forma, por meio de procuração com poderes especiais (de "negociar e transigir"), o mandato poderá ser balizado, fixando-se a atuação do mandatário, como, em exemplo: (a) especificar o ato acobertado pelo mandato; (b) prazo de vigência; e (c) instruções a serem cumpridas. Logo, quando se faz alusão a mandato outorgado ao inventariante, é natural que este seja ultimado de forma pontual (por exemplo, indicando possibilidade de negociação de débitos com determinado devedor do espólio ou para transigir em processo judicial específico). De outra banda, nada obsta que o mandado conste o limite da negociação, efetuando-se instruções claras no sentido (seguindo na ilustração, o mandato pode estipular o desconto máximo que pode ser concedido pelo inventariante ao credor ou restringir sua aplicação às dívidas de determinado teto).

Dessa forma, a textura permeável do mandato poderá facilitar a atuação do inventariante nas autocomposições, fixando-se, de forma prévia, aquilo que

606 Bem próximo: PABLO STOLZE GAGLIANO E RODOLFO PAMPLONA FILHO, *Manual de direito civil*: volume único, p. 692.

se almeja do seu exercício. Em tal cenário, será imprescindível que o inventariante preste contas do mandato, sendo aconselhável que esteja plasmada no contrato a forma como tal prestação será efetuada. Caso seja praticado algum ato pelo inventariante que extrapole os poderes que lhe foram outorgados, o ato será ineficaz em relação aos herdeiros/interessados, salvo se estes o ratificarem (art. 662 do CC). Ainda que a existência do contrato de mandato com poderes especiais para transigir (e/ou praticar outras espécies de conciliação) tenha o condão de afastar a obrigatoriedade de prévia oitiva dos interessados/herdeiros para a prática dos atos, não afastará a necessidade de prévia autorização judicial.

6.5 Autocomposição e a designação de pessoa ou grupo para representar o espólio

As partes podem efetuar a eleição de determinada(s) pessoa(s), a fim de que esta(s) os represente(m) nas negociações de assuntos levados à tentativa de autocomposição. A designação pode recair sob uma pessoa ou mais, formando-se, um *grupo de trabalho* na última hipótese. Não há obstáculo, se a nomeação for consensual, que o(s) designado(s) não faça(m) parte da herança, contratando-se, por exemplo, profissional especializado em autocomposição. A proposição poderá ser apresentada pelo inventariante, adaptando-se o disposto no art. 22, I, *h*, da Lei n. 11.101/2005, que permite que o administrador judicial contrate, "mediante autorização judicial, profissionais ou empresas especializadas para, quando necessário, auxiliá-lo no exercício de suas funções". Sem rebuços, a depender do nível dos conflitos que envolvem o inventário sucessório, a contratação de profissional especializado em negociações poderá ser capital. O modelo proposto admite implementação com variantes, notadamente no calibre de poderes conferidos ao negociador e no seu diálogo com o inventariante. De toda sorte, a liberdade restará aplicada apenas ao âmbito interno do inventário sucessório, não podendo suprimir a autorização judicial, pois os atos de disposição em geral deverão passar pelo crivo do juízo sucessório, exigência inserida no núcleo rígido do art. 619.

Importante destacar que, caso seja levado a efeito algum tipo de alteração na designação natural do inventariante para representar o espólio (incluindo-se, no espectro, os procedimentos de autocomposição), deverá ser dada publicidade ao ato. Deverá ser efetuada a juntada de ato documentado respectivo à designação e/ou contratação nos autos, a fim de que seja possível sua consulta por terceiros. Trata-se, pois, de adaptação ao previsto no art. 22, I, *k*, da Lei n. 11.101/2005, que determina que o administrador judicial disponibilize as peças/informações relevantes do processo. Necessário também que se faça a retificação/anotação da situação no termo de compromisso da inventariança, pois este exterioriza os poderes que foram conferidos ao inventariante, sendo importante, portanto, consignar limitações, caso assim se defina posteriormente.[607]

6.6 Possibilidade de transação com eficácia sob condição

Consoante já abordado em item anterior, o diálogo do art. 619 com o art. 1.793, §§ 2º e 3º, do CC, permite a elaboração de atos extraordinários em que a autorização judicial será vista como *condição*. Com outros termos, o negócio jurídico atrelado ao ato extraordinário somente terá *eficácia* se for obtida autorização do juízo sucessório. Afora tal situação (que trabalha no *campo da eficácia*), tem-se admitido também que atos extraordinários ultimados pelo inventariante em nome do espólio possam ser ratificados pelas partes interessadas e nada obsta que a autorização judicial ocorra a *posteriori*.[608] Com tal quadro, não se afigura inviável admitir que seja efetuada transação, inserindo-se, cláusula que condiciona a eficácia do negócio jurídico à autorização judicial respectiva. Ainda que tal situação esteja prevista em lei, a explicitação de forma transparente sobre a condição de eficácia é importante, pois, além de prestigiar a boa-fé negocial, a cláusula poderá ser o vetor também da resolução do negócio jurídico, caso não se obtenha a autorização judicial.

7. Pagamento de dívidas

O art. 619, III, trata do pagamento de dívidas. Como há assuntos variados sobre tema, impõe-se se divisão didática.

7.1 Pontos de contato e de distância com o bloco dos arts. 642-646

De certa maneira, o tema do art. 619, III, também é tratado pelos arts. 642-646, do mesmo diploma legal, consoante se infere da Seção VII ("Do Pagamento de Dívidas") do capítulo destinado ao inventário sucessório e à partilha. A dualidade de regramento demonstra a necessidade de apartar os dispositivos, a fim de que sejam compreendidas as peculiaridades e as comunicações que podem ser feitas.

Primeiramente, destaca-se que a proposição de pagamento prevista no art. 619, III, será feita pelo inventariante, ao passo que a postulação fixada pelo art. 642 será apresentada pelo credor, fazendo-o por meio do que a *práxis forense* trata como *"habilitação de crédito"*.[609] A comparação indica que somente se

607 Vide comentários ao art. 617 desta obra.

608 No sentido: Francisco José Cahali e Renato Santos Piccolomini de Azevedo, *Código de Processo Civil anotado*, p. 878.

609 No sentido: Luciano Vianna Araújo, *Comentários ao Código de Processo Civil*, v. 2, p. 237.

justificará que o credor apresente a "habilitação" (pedido de pagamento da dívida) se o inventariante ainda não tiver reconhecido a existência da dívida, apresentando-a aos interessados para pagamento para obter autorização judicial no sentido. Conclui-se que o requerimento previsto no art. 642 tem a função de afastar omissão perpetrada pelo inventariante, quando este deixar de arrolar o credor e a dívida do espólio no quadro previsto no art. 620, IV, *f*. A relação inicial poderá ser retificada pelo inventariante depois da citação, a partir das informações que venha colher após o contraditório obrigatório com os interessados (art. 627) e a convocação por edital (art. 626, § 1º). Sendo feita a retificação da listagem inicial, incluindo corretamente o credor (e a dívida que foi olvidada), não restará efeito prático na apresentação da "habilitação" na forma do art. 642, § 1º.

Verifica-se, ainda, que o texto do art. 642, § 2º, destoa da redação do art. 619, III, em ponto importante, uma vez que aponta no sentido de que as partes deverão *"concordar"* com o pagamento pleiteado pelo credor, ao passo que o dispositivo comentado faz alusão apenas à prévia oitiva, não sendo necessário o assentimento dos interessados. A redação mais adequada está no art. 619, III, transportando-se a sua concepção (contraditório obrigatório, mas sem necessidade de consentimento), para o art. 642, § 2º, pois não pode a parte – sem motivação justificável – se opor ao pagamento reclamado pelo credor. Haveria contradição flagrante, com alta instabilidade, pois o credor (em relação à mesma dívida do espólio) teria tratamento diferenciado a partir do procedimento utilizado para o pagamento da dívida, mesmo que, nas duas situações, o inventariante reconheça a existência do débito (propondo o pagamento na hipótese do art. 619, III, ou concordando com a "habilitação" no caso do art. 642, § 2º).

De outra banda, a leitura pura do art. 619, III, pode levar à (incorreta) ideia de que o pagamento somente se efetuará mediante entrega de numerário em dinheiro correspondente. Ao se projetar o texto dos parágrafos do art. 642 para o dispositivo aqui em comento, percebe-se que não há óbice que o pagamento possa se efetuar por meio de fruto de expropriação de bem previamente selecionado para tanto (*separação de bens* – art. 642, §§ 2º e 3º) ou, ainda, por dação em pagamento (tratada como "adjudicação de bens" – art. 642, § 4º).

O breve passeio demonstra que existem peculiaridades que devem ser respeitadas, mas é importante que, nos pontos de contato, seja conferida interpretação harmônica entre o art. 619, III, e os dispositivos do trecho dos arts. 642-646.

7.2 Das primeiras declarações e a manifestação das partes

As dívidas do espólio deverão estar estampadas nas primeiras declarações, em quadro próprio (art. 620, IV, *f*, do CPC). Efetuando-se a convocação sobre estas (art. 626), as partes deverão analisar a listagem efetuada pelo inventariante (art. 627), podendo impugnar – de forma motivada – cada um dos débitos, assim como reclamar esclarecimentos (por exemplo, que o inventariante exiba a documentação pertinente, caso não tenha sido juntada de forma satisfatória – art. 618, IV). A observação demonstra a importância de que os interessados façam o exame do "balanço de créditos/débitos" apresentado pelo inventariante nas primeiras declarações, manifestando-se a respeito, pois a postura inicial poderá ser levada em conta para efeito do art. 619, notadamente se há concordância acerca da dívida. De toda sorte, mesmo em caso de assentimento prévio, é muito provável que seja necessária nova oitiva dos interessados, tendo em vista que o pagamento poderá se processar de formas diferenciadas, consoante já anunciado no item anterior e adiante examinado com mais vagar. Em síntese, o contraditório é fundamental não apenas para que se reconheça a dívida em si, mas para que ocorra o diálogo acerca da forma escolhida para o processamento do pagamento (entrega de numerário, expropriação de bens, dação em pagamento, anticrese etc.).

7.3 Dívidas contraídas no curso do inventário

No caso de dívidas contraídas no curso do inventário, *a priori*, será necessária a autorização prévia, seguindo-se a inteligência que pode ser extraída dos arts. 618, II, e 619, IV. Isso porque, ao se fazer a junção de tais dispositivos, extrai-se que o inventariante terá pouca liberdade para fazer dívidas em nome do espólio, já que somente poderá fazê-lo em relação aos atos ordinários ou às situações previamente autorizadas pelo juízo sucessório (em regra, apresentadas anteriormente em plano de trabalho). A constatação indica que o espaço específico do art. 619, III, estará mais voltado às dívidas anteriores à abertura da sucessão, pois as posteriores, salvo os atos ordinários, deverão ser contraídas depois de ouvidas as partes e obtida a autorização judicial.

O art. 619, III, poderá ser usado como plataforma de pagamento em relação aos reembolsos, ou seja, situações em que determinadas pessoas efetuaram pagamentos em nome do espólio, sendo necessária a reposição do valor despedindo. No particular, é comum que herdeiros efetuem pagamentos em nome do espólio em razão da falta de liquidez momentânea deste, postulando, mais tarde, o reembolso respectivo. Assim, relatado o fato ao inventariante, este apresentará o pagamento feito por terceiro em nome do espólio nos autos do inventário, a fim de que, ouvidos todos os interessados, seja autorizado pelo juízo sucessório o reembolso. Pode-se citar, como exemplo, o herdeiro que – diante de situação emergencial e/ou da iliquidez da herança – efetua despesas de conservação em prol de bens do espólio. O contraditório acerca do pedido do reembolso é fundamental, pois nem sempre este será devido. Isso porque, seguindo-se o modelo do art. 2.020 do CC, se não houver autorização prévia do dispêndio, somente se justificará o pagamento a tal título em relação às "despesas necessárias e úteis".

7.4 Alcance do contraditório obrigatório (para autorização e forma de pagamento)

O pagamento que estiver vinculado a ato extraordinário do inventariante se submete ao contraditório prévio (art. 619, III), diferenciando-se daquele atrelado à administração ordinária (art. 618, II), em que o contraditório se faz por meio de prestação de contas. O contraditório tem como objetivo não apenas dar ciência, mas também colher a manifestação dos interessados. Não é necessário que ocorra a concordância geral, tal como ocorre no arrolamento sumário (arts. 659 e 663), podendo o juiz autorizar o pagamento mesmo que haja discordância de uma ou de mais partes no sentido. Em tal cenário, o juízo sucessório proferirá decisão motivada, afastando os fundamentos de resistência apresentados, decisão esta passível de agravo de instrumento (art. 1.015, parágrafo único, do CPC).

É essencial destacar que o contraditório permite a manifestação não apenas quanto ao pagamento em si, ou seja, à análise da existência (ou não) de dívida. Todas as questões poderão ser alegadas sobre o assunto, desde a legitimação do credor, como a própria obrigatoriedade do pagamento. Assim, os interessados poderão até reconhecer o fato que dá ensejo ao pleito de pagamento, mas a ele trazer oposição, por exemplo, alegando prescrição da pretensão ou que se trata de pedido de reembolso de melhoramento voluptuário em bem da herança que não foi previamente autorizado e que, portanto, não vincula o espólio (art. 2.020 do CC). Mas não é só, pois o contraditório alcança também a forma com que se processará o pagamento. Com efeito, embora não conste no texto do art. 619, III, o inventariante – mesmo que de modo sucinto – deverá explicar a forma com que o pagamento será efetivado. Caso assim não o faça, os interessados poderão solicitar esclarecimento a respeito. No sentido, é ingênuo (e limitado) pensar que o pagamento somente se processará mediante entrega à vista de dinheiro ao credor correspondente à dívida, pois, além da possibilidade de fracionamento deste em prestações, é perfeitamente possível que se traga, para o ventre do art. 619, as técnicas de pagamento previstas no art. 642, em que se destacam: (a) a *separação de bens* (art. 642, §§ 2º e 3º) e (b) a dação em pagamento (sob o rótulo de "adjudicação de bens" – art. 642, § 4º). Tais formas de pagamento não são as únicas, devendo-se permitir a importação de arsenal variado de figuras para que as dívidas do espólio sejam pagas, tais como a anticrese de bens da herança, utilizando-se dos frutos respectivos para o mister.[610]

610 Vide comentários ao art. 642 desta obra.

O entendimento aqui defendido é afinado com o disposto no art. 6º do CPC e permite não só que as partes se manifestem sobre os termos da proposta do inventariante, como também que tragam soluções alternativas (por exemplo, ao invés de usar os depósitos em dinheiro, efetuar o pagamento com a alienação de bens de difícil conservação e que, pelo que se noticia, não serão postulados por nenhum candidato na partilha).

7.5 Organização dos pagamentos e demonstração de que não há risco de insolvência

O pagamento pela via do art. 619, III, não poderá afetar a organização concentrada da fase de liquidação da herança, pois as dívidas devem ser saldadas o quanto possível no mesmo momento procedimental, analisadas as forças da herança frente ao total de dívidas em nome do espólio. Há, pois, risco de que pagamentos desordenados (isto é, antecipados) em favor de determinados credores possam quebrar a igualdade que deve inspirar a fase de liquidação da herança, bem como ferir a ordem de preferência no processamento desses pagamentos. Assim, para que seja autorizado pagamento deslocado da etapa da liquidação, é necessário que o inventariante traga fundamento que justifique que a dívida em questão não se submete a tal fase, devendo ser liquidada de plano ou antecipadamente (por exemplo, reembolso de custas processuais do espólio pagas pelo herdeiro com recurso próprio – art. 964, I, do CC). Ademais, é importante que o inventariante demonstre que o conjunto de dívidas não excede à importância dos bens do devedor (art. 955 do CC e art. 748 do CPC de 1973, em vigor por força do art. 1.052 do CPC atual), de modo que o pagamento poderá ser feito na sua integralidade. Com efeito, em quadro patrimonial de insegurança quanto às forças da herança frente às dívidas, o pagamento antecipado poderá ser tido como ilegal, pois estará excluindo o credor da concorrência que se instalará se o inventariante requerer a declaração de insolvência (art. 618, VIII).

7.6 Pagamentos de dívidas reclamadas por meio de processos judiciais

De forma semelhante ao que ocorre com as alienações compulsórias de caráter judicial (tema tratado em item anterior), o procedimento do art. 619, III, não será aplicável em relação ao pagamento de débitos reclamados judicialmente, pois, em tal hipótese, não há proposição do inventariante.

De toda sorte, há julgado no STJ em que foi reconhecida a situação peculiar da herança, efetuando-se o encaixe do art. 619 para o cumprimento de sentença.[611]

611 Confira-se: STJ, 4ª Turma, EDcl no REsp 1.021.416/AM, j. 12/11/2013, *DJ* 10/12/2013.

Em suma, a decisão entendeu que, quando o espólio for intimado para pagar a dívida reconhecida em título executivo judicial, deverá o inventariante requerer, ao juízo sucessório, a autorização para o pagamento dentro do prazo de 15 dias estabelecido pelo art. 523, sob pena de incorrer na multa do § 1º do referido dispositivo. A comprovação de que o inventariante tomou as providências a seu alcance para o cumprimento da obrigação no prazo de 15 dias, isto é, de que requereu, ao juízo do inventário, autorização para o pagamento da dívida, tem o condão de afastar a incidência da multa em relação ao espólio. Note-se que a premissa lançada na referida decisão poderá ser aproveitada para outras hipóteses de pagamento no âmbito judicial. Assim, em ilustração, caso o espólio seja citado acerca de execução de título extrajudicial ou ação monitória, o inventariante poderá requerer o parcelamento da dívida (art. 916 do CPC), a partir da comprovação de que, no prazo legal para o ato (= parcelamento judicial), requereu autorização para o pagamento, ou seja, adotou as providências do art. 619 dentro do prazo assinalado. A mesma lógica poderá ser aplicada para "remir a execução" (art. 826 do CPC), pois o inventariante poderá manifestar tal interesse no processo executivo, por meio da comprovação de que adotou providência no sentido junto ao juízo do inventário.[612] Assim, dentro do prazo admitido para a remição da execução, poderá o inventariante requerer, ao juízo sucessório, autorização no sentido, providência esta que terá eficácia junto ao processo executivo, aguardando-se o desfecho da postulação efetuada com espeque no art. 619, III.

7.7 Interpretação ampla do conceito de "pagamento"

Não se deve limitar o conceito de "pagamento" apenas ao adimplemento de dívidas em dinheiro, mas de toda e qualquer obrigação que envolva ato dispositivo em relação ao espólio. Assim, o rito do art. 619 deverá ser respeitado também para o adimplemento de outras obrigações, tais como entrega de coisas certas e incertas (por exemplo, a entrega de cria de semovente prometida pelo falecido e/ou frutos de colheita cuja plataforma é um imóvel rural que compõe a herança). A concepção de que o rol do art. 619 é puramente exemplificativo ratifica tal entendimento.

O contraditório será necessário até mesmo para o cumprimento de obrigações em que não há abalo patrimonial do espólio (como é o caso da assinatura da escritura definitiva de venda de bem imóvel e cujo preço foi todo re-

612 No ponto, além da interpretação extensiva em relação à citada decisão do STJ, é possível que se faça a importação do art. 22, III, *m*, da Lei n. 11.101/2005, que prevê que o administrador judicial poderá "remir, em benefício da massa e mediante autorização judicial, bens apenhados, penhorados ou legalmente retidos".

cebido pelo falecido em vida ainda na fase do contrato preliminar).[613] Ademais, se o contraditório se aplica ao cumprimento dos "pagamentos internos" (entrega da meação e cumprimento do legado), não há qualquer justificativa para afastar sua projeção para o adimplemento (ainda que tardio) de obrigações não pecuniárias com terceiros.

7.8 Plano de trabalho e os pagamentos

Os itens anteriores ratificam a importância de que o inventariante apresente *plano de trabalho*, traçando projeções acerca dos pagamentos que deverão ser efetuados. É incauto se pensar que a simples apresentação do quadro de "dívidas ativas e passivas" (art. 620, IV, *f*, do CPC) permitirá que os pagamentos se efetuem de forma eficiente. Há de ser traçado plano que, muito além da discriminação da dívida e da identificação do credor, já projete assuntos que são inerentes ao pagamento, tais como as formas possíveis com que este será efetuado (apontando as possibilidades de captação de recursos) e as preferências creditórias. As informações do *plano de trabalho* permitirão que o contraditório se opere de modo maduro e cooperativo, abrindo-se superfície para que a participação dos interessados seja ativa, de tal sorte que, ao invés de simplesmente repudiarem as ideias do inventariante, estes possam trazer sugestões para desenho organizado sobre o pagamento que, inclusive, poderá ser feito respeitando o fluxo de caixa do espólio e a etapa de liquidação.[614]

8. Despesas necessárias à conservação e ao melhoramento dos bens do espólio

O art. 619, IV, estabelece que as despesas necessárias para a conservação e o melhoramento dos bens do espólio apenas podem ser efetivadas depois de ouvidos os interessados e concedida autorização judicial. A redação do dispositivo não é boa e abre espaço para críticas (inclusive, quanto às opções efetuadas). Em suma, o legislador aglutinou – em bandeja única – duas situações tratadas como "despesas", mas que não se confundem por possuírem motivações diversas, a saber: (a) conservação patrimonial e (b) melhoramento nos bens.

8.1 Despesas necessárias à conservação patrimonial

A incumbência de conservar os bens da herança já está embutida na textura do art. 618, II, pois, ao se exigir que o inventariante tenha com os bens da herança a mesma diligência que teria com seus bens, imputa-se a tal pecu-

613 Próximo: Paulo Cezar Pinheiro Carneiro, *Inventário e partilha judicial e extrajudicial*, p. 85. Vide, ainda, os comentários ao art. 620 desta obra.

614 *Vide* comentários ao art. 620 desta obra.

liar auxiliar do juízo a atribuição de adotar as medidas de "preservação patrimonial". Note-se que tal quadro é confirmado pelo disposto no art. 622, III, que prevê a possibilidade de remoção do inventariante "se, por culpa sua, bens do espólio se deteriorarem, forem dilapidados ou sofrerem dano". Assim, a breve resenha já indica a equivocada postura de encaixar o pagamento das despesas necessárias para a conservação no rol dos atos extraordinários do inventariante, uma vez que se trata de assunto ligado à sua atuação ordinária.[615]

O mal andar legislativo, que mantém o erro contido no CPC de 1973 (art. 992, IV), pode estar originado na busca de comunicação equivocada do dispositivo em comento com o art. 614 do CPC atual (que repete o disposto no art. 986 do CPC 1973) e com o art. 2.020 do CC (inspirado no art. 1.778 do CC de 1916). Isso porque tais dispositivos dispõem no sentido de que o administrador provisório, o inventariante, o cônjuge sobrevivente e o herdeiro – *que estiverem na posse de bens da herança*[616] – possuem o direito de reembolso das despesas necessárias e úteis que fizerem em prol do patrimônio do espólio sob sua guarda. Como se trata de situação anormal, o pedido de reembolso das despesas que foram pagas em nome do espólio remete à intuitiva demonstração do motivo pelo qual não foi feito o pagamento por aquele que se esperava (o espólio) e que justificou a intervenção excepcional de outrem, arcando este com as despesas com seus recursos próprios. Dessa forma, o contraditório se torna natural em tal situação, devendo o reembolso ser autorizado pelo juízo sucessório somente depois de ouvidos os interessados. Todavia, a excepcionalidade tratada nos arts. 614 do CPC e 2.020 do CC não merece ser confundida com os atos ordinários do inventariante para a conservação dos bens da herança, uma vez que o dispêndio respectivo deverá ser arcado diretamente pelo espólio. E, mais ainda, trazendo à tona o pormenor que esclarece a questão, somente as "despesas necessárias para a conservação" é que fazem parte do cabedal alcançado pela atuação vulgar do inventariante, estando fora do art. 618, II, aquelas advindas de "melhoramentos" em bens do espólio. Ora, as "despesas necessárias para a conservação" possuem caráter impositivo, pois estão ligadas à "mantença do estado dos bens", ao passo que os "melhoramentos" buscam alterar o *status*, razão pela qual se encaixam como atos extraordinários. Em outros termos, apenas as despesas necessárias, que visam "preservar" os bens da herança como se encontram, possuem intimidade com os atos or-

615 Próximo: CLÓVIS DO COUTO E SILVA, *Comentários ao Código de Processo Civil*, v. XI, tomo I, p. 305; e LUCIANO VIANNA ARAÚJO, *Comentários ao Código de Processo Civil*, v. 2, p. 198.

616 Regra que se estende ao cônjuge/companheiro sobrevivente e aos herdeiros que estão na posse de bens da herança, pois a diligência de conservação é inerente àquele que está na posse de bens alheios ou de cotitularidade.

dinários do inventariante. De forma diversa, quando se tenciona fazer "melhoramento" está se propondo a efetuar algo que foge ao comum, razão pela qual há encaixe como "ato extraordinário".

A diferenciação apresentada pode ser extraída quando se busca os conceitos de benfeitorias (art. 96 do CC) e os seus efeitos em relação àquele que a introduz (arts. 1.219-1.220 do CC). No ponto, as benfeitorias classificadas como "úteis" e "voluptuárias" são espécies de melhoramentos, pois, nas duas situações busca-se alterar o bem, com a diferença de que, no primeiro caso, a introdução almeja o aumento ou facilitação do uso do bem (art. 96, § 2º), enquanto, na segunda hipótese, a inserção busca apenas torná-lo mais agradável (art. 96, § 1º). Não há, contudo, no âmbito das benfeitorias necessárias, nenhuma finalidade outra senão conservar o bem ou evitar que se deteriore (art. 96, § 3º). Justamente pelo fato de que as benfeitorias "úteis" e "voluptuárias" são espécies de melhoramentos que o possuidor de má-fé não pode reclamar o reembolso de despesas que tenha despendido no sentido, tendo apenas o direito de receber o valor das benfeitorias necessárias, já que estas fazem parte dos atos ordinários que qualquer pessoa diligente introduziria nos bens para preservá-los (art. 1.220 do CC). Em hipótese alguma, está se afirmando aqui que as despesas de conservação são benfeitorias necessárias, mas que as duas situações possuem base comum: *preservação estável/regular do bem*. Tal não ocorre com as benfeitorias "úteis" e "voluptuárias", pois estas, como todo "melhoramento", têm a mudança no bem como objetivo. O quadro comparativo, no entanto, permite afirmar que é equivocada a lógica de o art. 619 trazer as "despesas necessárias para a conservação" para o seu ventre, notadamente aquelas de caráter previsível (por exemplo, pagamento de taxa de condomínio de imóvel e impostos[617]) ou de baixa monta, isto é, de pouca representação monetária (por exemplo, pequeno reparo hidráulico).[618]

A assertiva trazida é confirmada pelo disposto no art. 1.341 do CC (aplicável ao para o condomínio edilício[619]), que prevê que as obra envolvendo

617 Há decisão do STJ nos termos acima, firmando posição de que "tem o inventariante o direito de dispor das quantias correspondentes para solver as obrigações propter rem", incluindo no rol "pagamento de impostos e de quotas condominiais" (STJ, 3ª Turma, REsp. 930.983/RJ, j. 15/04/2008, *DJ* 16/05/2008). Seguindo linha próxima (e citando o julgado com fundamento) confira-se, ainda: STJ, 3ª Turma, REsp. 1.627.286/GO, j. 20/06/2017, *DJ* 03/10/2017.

618 No sentido: FELIPPE BORRING ROCHA, *Comentários ao novo Código de Processo Civil*, p. 952.

619 Vale lembrar que as regras do condomínio em geral se aplicam à herança (art. 1.791, parágrafo único). Trazendo o art. 1.341 para a herança, poderá o juiz também usar as proporções de *quorum* para analisar a autorização na introdução de benfeitorias voluptuárias e úteis em bens da herança, tema dos parágrafos do dispositivo.

benfeitorias voluptuárias e úteis dependem da autorização dos condôminos, observada a proporção de 2/3 (dois terços) no primeiro caso (1.341, I) e de maioria na segunda hipótese (1.341, II). No entanto, as obras ou reparações necessárias podem ser realizadas, independentemente de autorização (1.341, § 1º), sendo que, somente em caso de estas importarem em despesas excessivas que será necessária a realização de assembleia (1.341, §§ 2º e 3º). Por fim, o art. 1.341 ainda prevê que, em casos de omissão do síndico, o condômino poderá realizar obras ou reparos necessários, tendo o direito ao reembolso, situação inocorrente no caso de melhoramentos, ainda que de interesse comum (1.341, § 4º).

O embate do art. 618, II (que tal trabalha com conduta ordinária do inventariante) com a própria lógica do art. 619 (atos extraordinários) deve ser dissipado com interpretação que dialogue com os arts. 96 e 1.341 do CC. Assim sendo, comprovado que o desembolso efetivamente está atrelado à preservação patrimonial da herança ("conservar o bem ou evitar que se deteriore"), o inventariante poderá efetuar o pagamento com os recursos da herança, sem a necessidade de seguir o rito do art. 619, lançando o numerário na prestação de contas e dando transparência da sua atuação, até porque todas as despesas – independentemente da motivação – devem estar na prestação de contas.[620] Havendo urgência no ato de conservação que gere despesa, poderá o inventariante atender à necessidade prática, realizando o ato antes de ouvir os interessados e de submetê-lo à deliberação judicial. Se, depois de praticado o ato, verificar o juízo do inventário que a medida não se justificava, ou que houve excesso, responderá o inventariante pelos danos dela decorrentes.[621]

Sem prejuízo de tudo aduzido, haveria cenário mais seguro se o art. 619, IV, pelo menos excetuasse os atos de conservação que se encontram no âmbito da atividade cotidiana de administração e que geram despesas de pequena monta, já que a constante deliberação do juízo para a prática dos atos cotidianos de gestão do espólio é inviável, não se adequando ao conceito de administração dinâmica. O assunto aqui tratado demonstra, mais uma vez, a importância do plano de trabalho.[622] Isso porque o inventariante fará constar a

620 Com anotação próxima: Francisco José Cahali e Renato Santos Piccolomini de Azevedo, *Código de Processo Civil anotado*, p. 879. De toda sorte, o STJ já decidiu que, para a continuação de gastos habituais à atividade de administração, é necessária a prévia autorização judicial, mitigando-se apenas a necessidade de prévia oitiva dos herdeiros, "desde que as ações pretendidas pelo inventariante, por sua própria natureza ou importância, não recomendem essa manifestação e desde que seja obedecido um limite a ser fixado conforme às situações do caso concreto" (3ª Turma, REsp 1.35.8430/SP, j. 03/06/2014, *DJ* 17/06/2014).

621 Igualmente: Gerson Fischmann, *Comentários ao Código de Processo Civil*, v. 14, p. 73.

622 Vide comentários ao art. 620 desta obra.

projeção de despesas que podem ser atreladas à conservação dos bens da herança, listando-as com estimações e agrupamentos vinculadas à natureza destas, sendo possível, no sentido, utilizar da divisão sugerida pelo art. 620, IV. Assim, em exemplo, o inventariante relacionará as despesas projetadas para os bens imóveis, tais como (i) impostos anuais (ITR e/ou IPTU) e as (ii) das taxas de condomínios referentes às unidades que se submetem ao regime. Em relação aos bens móveis, em ilustração, o inventariante contemplará os (iii) licenciamentos dos veículos automotores e (iv) a estimação de gastos ordinários com os semoventes (vacinas, consultas veterinárias, alimentação etc.).

A listagem de despesas de conservação apresentada acima, por óbvio, é puramente exemplificativa, pois dependerá da realidade da sucessão e do acervo hereditário, mas certo é que servirá de base para que o inventariante apresente fluxograma financeiro espelhando as despesas de conservação a partir da enumeração de cada bem. Assim o fazendo, poderá o juízo sucessório – ouvindo todos os interessados – decidir antecipadamente acerca de diversos assuntos sobre o tema, tais como: (a) valores e periodicidade de disponibilização dos recursos ao inventariante; (b) fixação de tetos para despesas emergenciais (listadas como não previsíveis); (c) criação de fundos de reserva; (d) forma especial de prestação de contas; e (e) fiscalização do uso dos recursos.

8.2 Melhoramento dos bens do espólio

Consoante já abordado no item anterior, a inserção de melhoramentos nos bens da herança cria alteração no seu estado de arte, até porque, em regra, possui o objetivo de agregar predicados a estes (por exemplo, inserção de fechamento de varanda em apartamentos ou obras de ampliação/cobertura de garagens para veículos). A postura permite, não raras vezes, a elevação do seu preço ou a diferenciação na sua colocação do mercado. Não é por acaso que os melhoramentos costumam ser introduzidos em bens selecionados para alienação antecipada, de modo que o investimento efetuado ("melhoramento") é revertido para o espólio diretamente, pois o produto desta se sub-roga na herança.

As observações demonstram, às claras, que o contraditório é obrigatório quando o inventariante pretender efetuar despesas atreladas ao melhoramento de bens do espólio, pois se trata de mudança do quadro fático dos bens da herança. Não diz respeito apenas, como se pode pensar, a simples análise sobre despesas, mas de conveniência acerca da inserção do melhoramento, porquanto o procedimento poderá impactar o bem, piorando sua situação e/ou diminuindo seu valor. Basta imaginar que os melhoramentos para simples deleite são de caráter pessoal e, muitas vezes, não são de agrado geral, diminuindo seu posicionamento no mercado. Ademais, alguns melhoramentos – ainda que úteis – poderão ser inoportunos, pois, em exemplo, poderão sacrificar o caixa do espólio, desfalcando-o para atender ao pagamento de dívidas (por exemplo, impostos atrasados).

Por fim, em coerência ao acima dito, mesmo que a "melhoria" não gere despesa ao espólio, a necessidade de seguir as formalidades do art. 619 também se justificará se for averiguado que o ato tem o condão de modificar substancialmente o bem. Se, contudo, consistir em mera atividade cotidiana de administração que não modifica, de modo substancial, a sua qualidade, mas apenas o conserva no estado em que se encontrava, prescindirá de prévia autorização judicial. De toda sorte, deverá o inventariante relatar a atividade em prestação de contas, dando ciência às partes a respeito.

Art. 620. Dentro de 20 (vinte) dias contados da data em que prestou o compromisso, o inventariante fará as primeiras declarações, das quais se lavrará termo circunstanciado, assinado pelo juiz, pelo escrivão e pelo inventariante, no qual serão exarados:

I – o nome, o estado, a idade e o domicílio do autor da herança, o dia e o lugar em que faleceu e se deixou testamento;

II – o nome, o estado, a idade, o endereço eletrônico e a residência dos herdeiros e, havendo cônjuge ou companheiro supérstite, além dos respectivos dados pessoais, o regime de bens do casamento ou da união estável;

III – a qualidade dos herdeiros e o grau de parentesco com o inventariado;

IV – a relação completa e individualizada de todos os bens do espólio, inclusive aqueles que devem ser conferidos à colação, e dos bens alheios que nele forem encontrados, descrevendo-se:

a) os imóveis, com as suas especificações, nomeadamente local em que se encontram, extensão da área, limites, confrontações, benfeitorias, origem dos títulos, números das matrículas e ônus que os gravam;

b) os móveis, com os sinais característicos;

c) os semoventes, seu número, suas espécies, suas marcas e seus sinais distintivos;

d) o dinheiro, as joias, os objetos de ouro e prata e as pedras preciosas, declarando-se-lhes especificadamente a qualidade, o peso e a importância;

e) os títulos da dívida pública, bem como as ações, as quotas e os títulos de sociedade, mencionando-se-lhes o número, o valor e a data;

f) as dívidas ativas e passivas, indicando-se-lhes as datas, os títulos, a origem da obrigação, bem como os nomes dos credores e dos devedores;

g) direitos e ações;

h) o valor corrente de cada um dos bens do espólio.

§ 1º O juiz determinará que se proceda:

I – ao balanço do estabelecimento, se o autor da herança era empresário individual;

II – à apuração de haveres, se o autor da herança era sócio de sociedade que não anônima.

§ 2º As declarações podem ser prestadas mediante petição, firmada por procurador com poderes especiais, à qual o termo se reportará.

CPC de 1973 – art. 993

1. As "primeiras declarações": noções fundamentais

É de extrema felicidade a síntese de GERSON FISCHMANN ao afirmar que a as primeiras declarações funcionam como "a radiografia completa de todo organismo que compõe o espólio",[623] pois, de fato, o esboço inicial do inventariante deverá conter as informações relevantes à sucessão, fixando a modulação particular e propiciando direcionamento em relação à condução do inventário *causa mortis*. Adiciona-se, à correta fala, que o relato inicial será efetuado pelo inventariante a partir das informações que lhe foram disponibilizadas, razão pela qual, em boa parte das vezes, será necessário que sejam promovidos ajustes ao texto logo no início do inventário, em decorrência do contraditório que deve ser permitido às partes (arts. 626 e 627).

Usualmente, faz-se a *correlação dual* do esboço inicial (primeiras declarações – art. 620) com o relatório final a ser apresentado pelo inventariante (chamado de "últimas declarações" – art. 636).[624] No entanto, as declarações do inventariante não estão limitadas ao dueto (primeiras e últimas declarações), pois, em verdade, a depender da dinâmica do inventário, serão necessárias declarações outras, de natureza *intermediária*, dando conta das retificações que foram sendo operadas ao longo do processo judicial. Com efeito, um dos objetivos da citação no inventário *causa mortis* é justamente permitir que as partes possam *cooperar* na melhor construção das primeiras declarações (art. 626).[625] Por meio de manifestações fundamentadas, as partes poderão postular que sejam feitos ajustes necessários, corrigindo deslizes (erros e omissões) tanto no *plano subjetivo* (por exemplo, inclusão equivocada de alguma parte ou omissão de posicionamento jurídico de determinado ator na sucessão – art. 627, III), quanto no *plano objetivo* (por exemplo, omissão na arrecadação de bem que se submete à colação ou inclusão equivocada de bem particular do falecido como

623 *Comentários ao Código de Processo Civil*, v. 14, p. 75.

624 O dueto está, inclusive, previsto no art. 618, III, do CPC.

625 Sobre a citação como convocação cooperativa, vide os comentários ao art. 626 desta obra.

se em estado de comunhão com o cônjuge/companheiro sobrevivente – art. 627, I). Não é raro que as primeiras declarações sejam retificadas ao encerramento da *etapa limiar.*[626] Há, pois, conexão fortíssima entre os arts. 626 e 627 com as primeiras declarações (art. 620), pois o texto desta somente restará sedimentado para ser usado como linha de condução no inventário sucessório depois de finalizado o contraditório, analisando-se os efeitos concretos das manifestações das partes e o resultado dos eventuais incidentes que possam ter sido instaurados.

Em sendo assim, a *radiografia original* poderá ser substituída por declarações mais atualizadas, que, embora mantenham fidelidade nos pontos consolidados, introduzirão alterações em tudo que reclamar retificações (seja para correção de erros, seja para preenchimento de omissões). Ainda que não se faça um texto todo novo, é comum que o *saneamento* operado nas primeiras declarações altere pontos cardeais aplicáveis à bússola do inventário. Com outras palavras, as declarações originais outrora apresentadas pelo inventariante, caso sejam necessários ajustes, passarão a espelhar novo texto, advindo de retificações introduzidas por *"declarações intermediárias"*, sendo certo, ainda, que se mantém viva a possibilidade de novas alterações no curso do inventário (até porque há a expectativa de "últimas declarações").[627-628]

No aspecto de conteúdo e de organização, os incisos do art. 620 anunciam os assuntos e a estrutura das "declarações do inventariante", cujo gabarito deve ser seguido ao longo de todo inventário. De maneira didática, pode ser feito

---

626 Fase inicial impulsionada com o contraditório obrigatório acerca do conteúdo do esboço inicial que foi trazido pelo inventariante. Identificando a "etapa limiar" e seus traços, vide comentários ao art. 627 desta obra.

627 O art. 636 contém técnica de correção das declarações do inventariante de natureza *ambulante*, isto é, com encaixe em qualquer espaço (= momento) do inventário, bastando que sejam relevantes os ajustes da *"radiografia do inventário"*. Vide comentários ao art. 636

628 A compreensão das "declarações do inventariante" como *peça dinâmica* que se submete a ajustes ao longo do inventário permite identificar que esta não se confundirá com outras manifestações por escrito que o protagonista da inventariança poderá vir a apresentar no decorrer do processo sucessório. Por exemplo, as "declarações do inventariante" (que repousam sua base no art. 620) não se confundem com os "relatórios" que esse ator efetua sobre situações específicas dos autos, a fim de permitir que o juízo sucessório sobre elas decida (por exemplo, identificação dos pontos de litígio entre as partes que devem ser decididos pelo juízo sucessório ou quadro acerca do reconhecimento/repulsa das partes acerca das habilitações dos credores (vide os comentários aos arts. 627 e 642). Também não há qualquer identificação das "declarações do inventariante" com as prestações de contas que o administrador da herança deve apresentar (art. 618, VII), pois estas decorrem como consectário da transparência de gestão, permitindo que as partes tenham ciência dos atos adotados no sentido.

corte inicial em três grandes blocos, a saber: (1) *primeiro bloco* (cujo foco é a identificação do autor da herança e dos detalhes da abertura da sucessão – art. 620, I); (2) *segundo bloco* (que trará a listagem e identificação das pessoas que deverão participar do inventário sucessório – art. 620, II e III); (*3*) *terceiro bloco* (trecho em que será plasmado o *balanço patrimonial da herança* – art. 620, IV).

A listagem de temas que devem fazer parte das primeiras declarações não restou esgotada pelo art. 620. O inventariante deverá relatar tudo o que se colocar como relevante à sucessão e que merecer ser levado ao conhecimento geral dos interessados, diante das repercussões concretas que poderão ocorrer nas suas esferas jurídicas. Em ilustração, no caso de posse dos bens da herança exercida de forma fragmentada, é importantíssimo que o inventariante faça constar o mapeamento respectivo, pois tal situação poderá ter repercussão patrimonial interna, consoante se infere do art. 2.020 do CC.

Por fim, em razão de afinidades com os processos concursais, é perfeitamente possível que se faça a análise do transporte de técnicas destes para aplicação no inventário sucessório, mormente em relação às atividades do inventariante, até mesmo em razão da aproximação de funções que este possui com o administrador judicial.[629] Como a elaboração das primeiras declarações é uma incumbência do inventariante (art. 618, III), tal como a confecção do "auto de arrecadação" o é para o administrador judicial nos processos concursais, os regramentos contidos na legislação extravagante poderão ser trazidos para o seio do art. 620, seja para cobrir omissões, seja para lhe conferir interpretação mais eficiente. No sentido, merecem destaque os arts. 22 e 110 da Lei n. 11.101/2005, dispositivos que possuem boa textura para dialogar com o art. 620. Em rápido exemplo, o art. 110, § 1º, da referida Lei permite que o administrador judicial promova a arrecadação e, caso não tenha condições de apresentar imediatamente a avaliação dos bens, poderá requerer a concessão de prazo para que as estimações sejam trazidas aos autos. Semelhante procedimento poderá ser adotado pelo inventariante, adaptando a regra, a fim de que, sem prejuízo da arrecadação efetuada nas primeiras declarações, este postergue a apresentação da avaliação (completa ou parcial) dos bens em situações devidamente justificadas.

2. O prazo da apresentação das "primeiras declarações"

O prazo para a apresentação das primeiras declarações é de 20 dias, iniciando-se da data em que prestado o compromisso (art. 617, parágrafo único). Enquanto prazo judicial, sua contagem é realizada em conformidade com a regra extraída do art. 219, *caput*, do CPC, ou seja, somente serão levados em

629 Vide os comentários ao art. 618 desta obra.

consideração os dias úteis. O descumprimento do prazo do art. 620 não gera "preclusão",[630] mas poderá acarretar a remoção do inventariante (art. 622, I), o que não é, contudo, consequência automática da falta. Há de ser apurado o motivo do atrasado, ouvindo-se, antes de tudo, o inventariante, até mesmo em homenagem ao princípio do contraditório. Além disso, o prazo previsto no art. 620 é passível de prorrogação,[631] situação que ficou reforçada no CPC atual, diante da inserção do disposto no art. 139, VI. Em razão na natureza das primeiras declarações, a prorrogação poderá ser concedida até mesmo depois de vencido o prazo, sem que tal fato cause penalização ao inventariante, desde que a conduta esteja justificada.[632]

3. Diligências prévias: busca de informações e documentos

A temática reascende a crítica posta ao longo dos comentários[633] sobre a estrutura procedimental do inventário *causa mortis*, tendo em vista que esta foi forjada para que a nomeação judicial do inventariante ocorra com déficit de contraditório em relação às partes (consoante se extrai da conjugação dos arts. 615, 616, 617, 620, 626 e 627, II). É inegável que a linha procedimental que era adotada no CPC de 1973 (e mantida cegamente pela codificação atual) conspira para que as primeiras declarações sejam apresentadas com falhas (fato que retardará o curso normal do processo sucessório). Isso porque, muito provavelmente, parte das informações e/ou da documentação relevantes à sucessão estará na posse das partes ainda não citadas, razão pela qual não terá o inventariante conhecimento e/ou acesso a essas, apesar da obrigatoriedade de constarem no esboço inicial.

Na busca de confecção adequada das primeiras declarações, ao inventariante caberá a adoção de diligências no sentido, notadamente em busca de informações e documentação que escorem o seu esboço inicial. Dentre as medidas, admite-se a notificação das partes interessadas, dando ciência da instauração do inventário e, como tal, solicitando a apresentação de todo e qualquer tipo de informação/documentação que seja útil à elaboração das primeiras declarações. O notificado poderá fazer a entrega diretamente ao

---

630 Para Francisco José Cahali e Renato Santos Piccolomini de Azevedo o prazo de 20 (vinte) dias é "impróprio" e pode ser prorrogado pelo juiz (*Código de Processo Civil anotado*, p. 880).

631 No sentido (entre vários): Gerson Fischmann, *Comentários ao Código de Processo Civil*, v. 14, p. 75.

632 De toda sorte, primando pela boa-fé processual (art. 5º, do CPC), espera-se que o inventariante requeira a dilação antes de vencido o prazo, seguindo-se o ditado pelo art. 139, VI.

633 No sentido, vide os comentários aos arts. 615, 617 e 627 desta obra.

inventariante (exigindo recibo próprio[634]), sem prejuízo de fazer a apresentação judicial. O resultado positivo da diligência, sem dúvida, permitirá que a elaboração das primeiras declarações se opere de forma mais segura, diminuindo as áreas de correção pela via judicial. Saliente-se que o procedimento em nada afeta o direito da parte de se manifestar sobre as primeiras declarações, uma vez que o art. 626, § 4º, determina a intimação do advogado do interessado para que assim proceda na hipótese de comparecimento (prévio e espontâneo) nos autos.

No caso de o inventariante necessitar de informações que estão na posse de terceiros ou outro tipo de diligência útil à elaboração das primeiras declarações, é perfeitamente admissível que este, no prazo do art. 620, comunique ao juízo sucessório a necessidade de dilação do prazo para apresentação das primeiras declarações (art. 139, VI), justificando os motivos que impedem ou dificultam o cumprimento do prazo original e juntando, quando possível, relatório detalhado das providências adotadas (por exemplo, notificações efetuadas às partes e requerimento de certidões para localização de bens), não se descartando a exibição nos autos de esboço das primeiras declarações.

Registre-se, por oportuno, que a Lei n. 11.101/2005 prevê que o administrador judicial efetue diligências que sejam de interesse da recuperação judicial e/ou da falência, a fim de que seu labor seja efetuado com eficiência. No sentido, há leque variado inserido na citada legislação que pode ser cambiado para o inventário sucessório,[635] ainda que com suas devidas adaptações, pois a colheita de informações/documentação também se destina à elaboração do "auto de arrecadação" (art. 22, III, *f*, c/c 110 da Lei n. 11.101/2005), peça esta que, sem prejuízo das particularidades, possui semelhança com as primei-

634 É de bom tom que o recibo contenha a listagem da documentação e das informações entregues previamente ao inventariante.

635 Em rápidos exemplos do acima dito, está expresso na Lei n. 11.101/2005 que o administrador judicial poderá: (i) "exigir dos credores, do devedor ou seus administradores quaisquer informações" (art. 22, I, *d*), (ii) "examinar a escrituração do devedor" (art. 22, III, *b*); (iii) "receber e abrir correspondência dirigida ao devedor" (art. 22, III, *d*); (iv) "arrecadar os bens e documentos do devedor e elaborar auto de arrecadação (art. 22, III, *f*); (v) "requerer todas as medidas e diligências que forem necessárias para o cumprimento desta Lei, a proteção da massa ou a eficiência da administração" (art. 22, III, *o*). Em caso de recusa dos credores, do devedor ou seus administradores a prestarem informações (art. 22, I, d), o § 2º do art. 22 prevê que "o juiz, a requerimento do administrador judicial, intimará aquelas pessoas para que compareçam à sede do juízo, sob pena de desobediência, oportunidade em que as interrogará na presença do administrador judicial, tomando seus depoimentos por escrito".

ras declarações.[636-637] Ademais, o art. 108 da citada Lei extravagante permite que o administrador judicial requeira ao juiz a adoção de medidas judiciais, visando à elaboração do "auto de arrecadação". Sem discrepar (ainda que mais genérico), o art. 766, I, do CPC de 1973 (em vigor – art. 1.052 do CPC 2015) dispõe que, na arrecadação dos bens do devedor, o administrador judicial da insolvência civil poderá também postular as *medidas judiciais necessárias*.

Inspirando-se na Lei n. 11.101/2005 e no art. 766, I, da codificação anterior, não se pode negar que o inventariante requeira ao juízo sucessório a adoção de medidas de apoio, a fim superar obstáculos que permitam a elaboração hígida das primeiras declarações (por exemplo, retenção de documentação pelas partes, terceiros ou agentes públicos). Para tanto, deverá o inventariante apresentar requerimento fundamentado no sentido, demonstrando a importância da diligência e o obstáculo que está sendo enfrentando, a fim de que o juízo sucessório decida.[638]

4. Apresentação de "primeiras declarações" parciais

O art. 620, IV, *h*, prevê que as primeiras declarações deverão contemplar "o valor corrente de cada um dos bens do espólio". Ocorre que o prazo de 20 dias nem sempre será suficiente para que se tenha a estimação precisa de todos os bens, pois alguns, diante das suas peculiaridades, poderão reclamar avaliação

636 No sentido, o art. 110 prevê que o auto de arrecadação será "composto pelo inventário e pelo respectivo laudo de avaliação dos bens", assemelhando-se ao que está previsto no art. 620, IV, do CPC.

637 Provavelmente, a inexistência no CPC acerca de diligências prévias às primeiras declarações (diferindo-se no sentido da Lei n. 11.101/2005) decorre da presunção de que o inventariante nomeado é uma pessoa que está em condições de colhê-las facilmente, tendo não só acesso aos dados relevantes para sucessão, como também à documentação que deve ser carreada às primeiras declarações. A base para tal presunção está na designação para a inventariança de pessoa que estava na "composse" dos bens ou em situação de proximidade que permitiria o acesso às informações (vide os comentários ao art. 617 desta obra). Tal presunção, todavia, nos dias atuais não possui aplicação geral, pois, por fatores diversos, nem sempre o inventariante nomeado terá conhecimento e/ou condições de apresentar as primeiras declarações de modo hígido, com as informações exigidas na forma detalhada no art. 620.

638 Em se tratando de exibição de documento, é viável a importação da técnica do art. 6º, § 1º, da Lei n. 12.016/2009 (no tema, vide comentários aos arts. 612 e 618). No que se refere à falta de informações acerca da localização/qualificação das partes, mediante aplicação do art. 318, parágrafo único, do CPC, poderá o inventariante requerer a adoção de medidas judiciais para obter os dados, importando (de forma ajustada) o disposto no art. 319, § 1º, do CPC.

especializada, inviável de ser obtida pelo inventariante em prazo tão curto, notadamente quando a empreitada demandar a contratação de *expert*.[639] Em outra ilustração, pode ocorrer de determinado bem ser arrecadado pelo inventariante poucos dias antes de encerrar o prazo do art. 620, faltando tempo hábil para a correta estimação.[640]

Nas exemplificações trazidas, o inventariante não terá condições de apresentar as primeiras declarações de forma completa em relação ao bem, faltando-lhe condições para correta avaliação, seja por questão técnica (primeiro exemplo), seja por carência de informações (segunda ilustração). Não se deve prejudicar que as primeiras declarações sejam logo lançadas nos autos, devendo o inventariante ter o zelo de tomar a providência adequada para a complementação. Na hipótese de o embaraço ter natureza temporal, acreditando o inventariante que obterá a informação que permitirá a avaliação do bem arrecadado, é perfeitamente admissível que seja importada a solução prevista no art. 110, § 1º, da Lei n. 11.101/2005, devendo o inventariante apresentar as primeiras declarações e requerer ao juízo sucessório prazo para colacionar a avaliação olvidada. No caso de empecilho de natureza técnica, caberá ao inventariante justificar a impossibilidade de trazer a estimação e requerer que seja nomeado avaliador.[641]

5. Primeiras declarações: principais aspectos formais e a natureza "documentada" do ato

Há um conjunto de exigências formais que se volta à elaboração das primeiras declarações que deverá ser observado.

O art. 620, em seu § 2º, autoriza que as declarações sejam prestadas em petição firmada por procurador com poderes especiais para o ato. Nessa hipótese, o termo circunstanciado a ser lavrado deve se reportar à procuração em que tais poderes são conferidos ao procurador. A partir da autorização que foi expressamente fixada, interpreta-se que o inventariante – na qualidade de

639 Saliente-se que no art. 620, § 1º, I e II, há o reconhecimento de que nem sempre o inventariante terá condições de trazer a avaliação dos bens arrecadados, pois a lei remete para a análise contábil a apuração vinculada ao autor da herança se este era "empresário individual" ou "sócio de sociedade que não anônima".

640 Por exemplo, se o inventariante obtém a notícia de que o falecido era titular de promessa de compra e venda de determinado imóvel urbano, não recebendo, contudo, a informação acerca da quitação do bem ou da existência de saldo devedor, situação que altera sobremaneira a estimação patrimonial do bem.

641 Situação que poderá ficar superada se alguma parte trouxer, na sua manifestação, avaliação que supra a falta, preenchendo satisfatoriamente a lacuna deixada no esboço inicial, abrindo espaço para aplicação art. 472 do CPC.

(especial) auxiliar do juízo – pode apresentar suas manifestações e requerimentos diretamente, sem a necessidade de que as peças sejam subscritas por advogado. No entanto, se o inventariante figurar como parte do inventário sucessório, não lhe será concedido *jus postulandi* pelo fato de ser auxiliar do juízo. A função de inventariante não pode ser confundida com a participação do interessado como parte interessada no inventário, ainda que este esteja designado para atuar na inventariança.

As primeiras declarações deverão ser elaboradas de forma descritiva em todos os seus três grandes blocos, seguindo a ordem lógica fixada no CPC (vide item anterior). No primeiro bloco, não se admitirá que paire qualquer dúvida sobre a pessoa do falecido, as circunstâncias em que ocorreu o passamento e a natureza da sucessão (art. 620, I). Demais disso, em respeito ao *segundo bloco*, todas as partes (art. 626) deverão estar perfeitamente identificadas e qualificadas. Para as informações exigidas no primeiro bloco, a certidão de óbito do autor da herança funcionará como verdadeira bússola, pois (presumivelmente) no assento de óbito (art. 80 da Lei n. 6.015/1973) foram plasmadas as seguintes informações, que se projetam para o art. 620: (a) o estado civil do falecido, indicando se era casado (e por lógica, se em relação de união estável) e, em tal hipótese, com a identificação do consorte sobrevivente; e (b) nomes dos ascendentes diretos, dos seus filhos (vivos e já falecidos), discriminando os herdeiros menores (ou interditos). O assento de óbito também deve noticiar a existência de testamento, informação importante para alcançar as disposições de última vontade efetuadas em instrumento particular, pois a certidão emitida pela CENSEC (arts. 1º e 2º do Provimento n. 56/2016 do CNJ), somente alcança os testamentos públicos e cerrados. Para o *terceiro bloco*, o art. 620, IV, dita ordem sequencial de arrecadação (agrupamento dos bens por afinidade de acordo com a sua natureza). Formalmente, todo patrimônio arrecadado deverá ser listado e com identificação rigorosa. A não observância da ordenação não gera nulidade, mas, em caso de apresentação de peça confusa, poderá o juiz determinar que essa seja refeita, não podendo se descartar a remoção, inclusive nos casos de apresentação reiterada de peça inadequada aos objetivos do art. 620.

As primeiras declarações preenchem o espaço documentado que não tiver sido coberto quando da instauração do inventário *causa mortis*. O pormenor assume importância, uma vez que a documentação obrigatória exigida para a abertura do processo sucessória é bem reduzida, limitando-se, basicamente, à seguinte comprovação: (a) legitimação do postulante para abrir o inventário; (b) certidão de óbito do autor da herança (ou de documentação que possa fazer as suas vezes – por exemplo, a sentença em caso de morte presumida); (c) certidão expedida pela CENSEC quanto à inexistência de testamento deixado pelo autor da herança (arts. 1º e 2º do Provimento n. 56/2016 do CNJ).[642] Ocorre que não existe, no corpo do no art. 620, indicativo firme acerca de áreas em que a apresentação de documentos é obrigatória, mas é intuitivo que, em alguns temas, o inventariante deverá colacionar documentação vinculada às suas declarações. Em exemplo, os documentos de identificação do autor da herança, a certidão de casamento do falecido (com pacto nupcial, caso tenha sido efetuado) e a documentação que comprova seu vínculo com os herdeiros devem acompanhar as primeiras declarações. Normalmente, as falhas na documentação envolvem a arrecadação dos bens, pois nem sempre o inventariante possui condições de trazer os documentos pertinentes ao patrimônio. É importante que os trechos desacompanhados de prova documentada sejam apontados pelo inventariante, a fim de que sejam feitas diligências para suprir a carência[643] e/ou que as partes sejam intimadas para que apresentem os documentos faltantes (caso indique que estas os possuem[644]).

Não é recomendável que se adote a presunção de que as declarações sejam tidas como verdadeiras ("até que se prove em contrário"[645]), pois, dada a importância do seu conjunto de informações, a prova documentada dará segurança acerca das premissas que estão sendo adotadas na sucessão e no inventário sucessório.

As primeiras declarações devem ser elaboradas por meio de ato processual por escrito, fazendo-se acompanhar de prova documentada. A anotação – que parece dispensável – precisa ser feita, pois, com os avanços tecnológicos, é perfeitamente possível que, mesmo sem abandonar o modelo tracejado, as primeiras declarações sejam apresentadas com *material interno documentado,* inseridos com recursos tecnológicos e dentro da concepção mais ampla de *legal design,* a fim de facilitar a percepção do receptor acerca das mensagens que se deseja repassar. De níveis mais simples (como a inserção de gráficos capazes de representar, por exemplo, o balanço patrimonial da herança, as áreas de concorrência de coerdeiros e a proporção por quinhão contrastado com as forças do condomínio hereditário e cada bem que o compõe) até comunicação mais

642 Vide os comentários ao art. 615 desta obra.

643 A Lei n. 11.101/2005, em seu art. 110, § 4º, permite que o administrador judicial apresente – 15 (quinze) dias depois de efetuada a arrecadação – a relação dos bens imóveis alcançados pela falência, certidões estas que deverão ser datadas depois da data da quebra. A regra pode ser estendida ao inventariante, que ficará responsável por juntar as certidões com data posterior à abertura da sucessão.

644 Providência que pode ser admitida usando como base o disposto no art. 22, I, *d*, da Lei n. 11.101/2005.

645 Posição adotada, por exemplo, por Gerson Fischmann, *Comentários ao Código de Processo Civil*, v. 14, p. 76.

impactante (em exemplo, a "documentação" – com a disponibilização de *links* respectivos – de vídeos com vistorias sobre os bens arrolados nas primeiras declarações e de esclarecimentos do inventariante acerca de opções efetuadas no esboço), certo é que a aplicação dos recursos tecnológicos aos atos processuais é uma realidade que não pode ser negada.[646] O assunto não é simples, mas merece o registro, pois atrai debates acerca do exercício do contraditório sobre tais atos processuais e a manutenção de ambiência isonômica, diante da possibilidade de uso de ferramentas desiguais para influenciar o julgador.[647]

6. Requerimentos das primeiras declarações

Não consta do art. 620 do CPC qualquer exigência específica acerca dos requerimentos que o inventariante deve apresentar com as primeiras declarações, extraindo-se, do art. 626, o singelo texto de que, uma vez apresentadas, "o juiz mandará citar, para os termos do inventário e da partilha, o cônjuge, o companheiro, os herdeiros e os legatários e intimar a Fazenda Pública, o Ministério Público, se houver herdeiro incapaz ou ausente, e o testamenteiro, se houver testamento". A partir da listagem de interessados efetuada pelo inventariante, com olhos no art. 626,[648] o juízo sucessório determinará a convocação (citação) das partes e (intimação) dos atores institucionais, não se exigindo requerimento expresso no sentido. O juízo sucessório deverá também providenciar que se faça a convocação por edital prevista no art. 626, § 1º, que é de natureza obrigatória e tem como alvo os "interessados incertos ou desconhecidos" (art. 259, III, do CPC). No entanto, caso seja necessária a convocação por edital de interessado conhecido impossibilitado de receber citação real (art. 256, II, do CPC), caberá ao inventariante justificar a situação, pois se trata de situação excepcional.[649]

---

646 Reforça-se aqui de afinação do inventário às *provas documentadas* e não aos documentos (em análise restrita). Vide os comentários ao art. 612 desta obra.

647 No tema, essencial a leitura de Dierle Nunes e Larissa Holanda Andrade Rodrigues, O contraditório e sua implementação pelo design: design thinking, legal design e visual law como abordagens de implementação efetiva da influência. In: Dierle Nunes, Paulos Henrique dos Santos Lucos e Erick Navarro Wolkart (coords), *Inteligência artificial e Direito Processual*: os impactos da virada tecnológica no Direito Processual, p. 227-260.

648 O rol do art. 626 é permeável, admitindo citação de pessoa outra que não as expressamente indicadas no dispositivo (por exemplo: cessionário da herança). Vide os comentários ao art. 626 desta obra.

649 A convocação por edital prevista no § 1º do aludido dispositivo é, repita-se, obrigatória, ao passo que a citação por edital de interessado conhecido impossibilitado de receber citação real é uma situação acidental, que deve ser demonstrada e requerida pelo inventariante. Vide comentários ao art. 626.

Diante da relevância das manifestações das partes para a estabilização das primeiras declarações, é de bom tom que o inventariante apresente requerimentos para que as partes se manifestem *expressamente* sobre assuntos relevantes e que devem ser sedimentados no início do processo sucessório, tais como: (a) aceitação/renúncia dos direitos que estão tratados no inventário (art. 1.807 do CC); e (b) *posicionamento jurídico* que lhe foi conferido nas primeiras declarações, a fim de que, em caso de discordância, apresente material comprobatório para que se efetue o ajuste.[650]

Sem prejuízo dos requerimentos voltados para a esfera jurídica das próprias partes, com apoio em regramentos contidos na Lei n. 11.101/2005 e em outras técnicas previstas no CPC, o inventariante poderá apresentar cardápio variado de requerimentos visando conferir maior eficiência à *etapa limiar do inventário*, a saber: (a) apresentação de documentos e/ou informações que sejam relevantes à sucessão (art. 22, I, *d*, da Lei n. 11.101/2005); (b) fixação de calendário processual a ser seguido (apresentando proposta, inclusive); (c) oitiva das partes sobre a alienação de "bens perecíveis, deterioráveis, sujeitos à considerável desvalorização ou que sejam de conservação arriscada ou dispendiosa" (art. 619, I, c/c art. 113 da Lei n. 11.101/2005), exibindo, para tanto, listagem específica; (d) autorização para contratação de profissionais de apoio, tal como para efetuar avaliações de bens específicos – (art. 22, III, *h*, da Lei n. 11.101/2005); e (e) adoção de medidas judiciais visando à arrecadação de bens.[651] Há, como se percebe, superfície nas primeiras declarações que permite a atuação proativa do inventariante, fazendo-o através da inserção de postulações úteis e adequadas à sucessão que foi deflagrada.

7. Bloco 01: o falecido, o óbito e a forma de sucessão

Em item anterior, ao se abordar os aspectos gerais sobre o conteúdo e a organização das primeiras declarações, já se antecipou que o art. 620 traz basicamente três grupos temáticos, tendo estes, por sua vez, subdivisões específicas. O bloco primeiro está pousado na badeja do inciso I do art. 620 e busca trazer informações atinentes ao autor da herança que são relevantes para a instauração e trâmite do inventário *causa mortis*.

650 A citação é um ato de extrema importância no inventário *causa mortis*, de modo que o mandado respectivo deve convocar a parte para manifestação cooperativa no sentido. O inventariante, por meio dos seus requerimentos bem postos, contribuirá sobremaneira para que os mandados citatórios sejam desenhados para buscar as respostas necessárias e adequadas a cada sucessão. Vide os comentários ao art. 626 desta obra.

651 Conforme comentários ao art. 618, há uma série de medidas vinculadas à expropriação judicial que poderão ser adaptadas e utilizadas na arrecadação sucessória, providências estas que reclamam ordem judicial.

Inicialmente, as primeiras declarações devem se preocupar com a correta (e máxima) identificação do falecido, pois a medida evita atropelos graves (como confusões com pessoas homônimas) e permite a melhor aferição acerca das relações jurídicas que envolvem o autor da herança. Diante da inexistência de regramento pormenorizado no CPC, deve ser importado o art. 21 da Resolução n. 35/2007, que, embora aplicável ao inventário extrajudicial, traz boa limitação a respeito. Dessa forma, são obrigatórias que sejam apresentadas as seguintes informações em relação ao falecido (com suporte em prova documentada respectiva): (a) nome e prenome, (b) profissão, (c) nacionalidade, (d) número de inscrição no Cadastro de Pessoas Físicas (CPF), (e) número de documento de identidade, (f) data da expedição da certidão de óbito (indicando livro, folha, número do termo e unidade de serviço em que consta o registro do óbito) e (g) indicação se deixou companheiro/companheiro sobrevivente (indicando seu nome e prenome correspondente). Mas não são apenas esses dados que devem constar, necessário também que sejam explicitadas (e documentadas) as seguintes informações: (h) relação conjugal/convivência do falecido com eventual cônjuge/companheiro sobrevivente (tais como regime de bens e a existência de pacto antenupcial ou ato documentado de união estável), (i) último domicílio do falecido,[652] (j) data do óbito[653] e (k) existência de testamento.[654-655]

Ademais, as informações contidas nas primeiras declarações deverão também confirmar e/ou retificar aquelas apresentadas por ocasião da instauração do inventário *causa mortis*. No ponto, caso, na abertura do inventário, tenha sido declarada a inexistência de testamento público ou cerrado, apresentando-se certidão negativa no sentido (arts. 1º e 2º do Provimento n. 56/2016 do

---

652 A indicação do domicílio do falecido em apartado do local do passamento permite a análise da competência acerca do juízo sucessório (art. 48), já que o primeiro, em regra, será o que atrairá a instauração do inventário *causa mortis* judicial.

653 A data do óbito será usada como início de contagem do prazo de instauração do inventário sucessório (art. 611), assim como data base para estimação de bens que sejam arrecadados pelo inventariante (vide comentários ao art. 630).

654 No caso de testamento deixado pelo falecido, o inventário será moldado observando-se desdobramentos atrelados à sucessão testamentária, como é o caso do registro judicial testamentário (art. 735-737) e a convocação de personagens vinculados (herdeiros instituídos, legatários e testamenteiro).

655 Há, ainda, *informações acidentais* que, embora não listadas no art. 620, deverão ser consignadas nas primeiras declarações. Em exemplo, deverá ficar explicitada (e demonstrada) a ocorrência (ou não) de comoriência (art. 8º do CC) diante dos seus impactos no inventário situações pontuais (vide falecimento de herdeiros mútuos), assim como no caso de cumulação de inventários (arts. 672-673), deverão ser cravados os motivos que ensejam o cúmulo e os possíveis atos que serão aproveitados (no caso de cumulação sucessiva).

CNJ), obsta, porém, que o falecido tenha deixado testamento de natureza particular, não alcançado no radar da busca administrativa. Assim, a teor da parte final do inciso IV do art. 620, o inventariante deverá fazer constar a informação acerca das diligências e eventual localização de testamento que não foi antes apresentado no inventário (art. 618, V). Em outra ilustração, as informações da certidão de óbito do autor da herança (art. 80 da Lei n. 6.015/1973) poderão conter imperfeições, não refletindo a realidade fática que deve ser estampada nas primeiras declarações. Não é de todo raro que a certidão de óbito deixe de identificar determinado descendente do autor da herança e/ou que não informe interdição em relação à pessoa tida como herdeiro. Em sendo verificado que a certidão de óbito não traz informações corretas ou que contém omissões, caberá ao inventariante demonstrar os deslizes ocorridos, retificando os dados nas primeiras declarações, pois o inventário sucessório não fica adstrito ao texto do assento de óbito.[656]

8. Bloco 02: plano subjetivo

O art. 620 (em seus incisos II e III) tem como alvo a delimitação do *plano subjetivo* do inventário, cuja finalidade é a identificação de todas as partes que devem participar do inventário *causa mortis*. Para tanto, a legislação trabalha com dois focos: (a) qualificação pessoal dos herdeiros (= "o nome, o estado, a idade, o endereço eletrônico e a residência"), estampando-se para cada um deles a sua *qualidade hereditária* e "o grau de parentesco com o inventariado"; e (b) identificação (com comprovação, quando possível) acerca "regime de bens do casamento ou da união estável" em relação ao cônjuge/companheiro sobrevivente. A regra legal é, todavia, incompleta, pois há uma série de informações relevantes que não constam na sua plataforma legal.

8.1 Diálogo com o art. 626 (e o preenchimento de omissões)

A incompletude dos incisos II e III do art. 620 é inegável, pois há pessoas outras que não apenas os herdeiros e/ou cônjuge/companheiro sobrevivente que poderão participar do inventário *causa mortis*, merecendo, assim, a identificação (qualificação) para que se efetue a citação. Ao se fazer a comunicação do dispositivo comentado com o art. 626 (regra legal que traz a listagem nos interessados que devem ser citados do processo sucessório), percebe-se, de plano, que a figura do legatário foi "esquecida".

656 Diante da presunção (ainda que não absoluta) das informações que constam na certidão de óbito, os pontos retificados pelo inventariante deverão estar comprovados por documentação adequada, a fim de que as partes possam se manifestar por ocasião do exame das primeiras declarações (arts. 626 e 627).

A natureza permeável do art. 626 deve ser levada em consideração no seu diálogo com o art. 620, II e III. Isso porque o art. 626 não trabalha com rol de blindagem rígida, isto é, admite-se que outros personagens sejam citados para o inventário, muito embora não estejam expressamente referidos no seu texto legal (que faz alusão apenas ao cônjuge/companheiro sobrevivente, herdeiro e legatário).[657] Por exemplo, no caso de sucessão com a presença de cessionário de direitos hereditários, de legitimados por direito de representação e de ex-cônjuge/ex-companheiro do falecido em estado patrimonial de *mancomunhão*, o inventariante terá o dever de ofício de fazer a identificação e qualificação respectiva, da mesma forma que procederá em relação aos herdeiros, ao cônjuge/companheiro sobrevivente e ao legatário.[658]

8.2 Gabarito básico de identificação pessoal das partes

É necessário que todos aqueles considerados como interessados (= partes) estejam perfeitamente qualificados, a fim de que possam ser convocados para participarem do inventário sucessório, recebendo a respectiva citação (art. 626). As informações/qualificações das partes são capitais não apenas para a convocação inicial, mas para o curso do inventário sucessório. Ocorre que a modulação dos incisos II e III do art. 620 não é perfeita, merecendo ser integrada. No particular, a complementação do dispositivo comentado pode ser feita com apoio no art. 319, II (aplicável à petição inicial) e no art. 20 da Resolução n. 35/2007 do CNJ (vinculado ao inventário extrajudicial). Com tal transposição, o inventariante deverá identificar as partes, qualificando-as com as seguintes informações (a) nome e prenome, (b) estado civil (inclusive em caso de união estável), (c) identificação do cônjuge/companheiro, esclarecendo o regime de bens (com a indicação de pacto antenupcial, caso lavrado), (d) idade e capacidade civil, (e) profissão, (f) nacionalidade, (g) o número de inscrição no Cadastro de Pessoas Físicas (CPF), (h) número de documento de identidade, (i) domicílio e (j) endereço eletrônico. Ademais, feita a qualificação na forma acima, deverá ser esclarecido o vínculo de cada parte com o falecido ou com a sucessão que justifica sua participação no inventário (por exemplo, herdeiro testamentário ou legatário), trazendo, assim, sumária informação da(s) posições(s) jurídica(s) no processo sucessório.

---

657 Vide os comentários ao art. 626 desta obra.

658 Os credores e os devedores do falecido não serão arrolados no segundo bloco (*plano subjetivo*), tendo em vista que a estes não é dirigida citação real (arts. 626 a 620, IV, *f*). Tais personagens fazem parte do *terceiro bloco* (*plano objetivo*), tema adiante tratado.

Na hipótese de cônjuge/companheiro sobrevivente, as informações acima devem ser trazidas também apontando os detalhes de seu vínculo com o autor da herança, trazendo, assim, notícias sobre regime de bens que vigorava, da existência (ou não) de pacto antenupcial (com os dados do registro imobiliário respectivo).[659] No caso de sucessão em que há presença de nascituro, o inventariante fará a descrição do fato, traçando seu vínculo com o autor da herança (por exemplo, aplicação de presunção do art. 1.597 do CC ou prova de exame de DNA que assim aponte), com a identificação e qualificação da pessoa que o representa legalmente.[660] Na hipótese da sucessão contemplar pessoa jurídica (art. 1.799, II, do CC), será necessário trazer a inscrição do Cadastro Nacional da Pessoa Jurídica (CNPJ), operando-se as alterações que se tornem necessárias, tendo, como farol, o quadrante que foi apresentado.

A capacidade civil das partes, apesar de não estar claramente explicitada como informação que deve ser veiculada (seja no art. 620, II, seja no art. 319, II, ou mesmo no art. 20 da Resolução n. 35/2007), é informação que se impõe pelas repercussões diretas que a situação gera no inventário sucessório,[661] como é o caso de convocação obrigatória do Ministério Público.

Caso o inventariante não tenha as informações completas, mas suficientes para que se efetue a citação, poderá requerer ao juízo sucessório para que as próprias partes efetuem a complementação (e ou retificação) quando da manifestação acerca das primeiras declarações (arts. 626-627), aplicando, no particular, a inteligência adaptada do art. 319, §§ 1º-3º, do CPC.

Sem dúvida, a apresentação de identificação/qualificação completa (com maior área do que a fixada no art. 620, II e III) propiciará maior fluidez ao inventário sucessório. Por exemplo, no caso de herdeiro casado (ou em regime de união estável) a explicitação do regime de bens permitirá a verificação quanto à necessidade de convocação do cônjuge (ou companheiro) para atos de disponibilidade, pois há variações no sentido de acordo com o regime adotado na relação.[662-663]

---

659 Vide, em apoio, o disposto no art. art. 21 da Resolução n. 35/2007 do CNJ.

660 Sobre o tema (ainda que sucinto), confira-se: PONTES DE MIRANDA, *Comentários ao Código de Processo Civil*, v. XIV, p. 74. Com olhos na participação do nascituro no inventário *causa mortis*, confira-se os comentários ao art. 650 desta obra.

661 A obrigatoriedade da informação pode ser extraída da inteligência do art. 80 da Lei n. 6.015/73, pois, além da idade dos herdeiros (exigência que consta no art. 620, II), na certidão de falecimento, deve constar a informação acerca da presença de herdeiro interditado.

662 Vide os comentários ao art. 626 desta obra.

663 Em outra ilustração, a identificação do número do CPF permitirá a abertura de conta judicial em nome do próprio interessado, evitando que os recursos fiquem

Por fim, diante das consequências práticas,[664] as informações que envolvem a identificação e a qualificação das partes devem ser feitas, sempre que possível, de forma documentada.[665] Em caso de omissão ou incorreção, qualquer das partes poderá requerer as retificações necessárias (arts. 626-627), fazendo-o mediante postulação fundamenta e sempre que possível careada de prova documentada.

8.3 O (necessário) posicionamento jurídico das partes

O art. 620, III, foi bastante singelo ao tratar de assunto de relevância no inventário *causa mortis*, qual seja: *o posicionamento jurídico das partes no processo sucessório*. No sentido, o dispositivo comentado faz menção apenas à necessidade da identificação da "qualidade do herdeiro", expressão fluída que projeta o binário que envolve a sucessão legal e a sucessão testamentária. Ocorre que a legislação permite que determinada parte assuma mais de um posicionamento jurídico dentro do inventário sucessório, ou seja, ocorra a *cumulação subjetiva* no sentido. Em tal cenário, o fato deverá ficar devidamente estampado nas primeiras declarações, pois, a partir de tal configuração multifacetada, se projetarão repercussões concretas no inventário. Em exemplificação comum, o cônjuge/companheiro sobrevivente poderá figurar como herdeiro (legal e/ou testamentário) e também como meeiro de bens comuns do falecido, em situação plural de posicionamentos jurídicos (herdeiro + meeeiro). O quadro subjetivo multifacetado de tal ator do inventário permite a soma de cotas patrimoniais que incidirão sobre os bens inventariados, ainda que o resultado advenha de bases heterogêneas.

Seguindo-se tal lógica, é importante que se apresente quadro subjetivo que leve em conta as *posições jurídicas*, de modo a estampar o encaixe respecti-

---

na esfera do espólio (por exemplo, distribuição de frutos para o cônjuge/companheiro sobrevivente advindo de bem que compõe a herança, mas que está alcançado pela meação).

664 Há situações especiais, com repercussão na herança, que deverão ser anunciadas sempre que possível nas primeiras declarações. Por exemplo, o art. 1.832 do CC prevê uma cota mínima de ¼ (um quarto) da herança para o cônjuge/companheiro sobrevivente quando este for herdeiro do falecido e concorrer com descendentes comuns. Assim, caso a informação acerca da descendência conjunta do supérstite com o autor da herança tenha relevância prática, deverá o inventariante consigná-la nas primeiras declarações, pois, como se viu da ilustração, é possível que se extraia repercussão da notícia no dimensionamento dos quinhões.

665 Até mesmo em razão dos efeitos prospectivos atrelados à partilha e ao seu formal. No ponto, a Resolução n. 35/2007 exige, em seus arts. 22-24, a apresentação de prova documentada acerca das informações subjetivas apresentadas no inventário *causa mortis* extrajudicial.

vo das partes e as eventuais cumulações. A partir das plataformas dos arts. 620, II e III, e 626, o quadro apresentará as superfícies estanques (posições jurídicas), a fim de que os personagens sejam listados em suas gavetas, cujo desenho básico será o seguinte: (1) cônjuge/companheiro supérstite (na qualidade de meeiro); (2) herdeiros legais (2.1) herdeiros diretos, (2.2) herdeiro concorrente; (3) herdeiros testamentários; (4) legatários; (5) outros personagens que deverão ser convocados (por exemplo, cessionário de direitos hereditários, legitimados por direito de representação e ex-cônjuge/ex-companheiro do falecido em estado patrimonial de *mancomunhão*). Em caso de cumulação de posição jurídica, por certo, a parte deverá ser encaixada em mais de uma bandeja do quadro.

8.4 Cônjuge/companheiro supérstite "meeiro"

Com base no quadro de posições jurídicas (vide item anterior), o primeiro personagem do plano subjetivo que merece a análise para listagem é o cônjuge/companheiro sobrevivente na qualidade de meeiro.

A meação decorre da comunhão patrimonial em vida entre o falecido e o cônjuge/companheiro supérstite. Por isso, em relação à parte correspondente ao cônjuge/companheiro sobrevivo, a meação não pode ser considerada como herança, alcançando esta tão somente a cota do *de cujus*. A meação do cônjuge/companheiro supérstite é atraída para o inventário para que o estado de comunhão patrimonial (que já estava presente em vida) seja dissipado, ou seja, as cotas sejam distribuídas aos seus titulares. Dessa forma, a meação na ótica do cônjuge/companheiro sobrevivente não pode ser vista como contemplação decorrente da sucessão, uma vez que sua origem não está calcada no evento *causa mortis*. As bases sobre a meação estão atreladas a atos *inter vivos*, com esteio principal em dois pilares: (a) regime de bens do casamento/união estável; e (b) forma de aquisição dos bens em vida.

A demonstração do regime de bens a que o falecido e o cônjuge/companheiro sobrevivente estavam submetidos é fundamental para se projetar (ou não) a meação, pois a legislação traça situações em que não ocorrerá a comunhão patrimonial em vida, situação, por exemplo, íntima ao regime de separação convencional de bens (arts. 1.687-1.688 do CC). Demais disso, mesmo em regimes em que se admite a comunhão de bens, a legislação traz exceções acerca de determinadas aquisições, considerando-as como "particulares" (ou seja, individuais em relação a determinado cônjuge/companheiro), situação que as afastará, via de consequência, da meação (vide arts. 1.658, 1.659 e 1.668 do CC).

Diante da possibilidade de dualidade (bens em comunhão e bens particulares), o inventariante deverá apresentar informações/declarações acerca dos bens comuns dos cônjuges/companheiros sobreviventes, pois, *a priori*, apenas os de natureza particular do cônjuge/companheiro supérstite não serão atraídos para o inventário. Em ilustração, no caso de regime da comunhão parcial, o inventariante terá que apresentar linha do tempo da constância do casamento/ união estável (art. 1.658 do CC), desenhando quadro temporal para que se permita aferir, por meio da arrecadação, os bens que se submetem à reunião patrimonial com o falecido. Não bastará, todavia, apenas a análise temporal, sendo necessário aplicar, com projeção na sucessão, o disposto nos arts. 1.659-1.660 do CC para definir o alcance da meação, diante da possibilidade de presença de bens particulares (inclusive, com aquisição durante o casamento/ união estável).

Assim, a missão de identificar o cônjuge/companheiro "meeiro" muitas vezes não será simples, pois a empreitada também provoca a aferição acerca dos bens particulares. Tal conduta permitirá não só o posicionamento subjetivo do *meeiro* no inventário, mas também a adequada distribuição de bens para os blocos patrimoniais correspondentes. Isso porque, em determinadas situações, os bens em comunhão serão apartados dos bens particulares, formando-se condomínios patrimoniais distintos. Conclui-se, de outra banda, que não há óbice para que, no mesmo inventário, o cônjuge/companheiro sobrevivente possa figurar em mais de uma posição jurídica, pois a aferição de que este é meeiro não afasta a possibilidade de também ser considerado herdeiro dos bens particulares (situação clássica no regime da comunhão parcial de bens – art. 1.829, I) ou de estar contemplado por disposição testamentária (como herdeiro instituído ou legatário). Em tais situações, o inventariante deverá inserir o cônjuge/companheiro sobrevivente em todos os campos do quadro atrelados às posições jurídicas, justificando cada encaixe.

8.5 Herdeiro legal ("direto" e "concorrente")

O inciso III do art. 620 faz alusão genérica acerca dos "herdeiros", não dispondo sobre ordem específica a ser seguida. De toda sorte, na parte final do dispositivo, há menção ao "grau de parentesco", situação que indicativa de que devem ser arrolados primeiramente os herdeiros legais, seguindo-se ordem mais próxima do grau de parentesco. Dessa forma, o inventariante fará a conexão do art. 620, III, do CPC com a ordem de vocação hereditária da sucessão legítima, que está cravada no art. 1.829 (e seguintes) do CC.

É natural que na listagem o inventariante destaque os herdeiros legais de natureza necessária (art. 1.845 do CC). Os herdeiros necessários, além de serem protegidos pela legítima, possuem relações internas que não se comunicam com outros herdeiros, destacando-se as advindas da colação (arts. 639-641 do CPC), criando-se, inclusive, arrecadação que lhes é própria (art. 1.847 do CC).

Diante das mudanças inseridas pelo CC em vigor, admite-se que cônjuge/companheiro sobrevivente tenha presença variante na sucessão, pois o art. 1.829, I e II, o prevê como "herdeiro concorrente" e também como "herdeiro direito" (art. 1.829, III).[666] O detalhe justificará que, em determinados casos, o inventariante faça a divisão dos "herdeiros legais" em duas plataformas diferentes, a saber: (a) herdeiros diretos e (b) herdeiro concorrente. Não se trata de capricho didático, pois, em determinadas sucessões, será fundamental o isolamento da figura do cônjuge/companheiro sobrevivente (o fazendo como "herdeiro concorrente"). Isso porque, ao cônjuge/companheiro supérstite – na qualidade de "herdeiro concorrente" –, a legislação confere proteções que não foram concedidas ao herdeiro legal de outra posição (seja este descendente, seja este ascendente do falecido). No sentido, há, em favor do cônjuge/companheiro supérstite (como "herdeiro concorrente"), proteções de dimensionamento de quinhões hereditários que a legislação não se preocupou em fazer em favor de descendente ou ascendente do falecido (vide arts. 1.832 e 1.837 do CC).[667]

Como antecipado no item anterior, há de se ter especial atenção quando a sucessão contemplar, a presença de cônjuge/companheiro sobrevivente em dupla posição, ou seja, na qualidade de "meeiro" e de "herdeiro legal concorrente" dos bens particulares deixados pelo autor da herança (situação vulgar no caso de regime da comunhão parcial de bens – art. 1.829, I, do CC). O inventariante deverá destacar as duas posições jurídicas (em campos distintos), apresentado a participação em separado acerca dos bens em comunhão (não há concorrência, mas apenas meação) e dos bens particulares deixados (há concorrência hereditária).

8.6 Herdeiro testamentário e legatário

Sob a órbita da sucessão testamentária, há dois personagens que hão de ser separados, a saber: (a) herdeiro instituído e (b) legatário. Os efeitos de titularidade se aplicam de forma diversa em relação aos dois atores, bastando observar o disposto nos arts. 1.784, 1.791 e 1.923 do CC. O herdeiro testamentário será tratado, efetivamente, como condômino da herança, ao passo que o legatário se posicionará como receptor do legado, de modo que o pri-

666 O cônjuge/companheiro sobrevivente somente será considerado como "herdeiro legal direto" na falta de descendentes e ascendentes do autor da herança (arts. 1.829, III, e 1.838 do CC).

667 É essencial que as primeiras declarações, a partir dos posicionamentos jurídicos fixados aos convocados, permita que sejam desenhados os quinhões hereditários, pois tal tema deve fazer parte do debate com as partes, exercitando o contraditório determinado nos arts. 626 e 627 do CPC.

meiro se coloca no quadrante da universalidade da herança e o segundo sob o aspecto singular de bem componente desta.

8.7 Outros atores

Como já dito, pode ocorrer a necessidade de convocação de outros atores, muito embora estes não estejam arrolados expressamente nos arts. 620 e 626, por exemplo: (a) cessionário de direito hereditário (art. 1.793 do CC); (b) os legitimados por direito de representação (art. 1.851 do CC) e (c) ex-cônjuge/ex-companheiro do falecido é convocado para resolver o estado patrimonial de *mancomunhão* (não solucionado por ato *inter vivos*).

A colocação de tais personagens ao final do quadro do *plano subjetivo* se justifica pelo fato de que a convocação respectiva não é natural do inventário sucessório, surgindo em razão de situação outra (adicional e externa) que não a própria abertura da sucessão. No entanto, tal fato não significa, em absoluto, que os direitos vinculados a tais personagens "acidentais" serão relegados para a resolução derradeira, criando-se a falsa premissa de que há preferência na satisfação dos diretos que fluem a favor dos atores habituais (cônjuge/companheiro meeiro, herdeiros legais, herdeiros testamentários e legatários) que estão postados no rol do art. 626 do CPC. Há no inventário *causa mortis* uma sequência lógica de resolução das questões em que cada um dos "personagens acidentais" será encaixado, sendo necessário que se examine o perfil de cada posicionamento jurídico. Em exemplo claro, o ex-cônjuge/ex-companheiro do falecido em situação patrimonial de *mancomunhão* será chamado para que sua pendência seja resolvida de forma prioritária,[668] até porque sem assim o fazer não será possível dimensionar o patrimônio do autor da herança, fato que impede a definição do acervo hereditário e, inclusive, a entrega da "meação" ao eventual consorte do falecido que com este convivia na época da abertura da sucessão.[669]

8.8 A cumulação de posições jurídicas

A exposição efetuada já demonstrou que não há qualquer óbice na cumulação de posições jurídicas, fato que ocorre de forma habitual, inclusive, na sucessão testamentária, admitindo-se, sem embaraço, que a mesma pessoa

---

668 Partindo da hipótese de que o regime de bens permitiu a comunhão de bens em vida.

669 O cessionário se posicionará de acordo com o objeto da cessão que, diga-se de passagem, pode ser variante, atingindo o resultado de posições jurídicas distintas (por exemplo, a cessão pode ser apenas de uma área da herança – legal ou testamentária – ou mesmo ser restrita ao legado). No direito de representação, a teor do art. 1.851 do CC, os convocados ocuparão o espaço do representado, o sucedendo em todos os direitos, "em que ele sucederia, se vivo fosse".

possa ser escolhida como herdeiro instituído e contemplado com legado. O quadro de fluidez atrelado às cumulações de posições jurídicas é representado por ilustração repetida nos comentários (e que não pode ser tachada de rara), em que o cônjuge/companheiro sobrevivente é chamado a participar do inventário como (i) meeiro (em decorrência da comunicação patrimonial em vida com o falecido), (ii) herdeiro legal em concorrência (quando a legislação assim permitir), (iii) herdeiro testamentário (recebendo deixa de quinhão da herança) e (iv) legatário (por meio de designação testamentária de legado).[670]

Salvo quando a lei expressamente permitir,[671] a cumulação de posições não terá efeito aglutinador, de modo que cada esfera jurídica terá suas consequências e análise próprias, permitindo que ocorram postulações circunscritas a cada posição peculiar. Assim, em exemplo, o direito do cônjuge/companheiro sobrevivente de exigir a conferência dos bens decorre exclusivamente da sua posição de herdeiro legal necessário, direito este que será independente do pleito de depuração, por partilha antecipada, da sua parte dos bens em comunhão, pois este último decorre da qualidade de "meeiro".

---

670 O espaço para cumulações de posições jurídicas é tão amplo que mesmo os protagonistas habituais do inventário (cônjuge/companheiro, herdeiro e legatário) poderão ostentar cúmulo com posições próprias de "atores acidentais" (tratados no item anterior). No sentido, não é incomum que determinado herdeiro figure também como cessionário de direitos hereditários em decorrência da recepção (por meio de cessão) de direitos de outro coerdeiro. Não é de todo invulgar também que o titular do direito de representação seja contemplado pelo autor da herança por disposição testamentária, criando para tal personagem posicionamento duplo, com bases bem diversas do direito a ser postulado, cada qual arrimado em interesse próprio. Ademais, a cumulação de posições jurídicas poderá alcançar personagens que não estão tratados no segundo bloco das primeiras declarações (*plano subjetivo*). A anotação aqui feita se personifica nas figuras do credor e do devedor do falecido (ou do espólio, por situação posterior à abertura da sucessão), cuja participação geral no inventário *causa mortis* (art. 620, IV, *f*, do CPC) se opera diversamente daqueles que são citados de forma obrigatória para o processo sucessório (atores do quadro sugerido). No particular, os eventuais créditos/débitos atrelados criarão para o seu titular vínculo jurídico próprio, que não se confunde com o que advém de qualquer das posições admitidas no rol aberto do art. 626 do CPC.

671 Situação que pode ser extraída dos arts. 649 do CPC e 2.019 do CC, visando à soma de quinhões de origem distinta para encaixe cômodo no rol de bens que se submetem à partilha. Todavia, tal possibilidade nem sempre ocorrerá. Em exemplo, se a herança legal for fruto da "legítima" (art. 1.845 do CC), o quinhão do herdeiro – em tal área – será conectado à arrecadação advinda da colação (art. 1.847 do CC), situação que não se aplicará na parte da sucessão testamentária. De outra banda, sob a perspectiva da sucessão testamentária, o quinhão instituído poderá estar demarcado pelo testador da herança (art. 2.014 do CC), dificultando ainda mais a aglutinação das posições jurídicas em voga (herdeiro legal + herdeiro testamentário).

O panorama ratifica a ambiência *policêntrica* do inventário sucessório, pois cada posição jurídica (embora sob a perspectiva de *plano subjetivo*) envolve uma zona de análise própria que permite a fixação, inclusive, de conflito pontual e que poderá ficar sitiado, sem se alastrar para os outros posicionamentos definidos nas primeiras declarações. Quanto melhor identificadas as posições jurídicas das partes nas primeiras declarações, certamente, mais proveitoso será o contraditório previsto nos arts. 626 e 627, propiciando sedimentação clara das esferas jurídicas e das participações de cada um dos protagonistas do inventário sucessório.[672] Propõem-se, com tal norte, que o inventariante apresente quadro subjetivo direcionado pelas principais posições jurídicas, fixando-se campos para preenchimento e identificação dos titulares, a saber: (1) cônjuge/companheiro (na qualidade de meeiro); (2) herdeiros legais (2.1) herdeiros diretos, (2.2) herdeiros concorrentes; (3) herdeiros testamentários; (4) legatários; (5) outros personagens que deverão ser convocados.

9. Bloco 03: plano objetivo

O terceiro bloco (*plano objetivo*) possui como foco a situação patrimonial do falecido, pois deverá o inventariante providenciar "a relação completa e individualizada de todos os bens do espólio, inclusive aqueles que devem ser conferidos à colação, e dos bens alheios que nele forem encontrados" (art. 620, IV). Não basta a *arrecadação* dos bens na forma supra, deverá o inventariante efetuar a *estimação pontual*, isto é, cada bem deverá ser alvo de avaliação própria (art. 620, IV, *h*). As avaliações estamparão "valor corrente" (= "valor de mercado") e deverão estar alinhadas à igual data base (que é o dia da abertura da sucessão[673]), a fim de que se tenha tratamento isonômico (o art. 620, IV, *h*). Em suma, a arrecadação patrimonial efetuada pelo inventariante (devidamente estampada nas primeiras declarações) deve seguir o "valor de mercado" de cada bem ao tempo da abertura da sucessão.

Ademais, o terceiro bloco será apresentado por meio de relação organizada, com divisão em gavetas, cujo critério é a natureza dos bens (vide as alíneas *a-g* do inciso IV do art. 620). A medida visa garantir futura divisão isonômica, projetando-se a partilha para cada uma das bandejas legais (art. 648, I, do CPC c/c art. 2.017 do CC). Não é, portanto, por acaso que o legislador

672 O art. 620 não pode ser aplicado sem projetar o contraditório obrigatório que ocorrerá. Sendo assim, capital se faz a leitura dos comentários aos arts. 626 e 627, destacando-se, no particular, os itens que trabalham com o *plano subjetivo* (assunto agora abordado).

673 Vide os comentários ao art. 639 desta obra.

optou por cindir os bens móveis em itens diversos, já que cada agrupamento possui características próprias.

A sonegação de bens é hipótese que autoriza reclamação contra a arrecadação efetuada pelo inventariante nas primeiras declarações.[674] O inventariante deverá arrecadar não apenas os bens de titularidade do falecido, mas também outros (ainda que titulados em favor de outrem) que são atraídos para o inventário, como ocorre em relação aos bens que se sujeitam à colação (art. 620, IV).[675-676] A questão se torna mais pulsante quando a nomeação do inventariante tiver recaído sobre pessoa que é herdeira, pois há risco de aplicação dos arts. 1.992 e 1.993 do CC, ou seja, de perda do direito que lhe cabia acerca do bem sonegado e remoção da inventariança.[677]

A arrecadação deverá considerar a dualidade patrimonial (= *separação dos bens particulares do falecido em relação aos bens em comunhão com o cônjuge/companheiro sobrevivente*), pois, de acordo com as circunstâncias concretas, será necessário que se faça o encaixe em blocos patrimoniais distintos. Isso porque os bens formarão condomínios específicos (condomínio dos bens particulares e condomínio dos bens em comunhão), em que os seus titulares provavelmente não serão os mesmos, admitindo-se, inclusive, projeção de cotas diversas.[678] A depuração permitirá, em exemplo simples, que durante o inventário as despesas e/ou frutos dos bens sejam voltadas aos titulares de cada condomínio, evitando confusões no sentido.

Em arremate, o trabalho do inventariante não se limita à descrição do patrimônio do falecido, pois o inventário *causa mortis* é notabilizado pela deflagração interna da *liquidação da herança* (art. 1.796 do CC). Por tal motivo, o inventariante deverá trazer a listagem de "dívidas ativas e passivas" que vinculam o espólio (art. 620, IV, *f*).

---

674 Vide os comentários ao art. 627 desta obra.

675 No detalhe, foi feita pequena alteração no texto do inciso IV do art. 620 (em relação ao mesmo inciso do art. 993 do CPC de 1973), determinando que a arrecadação alcance a colação. O ajuste não foi feito, contudo, no texto do art. 618, VI, do diploma legal, que somente faz alusão ao dever do inventariante de efetuar a arrecadação de bens sujeitos à colação no caso de herdeiro ausente, renunciante ou excluído. Vide comentários ao art. 618.

676 Ademais, a arrecadação também adentrará nos bens titulados em nome do cônjuge/companheiro sobrevivente, caso seja aferido que, a partir do regime de bens com o falecido, o patrimônio é considerado comum. Vide os comentários ao art. 627 desta obra.

677 Vide os comentários ao art. 621 desta obra.

678 Vide os comentários ao art. 627 desta obra.

9.1 Bens alheios e a singular arrecadação dos bens em comunhão ("meação")

O inventariante deverá listar, nas primeiras declarações, os eventuais "bens alheios" encontrados junto ao espólio (art. 620, IV). "Bens alheios", em tal concepção, são aqueles que estão, de alguma forma, na posse do espólio, mas este não detém posição jurídica que justifique a arrecadação em nome próprio, razão pela qual deverão ser entregues aos seus legítimos titulares. Em tal hipótese, o inventariante fará a descrição do bem, a situação jurídica que gerou a posse do espólio (caso consiga identificar) e a pessoa a quem deve ser feita a entrega correspondente, ouvindo-se as partes a respeito, a fim de que o juízo sucessório autorize a devolução.[679-680]

A "meação" é uma situação que envolve arrecadação de titularidade alheia necessária no inventário *causa mortis*, a fim de que a sua entrega seja feita no curso do processo ou, residualmente, na partilha.[681] O detalhe trazido é importante, pois, como "patrimônio alheio" à herança, a meação deverá ser entregue ao cônjuge/companheiro sobrevivente, sempre que possível, em momento prévio à partilha envolvendo os herdeiros.[682] No

---

679 Bem próximo: Pontes de Miranda, *Comentários ao Código de Processo Civil*, v. XIV, p. 76.

680 O dispositivo possui aplicação, em exemplo, quando o autor da herança era titular de direito real de usufruto ou comodato, pois tais situações geram a seu favor a posse fática de determinados bens, mas, com o falecimento, extinguem-se os vínculos, pois a posição de usufrutuário (art. 1.393 do CC2) e de comodatário (contrato *intuitu personae*) são personalissímas, não sendo alcançadas pela *saisine*. Assim, se eventualmente os bens forem mantidos na posse do espólio, mesmo com a extinção do vínculo, ter-se-á hipótese de "bem alheio" que poderá ser entregue na forma acima desenhada.

681 Luciano Vianna Araújo defende que: "Em havendo meação, os bens são inventariados integralmente (100%), e não apenas a parte que cabia ao inventariado (50%). Somente na partilha, definem-se quais bens caberão ao cônjuge ou companheiro sobrevivente, a título de meação, e aos que serão partilhados aos sucessores, integral ou parcialmente" (*Comentários ao Código de Processo Civil*, v. 3, p. 201).

682 Quando se faz a arrecadação de bens alcançados pela meação, é importante que se faça a correta descrição das áreas que são alcançadas pela herança e daquela que está na titularidade do meeiro, pois a adoção de tal cautela, realizando-se a divisão proporcional, permite que sejam feitos os dimensionamentos adequados e totais da herança e da meação. Registre-se, ainda, que, no caso de a meação alcançar mais de um bem, é possível que – a partir das somas das cotas, transformadas em valores correntes – se opere o encaixe da totalidade apurada de forma concentrada, objetivando a (almejada) divisão cômoda (art. 648, III). Com outras palavras, com espeque na interpretação adequada dos arts. 2.019 do CC e 649 do CPC, dimensionando-se a totalidade da meação, ao invés de se manter esta em condomínio com cada bem alcançado pela comunhão, faz-se o agrupamento valorativo da cota do meeiro, a fim de promover o seu encaixe em bens de valores correspondentes, evitando-se (ou ao menos diminuindo) a formação de condomínios forçados ou a expropriação

ponto, o direito dos herdeiros não invade a meação, muito menos as dívidas pessoais do falecido.

9.2 Bens do espólio "em mãos alheias" e os que se submetem à sobrepartilha

No gabarito do art. 620, IV, não consta qualquer regulação que faça alusão à arrecadação de bens do espólio em "mãos alheias", ou seja, não há menção às hipóteses em que o inventariante localiza bens que devem ser arrecadados, mas afere que estes não estão na posse fática do espólio. A omissão, contudo, não é indicativa de que a informação não deve ser contemplada nas primeiras declarações.

Caso a posse de bem do espólio esteja *em mãos de interessado no inventário* (ou seja, pessoa que é parte no processo sucessório), tal situação deve ser denunciada nas primeiras declarações. Em síntese, se alguma parte do inventário estiver na posse fática de bem do espólio, a entrega respectiva se impõe. O pedido de entrega do bem poderá ser formulado pelo inventariante nas primeiras declarações, precedido (ou não) de notificação específica no sentido.[683] Não é dado a qualquer interessado usufruir individualmente dos bens do espólio, senão por meio de ato convencional, que, em regra, se submeterá ao procedimento do art. 619 do CPC (oitiva de todos interessados e decisão do juízo sucessório). A convocação do interessado para entrega do bem quebra o *status* de possuidor de boa-fé (art. 1.202 do CC) e, imune de dúvidas, cria ambiência para aplicação imediata do art. 2.020 do CC não apenas para o transbordo dos frutos colhidos, mas para permitir que seja imposta indenização ("compensação") pelo exercício da posse individual sobre bem que pertence ao espólio.[684]

Na hipótese de localização de bens do espólio na posse de "terceiros", isto é, de pessoas que não participam diretamente como interessados no inventário, o tema terá que ser resolvido, muito provavelmente, por meio de postulação externa ao processo sucessório. A conclusão traçada possui eco no art. 2.021 do CC e do art. 669, III, do CPC, que dispõe no sentido de que "bens litigiosos" deverão ser reservados para sobrepartilha.[685]

---

dos bens (visando a partilha em espécie, com sub-rogação dos bens em pecúnia). Vide os comentários ao art. 649 desta obra.

683 Sobre a notificação como vetor para alterar a natureza da posse (art. 1.202 do CC), confira-se: Marco Antônio Bezerra de Melo, *Código Civil comentado*: doutrina e jurisprudência, p. 839.

684 Bem próximo: J. M. Carvalho Santos, *Código Civil Brasileiro Interpretado*, v. XXIV, p. 427-428 e José Miguel Garcia Medina e Fábio Caldas de Araújo, *Código Civil anotado*, p. 1.181.

685 Diferente do que ocorre na Lei n. 11.101/2005, que, na parte final do art. 108,

A questão acima é fundamental, pois é indicativa de que o inventariante deverá arrecadar todo o patrimônio encontrado, inclusive os bens que se submetem à sobrepartilha. Mediante listagem própria (separada dos bens efetivamente arrecadados), o inventariante explicitará os motivos que o convencem de que os bens deverão ser remetidos à sobrepartilha, a partir do encaixe de alguma das hipóteses previstas no art. 2.021 do CC, a saber: (a) bens remotos do lugar do inventário, (c) bens litigiosos e (c) bem de liquidação morosa ou difícil. A adoção do procedimento é essencial, porquanto a opção acerca da sobrepartilha somente adquire estabilidade depois de efetuado contraditório (arts. 626-627).[686] A proposição do inventariante poderá ser repudiada por alguma parte que, inclusive, pode se manifestar no sentido de possuir interesse concreto em recepcionar o bem tido como "remoto", "litigioso" ou de "liquidação morosa ou difícil" na sua parte correspondente.

9.3 Bens que devem ser arrecadados (embora titulados em nome alheio): colação e bem em "comunhão" e "titulado" apenas em nome do "meeiro"

O texto do inciso IV do art. 620 é enfático ao dispor quanto à relação completa e individualizada de *todos* os bens do espólio, "inclusive aqueles que devem ser conferidos à colação". O comando indica, portanto, que todos os bens que se vinculam ao espólio de alguma forma, ainda que nas "mãos" (posse) ou "titularidade" de terceiros deverão ser arrolados nas primeiras declarações. O primeiro assunto já foi abordado no item anterior (bens "em mãos alheias"), estudando-se agora a segunda hipótese "bens do espólio titulados em nome de terceiro que não o falecido".

A colação (figura de direito sucessório – arts. 2.002-2.012 do CC) é exemplo clássico de que a arrecadação não se limita à análise dos bens que estão "em nome" do falecido quando da abertura da sucessão, sendo necessário se retornar, na hipótese versada, em linha do tempo pretérita para se aferir os atos de liberalidade patrimonial do autor da herança em relação aos herdei-

---

prevê que o administrador judicial poderá requerer que o juiz defira medidas necessárias à arrecadação, não há no trecho dos arts. 610-673 do CPC regra semelhante, situação que faz com que tenha que ser feito exame mais amplificado. Admite-se, sem dúvida, a importação da regra legal, mas com limitações que impedirão, por exemplo, que o juízo sucessório adote determinações compulsórias acerca da retomada física da posse.

686 O art. 2.021 do CC2 prevê uma técnica processual de organização para evitar a quebra da cadência no inventário sucessório, sendo esta definida tanto por ato convencional da maioria dos interessados, como por decisão judicial. Inviável, portanto, sua adoção (= *sobrepartilha convencional*) sem prévio contraditório dos interessados, traduzindo-se as primeiras declarações como a superfície para que o diálogo seja propiciado. Vide os comentários ao art. 669 desta obra.

ros necessários. Vale dizer que nem todos os atos de liberalidade serão imputados como submetidos à colação, tendo em vista que a própria lei exclui alguns (vide arts. 2.010 e 2.011 do CC), sendo possível ainda a sua dispensa pelo próprio doador (observando o disposto no art. 2.005 do CC). A partir da regra impositiva e das exceções acerca da arrecadação vinculada à colação, andará bem o inventariante que arrolar todos os atos de liberalidade efetuados pelo autor da herança em favor de herdeiros necessários, trazendo quadro acerca dos bens arrolados no inventário e também apontando aqueles que foram eventualmente descartados, com explicitações justificadas em relação às opções operadas. A conduta na forma posta trará transparência às primeiras declarações e permitirá contraditório que estabilize a temática, fato que evitará debates tardios sobre a colação (por meio de alegações extemporâneas das partes) e até de imputação de sonegação (que pode dar ensejo à instauração de incidente de remoção de inventariante – art. 622, VI).[687]

Dentro da dinâmica processual, deve-se coordenar o art. 620, IV, com os arts. 627, 639 e 641 da codificação processual. A expectativa legal é de que as primeiras declarações já tragam as informações completas acerca dos bens que se submetem à colação (art. 620, IV). Caso assim não ocorra, o herdeiro necessário donatário deverá – voluntariamente – fazê-lo por ocasião da manifestação prevista no art. 627 (consoante determina o art. 639). Ocorrendo nova omissão, deixando o "herdeiro obrigado à colação" de fazer a conferência, qualquer herdeiro necessário poderá requerer que se faça a *colação coacta*, isto é, a intimação específica do herdeiro necessário donatário para que proceda à colação, ou, em caso negativo, justifique seu posicionamento, conforme pode se inferir do art. 641.[688]

---

687 Conforme já adiantado, o CPC é um pouco confuso no que tange à colação e a sua arrecadação. Isso porque, apesar de o inciso IV do art. 620 ser enfático no sentido de que as primeiras declarações deverão estampar a arrecadação completa dos bens que se submetem à colação, o inciso VI do art. 618 aduz que o inventariante deverá "trazer à colação os bens recebidos pelo herdeiro ausente, renunciante ou excluído". A correta interpretação leva à conclusão de que a arrecadação acerca da colação deverá ser "tão completa" que o inventariante não poderá nem mesmo se afastar dos bens vinculados aos herdeiros ausentes, renunciantes e excluídos da sucessão (= deserdados ou indignos). A exegese supra é confirmada pelo disposto no art. 640, *caput*, que traz hipóteses previstas no art. 618, IV, somente não fazendo alusão ao herdeiro ausente. Parecendo concordar: LUCIANO VIANNA ARAÚJO, *Comentários ao Código de Processo Civil*, v. 3, p. 201. No tema também, já percebendo no CPC de 1973, o conflito do VI do art. 990 com o art. 1.015 da pretérita codificação, vide CLÓVIS DO COUTO E SILVA, *Comentários ao Código de Processo Civil*, v. XI, tomo I, p. 302. Vide comentários aos arts. 618 e 640 desta obra.

688 Vide os comentários ao arts. 627, 639 e 641 desta obra.

No que se refere à avaliação dos bens que se submetem à colação, aplicando-se a previsão do art. 1.847 do CC, a data-base da estimação observará o dia da abertura da sucessão, orientação esta que esta não discrepa do art. 639, parágrafo único, do CPC.[689] Caso o herdeiro donatário tenha introduzido acessões e benfeitorias no bem, deverá o inventariante consignar a informação, já que a arrecadação para a herança (na parte indisponível) alcança apenas o bem no *status* em que doado.[690]

O bem que se submete à colação não é o exemplo único de arrecadação em nome de terceiro que deve ser feita pelo inventariante para o inventário, muito embora não esteja "titulado" em nome do falecido. Isso porque, a depender do regime de bens que o autor da herança possuía com cônjuge/companheiro sobrevivente, há ambiência para que sejam encontrados bens exclusivamente em nome do sobrevivo, mas cuja análise indicará que se trata de patrimônio alcançado pela comunhão patrimonial em vida. A assertiva posta demonstra que o inventariante fará a análise em "mão dupla", tendo como base o início da relação conjugal (ou de convivência) entre os cônjuges/companheiros (falecido e sobrevivente) e o regime de bens por eles adotado. Com tal bússola, o inventariante deverá examinar todas as aquisições patrimoniais do casal (qualquer que seja o título), e não apenas sob a ótica do falecido, pois a análise permitirá depurar, uma a uma, o que se projetou para a comunhão patrimonial e o que se reservou como bem particular.

O trabalho do inventariante será provavelmente mais simples nos casos de regime da comunhão universal, pois seu labor terá como espeque a aplicação dos arts. 1.667-1.669 do CC. No entanto, no caso de regime da comunhão parcial, a análise não será tão simplória, pois a base de depuração está nos arts.

---

689 O tema foi amplamente discutido nos comentários ao art. 639, em que se posicionou pela impossibilidade de interpretação sitiada dos arts. 2.002-2.004 do CC, pois tal postura fere as diretrizes isonômicas aplicadas à sucessão.

690 Há, portanto, duas avaliações que devem ser apresentadas de forma cindida, voltando-se uma para o bem doado (em valores atuais à abertura da sucessão) e outra atrelada às benfeitorias e às acessões que tenham sido introduzidas pelo herdeiro necessário donatário (também em valores da época do passamento). Caso o inventariante não tenha condições de efetuar a depuração avaliativa determinada pelo art. 639, parágrafo único, (por exemplo, a questão demandar análise técnica a partir da aferição de linha do tempo desde o ato de liberalidade e de levantamento de custos das obras/plantações feitas pelo donatário), a impossibilidade de avaliação deverá ser relatada nas primeiras declarações, a fim de que, caso não ocorra consenso depois do contraditório (arts. 626-627), o juízo sucessório possa analisar a necessidade de dilação probatória específica. Sobre a necessidade de avaliação em separado das benfeitorias e acessões introduzidas pelo donatário, vide os comentários ao art. 639 desta obra.

1.658-1.662 do CC, em que há natural convivência de dualidade patrimonial (bens particulares e em comunhão) e mecanismos de conversão para sua manutenção (vide a sub-rogação – art. 1.659, I e II). O art. 620, IV, do CPC faz com que o inventariante tenha – por exemplo – que analisar a aplicação do disposto no art. 1.660, I, do CC, já que a arrecadação poderá alcançar bens titulados em nome do cônjuge/companheiro sobrevivente.

O inventariante deverá providenciar relatório (que ficará anexo às primeiras declarações) indicando, de forma cindida, os bens que entraram na comunhão em relação aos que se postaram como particulares, tanto na ótica do falecido (sendo estes remetidos à sucessão) quanto na perspectiva do cônjuge/companheiro sobrevivente (afastando-os de qualquer tipo de arrecadação sucessória).[691] Não sendo apresentado o relatório supra, as partes poderão reclamar que assim se proceda (art. 627, I). Na hipótese de inventariança exercida pelo cônjuge/companheiro sobrevivente, caso se verifiquem no relatório traços de algum tipo de irregularidade e/ou de labor mal executado, o juízo sucessório deverá aferir a viabilidade de mantença da designação, promovendo-se a permuta se necessário for, ou, se entender mais adequado, nomear *produtor* para fiscalizar o relatório apresentado.[692]

9.4 Da cotitularidade do bem "titulado em nome de terceiro"

Quando o autor da herança for "cotitular" (em seu sentido mais amplo[693]) de algum bem, isto é, se poste como condômino (ou até como compossuidor), haverá a arrecadação da cota respectiva, fazendo seu encaixe de acordo com a natureza do bem. Por exemplo, sendo hipótese de cotitulartidade imobiliária, a arrecadação será lançada no agrupamento indicado na alínea *a* do inciso IV do art. 620, ao passo que, se a situação envolver bem móvel, o resultado da arrecadação será postado em outra bandeja, a depender das características específicas (em ilustração, será alocado no bloco da alínea *b* no caso de máquinas e no grupo da alínea *c* na hipótese de animais). A cotitularidade que se vislumbrava em favor do falecido (e que agora se opera em relação ao espólio)

691 O detalhe posto acima ratifica o problema exposto nos comentários ao art. 617 acerca da necessidade de nomeação de inventariante longe das áreas de conflito e de zonas de interesse próprio. No ponto, a designação do cônjuge/companheiro sobrevivente que estava sob regime de dualidade patrimonial faz com que a complicada tarefa seja desenvolvida por (provável) pessoa com interesse próprio, pois a empreitada está intimamente ligada à apresentação de quadro de bens que afetará a sua esfera jurídica.

692 Vide os comentários ao art. 627 desta obra.

693 Sem discrepar do acima dito, PONTES DE MIRANDA afirma que o falecido, em tais casos, deve ser visto como "comuneiro", nomenclatura que usa para se referir às cotitularidades em geral (*Comentários ao Código de Processo Civil,* v. XIV, p. 77).

pode gerar algumas consequências concretas,[694] notadamente quando se tem na contraparte algum interessado na herança, situação que, além de natural na "meação", é perfeitamente admissível em outras circunstâncias. Em ilustração, não é de todo incomum que parentes formem empresas familiares, fato que, com o falecimento de algum sócio, cria ambiência para a sucessão de cotas com aplicação da vocação hereditária. É importante, portanto, não só a descrição da cota pertencente ao falecido, mas também dos demais cotitulares, fazendo-se destaque especial caso seja hipótese de pessoa tratada como interessado no inventário sucessório.

Em determinadas sucessões, a arrecadação poderá encontrar "cotitularidade informal", situação em que não se afere a nominação do bem em favor do falecido, apesar de inexistir controvérsia acerca do reconhecimento fático de tal situação. Há ainda casos em que o falecido, apesar de ter adquirido o bem, por questões formais, não efetuou a transferência para seu próprio nome, sem prejuízo de hipóteses em que a falta de "titulação" decorre de opção voluntária do autor da herança (por exemplo, temor em vida que o bem fosse alcançado por responsabilização patrimonial). A decisão acerca da inclusão de bens acerca das "cotitularidades informais" não poderá ser resolvida de forma solitária pelo inventariante. É necessário que tais informações constem nas primeiras declarações, a fim de que as partes interessadas possam opinar acerca do destino de tais bens, pois, como já firmado em item anterior, a opção sobre eventual *sobrepartilha* somente deverá ser sedimentada depois de efetuado o contraditório.

9.5 Bens imóveis (= *direitos reais imobiliários*)

A primeira bandeja fixada no art. 620, IV, do CPC se refere aos bens imóveis, consoante se depreende de sua alínea *a*. No entanto, a lógica organizacional não admite o agrupamento de qualquer tipo de bem imóvel, pois há especificação particular para "os direitos reais sobre imóveis" (primeira parte do art. 80, I, do CC). No sentido, basta observar que a alínea *a* do inciso IV do art. 620 exige, na descrição do bem imóvel, os seguintes dados: (i) local em que se encontram; (ii) extensão da área; (iii) limites; (iv) confrontações; (v) benfeitorias; (vi) origem dos títulos; (vii) números das matrículas; e (viii) ônus que os gravam. Assim, se o falecido figurar como herdeiro de sucessão aberta, o direito hereditário que possui – apesar de credenciá-lo como titular de cota de bem imóvel (herança – art. 80, II, do CC) – será encaixado em outra gaveta do inciso IV do art. 620 ("direitos e ações" – tema da alínea *g* do dispositivo).

694 Vide os comentários ao art. 648 desta obra.

De outra banda, do diálogo entre a primeira parte do inciso I do art. 80 do CC com a alínea *a* do inciso IV do art. 620 resulta a correta interpretação do art. 1.791 do CC. Com efeito, embora o citado artigo da codificação civil faça apenas alusão à "propriedade e posse", a dimensão de que a arrecadação sucessória alcança os "direitos reais sobre imóveis" permite que os chamados "direitos reais sobre coisas alheias" possam ser listados pelo inventariante nas primeiras declarações, a exceção daqueles de natureza personalíssima (como é o caso do usufruto, do uso e da habitação). Em assim sendo, o art. 1.225 do CC pode ser usado não só como rol básico dos "direitos reais", mas também como dispositivo que serve de referencial para a melhor organização do primeiro bloco de bens a ser tratado nas primeiras declarações. Em ilustração sugestiva escorada no art. 1.225 do CC, o inventariante iniciará a listagem dos "direitos reais imobiliários" pela *propriedade* (1.225, I), seguindo-se do *direito de laje* (1.225, XIII)[695] e do *direito de superfície* (1.225, II[696]). O quadro poderá ser complementado com as concessões de direito real de uso e/ou de uso especial para fins de moradia (1.225, XI e XII), quando os pactos respectivos permitirem que os direitos sejam transmissíveis pela sucessão (perdendo, assim, seu caráter personalíssimo que levaria à extinção com a morte do concessionário).[697-698]

695 Sobre as diferenças e convergência entre o direito de laje e o direito de superfície, confira-se: Rodrigo Mazzei e Rodrigo Sanz Martins, O direito de laje e sua previsão autônoma em relação ao direito de superfície: breve ensaio sobre a opção legislativa e o diálogo necessário entre as figuras. In: André Abelha, *Estudos de direito imobiliário*: homenagem a Sylvio Capanema de Souza, v. 1, p. 372-388.

696 O art. 1.371 do CC de forma expressa prevê a transmissibilidade *causa mortis* do direito das sucessões, inclusive por testamento. No tema, confira-se: Rodrigo Mazzei, *Direito de Superfície*, p. 177.

697 Conforme decidido pelo TJSP, se, na concessão direito real de uso do imóvel, contiver cláusula do termo de concessão de que prevê a possibilidade de transferência *causa mortis*, não há óbice em reconhecer que se trata de direito imobiliário partilhável (3ª Câmara de Direito Privado, AI. 2060066-48.2019.8.26.0000, j. 21/08/2019, *DJ* 21/08/2019). Próximo: 3ª Câmara de Direito Privado, TJSP, APL 0004858-32.2010.8.26.0032, j. 24/06/2014, *DJ* 26/06/2014.

698 Foi feito o descarte intencional do usufruto, do uso e da habitação (figuras previstas nos incisos IV, V e VI do art. 1.225), pois tais institutos são personalíssimos, extinguindo-se com a morte do beneficiário (arts. 1.393. 1.413, 1.410, I, 1.416 do CC). No que se refere ao penhor, à hipoteca e à anticrese (art. 1.225, VIII, IX e X), afora a posição do proprietário, não há propriamente titularidade imobiliária, pois tais direitos reais se notabilizam como "garantia" para percepção de crédito, situação que indica que o agrupamento da alínea *f*, do inciso IV do art. 620 é a melhor plataforma para que sejam listados. Em arremate, a servidão (art. 1.225, III, do CC), apesar de ser alcançada pela sucessão, raramente provocará algum tipo de crédito/débito a ser arrecadado, surgindo no inventário, em verdade, como direito real acoplado à propriedade que está sendo objeto da sucessão, pouco importando

O "direito do promitente comprador do imóvel" (art. 1.225, VII, do CC) possui situação peculiar, pois o direito real que o envolve é o de "aquisição" e não propriamente de titularidade acerca de uso e/ou gozo do bem em favor do seu titular. Haverá situações em que o imóvel adquirido por meio de promessa de compra e venda se poste em tal grupo, ainda que com posição própria. De toda forma, não se pode confundir "direito à aquisição", com "direitos já adquiridos, mas não formalizados", menos ainda com o efetivo "direito de propriedade". Mesmo que os bens tenham características físicas semelhantes, no que se referem a alguns itens da alínea *a*, do inciso IV, do art. 620 (tais como local em que se encontram e extensão de área), a análise peculiar sobre cada bem deverá ser feita separadamente (inclusive, quanto à "origem dos títulos") e poderá resultar em avaliações distintas, a partir da realidade de cada bem.

Para ilustrar o acima dito, vale trazer um exemplo simples: o autor da herança, em vida, efetuou com determinada incorporadora a aquisição de três apartamentos no mesmo edifício urbano, representado pelas unidades 401, 402 e 403, todas com idêntica metragem e mesmo valor de mercado. Em relação à unidade 401, o autor da herança efetuou o pagamento à vista, sendo, por tal passo, lavrada escritura de compra e venda. No que se refere às outras unidades, o falecido optou por efetuar as operações por meio de promessa de compra em venda, fixando-se pagamentos parcelados em 120 (cento e vinte) meses. Dois anos depois de assinado às promessas, o autor da herança antecipa os pagamentos da unidade 402, resgatando todo saldo devedor, mantendo, todavia, a posição inicial acerca da unidade 403, ou seja, de efetuar os pagamentos na forma convencionada primitivamente. Antes, contudo, de quitar o preço da unidade 403, o autor da herança vem a óbito e, em razão da abertura da sucessão, seu patrimônio é transmitido ao condomínio hereditário. O inventariante, ao analisar o quadro, afere que a unidade 401 está quitada e já com a titularidade (propriedade) em nome do autor da herança, situação que não se repete na unidade 402, pois esta, embora com o preço todo pago, permanece em nome da incorporadora. No que se refere à unidade 403, o inventariante verifica que ainda há 30% (trinta por cento) do preço em saldo devedor. A exemplificação demonstra que unidades imobiliárias semelhantes deverão ser arrecadadas de acordo com a

---

se esta é considerada como o imóvel "dominante" ou o "serviente" (art. 1.378 do CC). A servidão onerosa, em que o titular do prédio dominante fica obrigado com prestação pecuniária em favor do titular do prédio serviente, não é uma hipótese comum, mas, de toda sorte, terá fundo obrigacional, encaixando-se no balanço de "dívidas ativas e passivas" (art. 620, IV, *f*).

sua realidade fática, sendo certo que, na ilustração, apenas a unidade 401 estará pronta para a imediata transferência aos herdeiros, pois o apartamento 402 terá que ser, primeiramente, titulado em favor do espólio, sendo que a unidade 403 demanda que os pagamentos sejam mantidos, visando a uma futura aquisição. O cenário fará com que as unidades não sejam perfiladas lado a lado na arrecadação, pois suas situações jurídicas são heterogêneas, tendo reflexo, inclusive, na estimação respectiva.[699]

Portanto, caberá ao inventariante fazer a identificação adequada de cada um dos direitos reais imobiliários sucessíveis que, segundo a listagem proposta, basicamente serão os seguintes: (1) propriedade; (2) direito de laje; (3) direito de superfície, (4) concessões de direito real de uso e/ou de uso especial para fins de moradia (quando os pactos respectivos assim autorizarem); e o (5) direito real do promitente comprador (com suas variações). Como gizado, trata-se de quadro maleável e que pode ser completado – por exemplo – pelo direito real (domínio útil) do enfiteuta, pois tal concessão ainda se aplica aos terrenos sob o regime de "terrenos de marinha" (art. 2.038, § 2º, do CC). Aplicar-se-á para todos os direitos reais imobiliários, ainda que com ajustes, o gabarito de especificação e individualização fixado no dispositivo em comento, que exige que sejam cravadas as seguintes informações: (i) local de situação do imóvel; (ii) extensão respectiva; (iii) limites; (iv) confrontações, (v) descrição de benfeitorias; (vi) origem dos títulos; (vii) números das matrículas e (viii) ônus que os gravam.

O rol de exigências acima posto é básico, devendo ser preenchido com outras informações pertinentes, sobretudo quando refletirem na avaliação patrimonial respectiva. Rápidos exemplos precisam ser arrolados no sentido, pois, em ilustração evidente, não bastará que se faça apenas a descrição de benfeitorias. Havendo acessões no imóvel, por exemplo, será necessário que estas sejam anunciadas de forma discriminada nas primeiras declarações, notadamente se os implantes forem artificiais (art. 1.248, V, do CC) e influenciarem de alguma forma no inventário (tal como no caso de bem que se submete à colação – art. 639, parágrafo único, do CPC). No caso de direitos reais imobiliários sem perpetuidade (hipótese clássica do direito de superfície – art. 1.369 do CC[700]), o prazo restante da concessão é elemento capital para a estimação do seu valor corrente, de modo que o inventariante

699 A ilustração demonstra não só a importância de organização na arrecadação, como também que nem todas as aquisições por promessa de compra e venda serão postadas como "direito real imobiliário". Imune de dúvidas que, na hipótese ilustrada, a unidade 403 melhor se posicionará na alínea *g*, do inciso IV, do art. 620.

700 No tema, Rodrigo Mazzei, *Direito de Superfície*, p. 256-259.

deverá fazer consignar de forma expressa o lapso temporal já transcorrido e o ainda restante.[701-702]

O art. 110, § 4º, da Lei n. 11.101/2005, determina que o administrador judicial apresente as certidões de registro em relação aos bens imóveis arrecadados, exigência esta que se repete, de forma assemelhada, no art. 22, *e*, da Resolução n. 35/2007 do CNJ, para a lavratura de escritura extrajudicial. Apesar de o CPC em vigor não ter feito exigência expressa a respeito, a leitura da alínea *a* do inciso IV do art. 620 parece indicar a necessidade de juntada de certidões atualizadas, isto é, posteriores ao passamento do autor da herança, providência esta que permitirá conferir se o inventariante, de fato, efetuou a adequada identificação patrimonial. Basta observar que o dispositivo determina que o inventariante apresente informação acerca de ônus que possa gravar algum direito real imobiliário. No ponto, ao cumprir tal ditame, o inventariante deverá explicitar o fato que provocou o ônus, identificando-o quando possível.[703]

O detalhe toma corpo e importância maior quando o "ônus" decorrer de situação vinculada à abertura da sucessão, isto é, tiver *causa mortis*. Exemplo claro está no direito de habitação previsto no art. 1.831 do CC, pois, caso o inventariante verifique que há ambiência para a incidência do direito real legal, isto é, imposto por lei, deverá apontar o bem que sofrerá o "ônus" (= direito real) para garantir a moradia do cônjuge/companheiro sobrevivente. Semelhante providência deverá ser adotada pelo inventariante – fazendo anotar o(s)

701 Tanto assim que o prazo ainda remanescente da concessão superficiária é elemento capital para a fixação do valor indenizatório em caso de desapropriação, tema que originou o Enunciado 322 do CJF (e que interpreta o art. 1.376 do CC), que possui a seguinte redação: "O momento da desapropriação e as condições da concessão superficiária serão considerados para fins da divisão do montante indenizatório (art. 1.376), constituindo-se litisconsórcio passivo necessário simples entre proprietário e superficiário". No tema, confira-se: Rodrigo Mazzei, Exemplo de litisconsórcio-necessário simples: desapropriação e o direito de superfície (art. 1.376). In: Rodrigo Mazzei (org.), *Questões processuais no novo Código Civil*, p. 430-453.

702 Especificamente em relação aos direitos reais sobre coisas alheias, a avaliação deve ser feita, na medida do possível, descolando-se o direito real limitado de sua base imobiliária (em regra, a propriedade). No particular, de forma ilustrativa, pode-se invocar o disposto no art. 791 do CPC, que prevê a cisão do direito real de superfície da base proprietária (e vice-versa) para efeito de responsabilidade patrimonial e expropriação executiva, aplicando-se semelhante raciocínio à enfiteuse, à concessão de uso especial para fins de moradia e à concessão de direito real de uso (art. 791, § 2º).

703 Por exemplo, em caso de penhora de bem arrecadado, deverá ser indicada a execução e o exequente, independentemente da relação que se fará no quadro de credores, por força do art. 620, IV, *f*.

ônus sobre bem(ns) imóvel(veis) da herança quando verificar que – por instituição testamentária, o falecido desenhou direitos reais em favor de pessoas eleitas no testamento (por exemplo, o testador constitui em favor de determinadas pessoas incapazes usufrutos temporários, até que estes alcancem a maioridade). Em tais situações, caberá ao inventariante – junto da descrição do imóvel – efetuar a projeção do direito real decorrente da *causa mortis*, espelhando a informação na tabela geral de "dívidas ativas e passivas" (art. 620, IV, *f*).

Conclui-se, em arremate, que os direitos possessórios vinculados ao autor da herança, apesar de transferidos na sucessão, merecem ser tratados em gaveta específica (externa à vinculada aos direitos reais imobiliários), com melhor encaixe na alínea *g*, do inciso IV, do art. 620. Basta dizer que, em se tratando de direito possessório puro, não há de se falar em matrícula imobiliária e/ou constituição de ônus reais sobre estes. Ademais, os efeitos da *sucessio possessionis* (arts. 1.207 e 1.243 do CC) trazem nuances que envolvem até a natureza personalíssima da *posse qualificada*.[704]

9.6 Bens móveis com os sinais característicos

Da leitura das alíneas do inciso IV do art. 620, percebe-se que os bens móveis foram estacionados em várias gavetas, não ocorrendo reunião semelhante àquela feita em relação aos bens imóveis. Trata-se de opção efetuada para maior organização dos bens, procedendo-se aglomerações por afinidade. Com tal norte, inicia-se o quadro dos bens móveis com uma plataforma genérica (alínea *b*), trazendo em bandejas subsequentes figuras mais demarcadas (por exemplo, agrupando os semoventes na alínea *c* e os móveis "preciosos" na alínea *d*).

Interpretando o art. 620, IV, *b*, tem-se que os bens móveis que não se encaixarem nas demais alíneas sequenciais devem ser postados na primeira gaveta.[705] Para tanto, deverá ser feita a descrição mais precisa possível, com os "sinais característicos" de cada um dos bens móveis. Utilizando o critério de preenchimento supra (advindo da exclusão de acoplagem nas outras alíneas do dispositivo), na bandeja do art. 620, IV, *b*, há um rol vasto de bens, destacando-se: (i) os veículos; (ii) as máquinas; (iii) as obras de arte; e (iv) o mobiliário infungível (por exemplo, tapetes).[706] Determinadas coleções (como é o caso de bibliotecas) e utensílios de trabalho possuem valor em seu conjunto (arts. 87 e 90 do CC), devendo ser feita a avaliação agrupada, a fim de que não percam seu valor e/ou função.

---

704 Vide os comentários ao art. 648 desta obra.

705 Próximo: PONTES DE MIRANDA, *Comentários ao Código de Processo Civil*, v. XIV, p. 164.

706 Próximo: GERSON FISCHMANN, *Comentários ao Código de Processo Civil*, v. 14, p. 79.

Os bens móveis de valor afetivo devem ser plasmados no inventário sempre que possuírem representação econômica. Não há, contudo, necessidade de que sejam descritos bens móveis de uso pessoal e sem valor patrimonial, tais como: travesseiros, copos, talheres, roupas, calçados etc. (exceto se, pela singularidade ou algum atributo, foi-lhes propiciado valor representativo e mercado para a sua aquisição). É viável, de toda sorte, notadamente quando tais bens se tornam objeto de disputa entre os interessados, que o inventariante os arrole nas primeiras declarações. Em tal caso, como melhor opção, deverá o inventariante formar agrupamentos com bens móveis em lotes, descrevendo os itens, a fim de que, unidos, possam ter valor agregado, com estimações aproximadas. Uma possível solução para a distribuição (partilha) de tais lotes está no sorteio, critério previsto expressamente no CC (art. 817) e que pode ser adotado por negócio jurídico processual ou até por deliberação do juízo sucessório no sentido.[707]

O inventariante deverá apresentar relação específica dos bens móveis sujeitos a perecimento, deterioração, considerável desvalorização ou que sejam de conservação arriscada ou dispendiosa. Isso porque – em tais hipóteses – deverá ser feita a alienação antecipada, seguindo o disposto no art. 113 da Lei n. 11.101/2005 e no art. 852, I, do CPC.[708]

Por fim, o inventariante deverá diligenciar para que seja apresentada comprovação de titularidade dos bens móveis, anexando-se prova documentada no sentido junto às primeiras declarações (por exemplo, em relação aos veículos automotores, o certificado emitido pelo DETRAN). Nem sempre, todavia, tal providência será possível, diante da circulação e transferência de titularidade dos bens móveis pela tradição (arts. 1.226 e 1.267 do CC).[709]

9.7 Semoventes

O art. 620, IV, *c*, prevê a descrição dos semoventes. Embora a terminologia não seja mais empregada pelo Código Civil, o CPC assim o fez para se referir aos animais, enquanto específica modalidade de bens móveis. Assim sendo, ao se verificar que o falecido era titular de animais com *valor de mercado*, caberá ao inventariante especificar a quantidade e a(s) espécie(s), além de apresentar as eventuais marcas e os sinais distintivos. Sem dúvida, a relação adequada evita que ocorram fraudes (como permuta de animais) e permitirá o dimensionamento adequado não só do valor dos semoventes, mas também dos custos para a sua manutenção.

---

707 Vide os comentários ao art. 648 desta obra.

708 Vide os comentários ao art. 619 desta obra.

709 Vide, no sentido, o art. 22 da Resolução n. 35/2007 do CNJ.

É importante que o inventariante apresente, além da descrição desses animais, informações completas, contemplando o local em que estão e indicando, quando for o caso, o guardião respectivo. As informações trarão – sempre que possível – não só a estimação atual, mas também as possíveis flutuações na avaliação (por exemplo, apontando a melhor época para alienação) e os custos de manejo e manutenção, pois se trata de patrimônio que atrai despesas correntes. As informações precisas permitem que as partes possam opinar acerca do destino dos semoventes, pois, por vezes, se justificará a alienação antecipada (art. 852 do CPC), seja para evitar perdas na estimação e sacrifícios pecuniários do espólio para sua conservação (art. 852, I),[710] seja para se aproveitar de forte alta no preço de mercado (art. 852, II)

Os animais criados com finalidade específica de companhia e estimação – embora se encaixem no conceito (amplo) de *semoventes* – estão descartados da relação, pois a listagem efetuada nas primeiras declarações possui natureza patrimonial.[711] Assim, os animais (= *semoventes*) listados na gaveta da alínea *a*, do inciso IV, do art. 620, são aqueles efetivamente tratados como "bens móveis", isto é, patrimônio que possa ser estimado e alienado – se necessário for – para compor as forças da herança e/ou pagar credores.

9.8 Dinheiro e "objetos preciosos" (joias, metais e pedras)

Embora o dinheiro e bens preciosos (joias, metais e pedras) tenham sido colocados na mesma gaveta, é fundamental se aperceber que há distinções claras entre tais bens móveis.

Análise técnica indica que o "dinheiro" é um bem móvel, tendo natureza fungível. Por tal passo, ao fazer a arrecadação do dinheiro e explicitação nas

710 Há também, em relação aos semoventes, a necessidade de análise de "conservação arriscada ou dispendiosa" que se extrai do art. 113 da Lei n. 11.101/2005 e do art. 742, II, do CPC. Sobre o transporte de tais regramentos para o inventário, confira-se os comentários ao art. 619 desta obra.

711 No ponto, diante das relações do ser humano com os seus animais de estimação e diante dos inegáveis sentimentos destes, o assunto tem chegado aos Tribunais, notadamente quando se discute a "guarda" e o "direito de visitação" em casos de ruptura de relações conjugais e de convivência em que o animal era ator de afeto mútuo dos cônjuges/companheiros. No tema, confira-se: STJ, 4ª Turma, REsp 1.713.167/SP, j. 19/06/2018, *DJ* 09/10/2018. Discussão semelhante também possui espaço no âmbito do direito sucessório, para se definir o quadro que atenda melhor aos interesses de cada caso concreto. No tema, confira-se: Bianca da Rosa Bittencourt e Daniela da Rosa Bittencourt, Da situação jurídica do animal no ambiente sucessório. In: Rozane da Rosa Cachapuz (coord), *Do acesso à justiça no direito das famílias e das sucessões*, v. II, p. 199-215.

primeiras declarações, o inventariante fará o valor (em moeda corrente), o local que se encontra e o eventual guardião, inexistindo traços específicos.[712] Normalmente, o dinheiro estará depositado em instituição financeira, devendo o inventariante providenciar que assim se faça, caso seja encontrado dinheiro em espécie.[713] Ao explicitar o valor e o local em que o dinheiro está depositado (em qual instituição financeira), deverá o inventariante também informar a natureza da operação, pois a forma destinada impactará a conservação e os rendimentos respectivos. Por exemplo, o inventariante poderá aferir que o falecido empregou parte considerável do dinheiro em aplicação financeira de risco (apostado em mercado flutuante) ou, de outro giro, a diligência pode revelar que o dinheiro deixado pelo autor da herança está em conta corrente, sem rendimentos monetários, sujeito à corrosão inflacionária. As duas ilustrações demonstram a relevância das informações acerca do dinheiro deixado pelo falecido em instituições financeiras, tendo em vista a possibilidade de perda (ainda que parcial) ou deterioração do capital. Demais disso, nos dias atuais, é inapropriado imaginar que as verbas do espólio deverão ser destinadas exclusivamente para contas de "poupança judicial", pois há opções outras de aplicações financeiras seguras e bem mais rentáveis. Assim, a informação do inventariante acerca da operação financeira a que o dinheiro deixado pelo falecido está vinculado é fundamental, pois as partes interessadas poderão opinar acerca de destino mais adequado para a conservação da verba pecuniária.

Em sequência as informações sobre a arrecadação envolvendo o dinheiro, as primeiras declarações terão seu foco voltado aos "objetos preciosos", grupo representado pelas joias, objetos de ouro e prata e as pedras preciosas.[714] O art. 620, IV, *d*, determina, para tanto, que o inventariante faça declaração especificando: (i) a qualidade; (ii) o peso; e (iii) a importância. Percebe-se, todavia, que o agrupamento inclui bens fungíveis e infungíveis, sem fazer uma distinção clara no sentido. Com efeito, as joias normalmente são bens de natureza infungível, notadamente em situações em que a sua titularidade vem sendo repassada por gerações familiares (as chamadas "joias de família") ou ligadas a determinados eventos (por exemplo, presentes de datas comemorativas, tais como casamento e bodas respectivas). Assim pode acontecer também com os "objetos de ouro e prata e as pedras preciosas", na medida em que estes podem estar inseridos em contexto de obras especiais, que lhe conferem singularidade íntima dos bens infungíveis. De toda sorte, não é raro que os metais pre-

712 Igualmente: Gerson Fischmann, *Comentários ao Código de Processo Civil*, v. 14, p. 79.
713 Poderá reservar, com a autorização judicial, quantia para despesas já presentes e correntes (tais como a de conversação dos bens), prestando contas.
714 Conforme Pontes de Miranda, *Comentários ao Código de Processo Civil*, v. XIV, p. 79.

ciosos tenham natureza fungível, situação notabilizada nas chamadas "barras" em que, a partir de uma qualidade padrão, o que interessa é o próprio peso. A anotação é importante, pois o inventariante, em razão do acervo encontrado, poderá ter que dividir o grupo dos objetos preciosos, cujo corte básico será a de classificação de bens fungíveis ou infungíveis.[715] No ponto, no caso de objeto precioso fungível, a avaliação será certamente mais simples, até porque, em alguns casos (como ocorre com os metais preciosos), há cotação geral do preço praticado no mercado, ao passo que, quando se tratar de bem precioso de natureza infungível, será necessário que a avaliação se faça por *expert*.

Com os recursos tecnológicos atuais, é de bom tom que o inventariante providencie a documentação fotográfica (e/ou filmagem) acerca dos itens preciosos, notadamente os de natureza infungível.[716] Outrossim, com apoio de *expert*, os objetos preciosos poderão ser divididos em lotes com valores aproximados, postura que, além de evitar fragmentação no grupo (situação natural quando há grande quantidade de itens), permite que seja efetuada a partilha antecipada, com o sistema de sorteio (art. 817 do CC[717]). A divisão em lotes também permite que se façam alienações parciais, mediante autorização judicial, a fim de sub-rogar o valor dos objetos preciosos em dinheiro, o que, por vezes, se torna necessário na falta de recursos correntes em favor do espólio.

Por derradeiro, diante da portabilidade de tais bens, caberá ao inventariante informar o local em que os bens estão guardados, indicando o responsável correspondente. Não é raro que, encerrada a arrecadação de tais bens, sejam todos reunidos para que sejam custodiados em instituições bancárias que disponibilizam serviços de cofres privados.

9.9 Títulos da dívida pública, ações, quotas e títulos de sociedade

A alínea *e* do inciso IV do art. 620 faz a junção de dois grupos heterogêneos, não se compreendendo o motivo de tal aglutinação. Com efeito, a mesma bandeja trata dos "títulos da dívida pública" (créditos documentados do falecido contra a Fazenda Pública) e dos títulos societários, ações e quotas empresariais. São situações em que o falecido possui vínculos diferentes, sendo que, inclusive, a aferição do valor dos títulos da dívida pública, por regra, é simples, ao passo que a dimensão pecuniária dos títulos societários, ações e quotas empresariais, em boa parte das vezes, não o é, exceto quando há cota-

715 Parecendo concordar: Gerson Fischmann, *Comentários ao Código de Processo Civil*, v. 14, p. 79-80.

716 Tal providência não foge da lógica de *prova documentada* defendida nos comentários ao art. 612.

717 Sobre o sorteio com sistema de partilha, vide os comentários ao art. 648 desta obra.

ção e livre mercado (vide § 1º do art. 620). A assertiva é ratificada pelo art. 835 do CPC (que trata da penhora), dispositivo que faz correta separação dos títulos da dívida pública (art. 835, II), dos títulos e valores mobiliários com cotação de mercado (art. 835, III) e das ações e quotas de sociedades simples e empresárias (art. 835, IX).

Os títulos da dívida pública basicamente representam dívida da Fazenda Pública Federal, Estadual ou Municipal, sendo que estes muitas vezes decorrem de operação que se assemelha a investimento, em que a pessoa disponibiliza verba em favor do Poder Público, recebendo juros em decorrência da entrega da quantia. No sentido, no século XXI, ocorreu um incremento do chamado "Títulos do Tesouro Direto". Caso o inventariante localize títulos da dívida pública, estes serão arrolados em quadro separado, devendo ser trazidas as informações completas a respeito.

Em relação à descrição das ações, das quotas e dos títulos de sociedade, diante do seu horizonte mais amplo, terá o inventariante que traçar informações detalhadas, observando a realidade de cada titularidade. O importante é que as primeiras declarações tragam elementos para individualização de cada hipótese, com informações que permitam estimar seus valores, pois nem sempre a empreitada será simples. No sentido, em relação às ações advindas de sociedade anônima de capital aberto, a arrecadação e avaliação serão feitas sem grande dificuldade quando o seu valor puder ser aferido por cotação oficial da "Bolsa".[718] Tal situação não se repete nas sociedades anônimas de capital fechado e em outros modelos societários e empresariais em que se faz necessária a apuração contábil (art. 620, § 1º), tema tratado em item adiante.

9.10 Balanço das "dívidas passivas e ativas"

A legislação processual determina que o inventariante insira nas primeiras declarações a relação completa de "dívidas ativas e passivas", trazendo a indicação respectiva de datas, de títulos representativos, da origem da obrigação, assim como os nomes (= identificação) dos credores e dos devedores (art. 620, IV, *f*). A interpretação correta do dispositivo indica que, a partir da verificação dos vínculos de créditos e débitos, o inventariante deverá desenhar quadro patrimonial que espelhe todas as obrigações passivas e os créditos que o espólio tem a receber, apresentando algo com a formatação próxima a um "balanço patrimonial" setorizado, já que o objeto, segundo a dicção legal, se volta para as "dívidas ativas e passivas". Cada uma das obrigações (tanto ativas

718 Com linha próxima: Euclides de Oliveira e Sebastião Amorim, *Inventário e partilha:* teoria e prática, p. 335.

como passivas) será perfeitamente discriminada, traçando o dispositivo em comento o gabarito básico das informações.

A relação de "dívidas passivas" no quadro acima indicado ("balanço patrimonial") não pode ser interpretada como a declaração da existência efetiva do débito, funcionando como confissão no sentido, seja em relação ao vínculo, seja em relação ao valor.[719] A exposição das obrigações passivas tem, como finalidade maior, que as partes interessadas tomem conhecimento do quadro, a fim de que possam subsidiar o inventariante acerca de informações quanto aos vínculos, pois é comum a necessidade de retificações no sentido. Por tal passo, de modo semelhante, a exposição de créditos ("dívidas ativas") não pode ser vista como a afirmação de existência de valores no sentido, pois as informações das partes interessadas podem afastar a declaração feita pelo inventariante. Daí porque é fundamental que seja efetuado contraditório dirigido a todos aqueles que figurem como devedores ou credores do espólio, procedimento este que deverá ser feito pelo inventariante mediante notificação dirigida um a um, caso seja possível a identificação daqueles.

O transporte de técnicas de comunicação que estão inseridas na Lei n. 11.101/2005 necessita ser feito para afastar o déficit de contraditório que há no CPC em relação aos credores e devedores do espólio. No sentido, o art. 22, I, *a*, da referida Lei extravagante prevê que o administrador judicial deverá enviar correspondência por escrito a cada credor, informando a data do pedido de recuperação judicial ou da decretação da falência, a natureza, o valor e a classificação conferida ao crédito. Adaptando a referida regra para o inventário *causa mortis*, o inventariante deverá efetuar comunicação aos credores, dando ciência em relação às datas da abertura da sucessão e da instauração do inventário *causa mortis*, assim como em relação à dívida que foi provisoriamente incluída no quadro de "dívidas ativas e passivas", indicando as informações que lá constam (data, título, origem da obrigação, natureza e classificação respectivas). Além disso, também é necessário que se opere diálogo do § 1º do art. 626 do CPC com o arts. 7º, §§ 1º e 2º, e 99, da Lei n. 11.101/2005, a fim de que a convocação editalícia contenha todas as informações que estão estampadas nas primeiras declarações, inclusive a relação de credores e informações sobre as dívidas, com expressa indicação de local, horários e prazo para que os interessados possam apresentar manifestação.[720]

---

719 Igualmente: Gerson Fischmann, *Comentários ao Código de Processo Civil*, v. 14, p. 80.

720 Há, assim, duplo influxo de comunicação representado pela convocação individual ao credor e a veiculação de edital trazendo as informações contidas nas primeiras declara-

As comunicações deverão também ser feitas aos devedores do espólio, a fim de que efetuem o pagamento respectivo junto ao inventário sucessório, indicando, no sentido, dados para que assim procedam (tais como conta judicial e endereço para comparecimento).[721]

9.11 Outras "obrigações" (= obrigações não pecuniárias)

A badeja da alínea *f* do inciso IV do art. 620 merece ser amplificada para que o inventariante possa nela consignar obrigações outras que não as pecuniárias (pagamento/recebimento de quantias). Nessa perspectiva, é perfeitamente viável que seja consignada obrigação passiva do espólio em lavrar escritura definitiva acerca de bem cuja venda foi prometida pelo falecido em vida, tendo este recebido o preço integralmente antes do passamento.[722] A ilustração trazida é uma situação corriqueira e vem sendo resolvida por meio da expedição de alvará nos autos do inventário sucessório, com o devido contraditório. Nada obsta, portanto, que o inventariante, de forma proativa, estampe a obrigação nas primeiras declarações, ouvindo-se os interessados. Em outro exemplo, em caso de legado, deverá o inventariante descrever nas primeiras declarações a "obrigação" decorrente da disposição testamentária, permitindo, assim, a manifestação dos interessados, postura que poderá propiciar, inclusive, o cumprimento de forma antecipada (art. 647, parágrafo único, do CPC).[723]

9.12 Direitos e ações

A alínea *g* do inciso IV do art. 620 prevê, fechando a listagem patrimonial, que o inventariante deve lançar, no campo dos "direitos e ações", a arrecadação de itens que não conseguiram se encaixar com perfeição nas alíneas anteriores, que basicamente se dividem em direitos reais imobiliários, bens móveis e balanço creditório (efetuado pela apresentação das "dívidas ativas e passivas"). Assim, não é desarrazoado dizer que a referida plataforma legal possui *caráter residual*, tendo aptidão, por exemplo, na zona dedicada aos "direitos" de posse exercida pelo falecido, com conteúdo econômico, que é transferida aos seus sucessores

---

ções, postura esta que ensejará a possibilidade de manifestação do credor não apenas quanto ao seu crédito, mas também em razão daquilo que for postado em relação a outros credores, fato que será relevante caso se instaure concorrência sobre o patrimônio.

721 Aqui também é possível a importação de regramentos da Lei n. 11.101/2005, tendo em vista que o art. 22, III, prevê que o administrador judicial deverá "praticar os atos necessários à realização do ativo" (alínea *i*), assim como "praticar todos os atos conservatórios de direitos e ações, diligenciar a cobrança de dívidas e dar a respectiva quitação" (alínea *l*).

722 TJMS, 2ª Câmara Cível, AI 1413907-52.2020.8.12.0000, j. 24/01/2021, *DJ* 25/01/2021.

723 Vide os comentários ao arts. 642 e 647 desta obra.

com a abertura da sucessão (arts. 1.207 e 1.243 do CC). Também devem ser estacionados, na referida gaveta, os direitos do promitente comprador decorrentes de relação obrigacional, notadamente quando o negócio jurídico não está quitado, assumindo o espólio a posição do falecido como promitente comprador.[724] A boa abertura do dispositivo em comento permitirá que seja trazida para seu leito a herança de natureza digital (em seu sentido amplo).[725] Por exemplo, o domínio digital que era utilizado pelo falecido poderá ser alcançado pela sucessão, desde que possua valor patrimonial e não tenha natureza personalíssima.

Em relação às "ações", item presente na segunda parte da alínea *g* do inciso IV do art. 620, cabe ao inventariante as arrolar, indicando sua repercussão patrimonial, pois o objetivo das primeiras declarações é formar um espelho que tenha projeção efetiva no inventário. Exemplo corrente se finca no direito à reparação de dano causado por terceiro ao patrimônio do falecido, existindo, por tal passo, direito à indenização, fato que justifica que a informação (pelo cunho patrimonial) seja cravada em primeiras declarações.[726]

10. O falecido como "empresário individual" ou sócio[727]

Antes de tudo, é imperioso afirmar que o art. 620, § 1º, do CPC é um dispositivo ligado à avaliação, pois já se presume que o inventariante tenha feito a arrecadação respectiva dos assuntos ali tratados, a saber: (a) estabelecimento de que o autor da herança é titular exclusivo (na qualidade de empresário individual) – 620, § 1º, I; (b) quotas societárias (que não seja sociedade anônima) – 620, § 1º, II. Em segundo lugar, a partir da divisão efetuada, é capital que se compreenda que os incisos I e II do § 1º do art. 620 trabalham com duas situações bem distintas e que, por isso, possuem desdobramentos próprios. Em exemplo mais flagrante, no caso de empresa individual, a avaliação

724 Em outra ilustração, os direitos hereditários do falecido acerca de sucessão aberta enquanto estava vivo, mas cujo inventário não se findou antes da sua morte, também serão alvo de transferência ao condomínio hereditário e, muito embora a situação tenha como foco a titularidade de cota de bem considerado imóvel (art. 80, II, do CC), não há perfeito encaixe no art. 620 do CPC, IV, *a*.

725 No tema: Danielle Regina Bartelli Vicentini e Lucas Matheus Marques Sagati, Herança digital: o direito sucessório dos bens armazenados virtualmente. In: Ivana Nobre Bertolazo e Juliana Kiyosen Nakayama (orgs.), *Direito de família*: contexto jurídico das novas famílias do século XXI, p. 225-249.

726 No assunto, confira-se: Pontes de Miranda, *Comentários ao Código de Processo Civil*, v. XIV, p. 80.

727 Sobre o tema, com mais vagar, confira-se: Rodrigo Mazzei e Fernanda Bissoli Pinho, O balanço do estabelecimento e a apuração de haveres no inventário causa mortis: necessidade de adequada interpretação do artigo 620, § 1º, do CPC. In: *Revista Nacional de Direito de Família e Sucessões*, v. 42, p. 05-24.

importará apenas aos protagonistas do inventário, ao passo que, no caso de titularidade de quotas de sociedade, a estimação reflete nos sócios remanescentes (que nem sempre serão seus herdeiros), pois a avaliação não se faz setorizada à participação do falecido, senão da própria sociedade e, a partir de tal, se projeta a participação societária do autor da herança. De outra banda, a análise da *affectio societatis* (ou *bona fideis societatis*) – elemento subjetivo, intencional de vontade dos sócios, que se aplica à escolha destes – poderá ter repercussão na hipótese do 620, § 1º, II, mas, de forma diversa, diante da concentração de titularidade da empresa na pessoa do falecido, é irrelevante quanto ao assunto tratado no 620, § 1º, I. O quadro comparativo justifica que os temas sejam analisados separadamente, não só para que as suas peculiaridades possam ser enaltecidas, mas para se evitar junções de interpretações acerca de questões sem ponto de contato.

10.1 O autor da herança como empresário individual

O "empresário individual" é uma espécie de empreendedor (pessoa natural), que atua como titular único da sua empresa, ou seja, não possui em relação a esta qualquer tipo de sócio.[728] As responsabilidades do empresário individual não são limitadas, exceto se optar pela constituição em forma de SLU (Sociedade Limitada Unipessoal).[729] Diante da natureza singular da "empresa individual", é natural que, com a morte do seu titular (exclusivo), haja a respectiva extinção.[730-731] Assim sendo, com olhos no inventário *causa mortis*, será feita a sua liquidação, procedimento geral aplicável em qualquer hipótese de extinção empresarial, mas que, para fins sucessórios, propiciará a avaliação do patrimônio que foi deixado pelo falecido atrelado à empresa individual.

A referida liquidação se opera internamente ao inventário *causa mortis*,[732] sendo necessária a exigência de balanço, a fim de que se apure não só o seu

728 Vide arts. 966-971 do CC.

729 Frisa-se que, com a Lei n. 13.874/19, havia a possibilidade da constituição da empresa em forma de EIRELI (Empresa Individual de Responsabilidade Limitada), cuja previsão básica estava no art. 980-A do CC. Contudo, a Lei n. 14.382/2022 revogou o art. 980-A do CC, de modo que as empresas já constituídas como EIRELI passaram a ser substituídas, automaticamente, pela SLU (Sociedade Limitada Unipessoal), conforme se depreende do art. 41 da Lei n. 14.195/2021. Já as novas empresas, caso não se enquadrem como MEI (Microempreendedor Individual), podem ser abertas diretamente como Sociedade Limitada Unipessoal.

730 A continuidade da atividade não é o ato natural esperado, mas a lei assim admite (vide art. 974 do CC).

731 Ademais, poderá a empresa individual ser objeto de disposição testamentária. No ponto: Clóvis do Couto e Silva, *Comentários ao Código de Processo Civil*, v. XI, tomo I, p. 311.

732 No sentido: Gerson Fischmann, *Comentários ao Código de Processo Civil*, v. 14, p. 82; Hamilton de Moraes Barros, *Comentários ao Código de Processo Civil*, v. IX, p. 234; e Clóvis do Couto e Silva, *Comentários ao Código de Processo Civil*, v. XI, tomo I, p. 311.

patrimônio físico (= bens em nome da empresa), mas também as suas "obrigações ativas e passivas". Far-se-á balanço contábil que será usado não apenas para efeito do inventário *causa mortis*, mas para a adoção de todas as medidas formais exigidas (mormente em caso de extinção). Efetuada a liquidação, havendo resultado positivo, os bens remanescentes serão enviados para a própria herança. Dessa forma, caso já se tenha arrecadado outros bens, haverá a aglutinação do patrimônio que está nominado na pessoa natural do falecido com aqueles que estão titulados em nome da empresa individual, agora liquidada. Na hipótese de empresa individual constituída com responsabilidade ilimitada – se a liquidação demonstrar que as dívidas superam seu patrimônio – haverá a possibilidade de que os bens que estavam no nome da pessoa natural respondam pelos débitos da empresa.

Como regra, o trabalho de avaliação será desenvolvido por *expert*, pois o levantamento, em forma de balanço, se faz por meio de profissional habilitado à missão (contador). Não consta no dispositivo a exigência de que o balanço deverá ser elaborado por pessoa designada pelo juízo sucessório, até porque, em funcionamento normal, a empresa individual terá contador contratado, profissional este que já possui conhecimento da realidade empresarial e aceso à documentação respectiva. Por tal passo, é admissível (e até comum) que o balanço seja produzido e subscrito pelo contador já vinculado à empresa individual, fazendo-o com especial projeção ao inventário *causa mortis*. O balanço será apresentado aos autos e se submeterá ao contraditório, ouvindo-se as partes e o inventariante, sendo facultado a estes pedidos de esclarecimentos. Considerando, por fim, que a liquidação poderá demandar tempo razoável, especialmente quando há obrigações passivas da empresa individual e relações com terceiros, pode ocorrer a necessidade de credenciamento de pessoa para gerir a empresa individual. O inventariante se coloca em posição natural no sentido, mas nada obsta que seja designada pessoa para executar a empreitada. A nomeação deve recair em pessoa com capacidade técnica para missão, devendo, o quanto possível, resultar do consenso dos interessados na sucessão.

10.2 O autor da herança como titular de "quota societária"

O inciso II do § 1º do art. 620 trata de outra hipótese, pois o foco do dispositivo está na "apuração de haveres", aferição esta de natureza quantitativa, isto é, a *expressão econômica*[733] da participação do autor da herança em

733 Em suma, a arrecadação terá como fim "o conteúdo econômico das quotas sociais da sociedade" (STJ, 3ª Turma, REsp. 1.531.288/RS, j. 24/11/2015, *DJ* 17/12/2015).

"sociedade que não anônima".[734-735] *Grosso modo*, a "apuração de haveres" consiste em procedimento contábil que tem por objetivo mensurar e quantificar em moeda corrente a participação do sócio na empresa, considerando a situação patrimonial em data fixada (em regra, o momento da resolução parcial da sociedade). Trata-se, assim, de atividade avaliativa necessária à liquidação da quota.

Diante da expressão ("apuração de haveres") utilizada no dispositivo comentado, é inegável o diálogo com o instituto da "ação de dissolução parcial da sociedade", cuja previsão no CPC de 2015 está pousada nos seus arts. 599-609. No particular, os incisos do art. 599 da codificação processual permitem que sejam lançados pedidos *cumulados* ou *apartados* de resolução societária em relação a determinado sócio e/ou à "apuração de haveres". Basta observar o art. 599, III, para se atestar que o CPC de 2015 admite (e trata) da "apuração de haveres" – ainda que como único pedido da parte interessada – dentro da "ação de dissolução parcial" (muito embora a "dissolução" não seja um pedido obrigatório).[736]

734 O que se transmite, em regra, portanto, são os direitos patrimoniais das quotas societárias, assegurando aos beneficiários o direito de recebimento de dividendos e, sobretudo, de recebimento dos haveres. Os herdeiros se posicionam como credores dos haveres frente à sociedade e não como sócios. No mesmo sentido, Alfredo de Assis Gonçalves Neto: "Sucessores ou herdeiros não são sócios, mas credores de haveres" (*Comentários aos artigos 966 a 1.195 do Código Civil*. p. 250). O pormenor é importante, pois, no caso de "empresa individual", o objetivo é aferir o seu saldo patrimonial, identificando os próprios bens, a fim de que se faça – quando possível – o transbordo destes para a herança. De modo diverso, o que interessa na "apuração de haveres" é a quantificação – em moeda corrente – do valor da participação societária do falecido.

735 Apesar de o dispositivo em comento fazer alusão geral à "sociedade que não anônima", não se pode esquecer que há sociedades com tal plataforma que adotam o sistema de "capital fechado" (muitas erigidas sob núcleos familiares), cujas ações não possuem cotação em bolsa ou listagem pública que permita avaliação imediata. O detalhe faz com que seja aplicável o inciso II do § 1º do art. 620 nas sociedades anônimas com tal perfil (capital fechado), não havendo óbice para que se determine que seja deflagrada prova pericial com o objetivo de estimar o valor real das ações da empresa. Bem próximo: Euclides de Oliveira e Sebastião Amorim, *Inventário e partilha:* teoria e prática, p. 335. Na jurisprudência vale conferir o voto relator do seguinte julgado: STJ, 2ª Seção, AR 810/RS, j. 08/06/2011, *DJ* 16/06/2011.

736 A opção atual é diversa da que estava consagrada no art. 668 do CPC de 1939, que vinculava a apuração de haveres ao "pagamento pelo modo estabelecido no contrato social, ou pelo convencionado, ou, ainda, pelo determinado na sentença", não se acenando qualquer possibilidade de autonomia na "apuração de haveres". Registre que o art. 668 foi aplicado até a entrada em vigor do CPC (por força do art. 1.218 do CPC de 1973).

O diálogo com o art. 599, III, deve ser feito em consonância com a dimensão das primeiras declarações, pois o inciso II do § 1º do art. 620 está vinculado a tal atividade do inventariante (elaboração do esboço inicial). Em assim sendo, a "apuração de haveres" é tão somente a arrecadação das quotas para a sucessão, a fim de que sejam avaliadas, procedimento necessário para que se possa aquilatar as formas da herança. Com outras palavras, a interpretação conjunta do art. 599, inciso III, com o inciso II do § 1º do art. 620, indica que no inventário *causa mortis* ocorrerá apenas a estimação da "expressão econômica" das quotas societárias (= *apuração de haveres*), não se deliberando acerca dos efeitos societários decorrentes do afastamento (por falecimento) do autor da herança. Logo, a "apuração de haveres" na forma proposta pelo inciso II do § 1º do art. 620 se revela como espelho interno do fatiamento efetuado no art. 599, III, para fixar apenas a estimação patrimonial da participação societária de um dos partícipes da empresa, sem alcançar os demais pedidos inseridos no art. 599 que envolvem a "própria resolução, ainda que parcial, da sociedade".

Ainda que com a limitação acima efetuada, a apuração de haveres interna no bojo do inventário *causa mortis* atrai a necessidade de convocação dos interessados para a participação da quantificação das quotas, transportando, no sentido, a legitimação passiva que está fixada no art. 601 do CPC em vigor. É inaceitável imaginar que será feita a estimação de bem comum (a empresa), mas que os demais cotitulares (sócios) ficarão olvidados de participar da avaliação que poderá afetá-los.[737] Como em toda situação de "titularidade comum" (*"comumeiro"*[738]), não se permite que se avalie uma parcela do bem sem a estimação de seu todo, em especial quando há repercussão para os demais cotitulares (situação natural na avaliação patrimonial de empresas). No ponto, em ilustração reveladora, o art. 842 do CPC prevê que, quando houve a penhora sobre bem imóvel (ou direito real sobre bem imóvel), deve se proceder à intimação do cônjuge do executado (salvo se forem casados em regime de separação absoluta de bens), regra esta que tem o objetivo, justamente, de convocar o cotitular para que participe de atos processuais que envolvem o bem que possui "titularidade comum" com o executado. Dentre os atos dos quais o cônjuge terá que ser intimado está, justa-

---

737 Há interessante julgado do STJ, em que foi decidido – por maioria – que a avaliação societária efetuada no bojo do inventário sem a participação dos sócios remanescentes não tinha eficácia em relação a tais atores (3ª Turma, REsp 5.780/SP, j. 05/03/1991, *DJ* 15/04/1991).

738 Expressão usada por Pontes de Miranda, *Comentários ao Código de Processo Civil,* v. XIV, p. 77.

mente, a avaliação, a fim de que a sua cota (metade do bem estimado) fique definida e seja respeitada.[739-740]

Convocando-se os sócios, deverá ser aplicado o disposto nos arts. 604, II, e 606 (parte primeira) do CPC, aferindo o juízo sucessório a necessidade de nomeação de perito para a "apuração dos haveres", examinando-se, outrossim, em caso positivo, como o trabalho deste se desenvolverá. No ponto, o texto do art. 606 (parte segunda) aponta no sentido de que, havendo omissão no contrato, caberá ao juiz definir os critérios para a "apuração de haveres", tendo como base o balanço de determinação,[741] situação que inevitavelmente

739 A mesma proteção é aplicável a outras situações aproximadas envolvendo "titularidade comum". Por exemplo, tratando-se de penhora de bem indivisível, o "comumeiro" deverá participar da avaliação respectiva, pois a alienação o afetará. Ainda que o art. 843 do CPC garanta o direito de preferência e o recebimento da sua quota-parte em caso de expropriação, esta é calculada sobre o valor da avaliação. Se não for convocado para participar do processo de avaliação do bem de que possui titularidade, a estimação será nula, não podendo ser imposta pela falta de contraditório. A valoração que repercute em alienação não pode ser feita sem a oitiva de todos os cotitulares, sob pena de ferir o direito de propriedade ("sentido fluído"). Há omissão flagrante no sentido nos arts. 842 e 799 do CPC, pois, em suma, o cotitular (de qualquer natureza) necessita ser intimado acerca da penhora do bem comum, passando a participar de todos os atos vinculados à expropriação, inclusive a avaliação. No tema, vale conferir: STJ, 3ª Turma, REsp 1.818.926/DF, j. 13/04/2021, *DJ* 15/04/2021.

740 Não se diga, com todo respeito, que o procedimento do inventário sucessório não comporta que sejam chamados os sócios remanescentes para que participem da avaliação da "expressão econômica das quotas societárias" ao argumento de que estes não são "interessados" na sucessão, estando, pois, fora do rol do art. 626. Tal linha de pensar está desalinhada com a dimensão *policêntrica* do inventário *causa mortis*, que permite a formação de centros autônomos de interesses, cuja participação de atores, inclusive, pode ser variante em decorrência da *multipolaridade* que também é inerente a tal procedimento (verdadeiramente) especial. Não é ocasional que, na fase de liquidação da herança, é admissível que os credores (pessoas que também não se enquadram no espectro do art. 626) possam se habilitar no inventário (art. 642, *caput*), passando a fazer parte deste (ainda que na etapa demarcada). O exemplo não é isolado, uma vez que, no curso do inventário, poderá ocorrer a convocação do donatário para se manifestar sobre as dívidas em caso de risco de redução das liberalidades (art. 642, § 5º), assim como do cônjuge/companheiro sobrevivente do herdeiro (no caso de regime com comunhão de bens), se o último exercitar ato de liberalidade no bojo do inventário (por exemplo, renúncia ou partilha desigual). Vide os comentários ao art. 626 desta obra.

741 A segunda parte do art. 606 não é segura ao estabelecer, "como critério de apuração de haveres", que o valor patrimonial seja apurado com base em balanço de determinação – disposição esta que vai ao encontro da exegese do art. 1.031 do CC. O balanço de determinação (ou o "balanço especial", que é o termo empregado pelo CC) não é metodologia de cálculo, mas, de forma diversa, é um instrumento de projeção, que simula como seria a liquidação da sociedade, na hipótese de dissolução. No tema,

levará à designação de perito (art. 604, III), ainda que o profissional seja escolhido pelas partes (art. 471).

Por certo, em determinadas hipóteses, a perícia poderá ser dispensada. Isso porque, diante da permissão contida no art. 606 (parte inicial), todos os sócios (o falecido e os remanescentes) poderão ter estipulado – em cláusula específica do contrato social – critérios objetivos para a apuração dos haveres em caso de sucessão *causa mortis*.[742] Em tal situação e verificando-se que todos os dados foram disponibilizados de forma documentada e que o material trazido vincula o falecido (por exemplo, todos os balanços usados estão assinados por este, sem nenhum tipo de discordância[743]), de fato, a prova pericial perderá o sentido, se o resultado da apuração for puramente aritmético.[744] De toda sorte, mesmo que seja hipótese de designação de perito, o desenho bem feito no contrato social quanto aos critérios para a apuração de haveres – mormente quando forem mais objetivos – diminuirá a complexidade do trabalho do *expert*, de modo que a perícia será mais simples (repercutindo até mesmo no seu custo e na sua celeridade). De outro giro, a falta de metodologia previamente moduladas no contrato social, fará com que o juiz tenha que caminhar pela segunda parte do art. 606, definindo os critérios de apuração, sendo que, em tal hipótese, a perícia será inevitável e, muito provavelmente, mais complexa e, via de talante, mais morosa, onerosa e geradora de possíveis conflitos.

O quadro apresentado, além de revelar detalhes acerca da temática em si, demonstra que a avaliação da participação societária nem sempre seguirá o mes-

---

com definições distintas, confira-se: (a) uso do fluxo de caixa – STJ, 3ª Turma, REsp 1.335.619/SP, j. 03/03/2015, *DJ* 27/03/2015; (b) aplicação do critério patrimonial – STJ, 3ª Turma, REsp. 1.877.331/SP, j. 13/05/2021, *DJ* 14/05/2021.

742 Em tais casos, a apuração estará guiada por aquilo que foi posto como vontade das partes, desde que a autonomia tenha se operado sem máculas e esteja prevista em cláusula, sendo, imune de dúvidas, a sua aplicação *causa mortis* e a vinculação aos sucessores. Vale dizer, com tal norte, que, dentro da liberdade dos sócios, não há obstáculo que impeça a apuração de haveres por solução objetiva, como, por exemplo, ocorre com o arbitramento em percentual sobre a média do faturamento dos últimos 02 (dois) anos, a fim de apurar valor que represente em expressão monetária a participação societária. Na mesma cláusula, os sócios poderão deliberar como será feito o pagamento do valor apurado, a fim de que os "haveres" sejam remetidos para a sucessão. De toda sorte, a deliberação societária acerca do pagamento não é o foco do juizo sucessório, pois o que interessa de fato para o inventário *causa mortis*, consoante bom diálogo do art. 599, III, com o art. 620, § 1º, II, do CPC, é a quantificação da expressão econômica das quotas societárias do falecido.

743 Vale lembrar que, segundo o entendimento sedimentado na Súmula 265 do STF: "Na apuração de haveres não prevalece o balanço não aprovado pelo sócio falecido, excluído ou que se retirou".

744 Vide a inteligência do art. 509, § 2º, do CPC, que dispensa a liquidação de sentença se "a apuração do valor depender apenas de cálculo aritmético".

mo gabarito. Tal contexto faz com que seja necessário se examinar, no caso em análise, a viabilidade (ou não) de que a apuração de haveres seja desenvolvida dentro do inventário sucessório. Efetuando-se *corte bem amplo*,[745] afigura-se correto dizer que, se a questão apenas envolver a análise de dados para que se alcance a expressão econômica das quotas societárias, ainda que o exame pericial seja complexo, a apuração deverá ser feita pelo juízo sucessório. Em contrapartida, quando o tema envolver contexto de aguda litigiosidade, notadamente entre os sucessores do falecido e os sócios remanescentes, com debates que extrapolam a própria "apuração dos haveres", a questão deverá ser definida em "ação autônoma".

Saliente-se que a necessidade de efetuar perícia mais detalhada não motivará, por si só, de modo isolado, o descarte da apuração no ventre do inventário *causa mortis*. O atual art. 612 (que não repete o art. 984 do CPC de 1973) é excepcionado pelo o art. 620, § 1º, II, pois o legislador admitiu expressamente a prova pericial para a hipótese, em semelhança ao que ocorre com os arts. 630 (avaliação por perito) e 623 (livre prova no incidente de remoção).[746] Sem rebuços, ocorrerão casos em que a avaliação das quotas societárias poderá concretamente atrapalhar o ritmo do inventário *causa mortis* ou o seu desfecho eminente, justificando o uso da técnica de remessa. Todavia, é fundamental entender que se trata de exceção e que o envio "às vias ordinárias" não possuirá esteio no art. 612, mas na aferição de que o tema merece ser levado para "sobrepartilha", de modo que a justificativa restará mais encaixada no texto do art. 2.021 do CC, no sentido de que há uma "disputa sobre bem litigioso". Assim, o que ocasionará a remessa não é a necessidade de prova outra que não a documentada, mas que há alguma "pendência" sobre arrecadação de bem (avaliação) que não se findou (ou que anuncia concretamente como bastante morosa), razão pela qual deve o tema ser enviado *excepcionalmente* (e não como regra) para debate externo, a fim de que a apuração não prejudique a cadência do inventário *causa mortis*. O detalhe é importante, pois não se fará a remessa

745 Infelizmente, a jurisprudência não firmou posicionamento claro sobre o tema e, por vezes, confunde a previsão o art. 620, § 1º, II, do CPC, com a própria ação de dissolução parcial de sociedade, projetando a concepção de que o juízo sucessório – no bojo do inventário *causa mortis* – deliberará sobre a resolução da sociedade. Na verdade, como já alertado, a interpretação do dispositivo em destaque está vinculada ao papel das primeiras declarações (arrecadação e avaliação de bens) e, no ponto, a comunicação exegética com o art. 599, III, do diploma processual aponta que a "apuração de haveres" no particular significa a estimação da participação societária do falecido, providência necessária para que as forças da herança sejam dimensionadas e, em sequência, se faça a sua liquidação, com vistas à partilha (em caso de desfecho positivo).

746 Parecendo concordar: Daniel Amorim Assumpção Neves, *Novo Código de Processo Civil comentado*, p. 1.064.

externa quando ficar demonstrado que o atraso ao ritmo do inventário foi causado por fator diverso à avaliação das quotas societárias (por exemplo, complexo incidente de colação coacta – art. 641). Como em toda a decisão em que se determina a remessa externa, não poderá o juízo sucessório decidir sobre a questão sem a prévia oitiva das partes interessadas, pois estas poderão opinar acerca da melhor solução. A convocação judicial das partes no sentido poderá estimular, inclusive, que seja construído negócio jurídico processual envolvendo a temática. No ponto e dentro da dimensão adequada de "vias ordinárias"[747] não se deve descartar a possibilidade de que as partes possam convencionar que a apuração da "expressão econômica das quotas societárias" se opere fora do inventário sucessório, fazendo-o, por exemplo, por meio de ação autônoma de provas (inclusive no juízo arbitral, caso preenchidos os requisitos da Lei n. 9.307/1996).

De todo exposto, podem ser trazidas as seguintes (e breves) conclusões: (a) é necessária a comunicação o art. 620, § 1º, II, com o art. 599, III, permitindo-se avaliação da expressão econômica de quotas sociais de titularidade do falecido internamente ao inventário *causa mortis*; (b) é irrelevante que a avaliação seja complexa, ensejando prova pericial no sentido, pois o dispositivo comentado excepciona o art. 612; (c) se, no curso da estimação do valor patrimonial das quotas, surgirem conflitos que fujam do foco da apuração técnica (por exemplo, arguição de nulidade da cláusula que fixou os critérios por vício de vontade do falecido), o caminho adequado será a análise do tema nas "vias ordinárias"; (d) as controvérsias que transbordam a avaliação (por exemplo, dissolução da sociedade ou permanência compulsória dos sucessores na sociedade) não possuem ambiência interna para debate no inventário *causa mortis*; (e) em caso de *consenso geral*, os efeitos da retirada do falecido da "sociedade não anônima" poderão ser efetuados no inventário *causa mortis* (inclusive com o pagamento no bojo do processo sucessório); (f) toda e qualquer decisão judicial que determine a remessa externa deverá ser precedida de oitiva das partes, admitindo-se convenções processuais acerca do envio "às vias ordinárias".[748]

747 Vide os comentários ao art. 612 desta obra.

748 As conclusões podem ser contrastadas com jurisprudência do STJ, em que se destacam (05) cinco julgados: (1) 3ª Turma, REsp 289.151/SP, j. 07/10/2010, *DJ* 25/10/2010: (a) trata-se de controvérsia entre herdeiros e sócios remanescentes; (b) entendeu-se que a apuração de haveres era uma questão de alta indagação, sendo aplicado o art. 984 do CPC de 1973; (c) firmou-se posicionamento de que a hipótese se alinhava aos arts. 655-674 do CPC de 1939 (que regulavam a matéria até a entrada em vigor do CPC). O citado acórdão, portanto, não trabalha com dois dispositivos fundamentais na questão, quais sejam, os arts. 599, inciso III e 612 do CPC, pois não eram vigentes à época do julgamento e são destinados a cenário jurídico distinto; (2) 3ª Turma, REsp 1.438.576/SP, j. 23/10/2014, *DJ* 21/11/2014 (decisão não unânime): (a) trata-

-se de questão que envolve ação de dissolução parcial de sociedade movida pelo espólio (e sucessores); (b) o ponto maior em debate foi da competência do julgamento da ação de apuração de haveres, entendendo-se que seria do juízo sucessório, que examinou o tema em processo apenso ao inventário *causa mortis*; (c) entendeu-se que o art. 993, II, do CPC de 1973 não impedia que apuração fosse feita em ação autônoma, até mesmo diante da amplitude cognitiva e do contraditório mais amplo. (3) 3ª Turma, REsp 1.459.192/CE, j. 23/06/2015, *DJ* 12/08/2015 (decisão não unânime): (a) basicamente, com fundamento nos ars. 984 e 993, II, parágrafo único, II do CPC de 1973, entendeu-se que não se podia apurar haveres nos autos de inventário sucessório, pois se trata de assunto de "alta indagação" que exige "extensa dilação probatória" e extrapola "a cognição do juízo do inventário, para onde devem ser remetidos apenas os resultados da apuração definitiva dos haveres"; (b) entendeu-se também que a ação autônoma deverá ter curso no juízo cível, pois este é competente "para a dissolução parcial das sociedades limitadas" e, portanto, para a apuração de haveres do *de cujus*, visto que, nessa via ordinária, deve ser esmiuçado, caso a caso, o alcance dos direitos e obrigações das partes interessadas – os quotistas e as próprias sociedades limitadas, indiferentes ao desate do processo de inventário". Analisando o julgado, tem-se que o foco maior foi a questão da competência do juízo civil, entendendo não se aplicar no caso o decidido no REsp 1.438.576/SP. De toda sorte, trata-se de julgado sob a vigência do CPC de 1973, não enfrentando o texto dos arts. 612 e 599, II, do CPC. A decisão, de qualquer forma, reduz sobremaneira os poderes do juízo sucessório, pois, além de lhe caçar a competência, fixou o inventário como receptor dos "resultados da apuração definitiva dos haveres" (apesar do que já dispunha o art. 993, II, do CPC de 1973). (4) 3ª Turma, REsp. 1.698.780/RJ, j. 03/12/2019, *DJ* 05/12/2019: (a) trata-se de controvérsia que se instalou apenas entre os herdeiros, não havendo qualquer pedido de dissolução da sociedade; (b) entendeu-se que não se deve permitir a apuração de haveres "no bojo do inventário" quando "(i) houver controvérsia entre meeiro, herdeiros e sócios remanescentes, virtualmente atingidas pelas decisões judiciais proferidas no inventário; e (ii) a pretensão de apuração de haveres tencionar a dissolução parcial da sociedade"; (c) como a hipótese era de litígio entre os herdeiros para "simples avaliação e precificação das quotas", não há "proibição absoluta na própria ação de inventário"; (d) o acórdão cita o julgado no AI 810/RS (2ª Seção – STJ) como espeque de fundamentação. O julgado em questão identificou a controvérsia (avaliação das quotas), admitindo que a "apuração de haveres" como ato de estimação do patrimônio da herança está na competência do juízo sucessório. O voto relator traz aparente *obiter dictum*, ao afirmar que, se a controvérsia envolvesse os sócios da empresa, o tema poderia ser tratado de forma diferente. Na verdade, conforme sustentado no corpo do texto, a convocação dos sócios e até eventual litígio com estes não retira a competência, caso o debate seja exclusivamente a "avaliação das quotas". (5) 2ª Seção, AR 810/RS, j. 08/06/2011, *DJ* 16/06/2011: (a) deve ser destacada a importância do caso, uma vez que citado como referencial no REsp. 1.698.780/RJ; (b) trata-se de discussão que tem, como pano de fundo, a análise da aplicação do art. 993, parágrafo único, II, do CPC de 1973, a fim de que fosse operada a avaliação "do valor real de sociedade anônima fechada"; (c) ao admitir a estimação na hipótese, o julgado apontou que como a "apuração de haveres teve como único efeito avaliar o valor real das ações da empresa", tal procedimento pode ser feito no inventário sucessório. A partir do resumo feito, no AR 810/RS, entendeu-se que a apuração de haveres é a estimação da participação societária do falecido e,

Em desfecho, enquanto não for feita a liquidação ou a partilha das quotas deixadas pelo falecido, a empresa estará vinculada ao espólio, devendo repassar a divisão periódica dos lucros, consoante se extrai da parte final do art. 1.027 do CC. Caberá ao inventariante diligenciar no sentido, sendo intuitiva também que a administração transitória sobre as quotas fique concentrada na sua esfera de atuação.[749] Nada obsta, contudo, que as partes possam deliberar no sentido de nomear (por consenso) representante outro que não o inventariante para gerir as quotas societárias, representação esta que alcança a participação efetiva na empresa até que se opere a liquidação ou a partilha das quotas.

11. Da avaliação

A alínea *h* do inciso IV do art. 620 determina que todos os bens (em sentido amplo) do espólio que forem listados nas primeiras declarações estejam acompanhados de seu respectivo "valor corrente". A avaliação faz parte de dueto com a "arrecadação", completando-a. Isso porque a listagem patrimonial, por si só, não será suficiente para se apurar as forças da herança. A estimação patrimonial, decorrente da soma de cada bem avaliado, é que permitirá o dimensionamento da herança, pois sem tal medida, será inviável a sua própria liquidação (art. 1.796, parte final, do CC). Em regra, a valoração será de mercado, mirando-se em eventual alienação do bem e no preço que é praticado. Frisa-se que deve ser usado critério temporal uno para as avaliações, extraindo-se, da legislação, que a opção levada a cabo foi a da data da abertura da sucessão (arts. 1.847 do CC e 639, parágrafo único, do CPC).[750]

Ademais, como o art. 620, IV, contempla bens que possuem natureza jurídica heterogênea, admite-se, dentro das respectivas peculiaridades, que as avaliações sejam efetuadas de forma diferenciada.[751] Outrossim, destaca-se que, para o preço final (resultado da avaliação), importa, além das condições físicas do bem, o seu *status jurídico* (inclusive de natureza formal), situação que pode ser bastante variante.[752]

como tal, deve ser feita no inventário, pois se trata de procedimento necessário à "efetivação da partilha", a fim de que o bem arrecadado, depois de avaliado, possa ser aglutinado aos demais deixados pelo falecido.

749 No sentido: STJ, REsp. 1.422.934/RJ, j. 14/10/2014, *DJ* 25/11/2014; 3ª Turma, REsp 274.607/SP, j. 22/02/2005, *DJ* 14/03/2005; 3ª Turma, AgRg no Ag 65.398/RJ, j. 14/11/1995, *DJ* 05/02/1996.

750 Vide os comentários ao art. 639 desta obra.

751 Por exemplo, estimar as "ações" em nada se aproxima da empreitada de valorar um grupo de semoventes, fato que fará com que se efetuem trabalhos pontuais, ainda que demarcados por agrupamentos.

752 Ainda que com olhos no valor da causa, o raciocínio acima foi aplicado no texto do Enunciado 178 do FPPC, em que se definiu que, quando a titularidade em jogo fora

Acrescenta-se que, dentre as repercussões vinculadas às avaliações, não se pode olvidar as de natureza tributária, razão pela qual a Fazenda Estadual é figura que deve ser chamada para a estimação dos bens. As avaliações efetuadas pelo inventariante, portanto, além de levadas ao conhecimento das partes (art. 627, I), deverão sofrer contraditório atrelado à Fazenda Estadual (arts. 630-638).[753] A dualidade entre os valores dos bens declarados pelo falecido e os apurados na estimação poderá ter outras repercussões fiscais, notadamente quando os contemplados na partilha alienam os bens correspondentes. Em tal situação, deverá ser apurado eventual "ganho de capital", para se aferir a necessidade de pagamento de imposto de renda por tal título.[754]

O inventariante deverá – ele próprio – apresentar as avaliações sempre que for possível. Sucede que, para se realizar este levantamento, exige-se tempo do inventariante e custo a ser assumido pelo espólio, o que, por vezes, inviabiliza o atendimento ao preceito legal. Por isso, tem-se por razoável que o inventariante possa se valer de tabelas de avaliação e/ou de preços de mercado para estimar os bens da herança. Tal situação é facilitada quando os bens possuem cotação pública (como é o caso de ações), ou quando há referenciais ou tabelas aplicáveis (como ocorre com veículos automotores em relação à chamada tabela FIPE). Em se tratando de bens imóveis, é comum que se use o valor que já foi estimado por ente público para estimá-los, adotando-se a lógica do "valor venal" (art. 38 do CTN). Assim o fazendo, não se apresenta exatamente o preço de venda (determinado pela lei de mercado – "oferta e procura"), mas advindo de valoração já feita por ente público, importando-a para o inventário *causa mortis*. Com tal norte, em se tratando de imóvel urbano, a avaliação terá como base a estimação feita para efeito de cobrança de IPTU (avaliação municipal), ao passo que no caso de imóvel rural o referencial é o ITR (valoração feita pela União Federal).[755]

---

a "posse", a expressão econômica desta não é sempre simétrica da propriedade. Confira-se o texto do verbete: "O valor da causa nas ações fundadas em posse, tais como as ações possessórias, os embargos de terceiro e a oposição, deve considerar a expressão econômica da posse, que não obrigatoriamente coincide com o valor da propriedade".

753 Mesmo no rito do arrolamento há contraditório, mas este é efetuado de forma diferida (art. 662).

754 Com olhos no assunto, de forma didática, confira-se: Euclides de Oliveira e Sebastião Amorim, *Inventário e partilha*: teoria e prática, p. 395-397.

755 O texto demonstra, mais uma vez, a importância na nomeação do inventariante, pois o designado terá que ser pessoa com condições de aferir – mesmo com apoio nas tabelas e cotações públicas – o valor dos bens da herança com base na análise de mercado. Certamente, se a designação tiver recaído em profissional com conhecimento sobre a matéria, tal qual determina a Lei n. 11.101/2005 para nomeação de administrador judicial (art. 21), as estimações serão providenciadas com mais diligência e (provavelmente) com mais eficiência. Vide os comentários ao art. 617 desta obra.

Quando o inventariante não tiver condições de apresentar a estimação acerca de determinado bem (por exemplo, valoração de obras de arte), o fato deverá ser relatado ao juízo sucessório. O inventariante poderá, em tal oportunidade, em atuação proativa, indicar profissional com expertise para efetuar a avaliação faltante, requerendo a sua contratação (solução prevista no art. 22, III, *h*, da Lei n. 11.101/2005). O juízo sucessório examinará a conveniência da contratação e, caso entenda não ser a melhor solução, restará a possibilidade de designação judicial de avaliador para a empreitada, fazendo-o por meio de profissional de sua confiança ou adotando nome convencionado pelas partes (art. 471 do CPC).[756]

11.1 Uso da avaliação para adjudicação (sub-rogação de bens) e partilha antecipada

Avaliados os bens e sedimentada a posição a respeito (seja por consenso, seja por decisão judicial), é perfeitamente admissível que a técnica da adjudicação prevista no art. 876 do CPC seja importada para o inventário *causa mortis*, a fim de permitir que as partes interessadas, observando o valor mínimo da avaliação, possam efetuar lances em dinheiro, com a finalidade de adquirir o bem antes do desfecho do inventário, ou seja, efetuar aquisição mediante o pagamento do preço avaliado. Perceba-se, pois, que não haverá qualquer prejuízo à herança ou aos demais interessados, uma vez que o lance – na forma acima desenhada – será efetuado na sua totalidade em dinheiro, de forma semelhante ao que ocorre quando a oferta é feita por algum dos legitimados fixados no § 5º do art. 876. Em tal situação, haverá apenas a *sub-rogação* do bem em dinheiro, ou seja, pelo valor do lance ofertado pelo interessado, cujo montante mínimo é a avaliação. O bem físico é retirado da herança, mas há a imediata reposição por dinheiro, em espécie, acerca do seu valor. Por diversos motivos, a medida supra é produtiva ao inventário, pois, em rápidos registros: (a) deixa a herança mais líquida, facilitando a partilha; (b) propicia a obtenção de recursos ao espólio, sem sacrifício pessoal dos interessados; (c) a depender do bem que foi "adjudicado", deixará o espólio de arcar com as despesas de conservação.

756 A nomeação de avaliador judicial importa em deferimento de prova pericial (ainda que simplificada), sendo, assim, exceção à regra de controle do art. 612, que fixa a bússola de admissão "apenas" de prova documentada no inventário *causa mortis*. Não há nenhum obstáculo na nomeação de avaliador (perito) judicial, consoante pode se inferir do art. 630, parágrafo único, e do § 1º do art. 620, registrando, inclusive, que o último dispositivo aponta para a necessidade de "balanço" (se o autor da herança era empresário individual) ou de "apuração haveres" (quando o falecido era sócio de sociedade não anônima).

Portanto, o inventariante (ou qualquer interessado) poderá requerer que os bens estimados sejam licitados internamente, de modo a permitir que, com o valor mínimo valorado, sejam realizados lances. As partes serão convocadas para participar do certame e, em caso de ofertas iguais, o juízo sucessório decidirá de acordo com as regras de preferência aplicadas à partilha.[757] Potencializando a técnica em questão que, repita-se, não causa prejuízo à herança por se tratar de uma *sub-rogação* do bem (com *dinheiro*), é perfeitamente admissível que os atores previstos no § 5º do art. 876 possam participar da licitação, admitindo-se, assim, por exemplo, que o cônjuge/companheiro do herdeiro ou os ascendentes do cônjuge/companheiro sobrevivente efetuem lances para adquirir o bem.[758]

Mediante comunicação do *caput* do art. 876 com o art. 647, parágrafo único, e observado o valor mínimo da avaliação (já sedimentada), a parte (herdeiro ou meeiro) poderá também pleitear a "partilha antecipada", apresentado oferta que estará escorada no seu quinhão patrimonial. Adaptando-se os incisos I e II, do § 4º do art. 876, se o valor nominal (representado em estimação em dinheiro) da cota da meação ou do quinhão do herdeiro for inferior ao da avaliação do bem pretendido, será feita a oferta com a complementação em dinheiro, ao passo que, se os direitos alcançarem montante maior do que a valoração do bem, efetuar-se-á conta aritmética, apurando-se o saldo (que reduzirá a cota/quinhão). É salutar que – antes de deflagrar o certame para pedidos de partilhas antecipadas – o juiz sucessório defina as regras que serão aplicadas, fazendo-o de modo assemelhando ao que está previsto no art. 880, § 1º, para a alienação particular, fixando-se, por exemplo, que as ofertas deverão ter um percentual mínimo em dinheiro ou um percentual máximo de uso de quinhões. Na ilustração supra, a providência resultaria em aquisição pelo interessado, mas este ficaria compelido a fazer aporte de dinheiro ao espólio, pois a oferta não poderia ser total em forma de "quinhão". O cenário é, portanto, indicativo de que há amplo espaço para convenções processuais no sentido.

12. Outros itens importantes das primeiras declarações

O art. 620 traz o gabarito básico das primeiras declarações, mas a modulação legal não esgota os temas que dela se insurgem.

757 Vide os comentários ao art. 648 desta obra.

758 Na prática, ao se aplicar o § 5º do art. 876 do CPC, haverá apenas a legitimação em nome próprio para que tais pessoas participem da concorrência, evitando que se criem operações interpostas (como mútuos ou doações para os interessados na herança).

12.1 Prestação de contas apresentada pelo administrador provisório

Caberá ao administrador provisório apresentar relatório de sua atuação, com a respectiva prestação de contas, a fim de que seja feita a aferição pelo inventariante e pelas partes. Assim sendo, o inventariante deverá trazer, nas primeiras declarações, a sua manifestação acerca do labor desenvolvido pelo administrador provisório, postura esta que deve ser feita de forma descritiva a partir das informações prestadas pelo pretérito gestor. No caso de o administrador provisório não ter prestado contas, o inventariante fará o registro nas primeiras declarações e postulará a intimação respectiva, a fim de que o relatório seja apresentado nos autos. Caso o inventariante designado seja a mesma pessoa que funcionou como administrador provisório, deverá ser consignada nas primeiras declarações a prestação de contas, notadamente se esta ainda não constar dos autos. Em suma, da conjugação do art. 614 com o art. 618, VII, tem-se que é obrigatório que as primeiras declarações noticiem os atos de gestão da administração provisória.[759]

12.2 Relação de bens que devem ser alienados de forma antecipada

A presunção de que o inventário se encerrará em 12 meses após a sua instauração (art. 611) influenciou sobremaneira a modulação dos artigos que tratam do inventário sucessório. No ponto, projetando-se célere desfecho, o legislador – ao contrário do previsto no art. 742 para a herança jacente (procedimento de cadência mais longa) – deixou de cravar internamente no trecho dos arts. 610-673 qualquer previsão legal expressa que determine a alienação antecipada de determinados bens. A omissão legal, contudo, não pode ser tolerada, notadamente quando já se anuncia que o inventário *causa mortis* não se encerrará no prazo desejado da parte final do art. 611. Isso porque a alienação antecipada é uma técnica que deve ser aplicada aos processos de arrecadação, grupo do qual o inventário sucessório faz parte. No sentido, está expresso no art. 113 da Lei n. 11.101/2005, que, no processo falimentar, os "bens perecíveis, deterioráveis, sujeitos à considerável desvalorização ou que sejam de conservação arriscada ou dispendiosa" se submetem à alienação antecipada, efetuando-se tal operação tão logo encerrada a arrecadação e a avaliação dos bens. Em síntese, o administrador judicial apresentará ao juízo falimentar a listagem dos bens que devem ser antecipadamente alienados para que, ouvidas as partes, assim seja deliberado.

As técnicas dispostas nos arts. 742 do CPC e no art. 113 da Lei n. 11.101/2005 devem ser transportadas para combinação com os arts. 620 e 619,

759 Sobre administração provisória e prestação de contas, vide os comentários aos arts. 614 e 615 desta obra.

I, do CPC. Com tal medida, o inventariante apresentará, nas primeiras declarações, listagem específica dos bens arrecadados com vocação para alienação antecipada (art. 620), arrecadando-os e conferindo-lhes valor, a fim de que possa recepcionar a modulação que se extrai dos arts. 742 do CPC e no art. 113 da Lei n. 11.101/2005. Adotando-se tal providência, o inventariante formará agrupamentos, preenchendo-os com os bens que entende que se encaixam em cada uma das plataformas, a saber: (i) bens perecíveis e deterioráveis; (ii) bens sujeitos à considerável desvalorização; e (ii) bens de conservação arriscada ou dispendiosa.[760]

Registre-se, por fim, a teor do art. 852 do CPC, que a alienação antecipada não fica restrita apenas a um ato de encerramento patrimonial para evitar os riscos concretos do perecimento, da deterioração, da desvalorização e da conservação arriscada ou dispendiosa. Apesar de tais hipóteses pousarem, de alguma forma, no inciso I do citado dispositivo, não se pode esquecer que a alienação antecipada também poderá ser autorizada quando esta repercutir como "manifesta vantagem", situação que está prevista no inciso II do art. 852. Assim, caso a alienação antecipada de determinado bem possa ser agudamente vantajosa para o espólio (por exemplo, oferta acima do valor de mercado para determinado item arrecadado), o inventariante dará a informação por meio das primeiras declarações, a fim de que, depois do contraditório, possa o juízo sucessório assim deliberar.

12.3 Mapeamento da posse fática (art. 2.020 do CC)

O art. 620 é omisso sobre um ponto nervoso do direito sucessório, a saber: *posse fática dos bens da herança*. Com efeito, dispõe o art. 2.020 do CC que os atores internos do inventário (ainda que com alusão apenas aos herdeiros e ao cônjuge sobrevivente) que estiverem na posse de algum bem da herança são obrigados a "trazer ao acervo os frutos que perceberam, desde a abertura da sucessão" e, na qualidade de possuidores, também possuem "direito ao reembolso das despesas necessárias e úteis que fizeram", respondendo "pelo dano a

760 O desenho enunciativo do art. 742 auxiliará o inventariante no estacionamento motivado de cada bem na gaveta correspondente, pois o citado dispositivo traz algumas ilustrações de situações fáticas que podem perfeitamente ocorrer no inventário sucessório, tais como: (a) bens móveis, se forem de conservação difícil ou dispendiosa (inciso I); (b) semoventes, quando não empregados na exploração de alguma indústria (inciso II); (c) títulos e papéis de crédito, havendo fundado receio de depreciação (inciso III); (d) ações de sociedade quando, reclamada a integralização, não dispuser a herança de dinheiro para o pagamento (inciso IV); (e) bens imóveis com a ameaça de ruína (não convindo a reparação) e quando estiverem hipotecados e vencer-se a dívida, não havendo dinheiro para o pagamento (inciso V).

que, por dolo ou culpa, deram causa".[761] Sem dúvida, o art. 2.020 do CC afasta a presunção de que o inventariante está na "posse direta" de todos os bens da herança, ficando reservada para os herdeiros apenas a "posse indireta". No entanto, esta presunção somente ficará, de fato, superada quando restar evidenciado exercício fático da posse direta por algum dos interessados na herança.

Diante das repercussões concretas do dispositivo, destacando-se a obrigação de entrega dos frutos e a responsabilidade pela guarda do bem, é fundamental que as primeiras declarações efetuem o mapeamento fático da posse dos bens da herança. O contraditório obrigatório determinado pelos arts. 626 e 627 permitirá que as partes se manifestem, assentindo com a demarcação notificada pelo inventariante nas primeiras declarações ou, em outras hipóteses, complementando-as, impugnando-as ou até reagindo contrariamente ao quadro fático (muitas vezes, desconhecido em completude até que a parte fosse informada a respeito). A sedimentação do mapeamento (situação esperada depois de se efetuar o contraditório), além de projetar concretamente (e de forma imediata) os efeitos do art. 2.020 do CC, podendo ser exigido, por exemplo, repasse compensatório pela posse fática exclusiva de herdeiro sobre bem integrante do espólio,[762] permitirá que a técnica de partilha antecipada do art. 647, parágrafo único, do CPC,[763] possa ser implementada, a partir do posicionamento possessório das partes em relação aos bens da herança.

12.4 Bens com vocação para sobrepartilha ou dúvida quanto à arrecadação

Não há autorização legal para que o inventariante faça, por si só, escolhas em nome do espólio acerca dos bens que farão parte da arrecadação. Sendo assim, mesmo em se tratando de bem que com feição à *sobrepartilha* (art. 2.021 do CC), caberá ao inventariante efetuar a arrecadação. Em tais casos, apresentará relação dos bens que, sob sua ótica, estão *localizados em lugar remoto em relação ao inventário*, são *litigiosos* e/ou de *liquidação morosa ou difícil*, explicitando a situação peculiar. Com o contraditório obrigatório (arts. 626 e 627, I), as partes se manifestarão, admitindo-se, inclusive, que postulem a atração do bem para o seu quinhão/cota. No caso de alguma discordância da conclusão do inventariante acerca da sobrepartilha, o juízo sucessório deverá deliberar sobre a aplicação do art. 2.021 do CC.

---

761 Seguindo a lógica que está inserida do art. 614 do CPC (em relação ao administrador provisório), a regra também é aplicável ao inventariante (estando a previsão expressa no texto do art. 2.020 do CC).

762 No sentido: J. M. Carvalho Santos, *Código Civil Brasileiro interpretado*, v. XXIV, p. 427-428; e José Miguel Garcia Medina e Fábio Caldas de Araújo, *Código Civil anotado*, p. 1.181.

763 No tema, vide os comentários ao art. 647 desta obra.

Semelhante procedimento ocorrerá quando o inventariante se deparar com situações de dúvida objetiva acerca da arrecadação, ou seja, de que determinado bem pertence ou não à herança. Em exemplo, o inventariante poderá localizar aporte financeiro efetuado pelo autor da herança a título de "previdência privada", aferindo, contudo, que os traços da operação examinada não se alinham ao plano securitário nominado e, que, em verdade, mascara uma aplicação financeira.[764-765] Como regra, deve o inventariante, nas primeiras declarações, arrecadar todos os bens do falecido e, em caso de dúvida no sentido, deve consignar a questão sobre a qual não está seguro, a fim de que seja dado conhecimento às partes e, se for o caso, que o juízo sucessório delibere sobre o tema.

12.5 Plano de trabalho

Conforme já dito, as primeiras declarações traçam uma radiografia da sucessão na perspectiva do inventariante, plasmando-se todas as informações relevantes para o curso do inventário. Ocorre que o labor do inventariante não se subsume às primeiras declarações, pois estas, em verdade, fazem parte dos seus trabalhos iniciais. Assim, é de grande utilidade a apresentação de *plano de trabalho*,[766] detalhando, prospectivamente, naquilo que for possível, as atividades que pretende desenvolver e as medidas que deverão ser adotadas, a fim de que as partes tenham ciência da condução que foi projetada, podendo opinar a respeito.

Em suma, no *plano de trabalho*, o inventariante apresentará esboço acerca das providências que pretende adotar, tais como: (a) alienação antecipada de bens sujeitos a perecimento, a deterioração, a desvalorização e a conservação

764 Em breve resenha, entendendo que o Plano de Previdência Privada (VGBL) possui "natureza jurídica de contrato de seguro de vida e não pode ser enquadrado como herança", confira-se: STJ, 4ª Turma, REsp. 1132925/SP, j. 03/10/2013, *DJ* 06/11/2013; 4ª Turma, AgInt nos EDcl no AREsp 947.006/SP, j. 15/05/2018, *DJ* 21/05/2018; 4ª Turma, REsp 803.299/PR, j. 05/11/2013, *DJ* 03/04/2014. Parecendo dar outro norte (ainda que o foco seja a partilha em vida), confira-se: "(...) Considerando que os planos de previdência privada aberta, de que são exemplos o VGBL e o PGBL, não apresentam os mesmos entraves de natureza financeira e atuarial que são verificados nos planos de previdência fechada, a eles não se aplicam os óbices à partilha por ocasião da dissolução do vínculo conjugal apontados em precedente da 3ª Turma desta Corte (REsp 1.477.937/MG)" (STJ, 3ª Turma, REsp. 1.880.056/SE, j. 16/03/2021, *DJ* 22/03/2021). No mesmo sentido: STJ, REsp. 1593026 SP 2016/0086908-0, 4ª Turma, j. 23/11/2021, *DJ* 17/12/2021.

765 Em outra lustração, não há ambiente seguro em relação à demarcação das verbas alcançadas pela Lei n. 6.858/1980, notadamente quanto à aplicação de tetos limitativos. Vide os comentários ao art. 666 desta obra.

766 É possível que, com ajustes, o inventariante se inspire no texto do art. 22, II, *d*, da Lei n. 11.101/2005, que prevê que o administrador judicial apresente "relatório sobre a execução do plano de recuperação" (arts. 53 e. 63, III, da Lei n. 11.101/2005).

arriscada ou dispendiosa; (b) pagamento imediato aos credores que concederem desconto substancial; (c) pagamento prioritário (e antecipado) da meação e dos legados, a partir da verificação de foras da herança; (d) partilha antecipada acerca dos bens móveis por lotes (por meio de sorteio – art. 817 do CC); (e) regularização formal de determinados bens da herança, passando para o nome do espólio e/ou resolvendo outras pendências formais. Ademais, o inventariante poderá propor, no plano de trabalho, por exemplo, contratação de auxiliares (profissionais ou empresas especializadas) para, quando necessário, auxiliá-lo no exercício de suas funções (importando o disposto no art. 22, I, *h*, da Lei n. 11.101/2005).[767] Mais ainda, de forma proativa, poderá propor negócios processuais para determinados assuntos, tais como: (a) a formação de "comissão" de interessados para negociação de dívidas do espólio; (b) a produção autônoma externa de provas acerca de temas que necessitam de elucidação probatória (por exemplo, para delimitar os bens particulares e comuns do autor da herança, diante da impossibilidade de fazê-lo com precisão com o material probatório disponível); e (c) nomeação consensual de peritos para efetuar reavaliação de bens.

A ciência das partes acerca do plano de trabalho permitirá a sua integração às tarefas, inclusive para a construção de calendário processual geral e/ou setorizado, fixando-se cronograma.

13. Termo circunstanciado

O *caput* do art. 620 dispõe que o inventariante fará as primeiras declarações, "das quais se lavrará termo circunstanciado", noticiando-se, no § 2º, do dispositivo que, caso as declarações primeiras tenham sido prestadas por procurador com poderes especiais, o termo se reportará à petição. A dupla regulação gera a impressão de que, se não for lavrado o termo circunstanciado, haverá nulidade.[768] Respeitosamente, não há razão prática na lavratura de "termo circunstanciado", pois, se as primeiras declarações foram elaboradas seguindo o gabarito legal, a exigência formal do termo é "inútil".[769] O que poderia se pensar, tentando aproveitar o texto legal, é na elaboração de termo sobre as primeiras declarações depois destas se sedimentarem, isto é, após passar pelo crivo do contraditório das partes e ter seu texto estabilizado (seja pelo

767 A medida de apoio poderá ser necessária caso a herança, em ilustração, seja composta de bens que exijam conhecimentos específicos, tais como administração societária ou exploração rural.

768 No sentido: RAFAEL KNORR LIPPMANN, *Breves comentários ao novo Código de Processo Civil*, p. 1.698-1.699.

769 No sentido: LUCIANO VIANNA ARAÚJO, *Comentários ao Código de Processo Civil*, v. 3, p. 202.

consenso, seja em decorrência de decisão judicial que dissipou as áreas de conflito). Seja como for, ainda que se exija o "termo circunstanciado", na contramão de um processo que prima por esforços eficientes (art. 8º do CPC), trata-se de irregularidade que poderá ser sanada a qualquer momento, inclusive depois do trânsito em julgado, operando-se, para tanto, interpretação elástica do art. 656 (que permite a emenda da partilha em tais condições).

Art. 621. Só se pode arguir sonegação ao inventariante depois de encerrada a descrição dos bens, com a declaração, por ele feita, de não existirem outros por inventariar.

CPC de 1973 – art. 994

1. Noções gerais sobre a sonegação (enquanto *sanção civil*) e o seu diálogo com os arts. 621-625 (incidente de remoção do inventariante)

A sonegação sucessória é tema de regulação pelo Direito Civil (arts. 1.992-1.996 do CC), sendo necessário que se faça bom diálogo com os arts. 621-625 do CPC, que tratam da *remoção do inventariante*, pois uma das motivações para tal medida é justamente a sonegação de bens por parte do condutor da inventariança (art. 622, VI c/c art. 621).

O art. 621 em vigor adota redação semelhante a que consta no art. 1.996 do CC,[770] no sentido de que sonegação por parte do inventariante está vinculada ao *encerramento da descrição dos bens do espólio*, com a declaração do inventariante de que *não existem mais bens a inventariar.*[771] Ocorre que, da leitura dos arts. 1.992-1993 do CC, extrai-se que a sonegação sucessória está voltada subjetivamente – na própria essência do instituto – aos "herdeiros", muito embora possa alcançar outras pessoas ligadas ao direito hereditário, como é o caso do legatário.[772] Com efeito, pelo gabarito do diploma civil, *a figura do inventariante sonegador está vinculada a sua posição cumulativa de herdeiro*, já que esta não resulta em qualquer penalização quando o protagonista da inventariança

---

770 O dispositivo da lei civil é mais amplo, pois prevê a sonegação do herdeiro (que não é inventariante), configurando-se a situação quando aquele declara no inventário a inexistência de bens que devem ser trazidos à herança, ainda que oriundos da colação (art. 1.992 do CC).

771 Saliente-se, desde já, que a interpretação aplicada nos dois dispositivos de que a sonegação se caracteriza depois de *"encerrada a descrição dos bens"* não pode ser literal, sob pena, por exemplo, de se inviabilizar qualquer postulação acerca da remoção do inventariante com base na sonegação (art. 622, VI). Vide item adiante.

772 No sentido: Maria Berenice Dias, *Manual das Sucessões*, p. 644. Há de ser aplicar também em relação ao cessionário de direitos hereditários, pois este ocupa a posição original do cedente. Próximo: Paulo Lôbo, *Direito Civil:* Sucessões, p. 301.

não se posta como beneficiário direto da herança. Mais ainda, a sanção civil decorrente da sonegação (= *perda do direito sucessório sobre o bem tido como sonegado* – parte final do art. 1.992) será aplicada a *qualquer herdeiro*, independentemente de estar na posição de inventariante. Dessa forma, a "sanção" prevista no art. 1.993 (*remoção da inventariança*) é, na verdade, apenas uma consequência lógica da sonegação perpetrada pelo herdeiro que está na condução da inventariança, pois seria contraditório que tal fato fosse apurado (e declarado) e não tivesse repercussão na administração do espólio.

O breve passeio no Direito Civil demonstra que deve ser feita a depuração entre a *sanção civil* (= *perda dos direitos sucessórios sobre o bem sonegado*) em relação à remoção da inventariança (*art. 622 – conduta inadequada do inventariante na administração da herança*). Tanto assim que, para a primeira situação, se exige – segundo entendimento majoritário[773] – a configuração não só do *elemento objetivo* (falta de arrecadação do bem), mas também de *elemento subjetivo* (dolo),[774-775]

---

773 No sentido: "A pena de sonegados não é decorrência lógico-jurídica do reconhecimento de que houve desvio de bens. Para sua aplicação, é imprescindível a prova do dolo" (STJ, 3ª Turma, EDcl no REsp 1.287.490/RS, j. 25/11/2014, *DJ* 12/12/2014). Com semelhante linha: STJ, 3ª Turma, REsp 1.267.264/RJ, j. 19/05/2015, *DJ* 25/05/2015; 3ª Turma, REsp 1.196.946/RS, j. 19/08/2014, *DJ* 05/09/2014.

774 De forma resumida, o *elemento objetivo* está configurado pelo ato omissivo na arrecadação de determinados bens (= deixar de apresentar descrição no inventário quando estejam em seu poder, ou, com o seu conhecimento, no de outrem, ou ainda deixar de trazê-los), ao passo que a o *elemento subjetivo* reclama a constatação de conduta dolosa do herdeiro. A sonegação exige, segundo a doutrina majoritária, uma análise de ocultação mais dolo. No sentido: Maria Helena Diniz, *Curso de Direito Civil Brasileiro*, v. 6, p. 454-455; Silvio Rodrigues, *Direito Civil:* direito das sucessões, v. 7, p. 271; Flávio Tartuce, *Direito Civil*: direito das sucessões, p. 625; Carlos Roberto Gonçalves, *Direito Civil Brasileiro*, v. 7, p. 532-533; Gustavo Tepedino, Ana Luiza Maia Nevares e Rose Melo Vencelau Meireles, *Direito das Sucessões*, p. 266; Carlos Alberto Dabus Maluf e Adriana Caldas do Rego Freitas Dabus Maluf, *Curso de Direito das Sucessões*, p. 523; Cristiano Chaves de Farias e Nelson Rosenvald, *Curso de Direito Civil: Sucessões*, v. 7, p. 569; Orlando Gomes, *Sucessões*, p. 303-304; Arthur Vasco Itabaiana de Oliveira, *Tratado de Direito das Sucessões*, p. 408; Carlos Maximiliano, *Direito das Sucessões*, v. III, p. 376-377; e Giselda Maria Fernandes Novaes Hironaka, *Direito das Sucessões*, p. 398-399. Pablo Stolze e Rodolfo Pamploma Filho – com olhos mais próximos as linhas de boa-fé objetiva do CC – defendem que "quem não foi fiel com a verdade, violando o dever de informar que deriva do superior princípio da boa-fé objetiva, não pode passar incólume. E isso se aplica, inclusive, ao inventariante" (*Novo curso de Direito Civil*: direito das sucessões, p. 436). Próximo: Paulo Lôbo, *Direito Civil*: Sucessões, p. 302; e Maria Berenice Dias, *Manual das Sucessões*, p. 645.

775 O "dolo" pode se configurar no curso do inventário a partir da não arrecadação depois de recebidas informações acerca da necessidade de assim proceder. No sentido, é possível adaptar a aplicação dos arts. 1.202 e 1.826, parágrafo único, do CC,

situação última que não é necessária para que caracterize gestão defeituosa da herança que autorize a troca da inventariança. Aglutinar os dois temas de forma indissociável levaria à conclusão de que a remoção do inventariante estaria também atrelada ao *requisito subjetivo* da sonegação (dolo), o que é absolutamente inaceitável e impediria, na prática, a destituição do inventariante na maioria das vezes.[776] Não suficiente, restaria prejudicada a instauração do incidente de remoção do inventariante no bojo do inventário sucessório (arts. 622-625) caso este figurasse como herdeiro, exigindo-se que o tema fosse apurado por meio de ação própria (art. 1.994 do CC), como sói ocorrer em relação à sanção da sonegação referente à perda do direito sucessório atrelado ao bem.[777] Portanto, mesmo que não se apure o "dolo" (exigido pela posição majoritária) para a aplicação da sanção de sonegados ao herdeiro inventariante, tal fato não impedirá a remoção do então protagonista da inventariança, caso se demonstre

pois a convocação expressa para a entrega da coisa faz com que mude o quadro na aferição da conduta daquele que se está na posse de bem do espólio (e, eventualmente, de "cúmplice" que não noticia o fato e/ou não adota providências para que a restituição seja efetuada). A ciência inequívoca da necessidade de arrecadação colocará o possuidor em cheque, sendo considerado em situação de má-fé ao se configurar que o bem faz parte da arrecadação sucessória.

776 No ponto, a análise do *elemento subjetivo* divide a doutrina, entendendo um segmento que o dolo há de ser provado por quem o alega, ou seja, pela pessoa que aduz a sonegação, ao passo que outra corrente defende que, havendo comprovado o *elemento objetivo* (arrecadação não efetuada), caberia àquele que não trouxe o bem para o inventário provar que não agiu com dolo. Embora o primeiro entendimento seja majoritário, o segundo posicionamento se mostra mais adequado no plano processual, pois, a *priori*, o suposto sonegador terá mais condições de fazer prova de que sua conduta não foi intencional, até porque se trata de análise que envolve o seu comportamento. Com ótimo resumo sobre as correntes, confira-se: Flávio Tartuce, *Direito Civil*: direito das sucessões, p. 625. Há de se admitir, a depender do caso concreto, a inversão do ônus da prova (art. 373, § 1º, do CPC atual). Próximo: Maria Berenice Dias, *Manual das Sucessões*, p. 642.

777 No sentido: Cesar Peghini, *Elementos de Direito de Família e Sucessões*, p. 510; Arthur Vasco Itabaiana de Oliveira, *Tratado de Direito das Sucessões*, p. 409; Luciano Camargo Penteado, *Manual de Direito Civil*: Sucessões, p. 249; Gustavo Tepedino, Ana Luiza Maia Nevares e Rose Melo Vencelau Meireles, *Direito das Sucessões*, p. 266-267; Maria Helena Diniz, *Curso de Direito Civil Brasileiro*, v. 6, p. 457-459; José Maria Leoni Lopes de Oliveira, *Direito Civil*: Sucessões, p. 762); Eduardo de Oliveira Leite, *Comentários ao novo Código Civil*, v. XXI, p. 725; Silvio Rodrigues, *Direito Civil*: direito das sucessões, v. 7, p. 274; Caio Mário da Silva Pereira, *Instituições de Direito Civil*: Direito das Sucessões, p. 397; José Fernando Simão, *Código Civil comentado*, p. 1.540; Mauro Antonini, *Código Civil Comentado,* p. 2.330; Clóvis do Couto e Silva, *Comentários ao Código de Processo* Civil, v. XI, tomo I, p. 314; Alexandre de Paula, *Código de Processo Civil anotado*, v. IV, p. 3.703; Paulo Lôbo, *Direito Civil:* Sucessões, p. 302; e Carlos Alberto Dabus Maluf e Adriana Caldas do Rego Freitas Dabus Maluf, *Curso de Direito das Sucessões*, p. 531.

que sua administração está sendo feita de forma inadequada e, ainda que de forma involuntária, tenha causado prejuízos à arrecadação da herança.[778]

Nos casos em que o inventariante não é herdeiro (por exemplo, cônjuge sobrevivente sob o regime da comunhão universal ou inventariante dativo) não há encaixe perfeito do art. 1.992 do CC, apurando-se o eventual prejuízo pela má-arrecadação pelas regras de responsabilidade civil (arts. 186 e 402 do CC), e não de perda de direito sucessório que sequer existe no caso concreto.[779] No que se refere à própria arrecadação, a entrega compulsória poderá ser instada por tutela possessória ou reivindicatória (a depender da situação concreta),[780] inexistindo qualquer óbice para que ocorra a cumulação com o pleito indenizatório (desde que preenchidos os requisitos do art. 327 do CPC). Em coerência aos fundamentos trazidos, configurado quadro de sonegação (ainda que sem "dolo") por parte testamenteiro, este deverá ser também destituído do encargo, perdendo o direito à vintena,[781] situação que igualmente se aplicará ao inventariante externo designado pelo juízo sucessório que faria jus a honorários.

Em síntese conclusiva, permite-se dizer que: (a) a sanção civil (art. 1.992 do CC) não é requisito para a remoção do inventariante; (b) para a remoção do inventariante, bastará que seja efetuada a demonstração de administração inadequada do espólio, causando-lhe prejuízo ou exorbitando os atos que lhe foram conferidos (art. 622); (c) espectro subjetivo vinculado à remoção da inventariança é mais abrangente do que ocorre em relação à sanção civil, já que o rol das pessoas que podem figurar como inventariante (art. 617 do CPC)

---

778 No sentido: STJ, 4ª Turma, REsp. 163.195/SP, j. 12/05/1998, *DJ* 29/06/1998.

779 Bem próximo: Euclides de Oliveira, *Comentários ao Código de Processo Civil*, p. 729; Maria Berenice Dias, *Manual das Sucessões*, p. 644 e 646; e Silvio Rodrigues, *Direito Civil:* direito das sucessões, v. 7, p. 272-274. Parecendo concordar: Maria Helena Diniz, *Curso de Direito Civil Brasileiro*, v. 6, p. 457; Carlos Alberto Dabus Maluf e Adriana Caldas do Rego Freitas Dabus Maluf, *Curso de Direito das Sucessões*, p. 524-525; e Luiz Paulo Vieira de Carvalho, *Direito das Sucessões*, p. 1.035. Contra, entendendo pela aplicação da sanção civil ao sonegador não beneficiário da herança, confira-se: Carlos Roberto Gonçalves, *Direito Civil Brasileiro*, v. 7, p. 535; Washington de Barros Monteiro e Ana Cristina de Barros Monteiro França, *Curso de Direito Civil*, v. 6, p. 297; e Carlos Maximiliano, *Direito das Sucessões*, v. III, p. 388-389. Sobre o tema, confira-se, ainda: STJ, 3ª Turma, REsp 52/CE, j. 15/08/1989, *DJ* 18/09/1989.

780 Igualmente: Giselda Maria Fernandes Novaes Hironaka, *Direito das Sucessões*, p. 400.

781 No sentido: Carlos Roberto Gonçalves, *Direito Civil Brasileiro*, v. 7, p. 535; Caio Mário da Silva Pereira, *Instituições de Direito Civil*: Direito das Sucessões, p. 397; Giselda Maria Fernandes Novaes Hironaka, *Direito das Sucessões*, p. 401; e Silvio Rodrigues, *Direito Civil*: direito das sucessões, v. 7, p. 271-272 e 274.

possui amplitude maior em relação ao grupo alcançado pela sanção civil de perda do direito sucessório do bem sonegado (art. 1.992 do CC).

2. Comunicação do art. 621 com o art. 636 ("encerrada a descrição dos bens" e "últimas declarações")[782]

A interpretação literal do art. 621 (cujo texto repete a parte inicial do art. 1.996 do CC) pode levar à (equivocada) conclusão de que a sonegação do inventariante somente poderá ser configurada ao final do inventário, depois de o inventariante apresentar as "últimas declarações" (art. 636) e declarar 'que não existem outros bens a inventariar'.[783] Tal concepção cria cenário que coloca em xeque a arrecadação dos bens do espólio e torna o art. 622, VI, praticamente inócuo, pois a destituição teria pouco efeito prático.

Conforme traçado nos comentários ao art. 620, as primeiras declarações são permeáveis e podem absorver retificações ao longo do inventário sucessório. Tanto assim que, a teor dos arts. 626-627, apresentadas as primeiras declarações, as partes terão a faculdade de sobre a peça se manifestarem, requerendo que o inventariante efetue retificações do que foi plasmado e/ou preencha espaços omissos. Há, pois, falsa ideia de dueto fixo entre "as primeiras e as últimas declarações", que estaria pousado respectivamente nos arts. 620 e 636. Na realidade, examinando o procedimento do inventário sucessório padrão, tem-se que as primeiras declarações poderão ser (ordinariamente) ajustadas em três momentos distintos, a saber: (a) depois do contraditório geral acerca do esboço inicial do inventariante (art. 627, § 1º), (b) após a avaliação dos bens (art. 636, segunda parte), e (c) encerrada a fase de liquidação da herança/pagamento das dívidas (arts. 647, *caput*, c/c art. 651), sendo que certo que as "últimas declarações" serão consideradas as mais próximas ao desfecho do inventário sucessório, ou seja, o relatório final que se apresentará depois da liquidação das dívidas.

O cenário procedimental estampado é indicativo de que o art. 636 possui, em regra, campo delimitado (= *ajuste na avaliação dos bens*),[784] não sendo palco

782 O assunto foi tratado com mais vagar nos comentários ao art. 636, reportando-se aos fundamentos apresentados na abordagem. De toda sorte, o tema merece que seja aqui analisado rapidamente, pois o art. 621 se projeta para o art. 622, VI (adiante comentado).

783 No ponto, há julgado do STJ que sustentou que, em caso de falta de "últimas declarações" no bojo do inventário, a ação de sonegados restará prejudicada "por falta de interesse de agir" (STJ, 4ª Turma, REsp 265.859/SP, j. 20/03/2003, *DJ* 07/04/2003).

784 Embora o art. 636 seja tratado como dispositivo atrelado às "últimas declarações", na realidade, o dispositivo trabalha, dentro do rito do inventário, como plataforma

natural para que as partes formulem postulações acerca da arrecadação de bens. Na verdade, a arrecadação faz parte de etapa inicial do inventário sucessório (*etapa limiar*[785]), sendo absolutamente incorreto se imaginar que está vinculada às "últimas declarações". Na realidade, em *caráter residual*, admite-se que a arrecadação seja feita até o desfecho do inventário, situação que também é permitida na habilitação de crédito (art. 642, primeira parte).

Ao se vincular a sonegação de bens, de forma indissociável, às "últimas declarações", há o desprezo da arquitetura do inventário *causa mortis* e das suas fases, pois, como se viu, há mudança no foco dos temas a serem resolvidos (em decorrência do *policentrismo* que marca a sucessão). Dessa forma, a interpretação de que o art. 621 do CPC e o art. 1.996 do CC estão vinculados à última declaração do inventariante antes do desfecho do inventário não pode ser repetida como dogma, impassível de sofrer investigação ou reavaliação. Dentro do contexto procedimental desenhado pela legislação processual, o encerramento da *descrição dos bens, com a declaração do administrador da herança de não existirem outros por inventariar* deve ser efetuado depois de finalizado o incidente que vincula os arts. 620, 626 e 627. Tal conclusão decorre do fato de que é em tal *sítio procedimental* que as partes, consoante expresso no art. 627, I, apresentarão os pedidos de ajustes acerca dos "erros e omissões", inclusive quanto à "*sonegação de bens*", que alcança aqueles sujeitos à colação (art. 639 do CPC c/c art. 1.992 do CC). No particular, o 627, I (diverso do que constava do texto do revogado do art. 1.000, I, do CPC de 1973), é expresso ao apontar que a "sonegação de bens" deve ser arguida pelas partes a partir da arrecadação efetuada pelo inventariante nas primeiras declarações, firmando-se contraditório, com a possibilidade de produção de *prova documentada* (art. 612) sobre a questão. O simples fato de que há a possibilidade de que outros bens sejam localizados até o desfecho do inventário, com todo respeito, não muda o adequado momento procedimental para se sedimentar a arrecadação dos bens, sob pena de considerar letra morta o

para "declaração intermediária", já que as correções que nele estão previstas (segundo a sua posição topográfica) são atreladas à estimação dos bens. As "últimas declarações", em verdade, serão plasmadas depois da fase de liquidação da herança (art. 642-646), etapa em que se opera o pagamento das dívidas. A constatação é simples, pois, se dívidas forem atendidas, restarão diminuídas as forças da herança, ficando a situação mais evidenciada ainda quando os pagamentos forem efetuados por meio da *separação de bens*, ou seja, da expropriação consensual de patrimônio do espólio para atender a seus credores (art. 642, §§ 2º-4º). A assertiva se confirma com a leitura dos arts. 647 (*caput*) e 651, uma vez que a deliberação judicial da partilha somente se opera depois que o inventariante indique as dívidas atendidas (art. 653). Vide os comentários ao art. 636 desta obra.

785 Vide os comentários ao art. 627 desta obra.

disposto no art. 627, I, do CPC e a importância de tal etapa do inventário sucessório, marcada por amplo contraditório.[786-787]

Sem rebuços, a descrição dos bens arrecadados pelo inventariante está alocada na *etapa limiar* do inventário sucessório, pois somente assim as fases seguintes poderão ser superadas de forma mais segura (avaliação e liquidação da herança), definindo-se o que estará no rol de bens atrelados à sucessão. Ademais, não se pode esquecer que a arrecadação e a descrição dos bens fazem parte do cartel das incumbências funcionais do inventariante (art. 618, III, IV e VII[788]), cabendo a este elaborar relatório no sentido, indicando as providências adotadas, a fim de que as partes possam se manifestar a respeito. Note-se, pois, que não cabe aos herdeiros apenas reclamar sobre a arrecadação e descrição dos bens realizada pelo inventariante, mas também declarar os bens que estão na sua posse, assim como trazer informações sobre outros bens que estão na órbita do espólio. O quadro demonstra que, na *etapa limiar,* devem ser concentrados todos os esforços para arrecadação e, dentro de ambiente de boa-fé e transparência (arts. 5º e 6º do CPC), as partes e o inventariante poderão ser intimados para se manifestarem, de forma expressa e direta, acerca de determinados bens não arrecadados, a fim de que suas posições a respeito possam ser debatidas. É inadmissível interpretar o art. 1.996 do CC "com dois pesos e duas medidas", no sentido de que, em relação ao herdeiro, a apuração de sonegação se opera quando este declara que não possui o bem (parte final do dispositivo), mas, quanto ao inventariante (mesmo que herdeiro), a sonegação fica em estado de "suspensão" até as "últimas declarações" (parte inicial do citado artigo de lei).

Para resolver o embaraço, a importação (adaptada) da técnica prevista no art. 1.807 do CC (aplicável à aceitação da herança) cria estabilidade, isonomia e eficiência na interpretação dos arts. 1.996 do CC e 621 do CPC. Com efeito, verificando-se que não ocorreu a arrecadação/descrição de determinados bens, deve-se admitir a convocação específica para fins de configuração da sonegação, facultando que a parte e/ou o inventariante explicite(m) os motivos acerca da postura adotada (ou seja, a não arrecadação de determinados

786 Vide os comentários ao art. 627 desta obra.

787 Tanto assim que, se forem localizados bens posteriormente ao desfecho do inventário, haverá sobrepartilha. A arrecadação extemporânea não está vinculada apenas aos bens sonegados, pois poderão ser localizados outros que não eram de conhecimento geral dos beneficiários da herança (art. 669, I e II).

788 Para Hamilton de Moraes Barros, a sonegação na perspectiva do inventariante é uma "falta funcional" (*Comentários ao Código de Processo Civil*, v. IX, p. 241). Adotando a posição, confira-se, ainda: Luciano Vianna Araújo, *Comentários ao Código de Processo Civil*, v. 2, p. 202. Próximo: Gerson Fischmann, *Comentários ao Código de Processo Civil,* v. 14, p. 85; e Paulo Lôbo, *Direito Civil:* Sucessões, p. 301.

bens). Efetuada a intimação, o silêncio (ou resposta evasiva) do convocado não poderá ser tolerado, notadamente por parte do inventariante diante das suas atribuições e deveres funcionais,[789] abrindo-se espaço para configuração da *sonegação*, ainda que no curso do inventário *causa mortis*.[790-791]

A referida intimação poderá ser postulada (de forma fundamentada) por qualquer interessado, sem prejuízo da possibilidade da convocação de

---

789 Se, no retorno à intimação, o inventariante e/ou herdeiro deixar(em) claro que a arrecadação não será feita ou se esquivar(em) de atender à convocação, não há sentido de aplicar apenas ao herdeiro a parte final do art. 1.996 do CC, deixando de atribuir o mesmo tratamento ao inventariante, mormente quando este é também herdeiro.

790 No sentido, confira-se: Carlos Maximiliano, *Direito das Sucessões,* v. III, p. 377; Carlos Roberto Gonçalves, *Direito Civil Brasileiro*, v. 7, p. 533; Euclides de Oliveira e Sebastião Amorim, *Inventário e partilha*: teoria e prática, p. 337; e Giselda Maria Fernandes Novaes Hironaka, *Direito das Sucessões*, p. 401. Parecendo concordar: Luiz Paulo Vieira de Carvalho, *Direito das Sucessões*, p. 1.035-1.036. De certa forma, adotando a linha: "A aplicação da pena de sonegados exige prova de má-fé ou dolo na ocultação de bens que deveriam ser trazidos à colação, o que, via de regra, ocorre somente após a interpelação do herdeiro sobre a existência de bens sonegados" (STJ, 4ª Turma, REsp 1.567.276/CE, j. 11/06/2019, *DJ* 01/07/2019).

791 Em exemplo, determinado herdeiro necessário reclama de outros dois coerdeiros também necessários (sendo um deles o inventariante) que seja feita a apresentação de bem doado em vida para ambos pelo autor da herança. Na postulação, é informado que a doação contemplou os dois coerdeiros, sendo estes condôminos do bem objeto da liberalidade que deve ser arrecadado como colação, vez que não houve qualquer dispensa no sentido (art. 2.005 do CC). Nada obstante a situação condominial, caso seja feita a interpretação gramatical do art. 1.996 do CC, a declaração de negativa do coerdeiro donatário que não figura como inventariante autorizará a investigação acerca da sonegação, ao passo que, em relação ao outro coerdeiro necessário também donatário – caso ocupe o posto de inventariante – tal apuração restará frustrada, ao argumento de que somente se configuraria sonegação ao último depois de lançadas as "últimas declarações". Trata-se, sem rebuços, de raciocínio incorreto, devendo-se entender – em prol da isonomia – que, havendo nos autos declaração indicativa de que não será feita a arrecadação, é possível a apuração acerca da sonegação de bens, inclusive em relação ao herdeiro que está na função de inventariante.Com posição próxima: Silvio Rodrigues, *Direito Civil*: direito das sucessões, v. 7, p. 274; Silvo de Salvo Venosa, *Código Civil Interpretado,* p. 1.704; Arruda Alvim, Araken de Assis e Eduardo Arruda Alvim, *Comentários ao Código de Processo Civil,* p. 1.476; e Marcus Vinicus Bacchiega, *Comentários ao código de processo civil*: perspectiva da magistratura, p. 708. Parecendo concordar: Gerson Fischmann, *Comentários ao Código de Processo Civil.* V. 14, p. 85; Luciano Camargo Penteado, *Manual de Direito Civil*: Sucessões, p. 250; Euclides de Oliveira e Sebastião Amorim, *Inventário e partilha*: teoria e prática, p. 336; Carlos Roberto Gonçalves, *Direito Civil Brasileiro,* v. 7, p. 533; Giselda Maria Fernandes Novaes Hironaka, *Direito das Sucessões*, p. 400; Dimas Messias de Carvalho, *Direito das sucessões*: inventário e partilha, p. 481.

ofício pelo juiz que conduz o inventário, uma vez que se trata de diligência necessária ao desfecho da arrecadação. Diante das repercussões, o juízo sucessório deverá alertar ao convocado as consequências acerca da sonegação,[792] exigindo que as declarações sejam feitas de forma explícita, notadamente quando há dúvida ou conflito sobre a arrecadação de determinado bem. Assim, com a postura cooperativa do juízo sucessório (art. 6º do CPC),[793] a sonegação poderá ser elidida ou caracterizada, não havendo qualquer motivação para que a questão conflituosa seja postergada para as "últimas declarações".

3. Diálogo com o art. 622, VI (remoção do inventariante)[794]

Consoante já adiantado em item anterior, o art. 1.996 do CC está vinculado à ação autônoma necessária à aplicação da sanção civil de perda do direito sucessório sobre o bem sonegado (arts. 1.992 e 1.994), ao passo que o art. 621 do CPC possui vínculo com a condução da inventariança, no sentido de que, com evidência acerca de ato de sonegação do inventariante, possa ser instaurado o incidente respectivo à sua remoção (art. 622, VI). A premissa é de grande importância, pois o art. 621 deve ser interpretado exclusivamente para a bandeja do art. 622, VI (que está atrelado a uma trinca de hipóteses: *sonegação*, *ocultação* e *desvio de bens*). Para aplicação da legislação processual, não é necessário que se configure o dolo, bastando a comprovação da conduta culposa do inventariante acerca da *arrecadação patrimonial*, com apresentação desta de forma incompleta.[795] Isso porque o pano de fundo da discussão está no exercício da inventariança, em que arrecadação de bens se posta com uma das funções mais importantes (art. 618, III, IV e VII, c/c art. 620, IV).[796]

O que interessa para efeito do art. 622 é a verificação de (potencial) conduta do inventariante que coloque em risco a condução do inventário sucessório e a proteção do seu patrimônio. Seria absurdo pensar, em exemplo, que a atuação culposa do inventariante na manutenção dos bens, deixando

792 A prevenção faz parte da atividade do juiz. No sentido: Miguel Teixeira de Sousa, *Estudos sobre o novo processo civil*, p. 62-67.

793 Sobre a cooperação na perspectiva do juízo sucessório, vide os comentários ao art. 612 desta obra.

794 O assunto foi abordado de forma mais aprofundada nos comentários ao art. 622 desta obra.

795 Parecendo concordar: Luciano Vianna Araújo, *Comentários ao Código de Processo Civil*, v. 2, p. 203.

796 Bem próximo: Hamilton de Moraes Barros, *Comentários ao Código de Processo Civil*, v. IX, Vol, p. 241-242.

que estes se deteriorem ou que sejam dilapidados, justifique a sua remoção da inventariança (art. 622, III), mas que, no caso de não arrecadação, deixando-os no poder de outros que não no do espólio, situação mais grave, não fosse possível a destituição do inventariante. O art. 622, VI, deve ser interpretado no contexto das demais hipóteses do dispositivo e da correspondente consequência jurídica (remoção do inventariante), que não alberga a sanção civil do art. 1.992 do CC.[797] Pensar diferente conduziria à união indissolúvel dos arts. 621 do CPC e 1.996 do CC, não podendo mais a remoção do inventariante ser processada por incidente, já que reclamaria ação autônoma (art. 1.994 do CC).

4. Da declaração ("protesto") por arrecadação de outros bens

No curso do inventário sucessório, é comum – dentro da *práxis forense* – que o inventariante lance "declaração" de que não encerrou a arrecadação, uma vez que está averiguando se ainda há outros bens a arrecadar. Por outras vezes, o inventariante, ao fim da descrição dos bens inventariados, apresenta requerimento, em forma de "protesto", para que a arrecadação não seja encerrada, afirmando que há a possibilidade de atração de outros bens para o inventário. A declaração/postulação genérica não impedirá a remoção do inventariante, caso se verifique que o administrador da herança tinha condições de efetuar a arrecadação, mas optou por não o fazer.[798] Para que a declaração/protesto tenha alguma eficácia no sentido, é fundamental que o inventariante explicite as diligências que estão sendo efetuadas, ou seja, que esclareça as investigações e ou providências vinculadas à arrecadação.[799] Por exemplo, o inventariante apresenta relatório de arrecadação, ressalvando ao final que desconhece os atos de liberalidade efetuados pelo autor da herança aos herdeiros necessários ao longo de sua vida e que convocará tais pessoas, a fim de que esclareçam os fatos e, tendo ocorrido doações, que tragam os bens respectivos para a arrecadação (colação).[800]

797 Próximo: Gerson Fischmann, *Comentários ao Código de Processo Civil*, v. 14, p. 85-86.

798 Na verdade, tal declaração/protesto é de todo dispensável, uma vez que a legislação admite a sobrepartilha, com a arrecadação de bens descobertos depois do desfecho do inventário (art. 669, II, do CPC e 2.022 do CC).

799 Até mesmo para efeito de exclusão de bens que naturalmente fariam parte da arrecadação, remetendo-os para a sobrepartilha (art. 2.021 do CC), deverá o inventariante justificar a conduta. Vide os comentários ao art. 620 desta obra.

800 Em outra ilustração, o inventariante pode apresentar protesto para averiguação de bens fora do domicílio do falecido, tendo em vista que a arrecadação efetuada até a presente data se circunscreveu à comarca do juízo do inventário a partir das informações contidas nos documentos pessoais do autor da herança, tais como declaração de imposto de renda e material entregue pelos herdeiros.

Não se deve admitir que "declaração/protesto genérico" funcione como redoma de proteção do inventariante, pois a falta funcional decorrente da não arrecadação será apurada a partir da configuração (ou não) da ocorrência de ato involuntário ou de equívoco justificável.[801] Assim, a transparência na declaração ou protesto quanto à possibilidade de outros bens a declarar é fundamental para análise da conduta do inventariante acerca da sonegação de bens e dos enleios envolvendo a arrecadação.[802]

5. Protutor

Com a nomeação do *protutor sucessório*[803] a arrecadação efetuada pelo inventariante deverá ser checada pelo referido fiscal. Com tal norte, a dicção do *protutor* reprovando a arrecadação do inventariante poderá, em ilustração aplicada ao art. 621, autorizar a remoção do inventariante (conferido o contraditório e instauração do incidente previsto nos arts. 622-625 do CPC). A depender do conteúdo do relatório do *protutor* e da resposta do inventariante, poderá ser proposta ação de sonegados ainda com o inventário judicial em curso, pouco importando se lançadas ou não as "últimas declarações". O quadro, além de ratificar a importância de se cogitar a presença do *protutor* no inventário *causa mortis*, ratifica a inviabilidade de sempre se vincular os arts. 621 do CPC e 1.996 do CC à presença nos autos das "últimas declarações", uma vez que há situações em que haverá material nos autos que autorizará a investigação acerca da conduta do inventariante antes da apresentação da aludida peça da fase terminal do processo sucessório.

801 Bem semelhante: Caio Mário da Silva Pereira, *Instituições de Direito Civil*: Direito das Sucessões, p. 396; Silvo de Salvo Venosa, *Código Civil interpretado*, p. 1.704; e Hamilton de Moraes Barros (*Comentários ao Código de Processo Civil*, v. IX, p. 243.

802 Bem próximo, Hamilton de Moraes Barros defende que: "Não isenta nem da falta nem da sua apenação processual, civil ou criminal, a ressalva, ou o protesto, em forma tabelioa, de trazer a descrição outros bens de que venha a ter notícia. Essa ressalva, ou protesto, somente é de acolher-se, se a omissão foi comprovadamente involuntária, ou filha de erro plenamente escusável. Não será nunca um escudo, a assegurar a legítima impunidade" (*Comentários ao Código de Processo Civil*, v. IX, p. 243. Carlos Maximiliano ratifica a ideia posta no corpo do texto ao afirmar que o "protesto de completar a relação dos componentes do acervo só se aproveita, se é sincero e leal, se não há dolo, se logo após a indicação ou reclamação, o inventariante se apressa em sanar as faltas" (*Direito das Sucessões*, v. III, p. 379).

803 Nos comentários efetuados nos arts. 617 e 671 foi analisada a possibilidade de nomeação judicial do *protutor* para laborar no inventário *causa mortis*. Em resumo, o *protutor* (em sua acepção clássica) é uma figura que visa fiscalizar os atos do tutor ou do curador (arts. 1.742 e 1.774 CC), sendo perfeitamente possível sua importação para o inventário sucessório, pois, em determinados casos, a fiscalização por ele exercida evitará conflitos e a instalação de ambiência de pouca transparência.

Art. 622. O inventariante será removido de ofício ou a requerimento:

I – se não prestar, no prazo legal, as primeiras ou as últimas declarações;

II – se não der ao inventário andamento regular, se suscitar dúvidas infundadas ou se praticar atos meramente protelatórios;

III – se, por culpa sua, bens do espólio se deteriorarem, forem dilapidados ou sofrerem dano;

IV – se não defender o espólio nas ações em que for citado, se deixar de cobrar dívidas ativas ou se não promover as medidas necessárias para evitar o perecimento de direitos;

V – se não prestar contas ou se as que prestar não forem julgadas boas;

VI – se sonegar, ocultar ou desviar bens do espólio.

CPC de 1973 – art. 995

1. Breve introdução ao incidente de remoção do inventariante

O artigo em comento traz as hipóteses de remoção (= *destituição compulsória*[804]) do inventariante, formando-se incidente próprio para tanto (arts. 622-625). O texto do art. 622 é mais amplo em relação ao art. 995 do CPC de 1973, pois prevê que o incidente poderá ser provocado não só por requerimento de interessado, mas também poderá ser suscitado de ofício pelo juiz.[805] As bases do incidente de remoção de inventariante estão pousadas no seguinte tripé: (a) suscitação fundamentada de conduta inadequada do inventariante; (b) formação de incidente específico (com amplo contraditório) para a análise da conduta apontada como reprovável; e (c) decisão judicial (motivada) que determina (ou não) o afastamento do inventariante da administração do espólio.

---

804 Alguns autores fazem distinção entre remoção e destituição. Por exemplo, Sebastião Amorim e Euclides de Oliveira entendem que a remoção é espécie do gênero destituição. A remoção ocorre em face de ato falho no exercício do cargo. Destituição é determinada em face de fato externo ao processo (*Inventário e partilha*: teoria e prática, p. 328). Nos comentários que se seguem (arts. 622-625), tanto a remoção quanto a destituição são tratadas como hipóteses compulsórias de exclusão do inventariante da administração da herança, em decorrência de sua conduta (ainda que omissiva). A postura adotada de não diferenciar "remoção" de "destituição" é coerente com o texto constante do art. 31 da Lei n. 11.101/2005. Basta observar que exclusão do administrador judicial e dos membros do Conselho fiscal por decisão judicial, em decorrência de fatos íntimos à sua conduta na falência ou na recuperação judicial, é tratada como "destituição".

805 A mudança no desenho legal prestigiou a posição jurisprudencial, que já vinha aceitando que a remoção do inventariante fosse efetuada a partir da abertura de incidente pelo juiz, desde que respeitado o contraditório. No sentido: STJ, 3ª Turma, REsp 539.898/MA, j. 29/03/2005, *DJ* 06/06/2005.

O incidente de remoção do inventariante (arts. 622-625) não se confunde com a reclamação quanto à nomeação do inventariante (art. 627, II). Na primeira situação, o foco da análise é a própria "conduta" do inventariante, admitindo-se a sua instauração a qualquer momento (desde que antes da partilha). Na hipótese segunda, o farol da fundamentação envolve a própria designação do inventariante, ou seja, a escolha judicial acerca do administrador da herança (por exemplo, a reclamação pode ser ofertada pela falta de observância na designação do rol de referência do art. 617 ou pela nomeação recaída sobre pessoa que não possui condições para administrar o espólio, seja por incapacidade para a missão e/ou por conflitos de interesses). No caso de reclamação para designação do inventariante, a parte terá 15 dias para apresentar a impugnação (art. 627), estabilizando-se a nomeação caso assim não ocorra. Assim, ainda que nas duas situações seja necessário o respeito ao devido processo legal para que o inventariante seja afastado, instaurando-se incidente em ambos os casos (cujo desfecho será uma decisão judicial), cada hipótese possui trilho próprio.

2. Hipóteses autorizadoras de remoção do inventariante: rol exemplificativo

O art. 622 do CPC arrola situações que ensejam a remoção do inventariante. Primeiramente, destaca-se que o dito rol trabalha com hipóteses em que é necessária aferição retrospectiva, ou seja, análise a partir de atos pretéritos do inventariante ocorridos tanto internamente ao inventário *causa mortis* (I, II e V) quanto externamente a este (III, IV e VI).[806] Em segundo lugar, é inegável que se trata de listagem de condutas que merecem reprimenda (= *falhas funcionais*), tendo em vista serem incompatíveis com a administração do espólio. A última observação é indicativa de comunicação do art. 622 com os arts. 618 e 619, pois são estes os dispositivos que fixam as linhas mestras da administração a ser exercida pelo inventariante. Não é ocasional que há comunicações explícitas entre os dispositivos, como se vê, em exemplo, em relação à apresentação de primeiras/últimas declarações e prestação de contas (art. 618, III e VII, e art. 622, I e V). A partir de tal quadro, considerando que os arts. 618 e 619 não são exaurientes na fixação das incumbências do inventariante,[807] por certo, não se pode projetar para o art. 622 uma noção diferente de cardápio. Na verdade, o legislador realçou atividades mais vulgares atreladas ao inventariante, fato este que não as limita, seja para exercício da função (arts. 618 e 619), seja para a censura da inventariança (art. 622). Bastará, pois, que se configure situação de má administração pelo inventariante para

806 No sentido: Luciano Vianna Araújo, *Comentários ao Código de Processo Civil*, v. 2, p. 204.

807 Vide comentários aos arts. 618 e 619 desta obra.

que seja investigada, por meio de incidente processual próprio, a necessidade de sua destituição, sendo o rol do art. 622 de natureza *exemplificativa*.[808]

Ademais, a própria conexão do art. 622 aos arts. 618 e 619 demonstra que há causas para a remoção do inventariante que não estão contempladas no rol do artigo comentado. No sentido, a postura do inventariante em não cumprir o inciso IV do art. 618, negando-se a apresentar às partes os documentos vinculados ao espólio, poderá dar ensejo à remoção do inventariante, tendo em vista que se presume que a administração condominial terá transparência.[809] Em desvio mais evidente (e que não consta censura no art. 622), poderá ser removido o inventariante que faz alienação de bens do espólio sem a prévia oitiva dos interessados e do juiz (art. 619, I). Não se deve, contudo, limitar a abertura do art. 622 às hipóteses que podem ser extraídas do seu diálogo com os arts. 618 e 619, até porque dispositivos trabalham com cardápios exemplificativos. Em suma, qualquer tipo de falha funcional do inventariante e atos que evidenciem que sua administração deve ser cessada poderão dar ensejo à instauração de incidente de remoção.[810]

3. A falta de apresentação de primeiras ou de últimas declarações no prazo legal

A não apresentação das primeiras ou das últimas declarações (art. 618, III) é a primeira causa justificadora de remoção do inventariante, consoante se

808 No sentido: STJ, REsp. 1.114.096/SP, 4ª. Turma, j. 18/06/2009, *DJ* 29/06/2009. Na doutrina, confira-se: Clóvis do Couto e Silva, *Comentários ao Código de Processo Civil*, v. XI, tomo I, p. 320; Luciano Vianna Araújo, *Comentários ao Código de Processo Civil*, v. 2, p. 204; Gerson Fischmann, *Comentários ao Código de Processo Civil*, v. 14, p. 87; e Daniel Amorim Assumpção, *Novo Código de Processo Civil comentado*, p. 1.065. O texto do CPC de 1939 (art. 476, VII) era mais claro em relação ao caráter exemplificativo do rol. No âmbito da Lei n. 11.101/2005, a destituição do administrador judicial (de quaisquer dos membros do Comitê de Credores) segue parâmetros fluídos, pois seu o art. 31 faz alusão genérica à "desobediência aos preceitos desta Lei, descumprimento de deveres, omissão, negligência ou prática de ato lesivo às atividades do devedor ou a terceiros".

809 Parecendo concordar, confira-se: Clóvis do Couto e Silva, *Comentários ao Código de Processo Civil*, v. XI, tomo I, p. 299.

810 Em exemplo, deve ser encartado, como situação que autoriza a destituição do inventariante não apenas a falta de zelo pela conservação dos bens que foram deixados pelo falecido e alcançados pela *saisine* (art. 622, III), mas também a mesma postura em relação aos frutos respectivos, de modo que a deterioração e/ou dilapidação destes poderá justificar a remoção do protagonista da inventariança. Em outra ilustração, a aguda animosidade entre inventariante e partes no inventário já foi apontada como motivação para a remoção do inventariante. No sentido: STJ, 4ª Turma, REsp 988.527/RS, j. 24/03/2009, *DJ* 11/05/2009; 3ª Turma, AgInt no AREsp 882.010/SP, j. 10/11/2016, *DJ* 24/11/2016; STJ, 4ª Turma, AgInt no REsp 1.294.831/MG, j. 13/06/2017, *DJ* 20/06/2017.

infere do art. 622, I. A previsão se justifica dada a importância das peças para o inventário *causa mortis*.

Seguindo-se o *procedimento especial padrão* do inventário sucessório,[811] formalizada a inventariança (art. 617, parágrafo único), o inventariante terá o prazo de 20 dias para apresentação das primeiras declarações. Tal prazo, todavia, é de natureza dilatória, pois, a depender da situação concreta, o inventariante terá que efetuar diligências (por exemplo, a colheita de informações e documentação de posse de terceiros) que extrapolarão tal prazo. Ocorrendo tal situação, em prestígio ao art. 139, VI, o ideal é que o inventariante apresente postulação dirigida ao juiz, antes de findo o prazo fixado no art. 620, informando a necessidade da dilação, com a projeção da data que entende como viável para a apresentação das primeiras declarações.[812] Em relação às |últimas declarações, não há no art. 636 a fixação de prazo para a sua apresentação.[813] Caso o juiz, ao intimar o inventariante, não indique o prazo em que a peça de desfecho será colacionada nos autos, há se ser aplicado, por equiparação, o que está disposto no art. 620, ou seja, 20 (vinte) dias. De modo próximo, entendendo o inventariante que o prazo não é suficiente para a confecção e apresentação das últimas declarações, é salutar que seja requerida a sua dilação, pleito este que também deve ser aviado antes do termo temporal.

De toda sorte, vencido o prazo (seja para a apresentação das primeiras ou das últimas declarações), mesmo que o inventariante não tenha apresentado qualquer justificativa para o atraso, antes de adotar qualquer medida, deverá o juiz intimá-lo, a fim de que cumpra com a incumbência.[814] Na resposta, o inventariante poderá justificar o não cumprimento da tarefa na data aprazada, sendo de bom tom indicar a data que apresentará as declarações, caso não possa fazê-lo de imediato. É possível que, a par de fundamentos plausíveis, que prorrogação seja levada a cabo. De toda sorte, caso o juiz perceba indícios de que as motivações não se justificam ou que inexiste resposta do inventariante justificando o atraso, deve ser instaurado o incidente de remoção do inventariante.[815]

---

811 Sobre os procedimentos do inventário, vide comentários ao art. 659.

812 Vide comentários ao art. 620 desta obra.

813 Também atento à omissão legislativa, confira-se: Clóvis do Couto e Silva, *Comentários ao Código de Processo Civil,* v. XI, tomo I, p. 317; e Gerson Fischmann, *Comentários ao Código de Processo Civil*, v. 14, p. 89.

814 A intimação do juiz poderá ser mais aguda, a fim de determinar que o inventariante apresente *plano de trabalho,* postura que é de todo relevante notadamente quando se está na parte inicial do inventário *causa mortis*, ou seja, quando se tratar de confecção das primeiras declarações. Sobre plano de trabalho, vide os comentários ao art. 620 desta obra.

815 Próximo: Azevedo, Renato Santos Piccolomini de; Cahali Francisco José, Do inventário e das primeiras declarações. In: *Código de Processo Civil anotado*, p. 883.

Apesar de o juiz ter o condão de iniciar o procedimento de remoção do inventariante, deverá seguir trilha de formalidades necessárias para a eventual destituição, em que se destaca a necessidade de intimação do protagonista da inventariança para que tome ciência da instauração do incidente, sendo-lhe facultado o prazo de 15 dias para apresentação de defesa, com ampla dilação probatória. Diante da repercussão geral, também deverá ser efetuada intimação dos interessados na herança, dando-lhes a possibilidade de manifestação no incidente.

4. Deixar de dar andamento regular, suscitar dúvidas infundadas ou praticar atos meramente protelatórios

Depurando-se o art. 622, II, tem-se que este contempla três hipóteses distintas, tratadas cada qual isoladamente como falta funcional do inventariante: (a) atuação omissiva de não dar andamento regular ao inventario; (b) suscitação de dúvidas infundadas sobre assuntos íntimos ao processo sucessório; (c) prática de atos meramente protelatórios

Em relação à primeira situação, são numerosas as situações que podem se encaixar como atos omissos do inventariante e que embaraçam o andamento regular do inventário, pois a condução do processo sucessório estará em suas mãos.[816] Assim, em ilustração, a não adoção de medidas para que sejam avaliados os bens do espólio, deixando, por exemplo, de usar os recursos do monte para pagamento do *expert* designado para tanto (art. 630), ou, ainda, a desídia na liquidação das dívidas, permitindo que o monte patrimonial fique bloqueado judicialmente, apesar da existência de consenso dos herdeiros para pagamento de dívidas específicas (arts. 642 e 644) e/ou afetação de bens para garantia destas (art. 646). Enfim, a primeira parte do inciso II tem texto fluído e permite preenchimento a partir de qualquer ato omissivo injustificado do inventariante no curso do inventário *causa mortis* que cause embaraço à sua cadência natural, seja por estar paralisado, seja por estar com andamento precário.

No que tange à segunda situação prevista no inciso II do art. 622, a legislação considera como grave a suscitação de dúvidas infundadas pelo inventariante e que possam ocasionar embaraços no curso do inventário *causa mortis*. Aqui, de forma diversa, estará sendo analisada conduta positiva do

---

816 De certa maneira, há ponto de contato entre os incisos I e II do art. 622, pois a não apresentação das primeiras ou últimas declarações poderia ser encartada como falta funcional do inventariante de deixar de dar ao "inventário andamento regular". O legislador, todavia, preferiu apartar as hipóteses, atraindo-se, para o inciso II, todos os demais atos omissos do inventariante vinculados ao andamento do inventário *causa mortis*, exceto a desídia na apresentação das primeiras ou últimas declarações. Bem próximo: GERSON FISCHMANN, *Comentários ao Código de Processo Civil*, v. 14, p. 89, e LUCIANO VIANNA ARAÚJO, *Comentários ao Código de Processo Civil*, v. 2, p. 204.

inventariante, isto é, a forma como o inventariante agiu concretamente dentro do inventário sucessório, trazendo para seu ventre dúvidas desprovidas de fundamento, capazes de retardar o andamento processual. A partir do variado cartel de incidentes que podem ser suscitados pelo inventariante, sem dúvida, a exemplificação é muito ampla. A título de ilustração, merecerá a censura a atuação do inventariante que, nas primeiras declarações, inclui informações incompletas acerca de determinados assuntos quando, em verdade, possui em seu poder documentação que elucida a questão trazida como controvertida. Seguindo na ilustração, o inventariante imputa que determinado herdeiro se sujeitará à colação sobre bens doados pelo autor da herança, quando fica evidente que estes estão posicionados na parte disponível, fato este que provoca a formação de incidente desnecessário, já que a dúvida sequer existe para ele próprio.[817]

A expressão "atos protelatórios" poderia açambarcar a "suscitação de dúvida infundada", pois esta é uma espécie de execução de ato que causa atraso injustificado ao inventário *causa mortis*, todavia, por opção, o legislador, fez a separação de hipóteses. Ao efetuar a depuração, ao que parece, foi fixada, em relação à "dúvida infundada", análise de conteúdo da declaração do inventariante, ao passo que, ao fazer alusão aos "atos protelatórios", a legislação indica que os atos do inventariante deverão ser ordenados, recaindo censura quando se verificar que este adota postura que provoca retardos injustificados. Assim, muito embora não possa ser caracterizada como "dúvida infundada", será considerada como "protelatória" a postura de adotar a comunicação parcial das primeiras declarações, deixando o inventariante de cientificar a totalidade das pessoas que devem ser citadas e intimadas da peça. Isso porque, seguindo-se com tal condução desordenada, não ocorrerá a concentração de manifestações e incidentes, que está desenhada no art. 626, abrindo espaço para fragmentações processuais.

Em suma, o inventariante deve conduzir o processo do inventário *causa mortis* com atuação compatível à dimensão temporal sumária do *procedimento*,[818]

---

817 A suscitação de dúvidas infundadas tomará mais corpo para a remoção do inventariante quando se verificar que foram lançadas com objetivo de benefício pessoal do inventariante, tendo em vista que ele figura também como interessado direto da herança. No exemplo acima acerca da colação, a dúvida infundada acerca do posicionamento dos bens doados junto ao monte poderá ter sido apresentada pelo inventariante com objetivo de aumentar a superfície da herança, extraindo-se que tal conduta foi motivada pelo fato de que aquele é um dos herdeiros, e, como tal, se beneficiará com a arrecadação por ele próprio efetuada, mas tem conhecimento que é desprovida de fundamento. A verificação de colisão de interesses, portanto, poderá agravar a situação do inventariante que suscita dúvidas infundadas, ao se constatar que estas foram lançadas com intuito de benefício próprio.

818 No tema, vide comentários aos arts. 611 e 612 desta obra.

laborando com *eficiência* (art. 8º do CPC). Tal como qualquer outro fundamento utilizado para a remoção, as hipóteses previstas no inciso II do art. 622 reclamam a formalização de incidente, com apontamento claro acerca da conduta do inventariante tida como irregular.

5. Falta de conservação dos bens do monte e dilapidação das forças da herança

O art. 622, III, está firmado na concepção da *diligentia quam in suis*, que no direito romano era usado na responsabilização daquele que está de posse de bem alheio.[819] Trata-se, em breve resenha, do dever de zelo de quem administra bem de outrem, devendo desenvolver cuidados que teria se a titularidade do patrimônio estivesse na sua esfera.[820] Em razão da *diligentia quam in suis*, para aferição da culpa do inventariante em suposta falha na conservação dos bens do monte, deve ser feita a equiparação da atuação deste em relação aos seus bens e negócios particulares, de modo que a produção probatória no caso do inciso III do art. 622 poderá ter tal colorido particular. Saliente-se que a falta de conservação dos bens nem sempre poderá ser imputada ao inventariante, pois o art. 619, IV, fixa um rito (oitiva dos interessados + autorização judicial[821]) para que o administrador da herança pague as "despesas necessárias para a conservação". Assim, eventual enleio na conservação dos bens do inventário poderá estar vinculado à oposição injustificada de algum interessado ou à demora na autorização judicial.[822] O cenário demandará a análise do caso concreto, aferindo-se se o inventariante adotou as medidas e pedidos que estavam na sua alçada. Sem prejuízo, caso autorizada a despesa solicitada pelo inventariante, serão analisados o emprego do valor respectivo e as medidas que concretamente foram adotadas por aquele para evitar a deterioração e danos ao patrimônio hereditário.

---

819 Logo, o dispositivo em análise possui direta comunicação com o art. 618, II, que prevê que o inventariante deverá velar pelos bens do espólio "com a mesma diligência que teria se seus fossem".

820 No sentido: Clóvis do Couto e Silva, *Comentários ao Código de Processo Civil,* v. XI, tomo I, p. 317-318.

821 De forma excepcional, admite-se que despesas de conservação sejam feitas pelo inventariante sem a prévia oitiva dos interessados (partes do inventário). Todavia, mesmo dentro de tal quadro extraordinário, a jurisprudência tem exigido a autorização judicial e a fixação de limite (teto) em relação aos gastos. No sentido: STJ, 3ª Turma, REsp 1.358.430/SP, j. 03/06/2014, *DJ* 17/06/2014.

822 Conforme comentários ao art. 619, a fórmula adotada no seu inciso IV não é a melhor, pois, além de não ser simétrica a outras regras legais (aplicáveis à posse e à administração provisória), cria amarras administrativas ao inventariante, cujo resultado pode ser não apenas desastroso ao espólio, como também ao condutor do inventário, que poderá ser indevidamente acusado de ineficiente.

O art. 622, III, faz ainda menção à dilapidação patrimonial e aos danos ocasionados nos bens do espólio. A *dilapidação* em apego à administração a ser exercida pelo inventariante pode ter significado variado, uma vez que poderá se configurar não só como *dissipação patrimonial* (no aspecto de sua perda), mas também como *desperdício* (= consumo do patrimônio do monte, efetuando gastos desmedidos ou desnecessários). Para se evitar a *dilapidação patrimonial* (em sua acepção ampla), é fundamental que o inventariante – ao fazer a arrecadação – liste os bens de conservação arriscada e/ou dispendiosa, a fim de que estes sejam alienados antecipadamente (art. 619, I).[823]

Os ditames do art. 622, III, não se aplicam apenas aos bens em si, mas também aos frutos e produtos respectivos. Logo, se estes forem dilapidados, perdidos ou venham a sofrer dano considerável em razão de ato culposo daquele, estará também justificada a remoção da inventariança.[824]

Por fim, as hipóteses previstas no art. 622, III, do CPC não se limitam à remoção do inventariante, pois, configurando algum ilícito perpetrado pelo inventariante na conservação dos bens, o espólio poderá postular a reparação pelo prejuízo causado.[825]

6. Não defender o espólio nas ações em que for citado

A primeira parte do inciso IV do art. 622 faz alusão às ações em que o espólio é citado, presumindo-se, a partir daí, que o inventariante – em prol dos interesses da herança – deve apresentar *"defesa"*. Não se deve, contudo, efetuar interpretação literal do dispositivo, pois tal leitura daria espaço para que fosse apresentada impugnação infundada e destituída de qualquer juridicidade, na contramão do disposto no art. 5º do CPC (que prega o comportamento processual de acordo com a boa-fé). Na verdade, o dever do inventa-

---

823 Na maioria das vezes, a conservação de tais bens no curso do inventário *causa mortis* causa prejuízo ao monte, diante da necessidade de gastos para sua conservação, sem que ocorra valorização correspondente. Por tal passo, deverá o inventariante trazer a listagem dos bens que devem ser alienados antecipadamente, convertendo o valor da sua venda em pecúnia em favor do espólio (= *subrogação patrimonial*), importando-se as técnicas dos arts. 742 do CPC (aplicado à herança jacente) e 113 da Lei n. 11.101/2005 (vinculado à falência). Vide comentários aos arts. 619 e 620 desta obra.

824 Semelhante: Clóvis do Couto e Silva, *Comentários ao Código de Processo Civil,* v. XI, tomo I, p. 320. É, portanto, intuitivo que a não observância pelo inventariante ao disposto no art. 2.020 do CC, no sentido de deixar de trazer (ou omitir) o resultado dos frutos e produtos decorrentes de bens da herança, justificará a aplicação do art. 622, III, do CPC.

825 Bem próximo: Luciano Vianna Araújo, *Comentários ao Código de Processo Civil*, v. 2, p. 205. Vide os comentários ao art. 624 desta obra.

riante está vinculado à apresentação de manifestação judicial para que sejam *defendidos os interesses* do espólio.[826] Com outras palavras, nas ações em que o espólio for citado, deverá o inventariante atuar da forma mais adequada em prol da herança e dos seus interessados.[827] Assim, a conduta reprovada pela primeira parte do inciso IV do art. 622 é a omissão do inventariante, no sentido de não apresentar manifestação judicial afinada aos interesses do espólio.

Mas não é só. Diante da textura permeável do dispositivo comentado, pode-se cogitar em destituição do inventariante quando este, nada obstante apresente manifestação em processo judicial, adote postura que contrarie os interesses do espólio. O fato demonstra, por outro aspecto, que texto do art. 622, IV, possui horizontes mais amplos, não se satisfazendo apenas com a verificação de que o inventariante *reagiu* às ações judiciais. Para tanto, a *defesa* (= *manifestação judicial*) providenciada pelo inventariante em favor do espólio nos processos judiciais deve estar, quanto for possível,[828] arrimada em concordância prévia dos interessados na herança, que deverão ser cientificados, ainda que no ventre dos autos do inventário *causa mortis*, acerca da existência de ação judicial movida contra o espólio. A comunicação acerca da existência de ação judicial contra o espólio se revela como conduta de transparência que é positiva. Isso porque, a partir da ciência do fato, os interessados na herança não estarão alheios à linha adotada na defesa do espólio, estando prevenidos, de outra banda, das repercussões que a ação judicial poderá causar internamente no inventário *causa mortis*.[829] Sob o aspecto do inventariante, a postura indica

826 No sentido: GERSON FISCHMANN, *Comentários ao Código de Processo Civil*, v. 14, p. 91.

827 Por exemplo, sendo o espólio citado de execução fiscal, na pessoa do inventariante, para pagamento de impostos ligados ao patrimônio do monte hereditário, em que a própria petição inicial já reconhece e delimita corretamente a dívida (com indicação, inclusive, de período que foi alcançado pela prescrição), não se pode imaginar que o inventariante terá que "inventar" fundamento para impugnar a dita cobrança. Por certo, a "defesa" em prol do espólio poderá estar situada na apresentação de pedido de "suspensão da execução", a fim de permitir que seja feito o parcelamento do débito se, em razão de fluxo de caixa, assim for conveniente para não prejudicar as forças da herança. A manifestação supra não é um ato de resistência propriamente dito, mas propiciará que o inventariante comunique o fato no bojo do inventário e, ouvidos os interessados, com autorização judicial, efetue o pagamento na forma mais adequada ao espólio (art. 619, III).

828 Certamente, em razão da necessidade de cumprimento de prazos judiciais curtos (por exemplo, art. 306, CPC), surgirão situações em que o inventariante fará a comunicação da ação judicial posteriormente à apresentação da sua manifestação, isto é, em ato retrospectivo.

829 As ações judiciais movidas contra o espólio podem ocasionar a formação (ou aumento) de passivo hereditário, afetando a liquidação e o desfecho do inventário *causa mortis*. Assim, devem ser transportadas para os processos judiciais, ainda que com adaptação, as diligências que o inventariante deve efetuar quando há pedido

a retidão da sua atuação, protegendo-o de eventual reclamação futura (inclusive, de pedido de remoção) por interessado que se manteve silente ou anuiu com a condução que foi conferida no processo judicial.[830]

Conclui-se que o inventariante – ao se manifestar nas ações judiciais na defesa dos interesses do espólio – não possui qualquer tipo de *atuação discricionária*, pois sua representação não se dá em nome próprio. Não se pode esquecer que o inventário *causa mortis* está escorado em relações condominiais vinculadas à herança (art. 1.791, parágrafo único, CC) e, assim sendo, a administração do inventariante se sujeita à participação dos condôminos, devendo ser garantido a estes, no mínimo, o conhecimento dos fatos, a fim de que possam se manifestar acerca da condução do condomínio. Não é ocasional, portanto, que o inventariante tenha o dever de prestar contas (art. 618, VII), entendendo-se estas não apenas como exibição de operações contábeis, mas de relatório acerca dos principais eventos em que houve a atuação do administrador do espólio, não se depurando, no sentido, das ações judiciais.

7. Deixar de cobrar dívidas ativas ou não promover as medidas necessárias para evitar o perecimento de direitos

A segunda parte do inciso IV do art. 622 prevê que, se o inventariante deixar de cobrar dívidas ou não promover medidas para evitar o perecimento de direitos vinculados à herança, será possível a sua remoção. Trata-se de situações de omissão do inventariante que causam danos às forças da herança.

Diferente do que ocorre em relação à primeira parte do dispositivo, as condutas omissivas da parte final do inciso IV do art. 622 não se exaurem no campo judicial. Com efeito, é incorreto afirmar que a cobrança de dívidas ou a adoção de medida contra o perecimento de direito em favor do espólio so-

de credores para pagamento de dívidas, consoante se extrai do trecho dos arts. 642-646 do CPC e arts. 1.997-2.001 do CC. Embora a representação judicial do espólio recaia na pessoa do inventariante, com a importação das regras legais para as ações autônomas, a defesa dos interesses da herança requer a participação efetiva dos seus interessados, notadamente os herdeiros, diante do resultado que poderá se acarretar. Comprovando o acima dito, os arts. 642, § 2º, e 643 indicam que o pagamento ao credor que se habilitou no inventário somente se dará após manifestação dos interessados na herança, sendo necessária, ainda, a autorização judicial. Vide comentários aos arts. 618, 619 e 642 desta obra.

830 Não se trata de transporte do disposto no art. 75, § 1º, do CPC (que prevê que, em caso de inventariança dativa, haverá a necessidade de intimação dos sucessores do falecido no processo no qual o espólio seja parte). Trata-se, aqui, de procedimento interno e de natureza administrativa ao espólio, em que o inventariante dará ciência da ação em curso aos interessados, colhendo suas manifestações.

mente estão vinculadas à via judicial. Em exemplo, quando se tratar de dívida quesível (= *quérable*), o credor deverá procurar o devedor para perceber o seu pagamento (art. 327, primeira parte, do CC) e, em caso de o pagamento consistir na tradição de um imóvel, ou em prestações relativas a imóvel, o credor deverá se dirigir ao lugar onde está situado o bem, a fim de que lá receba o pagamento (art. 328 do CC).[831] Portanto, a conduta omissiva de "deixar de cobrar dívidas ativas" ou de não adotar "medidas que evitam o perecimento de direitos" estão, de maneira global, atreladas a posicionamento inercial do inventariante que não cumpre o gabarito que se espera do credor diligente, efetuando-se tal análise não apenas pelo não ajuizamento de ações judiciais no sentido, mas pelo trato global o qual foi despendido aos créditos do espólio.

O dever do inventariante não se cinge apenas em relação à cobrança de dívidas e conservação dos direitos do espólio, uma vez que também deverá, em anotação individualizada, descrevê-los no quadro patrimonial da herança, fazendo-o, inicialmente, nas primeiras declarações, com encaixe das informações na gaveta prevista pelo art. 620, IV, "g" ("direitos e ações"). A partir daí, em prestação de contas, deverá o inventariante descrever as providências que está adotando para receber os créditos e evitar o perecimento do direito, a fim de dar ciência da sua atuação no sentido aos interessados na herança.[832] A prestação de contas, na forma acima posta, terá grande importância não só para aferição da postura do inventariante quanto à transparência das relações patrimoniais da herança, mas também permitirá que os interessados participem das deliberações acerca da perseguição de determinados créditos e direitos do espólio. A existência de crédito ou de direito em favor do espólio não significa, por si só, que haverá a sua inclusão para fortalecer a herança, pois há grande número de variáveis que podem desaconselhar a cobrança ou a busca da concretização do direito.[833] Com tal raciocínio, a existência de crédito ou de

831 Em outra ilustração, a prescrição pode ser elidida a partir de protesto cambial (art. 202, III, do CC) e também por negociação com o devedor que importe reconhecimento do direito do espólio (art. 203 do CC), ou seja, mediante atos que não reclamam a via judicial.

832 A anotação acima é importante para identificar que a expressão "dívidas ativas", presente art. 622, IV, do CPC não possui uma qualificação própria, fixando predicado diferenciado. Em verdade, "dívidas ativas" devem ser recepcionadas como qualquer direito creditício em favor do espólio, ainda que atrelado a obrigação não pecuniária. No sentido: GERSON FISCHMANN, *Comentários ao Código de Processo Civil*, v. 14, p. 91.

833 Em ilustração, nada obstante o espólio possa exigir que determinado devedor cumpra obrigação pecuniária, na prática, tal ação se revela desaconselhável, tendo em vista o alto custo do procedimento e o estado de pré-insolvência do devedor. Vale lembrar, no sentido, que a legislação permite que sejam remetidos para sobrepartilha os créditos e/ou os bens litigiosos, de liquidação difícil ou morosa, assim como

direito que não forem perseguidos pelo inventariante, isoladamente, não terá força para instrumentalizar a mudança na inventariança. Será necessário comprovar que a postura omissiva causou prejuízo concreto ao espólio, pois, em alguns casos, o não exercício de atos para o adimplemento do devedor estará justificado, como ocorre no caso de projeção de resultado ineficiente.

8. Omissão na prestação de contas ou apresentação de contas que sejam rejeitadas

Em diálogo com o art. 618, III e VII, estabelece o art. 622, V, que o inventariante deverá ser removido em caso da não prestação de contas ou quando estas, depois de prestadas, não forem julgadas boas. Conforme já realçado nos comentários ao art. 618, o regramento da prestação de contas no inventário *causa mortis* é bastante criticável. No sentido, efetuando-se a interpretação literal (e isolada) do inciso VII do art. 618, o inventariante – de *forma ordinária* – somente teria o dever se prestar contas "ao deixar o cargo", situação que é, de toda, absurda, considerando as atribuições que estão na sua esfera jurídica e a própria dinâmica da administração da herança. A possibilidade de determinação pelo juízo sucessório de prestação de contas *extraordinária* não se mostra suficiente para salvar o dispositivo, já que remete a situação para o quadro de *excepcionalidade*, quando a prestação de contas está atrelada a ato inerente à administração de bens alheios.

Em breve resenha, o texto do art. 618, VII, parte da premissa de que o inventário se encerraria em 12 meses da sua instauração (art. 611), fato que justifica que a prestação de contas seja *ordinariamente* prestada anualmente, tal como ocorre em outras situações assemelhadas.[834] A anotação supra é de suma importância, pois a prestação de contas que ensejará a remoção do inventariante raramente será aquela que é inerente ao término do exercício da função (primeira parte do inciso VII, do art. 618), pois a permuta na inventariança terá maior sentido para a correção na condução de trabalho que está em curso. Dessa forma, o farol do art. 622, V, estará voltado para a prestação de contas que deve ser apresentada de forma *espontânea* ao fim de cada exercício anual, seguindo-se a contagem de prazo em períodos de 12 meses (iniciados da instauração do processo sucessório, conforme interpretação iluminada pelo art. 611).

---

os que se situem em lugar remoto da sede do juízo onde se processa o inventário (art. 2.021 do CC e art. 669, III e IV, do CPC).

834 No sentido, prevendo prestação de contas anual no condomínio edilício (arts. 1.348, VIII, e 1.350 do CC) e no direito de empresa (arts. 1.065 e 1.078 do CC e art. 132 Lei n. 6.404/1976 – Lei das Sociedades Anônimas). Vide os comentários ao art. 618 desta obra.

O art. 622, V, também terá boa conexão com as situações em que prestação de contas decorre de determinação judicial (segunda parte do inciso VII do art. 618), isto é, de forma *extraordinária*, sendo certo que tal comando poderá ocorrer por motivos variados, tais como a não apresentação das contas anuais pelo inventariante, necessidade de esclarecimentos em decorrência de situação específica ocorrida no curso do inventário (por exemplo, apresentação de informações sobre a destinação de recursos após alienação de bem do espólio) ou necessidade de transparência acerca de fatos que não possuem informação plasmada nos autos (em exemplo, de posse fática de bens da herança e recebimento de seus frutos respectivos – art. 2.020 do CC).

No que se refere especificamente à rejeição das contas, para que ocorra a remoção do inventariante com tal fundamento, o incidente respectivo deverá estar julgado depois de exaurido contraditório pleno. Dessa forma, quando se tratar de remoção de inventariante com base em contas rejeitadas, *a priori*, será necessário se vencer dois incidentes para que a destituição seja levada a cabo, tendo em vista que, primeiramente, se examinará a prestação de contas apresentada pelo inventariante (art. 553 do CPC) e, em caso de não acatamento desta, poderá ser instaurado, de forma específica, a apuração acerca da necessidade ou não de remoção do inventariante (arts. 622-625). Observe-se, contudo, que o parágrafo único do art. 553 dispõe que a decisão que rejeita contas, muito embora tenha o condão de fixar condenação para que o inventariante *pague a diferença apurada* (= "saldo"), "poderá" determinar a destituição da inventariança. Dessa forma, o dispositivo em voga não possui determinação imperativa, no sentido de que a remoção do administrador da herança é uma consequência inabalável da rejeição de suas contas, extraindo-se da letra da lei que o juiz, a partir da análise da densidade dos fundamentos da decisão que desaprovou as contas do inventariante, examinará se é viável (ou não) a sua manutenção na função, tal qual determinará outras medidas previstas no parágrafo único do art. 553 (sequestro de bens sob sua guarda, glosa de prêmio ou de gratificação – em caso de inventariante dativo – ou outras medidas para recompor o prejuízo).

Admite-se, então, que as contas apresentadas pelo inventariante não sejam aprovadas, mas que esse fato não se configure suficiente a ensejar sua remoção. Se a incorreção das contas apresentadas pelo inventariante ocorrer de forma pontual, sem que se possa verificar a ocorrência de ilícito propriamente dito na condução da administração da herança, a decisão judicial poderá se limitar a determinar a correção do deslize efetuado.[835] Via de consequência, a parte

835 Por exemplo, com olhos em determinado imóvel alcançado pela abertura da sucessão, cuja titularidade está em condomínio com o cônjuge sobrevivente ("meeiro"

final do inciso V do art. 622, ao prever que ocorrerá a remoção do inventariante quando suas contas não forem julgadas boas, não pode ser interpretada como impositiva. A conclusão a que se chega é no sentido de que a parte final do inciso V do art. 622 está voltada às situações em que a decisão de reprovação das contas está atrelada a fundamento que aponta como incompatível à permanência do inventariante na administração do espólio, pois se trata de cargo de confiança, de modo que a probidade não pode ficar sob qualquer dúvida. Em tais casos, não bastará a retificação das contas e/ou a reposição pelo inventariante do valor apurado em falta na prestação de contas, tendo em vista que o atropelo levado a cabo na prestação de contas é inconciliável com a probidade inerente à inventariança.[836]

9. Sonegação, ocultação ou desvio de bens do espólio

O art. 622, VI, ao fazer alusão a esse trio de hipóteses (*sonegação, ocultação* e *desvio de bens*), utilizou exemplos (= *espécies*) de desvio na conduta funcional vinculado à *arrecadação* de bens. Às claras, a arrecadação patrimonial é uma das incumbências mais importantes do inventariante, cabendo a este elaborar "relação completa e individualizada de todos os bens do espólio, inclusive aqueles que devem ser conferidos à colação" (art. 620, IV, c/c art. 618, III, IV, VI e VII). Assim, *sonegação, ocultação* e *desvio de bens* são atos ilícitos que não podem ser tolerados, uma vez que contrariam o dever de probidade e, principalmente, contaminam a arrecadação. Não há – com absoluta certeza – qualquer interesse concreto em distinguir as hipóteses que estão pousadas no art. 622, VI, uma vez que todas decorrem na mesma raiz (desvio funcional ocorrido na arrecadação de bens) e terão a mesma consequência jurídica (remoção do inventariante).

O cenário apresentado indica que qualquer tipo desvio na arrecadação perpetrado pelo inventariante dará ensejo a sua remoção, aplicando-se o art. 622, VI, não só em relação aos bens titulados em nome do falecido, mas a todo e qualquer bem atraído para herança (tais como sujeitos à colação e alvo de

---

do falecido), o inventariante apresenta contas apontado o espólio como responsável pela totalidade dos tributos e despesas vinculadas ao referido bem, fazendo-o de modo semelhante, só que em influxo inverso, em relação à arrecadação dos frutos (alugueis). Por certo, não será permitido aprovar as contas com tal deslize, mas a decisão permitirá a retificação por parte do inventariante.

836 As situações alcançadas pela segunda parte do inciso V do art. 622 estão naturalmente voltadas para os casos de configuração de ato ilícito perpetrado pelo inventariante na administração da herança, podendo-se citar, em exemplo, o falseamento de dados com intuito de acobertar apropriações e desvios de valores pertencentes à herança (recebimento de frutos ou diferença de preço de bens alienados).

comunhão patrimonial com o cônjuge/companheiro sobrevivente),[837] assim como em relação aos frutos e produtos (mesmo que colhidos/obtidos depois da abertura da sucessão).[838]

De todo modo, como o art. 622, VI, faz expressa alusão à *sonegação* de bens, o dispositivo demanda o diálogo com outras regras legais de trabalham com o tema. Assim, partindo-se da lei civil, a *sonegação* é ato ilícito cometido por *herdeiro*, que deixa de descrever bens da herança no inventário quando estejam em seu poder, ou, com o seu conhecimento, no de outrem, ou que os omitir na colação, a que os deva levar, ou que deixar de restituí-los. A pena da sonegação é a perda do direito de herança sobre os bens que foram sonegados (art. 1.992 do CC). Como se trata de sanção vinculada à perda da herança, a sonegação de bens do espólio somente terá aplicação ao inventariante se este figurar como herdeiro, hipótese em que deverá ser destituído da inventariança (art. 1.993 do CC). A aplicação da sanção civil reclama a propositura de ação judicial autônoma (art. 1.994 do CC). O rápido resumo, imune de dúvidas, demonstra que a ação de sonegados não se confunde com o incidente de remoção de inventariante (arts. 622-625).

Caso a apuração acerca de enleio do inventariante na arrecadação (*sonegação, ocultação* e do *desvio de bens*) tenha como objetivo a sua remoção do cargo, o procedimento será instaurado como incidente aos autos do inventário, ou seja, dispensando-se a propositura de ação autônoma (cujo mote é a sanção civil). Conforme já analisado nos comentários ao art. 621,[839] o incidente de remoção poderá ser instaurado a qualquer momento, desde que o inventariante, sem justificativa plausível, deixe de arrecadar qualquer tipo de bens e/ou direitos que pertencem à herança, notadamente quando provocado, por meio de postulação de interessado ou de ordem judicial, para corrigir a falha. Dessa forma, em exemplo, depois de apresentadas as primeiras declarações, o interessado poderá impugnar a arrecadação efetuada pelo inventariante indicando erros, omissões e sonegação de bens (art. 627, I, do CPC). Tal postulação ensejará contraditório ao inventariante, sendo-lhe permitido que proceda as retificações pertinentes e/ou apresente justificativas acerca da

---

837 Nos comentários ao art. 620, há tópico específico sobre a arrecadação de bens não titulados em nome do falecido.

838 Bem próximo: Gerson Fischmann, *Comentários ao Código de Processo Civil*, v. 14, p. 98-99.

839 Dentre os pontos importantes dos aludidos comentários, firmou-se a premissa de que a interpretação dos arts. 621 do CPC e 1.996 do CC não poderá ser literal, pois exegese no sentido somente permitiria a remoção do inventariante ao final do inventário sucessório, depois encerrada a descrição dos bens, com a declaração expressa, por ele feita, de não existência de demais bens por inventariar, situação que criaria ineficiência ao incidente de remoção.

postura adotada nas primeiras declarações. Caso não seja realizada a correção ou recusada a justificativa, no julgamento do incidente, poderá o juiz, ao invés de simplesmente determinar a retificação primeiras declarações (art. 627, § 1º), instaurará o incidente de remoção do inventariante, fazendo-o mediante ofício ou a requerimento de interessado. A ilustração não só demonstra que o incidente de remoção do inventariante poderá ser instaurado antes de finalizadas as últimas declarações, como também que o art. 627, I, ao se referir à *sonegação*, tem como fim a correção da arrecadação, fato que corrobora a interpretação adequada do art. 622, VI.[840]

Por certo, em razão da gravidade, a ocorrência de ato ilícito na arrecadação autorizará a remoção do inventariante, pois, comprovado desvio no sentido, o administrador da herança perderá credibilidade para gerenciar o monte, sendo certo que sua mantença criará clima de desconfiança e animosidade internamente, o que é de todo desaconselhável.

10. Instauração por requerimento: aspectos formais e legitimidade

Não há, no trecho dos arts. 622-625, o detalhamento acerca dos contornos da peça de abertura do incidente de remoção do inventariante. O art. 622 alude apenas que o incidente poderá ser instaurado de ofício (pelo juiz) ou a requerimento (sem identificar quem seriam os legitimados). O pedido de abertura do incidente de remoção de inventariante deverá respeitar o contraditório, permitindo que o inventariante apresente defesa plena, até mesmo porque, se a decisão judicial for positiva, apontando razões cabais para a destituição compulsória, os efeitos da referida decisão poderão transcender a remoção do cargo funcional, ingressando na esfera patrimonial do inventariante.[841] Assim, o requerimento de remoção de inventariante, com peça que

840 Em outra exemplificação, no caso de inventariança exercida por herdeiro alcançado pela colação (art. 2.002 do CC), a negação deste quanto ao recebimento de bens em vida ou à obrigação de conferi-los (art. 641 do CPC) se interpretará não apenas como atropelo ilícito na arrecadação, mas como condução do inventário com colisão de interesses. Dessa forma, findo o incidente, definindo-se, mediante decisão motivada, que a colação se impõe (art. 641, § 1º, do CPC), poderá o juiz do processo sucessório não só adotar as medidas determinadas em lei (sequestro dos bens sujeitos à colação ou imputação ao seu quinhão hereditário o valor deles, se já não os possuir), como também proceder à instauração de incidente de remoção, de forma semelhante ao primeiro exemplo.

841 No sentido, trazendo o disposto no parágrafo único do art. 553 do CPC (reprovação das contas do inventariante) em conjugação com o art. 1.989 do CC (aplicável ao testamenteiro removido), no caso de inventariança dativa, a remoção do inventariante representará glosa nos honorários fixados. Vide, ainda, comentários ao art. 624 sobre a apuração de responsabilidade civil do inventariante.

abrirá o incidente, deverá trazer os fatos e fundamentos do pleito, de modo a evidenciar os motivos que dão supedâneo à postulação.[842] Há de ser cumprida, com as adaptações, a correspondência lógica do inciso III (*o fato e os fundamentos jurídicos do pedido*) com o inciso IV (*o pedido com as suas especificações*) do art. 319 do CPC. No particular, fatos e fundamentos estarão, sem dúvida, guiados pelas hipóteses do art. 622 e, nada obstante a textura aberta do rol, a causa para remoção do inventariante deve estar ligada à ocorrência de um (ou mais) fato(s) que indique(m) a impossibilidade de administração da herança pelo inventariante, justificando o acolhimento do pedido de destituição compulsória.

Sem prejuízo da possibilidade de ampla dilação probatória (art. 623), o requerimento de remoção de inventariante deverá trazer prova documentada, ao menos indiciária, da ocorrência de hipótese(s) que enseja(m) a permuta na inventariança. Tal exigência não será de difícil cumprimento na maioria dos casos, tendo em vista a natureza documentada do inventário *causa mortis,* além de que poderão ser extraídas peças internas do inventário.[843] Não se deve descartar, contudo, a possibilidade de produção de prova documentada externa para subsidiar o pedido de remoção de inventariante, sendo, no particular, oportuna a lembrança do disposto no art. 381, III, do CPC (ação autônoma de produção de provas).[844]

No que tange à legitimidade para apresentação do requerimento, é instintivo que todos aqueles que possuem legitimação para instaurar o inventário *causa mortis*, consoante rol do art. 616, também o terão para postular a destituição do inventariante. Isso porque a administração adequada do espólio é medida esperada por todos os personagens inseridos no rol do art. 616, inclusive por aqueles não legitimados a atuarem como inventariante (cujo elenco legal está disposto no art. 617) ou que não possam ser caracterizados como beneficiários da herança.[845]

---

842 No sentido: GERSON FISCHMANN, *Comentários ao Código de Processo Civil*, v. 14, p. 100.

843 A remoção do inventariante poderá estar justificada a partir de material probatório documentado colhido em outros incidentes do inventário, tais como os provocados pelos arts. 627, I (impugnação quanto à arrecadação do inventariante), 553, parágrafo único (análise/reprovação de contas) e 641 (necessidade de colação).

844 Apenas em rápida ilustração, a ação de produção autônoma de provas pode ser utilizada para a oitiva de pessoas (ainda que externas ao inventário) que tomaram conhecimento de fatos que envolvem a administração da herança, como a apropriação particular pelo inventariante dos frutos/produtos da herança e simulações de despesas, com falseamento de dados financeiros para manipular a prestação de contas.

845 O pedido de remoção à inventariança deve ser visto como pleito de correção em relação à administração da herança e não de disputa para designação de inventariante. Logo, o pedido de remoção de inventariante poderá perfeitamente ser efetuado pelo credor, postulando este a permuta na administração com a designação

Por fim, nada obsta que, no pleito, o requerente – de forma fundamentada – indique pessoa para assumir o encargo caso seja determinada a remoção do inventariante. A indicação, contudo, será puramente sugestiva, pois o juiz deverá analisar, no caso concreto, solução que seja capaz não só de colocar a inventariança nos trilhos, assim como de transmitir segurança aos interessados na herança. Por tal passo, em muitos casos, a opção judicial é a convocação de pessoa externa, designando-se, para a missão, inventariante dativo (art. 617, VII e VIII).[846]

11. Abertura do incidente de ofício pelo juiz

O art. 622, em seu *caput*, prevê a possibilidade de instauração do incidente de remoção de inventariante por ato de ofício do juízo sucessório, isto é, sem a necessidade de provocação por legitimado para tal. Não há agressão ao art. 2º do CPC, pois o processo judicial já está em curso, sendo instaurado incidente para análise de conduta de auxiliar do juízo, cujo resultado pode redundar na sua remoção. Em respeito ao contraditório qualificado, exige-se que a decisão judicial – ao abrir o incidente – aponte de forma clara os fatos ocorridos e as condutas (ainda que em cognição sumária) capazes de levar à remoção.[847] O inventariante será intimado, facultando-lhe a apresentação de resposta no prazo legal, assim como a possibilidade de ampla dilação probatória, para que, ao final, seja proferida decisão fundamentada (arts. 623-625).[848] É necessário, também, que se faça a intimação das partes acerca da instauração do incidente, pois tal postura, além de dar conhecimento da determinação judicial (em ato de transparência), propiciará que aqueles possam carrear provas acerca da conduta do inventariante, participando do incidente. No sentido, o "libelo" apresentado pelo magistrado poderá receber, inclusive, aditamento por interessado da herança, trazendo a este fundamento/prova que não cons-

---

de outra pessoa para a função. Muito embora ele próprio não possa assumir o encargo, há interesse legítimo, pois a administração incorreta do espólio poderá reduzir o ativo da herança, inviabilizando o pagamento a que faz jus. Seguindo em exemplificação, a Fazenda Pública Estadual poderá requerer a destituição compulsória do inventariante, apesar de – tal qual o credor – também não estar inserida no rol de pessoas com aptidão à inventariança, pois a má atuação daquele designado ao cargo está desviando patrimônio da herança, postura que poderá refletir em prejuízo no recolhimento do imposto de transmissão *causa mortis*. Parecendo concordar: Francisco José Cahali e Renato Santos Piccolomini de Azevedo, Do inventário e das primeiras declarações. In: *Código de Processo Civil anotado*, p. 883.

846 Vide comentários ao art. 624 desta obra.

847 Bem próximo: Gerson Fischmann, *Comentários ao Código de Processo Civil*, v. 14, p. 101.

848 Impensável, a teor dos arts. 1º, 9º e 10, do CPC em vigor, imaginar a possibilidade de incidente de remoção de inventariante, ainda que instaurado de ofício, sem que seja oportunizada a ampla defesa do inventariante.

tava da abertura, a fim de que o inventariante apresente defesa sobre a completude de fatos e fundamentos contra ele dirigidos. De outra banda, nada obsta que a parte se coloque em posição de neutralidade no incidente ou até de defesa do inventariante, situação última natural quando esta, de alguma forma, esteja envolvida nos fatos ou tenha conhecimento acerca da situação que ensejou o incidente.

A instauração do incidente em voga por ato de ofício terá espaço mais frequente nos casos em que o juízo sucessório possui condições de, ele próprio, aferir a conduta do inventariante, tal como ocorre em relação à prestação de contas (arts. 553 e 618, VII).[849] A abertura do incidente também poderá ser motivada por denúncia por pessoa externa (= *não interessada na herança* e/*ou que não participa do inventário de qualquer forma*), desde que observado o contraditório acerca do fato apontado. A situação não é de todo rara, até porque o inventariante que pretende lesar o espólio, por vezes, necessita da participação de pessoas estranhas ao inventário *causa mortis* para perpetrar ilícitos contra o monte (como é o caso de simulação de dívidas com terceiros).[850] Mesmo nos casos de condutas omissas do inventariante, tal qual ocorre na não apresentação de primeiras ou de últimas declarações (art. 622, I) ou ao deixar de trazer as contas da administração (art. 622, V, primeira parte), deverá se buscar, nos autos, elementos probatórios no sentido. Em tais hipóteses, deverá ser certificado, no ventre do inventário *causa mortis,* que o prazo da tarefa atrelada à administração da herança não foi cumprido pelo inventariante, ou seja, que se mantém vácuo no sentido, mesmo depois de procedida intimação daquele, sem que ação positiva seja levada a frente. Certificada a situação nos autos, estará autorizada a instauração do incidente de remoção, seja por requerimento de interessado, seja por determinação judicial.

Por derradeiro, na hipótese de instauração decorrente de requerimento de parte interessada, o incidente será processado a partir da postulação, seguin-

---

849 No caso de nomeação de *protutor sucessório* (vide comentários ao art. 617), o fiscal designado para conferir os atos da inventariança poderá apontar vícios na atuação do inventariante, sendo possível que, a partir de laudo no sentido, o juiz dê início ao procedimento de remoção do inventariante, independentemente de ter sido efetuado requerimento por interessados na herança. O *protutor sucessório* não detém legitimidade para instaurar o incidente de remoção de inventariante, mas, por certo, seu trabalho técnico subsidiará a instauração do incidente por qualquer interessado ou pelo juiz.

850 Dessa forma, a textura do art. 622 permite a recepção, em caráter excepcional, de noticiamento de fatos que não foram apurados no inventário *causa mortis*, muito embora, para a efetiva instauração do incidente de remoção do inventariante, seja necessário requerimento no sentido de interessado na herança ou de determinação judicial que assim o faça, assegurando-se o exercício do contraditório.

do-se da decisão que o admitiu e determinou a intimação do inventariante. Quando a abertura do incidente ocorrer por ato de ofício, deverá ser autuado a partir do pronunciamento judicial que lhe deu origem,[851] com a extração, por cópia, das provas documentadas que convenceram o magistrado a instaurar o procedimento de remoção.

12. Efeitos da instauração do incidente e possibilidade de concessão de tutela provisória

No trecho dos arts. 622-625 não há qualquer menção quanto aos efeitos causados pela instauração do incidente. Dessa forma, presume-se que não há efeito suspensivo *ope legis*,[852] isto é, determinado pela lei como decorrência da instauração do incidente de remoção de inventariante. A omissão legal cria alguma insegurança, pois, se o juízo sucessório nada deliberar a respeito, a abertura do incidente de remoção não afeta a atuação do inventariante (inclusive quanto à representação judicial e extrajudicial do espólio – art. 618, I), menos ainda alcança a marcha processual do inventário sucessório. O cenário indica a importância de se transladar para o incidente as técnicas da tutela provisória, adaptando-as ao incidente de remoção.[853]

No caso de requerimento de remoção efetuado por parte legitimada, o juízo sucessório examinará os fatos e fundamentos trazidos na postulação e aquilatará a necessidade (ou não) da concessão de tutela provisória. Como o próprio juiz condutor do inventário possui legitimidade para instaurar o incidente de remoção, é dispensável que conste requerimento de concessão de tutela provisória. É contraditório se pensar que o juiz pode iniciar o procedimento de remoção e sofra restrição, com base no princípio dispositivo, em relação à concessão de tutela provisória. Sendo procedimento de remoção iniciado pelo próprio magistrado, esse deverá se manifestar expressamente, explicitando se adotou alguma medida (= *tutela*) provisória, ainda que essa se limite à suspensão de atos processuais do inventário *causa mortis*, presumindo-se, na hipótese de silêncio, que nada foi decido a respeito (ao menos naquele momento). De outra banda, quando se examina o incidente de remoção de inventariante, a análise de eventual concessão de "efeito suspensivo" não esgota as possibilidades que envolvem a tutela provisória, pois se admite a adoção de medidas pelo juízo sucessório antes de findo o incidente e que não se con-

851 No sentido: Rafael Knorr Lippmann, *Breves comentários ao novo código de processo civil*, p. 2016 e 1.701.

852 Sobre as diferenças entre efeito suspensivo *ope legis e ope judicis*, confira-se: Rodrigo Mazzei *Reforma do CPC 2*, p. 504-523.

853 Bem próximo: Gerson Fischmann, *Comentários ao Código de Processo Civil*, v. 14, p. 87.

fundem com os atos de "paralisação" (íntimos do "efeito suspensivo").[854] Com outras palavras, a importação da tutela provisória não pode ser simplesmente traduzida como a possibilidade de concessão de "efeito suspensivo" ao incidente, devendo ser translada a técnica na sua própria concepção fluida, capaz de admitir modulações variadas e capazes de atender, com eficiência, a realidade do caso concreto.[855]

Do curto resumo, a tutela provisória será moldada de acordo com os casos concretos, pois as hipóteses e circunstâncias que envolvem o incidente de remoção do inventariante são variantes, não sendo possível projetar em modelo rígido que atenda a todas as situações. Por certo, em alguns casos, o juízo sucessório poderá antecipar a tutela provisória para afastar o inventariante até o fim da apuração, nomeando outro administrador (em caráter precário) até que se finde o incidente.[856] A ilustração é indicativa de que o espectro de análise da tutela provisória no incidente de remoção não se limita ao "efeito suspensivo", mas envolve toda e qualquer providência que seja necessária e adequada ao curso do inventário e da boa representação do espólio.[857]

---

854 A concessão de "efeito suspensivo" poderá, inclusive, causar embaraço ao inventário. Em exemplo simples, caso seja deferido efeito suspensivo para paralisar o inventário e a representação da herança, durante o período de apuração da falta apontada (por exemplo, deterioração de bens) ficará o espólio sem representação externa (art. 618, I) e, no âmbito interno, o inventariante não terá mais que prestar contas (art. 618, VII) ou atender às solicitações das partes acerca de documentação que está na sua posse (art. 618, IV). Com análise acerca do "efeito suspensivo" como hipótese de tutela antecipada, confira-se: RODRIGO MAZZEI, Os embargos de declaração e a possibilidade de efeito suspensivo provocado (tutela provisória recursal). In: *Questões relevantes sobre recursos, ações de impugnação e mecanismos de uniformização da jurisprudência*, p. 237-248.

855 A atipicidade da tutela provisória, em especial quanto à sua faceta de urgência, está claramente detalhada no texto do art. 301 do CPC, que faz expressa alusão à possibilidade de ser concedida *qualquer medida idônea para asseguração do direito*.

856 Na ilustração, o juiz poderá determinar limitações aos poderes da pessoa designada interinamente, concedendo-lhe, em exemplo, apenas poderes de gestão, em equiparação ao exercício da administração provisória (art. 614), ou postando-o como inventariante provisório (com atração dos poderes dos arts. 618-619).

857 Sem prejuízo ao acima sustentado, registre-se que, apesar de diferenças evidentes (em especial, quanto aos fundamentos e em relação aos sujeitos passivos), o incidente de remoção de inventariante e a exceção de suspeição/impedimento possuem pequeno ponto de toque, já que se notabilizam como procedimentos que visam destituir ator processual que exerce função capital à condução do processo. Efetuando-se a referida aproximação, a importação do art. 146, § 2º, do CPC pode ser feita para o incidente de remoção do inventariante, no sentido de que se deve admitir a concessão de "efeito suspensivo de ofício" (= *tutela provisória*) e de modulação dos efeitos respectivos. No tema, confira-se: RODRIGO MAZZEI E SARAH MERÇON-VARGAS, *Novo CPC anotado e comparado*, p. 184-185.

Considerando que o termo de compromisso de inventariante funciona como ato documentado de representação do espólio,[858] a concessão de tutela provisória que envolva a retirada do inventariante da administração da herança (ou mesmo a redução de suas incumbências) deverá determinar a retificação respectiva. A medida é capital não apenas ao âmbito interno do inventário *causa mortis*, alcançando as partes do inventário, mas também é relevante ao plano externo, em relação às pessoas com quem o inventariante afastado tinha relação enquanto administrador da herança e representante legal do espólio (art. 618, I).

13. Renúncia da inventariança

É perfeitamente possível que, mediante ato voluntário, o inventariante possa renunciar ao encargo, hipótese em que deverá prestar contas da sua atuação, com entrega dos bens e da administração àquele que assumirá a função, de forma semelhante ao disposto no art. 625.[859] A renúncia não se confunde com a escusa da inventariança, pois a última pressupõe a não aceitação do cargo. Assim, a renúncia da função permite conjecturar que o encargo tenha sido exercido pela pessoa, fato que demanda a prévia aceitação e formalização do compromisso de atuação (art. 617, parágrafo único). Em caso de inventariança dativa, em que se subentende que foi fixada remuneração para o exercício da função, deverá ser efetuado balanço das atividades exercidas, a fim de se aferir se há saldo em favor ou contra o inventariante designado. Em qualquer situação, a renúncia, por si só, não afasta a responsabilidade civil do inventariante acerca do ciclo de sua atuação, não impedindo, assim, a sua apuração.

14. Procedimento de remoção em caso de inventariança plúrima ou com labor de fiscal à inventariança (*protutor sucessório*)[860]

No caso de inventariança plúrima, a remoção afetará apenas aquele inventariante que agiu de forma contrária aos atos funcionais, sendo certo que, se o ato for conjunto, a destituição compulsória alcançará todos aqueles que laboraram em detrimento do espólio, inclusive o *protutor*, caso se verifique que houve conivência ou omissão na fiscalização.

858 Vide comentários art. 617 desta obra.

859 Bem próximo: Luciano Vianna Araújo, *Comentários ao Código de Processo Civil*, v. 2, p. 206.

860 Sobre a inventariança plúrima e o *protutor sucessório*, vide os comentários ao art. 617 desta obra.

15. Transporte do incidente previsto nos arts. 622-625 para o ambiente da Lei n. 11.101/2005 (remoção do administrador judicial) e situações afins[861]

Apesar de o art. 31 da Lei n. 11.101/2005 permitir a remoção do administrador judicial (assim como dos membros do Comitê de Credores), caso seja constatado que este não cumpriu a legislação, descumpriu seus deveres, tendo agido com omissão, negligência ou tenha praticado ato lesivo às atividades do devedor ou a terceiros, não há, na referida legislação extravagante, a previsão de procedimento para que a tal destituição compulsória seja levada a cabo. Tão somente se infere, do § 1º do art. 31, previsão semelhante ao disposto no parágrafo único do art. 624, no sentido que a decisão que afasta o administrador judicial deve nomear novo protagonista para a função.

A falta de previsão de incidente de remoção na Lei n. 11.101/2005 não autoriza dizer, porém, que a destituição compulsória se dará sem contraditório pleno, desrespeitando o devido processo legal, pois essa equivocada dicção viola frontalmente os pilares constitucionais no sentido (art. 5º, LV e LIV, da CF). Dessa forma, pela natureza jurídica assemelhada, é perfeitamente possível que o incidente de remoção de inventariante seja projetado para o art. 31 da Lei n. 11.101/2005, pois o CPC é uma plataforma de importação e exportação de técnicas processuais.[862] A mesma inteligência se aplica em relação à insolvência, até porque os arts. 748-786-A do CPC de 1973 que dela tratam estão em vigor (consoante expresso no art. 1.052 do CPC).[863]

---

861 Nos comentários ao art. 618, demonstrou-se a identidade nas funções exercidas pelo inventariante em relação às que estão na esfera dos administradores judiciais da falência e da insolvência. De forma resumida, há ponto de toque entre o inventário *causa mortis* e os processos de falência e de insolvência, tendo em vista que a arrecadação patrimonial e a liquidação das dívidas são peças-chaves dos procedimentos. Enquanto, no inventário sucessório, firma-se presunção de desfecho positivo (vide art. 611 do CPC e o próprio dueto *do inventário e da partilha*), tanto na falência quanto na insolvência a expectativa é de que a liquidação não produza saldo positivo a retornar ao devedor, pois a legislação está voltada à própria extinção das obrigações do falido (arts. 154-160 da Lei n. 11.101/2005 e arts. 774-786-A do CPC de 1973).

862 A assertiva supra é reforçada pelo disposto no art. 189 da Lei n. 11.101/2005, que não faz isolamento da legislação em relação ao CPC ao dispor que devem ser aplicadas "no que couber" os dispositivos da codificação processual no âmbito das questões tratadas pela referida legislação extravagante.

863 Sobre transporte de técnicas a partir de bases uniformes (em sentido amplo), confira-se: RODRIGO MAZZEI e TIAGO FIGUEIREDO GONÇALVES, Ensaio sobre o processo de execução e o cumprimento da sentença como bases de importação e exportação no transporte de técnicas processuais. In: *Processo de execução e cumprimento da sentença*: temas atuais e controvertidos, p. 19-36; e FREDIE DIDIER JR., ANTONIO DO PASSO CABRAL e LEONARDO CARNEIRO DA CUNHA. Por uma nova teoria dos procedimentos especiais, p. 65-75.

Art. 623. Requerida a remoção com fundamento em qualquer dos incisos do art. 622, será intimado o inventariante para, no prazo de 15 (quinze) dias, defender-se e produzir provas.

Parágrafo único. O incidente da remoção correrá em apenso aos autos do inventário.

Art. 624. Decorrido o prazo, com a defesa do inventariante ou sem ela, o juiz decidirá.

Parágrafo único. Se remover o inventariante, o juiz nomeará outro, observada a ordem estabelecida no art. 617.

CPC de 1973 – arts. 996 e 997.

1. Base procedimental do incidente de remoção

Os arts. 623 e 624 fixam as principais bases do procedimento que envolve o incidente de remoção do inventariante, estabelecendo que: (i) o seu processamento se opera em apenso aos autos do inventário; (ii) sobre os fatos afirmados (no requerimento de algum legitimado ou no ato de instauração de ofício do juízo sucessório), o inventariante será intimado, facultando-lhe que, no prazo de 15 dias, apresente defesa por escrito; (iii) em exceção ao art. 612 do CPC, o incidente de remoção de inventariante admite ampla dilação probatória; e (iv) ao fim do incidente o juízo sucessório proferirá decisão motivada, devendo nomear outro inventariante em caso de decisão positiva acerca da remoção.

Ainda que a resenha acima seja de boa utilidade à visualização básica do procedimento em voga, percebe-se, porém, que não foi traçado roteiro completo. No sentido, há desdobramentos procedimentais que não estão previstos no corpo dos arts. 623-624 e que terão que ser introduzidos no incidente de remoção, caso assim se torne necessário, até porque, em muitos casos, compõem o núcleo do devido processo legal. Por exemplo, poderá ocorrer a necessidade de manifestação da parte (= *interessado na herança*) acerca do conteúdo da defesa apresentada pelo inventariante, mormente quando esta carrear documentos novos (= *não constantes do inventário causa mortis*) e que sejam utilizados para refutar a acusação de mal andar no exercício da inventariança. De outro turno, embora nada conste nos arts. 623-624 acerca de fase de organização procedimental do incidente, tal providência terá que ser muito provavelmente adotada quando houver necessidade de dilação probatória diversa da apresentação de material documentado (por exemplo, oitiva de testemunhas e/ou prova pericial).

A partir das exemplificações trazidas e da leitura da plataforma simplória dos arts. 623-624, deve-se compreender que os dispositivos em comento possuem superfícies abertas para encaixes de outras regras procedimentais, notadamente aquelas atreladas à postulação, ao saneamento/organização processual e à instrução probatória. Portanto, técnicas do procedimento padrão serão importadas (art. 318, parágrafo único), notadamente quando a comunicação se faz necessária à aplicação de normas fundamentais (como por exemplo, a vedação da decisão surpresa – art. 10 do CPC).

2. Processamento em apenso

O parágrafo único do art. 623 dispõe que incidente de remoção do inventariante deverá ser instrumentalizado em apenso ao inventário *causa mortis,* sendo irrelevante se a instauração ocorreu por requerimento de alguma parte ou por ato de ofício do juízo sucessório. O processamento em apenso se justifica como medida organizacional, a fim de evitar tumultuária processual, enviando-se, para o mesmo espaço (ventre do processo sucessório), atos processuais acerca de temas distintos (atos vinculados ao curso do inventário e específicos da remoção).[864] Logo, o incidente de remoção de inventariante correrá em *paralelo* ao inventário *causa mortis*, tendo, pois, autonomia (ainda que relativa) processual.[865] Segue-se modelo assemelhado ao que está previsto para a prestação de contas pelo inventariante (art. 553), assim como em relação à habilitação do credor que pleiteia, antes da partilha, o pagamento de dívida literal (art. 642, § 1º).

Consoante já tratado nos comentários ao art. 622, a instauração do procedimento de remoção, por si só, não suspende os atos processuais do inventário *causa mortis,* nem suprime a representação exercida pelo inventariante em nome do espólio. Qualquer alteração no cenário original somente ocorrerá se for proferida decisão judicial a respeito (= *tutela provisória*).

3. Intimação do inventariante sobre a instauração do incidente

O *caput* do art. 623 dispõe que o inventariante será intimado para apresentar defesa, facultando manifestação no sentido, com a produção de provas. Aplica-se, ao citado ato de convocação, o disposto nos arts. 269-275 do CPC.

864 No mesmo sentido: Fernando da Fonseca Gajardoni, *Processo de conhecimento e cumprimento de sentença*: comentários ao CPC 2015, v. 2, p. 1.063. Próximo: Gerson Fischmann, *Comentários ao Código de Processo Civil*, v. 14, p. 101.

865 É salutar que, nos processos físicos, os incidentes tenham identificação/numeração de controle que os diferencie do processo raiz. Tal providência simples permite que as petições sejam destinadas para pousos mais seguros, evitando que sejam juntadas em local inadequado, depurando-se a distribuição dos atos de acordo com os dados de controle e cadastro.

Saliente-se que, quando o inventariante contrata advogado para atuar em nome do espólio, o mandato está voltado aos interesses da herança, e não aos do inventariante, enquanto personagem pessoal. Tanto assim que, em determinadas situações, os interesses do inventariante podem ser colidentes com os do espólio (por exemplo, não concordância com o valor de fixação de honorários, no caso de inventariança dativa). Assim, o fato de o inventariante ter contratado determinado advogado para atuar no inventário *causa mortis* em favor do espólio, por certo, não significa que tal profissional deverá laborar em prol dos interesses pessoais do administrador da herança, notadamente para confeccionar defesa e atuar em procedimento que visa a sua remoção. Não se trata tão somente de (possível) alargamento da contratação original, mas de situação que poderá configurar para o advogado, a depender do fundamento do pleito de remoção compulsória, quadro de colisão de interesses, em que o profissional terá que optar pela atuação em prol de um cliente (art. 18 do Código de Ética e Disciplina da Ordem dos Advogados do Brasil). De outro giro, como não há, na legislação, qualquer regra que determine que o inventariante contrate advogado ou que somente possa ser nomeada pessoa com tal habilitação legal, admite-se que o inventariante exerça sua função diretamente, ou seja, sem a necessidade de contratar advogado ou se postar como tal. A conclusão decorre do fato de que o inventariante exerce *múnus público*, não se exigindo que este, portanto, tenha sua atuação atrelada à advocacia.[866] Na realidade, ainda que com peculiaridades, a figura do inventariante se aproxima da dos auxiliares do juízo, bastando notar, no sentido, que guarda respeito à autoridade do juiz (vide arts. 618 e 619).

A análise do cenário apresentado indica que a intimação prevista no art. 623 do CPC deverá ser voltada ao inventariante (em caráter pessoal), e não ao advogado do espólio. Somente se pode cogitar em intimação voltada ao advogado se este estiver funcionando em nome do inventariante, situação que, repita-se, não pode ser tirada como consequência lógica de contratação para atuação em prol do espólio. Não suficiente, a dupla representação somente deverá ser assumida (e, posteriormente, mantida) pelo advogado se não ficar evidenciada qualquer colisão de interesses entre o espólio e o inventariante.[867]

---

866 De certa forma, a ideia pode ser extraída dos arts. 618, III, e 620, § 2º, que fixam atos que o inventariante deve fazer diretamente, só admitindo que sejam ultimados por procurador em caso de outorga de poderes especiais. Em reforço ao aqui aduzido, a mesma concepção se aplica ao administrador judicial, não exigindo a Lei n. 11.101/2005 que este seja representado, nos processos de recuperação judicial, por advogado ou que a nomeação recaia em pessoa com tal habilitação legal (art. 21 da legislação extravagante).

867 A colisão de interesses entre o inventariante e o espólio é bastante comum no palco do incidente de remoção para a inventariança, pois o próprio rol do art. 622 traz

Adaptando o disposto no art. 269, § 2º, do CPC para a situação prevista no art. 623, a intimação ao inventariante deverá vir instruída com a decisão que admitiu o requerimento de remoção do inventariante e, em caso de instauração por ato de ofício do juiz, far-se-á necessário que se junte a própria decisão que determinou a abertura de procedimento. No ponto, a intimação deverá explicitar todos os fatos que sejam relevantes à reação do inventariante. Logo, no caso de concessão de tutela provisória que suspenda a atuação do inventariante, deverá a intimação esclarecer se outra pessoa foi escolhida para atuar interinamente na função, indicando, em caso positivo, os dados da pessoa. Assim sendo, a intimação não tem a finalidade de apenas dar notícia da decisão judicial, pois a comunicação adequada permitirá que o inventariante adote as providências vinculadas ao comando (por exemplo, endereço e horário para entrega de documentos ou posse de determinados bens).

4. Contraditório e prazo para defesa

O texto legal é imune de dúvidas: antes de determinada a remoção do inventariante, deve lhe ser oportunizado o contraditório.[868] A interpretação sistemática do dispositivo é incontestável quanto à necessidade do contraditório mesmo que o incidente seja instaurado de ofício,[869] situação esta que fica absolutamente assegurada na égide do CPC de 2015, em razão dos comandos expressos dos seus arts. 9º e 10.

O prazo para defesa (= *manifestação*) do inventariante será de 15 dias, aplicando-se na contagem o disposto no art. 219 (diante da natureza processual do prazo), isto é, serão computados apenas os dias úteis. As provas que eventualmente o inventariante pretenda produzir não têm sua produção circunscrita a esse prazo, à exceção da documentada que já esteja em seu poder e que deve acompanhar sua peça de defesa. Na sua manifestação, o inventariante apresentará as provas documentadas que possui, explicitando, de outra banda, todas as demais provas que almeja produzir no incidente.

A apresentação da defesa de forma extemporânea gera consequências ao inventariante, pois a manifestação se sujeita à preclusão. O ritmo procedimental

---

situações em que este último poderá requerer a reparação indenizatória contra o inventariante, como ocorre no caso de imputação de conduta de culpa pela deterioração, dilapidação ou dissipação de bens do monte (art. 622, III).

868 No sentido: STJ, 3ª Turma, REsp 163741 BA 1998/0008555-6, j. 29/06/1999, *DJ* 10/04/2000, p. 83; e STJ, 2ª Turma, AgRg no REsp 1.461.526/RS, j. 16/10/2014, *DJ* 28/10/2014.

869 No sentido (entre vários): Rafael Knorr Lippmann, *Breves comentários ao novo Código de Processo Civil*, p. 1.701; e Fernando da Fonseca Gajardoni, *Processo de conhecimento e cumprimento de sentença:* comentários ao CPC 2015, v. 2, p. 1.063.

do incidente trabalha com o prazo de defesa, ficando tal premissa evidenciada no disposto no art. 624, ao dispor que, decorrido o prazo da defesa do inventariante, os autos serão remetidos para decisão do juiz. Sem prejuízo, o prazo de 15 dias para apresentação de defesa poderá ser prorrogado pelo juiz sucessório, aplicando-se a regra do art. 139, VI, do CPC. Para tanto, deverá ocorrer justificativa que motive a excepcionalidade, que terá que ser analisada no caso concreto.[870]

Por fim, o prazo de 15 dias pressupõe que as partes envolvidas no incidente não construíram calendário, situação perfeitamente possível, em adaptação do art. 191 do CPC para o incidente de remoção de inventariante. Em sendo adotado o calendário processual, prevalecerá a autonomia da vontade e o prazo de 15 dias poderá ser aumentado ou reduzido.

5. A participação ampla no incidente: intimação de interessado(s) em relação à instauração do procedimento de remoção

A interpretação literal dos arts. 622-624 aponta no sentido de que, depois de instaurado o incidente de remoção, será intimado apenas o inventariante para apresentar defesa, não sendo feita a cientificação de outros atores do inventário *causa mortis*. Tal raciocínio, contudo, não pode prevalecer, notadamente pelo fato de o CPC de 2015 adotar noção de *contraditório participativo* (art. 6º).[871] Demais disso, adaptando as regras de administração do condomínio (arts. 1.323-1.325 do CC), as alterações acerca da administração da herança se operam mediante participação dos condôminos, não se justificando diferenciação quando o assunto é a permuta do inventariante, ainda mais quando a medida se opera de forma motivada e por decisão judicial. Assim sendo, as partes deverão ser cientificadas da abertura do incidente de remoção, sendo intimadas para que tenham ciência dos fatos e dos fundamen-

---

870 Por exemplo, a remoção do inventariante poderá estar atrelada à alegação de que bens se deterioraram e/ou foram dilapidados e/ou dissipados (art. 622, III), sendo que a localização do patrimônio do acervo apontado com de trato desidioso pelo inventariante está postado de forma pulverizada em vários locais (alguns distantes do foro do inventário *causa mortis*). Pode-se cogitar, ainda, em dilação do prazo quando o procedimento envolver a cumulação de fundamentos e fatos variados, tendo o inventariante que se manifestar precisamente sobre todos, pois qualquer deles, isoladamente, terá o condão de efetuar a destituição compulsória.

871 A conformação das regras legais do inventário sucessório às exigências de contraditório afinado ao modelo do CPC 2015 é assunto tratado por diversas vezes nos comentários (vide os dos arts. 612 e 626, por exemplo). Com análise geral do modelo de contraditório adotado pelo CPC atual, confira-se: Rodrigo Mazzei, Embargos de declaração e agravo interno no Projeto de CPC (Substitutivo de lavra do Deputado Paulo Teixeira): algumas sugestões para ratificações do texto projetado. In: *Revista de Processo*, v. 221, p. 245-290.

tos que ensejaram a instauração do procedimento, podendo promover a respectiva participação, notadamente quando possuírem informações e provas que sejam úteis ao deslinde do procedimento.[872]

Às claras, nem sempre o interessado que apresentou o requerimento de remoção, muito menos o próprio juiz (até mesmo diante da posição equidistante do condomínio hereditário), terá a completude de informações e/ou provas que possam demonstrar que a destituição compulsória se impõe, e, assim sendo, a cientificação dos demais interessados poderá aumentar o calibre da fundamentação do incidente de remoção. Ademais, com a convocação de todos os interessados, pode-se efetuar pedido de remoção unificado, juntando-se queixas de mais de um interessado, a fim de que, respeitando-se o contraditório de cada manifestação, o assunto seja julgado de forma concentrada, medida, sem dúvida, muito mais eficiente.[873] De outra banda, a participação dos interessados evitará a polarização e disputas internas entre determinadas pessoas com o administrador da herança, pois não é incomum que o incidente de remoção seja utilizado com intuito de criar desconforto ao inventariante, muito embora o seu labor na inventariança esteja agradando a maioria dos interessados do inventário *causa mortis*. Assim, até mesmo na perspectiva do inventariante, a ampla participação poderá ser benéfica.

6. Da manifestação do inventariante: noções e desdobramentos

O art. 623 prevê que, em decorrência da intimação de instauração do incidente, o inventariante poderá "defender-se e produzir provas". Há, contudo, outras posturas que podem ser adotadas. De plano, ao tomar conhecimento da instauração de procedimento para sua remoção, é possível que o inventariante venha a renunciar a função, situação que, *a priori*, encerra o incidente de destituição, devendo o juiz, a partir de tal declaração, determinar o arquivamento do incidente e eleger nova pessoa para função (ato que demandará contraditório das partes). Todavia, a assertiva não conduz à conclusão de que a renúncia dará um *salvo conduto* ao inventariante. Com efeito, havendo fatos no procedimento de remoção que imputem responsabilidade civil e prejuízos causados pelo inventariante no exercício da função, o espólio e/ou os prejudicados não estarão vedados de reclamar a reparação de danos em ação

872 Próximo, embora fixando os olhos na instauração do incidente feita por ato de ofício do magistrado: Fernando da Fonseca Gajardoni, *Processo de conhecimento e cumprimento de sentença:* comentários ao CPC 2015, v. 2, p. 1.063.

873 Caso ocorra a formalização de incidentes fracionados, é provável que as pulverizações de procedimentos possam provocar instaurações em momentos temporais distintos, criando ambiente contraproducente e na contramão da aceleração processual reclamada no art. 611 e da eficiência pregada no art. 8º.

própria. A confirmar a assertiva, a renúncia não alcançará situações em que o juiz sucessório já sedimentou a responsabilidade do inventariante, tal como ocorre no caso da rejeição das contas apresentadas pelo inventariante (art. 553 do CPC).[874] De outro giro, no prazo de defesa, poderá o inventariante adotar posição de reconhecimento da falta apontada na formulação que escora a remoção, cumprindo com a providência no prazo de lei (por exemplo: não apresentação de primeiras ou últimas declarações ou omissão no prestar contas – art. 622, I e V). Caberá examinar, no caso concreto, se a manifestação de reconhecimento, com atitude positiva de saneamento adotada, foi suficiente à mantença do ator na inventariança.[875] Em caso positivo, a inventariança será mantida, arquivando-se o incidente (mediante decisão motivada). Na hipótese contrária, ou seja, se a atitude do inventariante em sanar a falha não for o bastante, a remoção deverá ser efetuada, apurando-se, se necessário, os prejuízos pela atuação funcional inadequada.

No caso de o inventariante apresentar resistência aos fatos alegados, justificando a apresentação de impugnação, o seu direito de defesa é amplo, não tendo o legislador lançado qualquer rastro de limitação cognitiva, muito menos de restrição probatória. Assim, a defesa poderá postular a produção de qualquer tipo de prova, desde que lícita e pertinente ao deslinde do incidente.

A impugnação do inventariante se submete (mesmo que adaptada) aos ditames do art. 336 do CPC que prevê que o "réu" (= *aquele que apresenta peça de resistência*) deverá trazer na "contestação" (= *na sua manifestação impugnativa*) toda a matéria de defesa, expondo as razões de fato e de direito com que refuta o pedido do "autor" (= *formulação contra si*) e especificando as provas que pretende produzir. Em resenha bem apertada, o art. 336 – apesar de redação voltada para contestação – desenha a tipologia básica às peças (= *postulações*) defensivas previstas no CPC,[876] fixando-se, como diretriz, que estas se submetem à *concentração de fundamentos*, no sentido de que deverão contemplar todos os elementos fáticos e jurídicos que sejam capazes de retardar, desarticular, resistir ou neutralizar a formulação que se pretende impor contra aquele que se posiciona como titular do direito de resposta. Note-se que a *concentração* alcança não apenas a apresen-

---

874 No caso ilustrado, a renúncia não afetará a cobrança de saldo em desfavor do inventariante (art. 553, parágrafo único), sendo permitido que se exija a reposição financeira apurada no juízo sucessório, ou seja, a renúncia não terá o condão de obstar condenação já definida judicialmente.

875 Bem próximo: Arruda Alvim, Araken de Assis e Eduardo Arruda Alvim, *Comentários ao Código de Processo Civil*, p. 1.479.

876 Próximo (e trazendo didático panorama sobre a *tipologia e forma de resposta*), confira-se: Heitor Vitor Mendonça Sica, *Breves comentários ao novo Código de Processo Civil*, p. 1.701.

tação do conteúdo das contraposições, mas também se projeta para a atividade probatória, devendo, por tal passo, o impugnante, no ventre da peça de defesa, apontar e/ou (sempre que possível) trazer as provas que escoram sua dicção.[877] O art. 336 é reforçado pelo *caput* do art. 341, que prevê que o "réu" (= *titular da impugnação*) – em sua defesa – deve se manifestar de forma precisa sobre as alegações de fato constantes da petição inicial (= *da formulação contra ele apresentada*), presumindo-se verdadeiras as não impugnadas. Espera-se que o defendente examine (e refute) todos os fatos que lhe são imputados, contexto este que ratifica a necessidade de que a impugnação seja concentrada.

No que se refere ao conteúdo propriamente dito da postulação defensiva do inventariante à sua remoção, comumente, será apresentada *defesa direta*, ou seja, a impugnação negará a ocorrência do fato ou, de outra banda, o reconhecerá, mas serão refutados os efeitos a ele imputados. Todavia, em alguns casos, a impugnação do inventariante poderá trabalhar com defesas que não estarão perfiladas com tal gabarito. Por exemplo, poderá o inventariante alegar ilegitimidade passiva, com a afirmação de que o fato apontado para a sua remoção é anterior à inventariança, tendo ocorrido, portanto, quando a gestão estava na esfera do administrador provisório ou de outro inventariante.[878] Apesar da omissão dos arts. 623 e 624, a depender do conteúdo da defesa do inventariante, assim como do material probatório que esta carrear, será necessário que se providencie a oitiva das partes, notadamente em relação ao autor do requerimento de remoção do inventariante, no caso de instauração de incidente por ato postulatório, atraindo a aplicação ajustada dos arts. 350-353 do CPC. Como a postulação do inventariante calcada no art. 623 possui natureza de *defesa*, não é permitido que seja apresentado "contra-ataque", situação que é autorizada em relação à contestação, consoante dispõe o art. 343, que prevê a possibilidade de apresentação de reconvenção no bojo daquela peça.[879]

---

877 Apesar de o art. 336 fazer alusão ao "pedido do autor", o direito de resposta (= *direito de* impugnar) não está vinculado apenas à reação de postulação de contraparte. Em algumas situações autorizadas em lei, como é o caso do art. 622, admite-se que a formulação seja feita pelo próprio juiz, sendo, em tais casos, sem simetria técnica o uso da nomenclatura utilizada no art. 336 (= *pedido do autor*). No ponto, mesmo nos casos em que a lei autoriza que o juiz seja titular da *formulação*, o contraditório de impõe (art. 10). Bem próximo: FERNANDO DA FONSECA GAJARDONI, *Processo de conhecimento e cumprimento de* sentença: comentários ao CPC 2015, v. 2, p. 1.063.

878 Em outra ilustração, o inventariante poderá suscitar a existência de "coisa julgada", sob o fundamento de que o assunto veiculado no procedimento de remoção já foi analisado e decidido em incidente anterior, com ciência inequívoca do postulante no sentido, que não recorreu da decisão do juízo sucessório.

879 Não se trata de uma situação exclusiva da impugnação prevista no art. 623, pois, consoante se depreende do art. 917, VI, do mesmo diploma, o embargante poderá apresentar qualquer matéria de defesa nos embargos à execução de título extrajudicial.

Caso não oferte defesa no prazo legal, o inventariante se submeterá aos efeitos da *preclusão temporal*. Não se admitirá, de outra banda, que se faça a apresentação fracionada da defesa (ainda que dentro do prazo de lei), pois o ato processual em voga se sujeita à *preclusão consumativa*.[880] Por certo, a referida manifestação também está sujeita à *preclusão lógica*, devendo se coibir a postura contraditória do inventariante em tal sentido[881]. Em relação à aplicação dos "efeitos da revelia" no incidente de remoção, a conjugação dos arts. 344 e 345, IV, do CPC, confere boa resposta à questão.[882] Com efeito, enquanto o primeiro dispositivo define que a não apresentação de "contestação" fará com que o "réu" seja considerado revel e presumir-se-ão verdadeiras as alegações de fato formuladas na postulação do "autor", certo é que a configuração de revelia não "produzirá efeito" se "as alegações de fato formuladas pelo autor forem inverossímeis ou estiverem em contradição com prova constante dos autos". Dessa forma, a não apresentação da defesa pelo inventariante pode ser interpretada como "revelia", mas tal configuração (que se dá pela inércia processual) não se traduzirá presunção de veracidade dos fatos apontados no procedimento de remoção, caso estes não sejam verossímeis ou se contraponham à realidade extraída dos autos.

De toda sorte, a "revelia" do inventariante pode ser levada em consideração nos casos em que a regra do art. 345, IV, não tenha como afastar a pre-

---

É lícito que o embargante deduza defesa ampla, mas não lhe é permitido contra-atacar. No sentido, confira-se: Rodrigo Mazzei, *Reforma do CPC 2*, p. 598-599.

880 Às claras, a manifestação defensiva do inventariante guarda obediência ao art. 336, que determina que todas as matérias de defesa sejam trazidas de forma concentrada, isto é, sejam apresentadas de forma agrupada e com extensão e profundidade completa. Igualmente: Arruda Alvim, Araken de Assis e Eduardo Arruda Alvim, *Comentários ao Código de Processo Civil*, p. 1.479.

881 Por exemplo, após receber a acusação de desvio na arrecadação de determinados bens do espólio (art. 622, VI), o inventariante apresenta defesa, em que sustenta sua posição, afirmando que o patrimônio objeto da controvérsia foi objeto de doação verbal feita pelo autor da herança para pessoas estranhas à sucessão. Ocorre que, nada obstante tal resistência ao pedido de remoção, o inventariante retifica as declarações antes efetuadas, arrolando os bens objeto do debate como aptos à partilha, com expressa indicação de que estes pertenciam ao falecido.

882 Para Luciano Vianna Araújo, "uma vez 'revel' o inventariante, se deve, sim, reconhecer a confissão de matéria de fato, alegada como fundamento para remoção pelo requerente" (*Comentários ao Código de Processo Civil*, v. 2, p. 207). Bem próximo: Sergio Shaione Fadel, *Código de Processo Civil*. Arts. 890 a 1.220, p. 148). Paulo Cezar Pinheiro Carneiro, por sua vez, entende que "A falta de defesa não implica confissão quanto à matéria de fato apresentada como fundamento para remoção do inventariante, cabendo ao juiz, à vista dos elementos constantes do processo de inventário e das razões e documentos juntados pelo requerente, acolher ou não o pedido" (*Inventário e partilha judicial e extrajudicial*, p. 100).

sunção de veracidade. Assim, quando forem trazidos fatos verossímeis envolvendo a atuação do inventariante e não se verificar dos autos qualquer comprovação em contrário, a presunção do art. 344 poderá ser aplicada no incidente de remoção. A situação terá espaço mais comum nos casos de imputação de falhas omissivas do inventariante,[883] pois a "revelia" acaba por corroborar que o inventariante não está tendo a diligência que se espera do personagem que assume a inventariança.[884]

7. Possibilidade de ampla dilação probatória

O art. 623 excepciona o comando de limitação probante que está fixado no art. 612, admitindo-se ampla dilação probatória no incidente de remoção de inventariante.[885] Sem rebuços, o incidente de remoção possui plataforma para recepcionar o disposto no art. 369 do CPC, que prevê a possibilidade do emprego de *todos os meios legais, bem como os moralmente legítimos, ainda que não especificados na legislação, para provar a verdade dos fatos em que se funda o pedido ou a defesa e influir eficazmente na convicção do juiz*. Assim, há de se admitir não apenas as provas "tipificadas" (= definidas e balizadas expressamente em lei), mas também as provas atípicas, cada vez mais comuns (como mensagens eletrônicas, vídeos e conversas legalmente gravadas). No caso de prova obtida externamente ao juízo sucessório (por exemplo, ata notarial – art. 384 do CPC[886]), é capital que esta seja submetida ao contraditório, pois há, na sua

---

883 Por exemplo, hipóteses em que o inventariante foi acusado de não conservar os bens do espólio (art. 622, III), de não defender o espólio nas ações em que foi citado (art. 622, IV – primeira parte), de deixar de cobrar dívidas ativas, de não promover as medidas necessárias para evitar o perecimento de direitos (art. 622, IV – segunda parte) e/ou de não prestar contas de sua atuação (art. 622, V).

884 A "revelia" possui efeitos limitados e que se cingirão especificamente ao incidente de remoção em nada afetando a defesa do inventariante em caso de ação autônoma visando responsabilizá-lo civilmente com mesmos fatos do procedimento de remoção. Pensar diferente contraria, inclusive, o art. 503, § 1º, II, que não permite a formação de coisa julgada de questão prejudicial se, no processual judicial, fora decretada revelia.

885 Bem próximo: Clóvis do Couto e Silva, *Comentários ao Código de Processo Civil*, v. XI, tomo I, p. 321; Gerson Fischmann, *Comentários ao Código de Processo Civil*, v. 14, p. 101; e Arruda Alvim, Araken de Assis e Eduardo Arruda Alvim, *Comentários ao Código de Processo Civil*, p. 1.479.

886 Em ilustração, de forma assemelhada ao que está fixado no art. 216-A da Lei n. 6.015/1973 (aplicável à usucapião administrativa), pode ser solicitada a lavratura de ata notarial em que o Tabelião trará a sua percepção acerca do exercício da posse de bem imóvel de titularidade do espólio, indicando sua situação atual de fato (por exemplo, se este está abandonado, se foi invadido e quais são as pessoas que encontrou como vizinhos). A ata notarial, que passará por contraditório no incidente de remoção, poderá trazer elementos (extraídos do parecer do tabelião) de que o inventariante não está exercitando a posse como deveria, ou de forma diversa, pode-

obtenção ("produção"), *déficit* no sentido, situação inocorrente, em regra, quando a prova decorre de confecção no âmbito do juízo sucessório.[887]

O quadro acima não se volta apenas ao inventariante, mas também em relação aos demais atores do incidente (em suas respectivas) postulações. Dessa forma, admite-se que, na instauração do incidente, o requerente apresente (além do material probatório documentado que já está em seu poder) pleito de produção de provas (tais como depoimentos orais e prova pericial).[888] Diferente não pode ser, sob pena de violação ao princípio da isonomia (arts 7º e 139, I, ambos do CPC), que colocaria o inventariante em posição de vantagem processual no incidente.

O fato de o art. 623 permitir a dilação probatória ampla não significa fizer que todas as provas, efetivamente, serão produzidas, pois, ao juiz, cabe indeferir (de forma fundamentada) os pleitos que se demonstrem inadequados (art. 370, parágrafo único, do CPC)[889]. Isso porque a prova almejada deve possuir correlação íntima com as alegações de ataque e de defesa constantes no procedimento de remoção, não sendo raros os casos em que mais de um tipo de prova terá que ser produzido. Não há nenhum embaraço para que tal situação ocorra, até porque raciocínio em contrário esbarraria na interpretação adequada do art. 623, que se comunica com o art. 369 da codificação processual em vigor.

8. "Organização (e saneamento)" do incidente

Nos casos de incidente de remoção de inventariante em que for necessária a dilação probatória, deverá o juiz determinar a intimação do inventarian-

---

rá ser trazida por este para refutar requerimento contra ele formulado. Os exemplos são variados, mas, por certo, a ata notarial terá bastante valia nos casos representados por imagem ou som gravados em arquivos eletrônicos (art. 384, parágrafo único, do CPC). Assim, em ilustração, a ata notarial poderá trazer transcrição de gravações (legais) de negociações que o inventariante faz em nome do espólio, cujo teor indique atitude reprovável com objetivo de proveito pessoal. Projetando-se para os meios eletrônicos, a ata notarial poderá ter como alvo anúncios postos na internet pelo inventariante de bens do espólio, fazendo-o em nome próprio e/ou com valores diferentes daqueles que foram apresentados em prestação de contas.

887 Note-se, contudo, que há provas com colheita externa cuja produção poderá estar construída com respeito ao contraditório, alterando-se, com tal detalhe, o juízo de admissibilidade do seu encaixe no juízo sucessório. A ação autônoma de provas (arts. 381) é um exemplo frisante no sentido. Sobre ação autônoma de provas, confira-se: João Luiz Lessa Neto, Produção autônoma de provas e processo comparado: Brasil, Estados Unidos e Inglaterra. In: *Coleção Reserva Científica*: Processo Civil.

888 Bem próximo: Sergio Shaione Fadel, *Código de Processo Civil*. Arts. 890 a 1.220, p. 148.

889 Igualmente: Arruda Alvim, Araken de Assis e Eduardo Arruda Alvim, *Comentários ao Código de Processo Civil*, p. 1.479.

te e daqueles que participam do inventário *causa mortis*, a fim de que se manifestem – em ato de colaboração (art. 6º do CPC) – para a delimitação das questões de fato sobre as quais deverá recair a atividade probatória, indicando, de forma justificada, as provas que deverão ser produzidas. Para que a medida seja mais produtiva, a oitiva deverá ser prévia à decisão judicial que definirá a produção das provas (art. 357, II), pois, assim, o juiz poderá aquilatar os pontos que as partes entendem como controvertidos e, a partir destes, com olhos na prova, adotar as medidas adequadas.[890] Em regra, a manifestação se dará por meio de petição por escrito, mas, em casos de maior complexidade, não se pode descartar que a organização do incidente ocorra excepcionalmente em audiência, aplicando-se o disposto no § 3º do art. 357, até mesmo porque a dilação probatória poderá ser ampla (art. 623) e alcançar fatos intricados.

Apesar de o foco da intimação estar atrelado à participação na organização do incidente, ou seja, para atos prospectivos de marcha adiante (aferição quanto à produção de provas), nada obsta que, em resposta ao chamado judicial, o participante do incidente denuncie que há questão processual pendente não resolvida que necessita de *saneamento* (art. 357, I), ou, ainda, que há vício que pode contaminar o prosseguimento do incidente.[891]

9. Definição na cadência da produção da prova

Não há um dispositivo específico que fixe a ordem rígida na produção das provas. A interpretação dos arts. 434-438 e 361, todavia, sugere que a prova documentada será a primeira, seguindo-se da prova pericial, para somente depois ser efetuada a colheita dos depoimentos pessoais do autor e, em seguida, do réu (art. 361, II), finalizando com a oitiva das testemunhas arroladas pelo autor e pelo réu (art. 361, III). A sequência apresentada não é de todo rígida, até porque o próprio *caput* do art. 361 indica que se trata de ordem de *preferência*, ou seja, que se recomenda ser seguida, mas que pode ser alterada. No particular, sem prejuízo de negócio jurídico processual que defina a ordem na produção da prova (art. 190), a boa interpretação do art. 139, VI, leva à

890 No particular, além do deferimento da prova propriamente dita, poderá o juiz, seguindo-se o gabarito legal, definir o ônus da prova (com sua inversão, se necessário for – art. 373 do CPC) e/ou alterar a ordem da produção das provas (art. 139, VI).

891 Por exemplo, o postulante, ao ser intimado para se manifestar pela produção de provas, denuncia ao juiz que há pedido de tutela provisória pendente de apreciação, sendo que o próprio juiz fixou que, tão logo encerrado o prazo de resposta do inventariante, o pleito seria examinado de forma prioritária, fato que não ocorreu. Em outra ilustração, o inventariante informa ao juízo que determinado herdeiro não foi intimado de nenhum ato do incidente, muito embora o requerimento de remoção aponte que este é cúmplice do inventariante, sendo, assim, sua participação fundamental no procedimento.

conclusão de que a dinâmica probatória pode ser definida pelo julgador através de decisão motivada (iluminada pelo princípio da eficiência – art. 8º), ainda que as partes nada convencionem no sentido.[892]

10. Atribuição do ônus da prova (com sua inversão)

O CPC em vigor, no seu art. 373, § 1º, contempla a possibilidade de atribuição do ônus da prova diverso ao quadro tradicional, fazendo-o de modo a alterar a lógica dos incisos I e II do dispositivo.[893] O juiz, defronte à situação de aplicação do § 1º do art. 373, deverá proferir decisão fundamentada, explicitando os motivos de encaixe do caso concreto na hipótese extraordinária, concedendo à parte a oportunidade de defesa a fim de se desincumbir do ônus que lhe foi atribuído, ou seja, a fixação de ônus da prova fora dos eixos dos

892 Dentre as mudanças cronológicas que podem ocorrer, há destaque para a inversão da ordem da prova pericial em relação à prova oral, alterando-se o compasso desenhado no art. 361, pois, em alguns casos, a sequência ditada no dispositivo pode ser infrutífera e/ou ineficiente. Por exemplo, em requerimento apresentado para remoção de inventariante, determinado herdeiro indica que o inventariante efetuou a extração prematura de fruto em propriedade rural que faz parte do acervo hereditário, causando prejuízos ao espólio. Em sua defesa, o inventariante afirma que a retirada de frutos foi parcial e ocorreu em data anterior a que ele assumiu a inventariança, sendo que o responsável pela medida foi o próprio requerente do incidente, pois este era a pessoa na posse da propriedade rural após o falecimento do *de cujus*. Prosseguindo na sua defesa, o inventariante afirma que, de toda sorte, os prejuízos causados pelo requerente já foram minimizados, pois, logo que assumiu a inventariança, adotou providências para aumentar a produção na área remanescente e para as próximas colheitas em toda extensão da propriedade. Com tais linhas, postula a produção de prova testemunhal, ouvindo-se os trabalhadores rurais que fizeram a extração da colheita antecipada, a fim de que estes deponham para elucidar a data em que ocorreu o fato e o responsável pela ordem. Na mesma peça, o inventariante requer a produção de prova pericial para atestar a área alcançada pela colheita prematura, o quadro atual acerca das plantações e, se possível, que a perícia indique a data provável da inserção das providências de cultivo e da colheita antecipada. Apresentada a longa ilustração, é muito provável que a prova testemunhal poderá ser suficiente para manter ou destituir o administrador da herança, pois o ponto nodal da discussão está em saber quem foi o responsável pela determinação da colheita antecipada, situação em que a prova testemunhal, já que ouvidos os próprios executores da medida, é o meio mais adequado. Assim, em prol da eficiência, inicia-se a dilação probatória pela prova testemunhal, invertendo-se a lógica de início pela prova pericial, sem prejuízo desta ser efetivada, caso os elementos obtidos na prova oral não sejam conclusivos.

893 Em apertada síntese, o art. 373 fixa que o ônus da prova incumbe ao autor (= *aquele faz a formulação inicial*) em relação ao fato constitutivo de seu direito (art. 373, I), sendo este voltado ao réu (= *aquele que apresenta defesa – contraposição da formulação)* quando este alegar existência de fato impeditivo, modificativo ou extintivo capaz de atingir o direito postulado (art. 373, II).

incisos I e II do art. 373, reclama decisão prévia à produção da prova que a determine.[894] Registre-se, ainda, que a referida decisão "não pode gerar situação em que a desincumbência do encargo pela parte seja impossível ou excessivamente difícil" (art. 373, § 2º).

A importação da técnica processual em voga poderá, certamente, ter utilidade no incidente de remoção do inventariante. Em ilustração, basta pensar na hipótese de postulação apresentada pelo herdeiro que alega que o patrimônio do espólio não está sendo adequadamente conservado, afirmando-se na peça que os bens que estão na posse do inventariante estão se deteriorando por culpa deste (art. 622, III). Em resposta, o inventariante confirma que os bens estão na sua posse, mas afirma que estão todos muito bem conservados. Assim, em relação ao suposto ato culposo, o inventariante apresenta negativa do fato (*defesa direta*) e nada acrescenta de novo, fixando-se sua impugnação na dicção de que os bens estão bens conservados e que, portanto, não laborou com nenhum tipo de ato culposo no sentido. Seguindo-se o esquadro dos incisos I e II do art. 373, caberia ao postulante do requerimento o *ônus probandi* acerca das suas alegações, pois a defesa do inventariante – na forma que apresentada – não trouxe qualquer fato novo, pois simplesmente negou a versão do requerente. Todavia, diante da situação fática concreta, o inventariante está na *posse direta* dos bens apontados como deteriorados, colocando-o em situação privilegiada para a produção da prova, ao revés do requerente, que não exerce a posse direta dos bens.[895] A exemplificação demonstra que o juiz do inventário *causa mortis* deverá, com esteio no § 1º do art. 373 do CPC, proferir decisão fundamentada no sentido de atribuir ao inventariante o ônus da prova acerca do estado dos bens, pois a sua posição fática (posse direta) indica não só que possui "maior facilidade de obtenção da prova", assim como o requerente, pela mesma circunstância fática, terá dificuldade de calibre em cumprir o encargo.[896] A vedação

---

894 Sobre o tema, com ótima contextualização e análise dos desdobramentos da inversão do ônus da prova, confira-se: William Santos Ferreira, *Breves comentários ao novo Código de Processo Civil*, p. 1.127-1.136.

895 Em exemplo mais específico, se o autor do requerimento de remoção for um legatário, a desincumbência do ônus probatório encontrará ainda mais respaldo, pois, como é cediço, o § 1º do art. 1.923 do CC, prevê que tal figura não pode postular posse direta da coisa legada, estando vedado de nela *"entrar por autoridade própria"*. Nesse cenário, o legatário, por não estar na posse do(s) bem(s) em razão de vedação legal, trazida pelo dispositivo mencionado, terá ainda mais obstáculos para produzir provas sobre o seu estado.

896 Note-se que no exemplo posto não se aplica a vedação prevista no § 2º do art. 373, pois pela situação do inventariante, que se presume assumir a posse direta ao assumir a inventariança, a desincumbência do encargo por ele não será impossível ou sequer excessivamente difícil.

prevista no § 2º do art. 373 não alcança a ilustração, pois a própria situação fática indica que o inventariante não se posta em cenário de impossibilidade ou dificuldade extrema na produção da prova e, por conseguinte, para se desincumbir do ônus respectivo.

O exemplo (que não é único) demonstra a importância de que o "ônus probatório" fique bem definido no incidente de remoção de inventariante, mediante prévia decisão do juízo sucessório, notadamente quando ocorrer a atribuição excepcional de ônus da prova prevista no art. 373, § 1º.

11. Decisão pela remoção e nomeação de novo inventariante (ou administrador)

Na decisão positiva de destituição compulsória, deverá o juiz nomear outro inventariante, consoante dita o parágrafo único do art. 624. Há comunicação do dispositivo em análise com o previsto no art. 625, que dispõe que o inventariante removido entregará os bens do espólio ao substituto indicado na decisão de remoção, prestando contas da sua atuação até o ato de destituição compulsória. Da conjugação das regras legais, tem-se que a decisão que remove o inventariante impõe a este dois comandos distintos: (a) interrupção das suas funções de administração do espólio; e (b) entrega dos bens alcançados pela abertura da sucessão, no estado que se encontram, ao inventariante que foi designado na decisão de substituição. Percebe-se, de plano, pequena omissão nos dispositivos em destaque, pois a decisão que promove a remoção deve tornar sem efeito o termo de compromisso do inventariante, noticiando a providência não apenas às pessoas que participam do inventário, mas também a todos aqueles com quem o inventariante, na qualidade de administrador do espólio, mantinha relacionamento direto (por exemplo, locatário de bens do acervo hereditário), conforme conste no inventário *causa mortis*. A tarefa será ratificada pelo novo inventariante que, exibindo o termo de compromisso formalizado, se apresentará como novo administrador da herança.

Há, contudo, problema maior na combinação dos dois dispositivos que merece ser realçado, pois é possível que ocorra vácuo entre a decisão que determinou a remoção e o início da atuação do novo inventariante. Isso porque não bastará a designação do substituto na decisão de remoção para que ele inicie na função, pois a assunção do cargo de inventariante está atrelada a rigores formais, dentre os quais, não se pode dispensar a assinatura do compromisso (art. 617, parágrafo único, CPC c/c art. 1.991 do CC). A minúcia destacada é de toda importância, pois aquele que foi indicado pelo juiz na sua decisão pode não aceitar o encargo, criando enleio no inventário *causa mortis* se os bens e a prestação de contas forem dirigidos antecipadamente a ele. Ademais, a pessoa indicada pelo juiz na sua decisão para assumir a inventariança poderá postular que lhe seja concedido prazo razoável para dizer se aceita ou não o encargo, postura que será natural quando se tratar de designação de inventariante dativo, cujo exame prévio dos autos é importante até para a análise de aptidões para atuar naquele caso concreto. Por certo, a manutenção do inventariante removido na administração do espólio é censurável e contrária à própria motivação da decisão de remoção, em especial quando os motivos para a destituição compulsória são graves (por exemplo, apropriação indébita de créditos do espólio).

A designação de pessoa para exercício imediato de *administração provisória*, ou seja, de gestão precária com limitação de poderes (tirando-se como espelho a figura prevista no art. 613-614 do CPC), afigura-se com a decisão sensata e que não colocará o espólio em risco. A pessoa assim designada faria a *transição* entre os inventariantes, de modo que a remoção já se efetive tão logo proferida a decisão, sem a necessidade de aguardar a formalização do novo inventariante. Adotando-se tal trilha, evita-se que administração do espólio fique em estado de vacância, de tal sorte que aquele designado como administrador provisório terá a missão não só de receber os bens do inventariante, mas de apresentar breve relatório acerca da situação do inventário *causa mortis* ao novo inventariante, ou seja, função semelhante à figura prevista nos arts. 613 e 614, só que para momento em circunstâncias diversas.

Apesar de o parágrafo único do art. 624 fazer alusão à observância ao cardápio do art. 617, não se trata de comando obrigatório, sendo, em verdade, um *rol de referência para designação judicial*,[897] caso as partes não elejam de forma consensual o novo inventariante.[898] A nomeação de administrador provisório em caso de remoção do inventariante permite que o juízo sucessório convoque as partes, a fim de que estas participem da eleição para a nova inventariança, aplicando, assim, concretamente o disposto no art. 6º do CPC. Mesmo que as partes não consigam eleger por elas próprias o inventariante, a apreciação das manifestações de cada uma delas será importante para a designação judicial, pois poderá o juízo sucessório aferir concretamente as opções para a inventariança, analisando, inclusive, as animosidades, os conflitos de interesses e a própria capacitação acerca dos nomes sugeridos. Portanto, antes de decidir

897 Tanto assim que não raramente ocorre a nomeação de inventariante dativo ao fim do incidente de remoção, apesar da presença de pessoas que estão *preferencialmente* em posição prioritária no rol do art. 617, mas cuja nomeação não se justifica em razão do quadro de alta animosidade. No sentido: STJ, 4ª Turma, AgInt no REsp 1294831/MG, j. 06/06/2017, *DJ* 20/06/2017. Igualmente: STJ, 4ª Turma, REsp 988.527/RS, j. 24/03/2009, *DJ* 11/05/2009; 3ª Turma, AgInt no AREsp 882.010/SP, j. 10/11/2016, *DJ* 24/11/2016.

898 Vide comentários ao art. 617 desta obra.

(mesmo que no curso do incidente), deverá o juízo provocar manifestação das partes acerca da designação de novo inventariante, postura que prestigiará o contraditório participativo e evitará que eventual decisão judicial que contrarie a inteligência cravada no art. 10 do CPC, evitando "surpresas".

Por fim, frisa-se que, caso a decisão judicial do incidente de remoção não nomeie novo inventariante ou deixe de indicar administrador provisório, deverão ser apresentados embargos de declaração para suprir a omissão. A legitimação será das partes e também do inventariante removido, pois o último necessita conhecer a identidade da pessoa a quem deverá entregar os bens e prestar contas (art. 625). De toda sorte, diante da natureza do inventário *causa mortis* e do próprio vício decisório (que afeta a administração da herança), tal omissão poderá ser suprida por meio de requerimento por simples petição ou até por ato de ofício (adaptando-se o art. 494, I, à hipótese).

12. Inventariança plúrima ou de presença de *protutor sucessório*

Na hipótese de inventário *causa mortis* com nomeação plúrima ou de designação de *protutor sucessório*,[899] deverá se aferir as características da inventariança, até porque esta poderá ter sido fixada para atos de natureza não compartilhada, com atribuições específicas de atuação para cada inventariante. Também será necessário analisar o quadro fático que enseja a remoção, pois todos aqueles encartados como partícipes do ato (ainda que por omissão) serão removidos, sendo possível, em tal situação, a destituição compulsória de inventariante arrastar a do *protutor sucessório*. Com efeito, configurada a conduta permissiva ou omissiva do fiscal da herança, a remoção o alcança, operando-se a sua destituição compulsória junto com a do inventariante. Caso a remoção alcance apenas um personagem, o juiz poderá designar que o inventariante remanescente e/ou o fiscal da inventariança (*protutor sucessório*) assuma(m) a administração provisória, ficando na função até que a pessoa designada na decisão judicial para ocupar o espaço daquele que foi removido efetivamente assuma o encargo.

13. Honorários, despesas processuais e litigância de má-fé

Diante das peculiaridades estruturais do inventário *causa mortis*, os honorários advindos da sucumbência (art. 85 do CPC) não têm sido aplicados às suas decisões, muito embora seja comum que o processo funcione com palco para litígios patrimoniais atrelados à sucessão.[900] Tal concepção se projeta ao

---

899 Sobre *protutor sucessório* vide comentários ao art. 617 desta obra.

900 Trata-se de tema que merece ser revisitado (ainda que para se alcançar a mesma conclusão), pois não foi profundamente debatido pela doutrina, que normalmente faz alusão apenas aos honorários de natureza contratual. No sentido (por todos):

procedimento de remoção de inventariante, destacando-se, ainda, que este se perfila como incidente processual. Em relação às despesas processuais, algumas regras do CPC devem ser adaptadas, à luz do princípio da causalidade. Assim, trazendo o art. 82, § 2º, para decisão proferida prevista no art. 624, aquele que for vencido no incidente terá que reembolsar as despesas que a contraparte antecipou para o andamento regular do incidente, como ocorre nos casos de dilação probatória (por exemplo, adiantamento de honorários periciais) ou para a própria abertura do procedimento (caso o regime de custas do Judiciário local tenha previsão que inclua o incidente de remoção de inventariante). Não se pode limitar o vencido, contudo, à responsabilidade pelo reembolso das despesas processuais, fixadas apenas quanto aos valores que foram antecipados pelo adversário, pois o art. 84 é claro ao dispor que as despesas processuais se sujeitam à conceituação ampla, que deve alcançar todos os custos do processo, inclusive, "a indenização de viagem, a remuneração do assistente técnico e a diária de testemunha". Dessa forma, o *capítulo decisório* acerca das despesas processuais é amplo e deve ser abordado de forma minuciosa, a partir da análise dos fatos ocorridos no incidente e do dispêndio financeiro ocorrido.[901]

YUSSEF SAID CAHALI, *Honorários advocatícios*, p. 879-805. Nada obstante, tem-se admitido a fixação de honorários na habilitação de crédito em caso de resistência ao pleito do credor (STJ, 4ª Turma, REsp. 578.943, j. 18/05/2004, *DJ* 04/10/2004; 3ª Turma, REsp 1.431.036/SP, j. 17/04/2018, *DJ* 24/04/2018). Há possibilidade de mudança do posicionamento, fixando-se honorários de advogado em outros incidentes do inventário, a partir da (correta) concepção de que mesmo "em procedimento de jurisdição voluntária, a existência de litigiosidade excepciona a regra de não cabimento de condenação em honorários advocatícios" (STJ, 3ª Turma, AgInt no AREsp 1.562.651/SP, j. 10/05/2021, *DJ* 13/05/2021).

901 O elenco previsto no art. 84 do CPC a toda evidência deve ser visto como *exemplificativo*. Basta examinar as hipóteses do § 1º do art. 98 (que traz a lista de despesas e de custas processuais abarcadas pela gratuidade da justiça), uma vez que o citado dispositivo trata como despesas processuais verbas vinculadas a serviços prestados em rol do processo judicial (a remuneração do intérprete ou do tradutor nomeado, emolumentos devidos a notários ou registradores em decorrência da prática de registro, averbação ou qualquer outro ato notarial necessário à efetivação de decisão judicial ou à continuidade de processo judicial – incisos VI e IX). Escorando-se em tal premissa e na assertiva de que a regra do art. 84 contempla rol exemplificativo de atos (e externos ao processo em si), sua plataforma atrai o reembolso dos honorários de advogado de natureza contratual, ou seja, a verba que a parte tenha despendido na contratação particular de seu(s) patrono(s). A questão acerca da possibilidade de reembolso dos honorários contratuais chegou a ser examinada pelo STJ, todavia, a análise não passou exatamente pelo ponto aqui posto (encaixe da verba no rol exemplificativo do art. 84 do CPC). Na verdade, o debate se fixou na configuração de que os honorários contratuais geravam desfalque injustificado ao vencedor da ação, já que as verbas a ele devidas – ao final das contas – recebiam "decote", configurando-se, em tal controvérsia, como um "dano material" que deveria ser reparado, a teor dos

Em relação às sanções pela litigância de má-fé, há hipóteses claras no rol do art. 80 do CPC que podem ser trazidas para o procedimento de remoção, a saber: (a) instauração de incidente manifestamente infundado (art. 80, VI) e resistência injustificada ao andamento do processo (art. 80, IV). As aludidas sanções poderão ser aplicadas tanto ao requerente do procedimento quanto ao inventariante. Ademais, haverá importação não apenas do art. 80, mas também dos demais regramentos vinculados ao instituto (em especial os arts. 81 e 96 do CPC), destacando-se, no ponto: (i) o valor pecuniário decorrente das sanções impostas ao litigante de má-fé deverá ser revertido em benefício da parte contrária, isto é, aquela que sofreu com a atuação tida como de má-fé (art. 96, primeira parte);[902] e (ii) a sanção da litigância de má-fé deverá atingir

---

arts. 389, 395 e 404 do CC. O assunto, no entanto, restou pacificado em sentido contrário, destacando-se, no ponto, o julgamento do EREsp. 1.507.864/RS (STJ, Corte Especial, j. 20/4/2016, *DJ* 11/5/2016), que sedimentou a ideia de que a "contratação de advogados para defesa judicial de interesses da parte não enseja, por si só, dano material passível de indenização, porque inerente ao exercício regular dos direitos constitucionais de contraditório, ampla defesa e acesso à Justiça". Com todo respeito, há uma inadvertida exclusão dos honorários contratuais do espectro do art. 84 do CPC, sendo absolutamente contraditório se imaginar que a regra legal indica que a "remuneração do assistente particular" é uma despesa do processo, mas que a "remuneração do advogado" não está assim encartada. As duas situações indicam que a parte contratou profissional para a defesa dos seus interesses, não devendo prosperar a exclusão injustificada do não reembolso da verba do advogado. Não se diga que há afastamento dos honorários de advogado em razão de que seu pagamento importará em verba de alto montante, podendo ser fora do parâmetro comum de acordo com o profissional que for contratado. Tal argumentação não tem razão de ser, pois não é incomum que os honorários do perito e/ou do assistente técnico sejam de valores próximos (ou até mais elevados) do que os que são devidos aos advogados. Demais disso, é perfeitamente possível se projetar regra de controle à aplicação do reembolso dos honorários, aplicando-se o previsto no *caput* art. 113 do CC, ou seja, de usar o padrão vulgar de valores para fixar o reembolso, situação facilmente possível no particular diante da existência de critérios de fixação de honorários contratuais expedidos pela OAB. No mesmo sentido: STJ, 3ª Turma, REsp. 1.134.725/MG, j. 14/06/2011, *DJ* 24/06/2011. Dessa forma, a melhor exegese aplicada ao art. 84 deve contemplar o reembolso da verba honorária contratada, sendo que tal comando se submete a certo controle, nos ditames do *caput* do art. 113 do CC, caso os valores contratados fujam do razoável.

902 Caso o incidente seja instaurado por mais de um interessado (e/ou tenha adesão no seu curso), a sanção será imposta observada a proporção do interesse na causa ou solidariamente àqueles que se coligaram para lesar a parte contrária (art. 81, § 1º, do CPC). A mesma lógica aplica-se ao polo passivo, pois, embora o inventariante se encontre no epicentro subjetivo do incidente, já que exerce a inventariança, sua atuação de má-fé pode ser conjunta com outras partes do inventário. De toda sorte, somente poderá ser fixada a sanção da litigância de má-fé em relação aos que participaram do incidente, pois, em razão inversa, se admitiria a imposição de condenação judicial sem o respeito à célula mínima do contraditório.

apenas o patrimônio particular da pessoa que atua como parte no incidente de remoção, que tenha agido em descompasso, não alcançando, assim, a esfera patrimonial do espólio.

No arbitramento da sanção de má-fé processual, o parâmetro ordinário do art. 81 (percentual sobre o valor da causa, com mínimo de um por cento e máximo de dez por cento do valor corrigido da causa), em regra, não se aplicará no incidente de remoção do inventariante, pois não corresponde ao próprio debate em si e, a depender da fase do inventário, a sua valoração será puramente estimativa. Há de se ponderar a possibilidade de liquidação posterior nos próprios autos (no incidente) *caso não seja possível mensurar*, no momento da deliberação judicial, o valor exato da sanção (art. 81, § 3º).[903] De todo modo, para que se evite a liquidação, poderá ser aplicado o § 2º do art. 81, o qual prevê que, quando o valor da causa for irrisório ou inestimável, a multa poderá ser fixada em até 10 vezes o valor do salário-mínimo. O juízo sucessório aquilatará a repercussão patrimonial do incidente e das forças da herança, a fim de adotar a melhor solução, a qual visará a proporcionalidade da sanção em relação ao cenário concreto.

O arbitramento da sanção por má-fé processual não afasta eventual pleito de reparação de danos causados pela administração do inventariante que tenha gerado prejuízos materiais,[904] pois a pena prevista nos arts. 79-81 do CPC está voltada apenas à repressão de conduta reprovável processual.[905]

14. Apuração de responsabilidade civil do inventariante

Há de se investigar se a decisão positiva do incidente de remoção, além de afastar o inventariante e permitir nova nomeação no sentido, poderá criar

---

903 Tal opção deve ser residual, até mesmo em razão do comando extraído do art. 491 do CPC, que assevera que as decisões judiciais devem fixar condenações líquidas, delimitando não só o valor, mas todas as particularidades que envolvam a obrigação, de modo que a liquidação posterior somente se justificará em casos excepcionados (art. 491, I e II, do CPC).

904 Não se pode descartar a possibilidade de ação de reparação de danos movida pelo inventariante por instauração abusiva do procedimento de incidente de remoção, quando se verificar prejuízo concreto e direto derivado do ato. Por exemplo, a abertura do procedimento impediu que o inventariante judicial fosse nomeado em novos inventários e/ou efetuasse o levantamento de honorários pendentes em processo judicial.

905 Apesar de o art. 79 do CPC não ser claro no sentido, já que sua redação não faz a depuração entre a fixação da sanção e o eventual prejuízo material, a conclusão acima pode ser tirada do disposto no art. 302 do mesmo diploma legal, que deixa claro que a "reparação por dano processual" (= *litigância de má-fé*) é independente do prejuízo presente na esfera do direito material.

superfície para a reparação dos danos causados pelo inventariante em tais casos. A resposta tradicional é no sentido de que as provas colhidas em contraditório no procedimento de remoção devem ser utilizadas em ação autônoma de reparação (art. 372), pois o incidente foi desenhado com a finalidade de definir a mantença (ou não) do inventariante. Ademais, a aferição da responsabilidade civil e a exigência da indenização no ventre do inventário podem levar ao desvio do seu objetivo principal (extinção do condomínio hereditário), com decurso de prazo não autorizado pelo art. 611.

A resposta segura acima pode ser colocada em xeque, quando o tema é examinado com maior amplitude. Com efeito, o art. 553 prevê que o inventariante, em apenso ao inventário *causa mortis,* fará a prestação de contas da sua administração e, caso seja apurado saldo devedor contra o administrador do espólio, no próprio incidente será proferida decisão que terá o condão de "condenar o inventariante", isto é, de exigir que este efetue o pagamento do valor devido. A parte final do parágrafo único do art. 553 dispõe ainda que o juízo sucessório adotará "as medidas necessárias à recomposição do prejuízo". Portanto, a partir do art. 553, conclui-se que: (a) há permissão de formação de título executivo contra o inventariante, situação que é gerada através de decisão do juiz do inventário (ainda que no incidente de prestação de contas); (b) a execução da condenação (= *saldo da prestação de contas*) será efetuada no âmbito do juízo sucessório; (c) admite-se toda e qualquer medida para "recompor o prejuízo", isto é, apta à efetivação da medida. A aplicação correta do art. 553 não causa nenhum embaraço à marcha acelerada prevista no art. 611, pois a cobrança dos valores não se dá no ventre do inventário *causa mortis*, mas em autos em apenso, seguindo a linha definida no *caput* do primeiro dispositivo.[906] Em se tratando de incidente de remoção o procedimento também é instaurado em apenso ao inventário *causa mortis* (art. 623, parágrafo único), de modo que definida condenação contra o inventariante (caso assim seja possível), também não ocorrerá tumultuária interna, pois a verba poderá ser perseguida em autos apartados ao processo sucessório.

Sobre outro aspecto, vale lembrar que juiz sucessório possui ampla competência para decidir sobre todas as questões afetas ao inventário *causa mortis* (art. 612, primeira parte), sendo que, apenas excepcionalmente, remeterá o exame das matérias para outro ambiente, isto é, quando for necessária a produção de provas outras que não a documentada (art. 612, segunda parte).

906 Sem prejuízo da exemplificação acima, com o art. 553 do CPC, a parte final do art. 625 confere ao juiz sucessório a possibilidade de fixar multa pecuniária contra o inventariante destituído, caso este não faça a entrega dos bens do espólio ao novo inventariante.

Ocorre que, justamente em relação à remoção da inventariança, a dilação probatória do juiz sucessório é plena (art. 623), não encontrando barreiras cognitivas. No ponto, destaca-se, também, que o juiz sucessório é o órgão judicial que terá melhores condições de apurar a atuação do inventariante, já que o administrador da herança labora sobre a sua fiscalização direta, tanto que este se submete à prestação de contas (art. 618, VII) e depende, inclusive, de autorização judicial para exercício de atos extraordinários (art. 619, I-IV).

O art. 515, I, do CPC, por sua vez, prevê que as decisões proferidas no processo civil que reconheçam a exigibilidade de obrigação de pagar quantia, de fazer, de não fazer ou de entregar coisa serão encartadas como títulos executivos judiciais. O dispositivo, porém, não faz alusão ao tipo de procedimento em que ocorreu o reconhecimento judicial – mediante decisão – acerca de obrigação de pagar quantia, de fazer, de não fazer ou de entregar coisa. Valendo-se da ideia de *acoplamento por atração*,[907] o art. 515, I, possui textura para acolher em seu ventre a decisão judicial que, ao destituir o inventariante em razão de ato ilícito por este perpetrado, reconhece a existência de "obrigação do inventariante" em ressarcir o espólio e/ou os interessados na herança pelo prejuízo causado. O acoplamento se torna possível em razão da redação fluida do referido dispositivo, com vagueza proposital para atrair (e alojar) toda e qualquer decisão judicial que reconheça a exigibilidade de obrigação de pagar quantia, de fazer, de não fazer ou de entregar coisa, a fim de que seja tratada como título executivo judicial. No particular, é fundamental conjugar o art. 515, I, com o disposto no § 3º do art. 489, no sentido de que a decisão judicial deve ser interpretada a partir da conjugação de todos os seus elementos e em conformidade com o princípio da boa-fé.

Ademais, a interpretação do art. 515, I, ao trazer a palavra "exigibilidade" no seu texto, não pode ser literal, pois tal estaria atrelando predicado da obrigação à formação de título, e não à instauração da execução, em total contramão dos arts. 783 e 786 do CPC. A interpretação literal do art. 515, I, é tão indesejável que poderia levar à conclusão de que, no rol dos títulos executivos judiciais, há descarte das decisões ainda não exigíveis, situação que é íntima às decisões judiciais ilíquidas, até porque a "mora" efetiva se submete à célula do art. 397 do CC.[908] Haveria, nessa lógica, cinzenta zona entre as noções de título e obrigações, criando problemas práticos variados. Desse modo, a exegese do art. 515, I, deve ser feita em conformidade com o sistema de execução, extraindo-se que decisões proferidas no âmbito do processo civil serão tidas como títulos executivos judiciais quando reconhecem *a obrigação de pagar quan-*

907 Sobre *acoplamento por atração*, vide os comentários ao art. 616 desta obra.
908 No sentido: Rodrigo Mazzei, *Reforma do CPC 2*, p. 87.

tia, de fazer, de não fazer ou de entregar coisa, sem vincular que estas já se apresentem líquidas ou exigíveis.

A interpretação do texto do art. 515, I, na forma apresentada é ratificada a partir de outros exemplos de decisões judiciais que são tratadas como títulos executivos judiciais, muito embora sem aptidão para o imediato cumprimento de sentença. Com efeito, há, no próprio art. 515, a inserção de bandeja em que se admite que a sentença penal condenatória transitada em julgado é um título executivo (art. 515, VI). Todavia, o fato de estar postada como título executivo não garante que a sentença penal condenatória poderá ser "executada", pois, para tanto, a teor dos arts. 783 e 786, mister se faz que a obrigação (certa) de pagar quantia nela contida seja *liquidada*, para, somente após, se tornar *exigível*.[909] No processo penal, muito raramente, se discute a repercussão patrimonial acerca do fato apontado como delituoso, o que remete para a liquidação de sentença o debate efetivo acerca da quantificação do dano causado pelo ilícito penal na grande maioria dos casos. Situação semelhante ocorre em relação à hipótese prevista no art. 302, parágrafo único, do CPC, que prevê que, em caso de insucesso da tutela provisória de urgência, a parte que a tinha a seu favor responde pelo prejuízo que a sua efetivação causar à parte adversa. A decisão judicial, por si só, é um título executivo e fixa a obrigação (certa) de indenizar, mas o valor que será objeto do cumprimento de sentença terá que ser previamente muito provavelmente "liquidado", ou seja, passar por procedimento "liquidatório".[910]

Note-se, das ilustrações, que, diferentemente do que ocorre nas ações penais e nas ações cíveis com tutela provisória concedida, é comum que, no incidente de remoção, ocorra o debate acerca das consequências patrimoniais causadas pelo ato ilícito perpetrado pelo inventariante. Assim, comparando as situações, fica evidenciado que, nas ações penais e nas ações com tutela provisória deferida, há risco muito maior de que o réu não exerça o contraditório em sua plenitude, a fim de neutralizar a aplicação do art. 515, VI, ou do parágrafo único do art. 302, de modo diverso do que ocorre no incidente de remoção.

Registre-se, ainda, que as duas situações acima citadas (art. 515, VI, e art. 302, parágrafo único) não reclamam a submissão (ainda que adaptada) à moldagem do art. 503, §§ 1º e 2º, do CPC. A leitura daqueles dispositivos aponta que não há grandes preocupações acerca da formação de contraditório efetivo

---

909 O art. 515, VI, faz alusão, ainda, à necessidade de trânsito em julgado.

910 No tema, confira-se: Rodrigo Mazzei e Bruno Marques, Primeiras linhas sobre a responsabilidade pelos danos decorrentes da efetivação de tutelas de urgência em caso de "insucesso final" da ação de improbidade administrativa. In: *Revista Jurídica,* p. 9-44, jun. 2014.

(art. 503, § 1º, II, e § 2º) e de coincidente competência em razão da matéria (art. 503, § 1º, III), situação última flagrante quando se trata de ação penal condenatória (art. 515, VI). Dessa forma, ainda que a textura do art. 503, §§ 1º e 2º, não seja requisito para o encaixe do art. 624 na plataforma do art. 515, I, percebe-se que, se assim fosse necessário, a decisão proferida no incidente de remoção estaria muito mais próxima da referida norma do que da forma como se posicionam os arts. 515, VI, 302, parágrafo único. Isso porque, em análise adaptada para o gabarito do art. 503, §§ 1º e 2º, os casos de remoção de inventariante por ato ilícito que causa prejuízo ao espólio e/ou interessado na herança, é intuitivo que os fatos serão debatidos diretamente no procedimento, permitindo-se o exercício do contraditório e da defesa plena (art. 623) perante órgão judiciário com competência ampla para resolver as questões do inventário *causa mortis* (art. 612, primeira parte).

Feito o encaixe do art. 624 na superfície do art. 515, I, e analisando os regimes aplicados às hipóteses previstas no art. 515, VI, e no art. 302, parágrafo único, tem-se que não parece existir embaraço para que a decisão que reconhece a obrigação do inventariante indenizar o espólio e/ou os interessados na herança seja alvo de liquidação de sentença, a fim de apurar concretamente o prejuízo que foi causado pelo administrador da herança. Não há justificativa clara para sejam adotados regimes distintos em relação à decisão que remove o inventariante e as previstas nos arts. 515, VI, e 302, parágrafo único. A equiparação de regimes permite que a decisão proferida no incidente de remoção de inventariante – mesmo que de natureza ilíquida – possa emanar efeitos condenatórios desde já, tendo, por exemplo, pujança para a constituição de hipoteca judiciária (art. 495 do CPC), já que está é admissível mesmo quando a condenação judicial é genérica e/ou o recurso ataque a decisão tenha efeito suspensivo.[911]

No contexto de um código que trabalha com a comunicação interativa de técnicas e com a iluminação da eficiência na aplicação destas (art. 8º), não se pode isolar o inventário *causa mortis* das bússolas do diploma. Pensar diferente importará em grave desfalque no inventário *causa mortis* de importantes técnicas processuais do CPC, pois, à míngua de alterações relevantes no trecho dos arts. 610-673, a codificação atual contém ferramentas de grande relevância espalhadas ao longo do seu corpo, que são fundamentais ao arejamento do vetusto processo sucessório, a fim de torná-lo não só mais eficiente, como também mais simétrico a outros procedimentos, sem prejuízo da mantença de seus peculiares contornos.

---

911 No tema, confira-se Rodrigo Mazzei e Lucas Serpa, Hipoteca judiciária: breves noções e sua nova roupagem. In: *Revista Jurídica*, v. 445, p. 37-60.

Seja como for, andará bem o juízo sucessório que alertar as partes (*dever de prevenção* – art. 6º[912]) acerca da possibilidade de comunicação do art. 624 com o art. 515, I, na forma aqui proposta. Tal medida evitará não só surpresas, mas a atuação das partes com esforço para que os fatos sejam devidamente apurados, formando-se contraditório qualificado no sentido.

15. Impugnação e recurso

É inequívoco que qualquer decisão proferida no incidente de remoção (inclusive as proferidas no seu curso) poderá ser impugnada por agravo de instrumento (art. 1.015, parágrafo único, do CPC).[913]

Art. 625. O inventariante removido entregará imediatamente ao substituto os bens do espólio e, caso deixe de fazê-lo, será compelido mediante mandado de busca e apreensão ou de imissão na posse, conforme se tratar de bem móvel ou imóvel, sem prejuízo da multa a ser fixada pelo juiz em montante não superior a três por cento do valor dos bens inventariados.

CPC de 1973 – art. 998

1. Entrega "imediata" dos bens

Apesar de o art. 625 prever que o inventariante removido fará a entrega imediata dos bens do espólio ao seu substituto, é capital que a decisão que determinar a remoção defina gabarito mínimo para que tal fato ocorra (como exemplo: o local e hora da entrega). É até ingênuo, de certa maneira, pensar que a entrega dos "bens do espólio" será feita de forma imediata à decisão de remoção, pois, *a priori*, será necessária a assinatura do termo de compromisso pelo novo inventariante (art. 617, parágrafo único), devendo tal fato ser comunicado ao administrador do espólio que foi removido. Por certo, a "entrega imediata dos bens do espólio" não está apenas da alçada do inventariante removido, de modo que a intimação da decisão de remoção, por si só, poderá não ser suficiente para que a providência seja efetuada na brevidade anunciada no art. 625. Com tais ponderações, afigura-se que a "entrega imediata", na bem da verdade, fixa um dever de conduta ao inventariante removido de entregar os "bens do espó-

912 Sobre o dever de prevenção, confira-se: Miguel Teixeira de Sousa, *Estudos sobre o novo processo civil*, p. 62-67. Vide comentários ao art. 612 desta obra.

913 Não há mais dúvida objetiva acerca do recurso a ser manejado. Na égide do CPC de 1973, chegou-se a admitir a interposição de apelação contra decisão que resolveu o incidente de remoção. No sentido: STJ, 4ª Turma, REsp714.035/RS, j. 16/06/2005, *DJ* 01/07/2005.

lio" sem delongas e no estado que se encontram,[914] de modo a cumprir o comando decisório de remoção.[915]

A assertiva acima posta fica evidenciada quando se faz o diálogo do art. 625 com o art. 538 do CPC, pois, no cumprimento de sentença para entrega de coisa certa, o juiz deve fixar um prazo para que o executado assim o faça, somente se justificando as medidas constritivas (busca e apreensão ou imissão na posse) caso o devedor não cumpra o prazo delimitado. A "literalidade" (ou omissão) do art. 625 deve ser afastada para que, de forma assemelhada ao previsto no art. 538, o juízo sucessório fixe as condições para que o inventariante removido entregue os "bens do espólio", delimitando, no sentido, inclusive prazo para o cumprimento da decisão. Tal procedimento alinhará o art. 625 ao art. 538, devendo o prazo para a entrega ser compatível com o esforço que o inventariante removido terá que fazer para cumprir a determinação, pois as situações concretas autorizam modulações de bens (por exemplo, quantidade, natureza e localização dos bens do espólio).

Mais ainda, é possível projetar situações em que a entrega dos "bens do espólio" não será física, mas ato puramente simbólico e formal. Exemplo frisante está na hipótese em que o inventariante removido possui direito real de habitação de bens do espólio amparado pelo art. 1.831 do CC, pois nesse caso o personagem reterá a posse do bem, mas deverá efetuar a comunicação formal ao novo inventariante acerca da qualidade da posse que subsiste. A situação narrada esvazia a posse do inventariante removido como administrador da herança, que passa a ser exercida por outra pessoa, mas não lhe retira a posse a outro título (direito real de habitação sucessório).[916]

2. Os "bens do espólio": conceito e entrega

O conceito de "bens do espólio" que pode ser extraído – ao menos de interpretação literal – do art. 625 está atrelado aos bens móveis e imóveis, na medida em que fixadas medidas típicas de busca e apreensão ou de imissão na posse de acordo com a natureza do bem. Há, no entanto, titularidades outras que podem fazer parte do espólio e que não se encaixam nos gabaritos exatos

---

914 Próximo: SERGIO SHAIONE FADEL, *Código de Processo Civil*, arts. 890 a 1.220, p. 150.

915 Igualmente, PONTES DE MIRANDA adverte: "Apesar da expressão 'imediatamente', se o novo inventariante ainda não prestou compromisso (...) só no dia em que tal ato se realizou é que há de ser feita a entrega, salvo se na intimação o juiz exigiu que ficasse a entrega independente do compromisso do novo inventariante, caso em que tem que prevê se hão de entregar" (*Comentários ao Código de Processo Civil*, v. XIV, p. 100).

916 Com ideia próxima: EUCLIDES DE OLIVEIRA, *Comentários ao Código de Processo Civil*, p. 732.

de bens móveis, tais como direitos digitais.[917] Dessa forma, o art. 625 há de ser trazido para a realidade atual das titularidades, que transcendem as noções de bens móveis e imóveis. A entrega dos "bens do espólio" alcança, sem rebuços, todo material documentado vinculado a estes[918] (por exemplo: os contratos, as avaliações, laudos do estado atual e propostas de venda). Basta, para tanto, interpretar o disposto no art. 618, IV, pois o inventariante tem a incumbência de "exibir em cartório, a qualquer tempo, para exame das partes, os documentos relativos ao espólio". Se assim o é no curso de sua administração em relação aos interessados na herança, com mais razão persiste tal conduta quando da permuta de administrador. Não é ocasional que o inciso VII do art. 618 prevê que o inventariante deverá prestar contas de sua gestão "ao deixar o cargo", sendo de pouca importância a motivação do encerramento do labor. O pormenor merece relevo, pois o dever do inventariante removido não está atrelado apenas à "entrega patrimonial dos bens", de passar às mãos ao seu substituto toda administração da herança e dos bens que a compõem.[919] Caso o inventariante não o faça, é perfeitamente cabível a aplicação de medidas para que este assim aja, ainda que de forma compulsória, não se descartando, no sentido, a adoção de medidas atípicas (art. 139, IV, do CPC).

3. Ações preventivas que podem ser adotadas pelo inventariante

Por fatores alheios a sua vontade, nem sempre o inventariante estará em condições de efetuar a "entrega imediata dos bens" ao substituto (por exemplo, no caso em que o novo inventariante não tenha assinado o termo de compromisso). Em tais circunstâncias, há o risco de que o inventariante removido continue na administração precária da herança,[920] ainda que com poderes mais reduzidos (em afinação aos arts. 613-614[921]), podendo ser responsabilizado pelo patrimônio hereditário, situação, por vezes, indesejada.

Seja como for, a partir da decisão de remoção, o inventariante deve adotar providências que indiquem o cumprimento do comando decisório. No

917 Por exemplo: o direito ao uso determinado de conta digital sem caráter personalíssimo.

918 Em igual sentido: Arruda Alvim, Araken de Assis e Eduardo Arruda Alvim, *Comentários ao Código de Processo Civil*, p. 1.480.

919 Portanto, toda a documentação acerca das dívidas, dos pagamentos efetuados/recebidos, do uso de recursos, das correspondências enviadas/recebidas e das negociações envolvendo os bens do espólio e a administração da herança deverá se entregue ao novo inventariante, pois tal material documentado é fundamental à condução e à finalização do inventário *causa mortis*.

920 No sentido: Paulo Cezar Pinheiro Carneiro, *Inventário e partilha judicial e extrajudicial*, p. 101.

921 No sentido: Felippe Borring Rocha, *Comentários ao novo Código de Processo Civil*, p. 957; e Ricardo Alexandre da Silva e Eduardo Lamy, *Comentários ao Código de Processo Civil*, v. IX, p. 527.

sentido, poderá informar a sua saída da administração aos terceiros que tinham relação jurídica com o espólio (por exemplo: credores, devedores e locatários), assim como apresentar, ao juízo do inventário (mediante depósito respectivo), toda a documentação e créditos pertinentes ao inventário e à administração do espólio e que se encontravam em seu poder, a fim de cessar a sua responsabilidade. Perceba-se que a conduta de trazer ao juízo sucessório a documentação acerca da administração exercida preteritamente confirma que a prestação de contas da administração do inventariante removido é ato intuitivo, apesar de não constar do art. 625.

Em relação à posse dos bens, deve-se admitir que o inventariante postule, ao juízo sucessório, quanto à forma de entrega, a fim de que este indique a pessoa que a receberá (em especial se formalização quanto ao novo inventariante não for imediata). Sem prejuízo, pode o inventariante antecipar a entrega dos bens, apresentando requerimento de "consignação" no bojo do inventário sucessório (em adaptação aos arts. 335, I, do CC e 539, segunda parte, do CPC), entregando, por exemplo, as chaves de unidades imobiliárias.

O cumprimento da decisão pelo inventariante removido lhe garante o direito à quitação quanto ao comando do art. 625, aplicando-se – com ajustes – o disposto no art. 319 do CC (primeira parte).[922] Diante de tal quadro, o cumprimento da decisão pelo inventariante removido deverá ser declarado nos autos, com aferição acerca da forma em que aquele foi ultimado, sendo fundamental analisar a relação de "bens" e a documentação entregue em juízo ou ao novo inventariante, pois a quitação estará atrelada ao que restará plasmado como "cumprido".

4. Não entrega dos "bens do espólio": medidas fixadas em lei e possibilidade de uso de medidas atípicas

O art. 625 traça medidas que devem ser adotadas caso o inventariante removido não efetue a entrega imediata ao substituto os bens do espólio, prevendo a expedição de mandado de busca e apreensão ou de imissão na posse, medidas constritivas típicas – de natureza executiva real – que deverão ser realizadas nos próprios autos do inventário. Afigura-se perfeitamente possível

922 Importante lembrar que, se o inventariante não entregar imediatamente os bens, sua deterioração ou perecimento será de sua responsabilidade, salvo se caso fortuito ou força maior (art. 2.020, CC). Por certo também, caso o novo inventariante se recuse a receber os bens ou dificulte o recebimento, este responderá pelo perecimento. Tal quadro ratifica a possibilidade de uso da técnica da *consignação* nos autos, a fim de que o inventariante removido não seja imputado acerca de eventual deterioração ou perecimento. Próximo: Francisco José Cahali e Renato Santos Piccolomini de Azevedo, *Código de Processo Civil anotado*, p. 885.

que tais medidas sejam seguidas ou mesmo acompanhadas de outras (de natureza atípica) não previstas no art. 625 (como a fixação de multa diária). O uso de medidas atípicas para a entrega dos "bens do espólio" tem amparo geral no art. 139, IV,[923] mas também pode ser extraído da interpretação adequada do art. 553, parágrafo único, da codificação.[924]

Em arremate, deve ser dito que a busca e apreensão e a imissão de posse são medidas típicas vinculadas à posse de bens móveis e imóveis, respectivamente, e que, provavelmente, não terão encaixe adequado quando o patrimônio do espólio for constituído de bens de outra natureza (como é o caso dos de base digital). Assim, a atipicidade das medidas executivas será de grande valia quando as titularidades em jogo não se encaixarem no clássico dueto (bens móveis e imóveis), isto é, nos padrões ortodoxos da legislação em vigor.

5. Multa (específica) pela não entrega dos bens: aspectos gerais

A multa pecuniária (não superior a 3% do valor dos bens inventariados), prevista na parte final do art. 625, somente poderá ser aplicada se ficar evidenciado que o inventariante poderia ter feito a entrega dos "bens do espólio", mas não o fez,[925] ou seja, que há cenário de "mora" do protagonista da inventariança no cumprimento da decisão judicial. Demais disso, não há espaço para transporte da referida multa para sancionar o inventariante por sua remoção, pois seu objeto é restrito à conduta de "retenção de bens" do espólio.[926] Por conseguinte, ainda que a referida multa possa ser vista como comando conde-

---

923 Próximo: Conrado Paulino da Rosa e Marco Antônio Rodrigues, *Inventário e partilha*, p. 363-364.

924 Próximo: Daniel Amorim Assumpção Neves, *Novo Código de Processo Civil comentado*, p. 1.067. Com a aproximação do art. 625 ao art. 538 do CPC, a aplicação da multa diária está autorizada pelo disposto no § 3º do segundo dispositivo, já que a importação de tal técnica (arts. 537 e 538) está prevista. Contra, entendendo que a previsão da multa no art. 625 desautorizou o uso da multa coercitiva, confira-se: Luiz Gulherme Marinoni, Sérgio Cruz Arenhart e Daniel Mitidiero, *Novo Código de Processo Civil comentado*, p. 643.

925 Ricardo Alexandre da Silva e Eduardo Lamy parecem sustentar que a multa do art. 625 substitui a multa diária, ou seja, multa única que toma espaço da que seria fixada com escala sequenciada (*Comentários ao Código de Processo* Civil, v. IX, p. 527-528).

926 Com o mesmo raciocínio: Luciano Vianna Araújo, *Comentários ao Código de Processo Civil*, v. 2, p. 208. Em sentido contrário, Rosa Maria de Andrade Nery e Nelson Nery Junior enxergam a multa do art. 625 uma sanção pelo enquadramento do inventariante em conduta do art. 622, ou seja, penalidade decorrente da sua remoção (*Instituições de Direito Civil*: Família e Sucessões, v. 4, p. 836). Parecendo seguir a mesma linha: Fernando da Fonseca Gajardoni, *Processo de conhecimento e cumprimento de sentença:* comentários ao CPC 2015, v. 2, p. 1.065.

natório fixado pelo juiz do inventário *causa mortis*, devendo ser executada nos próprios autos do processo sucessório, o apenamento não se confunde com eventual "indenização" ou "sanção" decorrente da remoção do inventariante.

O art. 625 é omisso quanto à indicação do beneficiário da multa. Através de análise panorâmica do CPC em vigor, extrai-se que ordinariamente as multas processuais beneficiam a *parte prejudicada*,[927] quadro comum que é excepcionado pelo art. 77, § 2º, que prevê que a multa por ato atentatório à dignidade da justiça terá o valor absorvido pelo Estado (art. 77, § 3º), pois, segundo o desenho da referida norma, a penalidade está vinculada ao desrespeito ao órgão judicial. Ainda que a retenção dos bens do espólio possa ter tradução como ato de desrespeito ao comando decisório que envolve a remoção do inventariante, a hipótese não pode ser englobada pelo art. 77, § 2º. Antes de tudo, para se quebrar a premissa seguida pela codificação em vigor (= *as multas processuais, em regra, têm como beneficiária a parte prejudicada*), é necessário que fique cravado na norma – de forma expressa – o desvio na legitimação para recebimento da multa (tal qual se extrai do art. 77, § 3º). Tanto assim que há, no ventre do CPC, hipóteses de multas fixadas a título de ato atentatório contra a justiça que não são revertidas à Fazenda Pública, pois lhe falta a destinação explicitada.[928] Ademais, o engenho do art. 625 não possui acoplagem com o gabarito do art. 77. Isso porque o texto do art. 625 indica que o inventariante deve efetuar a entrega *imediata* dos "bens do espólio",[929] sujeitando-se a suportar medidas *também imediatas* se assim não o fizer, indicando-se, no sentido, a busca e apreensão e a imissão na posse.[930] A não entre-

---

927 No sentido, confira-se (em ilustrações): (a) art. 81 (má-fé processual); (b) art. 258 (citação dolosa por edital); (c) art. 523, § 1º (falta de pagamento no cumprimento de sentença); (d) arts. 526, § 2º, c/c 538, § 3º (cumprimento de sentença de obrigação de fazer, não fazer ou de entrega de coisa); (e) art. 702, §§ 10 e 11 (ação monitória ou embargos monitórios com presença de má-fé); (f) arts. 806, § 1º c/c 813 (execução para entrega de coisa); (g) art. 814, parágrafo único (execução para obrigação de fazer ou de não fazer); (h) art. 916, § 5º, II (descumprimento de pagamento parcelado); (i) art. 968, II (depósito da ação rescisória); (j) 1.021, § 4º (agravo interno manifestamente inadmissível ou improcedente em votação unânime); e (k) art. 1.026, § 3º (embargos de declaração manifestamente protelatórios).

928 No sentido: (a) art. 774, parágrafo único (que coíbe condutas comissivas ou omissivas do executado); e (b) art. 903, § 6º (que sanciona a alegação infundada de vício com o objetivo de ensejar a desistência do arrematante).

929 Tanto assim que Sergio Shaione Fadel leciona que: "'Imediatamente' quer dizer no próprio ato de intimação, desde que o novo acompanhe a diligência, ou na primeira oportunidade em que estiverem juntos" (*Código de Processo Civil*. Arts. 890 a 1.220, p. 150). Confira-se, ainda: Clóvis do Couto e Silva (*Comentários ao Código de Processo Civil*, v. XI, tomo I, p. 324.

930 Segundo Gerson Fischmann, "Não precisam o novo inventariante ou eventual interessado requerem a busca e apreensão ou a imissão na posse. Os mandados devem

ga espontânea enseja imissão na posse ou busca e apreensão,[931] *sem prejuízo da multa judicial*. Assim, o inventariante que não faz a entrega dos "bens do espólio" já está sujeito à multa judicial, dispensando-se prévia "advertência" sobre tal possibilidade, situação capital quando se faz a subsunção ao art. 77, do CPC, consoante expresso em seu § 1º. A dinâmica do art. 625 e as suas medidas de coerção, portanto, não se encaixam na regra do art. 77 e seus parágrafos, que reclamam procedimento bifásico, que não prescinde alerta prévio acerca da possibilidade de imposição de multa.

Diante na natureza do inventário sucessório, projetando-se procedimento especial em decorrência do próprio direito material, o beneficiário da multa, a *priori*, será o próprio espólio (herança em condomínio), sendo de pouca relevância aferir que foi o responsável pela abertura do incidente de remoção do inventariante (até porque poderia ter se iniciado por ato de ofício do juízo sucessório). Trata-se de multa específica que impede o regular curso do inventário *causa mortis*, o qual possui o espólio como figura central.[932] Se o ato que justificou a remoção do inventariante acarretar prejuízo a determinado interessado na herança, autorizando a instauração do incidente pelo prejudicado, este terá direito autônomo de postular indenização junto ao administrador da herança removido, mas a multa prevista no art. 625 não se confunde com a recomposição do ilícito, sendo aplicada, inclusive, em decorrência de fato diverso daquele que motivou a remoção, ou seja, pela não apresentação dos "bens do espólio". Portanto, a multa do art. 625 não possui natureza indenizatória, devendo ser revertida em favor do espólio.[933-934]

---

ser expedidos de ofício assim que venha ao conhecimento do juiz que a entrega não foi feita" (*Comentários ao Código de Processo Civil*, v. 14, p. 103). Próximo: Paulo Cezar Pinheiro Carneiro, *Inventário e partilha judicial e extrajudicial*, p. 101.

931 Próximo: Francisco José Cahali e Renato Santos Piccolomini de Azevedo, *Código de Processo Civil anotado*, p. 885.

932 Próximo: Fernando da Fonseca Gajardoni, *Processo de conhecimento e cumprimento de sentença:* comentários ao CPC 2015, v. 2, p. 1.065.

933 Parecendo concordar, mas fazendo alusão à legitimação dos herdeiros (e não do espólio), Francisco José Cahali e Renato Santos Piccolomini de Azevedo defendem que: "Sem qualquer previsão legal, entende-se que a multa prevista será revertida em benefício dos demais herdeiros, em uma interpretação sistemática aos arts. 538, §3º e 537, §2º do CPC/15." (*Código de Processo Civil anotado*, p. 885). Igualmente: Euclides de Oliveira, *Comentários ao Código de Processo Civil*, p. 732.

934 Sendo o espólio o beneficiário da multa, caso o inventariante removido seja herdeiro, o valor correspondente à sanção poderá ser retirado do quinhão hereditário, aplicando-se, em adaptação, os arts. 1.999-2.000 do CC. Assim, a multa entra como crédito na liquidação da herança e, em caso de partilha, feito o decote na parte do inventariante removido (enquanto herdeiro), o valor respectivo será levado a rateio observado os quinhões hereditários. No sentido: Euclides de Oliveira, *Comentários ao Código de Processo Civil*, p. 732; e Renato Santos Piccolomini de Azevedo e

6. A multa pecuniária incidente sobre o valor dos bens inventariados: opção equivocada

A utilização do "valor dos bens inventariados" como base de cálculo da multa merece censura. Com efeito, quando se projeta o "valor dos bens inventariados" há remessa para os bens que foram "arrecadados", ou seja, a herança bruta, com olhos apenas no patrimônio que foi atraído positivamente para o espólio. Assim, em interpretação literal, pouco importará se a entrega efetuada pelo inventariante dos bens for total ou parcial, pois a base de cálculo não está atrelada aos bens retidos, mas aos que foram inicialmente arrecadados, isto é, a forma máxima do patrimônio do espólio. O inventariante será apenado, pouco importando se a retenção foi parcial ou total, com base no "valor dos bens inventariados", ficando a calibração a cargo do juízo sucessório na fixação do percentual (de 1% a 3%).[935] Note-se, ainda, que a remoção poderá ser deferida em momento procedimental avançado, posteriormente à ocorrência do pagamento de dívidas do espólio, consumindo-se, antes da destituição compulsória, boa parte "dos bens inventariados". Novamente, a base de cálculo estará desalinhada com a realidade do espólio, já o pagamento das dívidas afetará a base de cálculo apontada pelo art. 625. Por certo, a pequena margem de percentual aplicada à multa (1% a 3%) não é suficiente para a fixação que possa ser compatível com a falta, diante da opção de base de cálculo de alta exponência.

A opção por usar o "valor dos bens inventariados" como base de cálculo da multa parece estar motivada pela necessidade de aplicação imediata da sanção, evitando-se delongas na sua liquidação.[936] Todavia, mesmo que se use tal justificativa, a multa do art. 625 poderá ser imposta de maneira desproporcional,[937] caso não se efetue interpretação adequada do dispositivo. Para se evitar que a fixação da multa resulte em valor incompatível com a conduta do inventarian-

---

Francisco José Cahali, Do inventário e das primeiras declarações. In: *Código de Processo Civil anotado*, p. 885.

935 O percentual da multa não é fixo, sendo 1% o mínimo e 3% o teto máximo.

936 Vale notar que, apesar de o herdeiro receber o quinhão após a liquidação da herança (ou seja, o patrimônio somente será destinado a este depois de *liquidado*), a opção do art. 625 tem como a base de cálculo o *valor patrimonial bruto* da herança, sem fazer qualquer decote nas dívidas do inventário.

937 No sentido, vale consignar a contundente crítica de Sérgio Bermudes à parte final do art. 625: "Ressalvou-se a possibilidade de imposição de multa fixada pelo juiz, estabelecendo-se que ela pode ascender a três por cento dos bens (...), percentual suscetível de chegar a enormes somas. Isto mostra a desatenção do legislador à realidade e, conforme o caso, permite a alegação de inconstitucionalidade da multa, por ser atentatória às garantias constitucionais da razoabilidade e da proporcionalidade, apanágios do devido processo legal (Constituição, art. 5º, LIV)" (*CPC 2015*: inovações, v. 2, p. 99).

te, há de ser observado, no momento da remoção, o rol de bens (com a respectiva valoração) que está na esfera patrimonial do espólio. Assim, se, na ocasião, o agrupamento patrimonial for menor do que a totalidade dos bens inventariados (afetado pela liquidação de dívidas), a base de cálculo será dinamicamente deslocada para tal realidade. No caso de retenção parcial, ou seja, apenas de alguns bens, efetuando-se a entrega dos demais, a base de cálculo da multa estará atrelada ao valor dos bens que não foram disponibilizados.[938] Portanto, diante da possibilidade de cenários variados, a multa deverá ser fixada na proporção da retenção efetuada pelo inventariante e da realidade patrimonial do momento da decisão que determinou a remoção, fixando-se o percentual de acordo com as circunstâncias concretas. É fundamental, portanto, que o juízo sucessório traga motivação suficiente acerca da fixação do *quantum* da multa, até mesmo em respeito ao art. 489, § 1º, do CPC.[939]

Seção IV
Das Citações e das Impugnações

Art. 626. Feitas as primeiras declarações, o juiz mandará citar, para os termos do inventário e da partilha, o cônjuge, o companheiro, os herdeiros e os legatários, e intimar a Fazenda Pública, o Ministério Público, se houver herdeiro incapaz ou ausente, e o testamenteiro, se houver testamento.

§ 1º O cônjuge ou o companheiro, os herdeiros e os legatários serão citados pelo correio, observado o disposto no art. 247, sendo, ainda, publicado edital, nos termos do inciso III do art. 259.

§ 2º Das primeiras declarações extrair-se-ão tantas cópias quantas forem as partes.

§ 3º A citação será acompanhada de cópia das primeiras declarações.

§ 4º Incumbe ao escrivão remeter cópias à Fazenda Pública, ao Ministério Público, ao testamenteiro, se houver, e ao advogado, se a parte já estiver representada nos autos.

CPC de 1973 – art. 999

1. Principais alterações

O dispositivo comentado recebeu alterações em relação ao art. 999 do CPC de 1973, dentre as quais se destacam: (a) a inclusão do companheiro

938 No sentido: Felippe Borring Rocha, *Comentários ao novo Código de Processo Civil*, p. 947; e Guilherme Rizzo Amaral, *Comentários às alterações do novo CPC*, p. 716.
939 Sobre o dever de fundamentação aplicado à astreinte (com bases que podem ser transportadas para o seio do art. 625, após ajustes), confira-se: Rafael Caselli Pereira, *A multa judicial (astreinte) e o CPC/2015*, p. 275-332.

sobrevivente no rol das pessoas que devem ser citadas (art. 626, *caput*); (b) a retificação sobre a forma de comunicação dos atores funcionais, pois o dispositivo – corretamente – determina a *intimação* do Ministério Público (em caso de presença de incapaz) e do testamenteiro (na hipótese de o autor da herança deixar testamento), reservando igual chamamento também à Fazenda Pública (art. 626, *caput*); (c) a correção sobre a citação dos interessados na herança e a convocação por edital, passando a primeira a ser pessoal (ainda que efetuada de forma postal, como regra) e, sem prejuízo, exigindo a convocação editalícia conferir publicidade ao inventário (art. 626, § 1º, que traz referência expressa efetuada ao inciso III do art. 259).

2. Necessidade de um novo olhar para a citação vinculada ao inventário *causa mortis* (convocação para compor uma comunidade de trabalho)

O art. 626 não pode ser lido de forma isolada, sendo necessário seu bom diálogo com outros dispositivos legais. Com efeito, o inventário *causa mortis* como *procedimento especial típico*[940] possui modulação diferenciada, tendo em vista o seu objetivo específico: aferir (e resolver) os efeitos da abertura da sucessão, presumindo-se, para tanto, que haverá um condomínio hereditário (criado a partir da *saisine*) que deve ser encerrado ao final. No sentido, o binômio *do inventário* e (+) *da partilha* está devidamente atrelado a tal ideário, pois, em resenha apertada, na fase inicial (*inventário*) há apuração patrimonial, análise de legitimação e de posicionamento dos interessados, finalizando com a liquidação da herança. Somente depois de ultrapassada tal etapa, sendo apurado resultado positivo (= *herança líquida*) e verificando a existência de legitimados (*mais de um herdeiro*) é que se inicia a segunda grande fase do procedimento especial, que é a *partilha* (arts. 647-656).

É importante relembrar a essência procedimental e o foco do inventário sucessório, uma vez que tal compreensão revela que sua estrutura não possui vínculo algum com os *processos de natureza adversarial*, entendendo-se estes, *grosso modo*, como aqueles em que determinada parte lança em petição inicial pleito para que seja julgado procedente ou satisfeito através de execução forçada, de modo que outra parte, posta em polo diverso, irá sucumbir ao pleito apresentado à jurisdição estatal. No inventário *causa mortis*, há objetivo comum (dar cabo aos efeitos da abertura da sucessão), nomeando-se, para tanto, figura que atuará com missão específica no sentido: o inventariante. As "partes interessadas" não são chamadas para compor polo processual demarcado, fugindo da vulgar dualidade de posições (autor/réu; executado/exequente; requerente/requerido), uma vez que todas são convocadas para efetivamente

940 No sentido, vide os comentários ao art. 659 desta obra.

participarem do processo que, repita-se, examina os efeitos da abertura da sucessão, cuja expectativa é, segundo os traços da própria legislação, o encerramento do condomínio hereditário através da divisão de quinhões aos herdeiros, depois de cumpridas todas as obrigações ao longo do processo (como é o caso do pagamento aos credores, entrega dos legados e da meação), sempre dependendo dos contornos particulares de cada herança. Ademais, no âmbito do inventário *causa mortis*, não há propriamente autor, muito menos réu, pois as relações jurídicas e processuais são marcadas pelo *policentrismo* e pela *multipolaridade*, criando-se desenho dinâmico próprio a partir de cada controvérsia que (eventualmente) surja.

Na ambiência do CPC de 1973 a junção dos textos do art. 999[941] e do art. 213 (que tratavam respectivamente da citação no inventário e da citação em geral) conspirava para o dimensionamento equivocado da convocação que se faz aos interessados depois de instaurado o processo sucessório, pois a resistência ao pedido de outra parte não está inserida na dimensão do ato convocatório em estudo. No ponto, a redação do art. 213 contaminava a boa interpretação do art. 999, na medida em que o primeiro dispositivo moldava a citação como o "ato pelo qual se chama a juízo o réu ou o interessado a fim de se defender". Como já anunciado, a citação no inventário não é uma convocação para a *apresentação de defesa*, mas de chamamento que visa a composição à relação processual, a fim de que ocorra a participação de cada interessado.

Sem rebuços, no CPC de 1973 – ainda que de forma involuntária – ocorria o transporte da concepção adversarial de processo para o inventário sucessório, ambiente este facilmente percebido na codificação revogada pelo impacto dos arts. 213 e 1.000[942] na interpretação do art. 999. Ocorre que o art. 626 do CPC em vigor possui diálogos diversos que não ocorriam com o revogado art. 999 e, mais ainda, o processo civil como um todo está sob luzes diversas daquelas da codificação pretérita. De plano, a redação do art. 238 do atual CPC afastou a noção equivocada de que a citação é uma convocação apenas para que o citado apresente sua defesa, isto é, adote postura de *resistência*, através de manifestação exclusivamente com tal perfil. A citação, como ato

941 Dispositivos que foram substituídos pelos arts. 626 e 238.

942 Não há dúvida que o texto do art. 1.000 do CPC de 1973 repetido em boa parte pelo atual art. 627, também ajudou para a criação de identificação equivocada da participação dos interessados, já que o texto da lei arquiteta que a manifestação destes se dará em forma de *impugnação* às primeiras declarações. Basta notar que os dois dispositivos indicam os pontos que a dicção do interessado deve cobrir, a saber: (a) *arguição* de *erros* e omissões (sobretudo na arrecadação de bens) – art. 627, I (art. 1.000, I, do CPC de 1973), (b) *reclamação* contra a nomeação do inventariante – art. 627, II (art. 1.000, II, do CPC de 1973) e (c) *contestação* da qualidade de quem foi incluído no título de herdeiro – art. 627, III (art. 1.000, III, do CPC de 1973).

convocatório, acima de tudo, busca facultar a participação da "parte" (= *interessado*, em sentido global), *integrando-a* na *relação processual* (art. 238, parte final).

Ao se combinar o art. 238 com o arts. 5º e 6º fica ainda mais evidente que a participação do "interessado" não é gabaritada apenas pela *"resistência"*, mas por atos de boa-fé (objetiva) em prol do resultado tempestivo e útil do processo. A cooperação enseja a participação conjunta de todos os atores do processo em busca do resultado eficiente (no aspecto mais geral da palavra), que é a solução da "controvérsia" em tempo razoável. Tal perspectiva não deve ser vista de forma ingênua, pois em hipótese alguma o CPC em vigor altera a concepção de que o processo judicial é um palco de conflitos, em que há antagonismos que terão que ser resolvidos por *decisão adjudicada*, caso as partes interessadas – ainda que com auxílio de profissionais – não cheguem a consensos. Exemplo claro no sentido está no disposto do art. 339, pois a alegação de ilegitimidade passiva se faz em prol da parte que a sustenta, situação que não afasta a necessidade de que a parte que assim alegar indique nos autos, de forma lídima, quem é a parte legítima, sob pena de sanção pecuniária. A alegação de ilegitimidade passiva beneficia o réu, mas permite – sob outra ótica – a correção do polo passivo, a fim de que o processo, depois do eventual saneamento no sentido, possa prosseguir (art. 339, § § 1º e 2º). Não se pode negar que, na ilustração, a postura do réu colabora com o processo (e até com o autor), sem que tal conduta lhe cause prejuízo na sua própria esfera jurídica (art. 338). Trata-se, assim, de ato de boa-fé voltando ao processo, sem ferir a defesa dos interesses do ator que cooperou no processo.[943]

Com a visão trazida pelo exemplo acima, é inviável que o art. 626 seja posto em diálogo apenas com o art. 627, criando a falsa percepção de que a citação do inventário sucessório tem como finalidade única facultar aos interessados que *impugnem* as primeiras declarações do inventariante. Trata-se de visão caolha que não só está atrelada à noção de processo já superada, mas que não compreende a própria essência do inventário *causa mortis*, pois o resultado que se almeja é comum, qual seja, *a resolução dos efeitos causados pela abertura da sucessão* (com a superação de eventuais conflitos que podem surgir nas várias etapas do processo sucessório). Dessa forma, o art. 627 deve ser compatibilizado com a correta concepção do art. 626, na perfeita conexão deste com os arts. 5º, 6º e 238 da codificação atual, dispositivos cujas redações (e inteligências aplicadas à interpretação) não estavam disponíveis no CPC de 1973.

943 Os exemplos acerca da cooperação no processo sem a perda da defesa dos interesses de cada litigante são variados, mas é fundamental também fazer registro sobre as convenções processuais (art. 190 do CPC), que permitem ajustes procedimentais por partes antagônicas, mas com o mesmo fim, que é o resultado do processo.

A citação para integrar a relação jurídica do inventário é, portanto, acima de tudo, *cooperativa*, cabendo ao citado não só *impugnar* as primeiras declarações, mas também (e principalmente) *trazer em prol do processo informações* que serão capitais para o seu desfecho. Em exemplo claro no sentido, trazendo a cooperação e a boa-fé para o âmbito do inventário *causa mortis*, o herdeiro e o legatário, ao responderem a citação, deverão explicitar de forma transparente se aceitam ou não a herança ou legado, evitando, assim, resposta dúbia ou até omissão que provoque a necessidade de intimação própria a respeito (art. 1.807 do CC). Nada mais natural, dentro de participação de boa-fé (art. 5º) e cooperativa (art. 6º), que fique cravada de forma expressa a opção do herdeiro e/ou do legatário acerca da aceitação ou não da herança, pois tal informação sedimenta posições jurídicas no âmbito do inventário e evita contramarcha temporal (intimação específica para a declaração quanto à aceita/renúncia da herança). A ilustração abre a perspectiva para gabarito de manifestação cooperativa dos interessados citados, pois o inventariante necessita de informações das partes para que possa exercer sua função com eficiência. Assim, seguindo no exemplo, o interessado deverá não só explicitar se aceita a herança e/ou o legado, mas também apontar as posições jurídicas que assumirá no inventário, diante da possibilidade em alguns casos de participar com títulos diferentes.[944]

---

944 Como já dito várias vezes ao longo dos comentários, é possível que determinados interessados cumulem mais de uma posição jurídica dentro do inventário sucessório, situação que, diga-se de passagem, não é incomum. Lembre-se da hipótese do cônjuge/companheiro sobrevivente vinculado com o autor da herança pelo regime da comunhão parcial, uma vez que este poderá compor a relação jurídica do inventário como meeiro dos bens comuns e herdeiro dos bens particulares. Além das duas posições jurídicas citadas, que estão previstas no art. 1.829, I, do CC, nada impede que o cônjuge/companheiro sobrevivente ainda figure em outras posições que se encaixam como de interessado (herdeiro testamentário, legatário ou titular de direito real de habitação – art. 1.831 do CC). No quadro exemplificado posto em relevo, é importante que o cônjuge/companheiro sobrevivente, ao responder a citação, no prazo e forma fixados pelos arts. 626 e 627 do CPC, comunique ao juízo sucessório se aceita os direitos da sucessão, demarcando especificamente se há alguma ressalva, pois a aceitação/renúncia da herança poderá se operar de modo isolado a cada título sucessório, admitindo-se, em ilustração, o aceite da herança legal, mas com repúdio da herança testamentária e vice-versa, regra que se aplica também em relação ao legado (art. 1.808, §§ 1º e 2º, do CC). No exemplo posto, considerando que o direito de habitação é considerado renunciável (Enunciado n. 271 do CJF – III Jornada de Direito Civil) a resposta do cônjuge/companheiro sobrevivente acerca da estabilização do referido direito real sobre bem que compõe a herança (art. 1.831 do CC) deverá também ser explicitada, uma vez que a posição adotada repercutirá no curso do inventário sucessório. Sobre cumulação de posições jurídicas, vide os comentários ao art. 620 desta obra.

Note-se que a manifestação acima esperada (explicitação sobre a aceitação/renúncia de direitos atraídos pelo inventário) não está no rol das dicções fixadas no art. 627. O quadro confirma não só a necessidade de adequação do citado dispositivo ao correto perfil da citação do inventário *causa mortis*, como também a importância da manifestação cooperativa de todos os interessados, pois, a partir das suas opções, ter-se-ão os cursos do processo sucessório definidos, inclusive para aferição das zonas em que não há controvérsias e as que existem contraposições de interesses. A *multipolaridade* e o *policentrismo* característicos do inventário *causa mortis* autorizarão que a manifestação de cada um dos interessados tenha contornos próprios, decorrentes da(s) posição(ões) jurídica(s) do(s) ator(res) e da questão concreta da sucessão. Dessa forma, a resposta cooperativa, embora com variações na modulação, se aplicará a todos aqueles que são citados como parte do inventário sucessório. De modo geral, pode-se dizer que todos os convocados devem indicar de forma precisa a titulação correspondente à participação, assinalando, em caso de encaixe em mais de uma posição jurídica, as demarcações respectivas, situação que é fundamental quando os interesses da parte são múltiplos. Acompanhado da explicitação da(s) posição(ões) jurídicas, o interessado deve indicar as áreas de aceitação ou de renúncia da herança, informação que deverá ser expressa e com repercussão capital no inventário sucessório, tendo em vista que se trata de declaração irretratável (arts 1.804 e 1.812 do CC).

A cooperação do interessado não se encerra na descrição da sua posição jurídica, pois o contraditório vinculado aos arts. 626-627 reclama que a parte convocada examine as primeiras declarações (art. 620), a fim de que, a partir do seu conteúdo, apresente informações que possam aperfeiçoá-las.[945] Esta é a melhor exegese que pode ser aplicada aos incisos do art. 627 da legislação processual, pois a *arguição de erros e omissões* (inciso I) há de ser feita de forma ampla, admitindo-se que se preste informação e postule *retificação* e/ou *complementação* acerca de qualquer assunto que seja acobertado pelas primeiras declarações. É incorreto pensar que a possibilidade de reclamação quanto à designação da inventariança (art. 627, II), à inclusão de parte que não deveria participar do inventário (art. 627, III) e a alegação de sonegação (art. 627, I, parte final) transformam a referida manifestação em defesa ou

945 Com tal visão, a manifestação do herdeiro necessário que recebeu doação em vida do falecido, submetendo-se à conferência, é uma fala *cooperativa* e se vale da plataforma do art. 627 para trazer tal informação ao inventário, caso esta tenha sido olvidada nas primeiras declarações pelo inventariante (art. 620, IV). A declaração pelo herdeiro necessário no sentido aperfeiçoa a arrecadação, a fim de se permitir a aplicação do art. 1.847 do CC e evitar a instauração de incidente de *colação coacta*. No tema, vide comentários aos arts. 639 e 641.

outro tipo de postulação adversarial.[946] Todas as informações e requerimentos apresentados pelas partes com esteio no art. 627 serão levados ao conhecimento do inventariante, permitindo que este retifique ou complemente as primeiras declarações.[947]

Assim sendo, a manifestação do interessado deverá trazer toda e qualquer contribuição que seja capaz de aperfeiçoar as primeiras declarações, ou seja, permite que sejam trazidas informações (e pedidos de correção, se necessário) sobre assuntos variados, dentre os quais pode assim se exemplificar: (a) rol das pessoas arroladas nas primeiras declarações, seja para correção do que foi apresentado (tal como ajustes sobre dados de parentesco, posição jurídica na sucessão etc.), seja para exclusão por faltar causa que justifique (por exemplo, legatário indicado em caso de testamento anulado); (b) inclusão (e/ou paradeiro) de interessado não arrolado no esboço inicial (por exemplo, descendente olvidado); (c) bens que deveriam ter sido arrecadados, mas que não constam nas primeiras declarações (em exemplo, aqueles não titulados e que estão na posse de terceiros ou que devem ser objeto de colação); (d) bens arrecadados equivocadamente (em ilustração, já vendidos anteriormente, mas ainda não transferidos ao comprador); (e) relação de bens particulares do falecido e os comuns com o cônjuge/companheiro sobrevivente; (f) avaliações acerca dos bens que foram inventariados (até porque se trata de estimação provisória); (g) descrição e especificação dos bens, com indicação, por exemplo, de quem exerce atualmente a posse e administração fática; (h) existência de créditos em favor do falecido nas mãos de terceiros; (i) obrigações contraídas pelo falecido e ainda não cumpridas (por exemplo, assinatura de escritura definitiva de imóvel em que já se recebeu o preço); (j) presença de credores e dívidas do falecido; (h) conhecimento acerca da elaboração de testamento particular, codicilo ou outra forma de orientação deixada pelo falecido que não conste em registro público.

Portanto, o art. 626 necessita ser interpretado em consonância com os arts. 5º, 6º e 238 do CPC em vigor. Em síntese conclusiva, trata-se de convocação para que a parte *integre a relação jurídica* que envolve inventário sucessório

---

946 Próximo, Nelson Nery Junior e Rosa Maria de Andrade Nery defendem que: "Não se trata de uma contestação, de uma defesa, mas de um conjunto de observações sobre os bens declarados, sobre a correção das informações prestadas sobre eles, etc." (*Comentários ao Código de Processo Civil*, p. 1.455).

947 Fixa-se, assim, a dimensão *cooperativa* da manifestação do art. 627, ainda que sobre determinados pontos a dicção do interessado seja plasmada em forma de reclamação, como ocorre em relação à nomeação do inventariante (art. 627, II), situação em que o foco não é sequer o conteúdo das primeiras declarações, pois visa alterar a *decisão provisória* de designação efetuada pelo juízo sucessório.

e faça parte da comunidade de trabalho que terá por objetivo dar fim ao condomínio hereditário. Tal exegese resulta, por conseguinte, também em renovada interpretação do art. 627, diante da necessidade de participação cooperativa.

3. Convocação obrigatória × litisconsórcio necessário

Não há dúvida de que o art. 626 determina de forma impositiva que se faça a citação dos interessados na herança. Em razão do comando legal, afirma-se na doutrina que no inventário sucessório há formação de litisconsórcio necessário.[948]

Com efeito, o art. 114 do CPC preceitua que haverá litisconsórcio necessário quando a legislação ou a própria relação da natureza indicar que a eficácia da sentença depende da citação de determinado conjunto de pessoas. Em sequência, o art. 115 prevê que a sentença proferida sem observância do contraditório será nula quando seu comando é uniforme a todos que deveriam integrar o processo (inciso I) e ineficaz apenas em relação ao não citado quando a uniformidade não tiver caráter absoluto (inciso II). Em desfecho ao tema, dispõe o art. 116 que o litisconsórcio será unitário se pela natureza do vínculo jurídico a decisão judicial incidir de modo uniforme ao grupo de pessoas. O quadro geral acerca do litisconsórcio traçado não possui perfeita aderência no inventário sucessório, tendo em vista que o modelo desenhado no CPC em vigor acerca do tema não trabalha com a dimensão policêntrica do inventário *causa mortis*. Na verdade, a arquitetura do instituto do litisconsorte é alinhada (em boa parte) com a premissa de processo adversarial e de polos processuais bem definidos, situações que não são da essência do inventário sucessório, embora possa ocasionalmente ocorrer.

As áreas de interesse dos atores listados no art. 626 (cônjuge/companheiro sobrevivente, herdeiro e legatário) nem sempre serão coincidentes, fato que limitará a formação de incidentes (com contraditório) apenas em relação às partes interessadas. Em exemplo claro, em caso de cônjuge/companheiro sobrevivente que não é herdeiro, definida a sua respectiva meação, não há zona de interesse deste em discutir o cumprimento do legado, pendenga que pode ocorrer no sentido entre os herdeiros e o legatário. Assim, o litígio entre os herdeiros e o legatário não reclamará a convocação do meeiro, sendo desne-

948 Por exemplo, Rafael Knorr Lippmann – com amparo na jurisprudência – que defende que o art. 626 aponta rol de litisconsortes necessários, de modo que a não citação de algum deles gera nulidade absoluta. Para o autor, o dispositivo traz uma listagem de litisconsortes necessários, cuja não citação "gera ineficácia da sentença com relação ao litisconsorte não citado, bem como a extinção do processo caso o defeito não seja sanado no prazo assinalado pelo juiz. (CPC, art. 115, II e parágrafo único)" (*Código de Processo Civil anotado*, p. 886).

cessário abrir contraditório para tal ator acerca da controvérsia caso a decisão da pendenga não lhe afete.[949] O exótico cenário posto, em comparativo aos processos que seguem o procedimento padrão (ou pelo menos com afinidade a este), demonstra que o litisconsórcio na perspectiva do inventário há de ser visto dentro da sua *moldagem policêntrica*, isto é, das zonas de conflito e dos interesses subjetivos em jogo.[950]

O corte acima posto detém relevância, pois o "litisconsórcio" não é analisado no plano do inventário a partir de visão estática, mas de grande mobilidade, em razão das controvérsias que necessitam ser decididas ao longo do processo sucessório. O que se depreende em verdade é a citação (= *convocação*) obrigatória de determinados protagonistas, pois seus interesses serão resolvidos no bojo do inventário sucessório. Tal fato não significa, todavia, que todos os personagens citados serão "partes interessadas" para todas as controvérsias que podem se formar ao longo do inventário *causa mortis*, repita-se, em decorrência do policentrismo que é inerente ao procedimento.

Usualmente, quando se faz alusão à figura do litisconsorte, projeta-se na reunião de pessoas com interesses semelhantes em algum dos *polos* da controvérsia *judicial,* extraindo-se tal premissa até mesmo da nomenclatura utilizada (*litis* + *consorte*). Há a presunção de que não haverá *mobilidade* na intervenção, de modo que as pessoas em *litisconsórcio* se manterão reunidas em bloco durante todo o processo judicial. Tal raciocínio é inaplicável no inventário sucessório, sendo absolutamente inviável fixar dentro da sua estrutura procedimental a existência de um polo ativo e de um polo passivo, percepção esta que somente é possível se adaptar caso surja algum incidente conflituoso ao longo do processo, tais como os previstos no CPC para a admissão e exclusão

949 Em outra ilustração, o art. 645, II confere legitimidade ao legatário para participar da fase de liquidação da herança na hipótese em que (potencialmente) o pagamento das dívidas puder importar na redução dos legados, demonstrando, em razão inversa, que o personagem poderá ser dispensado de participar de tal etapa do inventário (e das suas controvérsias) se ficar evidenciado que o cumprimento do legado não está sob risco.

950 Em exemplo, o debate acerca da colação provoca a formação de controvérsia própria e que, em regra, terá como epicentro subjetivo os herdeiros necessários, de modo que não haverá sentido na convocação de pessoas outras para compor o debate e permitir o contraditório senão os interessados na referida decisão. No sentido, o herdeiro testamentário beneficiário da parte disponível da herança e que não figura como herdeiro necessário não terá, em ilustração, interesse em discutir se determinada doação constou ou não a cláusula de dispensa da colação (art. 2.005 do CC), pois o debate envolve a distribuição dos bens alcançados pela legítima. Assim, embora a citação do inventário seja obrigatória para o herdeiro testamentário, não o será a convocação interna acerca do debate sobre a colação, pois o assunto não adentra na sua esfera jurídica.

de herdeiro (arts. 627, III, e 628), colação (art. 639-641) e habilitação de crédito (art. 642)

Assim, o fato de o art. 626 determinar a citação obrigatória de determinadas pessoas, em hipótese alguma, fará com que os convocados obrigatoriamente se posicionem em grupo homogêneo, lado a lado, já que seus interesses são variantes não só em razão da sua titulação jurídica, mas também das nuances da sucessão. Assim, ao menos em análise sedimentada em linha ortodoxa, os convocados por força do art. 626 não são litisconsortes necessários, mas a estes podem ser *equiparados* diante da obrigatoriedade da citação depois de instaurado o inventário. A falta da convocação permite que sejam aplicadas (com adaptação) as regras atinentes ao litisconsórcio necessário, pois, em exemplo, a sentença proferida sem a possibilidade de participação da parte no inventário *causa mortis* será ineficaz (art. 115, II). Tal fato, contudo, não lhe faz aplicar o regime tradicional do litisconsórcio, diante da dinâmica de posicionamento que é inerente ao inventário sucessório. Em exemplo, acerca da definição dos bens particulares, dois coerdeiros poderão defender uma posição contrária a outro herdeiro, mas, de outra banda, em relação aos bens que se submetem à colação, por sua vez, há controvérsia entre a dupla, sustentando teses totalmente antagônicas. Dessa forma, o art. 626 garante a participação no inventário de pessoas tidas como interessadas, mas a convocação não cria nenhum tipo de embaraço à *mobilidade dinâmica* em relação às controvérsias que poderão surgir ao longo do processo sucessório.[951]

De outro giro, a citação efetuada por força do art. 626, por si só, não garante a eficácia de decisões que sejam tomadas ao longo do inventário sucessório, pois será necessário que se instaure contraditório qualificado em cada um dos incidentes. Por exemplo, em debate acerca de colação, determinado descendente do autor da herança nega a obrigação de conferir, razão pela qual o juízo sucessório determina a formação do incidente próprio para deliberação da questão litigiosa (art. 641). Ocorre que, em apego à literalidade do texto do art. 2.002 do CC, somente os demais descendentes foram intimados para se manifestar acerca da negativa expressada e, com tal desalinho, não foi o cônjuge sobrevivente convocado sobre a controvérsia (muito embora, ostentasse a qualidade de herdeiro necessário na hipótese). A decisão proferida acerca da colação, acaso indique que não há obrigação de conferir, será inefi-

951 Sobre a possibilidade de dinâmica no posicionamento processual, confira-se: Antonio do Passo Cabral, Despolarização do processo e "zonas de interesse": sobre a migração entre polos da demanda. In: *Reconstruindo a Teoria Geral do Processo*; e Rodrigo Mazzei (A intervenção móvel da pessoa jurídica na ação popular e ação de improbidade administrativa (artigos 6°, 3° da LAP e 17 3° da LIA). *Revista Forense*, v. 400, p. 227-254, 2008).

caz em relação ao cônjuge, pois no "incidente decidido" sua convocação era obrigatória, diante dos efeitos concretos que a deliberação provoca (art. 1.847 do CC). A ilustração demonstra que, em razão dos eixos policêntricos do inventário sucessório, o cônjuge sobrevivente – apesar de citado do inventário sucessório – poderá arguir a ineficácia de decisão incidental, pois esta foi construída sem permitir a sua *participação,* uma pessoa que obrigatoriamente deveria ter sido convocada para o debate.

O quadro particular complexo demonstra, de outro giro, que também a visão de litisconsorte unitário necessita de adaptações para ser aplicada nas decisões proferidas ao longo do inventário sucessório, pois nem sempre aquele que obrigatoriamente participou do processo sucessório (ou até de uma controvérsia interna e específica do inventário) será atingido igualmente pela decisão judicial. Em ilustração, a sentença de partilha no capítulo que define os quinhões de cada coerdeiro será ineficaz em relação ao herdeiro necessário não citado, fato que não se repetirá necessariamente no que se refere ao cumprimento do legado e da entrega da meação, pois as bases patrimoniais são independentes (a disputa dos quinhões dos coerdeiros é feita na superfície da herança líquida, pressupondo-se o anterior acerto da meação e do cumprimento dos legados). Caso a controvérsia se limite à distribuição quantitativa da herança entre os coerdeiros, a ineficácia sentencial poderá se limitar a tal área patrimonial, preservando-se a meação[952] e o cumprimento do legado. Não se trata, como se vê, de debate puramente acadêmico, tendo, pois, repercussões práticas relevantes, como é o caso da formação do polo passivo da ação que pode ser movida pelo coerdeiro preterido, tema, inclusive, tratado nos comentários ao art. 658.

Portanto, há de se ter cautela quando se afirma que as pessoas arroladas no art. 626 devem ser vistas como litisconsortes necessários. A citação obrigatória determinada pelo dispositivo não faz com que os seus atores sejam postos ao longo do processo como *companheiros do litígio* (= *litis* + *consorte*), unindo-se em polo, já que não há amálgama na relação jurídica. Mais adequado se dizer que a citação de determinadas pessoas é impositiva e, por isso, cria quadro *equiparado* ao litisconsórcio necessário. Ademais, diante da diversidade de posições jurídicas que envolvem os atores do art. 626, não se permite afirmar a existência de litisconsórcio unitário na sentença da partilha, ao menos na acepção mais clássica, devendo-se projetar a dimensão para cada controvérsia jurídica, observando-se as afinidades de títulos.

952 No sentido: STJ, 4ª Turma, REsp 1.500.756/GO, j. 23/02/2016, *DJ* 02/03/2016. Igualmente: 3ª Turma, REsp 331.781/MG, j. 16/12/2003, *DJ* 19/04/2004.

4. Destinatários da citação real (= *interessados na herança que sejam conhecidos do inventariante*)

O art. 626 faz alusão expressa a um trio de personagens cuja citação (real) é obrigatória (cônjuge ou companheiro, herdeiros e legatários). Tal rol é utilizado para preencher a fluidez da redação do art. 610 (inventário extrajudicial) e do art. 659 (arrolamento sumário) que fazem alusão genérica respectivamente aos "interessados" e às "partes" atraídos pela sucessão.

Saliente-se, por deverás relevante, que o cardápio trazido pelo art. 626 deve ser visto como *permeável*, admitindo o pouso de outros personagens, como é o caso do cessionário dos direitos hereditários (art. 1.793 do CC) e dos titulares do direito de representação (arts. 1.851-1.856 do CC), tema adiante tratado com mais vagar.[953] Todo aquele identificado como parte (ainda que não conste expressamente na bandeja aberta do art. 626) deverá ser convocado prioritariamente por citação real,[954] efetuando-se a citação por edital de forma residual quando a pessoa (identificada) se encontrar em local "ignorado, incerto ou inacessível" (art. 256, II, do CPC). A interpretação supra é extraída do § 1º do art. 626, que determina a citação pelo correio das pessoas que devem figurar como partes (conforme previamente aferido pelo inventariante), e, de outra banda, exige também a convocação por edital para alcançar os eventuais interessados "incertos ou desconhecidos" (art. 259, III).

4.1 Cônjuge/companheiro sobrevivente

A legislação criou ambiência para que, em regra, o inventário seja instaurado pelo cônjuge/companheiro sobrevivente e, mais ainda, atue como inventariante (arts. 615, 616, I, 617, I, do CPC e 1.797, I, do CC). Caso as primeiras declarações sejam apresentadas pelo cônjuge/companheiro sobrevivente, será

953 O art. 626 possui base de preenchimento aberta, abarcando as pessoas que de alguma forma detém legitimação para participar do processo sucessório, de modo que o rol alcança não apenas os potencialmente beneficiados com a decorrência da abertura da sucessão, mas aqueles que acabam atraídos para o inventário *causa mortis*, a fim que de seus direitos sejam ali reconhecidos por decisão judicial. Vide item adiante.

954 Note-se, no particular, a importância (já anunciada nos comentários ao art. 615) da certidão de óbito como documento indispensável à instauração do inventário *causa mortis*, pois a nota de falecimento contém informações relevantes sobre as relações pessoais do falecido (art. 80 da Lei n. 6.015/1973), possibilitando identificar aqueles que devem ser chamados para participar do processo sucessório. Assim, o inventariante deverá efetuar análise contemporânea das informações que possui acerca daqueles que se encaixam como interessados no processo sucessório, arrolando-os como partes para que sejam citados e integrem a relação jurídica (arts. 620, 626 c/c 238 do CPC). Vide comentários ao art. 615 desta obra.

desnecessária a sua citação, como sói ocorrer em relação a qualquer outro personagem do art. 626 que venha a confeccionar as primeiras declarações (por exemplo, o descendente do falecido que, na qualidade de herdeiro está na posse de bens da herança – arts. 617, II, do CPC e 1.797, II, do CC).

Por certo, em boa parte das sucessões, o cônjuge/companheiro sobrevivo será a pessoa que terá as melhores condições de traçar o quadro patrimonial do falecido, especialmente nas situações em que há comunhão pessoal no sentido. Espera-se, portanto, do cônjuge/companheiro sobrevivente (seja como "provável inventariante", seja como parte convocada pela citação), que sejam apresentadas todas as informações que estão na sua alçada, inclusive a explicitação do(s) título(s) de que participa no inventário sucessório, tendo em vista que pode assumir posições jurídicas variadas decorrentes da sua situação peculiar (meeiro, herdeiro legal, herdeiro testamentário, legatário e titular de direito real de habitação).[955] A explicitação de informações transparentes e corretas (ou seja, a efetiva cooperação do cônjuge/companheiro sobrevivente) será fundamental para o curso do inventário,[956] assumindo este os riscos de adoção de postura contrária, sob pena de sanções (tais como a imputação de sonegação de bens – arts. 1.992-1.996 do CC e/ou remoção da inventariança – arts. 621 e 622).

955 Afora situações que não são íntimas do direito sucessório, como, por exemplo, credor ou devedor de determinada obrigação anterior com o falecido.

956 Em ilustração, o cônjuge/companheiro sobrevivente com direito à meação terá que apresentar de forma absolutamente transparente a relação dos bens comuns e dos bens particulares, pois o resultado de tal balanço que indicará o patrimônio que foi alcançado pela sucessão. O deslocamento equivocado de bem particular do falecido para o grupo dos bens em comunhão desfalcará a herança, tendo em vista que se estará excluindo parte do patrimônio hereditário (no exemplo, metade de um bem). A depender do regime de bens, o cônjuge/companheiro sobrevivente terá que olhar para o seu próprio acervo pessoal, pois é possível que determinados bens estejam titulados em seu nome exclusivo, não constando notícia de pertencimento do falecido, mas que houve comunicação em vida com o autor da herança, justificando a sua apresentação como herança (na proporção da meação), pois o ato de comunhão foi pretérito (isto é, com causa *inter vivos*) – vide art. 1.660, I, do CC. Além disso, em relações longas – marcadas pela dualidade de bens particulares e bens em comunhão – cria-se ambiência para confusões patrimoniais, pois nem sempre a sub-rogação de bens particulares (art. 1.659, I e II, do CC) é feita de forma adequada e transparente, registrando-se a fonte dos recursos na aquisição de bens. Não é raro, inclusive, que o mesmo bem possua dualidade patrimonial, no sentido de que em parte é considerado como particular (na proporção do aporte de recursos pessoais do cônjuge/companheiro, muitas vezes por sub-rogação) e comum (em razão de consumir verba/patrimônio comum para a sua aquisição). Ademais, as doações recebidas pelo cônjuge/companheiro sobrevivente do autor da herança deverão ser conferidas (arts. 544 e 2.003 do CC).

4.2 Herdeiro

A citação é obrigatória tanto para o herdeiro legítimo (= *legal*) quanto para o decorrente de disposição testamentária, não constando do texto do art. 626 qualquer discriminação a respeito.

As assertivas trazidas no item anterior aplicam-se (em adaptação) ao herdeiro, caso este seja nomeado inventariante. Por certo, não se justifica a citação daquele que apresentou as primeiras declarações para sobre elas se manifestar (arts. 620, 626 e 627), pois estaria se instituindo uma forma de *contraditório egocêntrico*. A situação peculiar, contudo, não absolve o herdeiro que funciona como inventariante de apresentar esboço inicial transparente e cooperativo, permeado pelos ditames dos arts. 5º e 6º.

O herdeiro, na condição de parte citada, se submete à apresentação de manifestação cooperativa. No ponto, deverá o herdeiro indicar, já na sua manifestação inicial, de forma clara, a aceitação (ou não) da herança, uma vez que tal mensagem explicitada evitará que se faça convocação específica a respeito (art. 1.807 do CC). Ademais, propiciará que sejam adotadas as medidas para sedimentar a renúncia, tendo em vista que à exceção do *"regime de separação absoluta de bens"*, exige-se a participação do cônjuge no referido ato de liberalidade.[957]

Especificamente em relação ao herdeiro necessário, há expectativa de que sejam apresentadas todas as informações acerca de patrimônio alcançado pela colação. No particular, a informação deve ser feita no mesmo prazo da manifestação contida no art. 627, ou seja, em resposta à citação (*caput* do art. 639). O herdeiro necessário que assim não proceder se submete à instauração de apuração *coacta* (art. 641), sem prejuízo da imputação de sanção de sonegação (arts. 1.992-1.996 do CC), caso se verifique postura com objetivo de desvio da herança.

4.3 Legatário

O art. 626 prevê que é necessária a citação do legatário nos casos de sucessão testamentária que contenha legado. Trata-se de convocação que visa permitir que o legatário atue em prol da proteção de seus interesses, pois o legado cria a seu favor um *direito expectativo* de receber a coisa legada no curso/fim do inventário sucessório, com encaixe na plataforma do art. 130 do CC.[958]

957 Trata-se de posição majoritária na jurisprudência (confira-se STJ, 3ª Turma, REsp 1.706.999/SP, j. 23/02/2021, *DJ* 01/03/2021, com destaque para o voto relator). O tema ainda não está sedimentado na doutrina (vide item sobre citação do cônjuge do herdeiro adiante).

958 No tema, confira-se: Rodrigo Mazzei, Noção geral do Direito de Sucessões no Código Civil: introdução do tema por 10 (dez) 'verbetes'. *Revista Jurídica*, v. 438, p. 12-13. Sobre a própria edificação e cunhagem da nomenclatura *expectativo*, confira-se a construção de Pontes de Miranda, *Tratado de Direito Privado*. Parte Geral, v. V, p. 282-285.

A entrega do legado se submete ao resultado da liquidação da herança, isto é, fica dependente de desfecho positivo do processo sucessório que comporte o seu cumprimento.[959] A citação do legatário e a respectiva intimação do testamenteiro (também prevista no art. 626) visam, portanto, garantir que o beneficiado com a disposição testamentária participe do inventário para que seu direito *expectativo* seja concretizado, cumprindo-se o legado.[960]

Como não é incomum que a nomeação de legatário recaia sobre pessoa que também figura como herdeira ou meeiro na sucessão, há de se ter cuidado nas depurações quando das manifestações, pois as legitimações para as postulações se vinculam a cada posição jurídica.

5. Rol permeável

O art. 626 contempla rol *permeável*, isto é, admitindo o encaixe de outras figuras, diversas das listadas expressamente no seu texto. O dispositivo, portanto, não possui cardápio exaustivo.

959 De forma bem resumida, o legatário é uma figura atrelada à sucessão testamentária, contemplada pelo testador com item patrimonial específico pertencente à herança que lhe deve ser entregue no curso (ou desfecho) do inventário sucessório. Não se confunde com o herdeiro, pois ao último é destinada uma cota de toda herança, tendo assim titularidade voltada para a universalidade do acervo hereditário, ao revés do legado, em que a especificação de determinado bem ou crédito atrai a individualização patrimonial, justificando a expressão "sucessão singular" aplicada ao instituto. O cumprimento do legado cabe aos herdeiros (art. 1.918, § 1º, do CC), que deverão ser instados a assim efetuar pelo testamenteiro (art. 1.980 do CC) e pelo inventariante (art. 619, III, do CPC). Embora a legislação indique que legado já está na esfera patrimonial do legatário desde a abertura da sucessão (art. 1.923 do CC), certo é que a entrega do legado demanda a apuração da herança líquida, efetuando-se, antes do seu cumprimento, o pagamento aos credores. Apurado o saldo, há de se verificar a presença de herdeiros necessários, pois o encaixe do legado não está imune à proteção da legítima, de modo que a deixa testamentária no sentido se submete à disponibilidade patrimonial do testador.

960 Apesar de determinar a citação do legatário, o CPC 2015 é bem vacilante na participação de tal ator no inventário sucessório. Isso porque foi esquecido no rol do art. 617, não havendo previsão acerca da possibilidade de sua atuação como inventariante, apesar de, contraditoriamente, no art. 645, I, se admitir que a herança possa ser toda dividida em legados. Há um silêncio quanto à sua participação no processo, fazendo-se alusão apenas na etapa de pagamento aos credores, em suas hipóteses: (a) a herança estar toda dividida em legados (art. 645, I) e (b) quando o reconhecimento das dívidas importar redução dos legados (art. 645, II). Ao legatário, deverá ser facultada não só a oportunidade de se manifestar nas hipóteses fixadas no art. 645, mas também acerca dos atos de desenvolvimento do inventário sucessório que lhe possam afetar diretamente, tais como a listagem de bens arrecadados e a avaliação respectiva, já que o dueto refletirá nas forças da herança, base aplicável (depois da liquidação) para o cumprimento do legado. Vide os comentários aos arts. 617 e 645 desta obra.

5.1 Cessionário

Não é raro que os beneficiários da sucessão façam, através de negócio jurídico próprio, a cessão dos direitos hereditários.[961] A cessão – é importante dizer – tem como objeto transferência patrimonial, sem afetar a estrutura subjetiva das partes. Assim, em sucessão com vários coerdeiros, a cessão operada por um herdeiro a terceiro não transforma o segundo em coerdeiro, já que tal qualidade é *personalíssima* e decorre da própria lei.[962] Embora na cessão de direitos hereditários as figuras do cedente e do cessionário no plano subjetivo não possam ser confundidas, é inegável que o último ostenta legitimação para participar do inventário judicial.[963] No sentido, o CPC legitima o cessionário para instaurar o inventário *causa mortis* (art. 616, V), admitindo, de outra banda, que este possa funcionar como inventariante (art. 617, VI). A legitimação fica mais evidenciada ainda a partir do exame do CC, pois o diploma civil, de forma expressa, em seu art. 2.013, dispõe que o cessionário possui legitimação para requerer a partilha sucessória.

O art. 1.793 do CC faz alusão ao "direito à sucessão aberta" e ao "quinhão do coerdeiro", mas a conexão do dispositivo com os arts. 616, V, e 617, VI, do CPC demonstra claramente que a cessão pode alcançar o legado. Observe-se, contudo, que somente pode se cogitar em cessão de direitos hereditários depois de aberta a sucessão, em razão do disposto no art. 426 do CC, que veda negócio jurídico envolvendo herança pessoa viva, a exceção dos atos de disposição do próprio titular do patrimônio que se projetará para a sucessão (por exemplo, testamento e adiantamento da legítima – arts. 1.857 e 544 do CC).[964] De outra banda, não se pode descartar que se opere cessão referente à meação, entendendo-se esta como o agrupamento de bens que se comunicaram em vida com o cônjuge/companheiro meeiro e, sendo assim, não se confundindo com direito hereditário.[965] Assim ocorrendo, a

961 Sobre o cessionário, vide os comentários ao art. 617 desta obra.

962 No sentido: NELSON ROSENVALD E FELIPE BRAGA NETTO, *Código Civil comentado*, p. 1.883.

963 Igualmente: ARRUDA ALVIM, ARAKEN DE ASSIS E EDUARDO ARRUDA ALVIM, *Comentários ao Código de Processo Civil*, p. 1.481.

964 Aberta a sucessão, até que se opere o desfecho do inventário *causa mortis*, o beneficiário de direitos advindos da sucessão poderá efetuar a cessão de direito hereditário, seja de forma gratuita ou onerosa (arts. 1.794 e 1.795 do CC). Depois de efetuada a partilha (ou adjudicação) não há mais cessão de direito hereditário, mas negócio jurídico cujo objeto é individualizado, fato que indica que a operação será vista como compra e venda ou doação de bens singularizados. Próximo: NELSON ROSENVALD E FELIPE BRAGA NETTO, *Código Civil Comentado*, p. 1.883.

965 Há interessante decisão do STJ que não veda a cessão da meação, mas a qualifica como uma doação, pois o ato examinado foi gratuito (3ª Turma, REsp 1.196.992/MS, j. 06/08/2013, *DJ* 22/08/2013). No tema, confira-se: CARLOS EDUARDO ELIAS

participação do cessionário da meação também será obrigatória no inventário judicial.

Na hipótese de a cessão se operar no hiato temporal entre a abertura da sucessão e a apresentação das primeiras declarações, caberá ao inventariante – caso tenha conhecimento de que tal negócio jurídico foi levado a cabo – requerer a citação do cessionário (arts. 626 e 238). Caso a cessão seja ultimada depois das primeiras declarações, o instrumento respectivo (em regra, escritura pública[966]) poderá ser apresentado nos autos pelos interessados, anotando-se a alteração de titularidade dos direitos em questão, sem a necessidade de renovação de atos processuais que tenham sido comunicados ao cedente. Se o cessionário não comparecer voluntariamente e o inventariante tiver notícia concreta da efetivação do negócio jurídico, poderá o administrador da herança notificá-lo para que venha aos autos, trazendo a documentação pertinente, providência esta que poderá ser adotada também através de postulação judicial, convocando o cessionário.

A codificação processual – ao longo do seu art. 109 – prevê que a "alienação da coisa ou do direito litigioso por ato entre vivos" não terá a capacidade de alterar a legitimidade já fixada no processo, e, sendo assim, o adquirente ou cessionário não poderá ingressar em juízo, sucedendo o alienante ou cedente, sem o consentimento das outras partes. O caminho natural do adquirente ou cessionário é a intervenção processual na qualidade de assistente litisconsorcial do alienante ou cedente, a fim de que sejam estendidos os efeitos da sentença proferida entre as partes originárias ao adquirente ou cessionário. Tal dispositivo não possui perfeita aderência à cessão hereditária, pois se trata de negócio jurídico específico, autorizado na lei civil (art. 1.793 do CC) e, portanto, com encaixe no art. 108 do CPC. Com tal olhar, o cessionário ocupará o espaço do cedente no inventário sucessório, observando-se os limites e contornos da cessão, não sendo, pois, necessária a concordância das demais partes para sua participação no processo sucessório, menos ainda o seu enquadramento como "assistente litisconsorcial" do cedente.[967]

---

de Oliveira, *Contrato de cessão de meação: cabimento, forma e registro.* Disponível em: <https://www.migalhas.com.br/amp/coluna/migalhas-contratuais/337013/contrato-de-cessao-de-meacao--cabimento--forma-e-registro>. Acesso em: 15 nov. 2021.

966 Aproximando o art. 1.793 do CC ao art. 1.806 do mesmo diploma (que trata da renúncia de direito hereditário), deve ser admitida a cessão também por "termo nos autos". Igualmente: Nelson Rosenvald e Felipe Braga Netto, *Código Civil Comentado*, p. 1.883. Na jurisprudência: TJES, AI 00138494320198080012, 3ª Câmara, j. 18/12/2020, *DJ* 28/02/2020; TJMS, 3ª Câmara Cível, MS 0824172-38.2015.8.12.0001, j. *DJ* 04/09/2020, *DJ* 16/09/2020.

967 No sentido, o disposto no art. 2.103 do CC, ao prever que o cessionário possui legitimação para requerer a partilha sucessória, confirma a atuação do personagem

Nada obsta que o cedente e o cessionário possam atuar paralelamente no âmbito do inventário sucessório, sem exclusão que crie participação solteira. Isso porque a abertura da sucessão pode conferir mais de um título sucessório à mesma pessoa, por exemplo, herança legal e deixa testamentária. Em tal hipótese, no caso de cessão exclusiva do quinhão advindo da disposição testamentária, o cedente continuará participando da sucessão legal, conforme ordem de vocação hereditária (art. 1.829 do CC). O cessionário atuará apenas no trecho dos direitos cedidos que, na ilustração, é a herança testamentária. Ademais (e indo mais além), não há no art. 1.793 do CC comando algum que vede a cessão parcial da herança, admitindo-se, por lógica inversa, que o negócio jurídico alcance apenas uma cota (=*percentual*) do quinhão hereditário. Em tais circunstâncias, dentro do corte patrimonial definido na cessão, haverá dupla legitimação do cedente (pela retenção de cota hereditária) e do cessionário (no percentual alcançado pela cessão).

Por fim, o § 1º do art. 1.793 do CC/ mantém legitimação residual do cedente dos direitos hereditários no que se refere à substituição e ao direito de acrescer, pois tais hipóteses não são abarcadas pela cessão. O detalhe exposto confirma o que foi dito no início, pois o cessionário da herança não se torna herdeiro, dado ao caráter personalíssimo de tal posição jurídica.

5.2 Legitimados pelo direito de representação

A sucessão se opera por *direito próprio quando* a herança é destinada ao herdeiro legítimo próximo (observados, no sentido, os critérios legais[968]) e, de modo diverso, a sucessão ocorrerá por *representação* quando a lei convoca pessoa(s) para suceder no lugar do herdeiro que não pode receber a herança por estar morto (segundo dispõe a lei). A segunda forma de sucessão acima demarcada está prevista nos arts. 1.851-1.856 do CC, aferindo-se dos citados dispositivos que os titulares do *direito de representação* não estão postados propriamente como herdeiros do autor da herança, pois ocupam o lugar de pessoa considerada morta. De toda sorte, a lei confere a tais pessoas posição jurídica equiparada à do herdeiro falecido (com os ajustes ditados pela própria legislação), justamente pelo fato de que a convocação se faz para que a sucessão se opere em todos os direitos do representado (caso este sucederia se estivesse vivo). Dessa forma, a citação do inventário sucessório não se fará ao "morto"

em nome próprio, com objetivo de receber os direitos que lhe foram cedidos. Aliás, a legitimação é tamanha que está reconhecida no art. 16 da Resolução n. 35/2007 do CNJ, a possibilidade de instauração de inventário extrajudicial pelo cessionário, projetando para aquele ambiente o tratamento que é conferido no inventário judicial (arts. 616, V, e 617, VI, ambos do CPC).

968 Vide os critérios de ordem de vocação hereditária (arts. 1.829-1.844 do CC).

(ou ao seu espólio), mas aos seus representantes, observada a ordem de vocação hereditária e o próprio detalhamento do instituto, pois, dentre as peculiaridades, o direito de representação apenas se estende a determinadas pessoas (art. 1.852-1.853 do CC), e a divisão se opera de modo interno, a partir do quinhão que seria deferido ao herdeiro morto/representado (art. 1.855 do CC).

5.3 Cônjuge do herdeiro

A partir da simbiose dos arts. 80, II, 1.784 e 1.791 do CC, é inegável que a abertura da sucessão cria, em prol do herdeiro, titularidade de natureza real (= *propriedade de quinhão de bem imóvel*), pois adentra na sua esfera patrimonial a cota de bem imóvel (tratado naquele momento como indivisível e de natureza universal). É equivocado pensar que a titularidade real somente será conferida na partilha, bastando observar pelo texto do art. 1.227 do CC, através de interpretação *contrario sensu*, que direitos reais advindos de *causa mortis* não se submetem à formalização por negócio jurídico e registro, sendo, assim, constituídos tão logo ocorra a abertura da sucessão.[969] Representando o resultado positivo de distribuição da herança líquida apurada, na partilha serão conferidas titularidades individuais a cada um dos herdeiros. Todavia, tal situação não significa, em hipótese alguma, que se pode concluir que não há titularidade real anterior em favor da esfera pessoal de cada herdeiro. Isso porque, no hiato da abertura da sucessão até a partilha, a titularidade se corporifica como *cota de bem imóvel* (até então indivisível), ao passo que com o desfecho do inventário, na sentença de partilha, o condomínio é desfeito e as titularidades passam a ser singulares, observando-se, inclusive, a natureza individual de cada bem. Se antes tudo se aglomerava em bloco único, tratado com um bem imóvel, com a partilha, os encaixes observarão a natureza específica de cada bem (por exemplo, bens imóveis, créditos pecuniários, bens móveis automotores etc.), consoante se extrai do art. 648, I, do CPC e do art. 2.017 do CC. Há, assim, mudança na dimensão patrimonial do herdeiro, uma vez que deixa de ser condômino de bloco de bens amalgamados (e considerado pela lei como de natureza imóvel) e passa a ter a titularidade de bens singularmente definidos (caso a herança líquida permita a partilha).

Em razão do cenário acima e da herança ser tratada como bem de natureza imóvel, os atos de liberalidade que a envolvem são vistos como forma de

969 A prova do aqui dito está na constituição do direito real de habitação (art. 1.831 do CC), pois o cônjuge/companheiro sobrevivente recebe a titularidade tão logo aberta a sucessão, podendo se valer de tal direito real (de natureza impositiva) sem a necessidade de confecção de negócio jurídico com os herdeiros, muito menos de formalização em partilha ou qualquer ato *inter vivos*.

alienação do quinhão e, como tal, sendo necessária a autorização do cônjuge do herdeiro, exceto nas hipóteses de "separação absoluta dos bens" (art. 1.647, I, do CC). O entendimento tem se aplicado, inclusive, à renúncia dos direitos hereditários.[970] Ratificando o aqui dito, o art. 17 da Resolução n. 35/2007 do CNJ exige a participação do cônjuge dos herdeiros na escritura pública se houver "renúncia ou algum tipo de partilha que importe em transmissão", excluindo-se apenas os casos de casamento sob o "regime da separação absoluta". Em resumo, vige entendimento – ao menos dominante – de que a *saisine* cria titularidade imobiliária em favor de cada herdeiro, representada pela *cota respectiva da herança* (quinhão/parte de condomínio que será lapidado/liquidado), sendo necessária a participação do cônjuge do herdeiro nos respectivos atos de liberalidade (inclusive a renúncia), aplicando-se, de forma ajustada, o disposto no art. 1.647, I, do CC. A partir de tal quadro, será exigida a participação do cônjuge do herdeiro em qualquer tipo de inventário toda vez que surjam atos de disposição quanto à cota correspondente. Com tal bússola, no caso de partilha amigável em que há fixação de quinhões com potências diferentes, presume-se que houve a doação do herdeiro que ficou com cota menor em relação ao que recebeu bens em proporção maior do que o seu quinhão.[971] Se há presunção de doação, na forma ilustrada, há ato de disponibilidade que justifica a convocação do cônjuge do herdeiro que se posta (de forma equiparada para o ato) à figura do doador.[972]

Registre-se que a convocação (= *citação*) do cônjuge do herdeiro possui causa própria, que decorre da relação com o seu consorte, situação que não se confunde com a ideia de que cônjuge do herdeiro terá titulação de herança em nome próprio. Em outros termos, o foco da possível comunicação patrimonial está escorado em relação *inter vivos* representada pelo regime de bens dos cônjuges, não ostentando o cônjuge do herdeiro nenhum título hereditário. Mesmo no caso de regime de comunhão universal de bens (art. 1.667-1.671 do CC), é inviável se pensar que o cônjuge do herdeiro deve ser tratado com tí-

970 Com bom resumo sobre o assunto, confira-se: Leoni Lopes de Oliveira, *Direito das Sucessões*, p. 217-218; e Luciano Figueiredo e Roberto Figueiredo, *Manual de Direito Civil*, p. 1.727. Na jurisprudência: TJSP, 5ª Câmara de Direito Privado, APL 0006105-94.2005.8.26.0526, j. 28/02/2016, *DJ* 28/02/2016.

971 A presunção de doação na partilha desigual é ratificada pelo texto da Súmula 116 do STF, que aponta pela necessidade do pagamento do imposto de reposição em tal caso. O fato gerador da cobrança é a doação presumida, na medida em que a partilha se opera favoravelmente determinado herdeiro, que recebe parte de quinhão de outro.

972 Igualmente: Euclides de Oliveira e Sebastião Amorim, *Inventário e partilha*: teoria e prática. 25, p. 399; e Carlos Roberto Gonçalves, *Direito Civil Brasileiro*, v. 7, p. 511.

tulo sucessório, pois a qualidade de herdeiro é personalíssima.[973] O ponto evidenciado fica mais claro em relação ao cônjuge casado sob o regime da comunhão parcial, pois, segundo o gabarito legal, os bens herdados pelo seu par sequer lhe comunicam (art. 1.659, I, do CC). No entanto, mesmo em se tratando de bem particular do cônjuge, salvo os casos de "separação absoluta de bens", o art. 1.647, I, do CC exige a "autorização" do consorte para "alienar os bens imóveis". A justificativa para a autorização está na proteção da célula familiar, a fim de evitar que a alienação pelo cônjuge (mesmo na esfera dos seus bens particulares) possa causar dano à sua família,[974] concedendo-se, assim, ao seu par conjugal mecanismo de controle no sentido.[975]

A compreensão de que o cônjuge do herdeiro não possui título sucessório é fundamental para se verificar as hipóteses em que a sua convocação será, de fato, necessária. Isso porque no curso do inventário há uma série de atos de disponibilidade patrimonial que são praticados com participação dos herdeiros e que importarão em alienação de parte da herança (por exemplo, o art. 619,

973 Próximo: NELSON ROSENVALD E FELIPE BRAGA NETTO, *Código Civil Comentado*, p. 1.883. Nos casos em que há regime patrimonial com comunhão que alcança a herança, há transmissão por ato (interno ao casal) *inter vivos* e a citação do cônjuge/companheiro do herdeiro não lhe concede título sucessório. Na verdade, sua convocação permitirá participação guiada pelo art. 130 do CC, ou seja, que pratique atos de conservação acerca do patrimônio (que se espera estar comunicado de forma individualizada em partilha e que, no curso do inventário sucessório, é corporificado pela titulação de quinhão condominial do seu consorte). O detalhe demonstra, de forma clara, que o cônjuge do herdeiro não possui nenhum direito hereditário vinculado à abertura da sucessão, pois seu direito advém – exclusivamente – da comunhão patrimonial permitida pelo regime de bens com o herdeiro, ou seja, decorrente de ato *inter vivos*, sem nenhuma relação com as outras partes do inventário. Portanto, a participação de tal ator no inventário será contingencial, jamais se confundindo com a conferida ao herdeiro.

974 No tema: JOSÉ FERNANDO SIMÃO, *Código Civil comentado*, p. 1.431.

975 Note-se que os interesses do cônjuge/companheiro do herdeiro são variantes de acordo com o regime de bens. No caso de cônjuge/companheiro de herdeiro sob o regime de comunhão que alcança a herança, haverá legitimação própria (ainda que decorrente do regime de bens) para se manifestar sobre os atos de disposição. Na hipótese de regime em que a herança não se comunica ao cônjuge/companheiro do herdeiro, mas que a outorga uxória é necessária (exemplo clássico da comunhão parcial), ocorrerá uma legitimação especial, pois a oitiva se opera "em nome da família". De todo modo, mesmo no caso de regime da comunhão universal, as manifestações do cônjuge estarão sitiadas nos atos de disposição do herdeiro que é seu consorte, em seu plano individual, jamais sobre o enfoque da herança. Assim, qualquer que seja o regime de bens, não terá o cônjuge do herdeiro, por exemplo, legitimação para se manifestar sobre a inclusão ou exclusão de atores do inventário (arts. 627, III, e 628 do CPC). Sua fala está, repita-se, atrelada apenas aos atos de disposição efetuados pelo seu cônjuge ao longo do processo sucessório.

I, traz a possibilidade de que o inventariante aliene bem que compõe a herança, mediante a oitiva dos "interessados", dentre os quais estão inclusos os herdeiros[976]). Pois bem, a convocação do cônjuge somente restará necessária quando o objeto da alienação for o quinhão do herdeiro analisado isoladamente, ou seja, no espectro de sua cota pessoal (situações em que se encaixam a renúncia e a partilha amigável). No que se refere à alienação de bem que faz parte do acervo da herança (art. 619, I), o foco não está particularizado para o quinhão do herdeiro, senão para toda a herança, situação que identifica bases objetivas diversas de incidência do ato de disponibilidade. Pensar diferente resulta em ideia de comunicação imediata da herança ao cônjuge do herdeiro, posicionando este como "parte" do inventário, postura inaceitável. O cônjuge do herdeiro, repita-se, não possui título hereditário, sendo, pois, um personagem que é atraído (por acidente) à sucessão em razão da sua relação conjugal. A posição personalíssima do herdeiro impede uma participação massiva do seu cônjuge do inventário sucessório, pois se trata de personagem que é alcançado pela herança por ato reflexo (o regime de bens da relação conjugal), não tendo, assim, título com pujança para encaixá-lo como protagonista da sucessão.[977]

Restringindo a perspectiva dos atos de disponibilidade ao próprio quinhão do herdeiro, há dois momentos capitais que estes podem ocorrer, quais sejam: (a) aceitação/renúncia e (b) partilha amigável. Sob tal ótica mais restritiva, uma vez aceita a herança pelo herdeiro, não se justifica a citação do seu cônjuge, pois não houve nenhum ato de disponibilidade. Recebida a herança pelo herdeiro, a eventual convocação do seu cônjuge somente se justificaria, dentro desse eixo fechado de análise dos atos de disposição, em caso de partilha amigável em que o herdeiro almeja dispor de parte do seu quinhão em favor de outrem. Isso significa, seguindo o prisma apresentado, que, em caso de partilha decidida pelo juízo sucessório (= *partilha por decisão adjudicada*) ou mesmo por partilha amigável que respeite em absoluto a dimensão dos quinhões e os ditames dos arts. 648, I, do CPC e 2.017 do CC, restará como desnecessária a convocação do cônjuge do herdeiro. Caso o cônjuge do herdeiro seja convocado e não apresente manifestação uniforme à vontade do seu consorte, abre-se espaço para a postulação prevista no art. 74 do CPC, a fim de que seja suprido o consentimento reclamado.

---

976 A situação se repete de forma assemelhada quando para o pagamento das dívidas, inclusive com uso de bens arrecadados (vide art. 642).

977 Próximo: EUCLIDES DE OLIVEIRA E SEBASTIÃO AMORIM, *Inventário e partilha*: teoria e prática, p. 399; e CARLOS ROBERTO GONÇALVES, *Direito Civil Brasileiro*. v. 7, p. 511. Vale conferir o voto condutor do julgamento do REsp 1.706.999/SP (STJ, 3ª Turma, j. 23/02/202, *DJ* 01/03/2021).

Muito embora a abordagem tenha se focado nos atos de disposição do herdeiro, em razão do disposto no art. 1.923 do CC, que prevê que, uma vez aberta a sucessão, "pertence ao legatário a coisa certa, existente no acervo, salvo se o legado estiver sob condição suspensiva", semelhante concepção deve ser aplicada ao legatário, ou seja, no caso de atos de disposição do legado, deverá ser providenciada a convocação do consorte, seguindo-se as linhas gerais definidas. Com olhos na união estável, caso fique documentalmente evidenciado no inventário que o herdeiro (ou legatário) possui companheiro, a convocação também será necessária, importando-se, de forma adaptada, a previsão do § 3º do art. 73 do CPC.

5.4 Cônjuge/companheiro separado (judicialmente ou de fato) e a aplicação do art. 1.830 do CC

O art. 1.830 do CC prevê que aquele que se postava como cônjuge/companheiro do falecido manterá a sua legitimação sucessória se a separação não tiver ocorrido em data anterior a dois anos da abertura da sucessão, presumindo-se, em tal cenário, a possibilidade de reatamento da relação de convivência. A parte final do artigo de lei parece indicar que este prazo poderá ser dilatado se ficar demonstrado que a convivência não era possível em razão de situação não provocada pelo cônjuge/companheiro sobrevivente. Sem rebuços, o confuso dispositivo é desafiador na sua aplicação.[978]

978 O art. 1.830 do CC está cometido de problemas diversos no seu texto, vários com repercussões para a legitimação junto ao inventário *causa mortis*. Inicialmente, o dispositivo não leva em consideração que tanto o cônjuge/companheiro falecido quanto o sobrevivente, depois da ruptura da convivência, possa ter se integrado em nova relação. A nova convivência quebra o quadro de possível reconciliação que está implícito no art. 1.830, já que há formação de vínculo de convivência com terceiro (situação prevista, inclusive, no art. 1.723, § 1º, do CC). O binário da convivência em casal impede que a mesma pessoa tenha reconhecido a presença de mais de um cônjuge/companheiro para efeitos sucessórios. É fundamental notar que o prazo de dois anos que está postado no art. 1.830 está ligado intimamente ao que estava previsto no art. 1.580, § 2º, do CC, que previa a possibilidade do divórcio direto (sem necessidade de prévia separação judicial) no caso de "comprovada separação de fato por mais de dois anos." O artigo de lei em questão foi superado pela Emenda Constitucional n. 66/2010, que deu nova redação ao art. 226, § 6º, da CF, fixando-se a linha de que o divórcio não se submete a nenhum requisito temporal para ser decretado. Sob tal prisma, o art. 1.830 perdeu seu referencial interno em relação ao prazo (art. 1.580, § 2º). Por fim, os traços redacionais do art. 1.830 fazem ressurgir a "culpa" como elemento de alta relevância nas relações familiares, pois comprovada que "a convivência se tornara impossível sem culpa do sobrevivente" mantém-se, em favor deste, os direitos sucessórios. Tal quadro é de alta instabilidade, pois, se, de um lado, pode proteger a cônjuge/companheira que sofreu com atitude efetivamente ilícita de seu consorte, impedindo a convivência (por

Caberá a análise pontual se há legitimação sucessória do cônjuge/companheiro sobrevivente que não convivia com o falecido no momento da abertura da sucessão. Saliente-se, todavia, que tal situação não se confunde com a convocação para resolver a *mancomunhão* patrimonial (vide item seguinte), pois em tal hipótese o foco estará na depuração dos bens ameados em vida e, portanto, em comunhão (como já dito várias vezes, meação não é herança, sendo figuras que devem ser apartadas no curso do inventário sucessório). Caso o inventariante não requeira nas primeiras declarações a citação do cônjuge/companheiro coberto pela superfície legal do art. 1.830 do CC, este poderá postular sua admissão no inventário sucessório (art. 628 do CPC).

5.5 Ex-cônjuge e ex-companheiro do falecido (*mancomunhão*)

Dentro da dinâmica atrelada aos relacionamentos do mundo atual, não é raro que as pessoas encerrem suas relações conjugais ou de convivência (através de separação judicial ou mesmo apenas por *encerramento de fato*[979]) sem que se aperfeiçoe a partilha patrimonial respectiva ao período do vínculo. Com seu rompimento da relação (ainda que fático), a comunhão patrimonial ocorrida durante o casamento e a união estável necessita ser aferida, pois a titularidade comum não mais se justifica, devendo ser feita identificação que individualizará os bens de cada um dos ex-consortes ou ex-companheiros. Dessa forma, o quadro de *mancomunhão* ("massa juridicamente indivisível, indistintamente pertencente a ambos"[980]) merece ser dissolvido e, caso não se dê por ato *inter vivos*, vindo a ocorrer o passamento de um dos "condôminos de fato", tal pro-

exemplo, situação que justificou a expedição de ordem de restrição no sentido, com base no art. 22, I, da Lei n. 11.340/2006 – "afastamento do lar, domicílio ou local de convivência"), de outra banda, permite perpetuar situação de relação patrimonial hereditária, mesmo sem convivência fática que a justifique. Assim, o art. 1.830 não está imune à correção pela figura do abuso do direito (art. 187 do CC), pois a ruptura da relação sem culpa não pode ser traduzida com a manutenção de vínculo sucessório, notadamente diante da facilitação que há no sistema atual para o divórcio. Dessa forma, para efetiva aplicação do art. 1.830 (tentando aproveitá-lo como regra legal vigente) deverão ser analisadas as condutas das partes envolvidas (falecido e o cônjuge/companheiro sobrevivente), apurando-se se havia a possibilidade concreta de realinhamento da relação pretérita. Ademais, nos casos de ilícito perpetrado pelo cônjuge/companheiro falecido (que não se confunde com "culpa" no rompimento da relação), como ocorre nos casos de afastamento compulsório (ilustração feita, com o disposto no art. 22, II, da Lei n. 11.340/2006), mantém do direito sucessório do cônjuge/companheiro sobrevivente, tendo em vista que é vítima de ilicitude concreta.

979 A própria legislação admite tais situações, consoante pode se aferir do texto dos arts. 1.562, 1.581, 1.723, § 1º, do CC.

980 STJ, 4ª Turma, REsp 1.274.639/SP, j. 12/09/2017, *DJ* 23/10/2017.

vidência deverá ser feita no inventário sucessório. No particular, há legitimação para que o ex-cônjuge ou ex-companheiro instaure o inventário sucessório do seu ex-par, diante do interesse jurídico na depuração da *mancomunhão* respectiva.[981]

Não sendo o inventário instaurado por tal personagem, a convocação do ex-cônjuge ou ex-companheiro em estado de *mancomunhão* se torna obrigatória no inventário *causa mortis*,[982] a fim de evitar que não ocorra falseada arrecadação de bens do espólio. Isso porque o dimensionamento das forças da herança, ou seja, o patrimônio efetivo deixado pelo falecido, demandará a resolução do cenário de *mancomunhão*. No particular, a citação do ex-cônjuge ou ex-companheiro, trazendo-o para participar do inventário, permitirá aferir não apenas a parte dos bens do falecido alcançada pela comunhão, como também aqueles de natureza particular, ou seja, o patrimônio que não se comunicou durante a relação ou que a ela não se vincula (como, por exemplo, os bens adquiridos posteriormente ao rompimento). Em suma, a *mancomunhão* gera estado de incerteza em relação ao patrimônio dos seus partícipes[983] e, no aspecto do inventário *causa mortis*, coloca em xeque o comando previsto no art. 620, IV, do CPC, que determina que na arrecadação sucessória sejam afastados os "bens alheios", ou seja, que não estão no domínio do espólio.

O art. 19 da Resolução n. 35/2007 permite que as partes de forma amigável possam reconhecer os limites da meação do companheiro, cravando em escritura pública o reconhecimento patrimonial quantitativo desta. A partir de lógica do dispositivo, deve-se admitir que a composição amigável acerca dos limites patrimoniais da *mancomunhão* também seja possível, sendo de pouca relevância que esta se opere em ambiência de inventário extrajudicial ou judicial.[984] Caso não ocorra solução consensual acerca da definição dos limites da comunhão patrimonial, como o tema envolve assunto atrelado à sucessão (arrecadação e identificação do patrimônio do falecido), não há óbice que impeça o juízo do inventário de decidir sobre a questão (art. 612), valendo-se

981 No sentido: Arruda Alvim, Araken de Assis e Eduardo Arruda Alvim, *Comentários ao Código de Processo Civil*, p. 1.468; e Gerson Fischmann, *Comentários ao Código de Processo Civil*, v. 14, p. 51. Vide os comentários ao art. 616 desta obra.

982 Parecendo concordar: Maria Helena Diniz Maria Helena Diniz, *Curso de Direito Civil Brasileiro*, v. 6, p. 430.

983 No sentido: STJ, 3ª Turma, REsp 1.537.107/PR, j. 17/11/2016, *DJ* 25/11/2016. Igualmente: STJ, 3ª Turma, AgInt nos EDcl no REsp 1.723.688/DF, j. 26/06/2018, *DJ* 29/06/2018; 3ª Turma, AgInt nos EDcl no REsp 1.479.030/RS, j. 06/08/2019, *DJ* 15/08/2019.

984 É assente nos Tribunais que a composição no sentido não deve ser recepcionada com negócio jurídico que transfere titularidade, mas como declaração consensual que volta ao reconhecimento de quadro patrimonial já consolidado. No sentido: STJ, 4ª Turma, AgInt no REsp 1.865.280/RS, *DJ* 27/11/2020.

da prova documentada trazida pelas partes interessadas (devidamente posta em contraditório).[985] Na hipótese de não ser possível resolver a controvérsia que envolve a *mancomunhão* no ventre do inventário *causa mortis* (seja pelo fracasso da autocomposição, seja pela necessidade da questão reclamar provas outras que a documentada), o juiz remeterá o debate para as "vias ordinárias".[986]

6. Citação por correio como regra e exceções

O contraste entre o art. 999, § 1º, do CPC de 1973, com o texto do atual art. 626, § 1º, traz a grande novidade interna da redação do dispositivo comentado. Em resenha, o artigo revogado determinava que a citação das pessoas domiciliadas em outra comarca, que não aquela em que se processava o inventário, fosse efetuada através de edital, mesmo que as partes a serem citadas possuíssem endereço certo e conhecido. Com a mudança (em atenção à garantia constitucional do contraditório), a citação no processo de inventário será realizada, em regra por correio, salvo se verificada alguma das situações do art. 247 do CPC (quando então deve se efetuar por oficial de justiça). A citação por edital (citação ficta) dos atores do art. 626 somente restará autorizada ante a configuração de uma das situações do art. 256; sem prejuízo da necessária convocação por edital de todos os possíveis interessados "incertos ou desconhecidos" (inciso III do art. 259).

O art. 626, § 1º, deve ser interpretado em conjunto com o art. 247, que afasta a citação por correio em determinadas hipóteses, exigindo-se a convocação através de oficial de justiça (art. 249). Dentre situações previstas no rol do art. 247, está inserida a impossibilidade de citação do incapaz pela via postal (inciso II). Como a participação de incapaz no inventário sucessório ocorre com frequência, há de se ter extremo zelo com seu ato de convocação, sob pena de que a citação padeça de nulidade. Ademais, a regra da citação postal pode ser quebrada quando o inventariante, de forma motivada, apresentar ao juízo sucessório requerimento para que a convocação seja feita de outro modo (art. 247, V). Assim, pode ocorrer quando o inventariante se aperceber que o chamamento por oficial será mais eficaz, em razão de pe-

985 É possível adaptar a estrutura dos incidentes previstos nos arts. 627 e 628 do CPC, como bases processuais para a aferição dos limites da comunhão patrimonial em voga.

986 Assim ocorrendo, é fundamental que o juízo sucessório se valha da técnica da sobrepartilha (art. 2.021 do CC c/c art. 669, III, do CPC), fixando-se o objeto litigioso da partilha que deve ser efetuada com o ex-cônjuge (ou ex-companheiro), na medida em que o inventário sucessório poderá prosseguir em relação aos bens não contaminados pela controvérsia. Deverá ser feita reserva de bens compatível com os limites do debate, evitando que a controvérsia contamine o curso do inventário sucessório. Vide os comentários ao art. 669 desta obra.

culiaridade que assim justifique (por exemplo, herdeiro analfabeto ou com dificuldade de leitura).[987]

Caso o inventariante tenha informações concretas de que determinada parte a ser citada se encontra em paradeiro incerto e não sabido (por exemplo, recente certidão de oficial de justiça no sentido, exarada em outro processo judicial), não se justificará que se faça a citação postal. Em tal situação, através de requerimento ao juízo sucessório (acompanhado de prova documentada da situação narrada), poderá o inventariante postular que a providência seja feita de forma pessoal (buscando aferir a veracidade da informação obtida e obter informações acerca do paradeiro da parte) ou até diretamente pela via editalícia (evidenciado, por prova documentada robusta, que a parte a ser citada não se encontra em local certo e sabido).[988]

7. Importância do mandado de citação desenhado para o inventário sucessório

A legislação não se preocupou com a modulação de mandado de citação específico para a convocação que ocorre no âmbito do inventário sucessório. Certo é que os modelos padrões de citação para apresentação de *resposta em forma de resistência* não se prestam à empreitada. Partindo do perfil geral inserido do art. 250, adaptando-se à realidade dos arts. 626 e 238, é necessário potencializar o disposto no inciso II do citado dispositivo, que indica a "finalidade da citação". No sentido, há de ficar ressalvada que a citação busca a integração da relação processual, devendo a parte citada se manifestar de forma cooperativa em relação às primeiras declarações. Para tanto, deve ficar explicitado que a parte deve não apenas apresentar fundamentos e pedido de correção ao esboço inicial, mas também apresentar, em ato de *cooperação* e de boa-fé (arts. 6º e 5º), todas as informações que sejam relevantes para a marcha eficiente do inventário *causa mortis* (vide item anterior).

---

987 O oficial de justiça exerce papel relevante na autocomposição (art. 154, VI, parágrafo único), de modo que a convocação pessoal através de tal figura pode propiciar a apresentação de proposta no sentido. No assunto: Rodrigo Mazzei e Tiago Figueiredo Gonçalves, *Comentários ao Código de Processo Civil,* p. 248-247. Em determinadas situações, a citação por oficial de justiça poderá ser justificada, para que este esclareça ao citado a necessidade de prestar informações reclamadas pelo inventariante, missão admitida sob o quadrante da cooperação (comunidade de trabalho) fixada do art. 6º do CPC.

988 No caso de insucesso na citação postal, a parte final do art. 249 determina que a citação deverá ser feita através de oficial de justiça, regra esta que pode ser relativizada se comprovado documentalmente que a pessoa a ser citada não está em lugar certo e sabido, sem prejuízo da aplicação da pena do art. 258 em caso de dolo do postulante da citação por edital.

O mandado deverá ser desenhado de forma particular (de acordo com a parte a ser citada), pois a diversidade de posições jurídicas não autoriza o uso de idêntico modelo para todos os atores. Assim, embora com áreas gerais (por exemplo, reclamando a apresentação de informações relevantes ao processo sucessório), o mandado deverá constar áreas específicas para o convocado, tais como a aceitação ou renúncia em relação aos beneficiários da herança (art. 1.807 do CC) e a conferência de doações do falecido para os herdeiros necessários (arts. 639 do CPC e 2.002-2.003 do CC).[989]

8. A obrigatória veiculação de edital (art. 259, III, do CPC)

O assunto merece análise detida, pois houve importante alteração em relação à citação e veiculação de edital, comparando-se o texto do § 1º do atual art. 626, com o revogado § 1º do art. 999 do CPC de 1973. Do quadro comparativo entre os dispositivos em questão, extraem-se as mudanças que projetam repercussões práticas importantes.

CPC/73 – art. 999, § 1º	CPC/15 – art. 626, § 1º
§ 1º Citar-se-ão, conforme o disposto nos arts. 224 a 230, somente as pessoas domiciliadas na comarca por onde corre o inventário ou que aí foram encontradas; e por edital, com o prazo de 20 (vinte) a 60 (sessenta) dias, todas as demais, residentes, assim no Brasil como no estrangeiro.[990]	§ 1º O cônjuge ou o companheiro, os herdeiros e os legatários serão citados pelo correio, observado o disposto no art. 247, sendo, ainda, publicado edital, nos termos do inciso III do art. 259.

Inicialmente, percebe-se que o art. 999, § 1º, do CPC de 1973 trabalhava com o corte básico de citação real para "as pessoas domiciliadas na comarca por onde corre o inventário ou que aí foram encontradas", sendo todas as outras convocadas por edital. A norma legal não se preocupava em fazer qualquer depuração acerca das pessoas não domiciliadas ou ausentes de presença

989 Ao fazer a citação de cônjuge/companheiro sobrevivente que se vinculava com o falecido pelo regime da comunhão parcial, é oportuno que o mandado reclame que tal citando apresente a listagem dos bens particulares e do patrimônio em comunhão, a fim de que a arrecadação seja feita por bloco, aferindo-se se os encaixes e seleções do inventariante estão corretos. Como se vê do acima posto em breve ilustração, cada convocação poderá ter particularidades, devendo o inventariante estar atento a tal quadro, a fim de que, a partir da posição jurídica do citado e da sua realidade fática (notadamente em relação ao patrimônio), possam ser apresentadas informações úteis ao curso do inventário *causa mortis*.

990 O texto legal supra não é o original, mas fruto de modificação pela Lei n. 5.925/73, que vigorou até a superação do código processual civil anterior.

no foro do inventário, pois todas estas seriam citadas por edital. Era possível, inclusive, que fosse feita interpretação inversa, no sentido de que a regra era a citação por edital, com exceção às pessoas domiciliadas ou presentes do foro do inventário *causa mortis*.

De outro prisma, não havia qualquer registro no § 1º do art. 999 acerca da necessidade de convocação por edital em relação aos "interessados incertos ou desconhecidos". O dispositivo era omisso no sentido, fazendo com que a sua interpretação reclamasse a análise das regras aplicáveis à citação por edital do texto revogado, tema tratado pelo art. 231 do CPC de 1973. Da leitura do referido artigo de lei, não consta a preocupação da citação dos "interessados incertos ou desconhecidos", sendo tal convocação apenas reclamada na codificação revogada nos casos previstos nos arts. 908, I, e 942, isto é, pontualmente, para as ações de anulação, substituição de títulos ao portador e usucapião respectivamente. Assim, o diploma superado somente determinava de forma explícita a citação geral de "terceiros interessados" em duas questões específicas: ações de anulação e substituição de títulos ao portador (art. 908, I) e usucapião (art. 942). Com a entrada em vigor da codificação atual, os arts. 908, I, e 942 do CPC de 1973 foram revogados, e a convocação por edital dos "terceiros interessados" passou a ser tratada unicamente pelo art. 259.[991] Da análise do citado dispositivo, através de passeio pelos seus três incisos, tem-se que há exigência da citação por edital dos "terceiros interessados" não apenas em relação às "ações e recuperação ou substituição de título ao portador e à usucapião", como também para "qualquer ação em que seja necessária, por determinação legal, a provocação, para participação no processo, de interessados incertos ou desconhecidos".[992] O inciso III do art. 259 é enfático ao disposto que serão publicados editais "em qualquer ação em que seja necessária, por determinação legal, a provocação, para participação no processo, de interessados incertos ou desconhecidos".

991 Na doutrina, afirmando categoricamente que o art. 259 ocupa o espaço dos arts. 908, I, e 942 do CPC/73, confira-se: Irapuã Santana, *Comentários ao Código de Processo Civil*, p. 327. Parecendo concordar: Helena Abdo, *Breves comentários ao Novo Código de Processo Civil*, p. 786-787.

992 É fundamental a leitura do texto do art. 259, pois o dispositivo, através de seus incisos, mantém a necessidade de publicação de edital na ação de usucapião (inciso I – que ocupa o espaço do art. 942 do CPC de 1973) e na ação de recuperação ou substituição de título ao portador (inciso II – que substitui o art. 908, I, do CPC de 1973) e, além disso, cria uma determinação fluida, no sentido de exigir a convocação editalícia sempre que se verificar que a questão comporta a participação de "interessados incertos ou desconhecidos" (inciso III). Diante da abertura da regra, que se reporta não só a determinação legal específica, mas a verificação de casos concretos em que se tornaria necessária a convocação por edital, Marcelo Pacheco Machado trata o art. 257 como "verdadeira cláusula geral para viabilizar a publicação de editais" (*Código de Processo Civil anotado*, p. 385).

Não há dúvida quanto à aplicação do inciso III do art. 259 no âmbito do inventário sucessório, pois o § 1º do art. 626 é absolutamente enfático no sentido, fazendo expressa remissão ao dispositivo em voga. O panorama atual é, portanto, diverso daquele que ocorria no âmbito de aplicação do CPC de 1973, diante do expresso diálogo entre o § 1º do art. 626, com o art. 259, III, da codificação processual em vigor. O impacto causado pela simbiose entre o § 1º do art. 626 com o art. 259, III, do CPC não pode ser renegado, pois está explicitada a necessidade (= *obrigatoriedade*) da convocação editalícia para os "interessados incertos ou desconhecidos".

8.1 Convocação por edital (art. 259, III, do CPC) × citação por edital de interessado conhecido impossibilitado de receber citação real (art. 256, II, do CPC)

O § 1º do art. 626, ao fazer expressa remissão ao inciso III do art. 259, fixou uma regra *obrigatória* de convocação para alcançar "interessados incertos ou desconhecidos". O referido edital não se confunde com aquele específico vinculado à citação editalícia voltada para as pessoas devidamente identificadas, mas que estão em local "ignorado, incerto ou inacessível" (art. 256, II). A diferenciação se impõe, pois o edital previsto no art. 259, III, parte da premissa de indeterminação acerca das pessoas que estão sendo convocadas. Não é por acaso que a eloquente dicção legal se refira aos possíveis "interessados incertos ou desconhecidos". Trata-se, pois, de ato de publicidade que é obrigatório em razão da natureza do objeto do processo, pois *o inventário sucessório é uma espécie peculiar de processo concursal*, em que há arrecadação de bens, liquidação de dívidas e distribuição patrimonial, etapas com eixos conexos, mas com autonomia própria, capazes de congregar pessoas variadas, sem uniformidade, inclusive das posições jurídicas. Assim, o art. 259, III, funciona como mecanismo de publicidade obrigatória em decorrência do caráter concursal do inventário sucessório, assemelhando-se, ainda que com afastamento em pontos específicos, aos procedimentos de falência (Lei n. 11.101/2005, revigorada e atualizada pela Lei n. 14.112/2020) e de insolvência (cujo regramento ainda é o do CPC de 1973 – arts. 748-786-A, conforme determina o art. 1.052 do CPC em vigor). De forma diversa, a citação por edital prevista no art. 256, II, parte da premissa de prévia identificação da pessoa como parte que deve integrar a relação processual, mas há embaraço para que a citação real seja levada a cabo.[993] Portanto, há duas situações distintas, não tendo a convocação pre-

993 Em ilustração, caso o inventariante tenha conhecimento da existência de determinado interessado na sucessão (por exemplo, descendente do falecido que teria a posição de herdeiro segundo informação obtida na certidão de óbito apresentada

vista no art. 259, III, a possibilidade de alcançar os interessados identificados, pois o foco subjetivo do referido chamamento público é um grupo aberto ("interessados incertos ou desconhecidos").

8.2 A convocação por edital: respeito à natureza concursal do inventário e possibilidade de importação de técnicas da Lei n. 11.101/2005

O inventário (tal qual a falência e a insolvência) detém estrutura procedimental que trabalha com a arrecadação, liquidação de dívidas e possível distribuição de resultado apurado. A grande diferença entre o inventário e a falência/insolvência está no fato de que, no processo concursal sucessório, a estrutura foi edificada para que ao final ocorra a entrega de bens em partilha para os herdeiros, ou seja, desenhou-se *espécie de procedimento especial concursal em que presume que, ao final, haverá saldo patrimonial positivo (a herança líquida)*. Na falência e na insolvência, a presunção é diferente, pois a projeção que se tira do procedimento concursal está na apuração de *saldo negativo*, inclusive com a possibilidade de pagamento não integral aos credores em concurso.[994] Não é por acaso que tais procedimentos são marcados por forte regulação de regime de enfrentamento de preferências creditórias, assunto que não foi prestigiado no trecho da fase de liquidação do inventário sucessório (arts. 642-646 do CPC) e do pagamento de dívidas do espólio (arts. 1.997-2.001 do CC).

O resumo demonstra a importância estrutural do art. 259, III, para o processo concursal sucessório, sendo, pois, ato de convocação pública, de caráter obrigatório e que, caso não efetuado, a sua falta pode gerar a nulidade de alta monta ao inventário *causa mortis*.[995] Mais ainda, a resenha demonstra a necessidade de comunicação do art. 259, III, do CPC, com o disposto no art. 99, § 1º, da Lei n. 11.101/2005 (alterada pela Lei n. 14.112/2020), no que se

---

para instaurar o inventário sucessório – art. 615, parágrafo único, do CPC), sem que se tenha notícia acerca da localização de tal ator, aferindo-se, depois de diligências variadas, que este está em local "ignorado, incerto ou inacessível", deverá ser requerida a citação por edital, com esteio no art. 256, II, convocação esta que se fará dirigida especificamente para tal pessoa.

994 Bem próximo: Hamilton de Moraes Barros, *Comentários ao Código de Processo Civil*, v. IX, p. 209. Também semelhante: Gerson Fischmann, *Comentários ao Código de Processo Civil*, v. 14, p. 69. Não é por acaso que há constante troca de técnicas entre o inventário e o procedimento falimentar e de insolvência. Vide os comentários ao art. 618 desta obra.

995 No sentido, Sérgio Bermudes é enfático: "É obrigatória a publicação do edital, como dispõe o inciso III do art. 259. A falta do edital gera nulidade do processo, que pode ser arguida pelo interessado que intervir no feito, pelo Ministério Público ou decretada pelo juiz, de ofício (art. 280, 281, 283)" (*CPC de 2015*: inovações, v. II, p. 101).

refere ao desenho do edital, tendo em vista que há omissão no sentido no texto do art. 626, § 1º. No sentido, fazendo a adaptação da regra do processo falimentar, o edital vinculado à convocação do inventário *causa mortis* deverá veicular a íntegra das primeiras declarações, trazendo a relação de todos os interessados, inclusive os eventuais credores do falecido. Com efeito, a importação do disposto no art. 99, § 1º, da Lei n. 11.101/2005 permite que os "interessados incertos ou desconhecidos" se manifestem sobre o esboço inicial efetuado pelo protagonista da inventariança, colocando-os, o quanto possível, em quadrante isonômico em relação aos interessados citados de forma real (art. 626, § 1º). Não se pode tolerar postura diversa, já que nas primeiras declarações constam as informações nucleares do inventário *causa mortis*, justificando, por tal motivo, também o acesso integral do seu conteúdo aos atores funcionais que, além de intimados do esboço inicial, devem receber cópia na íntegra das primeiras declarações (art. 626, § 3º).[996]

O edital que convoca "interessados incertos ou desconhecidos" propiciará, com as devidas adequações, cenário semelhante de contraditório projetado pelo art. 99, § 1º, da Lei n. 11.101/2005, pois a concepção impregnada no art. 259, III, do CPC em vigor é justamente tentar alcançar aquele que não foi identificado pelo inventariante nas primeiras declarações. Perceba-se, com tal correlação, que a aplicação efetiva do disposto no art. 628 estará, na maioria das vezes, atrelada à resposta da convocação aberta dos "interessados incertos ou desconhecidos". Isso porque, fazendo-se a correta exegese do art. 628, tem-se que o dispositivo contempla a postulação daquele que se sente preterido de inclusão como ator no inventário, justamente por não ter sido arrolado como interessado na sucessão. Respeitosamente, parece sem lógica criar superfície para que determinada pessoa requeira sua admissão como interessado no inventário *causa mortis*, sem que previamente tenha este sido comunicado de alguma forma acerca da instauração do processo sucessório. Assim, até mesmo para que se possa propiciar que o art. 628 seja aplicado, o

996 O edital de convocação geral (previsto no do art. 99, § 1º, da Lei 11.101/2005) tem posição de destaque no procedimento falimentar, sendo tratado como vetor de contraditório do administrador judicial com os interessados em geral. No sentido, consoante arts. 7º e 8º da lei extravagante, o edital propicia que os interessados na falência (que pelo perfil do procedimento concursal se notabiliza, em especial pelos credores) apresentem manifestações sobre o edital publicado (art. 7º, § 1º), fato que poderá ensejar novo edital (art. 7º, § 2º), que estampará todas as informações colhidas pelo administrador judicial nos livros comerciais e fiscais da empresa e as advindas das manifestações dos interessados na falência (credores). Em razão de tal publicação de edital (art. 8º), abre-se novo contraditório, permitindo que os legitimados em geral apresentem impugnação contra a relação de credores ou crédito arrolado.

inventário sucessório necessita conter ferramenta de convocação aberta, que permita que a pessoa preterida nas primeiras declarações possa pleitear a sua inclusão no inventário sucessório.

Conclui-se, assim, que o edital previsto no art. 259, III, referenciado de forma expressa no art. 626, § 1º, faz parte do módulo estrutural do processo concursal especial que é o inventário *causa mortis*. Ainda que o texto do artigo comentado não seja perfeito, é inegável que a redação do art. 626, § 1º, permite a identificação e conexão mais adequada com os processos concursais e suas técnicas de convocação.

8.3 Edital e os credores

Efetuando-se diálogo com Lei n. 11.101/2005, o edital atrelado ao art. 259, III, da codificação em vigor também assegurará os interesses de eventuais credores do falecido que não foram arrolados nas primeiras declarações, encaixando-se estes em conceito mais amplo da nomenclatura utilizada no dispositivo ("interessados incertos ou desconhecidos"). A partir do quadro de credores e dívidas arrolado nas primeiras declarações, cujo texto integral estará plasmado em edital, o credor preterido poderá requerer a habilitação do seu crédito no inventário *causa mortis* (art. 642) ou, se preferir, ingressar com ação autônoma para reclamar a dívida.[997] Note-se, em detalhe, que o edital reclamado no art. 626, § 1º, preenche espaço apenas em relação aos credores "incertos ou desconhecidos" (art. 259, III), uma vez que, no que se refere aos credores "conhecidos e localizados", aplica-se a combinação do art. 620, IV, *f*, do CPC, com o art. 22, I, *a*, da Lei n. 11.101/2005, cabendo ao inventariante efetuar a comunicação pessoal de cada credor.[998]

---

997 Vide comentários ao art. 642.

998 O procedimento do inventário sucessório possui um *déficit* de comunicação em relação ao credor, pois embora este faça parte do conteúdo das primeiras declarações, cabendo ao inventariante descrever todas as dívidas do falecido (art. 620, IV, *f*), não há nenhum dispositivo que determine a intimação deste para comparecimento no inventário *causa mortis*. A omissão não é justificável, sendo necessário, mais uma vez, importar da Lei n. 11.101/2005 regra que permita o arejamento (e manutenção de legalidade) do procedimento do inventário sucessório. No particular, o art. 22, I, *a*, da referida lei prevê que o administrador judicial efetuará comunicação por escrito a cada credor da falência, informando a data de *decretação da quebra*, a natureza, o valor e a classificação conferida ao crédito. Transportando o texto legal para o inventário *causa mortis*, incumbe ao inventariante dar notícia a cada um dos credores conhecidos sobre as datas da abertura da sucessão e da instauração do processo sucessório. Demais disso, caberá também ao inventariante comunicar ao credor o valor da dívida, assim como a natureza e classificação que efetuou, já que tais informações poderão ser relevantes em caso de instalação de concorrência na etapa de pagamento das dívidas. O tema foi tratado nos comentários ao art. 642.

8.4 A necessidade de publicação do edital (§ 1º do art. 626) e o inventário extrajudicial

Nos comentários ao art. 610, de forma breve, alertou-se sobre os impactos do texto do § 1º do art. 626 no âmbito do inventário extrajudicial. O simples fato de o inventário extrajudicial possuir como bases a consensualidade e a (potencial) presença apenas de partes capazes não lhe retira a natureza concursal. Como todo e qualquer inventário, é possível que outras pessoas (que não as listadas pelo inventariante) também tenham interesse em participar do processo sucessório e sejam privadas justamente pela falta de convocação acerca da sua instauração no âmbito administrativo. Assim, é necessário que o notário providencie a publicação de edital, na forma do art. 259, III, não bastando que faça a comunicação administrativa acerca da lavratura da escritura, por força do Provimento n. 18/2012 do CNJ, pois tal publicidade somente é levada a cabo quando finalizado o inventário extrajudicial.[999]

Registre-se que a publicação de edital é inerente a outros procedimentos judiciais que podem ser realizados extrajudicialmente, destacando-se no sentido a usucapião (art. 216-A, § 4º, da Lei n. 6.015/73). É interessante fazer alusão à usucapião administrativa por dois motivos, comparando-os com a situação do inventário extrajudicial. Primeiramente, a citação por edital que é exigida para a usucapião está prevista também no art. 259, ou seja, o mesmo artigo de lei referenciado no § 1º do art. 626, apenas com a diferença de que para o inventário foi feito o encaixe no inciso III da regra legal (convocação de "interessados incertos ou desconhecidos", existindo para a usucapião uma bandeja específica (inciso I), ainda que a finalidade seja a mesma, isto é, convocação pública para eventuais "interessados incertos ou desconhecidos"). Em segundo lugar, tanto o inventário extrajudicial quanto usucapião administrativa são alvos de regulação pelo CNJ, sendo que a Resolução n. 35/2007 tratou do primeiro tema (inventário), e o Provimento n. 65/2017 regrou o segundo assunto (usucapião). Ocorre que, embora a citação editalícia seja da essência dos dois institutos, o CNJ apenas exigiu tal forma de convocação pública na usucapião extrajudicial (art. 16 do referido Provimento n. 65/2017).

As datas de edição da Resolução n. 35/2007 e do Provimento n. 65/2017 indicam que a primeira ainda foi redigida sob égide do CPC de 1973, ao passo que o segundo texto foi elaborado já com a entrada da codificação em vigor. A situação é indicativa de que a Resolução n. 35/2007 não possui comunica-

999 O cadastro criado pelo CNJ está vinculado às escrituras já lavradas, procedimento que não se afina com a convocação editalícia prevista no art. 626, § 1º, que – em homenagem ao contraditório – fixou a necessidade da convocação pública para *participação* no inventário sucessório.

ção perfeita com o CPC atual (problema já denunciado nos comentários ao art. 610). Tal falta de diálogo não afasta a aplicação do art. 259 do inventário extrajudicial, pois o dispositivo em voga (que tomou espaço dos arts. 908, I, e 942 do CPC de 1973) possui expressa comunicação com o inventário sucessório (§ 1º do art. 626). O quadrante indica que a Resolução n. 35/2007 está acometida de omissão grave, e seu vacilo não pode ser tolerado. O direito material que envolve o direito das sucessões reclama a convocação pública, pois o trâmite administrativo não lhe retira a natureza concursal, tal qual em relação à usucapião extrajudicial, o transcurso pela via administrativa não afeta a sua célula material (aquisição de direitos reais pela posse), justificando a convocação de caráter público para eventuais "interessados incertos ou desconhecidos". Portanto, o art. 626, § 1º, impacta não apenas os inventários judiciais, mas também os de curso extrajudicial, diante da necessidade de publicação de edital, tal qual ocorre em relação à usucapião administrativa.

No caso do inventário extrajudicial, o comparecimento do interessado não gerará necessariamente a remessa para a via judicial, pois, se a pessoa convocada for capaz, não se deve descartar de plano a manutenção na via administrativa, notadamente se a escritura ainda não tiver sido lavrada. Isso porque nada obsta que o convocado não se oponha aos termos do inventário/partilha que estão em curso ou, de outra banda, que – com sua participação – sejam lançados outros termos, também de forma consensual. No entanto, caso o tabelião perceba que há intenção deliberada de suprir algum interessado no inventário extrajudicial, deverá este negar-se a lavrar a escritura (art. 32 da Resolução n. 35/2007 do CNJ).

8.5 Publicação do edital e questões formais (prazo e forma de publicidade)

Analisando o art. 626, § 1º, com olhos nas bases formais do edital, extrai-se silêncio sepulcral, não tendo o artigo de lei tratado do tema. Necessário o diálogo com os dispositivos do CPC que tratam da convocação editalícia, a fim de preencher o espaço deixado pelo legislador, destacando-se, no sentido, o disposto no art. 257. Assim sendo, o edital deverá ser publicado na rede mundial de computadores, no sítio do respectivo tribunal e na plataforma de editais do Conselho Nacional de Justiça, procedendo-se à certificação nos autos (art. 257, II). O juízo sucessório poderá aumentar a potência da divulgação do edital (art. 257 e do § 2º do art. 256), a partir da realidade da comarca, determinado a publicação em jornal local de ampla circulação ou por outros meios (tal como veiculação por rádio, se na comarca houver emissora de radiodifusão que atinja a população).[1000]

1000 No particular, poderá ser importada a técnica do art. 554, § 3º, que permite trazer mecanismos de divulgação para as "ações possessórias coletivas" ("anúncios

Em relação ao prazo vinculado no edital, prevê o inciso III do art. 257 que este pode variar de 20 a 60 dias, conforme determinação judicial,[1001] sendo que a sua fluência se iniciará da data da publicação única ou, havendo mais de uma, da primeira. Saliente-se que o prazo previsto no art. 257, III, não se confunde com aquele vinculado para a própria manifestação do interessado (ou seja, os 15 dias previstos no art. 627), conforme se extrai do art. 231, IV.[1002] Resumidamente, em se tratando de citação por edital, a legislação exige que o juiz assinale determinado prazo vinculado para a própria convocação, a fim de que se opere a citação (art. 257, III). Somente depois de vencido o *prazo do edital* (isto é, aquele tratado no art. 257, III) é que começará a contagem do prazo de resposta, que no inventário sucessório será para a manifestação prevista no art. 627 (15 dias). Portanto, assim sendo, mesmo que o juiz fixe o *prazo do edital* no período temporal mínimo (20 dias), o *prazo para manifestação* (art. 627, de 15 dias) se iniciará no primeiro dia útil depois de superado o *prazo do edital* (art. 231, IV).

Ainda sobre o prazo, não há no art. 626, § 1º, qualquer sinalização acerca da dupla publicação, presumindo-se, assim, que a convocação será feita uma única vez. De toda sorte, a conjugação do inciso III do art. 257 com o inciso II do mesmo artigo de lei cria pequeno ponto nervoso, na medida em que o edital terá que ser veiculado em mais de uma plataforma eletrônica (*"na rede mundial de computadores, no sítio do respectivo tribunal e na plataforma de editais do Conselho Nacional de Justiça"*), situação que oportuniza datas diferentes de disponibilização pública. Em tais casos, a melhor solução é considerar o prazo fluindo da data da última veiculação, pois, embora o edital seja uno, o fracionamento na sua publicidade não pode prejudicar ou causar armadilhas contra aquele que se deseja convocar para os autos.

9. Citação para provocar a autocomposição: art. 626 × art. 319, VII, do CPC

O CPC atual prevê para o procedimento padrão uma etapa específica voltada à autocomposição, fase esta que foi postada geograficamente bem no limiar do processo. Em síntese, a parte citada, antes mesmo de apresentar

---

em jornal ou rádio locais, da publicação de cartazes na região do conflito e de outros meios").

1001 Diferente do art. 626, § 1º, em vigor, o revogado art. 999, § 1º, não era omisso no sentido, pois previa a citação por edital com prazo de 20 (vinte) a 60 (sessenta) dias. Pelo texto do art. 257, III, mantém-se aquilo que estava plasmado no art. 999, § 1º do CPC de 1973, devendo o juízo sucessório fixar, dentro do trecho de 20 (vinte) a 60 (sessenta) dias, o prazo que entender adequado.

1002 No ponto: Daniel Amorim Assumpção Neves, *Novo Código de Processo Civil comentado*, p. 434.

qualquer manifestação por escrito, deverá comparecer à audiência de conciliação ou sessão de mediação, de modo que a tentativa de autocomposição se efetua à sua integração na relação processual. Para tanto, na petição inicial, deverá o autor indicar a opção pela realização de audiência de conciliação ou sessão de mediação (art. 319, VII), a fim de que o réu seja citado para comparecer ao ato escolhido (arts. 334, *caput*), não se realizando este apenas em casos excepcionais (fixados na própria codificação processual). A técnica em voga foi potencializada para o âmbito dos conflitos familiares açambarcados pelas chamadas "ações de família" (art. 695). Natural seria, portanto, que no inventário sucessório – até mesmo em razão da vulgar presença de atores com relação familiar – fosse incluída também uma fase que propiciasse a autocomposição, postura esta não adotada pelo CPC, contrariando não somente a bússola dos arts. 334 e 695, mas especialmente criando desalinho com o art. 3º, §§ 2º e 3º, dispositivos últimos tratados como *normas fundamentais* e que fazem parte da estrutura de *justiça multiportas* da atual codificação processual civil.[1003]

Conforme comentários já efetuados ao longo do art. 627, a autocomposição não poderá ser afastada do inventário sucessório, mas esta deve ser postada em posição topográfica diversa da que se extrai dos arts. 334 e 695. A convocação para autocomposição logo em sequência à apresentação das primeiras declarações, ou seja, antes das manifestações dos interessados, provavelmente será infrutífera. Isso porque poderão faltar informações básicas acerca da sucessão (por exemplo, quais os herdeiros que aceitaram ou renunciaram a herança ou qual a extensão patrimonial do acervo deixado pelo falecido). Note-se, de outra banda, que é bastante comum que os conflitos do inventário sejam fragmentados (situação decorrente do policentrismo inerente ao inventário), criando variados pontos de litígio, cujos embates envolvem apenas determinadas partes. Ademais, não é invulgar que na fase inicial do inventário sucessório as partes ainda estejam psicologicamente abaladas pelo luto, não sendo raro ainda que mágoas do passado entre herdeiros de vínculo familiar sejam expostas ou ressurjam com a abertura da sucessão.[1004] Diante de tantos motivos, salvo situações de baixa controvérsia em que a identifi-

1003 No tema: Rodrigo Mazzei e Barbara Secatto Chagas, Métodos ou tratamentos adequados de conflitos. In: *Inovações e modificações do Código de Processo Civil*: avanços, desafios e perspectivas, v. 1, p. 113-128.

1004 Em sentido bem próximo: Michelle Ivair Cavalcanti de Oliveira (*Ações de família no CPC/2015:* definição e técnicas, p. 125-126). O tema foi alvo de pesquisa de campo efetuado por Anne Lacerda de Brito nas varas de órfãos e sucessões da Comarca da Capital, aferindo-se que a questão emocional das partes foi considerada como entrave para a resolução do inventário por 40% dos entrevistados (*Repensando o inventário judicial*: do quadro legal à realidade, p. 119).

cação dos pontos de choque entre os interessados se opera antes mesmo (ou logo depois) da instauração do inventário sucessório, é pouco provável que uma fase de autocomposição antecedente à manifestação das partes tenha resultado exitoso.

Sem dúvida, o momento topográfico que se coloca como mais adequado para a inserção para a etapa de autocomposição se infere depois de recolhidas todas as manifestações das partes acerca das primeiras declarações, pois o contraditório cooperativo permitirá depurar as áreas de consenso em relação às conflituosas. Com tal visão, analisando os pontos de controvérsia, será possível a condução de mais de um procedimento de autocomposição, pois este deve estar atrelado às áreas efetivamente litigiosas, que poderão indicar policentrismo e trarão personagens diversos para a mesa da autocomposição [por exemplo, celeuma acerca da colação que envolve apenas os herdeiros necessários (art. 639 do CPC) e o embate acerca do preenchimento dos quinhões (art. 2.014, do CC), debate com a presença apenas de herdeiros testamentários].[1005]

Duas conclusões podem ser tiradas da breve síntese. Por certo, a omissão legislativa não impede que seja inserida etapa de autocomposição no inventário sucessório, providência esta que, em verdade, se impõe a teor do art. 3º, §§ 2º e 3º. De toda sorte, é incauto imaginar que bastará marcar uma audiência de conciliação (ou sessão de mediação) logo depois de apresentadas as primeiras declarações pelo inventariante. Trata-se de forçada interpretação que tenta reunir os arts. 319, VII, com os arts. 615, 620 e 626, situação que se torna inviável diante das particularidades do inventário sucessório (procedimentais e que envolvem as relações interpessoais dos interessados e os impactos do óbito). Dessa forma, a etapa de autocomposição no inventário sucessório não é instada pela citação dos interessados, tal como ocorre ordinariamente nos demais processos judiciais (art. 319, VII). Tal fase possui movimento ambulatório, sendo certo que seu posicionamento mais eficiente se dará após a identificação das controvérsias e de seus atores.[1006]

1005 Mesmo em relação às questões controvertidas e não resolvidas com a autocomposição, a partir da transparência das postulações e identificação das áreas em litígio, as partes poderão chegar ao consenso de como lidar com tais questões, definindo-se os temas, por exemplo, que poderão ser objeto de sobrepartilha (art. 2.021 do CC) e/ou de envio para as vias ordinárias em razão da necessidade de produção de provas (art. 612 do CPC). A possibilidade de organização e saneamento conjunto (art. 357, § 3º, do CPC), como técnica processual cooperativa, é uma ferramenta para a condução do inventário *causa mortis* que o juízo sucessório não pode desprezar. No tema, vide os comentários ao art. 627.

1006 Vide os comentários ao art. 627 desta obra.

10. Intimação da Fazenda

A Fazenda (Estadual ou Distrital) deverá ser intimada acerca das primeiras declarações, uma vez que há interesse no recolhimento do ITCMD decorrente da transmissão *causa mortis*. Ademais, há outras operações que poderão ocorrer no curso do inventário que também estão no seu âmbito fiscal, destacando-se, no sentido, a renúncia translativa gratuita e a partilha diferenciada na distribuição de quinhões, pois tais negócios jurídicos são tratados como doação (Súmula 116 do STF). Somente há deslocamento fiscal para a Fazenda Municipal se ficar evidenciado que há negócio jurídico oneroso (como ocorre no caso de reposição em dinheiro), já que tal operação se submete à incidência do imposto ITBI.[1007-1008]

Até mesmo diante dos seus interesses, a Fazenda – em resposta à intimação – deve apresentar, desde logo, manifestação acerca das estimações efetuadas pelo inventariante acerca dos bens arrolados nas primeiras declarações, fazendo-o em forma de avaliação própria, fato que permitirá, inclusive, a aplicação do art. 634. Mais ainda, cabe à Fazenda trazer todas as informações que possui acerca das titularidades e das dívidas fiscais do falecido. Não há sentido em aplicar o art. 629 de forma desapegada à intimação determinada no art. 626, pois posterga – sem justificativa – a manifestação da Fazenda acerca da existência de bens e dívidas que não estejam presentes nas primeiras declarações ou que, de outro modo, estejam arrolados de forma equivocada.[1009]

Em relação à própria disciplina da intimação, extrai-se do art. 269, § 3º, do CPC que a intimação da Fazenda Estadual será realizada perante o órgão

---

1007 Basicamente, o ITBI (art. 156, II, da CF) é o imposto de competência municipal que incide sobre a transmissão onerosa de bens imóveis, por ato inter vivos, ou de direitos reais a eles relativos (ressalvados os direitos de garantia). O ITCMD (art. 155, I, da CF), por sua vez, é o imposto de competência estadual incidente sobre a transmissão *causa mortis* ou doação de quaisquer bens e direitos, daí a sua vocação no inventário sucessório e a obrigatória participação da Fazenda Estadual. O importante é analisar se o negócio plasmado no bojo do inventário sucessório teve alguma forma de compensação (por exemplo, entrega de bem que não está incluso na sucessão), pois assim se encaixará como ato oneroso e, como tal, haverá incidência de ITBI. Assim, de modo diverso, caso o quinhão (ou parte dele) seja transferido por ato de liberalidade, haverá doação, com incidência então do ITCMD. No sentido, Euclides de Oliveira e Sebastião Amorim, *Inventário e partilha: teoria e prática*. 25 ed., p. 338-339. Confira-se (aplicando a casuística): STJ, 2ª Turma, REsp 723.587/RJ, j. 20/06/2006, *DJ* 29/06/2006

1008 Sem prejuízo, a Fazenda Municipal e Federal poderão ser convocadas para trazer informações que constem com seus cadastros imobiliários. Vide os comentários ao art. 629 desta obra.

1009 O tema foi destrinchado nos comentários ao art. 629, reportando-se aqui ao que lá foi exposto.

de Advocacia Pública responsável por sua representação judicial. Some-se ainda que em relação à Advocacia Pública aplica-se (por força do art. 270, parágrafo único) o disposto no art. 246, § 1º, do mesmo diploma, concluindo-se, assim, que as convocações serão preferencialmente eletrônicas. Não há nos dispositivos citados qualquer indicativo de necessidade de intimação diferenciada e, muito pelo contrário, até a citação deve seguir tal forma de convocação (vide, art. 246, *caput*). Dessa forma, salvo situação pontual que não permita a convocação eletrônica, a intimação prevista no art. 626 e outras que serão providenciadas no curso do inventário *causa mortis* deverão ser ultimadas preferencialmente pela via eletrônica.[1010]

11. Convocação do Ministério Público

O art. 626, ao fazer alusão à intimação do Ministério Público "se houver herdeiro incapaz ou ausente" comete deslize semelhante ao que consta no art. 616, VII, ao limitar a intervenção ao "herdeiro". A correta exegese do art. 626, combinada com o disposto no art. 178, II, não permite tal interpretação limitada, de modo que a intervenção do Ministério Público será necessária ante a presença de interessado incapaz, mesmo que este não se posicione como "herdeiro" (por exemplo, "legatário" ou "cônjuge/companheiro sobrevivente"). Demais disso, a plataforma do art. 626 se comunica com a prevista no art. 650, sendo necessária a convocação do Ministério Público quando um dos interessados for nascituro, hipótese em que os quinhões ficarão reservados em poder do inventariante.

Novamente merece salientar que o regime de capacidade foi bastante alterado pela Lei n. 13.146/2015 (Estatuto da Pessoa com Deficiência – EPD), com alterações profundas no âmbito da matéria no seio do CC. O CPC em vigor tinha como mira o sistema de capacidades até então basicamente ditado pelo CC, que deixou de ser o epicentro da regulação do assunto. Logo, a convocação do Ministério Público para a intervenção no inventário sucessório reclama a análise conjugada das previsões contidas no CC e no EPD.

O juízo sucessório deve se valer da certidão de óbito para verificar não apenas se todos os interessados estão sendo arrolados nas primeiras declarações, mas também para efetuar o controle acerca da necessidade de intervenção do Ministério Público (art. 80 da Lei n. 6.015/73), pois, em tal documento, deverá estar listada a presença de herdeiros incapazes.[1011]

1010 Sobre o tema, vide os comentários ao art. 633 desta obra.

1011 No assento de óbito (espelhada em certidão respectiva) estarão estampadas informações relevantes para se aferir a necessidade de atuação do Ministério Público, pois, dentre as informações obrigatórias, deverá constar se deixou bens e herdeiros menores ou interditos [art. 80, 10º)]. Note-se, com tal pormenor, que, se for pos-

O art. 626 faz menção à intervenção não só do herdeiro (= *interessado*) incapaz, mas também do *ausente*. Perceba-se, no entanto, que para o *"ausente"* o texto do art. 178 da codificação em vigor não traz a intervenção obrigatória do Ministério Público, bastando observar os incisos do citado dispositivo. A impressão que fica é de que a redação do art. 626 do código atual ainda está vinculada ao que estava disposto no art. 82, II, do CPC de 1973, que arrolava tal intervenção ministerial no bojo das atribuições do sujeito processual em evidência.[1012]

O art. 178, *caput*, do CPC, prevê genericamente o prazo de 30 dias para as manifestações do Ministério Público, presumindo-se, assim, que tal regra seja projetada também para a ambiência do inventário sucessório. Ocorre que o art. 627 da codificação processual dispõe que, concluídas as citações, as manifestações serão feitas no prazo comum de 15 dias. O legislador poderia ter sido mais claro, inserindo o prazo de manifestação do Ministério Público no art. 626 (ou no art. 627), até porque, diante da natureza especial do inventário sucessório (e a bússola temporal prevista na parte final do art. 611 da codificação processual), não haveria qualquer tipo de ilegalidade na fixação de prazo diverso da previsão do art. 178. De toda sorte, na falta de boa interação entre os arts. 626, 627 e 178, parece prevalecer a concepção de que o Ministério Público terá assegurado o prazo de 30 dias para sua manifestação, iniciando-se a contagem após vencido o prazo das partes e de outros atores funcionais (como é o caso do testamenteiro), aplicando-se a conjugação dos arts. 178 e 179, I.

12. Intimação do testamenteiro

O art. 626 faz alusão expressa à obrigatória intimação do testamenteiro, em caso de presença de testamento deixado pelo falecido. Ocorre que o tes-

---

tulada a citação de determinado herdeiro que está apontado como "interdito", sem que nenhuma informação seja vinculada no sentido, deverá o juízo sucessório censurar a convocação desapegada de intervenção do Ministério Público. A ilustração posta demonstra que a análise do conteúdo da certidão de óbito poderá apontar a necessidade da participação ministerial, sendo certo que, no caso de dúvida justificável do juízo sucessório quanto à intervenção, a melhor opção será a convocação do Ministério Público, a fim de que, de forma expressa, seja colhida manifestação que permita a deliberação a respeito. No ponto, confira-se: Marcos Stefani, *Breves comentários ao novo Código de Processo Civil*, p. 618. Sobre o assento de óbito, vide os comentários ao art. 615 desta obra.

1012 Há julgado no STJ que aponta que a preservação dos bens do ausente deve ser vista como de "interesse social" (3ª Turma, REsp, 1.016.023/DF, j. 27/05/2008, *DJ* 20/06/2008). Assim, caso prevaleça tal entendimento, a questão (*intervenção do Ministério Público em prol dos interesses patrimoniais do ausente*) restou abarcada pela badeja geral do inciso I do art. 178 do CPC, que faz menção a intervenção ministerial nos casos de "interesse público ou social".

tamento poderá apenas contemplar disposições envolvendo questões existenciais, sem conter temas patrimoniais (art. 1.857, § 2º, do CC).[1013] Em tal situação, embora possa se imaginar reflexos patrimoniais, o ambiente do cumprimento do testamento não será o do inventário *causa mortis*. Dessa forma, a convocação do testamenteiro para atuar no inventário envolve questões de cunho patrimonial e que deverão ser resolvidas no curso do processo sucessório e/ou da partilha, como – por exemplo – o cumprimento do legado ou obediência à partilha desenhada pelo autor da herança na qualidade de testador (art. 2.014 do CC). A premissa é importante, pois, ao ser intimado das primeiras declarações, caberá ao testamenteiro não só se manifestar sobre aquelas, mas também explicitar a sua missão, pois tal medida permite dimensionar suas atribuições e o seu nível de participação no inventário sucessório.[1014]

No caso de designação de mais de um testamenteiro (art. 1.976 do CC), a intimação deve recair sobre todos, exceto se estipulado de forma diversa em disposição testamentária. Na identificação da figura do testamenteiro há de ser feita análise fluida, não se fechando seu conceito apenas na(s) pessoa(s) que atuará(ão) para o cumprimento global do testamento. Deve-se admitir, às claras, a nomeação de pessoas que possam dar apoio ao cumprimento do testamento e ao inventário sucessório na sua parte patrimonial.[1015] Em tais casos, é importante que o testamenteiro propriamente dito (como figura central do cumprimento do testamento) comunique ao inventariante e ao juízo sucessório acerca das nomeações efetuadas nas disposições testamentárias, a fim de que, nos momentos oportunos, os designados sejam convocados para atuar no inventário.

Finalmente, embora o testamenteiro não seja "parte" no inventário, o prazo de 15 dias do art. 627 deve ser aplicado à sua manifestação. No entanto,

---

1013 Em ilustração, o autor do testamento tão somente reconhece a filiação afetiva em relação a determinada pessoa (art. 1.609, III, do CC) e/ou crava – de forma expressa – o perdão em relação a atitude de herdeiro que poderia ser utilizado como fundamento para ação de exclusão da sucessão (art. 1.818, do CC), sem nada deliberar acerca dos seus bens.

1014 Por exemplo, em caso de controvérsia entre os herdeiros necessários acerca de dispensa de colação, sem que nada a respeito tenha sido lançado no testamento, não poderá o testamenteiro intervir em tal pendenga, pois a controvérsia foge dos eixos a que ele está vinculado (art. 1.980 do CC), que é o cumprimento das disposições testamentárias.

1015 Em ilustração, observando tarefas vinculadas ao testamento, é admissível que o testador designe avaliador técnico de sua confiança para estimar os bens da herança, cuja partilha segue encaixe de quinhões previamente efetuados por ele próprio (art. 2.014 do CC). Em outro exemplo, o testador pode indicar profissional que irá funcionar como fiscal dos atos do inventariante, pessoa esta diversa da eleita como testamenteiro e escolhida justificadamente pelos seus reconhecidos dotes técnicos e com imparcialidade entre os atores da sucessão.

consoante já adiantado, sua fala possui contornos especialíssimos, pois, além da possibilidade de dialogar com as primeiras declarações, trazendo contrapontos para o devido ajuste, caberá ao testamenteiro apresentar plano de trabalho que resuma as incumbências que lhe foram destinadas.

13. Convocação (intimação) de outros atores

O art. 626 possui espaço para a alocação de outros personagens, diante da necessidade de convocação destes para acompanhar determinados atos do inventário sucessório. No sentido, em exemplo tirado do próprio CPC em vigor, o art. 671 prevê a nomeação de curador especial para laborar no processo sucessório. Caso a designação do curador especial tenha sido anterior à apresentação das primeiras declarações, impõe-se a sua intimação com espeque no art. 626.[1016] Em outra exemplificação, a intimação será necessária também em caso de *protutor sucessório* (na qualidade de fiscal do inventariante).[1017]

14. Contrafé (*entrega física* ou *disponibilização digital* das primeiras declarações)

Quando se faz a leitura dos §§ 2º-4º do art. 626, evidencia-se a dimensão do inventário *causa mortis* como *processo físico*, já que as regras em foco trabalham com a ideia de extração de cópias (quantas forem necessárias) para acompanhar o mandado citatório e as intimações determinadas pelo *caput* do dispositivo comentado. Dessa forma, fazendo a interpretação mais ampla do texto legal, o que se depreende é que a legislação prevê que as partes e atores funcionais/institucionais deverão ter acesso total à peça apresentada pelo inventariante sob o título de "primeiras declarações" (arts. 620), situação que fica mais facilitada ainda quando os autos são *digitais* (= *processo eletrônico*).

É digna de nota a preocupação fixada na parte final do § 4º do art. 626 em relação à parte que compareceu espontaneamente nos autos (art. 239, § 1º),

1016 A nomeação de curador em momento posterior à confecção e juntada das primeiras declarações nos autos, ou seja, já em fase mais avançada do inventário, não impede que sobre o esboço inicial sejam apresentadas considerações pela pessoa designada para a função, não sendo possível se sustentar preclusão contra pessoa que estava desamparada de curador especial.

1017 Note-se que a figura invulgar possui espaço fértil para atuação na sucessão, notadamente nos casos em que há forte disputa ou debate acerca da designação do inventariante. Isso porque a eleição de *produtor* para fiscalizar os atos do inventariante é uma solução alternativa, de custo mais baixo, à nomeação de inventariante dativo. Dessa forma, todo o labor do inventariante passará pela auditoria do *protutor*, incluindo-se, em tal rol, as primeiras declarações. Vide os comentários ao art. 617 desta obra.

uma vez que a conduta não a furta de receber cópia das primeiras declarações (= *ter acesso completo*), sendo a *entrega* feita na pessoa de seu advogado. É oportuno, portanto, que nos autos do inventário sucessório seja confeccionada certidão pelo escrivão do juízo sucessório não só acerca das citações e das intimações fixadas no *caput* do art. 626, mas também da *entrega física* ou *disponibilização digital* das primeiras declarações.

Art. 627. Concluídas as citações, abrir-se-á vista às partes, em cartório e pelo prazo comum de 15 (quinze) dias, para que se manifestem sobre as primeiras declarações, incumbindo às partes:

I – arguir erros, omissões e sonegação de bens;

II – reclamar contra a nomeação do inventariante;

III – contestar a qualidade de quem foi incluído no título de herdeiro.

§ 1º Julgando procedente a impugnação referida no inciso I, o juiz mandará retificar as primeiras declarações.

§ 2º Se acolher o pedido de que trata o inciso II, o juiz nomeará outro inventariante, observada a preferência legal.

§ 3º Verificando que a disputa sobre a qualidade de herdeiro a que alude o inciso III demanda produção de provas que não a documental, o juiz remeterá a parte às vias ordinárias e sobrestará, até o julgamento da ação, a entrega do quinhão que na partilha couber ao herdeiro admitido.

CPC de 1973 – art. 1.000

1. Noções fundamentais: o art. 627 como base de contraditório e eixo da *etapa limiar*

O inventário, depois de instaurado, possui como foco a eleição do inventariante, uma vez que somente depois de tal definição que serão, de fato, praticados atos processuais destinados ao desfecho do condomínio hereditário, apresentando-se as primeiras declarações, com o respectivo contraditório (arts. 626-627). Correto, portanto, posicionar as primeiras declarações como o ato processual que abre a importante *etapa limiar* do inventário sucessório, cujo objetivo básico é a definição dos pilares da sucessão, em que se destacam: (a) a identificação das partes (com suas posições jurídicas); (b) arrecadação e avaliação do patrimônio alcançado pelo inventário *causa mortis*; (c) fixação dos pontos de consenso; (d) delimitação e resolução de controvérsias internamente; (e) aplicação da técnica de remessa (em razão da existência de controvérsias que não poderão ser resolvidas no bojo do inventário sucessório pela necessidade de produção de provas outras que não a documentada). Com olhos na *etapa limiar*, o art. 627 é uma plataforma amplíssima em que as partes poderão apresentar manifestações sobre o conteúdo das primeiras declarações, formando-se contraditório qualificado que dará estabilidade ao curso do inventário.

Sem rebuços, a estrutura procedimental do inventário *causa mortis* judicial, observado seu *rito comum*,[1018] está escorada nas primeiras declarações do inventariante (art. 620). Ocorre que tal peça não pode ser analisada de forma isolada, notadamente em razão da opção *cooperativa* que foi adotada pelo CPC em vigor (art. 6º), fazendo com que as manifestações das partes (art. 627) sejam fundamentais para a definição, a estabilização e a sedimentação dos assuntos acobertados pelas primeiras declarações. Note-se, com tal viés, que a convocação das partes para o inventário *causa mortis* não traz a presunção de que será apresentada resistência ao curso do processo sucessório, pois, em verdade, a citação visa à integração destas à relação processual (art. 626 c/ art. 238, *parte final*), permitindo, para tanto, manifestações sobre as primeiras declarações. Ainda que das bandejas do art. 627 se extraia a possibilidade de apresentação de *arguição* de erros e omissões (inciso I), *reclamação* contra a nomeação do inventariante (inciso II) e *contestação* acerca de parte que foi inclusa na sucessão (inciso III), certo é que o objetivo das manifestações das partes é o *aperfeiçoamento* do esboço inicial, admitindo-se, inclusive, a troca do responsável pela sua confecção.[1019]

O art. 627 é peça-chave da etapa limiar, uma vez que a manifestação das partes deve ser vista como ato de *cooperação*, que busca (em sentido amplo) a complementação e correção acerca das informações e opções plasmadas nas primeiras declarações, tanto no *plano objetivo* (por exemplo, arrecadação patrimonial, avaliação de bens e verificação de dívidas – art. 627, I), como no *plano subjetivo* (em ilustração, definição das partes legitimadas à sucessão e alocação dos interessados no inventário – art. 627, III). O resultado das manifestações (como fruto de contraditório refinado e cooperativo) permitirá identificar as áreas não controversas e aquelas em que há algum tipo de litígio, ainda que parcial, envolvendo apenas alguns dos atores da sucessão. A natureza *policêntrica* do inventário *causa mortis* reclama que seja feito desenho claro que indique os pontos já estáveis pelo consenso, depurando-os dos eventuais feixes controvertidos.

A insegura redação do art. 627 não desenha de forma completa como se processará o contraditório depois das manifestações das partes. Com efeito, em texto marcado por omissões reprováveis, há no artigo comentado apenas a previsão de manifestação das partes acerca das primeiras declarações, nada acenando em relação ao contraditório subsequente às dicções apresentadas

1018 Sobre o tema (modalidades procedimentais de inventário sucessório), vide os comentários ao art. 659 desta obra.

1019 Próximo: Nelson Nery Junior e Rosa Maria de Andrade Nery, *Comentários ao Código de Processo Civil*, p. 1.455.

pelos interessados citados. No sentido, embora possa se presumir, do texto do art. 627, que o inventariante será chamado para se pronunciar sobre as provocações trazidas pelas partes, não há no dispositivo em comento previsão assim determinando. Para piorar, nada se cogita acerca da formação de contraditório que convoque os interessados para tomar conhecimento das manifestações feitas por outros atores, dando a falsa impressão de que apenas o inventariante que ciência e poderá reagir às proposições efetuadas. Em arremate, há descompasso dos prazos de citação vinculados às intimações dos atores funcionais/institucionais, pois o art. 627 foi moldado apenas para aplicação às partes e não especificou qual o prazo que deve ser respeitado pelos intimados, situação grave diante da heterogenia das suas falas (por exemplo, com olhos no CPC, ao Ministério Público se aplica o art. 179, I, em relação à Fazenda, há a peculiaridade do art. 629 e com olhos no testamenteiro não há precisão legal alguma).

Diante das observações traçadas, é necessário que se imponha condução processual – capaz de aplicar o art. 627 – sem *démarches* e seguindo lógica procedimental progressiva. Dessa forma, a calendarização dos atos processuais é uma técnica de organização fundamental para a etapa, pois projetará a sequência das manifestações, minimizando os riscos de retrocessos e de paralisações indesejáveis (muitas vezes motivadas por atos burocráticos de comunicações).[1020]

Em decorrência das manifestações das partes, é perfeitamente admissível que incidentes múltiplos sejam instaurados, tendo cada qual certo grau de autonomia. O resultado do contraditório demonstrará se há zonas de conflitos, e, em caso positivo, da sua análise, se extrairá a identificação das partes que participarão de cada incidente e os atores funcionais que devem ser convocados.[1021] Os eventuais conflitos deverão ser destacados, encaixando cada qual em trilho próprio, efetuando-se o *saneamento* e *organização global* do processo (= *inventário sucessório*), isto é, sem adentrar especificamente (e de forma vertical) nos eixos específicos de cada controvérsia, postura que só ocorrerá sequencialmente. Antes de tudo, há de ser feito *saneamento* e *organização* em perspectiva macro, que identificará e definirá: (a) depuração das áreas sem conflitos que podem ser resolvidas desde logo; (b) *saneamento* das primeiras declarações em tudo aquilo que houver consenso acerca das omissões e reti-

1020 A "calendarização" se impõe em decorrência da parte final do art. 611 (que adota a dimensão do inventário sucessório como *processo sumário*, no *âmbito temporal*) e em respeito ao farol da eficiência aplicada ao direito processual (art. 8º). Sobre calendarização, vide os comentários aos arts. 635 e 611.

1021 Ilustrando, caso a controvérsia não envolva o cumprimento de disposição testamentária, não se justificará a intimação do testamenteiro, assim como sem presença de incapaz a intervenção ministerial deverá ser dispensada.

ficações necessárias; (c) delimitação das zonas de controvérsia e dos protagonistas respectivos.[1022]

Definindo-se as zonas de controvérsia que reclamam decisão do juízo sucessório, caberá a formação estancada de incidente, convocando-se as partes e os atores funcionais que estão vinculados ao conflito. No caso de mais de um conflito, deverá ser analisada a autonomia de cada um dos litígios, pois, havendo independência dos debates, haverá a instauração de quantos incidentes forem necessários, a fim de que cada um tenha seu núcleo próprio. Assim, diante da possibilidade de multiplicidade de conflitos, cada qual terá organização processual particular (e, provavelmente, estancada), definindo-se, em cada incidente, por exemplo, as provas que serão produzidas e o seu respectivo ônus. O art. 627, portanto, está na espinha dorsal de fase fundamental do inventário sucessório (*etapa limiar*), uma vez que, somente depois das manifestações das partes (levadas a contraditório refinado), será possível, em aspecto macro, sanear as primeiras declarações e organizar os rumos do inventário sucessório.

A correta compreensão da *etapa limiar* demonstra a necessidade de censura à interpretação (engessada) de que o não atendimento ao art. 627 – deixando a parte de se manifestar sobre os temas trazidos nas primeiras declarações e/ou postos em debate por outra parte – não provoca qualquer tipo de preclusão ou de sedimentação sobre o tema, admitindo-se, por isso, a apresentação de impugnações a qualquer tempo (desde que efetuadas até o julgamento/homologação da partilha), com permissão, de outra banda, que seja promovida a retratação acerca de ponto já manifestado anteriormente.[1023] Não há, sem dúvida, efeitos semelhantes aos da "revelia", pois a manifestação do art. 627 não se encarta como "defesa". Tal fato não significa dizer, contudo, que assuntos tratados nas primeiras declarações e que foram objeto de contraditório

---

1022 Nas áreas de conflito identificadas, poderão as partes apresentar vontades convergentes acerca da exclusão de determinados debates do bojo do inventário, seja por encaixe em temas que permitem a sobrepartilha (arts. 2.021 do CC e 669, III e IV, do CPC), seja pela necessidade/conveniência de produção probatória externa (art. 612). Conforme traçados nos comentários ao art. 612, a remessa externa envolve dimensão ampla do conceito de "vias ordinárias", admitindo, por exemplo, o envio externo para tentativa de autocomposição ou para resolução do conflito pela arbitragem (observados os requisitos legais).

1023 No sentido, colhe-se do TJSP: "Assiste às partes o direito de se opor ao plano de partilha, bem como de se retratar, enquanto não houver a homologação pelo juízo do inventário" (1ª Câmara de Direito Privado, AI 2178448-68.2017.8.26.0000, j. 29/01/2018, *DJ* 29/01/2018). Defendendo a *inexistência de preclusão pela falta de manifestação no prazo do art. 627*: TJSP, 6ª Câmara de Direito Privado, AI 2012098-51.2021.8.26.0000, j. 08/04/2021, *DJ* 08/04/2021; TJSP, 3ª Câmara de Direito Privado, AI 2101567-79.2019.8.26.0000, j. 06/08/2019, *DJ* 06/08/2019.

pleno não se sedimentam no inventário, sendo permitida a sua discussão livre até o seu desfecho ("presumível partilha"). O referido raciocínio, além de contrário à boa-fé processual (art. 5º do CPC), conspira em desfavor à dimensão de processo eficiente e de lógica dinâmica progressiva (que podem ser extraídas do art. 8º) e da própria concepção de duração razoável do processo (arts. 4º e 6º), que é ínsita ao inventário (parte final do art. 611). Desse modo, salvo situações especialíssimas (por exemplo, questões que envolvam interesse de incapaz ou demonstração de que a parte, no momento da manifestação do art. 627, não estava em condições de efetuar o debate), os assuntos que forem levados a contraditório deverão se sedimentar, a fim de que se instale ambiência de segurança no bojo do inventário, visando o seu desfecho. No particular, vale lembrar que o art. 1.807 do CC contempla técnica que estabiliza a aceitação da herança, a partir de intimação específica ao herdeiro, a fim de que este se pronuncie. Com inspiração na referida técnica, trazendo-a para o campo dos arts. 5º e 6º do CPC, o juízo sucessório poderá *prevenir* as partes acerca da possibilidade da *sedimentação dos assuntos em debate*, a fim de evitar *surpresas* no sentido e, ao mesmo tempo, imprimir segurança na dinâmica dos debates internos do inventário sucessório.[1024]

Ademais (e reforçando o acima dito), não se pode esquecer de que as decisões proferidas pelo juízo sucessório no curso do inventário *causa mortis* e que resolvam os litígios entre as partes estão submetidas à estabilidade, uma vez que alcançadas pela coisa julgada material.[1025] No particular, a manifestação fixada no art. 627 é, sem dúvida, o maior vetor para a formação de incidentes, envolvendo *conflitos de mérito*, com ampla variação diante da natureza policêntrica do inventário sucessório. Assim, as delimitações dos pontos de conflito devem ser efetuadas pelo juízo sucessório, valendo-se da aplicação concreta do *dever de prevenção* e proferindo-se decisões, sempre que necessário, resolvendo os eventuais conflitos e/ou definindo (claramente) os pontos que restaram superados, a fim de evitar contramarchas que conspirem contra o andamento ascendente e eficiente do inventário sucessório.

2. Manifestações das partes: aspectos gerais e a interação com o art. 620

Diante na natureza cooperativa, é natural que a manifestação inicial acerca das primeiras declarações seja bem completa, devendo cada parte trazer todo

1024 Sobre o *dever de prevenção*, alicerçado no art. 6º do CPC, confira-se os comentários ao art. 612, cuja base teórica está pousada na doutrina de MIGUEL TEIXEIRA DE SOUSA, *Estudos sobre o novo processo civil*, p. 62-67.

1025 No ponto, confira-se: STJ, 3ª Turma, REsp 1.829.945/TO, j. 27/04/2021, *DJ* 04/05/2021. Na doutrina (por todos): LUÍS EULÁLIO DE BUENO VIDIGAL, Decisões definitivas no processo de inventário. In: *Revista da Faculdade de Direito de São Paulo*, v. 39, p. 180-184.

subsídio informativo e documental que seja útil ao seu aperfeiçoamento (seja para completá-la, seja para retificá-la). O pormenor deve ser posto em evidência, pois, embora a regra seja de apresentação de dicção vinculada à posição jurídica que a parte assume na sucessão, não há óbice para que esta traga informações que não lhe sejam diretamente afetas, mas que causem impacto no inventário *causa mortis* e que estão na alçada das primeiras declarações.[1026]

Quando se faz a conjugação do art. 620 com o art. 627 fica evidente que há desordem na alocação dos incisos do dispositivo comentado. Isso porque, enquanto os temas das badejas I e III possuem grau de identificação (temas que devem ser plasmados no bojo das primeiras declarações),[1027] o assunto tratado no inciso II (reclamação contra a nomeação do inventariante) não é afeto ao "conteúdo" das primeiras declarações, pois sua mira está em ato pretérito do juízo sucessório (decisão judicial de designação do inventariante). Tanto assim que o objetivo da manifestação escorada do inciso II do art. 627 não é a correção do texto das primeiras declarações, mas sim a retratação pelo juízo sucessório acerca da designação do inventariante. Pode parecer exagero, mas a incorreta sistematização (em flagrante desordem) do art. 627 acaba por conspirar pela incompreensão da natureza da manifestação que deve ser apresentada pelas partes, já que o tema do inciso II se corporifica como verdadeira *impugnação*. Há quebra da cadência harmoniosa entre os incisos I e III (que, por essência, são manifestações de *saneamento* das primeiras declarações), por meio da inserção de hipótese no inciso II que, repita-se, possui perfil de *impugnação*, diante dos contornos que são inerentes à postulação de permuta na inventariança.

Dando cronologia lógica ao dispositivo em comento, como a designação do inventariante é ato prévio à própria elaboração das primeiras declarações, a análise do assunto do inciso II do art. 627 (reclamação acerca da nomeação) é logicamente anterior ao exame dos temas dos incisos I e III. Ainda em correção na dinâmica, a partir do bom diálogo do art. 627 com o art. 620, per-

1026 Por exemplo, nada obsta que o cônjuge/companheiro anuncie a existência de testamento particular, trazendo cópia aos autos, pouco importando que sua posição jurídica é apenas de meeiro, não sendo alcançado pela vocação hereditária (art. 1.829, I, do CC), nem por disposição testamentária. Não há – em outra ilustração – qualquer impedimento que o legatário informe a existência de herdeiro necessário que não foi arrolado nas primeiras declarações ou de que a capacidade acerca de determinada parte foi apontada de forma equívoca, tendo ciência, por exemplo, de recente interdição no sentido.

1027 Embora com panos de fundos diferentes, o inciso I do art. 627 traz os dados patrimoniais que devem constar nas primeiras declarações (*plano objetivo*), ao passo que o inciso III trabalha com informações das partes (*plano subjetivo*), assuntos que são os pilares das primeiras declarações. Vide itens adiante.

cebe-se que a bandeja prevista no inciso III (*plano subjetivo*) deve ser analisada antes da gaveta do inciso I (*plano objetivo*). Por certo, a identificação das partes que devem efetivamente participar do inventário, com suas respectivas titulações jurídicas, precede a arrecadação patrimonial (base objetiva do inventário). A conclusão supra é extraída da sequência dos incisos I a IV do art. 620, que servirá de guia para a estrutura da manifestação do art. 627,[1028] diante da desordem dos incisos do artigo aqui em comento.

3. Temas não contidos no art. 627

Ao se efetuar a conexão do art. 627 com o art. 620, extrai-se que há áreas cobertas pelas primeiras declarações que não possuem pouso específico na manifestação prevista no dispositivo alvo dos comentários. No sentido, a leitura do art. 620, I, revela que as primeiras declarações deverão efetuar a completa identificação do falecido, trazendo dados inerentes à própria sucessão (tais como a data e o local do falecimento).[1029] A omissão na badeja legal, contudo, não impede que os referidos assuntos sejam incluídos na manifestação prevista no art. 627, demonstrando-se a sua relevância (por exemplo, retificação do domicílio do autor da herança, tema atrelado à competência do processo judicial).

Apesar de as partes não assumirem papel de "réu" (já que não há desenhos de polos antagônicos prévios antes da citação), é perfeitamente admissível que a manifestação das partes veicule temas sobre a higidez formal do inventário sucessório, com foco em questões de caráter processual. Assim, exemplificando, nada obsta que a parte possa apresentar – em exemplo – exceção de competência, decorrente do não cumprimento do previsto no art. 48 do CPC, ou ainda exceção de suspeição ou de impedimento contra o juiz vinculado ao inventário, visando evitar a condução do processo por pessoa que a lei proíbe, ou no mínimo desaconselha.[1030] Dessa forma, é ne-

---

1028 No sentido, as primeiras declarações, as quais encontram previsão no art. 620 do CPC, se iniciam com a identificação do autor da herança e dados da sucessão (art. 620, I), trazendo informações sobre algumas partes que deverão ser convocadas. Faz-se alusão ao cônjuge/companheiro sobrevivente (art. 620, II) e na sequência em relação aos herdeiros (art. 620, III). Somente depois de exaurido o quadro subjetivo das "partes" – segundo a dicção do art. 620 – é que o patrimônio do falecido passa a ser descrito, consoante se infere do inciso IV do citado artigo de lei. Portanto, o conteúdo do *plano objetivo* das primeiras declarações é apresentado posteriormente às *informações subjetivas*, bastando observar a picada que está desenhada nos incisos do art. 620.

1029 Vide os comentários ao art. 620 desta obra.

1030 Em outra ilustração, poderá a parte alegar a *litispendência*, noticiando na sua manifestação que há outro inventário já em curso. No sentido: Conrado Paulino da Rosa e Marco Antônio Rodrigues, *Inventário e partilha*, p. 346-347. Próximo:

cessário que se faça ponderada comunicação do art. 627 com o art. 337 do CPC,[1031] devendo ser admitido que a manifestação sobre as primeiras declarações contenha fundamentação que aponte defeitos na relação processual instaurada, de modo que o curso do inventário sucessório reclamará a análise prévia das questões arguidas. Sob a ótica do art. 627, a manifestação conterá *fundamentação acidental*, pois a "resposta" das partes foi pensada para a estabilização das primeiras declarações, tanto no âmbito do seu conteúdo quanto na ótica do responsável pela sua confecção (inventariante).

4. Reclamação contra a designação de inventariante: noções gerais

Em busca de procedimento mais hígido para o inventário judicial, defendeu-se, no art. 615, que a citação das partes (art. 626) deverá ser feita antes da designação judicial do inventariante, a fim de que estas se manifestem sobre a(s) pessoa(s) que são aptas a exercer a inventariança. Decidida tal questão, o assunto restaria sedimentado, cabendo ao inventariante designado confeccionar e apresentar as primeiras declarações, intimando-se as partes tão logo o esboço fosse juntado aos autos, facultando as manifestações previstas nos incisos I e III do art. 627. Tal raciocínio, além de cadenciado e respeitoso ao contraditório, permite que sejam lançadas convenções processuais, eleições consensuais e, em última análise, que o juízo sucessório decida com segurança sobre o assunto de caráter extremamente nervoso (= *designação do inventariante*), valendo-se da contribuição das partes no sentido. Adotando-se o modelo proposto, a aplicação do art. 627, II (*reclamação contra nomeação do inventariante*), perderia espaço, pois o debate acerca da designação do protagonista da inventariança seria efetuado previamente e com contraditório adequado. A técnica aqui comentada (*reclamação contra nomeação do inventariante*) está justificada justamente pelo déficit de contraditório acerca da designação do inventariante consoante estrutura procedimental ditada pelos arts. 615, 616, 617, 620, 626 e 627 do CPC em vigor.[1032]

Fernando da Fonseca Gajardoni, *Processo de conhecimento e cumprimento de sentença*: comentários ao CPC 2015, v. 2, p. 1.140. Sobre litispendência de inventários, vide os comentários ao art. 616 desta obra.

1031 Determinados incisos que constam no art. 337 não possuem comunicação com o inventário sucessório (enquanto processo de natureza obrigatória). No sentido, em simples exemplos, não se aplicam as noções de extinção por inépcia da inicial, menos ainda de perempção que estão nos incisos IV e V do art. 337.

1032 Em resenha apertada, admite-se, em regra, que a pessoa responsável pela abertura do inventário requeira para ela própria a designação para o cargo (muitas vezes em extensão à administração provisória já exercida – arts. 613-614) ou, no mínimo, faça indicação para o exercício da inventariança. Assim, antes mesmo da citação das partes (art. 626) ter-se-á a designação de pessoa com representação legal em nome do espólio (art. 618, I), que terá como incumbência confeccionar as primeiras de-

O gabarito inserido na legislação cria situações com ambiência de pouca segurança, reclamando a necessidade de ajustes ao disposto no art. 627, II. Por exemplo, é perfeitamente possível que a parte interessada no inventário sucessório tome ciência acerca da designação do inventariante antes que este apresente as primeiras declarações, fato que parece desintegrar a blindagem que se faz unindo (equivocadamente) os incisos do art. 627. Em tal situação, o prazo para reclamação da designação do inventariante será iniciado tão logo a parte tenha conhecimento da nomeação, adiantando-se, assim, a postulação prevista no art. 627, II, que terá que ser descolada das demais impugnações que envolvem o conteúdo das primeiras declarações (art. 627, I e II), tendo em vista a não apresentação ainda do esboço inicial.[1033]

Apresentada a reclamação contra designação de inventariante (art. 627, II), será instaurado incidente específico, a fim de que o juízo sucessório, depois de contraditório obrigatório, delibere sobre a manutenção do nomeado (art. 627, § 2º), cabendo agravo de instrumento de tal decisão (seja esta positiva ou negativa), a teor do parágrafo único do art. 1.015 do CPC. Por certo, como a designação imposta pelo juiz sem prévio contraditório da totalidade das partes interessadas pode provocar grave dano à condução do inventário *causa mortis* e à própria sucessão,[1034] haverá espaço para que a designação judicial seja atacada através de agravo de instrumento, ou seja, a reclamação acaba sendo deslocada para impugnação recursal.[1035-1036]

---

clarações (arts. 618, III, e 620), ou seja, há determinação de alto calibre sem que se tenha dado oportunidade para que os demais interessados participassem ativamente da nomeação (já que sua citação será, em regra, posterior).

1033 Há, na ilustração, um deslocamento topográfico da manifestação do art. 627, II, pois o interesse para reclamar sobre a designação, provavelmente, já estará presente na nomeação respectiva, não se justificando aguardar a apresentação das primeiras declarações.

1034 Em exemplificação, se a nomeação judicial recair em pessoa com comprovados desvios de probidade, há situação objetiva que autoriza a repulsa do inventariante (importação do art. 1.735, V, do CC), sendo certo que a permuta tardia, isto é, somente efetuada depois de findo o incidente previsto no art. 627, poderá causar danos de alta monta ao inventário, em razão dos atos de administração que já estarão na órbita do inventariante (art. 618). Sobre o transporte das regras de nomeação sobre tutela para a designação do inventariante, vide os comentários ao art. 617 desta obra.

1035 Com posição próxima, confira-se: Luciano Vianna Araújo, *Comentários ao Código de Processo Civil*, v. 3, p. 212-213. Na jurisprudência: STJ, 3ª Turma, REsp 141.548/RJ, j. 19/05/2005, *DJ* 13/06/2005.

1036 Nos casos de ataque direto da designação por agravo de instrumento, é de bom tom que a impugnação não seja feita de forma solteira, isto é, que o interessado interponha tão somente o recurso. Ainda que através de cópia das razões recursais, é importante que o interessado apresente postulação dirigida ao juízo sucessório para que o debate sobre a designação do inventariante possa ser efetuado no bojo do

4.1 Espécie (atípica) de revisão de tutela provisória (*inaudita altera pars*)

Embora não seja assim tratada pelo código, a decisão que define a nomeação judicial de inventariante – seguindo a estrutura procedimental do arts. 615, 616, 617, 620, 626 e 627, II, do CPC – encarna algumas características da tutela provisória *inaudita altera pars*. Basta observar que o juízo sucessório, adotando o procedimento padrão esperado, decide sobre ponto capital do inventário *causa mortis* sem que anteriormente tenha providenciado a formação de contraditório completo das partes que serão obrigatoriamente citadas. Justamente por tal razão é que se admite que a parte não ouvida reclame sobre a nomeação através de postulação interna nos autos do inventário, impugnação esta com potência suficiente para inibir os efeitos preclusivos da decisão e autorizar, se necessário for, a interposição de agravo de instrumento em caso de mantença da designação que foi repudiada. *Mutatis mutandis*, trata-se de pedido de retratação (com previsão legal) que permite que a parte que não participou da escolha do inventariante traga, de modo diferido, fundamentos que convençam o juiz a alterar a decisão interlocutória já proferida.

Mesmo que a reclamação sobre a nomeação do inventariante seja julgada improcedente, admitir-se-á a remoção do inventariante a qualquer tempo, mediante instauração de incidente próprio por ato de ofício do juízo sucessório ou provocado por algum interessado (art. 622). Tal possibilidade revela – mais uma vez – que o tema possui algum ponto de contato com a tutela provisória, pois a remoção da inventariança (com espeque no art. 622) está atrelada à ocorrência de "fatos supervenientes" à primitiva designação judicial,[1037] situação que justificadora da revogação da tutela provisória, efetuando-se a melhor interpretação do art. 296 do CPC.

4.2 Pontos de toque e de distanciamento com o incidente de remoção do inventariante

Os fundamentos entre a reclamação contra designação do inventariante e o incidente para sua remoção não são os mesmos, havendo na primeira situação maior amplitude. Ao se fazer a leitura do rol do art. 622, há a nítida percepção de que a remoção do inventariante se opera em razão dos atos

---

inventário. O deslocamento da questão para o Tribunal, em razão da interposição do agravo de instrumento, não deve prejudicar o contraditório a ser colhido pelo juízo sucessório, inclusive para efeito de proferir adequada decisão de retratação (art. 1.018 do CPC), se necessário for. No detalhe, a cognição efetuada pelo juízo sucessório não é igual à que normalmente é deflagrada em sede recursal, notadamente se aplicado o entendimento de importação do disposto no art. 623 para o âmbito da plataforma do art. 627, II, abrindo-se a dilação probatória.

1037 Vide os comentários ao art. 622 desta obra.

perpetrados pelo protagonista da inventariança, isto é, o foco já está no *exercício efetivo do encargo*.[1038] Com efeito, de forma diversa do que ocorre na remoção (art. 622), a reclamação contra a nomeação do inventariante ataca a própria *designação* da pessoa que foi alçada à função pelo juízo sucessório, daí a sua nomenclatura específica (*"reclamação"*) e, com tal mote, os fundamentos se voltam à análise do perfil da pessoa nomeada para o exercício do encargo, traçando argumentação que demonstre que a escolha foi equivocada. Com outras palavras, o art. 627, II, trabalha com fundamentos que visam convencer o juízo sucessório de que a nomeação pretérita necessita ser revista, indicando-se motivos para tanto e trazendo opções para designação mais adequada.[1039]

Na prática, o art. 627, II, deve ser visto como a contribuição da parte que não foi previamente ouvida sobre a designação do inventariante, trazendo esta para o juízo sucessório sua opinião fundamentada acerca da melhor escolha sobre inventariança. É ingênua a visão (para se dizer o mínimo) de que a péssima redação do art. 617 criou listagem de aplicação imbatível, pois o dispositivo contém – tão somente – *rol de referência*.[1040] A não compreensão do art. 617 provoca desvio na aplicação do art. 627, II, e, de forma sequencial, remete debates que envolvem a própria nomeação do inventariante para o ambiente da remoção (art. 622) em situação crítica, pois a equivocada designação abre espaço para que ilícitos sejam perpetrados.[1041]

Dentro da lógica aqui desenvolvida, o postulante, ao fazer a reclamação sobre a nomeação, trará, além dos fundamentos que justificaram a revisão da pretérita designação, a indicação da pessoa que teria o melhor perfil para as-

---

1038 No sentido, apesar de não ser vedado que tal fundamento venha a municiar a reclamação contra designação do inventariante, notadamente quando há grande lapso temporal entre a nomeação judicial e a convocação (= *citação*) da parte que apresenta a impugnação – tendo em vista que o período irá permitir a análise da atuação da pessoa designada - é importante observar que tal fundamentação será acidental, pois não faz parte da célula do art. 627, II, do CPC.

1039 A diferenciação acima feita é fundamental e necessita ser comunicada com a exposição efetuada no art. 617, em que se demonstrou que a nomeação do inventariante está atrelada à *análise prospectiva* do candidato em aderência às incumbências que lhe serão postas. Resumidamente, para nomeação do inventariante – como ato de credenciamento da pessoa na função – se deve analisar e ponderar não só as repercussões fáticas que a designação pode causar (por exemplo, aumento de animosidade entre as partes do inventário sucessório), como também, e muito especialmente, a capacidade do nomeado em exercer as funções atreladas à inventariança. É uma aferição para a *eleição*, com olhos a quem *exercerá* a função, daí a expressão *análise prospectiva*. Vide comentários ao art. 617.

1040 Vide os comentários ao art. 617 desta obra. Bem próximo: STJ, 3ª Turma, AREsp 688.767/SP, j. 06/08/2015, *DJ* 24/08/2015; STJ, 4ª Turma, AgInt no AREsp 1.002.793/MG, j. 14/02/2017, *DJ* 21/02/2017.

1041 Vide: STJ, 4ª Turma, REsp 988.527/RS, j. 24/03/2009, *DJ* 11/05/2009.

sumir a inventariança. Além do contraditório que deve ser permitido ao inventariante, deve-se facultar, às demais partes interessadas, a manifestação sobre a reclamação, a fim de que todas possam apresentar posicionamento acerca da nomeação. Tal postura legitimará a decisão sobre a designação, pois estará escorada em contraditório participativo (art. 6º) e, de certa forma, se aproximará de concurso eletivo democrático, ainda que o resultado de vontades não seja uniforme e justifique a intervenção judicial para conferir a última palavra quanto à nomeação. Portanto, sob tal ótica, o juízo sucessório poderá julgar procedente a reclamação ofertada, fato que não redundará – necessariamente – na escolha da pessoa indicada pelo reclamante (ou mesmo da ordem sequenciada do art. 617), pois, em exemplo, a designação poderá recair sobre inventariante dativo em razão da percepção – depois do contraditório – de alto calibre de animosidade entre as partes interessadas (vide item adiante).

A diferenciação levada a cabo não impede que se efetuem importações do incidente de remoção do inventariante para o debate acerca da nomeação deste. No particular, destaca-se a possibilidade de produção de prova ampla na bandeja do art. 627, II, tal como ocorre em relação ao incidente de remoção do inventariante (art. 623), dada a relevância do tema para o inventário sucessório. Não há sentido em não admitir a dilação probatória para a reclamação contra a designação, pois, para a resolução da controvérsia em voga, não há a possibilidade de remessa externa (= *"remessa para as vias ordinárias"*), tendo em vista que a competência da nomeação do inventariante é exclusiva do juízo sucessório. Ademais, na prática, caso trancada a reclamação contra a designação de inventariante pela necessidade de dilação probatória, a parte reclamante poderia – logo em sequência – requerer a instauração do incidente de remoção, situação que demonstra não se justificar a vedação probante ao incidente do art. 627, II.[1042]

Ainda utilizando do incidente de remoção como base procedimental para a reclamação contra a nomeação do inventariante (art. 627, II), será necessária a oitiva do inventariante e das demais partes (art. 623).[1043] A decisão judicial – em caso de resposta positiva à reclamação – terá o efeito concreto de alteração na inventariança (arts. 627, § 2º, e 624, parágrafo único). Entretanto, a depender do momento em que for proferida a decisão que julgar procedente a reclamação, poderá o juízo sucessório determinar a entrega de bens do espólio, assim como toda documentação que está na posse do inventariante (art. 624).

1042 Em reforço argumentativo, fazendo a análise dos incisos do art. 627, há expressa restrição probatória apenas em relação ao tema do inciso III (*plano subjetivo* do conteúdo das primeiras declarações), fato que corrobora a assertiva aqui posta.

1043 Sobre o contraditório no incidente de remoção, vide os comentários ao art. 623 desta obra.

4.3 Necessidade de aplicação fluida do § 2º do art. 627

Adotando-se interpretação literal do § 2º do art. 627, o juízo sucessório terá apenas uma opção ao julgar procedente a reclamação contra designação do inventariante, a saber: a nomeação de outra pessoa para função, escolha esta que estaria vinculada a uma "preferência legal". Conforme traçado nos comentários ao art. 624, nem sempre a substituição do inventariante será a melhor solução, admitindo-se, por exemplo, a designação de *protutor sucessório*, para que este atue como fiscal dos trabalhos do inventariante.[1044]

Ademais, apesar de o § 2º do art. 627 dispor que a designação do novo inventariante observará a "preferência legal", tal dicção legal deve ser interpretada como ressalva. Isso por que, consoante já reiteradamente dito, o art. 617 contempla apenas *rol de referência*, ou seja, cardápio de orientação que não é impositivo, notadamente em situações em que a pessoa listada na sequência do dispositivo se encontrar em quadro de *conflitos de interesses* ou *não possuir capacidade para a gestão da herança*. Em exemplo frisante, em casos de alta animosidade envolvendo as partes interessadas no inventário, para se afastar o clima de conflituoso, a melhor opção é a nomeação de inventariante dativo, pessoa que está no fim do rol do art. 617, VII e VIII, e que ocupará espaço de pessoas que estão acima na citada listagem legal.[1045] Dessa forma, o art. 627, § 2º (tal qual o art. 624, parágrafo único), não está submetido à ordem de preferência rígida, mas apenas diz respeito à lista de natureza *referencial*. Logo, de forma justificada, seguindo-se os critérios para eleição de pessoa com atributos adequados para o exercício para a inventariança, é perfeitamente possível designação que não siga cadência rígida do citado dispositivo.

5. Correções no *plano subjetivo* (amplitude do art. 627, III, do CPC)

O art. 627, III, não pode ser interpretado de forma restritiva, pois o texto legal somente faz alusão à *contestação da qualidade de quem foi incluído no título de herdeiro* nas primeiras declarações. Se prevalecer a exegese literal, não seria admitida a impugnação quanto à inclusão de pessoa que foi arrolada nas primeiras

1044 Em outra ilustração, a decisão sobre a reclamação poderá determinar a constituição de inventariança plúrima. Assim o fazendo, a depender do caso concreto, o juízo sucessório designaria mais de uma pessoa para o exercício da inventariança, de modo que o encargo seria conjunto ou compartilhado, demarcando-se, na última hipótese, as áreas de atuação, pois o conflito pode não ser integral, alcançado apenas uma determinada zona de interesse, e a exclusão (ou pelo menos diminuição) das atribuições do inventariante seria suficiente. Vide os comentários ao art. 617 desta obra.

1045 No sentido: STJ, 4ª Turma, AgInt no REsp 1294831/MG, j. 06/06/2017, *DJ* 20/06/2017. Igualmente: STJ, 4ª Turma, REsp 988.527/RS, j. 24/03/2003, *DJ* 11/05/2009; 3ª Turma, AgInt no AREsp 882.010/SP, j. 10/11/2016, *DJ* 24/11/2016.

declarações como ex-companheiro do falecido, apontando-se, em razão do fato, que esta teria direito à "meação". Na realidade, arejando o inciso III com o texto contido no inciso I do art. 627 (e o próprio alcance do art. 620), o contraditório acerca das primeiras declarações permite que as partes apresentem manifestações que apontem qualquer tipo de "erro" e/ou acerca do *plano subjetivo*, ou seja, não se limitando apenas a "contestar" a listagem de "herdeiros incluídos". Trata-se, portanto, de manifestação que possui como foco as informações e premissas subjetivas que o inventariante adotou nas primeiras declarações.[1046]

A breve resenha demonstra que a manifestação acerca do *plano subjetivo* das primeiras declarações (art. 627, III) alcança também o *posicionamento jurídico das partes*, pois a mesma pessoa pode participar do inventário sucessório sob diversos títulos, inclusive cumuláveis. Em exemplo claro, o inventariante, ao preencher o determinado no art. 620, II, indica o nome e qualificação do cônjuge/companheiro sobrevivente, afirmando, de outra banda, que o regime patrimonial deste com o falecido é o da comunhão parcial. Ao fazer tal declaração, o inventariante posiciona o cônjuge/companheiro sobrevivente como (potencial) herdeiro dos bens particulares e, ao mesmo tempo, lhe confere titularidade acerca dos bens "meados", isto é, aqueles que em vida estiveram em estado de comunhão patrimonial com o autor da herança. Diferente será, todavia, se a informação do inventariante indicar que o regime de bens era o da comunhão universal ou da separação convencional, pois, em regra, em tais casos o cônjuge/companheiro sobrevivente não terá a possibilidade do *duplo posicionamento* (herdeiro legal + meeiro), fixando-se apenas em uma posição jurídica (meeiro no caso da comunhão universal e herdeiro em se tratando de separação convencional[1047]). Certamente, a definição sobre as posições jurídicas assumidas por cada uma das partes cria estabilidade ao inventário, pois, além de fixar balizas subjetivas, permite a projeção depurada para a distribuição patrimonial da herança.

É intuitivo que a manifestação acerca do *plano subjetivo* seja bem completa, analisando a posição jurídica de todas as partes interessadas (inclusive da própria parte manifestante). Diante das repercussões concretas que a manifestação/postulação arrimada no art. 627, III, provoca para o deslinde do inven-

1046 A comunicação do art. 627, III, com os art. 626 confirma, em boa medida, a afirmação. O motivo é simples: todo aquele que está no rol das citações obrigatórias deverá fazer parte das pessoas arroladas nas primeiras declarações. Vide comentários ao art. 626.

1047 Afirmação esta fixada com base na posição predominante da jurisprudência ao interpretar o art. 1.829, I, do CC. No sentido: STJ, 2ª Seção, REsp 1.382.170/SP, j. 22/04/2015, *DJ* 26/05/2015; STJ, AgInt no REsp 1.887.930/PR, 3ª Turma, j. 18/05/2021, *DJ* 24/05/2021.

tário,[1048] os apontamentos efetuados devem ser feitos com supedâneo em prova documentada hábil, postura esta que, de outra banda, prestigia os ditames da regra prevista no art. 612. O pormenor é importante, porquanto uma vez configurada área de conflito envolvendo posição jurídica e/ou convocação de interessado, o juízo sucessório deverá resolver a questão a partir do material documentado que foi trazido pelas partes e/ou inventariante, remetendo para as "vias ordinárias" a questão controversa sempre que a sua resolução depender da produção de prova outra que não a documentada (art. 627, § 3º).

Conclui-se, portanto, que a manifestação prevista no art. 627, III, deve permitir ajuste amplo nas posições jurídicas das partes e não apenas a retificação (= *exclusão*) da declaração feita pelo inventariante no sentido de *incluir alguém a título de herdeiro*. Inadmissível, assim, que se opere interpretação gramatical do art. 627, III, sendo certo que o dispositivo é uma gaveta que admite todo e qualquer tipo de ajuste no *plano subjetivo* dos participantes do inventário.

5.1 Da técnica de remessa e da reserva de bens

A boa interpretação do art. 627, III, e do art. 628, desapegando-se do sentido literal das suas redações, indica que técnica de envio externo com reserva será aplicada não só quando houver "disputa sobre a qualidade de herdeiro" (art. 627, § 3º) ou "preterição de participação sucessória" (art. 628, § 2º), mas em toda discussão de cunho subjetivo que possa redundar em repercussão patrimonial sob a ótica do inventário sucessório. Assim sendo, a celeuma pode estar sitiada especificamente na *posição jurídica* assumida dentro do inventário sucessório (assunto tratado no item anterior) e não apenas na sua participação.[1049]

1048 Em exemplo, em caso de presença de cônjuge/companheiro sobrevivente sob o regime da comunhão parcial em concorrência com descendentes do morto, a parte que for considerada como meação do supérstite não fará parte da herança, sendo que a cota correspondente ao falecido será postada como tal, da mesma forma que a totalidade de seus bens particulares farão parte do acervo hereditário. Ocorre que – em espelho à posição do cônjuge/companheiro sobrevivente – será necessário que o inventariante trabalhe com dois condomínios distintos dentro do mesmo inventário *causa mortis*, a saber: (a) o condomínio formado exclusivamente pelos bens particulares (em que o cônjuge/companheiro sobrevivente é condômino na herança); (b) o condomínio formado com a cota dos bens considerados comunhão (aqui só os herdeiros descendentes que serão tratados como condôminos da herança, estando o cônjuge/companheiro supérstite acoplado externamente ao condomínio pela atração que a sucessão causou na sua meação). Há, como se vê, cisão na aplicação do art. 1.791, parágrafo único, do CC, a partir das posições jurídicas diversas assumidas pelo cônjuge/companheiro sobrevivente.

1049 Exemplificando o acima dito, o inventariante ao elaborar as primeiras declarações indica que o cônjuge/companheiro supérstite que tinha vínculo conjugal com o falecido sob o regime da comunhão parcial (art. 1.829, I, do CC) é herdeiro de

Resolvido o conflito acerca do *plano subjetivo* no bojo do inventário, a decisão do juízo sucessório se projeta dinamicamente para o curso do processo. No entanto, se para a definição da controvérsia no *plano subjetivo* reclamar a produção de provas outras que não a já documentada, aplicar-se-á as técnicas de remessa que estão previstas no § 3º do art. 627 e do § 2º do art. 628. Do exame de tais técnicas, tem-se que o envio "às vias ordinárias" se opera, em regra, com "reserva patrimonial", a fim de assegurar o resultado útil da discussão. Perceba-se, no entanto, que é parca a regulação da confecção da reserva, criando-se dúvidas variadas. É necessário se extrair o máximo dos textos dos dispositivos, adaptando-os à dimensão cooperativa do processo civil em vigor.

Em relação ao dimensionamento, tirando-se por base o disposto no § 3º do art. 627 (que faz alusão à retenção do quinhão do herdeiro admitido nas primeiras declarações) e texto do § 2º do art. 628 (que prevê a retenção em poder do inventariante do quinhão do herdeiro excluído), fica evidenciado que a "reserva patrimonial" deverá levar em conta a repercussão patrimonial do conflito que não pode ser resolvido no ventre do inventário sucessório. O que interessa, portanto, para dimensionar a reserva, é o impacto patrimonial decorrente do conflito atrelado ao *plano subjetivo*, sendo de pouca relevância quem o provocou ou o assunto conflituoso.[1050]

Não há, no texto do § 3º do art. 627, indicação do responsável pela "guarda" (posse e administração) da reserva patrimonial enquanto a pendenga durar,

---

todos os bens deixados pelo autor da herança, sem nada alegar sobre o posicionamento de tal personagem como "meeiro". O cônjuge/companheiro sobrevivente, ao tomar conhecimento das primeiras declarações, poderá na sua manifestação requerer a retificação para constar *duplo posicionamento* jurídico, afirmando, para tanto, que ostenta também a posição de "meeiro" de bloco de bens que são apontados na sua dicção como de natureza comum. Tal debate terá grande repercussão prática se o autor da herança deixar mais de um descendente, já que, em tal caso, além de consequências tributarias, o cônjuge/companheiro supérstite deixará de receber a sua cota de 50% (cinquenta por cento) sobre os bens tidos em comunhão, sendo remetido para herança e concorrência com os descendentes do falecido, a partir da concepção de que os bens eram particulares do autor da herança. Na ilustração, deixando o falecido mais de um descendente, será evidente que a meação do cônjuge/companheiro sobrevivente será diluída, mesmo que se aplique a regra protetiva de célula mínima da parte final do art. 1.832 do CC. Sobre posições jurídicas, vide os comentários ao art. 620.

1050 Por exemplo, em caso de controvérsia que não pode ser decidida no bojo do inventário sobre o duplo posicionamento jurídico do cônjuge/companheiro sobrevivente (meeiro de determinados bens comuns e herdeiro dos bens particulares), afirmando-se os descendentes que este não se posiciona como meeiro, mas apenas como herdeiro de bens particulares deixados pelo falecido (que devem ser divididos por todos), a reserva será compatível com a diferença patrimonial apurada (caso a meação seja deferida).

mas é intuitivo que esta ficará em poder do inventariante, pois tal comando está presente para o § 2º do art. 628, sendo replicado em outros dispositivos também com algum tipo de afinidade ao tema (vide, em exemplo, os arts. 643, parágrafo único, 650, e 669, parágrafo único). A partir da definição de que a guarda dos bens fica a cargo do inventariante e diante do cardápio aberto do art. 618,[1051] confere-se ao administrador do inventário *causa mortis* a incumbência de modular a reserva, devendo este ter atenção não só no correto dimensionamento, consoante acima posto, mas também em relação aos bens que serão destinados para tanto. Com efeito, a escolha deve recair sobre bens adequados a escorar a garantia judicial, pressupondo-se, assim, que a entrega destes provavelmente não será rápida. Dessa forma, ao se fazer a depuração dos bens destinados à *reserva*, a eleição deve preferir aqueles que tenham maior imunidade em relação ao perecimento e/ou à desvalorização patrimonial durante o período em que perdurar a discussão sobre o conflito (provavelmente em ação autônoma).[1052]

O trabalho feito pelo inventariante de dimensionamento patrimonial do conflito e de escolha de bens para garanti-lo se submete ao contraditório dos interessados, diante da repercussão geral causada no inventário sucessório. Não havendo consenso acerca da reserva, seja na sua projeção patrimonial, seja nos bens que a compõem, caberá ao juízo sucessório decidir, determinado as retificações, a partir da proposta do inventariante e das manifestações dos interessados.

O art. 668, I, prevê que haverá a cessação da eficácia da tutela provisória, isto é, a "reserva patrimonial" perderá sua eficácia, caso a "ação" (externa) não seja "proposta em 30 (trinta) dias contados da data em que da decisão foi intimado o impugnante, o herdeiro excluído ou o credor não admitido". Assim, a fluência do referido prazo, se efetuada interpretação literal, será iniciada da decisão do juízo sucessório que determinou a aplicação da técnica de remessa. Ocorre que em tal momento a garantia sequer foi providenciada, inexistindo constrição contra o espólio e/ou alguns dos seus interessados. Dessa forma, não se afigura inspirada a interpretação gramatical do art. 668, I, uma vez que o prazo não poderá ter início sem que ao menos o inventariante já tenha efetuado a reserva na forma acima desenhada. Considerando que o beneficiário da reserva terá que ser intimado para o contraditó-

---

1051 O rol das incumbências do inventariante é exemplificativo, vide os comentários ao art. 618 desta obra.

1052 Os bens móveis que sofrem desvalorização natural e/ou que necessitam de manutenção constante (por exemplo, veículos automotores) não possuem aptidão para formarem o bloco de bens reservados, devendo a escolha, sempre que possível, recair sobre bens duráveis cujo valor sofra poucas oscilações ao longo do tempo. No tema, vide os comentários ao art. 642 desta obra.

rio sobre o labor do inventariante, a contagem do prazo previsto no art. 668, I, há de ter início da data em que o primeiro tiver ciência da efetivação da garantia. Inviável que o art. 668, I, seja aplicado (e interpretado) em descompasso ao art. 308, sob pena de ferir a estrutura base que envolve a sistematização da tutela provisória no CPC.[1053]

O beneficiário da garantia (reserva) poderá adotar todas as medidas protetivas para a conservação respectiva, não podendo esta ficar à mercê do inventariante. Aplica-se, no particular, o disposto no art. 130 do CC, que permite ao titular de *direito eventual* (= *sob condição ou termo*) a prática dos atos destinados a conservá-lo, pois o destino dos bens que forma em garantia somente será definido ao final da pendenga.[1054]

6. Correções no plano objetivo (arrecadação e avaliação)

Seguindo a ordenação proposta pelo art. 620 na confecção do esboço inicial, o inventariante, depois de apresentar as informações sobre o autor da herança (inciso I) e sobre atores importantes da sucessão (incisos II e III), deverá efetuar – na sequência da peça – as declarações patrimoniais (inciso IV). Assim, como já adiantado, muito mais lógico seria que o art. 627 seguisse a mesma organização. O método de sistematização da manifestação dos interessados, na forma pretendida na legislação processual, não é adequado, uma vez que, além de descompassado com o art. 620, não se dá conta de que determinadas arrecadações patrimoniais devem ser feitas a partir de posições jurídicas já definidas na etapa de análise do *plano subjetivo*. No sentido, somente há lógica de depurar os bens do falecido em dois grupos (*particulares* e em *comunhão*) no caso de presença de cônjuge/companheiro sobrevivente, já que tal divisão, com variantes admitidas em lei, interessa a tal personagem do inventário sucessório.

O art. 620, IV, não se preocupou apenas com o patrimônio na esfera jurídica do autor da herança, pois, de forma expressa, o legislador fez questão de incluir os bens que se submetem à colação, assim como aqueles que são "alheios" e, portanto, devem ser entregues a quem de direito. Em outro detalhe relevante, que pode ser extraído das alíneas do inciso IV, a arrecadação deve ser feita mediante divisão dos bens em grupos (imóveis, móveis, semo-

1053 Parecendo concordar: Daniel Amorim Assumpção Neves, *Novo Código de Processo Civil comentado*, p. 524.

1054 Sobre o direito eventual (= *direito expectativo*), confira-se: Pontes de Miranda, *Tratado de Direito Privado*. Parte Geral, v. V, p. 282-285; e Rodrigo Mazzei, Noção geral do Direito de Sucessões no Código Civil: introdução do tema por 10 (dez) *'verbetes'*. *Revista Jurídica*, v. 438, p. 12-13.

ventes, dinheiro + objetos precisos/metais, títulos e cotas acionárias em geral, finalizando com os direitos e ações), sempre com a indicação individual de características de identificação. Demais disso, é necessário que todos os bens, pouco importando sua natureza, sejam estimados, trazendo-se a sua valoração corrente e atual. As atividades norteadas pelo *plano objetivo* estarão, assim, basicamente atreladas ao duplo foco (arrecadação + estimação), extraindo-se que a avaliação dos bens é atividade sucessiva (e vinculada) à arrecadação, sendo dela dependente, pois somente se justificará em relação aos bens inclusos no acervo hereditário.

Em se tratando de impugnação às avaliações trazidas pelo inventariante, a oposição deverá, o quanto possível, trazer prova documentada acerca das estimações sustentadas, pois tal postura poderá evitar a designação de avaliador judicial (art. 630).[1055]

A "arrecadação" não envolve apenas o chamado patrimônio positivo (ainda que de titularidade fluida, como direitos e ações), pois a apresentação do quadro de obrigações passivas do falecido deverá constar nas primeiras declarações. O art. 620, IV, *f*, trata simultaneamente das declarações sobre "as dívidas ativas e passivas", buscando, em verdade, que sejam plasmadas as relações obrigacionais do falecido com seus "credores e devedores", devendo o inventariante separá-las. Logo, as manifestações acerca das "dívidas ativas e passivas" também se submetem, relativamente aos seus ajustes, ao dueto *arrecadação + estimação*.

Ainda que a dupla análise (*arrecadação* e a *avaliação pecuniária)* se poste como o foco maior das manifestações sobre o *plano objetivo* da herança, tal quadro não afasta a apresentação de dicções para correção outras acerca do acervo hereditário, tais como insuficiente/equivocada identificação dos bens e/ou desvios nas suas especificações (por exemplo, local em que se encontram, origem dos títulos, números das matrículas, ônus que os gravam, extensão de área, limites, confrontações e benfeitorias). Assim, tudo que possa ser entendido como "erro ou omissão" no plano objetivo autorizará a manifestação, na forma da parte inicial art. 627, I.

6.1 Omissão e sonegação de bens (colação e bens em comunhão)

Retificando o texto do CPC de 1973 (art. 1.000, I), a codificação atual passou a prever, de forma expressa, que a "sonegação" de bens é uma das causas que autoriza que o interessado apresente pedido para retificação das primeiras declarações. No ponto, a "sonegação" tratada no art. 627, I, tem espectro amplo, não se confundindo com a conduta que autoriza a sanção civil

1055 Sobre as nuances da avaliação, vide os comentários aos arts. 630 e 620 desta obra.

previstas nos arts. 1.992-1.996 (= *perda do direito hereditário acerca do bem sonegado*).[1056] A "sonegação", para efeito do artigo comentado, deve ser vista como hipótese que permite o ajuste na arrecadação sucessória, partindo-se da premissa de que há omissão (ainda que involuntária) no sentido.

Pouco importa se o bem está na titularidade do falecido ou de pessoa que deva apresentá-lo no inventário (caso clássico da colação), sendo também de parca relevância se o bem está na posse do inventariante ou de terceiro (ainda que este seja parte do inventário *causa mortis*). No particular, o inciso I do art. 627 faz alusão à "omissão" na arrecadação, de modo que qualquer tipo de falta na listagem de bens apresentada nas primeiras declarações poderá ser arguido em manifestação das partes. Assim sendo, poderá surgir situação em que o inventariante não tinha conhecimento sobre o bem a ser arrecadado e a manifestação lhe dará notícia acerca da existência do bem, com as informações mais completas possíveis.

A resenha é fundamental, pois a manifestação da parte desenhada no inciso I do art. 627 não foi postada para punir o inventariante, pois a bandeja legal objetiva o aperfeiçoamento das primeiras declarações.[1057] O referido dispositivo, de outra banda, serve de plataforma para instar debate da necessidade (ou não) de arrecadação de determinados bens. Em exemplo, poderá ser postulada por herdeiro necessário (com fundamento no art. 627, I,) a colação de determinado bem por outro coerdeiro de mesma qualidade, intimando-se para tanto o donatário e o inventariante. Na ilustração, a manifestação terá o objetivo de alertar o inventariante da (possível) omissão cometida e a intimação ao herdeiro possui a finalidade do cumprimento do disposto no art. 639, tendo em vista que a expectativa é que este faça a colação de forma voluntária e de forma cooperativa. O contraditório, na forma supra, permitirá que o inventariante efetue medidas de arrecadação ou que justifique a posição antes adotada, sem prejuízo de propiciar ao herdeiro necessário donatário o seu posicionamento sobre o pleito que, se for negado, poderá ensejar a instauração de incidente próprio (art. 641).

A exemplificação desnuda o atropelo topográfico no posicionamento dos arts. 639-641, pois as disposições que envolvem a colação são íntimas à fase da qual o art. 627 é integrante. No sentido, é gritante a locução da parte inicial do art. 639, pois cabe ao herdeiro "obrigado" a colacionar fazer a conferência

1056 Vide os comentários ao art. 621 desta obra.

1057 Sem prejuízo, as falhas na arrecadação de bens poderão ter consequências, sendo que, em caso de "sonegação" (em acepção mais restrita), o inventariante poderá se sujeitar à remoção da função e à sanção legal (caso seja beneficiário de direito hereditário), admitindo-se, ainda, a apuração de responsabilização civil (art. 186 do CC). Vide os comentários os arts. 621, 622 e 639 desta obra.

no prazo do art. 627, ou seja, trata-se de atitude que deve estar contemplada dentro de sua manifestação acerca das primeiras declarações. Assim o é justamente porque o herdeiro verifica que há omissão no esboço inicial acerca de bem que deveria ter sido arrolado, na forma do art. 620, IV. Ao se conectar o art. 639 ao conteúdo da manifestação prevista no art. 627, I, tem-se que a conferência voluntária é a postura esperada em relação ao herdeiro necessário que se submete à colação, cooperando para sanear o esboço inicial que se encontra omisso (arts. 6º e 626).[1058-1059]

Sem dúvida, o incidente sobre a colação na forma acima descrita o torna um dos temas principais do art. 627, I. Entretanto, não se deve limitar a análise da "sonegação" apenas aos bens que se submetem à colação, pois a omissão na arrecadação nem sempre surge em tal área restrita da herança e apenas voltada aos herdeiros necessários (art. 1.845 do CC). Em exemplo, não é incomum a falta de arrecadação de bens que estão na órbita (titulação formal ou posse) de determinado cônjuge/companheiro, mas que foram alcançados pela comunhão em vida com o seu consorte, ou seja, em estado de "meação" (comunicação patrimonial já ocorrida antes mesmo da abertura da sucessão por ato *inter vivos*).[1060] Todos os bens em comunhão (nos regimes patrimoniais

1058 A conexão entre os arts. 639 e 627 é indicativa de que apesar da distância geográfica – tendo em vista que inserida a Seção V (*Da avaliação e do cálculo do imposto* – arts. 630-638) entre os dispositivos da primeira etapa de contraditório (Seção IV – *Das citações e das impugnações* – arts. 626-629) e da colação (Seção VI – arts. 639-641) – a conferência pelo herdeiro necessário e as manifestações sobre o tema dos demais interessados serão feitas a partir da convocação citatória (art. 626). É inegável, portanto, que não só o exercício da conferência pelo herdeiro necessário donatário deve ser feita pela bandeja do art. 627, mas também eventuais controvérsias decorrentes do assunto deverão ser provocadas e resolvidas sob a sua égide procedimental, com os encaixes específicos dos arts. 639-641.

1059 Mesmo quando a doação recebida não se submeta à colação, caso tal fato não esteja estampado nas primeiras declarações, andará bem o herdeiro necessário que na sua manifestação (art. 627, III) explicite os motivos no sentido (por exemplo, dispensa expressa no ato de liberalidade – art. 2.005 do CC), a fim de que a questão fique transparente e, uma vez levada ao contraditório, não possa ser trazida em alegação tardia por alguma parte como "sonegação", instaurando-se incidente em momento inadequado que, provavelmente, atrasará o inventário.

1060 A comunhão de bens ocorrida em vida forma um condomínio só (e específico) e, assim sendo, da mesma forma que os bens que estão na titularidade do falecido, mas alcançados pela meação, terão que ser entregues ao cônjuge/companheiro sobrevivente, este, a partir do evento *causa mortis*, terá que apresentar no inventário o patrimônio igualmente titulado em seu nome ou na sua posse. Diferente não poderá ser, já que a análise dos bens em comunhão se dá pela junção patrimonial (condomínio) entre os cônjuges/companheiros quando o regime de bens assim o permite, sendo inaceitável se pensar que a morte muda tal cenário e coloca o cônjuge/companheiro supérstite apenas como receptor, em vista unilateral do condomínio, al-

que admitem tal situação) deverão ser listados pelo cônjuge/companheiro sobrevivente, pois a parte da meação que pertencia ao falecido poderá ser tratada como herança.

Dessa forma, com olhos nos bens que se submetem à meação, deve ser apresentada relação sob *dois eixos subjetivos* diversos: (a) os que estavam titulados e/ou na posse exclusiva do falecido (analisando sua relação com o cônjuge/companheiro supérstite) e (b) os que estão titulados e/ou com posse apenas na esfera jurídica do parceiro sobrevivo (mas com comunicação que se operou em vida com o autor da herança). Portanto, na confecção das primeiras declarações é necessária atenção ao cumprimento do disposto no art. 1.660, I, do CC, pois a arrecadação poderá alcançar bens que estão "nominados na titularidade exclusiva" do cônjuge/companheiro sobrevivente. A manifestação prevista no art. 627, inciso I, alcança, portanto, a arrecadação de todos os bens alcançados pela meação. [1061]

6.2 Arrecadação e encaixe na perspectiva dos blocos patrimoniais

Em determinadas sucessões, haverá a necessidade de arrecadações setorizadas, isto é, de que os bens sejam encaixados em áreas específicas da herança, formando blocos especiais (tratados como condomínios específicos) cuja titularidade se opera em razão de posições jurídicas definidas. Exemplo simples que permite a percepção concreta do aqui dito está na arrecadação dos bens que se submetem à colação, pois estes são atraídos para a herança a fim de que se opere equalização valorativa entre os herdeiros necessários que se postam

---

terando quadro patrimonial que já estava consolidado antes da abertura da sucessão. A comunhão patrimonial será analisada de acordo com o regime de bens adotado pelos cônjuges/companheiros, sendo certo que, em caso da comunhão universal, a análise ordinariamente se dará de forma mais simples, a teor do disposto nos arts. 1.667-1.669 do CC. Certamente, no caso de vínculo com o sistema da comunhão parcial haverá cenário provavelmente mais complexo, diante da natural convivência de dualidade patrimonial (bens particulares e em comunhão) que está erigida nos arts. 1.658-1.662 do CC, criando-se mecanismos, inclusive, para conversação do *status*, como é o caso da sub-rogação (art. 1.659, I e II).

1061 Se necessário, deverá ser importada a técnica do art. 641, formando-se incidente específico para que o juízo sucessório delibere, extraindo-se do art. 612 competência funcional para o mister, de modo que o debate somente deve ser enviado para as "vias ordinárias" se for necessária a produção de prova outra que não a documentada. Trazendo a controvérsia para a plataforma do § 2º, do art. 641, remetendo-se o debate para as "vias ordinárias", observada a proporção patrimonial que a questão envolve, deverão ser sobrestados os pagamentos no inventário em favor do cônjuge/companheiro supérstite, notadamente em relação à meação, pois esta deverá ser resolvida em um todo, de modo a definir a arrecadação e os direitos vinculados ao sobrevivente.

em concorrência no trecho da legítima (art. 1.847 do CC). A assertiva acima posta faz com que a arrecadação produtiva e organizada seja feita levando em conta a possível distribuição dos bens nos blocos patrimoniais pertinentes, pois nem sempre haverá a unicidade condominial pregada pelo art. 1.791, parágrafo único, do CC, no sentido de formação exclusiva de um condomínio hereditário com a presença de todos os herdeiros indistintamente.

Além da situação específica da colação na forma acima ilustrada, o sistema sucessório atual prevê no art. 1.829, I, do diploma civil (quando aplicado aos cônjuges/companheiros sobre regime da comunhão parcial), a possibilidade demarcada de dois blocos patrimoniais distintos, formando-se condomínios hereditários que necessitam ser separados, em razão da composição subjetiva diferenciada de condôminos. Com efeito, com olhos nos bens particulares deixados pelo falecido, há a possibilidade de formação de condomínio que congregará seus descendentes e o cônjuge/companheiro sobrevivente, condomínio este que poderá ter convivência com outro, cuja massa patrimonial está restrita à meação do autor da herança (ou seja, metade dos bens que ameou em vida com o cônjuge/companheiro supérstite) e cujos protagonistas internos são apenas os descendentes do falecido. Perceba-se, da situação posta, que, definida a existência de dualidade de condomínios na forma acima apresentada (condomínio de bens particulares e condomínio dos bens comuns), a arrecadação para ser efetivamente eficiente terá que projetar as informações acerca das primeiras declarações para cada um dos condomínios hereditários.

O art. 627, I, pode ser utilizado como plataforma para que fique explicitada – imune de dúvidas – a distribuição que deverá ser aplicada aos bens arrecadados, apontando-se os blocos condominiais correspondentes. Assim, os interessados poderão postular não apenas que as *omissões* sejam sanadas, como também que se façam correções sobre erros cometidos na arrecadação (por exemplo, bem particular do falecido que foi arrecadado com bem que se submete à meação do cônjuge/companheiro sobrevivente).

7. Da manifestação como ato de convocação para cooperação na gestão

A gaveta do art. 627, I, pode ser usada pelo inventariante para convocar as partes a opinarem sobre os atos de gestão do espólio, trazendo-se, assim, novo olhar e função para a referida manifestação. O inventariante sai da postura passiva (de receber críticas acerca das primeiras declarações) e passa a usar da manifestação prevista no art. 627, I, para colher informações e dicções acerca dos atos de gestão. Em exemplo, apesar de o art. 620 ser omisso, fazendo-se a importação do disposto no art. 113 da Lei n. 11.101/2005 (aplicável ao administrador judicial na falência), o inventariante apresentará, nas primeiras declarações, a relação dos bens do espólio que são perecíveis, deterioráveis, sujeitos à desvalorização em espiral e/ou de conservação arriscada ou dispendiosa, visando alienação antecipada.[1062] Com a listagem, o inventariante postulará para que as partes, no prazo do art. 627, se manifestem sobre a relação de bens indicados para alienação, visando atender o disposto no art. 619, I. De acordo com as manifestações (que, inclusive, podem suscitar erros e omissões ou apresentar concordância parcial), o juízo sucessório poderá autorizar a alienação dos bens.

A ilustração não é solteira, sendo certo que o inventariante poderá provocar as partes para que se manifestem sobre proposições trazidas nas primeiras declarações (em outro exemplo, a análise de seu *plano de trabalho)*.[1063]

8. A dinâmica etapa limiar do inventário: prazos, noções procedimentais, saneamento/organização e definição (*policêntrica*) dos núcleos de conflito

A *etapa limiar*, que possui, como epicentro, as manifestações das partes (art. 627), merece ser detalhada em seus principais (e invulgares) desdobramentos procedimentais.

8.1 O "prazo comum" de 15 dias

Dispõe o art. 627 que, depois de concluídas as citações, as "partes" terão o prazo comum de 15 dias, para que se manifestem sobre as primeiras declarações. Como se trata de prazo processual, o cômputo observará apenas os dias úteis (art. 219). Em razão da natureza "comum do prazo", em se tratando de processo físico, os autos permanecerão em cartório, admitindo-se apenas a chamada "carga rápida" (art. 107, § 3º).[1064] O prazo comum se aplica integralmente às pessoas que serão "citadas", mas que não se projeta a todos aqueles que serão ("intimados"). No sentido, em razão do disposto no art. 179, I, a manifestação do Ministério Público será posterior à das partes e, no que tange à Fazenda, é necessário que se observe o disposto no art. 629 da codificação processual. Não há, contudo, nenhuma regra de contagem de prazo diferenciada para o testamenteiro, aplicando-lhe os ditames do art. 627.

1062 Em regra, a alienação antecipada prevista no art. 113 da Lei n. 11.101/2005 tem como objeto evitar prejuízos à massa com agrupamento de bens cuja guarda é desaconselhada, e, por tal passo, busca a sub-rogação dos bens listados por recursos financeiros que, no caso do inventário, serão destinados ao espólio. Vide os comentários aos arts. 619 e 620 desta obra.

1063 Vide os comentários ao art. 620 desta obra.

1064 Igualmente: Luciano Vianna Araújo (*Comentários ao Código de Processo Civil*, v. 2, p. 210-211).

8.2 Definição do marco temporal para início da contagem

Partindo da premissa de que o art. 626, § 1º, determina que a citação das partes se efetue pela via postal, é natural que se projete que a contagem do prazo se inicie depois da juntada do último comprovante de aviso de recebimento (importando-se o art. 231, I). No entanto, não se pode esquecer que a citação no inventário sucessório reclama a convocação editalícia (art. 626, § 1º), dando publicidade ao feito, a fim de garantir participação no processo de "interessados incertos ou desconhecidos" (art. 259, III). Tal detalhe, provavelmente, deslocará o ponto de contagem do prazo comum para o dia útil seguinte ao fim do prazo assinado pelo juiz para a citação por edital (art. 231, IV e § 1º).

A opção efetuada no art. 626, § 1º, traz impacto na contagem de prazo vinculada ao art. 627, uma vez que, ainda que o juízo sucessório assinale como *prazo do edital* o período temporal mínimo (20 dias), o *prazo para manifestação* somente restará iniciado, na forma do art. 231, IV, no primeiro dia útil depois de superado o *prazo do edital*.[1065-1066]

Diante do cenário, em busca de segurança jurídica e eficiência, poderá o juízo sucessório se valer do art. 139, VI, e fixar que o prazo das manifestações advindas de citação real (art. 626) terá como termo o mesmo da citação por edital (art. 626, § 1º), projetando-se a data a partir da publicação e superação do seu prazo (art. 231, IV). Assim, imaginando que o prazo do edital foi fixado em 30 dias como permitido pelo art. 257, III, o juízo sucessório, no mandado de citação real, informará o prazo do edital que adotou, noticiando, ainda, que as partes deverão apresentar manifestação em 15 dias, a contar do primeiro dia útil da chamada "dilação assinada pelo juiz" (que nada mais é que o vencimento do prazo fixado no edital). Bastará tão somente que seja publi-

1065 A citação por edital possui quadro peculiar, diverso do que ocorre para a citação postal, uma vez que na primeira hipótese há necessidade de superações formais atinentes à *publicação editalícia* e, no particular, é imperioso que o juiz fixe o *prazo do edital*, período este em que se considera que a citação está sendo efetuada. O art. 257, III, , que trata do assunto, determina que o juiz, de acordo com o caso concreto, fixe o prazo do edital entre 20 (vinte) e 60 (sessenta) dias. Assim, quando se trata de citação por edital, a legislação exige que o juiz assinale o prazo vinculado à convocação e, somente depois deste vencido, é que se iniciará a contagem do *prazo de manifestação* (= *prazo para a "resposta"*). Na lição de Daniel Amorim Assumpção Neves: "O prazo do edital é aquele previsto para que o réu tenha conhecimento da existência da demanda, de modo que seu prazo de resposta só começa a ser contato depois do vencimento do edital, que será de 20 a 30 dias, a ser no caso concreto pelo juiz (at. 257, III, do Novo CPC)" (*Novo Código de Processo Civil comentado*, p. 434).

1066 Como o art. 626 prevê duas modalidades distintas de citação (postal e editalícia), a aplicação do art. 231, I, remete a contagem de prazo para a última data, que no caso será a do edital (art. 259, III).

cado o edital, a fim de que as partes – com segurança – consigam identificar o termo final para as manifestações em verdadeiro "prazo comum", desobrigando-as, inclusive, que fiquem conferindo (= *controlando nos autos*) a juntada de aviso de recebimento de citação postal alheia (arts. 231, I).

8.3 Do contraditório na perspectiva do inventariante (*relatório*)

É intuitivo que o inventariante deverá ser intimado sobre as manifestações efetuadas pelas partes, pois o foco destas se volta para a *modificação* do conteúdo das primeiras declarações (art. 627, I e III) e para a *reclamação* de sua designação para atuar como protagonista da inventariança (art. 627, II). O art. 623, que trata da remoção do inventariante, confirma a necessidade de contraditório, ao prever que o referido ator funcional terá 15 dias para se contrapor aos fatos (ainda que o incidente seja instaurado de ofício pelo juiz). Assim, justifica-se a aplicação de semelhante prazo para o inventariante em caso de manifestação apresentada pela parte com esteio no art. 627.

Em sua resposta, o inventariante poderá concordar com a manifestação da parte, efetuando a retificação. Na hipótese de resistência do inventariante, o juízo sucessório examinará a manifestação escorada no art. 627 (I e III) e, caso esta proceda, determinará que o inventariante retifique as suas declarações pretéritas.[1067] No caso de reclamação contra a designação do inventariante (art. 627, II), o texto do § 2º do art. 627 não deixa dúvida que o inventariante sofrerá com as consequências da ordem do juízo sucessório, pois o objetivo é a própria troca de protagonista na direção da inventariança.

Sem prejuízo das dicções lançadas em decorrência das postulações das partes, é de bom tom que o inventariante – até mesmo em prestígio ao contraditório refinado (art. 6º) – apresente ao juízo sucessório *relatório unificado* que resuma as manifestações, assim como a pertinência delas, indicando, ao final, as providências a serem adotadas. Seguindo tal leme, o inventariante contribuirá sobremaneira para o *saneamento global* do inventário sucessório, uma vez que o texto concentrado trará espelho real acerca das questões que são relevantes na sucessão. O *relatório* – na forma proposta – deverá ser apresentado de maneira organizada, contendo: (i) a descrição das questões e das informações em que há o consenso geral (= *temas em que não houve controvérsia em relação às primeiras de-*

1067 Curioso que, segundo o art. 627, § 1º, a *retificação* ocorrerá no caso de ser julgado procedente a *impugnação referida no inciso I* (= *plano objetivo*), deixando de prever que igual providência deverá ser adotada se for verificada a necessidade de correção acerca da qualidade jurídica de quem foi chamado para participar como parte do inventário *causa mortis* (= *plano subjetivo*). A omissão não altera o desfecho do incidente, devendo ser determinado o ajuste das primeiras declarações também na área alcançada pelo art. 627, III.

clarações, sedimentando-se o seu conteúdo); (ii) os pontos em que foram reclamados ajustes, indicando tudo aquilo que foi trazido pelas partes como deslizes nas primeiras declarações (= *erros* e *omissões*); (iii) os ajustes que o inventariante considera como necessários de serem introduzidos nas primeiras declarações; (iv) as reclamações de ajuste que não prosperam e que devem ser rechaçadas pelo juízo sucessório; (v) a identificação de possíveis áreas de conflito entre as partes, informação esta que deve ser feita de forma justificada nas manifestações (por exemplo, divergência sobre o reconhecimento da qualidade de herdeiro de pessoa apontada como tal, debate acerca da arrecadação de bens de posse do cônjuge/companheiro sobrevivente ou negativa de herdeiro necessário em trazer determinado bem à colação/conferência).[1068]

Às claras, com o relatório na forma acima, o juízo sucessório terá melhores condições de apreciar o inventário, saneando-o (= *determinando as retificações necessárias*) e organizando-o (sobretudo se for necessária a formação de incidentes para o desenvolvimento de debates, por exemplo, em relação à colação – art. 641).

8.4 Do contraditório geral

O art. 627 também é omisso quanto ao contraditório nas perspectivas das partes em relação às manifestações apresentadas por outros interessados. Observe-se, contudo, que o alvo da manifestação de determinada parte pode alcançar questão que – em alterando o conteúdo das primeiras declarações – afeta sobremaneira a própria sucessão (e, via de talante, outros interessados). Sem dúvida, há grande quantidade de questões (sendo impossível de catalogá-las previamente) que as partes poderão trazer nas suas manifestações, postulando ajustes às primeiras declarações que afetarão a sucessão (ou ao menos

1068 A concentração das manifestações efetuadas pelas partes e o *contraditório geral* (tema do item seguinte) permitirão que o inventariante preste informações mais completas e precisas no relatório acima. Ademais, é naturalmente conclusivo que o relatório do inventariante deve ser efetuado depois de encerrado o contraditório geral, pois somente terá condições de apresentar a resenha sobre os assuntos sem controvérsia, que necessitam de ajustes e que estão em litígio se for possível analisar a completude das manifestações, ou seja, as prestadas inicialmente e aquelas fruto do contraditório sequencial. No particular, a lógica do relatório da *etapa limiar* a ser produzido pelo inventariante é assemelhada àquela que se extrai do art. 651, voltada ao esboço do partidor. De forma adaptada, caberá ao inventariante trazer um quadro – construído a partir das suas primeiras declarações – que basicamente irá apontar o desdobramento do contraditório, trazendo as áreas que não sofreram qualquer tipo de pedido de ajuste, os pontos comuns acerca da necessidade de retificações do esboço inicial e as questões que o juízo sucessório terá que decidir em razão da presença de conflito.

parte dela). As manifestações das partes, embora efetuadas à luz de contraditório cooperativo e com o objetivo de *saneamento* das primeiras declarações, possuem o condão de criar controvérsias entre protagonistas da sucessão, adentrando-se em esferas jurídicas alheias, sendo inviável se pensar que o juízo sucessório poderá resolvê-las sem a oitiva daquele que será prejudicado. Haveria, dentro do contexto do CPC em vigor, violação frontal ao disposto no art. 10, que veda a "decisão surpresa", pois o juiz do inventário, seguindo a moldagem (equivocada) do art. 627, poderia decidir sobre manifestação de uma parte que adentra na órbita jurídica de outra, sem, contudo, permitir o contraditório daquela que potencialmente sofre os efeitos da postulação apresentada.[1069] Assim, embora o art. 627 seja omisso a respeito, é imperioso que – através de contraditório amplo – seja facultado às partes interessadas o acesso às manifestações trazidas pelos demais participes do inventário e a possibilidade de sobre elas se pronunciarem. [1070]

O contraditório geral confere transparência ao inventário sucessório, prestigiando a dimensão mais ampla de boa-fé processual (art. 5º). O ponto se revela de suma importância, até porque, em determinados casos, a omissão de determinada parte em sua manifestação faz surgir o interesse de outra em provocá-la, de forma expressa, para a fixação de controvérsia. Exemplo claro está na postura omissiva do herdeiro necessário donatário de trazer em conferência o bem que recebeu em vida por doação do falecido, pois, a teor do art. 639, a oportunidade de fazê-lo espontaneamente se opera no "prazo" (ou melhor, na manifestação) do art. 627. Assim, outro herdeiro necessário que estava na expectativa de que o bem fosse trazido à colação como ato de boa-fé do coerdeiro, tendo ciência da omissão inesperada, poderá requerer a conferência olvidada.

1069 Além dos fundamentos acima postos, o art. 628 permite uma melhor interpretação do art. 627. Com efeito, caso seja apresentada manifestação de interessado preterido requerendo sua admissão nos autos do inventário, prevê o § 1º do art. 628 que as partes serão intimadas para se manifestar sobre tal pleito em 15 (quinze) dias. A mesma lógica há de ser transportada para o seio do art. 627, pois as manifestações fixadas nos incisos I e III são capazes de alterar situações jurídicas das partes no inventário sucessório, destacando-se, em especial, que a hipótese específica do inciso III de tal artigo detém boa afinidade com o tema tratado no art. 628 (já que a *legitimação* sucessória é pano de fundo comum).

1070 Por exemplo, o cônjuge/companheiro sobrevivente alega que determinado bem arrecadado deve ser excluído do inventário *causa mortis*, pois a sua titularidade é exclusiva, não sendo, assim, alcançado pela sucessão. Em outra ilustração, determinado herdeiro necessário não se nega a efetuar a colação de bem imóvel, mas afirma que a doação se efetuou em terreno vazio e, assim sendo, que todas as benfeitorias e acessões lhe pertencem, devendo ser feito, com tal linha, o decote previsto no art. 649, parágrafo único.

Ademais, somente será possível identificar as áreas pacíficas e as zonas de conflito caso seja permitido o diálogo amplo das partes acerca das manifestações, justificando-se, também por tal turno, a abertura de contraditório geral, depois de recolhidas todas as peças que examinaram as primeiras declarações. Ratificando o item anterior, de posse do conjunto de manifestações, o inventariante deverá relatoriar o desdobramento do contraditório, com as indicações das áreas sedimentadas e aquelas com algum tipo de litígio.

8.5 Saneamento e organização global × saneamento e organização de acordo com os núcleos de conflito

Na *etapa limiar* ao juízo sucessório, caberá importante missão, que é a do *saneamento* e *organização global* do inventário *causa mortis*. Com efeito, a partir do relatório do inventariante que dará notícia acerca de como as suas primeiras declarações foram recepcionadas pelas pessoas que dela tiveram ciência e, por conseguinte, também puderam sobre o esboço inicial e pronunciamentos correspondentes se manifestar, ter-se-á plasmado nos autos o quadro correspondente à sucessão, permitindo que o juízo sucessório proceda com o *saneamento* e *organização global*. Note-se, contudo, que, para que o relatório seja adequado para dar suporte à atividade judicante a ser exercitada, há de constar do texto produzido pelo inventariante os seguintes pontos: (i) as áreas não controversas, (ii) as questões em que há concordância geral acerca da necessidade de ajustes e (iii) a identificação de zonas de conflito. Em corte puramente didático e valendo-se do tripé acima posto, as consequências concretas da depuração dos pontos apurados e apontados pelo inventariante devem ser contempladas em seu relatório. Inicialmente, em relação às áreas sem controvérsia [item (i)] o juízo sucessório nada terá que fazer, pois haverá estabilização das primeiras declarações. Avançando, em segundo passo, da análise às questões apontadas consensualmente para ajustes nas primeiras declarações [item (ii)], o juízo sucessório examinará as queixas, determinando, quando procedentes, a emenda respectiva nas primeiras declarações. Finalmente, em arremate, caberá ao magistrado analisar as questões relatadas como controvertidas, isto é, aquelas sobre as quais pende litígio entre partes do inventário *causa mortis* [item (iii)], pois em alguns casos será necessário que pronuncie decisão de organização antes de deliberar propriamente sobre o ponto em conflito.[1071]

1071 Sem rebuços, o nível de complexidade do *saneamento* e *organização global* estará intimamente ligado ao que foi colhido das manifestações decorrentes das primeiras declarações e do contraditório subsequente. No caso de totalidade ou grande número de pontos comuns [áreas sem controvérsia alguma e/ou de concordância comum acerca da inserção de ajustes – itens (i) e (ii) acima] o nível de interferência do juízo sucessório será menor, ao passo que quanto mais se notar a presença de

Para que a atuação do juízo sucessório seja eficiente, é capital que se importem, do procedimento comum, as técnicas de saneamento e de organização do processo contidas no art. 357 (e seus parágrafos), pois estas, adaptadas à estrutura peculiar do inventário *causa mortis*, permitirão que se avance com segurança para os atos processuais e etapas seguintes do processo sucessório. Feito o transporte proposto, o juízo sucessório se pronunciará sobre as manifestações (valendo-se do relatório do inventariante, quando efetuada sua prévia confecção) e determinará, se necessário for, a correção dos erros e das omissões que foram constatadas nas primeiras declarações. No particular, o magistrado – além de cobrir os pontos em que há consenso entre os manifestantes – poderá decidir sobre qualquer questão que tenha sido debatida pelas partes e cuja controvérsia esteja elucidada por prova documentada que tenha sido alvo de contraditório hígido.[1072]

A análise primeira do juízo sucessório estará voltada para as retificações que devem ser determinadas ou afastadas, fazendo-o a partir das manifestações e do material probatório documentado que passou pelo contraditório das partes. Isso porque não há necessidade que o magistrado decida sobre as áreas não controversas [item (i)], sendo certo que, nos trechos em que não há embate sobre a necessidade de ajuste [item (ii)] dispensada estará, em regra, a dilação probatória. O grande ponto, como se vê, está nas deliberações acerca das zonas de conflito [item (iii)], pois, se for necessária a produção de prova outra que não esteja acostada nos autos, o juízo sucessório deverá tratar do assunto de modo apartado.

Sob tal ótica, o art. 357 se torna peça-chave na organização do inventário sucessório, pois, a partir das questões não decididas, o juízo sucessório deverá convocar as partes, a fim de que estas colaborem na delimitação exata das controvérsias pendentes, trazendo subsídios para que se possa projetar a estrutura e dinâmica de cada incidente, situação fundamental, inclusive, para a verificação se as questões serão aferidas pelo juízo sucessório ou se haverá a necessidade do uso da técnica de remessa (art. 612). Dessa forma, o juízo sucessório intimará as partes não apenas para conferir ciência das questões resolvidas (isto é já decididas), mas também apresentará desenho que apontará as áreas de conflito ainda não decididas, tendo em vista a necessidade de produção probatória. Além de informações para a melhor demarcação de cada con-

---

áreas de conflito, maior a intervenção judicial, pois será necessário que se opere a organização dos incidentes respectivos, observando-se os níveis de independência dos debates quando ocorrer mais de um.

1072 A condução na forma descrita está, como se vê, adequada ao texto da cabeça do art. 357, pois todas as áreas cobertas pelo julgamento antecipado (ainda parcial – arts. 355 e 356) devem ter resposta prioritária.

trovérsia, as partes deverão declarar o seu interesse em participar do deslinde das questões, devendo, em tal caso, justificar seu interesse jurídico em relação a cada incidente, assim como as provas que pretendem produzir a respeito. Trata-se, como se vê, de adaptação do disposto no art. 357, § 1º, valendo-se o juízo sucessório de manifestação das partes para o correto dimensionamento de cada núcleo de conflito.

A convocação na forma supra é fundamental por diversos aspectos, notadamente em caso de mais de um conflito em aberto, pois, em razão de objetos distintos, é perfeitamente possível que uma parte tenha interesse em participar do deslinde de determinado incidente, mas não o tenha em outro. Em exemplo claro, não há interesse na participação do herdeiro testamentário acerca de debate sobre colação, devendo o primeiro ser afastado do incidente. Ademais, quando há conflitos com bases diversas, o objeto da cognição será diferenciado, inclusive acerca da produção da prova correspondente, de modo que a depuração evita enleio na dilação probatória. Basta pensar que, em determinado inventário, apurou-se que há conflito sobre a qualificação de determinados bens como de natureza comum ou particular do autor da herança em relação ao cônjuge/companheiro sobrevivente,[1073] formando-se, de outra banda, litígio acerca da autoria de acessões e benfeitorias sobre bens alcançados pela colação (debate este que repercute no cálculo da legítima[1074]).

Perceba-se, em detalhe íntimo ao *policentrismo*, que, ainda que os litígios envolvam as mesmas partes, a posição pessoal de cada uma delas pode ser variante nos conflitos. Seguindo o exemplo acima, em sucessão com presença de cônjuge/companheiro sobrevivente acobertado pelo regime da comunhão parcial (A) e que concorre na herança com três descendentes do falecido (B, C e D), o debate acerca da classificação dos bens em comuns e particulares foi provocado pelo descendente mais velho (B), que impugnou as opções efetuadas pelo inventariante nas primeiras declarações, já que, na sua visão, foram antijurídicas e beneficiaram indevidamente o cônjuge/companheiro supérstite. Ocorre que sua posição (contrária às primeiras declarações) não é compartilhada por todos os demais coerdeiros, já que o herdeiro (C) concorda com a listagem feita pelo inventariante, de modo que apenas (D) se postou favorável à retificação postulada por (B). Para a manutenção das primeiras declarações, portanto, restarão postados o cônjuge/companheiro sobrevivente (A) e o descendente (C), em

1073 A depender do regime de bens a resposta da investigação gera distribuição diversa para o seu cônjuge/companheiro sobrevivente (art. 1.829, I, do CC).

1074 Art. 1.847 do CC c/c art. 639, parágrafo único do CPC. Vide os comentários ao art. 639 desta obra.

contraposição à pretensão de retificação dos descendentes (B) e (D). Em relação ao segundo conflito ilustrado, há impugnação acerca da conferência efetuada pelo herdeiro (B), pois este decotou valores referentes a benfeitorias a acessões que afirma ter efetuado, posição esta repudiada expressamente por (C) e (D) e sem qualquer manifestação posicional de (A), que afirma desconhecer o fato. O cenário mostra que as partes envolvidas nos dois conflitos, diante da diversidade de matérias, podem se posicionar de forma diferenciada nas duas zonas de litígios, fato que repercutirá, inclusive, no ônus probatório respectivo. Por tal passo, cada incidente deverá ser trabalhado de forma separada e independente, ratificando a importância da convocação do juízo sucessório para que este possa *sanear* e, especialmente, *organizar* cada um dos núcleos de conflito.

Assim, feita a convocação e apresentadas as respostas das partes, o juízo sucessório reavaliará o esboço efetuado anteriormente, de modo que poderá retificar ou aperfeiçoar o desenho pretérito de cada conflito com os seus pontos principais, a saber: (a) objeto do litígio, (b) partes envolvidas e (c) posicionamento no debate (encaixando, no que for possível, a dimensão tradicional de polos, para identificar o sujeito ativo e passivo, isto é, aquele que encabeçará o incidente e aquele que sofrerá os efeitos em caso de procedência do pleito de ajuste).

A partir das modulações efetuadas, caso seja necessário, o juízo sucessório poderá refinar a organização referente a cada zona de litígio, fazendo-o dentro daquilo que fixamos como *saneamento e organização de acordo com os núcleos de conflito*, pois estes já estarão perfeitamente identificados. Introduzindo-se tal medida, é possível que sejam adotadas diligências para a resolução de cada conflito de forma isolada, postura esta que alcança a autocomposição para a resolução do tema do incidente, assim como a análise de dinâmica processual convergente, permitindo-se, assim, que se faça a *organização compartilhada* para o desenlace do conflito. Nada obsta que o juízo sucessório convoque as partes para comparecer em audiência, aplicando, de forma ajustada, o disposto no art. 357, § 3º, pois a dilação probatória é uma área sensível no inventário sucessório, capaz de excluir a questão da análise interna, justificando, assim, que se busque solução conjunta que, certamente, será menos conflituosa.[1075]

1075 O inventário sucessório não é impermeável à técnica prevista no art. 357, § 3º. É incorreto se pensar que o art. 612 obsta a importação da técnica ao processo sucessório, pois tal dispositivo tão somente proíbe a produção interna de prova que não seja documentada. Não há proibição alguma no procedimento que impeça que o juízo sucessório convoque as partes para audiência presencial, pois, ao contrário, há previsão expressa no arrolamento comum (art. 664, § 2º). Assim, descabido se falar em vedação na realização de audiência, cuja finalidade é o saneamento e a organização do processo. Vide comentários ao art. 664 desta obra.

As partes interessadas poderão cooperar com o juízo sucessório para se obter a melhor solução acerca da colheita probante pendente em cada um dos núcleos de conflito, pois as convocações permitirão, por exemplo, que as partes colaborem não apenas para definir as provas que poderão ser produzidas internamente no inventário, mas também, em caso de impossibilidade no sentido, da escolha acerca da dilação probatória externa. No ponto, além da possibilidade de remessa do próprio litígio para fora do inventário, a fim de que seja deliberada em ação autônoma própria, postura que remeterá a solução para eventual sobrepartilha,[1076] é perfeitamente admissível que as partes deliberem acerca da produção externa da prova pela via do art. 381, retomando com o material probante ao juízo sucessório assim que colhida a prova.[1077]

Pode-se cravar, seguramente, embora em resenha apertada, que o que justificará o *saneamento e organização de acordo com os núcleos de conflito* é a constatação, no caso concreto, da presença de conflitos com autonomia (ainda que relativa), situação natural de processos com natureza policêntrica. Reconhecida a situação, caberá ao juízo sucessório convocar as partes interessadas de acordo com a zona de conflito, pois tal diálogo, dentre outros desdobramentos, permitirá: (a) a autocomposição setorizada; (b) a definição da dilação probante internamente no inventário, fixando-se questões relevantes no sentido (por exemplo, o ônus probatório); (c) análise das possibilidades de produção externa da prova (por exemplo, remessa para debate completo em ação própria ou colheita através de ação probatória).

De forma conclusiva, permite-se afirmar que a *"etapa limiar"* do inventário contempla uma fase de *saneamento e organização global*, que será efetuada pelo juízo sucessório depois de findo o contraditório geral entre as partes (e apresentado o relatório correspondente pelo inventariante). Se ao final da providência organizacional se verificar que há mais de um conflito entre as partes pendente de julgamento (em razão na necessidade de produção probatória), identificando-se ainda que cada litígio detém independência cognitiva, o juízo sucessório deverá apresentar os desenhos das zonas de conflito que remanescem nos autos, convidando as partes para cooperar, no sentido de que cada foco de litígio seja corretamente delineado e plasmado em incidente com trilho próprio. A convocação das partes para tal finalidade poderá ser feita com esteio adaptado do disposto no art. 357, § 1º, intimado-as para que se pronunciem sobre a modulação dos núcleos de conflitos apontados pelo juízo sucessório, indicando, para tanto, dentre outras informações, seu interesse concreto,

1076 Vide os comentários ao art. 669 desta obra.
1077 Vide os comentários ao art. 612 desta obra.

a posição jurídica assumida em cada incidente (caso tenha legitimação para tanto) e as provas que pretendem produzir.

É perfeitamente admissível, a partir da configuração de com zonas de conflito independentes (e ainda sem resolução), que o juízo sucessório deflagre nova rodada organizacional, fazendo-o agora com foco específico em cada *núcleo de conflito*. Assim procedendo, convidará as partes para a resolução de cada controvérsia, na busca de que, antes de decisão adjudicada, os litígios sejam tratados com cooperação dos interessados. No sentido, além da tentativa da autocomposição setorizada por núcleo litigioso, as partes poderão propor – em ato de cooperação – caminhos e definições acerca da produção probatória, seja no plano interno ou externo do inventário sucessório, fazendo-o com olhos em cada zona de conflito. Diante da sensibilidade que a matéria probatória possui em relação ao inventário sucessório, a técnica de compartilhamento presencial, prevista no art. 357, § 3º, revela-se como adequada a boa parte dos casos em que seja necessário *saneamento e organização de acordo com os núcleos de conflito*.

9. Etapa de autocomposição: uma proposta de encaixe

Na contramão do comando do art. 3º, § 3º, o CPC atual não contempla uma fase específica para a solução autocompositiva de controvérsias no inventário *causa mortis*. De toda sorte, consoante apresentado nos comentários ao art. 626, a importação topológica dos arts. 334 e 695, fixando-se etapa de autocomposição logo após a citação, provavelmente, terá resultado improdutivo, diante de fatores diversos.[1078]

A abordagem feita sobre a *etapa limiar* e suas fases internas nos itens anteriores demonstra – dentro da perspectiva posta – que o melhor ponto topográfico de encaixe para o módulo da autocomposição ocorrerá depois de

1078 Em muitos casos, os herdeiros seriam convocados para o ato sem sequer ter previamente aceitado ou não a herança e, mais ainda, sem conhecimento claro acerca das informações sobre a sucessão, pois basicamente as notícias que lhes restariam disponíveis no inventário sucessório seriam as contidas nas primeiras declarações. a aproximação da autocomposição da data da abertura da sucessão, reflexo que ocorreria ao se trazer esta para momento sequencial à citação do inventário, faria com a convocação para a etapa ainda esteja no rescaldo do chamado "período do nojo", lapso temporal em que as partes estão – presumivelmente – em luto. A aproximação, portanto, permite que radiações do luto possam influenciar na autocomposição, não sendo de todo incomum que mágoas do passado na relação familiar com o falecido e/ou entre herdeiros sejam rememoradas ou explicitadas depois do passamento do autor da herança, situação que torna o período mais crítico ainda. No ponto: Michelle Ivair Cavalcanti de Oliveira, *Ações de família no CPC/2015:* definição e técnicas, p. 125-126. Sobre o tema, vide os comentários aos arts. 626 e 619 desta obra, especificamente no ponto sobre o papel do inventariante na autocomposição.

efetuado o *contraditório geral*, pois das manifestações das partes é que será possível, efetivamente, se vislumbrar se há pontos de conflito e, em caso positivo, os contornos específicos de cada um, pois não é invulgar a ocorrência de fragmentação no sentido, isto é, existência de mais de uma área de litígio.[1079] Saliente-se, com tal mastro de condução, que, quando há vários núcleos de litígio, sem dúvida, a autocomposição deve ser buscada de forma segmentada, a fim de que um debate passível de resolução consensual não seja prejudicado por polo litigioso de alta conflituosidade.

Certamente, nas hipóteses em que há variadas zonas de conflito, cada qual com seu assunto pontual (e, por vezes, com grupos de atores não coincidentes), será inevitável que se busque a autocomposição de forma específica, incidente por incidente, visando *solução setorizada*. A assertiva posta indica que, em boa parte dos casos, o encaixe da etapa de autocomposição se dará depois de efetuado o *saneamento e organização dos núcleos de conflito*, isto é, somente depois de definidas as zonas de litígio, trabalho este que, repita-se, deve ser feito com a participação ativa das partes. Adotando-se a medida proposta, será possível não apenas a visualização de cada conflito, mas também que se possa projetar para cada agrupamento a melhor técnica de tratamento adequado do litígio respectivo.

É, pois, fundamental a compreensão de que o policentrismo é inerente ao direito sucessório, de modo que o tratamento dos conflitos se efetuará em cada área específica, situação peculiar que não pode ser esquecida. No ponto, fazendo a conexão do inventário aos outros processos concursais, merece ser lembrado que a Lei n. 11.101/2005 (depois de alterada pela Lei n. 14.112/2020) prevê, em seu art. 22, I, *j*, que o administrador judicial deve estimular a autocomposição, razão pela qual foram inseridos regramentos específicos ao tema, consoante se infere dos arts. 20-A a 20-D da referida legislação. A ilustração trazendo a Lei n. 11.101/2005 demonstra que a solução de conflitos não necessita ser total, mas que pode ser efetuada em áreas específicas de litígio, em setores que alcançam, inclusive, apenas alguns autores. É importante demarcar tal situação, pois, em se tratando de inventário *causa mortis*, repita-se, é natural a fragmentação de conflitos, pois tal fato decorre da própria dimensão policêntrica do direito sucessório.

1079 Deixando de lado a questão da posição geográfica e analisando as técnicas no seu conteúdo, a comparação dos arts. 334 e 695 revela que o último dispositivo possui quadro mais adequado ao inventário *causa mortis*, devendo seguir de modelo para a etapa da autocomposição em exame. O art. 695 – como técnica aplicável às ações de família – leva em consideração algumas relações advindas do direito sucessório (vínculo familiar/sucessão legal) e sua cadência (que admite fatiamentos do ato) permite resultados mais eficientes, inclusive de resgates de comunicação (resultado importante para que o conflito seja tratado, ainda que sem uma solução completa autocompositiva).

A inserção de fase de autocomposição na forma acima, ou seja, depois de identificados e delimitados os pontos litigiosos, cria ambiência para que as partes – mesmo que não resolvam os conflitos pontuais – possam consensualmente escolher trilhas processuais aplicáveis aos litígios, como por exemplo: (a) deliberação das questões que se submeterão à sobrepartilha (art. 2.021 do CC); (b) conflitos que serão resolvidos internamente (com produção de provas no bojo do inventário, se necessário); (c) assuntos que se submetem à técnica de remessa externa (com escolha consensual da "via" que será usada[1080]). Com tal raciocínio, a etapa da autocomposição ganha corpo e mais importância no curso do inventário *causa mortis*.

Por fim, a definição geográfica da etapa da autocomposição na forma defendida não possui qualquer incompatibilidade com a previsão do art. 139, V, do CPC, de convocação itinerante para que, em "qualquer tempo" (= *sempre que necessário e oportuno*), seja deflagrada a convocação de audiência de conciliação ou sessão de mediação.[1081] Tal técnica é autônoma e coexiste com a etapa de autocomposição, já que seu encaixe é ambulante, isto é, poderá ser implementada toda vez que surgir ambiência favorável (por exemplo, antes dos pedidos de quinhão – art. 647, *caput*).

10. A "calendarização" como ferramenta de organização

A leitura completa dos comentários ao art. 627 revela a complexidade da *etapa limiar*, concluindo-se, outrossim, pela importância nodal desta. A compreensão de que há atos sequenciados iluminados pelo contraditório e que devem ser feitos em funil cognitivo permite encarar o procedimento dentro da sua realidade factual, evitando, pois, que o inventário *causa mortis* se torne um labirinto interminável, com idas e vindas, ineficientes e sem cadência procedimental. O cipoal se torna mais intrincado nas hipóteses concretas de sucessões com alta fragmentação de litígios e participação multipolar de personagens, pois tais situações geram dispersões variadas nos planos objetivo e subjetivo que, em boa parte das vezes, acarretam retrocessos inaceitáveis no curso do inventário sucessório.[1082]

1080 Sobre o conceito atual de "vias ordinárias", vide os comentários ao art. 612 desta obra.

1081 Sobre a aplicação do art. 139, V, no inventário sucessório, confira-se: Hélio Antunes Carlos, *O microssistema de autocomposição*, p. 322; e Conrado Paulino da Rosa e Marco Antônio Rodrigues, *Inventário e partilha*, p. 376.

1082 Em exemplo marcante, é inviável se adentrar na fase procedimental da partilha sem que as posições jurídicas estejam perfeitamente demarcadas, pois, se não houver consenso a respeito ou decisão definindo as cotas, não haverá como se postular o encaixe dos quinhões (art. 647). Haverá necessidade de retorno à fase da *etapa limiar*, para reabrir (ou, não raras vezes, começar) o debate sobre posições jurídicas Dian-

Diante do quadro, é praticamente indispensável que no inventário seja adotada a técnica da "calendarização", isto é, da demarcação de datas previamente para que os atos processuais sejam efetuados. A medida, além de conferir evidente organização processual, evitará que o processo sucessório seja alvejado pelo chamado "tempo morto", com paralisações desnecessárias (seja para aguardar providência do juiz condutor, seja na espera de atos formais de convocação). O art. 191 prevê técnica processual de "calendarização" escorada em contraditório e com superfície para ajustes variados, inclusive de redução de prazos legalmente previstos (caso ocorra o consenso geral). Destaca-se, todavia, que, com apoio no art. 139, II e VI, poderá o juízo sucessório demarcar os atos processuais com suas datas limites, traçando, no sentido, cadência procedimental, desde que respeite os prazos previstos em lei e voltados às partes, não os encurtando. Ora, se o juiz deve velar pela duração razoável do processo (art. 139, II), sendo a este concedida a possibilidade de dilatar os prazos processuais, alterando, inclusive, sua ordem (art. 139, VI) quando necessário for, não resta embargo que o juízo sucessório delimite a sequência procedimental a ser efetuada no curso do inventário, repita-se, sem que tal conduta diminua os prazos que estão previstos em lei em favor das partes.

É perfeitamente admissível, conjugando os arts. 139, II e VI, com o art. 191, que o juízo sucessório apresente proposta de calendário, intimando-se as partes a respeito para manifestação e eventuais ajustes, pois tal medida corporifica o art. 6º do CPC em vigor. Por tal passo, postura semelhante pode ser adotada pelo inventariante e pelas partes, trazendo aos autos sugestão de cronograma, a fim de que todos (interessados, atores funcionais e magistrado) possam sobre ele se manifestar e contribuir com ajustamentos.[1083-1084]

Com as observações acima, não há óbice algum para que se delibere ou proponha sobre calendário processual quando da ocasião do *saneamento e organização global* ou, em caso de litígios variados, na ocasião do *saneamento e organização de acordo com os núcleos de conflito*. Para tanto, o juízo sucessório poderá apresentar calendário para apreciação e debate das partes (em ajuste ao disposto no art. 357, § 1º) ou convocá-las para que assim o façam em conjunto

te da importância do assunto, nos comentários ao art. 647, tratou-se dos atos prévios à apresentação do pedido de quinhão.

1083 A presença de incapaz não impede a "calendarização" em qualquer das suas modalidades, inclusive por negociação processual apresentada pelas partes ao juízo sucessório. Isso porque, consoante se extrai do art. 665, admite-se que sejam feitas convenções processuais envolvendo incapaz no inventário sucessório, desde que ocorra a concordância geral das partes e que o Ministério Público não se oponha. Vide os comentários ao art. 665 desta obra.

1084 Ainda sobre calendário processual, vide os comentários ao art. 635 desta obra.

(adaptando o art. 357, § 3º, ao art. 191). Com tal visão de importação modelada à técnica, poderão as partes, também de forma consensual, tracejar o calendário, a fim de que o juízo sucessório o adote (em adaptação pontual do art. 357, § 2º). Além de tudo isso, deve-se admitir que as partes e/ou o inventariante apresentem propostas no sentido, colhendo-se o contraditório respectivo. Na verdade, pouco importa a forma de "calendarização" e/ou quem seja o seu propositor, desde que o contraditório cooperativo seja observado (art. 6º). Certo é que se trata de um método de organização procedimental fundamental para abreviar, dar cadência e obter resultados mais seguros na *etapa limiar*, que é marcada por boa quantidade de atos processuais reclamados pela necessidade de respeito ao contraditório. Mais ainda, a técnica da calendarização deverá ser aplicada em todas as fases do inventário sucessório, evitando retrocessos e conferindo aceleração e lógica organizacional nas etapas subsequentes.

11. Amplo manejo do agravo de instrumento

Durante toda etapa *limiar,* deve ser facultado aos participantes do inventário sucessório amplo manejo do agravo de instrumento, não podendo se limitar este apenas à decisão que resolver a impugnação. Há, portanto, superfície ampla para aplicação do art. 1.015, parágrafo único, do CPC.

> **Art. 628**. Aquele que se julgar preterido poderá demandar sua admissão no inventário, requerendo-a antes da partilha.
>
> **§ 1º** Ouvidas as partes no prazo de 15 (quinze) dias, o juiz decidirá.
>
> **§ 2º** Se para solução da questão for necessária a produção de provas que não a documental, o juiz remeterá o requerente às vias ordinárias, mandando reservar, em poder do inventariante, o quinhão do herdeiro excluído até que se decida o litígio.
>
> *CPC de 1973 – art. 1.001*

1. Abrangência do dispositivo: diálogo com o art. 626, *caput*, do CPC

O *caput* do art. 628 possui redação fluida e abrangente, pois usa da nomenclatura aberta "aquele que se julgar preterido", evidenciando que qualquer pessoa que se encaixe no perfil de "interessado" e que foi "preterido" (isto é, não convocado) poderá postular sua inclusão no inventário sucessório. Ocorre que o texto do *caput* do art. 628 é colocado em xeque pelo seu § 2º, pois em tal trecho o dispositivo faz referência exclusiva apenas ao "herdeiro excluído", dando a impressão de que apenas este seria o alvo do artigo em testilha.[1085]

1085 A confusão de nomenclatura não está sitiada apenas no art. 628, pois o art. 627, III, que também faz alusão específica apenas à figura do "herdeiro", ao passo que art.

Conectando o art. 628 ao 626, fica evidenciado que o dispositivo em comento possui plataforma de encaixe de pessoas outras que não apenas o "herdeiro excluído". Dessa forma, todo aquele que deveria ser "citado" (= citação real) na forma do *caput* do art. 626 terá legitimação para apresentar a postulação prevista no art. 628, instaurando-se o incidente respectivo. Com tal bússola, é inegável a legitimação do cônjuge/companheiro sobrevivente para apresentar pedido de integração ao inventário sucessório, mesmo que não ostente a posição jurídica de herdeiro, uma vez que há interesse jurídico para defender eventual "meação" [1086] e/ou garantir o exercício do direito real de habitação sucessório (art. 1.831 do CC).

Em razão do necessário diálogo entre o art. 628 com o art. 626, é fundamental recordar que o cardápio listado para citação previsto no último dispositivo possui *base permeável*, isto é, não fica restrito apenas às pessoas que ali estão expressamente arroladas, pois há outras que possuem interesse de participação no inventário *causa mortis* (seja em decorrência da herança, seja em razão de direitos outros que acabaram sendo arrastados para resolução na sucessão), como é o caso do cessionário de direitos hereditários e o ex-cônjuge/companheiro em estado de *mancomunhão patrimonial*.[1087] Portanto, o art. 628 não é restrito aos "herdeiros", podendo ser usado como porta de entrada no inventário por todo aquele que se demonstre preterido, devendo-se analisar se o requerente possui abstrata legitimação para figurar no inventário, situação que possibilita a citação real prevista no *caput* do art. 626.

2. Comunicação do art. 628 com o art. 626, § 1º

Conforme comentários efetuados no art. 626, o CPC em vigor – levando em conta a natureza estrutural do processo de inventário – é explícito acerca da obrigatoriedade da convocação por edital, medida esta que visa criar mecanismos para a "participação no processo, de interessados incertos ou desconhecidos" (art. 626, § 1º, e art. 259, III). Feita a anotação, a junção do art. 628 ao art. 626, § 1º, é inegável, pois seria pueril a aplicação do primeiro dispositivo sem a convocação prevista na segunda regra legal. Assim, o edital de citação dos "interessados incertos ou desconhecidos" é peça estrutural do inventário *causa mortis*, enquanto o art. 628 funciona como a "porta de entrada" dos interessados que não receberam a citação real.

658, III, que permite a ação rescisória na hipótese em que se "preteriu herdeiro ou incluiu quem não o seja".

1086 Meação não é considerada como herança. No sentido: dentre vários, confira-se: ARRUDA ALVIM, ARAKEN DE ASSIS E EDUARDO ARRUDA ALVIM, *Comentários ao Código de Processo Civil*, p. 1.500; e LUCIANO VIANNA ARAÚJO, *Comentários ao Código de Processo Civil*, v. 3, p. 258-259.

1087 Vide os comentários ao art. 626 desta obra.

3. Comunicação do art. 628 com o art. 627, III, do CPC

Há pontos de contato evidentes entre o art. 628 com o disposto no art. 627, III, pois os dois dispositivos trabalham com correções no *plano subjetivo* do inventário. A grande diferença está no fato de que, no dispositivo em comento, o foco da postulação está na *admissão* da parte no processo sucessório, ao passo que no art. 627, III, o farol está voltado para a *exclusão* de quem foi incluído e a correção de posições jurídicas de participantes do inventário.[1088]

A análise dos pontos de toque faz com que seja necessária a interpretação conjunta dos dispositivos, ainda que com a depuração dos temas íntimos de cada um. Sendo assim, as dinâmicas procedimentais dos dois incidentes serão muito semelhantes, seguindo-se balada praticamente idêntica. No particular, o § 2º do art. 628 preenche espaço do art. 627 no que se refere à necessidade de formação de contraditório, em razão da omissão inaceitável do último a respeito. Fixa-se a premissa de que, apresentada qualquer postulação de ajuste acerca das primeiras declarações, deverá ser concedida a possibilidade de manifestação das demais partes, seguindo-se o trilho que está expressamente previsto no § 2º do art. 628. Em fluxo inverso (isto é, advindo do art. 627 como fonte), deverá ser aplicado ao incidente previsto no art. 628 (ainda que com adaptações), o esboço procedimental desenhado para a *etapa limiar* da qual o art. 627 é peça-chave, com a diferença de que, no caso do artigo ora comentado, não haverá demarcação exata do momento em que poderá ser instaurado o incidente, pois este poderá ter início até que se opere o desfecho do inventário sucessório.

4. Da escolha: postulação do art. 628 do CPC ou ação autônoma

O art. 628 trata de postulação daquele que, por se reputar preterido, requer a sua admissão no processo sucessório. Enquanto existir *litispendência*, isto é, até que seja proferida decisão de desfecho do processo sucessório (= *"antes da partilha"*),[1089] o pleito poderá ser formulado internamente nos autos do inven-

1088 Vide os comentários ao art. 627 desta obra.

1089 Diante da possibilidade de apresentação de pedido de admissão no inventário até o seu desfecho (art. 628, parte final), ainda que de forma indireta, remete o interessado para o ambiente da ação autônoma. No tema, vale conferir o Enunciado 183 do FPPC: "A ação rescisória de partilha com fundamento na preterição de herdeiro, prevista no inc. III do art. 658, está vinculada à hipótese do art. 628, não se confundindo com a ação de petição de herança (art. 1.824 do Código Civil), cujo fundamento é o reconhecimento do direito sucessório e a restituição da herança por aquele que não participou, de qualquer forma, do processo de inventário e partilha". Analisando o enunciado: Rodrigo Mazzei e Leriane Drumond Bento, Comentários ao Enunciado 183 do FPPC. In: *Enunciados do FPPC Comentados*, p. 526-528; e Fernanda Tartuce e Rodrigo Mazzei, Inventário e partilha no Projeto de novo CPC: pontos de destaque na relação entre os direitos material e processual. In: *Revista Nacional de Direito de Família e Sucessões*, v. 1, p. 80-96.

tário. Em algumas situações, todavia, mesmo sem o desfecho do inventário, a parte que se julga como preterida deverá ingressar com ação autônoma junto ao juízo cível, a fim de viabilizar a sua efetiva admissão no processo sucessório ainda em aberto, pois a trilha do art. 628 não será a mais adequada.

O tema é delicado, pois não envolve apenas uma *faculdade* (= *opção*) propriamente dita (tal como ocorre em relação à habilitação pelo credor – art. 642[1090]). Há de ser analisado, efetivamente, dentro do caso concreto, o caminho que deve ser adotado pelo interessado preterido, sendo certo que sua escolha passará provavelmente pela análise sucessiva de algumas questões postas em *quadro geral*, a saber: (a) existência (ou não) de reconhecimento prévio da sua qualidade de interessado; (b) em caso negativo, necessidade ou não de providência judicial para que tal reconhecimento ocorra; (c) em sendo crucial que a sua legitimação seja reconhecida por decisão judicial, projeção em abstrato da dilação probatória que terá que ser efetuada, analisando se terá que ser "produzida" prova que não seja a juntada de material probatório previamente documentado.

A partir do quadro supra, em exemplificação, se a preterição ocorreu em relação a descendente direto do autor da herança, cujo reconhecimento se operou em vida (mas o fato não era de conhecimento dos demais coerdeiros concorrentes), bastará que o preterido apresente seu pedido de admissão com espeque no art. 628. Ocorre que, nem sempre, o "preterido" terá sua posição jurídica reconhecida com a estabilidade ilustrada, sendo necessário que esta seja "atestada", uma vez que não se extrai nenhum ato anterior à abertura da sucessão que confira tal certificação. Sem reconhecimento prévio, remete-se a análise da situação para a ótica atual, em que as partes já postadas no inventário serão peças chaves para "autenticar" a posição jurídica, seja para concordar com a postulação, seja para repudiá-la.

Retornando ao quadro [hipóteses postas nas letras (b) e (c)], a escolha da postulação interna passará pela análise acerca da possível resistência das partes já postadas no inventário, uma vez que, se estas reconhecerem a posição jurídica do requerente em relação à sucessão e/ou ao falecido a plataforma do art. 628 será apta.[1091] De modo diverso, se o interessado preterido presume que haverá

1090 Vide os comentários ao art. 642 desta obra.

1091 Note-se que, nem sempre, haverá resistência das partes em reconhecer a posição jurídica de alguém que deve participar do inventário *causa mortis*, mas foi preterido. No sentido, de forma exemplificativa, o art. 19 da Resolução n. 35/2007 permite que os interessados capazes de comum acordo reconheçam a posição jurídica do companheiro, pois tal medida é necessária para delimitar sua meação. Adaptando a regra citada, para efeito do art. 628, bastará que as partes façam o reconhecimento da união estável, ainda que a meação não seja definida ou tenha pontos de controvérsia.

resistência das partes acerca da sua admissão no inventário sucessório, será capital que este projete – ainda que em abstrato – o conjunto de provas que necessita para que o reconhecimento judicial se opere.[1092] A ponderação se torna fundamental, pois a postulação prevista no art. 628 está limitada à apresentação de prova de natureza documentada e, assim sendo, quando a análise prospectiva indicar que provas outras terão que ser "produzidas" (por exemplo, oitivas de testemunhas), a opção mais eficiente será a "propositura de ação autônoma" em que a liberdade probante é ampla e marcada pela atipicidade (arts. 369 do CPC).[1093]

Assim, o *quadro geral* traçado no presente item, trazendo as hipóteses listadas nas letras (a), (b) e (c), representa o gabarito básico para a escolha entre a postulação interna (art. 628) ou o pleito externo (ação autônoma), devendo ser confrontado a partir das nuances do caso concreto.

5. Efeitos da migração do debate (incidente interno → ação autônoma) e a possibilidade de atos concertados como mecanismo para relação eficiente entre o juízo cível e o juízo sucessório

O art. 337 prevê que haverá *litispendência* "quando se reproduz ação anteriormente ajuizada", extraindo-se dos §§ 2º e 3º do citado dispositivo que as ações serão idênticas quando possuírem "as mesmas partes, a mesma causa de pedir e o mesmo pedido", havendo, assim, a repetição de "ação que está em curso". Em complementação à normatização posta, o mesmo diploma dispõe que a "citação válida, ainda quando ordenada por juízo incompetente, induz litispendência" (art. 240), sendo que, quando o juiz se deparar com a *reprodução* de ações que caracterize a litispendência, será hipótese de extinção sem "resolução do mérito" da segunda ação (art. 485, V). O resumo – muito embora não esgote todos os contornos atrelados à litispendência[1094] – permite, a partir da modulação posta, que se faça a análise didática da relação entre o pedido interno de postulação de admissão (art. 628) com a eventual ação autônoma que tenha como fito o *reconhecimento de posição jurídica* que legitima (= determina) a participação no inventário sucessório.

1092 Projeta-se a produção das provas em procedimento em contraditório em que o pedido (admissão no inventário) será – provavelmente- impugnado por pelo menos uma parte.

1093 O exemplo mais comum envolve o reconhecimento judicial da união estável, pois esta, em razão dos efeitos sucessórios, pode ser atestada nos autos do inventário *causa mortis*, desde que sua comprovação se efetue por conjunto probatório documentado robusto. No sentido: STJ, 3ª Turma, REsp 1.685.935/AM, j. 17/08/2017, *DJ* 21/08/2017. Próximo: STJ, 4ª Turma, REsp 57.505/MG, j. 19/03/1996, *DJ* 09/09/1996.

1094 As noções clássicas e os efeitos da litispendência não se aplicam perfeitamente ao inventário sucessório diante das particularidades que o envolvem. Vide os comentários ao art. 616 desta obra.

O inventário *causa mortis* propicia *ambiente dual*, em que o mesmo pedido pode ser feito internamente (por meio de incidentes desenhados pela lei[1095]) e também ser apresentado por postulação externa (ação autônoma), sendo que, em comparação atenta, será aferida a presença das mesmas partes e de identificação (ao menos parcial) de *causa de pedir.* O motivo para se admitir a dualidade posta (que é uma exceção no direito processual), advém da impossibilidade de que, no inventário sucessório, seja efetuada a ampla dilação probatória e, por tal passo, a ação autônoma preenche espaço para cobrir o *déficit* de superfície cognitiva probante do processo sucessório (art. 612). A hipótese prevista no art. 628 se encarta em tal contexto especialíssimo.

Para efeito puramente didático, que tem como finalidade especial a identificação de desdobramentos muito próprios, não é de todo desarrazoado dizer que o inventário sucessório permite que ocorra situação aproximada à *litispendência*, mas sem aplicação do seu regime de controle. Isso porque a existência de debate prévio (por meio de postulação interna) não impede que a parte interessada possa manejar ação autônoma em que se verificará identificação de partes, de causa de pedir e do pedido. Não há qualquer óbice processual para que a parte interessada – mesmo durante o curso do incidente interno – venha a propor ação autônoma sobre a questão controvertida, caso fique evidenciado que haverá a necessidade de produzir prova outra que não a documentada. Tal *litispendência singular* (e, de certa forma, *acidental*) é resolvida pela cessação do debate interno, com migração e unificação da pendenga na ação autônoma externa. Demais disso, diferente do que ocorre normalmente (em que opera a censura à segunda postulação, análise que se faz no plano temporal), a amplitude probatória da ação autônoma absorve o pedido interno efetuado no inventário sucessório, passando a funcionar como o epicentro de comando acerca do assunto litigioso.

É imperioso que se tenha relação harmônica entre o incidente e a ação autônoma, seguindo-se a modulação acima posta, pois, se assim não ocorrer, com olhos do art. 628, admitir-se-á que, sobre o mesmo assunto, o juízo sucessório profira decisão em um sentido e o juiz cível em outro totalmente oposto.[1096] Portanto, como se trata de modelo fora dos padrões vulgares, há de

1095 O tema não está limitado ao art. 628, havendo exemplos outros, como é o caso do disposto no art. 642 (habilitação de crédito).

1096 Por exemplo, o primeiro decide pela admissão no inventário de determinada pessoa na qualidade de companheiro sobrevivente do autor da herança, devendo, em tal qualidade, participar da sucessão (inclusive partilha), na contramão da sentença da ação autônoma que, depois com espeque em ampla dilação probatória, decide pela inexistência de vínculo de convivência entre o requerente e o falecido capaz de caracterizar a união estável.

se ter atenção aos desdobramentos que a dualidade de postulações gera. Em exemplo frisante, proposta ação autônoma quando já em curso do debate interno, o juízo sucessório deixará de ser o responsável pela determinação de reserva de bens, pois tal providência lhe é conferida como ato judicante final do incidente, caso a conclusão decisória apontar pela aplicação da técnica de remessa externa.[1097] A interrupção do incidente pela propositura da ação autônoma retira do juízo sucessório a competência para definir a necessidade (ou não) de reserva de bens, pois tal deliberação – *de caráter cautelar*[1098] – será deslocada para o juízo cível que conduz a ação autônoma. O tema trazido é sensível, pois a jurisprudência é bastante vacilante na relação entre a postulação interna (art. 628) e a ação autônoma.[1099]

É fundamental sitiar as decisões sobre a questão (*legitimação para participação no inventário*) na ação autônoma (que permite cognição probatória ampla) em razão da migração (ou opção prévia) operada, pois, se assim não for feito, restará configurada competência decisória para o juízo sucessório, que não

---

1097 Ao aplicar a técnica de remessa, o juízo sucessório profere sua decisão final e, presentes elementos que justifiquem a reserva, determina a formação de garantia patrimonial devidamente dimensionada ao quilate respectivo do debate. Embora a decisão seja postada como derradeira na perspectiva interna do inventário, sob a ótica da ação autônoma se trata de ato de natureza limiar (vide art. 668, I).

1098 Posição que parece consolidada no STJ, confira-se: 4ª Turma, REsp 17.806/MG, j. 26/05/1997, *DJ* 01/09/1997; 4ª Turma, REsp 34.323/MG, j. 09/10/1995, *DJ* 11/12/1995; 4ª Turma, REsp 660.897/SP, j. 02/08/2007, *DJ* 05/11/2007.

1099 A análise de julgados do STJ demonstra o problema, pois não há posição firme no sentido de que as decisões sobre a reserva de bens devem ser proferidas pelo juízo cível na forma acima defendida. Em exemplo, há julgado em que a ação autônoma (investigação de paternidade) foi usada como "fundamento" da reserva de bens, ou seja, o juízo sucessório determinou a garantia, muito embora o juízo cível estivesse analisando a questão que ensejava a admissão no inventário não o tenha feito, sendo que o último, além de possuir condições de cognição probatória maiores que a do primeiro, será aquele que dará a decisão final acerca da posição jurídica do postulante (REsp 628.724/SP, 3ª Turma, *DJ* 30/05/2005). De modo próximo (sem também fixar a competência para apreciação da tutela pelo juízo responsável pela ação autônoma): STJ, 3ª Turma, REsp 423.192/SP, j. 30/08/2002, *DJ* 28/10/2002. Para análise mais ampla, vale conferir os seguintes julgados do STJ: (a) dualidade entre ação de reconhecimento de união estável e o inventário – 4ª Turma, REsp 310.904/SP, j. 22/05/2005, *DJ* 28/03/2005; 3ª Turma, REsp 660.897/SP, j. 02/08/2005, *DJ* 05/11/2007; e (b) bifurcação entre a ação de investigação de paternidade e inventário – 4ª Turma, AgRg no AREsp 332.302/MG, j. 15/10/2015, *DJ* 21/10/2015; 4ª Turma, AgRg no AREsp 471.257/RJ, j. 16/06/2015, *DJ* 03/08/2015. Extrai-se ainda em alguns debates a fixação de foco equivocado, pois o mote não está na análise de conexão de causas para reunião das ações (inventário + ação autônoma). Trilhando no equívoco indicado, confira-se: STJ, 2ª Seção, CC 31.933/MS, j. 10/10/2001, *DJ* 04/02/2002.

definirá o julgamento da questão, segundo opção, muitas vezes, efetuada pelo próprio interessado (autor da ação autônoma). Não há nenhum prejuízo na adoção de tal linha de pensar, pois, de modo semelhante a que o juízo sucessório procederia (caso não tivesse ocorrido movimento de deslocamento), o juízo cível examinará a questão sob o enfoque da tutela provisória cautelar, tal qual permitido pelo texto fluido do art. 301.

Observe-se, todavia, que a ação autônoma não afastará o juízo sucessório acerca de todas as deliberações que sejam vinculadas ao debate, caso seja aplicada a técnica de comunicação judiciária prevista no art. 69 do CPC, introduzindo-se, no caso concreto, os chamados *atos concertados* jurisdicionais.[1100] Com efeito, mediante diálogo cooperativo entre o juízo cível e o juízo sucessório, poderá ser efetuada, por determinação do primeiro, a reserva patrimonial e habilitação precária do interessado nos autos do inventário *causa mortis*, ao passo que o segundo, em cooperação e recepção da referida decisão, determinará o seu cumprimento pelo inventariante, a fim de que a garantia seja feita de forma dimensionada com o impacto que causa dentro da sucessão.[1101] Dentro da ilustração posta, em decorrência da comunicação entre os juízos, seria instaurado incidente no inventário sucessório – com contraditório – com o objetivo de cumprir a decisão proferida pelo juízo cível, formando-se, assim, bloco comunicativo de atos judiciais, ainda que com demarcações naturais da competência de cada órgão judicial. Note-se, em detalhe, que a breve exemplificação posta está em harmonia com o disposto no art. 69, IV, pois a efetivação de tutela provisória está na órbita dos atos concertados, consoante se extrai do § 2º, III, do citado dispositivo.

Na ilustração utilizada, o juízo cível provavelmente estará em melhores condições de examinar a própria questão (*legitimação sucessória*), diante da ampla

---

1100 Sobre a cooperação judiciária e os atos conjuntos e concertados praticados por vários juízos, com vistas à eficiência processual, confira-se Antonio do Passo Cabral, *Juiz natural e eficiência processual:* flexibilização, delegação e coordenação de competências no processo civil, p. 429-480 e 578-614. Também no tema, merece conferir: Fredie Didier Jr., *Cooperação judiciária nacional:* um esboço de uma teoria para o direito brasileiro – arts. 67-69, do CPC. É absolutamente capital que o art. 69 (que possui rol puramente exemplificativo) seja usado como superfície aberta para boa comunicação entre o juízo cível e o juízo sucessório, pois, assim ocorrendo, se evitará não só que a dualidade de relações processuais crie perplexidades (por exemplo, os dois juízos decidindo exatamente sobre o mesmo tema), como também se corroborará para a prestação jurisdicional mais eficiente. Aplicando o art. 69 do CPC no âmbito do processo sucessório (embora com olhos na dilação probatória): Marco Antonio Rodrigues, Em busca do inventário mais eficiente: como conhecer no inventário questões que não precisem de prova não documental. In: *Revista IBDFam Família e Sucessões*, n. 42, p. 88-89.

1101 Vide comentários ao art. 627.

liberdade probatória. Todavia, sob outro aspecto, o juízo sucessório se coloca, imune de dúvidas, em posição muito mais favorável para moldar a garantia no caso concreto – reserva de bens (diante da relação processual direta com o inventariante) – e também para efetivar o resultado final da ação autônoma.[1102]

O debate acerca da *legitimação sucessória* – como se viu – pode ocasionar influxo bifurcado de relações processuais, fato que merece, sem rebuços, atenção focada não só das partes alcançadas pelo conflito, mas também dos juízos que são açambarcados pela dualidade. No ponto, há de ficar sedimentado que, havendo ação autônoma em curso para reconhecer a legitimidade de determinada pessoa para figurar no inventário sucessório, há deslocamento de competência para o juízo externo ao inventário, que deverá atuar de forma *concertada* com o juízo sucessório.

6. Dinâmica procedimental

A dinâmica procedimental aplicável ao art. 627, I e III, serve de base para aplicação concreta do art. 628, efetuando-se pequenas adaptações. Assim sendo, apresentada a postulação, deverá ser instaurado incidente processual.[1103] As partes, o inventariante e, se necessário, os atores funcionais serão intimados para se manifestarem a respeito do requerimento no prazo de 15 dias, não sendo hipótese de aplicação do art. 229.

Da mesma forma que ocorre em relação ao requerimento, as manifestações devem ser instruídas com *provas documentadas* na amplitude que o art. 612 permite,[1104] incluindo-se, sobre tal espectro, de forma intuitiva, a prova produzida antecipadamente.[1105] A depender da manifestação das partes (por exemplo, apresentação de peça de resistência contendo prova documentada para embasar a impugnação[1106]), o juízo sucessório deverá facultar ao requerente dicção a respeito, importando-se, naquilo que admissível, o disposto nos arts. 350-353 (por força do art. 318, parágrafo único).

1102 É possível o encerramento do inventário *causa mortis* com adoção de medidas de garantia, aguardando-se o resultado na ação autônoma, citando-se, em exemplificação, a manutenção de bens na posse do espólio para sobrepartilha, com designação especial de inventariante para tanto (art. 669, parágrafo único, do CPC, e art. 2.021 do CC).

1103 É oportuno que os autos sejam autuados em apenso (ou adotada medida a fim de se evitar tumulto no processo, notadamente em situações em que o inventário contempla mais de um núcleo de conflito).

1104 Vide o conceito de prova documentada nos comentários ao art. 612 desta obra.

1105 Bem próximo: Daniel Amorim Assumpção Neves, *Novo Código de Processo Civil comentado*, p. 1.071.

1106 Em ilustração, a parte afirma que a admissão não se justifica pelo fato do postulante – na qualidade de herdeiro – ter renunciado à herança por escritura pública (art. 1.806 do CC).

Como o objeto litigioso (*legitimação*) é próprio, há de serem efetuados saneamento e organização do incidente de forma particular. Deve ser admitida etapa de autocomposição, convocando-se, para tanto, tão somente os atores efetivamente envolvidos no conflito e/ou que possam ser por ele alcançados nas suas esferas jurídicas. Nos casos em que não foi possível a solução consensual, a setorização do conflito permitirá a definição mais eficiente dos pontos controvertidos sobre os quais deverá ser deflagrada dilação probatória (interna ou externa), fato que permitirá, inclusive, a tomada mais segura da providência prevista no art. 628, § 2º (técnica de remessa), caso essa seja necessária.

O desfecho se opera por decisão do juízo sucessório, admitindo-se, três rumos diversos, a saber: (a) reconhecimento da *legitimação* do requerente, habilitando-o (=*admitindo-o*) no inventário dentro de determinada(s) posição(ões) jurídica(s); (b) negativa ao pleito do requerente, em decorrência da aferição de que não se trata de legitimado que está encaixado no rol (permeável) do art. 626; (c) remessa da questão para as "vias ordinárias", diante da necessidade de produção de prova que não a documentada para se formar convicção quanto à matéria.[1107] Nas hipóteses "a" e "b", uma vez esgotados os recursos, haverá coisa julgada material, sendo inclusive cabível, em tese, a ação rescisória (art. 658, III). Já na situação "c", a decisão de mérito – que fará coisa julgada – fica na alçada do "juízo externo" (= receptor da técnica de remessa), de modo que outros atos decisórios vinculados à própria questão deverão ser resolvidos por este. Remetida a questão para as "vias ordinárias", o juiz sucessório, de ofício, com base em seu poder geral de cautela, determinará a reserva do quinhão do suposto preterido, o qual fica em poder do inventariante enquanto pender o litígio em torno da matéria.[1108]

7. Agravo, apelação e ação rescisória

No caso de decisão do incidente, qualquer que seja o rumo decisório, esta será tratada como de natureza interlocutória, sendo cabível agravo de instrumento para impugná-la (art. 1.015, parágrafo único, do CPC). Em outros termos, as decisões interlocutórias no curso do incidente poderão ser desafiadas por agravo de instrumento.[1109] Em contrapartida, em casos excepcionais em que o incidente for julgado na sentença de partilha, como capítulo desta, será hipótese de interposição de apelação.

1107 Remessa que pode se operar com todas as variantes do conceito de "vias ordinárias". Vide os comentários ao art. 612 desta obra.

1108 Próximo: Rafael Knorr Lippmann, *Breves comentários ao novo Código de Processo Civil*, p. 2.016, 1.706. Vide comentários ao art. 627.

1109 Dentre vários, confira-se: Daniel Amorim Assumpção Neves, *Novo Código de Processo Civil comentado*, p. 1.070.

O art. 658, III, prevê que a "sentença" que julga a partilha, caso venha a preterir "herdeiro", será passível de ação rescisória. O tema está amplamente debatido nos comentários ao art. 658. De todo modo, vale aqui o breve registro de que não há comunicação perfeita entre os arts. 628 e o art. 658, III. Com efeito, apesar de ordinariamente o incidente vinculado ao art. 628 ser definido por decisão interlocutória, o texto do *caput* do art. 658 faz alusão à "partilha julgada por sentença", criando a falsa ideia de que a temática do seu inciso III será deliberada por "sentença". Não se trata de correção por capricho intelectual, pois a situação cria insegurança acerca do prazo de contagem da ação rescisória para a hipótese. A Súmula 401 do STJ[1110] não foi moldada para processos marcados pelo policentrismo fragmentado e característico do inventário sucessório, não podendo se extrair, com convicção, que as decisões interlocutórias do art. 628 estão sob seu manto de entendimento.[1111]

Art. 629. A Fazenda Pública, no prazo de 15 (quinze) dias, após a vista de que trata o art. 627, informará ao juízo, de acordo com os dados que constam de seu cadastro imobiliário, o valor dos bens de raiz descritos nas primeiras declarações.

CPC de 1973 – art. 1.002[1112]

1. O necessário diálogo com o art. 626

A Fazenda Pública aludida no art. 629 é a mesma pessoa jurídica de direito público que deve ser intimada dos termos do inventário *causa mortis* (art. 626, *caput)*, recebendo cópia das primeiras declarações (art. 626, § 4º). A anotação é pertinente, pois a Fazenda Pública que participa ativamente do inven-

1110 Súmula 401 do STJ: "O prazo decadencial da ação rescisória só se inicia quando não for cabível qualquer recurso do último pronunciamento judicial".

1111 Sem prejuízo do acima dito, salienta-se que o texto do art. 658, III, não segue a linha fluida do *caput* do art. 628, repetindo a limitação perpetrada no § 2º, do dispositivo comentado, ou seja, faz menção apenas ao "herdeiro preterido". Assim, o art. 658, III, desafia interpretação, mais abrangente, afinada com o art. 626.

1112 O artigo não apresenta alterações substanciais na redação comparativa com o seu correspondente no CPC de 1973, exceto no que se refere à redução do prazo para manifestação da Fazenda, de 20 (vinte) para 15 (quinze) dias. O art. 629 é uma exceção em relação às alterações introduzidas pelo CPC de 2015 acerca dos prazos do inventário sucessório, pois, como gizado, é uma hipótese de redução de prazo, diferente do que ocorreu em outros dispositivos em que houve o aumento na fixação do prazo (por exemplo, os arts. 627 e 637). No mesmo sentido: Sérgio Bermudes, *CPC 2015*: inovações, v. 2, p. 101; Euclides de Oliveira, *Comentários ao Código de Processo Civil*, p. 736; Rafael Knorr Lippmann, *Breves comentários ao novo Código de Processo Civil*, p. 1.706; e Felippe Borring Rocha, *Comentários ao novo Código de Processo Civil*, p. 960.

tário sucessório é a Fazenda Estadual ou Distrital (art. 155, I, da CF) em razão da competência tributária acerca do imposto *causa mortis*, premissa que pode ser extraída do trecho dos arts. 630-638.

Feita a constatação acima, é necessário que se opere interpretação adequada ao art. 629. Isso porque o dispositivo comentado prevê que a Fazenda deve trazer informações ao juízo sucessório acerca de "seu cadastro imobiliário" sobre os "bens de raiz" descritos nas primeiras declarações. Como se sabe, os "bens de raiz" são aqueles que não podem arredar do solo ou aqueles nele introduzidos, situação primeira dos terrenos sem construção e a última caracterizada, em ilustração, pelos prédios urbanos e rurais. Assim sendo, em razão da competência tributária respectiva para cobrança do IPTU (Imposto Predial e Territorial Urbano) e do ITR (Imposto sobre a Propriedade Territorial Rural), o cadastro imobiliário em relação aos bens imóveis urbanos está na órbita Fazenda Municipal (art. 156, I, CF) e, no que se refere aos bens imóveis rurais, o cadastro está de posse da Fazenda Federal (153, VI, CF). Nesse viés, como a grande incidência de aplicação do art. 626 está voltada à Fazenda Estadual,[1113] a disposição contida no art. 629 é de pouca utilidade, pois esta provavelmente não terá o cadastro imobiliário dos bens.[1114] Às claras, o texto do art. 629 não é adequado, mantendo-se vacilo do CPC de 1973 em relação ao revogado art. 1.002.[1115]

Sem prejuízo do acima posto, conjugando-se o art. 629 com o art. 626, o que se extrai é que o dispositivo comentado busca que a Fazenda traga elementos que colaborem para a correta valoração dos bens, pois, se esta trouxer estimação para o ventre do inventário sucessório, poderá ser dispensada a avaliação judicial em relação ao que houve concordância com os valores indicados pela Fazenda (art. 634). A posição jurídica peculiar da Fazenda Pública não se equipara a das partes beneficiadas pela herança (herdeiros e legatários),

---

1113 A situação da Fazenda Distrital, todavia, não é idêntica à da Fazenda Estadual, diante do contexto especialíssimo em que a primeira se coloca.

1114 Reconhecendo, ainda que implicitamente, que a Fazenda Estadual não terá os dados relevantes ao inventário sucessório acerca dos bens de raiz, confira-se: Gerson Fischmann, *Comentários ao Código de Processo Civil*, v. 14, p. 115. Parecendo concordar: Euclides de Oliveira, *Comentários ao Código de Processo Civil*, p. 736; e Flávia Poyares Miranda, *Comentários ao Código de Processo Civil:* perspectiva da magistratura, p. 713.

1115 No tema, sobre a elaboração do texto do art. 1.002 vale a anotação do debate feita por Alexandre de Paula: "Dizia-se, a certa altura da justificação '... não se concebe como possa ter a Fazenda e o Estado cadastro de imóveis, com os respectivos valores, se é atribuído ao INCRA, quanto aos rurais, e aos Municípios, quanto aos urbanos...' Entendeu a Comissão que a justificação não convencia (....)" (*Código de Processo Civil anotado*, v. IV, p. 3.725).

muito menos com os papéis dos atores funcionais (como ocorre, em ilustração, em relação ao Ministério Público e/ou ao testamenteiro), pois, como já dito, sua a participação se justifica em razão da arrecadação tributária decorrente da sucessão, sendo a avaliação peça-chave para o mister.[1116] Dessa forma, o art. 629 deve ser interpretado com olhos não só nos interesses da Fazenda, mas também na eficiência da aplicação da norma legal (art. 8º), não se justificando a aplicação puramente formal do dispositivo, sem qualquer benefício concreto ao processo, até mesmo diante da necessidade de eliminação de diligências inúteis e protelatórias que coloquem em risco o desfecho célere do inventário sucessório (art. 611, parte final).

2. Do injustificado fracionamento da intimação: concentração das convocações dos arts. 626 e 629 do CPC

A intimação da Fazenda Pública prevista no art. 626 tem por finalidade lhe conferir ciência acerca do inventário sucessório, sendo certo que o envio da cópia das primeiras declarações propiciará o conhecimento panorâmico do caso concreto, identificando as partes e os bens já arrolados pelo inventariante. Trata-se, assim, de convocação para que a Fazenda participe do inventário *causa mortis* dentro da esfera dos seus interesses e da sua posição jurídica. Ao se conjugar o art. 626 com o art. 627, I, percebe-se que a Fazenda – embora não seja uma "parte" no sentido estrito – poderá responder à convocação e impugnar a avaliação dos bens efetuada nas primeiras declarações. No ponto, é justamente em tal momento processual que os interessados na herança se manifestarão no sentido, pois a bandeja do art. 627, I, é adequada para impugnar as estimações feitas pelo inventariante nas primeiras declarações. Logo, é de todo oportuno que ocorra a concentração do debate, trazendo a Fazenda para participar deste, até mesmo diante do seu interesse (pagamento do imposto *causa mortis*, com o patrimônio do espólio avaliado corretamente).

Fazendo a leitura acima, o art. 629 estará vinculado a uma segunda convocação, mas cujo objetivo está atrelado à primeira (art. 626), ou seja, de propiciar ajustes, por meio de oportunidade concedida à Fazenda para trazer dados que venham a confirmar (ou não) a valoração dos bens efetuada nas primeiras declarações. Para tanto, a Fazenda será intimada para apresentar os valores – segundo os seus cadastros – em relação aos bens de raiz vinculados nas primeiras declarações. Assim, nada obstante a formação de prévio incidente com as "partes" acerca da avaliação dos bens, a Fazenda somente traria eventual contribuição efetiva depois de encerrado o debate ou, no mínimo,

1116 Próximo: Sergio Shaione Fadel, *Código de Processo Civil*. Arts. 890 a 1.220, p. 156.

quando este estiver já no seu final, pois a parte inicial do art. 629 é clara ao indicar que a juntada dos dados cadastrais ocorrerá depois de encerrado o prazo de impugnação em relação às primeiras declarações.

A cadência dos arts. 626, 627, I, e 629, na forma descrita, respeitosamente, não é adequada, já que fica facilmente aferível que propicia contramarcha desnecessária, criando, ainda que de forma involuntária, "tempo morto" para o inventário sucessório que não se justifica. Diante do breve exposto e da provável inexistência de cadastro imobiliário (ou no mínimo, de que este estará incompleto) quando se tratar de Fazenda Pública Estadual, é intuitivo que se indague sobre a necessidade efetiva de aplicação do art. 629. Reforça a ponderação o fato de que, mesmo que a Fazenda possua cadastro imobiliário, não se pode compelir que se siga o valor apontado em seu ficheiro cadastral, caso este tenha valoração que não represente o valor de mercado, pois é capital que a estimação plasme valoração atual do bem. Logo, a existência de cadastro não inibe que a própria Fazenda postule que seja feita nova avaliação, inclusive de cunho judicial (art. 630).[1117]

Com tais considerações, a interpretação que permite o fracionamento das manifestações da Fazenda não é perfilada às normas fundamentais do CPC, em que se destacam a aplicação da lei processual com eficiência (art. 8º) e respeito à duração razoável do processo (art. 4º). Demais disso, em prol da cooperação que atinge todos sujeitos do processo (art. 6º), incluindo-se a Fazenda pela sua participação e interesses em jogo, há de ser buscada exegese que seja compatível com as normas fundamentais da atual codificação, nitidamente inspiradas na CF, consoante plasmado de forma gritante no art. 1º da codificação processual em vigor.

A compatibilização do art. 629 com o direito processual plasmado na codificação em vigor demanda a reinterpretação do dispositivo comentado, afigurando-se que a melhor saída está na sua vinculação com os arts. 627, I, e 183 do CPC, ou seja, a Fazenda Pública, ao ser intimada do inventário (art. 626), deverá apresentar manifestação acerca das primeiras declarações, dicção esta que terá como alvo principal as avaliações efetuadas pelo inventariante. Com outros termos, utilizando-se da dobra de prazo prevista no art. 183 e

---

1117 No sentido: PONTES DE MIRANDA, *Comentários ao Código de Processo Civil,* v. XIV, p. 118-119; e LUCIANO VIANNA ARAÚJO, *Comentários ao Código de Processo Civil*, v. 2, p. 215. Próximo: GERSON FISCHMANN, *Comentários ao Código de Processo Civil*, v. 14, p. 116; DANIEL AMORIM ASSUMPÇÃO NEVES, *Novo Código de Processo Civil comentado*, p. 1.072; FELIPPE BORRING ROCHA, *Comentários ao novo Código de Processo Civil*, p. 960; RICARDO ALEXANDRE DA SILVA E EDUARDO LAMY, *Comentários ao Código de Processo Civil*, v. IX, p. 535-536; e ARTUR CÉSAR DE SOUZA, *Código de Processo Civil*, v. III, p. 1.515.

aplicada ao art. 627, a Fazenda, depois de intimada do inventário sucessório, poderá apresentar – em até 30 dias – a sua manifestação sobre as primeiras declarações, fala esta que contemplará os valores correspondentes aos bens de raiz descritos nas primeiras declarações (caso os tenha em cadastro imobiliário) – art. 629. Se os bens de raiz (ou parte deles) não constarem de seus cadastros imobiliários, a Fazenda deverá assim declarar, possibilitando que o curso do inventário siga sem maiores percalços.

Com a concentração da manifestação e prazo mais elástico para a Fazenda, esta poderá apresentar não apenas os valores constantes nos seus cadastros imobiliários, mas a própria avaliação dos bens, postura que dará celeridade ao inventário sucessório e propiciará a aplicação do art. 634, ou seja, a dispensa da avaliação em relação às estimações que as partes interessadas venham a concordar.[1118] A limitada ideia de que devem ser trazidas apenas as avaliações constantes do cadastro imobiliário fazendário não é producente, pois, à exceção da situação peculiar do Distrito Federal, é muito provável que os registros cadastrais da Fazenda Estadual sejam incompletos (ou até inexistentes), haja vista que quem detém tais dados é a Fazenda Municipal (em razão da competência para cobrança do IPTU em relação aos bens imóveis urbanos) e da Fazenda Federal (pela competência da exigir o ITR no que tange aos bens imóveis de natureza rural). Às claras, haverá efetiva participação cooperativa da Fazenda Estadual se esta for convocada e efetuar manifestação (com avaliação) acerca da totalidade dos bens arrolados nas primeiras declarações e não apenas em relação aos que estão estampados no seu cadastro imobiliário.

A proposta efetuada não causa nenhum embaraço à Fazenda. Muito pelo contrário, preserva não só suas prerrogativas (art. 183), como também lhe confere atuação mais ativa em prol dos seus interesses no inventário, pois pode resultar em recolhimento fiscal em prazo abreviado. Portanto, é oportuno que o juízo sucessório faça a adaptação procedimental em voga e, em respeito ao *dever de prevenção* (inerente à cooperação processual – art. 6º),[1119] explicite, na intimação voltada à Fazenda, que sua manifestação deverá analisar as avaliações de todos os bens estampadas nas primeiras declarações (e não apenas aqueles considerados como "de raiz" e que constem em seus cadastros imobiliários), devendo ser facultada a apresentação de estimações para contrapor as trazidas pelo inventariante.[1120] O juízo sucessório deve alertar à Fazenda acerca da si-

1118 Vide comentários ao art. 634 desta obra.

1119 Sobre o *dever de prevenção* (por todos): Miguel Teixeira de Sousa, *Estudos sobre o novo processo civil*, p. 62-67. Vide os comentários ao art. 612 desta obra.

1120 Igualmente a toda e qualquer avaliação apresentada no bojo do inventário sucessório, as estimações da Fazenda deverão levar em consideração o estado atual de conversão do bem e suas particularidades, dentre as quais sua situação formal (titu-

tuação, inclusive quanto à contagem de prazo, já que terá 30 dias para apresentar tal manifestação (arts. 626, 627, 629 e 183). Aplica-se, mais uma vez, as noções de cooperação processual na perspectiva do juízo sucessório.

Conclui-se, portanto, que: (a) a Fazenda terá, depois de intimada do inventário sucessório, o prazo de 30 dias para se manifestar sobre as primeiras declarações; (b) o foco principal da manifestação é a análise do rol dos bens arrolados nas declarações primeiras do inventariante, notadamente em relação às avaliações que estão estampadas no relatório inicial; (c) na manifestação, a Fazenda informará se concorda ou não com as avaliações do inventariante; (d) a fala deverá alcançar todos os bens e deverá ser feita de forma individualizada, ou seja, examinando o valor pontual de cada bem; (e) a Fazenda poderá apresentar concordância parcial, ou seja, anuindo somente em relação à valoração de alguns bens, com discordância em relação às estimações de outros; (f) quando anuir com alguma avaliação, a Fazenda deverá fazer de forma expressa e clara; (g) quando discordar de alguma estimação feita pelo inventariante, a Fazenda deverá trazer a avaliação respectiva (de forma documentada); (h) havendo registro cadastral sobre os bens que constam nas primeiras declarações, a Fazenda trará as informações respectivas; (i) a manifestação acerca das avaliações e a juntada de informações cadastrais sobre os bens não se limita aos de "raiz", devendo todo patrimônio arrolado nas primeiras declarações ser analisado pela Fazenda; e (j) no caso de a Fazenda não possuir condições de se manifestar especificamente sobre algum bem, inexistindo a possibilidade de trazer valoração respectiva, a manifestação deve informar o fato, justificando a postura.

De todo modo, mesmo no caso de aplicação do art. 629 na forma textual (desalinhada, com todo respeito, das premissas que iluminam o CPC de 2015, que se alicerçam em normas fundamentais), ou seja, provocando-se novamente a Fazenda na fase final do incidente fixado pelo art. 627, I, é capital que a (segunda) convocação seja mais abrangente do que está no dispositivo comentado, a fim de que se manifeste, desde logo, acerca da valoração de todos os bens arrolados nas primeiras declarações, e não somente em relação aos que estão presentes em cadastro imobiliário. Adotando-se tal entendimento, na hipótese de o inventariante alterar alguma avaliação constante das primeiras declarações, acolhendo impugnação de algum interessado, a intimação junto à Fazenda deverá contemplar a retificação, possibilitando que essa se

lação, ônus reais, direitos reais incidentes sobre o bem etc.). O quadro permite, de forma inequívoca, que as valorações feitas pela Fazenda possam ser retificadas a partir da correta realidade fática, admitindo-se, inclusive, que esta solicite ao inventariante a inspeção nos bens e a apresentação de documentação a eles vinculada, a fim de que a estimação se faça com o máximo de fidelidade possível.

manifeste acerca do quadro atual das valorações de bens do espólio. Seja como for, qualquer que seja o modelo empregado, não se pode mais pensar na aplicação do art. 629 dissociada da dimensão cooperativa do art. 6º, assim como as noções de eficiência (art. 8º) e de duração razoável do processo (art. 4º) não podem ser negligenciadas, sob pena de estar se restaurando a ambiência da codificação revogada, o que não mais se admite.

3. Intimação da Fazenda: aspectos formais

Na convocação da Fazenda, há aspectos formais que não podem ser relegados. No sentido, a intimação da Fazenda será feita através do órgão de Advocacia Pública responsável por sua representação (art. 269, § 3º, do CPC). Considerando que o art. 270, parágrafo único, determina que se aplique à Advocacia Pública o art. 246, § 1º, tem-se que as citações e intimações deverão ser realizadas preferencialmente por meio eletrônico.[1121] Diante dos interesses da Fazenda, há entendimento de que o prazo vinculado ao art. 629 é "impróprio"[1122] ou "ordinatório".[1123] Nada obstante tal posicionamento, afigura-se que o juízo sucessório, ao determinar a intimação da Fazenda, deve dimensionar se o prazo previsto na legislação processual, ainda que com a dobra do art. 183 (vide tópico anterior), é adequado à apresentação da manifestação. Se o prazo se apresentar reduzido diante das circunstâncias do caso, poderá o juízo sucessório dilatá-lo (art. 139, VI, do CPC), notadamente quando apresentada justificativa plausível pela Fazenda (por exemplo, necessidade de efetuar vistorias *in loco*) que autorizem a fixação de prazo mais alongado.

4. Busca de informação junto às Fazendas Municipal e Federal

Como dificilmente a Fazenda Estadual terá cadastro imobiliário (ao menos completo) em relação aos bens de raiz, é perfeitamente possível que o juízo sucessório determine a expedição de ofício dirigido às Fazendas Muni-

---

1121 No sentido: Rodrigo Mazzei e Tiago Figueiredo Gonçalves, *Comentários ao Código de Processo Civil*, p. 891.

1122 No sentido: Guilherme Rizzo Amaral, *Comentários às alterações do novo CPC*, p. 719; Luiz Gulherme Marinoni, Sérgio Cruz Arenhart e Daniel Mitidiero, *Novo Código de Processo Civil comentado*, p. 646; Daniel Amorim Assumpção Neves, *Novo Código de Processo Civil comentado*, p. 1.072; Euclides de Oliveira, *Comentários ao Código de Processo Civil*, p. 736; Teresa Arruda Alvim Wambier, Maria Lúcia Lins Conceição, Leonardo Ferres da Silva Ribeiro e Rogério Licastro Torres de Mello, *Primeiros Comentários ao novo Código de Processo Civil*, p. 980; e Flávia Poyares Miranda, *Comentários ao Código de Processo Civil*: perspectiva da magistratura, p. 713.

1123 No sentido: Clóvis do Couto e Silva, *Comentários ao Código de Processo Civil*, v. XI, tomo I, p. 330-331.

cipal e Federal para que estas apresentem os dados descritivos e os valores venais referentes dos imóveis arrolados no inventário, utilizando como base o seu cadastro imobiliário do IPTU (Imposto Predial e Territorial Urbano) e do ITR (Imposto sobre a Propriedade Territorial Rural). Ainda que o valor dos bens constantes dos cadastros imobiliários não seja utilizado como espelho para a avaliação[1124] (até porque nem sempre reflete a realidade atual do bem que, por exemplo, pode ter incorporado benfeitorias e acessões que não constam do cadastro), em muitos casos, o chamado "valor venal" dos imóveis é de grande valia para as estimações, fixando-se parâmetros gerais relevantes à delimitação da avaliação.[1125] Ademais, por vezes, as informações constantes do cadastro permitem a melhor descrição dos bens, já que não é incomum que indiquem situações fáticas relevantes no sentido (como por exemplo, a sua titulação efetiva).

Seção V
Da Avaliação e do Cálculo do Imposto

Art. 630. Findo o prazo previsto no art. 627 sem impugnação ou decidida a impugnação que houver sido oposta, o juiz nomeará, se for o caso, perito para avaliar os bens do espólio, se não houver na comarca avaliador judicial.

Parágrafo único. Na hipótese prevista no art. 620, § 1º, o juiz nomeará perito para avaliação das quotas sociais ou apuração dos haveres.

CPC de 1973 – art. 1.003

1. A "avaliação" e o engenho procedimental do inventário

A avaliação dos bens atraídos pela sucessão é um dos pilares da fase de arrecadação. Sem a prévia estimação dos bens, é impossível aquilatar as forças da herança, criando-se embaraços para o desenlace dinâmico das etapas do inventário *causa mortis*. Por tal passo, a participação dos *sujeitos do processo* na avaliação deve ser iluminada pelo disposto nos arts. 5º e 6º do CPC.

Com efeito, o inventariante, ao fazer a descrição patrimonial nas primeiras declarações, deve trazer "o valor corrente de cada um dos bens do espólio" (art. 620, IV, *h*). Os atores do inventário (art. 626) serão convocados para se

1124 No tema: STJ, 1ª Turma, AgInt no AREsp 1.176.337/SP, j. 01/06/2020, *DJ* 09/06/2020. Confira-se, ainda: STJ, 1ª Turma, AREsp 1.452.575/DF, j. 14/05/2019, *DJ* 27/06/2019; STJ, 1ª Turma, AgInt no AgInt no AREsp 162.397/SP, j. 01/04/019, *DJ* 10/04/2019.

1125 No sentido, Hamilton de Moraes e Barros aduz que: "Não é essa informação já toda a prova do valor dos bens, mas elemento a ser considerado por ocasião da avaliação" (*Comentários ao Código de Processo Civil*, v. IX, p. 263).

manifestar sobre as avaliações efetuadas pelo inventariante,[1126] permitindo-lhes que sejam postulados ajustes no sentido (art. 627, I). Se todos os personagens do inventário sucessório seguirem a bússola cooperativa em relação à avaliação, a fase prevista nos arts. 630-638 será breve e/ou de incidência mais restrita, alcançando apenas as partes controversas (estimações sem consenso geral) e/ou que não permitiram que o juiz decidisse a partir das manifestações e do material documentado trazido na fase liminar. Não é, pois, ocasional, que o art. 630 faz menção expressa ao art. 627 e preveja que a avaliação por perito somente terá espaço nos casos em que não há impugnação sobre as avaliações (ou seja, não há conflito sobre as estimações patrimoniais) ou se o tema não tiver sido decidido anteriormente (com base em material documentado trazido pelos participantes do inventário). Portanto, a designação do "perito" para que faça estimações patrimoniais é, portanto, *residual* e somente deve ocorrer quando efetivamente necessária,[1127] sendo uma exceção ao disposto no art. 612 do CPC (justificada pela importância da avaliação para o inventário sucessório).

A resenha ratifica a necessidade de boa organização do inventário, devendo ser proferida decisão de saneamento e organização do processo (art. 357) no encerrar das manifestações das partes sobre as primeiras declarações, decisão esta que deverá analisar o estágio acerca da avaliação dos bens do espólio. Atuará acertadamente o juiz que – antes de deferir a prova a pericial prevista no art. 630 – faculte que as partes apresentem prova documentada acerca das avaliações sustentadas, trazendo ao ventre do inventário o disposto no art. 510 da codificação em vigor, pois se trata de técnica afeta ao inventário sucessório (art. 612) e que prima pela aceleração processual (art. 611, parte final[1128]).

1126 A participação cooperativa no inventário é fundamental, tendo o juiz papel de destaque no sentido. Com efeito, adotando a postura ditada pelo art. 6º do CPC, o juiz deverá explicitar, na convocação prevista no art. 626, que as manifestações acerca das primeiras declarações sejam feitas de forma motivada, de modo que, em caso de impugnação e/ou pleito de retificação ao esboço inicial, as partes deverão trazer, quando possível, prova documentada que escore suas alegações, situação que se aplica, sem dúvida, à estimação feita pelo inventariante e à avaliação dos bens. Assim, diante do lacônico texto do art. 626, andará bem o juiz que *alertar* às partes acerca da importância de manifestações fundamentadas sobre as primeiras declarações, pois estas permitirão mais fluidez no inventário sucessório, em prol da eficiência (art. 8º). Acerca da cooperação sob a perspectiva do juiz, confira-se: Miguel Teixeira de Sousa, *Estudos sobre o novo processo civil*, p. 62-67. Vide comentários ao art. 612 desta obra.

1127 Até porque, como bem lembram Arruda Alvim, Araken de Assis e Eduardo Arruda Alvim: "A avaliação se afigura atividade custosa e demorada" (*Comentários ao Código de Processo Civil*, p. 1.486).

1128 O art. 510 não afasta a possibilidade de ser nomeado perito, mas tão somente abre a possibilidade de evitar a designação caso as partes apresentem "pareceres ou do-

Ainda que a apresentação da prova documentada pelas partes não seja suficiente para que o juiz delibere sobre a avaliação, o trabalho do perito convocado para auxiliar o juízo sucessório será provavelmente de menor calibre, pois os pontos da controvérsia já estarão devidamente plasmados e sua dicção técnica terá como foco a análise das falas em colisão quanto ao valor dos bens, situação que, sem dúvida, simplifica o labor.

Há uma dinâmica, portanto, que envolve a avaliação dos bens, não podendo ser a questão limitada à análise pontual do art. 630 (e dispositivos seguintes). É fundamental a contextualização do bloco dos arts. 630-638 dentro da natureza do inventário sucessório, importando-se, por certo, técnicas externas, que não estão previstas internamente no procedimento especial do processo sucessório, mas que a ele se encaixam, dando-lhe mais eficiência.

2. A projeção da avaliação para diversas situações do inventário

De um modo geral, afirma-se que a avaliação possui dois grandes objetivos:[1129] (1) dimensionar a herança para efeito de fixação dos quinhões hereditários e (2) propiciar que se obtenha a base de cálculo para pagamento do imposto *causa mortis*.[1130] Ainda que tal afirmação seja correta, a avaliação assume papel importantíssimo em diversos desdobramentos que envolvem a sucessão, pois a herança é analisada, prioritariamente, por foco *quantitativo*, apreciando-se

---

cumentos elucidativos". Trata-se, pois, de providência que abre espaço para a aplicação do art. 472, invertendo eventual sequência da prova pericial, já que se inicia mediante manifestação de prova técnica a ser exibida pelas partes, ao revés de manifestação dos assistentes sobre o laudo pericial. Sobre a importação do art. 510, vide comentários ao art. 612 desta obra.

1129 Dentre vários, confira-se: HAMILTON DE MORAES BARROS, *Comentários ao Código de Processo Civil*, v. IX, p. 265; ARTUR CÉSAR DE SOUZA, *Código de Processo* Civil, v. III, p. 1.516; DANIEL AMORIM ASSUMPÇÃO NEVES, *Novo Código de Processo Civil comentado*, p. 1.072; TERESA ARRUDA ALVIM WAMBIER, MARIA LÚCIA LINS CONCEIÇÃO, LEONARDO FERRES DA SILVA RIBEIRO E ROGÉRIO LICASTRO TORRES DE MELLO, *Primeiros Comentários ao novo Código de Processo Civil*, p. 981; FLÁVIA POYARES MIRANDA, *Comentários ao código de processo civil:* perspectiva da magistratura, p. 714; LUCIANO VIANNA ARAÚJO, *Comentários ao Código de Processo Civil*, v. 2, p. 215; EUCLIDES DE OLIVEIRA E SEBASTIÃO AMORIM, *Inventário e partilha*: teoria e prática, p. 341; e FERNANDO DA FONSECA GAJARDONI, *Processo de conhecimento e cumprimento de sentença*: comentários ao CPC 2015, v. 2, p. 1.073.

1130 Em relação ao recolhimento de imposto *causa mortis*, há impacto direto da avaliação dos bens, pois a estimação fará parte da fórmula para se chegar à base de cálculo respectiva. Isso não significa, todavia, que a valoração dos bens é o único elemento que será levado em consideração na aritmética que envolve o cálculo do imposto, pois este deverá recolhido a partir da herança líquida, descontando-se as eventuais dívidas deixadas pelo falecido e/ou assumidas pelo espólio. Vide comentários ao art. 654 desta obra.

o espectro *qualitativo* em segundo plano.[1131] Com outras palavras, a principal análise efetuada em relação aos bens atraídos para o inventário é a sua potência valorativa, pois a sua aferição *quantitativa* será projetada para situações variadas (tais como definição da meação, fixação de quinhões e demarcação da legítima[1132]). Trata-se de consequência da opção de considerar a herança como bloco patrimonial de natureza universal, em que a individualidade dos bens é analisada de modo secundário.

Não é por acaso que a avaliação (= valor) dos bens faz parte da estrutura da partilha, estando postada de forma prioritária no art. 648, I, do CPC e no *caput* do art. 2.017 do CC. Observe-se que, em caso de partilha desigual em relação aos valores dos bens, ainda que com respeito à natureza e qualidade dos bens (requisitos também previstos nos citados dispositivos), será necessário que se recolha o "imposto de reposição", uma vez que fica presumido que houve doação interna entre os beneficiários. O fato demonstra, de forma inexorável, que o "valor dos bens" é a bússola que norteia a partilha sucessória, de modo que, quando não há nivelamento no sentido, cria-se uma "presunção" de transferência de ato *inter vivos* de liberalidade que reclama novo pagamento fiscal (Súmula 116 do STF).

Muito embora a partilha seja o palco em que a importância da avaliação é mais facilmente aferível, a estimação dos bens traduz-se em peça-chave para que diversos atos no inventário sejam executados. A avaliação segura de todos os bens do espólio, em exemplo frisante, permite que o inventariante possa prosseguir com o inventário sucessório em busca de desfecho positivo (partilha ou adjudicação), pois, se o resultado da arrecadação (depois de avaliados os bens) for inferior ao montante das dívidas, deverá ser postulada a declaração de insolvência do inventário sucessório (art. 955 do CC c/c art. 618, VIII, do CPC). Ao se fazer o diálogo da avaliação patrimonial com o pagamento das dívidas, fica evidenciada que a estimação dos bens será relevante também à satisfação dos credores. Como se sabe, o pagamento das dívidas não se faz apenas com dinheiro, uma vez que a própria legislação processual prevê a *separação* de bens para que estes sejam expropriados (art. 642, § 3º) ou entregues

---

1131 Por isso, Sergio Shaione Fadel define que a avaliação em relação ao inventário sucessório: "(...) é o cálculo ou a correspondência em moeda corrente do valor real dos referidos bens" (*Código de Processo Civil.* Arts. 890 a 1.220, p. 157). Próximo: Pontes de Miranda, *Comentários ao Código de Processo Civil,* v. XIV, p. 119; e Hamilton de Moraes Barros, *Comentários ao Código de Processo Civil,* v. IX, p. 265-266.

1132 O art. 1.846 do CC, ao definir o patrimônio vinculado à legítima, dispõe genericamente que estes devem representar "metade dos bens da herança", ou seja, sem priorizar determinado tipo (= *qualificação*) de bem. Interessa para o dispositivo citado apenas a *quantificação patrimonial,* com reserva de 50% (cinquenta por cento) do que for apurador em valor para os herdeiros necessários.

ao credor para quitar a dívida (art. 642, § 4º). Assim, em rápido exemplo, caso o credor queira adjudicar um bem do espólio, deverá ser respeitado o valor de sua avaliação.

Há grande quantidade de situações em que a avaliação faz parte do engenho das soluções, podendo-se citar, em ilustrações: (i) escolha dos bens que ficarão como garantia ("reserva" em poder do inventariante) quando se aplicar a técnica de remessa externa (arts. 627, § 3º; 628, § 2º; 641, § 2º e 643, parágrafo único[1133]); (ii) a conversão do procedimento para o arrolamento comum (art. 664), caso, no curso do inventário, for apurado que o valor dos bens do espólio é igual ou inferior a 1.000 (mil) salários mínimos; (iii) acomodação de quinhões hereditários e cotas de meação no caso de divisão de bens que não admitem divisão cômoda, já que os lances internos terão como base a avaliação; (iv) alienação de bens do espólio, inclusive para efeito de aplicação (adaptada) do disposto no art. 876, § 5º.[1134] A avaliação dos bens do espólio, portanto, pode impactar o inventário sucessório sob diversos aspectos, demonstrando-se, assim, a importância da temática.

3. Necessidade de que a avaliação reflita a realidade do bem (e da sua "titularidade")

Como aferição técnica de valor, a avaliação deverá considerar os detalhes de cada bem, pois há nuances relevantes para a correta estimação, tais como: (a) "titulação formal", (b) estado peculiar de conservação (inclusive projeções de custo de reparos) e (c) posicionamento no mercado. O assunto foi analisado ao longo dos comentários ao art. 620,[1135] reportando-se ao texto já apresentado.

4. Hipóteses legais de dispensa da avaliação

Conforme já adiantando em item anterior, a prova pericial prevista no art. 630 possui caráter *residual*, sendo deferida apenas quando estritamente necessária. Para tanto, o juízo sucessório deverá estimular os atores do inventário para que se obtenha na fase limiar, avaliação segura sobre a totalidade dos bens do espólio. Sem prejuízo de tal premissa, há situações em que a própria lei prevê que não será necessária a produção da prova fixada no art. 630.[1136]

1133 A *reserva de bens* levará, dentre outros fatores, o dimensionamento do conflito e a estimação de bens, depurando-se patrimônio (segundo a avaliação) com potência para salvaguardar a discussão.

1134 Vide comentários ao art. 620 desta obra.

1135 Vide os comentários ao art. 631 desta obra (requisitos do laudo).

1136 No tema: Luciano Vianna Araújo, *Comentários ao Código de Processo Civil*, v. 2, p. 216.

Dispõe o art. 633 que, quando as partes forem capazes, "não se procederá à avaliação se a Fazenda Pública, intimada pessoalmente, concordar de forma expressa com o valor atribuído, nas primeiras declarações, aos bens do espólio". A presença de incapaz no inventário, por si só, não justifica a produção de prova pericial se o seu representante legal e o Ministério Público concordarem com a avaliação, importando-se para o seio do art. 633 o disposto no art. 665 da legislação processual (regra que não estava presente no CPC de 1973). A confirmação de que o art. 633 merece interpretação adequada e retificada verifica-se quando se faz o seu diálogo com o art. 634, que dispõe que se "os herdeiros concordarem com o valor dos bens declarados pela Fazenda Pública, a avaliação cingir-se-á aos demais". Como se vê do dispositivo em voga, não há diferenciação acerca da capacidade do herdeiro, indicando que a avaliação será dispensada quando o interessado concordar com os valores dos bens apresentados pela Fazenda. Unindo os arts. 633 e 634, conclui-se que não há necessidade de novo ato de avaliação, convocando agente externo para tal, toda vez que as partes interessadas concordarem de forma unânime em relação à avaliação dos bens, sendo certo que, em caso de presença de incapaz no inventário sucessório, o Ministério Público também deverá aprovar a estimação.

Os arts. 633 e 634 refletem – com desenhos mais aptos à *multipolaridade* atrelada ao inventário sucessório – o que está disposto no art. 871, I, do CPC, na medida em que não se procederá a avaliação quando "uma das partes aceitar a estimativa feita pela outra". A importação do art. 871 para o inventário sucessório é oportuna, pois o dispositivo contempla outras hipóteses de dispensa de avaliação com agente externo quando, segundo a própria dicção legal: (a) *se tratar de títulos ou de mercadorias que tenham cotação em bolsa, comprovada por certidão ou publicação no órgão oficial* (art. 871, II); (b) *se tratar de títulos da dívida pública, de ações de sociedades e de títulos de crédito negociáveis em bolsa, cujo valor será o da cotação oficial do dia, comprovada por certidão ou publicação no órgão oficial* (art. 871, III); (c) *se tratar de veículos automotores ou de outros bens cujo preço médio de mercado possa ser conhecido por meio de pesquisas realizadas por órgãos oficiais ou de anúncios de venda divulgados em meios de comunicação, caso em que caberá a quem fizer a nomeação o encargo de comprovar a cotação de mercado* (art. 871, IV).

A legislação também prevê a dispensa da avaliação no caso de cumulação de inventários de heranças deixadas pelos dois cônjuges ou companheiros (arts. 672, II, e 673, do CPC), aproveitando-se o laudo de avaliação do primeiro inventário, salvo se alterado o valor dos bens.[1137]

1137 Igualmente: Fernando da Fonseca Gajardoni, *Processo de conhecimento e cumprimento de sentença:* comentários ao CPC 2015, v. 2, p. 1.074; e Hamilton de Moraes Barros, *Comentários ao Código de Processo Civil*, v. IX, p. 266.

No caso de sucessão testamentária em que o autor da herança, na qualidade de testador, apresente os bens já estimados para compor os quinhões, deliberando ele próprio a partilha (art. 2.014 do CC), também é possível que se faça a dispensa da avaliação, caso não ocorra divergência entre os interessados e a Fazenda adira ao quadro de valores inseridos no testamento. Semelhante situação poderá ocorrer em relação aos legados, inexistindo divergência quanto à estimação feita no testamento. No particular, vale lembrar que a herança pode estar toda distribuída em legados (art. 645, I, do CPC), de modo que, se os interessados não se opuserem às avaliações lançadas em testamento, inexistindo também insurgência da Fazenda, não há qualquer justificativa plausível para que seja determinada a estimação judicial. Pode acontecer, porém, que uma ou outra avaliação constante do testamento seja impugnada, sem que tal insurgência alcance a totalidade da estimação feita pelo testador. Afigura-se, em tal hipótese, que seja realizada a avaliação judicial acerca dos bens em que a estimação do testador não foi aceita.

Por fim, não se pode deixar de registrar a possibilidade que está cravada no art. 472 do CPC, adaptando o dispositivo ao pouso no inventário sucessório. Com efeito, segunda letra legal, o julgador *poderá dispensar prova pericial quando as partes, na 'inicial e na contestação', apresentarem, sobre as questões de fato, pareceres técnicos ou documentos elucidativos que considerar suficientes*. Assim, se as partes nas suas manifestações, notadamente quando chamadas para diálogo com as primeiras declarações (art. 626), fizerem juntar material técnico documentado acerca da estimação dos bens (por exemplo, avaliações de especialistas), dando segurança ao juízo sucessório acerca das valorações, poderá este decidir depois de permitido o contraditório.[1138]

5. Nomeação do avaliador ou perito: necessidade de adaptação do art. 465

Apesar de o CPC ter designado o oficial de justiça como o responsável pelas avaliações (arts. 154, V, e 870, *caput*), somente o afastando de tal missão quando a estimação patrimonial demandar "conhecimentos especializados" (art. 870, parágrafo único), o art. 630 adota outro rumo. Com efeito, o artigo em comento indica que as estimações dos bens do inventário devem ser feitas por avaliador judicial e, na falta deste nos quadros judiciários, por perito nomeado para a função.[1139] Como a presença de tal servidor é rara no Poder Ju-

1138 Próximo: Zulmar Duarte de Oliveira Junior, *Comentários ao Código de Processo Civil*, p. 736.

1139 No sentido: Hamilton de Moraes Barros, *Comentários ao Código de Processo Civil*, v. IX, p. 267; Artur César de Souza, *Código de Processo Civil*, v. III, p. 1.515; Paulo Cezar Pinheiro Carneiro, *Inventário e partilha judicial e extrajudicial*, p. 119; Conrado Paulino da Rosa e Marco Antônio Rodrigues, *Inventário e partilha*.

diciário nacional, de modo maciço as avaliações em inventários sucessórios são feitas por peritos convocados, situação que onera o processo sucessório e, por vezes, o paralisa, diante da necessidade de providenciar recursos para cobrir o labor.[1140] Cria-se, como se vê, situação especial (ou, no mínimo, curiosa), pois o oficial de justiça, apesar de estar apto para a maioria das avaliações judiciais, não está para assim proceder no âmbito do inventário sucessório. O que se pode extrair do art. 630 a partir de tal exclusão é que os conhecimentos técnicos do avaliador ou do perito devem ser flagrantes, com comprovação nos autos. Em não sendo assim, não se justifica que a produção de prova técnica vinculada à estimação de bens seja feita por profissional que não seja comprovadamente *expert* no assunto.

Transportando as regras sobre perícia, deve ser propiciada não só que as partes de comum acordo escolham o *expert* (art. 471), como também se manifestem previamente acerca do(s) nome(s) escolhido pelo juiz. O disposto no art. 465 necessita ser ajustado para o inventário *causa mortis*, com concentração de atos e fixação de cadência mais racional, até porque o procedimento especial não admite incidentes alongados. Assim, antes de nomear o *expert*, deverá o juízo sucessório convocá-lo para que apresente a respectiva comprovação técnica para a tarefa definida, juntamente ao plano de trabalho (que inclui a proposta de honorários).[1141] As partes, o inventariante e outras figuras funcionais (por exemplo, testamenteiro e Ministério Público, quando for hipótese de participação respectiva) serão convocados para manifestação – em prazo comum – sobre capacidade técnica do perito, ocorrência de eventual vício de parcialidade, ade-

---

Salvador, p. 377; Rodrigo Mazzei e Tiago Figueiredo Gonçalves, *Comentários ao Código de Processo Civil*, p. 890; Sergio Shaione Fadel, *Código de Processo Civil*, Arts. 890 a 1.220, p. 157; e Luciano Vianna Araújo, *Comentários ao Código de Processo Civil*, v. 2, p. 216.

1140 A escolha do perito se submete aos ditames dos arts. 156-158 do CPC, destacando-se, no sentido, que o *expert* deverá constar de cadastro mantido pelo tribunal ao qual o juízo sucessório está vinculado (art. 156, § 1º). A nomeação do perito deve se nortear pela sua formação profissional, atualização do conhecimento, experiência, evidenciando-se seu conhecimento necessário à realização da perícia. O juiz somente poderá escolher profissional que não conste no cadastro em caso de inexistência de *expert* no sentido, ou seja, há de se analisar previamente a presença de especialista no cadastro para somente depois se cogitar em escolha de profissional que não conste da lista oficial (art. 156, § 5º). Sobre o perito e sua vinculação ao cadastro, confira-se: Rodrigo Mazzei e Sarah Merçon-Vargas, *Novo CPC anotado e comparado*, p. 196-197.

1141 Correta a lição de Gerson Fischmann ao elucidar que "A avaliação pressupõe conhecimentos técnicos daquele que a elabora. Devem o Sr. Avaliador ou Perito justificar, de modo sucinto, o valor e o método utilizado na respectiva atribuição" (*Comentários ao Código de Processo Civil*, v. 14, p. 117).

quação do seu plano de trabalho e a proposta de honorários.[1142] A impugnação ou contraproposta acerca de qualquer dos temas deve ser feita de forma fundamentada, sendo facultada ainda em tal manifestação a indicação de assistente técnico e apresentação de quesitos.[1143] Findo o prazo das manifestações supra, o *expert* indicado pelo juízo sucessório terá acesso às dicções, a fim de que apresente resposta (que poderá ser, inclusive, de aceitação de contraproposta de honorários e/ou de ajustes no plano de trabalho). Fechando-se o contraditório, o juiz decidirá sobre a nomeação (ou descarte) do técnico, e, caso seja feita a designação, no mesmo ato, já definirá a estrutura do trabalho (indicando os prazos e as etapas do labor da avaliação) e arbitrará os honorários.[1144-1145]

Saliente-se, por fim, que é permitida a designação de mais de um avaliador e/ou perito, pois determinados bens podem demandar conhecimentos muito específicos, que não se confundem com os que são exigidos para outras estimações (art. 475).[1146]

1142 Até porque deverão ser recusados, através de manifestação adequada, em caso de situações que envolvam sua parcialidade ou lhe faltam conhecimento técnico. Igualmente: Paulo Cezar Pinheiro Carneiro, *Inventário e partilha judicial e extrajudicial*, p. 118; e Arruda Alvim, Araken de Assis e Eduardo Arruda Alvim, *Comentários ao Código de Processo Civil*, p. 1.485.

1143 Sobre a possibilidade de quesitação e apresentação de assistente técnico: Hamilton de Moraes Barros, *Comentários ao Código de Processo Civil*, v. IX, p. 266; Arruda Alvim, Araken de Assis e Eduardo Arruda Alvim, *Comentários ao Código de Processo Civil*, p. 1.485; Conrado Paulino da Rosa e Marco Antônio Rodrigues, *Inventário e partilha*. Salvador: Juspodivm, 2019, p. 377; Luciano Vianna Araújo, *Comentários ao Código de Processo Civil*, v. 2, p. 216; Zulmar Duarte de Oliveira Junior, *Comentários ao Código de Processo Civil*, p. 737; Luiz Gulherme Marinoni, Sérgio Cruz Arenhart e Daniel Mitidiero, *Novo Código de Processo Civil comentado*, p. 646; Dimas Messias de Carvalho, *Direito das sucessões*: inventário e partilha, p. 448; e Paulo Cezar Pinheiro Carneiro, *Inventário e partilha judicial e extrajudicial*, p. 119.

1144 Seguindo-se o roteiro acima, qualquer que seja a decisão (nomeação ou descarte do nome cogitado) contará com a cooperação das partes (art. 6º) e propiciará decisão mais madura, com provável diminuição de arestas, ao contrário do que costuma acontecer quando há designação do *expert* sem prévia oitiva dos interessados.

1145 Diante da característica *sumário temporal* do inventário sucessório (parte final do art. 611), é fundamental a sequência acima demarcada. Assim, o juízo sucessório ao efetuar a convocação do *expert* definirá a data limite da apresentação da proposta, intimando-se as partes e as figuras funcionais, no mesmo ato, para que, cientes de tal data limite, em sequência, e em nova data (também já fixada) apresentem, caso queiram, manifestações respectivas à dicção do proponente. A partir do referido cronograma, o juízo sucessório projetará a data que deliberará sobre a designação do *expert*, pois há ambiência de previsibilidade no sentido.

1146 As designações deverão ser guiadas pela natureza e peculiaridades de cada bem componente do patrimônio da herança. Igualmente: Euclides de Oliveira e Sebastião Amorim, *Inventário e partilha:* teoria e prática, p. 341. Em exemplo será

6. Custeio da avaliação

Em regra, as despesas com a avaliação prevista no art. 630 serão arcadas pelo espólio (art. 82 do CPC).[1147] Em respeito ao art. 619, III, a fixação dos honorários não poderá ser feita sem a oitiva das partes e do inventariante.[1148] Caso o inventariante ou qualquer outra pessoa faça o pagamento das despesas (já aprovadas) da avaliação com recurso próprio, terá direito ao reembolso.[1149] Em se tratando de inventário que tramita com benefício de gratuidade da justiça, a estimação técnica deverá ser custeada com os recursos públicos (art. 95, § 3º).[1150] No que se refere aos pareceres dos assistentes técnicos, a despesa deverá ser arcada pela parte que o contratou, não podendo ser esta imputada ao espólio.

As despesas com a perícia possuem natureza extraconcursal, ou seja, se colocam em situação de prioridade no pagamento.[1151] As despesas com a avaliação devem ser decotadas da base de cálculo do imposto de transmissão, aplicando-se a inteligência extraída da Súmula 115 do STF.

7. Provas técnicas de menor complexidade (*exame, vistoria* e a *perícia simplificada*)

Consoante já adiantado em item anterior, a avaliação dos bens não é medida que se projeta apenas para dimensionar os quinhões de herdeiros e o cálculo do imposto de transmissão *causa mortis*, pois a estimação poderá ser

---

extremamente raro que a mesma pessoa tenha conhecimentos técnicos para avaliar propriedades rurais e obras de artes, ou, ainda, em nova ilustração, participações societárias e animais de raça.

1147 Igualmente: Fernando da Fonseca Gajardoni, *Processo de conhecimento e cumprimento de sentença*: comentários ao CPC 2015, v. 2, p. 1.074. Próximo: Euclides de Oliveira e Sebastião Amorim, *Inventário e partilha*: teoria e prática, p. 343. Há de ficar delimitado a quem interessa a avaliação, pois, se não for ao espólio (em visão global), a responsabilidade poderá ser deslocada. Com tal ideia, no caso de colação – por exemplo – em que é necessário se efetuar a avaliação do bem a ser conferido e/ou das respectivas benfeitorias/acessões as despesas da estimação ficariam a cargo dos herdeiros necessários, pois a estes interessa o debate. A posição supra parece ser adotada por Ricardo Alexandre da Silva e Eduardo Lamy, *Comentários ao Código de Processo Civil,* v. IX, p. 537, nota de rodapé 210.

1148 Os honorários serão tratados como despesa a ser suportada pelo espólio, atraindo a aplicação do art. 619, III. Parecendo concordar: Fernando da Fonseca Gajardoni, *Processo de conhecimento e cumprimento de sentença*: comentários ao CPC 2015, v. 2, p.1.073.

1149 No sentido: Fernando da Fonseca Gajardoni, *Processo de conhecimento e cumprimento de sentença*: comentários ao CPC 2015, v. 2, p. 1.074.

1150 No sentido: STJ, 4ª Turma, REsp 11.570/SP, j. 26/11/002, *DJ* 10/03/2003. Na doutrina, confira-se: FERNANDO DA FONSECA GAJARDONI, *Processo de conhecimento e cumprimento de sentença*: comentários ao CPC 2015, v. 2, p. 1.074.

1151 No sentido, importa-se o disposto no art. 84 da Lei n. 11.101/2005.

utilizada para diversos objetivos (vide, em exemplos, a *separação* e a *reserva* de bens – arts. 642, § 2º, e 643, parágrafo único, do CPC). O pormenor é importante, pois, em determinadas situações (notadamente quando a análise sobre determinado bem se opera de forma pontual), haverá a necessidade mais fluida de interpretação do art. 630.

Com efeito, o *caput* do art. 464 do CPC, ao dispor que a prova técnica se subdivide em *exame*, *vistoria* ou *avaliação*, faz depuração de *modalidades* acerca da referida prova. Em síntese apertada, no caso de *exame* e a *vistoria*, o *expert* analisará o estado de bens e/ou pessoas, a fim de que apresente relatório de forma descritiva acerca do *estado* daquilo que é objeto de sua análise (*exame* em relação aos bens móveis e às pessoas; *vistoria* no que se refere aos bens imóveis). Na avaliação, por sua vez, o *expert* apresentará o valor correspondente a determinado bem (pouco importando a sua natureza). É inegável que a avaliação técnica demandará (previamente) o *exame* ou a *vistoria*, pois a estimação patrimonial envolve a "estado de bens".[1152] A premissa posta pode ser extraída do art. 872 do CPC (aplicável ao inventário sucessório por força do art. 631), ao prever que a avaliação de bens contemplará "vistoria" e "laudo". O dispositivo elucida a natureza *bifásica* da avaliação, que se inicia pela *vistoria* ou *exame*, tendo como desfecho a *estimação* (que nada mais é do que as conclusões sobre a valoração do bem).[1153]

A partir da constatação supra, conclui-se que é possível que, no curso do inventário sucessório, seja deferida não só a *avaliação* dos bens, mas também a *vistoria* e/ou a *inspeção* destes. Isso porque, efetuada a decomposição do engenho que envolve a *avaliação*, tem-se que o *exame* e/ou a *vistoria* fazem parte da aludida prova técnica, sendo, pois, os pilares da estimação. Não se afigura lógico imaginar, portanto, que, no âmbito do inventário *causa mortis*, seja permitida a avaliação de bens (art. 630), inclusive no célere rito do arrolamento comum (art. 664, § 1º), mas não se admite que seja designado *expert* para que este proceda com *exame* e/ou *vistoria*, providências mais simples e que fazem parte (como etapa inicial) da própria avaliação. Dessa forma, o art. 630 deve ser visto como plataforma que permite não apenas o deferimento de produção de prova técnica envolvendo a *avaliação* dos bens do espólio, mas também de *exame* e/ou *vistoria* quando assim for necessário (por exemplo, quando ocorrer controvérsia sobre o estado de bens atrelados ao inventário sucessório).[1154]

1152 Parecendo concordar: Conrado Paulino da Rosa e Marco Antônio Rodrigues, *Inventário e partilha*, p. 379; e José da Silva Pacheco, *Inventários e partilhas:* na sucessão legítima e testamentária, p. 473).

1153 O tema também foi analisado nos comentários ao art. 612.

1154 Em exemplo, poderá o juiz determinar que o *expert* apresente laudo acerca do estado de determinados bens, a partir de informação de que estes não estão sendo

Interessante notar que, a depender da natureza da *vistoria* e/ou do *exame*, poderá o juízo sucessório se valer do Oficial de Justiça para efetuar a missão, pois a avaliação em geral está na alçada das incumbências de tal auxiliar do juízo (art. 154, V, do CPC). Somente se justificará que se faça *vistoria* e/ou do *exame* por perito quando a empreitada reclamar conhecimentos técnicos especiais.[1155] De toda sorte, mesmo em tais casos, há de se admitir que as *vistorias*, as *inspeções* e as *avaliações* se operem de forma simplificada, interpretando-se de forma mais lógica do art. 630. Isso porque a análise fechada do dispositivo pode levar à conclusão de que o trabalho do *expert* sempre será apresentado em forma de laudo documentado, exegese esta que alija do inventário à chamada *perícia simplificada*, técnica prevista no art. 464, §§2º-4 do CPC e que faz parte do concentrado (e acelerado) procedimento dos Juizados especiais, consoante se extrai do art. 35 da Lei n. 9.099/95.[1156] Com o transporte da técnica (*perícia simplificada)*, o juízo sucessório poderá nomear perito, a fim de que este, ao invés de apresentar resposta documentada, seja ouvido em audiência (com presença e contraditório dos interessados).

Comparando o art. 464, §§2º-4, do CPC com o art. 35 da Lei n. 9.099/95 em relação ao procedimento fixado nos arts. 630-638 da codificação, a *perícia simplificada* possui superfície mais simples, que permite desenlace abreviado, muito provavelmente com resposta mais célere do que o procedimento previsto no diploma codificado. Saliente-se, no sentido, que, no arrolamento comum, há a possibilidade de ocorrência de audiência,

---

conservados adequadamente por aquele que está na posse direta (art. 2.020 do CC), havendo risco de que os frutos esperados não sejam colhidos, fato que frustraria o repasse esperado. Em outra ilustração, pode ocorrer controvérsia no âmbito da colação acerca da inserção de benfeitorias e/ou acessões artificiais (art. 639, parágrafo único, do CPC), fixando-se o conflito em relação ao momento em que os melhoramentos e/ou implantes foram introduzidas no bem que foi objeto da doação, situação que pode ser desvendada por vistoria que indique a provável data em que as obras ocorreram. Se a prova técnica que indicar que as benfeitorias e/ou acessões foram introduzidas depois do ato de liberalidade, haverá crédito em favor do herdeiro necessário donatário, mas, se o resultado apontar em sentido inverso, os melhoramentos e/ou os implantes não serão indenizados pelos demais herdeiros necessários.

1155 No tema: Rodrigo Mazzei e Tiago Figueiredo Gonçalves, *Comentários ao Código de Processo*, p. 247.

1156 Sem dúvida, há ponto de contato entre o inventário sucessório e o procedimento dos Juizados Especiais, congruência que se nota a partir da necessidade de que os atos sejam marcados pela *celeridade processual*. No particular, com tal farol, a prova técnica é deferida com parcimônia no âmbito do inventário *causa mortis* e somente é permitida de forma simplificada na esfera dos Juizados Especiais (art. 35 da Lei n. 9.099/95).

admitindo-se que, em tal ato, o juízo sucessório inquira o avaliador ou perito judicial acerca da estimação dos bens da herança, a fim de propiciar a decisão a respeito (art. 664, §§ 1º-2º). Assim, a oitiva de *expert* em audiência pelo juízo sucessório acerca da avaliação de bens da herança não pode ser vista como situação que merece rejeito absoluto no rito do inventário sucessório, pois, além de estar inserida na dinâmica da prova pericial, há reconhecimento da possibilidade no âmbito do arrolamento comum (procedimento que tem como característica a marcha processual extremamente célere). Vale dizer, com tal linha, que a oitiva do perito – em adaptação ao art. 510 do CPC – pode ocorrer para analisar as estimações apresentadas pelas partes.

Conclui-se, assim, que o art. 630 é uma bandeja legal que autoriza não apenas a *avaliação* de bens, mas também a *vistoria* e a *inspeção* sobre estes. Há, pois, possibilidade de que seja deflagrada *perícia simplificada* para qualquer das hipóteses postas em trio, situação em que os arts. 464, § §2º-4, do CPC e 35 da Lei n. 9.099/95 serão as bússolas procedimentais.

8. Data base da avaliação: comunicação com o art. 1.847 do CC e necessidade de observância da isonomia sucessória

O art. 630 não indica a data base da avaliação dos bens atraídos para o inventário. A omissão deve ser preenchida por meio de diálogo com o art. 1.847 do CC, que prevê que a data da abertura da sucessão deve ser usada como marco para estimas "bens existentes na abertura da sucessão".[1157-1158] Pensar diferente instalaria a quebra de isonomia, situação não autorizada na legislação, pois não se pode pensar que o cálculo da legítima seria baseado em determinado critério temporal, ao passo que a avaliação dos bens que estiverem fora de tal bloco se sujeitaria a outra data base. O inventário deve, pois, ter palco de ambiente seguro e isonômico.[1159]

1157 Há outros dispositivos do CC que fazem alusão à abertura da sucessão como marco temporal, como é o caso dos arts. 1.923, § 2º, e 2.020, do diploma codificado.

1158 No sentido: GISELDA MARIA FERNANDES NOVAES HIRONAKA, *Comentários ao Código Civil*, v. 20, p. 254-255. Parecendo concordar: SILVIO VENOSA, *Código Civil interpretado*, p. 1.593; e FLÁVIA POYARES MIRANDA, *Comentários ao Código de Processo Civil*: perspectiva da magistratura, p. 714. Fixando a abertura da sucessão apenas data para estimação dos bens da legítima, confira-se: ARRUDA ALVIM, ARAKEN DE ASSIS E EDUARDO ARRUDA ALVIM, *Comentários ao Código de Processo Civil*, p. 1.485.

1159 No ambiente do CPC de 1973, o tema foi tratado por CLÓVIS DO COUTO E SILVA que, embora com conclusões não semelhantes a que foi posta no corpo do texto, lembra a posição da jurisprudência anterior à codificação revogada no sentido de aplicação de critério isonômico (*Comentários ao Código de Processo Civil*, v. XI, tomo I, p. 333). O assunto foi tratado nos comentários ao art. 639, com a análise dos

O parâmetro temporal fixado no art. 1.847 do CC poderá ser substituído, contudo, quando o inventário se prolongar, pois o longo decurso de tempo pode afetar a valorização de determinados bens e causar a perda econômica de outros.[1160] Assim, em determinadas situações – devidamente evidenciadas nos autos – admite-se a mudança do marco aplicado à avaliação, trazendo-o para momento mais próximo do desenlace do inventário sucessório, notadamente se o resultado deste projetar em *partilha*. A permuta de base temporal se justifica em razão de que a isonomia sucessória demanda que se adotem todos os esforços em prol de partilha igualitária (arts. 648, I, do CPC e 2.017 do CC).[1161-1162] Dessa forma, conclui-se que: (a) ordinariamente a data da abertura da sucessão será utilizada como o marco temporal da avaliação dos bens da herança; (b) caso se verifique situação de aguda mudança de valor em bens da herança, capazes de desestabilizar a partilha, poderá ser determina nova reavaliação geral do patrimônio, utilizando-se data que esteja próxima à partilha, em prestígio à isonomia sucessória.[1163-1164]

---

julgamentos que definiram a necessidade de usar o mesmo critério temporal para avaliar os bens de titularidade do autor da herança e os que se submetem à colação.

1160 Próximo: Pontes de Miranda, *Comentários ao Código de Processo Civil*, v. XIV, p. 121.

1161 Abandonando-se o marco temporal do art. 1.847 do CC, é capital que todo o acervo do espólio seja reavaliado a partir da nova data base, pois a distorção não pode ser corrigida apenas pontualmente em relação a um bem, já que provavelmente a retificação singular (ainda que justificada) desencadeará a quebra da isonomia. Próximo: José da Silva Pacheco, *Inventários e partilhas*: na sucessão legítima e testamentária, p. 472, 475 e 476.

1162 A situação, todavia, pode ser excepcionada em relação a uma figura externa, sem identificação com os herdeiros, como ocorre com o credor. Em exemplo, no caso de valorização de bem que será destinado ao credor para efeito de dação em pagamento (art. 642, § 4º, do CPC), é possível que se faça a estimação pontual, pois tal medida, no ponto de um polo, congrega todos os herdeiros isonomicamente, já que o aumento do valor do bem a todos beneficia, sem criar qualquer rastro de desigualdade interna.

1163 O importante é que os mesmos critérios sejam aplicados para efetuar a avaliação, inclusive no plano temporal. Próximo: Sergio Shaione Fadel, *Código de Processo Civil*. Arts. 890 a 1.220, p. 157.

1164 Como se vê, a exposição e a conclusão permitem interpretar corretamente o texto da Súmula 112 do STF, que aponta que "O imposto de transmissão '*causa mortis*' é calculado sobre o valor dos bens na data da avaliação." O texto da súmula, contudo, não pode ser compreendido no sentido de que a avaliação originalmente observará a data da estimação, pois esta, na forma do art. 1.847 do CC, está vinculada à abertura da sucessão. No entanto, quando é necessária nova avaliação, situação que afasta a aplicação do art. 1.847, a base temporal será a do momento na estimação extraordinária.

9. Fazenda Pública

A presença da Fazenda na estimação dos bens tem o nítido interesse de proteger seus interesses fiscais, notadamente em relação ao pagamento do imposto *causa mortis*. É importante, contudo, que Fazenda seja tratada como figura que poderá colaborar na estimação dos bens, aproveitando-se o máximo da sua participação, até porque atuação positiva no sentido poderá abreviar o inventário sucessório. No ponto, a apresentação pela Fazenda de avaliação convincente e adequada poderá dispensar a estimação judicial (art. 634). Sua convocação inicial (art. 626) a deverá ser a mais completa possível, intimando-as para trazer informações acerca de todos os bens que interessam ao inventário e não apenas aos chamados "bens de raiz" (art. 629).[1165] Ademais, suas manifestações deverão ser sempre fundamentadas, notadamente para a discordância acerca das avaliações trazidas pelas partes. Em síntese, a participação da Fazenda não pode ser apartada dos arts. 5º e 6º do CPC.[1166]

10. Avaliação dos frutos

O art. 630 faz alusão apenas aos "bens da herança", sendo intuitivo, com tal direção, que a estimação alcançará o patrimônio no momento da abertura da sucessão, isto é, açambarcando os bens "arrastados" pela *saisine* (art. 1.784 do CC). Não há, todavia, no trecho dos arts. 630-638 menção à necessidade de avaliação dos frutos produzidos pelo patrimônio hereditário, muito embora a legislação civil os preveja. Basta, no sentido, observar o disposto no art. 1.326 do diploma civil (aplicável ao inventário em razão do art. 1.791, parágrafo único), ao prever que os "frutos da coisa comum, não havendo em contrário estipulação ou disposição de última vontade, serão partilhados na proporção dos quinhões". Registre-se, todavia, a importância de se dimensionar (= *avaliar dinamicamente*) os frutos, que não se limita à projeção destes na partilha. Em rápido exemplo, vale lembrar que o cumprimento do legado de coisa certa em regra será efetuado com a entrega dos frutos produzidos "desde a morte do testador" (art. 1.927, § 2º, do CC).[1167]

1165 No particular, em exemplo, a Fazenda Estadual poderá ter informações (inclusive estimação) acerca dos bens doados e que estão plasmados para se submeter à conferência. No ponto, como bem lembrado por ARTUR CÉSAR DE SOUZA, o comando do art. 629 do CPC é dirigido à Fazenda Estadual (*Código de Processo* Civil, v. III, p. 1.515).

1166 Vide comentários aos arts. 626 e 633 desta obra.

1167 Há outras situações que envolvem a entrega dos frutos desde a abertura da sucessão, como é o caso do art. 1.800, § 3º, do CC. O dimensionamento da potencialidade dos frutos permitirá, sob outro aspecto, a melhor acomodação dos bens da herança, separando-os não apenas para partilha antecipada (ou projeção desta), mas também para serem vetores de produção de créditos em prol do espólio, auxiliando no pagamento das dívidas respectivas (art. 95 do CC). No ponto, a projeção de produção

O valor aferido na estimação acerca dos frutos terá – como se extrai dos arts. 2020 do CC – efeito retroativo à abertura da sucessão, assim como prospectivo, já que uma das características dos frutos está na sua renovação. A avaliação, portanto, deverá traçar linha temporal estimativa desde a abertura da sucessão, com projeção até o desfecho do inventário sucessório. Dessa forma, a avaliação deve ser feita levando-se em conta não apenas o valor do bem em si, mas da potencialidade dos frutos que pode produzir, evitando-se, assim, situações de locupletamento de desvio de recursos do espólio. A estimação deverá contemplar cartel de valores flutuantes (*valores mínimo, médio e máximo)*, pois a medida permitirá ajustes, sendo certo que prioritariamente será observado o valor médio.

11. Avaliação de quotas sociais ou apuração de haveres

O parágrafo único do art. 630, ao fazer remissão ao art. 620, § 1º, da codificação processual civil, prevê que, caso do autor da herança tenha deixado patrimônio representado por titularidade em estabelecimento na qualidade de empresário individual ou de quota em sociedade que não anônima, deverá ser efetuada a nomeação de *expert* para a "avaliação das quotas sociais ou apuração de haveres". O tema foi abordado em suas nuances principais nos comentários ao art. 620, dispositivo que exige que seja efetuada prova pericial (ainda que simplificada), a fim de se obter o "balanço" (se o autor da herança era empresário individual) ou de "apuração haveres" (quando o falecido era sócio de sociedade não anônima).[1168]

12. Âmbito de aplicação do art. 630: inventário pelo procedimento comum

A etapa da avaliação da qual faz parte o art. 630 é (praticamente) restrita ao inventário pelo *procedimento padrão*, não se aplicando aos inventários de *procedimento especiais* (arrolamentos).[1169] Com efeito, justamente uma das

---

de frutos poderá (a partir de avaliação técnica) viabilizar a formalização de anticrese, já que tal direito real permite que o espólio entregue bem ao credor, cedendo-lhe "o direito de perceber, em compensação da dívida, os frutos e rendimentos" (art. 1.506 do CC) – vide comentários ao art. 642 desta obra. Cite-se, ainda, a título de exemplo, a arrecadação de frutos que deverá ser operada a partir da posse fática de sujeitos do processo em relação aos bens do espólio (art. 2.020 do CC).

1168 Sobre a avaliação de quotas sociais ou apuração de haveres no âmbito do inventário (de forma mais profunda), confira-se: Rodrigo Mazzei e Fernanda Bissoli Pinho, O balanço do estabelecimento e a apuração de haveres no inventário *causa mortis*: necessidade de adequada interpretação do artigo 620, § 1º, do CPC. In: *Revista Nacional de Direito de Família e Sucessões*, v. 42, p. 5-24, 2021.

1169 Sobre as modalidades procedimentais a que o inventário se submete, vide comentários ao art. 659 desta obra.

características marcantes do *arrolamento sumário* é a atribuição de valor dos bens do espólio de forma consensual pelos seus interessados (art. 660, III, do CPC). Não há espaço natural em tal procedimento para que seja determinada a avaliação judicial, exceto na hipótese de o credor não concordar com a avaliação dos bens apresentados em garantia da dívida (art. 663, parágrafo único). Em tal hipótese, sem consenso acerca dos bens vinculados à reserva efetuada em favor do credor, a estimação se fará por avaliador ou perito judicial.[1170] Caso assim ocorra, deve-se importar com ajustes a técnica de estimação dos arts. 630-638, descartando-se, contudo, a participação da Fazenda Pública, pois esta não é convocada para figurar nos inventários sob o rito de arrolamento (art. 662). No que se refere ao *arrolamento comum,* a avaliação dos bens deverá ser feita pelo inventariante (art. 664), sendo possível, no entanto, que esta seja desafiada pelas partes de forma fundamentada. Em tal caso, o juiz deverá nomear avaliador ou perito judicial (art. 664, § 1º) para que este apresente laudo, a fim de que o assunto seja decidido em audiência (art. 664, § 2º).

Portanto, as avaliações judiciais de bens do espólio são *acidentais* tanto no *arrolamento sumário* quanto no *arrolamento comum.* Como, em regra, as avaliações em tais ambientes especiais são pontuais e com baixa complexidade, é natural que o juízo sucessório defira a produção de *prova técnica simplificada*, designando perito para que sua manifestação se efetue mediante oitiva em audiência e esclareça qualquer dúvida em relação ao laudo (art. 464, §§ 2º-º4º, c/c art. 35 da Lei n. 9.009/95). A medida permite que o labor do avaliador ou perito judicial fique mais concentrado na audiência, remetendo para tal ato os esclarecimentos que normalmente seriam efetuados por meio de postulação documentada arrimada em parecer técnico.

13. Inspeção judicial

O CPC não repete o disposto no art. 1.005 do CPC de 1973, que previa a possibilidade de o interessado requerer que o juiz e o escrivão acompanhassem presencialmente a avaliação. Andou bem o legislador em não repetir tal dispositivo, pois a avaliação é prova de natureza técnica que fica a cargo de pessoa de confiança do juízo sucessório. De toda sorte, em situações peculiares em que a verificação do estado dos bens *in loco* pelo juiz se mostre importante, é possível que seja deferida a inspeção judicial (arts. 481-484).

1170 De forma próxima: Luciano Vianna Araújo, *Comentários ao Código de Processo Civil*, v. 2, p. 217.

14. Recurso

Da decisão que determina ou dispensa a avaliação técnica, caberá agravo de instrumento,[1171] assim como todo e qualquer ato decisório que seja proferido na etapa de avaliação (art. 1.015, parágrafo único, do CPC).

Art. 631. Ao avaliar os bens do espólio, o perito observará, no que for aplicável, o disposto nos arts. 872 e 873.

CPC de 1973 – art. 1.004

1. Comunicação (adequada) com os arts. 872-873 do CPC

Em suma, o art. 631 está pousado nas remissões efetuadas no seu corpo, a saber: (a) estrutura básica do laudo e gabarito básico a ser cumprido pelo estimador (art. 872) e (b) hipóteses em que se admitirá a reavaliação (art. 873).

Não se deve perder de vista, contudo, que os arts. 872-873 foram moldados para serem aplicados no âmbito da execução e, como tal, ao se transportarem seus ditames para o inventário sucessório, devem ser feitas as adaptações necessárias. No ponto, merece destaque que estimação no inventário sucessório não é feita pelo oficial de justiça e, ao contrário do que ocorre na execução, reclama a participação de avaliador judicial ou, na sua impossibilidade, de perito designado pelo juiz respectivo. O desenho do art. 630 é claramente indicativo de que a estimação judicial no inventário sucessório segue o roteiro da prova pericial, admitindo-se a quesitação e indicação de assistente técnico,[1172] ao contrário do entendimento que se firmou para

1171 No sentido: Paulo Cezar Pinheiro Carneiro, *Inventário e partilha judicial e extrajudicial*, p. 118; Zulmar Duarte de Oliveira Junior, *Comentários ao Código de Processo Civil*, p. 737, Luciano Vianna Araújo, *Comentários ao Código de Processo Civil*, v. 2, p. 217; José da Silva Pacheco, *Inventários e partilhas*: na sucessão legítima e testamentária, p. 473; e Flávia Poyares Miranda, *Comentários ao Código de Processo Civil*: perspectiva da magistratura, p. 714.

1172 No sentido: Hamilton de Moraes Barros, *Comentários ao Código de Processo Civil*, vol. IX, p. 266; Arruda Alvim, Araken de Assis e Eduardo Arruda Alvim, *Comentários ao Código de Processo Civil*, p. 1.485; Conrado Paulino da Rosa e Marco Antônio Rodrigues, *Inventário e partilha*, p. 377; Luciano Vianna Araújo, *Comentários ao Código de Processo Civil*, v. 3, p. 216; Zulmar Duarte de Oliveira Junior, *Comentários ao Código de Processo Civil*, p. 737; Luiz Gulherme Marinoni, Sérgio Cruz Arenhart e Daniel Mitidiero, *Novo Código de Processo Civil comentado*, p. 646; Dimas Messias de Carvalho, *Direito das sucessões*: inventário e partilha, p. 448; e Paulo Cezar Pinheiro Carneiro, *Inventário e partilha judicial e extrajudicial*, p. 119.

execução.[1173-1174] Note-se, ainda, que, entregue o laudo técnico de avaliação no bojo do inventário sucessório, os legitimados serão intimados para, caso queiram, apresentar manifestação no prazo de 15 dias (art. 635), prazo este diverso do previsto no art. 872, § 2º, que prevê para a semelhante situação cinco dias. Portanto, o diálogo do art. 631 com os arts. 872 e 873 deve ser feito, mas sempre respeitando as particularidades do processo sucessório.

2. Estrutura básica da avaliação no inventário sucessório

Não há nos arts. 630 e 631 (e muito menos no art. 872) a fixação de critérios específicos a serem respeitados na avaliação, estando o foco da legislação na estrutura que o laudo deve observar,[1175] extraindo-se, no sentido, que o *exame das características e do estado do bem é imprescindível*. A regra é que a avaliação deverá ser feita com o exame físico do bem. A conclusão se extrai do fato de que o laudo deverá narrar a *vistoria* (art. 872, *caput*), traçando as *características e o estado em que se encontra* cada um dos bens (art. 872, I), para, somente depois, ser lançado o valor de forma justificada (art. 872, II). Apesar de o art. 872 apenas fazer menção à vistoria, entende-se que a análise quanto ao estado dos bens também é abrangente ao *exame*, de modo que a avaliação alcança não apenas os bens imóveis, mas qualquer situação de titularidade que tenha relevo econômico, sendo irrelevante a atecnia legislativa.[1176]

Como prova técnica, a avaliação se submete (ainda que com ajustes) aos comandos do art. 473 do CPC. Pode-se dizer, com tal comunicação, que o laudo de estimação será estruturado a partir do art. 872, mas deverá respeitar o art. 473. Dessa forma, o laudo de avaliação iniciará com a identificação do

---

1173 No sentido: DANIEL AMORIM ASSUMPÇÃO NEVES, *Comentários ao Código de Processo Civil*, v. XVII, p. 380.

1174 Na jurisprudência do STJ, confira-se: 4ª Turma, RMS 10.994/PE, j. 21/10/2004, *DJ* 06/12/2004; 2ª Turma, RMS 13.038/RS, j. 25/05/2004, *DJ* 09/08/2004; 3ª Turma, AgRg no Ag 51.699/SP, j. 08/08/1994, *DJ* 12/09/1994; e 6ª Turma, RMS 5.197/SP, j. 26/08/1998, *DJ* 16/11/1998.

1175 No sentido: CLÓVIS DO COUTO E SILVA, *Comentários ao Código de Processo Civil*, v. XI, tomo I, p. 332-333.

1176 De modo geral, a nomenclatura *exame* é usada para a perícia que possui como objeto os bens móveis e as pessoas, enquanto *vistoria* se volta aos bens imóveis. Não há diferença, todavia, na exigência de que o perito deverá trazer relatório descritivo da sua análise, pouco importando o alvo da perícia. Vide comentários ao art. 630 desta obra.

"objeto da perícia" (art. 473, I), com a perfeita descrição dos "bens, com as suas características, e o estado em que se encontram" (art. 872, I). A partir de tal quadro, o perito evidenciará a sua "análise técnica ou científica" (art. 473, II), que deverá esclarecer o "método utilizado" (art. 473, III), a fim de que, ao final, esteja posta "resposta conclusiva a todos os quesitos apresentados pelo juiz, pelas partes e pelo órgão do Ministério Público" (art. 473, IV), trazendo fundamentação em linguagem simples e coerente, indicando como chegou as suas conclusões (art. 473, § 1º), ou seja, ao resultado da avaliação – valor dos bens (art. 872, II). Diante da sua finalidade e dos desdobramentos admitidos no curso do inventário *causa mortis, a possibilidade de* divisibilidade dos bens avaliados deve ser expressamente analisada pelo perito (art. 872, § 1º), indicando não só sua possibilidade física, mas também a repercussão econômica da divisão, ou seja, o valor unitário do bem e a estimação acerca das partes cindidas. Como em qualquer outra perícia, o avaliador deve ater-se aos limites de sua designação, não podendo emitir opiniões pessoais que excedam o exame técnico ou científico do objeto da perícia (art. 473, § 2º). Se necessário, o perito poderá buscar subsídios externos, hipótese em que justificará a medida, sendo-lhe permitido a instrução do laudo com elementos que ajudem a esclarecer a perícia, tais como "planilhas, mapas, plantas, desenhos, fotografias" e filmagens (art. 473, § 3º).

A reunião dos arts. 872 e 473 demonstra que a avaliação se revela como opinamento (técnico) de pessoa externa acerca dos valores dos bens do espólio. Trata-se de empreitada que se submeterá ao contraditório, razão pela qual deve estar plenamente justificado pelo *expert* as motivações que dão respaldo ao resultado final, postura esta que permitirá o controle das partes e do juízo sucessório não apenas em relação à conclusão (= ao valor estimado), mas também aos fundamentos que foram utilizados para se chegar a esta.

3. A avaliação como resultado de análise particular e completa de cada item

O valor dos bens está atrelado, sem dúvida, a aspectos íntimos e até formais de sua titularidade, devendo cada detalhe nesse sentido ser levado em conta nas avaliações. Para tanto, a superfície do art. 872, I, deve ser preenchida a partir das particularidades dos bens do acervo de cada inventário, plasmando-se na *vistoria* (e/ou *exame*) todos os detalhes que influenciam no valor final de cada um dos bens. Dentre os pontos que são mais relevantes na formação do preço final (= estimação monetária), merecem destaque as seguintes informações: (a) estado de conservação do bem, comparando-o dentro do parâmetro ordinário de outros bens em semelhante situação; (b) características especiais (detalhes contribuem para majorar ou reduzir a avaliação[1177]); (c) presença de benfeitorias, pertenças ou acessões no bem (com apresentação do valor respectivo e a provável data de inserção); (d) existência e dimensionamento de frutos (e/ou produtos) vinculados ao bem (com estimação em separado) – art. 1.232 do CC; (e) necessidade de reparos ou outras medidas de recuperação do bem (valorando-as, sempre quando possível); (f) aspectos formais acerca da titularidade do bem (traçando quadro acerca da forma de aquisição e a titulação respectiva); (g) existência de dívidas ou controvérsias envolvendo o bem;[1178-1179] (h) atual possuidor direto do bem, indicando se o bem está sendo utilizado para algum objetivo; (i) fixação de preço *mínimo, médio* e *máximo* (fundamental quando se tratar de bem que se submete a oscilações no valor de mercado);[1180] (j) possibilidade de divisão cômoda do bem avaliado (art. 872, § 1º); e (k) necessidade de correção das informações contidas sobre o bem nas primeiras declarações (art. 636, segunda parte). Do quadro acima, fica evidente que as características e o estado do bem (arts. 872, I) não podem ser analisados apenas no plano físico, pois há outras situações jurídicas que influenciam no seu valor. Assim, é fundamental que a avaliação enfrente a realidade e o contexto em que o bem efetivamente se encontra, sendo incauta a dimensão de estimação apenas a partir do cenário físico do patrimônio.

1177 Por exemplo, os imóveis que se submetem ao regime de foro com a União ("terrenos de marinha") terão valor diverso em relação a outros sem tal característica.

1178 Há clara diferença dos bens financiados (com saldo devedor) em relação aos quitados, pois os primeiros serão postados, em regra, como "direitos".

1179 No sentido, vale lembrar que a Súmula 590 do STF fixou entendimento de em se tratando de bem adquirido por promessa de compra e venda de imóvel a *saisine* se opera em relação ao crédito, incidindo imposto sobre este e não sobre o bem em si.

1180 Alguns tipos de bens estão sujeitos a influxos externos que podem afetar o seu preço final, sendo importante, em tais casos, que o avaliador técnico leve tais fatores em consideração, apresentando o resultado respectivo na avaliação, mediante exibição das camadas de oscilação. A situação narrada é comum na avaliação de bens imóveis, pois a dinâmica do mercado imobiliário nem sempre permite clara uniformidade de preços, verificando-se variações, notadamente na relação proporcional de metro quadrado de imóveis urbanos com semelhante perfil. Em ilustração, o avaliador poderá ter aferido que bem semelhante ao que foi estimado foi recentemente comercializado em operações concretas com valores variantes, situação comum no mercado diante das necessidades pessoais do vendedor, do comprador e até mesmo da própria oferta (por exemplo, pagamento à vista ou parcelado). Assim, o avaliador deve ter o zelo de explicitar e justificar as variações, de modo a estampar no seu laudo os pontos de baixa e pico, a fim de que se adote o *preço médio* ou uma estimativa obtida por meio de média ponderada que represente de forma mais adequada o valor do bem, sem riscos de prejuízo ao espólio e a qualquer interessado na avaliação.

4. Da divisão cômoda de bem imóvel

O art. 872, § 1º, determina que, se o perito se deparar com imóvel que for suscetível de cômoda divisão, a avaliação deverá contemplar tal situação no seu trabalho técnico. Em tal hipótese, o perito, além de apresentar a estimação total do bem, deverá trazer memorial descritivo com "possíveis desmembramentos", exercitando as possibilidades de divisão cômoda do bem.[1181] Por certo, como o objetivo da perícia é a avaliação, o *expert* também terá que estimar o valor das áreas divididas em projeção. Às claras, a divisão cômoda poderá permitir, dentre outras consequências, a acomodação mais fluida dos quinhões hereditários, evitando a alienação de bem que não consiga encaixe original (arts. 649 do CPC e 2.019 do CC).[1182]Com visão amplificada das titularidades e do cardápio dos direitos reais, o desmembramento previsto no art. 872, § 1º, pode ser efetuado de forma mais criativa. Assim, nada obsta que a partir de propriedade base possa se efetuar cisão que envolva o direito de laje (art. 1.510-A do CC) ou concessão superficiária (art. 1.369 do CC), pois tais figuras de direito real trabalham com engenhos que envolvem desmembramentos peculiares da propriedade.[1183]

A avaliação completa (ou seja, estimação do bem no estado atual e também na projeção das partes cindidas) permite aferir se a divisão desenhada importará em decréscimo valorativo que cause prejuízo (ao menos parcial) no uso do imóvel. No sentido, o texto do art. 87 do CC indica que não deve ser feita a cisão de bens (em tese, "divisíveis") quando ocorrer diminuição considerável de valor ou prejuízo do uso a que se destinam. A prova técnica deverá considerar também tais fatores, pois a divisão (ainda que cômoda no sentido físico) pode ter resultado negativo, sendo desaconselhada a operação.[1184]

1181 No sentido: Rodrigo Mazzei e Tiago Figueiredo Gonçalves, *Comentários ao Código de Processo Civil*, p. 891.

1182 A divisão cômoda de bem imóvel pode ter resultado positivo não apenas para partilha, consoante raciocínio intuitivo, mas também para a relação com os credores do espólio. Isso porque, com o desmembramento de bem imóvel, é possível destinar uma ou mais áreas cindidas para efeito da *separação* de bens (art. 642, § 2º, do CPC), satisfazendo-se os credores com a expropriação de bens de forma proporcional às dívidas, medida que pode ser feita também em relação à reserva de bem (art. 643, parágrafo único).

1183 Sobre a necessidade de análise do princípio da tipicidade com elasticidade, permitindo-se variações dentro do modelo legal, confira-se Rodrigo Mazzei, *Direito de Superfície*, p. 364-369.

1184 Em ilustração, um imóvel urbano poderá ser desmembrado, mas, se assim ocorrer, haverá perda da potência de construção, limitando cada parte dividida a um gabarito de aproveitamento construtivo pequeno, bem inferior àquele quando observada a área na sua integralidade original. Em outro exemplo, uma área rural com vocação de determinada cultura, ao ser desmembrada, poderá se tornar inadequada

Por fim, nem sempre o *expert* apto para efetuar avaliações de imóveis o será para propor desmembramentos, tornando-se necessária a convocação de especialista específico para a elaboração dos memoriais descritivos aludidos no art. 872, § 1º. Há, para tanto, duas soluções, a saber: (a) aplicação do art. 475 do CPC, que permite a nomeação de mais de um perito (demarcando-se as áreas de "conhecimento especializado"); e (b) contratação de profissional para empreitada (importando-se, com adaptação, o disposto no art. 22, III, *h*, da Lei n. 11.101/2005).

5. Nova avaliação: aspectos gerais

No CPC de 1973, as hipóteses de renovação da avaliação no inventário *causa mortis* eram tratadas pelo art. 1.010. Apesar de o citado dispositivo não ter sido contemplado no texto da codificação em vigor, nada se alterou substancialmente sobre a possibilidade de nova avaliação dos bens atraídos pelo inventário, tendo em vista a importação do art. 873 (efetuada de forma expressa pelo art. 631). Em sendo assim, seguindo-se o referido dispositivo, deve ser admitida quando: (a) for arguida e acolhida a alegação de erro ou dolo; (b) houver majoração ou diminuição do valor do bem depois de concluída a avaliação; ou (c) houver dúvida do juiz sobre o valor atribuído ao bem na avaliação.

A *nova avaliação* é a renovação da estimativa, ou seja, trata-se nova aferição do valor de bem que já foi avaliado judicialmente. A renovação da estimação poderá ser pontual para determinado bem arrecadado (por exemplo, em decorrência da sua valorização substancial do mercado), como também poderá ser determinada para reavaliação de todo o conjunto de bens, situação última, mais comum quando há extrema demora do curso do inventário e a data base original (abertura da sucessão) não se afigura mais como adequada para manter a avaliação isonômica.[1185]

A reavaliação patrimonial poderá ser provocada por parte interessada ou por determinação (de ofício) do juiz.[1186] Será formado pequeno *incidente* nos próprios autos do inventário em que o contraditório deverá ser observado antes

---

à finalidade agrária a que antes era destinada, afetando seu uso.

1185 Vide comentários ao art. 630 desta obra.

1186 Igualmente: Luis Gulherme Aidar Bondioli, *Comentários ao novo Código de Processo Civil*, p. 1.247; Marcelo Abelha, *Manual de execução* civil, p. 361; Luiz Gulherme Marinoni, Sérgio Cruz Arenhart e Daniel Mitidiero, *Novo Código de Processo Civil comentado*, p. 817; Daniel Amorim Assumpção Neves, *Comentários ao Código de Processo Civil*, v. XVII, p. 384; e Teresa Arruda Alvim Wambier, Maria Lúcia Lins Conceição, Leonardo Ferres da Silva Ribeiro e Rogério Licastro Torres de Mello, *Primeiros Comentários ao novo Código de Processo Civil*, p. 1.242.

que se efetue decisão no sentido. Quando a nova avaliação for solicitada por algum dos atores do inventário, é importante que a postulação venha carreada de algum elemento probatório, ao menos indiciário, que acene pela necessidade de adoção da medida,[1187] ficando mais robusta a postulação se acompanhada de laudo particular neste sentido.[1188] De outra banda, se renovação da estimação partir da percepção do juízo sucessório deverá este, em homenagem ao disposto ao art. 10 do CPC, explicitar os fundamentos que o motivam a adotar tal caminho, pois, sem tal cautela, o contraditório das partes ficará prejudicado. Assim, qualquer que seja a situação, o juiz ouvirá os interessados acerca da pertinência da nova avaliação, facultando manifestação fundamentada, até porque os efeitos da nova avaliação serão projetados no inventário sucessório.

Não existe prazo para que seja efetuada nova avaliação, mas é intuitivo que esta deve ser efetuada antes da decisão final do inventário (adaptando-se, no particular, o disposto no art. 642). Em relação às despesas da nova avaliação, aquele que apresentou o pedido respectivo será responsável por adiantá-las,[1189] sendo certo que, em caso de fixação de nova estimação, afigurando-se como certeira a solicitação, o espólio deverá efetuar o reembolso. Caso determinada de ofício, as despesas serão rateadas (art. 95 do CPC).

5.1 Erro na avaliação ou dolo do avaliador

Não se trata de "erro" na acepção clássica (e mais restrita) do Direito Civil (arts. 138-144 do CC), mas de demonstração de equívoco vinculado ao laudo, seja na sua vistoria (análise acerca do bem), seja na sua conclusão (resultado na estimação). Portanto, o erro pode estar contido não apenas no valor do bem avaliado, mas também na valoração tirada como de mercado ou, até mesmo, os fundamentos trazidos no laudo para sustentar o valor que foi apontado (qualidade e condições do bem descritas com erro).[1190] Por exemplo, a

1187 Próximo: Daniel Amorim Assumpção Neves, *Comentários ao Código de Processo Civil*, v. XVII, p. 387; Paulo Henrique dos Santos Lucon, *Breves comentários ao novo código de processo civil*, p. 2.211; e Luiz Gulherme Marinoni, Sérgio Cruz Arenhart e Daniel Mitidiero, *Novo Código de Processo Civil comentado*, p. 817.

1188 No sentido: STJ, 3ª Turma, REsp 59.525/RO, j. 26/11/1996, *DJ* 03/02/1997.

1189 Projeta-se aqui o entendimento aplicado na execução de que aquele "que discordou do valor arbitrado a bem penhorado arcar com o pagamento dos honorários periciais, ainda que não tenha formulado pedido expresso de realização de nova avaliação" (STJ, 2ª Turma, REsp 729.712/SP, j. 26/06/2007, *DJ* 03/08/2007). Próximo: STJ, 2ª Turma, REsp 611.970/SP, j. 26/10/2004, *DJ* 18/04/2005; 2ª Turma, REsp 1.192.843/MG, j. 03/08/2010, *DJ* 12/08/2010.

1190 Igualmente: Teresa Arruda Alvim Wambier, Maria Lúcia Lins Conceição, Leonardo Ferres da Silva Ribeiro e Rogério Licastro Torres de Mello, *Primeiros Comentários ao novo Código de Processo Civil*, p. 1.242.

avaliação projeta valor do bem a partir de determinada situação jurídica, estimando-o, em ilustração, como direito real de propriedade quando, na verdade, o falecido tinha sobre o bem direitos possessórios, sem a titulação formal prevista no art. 1.225 do CC. Há erro na estimação, pois o valor de mercado de determinados bens, notadamente os imóveis, sofrem flutuação a partir da titularidade que os vincula. No caso do exemplo, é muito provável que os direitos possessórios (sem titulação real) terão estimação inferior em relação ao bem imóvel semelhante cujo titular ostente título de propriedade.

Quanto ao dolo do avaliador, a questão não se confunde com eventual suspeição ou impedimento, eis que, neste caso, o interessado deverá a suspeição e/ou impedimento, sob risco de inviabilizar o pleito de nova avaliação. A prova do dolo, por fugir de dados técnicos como ocorre no erro, tende a ser mais dificultosa de ser carreada com o pedido de nova avaliação, devendo o magistrado ter acuidade no processamento do incidente, inclusive com a oitiva do avaliador. Embora o art. 873, I, faça menção ao "dolo", a melhor interpretação que se pode fazer do dispositivo está na atitude deliberada do *expert* para favorecer alguma parte, isto é, que a prova técnica foi efetuada sem a isenção necessária.[1191-1192]

Na apuração quanto à ocorrência de eventual "dolo" do perito, é necessário que se faça exceção ao disposto no art. 612, abrindo-se dilação probatória mais ampla, com importação do disposto no art. 623. Isso porque o *expert* – de forma semelhante ao inventariante – é uma figura nomeada pelo juízo sucessório e pode ser responsabilizado pelo deslize (art. 158[1193]), razão pela qual a apuração do "dolo" deve ser feita com cognição ampla, seguindo-se o padrão adaptado ao aplicado ao incidente de remoção do inventariante.[1194]

5.2 Majoração ou diminuição do valor do bem

A simples atualização monetária de avaliação anterior não representa *nova*

1191 No sentido: Daniel Amorim Assumpção Neves defende que dolo será: "(...) qualquer falta da necessária isenção do responsável pela avaliação, tendo ele atuado deliberadamente para favorecer uma das partes em detrimento da outra. Dessa forma, além do dolo propriamente dito, também a fraude, a coação ou a simulação, são vícios associados à conduta do responsável pela avaliação suficientes para ensejar a sua anulação, e, por consequência, a realização de nova avaliação" (*Comentários ao Código de Processo Civil*, v. XVII, p. 384). Próximo: Marcelo Abelha, *Manual de execução* civil, p. 362.

1192 Assim, omissões acerca de dados relevantes que vinculam o bem avaliado, apresentação de informações simuladas e até a coação perpetrada pelo perito poderão ser invocadas a partir do art. 873, I, sendo, pois, necessário que se efetue tal comprovação.

1193 Sobre a responsabilidade civil do perito, confira-se: Rodrigo Mazzei e Sarah Merçon-Vargas, *Novo CPC anotado e comparado*, p. 196-198.

1194 Vide os comentários ao art. 623 desta obra.

avaliação.[1195] Reavaliar significa efetuar nova aferição acerca da estimação do bem, procedimento que se opera por meio do *exame* ou da *vistoria*, a fim de se obter o *valor efetivo do bem* (preço de mercado).

No curso do inventário, não é invulgar que determinados bens, já avaliados, tenham que receber nova estimação, diante de mudança aguda de cenário os envolvendo. Por exemplo, depois de efetivadas todas as avaliações, determinado imóvel que faz parte do acervo hereditário é alvo de tombamento público, medida esta que restringiu não só o uso, como também limitou as modificações do bem. De outra banda, outro imóvel do acervo – por estar em área específica de determinada cidade – foi contemplado com mudança legislativa que aumentou consideravelmente sua potência construtiva, permitindo a inserção de implante de magnitude vedada à época da avaliação. Nas ilustrações, enquanto o valor de um imóvel – presumivelmente – decresceu, de outra ponta, ocorreu provável majoração do valor de mercado em relação a outro. Somente nova avaliação poderá atestar o resultado econômico da mudança fática que, nos exemplos, decorrem de intervenções públicas que afetam os imóveis.

As exemplificações trabalham com situações extraordinárias e pontuais, mas é possível que os bens da herança – como um todo – tenham que se submeter à reavaliação, situação vulgar nos casos de inventários extremamente longos, em que o fator temporal acaba por corroer a avaliação original.[1196] A reavaliação integral se justifica para que, de forma isonômica, a herança como num todo seja avaliada, evitando-se que o decurso do tempo que impactou a avaliação dos bens cause distorções na partilha e/ou prejudique/beneficie determinadas partes.[1197]

1195 No tema: Rodrigo Mazzei, *Reforma do CPC 2*, p. 343-345. Na jurisprudência: STJ, 1ª Turma, REsp 117.163/SP, j. 16/06/1998, *DJ* 17/08/1998; STJ, 2ª Turma, REsp 182.637/PR, j. 19/10/2000, *DJ* 04/12/2000.

1196 Próximo: Daniel Amorim Assumpção Neves, *Novo Código de Processo Civil comentado*, p. 1.073.

1197 A jurisprudência é bem farta no sentido, pois, sem dúvida, o fator temporal corrói as estimações. No sentido (entre vários): STJ, 2ª Turma, REsp 1.104,563/PR, j. 18/05/2010, *DJ* 02/06/2010; STJ, 3ª Turma REsp 34.880/PR, j. 13/09/2001, *DJ* 29/10/2001; 3ª Turma, AgRg no REsp 1.171.641/SP, j. 07/04/2011, *DJ* 14/04/2011. Há, no âmbito do inventário, decisões que determinam a reavaliação global do acervo, inclusive dos valores dos bens que se submetem à colação, diante da insegurança que as estimações antigas provocam para o cenário atual. No sentido: STJ, 3ª Turma, REsp 1.314.071/SP, j. 26/02/2013, *DJ* 05/03/2013; STJ, 3ª Turma, REsp 1.371.086/SP, j. 08/04/2014, *DJ* 26/05/2014. Vide comentários ao art. 630 sobre a data base das avaliações.

5.3 Dúvida fundada sobre o valor atribuído ao bem na primeira avaliação

Respeitosamente, a previsão efetuada no art. 873, III, é desnecessária, compreendida a abrangência do inciso I acerca do "erro" e do "dolo" em esquadro amplo e da possibilidade de correção genérica do inciso II.[1198] Qualquer que seja o motivo, não se sentindo o juízo sucessório seguro acerca do resultado da avaliação (art. 873, I) ou da sua mantença sadia no tempo (art. 873, II), será possível que se designe nova avaliação.[1199] Sendo coerente ao já exposto, aplica-se na hipótese o art. 10 do CPC, devendo o julgador, de forma motiva, expor sua(s) dúvida(s), facultando aos interessados a devida manifestação, antes de deflagrar a nova avaliação.[1200]

Em arremate, destaca-se que há espaços variados para que a segunda perícia corrija pontualmente alguma estimação, não sendo necessário que seja efetuado o descarte da primeira. Basta pensar nos casos em que a dúvida sobre a avaliação recai sobre um ou mais bens, mas não atinge o conjunto das estimações. Ademais, a *vistoria* feita inicialmente poderá servir de parâmetro para os ajustes, identificando-se os pontos a ser sanados (caso haja mais de um).

Art. 632. Não se expedirá carta precatória para a avaliação de bens situados fora da comarca onde corre o inventário se eles forem de pequeno valor ou perfeitamente conhecidos do perito nomeado.

CPC de 1973 – art. 1.006

1. Noções gerais do dispositivo

Não é raro que os bens atraídos pelo inventário estejam localizados em comarcas distintas.[1201] Assim ocorrendo, os bens que estão situados em comarca diversa daquela em que tramita o inventário *causa mortis* serão avaliados por meio de carta precatória (arts. 260-268 do CPC). Todavia, em razão dos riscos da demora do procedimento e os custos que lhe são inerentes, a legislação

1198 No sentido: Daniel Amorim Assumpção Neves, *Comentários ao Código de Processo Civil*, v. XVII p. 387.

1199 Parecendo concordar: Luis Gulherme Aidar Bondioli, *Comentários ao novo Código de Processo*, p. 1.247.

1200 Igualmente: Marcelo Abelha, *Manual de execução* civil, p. 363. Com a conclusão acima, percebe-se que o disposto no parágrafo único do art. 873 (que faz alusão ao art. 480 do CPC) poderá ser aplicado de forma bem ampla. Parecendo concordar: Luiz Gulherme Marinoni, Sérgio Cruz Arenhart e Daniel Mitidiero, *Novo Código de Processo Civil comentado*, p. 817.

1201 O fato é reconhecido expressamente pelo art. 48 do CPC, que, em seu parágrafo único, dispõe sobre a possibilidade de fixação da competência do inventário *causa mortis* a partir da localização dos bens do falecido.

processual prevê duas exceções, dispensando a expedição da precatória quando: (a) o bem objeto material da avaliação for considerado de pequeno valor; ou (b) o valor do bem ser perfeitamente conhecido do perito nomeado. O art. 632 traz, portanto, duas hipóteses autônomas para dispensa da avaliação por carta precatória.[1202]

O texto do art. 632 (que mantém a base do contido no art. 1.006 da codificação revogada) se justifica em razão da necessidade condução eficiente do processo e a sua duração razoável,[1203] comandos atualmente expressos nos arts. 4º, 6º e 8º do CPC. O art. 632 é, pois, mais uma técnica processual que visa que o inventário sucessório seja finalizado em tempo breve, dentro da meta legal (parte final do art. 611).[1204]

2. Bem de pequeno valor

O art. 632 (repetindo o deslize art. 1.006 do CPC de 1973) não traz detalhamento quantitativo do que seria "bem de pequeno valor", situação que gera alguma insegurança na aplicação do dispositivo e abre espaço para crítica doutrinária.[1205] No sentido, Hamilton de Moraes Barros faz alusão ao critério quantitativo aplicado para admissão do arrolamento comum (atual art. 664), entendimento que projetaria um teto de 1.000 (mil) salários mínimos.[1206] Ricardo Alexandre da Silva e Eduardo Lamy defendem, por sua vez, que deve ser considerado "bem de pequeno valor" aquele que não ultrapasse cinco vezes o salário mínimo, equiparando este aos bens que

1202 No mesmo sentido: Hamilton de Moraes Barros, *Comentários ao Código de Processo Civil*, v. IX, p. 271.

1203 Igualmente (ainda que com algumas variações na nomenclatura): Rafael Knorr Lippmann, *Breves comentários ao novo código de processo civil*, p. 1.708; Zulmar Duarte de Oliveira Junior, *Comentários ao Código de Processo Civil*, p. 738; Fernando da Fonseca Gajardoni, *Processo de conhecimento e cumprimento de sentença*: comentários ao CPC 2015, v. 2, p. 1.075; Flávia Poyares Miranda, *Comentários ao código de processo civil*: perspectiva da magistratura, p. 715; Luiz Gulherme Marinoni, Sérgio Cruz Arenhart e Daniel Mitidiero, *Novo Código de Processo Civil comentado*, p. 647; Daniel Amorim Assumpção Neves, *Novo Código de Processo Civil comentado*, p. 1.073; Artur César de Souza, *Código de Processo Civil*, v. III, p. 1.521; Gerson Fischmann, *Comentários ao Código de Processo Civil*, v. 14, p. 121; e Luciano Vianna Araújo, *Comentários ao Código de Processo Civil*, v. 2, p. 220.

1204 Vide comentários ao art. 611 desta obra.

1205 No sentido: Ricardo Alexandre da Silva e Eduardo Lamy, *Comentários ao Código de Processo Civil*, v. IX, p. 541. Favorável à opção do legislador, confira-se: Luciano Vianna Araújo, *Comentários ao Código de Processo Civil*, v. 2, p. 220.

1206 *Comentários ao Código de Processo Civil*, v. IX, p. 271. Na verdade, o autor se apega a critério sugerido por Cândido Naves nos comentários efetuados sobre o CPC de 1939 (*Comentários ao Código de Processo civil*).

dispensam forma de partilha e que podem ser objeto de certidão de pagamento do quinhão hereditário[1207] (art. 655, parágrafo único).[1208] Com outra posição, ARRUDA ALVIM, ARAKEN DE ASSIS e EDUARDO ARRUDA ALVIM,[1209] analisando o texto da codificação revogada, cravaram entendimento de que "bem de pequeno valor" deve ser compreendido como aquele que não excedesse 60 (sessenta) salários mínimos, ao argumento de que tais bens estão dispensados da publicação de editais na expropriação (art. 686, § 3º, CPC de 1973).[1210-1211] Sem prejuízo dos critérios enunciados, outros tetos limitativos poderiam ser propostos a partir da legislação, como por exemplo, o uso do limite de 40 salários mínimos, já que tal parâmetro está previsto tanto no art. 3º, I, da Lei n. 9.009/95 (legislação, inclusive, que trabalha com procedimentos simplificados) como também do art. 833, X, do CPC em vigor (que prevê célula de patrimônio mínimo financeiro que não pode ser invadido pela penhora).

A própria diversidade de possibilidades de preenchimento do art. 632 é indicativa de que a melhor solução não é a adoção de metodologia com valor inflexível, pois a risco de a opção escolhida não seja a melhor. Seguindo tal linha, LUCIANO VIANNA ARAÚJO entende que a "noção de *pequeno valor* mostra-se relativa", não se justificando a fixação de critério objetivo e, com tal modo de pensar, o autor sustenta que o balizamento estará no confronto com o "valor total da herança".[1212] Em trabalho conjunto com TIAGO FIGUEIREDO GONÇALVES, sustentamos que a dimensão de "pequeno valor" – embora flutuante – é vinculada ao valor do bem colocado em contraste com os custos advindos da sua avaliação, notadamente a expedição da carta precatória. A posição antes defendida é agora ratificada, explicitando de forma mais aguda seus fundamentos.[1213]

Com efeito, a compreensão do art. 632 na sua gênese é vinculada não apenas à duração razoável do processo, mas também à eficiência na condução do processo. O cenário indica que os contornos de "bem de pequeno valor" estão vinculados à análise pontual dos custos da avaliação de determinado bem postado fora da comarca do juízo sucessório em contraposição à (provável) potência

1207 *Comentários ao Código de Processo Civil*. Volume IX, p. 541.
1208 Dispositivo que substituiu o revogado art. 1.027, parágrafo único, do CPC de 1973.
1209 *Comentários ao Código de Processo Civil*, p. 1.486.
1210 Dispositivo que não possui espelho no CPC atual.
1211 FELIPPE BORRING ROCHA – embora faça alusão ao art. 655, parágrafo único, do CPC em vigor – aponta que o teto mais adequado seria de 60 (sessenta) salários mínimos. O problema é que o art. 686, § 3º, do CPC de 1973 não foi repetido no código atual (*Comentários ao novo Código de Processo Civil*, p. 963).
1212 LUCIANO VIANNA ARAÚJO, *Comentários ao Código de Processo Civil*, v. 2, p. 220.
1213 RODRIGO MAZZEI E TIAGO FIGUEIREDO GONÇALVES, *Comentários ao Código de Processo Civil*, p. 891.

patrimonial. Dessa forma, a partir da projeção dos custos da avaliação em confronto com o que se apresenta (em juízo ordinário) como provável valor do bem, será possível se extrair o provável resultado financeiro. O exercício deverá ser plasmado nos autos e permitirá a ponderação acerca da *viabilidade* da estimação por meio de carta precatória. Ficando, pois, configurado – em juízo de evidência – que o resultado será negativo ou de pouca valia para a arrecadação do espólio, deve-se evitar a despesa adicional da expedição da carta precatória. No sentido, deve-se lembrar, ainda, que o dispêndio financeiro decorrente de avaliação por carta precatória poderá não se limitar apenas às "custas processuais", pois nem sempre esta incluirá as despesas vinculadas aos honorários do avaliador,[1214] muito menos a eventual contratação de advogado local para acompanhar a perícia.[1215-1216] A proposição apresentada soluciona a questão suscitada por Pontes de Miranda[1217] sobre a sucessão com a presença de vários "bens de pequeno valor", todos situados na mesma comarca que não a do curso do inventário. Em tal hipótese, muito embora os bens sejam de valor diminuto, a partir da projeção do resultado da operação, poderá se justificar a expedição de carta precatória para avaliação no caso em que a estimação dos bens, em seu caráter global, indicar que terá força para suportar os custos da referida técnica processual.

Conclui-se, assim, que o critério que envolve o art. 632 não poderá ter um teto objetivo vinculado ao valor do bem. A análise da dimensão de "bem de pequeno valor" está também atrelada à própria potência da herança. Na verdade, de forma pontual, deverá ser analisado o provável valor do bem, apresentando-se informação verossímil no sentido (que pode ser subsidiada até pelo avaliador do juízo sucessório), subtraindo-se as prováveis despesas com a avaliação. O resultado demonstrará se é justificável a expedição da carta precatória para estimação judicial do bem presente no acervo sucessório que está localizado fora da comarca em que tramita o inventário *causa mortis*. O juízo sucessório deve, portanto, estar municiado de tais informações para que possa decidir sobre a aplicação do art. 632 no caso concreto e singular, ou seja, a partir da potência de cada bem e os custos totais projetados para a sua avaliação.

1214 Registre, no sentido, que, no caso de expedição de carta precatória para avaliação de bens, a escolha da nomeação, em regra, ficará a cargo do juízo deprecado. Igualmente: Daniel Amorim Assumpção Neves, *Novo Código de Processo Civil comentado*, p. 1.073. Mais ainda, o credenciamento dos assistentes técnicos se dará no juízo deprecado, assim como a quesitação. No sentido: Zulmar Duarte de Oliveira Junior, *Comentários ao Código de Processo Civil*, p. 738.

1215 Situação mais vertical quando se trata de processo físico.

1216 Ademais, entregue o laudo, há a possibilidade da ocorrência de atos processuais no juízo deprecado, pois, em ilustração, se alguma impugnação contra perícia for julgada procedente, o perito terá que efetuar a retificação (art. 635, § 2º).

1217 *Comentários ao Código de Processo Civil,* tomo XIV, p. 128.

Assim, não se trata de um poder discricionário do perito ou mesmo do próprio juiz em dispensar a avaliação.[1218]

3. Conhecimento do perito acerca valor do bem

Também será dispensada a expedição de carta precatória quando o perito tiver domínio – de forma inequívoca – sobre o valor do bem que está postado fora da comarca do juízo sucessório. Não é ocasional que a letra da lei seja impositiva ao dispor que os valores devem ser "perfeitamente conhecidos do perito nomeado".

De toda sorte, o avaliador poderá se valer de dados objetivos e atuais que envolvam o bem a ser avaliado. Por exemplo, em caso de pequeno bem imóvel adquirido pelo falecido em data próxima à abertura da sucessão, constando na escritura de compra e venda não só o preço no negócio jurídico, como também o resultado da avaliação efetuada pela da Fazenda Municipal, inexistindo discrepância nos dois valores. No ponto, deve-se admitir que o avaliador possa diligenciar em busca de elementos objetivos quanto à estimação, inclusive fora da comarca do juízo sucessório. Trata-se, pois, de medida diligente que poderá diminuir os custos da avaliação em seu aspecto global.[1219] Trazendo para o inventário sucessório às regras atinentes à perícia, o *expert* poderá se valer do disposto no art. 473, § 3º, do CPC e trazer apoio técnico local para buscar informações e subsidiar com segurança a sua perícia. Assim, o perito poderá exibir prova técnica produzida por profissional local, confeccionada com respeito ao disposto no art. 631, ou seja, com apresentação documentada nos autos do inventário de laudo de vistoria completo (= com todas as informações necessárias à estimação).

O importante, para efeito de aplicação do art. 632, é que o *expert* apresente – objetivamente – os motivos que demonstram o seu perfeito conhecimento acerca da avaliação, pois, assim fazendo, o juiz – colhido o contraditório dos interessados – poderá dispensar a expedição da precatória para que se efetive a avaliação judicial.

4. Uso de outras técnicas para avaliar bens localizados além dos limites do

1218 No sentido: Paulo Cezar Pinheiro Carneiro, *Inventário e partilha judicial e extrajudicial*, p. 121; e Rodrigo Mazzei e Tiago Figueiredo Gonçalves, *Comentários ao Código de Processo Civil,* p. 891. Próximo: Daniel Amorim Assumpção Neves, *Novo Código de Processo Civil comentado*, p. 1.073.

1219 É importante que tal possibilidade esteja consignada no plano de trabalho do *expert*, de modo a não só dar transparência quanto ao alcance da sua atuação, como também às partes do inventário que podem não aprovar tal parte da proposta.

juízo sucessório

Os comentários ao art. 632 abrem espaço para discussões mais amplas, que vão além da análise do dueto de hipóteses de dispensa de avaliação por carta precatória.[1220] Com outras palavras, quando se examina a avaliação por meio da expedição de carta precatória, é natural que se reflita acerca da eficiência da referida técnica, sendo, pois, necessário ampliar o espectro da análise em busca de outras formas de se concretizar a avaliação com segurança e dentro de critérios legais. Ao se cogitar a dispensa da expedição de carta precatória para avaliar bens fora da jurisdição do juízo sucessório, não está se afirmando que há possibilidade de deixar de avaliar os bens do espólio, pois estes, em qualquer hipótese, terão que ser estimados de alguma forma (inclusive os de "pequeno valor"). O foco da aferição está na viabilidade de substituir a avaliação por meio de carta precatória por outra técnica que seja capaz de alcançar o mesmo fim.

Da breve introdução, em diálogo do art. 473, § 3º, com o art. 22, III, *h*, da Lei n. 11.101/2005, afigura-se que não há óbice para que a avaliação de bem em comarca diversa da situação do inventário *causa mortis* seja efetuada por profissional técnico contratado pelo *expert*, procedimento este que deverá ser autorizado pelo juízo sucessório. Demais disso, diferente do que ocorria na época da entrada em vigor do CPC de 1973, atualmente, há bom cartel de recursos tecnológicos que podem ser agregados à prova técnica, recursos estes são capazes de propiciar segurança na colheita da prova pelo juízo sucessório, ainda que à distância. No sentido, o avaliador contratado pelo *expert* nomeado, além de confeccionar o laudo na forma determinada pelo art. 631, poderá efetuar, por exemplo, filmagem acerca da sua vistoria, destacando pontos específicos do laudo (tais como presença de benfeitorias/acessões/frutos e/ou áreas críticas de conversação do bem).

As diligências do perito contratado poderão ser relatadas por ata notarial (art. 384), com descrição completa do tabelião acerca das suas percepções quanto à vistoria, assim como em relação ao próprio bem, a fim de que seja efetuado comparativo com o laudo a ser apresentado. Vale lembrar, no parti-

1220 De modo geral, a doutrina segue a linha de que o art. 632 traz regras excepcionais, que devem ser blindadas. Tanto assim que Teresa Arruda Alvim Wambier, Maria Lúcia Lins Conceição, Leonardo Ferres da Silva Ribeiro e Rogério Licastro Torres de Mello defendem que: "A aplicação do dispositivo há de ser feita com temperamento, porquanto a regra é que perito avaliador tenha contato físico com o bem para avaliá-lo, só podendo haver essa dispensa quando os valores envolvidos não justificarem a expedição da carta precatória ou quando o avaliador tiver elementos, pelos autos, que permita a exata identificação e conhecimento do bem objeto da avaliação" (*Primeiros Comentários ao novo Código de Processo Civil*, p. 982).

cular, que a ata notarial poderá contemplar imagens e sons gravados em arquivos eletrônicos (art. 384, parágrafo único), fato que favorece a segurança no tocante à colheita da prova relatada por tabelião, propiciando, de outra banda, o exercício do contraditório pelos interessados, já que, sobre o total do material colhido (prova técnica e ata notarial), poderão se manifestar.

A codificação vigente está permeada pelo ideário da eficiência e da duração razoável do processo, sendo certo que, para se alcançar tais objetivos, as partes e o juízo sucessório poderão se valer de soluções atípicas. O uso da carta precatória não é infenso a tal cenário e, sem dúvida, em determinadas situações, poderá ser feita a permuta por outra técnica mais adequada à situação reclamada no inventário sucessório, sobretudo quando a solução apresentada se dá mediante modulação das partes por negócio jurídico processual (art. 190).

Art. 633. Sendo capazes todas as partes, não se procederá à avaliação se a Fazenda Pública, intimada pessoalmente, concordar de forma expressa com o valor atribuído, nas primeiras declarações, aos bens do espólio.

Art. 634. Se os herdeiros concordarem com o valor dos bens declarados pela Fazenda Pública, a avaliação cingir-se-á aos demais.

CPC de 1973 – arts. 1.007 e 1.008

1. Hipóteses de dispensa de avaliação

Os arts. 633 e 634 trazem duas hipóteses de dispensa de avaliação. Melhor seria que o assunto, pela afinidade, fosse tratado em único dispositivo.

2. A Fazenda e a concordância com as avaliações

Com a apresentação das primeiras declarações e as estimações patrimoniais respectivas, a Fazenda Pública (entenda-se a Fazenda Estadual ou Distrital),[1221] ao ser intimada (art. 626), poderá, desde logo, lançar sua concordância com as avaliações efetuadas pelo inventariante. Em tal situação, caso as demais partes também assentem em relação às estimações efetuadas no relatório preliminar, será dispensada a avaliação judicial. No entanto, seguindo-se a trilha fixada pelo art. 629, a Fazenda terá nova oportunidade para vir ao inventário sucessório, pois esta, depois da instauração do contraditório previsto no art. 627, deverá informar ao juízo o valor dos bens de raiz constantes das primeiras declarações. O detalhe é importante, pois demonstra que o art. 633 não deve ser interpretado apenas em relação ao texto inicial apresentado pelo inventa-

1221 No sentido: No sentido: Artur César de Souza, *Código de Processo* Civil, v. III, p. 1.514.

riante (arts. 620 e 626), pois há espaço para sua aplicação, depois de exercido o contraditório geral (art. 627, I), já com as primeiras declarações retificadas, inclusive quanto às avaliações inicialmente apresentadas (art. 636, *in fine*).

De outra banda, a leitura isolada do art. 633 pode dar a falseada impressão de que, toda vez que a Fazenda concordar com as estimações trazidas nas primeiras declarações, haverá dispensa da avaliação judicial. A premissa é equivocada, pois o art. 633 merece ser lido em diálogo com o disposto nos arts. 630 e 634. Em sendo assim, em caso de apresentação de discordância qualificada por qualquer das partes acerca das valorações apresentadas pelo inventariante e de falta de condição do juízo sucessório para decidir a respeito com os elementos presentes nos autos, deverá ser deferida a avaliação judicial. Assim, ainda que a Fazenda concorde com as avaliações trazidas pelo inventariante, mas que, em exemplo, um ou mais interessado(s) impugne(m) as estimações de forma fundamentada, o juízo sucessório não fica submetido aos valores apresentados nas primeiras declarações (ainda que assentidos pela Fazenda).[1222]

Sem prejuízo do acima posto, o art. 633 é imperativo no sentido de que a concordância por parte da Fazenda deve ser apresentada de forma expressa, não podendo se interpretar seu silêncio como anuência. Logo, caso todas as partes estejam acordes acerca das avaliações apresentadas nas primeiras declarações (seja na sua versão original, seja na versão retificada), mas não constar nos autos o assentimento expresso da Fazenda (nada obstante não ter apresentado oposição em nenhum momento), deverá se providenciar intimação específica para manifestação daquela quanto à concordância com as estimações, a fim de as formalidades do art. 633 sejam cumpridas.[1223]

O CPC atual – no trecho destinado à disciplina das intimações, prevê, em seu art. 269, § 3º, que a Fazenda Pública deve ser intimada perante o órgão de Advocacia Pública responsável por sua representação. Com tal norte, considerando que em relação à Advocacia Pública aplica-se o art. 246, § 1º, do CPC (art. 270, parágrafo único), tem-se que as citações e intimações deverão ser realizadas preferencialmente por meio eletrônico. Dessa forma, apesar de o art. 633 (que repete o art. 1.007 do CPC de 1973) estabelecer que a intimação da Fazenda deva ser feita pessoalmente, a regra deve ser harmonizada com o contexto atual da codificação, de modo que, se o processo de inventário tramitar "por meio eletrô-

1222 O breve cenário acima confirma a importância de que tanto as avaliações quanto as suas impugnações sejam feitas de forma fundamentada, pois a sua musculatura propiciará qual rumo decisório será seguido (definição da avaliação correta pelo juiz ou determinação da avaliação judicial). Próximo: Ricardo Alexandre da Silva e Eduardo Lamy, *Comentários ao Código de Processo Civil*, v. IX, p. 542.

1223 No sentido: Rodrigo Mazzei e Tiago Figueiredo Gonçalves, *Comentários ao Código de Processo Civil*, p. 891.

nico", aplicar-se-ão as disposições gerais sobre citação e intimação.[1224]

3. Avaliação apresentada pela Fazenda

Dispõe o art. 634 que se os "herdeiros" concordarem com o valor dos bens declarados pela Fazenda Pública, a avaliação cingir-se-á aos demais. Interpretação direta, portanto, indica que, a partir de estimação apresentada pela Fazenda, que não receba oposição, a avaliação será dispensada.

Embora o dispositivo não seja claro, conforme já adiantado, a estimação pela Fazenda poderá ser apresentada como manifestação às primeiras declarações (art. 626), assim como diante das informações que devem ser prestadas por força do art. 629.[1225] Nada impede que o juízo sucessório intime a Fazenda ainda no curso da etapa limiar para que apresente avaliação, a fim de que sua colaboração seja levada em conta na fixação dos valores dos bens e/ou direitos alcançados pela sucessão. Não há, como se vê, momento específico (e único) para que a Fazenda venha aos autos trazer a sua estimação, embora seja intuitivo (e eficiente) que tal postura deverá ocorrer a partir da apresentação pelo inventariante das primeiras declarações.

Em outro detalhe, a concordância acerca da avaliação apresentada pela Fazenda não se limita aos "herdeiros", mas a todo interessado alcançado de alguma forma concreta pela estimação, como é o caso do cônjuge/companheiro sobrevivente em relação à meação e ao legatário em razão do patrimônio legado. Assim, o assentimento geral demanda o exame do seu posicionamento no inventário, com análise da legitimação no caso concreto.

4. Concordância parcial

A parte final do art. 634 é clara no sentido de que a concordância com o laudo apresentado pela Fazenda pode ser parcial, ou seja, apenas em relação a uma ou mais estimações, sem alcançar a totalidade do laudo. Excluindo-se os bens em que não houve controvérsia acerca da estimação, a "avaliação cingir-se-á aos demais", isto é, apenas em relação aos bens sobre os quais não houve assentimento quanto à avaliação. A mesma lógica se aplica no art. 633, ou seja, não há óbice para que a concordância da Fazenda seja parcial, ou seja, ocorra assentimento em relação apenas à parte das estimações apresentadas pelo inventariante, com discordância em relação a outras. Portanto, qualquer que seja a situação, para aplicação dos arts. 633 e 634, a manifestação acerca das avaliações deverá ser específica, com indicação de anuência (ou não) de cada uma

---

1224 No sentido: RODRIGO MAZZEI E TIAGO FIGUEIREDO GONÇALVES, *Comentários ao Código de Processo Civil*, p. 891.

1225 Vide comentários ao art. 629.

das estimações apresentadas nas primeiras declarações, admitindo-se a concordância parcial, isto é, de apenas parte das estimações trazidas pelo inventariante ou pela Fazenda.

5. A "capacidade" dos interessados e a dispensa da avaliação

Há um ponto contraditório entre os textos dos arts. 633 e 634, qual seja: a "exigência" contida no art. 633 de que todas as partes sejam capazes para que se opere a concordância com as estimações trazidas pelo inventariante nas primeiras declarações. A situação excepcionada no citado dispositivo causa estranheza quando comparada com a previsão inserta no art. 634, pois, de modo diverso, não há qualquer reclame quanto à capacidade das partes quando a avaliação é apresentada pela Fazenda Pública. Seguindo literalmente os artigos de lei, se a avaliação for elaborada pela Fazenda Pública (art. 634) a capacidade das partes não é levada em conta, ao passo que, se a estimação dos bens for feita pelo inventariante (art. 633), além da concordância da Fazenda, todas as partes deverão ostentar "capacidade".[1226]

O cenário é tão inseguro que, para burlar o art. 633, bastaria exigir que a Fazenda, depois de concordar com as avaliações trazidas nas primeiras declarações, apresentasse laudo espelhando as mesmas estimações feitas pelo inventariante. Assim, caso a Fazenda replique *documentadamente* as avaliações apresentadas nas primeiras declarações, restaria superado o óbice art. 633, por meio de uma simulação efetuada tendo como pano de fundo o art. 634. A narrativa confirma a necessidade de que os dispositivos do CPC de 2015 que tratam sobre o inventário sejam analisados de forma harmônica com outros do mesmo diploma, notadamente aqueles que não estavam presentes na redação original do CPC de 1973.

Com as advertências plasmadas, percebe-se a partir do disposto no art. 665 do diploma atual (regra que não constava da codificação revogada) que a presença de incapaz não impede que seja convencionado negócio jurídico no bojo do inventário, desde que respeitadas às bases ali postas. Analisando o citado dispositivo, percebe-se que, se houver a concordância de todas as partes, ainda que haja interessado incapaz, é possível a mudança do rito do inventário

1226 A possível explicação para a contraditória postura legal está na tentativa de se efetuar simetria do art. 633 com os arts. 659 e 660, III, pois os dispositivos permitem que as partes capazes, no âmbito do arrolamento sumário, atribuam, de comum acordo, os valores aplicáveis aos bens do espólio, criando-se vinculação interna entre elas. Ocorre que a exigência da capacidade não está atrelada especificamente à avaliação, mas se destina à adoção de todo um procedimento abreviado, cujo objetivo é a apresentação de partilha de forma consensual, isto é, tema que envolve próprio resultado do inventário (divisão). Vide comentários ao art. 659 desta obra.

sucessório para o arrolamento comum, desde que ocorra o assentimento do Ministério Público. Tirando-se o art. 665 como gabarito, não há óbice que o incapaz concorde com a avaliação da Fazenda, hipótese em que deverá ocorrer assentimento do seu representante legal e do Ministério Público.[1227] Igualmente, as partes poderão concordar com as avaliações apresentadas pelo inventariante em suas declarações, importando-se a mecânica do art. 655 em caso de presença de algum interessado incapaz.

Art. 635. Entregue o laudo de avaliação, o juiz mandará que as partes se manifestem no prazo de 15 (quinze) dias, que correrá em cartório.

§ 1º Versando a impugnação sobre o valor dado pelo perito, o juiz a decidirá de plano, à vista do que constar dos autos.

§ 2º Julgando procedente a impugnação, o juiz determinará que o perito retifique a avaliação, observando os fundamentos da decisão.

CPC de 1973 – art. 1.009

1. Diálogo do art. 635 com arts. 630 e 631: identificação das etapas básicas da avaliação judicial

O artigo em comento faz parte do grupo de dispositivos que trabalha com a dinâmica ordinária da avaliação no inventário sucessório, conectando-se à sequência iniciada pelo art. 630 e seguida pelo art. 631. Quando se faz a aproximação do art. 635 em relação às citadas regras legais, extrai-se esboço da *avaliação judicial* enquanto fase procedimental do inventário. Basicamente, a estimação judicial dos bens do espólio se divide em três etapas, a saber: (i) nomeação do *expert* (art. 630);[1228](ii) desenvolvimento da perícia (art. 631); (iii) a apresentação em juízo (art. 635). A aplicação dos arts. 636 e 637 e 638 pressupõe que o juízo sucessório já tenha decidido acerca da avaliação (caso o laudo não tenha sido aceito pelas partes).

2. Da projeção de calendários intuitivos às etapas da avaliação

O art. 191 do CPC (que trata do chamando "calendário processual") possui redação que deve ser compreendida adequadamente. O fato de prever

1227 Vide os comentários ao art. 665 desta obra.

1228 Seguindo-se os comentários ao art. 630, a nomeação do *expert* pelo juízo sucessório deve ser vista como solução *residual* e, mais ainda, deve cingir-se àqueles que efetivamente reclamam a estimação judiciária. A decisão que define a avaliação deverá, desde logo, explicitar todo o objeto da prova técnica, com seus pontos controversos, sendo fundamental que a cadência do art. 465 do CPC seja ajustada para que a fase de avaliação se revele concentrada, produtiva e finalizada de forma breve.

que o juiz e as partes "de comum acordo" poderão fixar calendário, não significa dizer que este somente será produzido depois de "audiência" em que todos estão presentes. O juiz, na condução do processo, possui poderes de organização procedimental que não foram suplantados pelo art. 191. Tanto assim que, a partir do art. 139, II e VI, o julgador, com inspiração na "duração razoável do processo", poderá definir sequência procedimental adequada às "necessidades do conflito de modo a conferir maior efetividade à tutela do direito". Assim sendo, não há óbice para que o juiz, por meio da conjugação do art. 191 com os arts. 4º e 6º da codificação, apresente nos autos *'proposta de calendarização dos atos processuais'*. A partir da proposição, será efetuada a oitiva das partes, a fim de que estas se manifestem e, em caso de discordância, apresentem a motivação no sentido e/ou sugestões de ajustes à sequência planejada pelo órgão judiciário. Caso não ocorra resistência das partes, o calendário proposto se consolidará, mas, na hipótese de apresentação de algum tipo de postulação de correção, caberá ao juiz examiná-la e, em tal situação, adotando-a, restará aplicado o art. 191. De toda sorte, caso a resistência se mostre infundada, nada obsta que o juiz profira decisão fundamentada – explicitando os motivos da rejeição do pleito – e que ele próprio, a partir dos poderes que lhe são conferidos, module a marcha processual com esteio nos arts. 139, II e VI, 4º e 6º.

Dessa forma, é capital que o juízo sucessório trabalhe com calendários propositivos, estimulando às partes no sentido,[1229] pois a postura permitirá que os protagonistas da sucessão colaborem na missão de organizar os atos processuais. Na fase da avaliação, há evidentes calendários intuitivos que poderão ser fixados a partir de postura proativa do magistrado no sentido, sem prejuízo, por certo, da apresentação de propostas no sentido pelas partes e, especialmente, pelo inventariante.[1230] No caso específico do art. 635, partindo-se da premissa que há calendário anterior que já contemplou a data de entrega do laudo

---

1229 A postura prestigia (e aplica) o art. 3º, § 3º, do CPC. O estímulo à autocomposição não deve ser visto apenas na perspectiva do resultado final do processo (o "acordo"), mas de toda e qualquer pacificação que permita a solução dos conflitos de forma menos litigiosa possível, pois quanto mais conflituosa a situação, provavelmente, mais será exigido da máquina judiciária.

1230 Por exemplo, em relação à nomeação do *expert*, o juízo sucessório pode apresentar calendário que envolva a apresentação da proposta, manifestação das partes a respeito e definição acerca da contratação (ou não) do profissional (vide comentários ao art. 630). Seguindo na ilustração, em caso de decisão pela nomeação do perito, novo calendário poderá ser efetuado, agora com foco na realização da perícia (art. 631), que terá, basicamente, a seguinte superfície: (a) fixação da data de início dos trabalhos do perito; (b) datas, horários e forma com que deverá ser efetuada cada vistoria/inspeção; (c) data limite para apresentação de quesitos suplementares; (d) data da apresentação do laudo pericial.

em juízo, há espaço para projeção de nova balada procedimental. Assim, a partir da data que já está previamente fixada para entrega pelo perito do seu trabalho concluído, é possível desenhar "calendário", que basicamente deverá prever: (a) a fixação de prazo comum para manifestação sobre o laudo;[1231] (b) a data limite para que o perito se expresse por escrito acerca das eventuais peças apresentadas; e (c) a definição de data para que seja proferida decisão.

A esquematização traçada é intuitiva e admitirá, por certo, variações e até, em alguns casos, a necessidade de ajustes ao longo dos atos processuais.[1232] No entanto, não há como se negar que o sequenciamento lógico e mais concentrado permite que o curso do inventário sucessório seja mais organizado e que supere a fase da avaliação de forma mais célere. A "calendarização" combate o tempo morto do processo e faz com que atuação das partes siga cadência que permite boa confluência de esforços para o desfecho do inventário sucessório.

3. Intimação ampla: aos legitimados do art. 626

O art. 635 não faz alusão detalhada sobre as partes que devem ser intimadas da apresentação do laudo, facultando-lhes manifestação. A boa interpretação do dispositivo indica que todos os legitimados ("partes") deverão ser intimados não apenas da apresentação do laudo,[1233] mas durante toda prova pericial, ou seja, desde o procedimento para a nomeação do *expert*, facultando-lhes participação.

As manifestações possuem, todavia, focos nas posições jurídicas de cada um dos personagens do inventário, tendo em vista que há evidente diversidade no particular. No ponto, o herdeiro está postado como "titular" de quinhão hereditário, tendo, assim, posição equiparada a de "proprietário" dos bens alcançados pela *saisine* (arts. 1.784 e 1.791 do CC). O cônjuge/companheiro sobrevivente que em vida acumulou patrimônio comunicável com o falecido, por sua vez, terá interesse na estimação dos bens que fazem parte da meação, valorando-os para que tal célula patrimonial seja cindida da herança. Para que o legado seja cumprido, é necessário que a herança possua "forças patrimoniais" que assim o permita, fato que justificará a participação do legatário. Por fim, fechando a rápida ilustração, o interesse da Fazenda, a seu turno, cinge-se à fixação de dado importantíssimo à incidência do imposto de transmissão *cau-*

1231 Em regra, 15 (quinze) dias (art. 635).

1232 Em exemplo, a necessidade de abertura de contraditório em favor das partes em caso de manifestação do perito com a juntada de novo material para contrapor os pareceres técnicos.

1233 Em sentido contrário, Ricardo Alexandre da Silva e Eduardo Lamy defendem que, por correr o prazo em cartório, não ocorre a intimação das partes para ciência do laudo (*Comentários ao Código de Processo Civil,* v. IX, p. 544).

sa mortis, pois o valor da avaliação dos bens fará parte da forma para apurar a base de cálculo respectiva.

Ademais, o inventário possui personagens cuja atuação é funcional (por exemplo, o inventariante, o Ministério Público, o testamenteiro, o curador e o *protutor* sucessório[1234]). As manifestações de tais figuras não se efetuam em nome próprio, mas dentro de suas incumbências funcionais.[1235] Não suficiente, a legitimação poderá ser ampliada quando a avaliação for fundamental para que determinados interesses sejam protegidos. Exemplo frisante no sentido está na participação de credores do espólio no procedimento de estimação quando se vislumbrar que há risco de que o patrimônio não seja suficiente para saldar todas as dívidas, sendo, por isso, a etapa da avaliação capital para se projetar se haverá desfecho negativo, isto é, insolvência (arts. 955 do CC e 618, VIII, do CPC).[1236]

4. Prazo comum de 15 dias

A manifestação sobre o laudo de avaliação se submete ao prazo comum de 15 dias, que correrá em cartório.[1237] A letra da lei indica que, se o processo for físico, não será permitida carga (= retirada de cartório) dos autos,[1238] situação que se torna indiferente na hipótese de autos eletrônicos.[1239] Em se tratando de autos físicos, andará bem o *expert* que viabilizar o acesso da prova técnica pelos interessados sem a necessidade de "carga", postura que pode ser perfeitamente adotada a partir dos recursos tecnológicos que podem ser utilizados para disponibilização do laudo. Seja como for, deve ser autorizada a chamada "carga rápida" (art. 107, § 3º).[1240]

1234 Sobre a atuação do *protutor* no inventário, vide os comentários aos art. 617 desta obra.

1235 Próximo: Arruda Alvim, Araken de Assis e Eduardo Arruda Alvim. *Comentários ao Código de Processo Civil*, p. 1.486.

1236 No ponto, basta fazer a interpretação adaptada do art. 642, § 5º, que permite a manifestação do donatário sobre a aprovação das dívidas, em caso de risco de redução do ato de liberalidade. Vide comentários aos arts. 642 e 645.

1237 Há ponto de contato com o disposto no art. 477, § 1º, que prevê o mesmo prazo comum para manifestação sobre o laudo do perito.

1238 No sentido: Rafael Knorr Lippmann, *Breves comentários ao novo Código de Processo Civil*, p. 1.708.

1239 No sentido: Daniel Amorim Assumpção Neves, *Novo Código de Processo Civil comentado*, p. 1.074. Próximo: Artur César de Souza. *Código de Processo Civil*, v. III, p. 1.524.

1240 No sentido: Zulmar Duarte de Oliveira Junior, *Comentários ao Código de Processo Civil*, p. 740; Luciano Vianna Araújo, *Comentários ao Código de Processo Civil*, v. 2, p. 222-223; e Luiz Guilherme Marinoni, Sérgio Cruz Arenhart e Daniel Mitidiero, *Novo Código de Processo Civil comentado*, p. 647.

Na hipótese de "calendarização" prévia, será dispensável a intimação, tendo em vista que as partes e as figuras funcionais já terão sido previamente intimadas acerca da data da entrega do laudo. Nada obstante tal fato, é de bom tom (e em respeito à cooperação que lhe alcança) que o *expert* efetue informe a todos os legitimados acerca da entrega do laudo, comunicação esta que pode se efetuar de forma eletrônica, definindo-se o seu desenho por negócio processual ou até por determinação judicial.

5. Manifestações e os seus desdobramentos

As manifestações devem estar atreladas especificamente ao interesse e posição jurídica dos respectivos signatários, tendo em vista que o inventário permite a presença de personagens com diversos interesses jurídicos. Registrado o pormenor, as dicções poderão ter espectro variado, admitindo-se impugnações que contemplam desde o valor atribuído no laudo a determinado bem, a falhas, incorreções, ou omissões no seu conteúdo, até a existência de vício de vontade (erro, dolo, coação) imputado ao perito.[1241] Toda impugnação, contudo, para ser levada em consideração, há de ser fundamentada, não bastando apenas o reclame quanto ao labor do *expert*.[1242] Embora o dispositivo legal utilize do termo "impugnação", a doutrina corretamente entende que o momento também é apto para que as partes pleiteiem esclarecimentos acerca de eventuais dúvidas sobre critérios utilizados pelo perito.[1243] Quando se tratar de impugnação técnica, deve ser importada a parte final do art. 477, § 1º, do CPC no sentido de que os assistentes técnicos terão também o prazo de 15 dias para juntar seus respectivos pareceres técnicos. O ponto é relevante, pois, quando a impugnação for técnica, para que a parte demonstre fundamentação adequada, a sua postulação deverá estar escorada também em fala técnica, sendo natural, diante do procedimento, que essa base seja dada pelo parecer de seu assistente.

Deverá o juízo sucessório facultar vistas ao perito[1244] e também aos legi-

---

1241 No sentido: Rodrigo Mazzei e Tiago Figueiredo Gonçalves, *Comentários ao Código de Processo Civil,* p. 893. Próximo: Zulmar Duarte de Oliveira Junior, *Comentários ao Código de Processo Civil*, p. 740.

1242 Igualmente: Artur César de Souza, *Código de Processo Civil*, v. III, p. 1.524; e Ricardo Alexandre da Silva e Eduardo Lamy, *Comentários ao Código de Processo Civil,* v. IX, p. 545.

1243 Neste sentido: Ricardo Alexandre da Silva e Eduardo Lamy, *Comentários ao Código de Processo Civil.* v. IX, p. 545; e Nelson Nery Júnior e Rosa Maria de Andrade Nery, *Comentários ao Código de Processo Civil*, p. 1.459.

1244 Igualmente: Teresa Arruda Alvim Wambier, Maria Lúcia Lins Conceição, Leonardo Ferres da Silva Ribeiro e Rogério Licastro Torres de Mello, *Primeiros Comentários ao novo Código de Processo Civil*, p. 983; e Flávia Poyares Miran-

timados do art. 626 para que todos tenham conhecimento do conjunto das manifestações,[1245] facultando a contra-resposta, se necessário.[1246] Os prazos, em regra, serão comuns, correndo em cartório e poderão ser "calendarizados". Especificamente em relação ao *expert*, de posse das manifestações acerca do seu laudo, sua fala documentada deverá ser marcada pelo esclarecimento das dúvidas apresentadas e dos eventuais pontos de discordância trazidos, com especial atenção no sentido às notas técnicas dos assistentes (art. 477, § 2º, I e II). Caso as respostas não sejam satisfatórias, o juízo sucessório poderá determinar que seja designada audiência, fixando-se os pontos a serem elucidados sob forma de quesitação, convocando-se as partes, o *expert* e os assistentes técnicos para o ato (art. 477, § 3º).

O juiz decidirá a fase da avaliação diretamente, com a dispensa de produção de outras provas somente quando o tema das impugnações/manifestações envolver o valor das estimações e o contexto da prova técnica (já contraditada) assim o permitir (art. 635, § 1º). No entanto, nem sempre assim será possível, pois, em exemplo, se a parte alega dolo do perito em relação à estimação – colhendo-se elementos indiciários no sentido –, o juízo sucessório deverá determinar a dilação probatória a respeito, situação que não encerrará a fase de avaliação dos bens.[1247] Como se vê, apesar da simplória redação contida no § 1º do art. 635, há uma série de desdobramentos que poderão ocorrer em decorrência do aviamento das impugnações, sendo de capital atenção a análise do fundamento correspondente, já que as consequências poderão ser diferenciadas.

6. Desfechos possíveis do incidente

O § 2º do art. 635 faz menção apenas a um desfecho do incidente (julgamento procedente da impugnação), desprezando a possibilidade de desdobramentos outros. Com efeito, se não houve qualquer tipo de impugnação, com aceitação geral do resultado da perícia, deverá ser providenciada pelo inventariante, independentemente de decisão judicial, a retificação das primeiras declarações (art. 636, segunda parte). De outro turno, o juízo sucessório

---

da, *Comentários ao Código de Processo Civil:* perspectiva da magistratura, p. 715.

1245 No sentido: Rodrigo Mazzei e Tiago Figueiredo Gonçalves, *Comentários ao Código de Processo Civil,* p. 893; e Luciano Vianna Araújo, *Comentários ao Código de Processo Civil*, v. 2, p. 223.

1246 Embora o art. 635 nada preveja de forma explicita, é intuitivo que o prazo seja de 15 (quinze) dias, a teor do arts. 477, § 2º.

1247 No sentido: Arruda Alvim, Araken de Assis e Eduardo Arruda Alvim, *Comentários ao Código de Processo Civil*, p. 1.488. Sobre a dilação probatória para aferição de dolo do avaliador, vide comentários ao art. 631.

intervirá com dicção decisória quando se verificar que há resistência ao laudo pericial (ainda que parcial). No caso do ponto conflituoso versar sobre o valor atribuído ao bem, o juiz – depois de ouvir o perito e os demais interessados sobre o conteúdo da impugnação – decidirá sobre a controvérsia.

O § 1º do art. 635 parte da premissa que o juízo sucessório terá condições de sempre decidir – sem dilação probatória – acerca do valor do bem, situação que, embora comum, não é certeira, já que o julgador pode não se sentir seguro, persistindo dúvida quanto aos fundamentos técnicos apresentados no laudo e na impugnação. No sentido, tornando-se imperiosa a dilação probatória, deve ser marcada audiência para a oitiva do perito e dos assistentes técnicos visando esclarecimentos que permitam a prolação de decisão (art. 477, § 3º).[1248] Ao que parece, o § 1º do art. 635 parte da concepção de que, para se obter a estimação de determinado bem, a prova técnica será simples, sendo possível a decisão sobre a valoração mais correta apenas a partir da leitura dos laudos, o que sem sempre ocorre.[1249]

Julgando-se improcedente(s) a(s) impugnação(ões), prevalecerá o laudo pericial. De modo diverso, em caso de julgamento positivo quanto ao conteúdo da(s) reclamação(ões), o juízo sucessório determinará que o laudo seja saneado, efetuando-se as retificações fixadas na decisão judicial. Os contornos decisórios em tal situação deverão ser claros e minuciosos, pois, a partir da concretização de tais emendas na avaliação, é que se terá a herança como estimada para todos os seus efeitos legais (e não apenas para efeito de cálculo do imposto). Por tal passo, tão logo o perito efetue as correções determinadas pelo juiz, em regra, será necessário que seja instalado (novo) contraditório a todos legitimados para se manifestarem.[1250]

Por fim, os parágrafos do art. 635 são incompletos, pois não cogitam hipóteses em que a prevalência dos fundamentos da impugnação poderá gerar resultado que não permite a emenda do laudo apresentado. Exemplo frisante está no caso de decisão que reconhece que o perito agiu com dolo. Dessa forma, nos casos em que a impugnação possui calibre para afastar o laudo pericial, mas, de outra banda, não aponta com segurança o valor correto, deverá ser

1248 Próximo: Fernando da Fonseca Gajardoni, *Processo de conhecimento e cumprimento de sentença:* comentários ao CPC 2015, v. 2, p. 1.078. Parecendo concordar: Zulmar Duarte de Oliveira Junior, *Comentários ao Código de Processo Civil*, p. 740.

1249 Em exemplo, o juízo sucessório pode não ficar convencido da correção dos valores apontados na perícia e na impugnação acerca da apuração de quotas sociais (art. 630, parágrafo único), em razão dos parâmetros utilizados para se chegar ao valor.

1250 Parecendo concordar: Zulmar Duarte de Oliveira Junior, *Comentários ao Código de Processo Civil*, p. 740. Fazendo um paralelo, o art. 652 prevê o contraditório depois de apresentado o esboço pelo partidor (art. 651).

deflagrada nova perícia (art. 873, I e III).[1251]

7. Natureza da decisão e recurso cabível

O pronunciamento que julga a impugnação tem natureza de decisão interlocutória (art. 203, § 2º), sendo impugnável por agravo de instrumento (art. 1.015, parágrafo único).[1252]

Art. 636. Aceito o laudo ou resolvidas as impugnações suscitadas a seu respeito, lavrar-se-á em seguida o termo de últimas declarações, no qual o inventariante poderá emendar, aditar ou completar as primeiras.

CPC de 1973 – art. 1.011

1. Síntese e objetivo do dispositivo

O art. 636 prevê que, estabilizada a avaliação dos bens e/ou direitos (seja porque o laudo foi aceito, seja porque o juízo sucessório decidiu todas as questões correspondentes e há nos autos as estimações que serão doravante utilizadas), deverá o inventariante plasmar as informações e/ou as estimações sedimentadas nas suas declarações. A medida é capital, pois, inexistindo definição sobre as avaliações, ficará inviável que se adentre com segurança e eficiência na fase seguinte do inventário sucessório (*liquidação da herança* – bloco dos arts. 642-646). Sem que se tenha o correto dimensionamento do patrimônio do espólio, o inventariante não poderá iniciar o pagamento das dívidas, pois, se estas superarem o valor das avaliações, será o caso de pedido de insolvência (arts. 618, VIII, do CPC e 955 do CC). Demais disso, no âmbito pontual de

---

1251 No sentido: Rodrigo Mazzei e Tiago Figueiredo Gonçalves, *Comentários ao Código de Processo Civil*, p. 893. Próximo: Fernando da Fonseca Gajardoni, *Processo de conhecimento e cumprimento de sentença:* comentários ao CPC 2015, v. 2, p. 1.078; Ricardo Alexandre da Silva e Eduardo Lamy, *Comentários ao Código de Processo Civil*, v. IX, p. 545; e Arruda Alvim, Araken de Assis e Eduardo Arruda Alvim. *Comentários ao Código de Processo Civil*, p. 1.488.

1252 No sentido: Luiz Gulherme Marinoni, Sérgio Cruz Arenhart e Daniel Mitidiero, *Novo Código de Processo Civil comentado*, p. 647. No sentido: Daniel Amorim Assumpção Neves, *Novo Código de Processo Civil comentado*, p. 1075; Zulmar Duarte de Oliveira Junior, *Comentários ao Código de Processo Civil*, p. 741; Fernando da Fonseca Gajardoni, *Processo de conhecimento e cumprimento de sentença*: comentários ao CPC 2015, v. 2, p. 1.078; Rodrigo Mazzei e Tiago Figueiredo Gonçalves, *Comentários ao Código de Processo Civil*, p. 893; Arruda Alvim, Araken de Assis e Eduardo Arruda Alvim, *Comentários ao Código de Processo Civil*, p. 1.488; Ricardo Alexandre da Silva e Eduardo Lamy, *Comentários ao Código de Processo Civil*, v. IX, p. 545; Luciano Vianna Araújo, *Comentários ao Código de Processo Civil*, v. 2, p. 223; e Rafael Knorr Lippmann, *Breves comentários ao novo Código de Processo Civil*, p. 1.708.

cada bem, carecendo sua avaliação correta, ficará inviabilizada (ou ao menos extremamente dificultada) a *separação de bens* para pagamento de dívidas reconhecidas (art. 642, §§ 2º e § 3º) e a *reserva* acerca das controversas (art. 643, parágrafo único).

2. Da aplicação flutuante do art. 636 no curso do inventário ("últimas declarações" ou "declarações intermediárias")

O art. 636 não pode ser limitado – a partir de posição topográfica – a aplicação isolada e tão somente depois da estabilização da avaliação.

Antes de tudo, há se abandonar a concepção equivocada de que o inventariante apresentará tão somente um par de declarações (as "primeiras" e as "últimas declarações"), uma vez que, a partir da dinâmica do inventário, declarações outras terão que ser introduzidas no seu curso.[1253] No sentido, plasmadas as primeiras declarações nos autos (art. 620), as partes serão citadas (art. 626), sendo-lhes facultadas as manifestações solicitando ajustes amplos (art. 627, I e III), tanto no *plano subjetivo* (por exemplo, correção de posição jurídica ou convocação de interessado) como no *plano objetivo* (por exemplo, arrecadação de novos bens ou retificações nas estimações patrimoniais). Apesar de a redação do art. 627, § 1º, não ser de todo preciso,[1254] extrai-se do seu texto que a procedência de impugnação ofertada redundará na *retificação das primeiras declarações*. Assim, a própria legislação admite que sejam lançadas *declarações intermediárias*, decorrentes da necessidade de retificação das primeiras declarações. O texto original é alterado, de modo que *declarações atualizadas* passam a ser a nova bússola do inventário.

O art. 636, com tal visão, possui aplicação ambulatória, pois, sempre que for necessária a *emenda, o aditamento ou completo* das declarações do inventariante, deverá ser feita a retificação exigida, lavrando-se "termo" correspondente, a fim de que os contornos subjetivos e objetivos do inventário fiquem explicitados de forma segura, não apenas para os atores internos, mas para todo aquele que tenha qualquer tipo de relação jurídica com o espólio. Em síntese, a parte final do art. 636 consagra uma *regra de caráter flutuante* que permite – a todo tempo – que sejam feitas adequações ao relatório do inventariante, a fim de que este reflita a realidade atual do condomínio hereditário, tanto no plano subjetivo (seus protagonistas, devidamente identificados, inclusive, na sua posição jurídica) quanto no aspecto objetivo (em espelho à força patrimonial

1253 Vide os comentários ao art. 620 desta obra.

1254 O texto do art. 627, § 1º, faz alusão apenas às retificações no *plano objetivo* (art. 627, I), omissão esta que não impede os ajustes no *plano subjetivo* (art. 627, III). Vide os comentários ao art. 627 desta obra.

e às obrigações que deverão ser cumpridas). Dessa forma, é absolutamente equivocado imaginar que as declarações efetuadas pelo inventariante depois da fase da avaliação serão – necessariamente – consideradas como as "últimas", pois adiante está postada a etapa de liquidação (arts. 642-646), cujo atendimento aos credores (= *pagamento de dívidas*) poderá alterar, novamente, as declarações do inventariante (fato que reclamará que o art. 636 seja novamente aplicado).[1255] Basta observar que, se o inventariante declarou o espólio como devedor (art. 620, inciso IV, *f*) nas primeiras declarações, será obrigatório que o administrador da herança discrimine o desfecho em relação a estas, até porque, para o pagamento respectivo, poderá ter sido consumido bem da herança (art. 642, §§ 2º-4º – *separação* e *dação em pagamento*).

A projeção da parte final do art. 636 depois da fase de liquidação da herança fica evidente quando se faz a leitura do art. 647, *caput*. O dispositivo citado indica que o pedido de encaixe dos quinhões somente será feito depois de encerrada a fase de liquidação, com o descarte dos bens que foram utilizados para efeito de pagamento da dívida (art. 642, § 3º).[1256] O pedido de "partilha" (art. 647, *caput*), portanto, deve levar em consideração não só patrimônio avaliado, mas questões outras em que o pagamento de dívidas faz parte do cartel. Note-se, no sentido, que o art. 654 prevê que o pagamento do imposto deve ser efetuado antes do julgamento da partilha, justamente porque a base de cálculo deste dependerá da depuração do patrimônio do espólio, já que não incide imposto sobre a meação, os bens colacionados e aqueles utilizados para efetuar o pagamento das dívidas (ou seja, os bens utilizados na fase de liquidação).[1257]

Portanto, as *verdadeiras últimas declarações* estarão efetivamente vinculadas à postulação de desfecho do inventário sucessório (arts. 647, *caput*, e 654), em que o relatório final fará o comparativo com as primeiras declarações, apresentado os ajustes completos que foram (eventualmente) efetuados, declarações

1255 Vide item anterior.

1256 No ponto, para que seja apresentado o esboço de partilha, é necessário que sejam plasmadas as "dívidas atendidas" (art. 651, I), fato que revela que o inventariante deverá ter apresentado relatório que aponte o quadro das dívidas na perspectiva comparativa das primeiras declarações (art. 620, IV, *f*) com o cenário real depois da fase da liquidação da herança. A partir das informações atualizadas, consoante fixado no art. 653, a partilha deverá espelhar todas as dívidas que foram e efetivamente pagas, assim como o nome dos credores admitidos, sendo certo que seu objeto será o chamado "líquido partível", isto é, o resultado da subtração do passivo frente ao ativo patrimonial.

1257 Demais disso, o inventariante, antes da decisão sobre a partilha, deverá apresentar a demonstração da regularidade fiscal, com a juntada das certidões respectivas, consoante previsto também no art. 654 da legislação processual.

estas que necessariamente terão que trazer a efetiva base de cálculo (= força líquida da herança) para o pagamento do imposto *causa mortis*. O cenário demonstra, inclusive, que os arts. 637 e 638 padecem de deslize posicional, pois não se pode pensar em elaboração de cálculo para pagamento do imposto antes de efetuada a liquidação da herança (arts. 642-646), em que se destaca o pagamento das dívidas aos credores e a depuração da meação. Conclui-se, dentro da lógica apresentada, que as "últimas declarações" – no seu plano topográfico (e na maior fidelidade da expressão) – serão confeccionadas depois de encerrada a liquidação da herança, como ato prévio ao desfecho do inventário sucessório. O art. 636, na verdade, é uma técnica de correção das declarações do inventariante, com *aplicação flutuante* no inventário sucessório sempre que for necessária a emenda, o aditamento ou complementação das declarações do inventariante, sejam estas as primeiras ou "intermediárias", que podem ocorrer quando lançadas depois da fase de avaliação. Assim, sempre que for decidida ou sedimentada qualquer questão noticiada nas declarações do inventariante, alterando-se o quadro correspondente, deverá ser feita atualização respectiva, aplicando-se a parte final do art. 636.

3. Prazo para o inventariante providenciar os ajustes

Apesar de o CPC prever que o inventariante terá 20 dias para a confecção das primeiras declarações (art. 620), não se estabeleceu na codificação o prazo para que o administrador da herança providencie as "declarações de retificações" (= *emenda, aditamento ou complementação da anterior*). A solução mais adequada parece ser o calibramento do art. 218, § 3º. Com efeito, o citado dispositivo prevê que, na falta de "preceito legal ou prazo determinado pelo juiz, será de 5 (cinco) dias o prazo para a prática de ato processual a cargo da parte". Por certo, tal prazo pode ser insuficiente, pois, em razão das variações topográficas possíveis na aplicação do art. 636, surgirão situações em que as retificações serão pontuais (como ocorre depois de fixados os valores da avaliação), mas outras alterações poderão ser bem mais amplas (situação flagrante quando se tratar das "verdadeiras últimas declarações", ou seja, do relatório que embasará o desfecho do inventário). Dessa forma, o ideal é que o prazo seja fixado levando-se em conta o labor que será efetuado pelo inventariante, intimando-o para a tarefa já com o prazo delimitado. O prazo do art. 620 para elaboração das primeiras declarações poderá ser levado em consideração, inclusive para efeito de dilação (art. 139, VI), fazendo análise da empreitada no caso particular.

4. Termo inicial para caracterizar sonegação

O art. 626 tem sido utilizado como importante marco no direito sucessório, no sentido de que a sanção decorrente da sonegação de bens (art. 1.992

do CC) somente poderá ser aplicada depois de apresentadas as "últimas declarações".[1258] Embora o tema tenha sido tratado nos comentários ao art. 621 (merecendo a leitura respectiva), devem ser efetuadas aqui breves considerações, a fim de que tal posicionamento não receba hiper dimensionamento que não foi previsto em lei.

O art. 1.996 do CC prevê duas situações distintas em relação à pena de sonegação:[1259] (a) para o inventariante, estará configurada a sonegação depois de encerrada a descrição dos bens e este declarar que não existem mais bens a inventariar; (b) em relação ao herdeiro, todavia, a sonegação restará caracterizada desde o momento que expressamente declarar que não os possui. A interpretação (literal) do art. 1.996 cria diferenciação que se afigura injustificada, na medida em que o inventariante terá a possibilidade de trazer os bens para serem arrecadados até o fim do inventário sucessório,[1260] ao passo que o herdeiro, ao ser instado para tanto, se negar que os possui, já se submeterá à ação prevista no art. 1.992 do diploma civil. Com tal linha, o herdeiro pode ser considerado como "sonegador" antes mesmo de lançadas as "declarações finais" pelo inventariante, desde que declare nos autos do inventário que não está em seu poder (ou desconhece que exista) bem que deva ser arrecadado, inclusive para efeito de colação (art. 1.992 do CC).[1261]

1258 No sentido: STJ, 4ª Turma, REsp 265.859/SP, j. 20/03/2003, *DJ* 07/04/2003; 3ª Turma, REsp 52/CE, j. 15/08/1989, *DJ* 18/09/1989. Na doutrina (entre vários), confira-se: Luiz Gulherme Marinoni, Sérgio Cruz Arenhart e Daniel Mitidiero, *Novo Código de Processo Civil comentado*, p. 647; Pablo Stolze e Rodolfo Pamploma Filho, *Novo curso de Direito Civil*: direito das sucessões, p. 437; Orlando Gomes, *Sucessões*, p. 304; Luciano Vianna Araújo, *Comentários ao Código de Processo Civil*, v. 3, p. 224; e Rafael Knorr Lippmann, *Breves comentários ao novo Código de Processo Civil*, p. 1.710.

1259 Também a percepção de que há duas bases de apuração diferentes, confira-se: Flávio Tartuce, *Direito Civil*: direito das sucessões, p. 629.

1260 A situação é tão crítica que há uma praxe forense, bem lembrada por Caio Mário da Silva Pereira aceita – sem as devidas ponderações acerca das consequências – de que o inventariante poderia protestar "pela apresentação de outros bens que ainda apareçam acobertando-se da sorte contra a imputação de sonegar". Tal alegação vazia, como bem colocado pelo autor citado, não fica imune de contraposição do interessado que pode apontar concretamente a existência de bens, cabendo ao inventariante se manifestar sobre tal impugnação (*Instituições de Direito Civil*: Direito das Sucessões, p. 396). No tema, confira-se também: Silvo de Salvo Venosa, *Código Civil interpretado*, p. 1.704; e Hamilton de Moraes Barros, *Comentários ao Código de Processo Civil*, v. IX, p. 243). Sobre o tema, vide os comentários ao art. 621 desta obra.

1261 A declaração pode ocorrer de forma espontânea, mas, diante da importante repercussão, é de todo recomendável que se faça a provocação, utilizando-se, como base do pleito, o disposto no art. 1.807 do CC. Em suma, será apresentado pedido específico para que o suposto sonegador se manifeste sobre os fatos a ele imputados, e declare,

Note-se que a redação do art. 1.996 do CC é bem semelhante a que consta no art. 621 do CPC, com a diferença de que o segundo dispositivo possui espectro específico ao inventariante, a fim de autorizar sua remoção, sem nada tratar especificamente acerca do herdeiro sonegador (tema exclusivamente tratado na lei civil). Apesar dos textos diversos, a interpretação dos dois dispositivos deve ser simétrica no que se refere à caracterização da sonegação por parte do inventariante, notadamente se o foco é a sua remoção. Sem dúvida, é inviável se conferir exegese limitada aos arts. 1.996 do CC e 621 do CPC para se exigir que se ultrapassem todas as etapas do inventário e seja reclamado que o inventariante lance "últimas declarações" a fim de que seja caracterizada a conduta inadequada em relação à inventariança. Existindo declaração expressa do inventariante de que não há mais bens a arrecadar (ou reposta negativa deste em relação à postulação de interessado acerca trazer determinados bens ao ventre do inventário) poderá estar caracterizada a sonegação, independentemente de ainda não terem sido elaboradas as "últimas declarações".[1262] Tal situação fica ainda mais evidenciada quando o inventariante também figura como herdeiro, pois sua atuação funcional não anula ou afasta a correspondente posição jurídica de titular do condomínio hereditário (art. 1.791 do CC).

É inaceitável pensar que a regra do art. 1.996 do CC é aplicável aos herdeiros em geral, que se submetem à sanção da sonegação (caso afirmem que não possuem ou não detêm conhecimento acerca de outros bens que pertencem ao espólio e devem ser arrecadados), mas que tal comando é inaplicável ao inventariante, notadamente quando este também é herdeiro do falecido. Sem rebuços, não se pode pensar que a ação de sonegados e outras eventuais medidas somente estarão autorizadas depois de lançadas as "últimas declarações". A melhor exegese, repita-se, indica que, para o herdeiro em geral, bastará que

se for o caso, que não possui bem do espólio e/ou que desconhece a existência de outros além dos arrolados nas declarações iniciais. A intimação na forma supra é de toda oportuna, pois, se atendida, poderá evitar a ação de sonegados, já que, em resposta, poderá o herdeiro e/ou inventariante trazer o(s) bem(ns) para arrecadação ou, de outro giro, convencer o postulante, mediante razões motivadas, que o pedido de arrecadamento não prospera. No tema: Silvo de Salvo Venosa, *Código Civil Interpretado*, p. 1.704. Vide, ainda: Euclides de Oliveira e Sebastião Amorim, *Inventário e partilha*: teoria e prática, p. 337; Maria Berenice Dias, *Manual das Sucessões*, p. 645; e Giselda Maria Fernandes Novaes Hironaka, *Direito das Sucessões*, p. 399. Na jurisprudência: STJ, 4ª Turma, REsp 163.195/SP, j. 12/05/1998, *DJ* 29/06/1998; STJ, 4ª Turma, 1.567.276/CE, j. 11/07/2019, *DJ* 01/07/2019.

1262 Parecendo concordar, Caio Mário da Silva Pereira defende a possibilidade de interpretação ao inventariante para que declare expressamente que não há mais bens a arrecadar, sendo que a recusa de responder ou omissão no sentido autorizará a propositura da ação (*Instituições de Direito Civil*: Direito das Sucessões, p. 396).

este declare nos autos do inventário, nos exatos termos e para efeito da parte final do art. 1.992, do CC, de que não possui ou tem conhecimento da existência de bem que deve ser agregado à arrecadação. A mesma concepção deve ser efetuada ao inventariante, em especial quando este detém a posição jurídica de herdeiro, de modo que a aplicação do art. 1.996 do CC seja feita de forma isonômica. Pensar diverso cria evidente tratamento desigual no processo, o que contraria o art. 139, I, do CPC e favorece situação em que a inventariança pode ser usada de escudo para a proteção do sonegador.[1263]

A sonegação pode ser caracterizada por provocação dos interessados na herança e/ou pelo inventariante, efetuando-se convocação direta e explícita acerca da arrecadação de bens. Para tanto, afigura-se viável a adaptação da técnica de convocação do art. 1.807 do CC, sem prejuízo de serem provocadas por forma outra (por exemplo, notificação judicial), desde que, de maneira transparente, seja reclamada a entrega de bem que faz parte da arrecadação do espólio.[1264]

1263 Contra, entendendo que em regra a caracterização de sonegação contra o inventariante será dará "ao apresentar as últimas declarações", sendo irrelevante que este ostente a posição de herdeiro: Mauro Antonini, *Código Civil Comentado*, p. 2.327. Igualmente: Eduardo de Oliveira Leite, *Comentários ao novo Código Civil*, v. XXI, p. 729.

1264 Correta a completa a lição de Carlos Maximiliano: "Cumpre ressaltar que a intimação, interpelação ou protesto consignado no próprio inventário, ou qualquer outro expediente destinado a constituir em mora o sonegador parecem aconselháveis, de boa praxe, porém não indispensáveis. Impõe-se a pena, desde que maliciosa a ocultação; não filha da ignorância. Quando alguém informa onde está um bem do acervo e o inventariante persiste em não o descrever, evidenciada se torna a malícia. Também esta resulta no caso do herdeiro haver recebido dádiva do falecido e, apesar de provado este fato, nega-se a *conferir*, ou afirmar que não deram coisa alguma" (*Direito das Sucessões*, v. III, p. 377). Próximos: Carlos Roberto Gonçalves (*Direito Civil Brasileiro*, v. 7, p. 533) e Euclides de Oliveira e Sebastião Amorim, *Inventário e partilha*: teoria e prática, p. 337. Há interessante julgamento da 4ª Turma do STJ (REsp 163.195/SP, j. 12/05/1998, *DJ* 29/06/1998) que traz matrizes importantes para o tema, pois define que, ao mesmo tempo que não é necessária a interpelação do herdeiro, a convocação deste sem resposta (omissão) ou declaração negativa pode se configurar em dolo, justificando-se a propositura da ação. O acórdão, todavia, trabalha com a concepção de que é necessária a prova de dolo, não sendo suficiente a comprovação do desvio, postura que não se afigura mais, com todo respeito, ao elastério das atuais codificações civil e processual civil, que trabalham com padrão de boa-fé que não é mais apenas subjetiva à perspectiva do lesante e a inteligência do art. 1.202 do CC. Em reforço do aqui defendido, vale lembrar que, em relação à "ação de petição de herança", o "possuidor da herança está obrigado à restituição dos bens do acervo", sendo que, uma vez citado, isto é, comunicado de que é necessária a entrega dos bens, sua responsabilidade passa a ser regida pelas "regras concernentes à posse de má-fé e à mora" (art. 1.826, parágrafo

Caso se configure conflito acerca da arrecadação de bens tidos como sonegados, em regra, deverá ser instaurado incidente próprio para a apuração e debate sobre o arrecadamento de cada bem, tirando-se como modelo o art. 641 do CPC (que trata da colação coacta).[1265] No particular, não seria novamente isonômico imaginar que apenas na hipótese de conflito sobre a necessidade ou não de conferência (colação) que seria instaurado o incidente. Com tal modelagem, havendo material probatório suficiente, o juízo sucessório deliberará sobre a necessidade (ou não) da arrecadação, determinando que assim proceda em caso de resposta positiva (art. 627, § 1º). Não sendo possível decidir a questão em razão da necessidade de produção de prova que não as documentadas, o debate será enviado às "vias ordinárias" (art. 612).

As partes possuem o "direito de obter em prazo razoável a solução integral do mérito, incluída a atividade satisfativa" (art. 4º do CPC), sendo certo que todos os sujeitos do processo devem contribuir no sentido (art. 6º do CPC). Portanto, não se afigura razoável que se tenha que se aguardar, de forma imutável, a confecção das "últimas declarações" quando, repita-se, já evidenciado quadrante fático indicativo da sonegação. Trata-se de interpretação que aplica a dimensão da duração razoável do processo que possui matriz constitucional (art. 5º, LXXVIII, da CF) que está impregnada em dispositivos do CPC de 2015. A posição defendida confere mais segurança em relação ao resultado do inventário, até porque o prazo de prescrição da ação de sonegados se iniciará a partir da efetiva declaração de negativa à arrecadação juntada no processo.[1266] Ora, se a conduta já está evidenciada e expressa nos autos por meio de declaração de que "não há bem(ns) a arrecadar",[1267] inexiste qualquer sentido lógico em iniciar a contagem a par-

---

único, do CC). Portanto, a convocação para a entrega dos bens sonegados sem que ocorra resposta positiva deve permitir não só a propositura ação desenhada no art. 1.992 do CC, mas também a autorização da mutação do quadro em relação ao possuidor de bem da herança, que poderá ser doravante tratado como possuidor de má-fé, submetendo-se não só ao regime específico, mas reforçando o contexto de dolo, pois cristaliza postura de não entrega patrimonial ao espólio.

1265 Ao abrir o incidente, em ato de prevenção (art. 6º do CPC), o juízo sucessório deverá alertar sobre os possíveis efeitos da decisão, sem prejuízo de que, em regra, a sanção de sonegados não seja aplicada pelo juízo sucessório no inventário já que sua modulação reclama ação própria (art. 1.994 do CC) No sentido (entre vários): Cesar Peghini, *Elementos de Direito de Família e Sucessões*, p. 510; Arthur Vasco Itabaiana de Oliveira, *Tratado de Direito das Sucessões*, p. 409; Clóvis do Couto e Silva, *Comentários ao Código de Processo Civil*, v. XI, tomo I, p. 314; e Luciano Camargo Penteado *Manual de Direito Civil*: Sucessões, p. 249.

1266 Próximo: Silvo de Salvo Venosa, *Código Civil interpretado*, p. 1.703.

1267 Com boa aproximação: Caio Mário da Silva Pereira, *Instituições de Direito Civil*: Direito das Sucessões, p. 398.

tir das "últimas declarações" ou da homologação da partilha,[1268] pois tais entendimentos parecem presumir que há a possibilidade de que o sonegador retifique sua fala anterior, ou seja, que apresente dicção de "arrependimento" na contramarcha do que já foi declarado no inventário.[1269] Nos casos em que não há declaração expressa, inexistindo notícia acerca da sonegação, o prazo deverá ser contado do conhecimento do fato, adaptando-se as bases da teoria da *actio nata* para a hipótese.[1270]

Art. 637. Ouvidas as partes sobre as últimas declarações no prazo comum de 15

1268 Em sentido bem parelho, Silvio Rodrigues defende que: "Se, entretanto, o inventariante, desde logo, declara de modo peremptório não existirem outros bens, quando é evidente o seu conhecimento da existência deles, não há necessidade de aguardar o momento das últimas declarações para se aguardar sua má-fé, pois esta se revelou de maneira iniludível; do mesmo modo, se após as últimas declarações, justifica razoavelmente sua asserção de não existirem mais bens a inventariar, quando os havia, não deve o juiz puni-lo, apenas para se escravizar ao texto legal, que fixa um momento derradeiro para o pronunciamento do inventariante" (*Direito Civil*: direito das sucessões, v. 7, p. 274). Silvo de Salvo Venosa leciona – de forma semelhante – que: "se o inventariante alegar que desconhecia a existência dos bens referidos na intimação, implicitamente reconhece a necessidade de inventariá-los. Se declarar que os bens não existem ou que não os possui, fica aberto o caminho para a ação" (*Código Civil interpretado*, p. 1.704). Bem próximo: Arruda Alvim, Araken de Assis e Eduardo Arruda Alvim, *Comentários ao Código de Processo Civil*, p. 1.476; e Marcus Vinicus Bacchiega, *Comentários ao Código de Processo Civil*: perspectiva da magistratura, p. 708. Parecendo concordar: Luciano Camargo Penteado não faz alusão às últimas declarações, mas a existência nos autos de "declaração formal por parte do inventariante de não haver mais bens a partilhar, ou então, no caso do herdeiro, depois que declare que não possui o bem sonegado, em inventário" (*Manual de Direito Civil*: sucessões, p. 250). Em sentido próximo: Euclides de Oliveira e Sebastião Amorim, *Inventário e partilha*: teoria e prática, p. 336; Carlos Roberto Gonçalves, *Direito Civil Brasileiro*, v. 7, p. 533; Giselda Maria Fernandes Novaes Hironaka, *Direito das Sucessões*, p. 400; Gerson Fischmann, *Comentários ao Código de Processo Civil*, v. 14, p. 85; e Dimas Messias de Carvalho, *Direito das sucessões*: inventário e partilha, p. 481.

1269 Seja como for, a doutrina não é pacífica acerca da fixação do ponto de partida para a contagem do prazo prescricional. No sentido, examinando algumas vozes, confira-se: Gustavo Tepedino, Ana Luiza Maia Nevares e Rose Melo Vencelau Meireles, *Direito das sucessões*, p. 267.

1270 No sentido: STJ, 3ª Turma, REsp 1.698.732/MG, j. 12/05/2020, *DJ* 18/05/2020. Há entendimento de que "prescrição da ação de sonegados, de dez anos, conta-se a partir do encerramento do inventário (STJ, 3ª Turma, REsp 1.202.521/RS, j. 19/08/2014, *DJ* 08/09/2014; STJ, 3ª Turma, REsp 1.287.490/RS, j. 19/08/2014, *DJ* 08/09/2014; STJ, 3ª Turma, REsp 1.390.022/RS, j. 19/08/2014, *DJ* 08/09/2014. Salienta-se que os três julgamentos ocorreram no mesmo dia (19/08/2014). Parecendo concordar: Cristiano Chaves de Farias e Nelson Rosenvald, *Curso de Direito Civil*: sucessões, v. 7, p. 571).

(quinze) dias, proceder-se-á ao cálculo do tributo.

Art. 638. Feito o cálculo, sobre ele serão ouvidas todas as partes no prazo comum de 5 (cinco) dias, que correrá em cartório e, em seguida, a Fazenda Pública.

§ 1º Se acolher eventual impugnação, o juiz ordenará nova remessa dos autos ao contabilista, determinando as alterações que devam ser feitas no cálculo.

§ 2º Cumprido o despacho, o juiz julgará o cálculo do tributo.

CPC de 1973 – arts. 1.012 e 1.013

1. A etapa do cálculo do tributo: necessidade de reposicionamento topográfico dos arts. 637-638 (para encaixe nos arts. 647 e 654)

Os arts. 637-638 formam pequeno bloco que trata do cálculo do imposto *causa mortis* e, por isso, o dueto deve ser examinado conjuntamente. O conteúdo textual dos citados dispositivos não traz grandes controvérsias, mas revelam péssimo encaixe geográfico na codificação atual (repetindo deslize do CPC de 1973), bastando observar seu posicionamento frente à dinâmica procedimental do inventário *causa mortis*.

Sem dúvida, interpretando adequadamente os arts. 647 e 654, somente se justificará o cálculo do imposto (arts. 637-638) depois de apresentadas pelo inventariante as "verdadeiras últimas declarações", ato que antecedente ao desfecho positivo do inventário (partilha ou adjudicação em caso de herdeiro universal). Como já antecipado nos comentários ao art. 636, as "declarações" efetuadas pelo inventariante depois da fase de avaliação dos bens – em boa parte dos casos – não serão vistas como as finais (ou seja, as "últimas declarações"), tendo, em verdade, natureza "intermediária". A avaliação dos bens atraídos pelo inventário encerra a fase de arrecadação, mas não projeta estes diretamente para a "partilha" (= *desfecho positivo*), pois há, entre as duas etapas, a necessidade de efetuar a liquidação da herança (= *pagamento das dívidas*), consoante se infere do *caput* do art. 647. Os bens que forem consumidos pela liquidação da herança (por exemplo, alienados para pagar dívidas – art. 642, § 3º) serão decotados do cálculo do imposto, pois este somente incidirá sobre a herança líquida.[1271] O pagamento do imposto somente poderá ser exigido depois de rompida tal etapa, não sendo ocasional que o art. 654 preveja que a

1271 No sentido (entre vários): José da Silva Pacheco, *Inventários e partilhas*: na sucessão legítima e testamentária, p. 493; Carlos Alberto Dabus Maluf e Adriana Caldas do Rego Freitas Dabus Maluf, *Curso de Direito das Sucessões*, p. 538; e Nelson Nery Júnior e Rosa Maria de Andrade Nery, *Comentários ao Código de Processo Civil*. Novo CPC, p. 1.461. Na jurisprudência: TJSP, 6ª Câmara de Direito Público, APL 1069189-25.2019.8.26.0053; j. 22/04/2020, *DJ* 22/04/2020. Vide comentários ao art. 642.

comprovação do recolhimento se opera antes do julgamento da partilha (fase que é posterior à liquidação da herança).

Note-se, de outra banda, que a avaliação sucessória poderá incluir estimação patrimonial de bens que não fazem parte do cálculo do imposto, situação evidente quando se trata daqueles que se submetem à colação (art. 639), pois estes já tiveram o recolhimento tributário no momento do ato – *inter vivos* – de liberalidade. Não suficiente, em relação aos bens alcançados pela meação, a avaliação será integral, nada obstante apenas parte do bem seja considerada no cálculo do imposto.[1272] Ademais, em arremate, o juízo sucessório poderá ser provocado para decidir acerca da isenção de tributo, situação ordinariamente ocorrerá depois da apuração da herança líquida.

A análise detida demonstra que os arts. 637-638 não possuem ligação visceral com o art. 636, pois, em verdade, a dupla comentada está atrelada ao cálculo do imposto *causa mortis*, ao passo que o referido dispositivo antecedente faz parte a outro grupo de artigos que, com temática diversa, possui foco na avaliação dos bens do acervo hereditário. Ao se olhar atentamente para o trecho dos arts. 630-638 (dispositivos que formam a Seção V do capítulo que trata *Do inventário e da partilha*), fica evidenciado que tais regramentos tratam de dois assuntos distintos, quais sejam: (a) avaliação dos bens atraídos pelo espólio (arts. 630-636); e (b) cálculo do imposto (art. 637-638). Justamente por isso que a Seção V foi intitulada como *Da avaliação e do cálculo do imposto*. Percebe-se – ao se separar a Seção V em duas partes distintas –, que é necessário que os arts. 637-638 sejam projetados (e encaixados) para efetiva aplicação somente depois de superada a fase de liquidação da herança, fixada no CPC como *Do pagamento de dívidas* (postada na Seção VII – arts. 642-646). Com tal concepção, os arts. 637-638 serão aplicados depois de encerrada a liquidação da herança, pois tal etapa lapida o acervo hereditário e define a base de cálculo do imposto *causa mortis* (herança líquida).

Nesse sentido, pensar diferente, impondo que o cálculo do imposto seja efetuado logo depois de encerrada a fase de avaliação (arts. 630-638), cria ambiência para que sejam laborados atos inúteis, retornando-se para a apuração do cálculo do imposto depois da fase de liquidação. Em ilustração simples, imagine que o patrimônio titulado em favor do falecido foi estimado no total

1272 A herança e a meação não podem ser confundidas, tendo em vista que, enquanto a primeira corresponde a direito sucessório, a segunda advém da comunhão patrimonial ocorrida em vida (decorrente casamento ou união estável, a partir do regime de bens adotado). A meação é, pois, direito autônomo e sem correlação com a abertura da sucessão. Próximo: Arruda Alvim, Araken de Assis e Eduardo Arruda Alvim, *Comentários ao Código de Processo Civil*, p. 1.500; e Luciano Vianna Araújo, *Comentários ao Código de Processo Civil*, Volume 3, Saraiva, 2017, p. 258-259.

em R$ 1.000.000,00 (um milhão de reais), calculando-se sobre este montante o valor do imposto. Ocorre que, ao se adentrar na fase de liquidação da herança, o espólio efetua o pagamento de R$ 600.000,00 (seiscentos mil reais) referentes às dívidas deixadas pelo falecido. O cálculo do imposto terá que ser refeito, já que a base de cálculo foi severamente alterada e a apuração revelou uma herança líquida no importe de R$ 400.000,00 (quatrocentos mil reais), que é o resultado do saldo do patrimônio e o pagamento das dívidas na exemplificação simplória.

O quadro tracejado demonstra, sem rebuços, que os arts. 637-638 padecem de deslize posicional, pois não se pode pensar em elaboração de cálculo para pagamento do imposto antes de efetuada a liquidação da herança (arts. 642-646). Dessa forma, a etapa dos arts. 637-638, para que tenha eficiência (art. 8º), deve ser postada posteriormente à liquidação da herança (arts. 642-646) e antecedente à postulação e deliberação da partilha (arts. 647 e 654). Mais ainda, deverá estar conectada em declarações do inventariante que indiquem quais os bens que serão o alvo do cálculo, pois, como antes demonstrado, é perfeitamente possível a estimação de bens que não estejam inclusos na base de cálculo do imposto *causa mortis* (como os bens submetidos à colação, aqueles correspondentes à parte da meação e os alcançados por isenção).

Em arremate, a etapa fixada nos arts. 637 e 638 não se projeta para os inventários com procedimento de arrolamento, pois o rito destes não possui a participação processual da Fazenda, sendo sua oitiva efetuada em contraditório diferido, depois de proferida a sentença (arts. 660, III, 662, e 664, § 4º, do CPC).[1273]

2. Dinâmica do art. 637 como ato preparatório à elaboração dos cálculos

Definido o sítio topográfico da etapa de elaboração de cálculos (item anterior), permite-se traçar dinâmica básica a ser seguida na etapa. Com efeito, finalizada completamente a fase de liquidação da herança, deverá o inventariante apresentar as "verdadeiras últimas declarações", plasmando, de forma evolutiva, o quadro atual da herança (a partir do que foi inicialmente plasmado nas primeiras declarações e que foi sendo alterado/complementado por meio de "declarações intermediárias"). Tais declarações, portanto, contemplarão informações atuais e completas acerca da arrecadação de bens, das valorações efetuadas, das posições jurídicas das partes e das dívidas atendidas, pois estas serão capitais para que seja delimitada a base de cálculo para o pagamento do imposto *causa mortis*.

1273 No sentido: STJ, 2ª Turma, REsp 717.338/SP, j. 17/02/2009, *DJ* 24/03/2009.

Apresentadas as "verdadeiras últimas declarações" pelo inventariante, o juízo sucessório intimará todas as partes para que, no prazo comum de 15 dias, se manifestem.[1274] O contraditório fixado no art. 637 possibilita que as partes possam arguir erros e omissões que possam comprometer não só o cálculo do imposto, mas também a "partilha" em si (caso se desenhe resultado positivo que a propicie). Em ilustração, o inventariante pode ter incluído os bens que se submetem à colação no grupo patrimonial que se sujeita ao pagamento do imposto, de modo que o contraditório permite que seja feita correção no sentido.[1275]

O prazo de 15 dias se aplica não só aos interessados na herança, mas também à Fazenda, pois não há qualquer ato de ressalva de manifestação posterior (ao contrário do que está fixado no art. 638).[1276] Caso alguma parte e/ou a Fazenda apresente pedido de retificação (= *impugnação*) em relação ao relatório constante das "últimas declarações", deverá ser franqueado aos demais a possibilidade de manifestação a respeito, contraditório este que também deve ser respeitado a favor do inventariante. Trata-se, pois, de respeito ao art. 10 do CPC, pois o juiz estará vedado de decidir positivamente em favor da postulação se não for permitido o contraditório efetivo (art. 6º).[1277] O art. 637 não faz alusão ao prazo de manifestação do Ministério Público (caso funcione nos autos), muito embora seja intuitivo que sua dicção será posterior ao encerramento do prazo comum (art. 179, I, do CPC).

Não havendo impugnação às "últimas declarações", o juízo sucessório determinará que se faça o cálculo do tributo. Na hipótese de apresentada impugnação às declarações finais do inventariante, colhido o contraditório acima desenhado, será proferida decisão, para o fim de consolidar as "declarações derradeiras" (caso a impugnação não prospere) ou determinar os ajustes necessários (caso o juízo sucessório assim entenda, a partir dos motivos postos

---

1274 Em sendo o prazo comum, não se permitirá a carga dos autos em caso de processo físico (a exceção do disposto no art. 107, § 2º, do CPC). Em se tratando de processo eletrônico não há que se falar em "carga", já que todos os participantes do inventário poderão acessar os autos em sua totalidade (inclusive de forma simultânea).

1275 Com outra exemplificação, o contraditório previsto no art. 637 permite corrigir a base de cálculo do imposto *causa mortis* em razão de inadvertida inclusão da parte do cônjuge/companheiro sobrevivente no que se refere à sua meação.

1276 No ponto, em relação ao prazo de manifestação sobre o cálculo, o CPC prevê que as partes sejam ouvidas em 05 (cinco) dias, tendo a Fazenda prazo posterior a este. Vide os comentários ao art. 638 desta obra.

1277 Até mesmo diante da concreta possibilidade de extensão do contraditório na forma acima posta, com objetivo de conferir fluidez à etapa, é de bom tom que o juiz, ao determinar a intimação prevista no art. 637 já projete calendário prospectivo, de modo que previamente seja fixada data de encerramento do prazo de manifestação sobre eventual impugnação. Sobre calendário, vide os comentários ao art. 635 desta obra.

na impugnação).

Conclui-se que o art. 637 contém uma etapa prévia à própria elaboração do cálculo, que é a estabilização das "últimas declarações". Em tal fase, deve ser colhido contraditório inspirado no art. 6º, a fim de que, com a sedimentação das declarações derradeiras, seja propriamente iniciado o cálculo do tributo *causa mortis*. O art. 638, por sua vez, tem como mote o contraditório posterior à apresentação do cálculo do "imposto de transmissão a título de morte", de modo que, resolvida a questão, restará apenas que se defina a fase final do inventário sucessório de desfecho positivo ("partilha ou adjudicação").

3. Importância na fixação de diretrizes para cálculo do imposto

O juízo sucessório, ao determinar que se proceda com o cálculo do tributo, deve definir as diretrizes que deverão ser adotadas e as áreas patrimoniais que reclamam a elaboração da referida conta, situação que ratifica a necessidade (e importância) de prévio contraditório aos atores do inventário (vide item anterior). O pormenor é de alta relevância, pois, a se seguir cabalmente o art. 638, fica evidenciado que o responsável pelo cálculo do imposto *causa mortis* será um "contabilista", ou seja, profissional afeto ao labor com números, e não de aplicação de conceitos e premissas do direito sucessório (vide item seguinte). Dessa forma, na falta de diretrizes previamente estipuladas pelo juízo sucessório, há sério risco de que o "contabilista" aumente a área de incidência do imposto *causa mortis*, incluindo, por exemplo, os bens que se submetem à colação no grupo que faz parte da base de cálculo. A ilustração demonstra que os cálculos poderão atrair a aplicação de temas jurídicos, justificando que o juízo sucessório apresente os contornos respectivos, a fim de evitar que o responsável pelo cálculo extrapole a sua função, passando a deliberar acerca de assuntos que fazem parte da estrutura jurídica da sucessão.[1278]

4. A figura do "contabilista" e a possibilidade de sua dispensa

1278 Exemplo frisante está na isenção do imposto, pois tal medida requer expressa e prévia deliberação do juízo sucessório antes da determinação da elaboração do cálculo. No sentido: STJ, 2ª Turma, REsp 173.505/RJ, j. 19/03/2002, *DJ* 23/09/2002. Diante da possibilidade de agrupamento de bens da herança em blocos diferenciados (bens particulares e comuns) em relação ao cônjuge/companheiro sobrevivente (vide hipótese prevista no art. 1.829, I, do CC), é importante, em outro exemplo, que o juízo sucessório defina os condomínios hereditários. Se o cálculo for perfeitamente detalhado, haverá a indicação do cálculo do imposto a partir de cada condomínio, pois, seguindo o exemplo, no que se refere aos bens em comunhão, o cônjuge/companheiro sobrevivente não pode ser imputado como sujeito passivo da obrigação, uma vez que não é herdeiro.

Apesar da omissão no texto do art. 637, extrai-se do art. 638, § 1º, que o cálculo do imposto será – em regra – efetuado por "contabilista",[1279] pois, segundo o dispositivo destacado, caso o juízo sucessório acolha eventual impugnação, será tal figura a responsável pela retificação. A interpretação, portanto, é de que o ajuste será feito por aquele que fez o cálculo do tributo, ou seja, o "contabilista".

É preciso compreender que os textos dos arts. 637 e 638 da codificação atual repetem praticamente a redação dos arts. 1.012 e 1.013 do CPC de 1973, fato que não justifica que os dispositivos em vigor sejam aplicados no contexto da codificação revogada. Na verdade, apesar de os textos redacionais serem de boa semelhança, há de se transportar os o dueto para o cenário legal atual, notadamente no que se refere ao diálogo com outros artigos presentes no CPC em vigor. O alerta é fundamental, pois a figura do "contabilista" para a feitura do cálculo do imposto *causa mortis* era natural no CPC de 1973 diante das opções que aquele texto legal seguia, em que se destaca a presença da "liquidação por cálculo do contador", mesmo quando se travava de situações em que as partes poderiam apresentar a respectiva memória de cálculo (texto original dos arts. 604 e 605). Ocorre que tal contexto foi severamente alterado, primeiramente pela Lei n. 8.898/94 e depois com a Lei n. 11.232/2005, diminuindo-se o espaço de atuação do contador (=*contabilista*). Em síntese, em se tratando de valor que é apurado por simples cálculo aritmético, a operação não será mais feita pelo contador, cabendo à parte interessada trazer, ela própria, o resultado valorativo (acompanhado de memória de elaboração discriminada e atualizada) que permita o contraditório da contraparte. Tal premissa está ratificada no CPC atual, consoante se extrai do art. 509, § 2º, que define que, quando a apuração do valor depender de cálculo aritmético, não há necessidade de que o cálculo seja efetuado por contador (= *contabilista*).

Dessa forma, importando o art. 509, § 2º, para a etapa do cálculo do imposto, a figura do contador ("contabilista") perdeu espaço no inventário sucessório em relação ao cálculo do imposto *causa mortis*. Sem dúvida, se a conta acerca do tributo for simplória, bastando aplicar o percentual da alíquota do ITCMD sobre o valor da herança líquida passível de incidência do referido imposto, a figura do "contabilista" será dispensada. Frisa-se, no ponto, que não mudará a complexidade do cálculo a possibilidade de uso de mais de uma alíquota, observando-se a legislação estadual de localização dos bens imóveis (art. 155, § 1º, I, da CF). Às claras, a complexidade existente na elaboração dos cálculos não deriva da conta aritmética em si, mas das bases jurí-

1279 O art. 1.013 do CPC de 1973 fazia alusão ao labor de "contador", ocorrendo a troca para "contabilista" no texto do atual art. 638. No detalhe: Sérgio Bermudes, *CPC 2015*: inovações, v. 2, p. 103.

dicas que a envolvem. Todavia, não cabe ao "contabilista" resolvê-las, já que estas estão na alçada do juízo sucessório. Portanto, salvo raríssimas hipóteses, não haverá necessidade da presença do "contabilista",[1280] posto que o cálculo do imposto é uma operação aritmética que pode ser perfeitamente efetuada pelo inventariante,[1281] adaptando-se o previsto no art. 509, § 2º, do CPC.[1282]

5. Aplicação da lei no tempo

Nem sempre o imposto é recolhido em data próxima à abertura da sucessão (fato gerador), surgindo ambiência para que ao longo do tempo surja mudança legislativa que afete o cálculo do imposto *causa mortis*. Analisando o tema, assentou-se na jurisprudência o entendimento de que *as regras de relativas ao cálculo do imposto devem ser aquelas vigentes ao tempo do falecimento do autor da herança* (vide Súmula 112 do STF).[1283] A referida posição está justificada a partir da ideia de que a *saisine* já efetua, ainda que em forma de condomínio, a transferência de titularidade dos bens do autor da herança (arts. 1.784 e 1.791 do CC).[1284] Assim, o cálculo do imposto *causa mortis* deverá observar a legislação tributária da época da abertura da sucessão, com retroação à legislação anterior em caso de mudança ocorrida no curso do inventário e antes da elaboração da conta respectiva.

6. Necessidade de aplicação (harmônica) da legislação federal com a local

A elaboração do cálculo do tributo envolve não apenas a análise de temas do próprio direito sucessório (tratados pelo CC e pelo CPC), mas também das leis tributárias, sendo que, no particular, merece respeito tanto a apreciação da

---

1280 A doutrina, todavia, ainda faz alusão a tal figura, no sentido: Ricardo Alexandre da Silva e Eduardo Lamy, *Comentários ao Código de Processo Civil*, v. IX, p. 551.

1281 A regra será de que a fórmula do cálculo (quando bem desenhada) propiciará que o "homem comum" a elabore e apresente seu resultado, da mesma forma que será possível analisar, também na ótica do "homem comum", o resultado respectivo. Somente se deve cogitar na remessa dos autos ao contador nos casos em que se verifique que o cálculo está impregnado de complexidade que reclama labor feito por profissional especializado, situação que não será certamente corriqueira.

1282 Note-se, no ponto, que a abordagem ratifica os comentários ao art. 617, em que se definiu a importância de que a designação do inventariante seja efetuada levando-se em conta a aptidão para administrar a herança e dar fim ao condomínio hereditário. Não é por acaso que, em se tratando de falência e recuperação judicial, a nomeação do profissional está atrelada a sua capacidade técnica (art. 21 da Lei n. 11.101/2005).

1283 No sentido: STJ, 2ª Turma, REsp 679.463/SP, j. 14/12/2004, *DJ* 21/03/2005; e STJ, 1ª Turma, REsp 752.808/RJ, j. 17/05/2007, *DJ* 04/06/2007.

1284 No sentido: STJ, 2ª Turma, REsp 1.142.872/RS, j. 20/10/2009, *DJ* 29/10/2009. Igualmente: STJ, 1ª Turma, REsp 805.806/RJ, j. 13/11/2007, *DJ* 18/02/2008; e STJ, 1ª Turma, REsp 464.419/SP, j. 15/05/2003, *DJ* 02/06/2003.

legislação federal[1285] quanto dos diplomas locais (diante da competência prevista no art. 155, I, da CF[1286]). Não é incomum que a o legislador local extrapole os limites que lhe cabem, esquecendo que a legislação estadual se submete a preceitos de ordem constitucional e federal que não podem ser ignorados.[1287] Tal fato, certamente, contribuiu para que o STF fosse chamado para deliberar sobre o assunto, notadamente na época que detinha competência para julgar debates que tinham como pano de fundo a legislação federal infraconstitucional. Tanto assim que o Supremo editou número razoável de enunciados sumulares cujo pano de fundo é o cálculo do imposto *causa mortis* (Súmulas 112, 113, 114, 115, 331 e 560[1288]).

7. Juízo sucessório e a isenção do imposto *causa mortis*

O art. 179 do CTN dispõe no sentido de que a isenção tributária pontu-

1285 Além dos dispositivos do CPC e do CC, vale conferir os arts. 35-42 do CTN.

1286 Em síntese bem apertada, através de lei ordinária – a exceção dos casos previstos no art. 155, § 1º, III, da CF, que demandam lei complementar – os Estados instituem o ITCMD, estipulando, assim, o fato gerador, o(s) sujeito(s) passivo(s), a alíquota e eventual progressividade, isenção, multa, entre outros. Em relação à progressividade das alíquotas sobre a transmissão *causa mortis*, o art. 1º da Resolução n. 09/1992 faz alusão ao quinhão definido para cada herdeiro (com percentual máximo de oito por cento). No tema, confira-se: STF, Tribunal Pleno, RE 562045/RS, Repercussão geral, j. 06/02/2013, *DJ* 27/11/2013.

1287 Em ilustração com forte debate judicial, no Estado de São Paulo, o conjunto da legislação local (Decretos n. 55.002/2000 e 46.655/002 e Lei n. 10.705/2000) foi examinado frente ao CTN e à CF, tendo em vista que, por meio de decreto estadual, se alterou a base de cálculo do tributo (seu valor venal, conforme estabelecido pelo art. 38 do CTN). No sentido (entre vários): (TJSP, 11ª Câmara de Direito Público, Remessa Necessária Cível 1014194-36.2019.8.26.0482, j. 02/10/2020, *DJ* 02/10/2020). Igualmente: APL 1024724-91.2020.8.26.0053, 6ª Câmara de Direito Público, j. 20/11/2020, *DJ* 20/11/2020; 2ª Câmara de Direito Público, APL 1005773-83.2019.8.26.0053, j. 13/03/2020, *DJ* 13/03/2020. Em outro exemplo, a lei estadual não pode fixar prazo para recolhimento do ITCMD a partir da abertura da sucessão, independentemente da instauração de inventário *causa mortis* (vide os comentários ao art. 654 desta obra).

1288 Súmula 112 do STF: "O imposto de transmissão *Causa Mortis* é devido pela alíquota vigente ao tempo da abertura da sucessão"; Súmula 113 do STF: "O imposto de transmissão *Causa Mortis* é calculado sobre o valor dos bens na data da avaliação"; Súmula 114 do STF: "O imposto de transmissão *Causa Mortis* não é exigível antes da homologação do cálculo"; Súmula 115 do STF: "Sobre os honorários do advogado contratado pelo inventariante, com a homologação do juiz, não incide o imposto de transmissão *Causa Mortis*"; Súmula 331 do STF: "É legítima a incidência do imposto de transmissão *Causa Mortis* no inventário por morte presumida"; Súmula 590 do STF: "Calcula-se o imposto de transmissão *causa mortis* sobre o saldo credor da promessa de compra e venda de imóvel, no momento da abertura da sucessão do promitente vendedor".

al deve ser plasmada por meio de decisão administrativa, efetuada mediante provocação da parte. Tal regra, todavia, tem sido relativizada no âmbito do inventário *causa mortis*, entendendo-se que juízo sucessório no rito do inventário comum detém competência para deliberar sobre o assunto, desde que o pedido passe pelo crivo do contraditório, com oitiva da Fazenda.[1289] Dessa forma, é intuitivo que o momento final para que a isenção seja postulada se situa nas "últimas declarações" do inventário padrão, oportunidade em que o inventariante traçará as bases do recolhimento do imposto *causa mortis* e, depois de contraditório amplo (em que a Fazenda está inclusa[1290]), o juízo sucessório determinará o cálculo do tributo.

8. Apresentação do cálculo e o contraditório respectivo

Apresentado o cálculo do imposto *causa mortis* nos autos do inventário, este será submetido ao contraditório das partes e da Fazenda Pública, as quais podem impugná-lo, alegando erros, omissões, incidência de alíquota equivocada, referência a base de cálculo errada, entre outras matérias. Para que o contraditório seja proveitoso e efetivamente cooperativo (art. 6º do CPC), é fundamental que o cálculo seja apresentado de forma discriminada, com indicação clara das áreas de incidência, das alíquotas aplicadas[1291] e de toda operação aritmética. Seguindo a dinâmica do art. 638, apresentado o cálculo, primeiramente, serão ouvidas as partes, no prazo comum de cinco dias.[1292] Em seguida, ouve-se, separadamente, a Fazenda.[1293] O CPC não indica o prazo para esta manifestação, por isso, aplicando-se por analogia a regra que o próprio art. 638 estabelece às partes, deve-se entender que este prazo para

---

1289 O tema é pacífico do STJ, vide REsp 1.150.356/SP (1ª Seção, j. 09/08/2010, *DJ* 25/08/2010), que traz uma listagem de julgados no mesmo sentido. Tal entendimento não pode ser aplicado aos inventários que seguem os procedimentos especiais de arrolamento, tendo em vista que, em tais situações, não há participação da Fazenda no processo sucessório (art. 662), de modo que resta prejudicado o contraditório necessário para o deferimento da isenção. No sentido (dentre vários): confira-se: STJ, 1ª Turma, AgRg no AgRg no REsp 1.205.265/SP, j. 27/11/2012, *DJ* 03/12/2012.

1290 No sentido: STJ, 2ª Turma, REsp 173.505/RJ, j. 19/03/2002, *DJ* 23/09/2002.

1291 Até porque podem as alíquotas ter percentuais distintos, em caso de bens imóveis sitos em locais diferentes (art. 155, I, § 1º, da CF).

1292 Como prazo corre em cartório, no caso de autos físicos não deve ser concedida carga dos autos às partes, ressalvada a "carga rápida" (art. 107, § 3º, do CPC).

1293 Diferente do que ocorre em relação à aplicação do art. 637, o contraditório da Fazenda se opera em momento apartado do "prazo comum". A justificativa, ao que parece, está na repercussão do cálculo, pois a Fazenda será a beneficiária do tributo *causa mortis*, destacando-se, ainda, que será a derradeira oportunidade de apresentar algum tipo de postulação quanto à elaboração e o resultado do cálculo.

manifestação da Fazenda Pública é também de cinco dias. Se o Ministério Público intervém no feito, a oportunidade para sua manifestação deve acontecer depois de decorrido o prazo estabelecido para a Fazenda (art. 179, I, do CPC). Havendo apresentação de impugnação de parte ou da Fazenda Pública, é importante que seja concedido contraditório geral, notadamente em relação ao responsável pelo cálculo (que, em regra, será o próprio inventariante).[1294]

9. As variantes decisórias no julgamento do cálculo

Elaborado o cálculo, facultado e finalizado o contraditório, caberá ao juízo sucessório deliberar sobre o tema, com objetivo de pôr fim à etapa de cálculo do imposto. Se não for apresentado qualquer tipo de impugnação, a decisão quanto aos cálculos é proferida logo após o decurso do prazo para a manifestação das partes, diante dos efeitos preclusivos decorrentes da omissão.[1295] Na hipótese de ser apresentada impugnação, haverá alargamento do contraditório (ouvindo-se todos os demais que não o próprio impugnante). Caso os fundamentos da impugnação não convençam o juízo sucessório, proferir-se-á decisão de improcedência do pleito, com as motivações correspondentes, decisão esta que conterá também capítulo acerca da sedimentação do cálculo, que será utilizado para efeito de pagamento do tributo (art. 654). De outra banda, no caso de prosperar a impugnação, o juízo sucessório determinará as devidas retificações.[1296] Embora o dispositivo seja omisso, depois de efetuados os ajustes (alterações) estabelecidos pelo juízo sucessório, faz-se necessário que se abra novo contraditório, que poderá ser modulado a partir do disposto no *caput* do art. 638, ou seja, com prazo comum de cinco para manifestação das partes, seguindo-se de cinco dias para dicção da Fazenda e, se for o caso, cinco dias para o Ministério Público.

A decisão do juízo sucessório reconhecendo eventual isenção do imposto *causa mortis* deve ser proferida na ambiência do art. 637, a fim de que ocorra a exclusão da base de cálculo. De toda sorte, até o julgamento do cálculo, ad-

1294 Visando à organização procedimental, o juízo sucessório poderá determinar a intimação para cumprimento do art. 638 com a fixação prévia de datas limites para as manifestações, projetando, no sentido, um calendário cadencial. Sobre calendário processual, vide os comentários ao art. 635 desta obra.

1295 No sentido: Flávia Poyares Miranda, *Comentários ao Código de Processo Civil*: perspectiva da magistratura, p. 714.

1296 Embora o art. 630 confira a missão ao "contabilista", aplicando-se o disposto no art. 509, § 2, o cálculo poderá ser feito pelo inventariante. Só será convocado profissional especializado em caso de cálculo que não seja puramente aritmético. Vide os comentários ao art. 637 desta obra.

mite-se tal decisão[1297] que, se for positiva, deferindo-se isenção, importará na retificação da elaboração do cálculo.

10. Da importância da decisão como "marco temporal" para a cobrança do tributo

A decisão que julga o cálculo do tributo é de suma importância para o inventário sucessório, pois reflete o resultado da fase de arrecadação e da etapa liquidação da herança, permitindo que se adentre na etapa de desfecho do processo sucessório, cuja projeção (havendo imposto *causa mortis* a recolher) é positiva. Às claras, como o imposto de transmissão *causa mortis* somente terá a base de cálculo desvendada depois da arrecadação, avaliação e liquidação da herança, certo é que sua exigibilidade está vinculada à decisão que define seu cálculo. O texto da Súmula 114 do STF confirma tal raciocínio, ao enunciar que "O imposto de transmissão *causa mortis* não é exigível antes da homologação do cálculo", não havendo como incidir juros e multa sobre o valor do tributo desde a data da abertura da sucessão, ou mesmo da instauração do próprio inventário.

Dessa forma, é incorreto utilizar a abertura da sucessão como marco para o recolhimento do tributo, até porque a *saisine* possui efeitos limitados à efetiva transferência patrimonial. Com efeito, tal fenômeno provoca a formação de condomínio hereditário em que os coerdeiros terão a titularidade de cota (quinhão) patrimonial instável, mas a sua representação efetiva somente será dimensionada após a apuração completa da herança, liquidando-a, em processo de lapidação.[1298] A assertiva deve ser aplicada de mão dupla, na medida em que, até que seja definido o cálculo do imposto *causa mortis*, não há que se falar em fluência do prazo decadencial contra o Fisco (art. 173 do CTN),[1299] bem como não poderá se compelir os herdeiros a efetuar pagamento do tributo antes de definida a sua base de incidência, fato que só estará sedimentado depois de superada a fase prevista nos arts. 637-638, que inclui a estabilização do cálculo do tributo.[1300]

1297 Próximo: STJ, 4ª Turma, REsp 114.461/RJ, j. 09/06/1997, *DJ* 18/08/1997.

1298 No sentido: STJ, AgRg no REsp 1.274.227/MS, 2. Turma, j. 07/02/2012, *DJ* 13/04/2012.

1299 No sentido: STJ, 2ª Turma, AgRg no REsp 1.257.451/SP, j. 06/09/2011, *DJ* 13/09/2011. Igualmente: STJ, 2ª Turma, AgRg no AREsp 396.457/RS, j. 03/12/2013, *DJ* 09/12/2013; STJ, 2ª Turma, AgRg na MC 20.630/MS, j. 16/04/2013, *DJ* 23/04/2013.

1300 Em São Paulo, o art. 17, § 1º, da Lei Estadual n. 10.705/2000 prevê que: "O prazo de recolhimento do imposto não poderá ser superior a 180 (cento e oitenta) dias da abertura da sucessão, sob pena de sujeitar-se o débito à taxa de juros prevista no artigo 20, acrescido das penalidades cabíveis, ressalvado, por motivo justo, o caso

11. Natureza da decisão e recurso

Os pronunciamentos judiciais previstos nos arts. 637 e 638 possuem natureza de decisão interlocutória, sendo impugnável por agravo de instrumento (art. 1.015, parágrafo único, do CPC), restando superada qualquer entendimento ou dúvida tendente a discordar de tal raciocínio.

Seção VI
Das Colações

Art. 639. No prazo estabelecido no art. 627, o herdeiro obrigado à colação conferirá por termo nos autos ou por petição à qual o termo se reportará os bens que recebeu ou, se já não os possuir, trar-lhes-á o valor.

Parágrafo único. Os bens a serem conferidos na partilha, assim como as acessões e as benfeitorias que o donatário fez, calcular-se-ão pelo valor que tiverem ao tempo da abertura da sucessão.

CPC de 1973 – art. 1.014

1. Noções basilares sobre a colação

A colação é uma figura do direito sucessório, intimamente ligada à arrecadação dos bens. De forma resumida, por meio da colação, os herdeiros necessários que concorrem à mesma sucessão têm a "*obrigação*" (= *dever*)[1301] de

---

de dilação desse prazo pela autoridade judicial". Tal dispositivo, como se percebe, padece de dois graves problemas: (a) vincula o pagamento do tributo à abertura da sucessão, desprezando a necessidade de arrecadar e liquidar a herança; (b) define tema processual afeto ao inventário, pois o pagamento do tributo (art. 654 do CPC) passaria a se submeter ao prazo de 180 (cento e oitenta dias) que está fixado no dispositivo local. Assim, há flagrante desarranjo da lei estadual com a legislação federal, pois a incursão local afeta a própria dimensão do inventário sucessório como processo de arrecadação e liquidação. Por tal passo, a jurisprudência do TJSP (em especial da 3ª Câmara de Direito Privado) se posicionou pela impossibilidade de aplicação do art. 17, § 1º, da Lei Estadual n. 10.705/2000 sem que tenha ocorrido a homologação do cálculo. No sentido: TJSP, AI 2232784-17.2020.8.26.0000, 3ª Câmara de Direito Privado, j. 23/10/2020, *DJ* 23/10/2020. Igualmente: 3ª Vara Cível, AI 2170052-34.2019.8.26.0000, j. 21/01/2020, *DJ* 21/01/2020. O tema foi tratado nos comentários ao art. 654 com mais vagar.

1301 A classificação da colação como "obrigação" induz à noção de que há vínculo obrigacional entre os herdeiros necessários. A natureza singular da colação, todavia, não permite que seja tratada como "obrigação" em seu conceito mais ortodoxo. Não é por acaso que, na doutrina, há vozes dissonantes a tal equiparação. Com propriedade, confira-se: Pontes de Miranda, *Comentários ao Código de Processo Civil,* v. XIV, p. 149-151. Para Rafael Knorr Lippmann, a colação "consiste no dever jurídico de trazer ao juízo os bens doados em vida a herdeiro necessário, reintegrando-os ao

declarar as doações que receberam em vida a partir de ato de liberalidade advindo do autor da herança, propiciando-se a *conferência* respectiva, pois os bens doados poderão ser alcançados pela arrecadação. A colação pode estar escorada em dois modelos: (a) restituição dos bens ao acervo hereditário (colação por substância ou *in natura*); ou (b) apresentação do valor respectivo (colação por imputação do valor ou *in valorem*).[1302]

O CC em vigor trata da colação nos arts. 2.002-2.012, ocorrendo áreas de *dupla regulação* com o CPC de 2015 (arts. 639-641).[1303] Os arts. 2.002 e 2.003 do CC fazem alusão à colação como procedimento que visa *"igualar as legítimas"*, expressão que tecnicamente é imprópria, pois a "legítima" é uma parte única da herança destinada aos herdeiros necessários (art. 1.846 do CC). A colação não busca, sem rebuços, *igualar as legítimas* no sentido literal, mas conferir (em sentido amplo) as doações feitas pelo falecido aos seus herdeiros necessários, ou seja, trata-se de instituto que compõe o processo de arrecadação da herança.[1304] Com outras palavras, por intermédio da colação, será feita a análise sobre a necessidade de "deslocamento" de bens para o ventre do inventário *causa mortis* na parte da legítima, bens estes que, no passado, pertenceram ao falecido e que foram alvo de ato de liberalidade em vida em favor de herdeiro necessário (arts. 1.845-1.847 do CC).[1305-1306]

A colação poderá ser efetuada no ventre do inventário *causa mortis* tanto de forma *voluntária* (art. 639), como também de forma *coacta* (art. 641), ou seja, na segunda hipótese, por *provocação* de interessados. A *colação coacta* pode ser requerida tanto pelo inventariante (diante da sua incumbência de arrecadar os bens que devem compor a herança – arts. 620, IV, e 618, VI, ambos do CPC), como também por qualquer parte interessada, já que a estes é

---

acervo hereditário" (*Breves comentários ao novo Código de Processo Civil*, p. 1.712). Próximo: Marcelo Abelha Rodrigues, *Manual de Direito Processual Civil*, p. 840.

1302 No sentido, confira-se (entre vários): Daniel Amorim Assumpção Neves, *Novo Código de Processo Civil comentado*, p. 1.077.

1303 O tema reclama a incursão em outros dispositivos do CC, como é o caso do art. 544, que prevê que a "doação de ascendentes a descendentes, ou de um cônjuge a outro, importa adiantamento do que lhes cabe por herança" e o art. 1.847 (que dispõe sobre a fórmula de cálculo da legítima).

1304 Bem próximo: Inácio de Carvalho Neto e Érica Harumi Fugie, *Novo Código Civil comparado e comentado*. Direito das sucessões, v. II, p. 213.

1305 Semelhante: Gustavo Tepedino, Ana Luiza Maia Nevares e Rose Melo Vencelau Meireles, *Fundamentos de direito civil:* direito das sucessões, p. 257.

1306 O detalhe é relevante, pois a não compreensão do instituto pode gerar distorções na interpretação, como – por exemplo – de que todos os herdeiros necessários sempre terão quinhões iguais dentro da área composta pela legítima, fato que nem sempre ocorre (notadamente em caso de concorrência envolvendo o cônjuge/companheiro sobrevivente).

incumbido arguir erros, omissões ou sonegação de bens (art. 627). A lei civil prevê que o herdeiro que omitir quaisquer bens na colação se sujeitará à pena de sonegação de bens (perda correspondente ao patrimônio que foi alvo de ocultação – arts. 1.992 e 2002, *caput*, do CC), sanção esta que demanda ação própria (art. 1.994 do CC).

O art. 2.005 do CC permite que o autor do ato de liberalidade dispense da colação o bem doado, postura que pode se efetuar de forma contemporânea ao ato, como também posteriormente de *forma ordinária* no bojo de testamento (art. 2.006) ou por ratificação da doação, preenchendo o espaço vazio no sentido.[1307] A dispensa da colação afasta a atração do bem doado para a parte indisponível da herança (legítima), remetendo-o para o trecho patrimonial tido como disponível, ou seja, para a área em que vige autonomia do testador e sem alcance dos efeitos do art. 1.846. Há, sem dúvida, outras nuances sobre a colação, não tendo a resenha as alcançado em sua completude. O esboço, todavia, auxilia na interpretação dos arts. 639-641 em vigor.

2. Identificação do modelo adotado no CPC

A parte final do art. 639 parece firmar a ideia de que a colação deve ser feita em *substância*,[1308] ou seja, com a apresentação do próprio bem, somente sendo hipótese de colação por "valor" se herdeiro necessário donatário não for mais o titular do objeto da pretérita doação. O dispositivo é complementado pelo seu parágrafo único, que prevê que os bens sujeitos à colação serão estimados conforme o valor que tiverem à abertura da sucessão. Sem rebuços, a interpretação literal do art. 639, no sentido de que o CPC de 2015 adota a *colação em substância,* não é perfeita. Além de problemas práticos variados,[1309] haveria evidente violação do disposto no art. 5º, XXXVI, da CF (que prevê que nem mesmo a lei poderá prejudicar ato jurídico perfeito). Para fugir de tal

---

1307 A posição aqui defendida encontra eco na seguinte jurisprudência: STJ, 3ª Turma, REsp 440.128/AM, j. 03/06/2003, *DJ* 01/09/2003.

1308 No sentido: Gustavo Tepedino, Ana Luiza Maia Nevares e Rose Melo Vencelau Meireles, *Direito das sucessões*, p. 260.

1309 O herdeiro necessário donatário seria despojado da posse do bem doado, devendo entregá-la automaticamente ao inventariante (que passaria a ter a posse direta desse bem), ficando o administrador da herança responsável por partilhá-los ao final do inventário no bloco da legítima. No sentido, com a mesma observação, confira-se: Clóvis do Couto e Silva, *Comentários ao Código de Processo Civil*, v. XI, tomo I, p. 350. Análise mais aguda leva à conclusão de que, se o herdeiro necessário donatário assim não o fizer, a sua posse em relação ao bem doado passa a ter vício superveniente, pois estará se posicionando em detrimento dos demais condôminos/herdeiros necessários (arts. 1.314 do CC).

ditame constitucional, teria que se defender que a doação em favor de herdeiro necessário não se estabilizaria como ato jurídico perfeito, alterando em absoluto sua moldagem no Direito Privado pátrio,[1310] o que também não se afigura permitido diante do gabarito que se extrai do Código Civil em vigor. No ponto, restariam vedados os atos de disposição do herdeiro necessário em relação ao bem que recebeu em doação,[1311] fato que se contrapõe à própria dicção do art. 639, o qual prevê a possibilidade de alienação do objeto da liberação, ao dispor que, em tal hipótese, o donatário trará o valor correspondente ao bem objeto da doação para o inventário.

Da breve exposição que traceja a problemática, extrai-se que o art. 639, embora norteado pela bússola da *colação em substância*, vez que prestigia o valor do bem seguindo a estimação da abertura da sucessão, na verdade, incorpora *sistema misto* (que conjuga elementos da colação *substância* e da *in valorem*), que respeita não só o ato jurídico perfeito, mas também o direito à "propriedade" e o tratamento isonômico entre os herdeiros necessários. Há atração do bem doado *em substância* não de forma física, mas para, em *ficção*, colocá-lo ao lado dos demais que se submetem ao inventário, a fim de que se efetuem avaliações com o mesmo critério, pouco importando, inclusive, em tal quadro imaginário, se o bem doado está ainda na titularidade ou não do herdeiro necessário donatário. Não há, assim, a inclusão física do bem objeto da colação no rol do condomínio hereditário, mas apresentação deste no inventário, com objetivo que se proceda à conferência, com a estimação de sua potência patrimonial (mediante avaliação com critério comum), sub-rogando o bem pelo valor atual, a fim de que se faça o encaixe respectivo na parte representada pela legítima por meio da fórmula do art. 1.847 do CC.

Conclui-se, portanto, que o art. 639 prevê sistema misto de *colação*, que é norteado pela *colação em substância*, na medida em que foi tracejado ambiente de *ficção jurídica* para que os bens doados sejam enviados ao inventário *causa mortis* para serem avaliados de forma igualitária, como se compusessem a parte da legítima. Todavia, os traços da *colação em substância* se encerram em tal momento, pois os bens não são atraídos fisicamente para a composição do acervo hereditário do art. 1.846 do CC. A avaliação dos bens sujeitos à colação

---

1310 De certa maneira, a titularidade advinda de doação em favor de herdeiro necessário se equipararia à propriedade resolúvel que se submeteria à *saisine* do doador como condição. Com a morte do doador, a propriedade que era plena do donatário muda de mãos e passaria a estar na esfera do condomínio hereditário, de modo que os demais herdeiros teriam direito a um quinhão do próprio bem.

1311 A alienação de bem recebido em doação por herdeiro necessário donatário teria, no mínimo, que se submeter à anuência dos demais herdeiros necessários, algo que não se cogita na legislação nacional.

não afeta a titularidade já definida nas doações, pois o que será remetido à herança é o seu valor respectivo, a fim de que se efetue a conta determinada pelo art. 1.847 do CC acerca da legítima. Em regra, os bens doados somente serão incorporados fisicamente no condomínio hereditário quando se verificar que a doação respectiva foi inoficiosa, pois, neste caso, como consequência da nulidade do ato de liberalidade, há o retorno dos bens doados ao patrimônio do autor da herança (art. 182 do CC).

3. Colação *espontânea* (art. 639) × colação *provocada ou coacta* (art. 641)

O art. 639, *caput*, prevê a hipótese de *colação espontânea* pelo herdeiro necessário, no sentido que, após ser citado do inventário *causa mortis* (art. 626), deverá – por termos nos autos ou petição – indicar o(s) bem(ns) que recebeu por doação do autor da herança, e, caso não o mais possua, indicar o seu valor. A *colação espontânea*, ao fazer alusão ao art. 627 (em relação ao prazo), indica que os herdeiros devem cooperar com o inventariante, com a apresentação de manifestação que permita aperfeiçoar (e corrigir) as primeiras declarações (art. 620). Há, portanto, comunicação do art. 639 não apenas com o *caput* do art. 627 (que fixa o prazo na manifestação), mas com a própria atividade de cooperação do herdeiro necessário, consoante se extrai do inciso I do dito artigo, já que cabe ao interessado na herança "arguir erros, omissões e sonegações de bens". O art. 639, conjugado com o art. 627, deve ser recepcionado com as noções de cooperação e de boa-fé que estão plasmadas respectivamente nos arts. 6º do CPC em vigor.[1312]

Caso não ocorra o *cumprimento espontâneo*, a colação poderá ser *provocada* por convocação nos autos do processo judicial. Dessa forma, a *colação coacta* (isto é, *provocada*) se notabiliza por decorrer de requisição efetuada pelo inventariante ou de alguma parte (em regra, pelo interesse, por herdeiro necessário). Não há, como se percebe, ato *espontâneo* do herdeiro necessário, pois este é *provocado* a proceder à colação ou, no mínimo, a se manifestar a respeito. Em tal situação, o herdeiro necessário instado a efetuar a colação poderá assim o fazer, dando resposta positiva à postulação, não se vislumbrando na legislação processual (ou civil) nenhum revés processual pela sua omissão inicial[1313] (exceto se configurada situação de litigância de má-fé). Todavia, caso convocado para

1312 Vide os comentários ao art. 627 desta obra.

1313 Rafael Knorr Lippmann defende que, se o herdeiro não trouxer os bens recebidos em doação até o final do prazo para manifestação sobre as primeiras declarações, restará configurada a sonegação (*Breves comentários ao novo código de processo civil*, p. 1.712). Não há, contudo, explicação mais alongada pelo autor acerca da adoção de tal posição, muito embora a sanção pela sonegação seja aguda e demande ação própria (art. 1.994 do CC).

colacionar determinado(s) bem(ns) e o herdeiro necessário negue o recebimento patrimonial ou mesmo a "obrigação" de assim proceder, será necessária a instauração de incidente processual, em que se examinará todos os fundamentos (seja da requisição da colação, seja da recusa desta), interpretando-se adequadamente o art. 641 da codificação processual.[1314]

É importante que, na *colação espontânea,* o herdeiro necessário declare não só a existência de bens que necessitam ser conferidos, mas também que traga todas as informações acerca destes, tais como: (a) data e estado dos bens no ato da liberalidade, (b) inserção (ou não) de benfeitorias e acessões artificiais, (c) estado atual (com descrição detalhada, inclusive de conservação), (d) seu valor e (e) existência de cláusula de colação. Tais informações facilitarão a conferência, pois servirão de parâmetro para análise respectiva, inclusive para avaliação atual (art. 639, parágrafo único), nas situações em que for necessário. Quando a colação for *provocada,* o postulante que reclama a conferência deve trazer as informações que possui, requerendo que estas sejam analisadas pelo herdeiro necessário, formando-se contraditório a respeito (art. 641). Semelhante procedimento deve ser adotado pelo inventariante que arrecada bem para a conferência, sendo também em tal hipótese facultada a manifestação qualificada do herdeiro necessário (art. 627, I). Qualquer que seja a situação que envolva a *colação provocada,* o ato de convocação ao herdeiro necessário deve precisar o máximo possível as informações acerca do ato de liberalidade e sobre o bem que este alcança, a fim de que o contraditório seja efetuado de forma adequada, até porque a resposta do donatário pode ser no sentido de concordância (ainda que parcial), pois não se pode cogitar que a postura sempre será de negativa do recebimento do bem ou da "obrigação de conferir".

4. Topografia equivocada de toda Seção VI (arts. 639-641)

Ao se compreender a natureza arrecadatória do art. 639 e sua evidente comunicação com o art. 627, sem esforço, percebe-se que há descompasso topográfico em toda Seção VI do capítulo que trata *"Do Inventário e Da Partilha"* (arts. 639-641). Isso porque a colação (seja ela *espontânea,* seja ela *provocada*) faz parte do processo de arrecadação, devendo ser resolvida junto com outras questões semelhantes na *etapa limiar do inventário.*[1315] Com efeito, a colação está atrelada à superfície do art. 627, I, do CPC e, caso seja verificado que as primeiras declarações não a incluíram, a retificação acerca desta (qualquer que seja a forma) alterará o esboço inicial do inventariante. Assim, resolve-se

---

1314 Vide os comentários ao art. 641 desta obra.

1315 Vide os comentários ao art. 620 sobre arrecadação e ao art. 627 sobre a *etapa limiar* do inventário.

a colação antes de iniciar a avaliação dos bens que compõem a herança (vide § 1º do art. 627). No sentido, o incidente previsto no art. 641 (que, repita-se, está desenhado a partir do art. 627, I) deve ser decidido em momento procedimental semelhante ao que está expressamente fixado para resolver a impugnação acerca do inventariante (art. 627, II e § 2º) e para solucionar a disputa pela qualidade de herdeiro (art. 627, III, e § 3º c/c art. 628).

Ainda que a colação não se submeta ao cálculo de imposto *causa mortis*, pois o fato gerador da doação é um *ato inter vivos*, aplica-se ao bem colacionado as regras de avaliação previstas na Seção V (arts. 630-638), até porque seguirá os mesmos critérios de valoração do patrimônio do falecido (art. 639, parágrafo único). Há, portanto, ressalto procedimental não justificado na legislação processual, inserindo-se dispositivos sobre avaliação e cálculo de imposto (arts. 630-638) entre a colação (arts. 639-641) e a arrecadação cooperativa (art. 627-626).[1316] Assim sendo, o posicionamento geográfico dos arts. 630-638, inseridos de forma antecedente aos dispositivos que tratam da colação (arts. 639-641), não muda a concentração que deve ser operada na etapa da arrecadação. Há, como se vê, atropelo topográfico do legislador (que repete o mal andar do CPC de 1973).[1317]

5. O momento procedimental adequado

Conforme já adiantado, o *caput* do art. 639 cria superfície processual ao disposto no art. 2.002 do CC para a *colação voluntária*, que, no desenho da norma legal, deve ocorrer no prazo previsto no art. 627. Nada impede que o bem seja trazido à colação ulteriormente, até a apresentação das últimas declarações pelo inventariante, ou mesmo depois, sendo que, neste caso, a arrecadação decorrente de comportamento espontâneo do herdeiro deverá ter desfecho por sobrepartilha. Em exemplo frisante (e comum), a colação poderá ser postulada por herdeiro necessário ao tomar conhecimento que herdeiro (com igual posição jurídica) deixou de efetuar a conferência, já que tinha o primeiro tinha a expectativa de que a omissão do inventariante nas primeiras declarações seria sanada pelo próprio titular do bem objeto da doação efetuada pelo

---

1316 A avaliação, às claras, faz parte do procedimento de arrecadação, mas a este se insere em sua parte final, quantificando numericamente as forças da herança. Pode ocorrer, inclusive, que o deslocamento de bens para legítima somente suceda depois de efetuada a avaliação, pois é perfeitamente possível que bem "dispensado" da colação seja atraído posteriormente para a área coberta pela "legítima" em razão da verificação de que houve invasão da parte disponível.

1317 No CPC de 1973, os arts. 1.003 a 1.013 (sobre avaliação e cálculo do imposto) estão também inseridos antes das regras atinentes à colação (arts. 1.014-1.016).

autor da herança, quando da sua manifestação sobre esboço inicial.[1318] Dessa forma, o decurso do prazo previsto no art. 639 não cria "preclusão processual", muito menos absolve o herdeiro necessário de efetuar a colação. Conclui-se, de outra banda, que o *caput* do art. 639 trabalha apenas com a hipótese de *colação voluntária* depois das primeiras declarações, fato este que não impede que a colação seja *provocada* (art. 641) ou mesmo que ocorra em momento procedimental distinto.

6. Conferência por "termo nos autos"

Há pequena modificação no texto do art. 639 em relação ao texto do art. 1.014 do código revogado em relação à formalização da conferência. Em resumo, não constava, na codificação anterior, a possibilidade de a *colação espontânea* ser realizada por meio de petição do herdeiro, fazendo-se alusão apenas a "termo nos autos". O CPC atual, de forma mais coerente à prática forense, prevê que o herdeiro pode fazer a conferência por meio de petição no sentido, servindo esta de base para o termo específico que deverá constar dos autos. A redação do art. 639 mantém, todavia, a necessidade de que seja plasmado "termo" (ainda que se reporte à petição). Trata-se de ato de oficialização da conferência, que deverá ser assinado não apenas pelo herdeiro, mas também pelo inventariante e pelo juiz.

7. Possibilidade de formação de incidente na *colação voluntária*

Os arts. 639, *caput*, e 641, § 1º, cogitam apenas a formação de incidente se o herdeiro necessário negar o recebimento do bem ou a "obrigação" de o conferir nos autos do inventário *causa mortis*. Tal premissa não é correta, pois, mesmo dentro da *colação voluntária,* é perfeitamente possível a ocorrência de conflitos entre os interessados na conferência, como, por exemplo, divergência acerca do responsável pela inserção de benfeitorias e acessões artificiais no bem doado, situação patrimonial relevante à sua avaliação. Surgindo divergências acerca de questões envolvendo a *colação* que não sejam propriamente a negativa do recebimento do bem ou a própria "obrigação" de conferência, devem ser importadas as técnicas dos arts. 612, 641, § 2º, e 630 quanto aos limites da dilação probatória interna. O detalhe é de alta relevância, pois a conjugação dos dispositivos indica que poderá ser produzida prova no ventre do inventário

1318 Na hipótese de interessado na herança (em regra, herdeiro necessário) apontar omissão acerca da arrecadação de bens que se submetem à colação, os arts. 639 e 627 serão adaptados, sendo necessário intimar não apenas o inventariante quanto à falta apontada, mas também em relação ao titular do patrimônio que foi tido como omitido e que deveria ser alvo de colação.

causa mortis para elidir controvérsias desde que a prova se seja *documentada* ou que possa ser tratada como de *perícia simples* (avaliação, exame ou vistoria).[1319]

8. Necessidade de avaliação em separado das benfeitorias e acessões introduzidas pelo donatário

O parágrafo único do art. 639 ao tratar das benfeitorias e acessões efetuadas pelo herdeiro donatário traz importantes complementações (e até correções) ao que está fixado no art. 2.004, § 2º, do CC. Isso porque o texto da lei civil faz alusão apenas às benfeitorias (sem nenhuma menção às acessões) e, de outra banda, não traz qualquer indicativo quanto à necessidade de avaliação dos melhoramentos (e/ou implantes) introduzidos pelo herdeiro donatário, limitando-se a apontar que estes estão na sua esfera jurídica. Assim, o parágrafo único do art. 639 do CPC impõe a avaliação das benfeitorias e das acessões introduzidas pelo herdeiro donatário, retificando o disposto no diploma civil.[1320]

Trata-se de regra protetiva em favor do herdeiro donatário que evita o locupletamento ilícito dos demais herdeiros necessários. Com a garantia de que as benfeitorias e/ou acessões introduzidas serão consideradas como de sua titularidade pessoal no momento da colação, ao herdeiro donatário não fica inibido de exercer plenamente os poderes inerentes à titularidade. Assim, o artigo comentado deve ser interpretado com o disposto no art. 1.253 do CC, fixando-se a premissa de que benfeitorias e acessões introduzidas pelo herdeiro donatário não serão incorporadas para efeito da colação, ou seja, seus valores serão excluídos caso o bem seja atraído para a conferência.

Observe-se que a legislação nacional apenas indica o direito de crédito do herdeiro donatário em relação às benfeitorias e acessões, mas nada sinaliza acerca do direito de retenção até que o pagamento se efetue. Assim, ainda que se presuma tal situação, melhor seria se a legislação nacional contemplasse dispositivo semelhante ao art. 2.115º do Código Civil de Portugal, que equipara o donatário ao possuidor de boa-fé.[1321] A importação da regra lusa afigura-se a melhor solução, pois possui diálogo com o direito nacional acerca do

---

1319 Vide os comentários aos arts. 612 e 630 desta obra.

1320 Apesar de o texto do parágrafo único do art. 639 fazer menção ampla às acessões, apenas as introduzidas pela força humana estarão cobertas pela regra legal (art. 1.248, V, do CC). Tal raciocínio pode ser extraído do Enunciado 81 das Jornadas de Direito Civil do CJF "O direito de retenção previsto no art. 1.219 do Código Civil, decorrente da realização de benfeitorias necessárias e úteis, também se aplica às acessões (construções e plantações) nas mesmas circunstâncias".

1321 "Art. 2.115º (Benfeitorias nos bens doados) O donatário é equiparado, quanto a benfeitorias, ao possuidor de boa fé, sendo-lhe aplicável, com as necessárias adaptações, o disposto nos artigos 1.273º e seguintes."

direito de retenção ao possuidor de boa-fé (art. 1.219 do CC).

A solução adotada no art. 639, parágrafo único, retorna ao estado do bem no momento do ato de liberalidade, mas também, em razão da necessidade de respeito à isonomia na aplicação dos critérios de avaliação, prevê que as estimações – tanto o bem doado quanto as benfeitorias e acessões – serão quantificados financeiramente seguindo o mesmo critério temporal, isto é, serão avaliados "pelo valor que tiverem ao tempo da abertura da sucessão". A fixação de momento único para a apuração do valor das benfeitorias e/ou acessões cria ambiência mais simples para que seus valores sejam aquilatados, pois é extremamente comum que os melhoramentos e/ou acessões não sejam feitos apenas de uma vez, notadamente quando o ato de liberalidade é antigo e bastante distante da época da abertura da sucessão. Seguindo-se o disposto no parágrafo único do art. 639, ainda que as benfeitorias e/ou acessões tenham sido introduzidas de forma pulverizada ao longo do tempo, o critério temporal único da regra projeta a avaliação de um todo acerca dos atos de melhoramentos e/ou implantes efetuados pelo herdeiro donatário, presumindo-se que tudo foi feito na data da abertura da sucessão. Se assim não fosse, a avaliação acerca das benfeitorias e das acessões seguiria uma linha temporal atrelada ao momento de cada introdução de benfeitorias e/ou de acessões, criando quadros de dificuldade para a perícia.

A depuração entre o valor das benfeitorias e das acessões em relação ao do bem objeto da colação fará com que o herdeiro donatário seja "indenizado" ou até mesmo "compensado" no montante respectivo, em não sendo possível se descolar os melhoramentos e/ou implantes do bem doado. Dessa forma, o deslocamento que se fará para o quinhão indisponível dos herdeiros necessários será simétrico ao valor do bem doado, com preservação do direito de crédito do herdeiro necessário donatário. Mais ainda, caso seja necessária a alienação do bem, o herdeiro donatário não só terá direito a receber seu crédito referente às benfeitorias e/ou acessões que introduziu no bem doado, como também terá direito de preferência em relação aos demais herdeiros em caso de empate das propostas de aquisição do bem (interpretação permitida art. 640, §§ 2º e 3º).[1322]

Por derradeiro, as expressões "benfeitorias e acessões" contidas no dispositivo em comento não devem ser interpretadas de forma gramatical, pois há titularidades que não se afinam ou permitem o acoplamento de melhoramentos ou implantes. Provavelmente, o maior exemplo de necessidade de ajuste interpretativo dos citados artigos está na doação de cotas societárias em que o herdeiro necessário donatário não introduz propriamente benfeitorias ou acessões, mas sim seu esforço pessoal, muitas vezes, acompanhado de aportes fi-

1322 Vide os comentários ao art. 640 desta obra.

nanceiros particulares. Assim, o caso concreto terá que ser analisado para que não ocorra enriquecimento ilícito às custas do esforço pessoal alheio.[1323]

9. Avaliação do bem objeto da colação: marco temporal (abertura da sucessão)

O CPC em vigor reacende antiga discussão envolvendo o momento temporal para se efetuar a avaliação do bem que será o objeto da colação, diante da expressa indicação no parágrafo único do art. 639 de que os "bens a serem conferidos na partilha" serão avaliados segundo "valor que tiverem ao tempo da abertura da sucessão". A opção colide frontalmente com o disposto no art. 2.004 do CC que prevê que o "valor de colação dos bens doados será aquele, certo ou estimativo, que lhes atribuir o ato de liberalidade". Nos casos de *dupla regulação com* antinomia entre as duas codificações – diante da unidade da competência legislativa (art. 22, I, da CF) – deve ser prestigiada a regra legal mais nova, seguindo-se, portanto, o *critério cronológico*, para afastar a dualidade conflitiva. Assim, em rápida resposta, o parágrafo único do art. 639 prevalece frente à previsão do *caput* do art. 2.004 do CC, aplicando-se a cronologia legislativa como vetor de solução do conflito de normas.[1324]

O cenário do debate é, pois, mais amplo e não se trata propriamente de "tema novo", tendo em vista que já foi analisado, inclusive, por colorido diferente (foco exclusivo no âmbito interno do CC de 1916). Em suma, mesmo antes da entrada em vigor do CPC de 1973, o art. 1.792 do CC de 1916 (re-

---

1323 É comum que, quando as cotas societárias se sujeitarem à colação, haja dificuldade de depuração do melhoramento que foi introduzido pelo herdeiro necessário donatário, pois, na maioria das vezes, o fator relevante à valorização das cotas foi sua pertinácia pessoal. Dessa forma, a estimação não deverá ser feita a partir de esforço para inserção de melhoramentos físicos no bem (avaliação praticamente impossível), mas do resultado positivo do empenho pessoal (acompanhado ou não de recursos próprios) que elevou o valor da sociedade e, por conseguinte, das cotas respectivas. Na hipótese, o trilho do dispositivo comentado terá que ser ajustado, afigurando-se, como saída mais adequada a apuração patrimonial acerca da valorização das cotas a partir da doação até a abertura da sucessão, pois a depuração e a identificação do esforço pessoal não se revelam de simples estimação, diferenciando-se, no ponto, em relação às benfeitorias e acessões. Lógica semelhante poderá também ser aplicada em caso de desvalorização das cotas, pois o resultado negativo não poderá ser imposto aos demais herdeiros necessários. Vale conferir sobre o tema o decidido pelo STJ no REsp 1.495.667/SC (4ª Turma, j. 15/05/2018, *DJ* 30/05/2018) que examinou questão que envolvia doação de ações de sociedade anônima, com reserva de usufruto, criando mais complexidade ao caso.

1324 No sentido: STJ, 3ª Turma, REsp 1.698.638/RS, j. 15/05/2019, *DJ* 16/05/2019. Na doutrina, dentre vários, confira-se: José Fernando Simão, *Código Civil comentado*, p. 1.546.

produzido em boa parte no art. 2.004 do CC) sofreu interpretação do STF (quando este detinha competência para apreciar a legislação federal infraconstitucional) a partir da sua conjugação com arts. 1.775 e 1.785 do mesmo diploma, definindo-se que a avaliação de bem sujeito à colação se submetia ao mesmo critério de estimação dos bens de titularidade do falecido. Posteriormente, com a entrada em vigor do CPC de 1973, surgiu novo trilho para o debate (antinomia entre o art. 1.792 do CC de 1916 e o art. 1.014, parágrafo único, da codificação processual), em que a solução acima posta já havia sido aplicada (= *critério cronológico*). Mais tarde, com a edição do CC de 2002, houve alteração do eixo temporal entre os diplomas codificados, de modo que – pelo menos critério cronológico – o art. 2.004 do diploma de direito material "superou" o art. 1.014, parágrafo único, da revogada codificação processual. A resenha demonstra que o assunto trazido possui raízes históricas relevantes,[1325] sendo indispensável a análise vertical do tema, a fim de que se obtenha resposta segura quanto à antinomia.

9.1 A necessária comunicação do art. 639 com o art. 1.847 do CC

Não há, no CPC em vigor, qualquer regra que, de forma semelhante ao disposto no parágrafo único do art. 639, indique que a avaliação dos bens que estavam na titularidade do falecido (herança propriamente dita) deverá ser feita segundo o seu valor "ao tempo da abertura da sucessão". No ponto, os arts. 630-638 – que fazem parte da seção específica sobre a avaliação dos bens do espólio – não fazem alusão a qualquer marco temporal no sentido. Diante da omissão, até mesmo diante da necessidade de aplicação do princípio da isonomia, é intuitivo que se deve projetar o marco temporal do parágrafo único do art. 639 também para a avaliação dos bens que estavam na titularidade do autor da herança, a fim de que a valoração patrimonial siga critério uno.

Saliente-se que, apesar de o texto do parágrafo único do art. 639 colidir com o disposto no art. 2.004 do CC, verifica-se a existência de harmonia da regra aqui em comento com o art. 1.847 do CC, fato que ratifica a necessida-

1325 Com ótima resenha e análise do contexto histórico e jurisprudencial do embate, confira-se: EDGARD AUDOMAR MARX NETO E LAURA SOUZA LIMA E BRITO, A colação e o novo Código de Processo Civil. In: *Revista de Direito Civil Contemporâneo*, v. 10, p. 207-228. Registre-se, ainda, que apesar de o corpo dos comentários fazer menção ao confronto entre CC e CPC com olhos iniciais nos diplomas de 1916 e 1973, é possível verificar que a dualidade de tratamento é mais antiga na legislação. Ao se retornar aos códigos estaduais, há registro de que a avaliação dos bens submetidos à colação era feita junto aos demais bens, presumindo-se a mesma data base. No sentido, vide o art. 1.337 do CPC do ES (datado de 1915): MAZZEI, RODRIGO, *Código de Processo Civil e Commercial do Estado do Espírito Santo*, p. 227.

de de projeção do critério adotado no dispositivo comentado. Sem repetir o texto do art. 1.722 do CC de 1916, o texto do atual art. 1.847 da codificação civil – ao detalhar os bens que serão alcançados pela legítima (arts. 1.845-1.846) e a forma de seu cálculo – faz alusão à data da abertura da sucessão como o momento para o cálculo dos bens alcançados por tal parte (de caráter blindado) da herança.[1326] Justamente em razão de tal postura que vozes doutrinárias – ao comentarem o art. 1.847 do CC – apontam que a referida regra legal define a abertura da sucessão como o marco temporal na avaliação dos bens de titularidade do falecido.[1327] Seguindo-se tal raciocínio, o art. 1.847 do CC não fixa apenas a massa patrimonial (e o cálculo respectivo) acerca dos bens que compõem a herança, mas também elege o marco temporal que será transportado para o art. 639 do CPC.

O art. 1.847, portanto, determina que ocorra tratamento isonômico nas avaliações, alcançando, em especial, os herdeiros necessários no que se refere à apuração do montante da legítima, já que as estimações terão o mesmo parâmetro temporal. Pouco importará a posição jurídica do herdeiro necessário (= alcançado ou não pela colação), pois, ao se apurar a legítima com o mesmo referencial, evita-se que ocorra qualquer tipo de vantagem ou prejuízo entre os legitimados a formar tal bloco. Em suma, não apenas os bens em nome do falecido, como também aqueles que se sujeitam à colação (e as respectivas benfeitorias e acessões) terão seu valor patrimonial calculado observando-se, para tanto, o momento da abertura da sucessão. Tal aferição é relevante, pois demonstra que o parágrafo único do art. 639 do CPC corrige uma distorção interna do CC entre o art. 1.847 e o art. 2.004, já que o último segue critério temporal diverso, ao prever que a avaliação do bem objeto da colação deverá retroagir ao ato de liberalidade.[1328]

1326 Mesmo sem regramento explícito, extrai-se que há outros artigos ao longo da codificação civil de 2002 adotando o mesmo critério temporal. Em exemplo, tem-se que "a abertura da sucessão" é utilizada como marco temporal para a obrigação de reposição dos frutos em nome da herança pelos herdeiros, cônjuge sobrevivente e inventariante (art. 2.020), assim como o pagamento dos frutos atrelados ao legado (art. 1.923, § 2º).

1327 No sentido, Giselda Maria Fernandes Novaes Hironaka, ao comentar o art. 1.847, leciona que: "O artigo faz cair por terra, ainda, dúvidas que poderiam se pôr a respeito do momento em que se deveriam avaliar os bens do *de cujus*. O momento é o mesmo em que aberta a sucessão, procedendo o perito judicial à avaliação dos bens praticados àquela data (...)" (*Comentários ao Código Civil*, v. 20, p. 254-255. Semelhante: Silvio de Salvo Venosa, *Código Civil interpretado*, p. 1.593).

1328 A falta de sintonia dos arts. 1.847 e 2.004 do CC não estava presente nos dispositivos semelhantes da codificação civil de 1916 (arts. 1.722 e 1.792). Isso porque não havia qualquer menção no art. 1.722 acerca do momento para avaliação dos bens do espólio, limitando-se o revogado artigo de lei a fixar a forma de cálculo da le-

Assim sendo, embora ocorra inegável antinomia entre o parágrafo único do art. 639 do CPC com o art. 2.004 do CC, há comunicação sadia entre a legislação processual e o disposto no art. 1.847 da lei civil, fixando-se, nos dois dispositivos, igual critério para bens que deverão compor o cálculo da legítima, ou seja, aqueles de titularidade do autor da herança (art. 1.847) e aqueles que estão sujeitos à colação (art. 639, parágrafo único). Em outros termos, a aplicação harmônica de tais regras legais cria critério uno para toda e qualquer avaliação patrimonial alcançada pela arrecadação, qual seja: *a data da abertura da sucessão.*

9.2 Marco temporal: coesão interna de dispositivos do CC, análise da jurisprudência que se consolidou no STF e da projeção da doação para a sucessão

Como se viu no tópico anterior, o art. 1.847 do CC é peça-chave para a interpretação do art. 639, parágrafo único, não podendo se sitiar o debate apenas no âmbito do confronto da legislação processual com o art. 2.004 do diploma civil. Ocorre que parte da doutrina – sem se atentar ao disposto no art. 1.847 – tentou harmonizar a relação entre os códigos, a partir do art. 2.004 do CC em vigor como matriz do debate, dialogando tal dispositivo, primeiramente, com o parágrafo único do art. 1.014 do CPC de 1973 e, depois, com o art. 639, parágrafo único, do CPC em vigor. No sentido, o assunto foi alvo dos Enunciados 119[1329] e 644[1330] das Jornadas de Direito Civil, promovidas pelo Conselho da Justiça Federal (CJF), adotando-se posições que prestigiavam a aplicação de dois critérios temporais: (a) data da abertura da sucessão para os

gítima. Assim, não ocorria qualquer tipo de divergência do art. 1.722 em relação ao referencial temporal ditado pelo art. 1.792.

1329 Enunciado 119 da I Jornada de Direito Civil (editado antes da entrada em vigor do CPC 2015): "Art. 2.004: para evitar o enriquecimento sem causa, a colação será efetuada com base no valor da época da doação, nos termos do *caput* do art. 2.004, exclusivamente na hipótese em que o bem doado não mais pertença ao patrimônio do donatário. Se, ao contrário, o bem ainda integrar seu patrimônio, a colação se fará com base no valor do bem na época da abertura da sucessão, nos termos do art. 1.014 do CPC, de modo a preservar a quantia que efetivamente integrará a legítima quando esta se constituiu, ou seja, na data do óbito (resultado da interpretação sistemática do art. 2.004 e seus parágrafos, juntamente com os arts. 1.832 e 884 do Código Civil)."

1330 Enunciado 644 da VIII Jornada de Direito Civil (editado depois da entrada em vigor do CPC 2015): "Os arts. 2.003 e 2.004 do Código Civil e o art. 639 do CPC devem ser interpretados de modo a garantir a igualdade das legítimas e a coerência do ordenamento. O bem doado, em adiantamento de legítima, será colacionado de acordo com seu valor atual na data da abertura da sucessão, se ainda integrar o patrimônio do donatário. Se o donatário já não possuir o bem doado, este será colacionado pelo valor do tempo de sua alienação, atualizado monetariamente."

bens na esfera do donatário e (b) momento da "alienação" do bem doado, caso o herdeiro necessário assim tenha procedido. De forma bem resumida, na hipótese de se seguir a posição postada nos enunciados doutrinários, a interpretação do art. 639, parágrafo único, estaria limitada pelos arts. 2.003 e 2.004 do CC, e a colação se sujeitaria a duas estimações diferenciadas, a saber: (a) se, na data da abertura da sucessão, o bem objeto da doação ainda integrar o patrimônio do herdeiro necessário, a estimação deverá ser feita observando-se o valor em tal momento; (b) caso o bem objeto da colação não esteja mais na titularidade do herdeiro necessário, a valoração retroagirá ao tempo da "alienação" (isto é, da saída do bem da esfera jurídica do donatário).

Perceba-se, pois, que o entendimento acima plasmado foi fixado sem levar em conta o disposto no art. 1.847 do CC e, mais ainda, sem dialogar com os julgados que já examinaram a questão muito antes da entrada em vigor do CPC de 1973. Ao se retroagir às decisões proferidas pelo STF (quando este detinha competência para a análise de temas afetos à legislação federal infraconstitucional), tem-se que aquela Corte, em exame interno aos dispositivos do CC de 1916 (arts. 1.775, 1.785 e 1.792), adotou linha no sentido de *critério uno* para a valoração dos bens inventariados (alcançando os sujeitos à colação), justamente em razão na necessidade de prestígio à isonomia sucessória.[1331] Dentre as decisões proferidas pelo STF nesse sentido, destaca-se o julgamento do RE 56.114/ES, em que o assunto foi debatido de forma detalhada, muito embora a ementa do julgamento não reflita o conteúdo completo do acórdão.[1332] O duplo critério foi veementemente repugnado no voto condutor, destacando-se o seguinte trecho: "(...) Em verdade, não se pode levar em conta os bens doados na data da doação e o acervo remanescente à data do inventário. Deve se levar em conta o acervo hereditário, nele integrando todos esses bens, os doados e não doados, como se todos existissem à data da liberalidade, dando-lhe, a todos, o valor que teriam, na data da doação, ou da partilha. A diferença de datas não terá maior importância decisiva se os bens não doados também são avaliados *com o mesmo critério valoratício.* O que não se pode é dissociar as avaliações, uma, a dos bens doados, pelo valor da data da doação; e os demais objeto da partilha pelo valor atual".[1333]

1331 No sentido, há cuidadosa análise de vários julgados do STF e STJ sobre o tema por Edgard Audomar Marx Neto e Laura Souza Lima e Brito que merece consulta (A colação e o novo Código de Processo Civil. In: *Revista de Direito Civil Contemporâneo*, v. 10, p. 219-227).

1332 O acórdão, que contém mais de 20 (vinte) páginas, restou assim ementado: "Colação. igualação das legitimas. Conferência dos bens doados. Critério para sua avaliação. Exegese dos arts. 1785 e 1792, do Código Civil. Recurso provido parcialmente. Voto vencido" (STF, 3ª Turma, RE 56.114/ES, j. 06/12/1968, *DJ* 28/11/1969).

1333 Texto e destaque no original (Ministro Gonçalves de Oliveira). A posição defen-

Como se percebe, o voto passa por ideia de isonomia da avaliação de bens que transborda o bloco interno dos sujeitos à colação, definindo-se que, no inventário, há de ser aplicado *critério singular de avaliação dos bens*, ou seja, incluindo também os bens de titularidade do falecido.[1334]

Observe-se que, no julgamento em tela – ocorrido antes da vigência do CPC/73 –, o foco da decisão estava em compatibilizar internamente dispositivos do CC de 1916, notadamente o art. 1.792 com os arts. 1.775 e 1.785, para que fosse fixado critério único que propiciasse a isonomia na avaliação dos bens sujeitos à colação em relação ao patrimônio do espólio. Assim, o entendimento fixado no julgamento do RE 56.114/ES já projetava a harmonia defendida no presente comentário, no sentido de que todos os bens sujeitos à avaliação no bojo do inventário *causa mortis* devem ser estimados a partir de critério simétrico, que pelo texto legal se finca no seu valor no momento da abertura da sucessão, pouco importando se estes irão compor o acervo geral (bens de titularidade do falecido) ou serão trazidos pela colação (para compor a legítima). Registre-se, ainda, que todos dos dispositivos do CC de 1916 analisados no RE 56.114/ES possuem espelho na codificação de 2002, sendo inegável que o revogado art. 1.792 foi substituído pelo art. 2.004, ao passo que a presença dos arts. 1.775 e 1.785 podem ser encontradas nos arts. 2.017 e 2.003 da codificação atual. Ademais, repita-se, atualmente é necessário se levar em conta que o art. 2.004 também deverá dialogar com

dida pelo relator foi ratificada pelo Ministro Carlos Thompson Flores, que, também em voto fundamentado, defendeu a necessidade de isonomia entre as avaliações. Em voto declarado, o Ministro Eloy da Rocha divergiu não quanto ao mérito do recurso, mas quanto ao seu conhecimento (admissibilidade).

1334 Analisando todo o esquadro das razões da decisão (isto é, os seus fundamentos jurídicos), percebe-se que o cerne do julgamento do RE 56.114/ES está no afastamento do critério temporal ditado pelo art. 1.792 do CC de 1916 de que os bens sujeitos à colação, que retroagiriam ao valor (certo ou estimado) do ato de liberalidade, pois tal opção não está em conformidade com os comandos dos arts. 1.775 e 1.785 do mesmo diploma, regras que ditavam a isonomia no tratamento sucessório (igualdade na partilha e colação como procedimento de igualação patrimonial, respectivamente). No sentido, o voto do relator, após citar o trabalho de João Batista Vilela (Professor da UFMG), expressamente define que os fundamentos decisórios estão firmados na isonomia sucessória, confira-se: "Em nosso direito positivo, como saliente o ilustre monografista, que acabo de citar, a regra máxima a observar, na partilha, é a 'maior igualdade possível', dos quinhões, conforme art. 1.775 do Código Civil: 'No partilhar dos bens, observar-se-á, quanto ao seu valor, natureza e qualidade, a maior igualdade possível'. Ora, a colação tem por fim igualar as legítimas dos herdeiros (C. Civil, art. 1.785). À luz desses dois dispositivos é que se faz a colação". O voto continua com a parte transcrita no corpo do texto, definindo, com base na aplicação dos arts. 1.775 e 1.785, que "não se pode levar em conta que os bens doados na data da doação e o acervo remanescente à data do inventário".

o art. 1.847, na medida em que o último dispositivo determina que no cálculo da legítima os bens sejam avaliados com base no valor da abertura da sucessão.[1335]

Com a entrada em vigor do CPC de 1973, que trouxe expressamente regra legal (art. 1.014, parágrafo único) em que se ditava que os bens sujeitos à colação deveriam ser avaliados na data da abertura da sucessão, o foco do debate deixou de ser a contradição interna do CC de 1916, mas a superação do critério que a codificação material indicava para a avaliação de tais bens. E, com tal norte, a jurisprudência do STF se ajustou à nova realidade legal. No sentido, dentre os acórdãos daquela corte, merece destaque o que foi decidido no RE 81.482/RS, que faz expressa alusão ao *precedente* já citado (RE 56.114/ES) e à entrada em vigor do CPC de 1973, de modo que o assunto ficou sedimentado, fixando-se a abertura da sucessão como critério único para a avaliação dos bens a serem estimados no bojo do inventário *causa mortis*, pouco importando a sua origem (colação ou patrimônio do falecido).[1336] Dessa forma, o julgamento do RE 81.482/RS se escorou em duplo fundamento, a fim de fixar que os bens objeto de colação fossem estimados seguindo valores da data da abertura da sucessão, a

---

1335 O entendimento exarado no RE 56.114/ES não foi isolado. Com efeito, em sequência, no julgamento do RE 76.454/RS (1ª Turma, j. 12/02/1974, *DJ* 05/04/1974), o STF ratificou o posicionamento outrora adotado, firmando decisão unânime acerca de que a desproporção entre o valor atual do bem e o presente no ato de liberalidade era capaz de causar distorções. Embora o foco do voto tenha se voltado para a espiral inflacionária, extrai-se do julgado (em especial do voto relator) a necessidade de se afastar a "diversidade de critérios de avaliação". Registre-se que a referida decisão foi atacada por embargos, alegando-se divergência ao decidido no RE 71.412/RJ e no RE 53.553/SP, restando estes rejeitados (= *julgados improcedentes, após conhecimento do recurso*) pelo Plenário do STF. Confira-se a ementa do julgamento: "1. O art. 1792 do Cód. Civil não pode afastar o que dispõem os artigos 1.775 e 1.785 do mesmo código, tanto porque na partilha há de se observar a maior igualdade possível, quanto porque a colação tem por fim igualar as legítimas. Para que a partilha seja feita mediante igualdade rigorosa e as legítimas também sejam igualadas, é indispensável que os bens colacionados e os outros tenham valor estabelecido na mesma ocasião, pois, do contrario a nossa inflacionada moeda não permitira se faça justa partilha nem igualação das legítimas. O artigo 1792 do Código Civil adotou orientação condizente com a moeda firme do tempo em que foi elaborado, mas inaceitável nestes dias de moeda que se desvaloriza constantemente. 2. O parágrafo único do art. 1.014 do C. Pr. Civil de 1973 alterou o art. 1.792, caput, do Código Civil. 3. Precedentes do STF. 4. embargos conhecidos e rejeitados" (STF, Tribunal Pleno, RE 76.454/RS, j. 14/09/1978, *DJ* 20/10/1978). Saliente-se, ainda, que o objeto do julgamento do RE 76.454/RS e dos embargos de divergência respectivos, tal como ocorreu no RE 56.114/ES, tinha como espectro a compatibilização interna de dispositivos do CC de 1916, tendo em vista que a abertura da sucessão na hipótese se deu antes da vigência do CPC de 1973.

1336 O julgamento recebeu a seguinte ementa: "Colação. Igualdade das legitimas. Conferencia dos bens doados. Código de Processo civil, art. 1.014. Critério para sua avaliação. Recurso provido" (STF, 1ª Turma, RE 81.482/RS, j. 30/09/1975, *DJ* 14/11/1975).

saber: (a) necessidade de compatibilização dos arts. 1.792, 1.775 e 1.785 do CC de 1916 em prol de uma isonomia sucessória; e (b) aplicação do art. 1.014, parágrafo único, do CPC de 1973, que trouxe critério isonômico.[1337] Portanto, em síntese conclusiva, o resultado do julgamento do RE 81.482/RS apontou o rumo prospectivo que deveria ser seguido, consolidando-se posição a partir de dois fundamentos decisórios com autonomia, mas ambos no sentido de se utilizar critério único de avaliação dos bens. A partir da interpretação da *ratio decidendi* do acórdão em voga, o assunto ficou definido em dois cortes: (a) para as hipóteses de abertura da sucessão após a vigência do art. 1.014 do CPC de 1973 bastava, pois, a invocação de tal norma legal para que fosse elidida qualquer tentativa de aplicação de duplo critério;[1338] (b) em relação às situações com abertura da sucessão anteriores à vigência do CPC de 1973, aplica-se o entendimento firmado no RE 56.144-ES (que compatibilizava os arts. 1.792, 1.775 e 1.785 do CC de 1916).[1339-1340]

Em razão de opção constitucional (arts. 102 e 105 da CF de 88), a competência acerca para examinar e deliberar sobre o tema ficou a cargo do STJ. Na troca de competência, é perceptível que o debate (cálculo da colação) demorou a chegar ao seio do referido Tribunal, sendo muito provável que a posição firme do STF tenha contribuído para tanto. De toda

1337 O CPC de 1973 inseriu, portanto, dispositivo legal que confirmava o acerto do rumo dos julgamentos proferidos no RE 56.144/ES e no RE 76.454/RS, que fixavam o primeiro fundamento decisório (isonomia sucessória na avaliação dos bens).

1338 Não há uma quantidade significativa de julgados, mas é possível se extrair posição no sentido. A título de ilustração, confira-se julgado já da década de 80: "Partilha. Avaliação contemporânea de todos os bens. Artigos 1792 do Código Civil e 1014 do Código de Processo Civil. O princípio da igualdade da partilha conduz a avaliação contemporânea de todos os bens, especialmente em face da inflação existente no país (...)" (STF, 1ª Turma, RE 100.332/MG, j. 01/06/1984, *DJ* 06/09/1984).

1339 Tal fato pode ser visto, em exemplo, no julgamento do RE 86.059/RJ, em que consta do voto relator: "(...) A questão da atualização do valor, solvida em termos que aparentemente conflitam com a letra do art. 1.792 do Código Civil. Tal solução, todavia, que atende ao espírito do preceito e ajusta ao princípio da igualdade das legitimas, consagrado pelos arts. 1.775 e 1.785 do mesmo Código, passou a ter abono na jurisprudência, como se vê no acórdão do tribunal paulista, invocado pelos próprios recorrentes (RF 221/181), e de decisões do Supremo Tribunal Federal (RE 56.115, RTJ 54/735, RE 74.333, RTJ 71/432), além do próprio legislador, qual se vê do parágrafo único do art. 1.014, do novo Código de Processo Civil" (2ª Turma, j. 30/08/1977, *DJ* 16/09/1977).

1340 No corpo do texto, foram trazidas as decisões que se colocaram mais relevantes e com análise mais direta ao tema. Há, contudo, outras decisões tratando do assunto no âmbito do STF, mas que acabaram não sendo dissecadas no estudo pelo fato de trazerem outras questões nos julgamentos. Por exemplo, no RE 100.332/MG (1ª Turma, j. 01/06/1984, *DJ* 06/09/1984), há discussão de preclusão de decisão interlocutória que definiu o critério de avaliação dos bens sujeitos ao inventário *causa mortis*.

sorte, no ano de 2.003[1341] a 3ª Turma do STJ, ao efetuar o julgamento do REsp 595.742-SC,[1342] examinou a questão, julgando controvérsia em inventário que continha duas sucessões abertas (ambas com datas anteriores à vigência do Código Civil de 2002[1343]). Do exame das razões de decidir do voto do relator, que deu provimento ao recurso para que "os bens colacionados sejam avaliados conforme o valor que possuíam à época da abertura da sucessão", extrai-se que foi usado o duplo fundamento, aproximando-se da trilha adotada no RE 81.482/RS (STF). Isso porque o citado voto afirma que o art. 1.014, parágrafo único, do CPC de 1973 revogou o art. 1.792 do CC de 1916, como também indica que tal artigo da codificação civil (art. 1.792) se submetia aos comandos de outros dispositivos do mesmo diploma, quais sejam, os arts. 1.775 e 1.785.[1344]

1341 Há decisões anteriores em que o assunto chegou a ser mencionado nos julgamentos, mas sem que ocorressem efetivas decisões que trabalhassem com controvérsias sobre a fixação de critério uno para avaliação dos bens alcançados pelo inventário *causa mortis*. Confira-se, no sentido: 4ª Turma, REsp 37.890/SP, j. 23/09/1997, *DJ* 17/11/1997; e 3ª Turma, REsp 5.325/SP, j. 20/11/1990, *DJ* 10/12/1990. De forma mais próxima ao debate em questão, no julgamento do REsp 10.428/SP (3ª Turma, j. 09/12/1991, *DJ* 17/02/1992) foi cogitada a violação do art. 1.792 do CC de 1916, mas o debate não se firmou acerca de qual data que deveria ser utilizada para a avaliação do bem objeto da colação. O recurso apenas discutiu – com olhos no art. 1.792 do CC de 2002, a necessidade de atualização do valor correspondente ao bem colacionado, tendo em vista que este tinha sido alienado antes da abertura da sucessão. Assim, a controvérsia não estava firmada na necessidade de avaliá-lo na data da abertura da sucessão, mas de aplicação da correção monetária sobre o valor do bem doado. Trecho do acórdão demonstra que não havia controvérsia quanto ao valor do bem doado, mas apenas da necessidade (ou não) de reajuste monetário. Confira-se trecho do voto do relator "O instituto da colação tem por objetivo igualar a legítima, trazendo à partilha os bens ausentes do acervo. Curial dizer-se que, em ciclo inflacionário, na conferência, se o bem doado já fora vendido antes da abertura da sucessão, seu valor há de seu ajustado na data deste (...) não há, pois, em face dessa demonstração, ter como violado o art. 1.792 do estatuto processual" (há equivoco material no voto, pois se refere ao art. 1.792 como regra processual, e não como dispositivo do CC de 1916). Há ainda decisões posteriores que determinam provas periciais para avaliação de bens que submetem ao inventário *causa mortis*, mas sem adentrar no debate especificamente (3ª Turma, REsp 1.314.071/SP, j. 26/02/2013, *DJ* 05/03/2013; e 3ª Turma, REsp 1.371.086/SP, j. 08/04/2014, *DJ* 26/05/2014).

1342 O julgamento ocorreu no dia 06/11/2003 (*DJ* 01/12/2003).

1343 O relatório do acórdão indica que se trata de inventário dos bens deixados por duas pessoas distintas (um casal), em que o primeiro falecimento se deu em 11/09/1999 e o segundo em 11/05/2000.

1344 A fundamentação em dois fundamentos distintos está anunciada no Informativo 190 do STJ, que assim noticiou o julgamento do REsp 595.742/SC: "A Turma determinou que os bens colacionados sejam avaliados conforme o valor que possuíam à época da abertura da sucessão, pois é nesse momento que os demais bens que constituem a herança serão avaliados. Outrossim, afirmou que essa controvérsia foi dirimida com o advento do CPC de 1973, que, no art. 1.014, revogou o art. 1.792 do CC

A depuração de fundamentos decisórios acima é de grande relevância, pois, com a entrada em vigor do CC de 2002, defendeu-se que o art. 2.004 do diploma civil – cuja redação é parelha ao art. 1.792 do CC de 1916 – revogou o art. 1.014, parágrafo único, do CPC de 1973. Note-se, contudo, que, embora tal premissa seja verdadeira, o fato isoladamente não seria suficiente para mudar o critério da avaliação da colação, pois, como se demonstrou ao longo da análise dos julgados do STF (cujo rumo foi adotado pelo STJ no REsp 595.742-SC) está atrelada à necessidade de interagir o art. 1.792 com os arts. 1.775 e 1.785 do CC de 1916, em prol da isonomia sucessória aplicada na legítima.

No entanto, os julgados do STJ posteriores ao REsp 595.742/SC – sem uma justificativa plausível – passaram a desprezar o fundamento decisório fixado pelo STF acerca da interpretação do art. 1.792 do CC de 1916 (que seria necessário para a aplicação do dispositivo que o substituiu – art. 2.004 do CC de 2002). De forma deveras surpreendente, a questão foi reduzida apenas ao fundamento de antinomia entre a legislação processual e a codificação civil acerca do valor da colação. Em suma, sem qualquer justificativa nas decisões do STJ, deixou-se para trás a construção jurisprudencial do STF acerca da cláusula do art. 1.792 do CC de 1916. Em exemplo frisante, no julgamento do REsp 1.166.568/SP[1345], a 4ª Turma do STJ decidiu que o art. 2.004 do CC de 2002 revogou (pelo critério cronológico) o art. 1.014 do CPC de 1973, e, como consequência da resolução da antinomia, a lei civil se imporia para que a avaliação de bens sujeitos à colação às sucessões abertas após a vigência do diplo-

de 1916, conforme doutrina e jurisprudência consolidada no STF. Precedente citado do STF: RE 76.454-RS, *DJ* 20/10/1978 (...)". A assertiva é ratificada pela análise da fundamentação do acórdão, que afastou a interpretação isolada do art. 1.792 em prol da isonomia sucessória. Com tal norte, decidiu-se pela fixação de critério uno para avaliação (alcançando os bens que se submetem à colação). No sentido, extrai-se do voto: "(...) para que a colação atinja efetivamente o seu objetivo precípuo, qual seja a igualdade das legítimas, é coerente se exigir que os bens colacionados sejam avaliados com base no valor que possuírem a época da abertura da sucessão, pois é nesse momento que os demais bens que constituem a herança serão avaliados".

1345 J. 12/12/2017, *DJ* 15/12/2017.

ma codificado de 2.002.[1346-1347]

O pormenor destacado é capital, pois, se o STJ mantivesse a linha decisória do REsp 595.742/SC, o fato isolado de o art. 2.004 do CC adotar critério de avaliação dos bens sujeitos à colação que repete à metodologia do art. 1.792 do CC de 1916, por si só, não seria suficiente para a mudança de entendimento acerca do marco temporal para avaliação dos bens sujeitos à colação, tendo em vista que a regra do atual Código Civil padece do mesmo problema de encaixe sistemático do dispositivo da codificação revogada, na medida em que o *caput* do art. 2.003 e o art. 2.017 ditam comandos semelhantes aos que estavam nos arts. 1.785 e 1.775 do diploma de 1916. Todavia, a aplicação do art. 2.004 do CC de 2002 não passou pelo crivo do debate que envolveu o art. 1.792 do CC de 1916, de modo que o STJ passou a decidir tão somente com olhos no critério temporal dos dispositivos das codificações que deveriam prevalecer a partir da cronologia (lei mais nova), observando-se, para tanto, a época da abertura da sucessão.

Sem dúvida, à exceção do julgamento do REsp 595.742/SC, a jurisprudência do STJ não foi fiel à linha antes definida no STF. Não houve preocupação na análise da contradição interna das codificações de direito material,

1346 Diante da a importância do tema tratado, a decisão foi incluída no Informativo n. 617 do STJ (09/02/2018). Não, há, contudo, em tal julgamento qualquer alusão ao que foi decidido no REsp 595.742/SC, muito menos em relação aos fundamentos atrelados à jurisprudência sedimentada do STF que, como dito, poderiam dar uma interpretação reduzida ao art. 2.004 do CC de 2002. De todo modo, é fundamental observar que o acórdão reconhece a insegurança no critério estabelecido no art. 2.004, pois a decisão do STJ entendeu ser necessária a produção de prova pericial, já que o ato de liberalidade não constava valor do real bem. Dessa forma, considerando que, no acórdão do REsp 1.166.568/SP, foi reconhecida a fragilidade do critério do art. 2.004 do CC de 2002, não se pode descartar que o resultado do julgamento poderia ter sido diferente se o dispositivo fosse analisado dentro da necessidade de comunicação com outras regras do mesmo diploma legal (arts. 1.847, 2.003, *caput*, e 2.017), pois tal diálogo determina a fixação de critério uno, de natureza isonômica e que demanda prova pericial mais simples (diante da contemporaneidade da avaliação).

1347 Após o julgamento do REsp 1.166.568/SP, temas relevantes envolvendo o critério de avaliação dos bens sujeitos à colação voltaram ao palco do STJ, sendo necessário examinar mais duas decisões importantes: (a) 4ª Turma, REsp 1.495.667/SC, j. 15/05/2018, *DJ* 30/05/2018; e (b) 3ª Turma, REsp 1.698.638/RS, j. 14/05/2019, *DJ* 16/05/2019. De forma resumida, no primeiro julgado, o voto do ministro relator do REsp 1.495.667/SC, apesar de fazer alusão ao julgamento do REsp 595.742/SC e citar trechos que demonstram o duplo fundamento adotado naquela decisão (com transcrição dos Embargos no 76.454/RS), definiu a questão apenas com base na resolução da antinomia de caráter temporal. A segunda decisão (REsp 1.698.638/RS) – apesar de menção ao decidido no RE 76.554/RS (STF) e ao REsp 595.742/SC (STJ) – também não analisou a necessidade de coesão interna do art. 2.004 com outros dispositivos do CC de 2002, fixando-se o debate apenas na antinomia entre o dispositivo com o disposto no CPC.

notadamente o CC em vigor. Por tal passo, o STJ não chegou a examinar concretamente – em nenhum momento – a necessidade de encaixe do art. 2.004 em relação aos arts. 2.003, *caput*, e 2.017, tal como fez o STF no âmbito do diploma de 1.916 (compatibilização do art. 1.792 com os arts. 1.785 e 1.775). Tanto assim que as anteriores decisões do STF sobre o tema foram deixadas de lado, e o texto do art. 1.847 do CC de 2002 (que possui redação diversa da constante no revogado art. 1.792) não chegou a ser projetado para a colação, muito embora o dispositivo envolva o cálculo da legítima.

Fazendo tal alerta e consoante já gizado, tem-se que os arts. 1.792, 1.775 e 1.785 do CC de 1916 foram substituídos pelos arts. 2.004, 2.017 e 2.003 da codificação em vigor, mas que as mudanças não trouxeram a harmonia desejada, pois foi mantido o conflito interno no diploma civil. Assim, os fundamentos das decisões proferidas pelo STF, em especial o definido inicialmente no RE 56.114/ES, ainda se aplicam, pois a insistência de avaliar os bens doados (qualquer que seja a situação) de forma diversa daqueles que são de titularidade do autor da herança esbarra nos comandos de igualdade da partilha (art. 2.017) e de igualação legítima (art. 2.003, *caput*), que estão previstos no CC de 2002 (tal qual estavam no CC de 1916 – arts. 1.775 e 1.785). Logo, o art. 2.004 do CC recebe forte limitação interna,[1348] de modo que a promulgação do CPC de 2015 – trazendo o art. 639, parágrafo único – se releva como fundamento autônomo (mas não único) para o afastamento da norma legal que repete o texto do art. 1.792.

A exposição ilustrada a partir de vários ângulos demonstra que – em prol da segurança jurídica aplicada ao tratamento isonômico – deve o sistema sucessório seguir um critério único para a avaliação dos bens submetidos à colação, postura esta que, a título de registro, ocorre em Portugal, consoante expressamente previsto no art. 2109.º de seu respectivo Código Civil.[1349]

A afirmação de que o donatário pode se postar em situação "injusta", por

---

1348 Em resenha apertada, seguindo-se a jurisprudência construída acerca do art. 1.792 do CC de 1916, o art. 2.004 do CC de 2002 (que substituiu a citada regra legal) é limitado internamente pelos arts. 2.017 e 2.003 (*caput*) do mesmo diploma, pois os últimos pregam a isonomia que deve estar presente no partilhar e na composição da legítima, fato que se torna inviável com a fixação de critérios distintos na avaliação dos bens alcançados pelo inventário *causa mortis*.

1349 Artigo 2109.º (Valor dos bens doados) 1. O valor dos bens doados é o que eles tiverem à data da abertura da sucessão. 2. Se tiverem sido doados bens que o donatário consumiu, alienou ou onerou, ou que pereceram por sua culpa, atende-se ao valor que esses bens teriam na data da abertura da sucessão, se não fossem consumidos, alienados ou onerados, ou não tivessem perecido. 3. A doação em dinheiro, bem como os encargos em dinheiro que a oneraram e foram cumpridos pelo donatário, são actualizados nos termos do artigo 551.º

si só, não justifica a interpretação levada a cabo. Não se pode retirar a natureza especial da aquisição pela doação quando o ato de liberalidade envolver adiantamento de herança, já que se trata de situação em que a lei traça gabarito com projeção sucessória (art. 554, CC). Assim, como se trata de situação explicitada em lei, o donatário deve se ater que a aquisição gratuita poderá ser revisitada quando da abertura da sucessão. Não é por acaso que, para dar estabilidade à doação em favor de herdeiro necessário, a legislação permite a dispensa da colação, postura que retirará o vínculo da doação com a legítima, bastando, pois, que se preencham os requisitos do art. 2.005 do CC (respeito à parte indisponível e expressa indicação de posicionamento na parte disponível).

Todo o contexto demonstra que a melhor solução é a aplicação de critério único (valor de mercado) e que também siga singular projeção temporal (abertura da sucessão), a fim de reduzir a possibilidade de desvios à isonomia que deve ser aplicada aos herdeiros necessários no bloco referente à legítima. Tal forma de pensar alinha os arts. 630, 639, parágrafo único, e 641, § 2º, do CPC em vigor com os arts. 1.847, 2.003, 2.007 e 2.017 do CC de 2002, aplicando a todos necessária coesão para que a legítima seja calculada de forma mais equânime possível. Mais ainda, reforça a necessidade de compreensão de que a doação tratada no art. 554 espraia efeitos para a abertura da sucessão, que podem ser afastados por meio do encaixe ao art. 2.005 do CC.

Art. 640. O herdeiro que renunciou à herança ou o que dela foi excluído não se exime, pelo fato da renúncia ou da exclusão, de conferir, para o efeito de repor a parte inoficiosa, as liberalidades que obteve do doador.

§ 1º É lícito ao donatário escolher, dentre os bens doados, tantos quantos bastem para perfazer a legítima e a metade disponível, entrando na partilha o excedente para ser dividido entre os demais herdeiros.

§ 2º Se a parte inoficiosa da doação recair sobre bem imóvel que não comporte divisão cômoda, o juiz determinará que sobre ela se proceda a licitação entre os herdeiros.

§ 3º O donatário poderá concorrer na licitação referida no § 2º e, em igualdade de condições, terá preferência sobre os herdeiros.

CPC de 1973 – art. 1.015

1. Comunicação com o art. 2.008 do CC e das bases de direito material

O *caput* do art. 640 repete a fórmula do art. 2.008 do CC,[1350] que prevê

1350 Da comparação entre dispositivos (art. 640 do CPC e o art. 2.008 do CC), a regra em comento é mais completa na medida em que seus parágrafos traçam linhas di-

que aquele que renunciar a herança ou dela for excluído "deve, não obstante, conferir as doações recebidas, para o fim de repor o que exceder o disponível". Tal diálogo é indicativo de que as bases acerca da renúncia da herança e da sua exclusão estão ancoradas no direito material,[1351] sendo certo que tais hipóteses envolvem a sucessão *causa mortis*, não alcançado a doação em si (ato *inter vivos*).[1352]

Saliente-se que os efeitos da renúncia e da exclusão do herdeiro não são simétricos em relação à herança e, consequentemente, no que se refere ao inventário sucessório.[1353] Com efeito, configurada a renúncia à herança por algum herdeiro necessário, esta possui efeito imediato aos demais coerdeiros, pois o quinhão do renunciante será redistribuído entre aqueles que possuem a mesma posição jurídica (art. 1.810 do CC). Tal situação, todavia, nem sempre é ocorrente na exclusão da herança, pois se trata de sanção de natureza pessoal, que cria a ficção de *morte civil* (o beneficiário com a herança é tratado como se morto estivesse – art. 1.816 do CC). Dessa forma, na exclusão da herança, caso o herdeiro excluído possua descendentes, o quinhão respectivo não será automaticamente redistribuído aos demais herdeiros necessários, pois poderá ser recepcionado, em ato de representação anômala, pelos seus herdeiros (art. 1.851 do CC). Note-se, no detalhe, que, diferente do que ocorre na exclusão da sucessão, em caso de renúncia, não se permite que a herança seja aceita por sucessor do renunciante (art. 1.811 do CC).[1354-1355]

O art. 640 pode levar à falsa percepção de que o herdeiro (renunciante ou excluído da herança) somente participará do inventário depois de configurada que a doação ao seu favor está em excesso. Ocorre que a apuração se a doação foi inoficiosa se dará, provavelmente, no ventre do inventário *causa mortis*, até

---

retivas para a depuração da parte inoficiosa e para eventual alienação do bem alcançado pelo ato de disposição (doação) feita pelo autor da herança, tema não abordado pelo art. 2.008.

1351 Semelhante: SERGIO SHAIONE FADEL, *Código de Processo Civil*, arts. 890 a 1.220, p. 170.

1352 No tema, trazendo o debate doutrinário que se formou a respeito ainda na vigência do CC de 1916, confira-se: HAMILTON DE MORAES BARROS, *Comentários ao Código de Processo Civil*, v. IX , p. 288. Na doutrina atual, confira-se: SILVIO DE SALVO VENOSA, *Código Civil interpretado*, p. 1.715.

1353 Próximo: GERSON FISCHMANN, *Comentários ao Código de Processo Civil*, v. 14, p. 134; e CLÓVIS DO COUTO E SILVA, *Comentários ao Código de Processo Civil*, v. XI, tomo I, p. 359.

1354 Ademais, conforme previsto no art. 2.009 do CC, na hipótese de os "netos, representando os seus pais, sucederem aos avós, serão obrigados a trazer à colação, ainda que não o hajam herdado, o que os pais teriam de conferir".

1355 Próximo, CLÓVIS DO COUTO E SILVA conclui que: "Na exclusão, os efeitos são pessoais, de modo que os herdeiros do excluído sucedem como se ele morto fosse (...) O herdeiro renunciante é tratado como se nunca fora herdeiro, mas, apesar disso, necessita, por igual, conferir" (*Comentários ao Código de Processo Civil*, v. XI, tomo I, p. 359).

porque será efetuada a avaliação geral dos bens atraídos pela sucessão (inclusive os alcançados pela colação). Dessa forma, impõe-se contraditório prévio ao herdeiro acerca da imputação de doação inoficiosa, ainda que este tenha renunciado à herança ou dela tenha sido excluído. Conclui-se, com tal linha, que a conferência das doações se impõe mesmo ao herdeiro necessário renunciante ou excluído, mas a restituição fica atrelada à verificação de excesso nos atos de liberalidade efetuados pelo autor da herança, uma vez que a aferição efetuada (em contraditório) poderá atestar que a doação não é inoficiosa.[1356]

2. Herdeiro renunciante

O *caput* do art. 640 está afinado com a bússola contida no ventre do CC de que a renúncia (em seu sentido amplo) não pode prejudicar terceiros.[1357] Portanto, o comando decorre de opção estabelecida como diretriz no CC e que possui recepção no direito sucessório não apenas no art. 2.008, já que se extrai semelhante inteligência do art. 1.813 do CC (ao prever que a renúncia do herdeiro não pode prejudicar os seus credores). Assim sendo, seguindo-se a diretriz geral do CC, a renúncia à herança não afastará a "obrigação" de conferência do herdeiro necessário donatário. Caso assim se admitisse, os demais herdeiros necessários poderiam ser prejudicados, tendo em vista que a formação do bloco da legítima seria colocada em risco, com perda da sua pujança patrimonial pela não arrecadação dos bens doados em favor do herdeiro necessário renunciante.

O disposto no *caput* do art. 640 (e também no art. 2.008 do CC) cria ambiente de segurança, pois evita que o herdeiro necessário que recebeu doação – com a renúncia – se coloque em posição privilegiada em relação aos demais herdeiros que compõem o bloco da legítima, especialmente em situações de configuração de doação inoficiosa. Com tal mecanismo, em que a renúncia fica neutralizada especificamente para os efeitos da colação, o herdeiro necessário renunciante não ficará afastado do arresto valorativo provocado pelo art. 1.847 do CC, sujeitando-se a restituição em caso de doação inoficiosa.[1358]

3. Herdeiro excluído da sucessão

1356 Parecendo concordar: Gerson Fischmann, *Comentários ao Código de Processo Civil*, v. 14, p. 135.

1357 O raciocínio pode ser extraído no CC a partir de alguns dispositivos que não fazem parte dos regramentos específicos do direito sucessório, como é o caso do art. 114 (que prevê que renúncia interpreta-se estritamente) e do art. 191 (ao dispor que a renúncia não poderá causar prejuízo a terceiros).

1358 Próximo: Inácio de Carvalho Neto e Érica Harumi Fugis, *Novo Código Civil comparado e comentado*, v. VII, p. 220.

No que se refere ao herdeiro necessário excluído da sucessão, o *caput* do art. 640 possui comunicação com o direito material que trata da exclusão da sucessão. É, portanto, intuitivo o diálogo com os arts. 1.814-1.818 do CC que tratam dos "excluídos da sucessão". Tais dispositivos trabalham com o instituto da "indignidade" que alcança os herdeiros de um modo geral e os legatários (art. 1.814, *caput*). Não se deve fazer, contudo, restrição interpretativa que leve a comunicação do *caput* do art. 640 apenas às hipóteses de indignidade, pois, sob o título de *deserdação,* a legislação prevê a possibilidade do autor da herança, por meio de disposição testamentária, excluir herdeiro necessário da sua participação na herança, ou seja, de privá-lo da legítima, a partir da ocorrência de determinadas hipóteses fixadas na própria lei (arts. 1.961-1.965 do CC).[1359-1360]

O art. 640 deve ser interpretado como pouso para as "sentenças" (= *decisões*) que determinem a exclusão do herdeiro necessário. Apesar de o art. 1.815 do CC fazer expressa menção à "sentença", deve-se entender que o dispositivo contempla as decisões que definem a exclusão do herdeiro necessário da herança. Com tal norte, deve-se admitir – com suas peculiaridades e caráter temporal – tutela provisória no sentido ou até decisão proveniente de *"jurisdição arbitral"* (observados os ditames do art. 1º da Lei n. 9.307/96).[1361] No caso específico da tutela provisória, há de se ter atenção ao próprio comando decisório que a define, pois o juiz, ao deferi-la, pode desenhar seu alcance e a forma do cumprimento respectivo.[1362]

1359 Bem próximo: Pontes de Miranda, *Comentários ao Código de Processo Civil*, tomo IX, p. 154-155.

1360 Embora com pontos de distância – é possível, em fluxo inverso, perceber que há certa identidade entre a indignidade e a deserdação. No sentido: (a) o rol dos arts. 1.962-1.963 vinculados à deserdação são complementados pelo art. 1.814 que traz as hipóteses que ensejam a indignidade; (b) tanto a indignidade quanto a deserdação somente serão efetivamente declaradas mediante sentença judicial, ou seja, reclamam o ajuizamento de ação própria (art. 1.815); e (c) a morte civil talhada no art. 1.816 em caso de indignidade se transporta também para a deserdação. A razão para o forte fluxo de diálogo entre os institutos da *indignidade* e da *deserdação* está justamente na identidade das consequências jurídicas (exclusão da sucessão), muito embora as figuras possuam traços distintivos, em que se destaca o polo passivo da ação judicial, pois a deserdação apenas alcança os herdeiros necessários. Todavia, a limitação do art. 1.961 não interfere na possibilidade de a ação de indignidade açambarcar o herdeiro necessário, diante da superfície ampla do art. 1.814 do CC. Assim, nos casos em que se fique configurada qualquer das condutas traçadas no rol do art. 1.814, mesmo que o autor da herança não tenha se manifestado pela exclusão do herdeiro necessário na sua sucessão (art. 1.964), deve-se admitir a ação de indignidade contra herdeiro necessário, exceto se for o caso de perdão.

1361 Sobre a arbitragem e o direito sucessório, vide os comentários ao art. 612 desta obra.

1362 De todo modo, caso não ocorra a delimitação, adaptando-se a técnica da sobrepartilha, deverá o inventariante reter a parte concernente ao herdeiro excluído, aguardando-se o desfecho final da controvérsia (art. 669, parágrafo único, do CPC

Perceba-se, no entanto, que, apesar de ser correta a afirmação de que haverá limitações na disposição do quinhão do herdeiro necessário, enquanto não houver decisão definitiva sobre a sua exclusão, a "obrigação de conferência" se manterá íntegra, pois, para tal conduta, pouco importa o resultado da controvérsia. Dessa forma, mesmo no curso de eventual ação de exclusão, não poderá o herdeiro necessário se furtar de efetuar a colação, diante da imperatividade dos arts. 640, *caput*, do CPC e 2.008 do CC. Aqui está o ponto nuclear do regramento comentado, pois a exclusão (ou não) do herdeiro necessário não afetará a sua submissão à conferência das doações. A regra legal é coerente, pois a exclusão do herdeiro necessário não pode beneficiá-lo de modo algum. Pensar inverso criaria prejuízo aos demais herdeiros necessários, pois as doações efetuadas em prol do excluído não seriam conferidas, abrindo espaço à estabilização de atos de liberalidades lançados com nulidade.

4. Técnicas aplicáveis na redução das liberalidades

Os parágrafos do art. 640 trazem técnicas para evitar (ou pelo menos diminuir) os conflitos em casos de doação inoficiosa, ou seja, que adentrou na parte da legítima. No ponto, interessante salientar que os parágrafos do art. 640 não estão limitados pelo comando do seu *caput*, que faz alusão aos herdeiros necessários renunciantes ou excluídos da sucessão, sendo perfeitamente aplicáveis a outras situações envolvendo doações inoficiosas.[1363]

4.1 Doação plúrima

O § 1º do art. 640 permite que o donatário escolha dentre os bens doados, tantos quantos bastem para perfazer a legítima e a metade disponível, entrando na partilha o excedente para ser dividido entre os demais herdeiros. Ocorre que o assunto tratado no § 1º do art. 640 está também versado no art. 2.007, § 4º, do CC, que prevê que se forem "várias as doações a herdeiros necessários, feitas em diferentes datas, serão elas reduzidas a partir da última, até a eliminação do excesso".

Sem rebuços, da análise conjunta dos dispositivos, há uma área de *dupla regulação* em que fica evidenciada a deficiente comunicação entre as duas co-

e art. 2.021 do CC), pois haverá "litígio" acerca do destino do referido quinhão. Vide comentários aos arts. 628 e 669 desta obra.

1363 A fórmula atual, que repete em boa parte o quadro do CPC de 1973, foi alvo de crítica de Pontes de Miranda em relação ao antigo texto legal: "Posto que o § 1º esteja sob o art. 1.015, que se refere a herdeiro renunciante ou a herdeiro excluído, nada tem ele com o assunto do art. 1.015" (*Comentários ao Código de Processo Civil*, tomo IX, p. 157). Próximo: Gerson Fischmann, *Comentários ao Código de Processo Civil*, v. 14, p. 135-136.

dificações. Com efeito, os dois dispositivos citados trabalham com hipóteses em que o autor da herança fez mais de uma doação ao herdeiro necessário, isto é, trata-se de situação em que se verifica pluralidade de bens alcançados por doações. Enquanto o CPC define que a escolha ficará a cargo do donatário, a letra da lei civil indica que a redução deve ser feita a "partir da última, até a eliminação do excesso". Em tentativa de compatibilização das regras, é possível sustentar que o art. 640, § 1º, possui espaço reduzido, somente o aplicando em caso de *doação simultânea*, ou seja, doação de mais de um bem em ato concentrado (= *mesmo momento*), pois, se os atos liberatórios forem efetuados ao longo do tempo (= *em datas distintas*), tratando-se de *doações sucessivas*, o critério da redução será temporal, seguindo-se o comando do § 4º do art. 2.007 do CC.[1364]

Adotando-se a posição supra (em que se diferencia *doações simultâneas* em relação às *doações sucessivas*) há critério objetivo, preservando-se as doações mais antigas que não foram contaminadas (ou estão pelo menos presumivelmente afastadas) em relação à inoficiosidade.[1365] A escolha por parte do donatário fica, com tal modo de pensar, limitada às *doações simultâneas* e às situações em que não houver resistência dos demais herdeiros, pois a regra do art. 2.007, § 4º, do CC tem natureza dispositiva, de forma que as partes podem adotar rumo distinto. Assim, em que pese o disposto no art. 640, § 1º, não se trata de escolha livre do donatário (direito potestativo), pois o artigo em voga necessita dialogar com o art. 2.007, § 4º, do CC.

4.2 Doação inoficiosa: possibilidade de reposição em espécie ou em valor

A partir do art. 640, § 1º, do CPC (parte final) – ao dispor que entrará "na partilha o excedente para ser dividido entre os demais herdeiros" – pode ser dito que, quando a conferência revela doação inoficiosa, o bem alcançado será "devolvido" à esfera jurídica do doador (que está falecido), projetando-se para a própria herança. O retorno do excesso advindo da doação inoficiosa ao patrimônio do autor da herança é uma consequência do vício da doação (arts.

1364 No sentido: Arruda Alvim, Araken de Assis e Eduardo Arruda Alvim que defendem que: "(...) a regra só incide no caso de doação simultânea de dois ou mais bens. No caso de doações separadas, incide o art. 2.007, § 4º (...)" (*Comentários ao Código de Processo Civil*, p. 1.492).

1365 O critério do art. 2.007, § 4º, não é aplaudido por todos. No sentido, Eduardo de Oliveira Leite faz a seguinte crítica: "(...) o legislador desce à minúcia casuística prevendo doações a herdeiros necessários, feitas em diferentes datas, e prevendo a redução a partir da última, até a eliminação do excesso. A solução é estranhável, na medida em que prevê uma redução progressiva, nega também o princípio dominante em que, independente das datas, todas as colações são feitas no momento da abertura" (*Comentários ao novo Código Civil*, v. XXI, p. 776).

549 e 182 do CC), pois corresponde a desdobramento que visa recompor o quadro primitivo anterior. A afirmação possui eco no art. 2.007, §§ 2º e 3º, do CC, que prevê que a redução da liberalidade far-se-á pela restituição ao monte do excesso assim apurado, sendo que a reposição será em espécie (= *próprio bem*) se o objeto da doação estiver na esfera patrimonial do donatário. A legislação somente cogita a reposição em dinheiro se "não mais existir o bem em poder do donatário", hipótese em que a reposição se fará em dinheiro no valor do bem "ao tempo da abertura da sucessão".

A interpretação literal aponta no sentido de que a restituição somente se dará em dinheiro se não for possível a reposição em substância do próprio bem. Ocorre que exegese mais completa da legislação indica que não há vedação legal para que a restituição se efetue em dinheiro e, mais ainda, esta se afigura muito mais eficiente e não causa nenhum prejuízo aos herdeiros necessários. Com efeito, a doação inoficiosa é apurada a partir de critério *quantitativo*, analisando-se o valor dos bens à época do ato de liberalidade. Não há apego à substância dos bens, mas a seu valor propriamente dito (art. 549 do CC). A restituição determinada pelo art. 2.007, §§ 2º e 3º, do CC, está atrelada à falta de estabilidade da doação e, justamente por tal motivo, há retorno do bem para o patrimônio do autor da herança. A fórmula usada pela lei civil foi feita para não prejudicar os demais herdeiros necessários. Tanto assim que, de forma expressa, indica que, se a reposição for efetuada em dinheiro, deverá observar o valor atual do bem doado, isto é, aquele quando da abertura da sucessão, desapegando-se de estimações ao momento da liberalidade.

A restituição física do objeto da doação inoficiosa causa inconvenientes naturais da formação de condomínio sobre bem comum, notadamente quando este bem possui dificuldade de divisão cômoda, fato que, na maioria das vezes, cria a necessidade de certames licitatórios, justamente com o objetivo de arrecadar a expressão pecuniária correspondente. Não se afigura de grande inteligência arrecadar um bem fisicamente, ao revés da sua expressão em valor atual, se o provável destino será a licitação para que o bem seja transformado em dinheiro (art. 640, § 2º). Às claras, a reposição em dinheiro no valor atualizado do bem permite aceleração no inventário *causa mortis*, evitando-se a provável licitação patrimonial que, ao fim das contas, busca sub-rogar o bem em dinheiro. No particular, ao trazer para o debate a direção traçada no § 1º do art. 2.019 da codificação civil (que prevê a possibilidade de "adjudicação" do bem pelo herdeiro, devendo este repor "aos outros, em dinheiro, a diferença, após avaliação atualizada") e o § 3º do art. 640 (que fixa preferência em favor do donatário), percebe-se que o donatário pode – ao invés de devolver o bem em substância – optar pelo depósito valor do excesso (cuja estimação será o valor atual). Somente se cogitará em licitação se algum herdeiro também requerer a adjudicação (= *sub-rogação do bem pelo seu valor*), hipótese que prevalecerá o maior lance, sendo que, em caso de empate, o donatário será considerado vencedor.[1366]

Forçoso reconhecer que o texto do art. 640 e do art. 2.007 do CC, ao longo de seus respectivos parágrafos, não proíbem que a reposição da doação inoficiosa em favor da herança seja feita em dinheiro. Trata-se de solução eficiente (art. 8º do CPC), que facilitará a partilha do excesso (art. 648) e que não furta os interessados de lançarem ofertas, em licitação interna (observado o valor da avaliação).

4.3 Bens insuscetíveis de divisão cômoda

O § 2º do art. 640 prevê que, se a parte inoficiosa da doação recair sobre bem imóvel que não comporte divisão cômoda, o juiz determinará que sobre ela se proceda a licitação entre os herdeiros. No referido certame – em caso de propostas com iguais condições – o donatário terá preferência para a aquisição (§ 3º do art. 640). Há um pequeno deslize na redação do § 2º do art. 640 comparada ao texto dos arts. 649 do CPC e 2.019 do CC. Isso porque a regra em comento cogita apenas no "bem imóvel" como patrimônio que não comporta divisão cômoda, diferente do que ocorre na regra legal vinculada à partilha (e aqui convocada para exame comparativo) que faz alusão aos "bens insuscetíveis de divisão cômoda", ou seja, em espectro muito mais amplo. Assim, o diálogo com os arts. 649 do CPC e 2.019 do CC indica que qualquer bem que sofra com a divisão será alcançado pela técnica de acomodação do § 2º do art. 640, não podendo ser feita limitação aos bens imóveis.

Registre-se, ainda, que o § 2º do art. 640 deve ser interpretado com a iluminação do disposto no art. 87 do CC. Dessa forma, deverá ser impedida a divisão de bem que altere a sua substância, diminua substancialmente seu valor e/ou cause prejuízo ao uso a que está destinado. Assim, se encartada qualquer das hipóteses do art. 87 do CC, a licitação será o caminho mais adequado.

> **Art. 641**. Se o herdeiro negar o recebimento dos bens ou a obrigação de os conferir, o juiz, ouvidas as partes no prazo comum de 15 (quinze) dias, decidirá à vista das

1366 A "adjudicação especial" acima defendida é reforçada pela importação da técnica geral prevista no art. 876 CPC, segundo a qual adjudicação do bem pode ser feita mediante o pagamento de preço não inferior ao obtido na sua avaliação contemporânea. Dessa forma, o bem (*em substância*) poderá ser afastado da arrecadação física mediante o pagamento do valor (ou da diferença) de acordo com a sua avaliação contemporânea à abertura da sucessão, garantindo-se a licitação interna (em caso de mais um interessado). Vide, no tema, comentários ao art. 620 sobre os efeitos da avaliação dos bens inventariados.

alegações e das provas produzidas.

§ 1º Declarada improcedente a oposição, se o herdeiro, no prazo improrrogável de 15 (quinze) dias, não proceder à conferência, o juiz mandará sequestrar-lhe, para serem inventariados e partilhados, os bens sujeitos à colação ou imputar ao seu quinhão hereditário o valor deles, se já não os possuir.

§ 2º Se a matéria exigir dilação probatória diversa da documental, o juiz remeterá as partes para as vias ordinárias, não podendo o herdeiro receber o seu quinhão hereditário, enquanto pender a demanda, sem prestar caução correspondente ao valor dos bens sobre os quais versar a conferência.

CPC de 1973 – art. 1.016

1. Regra voltada à *colação coacta* e legitimação para provocar o incidente

O art. 641 está atrelado às hipóteses de *colação coacta*, ou seja, para os casos em que o herdeiro necessário donatário não fez a *conferência voluntária* e, mesmo após ser instado para tanto, se posiciona negativamente. A resistência poderá estar escorada na alegação de que não houve doação (negativa do recebimento) e/ou que o ato liberatório está fora do âmbito da conferência.[1367] Diante do foco especial do incidente, a legitimidade para requerer a colação estará normalmente na esfera dos herdeiros necessários *in concreto*,[1368] pois a colação reforçará parte específica da herança da qual são protagonistas e se beneficiam (art. 1.847 do CC). Sem prejuízo, não se pode esquecer que a legitimação funcional poderá autorizar o requerimento de conferência (visando a *colação coacta*). No ponto, a legislação incumbe ao inventariante a arrecadação dos bens, incluindo os que se submetem à colação (arts. 620, IV e art. 618, VI). O testamenteiro poderá ostentar legitimação para exigir a conferência/colação, caso assim esteja fixado no testamento (art. 1.982 do CC) ou se for necessário ao cumprimento do testamento (art. 1.980 do CC).

Com a resenha acima e considerando a fórmula de cálculo da legítima (art. 1.847 do CC), o credor do espólio não possui legitimidade para postular

1367 Por exemplo, o herdeiro necessário alega a dispensa de colação pelo doador (art. 2.005 do CC) ou que a doação não se submete à colação (arts. 2.010-2011 do CC). Próximo: Luciano Vianna Araújo, *Comentários ao Código de Processo Civil*, v. 2, p. 235.

1368 O art. 1.845 do CC traz um rol de herdeiros necessários *in abstrato*, que deve ser avaliado no caso em debate, para se filtrar e extrair os herdeiros necessários *in concreto*. Por exemplo, o ascendente está tratado como herdeiro necessário no corpo do art. 1.845 da codificação civil, mas, se o autor da herança deixou descendentes, a previsão *in abstrato* de dispositivo é afastada pelas regras de vocação hereditária *in concreto* (art. 1.829). Assim, em sucessão aberta com a presença de descendente do autor da herança, o ascendente não pode ser considerado (*in concreto*) como herdeiro necessário e, por tal passo, não lhe restará legitimação para reclamar a colação.

que determinado bem seja objeto de colação. Assim, se um credor do espólio, diante da inexistência de valor suficiente no acervo para saldar seu crédito, quiser questionar doação feita ao herdeiro necessário que reduziu o *de cujus* à insolvência, a hipótese não é de requerer a colação, mas sim de propositura da chamada "ação pauliana", tal como previsto no art. 158 do CC. A situação narrada não se confunde, todavia, com a do credor de herdeiro necessário, pois a colação sucessória por outro herdeiro na mesma posição poderá garantir o pagamento de dívida junto ao credor. Assim, pode-se cogitar em pleito de *colação coacta* por parte do credor de herdeiro necessário se o resultado de tal arrecadação propiciar o recebimento de seu crédito, já que aumenta a superfície patrimonial do herdeiro necessário devedor.[1369]

2. A arquitetura e a dinâmica básica do incidente

O art. 641 confirma a natureza policêntrica do inventário *causa mortis*. Isso porque o dispositivo em comento traz desenho de incidente que visa resolver conflito que interessa, a bem da verdade, a uma fatia dos interessados na herança (herdeiros necessários). Há, sem dúvida, polo de discussão autônomo vinculado a determinados atores da sucessão, em demonstração de que o eixo do inventário *causa mortis* é variável, admitindo debates variados ao longo da arrecadação e da liquidação para o desfecho final. O incidente, por não estar no campo da cadência central do processo sucessório (muito embora de grande importância), não deve paralisar os demais atos do inventário *causa mortis* que puderem ser efetuados de forma independente, tais como pagamento das dívidas incontroversas e já vencidas, discussões sobre posicionamento jurídico de determinados interessados na herança e/ou avaliação dos bens do acervo.[1370]

A formação do incidente insculpido no art. 641 estará vinculada ao não

1369 No ponto, deve-se lembrar que o credor tem posição protegida, inclusive quanto aos efeitos da renúncia do herdeiro (art. 1.813, CC), podendo, "com autorização do juiz, aceitá-la em nome do renunciante". Se assim o é, há também, *mutatis mutandi*, legitimação para a postulação de colação quando ficar evidenciado que tal procedimento se justifica para que o quinhão do herdeiro necessário seja composto corretamente, com objetivo de quitar suas dívidas pessoais. O cenário apresentado demonstra que o entendimento firmado no julgamento do REsp 167.421/SP (STJ, 3ª Turma, j. 07/12/2010, *DJ* 17/12/2010), no sentido de limitar a legitimidade para exigir colação para os herdeiros necessários não merece prosperar. De fato, a legitimação natural se fixa em tais atores, mas não se pode esquecer da legitimação funcional do inventariante e dos credores dos herdeiros necessários na forma posta no texto.

1370 No último ponto da ilustração, não se descarta a possibilidade de as avaliações incluírem os bens que estão sendo reclamados à colação, ainda que com resistência de herdeiro necessário, ponderando-se, ao final, se haverá aproveitamento da estimação de acordo com o resultado do incidente.

atendimento pelo herdeiro necessário de pleito que envolve a conferência. No ponto, extrai-se que o incidente em voga possui uma *fase prévia*, em que o juiz verifica que há postulação reclamando a colação, mas que o herdeiro necessário indicado para tanto se negou a fazê-lo, negativa esta que pode se efetuar de forma expressa ou tácita (por exemplo, ao deixar de se manifestar sobre o requerimento). A partir da negativa do herdeiro necessário acerca de recebimento dos bens e/ou a obrigação de "os conferir", o juiz abrirá o incidente, oportunizando a oitiva das partes em *prazo comum* de 15 dias.[1371] Nesse sentido, não se trata de instauração de ofício propriamente dita, pois há anterior fase postulatória, cabendo ao juiz dar *continuidade* ao trâmite da postulação em caso de negativa da colação. Diante dos efeitos que a falta de colação poderá provocar ao herdeiro necessário e ao inventariante (criando-se, inclusive, ambiência para a configuração de sonegação de bens em determinadas situações), andará bem o juiz que – amparado no art. 6º CPC – *previna* acerca dos resultados concretos do incidente.[1372]

A opção pelo prazo comum para as manifestações, por certo, está atrelada à ideia de aceleração processual que está impregnada no inventário *causa mortis* como *procedimento sumário especial*. De toda sorte, a escolha legal pelo *prazo comum* na prática pode ocasionar maior embaraço, tendo em vista que, muito provavelmente, será necessária a abertura de contraditório para a mani-

1371 Diante da evidente natureza processual da manifestação, aplica-se a contagem do art. 219.

1372 Sobre a cooperação na perspectiva do juiz: Miguel Teixeira de Sousa, *Estudos sobre o novo processo civil*, p. 62-67 (no tema, vide comentários ao art. 612). O exercício da cooperação pelo juiz advinda do *dever de prevenção* se torna fundamental e evidente na hipótese em que o herdeiro necessário que nega a "obrigação de colacionar" funciona como inventariante, pois uma decisão que julgue a oposição improcedente pode resultar na sua remoção da inventariança (art. 662, VI). No sentido, o juiz, ao abrir o incidente da colação, deverá comunicar ao inventariante (e herdeiro necessário que se opõe à colação) que, se configurada a sonegação de bens, poderá ocorrer a sua remoção do papel de inventariante. Na ilustração, vale lembrar que o dever de cooperação atrelado à prevenção é reforçado pelo *caput* do art. 622, pois a instauração do incidente de remoção do inventariante pode ocorrer em razão de ato de ofício do juiz, mediante delimitação da questão, permitido o contraditório amplo. O detalhe é importante, pois permite que o próprio juiz, ao instaurar o incidente de colação, faça isso de forma cumulada à apuração de conduta do inventariante, fato este que gera, dentre outras consequências, a dilação probatória ampla acerca do assunto comum às duas questões que serão investigadas, aplicando-se o art. 623. Dessa forma, a cumulação acidental dos dois incidentes (*colação coacta* e remoção do inventariante) – que terá como base a mesma apuração fática – imprime alteração no procedimento vulgar do art. 641, pois não haverá a restrição probatória fixada no seu § 2º. Tal fato merecerá que seja também esclarecido pelo juiz, tendo em vista que as partes, nas suas manifestações respectivas, apontarão as provas que almejam produzir, consoante se extrai da parte final do art. 641.

festação sobre as alegações apresentadas pelas partes no incidente. Assim, seguindo-se o gabarito legal fixado no art. 641, o juiz deverá conceder o prazo comum para "as partes", entendendo-se serem estas ordinariamente, seguindo-se o escopo da colação, os demais herdeiros necessários e o inventariante, diante do interesse concreto na arrecadação (seja por razões de direito material, seja por motivos de função, respectivamente).

De forma assemelhada ao que ocorre no incidente previsto no art. 627, é inviável a interpretação puramente literal do art. 641 para se compreender a moldagem e possibilidades de desdobramentos do incidente de colação *coacta*. Questões envolvendo necessidade de abertura de contraditório amplo após a manifestação inicial dos interessados e/ou análise sobre a necessidade de produção probatória (e seu ônus), em rápidas ilustrações, estão inclusas no âmbito do incidente desenhado no dispositivo comentado. Assim, os comentários efetuados em relação ao art. 627 e sua dinâmica processual aplicam-se, ainda que de forma adaptada, ao assunto aqui em comento (*colação coacta*).

Na hipótese do herdeiro necessário (que se nega a efetuar a colação), estiver atuando como inventariante, o incidente previsto no art. 641, ainda que sem perder seu objetivo específico, receberá comunicação com a plataforma dos arts. 623-625, pois a sonegação e/ou ocultação de bens é uma das causas de remoção do inventariante (art. 622, VI). Note-se que, se ocorrer a cumulação de apurações, a restrição do art. 641, § 2º, não se aplicará, em razão do disposto no art. 623, que prevê ampla dilação probante.

3. Decisão do incidente

Basicamente, a partir da análise de instauração do incidente, ao seu final, o art. 641 contempla três possibilidades de desfecho: (a) procedência da oposição do herdeiro necessário; (b) improcedência da resistência do herdeiro necessário (art. 641, § 1º); (c) remessa para "vias ordinárias' (art. 641, § 2º).

3.1 Procedência da oposição

No art. 641, não há referências ao julgamento de procedência da oposição do herdeiro necessário à colação. De todo modo, trata-se de "decisão de mérito" que encerrará o debate sobre a colação e que terá aptidão para formar coisa julgada. Não se trata de situação especial, pois a superfície do processo de inventário permite que, no seu curso, sejam resolvidas questões envolvendo relações de direito material. Daí por que é possível enquadrar a decisão de procedência da colação como "de mérito", fato que possibilita até, em tese, de manejo de ação rescisória com esteio no art. 966 do CPC, seguindo-se tal perfil legal. Assim, decidida a procedência da oposição, não se pode mais cogitar em arrecadação do mesmo bem que foi alvo da postulação e que deu ensejo à instauração do incidente.[1373] Seguindo-se a regra geral, não há incidência de honorários de advogado, e as questões envolvendo custas e despesas processuais hão de se resolver de forma semelhante aos demais incidentes do inventário.[1374]

3.2 Improcedência da oposição

Em caso de decisão de improcedência da oposição do herdeiro necessário à colação, há "resolução de mérito" envolvendo a colação, no sentido de que o bem objeto da controvérsia restará incluído na arrecadação e no cálculo da legítima. Não há variações dignas de notas quanto aos honorários de advogado, custas e despesas processuais, aplicando-se raciocínio semelhante ao utilizado na decisão de procedência da oposição (vide item anterior).

No plano da dinâmica procedimental, proferida a decisão de improcedência da oposição, o herdeiro necessário donatário terá o prazo de 15 dias para proceder à conferência (contagem que se dará considerando-se apenas os dias úteis – art. 219).[1375] Esgotado o prazo – tido pelo § 1º do art. 641 como improrrogável[1376] – o juiz determinará que seja feito o *sequestro* dos bens que se sujeitam à colação, caso o herdeiro necessário donatário ainda os possua na sua esfera patrimonial.

O ponto que mais chama atenção em relação à decisão que julga improcedente a oposição está na necessidade de conectar o art. 641, § 1º, com o *modelo misto de colação* que foi adotado pelo CPC.[1377] Isso porque o citado dispositivo faz alusão ao "sequestro de bens", projetando a dimensão de *apreensão física do bem objeto da colação*, mas o diploma processual não segue o modelo clássico de *colação in natura* (ou substância), no sentido de que esta ocorre por meio da arrecadação física do bem doado, a fim de que seja incorporado ao acervo hereditário e posicionado no bloco atinente à legítima (art. 1.847 do CC). O art. 641, § 1º, somente cogita em medida de constrição pecuniária no caso de o donatário não mais possuir o bem, hipótese em que seu valor será imputado

1373 Sobre a sedimentação de decisões no curso do inventário, confira-se: Luiz Eulálio de Bueno Vidigal, Decisões definitivas no processo de inventário. *Revista Da Faculdade De Direito*, n. 39, p. 178-187. Na jurisprudência: STJ, 3ª Turma, REsp 1.829.945/TO, j. 27/04/2021, *DJ* 04/05/2021. Vide comentários ao art. 627.

1374 Vide os comentários ao art. 624 desta obra.

1375 Raciocínio que leva em conta a posição sedimentada de aplicação do art. 219 para o cumprimento de sentença (STJ, 3ª Turma, REsp 1.708.348/RJ, j. 25/06/2019, *DJ* 01/08/2019). Próximo: Luciano Vianna Araújo, *Comentários ao Código de Processo Civil*, v. 3, p. 236.

1376 Evidente resquício do CPC de 1973 que tinha rigidez na definição e dilatação de prazos, sendo bastante questionável se tal comando persiste no CPC atual diante de regras de possibilidade de moldagem de prazos, vide arts. 139, VI, 190 e 191, em exemplos.

1377 Vide comentários ao art. 639.

no quinhão hereditário respectivo ao herdeiro necessário que sucumbiu.

Com efeito, se o donatário cumprir a decisão, apresentando o bem para a conferência no prazo de 15 dias, não há qualquer mudança prática no modelo de colação, bastando, assim, que o herdeiro necessário efetue tal procedimento mediante termo nos autos ou petição própria (conforme dita o art. 639), a fim de que seja feita avaliação respectiva, dando o curso ordinário da colação. Em não sendo feita a conferência no prazo legal, por outro lado, o sequestro será determinado com objetivo de trazer o bem para o inventário, para que seja avaliado, tornando-o indisponível até que possa se aquilatar o seu peso patrimonial na conta de equalização da legítima e da dimensão do quinhão do herdeiro necessário donatário.[1378] O "sequestro", portanto, teria multifunção, assegurando aos demais herdeiros necessários que a legítima seja apurada e distribuída sem o risco de dissipação do patrimônio pelo donatário, pois este está, a *priori*, na sua titularidade exclusiva. Em suma, a visão em relação ao sequestro se revela como uma "técnica processual" que permite que os bens colacionados recebam avaliação e encaixe no art. 1.847 do CC, mas, a *priori*, não arrasta o próprio bem para a parte da legítima, mas tão somente o seu valor. Conclui-se, assim, que o "sequestro" previsto no art. 641, § 1º, possui traços peculiares e, em verdade, seu maior objetivo não é apreensão física de determinado bem para trazê-lo em substância para o bloco da legítima, mas de criar uma estabilidade que permita apurar o seu crédito correspondente, para fins de conferência, assegurando, mediante constrição, que este bem não será dilapidado.[1379]

Fixando-se o sequestro como técnica processual para cumprimento da decisão e identificando seu gabarito invulgar, é inevitável que se estabeleça a comunicação entre o art. 641, § 1º, e o art. 139, IV, que prevê a possibilidade

1378 Assim, ainda que sejam medidas de apoio acautelatórias ao sequestro, a linha de pensar do corpo do texto revela que a finalidade precípua da apreensão é permitir que o bem seja avaliado, até porque, somente a partir da estimação e da análise se a doação foi inoficiosa (seguindo parâmetro das forças financeiras à época do ato liberatório), a legítima e a arrecadação dos bens serão estabilizadas.

1379 De forma diversa, dando-se interpretação literal ao art. 641, § 1º, no sentido de que a colação se dará em substância em seu sentido clássico, o sequestro representaria a apreensão do bem, retirando-o da posse do herdeiro necessário donatário, ficando o patrimônio fisicamente na administração do inventariante até a partilha. Com tal premissa, haveria a arrecadação física do bem, numa espécie de *sanção* pelo comportamento do donatário em não apresenta-lo, não tendo este direito à sub-rogação que deflui do modelo misto adotado pelo CPC. Embora tal entendimento seja até sustentável, não se afigura como a melhor linha a seguir, até porque a arrecadação física do bem poderá criar situação de embaraço na partilha, na contramão do art. 648, II, do CPC.

de adoção de medidas atípicas para o cumprimento das decisões. Assim, por exemplo, em caso de dificuldade na execução do sequestro, é possível que o juiz – com base em informações constantes nos autos acerca do bem objeto da doação – determine a constrição de patrimônio pessoal do herdeiro necessário donatário de valor correspondente ao do bem que deveria ser objeto da constrição. Portanto, a interpretação literal do art. 641, § 1º, em relação ao perfil e dinâmica do "sequestro" não se apresenta como a melhor exegese. É necessário que se compreenda a natureza diferenciada da referida técnica processual, pois essa guarda respeito ao modelo de colação misto adotado no CPC. Mais ainda, não se pode pensar no "sequestro" como medida única que visa assegurar o cumprimento da decisão que rejeita a oposição do herdeiro necessário donatário, sendo, pois, possível o diálogo entre o art. 641, § 1º, e o art. 139, IV, a fim de que a melhor técnica processual seja desenhada para que a conferência compulsória seja levada a cabo em toda sua extensão, cumprindo-se, fielmente, a decisão judicial no sentido.

3.3 Remessa às "vias ordinárias"

O art. 641, § 2º, contempla técnica de remessa da controvérsia para ambiente externo (caso a "matéria exija dilação probatória diversa da documental"), com a preocupação de mantença do equilíbrio patrimonial e continuidade do curso do inventário *causa mortis* (ao prever a reserva do quinhão do herdeiro necessário que está no polo passivo do incidente de colação). Há, na técnica, dupla atuação do julgador (remessa + adoção de medida acautelatória).

Quando o § 2º do art. 641 faz alusão à prova documental, a melhor tradução que se deve fazer é a de *prova já documentada*, ou seja, exceto nos casos em que a própria legislação excepciona, o inventário *causa mortis* não é ambiente para a produção de provas. Na verdade, diante da natureza *documentada* do inventário *causa mortis*, as partes devem trazer para o juízo do inventário as provas *pré-constituídas*, isto é, documentadas, a fim de que este examine a questão e a julgue. Ademais, há de se entender também que a expressão "vias ordinárias" não espelha uma plataforma única, admitindo-se pousos variados (como a arbitragem) e a conexão com outras técnicas (por exemplo, a ação autônoma de provas – art. 381).[1380]

Feitas as anotações acima, para a boa aplicação da técnica de remessa prevista no art. 641, § 2º, há de compreender a sua natureza acautelatória. No ponto, até que a controvérsia seja resolvida, o herdeiro necessário que está no polo passivo do incidente da *colação coacta* terá seu quinhão afetado, não podendo dele dispor sem amarras. No sentido, a parte final do dispositivo prevê que ha-

1380 Vide os comentários ao art. 612 desta obra.

verá retenção da transferência do quinhão hereditário "enquanto pender a demanda", que somente poderá ser liberado se o herdeiro necessário "prestar caução correspondente ao valor dos bens sobre os quais versar a conferência". Dessa forma, até que a oposição à colação seja julgada, o herdeiro necessário que se posta como parte passiva da colação não receberá seu quinhão hereditário.

A retenção de entrega do quinhão deve ser proporcional à área patrimonial que seria alcançada pelo bem objeto da colação, até porque, sobre este, o herdeiro necessário possui direito à fração. A própria parte final do § 2º do art. 641 confirma tal raciocínio ao prever que poderá o herdeiro necessário requerer a liberação de seu quinhão, devendo para tanto apresentar "caução correspondente ao valor dos bens sobre os quais versar a conferência". Assim, seguindo-se o comando quando traça a apresentação da caução, a retenção do quinhão deve sofrer estimação proporcional à superfície patrimonial que envolve a controvérsia, adotando-se medida acautelatória com área de afetação semelhante.[1381]

O art. 641, § 2º, não faz alusão à espécie de caução que deve ser prestada,[1382] limitando-se a traçar que esta deve ser correspondente ao valor dos bens sobre os quais versar a conferência. Assim, não se afigura correto discriminar a espécie de caução a ser apresentada.[1383] Em verdade, independentemente de a caução possuir natureza real ou fidejussória, o que deverá ser avaliado é sua saúde (pujança) e adequação em relação à retenção provocada pelo debate da colação.[1384] O quinhão (ou a caução) correspondente ao herdeiro necessário, em regra, ficará na administração e posse do inventariante até o deslinde da questão (art. 2.021 do CC). Definida a questão, em caso de improcedência da oposição à colação, deverá ser feita sobrepartilha (art. 669, I) e, de modo diverso, sendo julgada procedente a resistência do herdeiro necessário, caberá a entrega do quinhão. Em razão da natureza acautelatória, a técnica do art. 641, § 2º, se submete ao disposto no art. 668, I.

1381 O art. 643, parágrafo único, ao fixar que serão reservados "bens suficientes", ratifica a concepção de que a afetação deve ser proporcional à controvérsia.

1382 A caução pode ser real (atrelada a bens) ou pessoal (fidejussória). As duas modalidades de caução têm o mesmo fim (garantia), mas diferenciam-se na forma de prestação, pois, enquanto, na caução real, a garantia se concretiza com a oferta de bem determinado (criando-se, assim, uma *afetação patrimonial predeterminada*); na caução fidejussória, a garantia implicará no vínculo obrigacional, em que o garantidor acabar por afetar seu patrimônio global.

1383 Quando a lei não faz alusão à forma de caução, deve-se entender pela abrangência de todas as suas modalidades. No sentido: STJ, 4ª Turma, REsp 129.002/MT, j. 23/11/1999, *DJ* 28/06/1999.

1384 Semelhante: LUCIANO VIANNA ARAÚJO, *Comentários ao Código de Processo Civil*, v. 2, p. 236.

4. Tutela provisória no incidente de colação coacta

É perfeitamente possível que seja deferida tutela provisória no incidente de colação coacta, bastando que os requisitos gerais sobre a técnica estejam presentes. No sentido, em ilustração, o "sequestro" previsto no art. 641, § 1º, pode perfeitamente ser deferido – antes mesmo da decisão final do incidente, na hipótese em que o herdeiro necessário donatário inicia processo de dilapidação de seu patrimônio pessoal, vislumbrando-se risco de preenchimento sadio do bloco patrimonial da legítima.

5. Recursos e ação rescisória

De modo geral, as decisões que envolvem o art. 641 são passíveis de desafio recursal, sendo o agravo de instrumento o recurso cabível (art. 1.015, parágrafo único). Deve-se destacar, contudo, que a decisão que simplesmente instaura o incidente (art. 641, *caput*) é irrecorrível, pois tal ato judicante tão somente delibera acerca da formalização do incidente, não efetuando nenhum juízo de valor acerca da conduta do herdeiro necessário donatário. Pode-se cogitar, ainda, o cabimento da rescisória em relação às decisões de "mérito" sobre a colação (ou seja, procedência ou improcedência da oposição à colação), seguindo-se o disposto no *caput* do art. 966.

6. Negativa de colação e remoção do inventariante

No caso de herdeiro necessário que atua como inventariante, a decisão proferida no incidente de colação poderá dar supedâneo para a alteração na condução da inventariança. Isso porque, como a remoção do inventariante pode ser instada de ofício pelo juiz (art. 622, *caput*), a decisão que determina a colação coacta (= *julga improcedente a oposição*) pode ensejar a abertura de procedimento para a remoção da inventariança do herdeiro necessário que se negou a colacionar (art. 1.993 do CC). Ademais, as apurações quanto à necessidade de *colação coacta* e de conduta do inventariante para a sua remoção podem ser feitas de forma conjunta quando o sujeito passivo é o mesmo ator (= *herdeiro necessário donatário que funciona como inventariante*). A cumulação é autorizada pela identificação das causas de pedir (art. 622, VI, em contraste com o art. 641), com o detalhe que o incidente terá dilação probatória ampla (art. 623). De toda sorte, caso a remoção da inventariança não tenha sido postulada conjuntamente ao pleito de colação, em regra, será necessária a instauração de procedimento específico para a destituição compulsória do inventariante, notadamente se for necessário produzir provas outras que não colhidas para apurar a obrigação quanto à colação, pois, como já gizado, a dilação probatória no incidente de remoção é mais ampla (consoante se infere do comparativo entre os arts. 623 e 641, § 2º).

7. Formação do incidente para outras questões

É possível a formação de incidente envolvendo a colação em que a discussão não é propriamente a negativa de bens ou a obrigação de os conferir. Apenas em exemplos, podem-se citar controvérsias sobre o valor dos bens e a titularidade acerca de benfeitorias e acessões lançadas sobre os bens doados. Em tais hipóteses, o procedimento previsto para a *colação coacta* pode ser utilizado, com as suas devidas adaptações.

Seção VII
Do Pagamento das Dívidas

Art. 642. Antes da partilha, poderão os credores do espólio requerer ao juízo do inventário o pagamento das dívidas vencidas e exigíveis.

§ 1º A petição, acompanhada de prova literal da dívida, será distribuída por dependência e autuada em apenso aos autos do processo de inventário.

§ 2º Concordando as partes com o pedido, o juiz, ao declarar habilitado o credor, mandará que se faça a separação de dinheiro ou, em sua falta, de bens suficientes para o pagamento.

§ 3º Separados os bens, tantos quantos forem necessários para o pagamento dos credores habilitados, o juiz mandará aliená-los, observando-se as disposições deste Código relativas à expropriação.

§ 4º Se o credor requerer que, em vez de dinheiro, lhe sejam adjudicados, para o seu pagamento, os bens já reservados, o juiz deferir-lhe-á o pedido, concordando todas as partes.

§ 5º Os donatários serão chamados a pronunciar-se sobre a aprovação das dívidas, sempre que haja possibilidade de resultar delas a redução das liberalidades.

CPC de 1973 – art. 1.015

1. Liquidação da herança

Não há no CPC 2015 (arts. 642-646) – muito menos no CC (arts. 1.997-2.001[1385]) – a inserção de verdadeira etapa de liquidação da herança,

1385 Em seus arts. 1.997-2.001 o CC também regula o tema (Capítulo III – *Pagamento das Dívidas*, do Título IV – *Do Inventário e da Partilha*, que faz parte do Livro V – *Do Direito das Sucessões*). O art. 1.997 (e seus parágrafos) dispõe (de forma sobreposta) sobre temas que estão no CPC, ao passo que o art. 1.998 trabalha com as despesas

limitando-se a legislação a prever dispositivos sobre o pagamento das *dívidas* em dinheiro do espólio, cuja provocação se opera por postulação do credor (art. 642). O pagamento das dívidas do espólio é, pois, apenas uma parte (ainda que importante) da fase que envolve a liquidação da herança, uma vez que esta se notabiliza como etapa em que o patrimônio atraído pelo espólio deve ser depurado, a fim de definir a chamada "herança líquida", isto é, para apuração do saldo positivo a ser partilhado entre os herdeiros (em caso de desfecho positivo). Em exemplo frisante, a entrega da meação faz parte da etapa da liquidação, pois a herança somente poderá ser dimensionada em concreto depois de verificado (e definido) qual é o patrimônio efetivo que faz parte do espólio, já que a parte correspondente à comunhão patrimonial do cônjuge/companheiro sobrevivente não é considerada herança (vide item adiante).

---

funerárias e sufrágios, ficando o tratamento das dívidas pessoais dos herdeiros regulado pelos arts. 1.999-2.001.

Não há diálogo coordenado entre os dispositivos do CPC e do CC sobre a liquidação da herança, e, o que é pior, fica claro que a legislação é omissa em temas capitais, em que se destacam: (a) a falta de sistematização para eventual concurso de credores e (b) inexistência de regras para convocação dos credores, ato de boa-fé que é inerente a qualquer processo que trabalhe com liquidação patrimonial, notadamente quando se abarca dívidas a vencer.[1386] O cenário reclama que técnicas do processo falimentar previstas na Lei n. 11.101/2005 sejam importadas para suprir as omissões, diante das afinidades que há com o inventário *causa mortis*. Nada obstante o tema já ter sido tratado em momentos anteriores,[1387] a aplicação das técnicas da Lei n. 11.101/2005 na fase de liquidação das dívidas é, sem dúvida, intuitiva.

2. Do "pagamento" da meação como ato necessário para dimensionamento da herança e pagamento dos credores

Como se sabe, a meação do cônjuge/companheiro sobrevivente é atraída para a herança pelo fato de que a comunhão patrimonial ocorrida em vida não ter sido dissolvida antes da abertura da sucessão.[1388] O fato, contudo, não autoriza que a meação seja confundida com herança, e tanto é assim que sobre a parcela não incidirá imposto de transmissão *causa mortis* e as dívidas pessoais do falecido não podem lhe penetrar. Dessa forma, o ato inicial a ser analisado na *liquidação da herança* é a depuração (ou, no mínimo, a perfeita delimitação quantitativa) da meação, pois esta não faz parte da primeira. O entendimento firmado não discrepa da doutrina clássica no sentido de que a primeira fase da liquidação da herança é a retirada dos bens que estão na posse do inventariante, mas

1386 Note-se, no ponto, a preocupação do art. 663 (aplicável ao arrolamento sumário) acerca da preservação dos interesses dos credores e do art. 644 (que inclui o credor de dívida ainda não vencida).

1387 Tanto a falência quanto o inventário sucessório trabalham com a *liquidação de dívidas*, efetuando-se o pagamento respectivo (dentro das possibilidades) com recursos advindos da massa patrimonial. Não é por acaso que o art. 153 da Lei n. 11.101/2005 prevê que "pagos todos os credores, o saldo, se houver, será entregue ao falido". A projeção do artigo em voga se faz no inventário sucessório, pois o "saldo" é que será destinado aos herdeiros, presumindo-se da maciça maioria dos dispositivos que tratam do direito sucessório que este será "positivo" e, logo, com capacidade de escorar a "partilha". Tal presunção, contudo, não é absoluta consoante se infere da parte final do art. 1.796 do CC, de modo que, verificando-se, na liquidação da herança, que o espólio possui mais dívidas do que patrimônio, o inventariante deverá formular pedido de insolvência (art. 618, VIII, do CPC e 955 do CC). Sobre a importação de técnicas da Lei n. 11.101/2005, vide os comentários aos arts. 618 e 626 desta obra.

1388 Situação que também ocorre mesmo quando há separação jurídica ou de fato e se mantém o estado de *mancomunhão* (sobre o tema, vide os comentários ao art. 626 desta obra).

que não pertencem à herança. Somente depois de efetuada tal depuração é que se deve iniciar o pagamento das dívidas.[1389-1390]

A anotação efetuada é importante, pois permite a higidez da liquidação da herança, na medida em que os pagamentos serão atrelados às dívidas desta, sem invadir a meação que, repita-se, é uma parcela patrimonial íntima ao cônjuge/companheiro sobrevivente cuja origem não se confunde com a sucessão *causa mortis*. No caso de existência de dívida comum (da herança e do meeiro) esta poderá, sem dúvida, ser paga no inventário, mas é capital que antes seja efetuada a separação do patrimônio alcançado pelo espólio com aquele que é de titularidade exclusiva do cônjuge/companheiro sobrevivente. Tal pagamento será efetuado na proporção respectiva, evitando-se ao máximo a confusão patrimonial, já que bens alcançados pela comunhão não devem ser destinados para pagamento de dívidas exclusivas do espólio (e vice-versa, do meeiro). Portanto, a definição da meação deverá ser sedimentada antes do pagamento das dívidas do espólio.[1391]

1389 No sentido, Caio Mário da Silva Pereira leciona que: "No processo de inventário é que se apura a herança líquida, isto é, aquela que cabe aos herdeiros, depois de atender o direito de terceiros – *deducto aere alieno*. A primeira fase desta liquidação é o expurgo, no inventário, dos bens e dos direitos alheios, que se encontram em poder do inventariante. A segunda, é o pagamento de todas as dívidas da herança, anteriores ou posteriores à abertura da sucessão (...)" (*Instituições de Direito Civil*: Direito das Sucessões, p. 391). Igualmente: Maria Helena Diniz, *Curso de Direito Civil Brasileiro*, v. 6, p. 437.

1390 A separação da meação ou de outro tipo de copropriedade se impõe, pois a herança apenas alcança a parte referente ao falecido, seguindo-se esta para satisfazer as suas eventuais dívidas e partilha/adjudicação (em caso de saldo positivo). Próximo: Pontes de Miranda, *Comentários ao Código de Processo Civil*, v. XIV, p. 192.

1391 De forma diversa, Cristiano Chaves de Farias e Nelson Rosenvald, *Curso de Direito Civil*, v. 7, p. 566, defendem que a meação deve ser destacada depois do desfecho da etapa do pagamento de dívidas. Tal entendimento, todavia, somente é adequado quando a união do falecido com o cônjuge/companheiro sobrevivente tenha sido feita sob a égide da comunhão universal. Em tal situação particular, a postura se justifica até porque o pagamento de dívidas será importante para lapidar a meação, pois estas se presumem comuns (a exceção do disposto no art. 1.668, III, do CC). No entanto, no regime da comunhão parcial – utilizado de forma padrão (art. 1.640 do CC) – tal concepção não funciona, pois é necessário se depurar as dívidas pessoais do falecido, pois estas não se presumem todas comuns em relação ao cônjuge/companheiro sobrevivente (art.s 1.659, III e IV, 1.665 e 1.666 do CC). O regime da comunhão parcial permite a formação de blocos patrimoniais distintos, em que a participação do cônjuge/companheiro sobrevivente se efetua a títulos diversos (meeiro dos bens comuns e herdeiro dos bens particulares do falecido). No particular, consoante preceitua o art. 1.666 do CC, *as dívidas, contraídas por qualquer dos cônjuges na administração de seus bens particulares e em benefício destes, não obrigam os bens comuns*. Assim, as dívidas que envolvem os bens particulares do falecido serão

A conclusão cravada permite que a técnica prevista no art. 647, parágrafo único, no que se refere à meação, seja aplicada no início da *liquidação da herança*, a fim de que – delimitada a comunhão patrimonial ocorrida em vida em favor do cônjuge/companheiro sobrevivente – a meação seja desde logo destacada do acervo hereditário.[1392] Com tal concepção, os direitos de uso de fruição dos bens que representam a meação serão antecipados, cabendo ao cônjuge/companheiro sobrevivente, "desde o deferimento, todos os ônus e bônus decorrentes do exercício daqueles direitos". A medida não é apenas favorável ao meeiro, mas também ao espólio, pois, além de melhor dimensionar as suas forças patrimoniais, não poderá mais ser imputado pelas despesas decorrentes dos bens (inclusive as de conservação), passando estes, desde logo, para a esfera do seu titular, consoante definido em decisão judicial.[1393] A análise é indicativa de que há espaço, em determinadas situações, para que a meação seja objeto do julgamento parcial (art. 356 do CPC), técnica que permite decisão definitiva sobre a questão no curso do processo. Enquanto o parágrafo único do art. 647 se afina com as tutelas provisórias, uma vez que a decisão final do inventário terá que ratificar a antecipação efetuada, no caso de aplicação do art. 356, no julgamento parcial, a decisão terá cunho definitivo, definindo o ponto, de modo que estaria autorizada a expedição de carta de sentença respectiva ("formal de partilha") vinculada à meação.[1394]

---

resolvidas em um bloco, ao passo que as dívidas atreladas aos bens em comunhão com o cônjuge/companheiro sobrevivente se resolverão em outro bloco, com atores em posições diferentes (notadamente o cônjuge/companheiro sobrevivente). Considerando tais fatos, o pagamento de dívidas demanda a prévia identificação dos bens particulares e dos bens em comunhão, depuração que deve ser feita de forma antecedente, sob pena de uso de bem de um bloco para pagamento de dívida que lhe sejam estranhas, criando-se confusões patrimoniais em áreas em que devem ser feitas demarcações.

1392 Vide os comentários ao art. 647 desta obra.

1393 Com isso, há o afastamento dos efeitos do art. 2.020 do CC em relação à meação, pois não é raro que o espólio fique recebendo em nome próprio frutos que pertencem ao cônjuge/companheiro sobrevivo na qualidade de meeiro, gerando a necessidade de indenizar ao final. Igualmente, não é incomum que o espólio, ao longo do inventário, faça pagamentos integrais de bens que não pertencem inteiramente à herança, tendo em vista que alcançados pela comunhão em vida do falecido com o seu cônjuge sobrevivente, situação que cria a necessidade de perseguição do indébito – o que nem sempre é simples quando se sedimenta quadro fático no sentido.

1394 A leitura desavisada do art. 651 pode dar a falsa impressão de que a meação somente deverá ser resolvida na partilha (como ato final do inventário), na medida em que tal parcela faz parte do esboço do partidor. Ocorre que o mesmo dispositivo (tal qual dispõe também o art. 652) prevê que as 'dívidas atendidas' e os 'credores admitidos' deverão constar do esboço de divisão, ou seja, os *pagamentos já efetuados* deverão estar espelhados na partilha. Demais disso, a atenta análise da parte final do art. 647 ratifica que a definição da meação é ato prévio à partilha, pois os pedidos de "quinhão"

Por certo, caso fique alguma controvérsia quanto à extensão da meação ou sobre a necessidade de quitação de dívidas comuns do "meeiro" com o falecido, é possível que se reserve patrimônio específico para tal, projetando-o para a etapa dos arts. 642-646. Tal situação peculiar, todavia, não pode servir de justificativa para que a meação não seja dimensionada antes da liquidação das dívidas da herança, pois a manutenção aglutinada causa embaraço no procedimento de *reserva* e *separação* de bens com previsão nos arts. 642 e 643.

3. "Pagamento" dos legados

O cumprimento dos legados também faz parte da liquidação da herança, pois a figura é equiparada a uma espécie de obrigação que deve ser cumprida pelos herdeiros. Todavia, diferente do que ocorre em relação à meação, o *pagamento* dos legados deve ser efetuado ao final da etapa de *liquidação da herança*, depois de finalizado o pagamento completo dos credores do espólio,[1395] até porque os legados somente serão solvidos se for apurado saldo na herança líquida que autorize a sua entrega.[1396] Justamente por tal situação, no art. 645, II, foi garantido ao legatário o direito de manifestação acerca das dívidas do espólio, já que seu reconhecimento poderá abalroar o cumprimento do legado. A parte final do art. 647, no entanto, indica que a decisão que julga a partilha deve também deliberar sobre o cumprimento dos legados. A regra, se por um lado, confirma uma posição temporal de análise quanto ao cumprimento dos legados – que é posterior aos pagamentos dos credores do espólio –, por outro lado, posterga a decisão sobre o tema para partilha, o que é incorreto, visto que se trata de obrigação que deve ser atendida antes do desfecho final do inventário, já que evidente seu caráter obrigacional (ainda que de *natureza especial*).

Seja como for, a literalidade do art. 647 não impede que os legados possam ser cumpridos antecipadamente quando for verificado, de forma clara e evidente, que o adimplemento prematuro não causará embaraço à liquidação das dívidas da herança. Sob a ótica do espólio, o cumprimento antecipado do legado pode ser visto como ato organizacional para desfecho mais fluído do

---

estão atrelados aos herdeiros (sem nenhuma referência ao meeiro). De toda sorte, há uma impropriedade no dispositivo que faz alusão ao "legatário". O deslize ocorre pelo fato de que tal ator não possui direito a quinhão, mas ao legado (que é marcado pela individualização patrimonial). Vide os comentários ao art. 647 desta obra.

1395 Próximo: Carlos Alberto Dabus Maluf e Adriana Caldas do Rego Freitas Dabus Naluf, *Curso de Direito das Sucessões*, p. 541; Arnaldo Rizzardo, *Direito das Sucessões*, p. 701; e Caio Mário da Silva Pereira, *Instituições de Direito Civil*, p. 392.

1396 No sentido (entre vários): Carlos Maximiliano, *Direito das Sucessões*, v. III, p. 338-339.

inventário, pois, além do repasse imediato das despesas de conservação ao legatário, restará afastada a necessidade de reposição dos frutos quando se tratar de legado de coisa certa (art. 1.923, § 2º, do CC). Não é ocasional que a doutrina tenha se preocupado com o assunto, culminando-se com os Enunciados 181 e 182 do FPPC.[1397]

4. Credores dos herdeiros e legatários

A legislação confere aos credores dos herdeiros e dos legatários a legitimidade para a instauração do processo sucessório (art. 616, VI). Nada obstante a referida legitimação, o procedimento de habilitação de crédito previsto nos arts. 642-646 é restrito aos credores do espólio, não sendo possível o uso de tal bandeja procedimental para pessoas outras.[1398] Isso porque o escopo do inventário sucessório é a *liquidação da herança*, voltando-se seu foco para a pessoa do falecido e do eventual acervo patrimonial por este deixado. O juízo da sucessão delibera, assim, acerca das relações que estão vinculadas ao autor da herança, não devendo se desviar para assuntos periféricos ou que sejam postos em desdobramento do desfecho do inventário.[1399]

1397 Enunciado 181 – "A previsão do parágrafo único do art. 647 é aplicável aos legatários na hipótese do inciso I do art. 645, desde que reservado patrimônio que garanta o pagamento do espólio"; Enunciado 182 – "Aplica-se aos legatários o disposto no parágrafo único do art. 647, quando ficar evidenciado que os pagamentos do espólio não irão reduzir os legados". Sobre o tema, confira-se Rodrigo Mazzei e Leriane Drumond Bento, Comentários aos Enunciados 181 e 182 do FPPC. In: Ravi Peixoto (coord.), *Enunciados do FPPC Comentados*, p. 524-526. Vide os comentários ao art. 647 desta obra.

1398 Igualmente: Pontes de Miranda, *Comentários ao Código de Processo Civil*, v. XIV, p. 164.

1399 A conjunção dos arts. 1.784 e 1.791 do CC não confere ao herdeiro a "propriedade de bens da herança" em sentido estrito, mas a titularidade de determinado condomínio patrimonial que deverá ser extinto por liquidação que ocorre através de inventário *sucessório*. Com outras palavras, até que ocorra o desfecho do inventário, *o herdeiro é titular de um "quinhão patrimonial" vinculado a determinado condomínio de bens que ainda é instável*, pois sua superfície patrimonial efetiva somente será dimensionada após os pagamentos das dívidas do espólio. O "quinhão" do herdeiro sofre, assim, lapidação que pode revelar que a sua titularidade foi fugaz, na medida em que é possível que todos os bens que compunham o condomínio sejam consumidos pelas dívidas do espólio. Não por acaso, Hamilton de Moraes Barros faz menção ao adágio "onde há dívidas, não há herança". Por isso, na correta dicção do autor, "os herdeiros somente irão partilhar as sobras, ou seja, a diferença entre o conjunto de bens e o montante das dívidas, já que um patrimônio líquido é uma raridade" (*Comentários ao Código de Processo Civil*, v. IX, p. 293). Igualmente e também invocando o mesmo adágio, Carlos Maximiliano, *Direito das Sucessões*, v. III, p. 336 e 358. Assim, o herdeiro trabalha com a perspectiva de *direito expectativo* (art. 130 do CC), fixado em ato futuro e incerto, pois sua titularidade terá que passar obrigatoriamente por pro-

Apenas de forma excepcional – através de expressa previsão legal – os credores dos herdeiros (e/ou legatários) poderão efetivamente participar da liquidação da herança. Tal situação especialíssima está autorizada no art. 1.813 do CC, que permite que o credor do herdeiro (ou legatário) renunciante se posicione no lugar do devedor, evitando, assim, que a renúncia deste frustre o pagamento.[1400] Admite-se, de outra banda, que o credor – enquanto postulante de ação autônoma ao inventário – adjudique os direitos hereditários do devedor em relação à sucessão aberta, situação que lhe dará legitimação perante o inventário sucessório e sua respectiva liquidação.[1401]

Sem prejuízo das ilustrações acima, a forma mais comum de postulação do credor do herdeiro (e/ou legatário) se efetuada através da chamada *penhora no rosto dos autos* (art. 860 do CPC). De forma resumida, o credor do herdeiro (e/ou legatário), por meio de determinação judicial – oriunda de ação autônoma ao inventário, obtém ordem de constrição que não alcança os bens da herança propriamente ditos, mas tão somente o "direito pleiteado em juízo" pelo herdeiro (e/ou legatário) devedor, que aguarda o resultado do desfecho da sucessão.[1402] Assim, o pouso da *"constrição"* (= *penhora no rosto dos autos*) se opera nos direitos do herdeiro (e/ou do legatário), ou seja, se lança prospectivamente para os bens que venham a ser *"adjudicados ou que vierem a caber ao executado"* (= *herdeiro e/ou legatário*), consoante parte final do art. 860.[1403] Como a posição jurídica do de-

---

cesso de liquidação, processo este capaz de mudar completamente o quadro que se plasmou quando da abertura da sucessão. Sobre o assunto (*direito expectativo*), confira-se: Pontes de Miranda, *Tratado de Direito Privado*. Parte Geral, v. V, p. 282-285.

1400 Igualmente: Euclides de Oliveira, *Comentários ao Código Civil*, v. XX, p. 102.

1401 No sentido: STJ, 3ª Turma, REsp 1.330.165/RJ, j. 13/05/2014, *DJ* 02/06/2014. Sobre o assunto, confira-se: Rosa Maria de Andrade Nery e Nelson Nery Junior, *Instituições de Direito Civil:* Família e Sucessões, v. 4, p. 861.

1402 No sentido: Luciano Vianna Araújo, *Comentários ao Código de Processo Civil*, v. 3, p. 237; Fernando da Fonseca Gajardoni, *Processo de conhecimento e cumprimento de sentença:* comentários ao CPC 2015, v. 2, p. 1.091; Hamilton de Moraes Barros, *Comentários ao Código de Processo Civil*, v. IX, p. 305; Ricardo Alexandre da Silva e Eduardo Lamy, *Comentários ao Código de Processo Civil*, v.IX, p. 565; Paulo Cezar Pinheiro Carneiro, *Inventário e partilha judicial e extrajudicial*, p. 160; Mário Roberto Carvalho de Faria, *Direito das Sucessões teoria e prática*, p. 379; e José da Silva Pacheco, *Inventários e partilhas: na sucessão legítima e testamentária*, p. 501. Próximo: Felippe Borring Rocha, *Comentários ao novo Código de Processo Civil*, p. 969.

1403 Aplicando a concepção, confira-se: "Não é cabível penhora no rosto dos autos de bem singularmente identificado, componente da herança, para garantir execução de dívida de 2 (dois) dos 13 (treze) herdeiros" (STJ, 4ª Turma, AgInt no REsp 1.513.305/MA, j.29/10/2019, *DJ* 05/11/2019). Semelhante: STJ, 3ª Turma, AgRg no REsp 1.566.627/SP, j. 16/02/2016, *DJ* 22/02/2016; STJ, 3ª Turma, REsp 1.105.951/RJ, j. 04/10/2011, *DJ* 14/10/2011; STJ, 3ª Turma, REsp 2.709/SP, j. 02/10/1990, *DJ* 19/11/1990.

vedor (herdeiro ou legatário) somente estará consolidada depois de efetuada a liquidação da herança, mesmo que o credor adjudique os direitos respectivos, será necessário que se aguarde o desenlace do inventário.[1404-1405]

5. A etapa do pagamento de dívidas e a necessidade de publicidade prévia

O art. 642 prevê a possibilidade de que os credores do espólio pleiteiem o pagamento das dívidas internamente ao inventário *causa mortis*, sendo tal postulação conhecida na *práxis* jurídica como *habilitação de crédito*.[1406] Por certo, caso observado disposto no art. 620, IV, *f*, ou seja, na hipótese de a dívida já ter sido arrolada no inventário sucessório pelo inventariante como obrigação passiva (indicando o vínculo obrigacional, o valor e a identificação do credor), o requerimento previsto no art. 642 será desnecessário ou terá função outra que a própria *habilitação* (na medida em que o credor já estará "habilitado"). Se o crédito já estiver "habilitado", a manifestação do credor deve ser no sentido de pedir ajustes quanto ao crédito arrolado (por exemplo, valor e/ou data de vencimento).

No entanto, é de se destacar que no *procedimento padrão do inventário* há um déficit (injustificado) na convocação dos credores.[1407] Com efeito, apesar de o art. 620, IV, *f*, dispor expressamente que o inventariante fará constar nas primeiras declarações *as dívidas ativas e passivas, com indicação de datas, títulos, origem da obrigação e nomes dos credores e dos devedores*,[1408] não há, no procedimento do CPC, regramentos que definam a forma com que tais informações serão comunicadas aos credores e devedores do espólio. No sentido, os arts. 620 e 626

1404 Próximo: FRANCISCO JOSÉ CAHALI, *Direito das Sucessões*, p. 373; e JOSÉ DA SILVA PACHECO, *Inventários e partilhas:* na sucessão legítima e testamentária, p. 493; CONRADO PAULINO DA ROSA e MARCO ANTÔNIO RODRIGUES, *Inventário e partilha*, p. 396; EUCLIDES DE OLIVEIRA e SEBASTIÃO AMORIM, *Inventário e partilha:* teoria e prática, p. 353; CRISTIANO CHAVES DE FARIAS e NELSON ROSENVALD, *Curso de Direito Civil:* Sucessões, v. 7, p. 564; e EUCLIDES DE OLIVEIRA, *Comentários ao Código Civil*, v. XX, p. 102.

1405 Com a dinâmica acima apresentada, apesar de não ser possível a habilitação sucessória pelos credores dos herdeiros e/ou legatários, aplicando-se o disposto no art. 130 do CC, há de admitir que estes possam postular no bojo do inventário para que sejam adotadas medidas de proteção à preservação dos quinhões e/ou do legado, pois a boa saúde e o dimensionamento adequado destes são de interesse dos credores respectivos.

1406 No sentido: LUCIANO VIANNA ARAÚJO, *Comentários ao Código de Processo Civil*, v. 3, p. 237.

1407 Vide os comentários aos arts. 620 e 626.

1408 Correta, assim, a dicção de EUCLIDES DE OLIVEIRA e SEBASTIÃO AMORIM no sentido de que devem constar das declarações de bens as dívidas deixadas pelo falecido. Por elas responde a herança, enquanto não realizada a partilha (*Inventário e partilha*: teoria e prática, p. 353).

possuem silêncio absoluto acerca da convocação dos credores do espólio, fato que dificulta sobremaneira a aplicação do art. 642.[1409]

Sem rebuços, é necessário que se adotem medidas de transparência, a fim de preservar os interesses dos credores e evitar que as cobranças e controvérsias sejam projetadas para depois de finalizado o inventário sucessório, a partir da responsabilidade patrimonial dos herdeiros. Às claras, os arts. 1.792 e 1.997, *caput*, do CC e 796 do CPC definem que a herança responde pelo pagamento das dívidas do falecido, sendo acidental a responsabilidade dos herdeiros após a partilha (ainda que na proporção da parte que na herança coube a cada coerdeiro). Logo, os direitos dos credores devem, pois, ser satisfeitos *antes* da partilha, e não de forma *ocasional* (e arriscada) para depois do desfecho do inventário, diante da possibilidade de que terceiros de boa-fé sejam atraídos para o enleio em decorrência de alienações efetuadas pelos herdeiros com o fruto (partilhado) da herança. Portanto, o pedido de quinhão dos herdeiros deverá ser lançado somente depois de efetuados os pagamentos aos credores habilitados ou que, no mínimo, estejam reservados tantos bens quanto exijam os prováveis pagamentos, consoante se extrai do art. 642, § 3º.

Para que a fase de *pagamento de dívidas* seja exitosa, faz-se necessário que sejam propiciadas condições para a habilitação do crédito, sendo imprescindível que os credores do espólio recebam comunicações que lhes permitam adotar a postura esperada pelo art. 642. Dessa forma, é incauto se pensar que o genérico edital previsto no § 1º do art. 626 do CPC é suficiente para efeito de propiciar a habilitação dos créditos. Ora, o edital em voga é voltado apenas para os *interessados em local incerto*, não tendo o condão de abarcar qualquer pessoa com localização conhecida pelo inventariante e/ou os herdeiros, regra esta que se aplica aos credores do espólio. É despropositado efetuar a discriminação das dívidas nas primeiras declarações, mas não efetuar nenhum tipo de convocação efetiva para propiciar que os credores possam se valer do inventário sucessório para receber seu crédito.[1410]

A gravidade da situação fica mais evidente quando se percebe que a fase de liquidação deve contemplar não apenas as dívidas vencidas e já exigíveis

1409 Embora a legislação seja silente, é intuitivo que, em relação aos devedores do espólio, caberá ao inventariante comunicá-los ainda na fase de arrecadação, a fim de que os créditos sejam entregues em favor da herança, respeitando-se o condomínio hereditário que se forma com a abertura da sucessão (arts. 1.784 e 1.791, parágrafo único, do CC).

1410 Há, como se vê, péssimo diálogo entre o art. 620, IV, *f*, e o art. 626, criando ambiente para que o inventário sucessório tenha condução e trâmite sem a presença de credores, situação incompatível com qualquer processo de arrecadação e liquidação, em razão de sua natureza concursal. Vide comentários ao art. 626.

(art. 642), mas também aquelas que ainda não venceram e, portanto, sem exigibilidade (art. 644). O descompasso, na prática, tem sido usado para afastar – *licitamente*– os credores do processo de inventário, esquecendo-se que a *liquidação da herança* é uma fase obrigatória do processo sucessório. Assim, aproveitando-se da falha na legislação (que não prevê comunicação hábil), a condução do inventário pode ser feita sem a presença dos credores, fato que o remete a disputas com os herdeiros, invertendo-se a lógica dos arts. 1.997, *caput*, do CC e art. 796 do CPC, pois tal responsabilidade patrimonial dos herdeiros é *acidental*, uma vez que as dívidas do espólio devem ser pagas antes da partilha (art. 647, *caput*, do CPC), isto é, previamente à dissolução do espólio (arts. 1.792 e 1.796 do CC).

A assertiva lançada acima é confirmada quando se analisa a legislação falimentar, pois o art. 22 da Lei n. 11.101/2005, I, *a*, deixa claro que o administrador judicial deverá efetuar comunicação por escrito a cada credor, informando a data de *decretação da quebra*, a natureza, o valor e a classificação conferida ao crédito. Ajustando (ou melhor, importando-se com adequações) o dispositivo da Lei n. 11.101/2005 para o inventário sucessório, conclui-se que cabe ao inventariante dar ciência efetiva aos credores em relação às datas da abertura da sucessão e da instauração do inventário *causa mortis*. Mais ainda, o inventariante deverá informar ao credor na comunicação não só o valor da dívida que está levando em consideração, mas também a natureza e classificação respectivas, pois tais informações serão capitais acaso se instale qualquer tipo de concorrência na etapa de pagamento das dívidas. Conectando-se a Lei n. 11.101/2005 ao inventário sucessório,[1411] o § 1º do art. 626 do CPC necessita ser adequado ao que está previsto no art. 7º, §§ 1º e 2º, e no art. 99, da referida lei extravagante. Adotando-se tal cautela, há de ser efetuada a publicação de edital contendo a relação de credores e informações sobre as dívidas, assim como com a indicação de local, horários e prazo para que os interessados possam apresentar manifestação. A dupla medida [(a) convocação individual acerca da dívida encontrada com credor e sua discriminação e (b) edital com o resumo das primeiras declarações e indicação do quadro geral de credores] permitirá que o credor possa se manifestar não só quanto ao seu crédito, assim como em relação aos de outros credores, diante da possível disputa concorrencial que pode ocorrer sobre o patrimônio do autor da herança.

Comprovando-se as convocações (individual e editalícia) na forma acima, restará possível a abertura da etapa do *pagamento das dívidas*. A partir das manifestações (concordância, retificações e impugnações) sobre os cré-

1411 Sobre tal diálogo e o transporte de técnicas, vide os comentários ao art. 618 desta obra.

ditos (valor, natureza, legitimidade, classificação etc.) e a colheita de contraditório sempre que se fizer necessário, o juízo sucessório decidirá acerca dos pontos controvertidos, a fim de que sejam sedimentadas as questões que envolvem as dívidas do espólio. No caso de herança com pujança para suportar as suas dívidas, o juiz determinará o pagamento daquelas que restaram incontroversas e reservará patrimônio em relação as que estejam controvertidas e que ainda irão vencer (desde que se encaixem nos gabaritos respectivos aos arts. 643-644).

Imaginar que é possível que se tenha uma *fase de liquidação* da herança – contemplando etapa de *pagamento de dívidas* – sem a presença do maior interessado (o credor) é mais do que utópico, pois, a bem da verdade, estará se desvirtuando a natureza do inventário sucessório. Ademais, tal posição, repita-se, consolida em detrimento do credor (e com abertura capaz de alcançar terceiros) a mudança da *natureza contingencial* da parte final dos arts. 1.997, *caput*, do CC e 796 do CPC, na contramão do que dispõe o art. 647, *caput*. Portanto, para que se tenha *liquidação sucessória* sadia, a etapa do *pagamento de dívidas* deve se valer do translado adaptado de ditames da legislação falimentar, notadamente o art. 22, I, *a*, e de dispositivos do trecho dos arts. 7º-20 (postados na Seção II – *Da Verificação e da Habilitação de Créditos*, do Capítulo II – *Disposições Comuns à Recuperação Judicial e a Falência*) da Lei n. 11.101/2005.

6. Do requerimento de *habilitação de crédito*

Conforme já antecipado, a expressão *habilitação de crédito* é amplamente utilizada no cenário forense nacional para plasmar a postulação prevista no art. 642.[1412] Decompondo a regra legal, extrai-se que se trata de pleito de natureza judicial – com capacidade para interromper a prescrição (art. 202, IV, do CC) em que o credor requer o reconhecimento do seu crédito (= existência de dívida do espólio), a fim de que ocorra o pagamento no ventre do inventário *causa mortis, através do* patrimônio vinculado à herança.[1413]

O art. 642 trabalha com a concepção de que o espólio nem sempre terá em caixa moeda corrente nacional (= *dinheiro*) para o *pagamento,* fixando-se no

---

1412 No sentido: Luciano Vianna Araújo, *Comentários ao Código de Processo Civil*, v. 3, p. 237.

1413 Tanto assim que a verbas recebidas a título de "seguro de vida" (= *seguro de morte*) não poderão ser alcançadas por dívidas do falecido, pois estas – mesmo que recebidas por herdeiro – não fazem parte da herança (art. 794 do CC), razão pela qual não são sequer declaradas no inventário sucessório, não se sujeitando ao pagamento de ITCMD, muito menos levadas como "créditos" que participam da *liquidação da herança*. Igualmente, confira-se: Rosa Maria de Andrade Nery e Nelson Nery Junior, *Instituições de Direito Civil*, v. 4, p. 857.

dispositivo algumas técnicas para o adimplemento da obrigação pecuniária (*separação de bens* – art. 642, §§ 2º e 3º; *adjudicação/dação em pagamento* – art. 642, § 4º). O sucesso do pleito requer o *consenso* dos interessados na herança, entendendo-se estes (em sentido geral) como aqueles que efetuarão o pagamento (em regra os herdeiros), sem prejuízo de convocação de pessoas que possam ser afetadas pelo reconhecimento da dívida, como é o caso do donatário (art. 642, § 5º) e do legatário (art. 645).[1414]

6.1 Legitimação ativa e legitimação passiva

A legitimidade ativa para lançar o pedido de *habilitação de crédito* é dos credores do espólio, não sendo deferida a legitimação para os credores dos herdeiros e/ou legatários (tema já abordado em item anterior). Há, contudo, situações afins que conferem a legitimidade para o requerimento previsto no art. 642, sendo inegável a legitimação do cessionário do crédito (arts. 286-298 do CC). Há também legitimidade do sub-rogado, ou seja, aquele que pagou com recurso próprio dívida do espólio, seguindo-se, assim, modulação dos arts. 346-351 do CC, em semelhança ao que ocorre em relação à execução (art. 778, § 1º, V, do CPC).

Ainda sobre a sobre legitimação ativa, deve-se registrar que o pedido pode abranger tanto as dívidas contraídas antes quanto depois de aberta a sucessão, ou seja, assumidas pelo falecido ou diretamente pelo espólio após o óbito,[1415] muito embora, na última hipótese, a habilitação possa se tornar desnecessária. O detalhe é importante, pois, se efetuado, podem-se dividir as obrigações pecuniárias a serem satisfeitas no inventário em dois grandes grupos. Primeiramente, devem-se compreender como *dívidas do falecido* aquelas preexistentes à data do passamento, ou seja, que foram contraídas por este antes do seu óbito. De outra banda, depois da abertura da sucessão poderá o espólio contrair novas dívidas, diversas das que foram deixadas pelo falecido, sendo estas consideradas globalmente como *encargos da herança*. A estrutura do procedimento detalhado nos arts. 642-645 está voltada às *dívidas do falecido*,[1416] pois as dívidas

1414 Sobre os legitimados para apresentar manifestação em relação ao pedido de *habilitação de crédito*, confira-se os comentários aos arts. 619, 643 e 645 desta obra.

1415 No sentido: Caio Mário da Silva Pereira, *Instituições de Direito Civil.* Direito das Sucessões. p. 391; Paulo Cezar Pinheiro Carneiro, *Inventário e partilha judicial e extrajudicial.* p. 156; Rodrigo Mazzei e Tiago Figueiredo Gonçalves, *Comentários ao Código de Processo Civil;* Gerson Fischmann, *Comentários ao Código de Processo Civil*, v. 14, p. 142-143; Clóvis do Couto e Silva, *Comentários ao Código de Processo Civil*, v. XI, tomo I, p. 363; Dimas Messias de Carvalho, *Direito das sucessões:* inventário e partilha, p. 468; e Luciano Vianna Araújo, *Comentários ao Código de Processo Civil*, v. 3, p. 237.

1416 Bem próximo: Rosa Maria de Andrade Nery e Nelson Nery Junior, *Instituições de Direito Civil*, v. 4, p. 856.

contraídas pelo espólio, *a priori*, terão caráter extraconcursal, devendo ser objeto de pagamento sem a necessidade de habilitação.

No que se refere à legitimidade passiva, o pedido de *habilitação de crédito* deve ser feito diretamente contra o espólio, devendo notabilizar que se trata de dívida que seria imputada ao falecido acaso não houvesse o ocorrido o óbito[1417] ou, ainda, seja representada por dívida constituída em favor do espólio após a abertura da sucessão (observando-se os detalhes acima postos).

6.2 Fazenda Pública e credores com garantia real

A Fazenda Pública goza de situação especial e não se submete à habilitação do seu crédito no inventário sucessório (art. 187 do CTN e art. 26 da Lei n. 6.830/80).[1418] No ponto, vale lembrar que para que a partilha seja julgada são exigíveis as certidões de regularização fiscal com as Fazendas (art. 654, *caput*, do CPC), situação que, em regra, faz com que o interesse na habilitação pela plataforma do art. 642 seja diminuto. No entanto, considerando que a habilitação interrompe a prescrição (art. 202, IV, do CC), pode-se cogitar na postulação para tal finalidade específica, caso a Fazenda Pública não ingresse com execução fiscal, o que seria a postura mais esperada.[1419]

Em relação aos credores com garantia real há manutenção de suas posições jurídicas no inventário, mesmo que não apresentem qualquer pedido de cobrança nas "vias ordinárias" ou postulem a *habilitação de crédito*. Isso porque o bem continuará sujeito ao cumprimento da obrigação (art. 1.419 do CC), não se retirando a preferência do credor se aquele for destinado a algum herdeiro. Trata-se, pois, de aplicação do direito de sequela que não desaparece com a abertura da sucessão.[1420] De toda sorte, a habilitação de crédito pode ser apre-

1417 No sentido: "É improcedente o pedido de habilitação de crédito em inventário de pessoa física se do título executivo que se pretende habilitar consta como devedora apenas a pessoa jurídica da qual aquela era sócia (STJ, 4ª Turma, REsp 1.508.597/AC, j. 05/11/2019, *DJ* 19/11/2019).

1418 No sentido, vale conferir (dentre vários): Hamilton de Moraes Barros, *Comentários ao Código de Processo Civil*, v. IX, p. 295; Francisco José Cahali, *Direito das Sucessões*, p. 376; e Artur César de Souza, *Código de Processo Civil*, v. III, p. 1.544.

1419 Não há deslocamento para a Justiça Federal em caso de habilitação por parte da União. No sentido: STJ, 2ª Seção, CC 62.082/MS, j. 23/06/2010, *DJ* 02/08/2010.

1420 No sentido: Artur César de Souza, *Código de Processo Civil*, v. III, p. 1.544; Dimas Messias de Carvalho, *Direito das sucessões*: inventário e partilha, p. 471; Hamilton de Moraes Barros, *Comentários ao Código de Processo Civil*, v. IX, p. 294; Carlos Roberto Gonçalves, *Direito Civil Brasileiro*, v. 7, p. 540, Carlos Alberto Dabus Maluf e Adriana Caldas do Rego Freitas Dabus Maluf, *Curso de Direito das Sucessões*, p. 535; e Arnaldo Rizzardo, *Direito das Sucessões*, p. 696; e Maria Helena Diniz, *Curso de Direito Civil Brasileiro*, v. 6, p. 440.

sentada pelo credor com garantia real, sendo certo que tal procedimento não representa qualquer tipo de mudança (muito menos perda) da garantia.[1421]

6.3 Habilitação: cúmulo de créditos e nomeação de "porta-voz"

A habilitação poderá trazer no seu bojo mais de um crédito a ser satisfeito, ou seja, reclamar que seja efetuado o pagamento plural de obrigações pecuniárias, situação que redundará, por consequência, em *cúmulo*. A situação será mais corriqueira na perspectiva de credor único que reclama que mais de uma dívida seja paga pelo espólio, mas nada obsta que o pedido de habilitação seja apresentado conjuntamente por mais de um credor, concentrando-se as postulações na mesma peça.[1422]

Quando a cumulação envolver credores diversos, é perfeitamente admissível que se efetue eleição de "porta-voz" na própria *habilitação de crédito* para a sua respectiva condução. Com outras palavras, no bojo do requerimento conjunto os credores, poderão apresentar nomeação de determinada pessoa, legitimando-a para representar todo o grupo, a fim de que as medidas a serem adotadas sejam condensadas e aplicadas a todos de forma uniforme diante da reunião dos créditos, notadamente se houver homogeneidade destes. A nomeação de porta-vozes para a representação de determinada classe de credores não é algo inédito, porquanto se trata de postura que está prevista no art. 26 da Lei n. 11.101/2005, que – nos seus incisos – traz previsões no sentido.

A junção dos créditos em bloco único, com a nomeação de representante, credenciando-o para resolver com o espólio as questões inerentes ao pagamento, poderá ocorrer perfeitamente no curso do inventário *causa mortis*, com a reunião das habilitações de crédito que tenham semelhante plataforma e/ou natureza comum.[1423] A providência (= *nomeação de porta-vozes*) será de grande

---

1421 Bem próximo: ERNANE FIDÉLIS DOS SANTOS, *Manual de Direito Processual Civil*, v. 3, p. 108.

1422 No sentido: HAMILTON DE MORAES BARROS, *Comentários ao Código de Processo Civil*, v. IX, p. 294; e CARLOS ALBERTO DABUS MALUF e ADRIANA CALDAS DO REGO FREITAS DABUS MALUF, *Curso de Direito das Sucessões*. São Paulo: Saraiva, p. 535. Quando a cumulação envolve mais de um credor, é natural que se exija que a reunião de pedidos tenha pontos em comum, notadamente em relação ao crédito, a fim de que a satisfação (pagamento) possa ser definida de modo uniforme aos credores. O detalhe merece registro, pois a cumulação de créditos de vários credores, tendo cada situação seus contornos próprios (por exemplo, natureza diversa) pode gerar embaraços no trâmite no pedido de *habilitação de crédito*, de modo que o juiz poderá determinar o fracionamento do cúmulo, se assim se verificar (art. 139, II, do CPC). Com semelhante concepção, confira-se: TJSC, 1ª Câmara de Direito Comercial, AC 2006.021351-9, j. 27/07/2006.

1423 Defendendo raciocínio assemelhado (ainda que em outros palcos), confira-se: SOFIA TEMER, *Participação no processo civil:* repensando litisconsórcio, intervenção de

valia quando do uso dos mecanismos para que o pagamento seja efetuado (art. 642, §§ 3º e 4º), pois o bloco de credores com representação comum poderá, em exemplo, acordar com os interessados na herança acerca da *separação* de bem do espólio para efeito de adjudicação ou dação em pagamento. A ilustração demonstra que o procedimento deve ser incentivado pelo juízo sucessório (e até pelo inventariante), pois o pagamento em bloco será uma medida que dará aceleração processual ao inventário *causa mortis*, na medida em que afastará a fragmentação de postulações e possíveis incidentes.

6.4 Momento da apresentação

A parte inicial do *caput* do art. 642 é eloquente no sentido de fixar a "partilha" como marco temporal para apresentação da postulação.[1424] Não se deve interpretar "partilha" de forma restrita, mas como a *decisão final do inventário*, pois tal pleito não ficará restrito apenas aos inventários com desfecho positivo. Ao credor não interessa se haverá saldo patrimonial para o(s) herdeiro(s), pois sua pretensão é de satisfação do crédito reclamado, situação que pode ensejar que a habilitação consuma todo patrimônio da herança. Por exemplo, efetuadas as *habilitações de crédito,* os credores habilitados podem apresentar pedido para adjudicar os bens da herança (art. 642, § 4º), tendo em vista que estes são próximos ao valor das dívidas, renunciando o saldo excedente entre os créditos e a estimação dos bens. A ilustração aponta que a *habilitação de crédito* foi exitosa, sem que fosse proferida decisão com *desfecho positivo* em forma de partilha.

Mesmo nos casos em que já tenha sido apresentado esboço de partilha (= *projeção de desfecho do inventário*), tem-se por admissível o processamento do pedido de habilitação e pagamento de dívida. Eventual necessidade de refazimento do esboço de partilha neste contexto é medida mais eficiente e menos onerosa do que remeter o credor para as "vias ordinárias", notadamente quando há reconhecimento da dívida postulada.[1425]

---

terceiros e outras formas de atuação, p. 373-379. No ponto, em confluência de ideias, Fredie Didier Jr., Antonio do Passo Cabral e Leonardo Carneiro da Cunha também trabalham com a técnica nomeação de porta-vozes para a representação de determinada classe de credores, transportando-a para aplicação nos incidentes de solução de casos repetitivos (*Por uma nova teoria dos procedimentos especiais,* 2021, p. 73).

1424 A parte inicial do § 1º do art. 1.997 do CC dispõe em igual sentido.

1425 No sentido: Arruda Alvim, Araken de Assis e Eduardo Arruda Alvim, *Comentários ao Código de Processo Civil*, p. 1.495; Paulo Cezar Pinheiro Carneiro, *Inventário e partilha judicial e extrajudicial*, p. 156-157; e Rodrigo Mazzei e Tiago Figueiredo Gonçalves, *Comentários ao Código de Processo Civil*, p. 899.

Na hipótese de ser proferida a decisão final do inventário, sem que tenha sido declarada a insolvência do espólio (arts. 618, VIII, e 1.052 do CPC atual, 759 do CPC 1973 e 955 do CC), restará ao credor a possibilidade de reclamar a dívida junto aos herdeiros do falecido, observando-se as forças da herança que foram apuradas (art. 1.792 do CC). Tal possibilidade está expressa na parte final do art. 1.997 do CC e do art. 796 do CPC.

No caso de não instauração do inventário, por óbvio, restará impossibilitada a apresentação da postulação tratada no art. 642. Em tais casos, a jurisprudência firmou entendimento que poderá ser movida ação judicial contra espólio, citando-se, para tanto, o administrador provisório,[1426] sem prejuízo da instauração do inventário sucessório pelo próprio credor (art. 616, VI).

6.5 Facultatividade da via e as *dívidas externas ao inventário*

A habilitação do crédito no inventário é uma *faculdade* do credor do espólio,[1427] que poderá optar por buscar seu reconhecimento e satisfação pelas "vias ordinárias", entendendo-se estas vulgarmente como "ação de cobrança, monitória ou execução".[1428] Há, ainda que com risco da pretensão ser alcançada pela prescrição, a opção do credor em aguardar o resultado positivo do inventário sucessório e, em caso de desfecho no sentido (partilha ou adjudicação), propor ação contra o(s) herdeiro(s) beneficiado(s) com quinhão ou a universalidade da herança líquida. Portanto, em regra e seguindo o gabarito básico posto, o credor do espólio poderá buscar seu crédito por três formas distintas: (a) habilitação do crédito junto ao inventário sucessório (arts. 642 e

---

1426 Na linha: STJ, 3ª Turma, REsp 777.566/RS, j. 27/04/2010, *DJ* 13/05/2010. Próximo: 4ª Turma, AgInt no AREsp 1580936/ES, j. 29/06/2020, *DJ* 03/08/2020. Vide os comentários aos arts. 613-614 desta obra.

1427 No sentido: STJ, 3ª Turma, REsp 615.077/SC, j. 16/12/2010, *DJ* 07/02/2011. Na doutrina (dentre vários): Hamilton de Moraes Barros, *Comentários ao Código de Processo Civil*, v. IX, p. 294; Humberto Theodoro Júnior, *Curso de Direito Processual Civil*. Procedimentos Especiais, v. II, p. 275; Daniel Amorim Assumpção Neves, *Novo Código de Processo Civil comentado*, p. 1.081; Pontes de Miranda, *Comentários ao Código de Processo Civil*, v. XIV, p. 164; Artur César de Souza, *Código de Processo Civil*, v. III, p. 1.544; Luciano Vianna Araújo, *Comentários ao Código de Processo Civil*, v. 3, p. 237-238; Ricardo Alexandre da Silva e Eduardo Lamy, *Comentários ao Código de Processo Civil*, v. IX, p. 564; Rodrigo Ramina Lucca, *Breves comentários ao novo código de processo civil*, p. 1.716; Cristiano Chaves de Farias e Nelson Rosenvald, *Curso de Direito Civil: Sucessões*, v. 7, p. 564; Carlos Roberto Gonçalves, *Direito Civil Brasileiro*, v. 7, p. 541; e José da Silva Pacheco, *Inventários e partilhas:* na sucessão legítima e testamentária, p. 494.

1428 Igualmente (entre vários): Francisco José Cahali, *Direito das Sucessões*, p. 373. Sobre a concepção mais ampla de "vias ordinárias", consulte os comentários ao art. 612.

644), (b) proposição de ação autônoma pelas "vias ordinárias" contra o espólio até o desfecho deste e (c) postulação contra os herdeiros em caso de resultado positivo na liquidação da herança (partilha ou adjudicação), fazendo-o com respeito às forças do quinhão de cada coerdeiro, ou seja, na proporção da parte que na herança lhe coube (arts. 1.997 do CC e 796 do CPC).[1429]

Não se admite, contudo, que os pedidos sejam apresentados pelo credor do espólio de forma concomitante ou sucessiva.[1430] Dessa forma, uma vez feita a opção por requerer a habilitação no inventário, carece de interesse a formulação de pleito da cobrança por ação externa ao processo sucessório (= *"vias ordinárias"*). Deverá ser observada a postulação que foi apresentada primeiramente (*habilitação de crédito* ou pleito externo ao inventário). Embora ocorra a presunção de que o segundo pedido esteja prejudicado, deve ser feita a intimação do credor para que faça a escolha, assumindo as consequências quanto à opção, pois a desistência interna o afastará da liquidação da herança e, de outra banda, a desistência externa poderá levar ao pagamento das despesas processuais e dos honorários de advogado, situação última não ocorrente – em regra – no pedido de *habilitação de crédito*. Seja como for, deve prevalecer apenas uma postulação, devendo o credor ponderar acerca da via mais adequada.

6.6 A petição de *habilitação de crédito*: requisitos formais e variações

A postulação talhada no dispositivo comentado possui traços próprios, mas não se deve tirar de mira que sua concepção foi forjada para pagamento de quantia. Com tal norte, considerando-se que a dívida pode ser descrita pelo inventariante nas primeiras declarações pelo inventariante (até em razão dos seus deveres funcionais), a sua base mínima restará fixada no que o art. 620, IV, *f*, do CPC. Daí se depreende que a habilitação de crédito, necessariamente, deverá conter: (i) o valor da dívida, (ii) as datas de constituição e vencimento, (iii) a origem da obrigação; (iv) indicação do material documentado em que está plasmado, (iv) identificação do credor.

É oportuno o diálogo do art. 642, § 1º, com o art. 9º da Lei n. 11.010/2005, que é mais detalhado do que a previsão do CPC, destacando-se, dentre outros

1429 Próximo: Dimas Messias de Carvalho, *Direito das sucessões:* inventário e partilha, p. 469.

1430 No sentido: STJ, 3ª Turma, REsp 1.167.031/RS, j. 06/10/2011, *DJ* 17/10/2011. Bem próximo: STJ, 3ª Turma, AgRg no RMS 39.632/SP, j. 25/03/2014, *DJ* 31/03/2014; 3ª Turma, REsp 615.077/SC, j. 16/12/2010, *DJ* 07/02/2011; 3ª Turma, AgRg no REsp 1.172.455/RJ, j. 05/06/2012, *DJ* 13/06/2012; 3ª Turma, RMS 58.653/SP, j. 02/04/2019, *DJ* de 04/4/2019; 2ª Seção, CC 96.042/AC, j. 12/10/2010, *DJ* 21/10/2010; 4ª Turma, AgInt no AREsp 1612510/MT, j. 20/04/2020, *DJ* 04/05/2020.

pontos, a importância de definição quanto à classificação da dívida (em razão da possibilidade de efetuar concurso de preferência e sequência de pagamentos) e da necessidade de que a prova documentada da dívida seja juntada em original ou a cópia seja declarada autêntica. No que se refere à declaração de autenticidade, aplica-se ao pedido de *habilitação de crédito* o disposto no art. 425, IV, do CPC, sendo permitido que a declaração no sentido pelo advogado.[1431]

Há, ainda, a necessidade de complementações exigidas pelo próprio CPC, razão pela qual os ditames que tratam dos requisitos gerais da petição inicial (art. 319) e da peça vestibular do processo de execução (art. 798) sejam transportados para o âmbito da postulação tratada no art. 642.[1432] No particular, o pedido de *habilitação de crédito* deverá indicar o juízo a que é dirigido, apontando o número do inventário sucessório a que deverá ser apensado (art. 319 c/c art. 642, § 1º, *parte final*), perfeita qualificação do credor (art. 319, II) e do seu advogado respectivo – com procuração respectiva (art. 287) e o valor causa (art. 319, V), que nada mais é que a indicação da rubrica do pagamento postulado. Como se trata de pedido visando o pagamento de quantia certa, deverá ser apresentado o demonstrativo do débito atualizado (art. 798, I, *b*) que deverá estampar: (i) o índice de correção monetária adotado, (ii) a taxa de juros aplicada, (iii) os termos inicial e final de incidência do índice de correção monetária e da taxa de juros utilizados, (iv) a periodicidade da capitalização dos juros (se for o caso), (iv) a especificação de desconto obrigatório realizado e (vi) aplicação de parcelas ou encargos decorrentes de mora (tais como multa e honorários convencionados em caso de cobrança por advogado[1433]). Caberá ao requerente esclarecer se a dívida ainda está por vencer (art. 644[1434]) ou se já vencida e exigível (art. 642), sendo que, na segunda hipótese, mister que se apresente prova, caso necessário, de que se verificou a condição ou ocorreu o termo quando necessário (art. 798, I, *c*) ou que adimpliu a contraprestação que lhe corresponde ou que lhe assegura o pagamento, se o devedor não for obrigado a satisfazer a sua prestação senão mediante a contraprestação do credor (art. 798, I, *e*).

Ainda dentro dos traços internos da petição, considerando que a plataforma do art. 642, §§ 2º-4º, contempla uma série de mecanismos para o pagamento, é oportuno que o postulante ao pagamento requeira, especialmente

---

1431 Sobre o tema, em aspecto mais geral: LUIZ DELORRE, *Processo de conhecimento e cumprimento de sentença:* comentários ao CPC 2015, v. 2, p. 398-397; e DANIEL AMORIM ASSUMPÇÃO NEVES, *Comentários ao novo Código de Processo Civil*, p. 628.

1432 Próximo: ARRUDA ALVIM, ARAKEN DE ASSIS e EDUARDO ARRUDA ALVIM, *Comentários ao Código de Processo Civil*, p. 1.494.

1433 Especificamente sobre a cobrança de honorários em tal situação, confira-se: STJ, 3ª Turma, REsp 1.644.890/PR, j. 25/10/2020, *DJ* 26/08/2020.

1434 Vide os comentários ao art. 644 desta obra.

nos casos em que se presume que não há numerário em dinheiro disponível em favor do espólio, o modo como deverá ser efetuado o pagamento (por exemplo, alienação ou adjudicação de determinado bem), adaptando-se, no particular, o disposto no art. 798, II, alíneas *a* e *c* para o pedido de *habilitação de crédito*. Tal pedido permite que a eventual concordância do espólio alcance não só o pagamento, mas também a forma que este irá se desenvolver, situação que pode acelerar a satisfação em prol do credor. Mesmo não ocorrendo assentimento quanto à forma de pagamento, o pedido propicia que o espólio apresente, desde logo, resposta no sentido, viabilizando que este apresente solução alternativa eficiente e que atenda ao credor, seguindo-se, no particular, o contraditório fixado no art. 805 do CPC.[1435-1436]

Ademais, a confecção da postulação de *habilitação de crédito* deve ser adequada à situação fática em que o credor se enquadra, pois há variações que não podem ser desprezadas, redundando em desenhos diferenciados quanto aos pedidos. Por exemplo, no caso de dívida já arrolada pelo inventariante sobre a qual os interessados na herança não se opuseram (arts. 620, IV, *f*, 626 e 627, I, todos do CPC) e o credor concorda com os termos lançados, a petição será marcada pela simplicidade. Na ilustração, bastará a declaração de concordância com a dicção do inventariante, a juntada de procuração do advogado (para que seja intimado dos atos processuais) e eventuais complementações de algum

---

1435 A plataforma do art. 805 do CPC permite diálogo entre o credor e o devedor (exequente e executado, no texto da lei) para que sejam apresentadas propostas em busca de solução (ou decisão) que seja de boa eficiência (de modo a atender o credor), mas que não crie desnecessária onerosidade na expropriação (para não prejudicar desnecessariamente o devedor). No tema, confira-se: Rodrigo Mazzei e Sarah Merçon-Vargas, *Código de Processo Civil comentado*, p. 976-977.

1436 É muito importante observar que apesar de o texto do art. 642, § 2º, do CPC atual, ser muito próximo ao revogado art. 1.017, § 2º, houve (ainda durante a vigência do CPC de 1973) mudança radical na sistemática acerca da escolha do bem a ser objeto da penhora. Com efeito, quando da entrada em vigor da codificação de 1973, consoante redação original do seu art. 652, a escolha acerca dos bens a serem alvo de penhora, caso não efetuado o pagamento na execução, recairia ao devedor (executado). Ocorre que o gabarito do art. 652 foi severamente alterado pela Lei n. 11.382/2006, que passou a escolha para o credor (exequente), situação que foi mantida pelo CPC em vigor, conforme cravado no art. 829, § 2º, do CPC. O devedor (executado) pode apresentar contraposição à escolha do credor (exequente), fazendo-o na forma acima desenhada, ou seja, escorando-se no art. 805 do CPC. O tema foi analisado com vagar nos comentários ao art. 646 e demonstra a importância do credor indicar os bens para *separação* (art. 642, § 2º) e/ou *reserva* (art. 643, parágrafo único), porquanto o texto do art. 829, § 2º, do diploma processual atual, diverso do texto primitivo do art. 652 do CPC de 1973, lhe concede a fala preferencial na escolha dos bens a serem penhorados, situação que deve ser projetada, ainda com adaptação, ao pedido de *habilitação de crédito*.

dado que passou em branco), sem prejuízo da possibilidade do credor, já em tal ato, postular a forma que almeja no cumprimento do pagamento. Pode ocorrer, no entanto, que, apesar de já constar a dívida nas primeiras declarações, sem que houvesse qualquer irresignação dos interessados quanto ao fato, o credor na *habilitação de crédito* requerer ajustes vinculados à própria obrigação (por exemplo, seu valor, forma de correção ou natureza e classificação da dívida). Tal postulação passará por contraditório, surgindo debate que poderá ter que ser resolvido pelo juiz. Assim, a arquitetura acerca dos fundamentos da postulação (e, via de talante, sobre o pedido) sofre variação em relação à primeira ilustração.

6.7 Prova documentada de "dívida"

Um dos pontos mais confusos do bloco dos arts. 642-646 está da inconsistente delimitação da prova documentada que deve carrear o pedido de *habilitação de crédito,* pois a legislação não traz gabaritos uníssonos no sentido. Com efeito, o art. 642, § 1º, faz alusão à "prova literal de dívida", ao passo que o art. 643, parágrafo único, indica que se trata de "documento que comprove suficientemente a obrigação". O art. 644 não deixa de tratar do tema, pois – em contraponto ao *caput* do art. 643 (que exige que *as dívidas estejam vencidas e exigíveis*) – dispõe sobre a possibilidade de reclamar pela dívida não vencida, desde que esta se poste como "certa e líquida".[1437] O art. 646, no desfecho da Seção VII (*Do Pagamento de Dívidas*), faz conexão da temática com a *penhora*, instituto íntimo da execução e, como tal, atrelado aos títulos executivos (art. 784). Não suficiente o carnaval de nomenclaturas apresentado no CPC, consta no art. 1.997, § 1º, do CC, que, somente se justificará a reserva dos bens, se o credor apresentar no seu pedido "dívidas constantes de documentos, revestidos de formalidades legais, constituindo prova bastante da obrigação". O palco para interpretação fica ainda mais desarmônico quando se adiciona o art. 202, IV, do CC, pois este faz restritivo apontamento voltado aos *títulos de crédito* como vetor para interrupção da prescrição. Em arremate, o disposto no art. 9º da Lei n. 11.101/2005, em seu inciso III, usa a dicção "documentos

1437 O quadro justificou a severa crítica de DANIEL AMORIM ASSUMPÇÃO NEVES. Senão, vejamos: "Ao afirmar que a dívida deve estar vencida e ser exigível, o art. 642, *caput*, do Novo CPC consegue ao mesmo tempo ser redundante e incompleto. É redundante porque dívida vencida significa obrigação exigível, e é incompleto porque não indica também a necessidade de ser a dívida líquida e certa, requisitos que podem ser extraídos do art. 644 do Novo CPC. Realmente não teria qualquer sentido exigir a liquidez e a certeza para a habilitação do crédito no inventário e dispensá-la como atributos da obrigação para o seu pagamento antes da partilha" (*Novo Código de Processo Civil comentado*, p. 1.081).

comprobatórios do crédito" e, no seu parágrafo único cambia para "títulos e documentos que legitimam os créditos".

Com o leme firme para a resolução do enleio, inicialmente pode se afirmar que, para o pedido de *habilitação de crédito,* não será necessária a presença de título executivo, ou mais restritivamente ainda, de título de crédito. Para tanto, o art. 202, IV, do CC deve ser interpretado de forma adequada, pois sua redação, além de possível pouso específico na *prescrição cambial* (daí a alusão aos "títulos de crédito") restaria incompatível com a Lei n. 11.101/2005, que, dentre outros assuntos, trata dos concursos de credores na recuperação judicial e na falência. No sentido, a legislação extravagante – em seu art. 9º, parágrafo único, da Lei n. 11.101/2005 – deixa claro que pedido de *habilitação de crédito* não está limitado aos títulos de crédito, ao permitir que tal postulação seja escorada em "títulos e documentos que legitimam os créditos".

Em segundo passo, é capital que se definam os predicados comuns exigidos em relação à *obrigação pecuniária* reclamada (= *dívida do espólio*) no pedido de *habilitação de crédito.* A providência se impõe até mesmo para dar coesão (naquilo que possível) entre os arts. 642 e 644, na medida em que o primeiro dispositivo trata das "dívidas vencidas e exigíveis" e o segundo da "dívida líquida e certa, ainda não vencida". Invertendo-se o prisma de abordagem, iniciando a aferição pelo art. 644, a missão fica fortemente facilitada. Com efeito, a obrigação pecuniária a ser reclamada através da habilitação de crédito invariavelmente deverá estampar os predicados da *certeza* e da *liquidez* (requisitos comuns aos arts. 642 e 644), mas admite variações em relação à *exigibilidade,* na medida em que, se esta estiver presente, aplicar-se-á o art. 642 e o pedido será de *pagamento,* ao passo que se a "dívida" ainda não for *exigível* o caminho será pela superfície do art. 644, alterando-se o pleito (= *separação de bens para futuro pagamento*).

Ao se juntar todas as ideias acima sedimentadas, conclui-se que o pedido de *habilitação de crédito* visa o cumprimento de obrigação *certa* e *líquida* (em favor do credor e contra o espólio), obrigação esta que deve estar plasmada em prova documentada, não sendo necessária, para tanto, a presença de título executivo (menos ainda título de crédito).[1438] O entendimento apresentado possui eco no texto do art. 9º, III, e parágrafo único, da Lei n. 11.101/2005, pois a referida legislação extravagante permite que tanto o credor munido de título quanto de documentação comprobatória de crédito possa requerer a habilita-

1438 Ainda que com fundamentos diferentes, mas também no sentido de que não é necessária a presença de título executivo ou título de crédito para a apresentação de *habilitação de crédito,* confira-se: Cristiano Chaves de Farias e Nelson Rosenvald, *Curso de Direito Civil:* sucessões, v. 7, p. 566-567; Paulo Cezar Pinheiro Carneiro, *Inventário e partilha judicial e extrajudicial*, p. 156; e Ernane Fidélis dos Santos, *Manual de Direito Processual Civil*, v. 3, p. 107.

ção de seu crédito. Seria totalmente despropositada exigência mais rigorosa quanto à comprovação dos créditos no inventário sucessório do que ocorre em relação à legislação que envolve a recuperação judicial e a falência, até mesmo diante da ambiência de maior litigiosidade da última na disputa dos créditos. Dessa forma, a partir da *potencial* comprovação documentada de obrigação *certa* e *líquida*, o credor do espólio postulará junto ao inventário sucessório para que seja feito o *pagamento* em relação à *obrigação pecuniária vencida* (art. 642) ou que seja determinada a *separação de bens para pagamento futuro* no caso de *dívida ainda não vencida* (art. 644).

6.8 Prova documentada: admissibilidade da postulação × análise acerca da evidência do crédito reclamado

O art. 642, § 1º, ao fazer alusão à "prova literal da dívida" acena no sentido de que o credor terá que trazer *prova documentada*[1439] para comprovação da existência de obrigação certa, líquida e exigível que merece ser paga pelo espólio.[1440] Com o transporte do art. 9º, III, e parágrafo único, da Lei n. 11.101/2005 com arrimo, a existência de dívida do espólio com o credor poderá ser comprovada por conjunto de atos documentados, diferente do que

---

1439 Sobre a diferença de prova *documentada* e *documento* (sentido estrito), vide os comentários ao art. 612 desta obra.

1440 LUCIANO VIANNA ARAÚJO chega a defender que a concordância geral pode dispensar a produção de prova *documentada* da dívida (*Comentários ao Código de Processo Civil*, v. 3, p. 238-239. A posição parece ser defendida por CARLOS ALBERTO DABUS MALUF e ADRIANA CALDAS DO REGO FREITAS DABUS MALUF, *Curso de Direito das Sucessões*, p. 536; e WASHINGTON DE BARROS MONTEIRO e ANA CRISTINA DE BARROS MONTEIRO FRANÇA PINTO, *Curso de Direito Civil*, v. 6, p. 330-331. Ainda que tal ideia seja sedutora e seja possível se pensar em alguns exemplos, há de se ter reservas com sua aplicação no plano geral. A admissão de *habilitação de crédito* sem prova documentada quebra a concepção de isonomia do inventário sucessório, que possui natureza concursal. No sentido, a concordância não se submete apenas aos herdeiros, pois, como demonstram de forma ilustrativa o art. 642, § 5º, e o art. 645, outras pessoas podem ser convocadas para se manifestar sobre o pedido do credor do espólio. Ademais, o pagamento de dívidas cria um recorte na herança líquida, fato que diminui a base de cálculo do imposto *causa mortis*. Lembre-se, ainda, que, em inventário sucessório com a presença de incapazes e/ou ausentes, há menor espaço na aplicação da autonomia da vontade (conforme ARNALDO RIZZARDO, *Direito das Sucessões*, p. 697-698). Dessa forma, o entendimento esboçado merecerá temperamentos e, admitindo-o, deverá ter espaço para pagar dívidas de menor monta e aquelas que justificadamente não forem documentadas. Interessante (e correta) a observação de CARLOS MAXIMILIANO: "Dívida confessada em testamento, porém não provada por instrumento apropriado para documentar crédito, considera-se *legado*; portanto é atendida depois de satisfeitos os outros credores, e só se paga pela cota disponível, em havendo herdeiros necessários. A confissão exarada em *causa mortis* não constitui, por si só, prova de dívida" (*Direito das Sucessões*, v. III, p. 344).

ocorre normalmente com os títulos executivos, em que a sua presença isolada é suficiente para demonstração da dívida.[1441]

Diante do vasto panorama quanto à possibilidade de comprovação da "dívida do espólio", que há, de certa maneira, pontos de contato do pedido de *'habilitação de crédito* com a ação monitória para cobrança de quantia em dinheiro (art. 700, I, do CPC), pois nas duas situações a prova *documentada* terá que ter natureza escrita e não se submete a um gabarito fechado de modelos típicos senão à própria comprovação de obrigação pecuniária que deve ser paga.[1442] Assim, seguindo-se tal orientação, nada obsta que seja apresentado pedido de *habilitação de crédito* calçado em *e-mails*, notas fiscais, mensagens de texto trocadas entre credor e devedor etc.[1443] Com a aproximação, a técnica prevista no art. 700, § 1º – que permite que a prova escrita na ação monitória seja representada por prova oral previamente produzida e documentada – poderá ser utilizada no pedido de habilitação de crédito.[1444] Não se deve limitar, todavia, tal técnica como a única forma de documentação escrita de prova. Basta lembrar, no sentido, da ata notarial (art. 384 do CPC). Por exemplo, o credor poderá requerer que o tabelião lavre ata a partir de imagens, vídeos e/ou som gravados constantes de mensagens em celular em que o falecido reconhece a existência de dívida não paga.

Conclui-se, a partir da resenha, que a dicção "prova literal da dívida" utilizada no art. 642, § 1º, embora com espectro amplo e boa liberdade de preenchimento, se fecha na ideia de que a postulação do credor deverá trazer a comprovação através de ato(s) documentado(s) (= *'por escrito'*)[1445] da existência de obrigação pecuniária com os atributos da certeza, liquidez e exigibilidade. A comprovação exigida está afinada a natureza *documentada* do inventá-

---

1441 A Lei n. 11.101/2005 usa as expressões "documentos comprobatórios do crédito" (art. 9º, III) e os "títulos e documentos que legitimam os créditos" (art. 9º, parágrafo único). Vide item anterior.

1442 Próximo: Rodrigo Ramina Lucca, *Breves comentários ao novo Código de Processo Civil*, p. 1.716.

1443 Próximo: Gerson Fischmann, *Comentários ao Código de Processo Civil*, v. 14, p. 142; e Ernane Fidélis dos Santos, *Manual de Direito Processual Civil*, v. 3, p. 107.

1444 Bem próximo: Daniel Amorim Assumpção Neves, *Novo Código de Processo Civil comentado*, p. 1.081. Caio Mário da Silva Pereira traz como exemplo a habilitação de crédito munida com a prova documentada obtida por "justificação", figura prevista no arts. 861-855 do CPC de 1973 que, basicamente, consistia na oitiva em juízo de determinadas pessoas acerca de conhecimento sobre fatos ocorridos (*Instituições de Direito Civil*: Direito das Sucessões, p. 394). Com semelhante ideia, confira-se também Arthur Vasco Itabaiana de Oliveira, *Tratado de Direito das Sucessões*, p. 396-397; Carlos Maximiliano, *Direito das Sucessões*, v. III, p. 344; e Dimas Messias de Carvalho, *Direito das sucessões:* inventário e partilha, p. 472.

1445 Correta, portanto, a lição de Eduardo Talamini de que o conceito de "prova escrita" não se confunde com a presença de "documento" (*Tutela monitória:* a "ação monitória", p. 76-77; e mais recentemente *Comentários ao novo Código de Processo Civil*, p. 590).

rio *causa mortis* e tem a finalidade de propiciar aos interessados na herança a manifestação sobre o pleito, pois a deliberação judicial adotada será variante a partir da concordância (ou não) destes quanto ao pedido.

Feita a anotação, não se pode perder de vista que a análise da prova documentada apresentada para *admissibilidade* do pedido de *'habilitação de crédito'* não se confunde com a aferição que poderá ser feita para efeito de formação de garantia patrimonial (*reserva*) caso ocorra oposição ao pleito, ou seja, a análise de "mérito" da postulação. De forma bem resumida, tendo em vista que o § 2º do art. 642 prevê que as partes (interessados na herança) podem concordar com o requerimento, nos casos há indícios fáticos de que o pedido do credor não receberá resistência, a prova documentada do crédito poderá ser apresentada de forma mais rasa e simplificada. No entanto, quando o credor não possuir tal convicção será capital que o requerimento de *"habilitação de crédito"* esteja escorado em prova documentada com pujança capaz de demonstrar a existência de dívida certa e líquida do espólio. Isso porque os arts. 643, parágrafo único, do CPC e 1.997, § 1º, do CC, dispõem no sentido de que, caso não ocorra concordância no pagamento, o juiz somente deverá determinar que seja feita a reserva de bens para garantir a eventual cobrança pelas "vias ordinárias" se houver um *juízo de evidência* favorável ao credor.

Em suma, para que seja determinada a formação de garantia o art. 643, parágrafo único, exige que o direito de crédito esteja plasmado em "*documento que comprove suficientemente a obrigação*", regra que possui eco no art. 1.997, § 1º, do CC, que prevê que a garantia judicial somente será levada a cabo se o credor trouxer "documentos, revestidos de formalidades legais, constituindo prova bastante da obrigação". Assim, a *prova documentada trazida pelo credor* acerca da obrigação reclamada terá que ser convincente,[1446] pois servirá como elemento de convicção para o deferimento de tutela provisória (reserva de bens).[1447-1448]

1446 Próximo: Arnaldo Rizzardo, *Direito das Sucessões*, p. 695; e Gerson Fischmann (*Comentários ao Código de Processo Civil*, v. 14. São Paulo: Revista dos Tribunais, 2000, p. 147).

1447 Há semelhança da referida tutela típica com o arresto, pois a constrição tem a finalidade de garantir futura penhora. No sentido: STJ, 3ª Turma, REsp 703.884/SC, j. 23/10/2007, *DJ* 08/11/2007. Próximo: Fernando da Fonseca Gajardoni, *Processo de conhecimento e cumprimento de sentença:* comentários ao CPC 2015, v. 2, p. 1.089; e Fábio Caldas de Araújo, *Curso de Processo Civil*, tomo II, p. 256. Diferentemente, a ordem judicial de separação de bens se encaixa com mais perfeição como *penhora*, no sentido de constrição como ato limiar da expropriação. Bem próximo: Gerson Fischmann, *Comentários ao Código de Processo Civil*, v. 14, p. 144; Ovídio A. Baptista da Silva, *Comentários ao Código de Processo Civil*, v. XI, Porto Alegre: 1985, 110; e Humberto Theodoro Júnior, *Curso de Direito Processual Civil*. Procedimentos Especiais, v. II, p. 275.

1448 A reserva de bens em voga possui traços de identificação com a tutela de evidência, muito embora com conclusão *acautelatória* para o credor. De forma assemelhada ao

7. Resenha procedimental do pedido de *habilitação de crédito* até a decisão judicial

O art. 642 projeta um *incidente*[1449] cujos atos não irão interromper ou suspender as atividades vinculadas à arrecadação e ao posicionamento dos interessados na herança, prosseguindo os atos inerentes até que a postulação se encontre apta para a decisão do juízo sucessório. Seja como for, a apresentação judicial do pedido de habilitação interrompe a prescrição (art. 202, IV, do CC). Efetuada a distribuição respectiva, a postulação receberá numeração e identificação própria – com a atuação em apenso no caso autos físicos (art. 642, § 1º),[1450] efetuando-se *vinculação* na hipótese de autos digitais.[1451] Caso o pedido seja apresentado no ventre do inventário sucessório, o juiz deverá determinar seu translado, a fim de que possa ser posicionado de forma adequado.[1452] Em razão dos requisitos formais que a peça se submete, o juiz, ao recepcioná-la, poderá determinar a sua emenda (art. 321 do CPC). Estando a postulação apta, o juízo sucessório deverá determinar a manifestação das partes sobre o pedido do credor.

O CPC não fixa o prazo para que as partes efetuem a manifestação acerca do pedido de *habilitação de* crédito. Diante da omissão, aplica-se o disposto nos arts. 218, § 3º, e 219, firmando-se o prazo de cinco dias, prazo este que não discrepa do que está previsto no art. 11 da Lei n. 11.101/2005 (fixado para o credor se manifestar acerca da impugnação do seu crédito). Seguindo a linha de outros dispositivos aplicáveis ao inventário, o prazo de manifestação será

---

previsto no art. 311, IV, do CPC, cabe ao autor (no caso, *o credor*) instruir a "petição inicial" (= *pedido de habilitação de crédito*) com "prova documental suficiente dos fatos constitutivos do direito" alegado (= *crédito*), incumbindo ao "réu" (na hipótese, *os interessados na herança*) a apresentação de fundamentação capaz de gerar dúvida razoável (= *impugnação, que não se funde na alegação de pagamento*, acompanhada de *prova valiosa*). Vide os comentários ao art. 643 desta obra.

1449 Próximo: Luiz Rodrigues Wambier e Eduardo Talamini, *Curso Avançado de Processo Civil*, v. 4, p. 148; e Teresa Arruda Alvim Wambier, Maria Lúcia Lins Conceição, Leonardo Ferres da Silva Ribeiro e Rogério Licastro Torres de Mello, *Primeiros Comentários ao novo Código de Processo Civil*, p. 1.007.

1450 Como a lei expressamente faz alusão ao *apensamento*, presume-se que haverá autos apartados. Próximo: Cláudia Elisabete Schwerz Cahali, *Código de Processo Civil anotado*, p. 898. A situação se justifica para que não ocorra tumultuária processual, com aglomeração indevida de petições sobre assuntos diversos no ventre do inventário, notadamente diante da possibilidade de andar simultâneo com as fases de arrecadação e posicionamento jurídico. Em sentido contrário, parecendo sustentar que a habilitação será interna, confira-se: Gustavo Tepedino, Ana Luiza Maia Nevares e Rose Melo Vencelau Meireles, *Direito das sucessões*, p. 255.

1451 Com a mesma observação, confira-se: Fernando da Fonseca Gajardoni, *Processo de conhecimento e cumprimento de sentença:* comentários ao CPC 2015, v. 2, p. 1.090.

1452 Igualmente: Fábio Caldas de Araújo, *Curso de Processo Civil*, tomo III, p. 255.

comum às partes. Sem prejuízo, visando dinâmica ao incidente e aceleração processual, é de bom tom o uso do calendário processual (art. 191), podendo no particular o juiz apresentar sugestão da cadência para adesão ou pedido de ajustes pelas partes.[1453]

Todos os herdeiros (sejam estes legais ou testamentários) e os respectivos cessionários (art. 1.793, do CC), caso seja a hipótese, deverão ser ouvidos pelo juiz. Na verdade, o conceito de "parte" incorporado pelo art. 642, § 2º, é preenchido pelo art. 626, regra fluída que admite o pouso de outros personagens de acordo com a sucessão.[1454] Dessa forma, a convocação não ficará restrita aos herdeiros (e/ou aos seus cessionários), sendo relevante que o juízo sucessório apure as pessoas que o reconhecimento da dívida poderá causar alguma repercussão concreta.[1455] A confirmar a assertiva, os arts. 645 e 642, § 5º, preveem que os legatários e os donatários devem ser ouvidos se o pagamento das dívidas puder causar abalo ao cumprimento dos legados ou a redução das doações.[1456]

No caso de presença de interessado incapaz no inventário sucessório, será necessária a oitiva do Ministério Público (art. 178, II). De toda sorte, o posicionamento contrário do Ministério Público, por si só, não deve ser visto como óbice ao pedido do credor, pois o juiz não está vinculado ao seu parecer, caso ocorra a concordância geral e o pagamento não se mostre prejudicial ao incapaz.[1457]

1453 Sobre as possibilidades de calendário processual, vide comentários aos arts. 611 e 635 desta obra

1454 Vide comentários ao art. 626 acerca do seu rol permeável.

1455 Por exemplo, o cônjuge/companheiro sobrevivente que tinha vínculo com o falecido pelo regime da comunhão universal – ainda que não se posicione como herdeiro (art. 1.829, I, do CC) – poderá ter interesse direto na apuração das dívidas da herança, pois a dívida poderá ser imputada como comum e afetar a meação.

1456 Seguindo tal lógica, pode ser admitida a oitiva de outros credores, caso o pedido de pagamento coloque em risco o pagamento integral das dívidas, notadamente quando estas já estiverem declaradas e postadas sem oposição dos interessados na herança. Mesmo com diferenças pulsantes, a manifestação do trio de figuras (legatário, donatário e outro credor) de forma comum restará justificada a partir da projeção do resultado que a *habilitação de crédito* poderá causar na potência das forças da herança, não permitindo que o legado seja cumprindo, que ocorra redução na doação ou que a dívida não seja paga. Observe-se quanto ao credor que sua manifestação poderá cingir-se à impugnação da classificação do crédito, situação que lhe colocará em posição de preferência no pagamento e no sequenciamento de separação de bens para o uso dos mecanismos de pagamento previstos no art. 642, §§ 2º-3º. O art. 8º da Lei n. 11.101/2005 ratifica o aduzido, pois permite que o credor apresente impugnação contra a relação de credores, inclusive quanto à classificação de crédito relacionado.

1457 Bem próximo: Ernane Fidélis dos Santos, *Manual de Direito Processual Civil*, v. 3, p. 107.

Apesar de não constar nada a respeito no texto legal, afigura-se como necessária a intimação da Fazenda Pública no pedido de *habilitação de crédito*,[1458] especialmente se a manifestação dos interessados na herança for de concordância com a postulação. Tal situação influenciará na base de cálculo do imposto *causa mortis*, pois sua incidência é sobre a herança líquida, descontando-se, portanto, as dívidas do espólio.[1459] Note-se que a Fazenda Pública participa da fase de arrecadação de bens (arts. 630-638), e o pagamento de dívidas poderá frustrar a projeção inicial do cálculo do imposto.[1460] A alegação vazia da Fazenda Pública contra o pagamento, todavia, não impedirá que este efetue (seja em espécie, seja por meio de mecanismo que use do patrimônio da herança para tanto), notadamente se ficarem reservadas as quantias correspondentes aos impostos atrelados à sucessão e/ou a transferência do bem.[1461-1462]

No caso de manifestação negativa ao seu requerimento (= *"habilitação"*), o credor deverá ser ouvido antes da decisão do juiz, aplicando-se o art. 10 do

---

1458 No sentido: Rodrigo Mazzei e Tiago Figueiredo Gonçalves, *Comentários ao Código de Processo Civil*, p. 899; Pontes de Miranda, *Comentários ao Código de Processo Civil*, v. XIV, p. 164 e 167; Paulo Cezar Pinheiro Carneiro, *Inventário e partilha judicial e extrajudicial*, p. 162; Sergio Shaione Fadel, *Código de Processo Civil*, Arts. 890 a 1.220, p. 174; e José da Silva Pacheco, *Inventários e partilhas*: na sucessão legítima e testamentária, p. 495.

1459 No sentido (entre vários): José da Silva Pacheco, *Inventários e partilhas:* na sucessão legítima e testamentária, p. 493; e Carlos Alberto Dabus Maluf e Adriana Caldas do Rego Freitas Dabus Maluf, *Curso de Direito das Sucessões*, 2013, p. 538. Sobre herança líquida, há julgados no STF definindo-a como base de incidência do imposto *causa mortis* (confira-se, no ponto, o teor dos julgamentos da 1ª Turma do AI 733.976, j. 11/12/2012, *DJ* 06/02/2013 e do Tribunal Pleno, RE 14.726 EI, j. 12/10/1950, *DJ* 16-11-1950). Igualmente: TJSP; 6ª Câmara de Direito Público, Apelação/Remessa Necessária 1069189-25.2019.8.26.0053; j. 22/04/2020, *DJ* 22/04/2020.

1460 Igualmente: Paulo Cezar Pinheiro Carneiro, *Inventário e partilha judicial e extrajudicial,* p. 162.

1461 Segundo lição de Hamilton de Moraes Barros: "O interesse da fazenda é limitado, pois se resume no recolhimento do imposto devido pela sucessão" (*Comentários ao Código de Processo Civil*, v. IX, p. 298). Semelhante à conclusão do corpo do texto, confira-se: Artur César de Souza, *Código de Processo Civil*, v. III, p. 1.546. Próximo: Carlos Alberto Dabus Maluf e Adriana Caldas do Rego Freitas Dabus Maluf, *Curso de Direito das Sucessões*. São Paulo: Saraiva, 2013, p. 536; e Washington de Barros Monteiro e Ana Cristina de Barros Monteiro França Pinto, *Curso de Direito Civil*, v. 6, p. 330-331.

1462 Caso a Fazenda Pública aponte que credor e espólio lançaram mão de ato simulado com fito de afastar o pagamento de tributos (e não tendo sido tal situação vislumbrada de forma evidente pelo juízo sucessório – art. 142 do CPC), deverá o fisco propor ação autônoma para efetuar o reclame, situação que se torna clara em razão da necessidade de respeito ao disposto no art. 612 do CPC Semelhante: Ernane Fidélis dos Santos, *Manual de Direito Processual Civil*, v. 3, p. 107.

CPC. Observe-se que a discordância dos interessados na herança poderá ser parcial, reconhecendo, em exemplo, a dívida, mas não concordando com o valor apresentado na habilitação. Na ilustração, a oitiva do credor poderá permitir o ajuste quanto à discordância, aceitando este as ponderações da impugnação, situação que permitirá que o pagamento seja efetuado internamente no inventário *causa mortis*.[1463] Não se trata de abertura de contraditório – fique claro – que permitirá o desenvolvimento de debate interno sobre os motivos da impugnação, mas tão somente prévia ciência do credor acerca da fala das partes no sentido, pois a medida permitirá não só que este adote posturas para evitar a remessa externa (como na ilustração acima), como também propiciará o adiantamento da propositura da ação pelas "vias ordinárias" (ao se vislumbrar que é inevitável que o pleito será enviado para fora do inventário sucessório).

No caso de pluralidade de postulações, notadamente nas situações em que se acumule razoável volume de pleitos e/ou de variações acerca do teor dos debates envolvendo as habilitações, poderá o juiz antes de decidir determinar que o inventariante apresente relatório. Em fala documentada descritiva, o administrador da herança deverá discriminar cada pedido, fixando-se os pontos principais respectivos, com a depuração das postulações aceitas em relação às rejeitadas pelos interessados na herança. Deverá também explicitar as fundamentações das impugnações e, por fim, os impactos dos pedidos de habilitação nas forças da herança (= *patrimônio do espólio*). O pormenor é relevante, já que é perfeitamente possível que a insolvência do espólio fique configurada depois de apresentadas às habilitações de crédito (art. 955 do CC), e tal concurso deverá ser dirigido pelo juiz com competência para decidir sobre a insolvência na sucessão, pois esta, segundo regras locais, pode ser privativa de juízo outro que não o da própria sucessão.[1464]

Alcançando a fase decisória sobre os pedidos de *habilitação de crédito*, as deliberações do juiz estão atreladas às falas dos interessados na herança (*concordância* ou *não* quanto ao pedido). Na hipótese de regular concordância, o juiz declarará habilitado o crédito, a fim de que o pagamento seja efetuado seguindo-se os engenhos desenhados no art. 642, §§ 2º-3º. No caso de não resistência ao pagamento, caberá ao juiz analisar os elementos de *evidência* que se extraem das manifestações do credor e dos interessados na herança, em que se destaca a *prova documentada apresentada* pelo primeiro e os *fundamentos* (com as devidas escoras probatórias) dos interessados acerca do pagamento já ter sido

1463 O art. 11 da Lei n. 11.101/2005 permite ao credor se manifestar sobre a impugnação, devendo a mesma ideia ser trazida para o *inventário sucessório* quando a dicção dos interessados na herança for capaz de bloquear o pagamento ou de impugná-lo de alguma forma.

1464 Vide comentários ao art. 618.

efetuado (arts. 643, parágrafo único, do CPC e 1.997, § 1º, do CC). O deferimento da reserva de bens deve ser visto como *tutela provisória* que poderá ser concedida de *ofício*,[1465] ou seja, mesmo sem prévio requerimento do credor, presumindo-se na sua postulação tal pedido em caso de não concordância do pagamento pelos interessados na herança.[1466]

O art. 642 não fez nenhuma alusão quanto aos pagamentos de honorários de advogado e às despesas processuais, sendo a legislação no sentido silente.[1467] Especificamente sobre os honorários de advogado, há entendimento no sentido de admitir a sua fixação na decisão que define o pedido de habilitação de crédito.[1468] Tal posicionamento, todavia, não merece ser prestigiado em razão da natureza da postulação e dos desfechos delimitados no art. 642 (pagamento com concordância e remessa externa em caso de resistência). Ademais, não há nos incidentes ao longo do inventário fixação de honorários de sucumbência, não sendo diferente no pleito de *habilitação de crédito*. No que se refere às despesas processuais, não ocorrendo resistência do espólio, a aplicação do art. 88 do CPC parece ser a melhor saída, com rateio igualitário entre credor e devedor (espólio), diante do interesse comum em resolver a dívida. No entanto, as despesas vinculadas às alienações (por exemplo, as relativas à publicidade do certame e da própria venda) deverão ser retiradas do monte, pois estão ligadas ao próprio pagamento.[1469] No caso de a dívida já estar corretamente arrolada no inventário, tendo o inventariante cumprido o disposto no art. 620, IV, *f*, as custas deverão ser suportadas pelo credor, uma vez que a habilitação não era necessária. Na hipótese de resistência do espólio ao pagamento, as custas serão arcadas pelo credor, mas, configurando-se no processo externo (= "vias ordinárias") que o pagamento era devido, o espólio deverá efetuar o reembolso da verba, juntamente com o valor atualizado da dívida.[1470] Assim, na forma das ilustrações, é necessário que se aplique

---

1465 No sentido: Clóvis do Couto e Silva, *Comentários ao Código de Processo Civil,* v. XI, tomo I, p. 364), Paulo Cezar Pinheiro Carneiro, *Inventário e partilha judicial e extrajudicial*, p. 161; Humberto Theodoro Júnior, *Curso de Direito Processual Civil*: procedimentos especiais, v. II, p. 275; e Fábio Caldas de Araújo, *Curso de Processo Civil*, tomo III, p. 256.

1466 Bem próximo: Fábio Caldas de Araújo, *Curso de Processo Civil*, tomo III, p. 256.

1467 Vide os comentários ao art. 625 desta obra.

1468 No sentido: STJ, 3ª Turma, REsp 1.431.036/SP, j. 17/04/2018, *DJ* 24/04/2018; 4ª Turma, REsp 578.943/SC, j. 18/05/2004, *DJ* 04/10/2004. Na doutrina: Arruda Alvim, Araken de Assis e Eduardo Arruda Alvim.

1469 No sentido: Ernane Fidélis dos Santos, *Manual de Direito Processual Civil*, v. 3, p. 107.

1470 Igualmente: Ernane Fidélis dos Santos, *Manual de Direito Processual Civil*, v. 3, p. 107.

adequadamente o *princípio da causalidade* para a identificação do responsável pelo pagamento das despesas processuais.

Na hipótese de decisão positiva, o juízo sucessório – ao "habilitar" o crédito – determinará o pagamento em espécie ou, caso o espólio não tenha numerário disponível, deverão ser apartados bens suficientes para o pagamento (*separação de bens* – art. 642, § 2º).[1471] Na segunda situação, sendo necessário consumo de bens do espólio para o pagamento, os atos de expropriação devem ser precedidos de intimação do credor, do espólio (na pessoa do inventariante) e das partes, a fim de que seja definido como o pagamento será levado a cabo.[1472]

8. Separação de bens × reserva de bens

No caso de decisão judicial que "habilite o crédito", inexistindo saldo em dinheiro junto ao espólio (situação extremamente comum), o caminho ordinário será o da *separação de bens*, a fim de que o patrimônio não pecuniário seja utilizado para viabilizar o pagamento (art. 642, § 2º). Tal medida ocorrerá tanto pela falta absoluta de numerário de posse do espólio, como nos casos em que não há quantitativo suficiente disponível para saldar as dívidas. Far-se-á, em tais hipóteses, o cumprimento misto do pagamento, entregando parte em verba pecuniária, com a *separação* de bens para preencher o saldo que restou em aberto.[1473] De forma diversa, caso a decisão judicial faça a remessa da cobrança ("habilitação") para as "vias ordinárias", caberá ao juízo sucessório determinar a *reserva de bens* se a dívida reclamada pelo credor "constar de documento que comprove suficientemente a obrigação" e a impugnação para o não pagamento "não se fundar em quitação" (art. 643, § 3º).

1471 Considerando que a decisão positiva importará em determinação de pagamento, é muito importante que – em caso de concordância com a *habilitação de crédito* – que a manifestação das partes e/ou dicção do inventariante indique a forma com que pretendem efetuar o pagamento, caso este não seja feito em dinheiro, tal como permite a interpretação mais aguda do art. 154, VI, do CPC. Com efeito, conjugando-se o art. 154, VI, com o art. 3º, § 3º, da codificação processual civil, tem-se que o estímulo à autocomposição não é privativo do oficial de justiça, razão pela qual incitação no sentido pode (ou melhor, deve) ser provocada por qualquer sujeito do processo (art. 6º), sem prejuízo da apresentação voluntária de proposta pela parte interessada. No tema: confira-se Rodrigo Mazzei e Tiago Figueiredo Gonçalves, *Comentários ao Código de Processo Civil*, p. 246-247.

1472 Assim, em exemplo, o inventariante e os herdeiros poderão propor pagamento parcelado da dívida (art. 154, VI) e/ou designação de determinado bem (*separação*) para efeito de expropriação (art. 642, § 4º) e o credor, por sua, vez propor a "adjudicação" de bem por ele eleito para tanto (art. 642, § 4º). Forma-se contraditório, devendo no juízo sucessório apenas decidir se não houver consenso na forma e escolhas efetuadas para o pagamento da dívida.

1473 No sentido: Pontes de Miranda, *Comentários ao Código de Processo Civil*, v. XIV, p. 163- 164.

Há diferença abissal entre a *separação de bens* e a *reserva de bens*, pois na última situação não há a destinação patrimonial para o pagamento, mas tão somente a formação de *garantia* de solvência para assegurar o (eventual) pagamento futuro da dívida, caso assim se determine na "via ordinária". Com efeito, o art. 642, § 2º, trabalha com os bens que devem ser levados à *expropriação*, com *separação* no sentido, de modo que os procedimentos para que o pagamento se efetive devem ser iniciados, ficando estes sob o comando do próprio juiz sucessório. A *separação de bens* é uma etapa do *pagamento*, não se confundindo com *reserva de bens*, cujo escopo é limitado à garantia (em razão de que a discussão sobre o pagamento ainda se desenrolará na "via ordinária").[1474] Perceba-se, com tal corte, que a *separação* está atrelada a adoção de medida que visa à *satisfação* da dívida, ao passo que os atos concernentes à *reserva* visam manter quadro de *estabilidade* para possível atendimento da dívida, projetando tal situação para o futuro (desfecho de pendenga externa ao inventário sucessório).[1475-1476]

Com as diferenças postas, afere-se também que a *reserva de bens* importará as disposições sobre penhora que estão vinculadas à *garantia* de futura (mas eventual) expropriação. De outra banda, em relação à *separação de bens,* o foco do translado estará nos regramentos sobre a penhora que se destinam à própria (e concreta) consecução da expropriação.[1477] Assim, é natural que a escolha sobre os bens destinados à *reserva* recaia – preferencialmente – sobre aqueles que tenham maior imunidade em relação ao perecimento e/ou à desvalorização patrimonial durante o período em que perdurar a ação autônoma que discutirá a dívida, ao passo que em relação à *separação* – como se trata de ato imediato – deverá ser feita opção pelos bens que tenham a aptidão para obtenção mais eficiente de recursos pecuniários.

1474 No sentido: Orlando Gomes, *Sucessões,* p. 297; Humberto Theodoro Júnior, *Curso de Direito Processual Civil.* Procedimentos Especiais, v. II, p. 275; Carlos Roberto Gonçalves, *Direito Civil Brasileiro,* v. 7, p. 542; Arnaldo Rizzardo, *Direito das Sucessões,* p. 702; Pontes de Miranda, *Comentários ao Código de Processo Civil,* v. XIV, p. 163; Luiz Paulo Vieira de Carvalho, *Direito das Sucessões,* p. 1.046; e José da Silva Pacheco, *Inventários e partilhas*: na sucessão legítima e testamentária, p. 494.

1475 Próximo: Paulo Cezar Pinheiro Carneiro, *Inventário e partilha judicial e extrajudicial,* p. 163.

1476 Note-se que a vedação do § 3º do art. 1.793 do CC, que não permite a alienação individual de bem que compõem o condomínio hereditário, não se aplica à *separação* (nem à própria *reserva*), já que tal medida além de prevista em lei, demanda ainda decisão judicial a respeito, saciando-se, assim, a exigência da lei civil (= *autorização judicial para o ato de disposição*).

1477 Assim, em ilustração, as regras de modificação da penhora (art. 847-853) estão mais afinadas com a *reserva* de bens, ao passo que todas aquelas vinculadas à transformação da penhora em dinheiro (por exemplo, art. 861, III) estarão mais voltadas à *separação.*

Em ilustração, determinados bens móveis que sofrem com cadência de desvalorização natural e/ou que necessitam de manutenção constante (por exemplo, veículos automotores), embora desaconselhados para figurarem como bens a serem *reservados,* não o serão, necessariamente, para efeito de *separação.*[1478] Isso porque, como se presume que a *separação de bens* terá ciclo mais curto do que a *reserva,* os efeitos do tempo em relação à variação quanto à estimação patrimonial serão menores na primeira hipótese em relação à segunda. Mais ainda, pode ocorrer por situação contingencial em que a separação de determinado bem crie vantagem ao espólio (por exemplo, valorização do seu preço no mercado ou recebimento de proposta vantajosa), justificando-se que a escolha recaia sobre aquele, uma vez que a alienação condições favoráveis atenderá tanto o credor quanto ao espólio. Conclui-se, portanto, que os bens que devem ser objeto da *separação* devem ser escolhidos a partir do escopo que a envolve (*pagamento imediato*), de modo que a sua eleição não se confunde com os critérios aplicados à *reserva.*[1479]

Traçado tal olhar sobre a *separação de bens,* é inevitável que as partes sejam consultadas acerca da forma com que o *pagamento* será efetivado, inclusive acerca da escolha dos bens que devem ser destinados, pois deve se buscar a medida mais eficiente e vantajosa no sentido, sem que a opção onere desnecessariamente o espólio. Como se trata de *expropriação de bens* (art. 642, § 3º), é necessário que se faça a importação das regras vinculadas à execução que

---

1478 O art. 113 da Lei n. 11.101/2005, aplicável ao administrador da falência, prevê a alienação antecipada dos "bens perecíveis, deterioráveis, sujeitos à considerável desvalorização ou que sejam de conservação arriscada ou dispendiosa". Semelhante providência (venda antecipada) deve ser adotada pelo inventariante, sendo certo que a alienação de bens pertencentes ao monte hereditário com tais características poderá se reverter para o pagamento dos credores habilitados, cujas dívidas não foram contestadas. Logo, tais bens podem ser usados para efeito de *separação,* já que a alienação destes no curso do inventário é providencia positiva, a fim de evitar prejuízo com a demora natural do processo. No tema (alienação antecipada), vide os comentários aos arts. 619 e 620 desta obra.

1479 Pontes de Miranda sugere que sejam utilizados em ordem preferencial de separação os seguintes bens: (a) móveis, (b) semoventes e (c) imóveis (*Comentários ao Código de Processo Civil,* v. XIV, p. 169). A sequência, contudo, não deve ser rígida e deve atender não só ao interesse do credor, mas também do espólio. Assim, com esteio no disposto no art. 872, caso a alienação de bens tenha sido eleita como a forma de pagamento, é mais coerente que se opere preferência a separação dos bens móveis sujeitos à depreciação ou à deterioração (art. 872, I), pois estes já teriam que ser alienados para evitar prejuízo ao espólio. Sem prejuízo, não se pode perder de vista na separação de bens qualquer situação que possa ser vista como vantajosa (art. 872, II). Quanto mais vantajosa a alienação, menor será o desfalque na herança causado pela *separação* de bens, de modo que terá mais força para pagar as dívidas e até de se alocar com retorno de saldo positivo em prol do monte.

tratam do tema. No sentido, iniciando-se tal procedimento de ficar evidenciado o interesse do credor, na forma do art. 799, IV, *a* e *c*, do CPC, interesse este que não é absoluto, pois o devedor pode indicar outros meios de execução menos onerosos, desde que com o predicado da eficiência (adaptando-se a parte final do parágrafo único do art. 805 do CPC).[1480] Trata-se, assim, de ajustamento pontual do disposto no art. 829, § 2º, da codificação em vigor, transportando a regra da execução para a *habilitação de crédito*.

Como já houve concordância acerca do pagamento da dívida, a ambiência é favorável para que as partes possam também chegar a novo consenso, especificamente agora sobre a forma de pagamento. Seja como for, a determinação do juiz se submete à análise dos interesses dos envolvidos no pagamento, devendo colher as falas pretéritas das partes no sentido e, caso assim não conste dos autos, mister que se forme contraditório antes do início do *cumprimento da habilitação de crédito*. A medida é salutar, pois, como já adiantado, evitará controvérsias no curso da expropriação, na medida em que o pagamento se efetuará a partir de desenhos apresentados pelos interessados, cabendo ao juiz decidir somente em caso de arestas.

O juiz condutor do inventário sucessório, portanto, dentro da modelagem fixada no art. 6º do CPC (e adaptada ao art. 642), assume papel importante no diálogo com os interessados, a fim de que o pagamento seja efetuado com eficiência, construindo-se a sua modelagem a partir de um diálogo provocado pelo órgão judicial caso as partes não tenham se postado anteriormente para a definição.[1481]

9. Pagamento das dívidas: projeção (e interpretação) do art. 825 ao juízo sucessório

O § 3º do art. 642 – ao fazer alusão à *alienação* e à *expropriação* – pode dar a falsa impressão de que o pagamento somente se operará mediante atos de *disposição* dos próprios bens postados na arrecadação sucessória.[1482] Todavia, tal inter-

1480 Fundamental, portanto, a aplicação das regras de calibragem que podem ser extraídas do art. 805. No tema: Rodrigo Mazzei e Sarah Merçon-Vargas, *Código de Processo Civil comentado*, p. 976-977.

1481 Sobre a cooperação perspectiva do juiz, confira-se os comentários ao art. 612 que traz a doutrina de Miguel Teixeira de Sousa e pontua os deveres de cooperação em *esclarecimento, prevenção, consulta* e *auxílio* (*Estudos sobre o novo processo civil*, p. 62-67). Sobre a dimensão do contraditório na construção das decisões, espaçando ao singelo binário *ação e reação*, confira-se: Rodrigo Mazzei, Embargos de declaração e agravo interno no Projeto de CPC – substitutivo de lavra do Deputado Paulo Teixeira: algumas sugestões para ratificações do texto projetado. *Revista de Processo*, v. 221, p. 245-290.

1482 Leitura esta que acaba sendo ratificada pelo § 4º do art. 642, que faz menção à *adjudicação* de bens (situação que também acarreta a perda do bem pelo espólio).

pretação é incorreta, pois os atos de expropriação não se limitam à disposição de bens já postados no patrimônio do devedor, muito menos a perda destes em prol do credor, bastando, no sentido, a leitura do art. 825 da codificação processual que prevê que a expropriação consiste não apenas em atos de *alienação* (inciso II) ou *adjudicação bens* (inciso I), mas também de forma a abarcar a apropriação de frutos produzidos pelo patrimônio.[1483] Dessa forma, uma solução que pode ser definida para o pagamento da dívida – e que não está ligada à *disposição dos próprios bens arrecadados* – está no repasse dos frutos a serem percebidos ao credor.

Com tal bússola, deve ser adaptada a dimensão do próprio inciso III do art. 825 do CPC, pois neste caso os frutos que seriam recebidos pelo espólio serão destinados ao credor com o objetivo de *pagamento*, e não de penhora.[1484] Note-se que o transporte do art. 825 para o inventário *causa mortis* não pode ser operado com limitações, pois soluções outras que não expressamente previstas no aludido dispositivo poderão ser utilizadas para o pagamento das dívidas do espólio. No sentido, por meio de anticrese (art. 1.506 do CC) poderá o espólio entregar ao credor, através de pacto específico e constituição da garantia real, o direito de perceber os frutos e rendimentos sobre o bem que fazem parte do acervo hereditário. A figura de direito real em questão está escorada na entrega da posse de bem de titularidade do devedor ao credor, para que este perceba frutos em *nome próprio* – recebimentos estes que serão lançados como pagamentos, a fim de que quitada a dívida, o bem retorne à posse e titularidade exclusiva do devedor.[1485] A anticrese não se confunde com a penhora ou a cessão dos direitos de receber frutos,[1486] pois a sua mecânica envolve o credor como protagonista na colheita

1483 Próximo: Clóvis do Couto e Silva, *Comentários ao Código de Processo Civil,* v. XI, tomo I, p. 364.

1484 O CPC, em seu art. 867, prevê que a penhora de frutos e rendimentos de coisa móvel ou imóvel deve ser prestigiada quando se verificar que tal trilha é mais *eficiente* para o "recebimento do crédito e menos gravosa para o executado" (= devedor, espólio). Assim, antes de se iniciar os atos de disponibilidade dos bens propriamente ditos, a mira para o pagamento da dívida pode se voltar aos frutos arrecadados pelo espólio, destinando-se estes (ou parcela respectiva) para os créditos habilitados. Sobre a aplicação do art. 867 do CPC, com olhos na eficiência, confira-se: Rodrigo Mazzei e Tiago Figueiredo Gonçalves, Ensaio sobre o processo de execução e o cumprimento da sentença como bases de importação e exportação no transporte de técnicas processuais. In: Araken de Assis e Gilberto Gomes Bruschi (coords.), *Processo de execução e cumprimento da sentença:* temas atuais e controvertidos, p. 32-34.

1485 Em ilustração da aplicação do instituto ao inventário sucessório, basta pensar nos imóveis sem utilização pelo espólio (e que, muitas vezes, oneram a herança com despesas de manutenção) e que por anticrese a posse é entregue ao credor, a fim de que este faça a exploração e receba os frutos respectivos como pagamento da dívida.

1486 No sentido, confira-se: Rodrigo Mazzei e Sarah Merçon-Vargas, *Comentários ao novo Código de Processo Civil,* p. 1.239.

no sentido (art. 1.507 do CC), sendo este o responsável pela exploração, razão pela qual deve prestar contas no sentido ao devedor.[1487] A exemplificação demonstra que há de ser aplicada a melhor técnica de pagamento em relação à dívida reclamada pelo credor, efetuando-se, dentro do manancial disposto no cardápio legal, a solução mais adequada. Inviável, assim, que se opere interpretação limitada tanto do § 3º do art. 642, como também do art. 825.[1488]

Sobre outro aspecto, deve-se gizar que o juízo da sucessão será o condutor do procedimento que envolve o pagamento, não devendo tal labor ser transferido ao juízo cível, pois haveria desintegração desnecessária e até ineficiente. Basta pensar que, se houver mais de um credor, a satisfação das dívidas reconhecidas poderá ser pulverizada em juízos variados. Assim, em regra, o juízo sucessório deverá ser o responsável pelos atos de expropriação dos bens do espólio,[1489] concentrando-se nele os debates, as escolhas e as decisões sobre as técnicas aplicáveis, cujo horizonte extrapola a interpretação literal dos arts. 642 e 825. Sem prejuízo, em determinadas situações justificadas, poderá o juízo sucessório se valer do disposto no art. 69 do CPC e, por meio de atos concertados, efetuar comunicação com juízo cível para que da cooperação resulte eficiência aos atos de expropriação.

10. Adjudicação de bens do espólio (art. 876)

A adjudicação prevista no art. 876 do CPC não se confunde com a situação prevista no art. 642, § 4º, que, consoante item adiante, possui traços que mais se aproximam da *dação em pagamento* (diante da necessidade de "concordância" das partes).

Com efeito, transportando o disposto no art. 876 para o inventário *causa mortis*, a partir da avaliação dos bens da herança e não tendo o espólio dinheiro em caixa para saldar o pagamento (da dívida reconhecida), deve ser facultado ao credor que escolha bem compatível com a dívida para que efetue a adjudicação.[1490] Em suma, se o credor pretender adjudicar o bem, deverá observar a valoração patrimonial frente à magnitude do seu crédito, de modo

---

1487 Sobre a prestação de contas do credor anticrético, confira-se: Marco Aurélio Bezerra de Melo, *Código Civil comentado*, p. 1.128-1.129.

1488 Com análise ampla das técnicas de expropriação no inventário sucessório: Rodrigo Mazzei e Tiago Figueiredo Gonçalves, Inventário sucessório e liquidação da herança: importação das técnicas de expropriação executiva. In: Araken de Assis e Gilberto Gomes Bruschi (coords.), *Processo de execução e cumprimento da sentença:* temas atuais e controvertidos, v. 2, p. 569-583.

1489 Parecendo concordar: José da Silva Pacheco, *Inventários e partilhas:* na sucessão legítima e testamentária, p. 497.

1490 Bem próximo: Marcelo Abelha, *Manual de Direito Processual Civil*, p. 843.

que, se este for inferior à estimação atrelado ao bem, deverá providenciar o depósito da diferença (sendo enviado o saldo ao espólio), noutro giro, se o montante do crédito superar o valor do bem, restará ainda saldo a ser pago pelo espólio (ainda que o pagamento se efetue por outra expropriação).[1491-1492]

A adjudicação pretendida pelo credor poderá ser afastada, trazendo para o inventário sucessório a aplicação do art. 876, § 5º. O aludido dispositivo prevê a possibilidade de uma *adjudicação especial* em favor do coproprietário (em caso de indivisível), dos titulares de direito de algum direito real sobre o bem, do Poder Público (no caso de bem tomado) e dos familiares mais próximos do devedor (a saber, cônjuge/companheiro, descendentes e ascendentes). Importante frisar que os familiares se colocam em posição de privilégio perante os demais legitimados na adjudicação, pois em caso de oferta igual, haverá preferência, seguindo-se a seguinte ordem, cônjuge/companheiro, descendente e ascendente (art. 876, § 6º).[1493-1494] No caso específico de penhora de quota social ou de ação de sociedade anônima fechada a preferência será dos sócios (art. 876, § 7º). Dessa forma, quando o credor manifesta o seu interesse em adjudicar bem que faz parte do monte hereditário, todos os legitimados a ofertar a *adjudicação especial* deverão ser intimados do requerimento efetuado pelo credor no sentido, pois lhes é dado o direito de interromper a adjudicação vulgar (isto é, aquela almejada pelo credor).

O diálogo do art. 876, §§ 5º-7º, com os arts. 642, §§ 2º e 3º, indica que os interessados na herança se postam com legitimação pessoal para requerer a adjudicação e bloquear a postulação do credor. De plano, os herdeiros legais do falecido (a exceção dos colaterais) estão todos contemplados, sendo também facilmente aferível a presença do cônjuge/companheiro sobrevivente (ainda que este não figure como herdeiro). No que se refere aos herdeiros

1491 Semelhante: ARTUR CÉSAR DE SOUZA, *Código de Processo Civil*, v. III, p. 1.546-1.547.

1492 Como no inventário sucessório a presença plúrima de credores é uma situação natural, até mesmo diante da natureza concursal do procedimento, caso o mesmo bem seja escolhido para adjudicação por mais de um credor, a ordem de escolha deverá observar a natureza dos créditos e as regras de preferência.

1493 O art. 876, § 6º, é a base para resolução dos embates sobre preferência, mas é possível que outras questões possam ser levadas em consideração. Por exemplo, no caso de sucessão testamentária em que o autor da herança previamente fixou disposição sobre os bens e valores que devem compor os quinhões hereditários, deliberando ele próprio a partilha (art. 2.014 do CC), a preferência legal deve ceder à vontade do testador. Em outra ilustração, seguindo-se a inteligência do art. 640, § 3º, aquele que exerce a posse de fato do bem poderá ter a preferência, a fim de consolidar a situação fática.

1494 A preferência está consagrada também em caso de alienação do bem (art. 892, § 2º, do CPC).

testamentários, deve se projetar a dimensão de coproprietários, pois o bem faz parte do quinhão de titularidade destes (arts. 1.784 e 1.791 do CC). A legitimação pode ser conferida também ao legatário, diante do direito que lhe é inerente (arts. 130 e 1.923 do CC), evidenciando que o pagamento da dívida no valor da avaliação poderá propiciar a proteção ao cumprimento do legado.

Nada obstante o encaixe das previsões do art. 876, na superfície do art. 642, não se pode perder de vista que há direito autônomo dos interessados na herança de efetuar a adjudicação dos bens do monte, de modo que postulação no sentido pode ser perfeitamente apresentada de forma apartada, ou seja, o direito de adjudicar os bens da herança por tais autores não está vinculado à neutralização do pedido do credor. Para tanto, basta observar a firme dicção que inicia o § 5º do art. 876 que indica que *idêntico direito* ao do credor pode ser pleiteado por qualquer dos legitimados ali postados. Assim, uma vez avaliados os bens da herança e arrecadados como tal, o interessado poderá oferecer preço não inferior à avaliação (art. 876, *caput*), procedendo-se a comunicação do seu pedido e lance aos demais interessados, a fim de que estes também participem do certame, aplicando-se as regras de preferência em caso de ofertas iguais (art. 876, § 6º).

11. Alienação por iniciativa particular e por leilão judicial

Caso a adjudicação não seja levada a cabo (seja pelo credor, seja por outro legitimado), o art. 880 indica que deverá ser deflagrada a alienação por iniciativa particular, extraindo-se do citado dispositivo que há uma ordem preferencial de tal técnica de expropriação em relação ao leilão judicial.

Analisando os contornos postos para alienação por iniciativa particular no CPC, extrai-se que, embora a legislação indique que esta deve ser postulada pelo exequente (credor), nada obsta que o executado (devedor/espólio) pleiteie tal modalidade de alienação. Sem dúvida, adotando-se modelo que propicia expropriação mais eficiente, marcada não só pela celeridade como também pela projeção de resultado positivo efetivo (notadamente quando se trata de bens de mercado restrito), a opção da alienação particular poderá beneficiar não apenas o credor, mas também o devedor. É ingênuo pensar que a expropriação se volta apenas para o credor do espólio, pois, quanto maior for o valor da alienação, maior será o benefício para a herança, pois a entrada de recursos – mesmo que para pagamento – significa agigantamento da representação pecuniária das forças da herança. Dessa forma, apesar da literalidade do art. 880, a legitimação para requerer a alienação particular não pode ficar jungida exclusivamente ao exequente (credor), estando na órbita do executado (devedor), sendo intuitivo que o inventariante – no exercício de suas atribuições – possa postular no sentido.

Pelos motivos acima, o juiz deve estimular a alienação por iniciativa particular, trazendo os interessados para participarem ativamente do procedimento, pois o seu resultado positivo interessa a todos os envolvidos. Assim, com tal ideia, o juiz pode estipular *medidas indutivas* de estímulo aos interessados para que colaborem ativamente no procedimento,[1495] fixando, por exemplo, módico prêmio pecuniário para aquele que comprovadamente angariou o pretendente vencedor do certame. No ponto, o art. 880, § 1º, prevê que o juiz definirá o gabarito básico da alienação particular (prazo, forma, publicidade, preço mínimo, condições de pagamento, garantia, comissão de corretagem etc.). As regras referentes à alienação por iniciativa particular devem ser delimitadas pelo juiz levando em conta situações próprias do inventário sucessório e da sucessão aberta naquele particular. Por exemplo, o prazo deverá ser mais reduzido para atender a parte final do art. 611, sendo oportuno fixar calendário vinculado à alienação, adaptando o disposto no art. 191 do diploma processual. Em caso de presença de incapaz, considerando que a herança é tratada como bem imóvel (art. 80, II, do CC), há de se ter atenção na fixação do preço mínimo, em atenção ao disposto no art. 896 do CPC.[1496]

Sem êxito ou falta de pedido para que na alienação por iniciativa particular (art. 881), restará o caminho do "leilão judicial" que poderá ser feito de forma eletrônica ou presencial (art. 879, II), com preferência do primeiro (art. 882). Portanto, a alienação por meio de "leilão judicial" é a medida residual a ser adotada, devendo-se privilegiar as soluções definidas entre as partes, a adjudicação e a alienação por iniciativa particular.[1497] O "leilão judicial" segue uma série de formalidades (arts. 881-903), devendo-se importar suas regras correspondentes, sempre com adaptação, para o inventário sucessório (arts. 318 e 771).

12. Dação em pagamento

O art. 642, § 4º, não se confunde com a adjudicação prevista no art. 876. Com efeito, o texto do § 4º do art. 642 está enraizado na redação original dos

1495 Sobre medidas indutivas, entendendo-se estas como aquelas "positivas ou premiais, que materializam incentivos ao cumprimento de normas jurídicas descortinadas na atividade processual", confira-se: Rodrigo Mazzei e Marcelo da Rocha Rosado, A cláusula geral da efetivação e as medidas indutivas no CPC. In: Eduardo Talamini e Marcos Youji Minami (coords.), *Medidas Executivas Atípicas*, p. 497-520; e Eduardo Talamini, *Tutela relativa aos deveres de fazer e não fazer e sua extensão aos deveres de entrega de coisa*, p. 171-172.

1496 No tema: Rodrigo Mazzei e Tiago Figueiredo Gonçalves, Inventário sucessório e liquidação da herança: importação das técnicas de expropriação executiva. In: Araken de Assis e Gilberto Gomes Bruschi (coords.), *Processo de execução e cumprimento da sentença*: temas atuais e controvertidos, v. 2, p. 578.

1497 No mesmo sentido: Luiz Gulherme Marinoni, Sérgio Cruz Arenhart e Daniel Mitidiero, *Novo Código de Processo Civil comentado*, p. 823.

arts. 714-715 do CPC de 1973 – bloco revogado pela Lei n. 12.382/2006, que inseriu o art. 685-A (dispositivo este semelhante ao atual art. 876). Em síntese, até a edição da Lei n. 12.382/2006 fazia sentido a previsão da possibilidade da adjudicação ao credor do espólio, pois este não constava no rol de legitimados para tal ato (art. 714, § 1º) e, mais ainda, havia restrição acerca do bem que poderia ser objeto da adjudicação (imóvel). Entretanto, o texto do art. 1.017, § 4º, do CPC de 1973 (antecessor do § 4º do art. 642) foi abalado com a inserção de novo perfil à adjudicação, sendo tal regra substituída pelo art. 685-A (ainda na vigência CPC do CPC de 1973). Dessa forma, o texto do art. 642, § 4º, está perdido no tempo e no espaço desde a Lei n. 12.382/2006, configurando-se como descuido do legislador de 2015.[1498]

Diante do quadro acima, para que se dê utilidade ao art. 642, § 4º, o dispositivo deve ser como plataforma que prevê especial modalidade de dação em pagamento (e não mais de adjudicação).[1499] A diferença da dação em pagamento prevista na legislação processual em relação ao modelo clássico do direito civil (arts. 356-359) está na mecânica da provocação, pois a lei civil parte da presunção de que o pagamento indireto na forma de dação se opera por pedido do devedor, consentindo o credor quanto à oferta (art. 356 do CC). Na hipótese do § 4º do art. 642, a proposta parte do credor que solicita o assentimento por parte do devedor (= *interessados na herança*), sendo, reclamando a oitiva destes.

O § 4º do art. 642, em sua parte final, dispõe que a concordância deve atingir a totalidade dos interessados e não faz nenhuma menção à necessidade de que as manifestações devem ser fundamentadas. O dispositivo, com todo respeito, merece interpretação adequada, até porque, de plano, deverá ser dimensionada a posição jurídica de cada um dos interessados na herança em relação ao bem, pois esta nem sempre será igual. Por exemplo, a concordância

---

1498 No tema: Rodrigo Mazzei e Tiago Figueiredo Gonçalves, Inventário sucessório e liquidação da herança: importação das técnicas de expropriação executiva. In: Araken de Assis e Gilberto Gomes Bruschi (coords.), *Processo de execução e cumprimento da sentença*: temas atuais e controvertidos, v. 2, p. 579-582.

1499 Parecendo concordar: Felippe Borring Rocha, *Comentários ao novo Código de Processo Civil*, p. 970; Rosa Maria de Andrade Nery e Nelson Nery Junior, *Instituições de Direito Civil*: família e sucessões, v. 4, p. 860, ainda tratam a figura do art. 642, § 4º, como adjudicação, nada obstante a mudança do quadro legal, que indica que o dispositivo trata de situação diversa da prevista no art. 876 da codificação processual em vigor. Registre-se que Arthur Vasco Itabaiana de Oliveira já indicava, antes mesmo das mudanças na legislação processual, que tal forma de pagamento indireto se afinava com a dação em pagamento (*Tratado de Direito das Sucessões*, p. 397-398). Aderindo a tal posição: Maria Helena Diniz, *Curso de Direito Civil Brasileiro*, v. 6, p. 441.

do legatário será irrelevante se ficar configurado que a dação não prejudicará o cumprimento do legado. De outra banda, a discordância imotivada de um dos interessados na herança, quebrando a maioria maciça de manifestações em assentimento à dação, também poderá ser afastada, configurando-se que o negócio jurídico é benéfico ao espólio (por exemplo, dação em pagamento de bem com avaliação inferior ao da dívida, mas que propiciará o pagamento integral, com a respectiva quitação). Dessa forma, em semelhança ao que ocorre no art. 619, I, II e III (em relação à alienação de bem do espólio, transação e pagamento de dívidas), os interessados na herança deverão ser ouvidos, mas é fundamental que se verifique a sua posição jurídica perante o bem que se pretende remeter para a dação em pagamento, assim como as justificativas que sejam apresentadas, sob pena de configuração do abuso de direito (art. 187 do CC), o que não se admite.[1500] No particular, considerando que a dação em pagamento não exige uma simetria exata do valor da dívida em relação à estimação do bem, podendo a primeira ser inferior à avaliação do segundo, restará justificada a resistência à dação quando se verificar que o bem possui valoração superior ao montante da dívida, situação que cria expectativa de recebimento de verba pecuniária em alienação judicial acima do patamar da dívida.

A dação em pagamento fixada com art. 642, § 4º, poderá ser concretizada mesmo com a presença de interessado incapaz, pois a lei não exclui tal situação. De todo modo, mister que os cuidados especiais aplicáveis a tal situação peculiar sejam adotados, dentre os quais deve se ouvir o Ministério Público (art. 178, II). A dicção contrária do Ministério Público, de forma isolada, porém, não impedirá a dação evidenciando-se que negócio jurídico não prejudica o espólio e/ou o incapaz.[1501] No sentido, considerando que a dação em pagamento não necessita de exata simetria entre o valor da dívida e a estimação do bem, em caso de herdeiro incapaz restará necessário que (ao menos no quinhão deste) a avaliação do bem não seja superior a 20% (vinte por cento) do montante da dívida, a fim de que o negócio jurídico não seja tachado de vil (art. 896 do CPC).[1502]

Em desfecho, quando ocorrer pagamento por dação em pagamento (ou através de outra forma de alienação de bem da herança que importe em alteração de titularidade), deverá ser efetuado o pagamento de imposto de trans-

1500 Próximo: ARNALDO RIZZARDO, *Direito das Sucessões*, p. 697.

1501 Igualmente: ERNANE FIDÉLIS DOS SANTOS, *Manual de Direito Processual Civil*, v. 3, p. 108.

1502 Interpretação inversa do disposto no art. 896 do CPC que prevê a impossibilidade de bem imóvel de titularidade de incapaz por menos de 80% (oitenta por cento) do valor da avaliação.

missão, sendo tal operação considerada como *ato inter vivos,* reclamado o recolhimento fiscal correspondente.[1503] Não se justificará o pagamento de imposto *causa mortis*, pois não houve transmissão definitiva aos herdeiros, uma vez que *saisine* provoca a titularidade de quinhão de condomínio ainda instável, sendo este o protagonista do negócio jurídico e não os herdeiros em nome próprio.[1504]

13. Donatário

O § 5º do art. 642 do CPC é uma novidade, visto que a codificação revogada não contemplava previsão semelhante. Em síntese, pelo dispositivo, os donatários deverão receber convocação para manifestação sobre a aprovação das dívidas nos casos em que há possibilidade de resultar delas a redução das liberalidades.[1505] O donatário citado no § 5º do art. 642 não é o herdeiro necessário que se submete à colação, muito menos aquele que recebeu "doação" decorrente de disposição testamentária, pois nessas situações de liberalidade a legislação trata tais beneficiários como figuras diversas (herdeiro necessário em caso de deixa de quinhão ou legatário na hipótese de determinação do bem/direito a ser entregue ao beneficiário). Na verdade, a motivação para a inserção do dispositivo está no art. 2.007 do CC, que prevê a redução da doação quando se apurar que o doador extrapolou a parte que tinha como disponível no momento da liberalidade. Como a análise das forças do patrimônio deve ser feita observando o resultado líquido, isto é, o valor dos bens e/ou direitos subtraindo-se as dívidas no momento do ato de liberalidade, é possível que o donatário tenha interesse em apresentar manifestação sobre as dívidas do falecido, pois estas podem diminuir a potência do patrimônio daquele (enquanto doador) e acarretar, em ato reflexo, a redução da liberalidade caso se verifique que esta foi excessiva.[1506]

1503 Igualmente: Arthur Vasco Itabaiana de Oliveira, *Tratado de Direito das Sucessões*, p. 397-398; e Gerson Fischmann, *Comentários ao Código de Processo Civil*, v. 14, p. 145-146.

1504 Próximo, José da Silva Pacheco defende que: "Se, na liquidação, algum bem do espólio for adjudicado a credor, ou for vendido em hasta pública, para solução de dívidas, a Fazenda Pública recebeu correspondentes à transmissão *inter vivos*. Não pode haver imposto por causa da morte, à falta de bens remanescentes. Entretanto, restando bens, somente sobre eles incide o imposto de transmissão" (*Inventários e partilhas:* na sucessão legítima e testamentária, p. 493-494).

1505 Igualmente: Daniel Amorim Assumpção Neves, *Novo Código de Processo Civil comentado*, p. 1.081.

1506 Ainda que se ateste que há diferenças pulsantes, há pontos de contatos do § 5º do art. 642 com o disposto no art. 645, cujo foco está na manifestação do legatário sobre as dívidas do espólio. A constatação indica que o legislador teria andado melhor se concentrado que tais manifestações fossem tratadas de forma conjunta, aglutinado as matérias comuns e destacando os aspectos peculiares. Próximo: Felippe Borring Rocha, *Comentários ao novo Código de Processo Civil*, p. 970. Diante da

Fixando-se os olhos na doação, há de se ater que a manifestação do donatário não pode ser vista como global, incluindo-se todas as dívidas do espólio que estão pendentes, pois o foco para manutenção da doação sem redução está na demonstração de que a época do ato de liberalidade o doador possuía pujança patrimonial para efetuar a doação. Com outras palavras, a legitimação especial criada pelo § 5º do art. 642 somente se justifica em relação às dívidas já existentes no momento da doação, pois são estas que provocarão a eventual redução da liberalidade.[1507]

O art. 642, § 5º, ratifica que o inventário sucessório possui ambiência para convocação de pessoas que não fazem parte da sucessão, mas que são atraídas por esta em vínculos patrimoniais ou obrigacionais com o falecido. Em áreas específicas de seus interesses, tais convocados serão tratados como partes, muito embora não detenham legitimação para se manifestar acerca de temas outros que não os restritos da convocação. Tal situação é demonstrativa da dimensão policêntrica e multipolar do inventário *causa mortis*.

14. Concurso entre credores

No âmbito dos arts. 642-646, o legislador não se preocupou sobre a possibilidade de concurso de credores, muito menos com a existência de dívidas que devem ser pagas com prioridade no inventário sucessório.[1508] A exceção de situações muito pontuais que podem ser extraídas dos arts. 1.997-2.001 do CC (dispositivos que tratam diretamente do pagamento de dívidas na sucessão *causa mortis*), a legislação não dita parâmetros que devem ser seguidos em caso de pretensões colidentes entre credores, notadamente quando há natureza distinta dos créditos. Ocorre que a concorrência entre credores é, contudo, uma realidade que não pode ser desprezada no âmbito do inventário sucessório, até mesmo diante das variações que o assunto propicia. As análises sobre prioridade de crédito poderão ocorrer não apenas para se ordenar os credores (criando-se fileira sequencial para o recebimento das verbas disponíveis no espólio – art. 642, § 2º), como também para eventual separação de bens para

aproximação alguns temas acerca do donatário foram objeto de comentários no espaço do art. 645

1507 No sentido, o art. 2.007, § 1º, do CC, é claro ao dispor que o excesso será apurado de acordo com o valor que os bens doados tinham no momento da liberalidade, sendo, assim intuitivo que o mesmo raciocínio se aplicará em relação às dívidas. Importante ainda conferir tal situação sob o prisma do art. 158 do CC que trata da fraude contra credores e examina os atos de liberalidade de acordo com o *status* da época do negócio jurídico.

1508 O assunto é tratado de forma superficial na parte que regula o processo de execução (arts. 797, 904, 908 e 909). Em suma, firma-se a diretriz de que a "penhora" confere ao credor o direito de preferência, vigendo o critério da anterioridade.

adjudicação (art. 642, § 3º, c/c art. 876) e até para a *dação em pagamento* (art. 642, § 4º). No sentido, em caso de propostas iguais de mais de um credor para "aquisição" (seja por dação, seja adjudicação) de bem do monte da herança a classificação do crédito poderá ser preponderante para a resolução da situação.

Assim, sem regramentos específicos, o assunto é remetido ao tratamento geral do CC que envolve as *preferências* e os *privilégios creditórios* (arts. 955-965), em título que possui a insolvência como a bússola das disposições (art. 955).[1509] Ainda que se diga que do referido agrupamento de dispositivos é possível se extrair algumas soluções para resolver problemas e que o art. 965 do CC possui boa afinidade com o direito sucessório,[1510] fica evidenciado que as disposições da lei civil não são suficientes para dirimir todas as controvérsias. No sentido, basta observar que os alimentos que – pela sua natureza – são créditos que gozam de posição de preferência e não estão contemplados no âmbito dos arts. 955-965,[1511] muito embora o próprio CC indique que as obrigações alimentares sejam transmitidas aos herdeiros (art. 1.700) e o CPC de 2015 as coloque em situação de grande potência na execução, seja pela fixação de técnicas específicas (arts. 528-533),[1512] seja pelo poder de penetração na penhora (art. 833, § 2º).[1513-1514]

1509 Seguindo tal caminho (dentre vários): Arnaldo Rizzardo, *Direito das Sucessões*, p. 701.

1510 Próximo: Rosa Maria de Andrade Nery e Nelson Nery Junior, *Instituições de Direito Civil*, v. 4, p. 856.

1511 A única menção feita no art. 965, do CC, quanto à verba alimentar, está no seu inciso VII, quando trata do crédito dos salários dos empregados domésticos do devedor falecido domésticos dos últimos seis meses antes do passamento.

1512 No sentido: Rodrigo Mazzei e Pedro Henrique Nogueira, *Comentários ao Código de Processo Civil*, p. 651-656.

1513 Confira-se: Rodrigo Mazzei e Sarah Merçon-Vargas, *Comentários ao novo Código de Processo Civil*, p. 1.194-1.195.

1514 Registre-se que há entendimento que limita a obrigação de prestar alimentos, com o argumento de que é uma verba personalíssima, razão pela qual o art. 1.700 do CC possui efeitos limitados às dívidas vencidas até o falecimento. No sentido: Fernando da Fonseca Gajardoni, *Processo de conhecimento e cumprimento de sentença:* comentários ao CPC 2015, v. 2, p. 1.091; e Paulo Lôbo, *Direito Civil:* Sucessões, p. 303. Tal linha tem sido aplicada na jurisprudência do STJ, notadamente a partir do julgamento da 2ª Seção do REsp 1.354.693/SP, j. 26/11/2014, *DJ* 20/02/2015. Tal posição não se afigura, contudo, afinada com a célula dos alimentos vinculada à subsistência do alimentado, colocando-o em variável que o art. 1.700 do CC visou extirpar. Com razão, Flávio Tartuce, quando defende que "os herdeiros devem responder integralmente e não somente até os limites das dívidas do alimentante enquanto era vivo" (*Código Civil Comentado*, p. 1.332). Sem prejuízo ao acima dito, há ainda os alimentos decorrentes de atos ilícitos (arts. 948-950 do CC) que, em razão da origem, se justificam que sejam transmitidos à herança. No sentido: Arnoldo Wald e Priscila M. P. Corrêa da Fonseca, *Direito civil.* Direito de família, v. 5, p. 86.

Diante da falta de regulamentação do tema de forma mais detida, alguns autores trazem esboços para aplicação das *preferências* e os *privilégios creditórios* vinculados ao direito sucessório. No sentido, José da Silva Pacheco[1515] defende que: "Em se tratando de credores e créditos, ou devedores e débitos, em relação ao inventário, pode se armar o seguinte quadro geral: 1º) dívidas do *de cujus*, que se desdobram em: I) dívidas do de *cujus* cobradas antes da partilha: *a)* vencidas; *b)* não vencidas; *c)* tributárias; *d)* com privilégio; II) dívidas do *de cujus* cobradas após a partilha, pelas quais respondem os herdeiros, proporcionalmente à parte que, da herança, lhe coube; 2º) despesas ou encargos do espólio ou monte; 3º) dívidas das partes; I) relativas ao inventário: *a)* tributos; *b)* despesas processuais, custas, encargos e honorários de advogado; II) não relativas ao inventário ou particulares".[1516]Como se percebe, o fotograma efetuado pelo autor projeta, basicamente, o art. 965 do CC no inventário sucessório. No entanto, é facilmente perceptível que a sequência dos incisos do citado dispositivo não é segura, uma vez que privilegia o crédito pelos impostos devidos à Fazenda Pública (art. 965, VI) em relação ao crédito pelos salários dos empregados do serviço doméstico do devedor (art. 965, VII).[1517]

Em razão da omissão do CPC e da falibilidade do CC na regulação do tema, é intuitivo que – mais uma vez – se busque na Lei n. 11.101/2005, que trata da recuperação judicial e da falência, apoio para solução dos pontos nervosos. No particular, o art. 84 da referida Lei extravagante dita a lista dos créditos extraconcursais na recuperação judicial e na falência, fato que permite interpretação mais adequada do art. 965 do CC, lapidando-o para encaixe na fase de liquidação da herança. Fica evidenciado que, apesar de o art. 965

1515 *Inventários e partilhas: na sucessão legítima e testamentária*, p. 492.

1516 Quadro adotado por alguns autores, citando-se, no sentido: Gustavo Tepedino, Ana Luiza Maia Nevares e Rose Melo Vencelau Meireles (*Direito das Sucessões*. Rio de Janeiro: Forense, 2020, p. 253-254); e Maria Beatriz Perez Câmara, *Direito das Sucessões*, p. 330. Podem ser encontradas outras molduras na doutrina, mas com pequenas variações. No sentido, confira-se: Maria Helena Diniz, *Curso de Direito Civil Brasileiro*, v. 6, p. 439.

1517 O CC, ao tratar das *preferências* e dos *privilégios creditórios* aplicados à insolvência, não trabalha com as preferências decorrentes do direito do trabalho (art. 449, § 1º, da CLT) e do direito tributário (arts. 186-187 do CTN), situação que faz com que a cadência ditada pelo diploma civil não seja seguida. Vige, pois, o entendimento, conforme leciona Sílvio de Salvo Venosa de que a ordem de créditos aplicados na insolvência civil é a seguinte: "(1) créditos trabalhistas, (2) créditos fiscais da União, Estados e Municípios; (3) créditos parafiscais (PIS, FGTS, INSS, etc.); (4) créditos com garantia real; (5) créditos com privilégio especial; (6) créditos com privilégios gerais e (7) créditos quirografários" (*Código Civil interpretado*. 4. ed. São Paulo: Atlas, p. 883). Igualmente: Mário Luiz Delgado, *Código Civil comentado*, p. 644; José Roberto Neves Amorim, *Código Civil comentado*, p. 962.

estar cravado na lei civil como um *privilégio geral*, quando se faz a sua leitura em esquadro com art. 84 da Lei n. 11.101/2005, percebe-se que há *créditos extraconcursais*, ou seja, aqueles que não participam de concurso de credores e que devem ser pagos precedentemente a outros. Com tal olhar, o art. 965, II, do CC recebe comunicação com os incisos I, III e IV, do art. 84 da Lei n. 11.101/2005, de modo que as remunerações dos profissionais que trabalharem no inventário sucessório (por exemplo, o inventariante dativo, o avaliador e o advogado contratado pelo inventariante em prol do espólio)[1518] deverão ser pagas com prioridade (inciso I-A), assim como as despesas gerais vinculadas com a arrecadação, administração, realização da partilha e as custas do inventário (inciso III)[1519] e as custas judiciais de processos externos (inciso IV).

Ainda com apoio no art. 84 da Lei n. 11.101/2005, é possível se dizer que as obrigações contraídas depois da abertura da sucessão também devem ser tratadas como de natureza extraconcursal. A constatação faz com que tenha que se efetuar a depuração das dívidas anteriores ao passamento daquelas que ocorridas depois do óbito, não podendo se postar ambas em espaço comum ainda que com a mesma natureza (por exemplo, as dívidas decorrentes de reparo de bens posteriores à abertura da sucessão ou de mútuo contraído pelo espólio são extraconcursais, ao passo que as contraídas com os mesmos propósitos pelo falecido antes da abertura da sucessão assim não serão tratadas).[1520] Dessa forma, as despesas ordinárias da administração do espólio (sejam estas continuadas ou não) não devem ser objeto de habilitação, cabendo ao inventariante efetuar o pagamento direto, mediante plano de trabalho apresentado aos interessados na herança e ao juiz, com a devida prestação de contas.[1521-1522]

1518 Súmula 219 do STJ: "Os créditos decorrentes de serviços prestados à massa falida, inclusive a remuneração do síndico, gozam dos privilégios próprios dos trabalhistas"; Súmula 115 do STF: "Sobre os honorários do advogado contratado pelo inventariante, com a homologação do Juiz, não incide o imposto de transmissão *causa mortis*".

1519 No sentido (fazendo conexão): "(...) as despesas com a arrecadação, administração e realização do ativo beneficiam a todos os credores e constituem encargos da massa. As obrigações da massa, que se constituem em encargos, devem ser satisfeitas antes dos créditos tributários, de acordo com interpretação sistemática dos artigos 186 e 188 do CTN" (STJ, 3ª Turma, REsp 128.291/MG, j. 01/10/1998, *DJ* 07/06/1999).

1520 No ponto, vale notar do art. 84 que a parte final do inciso faz menção aos serviços prestados *após* a decretação da falência e o inciso V ressalva apenas as obrigações resultantes de atos jurídicos válidos praticados *durante* a recuperação judicial ou *após* a decretação da falência.

1521 Em tal gaveta, estarão certamente as despesas de conservação dos bens a partir da abertura da sucessão (incluindo-se o IPTU e o condomínio em relação aos bens imóveis). Próximo (embora sem apontar a natureza extraconcursal dos pagamentos), confira-se: FRANCISCO JOSÉ CAHALI, *Direito das Sucessões*, p. 373.

1522 O art. 84, II, da Lei n. 11.101/2005 traz outra boa contribuição para a melhor interpretação do art. 965 do CC, pois esclarece que as todas as quantias *fornecidas*

Em relação à aplicação do art. 83 da Lei n. 11.101/2005 no inventário *causa mortis*, observa-se, de plano, a impossibilidade de seguir a ordem de classificação de créditos fixada no citado dispositivo, na medida em que traz os créditos com garantia real até o limite do valor do bem gravado (inciso II) em ordem preferencial de pagamento aos créditos tributários (inciso III). Tal opção, que não repete o comando geral dos arts. 186 e 187 do CTN, parece não ter aderência ao inventário sucessório, pois a regularidade fiscal é pressuposto para que seja proferida decisão positiva (partilha ou adjudicação) – art. 654 do CPC. De toda sorte, a importação adaptada do art. 83 da Lei n. 11.101/2005 poderá ser positiva para o inventário *causa mortis* em determinados temas, pois, dentre outras possibilidades, traz mecanismos para o pagamento das verbas de natureza alimentar. Com efeito, os créditos derivados da legislação do trabalho em posição de privilégio serão limitados a 150 salários-mínimos por credor (art. 83, I), sendo que o saldo que exceder tal limite será considerado como crédito quirografário (art. 83, inciso VI, *c*). Tal lógica pode ser aplicada (ainda com ajustes) na cobrança de outras verbas de natureza alimentar, tais como a cobrança de honorários de advogado (art. 85, § 14, do CPC) ou verbas alimentares decorrentes de relação familiar que tenham se acumulado ao longo do tempo.[1523-1524]

---

pelos interessados na herança em favor do espólio devem ser reembolsadas – depois de aprovadas pelo juiz – sem passar por concurso de credores. Tal observação é importante, pois supre omissão no art. 965, já que é comum que os interessados na herança *adiantem*, com recursos próprios, quantias em favor do espólio, ou seja, *forneçam quantias* à massa hereditária. Como bem define José da Silva Pacheco "quem pagou tem direito ao reembolso" (*Inventários e partilhas:* na sucessão legítima e testamentária, p. 493). Tal situação, inclusive, se opera muitas vezes em decorrência do próprio falecimento do autor da herança, bastando lembrar, no sentido, das despesas de funeral (art. 965, I, do CC) e os gastos com o luto do cônjuge/companheiro sobrevivente e dos respectivos filhos (art. 965, III, do CC).

1523 A aplicação do art. 83, I, da Lei n. 11.101/2005, poderá ser projetada para outras situações, tais como as dívidas do *de cujus* com empregados contratados em seu nome pessoal ou por débitos a ele imputados por responsabilidade trabalhista (por exemplo, desconsideração da pessoa jurídica).

1524 A observância do art. 83, I, da Lei n. 11.101/2005, permite extrair que o limite fixado – 150 (cento e cinquenta) salários-mínimos – está atrelado às verbas salariais, mas não alcança os decorrentes de acidentes de trabalho (ou seja, advindas de ato ilícito), que estão postados na parte final no inciso I do art. 83. As faixas de encorpadura do direito material tratadas com semelhante nomenclatura precisam ser investigadas (como ocorre em relação à *verba alimentar)*, pois haverá reflexos não apenas na classificação creditória, mas no encaixe de técnicas processuais da execução. No tema: Rodrigo Mazzei e Tiago Figueiredo Gonçalves, Ensaio sobre o processo de execução e o cumprimento da sentença como bases de importação e exportação no transporte de técnicas processuais. In: Araken de Assis e Gilberto Gomes Bruschi (coords.), *Processo de execução e cumprimento da sentença:* temas atuais e controvertidos, p. 19-36.

A ilustrativa exposição demonstra que a plataforma do art. 642 não possui qualquer ferramental para resolver temas envolvendo concurso de credores. O CC não propicia respostas satisfatórias no sentido, pois os arts. 1.997-2.001 são incompletos e os arts. 955-965 não estão adequados às demandas específicas do direito sucessório.[1525] Resta ao intérprete, no caso concreto, efetuar as análises das controvérsias, não podendo abrir mão de importação (sempre adaptada) dos arts. 83-84 da Lei n. 11.101/2005, em especial para definição dos créditos concursais e a possibilidade de fatiamento das classes de credores por densidade de direito material.

15. Recurso

A decisão pela qual o juiz delibera para habilitar o crédito ou indeferir o pleito tem natureza interlocutória, sendo desafiada por agravo de instrumento.[1526] Na realidade, qualquer deliberação com conteúdo decisório na fase de pagamento de dívidas se submete ao controle por agravo de instrumento (art. 1.015, parágrafo único).

> **Art. 643.** Não havendo concordância de todas as partes sobre o pedido de pagamento feito pelo credor, será o pedido remetido às vias ordinárias.
>
> **Parágrafo único**. O juiz mandará, porém, reservar, em poder do inventariante, bens suficientes para pagar o credor quando a dívida constar de documento que comprove suficientemente a obrigação e a impugnação não se fundar em quitação.
>
> *CPC de 1973 – art. 1.018*

1. Diálogo com o art. 1.997 do CC

É preciso conectar os arts. 643 do CPC e 1.997, §§ 1º e 2º, do CC.[1527] Inicialmente, ao se efetuar a análise conjunta das duas regras legais, extrai-se

1525 Sem rebuços, no ponto o CC está fora de sintonia com o que está previsto externamente em outros diplomas legais, destacando-se a falta de comunicação com o art. 449, § 1º, da CLT, os arts. 186-187 do CTN e a Lei n. 11.101/2005. Próximo: Silvio de Salvo Venosa, *Código Civil interpretado*, p. 884.

1526 Igualmente (entre vários): Luciano Vianna Araújo, *Comentários ao Código de Processo Civil*, v. 3, p. 240; Paulo Cezar Pinheiro Carneiro, *Inventário e partilha judicial e extrajudicial*, p. 158; e Zulmar Duarte de Oliveira, *Comentários ao Código de Processo Civil*, p. 747.

1527 O art. 1.997 do CC possui plataforma mais detalhada, trazendo tema que não consta do art. 643. No sentido, o § 2º da lei civil prevê que, efetuada a reserva de bens, "o credor será obrigado a iniciar a ação de cobrança no prazo de trinta dias, sob pena de se tornar de nenhum efeito a providência indicada". Tal tema está tratado no CPC, mas fora da plataforma do art. 643, sendo regulado no art. 668, I, do CPC. Vide comentários ao art. 668 desta obra.

que a técnica de reserva de bens está atrelada à comprovação pelo credor de *prova documentada robusta* acerca da dívida de que o espólio deve efetuar o pagamento. O parágrafo único do art. 643 faz alusão a *documento que comprove suficientemente a obrigação*, ao passo que o art. 1.997, § 1º, exige a exibição pelo credor de *documentos, revestidos de formalidades legais, constituindo prova bastante da obrigação*. Assim, se a prova documentada trazida na postulação de "habilitação de crédito" não tiver peso suficiente para demonstrar que há dívida pecuniária não será o caso de reserva de bens.[1528] De outra banda, os dispositivos em voga projetam que, em caso de discordância ao pleito de pagamento, as partes deverão apresentar manifestação em contrário (= *impugnação* à postulação). Às claras, a impugnação – em sua acepção lógica – está atrelada à apresentação de motivos que *refutam* a proposição apresentada pela contraparte.[1529] Sem dúvida, a análise conjunta com art. 1.997 do CC permite melhor interpretação do art. 643.

2. Comunicação com o art. 619, III, do CPC

É necessário que se opere diálogo do art. 643 com o art. 619, III, do mesmo diploma, que prevê que incumbe ao inventariante, "ouvidos os interessados e com autorização do juiz", o pagamento das dívidas do espólio. Os dois dispositivos trabalham com o ideário de que o pagamento de dívidas vinculadas ao inventário sucessório deverá ser alvo de liquidação por meio de procedimentos marcados pela transparência e pelo controle judicial. Pouco importa quem apresentou a dívida a ser paga (credor ou inventariante), os interessados na herança deverão ser comunicados do fato, facultando-lhes a manifestação. No particular, é interessante observar que a simples oposição ao pagamento na hipótese do art. 619, III, não é considerada como suficiente para afastar o pagamento, devendo o interessado apresentar os seus motivos. Tal cenário é indicativo de que a mesma linha de pensar deve ser aplicada no âmbito do art. 643, pois a legislação faz alusão à impugnação (ou seja, contraposição de fundamento) como a forma de manifestação de discordância do pagamento.

1528 Ratifica-se, no ponto, a abordagem efetuada nos comentários ao art. 642 de que a prova documentada no requerimento de "habilitação de crédito" possui análise menos rigorosa para a sua *admissão*, mas que a concessão da *tutela provisória* que envolve a *reserva* de bens do espólio em favor do credor reclama que o material probatório acerca da obrigação pecuniária seja *convincente*, pois tal quadro é requisito para a referida deliberação do juízo sucessório.

1529 Não se trata, pois, da colheita de votos acerca da posição dos interessados na herança (tal como previsto na parte final do parágrafo único do art. 669), mas da apresentação de fala em que se requer a *exteriorização* dos seus fundamentos. O tema foi aprofundado em item adiante.

3. A oitiva das "partes" (os personagens que devem ser intimados)

Apesar de os arts. 642-645 do CPC e do art. 1.997, § 1º, do CC possuírem redação prevendo a possibilidade de manifestação acerca do pedido do credor, não há traços detalhados a respeito em relação ao prazo correspondente,[1530] assim como quais são os personagens que assim poderão se pronunciar, tendo em vista que a legislação utilizou nomenclatura fluída ("partes").[1531] Nada obstante o segundo assunto estar examinado nos comentários ao art. 642, diante da importância, alguns pontos merecem ser salientados novamente.

Com efeito, a identificação das pessoas a serem convocadas possui o art. 626 como parâmetro básico. Tal conclusão é intuitiva, pois os atores que estão presentes nessa plataforma poderão se manifestar sobre as primeiras declarações, encartando-se, nos temas respectivos, a existência de dívidas do espólio, consoante se extrai da combinação do art. 620, IV, *f*, com o art. 627 do CPC.

Há de se fazer ajustes, de toda sorte, no transporte do art. 626 para o seio dos arts. 642-646. No sentido, o inventariante não pode deixar de ser ouvido quando houver pedido de pagamento e/ou alegação de dívida do espólio, uma vez que se trata de pessoa que se posta como administrador de toda herança. O art. 626 não faz menção ao inventariante pelo fato de que as primeiras declarações foram apresentadas por ele próprio (situação próxima ao que ocorre no art. 619, III, em que o pedido de pagamento é solicitado por tal agente). Assim, apresentado o pedido de pagamento de dívida, será obrigatória a manifestação do inventariante, até porque a relação de dívidas e apresentação do quadro de credores é uma incumbência do administrador da herança (art. 620, IV, *f*).[1532-1533] Na hipótese de não concordância do inventariante com a postu-

1530 O tema foi enfrentado nos comentários ao art. 642 (item 7), quando se analisou a *dinâmica procedimental do pedido de habilitação de crédito*, concluindo que a melhor solução – caso não definido calendário processual (art. 191) – é a aplicação do prazo comum de 05 (cinco) dias (arts. 218, § 3º, e 219).

1531 Na doutrina, há autores que tentaram apresentar listagens das pessoas que devem ser ouvidas e cuja discordância tem força para afastar o pagamento. No sentido, Maria Helena Diniz, *Curso de Direito Civil Brasileiro*, v. 6, p. 441-440; e Hamilton de Moraes Barros, *Comentários ao Código de Processo Civil*, v. IX, p. 297-298.

1532 Próximo: Hamilton de Moraes Barros, *Comentários ao Código de Processo Civil*, v. IX, p. 297; e Paulo Cezar Pinheiro Carneiro, *Inventário e partilha judicial e extrajudicial*, p. 157.

1533 Há de se diferenciar o contexto do inventariante enquanto administrador da herança em relação à sua posição enquanto parte (com interesses pessoais) no inventário sucessório. A fala do inventariante acerca do crédito não poderá considerar sua esfera jurídica pessoal, mas de condutor do condomínio hereditário. Ademais, em caso de inventariante judicial ou dativo (art. 617, VII e VIII) tal coincidência não ocorrerá, fato que ratifica que a manifestação de tal ator não se confunde com a dos figurantes do inventário sucessório.

lação do credor, a impugnação deverá ser feita sempre de forma motivada, já que espelhará a opção adotada quanto à rejeição da dívida no quadro de credores. Em caso de percepção de equívoco ou omissão, o inventariante deverá relatar tal fato, comunicando ao juiz a necessidade de ajuste nas primeiras declarações (art. 636, parte final), a fim de que tal dicção projete a dívida (com seu possível pagamento) para a decisão de desfecho do inventário (arts. 651, I, e 653). A falta de resposta do inventariante ao pedido do credor criará embaraço na condução do inventário, justificando, inclusive a sua remoção (art. 622[1534]), caso não sanada a omissão.[1535]

No que se refere especificamente à relação dos arts. 642-646 com o art. 626 para identificação das "partes" a serem convocadas para se manifestar sobre o pedido de pagamento do credor, é fundamental salientar que haverá flutuações na referida legitimação, pois o inventário sucessório atrai interesses heterogêneos para seu bojo. Não se pode imaginar que os interesses do herdeiro legal serão simétricos (ou assemelhados), por exemplo, com os do legatário. O pormenor é importante, uma vez que é incorreto se pensar que bastará a impugnação ofertada por uma "parte" para que o pedido do credor seja afastado, já que, antes de tudo, se faz necessário observar se o pleito invade de alguma forma a esfera jurídica daquele que apresentou a manifestação de contrariedade. Em exemplo, o cônjuge/companheiro sobrevivente e que figure no inventário apenas na posição jurídica de meeiro não terá legitimidade para impugnar dívida da herança imputada exclusivamente ao falecido, pois o tema não está na sua alçada jurídica, evidenciando-se que não há qualquer tipo de invasão patrimonial na parte respectiva à comunhão.[1536]

Como o pagamento de dívidas afeta às forças da herança, sendo peça-chave para definição da "herança líquida", os herdeiros possuirão, em regra, legitimação para o exame e manifestação sobre os pleitos de pagamentos dos credores. Tal situação, contudo, não se projeta automaticamente para outros atores do inventário sucessório, uma vez que há outras posições jurídicas que não podem ser equiparas a dos herdeiros. Não se pode, com todo respeito, igualar os diversos personagens que participam do inventário sucessório para colher todas as manifestações em reunião homogênea, pois, em muitos casos, sequer haverá legitimação para a dicção por alguns atores. Há, pois, que se ter

1534 Vide os comentários ao art. 622 desta obra, em que se defende o caráter meramente exemplificativo do rol previsto no dispositivo.

1535 Igualmente: Paulo Cezar Pinheiro Carneiro, *Inventário e partilha judicial e extrajudicial*, p. 157.

1536 Em outra ilustração, a não concordância do donatário (art. 642, § 5º) acerca de dívidas posteriores à data do ato de liberalidade são irrelevantes, pois sequer detém legitimidade para sobre elas falar.

zelo na tradução do termo "partes" que foi empregado no texto do art. 643, pois não é necessária a oitiva (muito menos a concordância geral) de todos os interessados, mas tão somente das pessoas com interesses jurídicos atingidos concretamente pelo pagamento.

4. Aspectos formais da impugnação

No caso de concordância ao pagamento pleiteado, não é necessário que se efetue justificativa no sentido. No entanto, se a manifestação plasmar oposição ao pagamento, esta deverá ser efetuada em forma de *impugnação* (vide parte final do parágrafo único do art. 643 do CPC e do § 1º do art. 1.997 do CC). Com raízes no latim *impugnatio* (de *impugnare*), a impugnação processual é ato de repulsa que é ofertado para bloquear algum pedido de personagem diverso, ou ainda, é utilizada para atacar ato decisório, postura esta que se faz mediante contraposição de fundamentos, ou seja, apresentação de justificativas que escorem a dicção de resistência. Assim, a própria essência da impugnação como ato processual reclama que seja apresentada fundamentação correspondente, caso seja esta opção das "partes".[1537]

Não se trata apenas da interpretação da nomenclatura utilizada na legislação (*impugnação*), mas também da análise que envolve as consequências da oposição das partes ao pagamento reclamado pelo credor.[1538] No sentido, quando as partes não concordarem com o quadro de dívidas e credores apre-

1537 Com variações de fundamentos (e não necessariamente os apresentados nos comentários acima), há bom número de autores que defendem que a discordância ao pagamento deve ser feita de forma fundamentada. No sentido: Sergio Shaione Fadel, *Código de Processo Civil*. Arts. 890 a 1.220, p. 175; Paulo Cezar Pinheiro Carneiro, *Inventário e partilha judicial e extrajudicial,* p. 161; Arnaldo Rizzardo, *Direito das Sucessões*, p. 697-699; Caio Mário da Silva Pereira, *Instituições de Direito Civil*: Direito das Sucessões, p. 394; Gerson Fischmann, *Comentários ao Código de Processo Civil*, v. 14, p. 147; e Hamilton de Moraes Barros, *Comentários ao Código de Processo Civil*, v. IX, p. 299-300. Há, em contrapartida, outro grupo que sustenta que a discordância não precisa estar motivada. No sentido: Francisco José Cahali, *Direito das Sucessões*, p. 374; Pontes de Miranda, *Comentários ao Código de Processo Civil*, v. XIV, p. 166; e Zulmar Duarte de Oliveira, *Comentários ao Código de Processo Civil*, p. 747.

1538 A negativa do pagamento ao credor no ventre do inventário poderá ter repercussão concreta no plano da responsabilidade patrimonial, com consequências de direito material. Isso porque a responsabilidade patrimonial que ordinariamente é do espólio (arts. 391 e 1.792 do CC) poderá ser deslocada para os herdeiros (arts. 796 do CPC e 1.997, *caput*, do CC) caso ocorra desfecho positivo do inventário sucessório sem que a dívida tenha sido paga ou que se tenha reservado bem do espólio para assegurar a cobrança feita pelo credor. Dessa forma, o pagamento e a depuração correta das dívidas que devem ser afastadas é uma tarefa relevante na liquidação da herança, devendo ser feita da forma mais transparente possível pelo inventariante.

sentados pelo inventariante no esboço inicial (art. 620, IV, *f*), mister que estas apresentem impugnação motivada para retificação das primeiras declarações (art. 627, I). Afigura-se sem lógica imaginar que, se a dívida foi trazida posteriormente, pelo próprio credor, bastará apenas que as "partes" apresentem discordância vazia quanto ao pagamento, diferente do que ocorre em relação à dívida que está plasmada nas primeiras declarações.

Ademais, a exteriorização quanto aos motivos da discordância também se impõe em razão da conduta de boa-fé que se espera de qualquer sujeito do processo (art. 5º do CPC). No sentido, a oposição ao pagamento (em forma de impugnação) fará com que o pagamento seja recortado do inventário sucessório, compelindo o credor a buscar as "vias ordinárias" (art. 643, *caput,*), criando-se, assim, debate satélite ao inventário sucessório. A remessa externa do pagamento poderá agigantar a dívida do espólio, pois, além das despesas processuais e honorários do novo processo, haverá a incidência dos efeitos da *mora* no plano processual. Vale notar, em detalhe interessante, que, nas "vias ordinárias", o espólio – para manter a repulsa ao pagamento – terá que necessariamente apresentar os motivos da oposição, situação que poderá se tornar inviável quando se verificar que a discordância da parte foi "vazia", isto é, sem motivo, e que tal "capricho" acabou gerando desnecessário dispêndio financeiro e de energia.

Com tais considerações, o art. 13 da Lei n. 11.101/2005[1539] pode ser usado de apoio tanto para ratificar a necessidade de fundamentação da impugnação, como também dos traços formais básicos a que esta se submete. Em resenha, a impugnação será dirigida ao juízo sucessório, explicitando os seus fundamentos e instruindo-se com a prova documentada que já estiver disponível. Em caso de necessidade de produção de prova outra que não a documentada, embora não seja obrigatório, é de bom tom que o impugnante esclareça tal situação, pois a necessidade de dilação probatória ratificará que o debate sobre o pagamento deverá se processar na "via ordinária".

Diante do quadro, a convocação das "partes" para se manifestarem acerca do pedido do credor deve ser feita pelo juiz com as luzes do art. 6º do CPC. Com efeito, a cooperação processual, na perspectiva do juízo, encarta do dever de *prevenção,*[1540] de modo que a intimação das "partes" deverá explicitar que a não concordância quanto à postulação do credor deverá se efetuar de forma fundamentada, seguindo-se a modulação do art. 13 da Lei n. 11.101/2005,

1539 "Art. 13. A impugnação será dirigida ao juiz por meio de petição, instruída com os documentos que tiver o impugnante, o qual indicará as provas consideradas necessárias. Parágrafo único. Cada impugnação será autuada em separado, com os documentos a ela relativos, mas terão uma só autuação as diversas impugnações versando sobre o mesmo crédito."

1540 Confira-se: MIGUEL TEIXEIRA DE SOUSA, *Estudos sobre o novo processo civil*, p. 62-67.

com a alerta de que, em caso de silêncio, se presumirá a concordância com o pedido.[1541] Mais ainda, na intimação, o juiz deverá facultar que as "partes" (e, com mais razão o inventariante) indiquem os bens para a formação da *reserva* prevista no art. 643, parágrafo único, caso venham a discordar do pagamento.[1542]

5. Reconhecimento parcial da dívida

É perfeitamente possível que ocorra o reconhecimento parcial da dívida, situação que merece a importação da técnica do art. 917, III, §§ 2º-4º, do CPC, adaptando-a ao procedimento talhado nos arts. 642-643, com iluminação da cláusula geral da boa-fé (art. 5º). Assim, o manifestante apresentará pronunciamento depurando o valor que entende devido (e cujo pagamento concorda) e da parte que entende estar em excesso, colacionando, em suporte, o demonstrativo discriminado e atualizado de seu cálculo. A alegação vazia de "excesso da dívida" deverá ser desconsiderada como fundamento da oposição, pois a apresentação de cálculo na forma acima faz parte da conduta vinculada a tal forma de resistência ao pedido do credor.

O credor deverá ser intimado da manifestação que alegar "excesso" no valor da dívida, pois, em busca da resolução da questão, pode o postulante reconhecer a cobrança majorada ou renunciar a diferença pleiteada. Assim não ocorrendo, se a área controvertida não demandar grande complexidade para a resolução, sendo, pois, de simples aferição valorativa, poderá o juiz decidir o pequeno incidente, fixando o valor correto, a fim de que o pagamento se processe seguindo-se o valor definido na decisão judicial. A proposição efetuada não viola o art. 643, pois este dispositivo deve ser interpretado com as luzes do farol da eficiência (art. 8º) e da bússola da duração razoável do processo (arts. 4º e 6º, segunda parte), sendo certo que a exegese aqui aplicada evitará que resolução de assunto sem complexidade tenha que ser remetido para as "vias ordinárias". Sem prejuízo, o juiz poderá determinar o pagamento em relação à parte incontroversa, remetendo-se para "as vias ordinárias" a cobrança acerca do saldo reclamado pelo credor. No particular, o procedimento pode ser inspirado no art. 16 da Lei n. 11.101/2005, pois a impugnação do

---

1541 Tal postura se torna fundamental se for seguida a linha defendida por Hamilton de Moraes Barros, no sentido de que "uma só impugnação impede que o juiz declare habilitado credor" (*Comentários ao Código de Processo Civil*, v. IX, p. 298). Não bastará, portanto, resposta desprovida de fundamentos para que a habilitação seja obstada.

1542 Paulo Cezar Pinheiro Carneiro defende que "sempre que os herdeiros discordarem do pedido de habilitação de crédito (art. 643, *caput*, do CPC) poderão, desde logo, indicar o bem sobre o qual deve incidira eventual penhora" (*Inventário e partilha judicial e extrajudicial*, p. 166).

crédito no processo de falência e/ou recuperação judicial não impede o pagamento da parte incontroversa.

6. Possibilidade de pedido de parcelamento do pagamento

As "partes" podem reconhecer a dívida e simultaneamente alegarem que não há recursos para o respectivo pagamento. A solução prevista no art. 642, § 2º, trabalha com picada procedimental que levará à expropriação patrimonial, *separando-se* um ou mais bens do espólio para satisfazer o pagamento. Este caminho poderá ser desviado, no entanto, a partir de proposta de pagamento parcelado ser apresentado de forma conjunta pelas "partes" e o inventariante, pegando-se, de empréstimo, os arts. 619, III, e 154, VI, do CPC.[1543] A oferta de pagamento parcelado não precisa ser modulada pelo gabarito do art. 916 do CPC, pois, ao contrário do que consta em tal dispositivo, a proposta efetuada com arrimo nos arts. 619, III, e 154, VI, do CPC, reclama a aceitação dos seus termos pelo credor.[1544] A eficácia da proposição ficará retraída (mesmo após a aceitação pelo credor), pois com a abertura da sucessão não só bens do espólio (em sentido estrito), mas também todos os recursos a ele inerentes se colocam em situação de indivisibilidade (arts. 80, II, e 1.791 do CC), de modo que qualquer alienação somente será considerada eficaz se autorizada pelo juiz (arts. 1.793, §§ 2º e 3º, do CC). Tal premissa está recepcionada no pagamento de dívidas, não bastando a concordância das partes acerca da dívida e do pagamento, uma vez que o juiz deverá declarar o credor habilitado antes de determinar o pagamento (art. 642, § 2º).

Mais uma vez se confirma a necessidade de que o juiz assuma um papel relevante na etapa de habilitação de crédito, atuando em compasso com o art. 6º do CPC. O juízo sucessório, ao determinar a intimação das partes acerca da habilitação de crédito, deve alertar acerca da possibilidade de proposta de pagamento parcelado (art. 154, VI), pois se trata de ato que estimula a autocomposição e faz aplicar concretamente o disposto no art. 3º, § 3º, do CPC.

7. A impugnação e os seus fundamentos

Quando se faz a leitura do parágrafo único do art. 643 e do § 1º do art. 1.997 do CC, fica evidenciado que há diferenciação nos calibres das fundamentações que podem ser deduzidas na impugnação ao pagamento. Com efeito, se a impugnação à habilitação de crédito estiver atrelada à prova docu-

1543 Sobre a aplicação mais larga do art. 154, VI, confira-se Rodrigo Mazzei e Tiago Figueiredo Gonçalves, *Comentários ao Código de Processo Civil*, p. 246-247.

1544 Poderá ser usado, por exemplo, o art. 895, § 1º, do CPC como um parâmetro, evitando-se a expropriação.

mentada ("prova valiosa" – CC), com a alegação de "quitação" (CPC) ou "pagamento" (CC), a postulação do credor será remetida para as "vias ordinárias", sem que o juízo sucessório determine a reserva de bens. Em outros termos, de acordo com a fundamentação de resistência, haverá consequências no trâmite do pedido do credor efetuado internamente ao inventário *causa mortis,* pois, se a oposição se escorar em impugnação fundamentada em "quitação" e "pagamento" (com prova documentada respectiva), a remessa externa se efetuará – ao menos ordinariamente – sem a reserva de bens.

Embora a nomenclatura utilizada no parágrafo único do art. 643 não seja a mesma que consta no § 1º do art. 1.997 do CC, percebe-se que não há discrepância quanto ao alcance e cenários dos dois dispositivos. Isso porque o parágrafo único do art. 643, ao fazer alusão à "quitação", está se referindo ao "pagamento" (texto do § 1º do art. 1.997 do CC) como fundamento da impugnação. Às claras, a alegação de "quitação" está relacionada à *comprovação documentada* de que de que o "pagamento" foi efetuado, extinguindo-se a obrigação. Tanto assim que o art. 319 do CC prevê que o "devedor que paga tem direito a quitação regular" e, em sequência, o art. 320 do mesmo diploma delimita que a quitação ordinariamente estará representada por "instrumento particular, designará o valor e a espécie da dívida quitada, o nome do devedor, ou quem por este pagou, o tempo e o lugar do pagamento, com a assinatura do credor, ou do seu representante".[1545] Com outras palavras, a quitação se corporifica com a "prova valiosa" (que, para o inventário, deverá ser sempre "documentada") de que o pagamento foi efetuado. Portanto, apesar da nomenclatura distinta, tanto o CPC quanto o CC se referem ao mesmo fundamento na impugnação: *pagamento com comprovação documentada no sentido*, ou seja, da *quitação da obrigação pecuniária.*

A "quitação" alegada em oposição ao pleito do credor poderá estar atrelada não apenas ao "pagamento direito", mas também ao chamando "pagamento indireto", entendendo-se este, em noção básica, como o cumprimento da obrigação efetuado de forma diversa a que foi primitivamente fixada. Assim, a prova documentada de que ocorreu o pagamento por consignação (arts. 334-345), a sub-rogação (arts. 346-351), a imputação do pagamento (arts. 352-355), dação em pagamento (arts. 356-359), novação (arts. 360-367), compensação (arts. 368-380), confusão (arts. 381-384) e remissão de dívida (arts. 385-388) serão encartadas como alegação de "quitação" e, portanto, com afinidade ao comando do art. 643, parágrafo único (e também ao § 1º do art. 1.997 do CC). O que interessa é a alegação de extinção da obrigação, sendo possível a exibi-

1545 A redação contida nos arts. 321, 322 e 324 do CC ratifica que a quitação se consubstancia em prova documentada.

ção de ato documentado que possa ser recepcionado como "prova valiosa" do pagamento (direto ou indireto), seguindo-se o perfil do cenário desenhado pelo art. 320, parágrafo único, do CC.

8. A tutela provisória (*reserva de bens*)

Consoante já alertado,[1546] não se pode confundir *reserva* de bens com a *separação* patrimonial, pois a última é um processo de seleção de bens do espólio visando o *pagamento* do credor, ao passo que a primeira tem como mote a formalização de *garantia*, tendo, pois, função *acautelatória*. Usando as expressões contidas na própria legislação, a *reserva* decorre da remessa do pedido credor "às *vias ordinárias*" (art. 643, *caput*) e envolve a *retenção* de "*bens suficientes para solução do débito*" (art. 1.997, § 1º), bens estes que ficarão "*em poder do inventariante*" (art. 643, parágrafo único, e art. 1.997, § 1º). A *reserva,* apesar de deferida no bojo do inventário sucessório, se prestará para assegurar o resultado útil de postulação externa de *cobrança* que deverá ser iniciada *no prazo de trinta dias* (art. 1.997, § 2º, do CC c/c art. 668, I, do CPC).[1547] Não é ocasional que se faz junção da técnica de reserva com o *arresto cautelar,* pois há o resguardo individualizado de bens do suposto devedor em prol de satisfação daquele que se intitula credor.[1548]

Ademais, evidencia-se que a *reserva* está ligada à técnica de *sobrepartilha prospectiva* (art. 2.021 do CC, c/c art. 669, III, do CPC), na medida em que projeta para o futuro o destino dos bens. Caso o pedido do credor logre êxito, a *reserva* patrimonial será objeto de expropriação, mas, em hipótese negativa (ou ocorrência de saldo depois da expropriação), haverá retorno ao inventário sucessório por meio do procedimento previsto no art. 670 do CPC (*sobrepartilha*).[1549]

1546 Vide os comentários ao art. 642 desta obra.

1547 Confira-se os comentários ao art. 668 desta obra.

1548 Bem próximo: Paulo Cezar Pinheiro Carneiro, *Inventário e partilha judicial e extrajudicial,* p. 163. Por tal passo, como demonstrado nos comentários ao art. 642, alguns autores equiparam a tutela ao arresto. No sentido: Daniel Amorim Assumpção Neves, *Novo Código de Processo Civil comentado,* p. 1082; Fernando da Fonseca Gajardoni, *Processo de conhecimento e cumprimento de sentença:* comentários ao CPC 2015, v. 2, p. 1.089; e Fábio Caldas de Araújo, *Curso de Processo Civil,* tomo III, p. 256. Parecendo concordar: Carlos Roberto Gonçalves, *Direito Civil Brasileiro,* v. 7, p. 542. Há também vozes que fazem aproximação da tutela à penhora como ano inicial da expropriação, no sentido: Gerson Fischmann, *Comentários ao Código de Processo Civil,* v. 14, p. 144; e Ovídio A. Baptista da Silva, *Comentários ao Código de Processo Civil,* v. XI, p. 110

1549 Como – em regra – haverá uma relação entre dois processos distintos (inventário *casa mortis* e a "ação pela via ordinária") será necessária a coordenação de comandos entre o juízo sucessório e o condutor da postulação externa apresentada pelo credor. Sobre o tema peculiar, vide os comentários aos arts. 668 e 628 desta obra.

A tutela provisória prevista no parágrafo único do art. 643 na perspectiva do credor terá efeito *acautelatório*, pois a reserva lhe garante o resultado útil da cobrança que exercerá nas "vias ordinárias". No entanto, sob a ótica do inventário sucessório (e não propriamente das partes), a tutela que define a reserva de bens possui traços *antecipatórios* (= afetam a estrutura do seu desfecho), na medida em que exclui o patrimônio por ela alcançado do seu resultado. Tal situação ficará evidenciada no desfecho de inventário com partilha, uma vez que os arts. 647, 651, 653 e 659 possuem foco nos bens que serão destinados aos interessados na herança e aos credores atendidos. A regra é de que os bens reservados sejam excluídos da partilha e, assim sendo, a tutela de reserva se projeta para decisão final do inventário sucessório criando subtração patrimonial, cuja resolução dependerá da postulação externa. Assim, a tutela provisória que envolve a reserva terá efeitos concretos na decisão final do inventário sucessório, pois este poderá ser finalizado sem que a pendência que originou a reserva tenha se encerrado.

Ao se observar o engenho da tutela provisória em voga, extrai-se que há toque com a tutela de evidência, notadamente em relação à hipótese prevista no art. 311, IV, do CPC. Senão vejamos: (i) a tutela provisória de *reserva de bens* será concedida sem a necessidade de comprovação de *"periculum in mora"* (art. 311, *caput*); (ii) o credor terá que trazer prova documentada robusta *"que comprove suficientemente a obrigação"* (art. 643, parágrafo único), ou seja, deverá instruir seu pedido "com prova documental suficiente dos fatos constitutivos" que ensejam seu pedido (art. 311, IV); (iii) é necessário o contraditório antes do deferimento da tutela provisória (art. 311, parágrafo único), sendo, assim, imperiosa a oitiva do espólio (na pessoa do inventariante) e das "partes" que figuram no inventário (art. 642, § 2º); (iv) o contraditório permite que a parte apontada no polo passivo se oponha ao pedido e, para neutralizar a concessão da tutela provisória, apresente ao juiz "prova capaz de gerar dúvida razoável" (art. 311, IV); (v) a "prova capaz de gerar dúvida razoável" deve ser compreendida como prova robusta e adequada a desvendar o ponto controvertido, ou seja, há encaixe na dimensão de "prova valiosa" do pagamento (art. 1.997, § 1º, do CC).

O quadro comparativo acima demonstra que, se o credor trouxer prova documentada bastante do seu crédito, a oposição ao pagamento deverá ser apresentada sempre de forma fundamentada e escorada (também) em prova documentada convincente. Transladando os engenhos da tutela de evidência, a impugnação vazia do espólio e/ou das partes não deve ser tolerada, aplicando-se, no ponto, o disposto o art. 311, I, que possibilita a concessão de tutela provisória no sentido quando "ficar caracterizado o abuso do direito de defesa ou o manifesto propósito protelatório da parte".[1550] Entendimento outro não

1550 Sobre o tema, confira-se: Rogéria Fagundes Dotti, *Tutela da evidência*: probabilidade, defesa frágil e o dever de antecipar a tempo, 2020.

merece prosperar, pois o inventário *causa mortis* é um processo com uma plataforma especialíssima em que as partes devem apresentar suas alegações escoradas em prova documentada que permita que o juízo sucessório possa deliberar com segurança, não sendo diferente no âmbito da habilitação de crédito e em relação a qualquer ator da relação processual.[1551]

Por fim, a tutela provisória que envolve a reserva de bens pode ser concedida sem que ocorra pedido expresso, pois a técnica foi detalhada já prevendo tal possibilidade em caso de remessa às vias ordinárias, não podendo o espólio e as partes do inventário alegar qualquer tipo de surpresa no sentido.

9. Possibilidade de a reserva ser *preferencial* ao pagamento (e à *separação* de bens): necessidade de análise da natureza do crédito

Utilizando-se do rol art. 965 do CC como parâmetro ilustrativo, a depuração de bens do espólio para adimplir pagamentos reclamados se submete à sequência de preferências que não deve ser aplicado apenas para o pagamento, mas também para comprometimento patrimonial do espólio, sendo intuitivo, assim, a extensão à *reserva* vinculada ao art. 643, parágrafo único. Assim, em exemplo, imagine que, em determinado inventário sucessório, há três pedidos de pagamento (= *habilitações de crédito*) com causas diversas, a saber: (a) despesas com o luto do cônjuge sobrevivente (art. 965, III); (b) dívidas atinentes às despesas médicas no período de seis meses anteriores à morte do autor da herança (art. 965, IV); e (c) recebimento de valores gastos para a mantença do devedor falecido nos seus últimos três meses de vida (art. 965, V). Ouvidos o inventariante e "as partes" sobre as postulações (a) e (c), não se colheu qualquer oposição, mas, em relação ao pedido descrito no item (b), o cônjuge sobrevivente e um herdeiro (descendente do falecido) se opõem ao pagamento, fundamentando a impugnação no sentido de que o autor da herança não passou por aquele tratamento e, muito pelo contrário, ocorreu negligência no sentido do médico e da clínica que o atenderam, fato que contribuiu inclusive para o passamento de forma prematura.

Não existindo numerário disponível no espólio para atender os credores, deverá ser feita a *separação* de bens para atender o *pagamento* dos itens (a) e (c). No item (b) – caso de o credor ter apresentado "prova bastante da obrigação" – o juízo sucessório deverá determinar a *reserva* de bens em relação à dívida impugnada, pois a oposição não se funda em "quitação". Seguindo-se a cro-

1551 Parecendo concordar: José da Silva Pacheco, *Inventários e partilhas*: na sucessão legítima e testamentária, p. 499; e Carlos Alberto Dabus Maluf e Adriana Caldas do Rego Freitas Dabus Naluf, *Curso de Direito das Sucessões*, p. 540.

nologia de preferências do art. 965 do CC não é lícito que se faça o pagamento do item (c) sem antes garantir – por meio de *reserva* de bens – a satisfação do item (b), pois a bússola sequencial não é conduzida pelo resultado (concordância ou não com o pagamento), mas pela própria natureza da dívida que, na exemplificação, dita que as despesas médicas pleiteadas estão em posição de prioridade frente às dívidas para a mantença do devedor falecido nos seus últimos três meses de vida. A ilustração demonstra que embora com evidentes diferenças, a *separação* e a *reserva* de bens incidem igualmente no comprometimento patrimonial do espólio, de modo que o seu posicionamento deve ser feito de forma sequenciada a partir da natureza das dívidas que estão vinculadas e não da providência que está vinculada ao credor (ou seja, pagamento ou formação de garantia). Assim, não se pode pensar que primeiramente se fará o pagamento das dívidas incontroversas para somente depois iniciar a *reserva* de bens acerca das controvertidas. O pagamento (ainda que obtido por *separação* de bens) e a *reserva* seguirão a ordem de preferencial, pois o inventário se submete aos critérios concursais.

10. Algumas particularidades da decisão que define a remessa e a reserva

O juízo sucessório poderá decidir pela remessa às "vias ordinárias" sem determinar a formação de reserva patrimonial. A *remessa sem reserva* terá espaço quando: (i) o credor não comprovou suficientemente à obrigação pecuniária; e (ii) embora o credor tenha feito prova robusta da dívida do espólio, o inventariante e/ou as "partes" alegaram quitação na impugnação e lograram êxito em evidenciá-la com a exibição de prova documentada. Portanto, o juiz, ao efetuar a remessa desprovida de reserva, deverá indicar a motivação para tanto (art. 489, § 1º). O deferimento da reserva em favor do credor, por sua vez, fazendo-se análise inversa, fica condicionado a um requisito positivo (= demonstração documentada da obrigação de forma convincente) e de um requisito negativo (= inexistência de impugnação que alegue e evidencie que há "quitação" em favor do espólio).

O deferimento da reserva demanda comando para que o inventariante assim proceda, selecionando dos bens do espólio os com melhor aptidão para tanto. As partes terão papel relevante na escolha patrimonial, sendo-lhes facultada, nas suas manifestações, a indicação dos bens que devem compor a reserva. O ideal é que o credor, ao formular seu pedido de pagamento, indique os bens que entende como aptos a servirem à separação ou reserva, procedimento semelhante que deve ser colhido do inventariante e das partes quando se manifestarem sobre a postulação do credor. Caso assim não se faça, não tendo o juízo sucessório condições de decidir sobre a melhor escolha, deverá ser determinado que o inventariante assim o faça, ouvindo-se, em seguida, o credor e as "partes" que serão diretamente alcançadas pela reserva, adaptando--se, no particular, o disposto no art. 805 do CPC.[1552]

A formalização da *reserva*, intimando-se o credor, inicia a contagem do prazo previsto no art. 1.997, § 2º, do CC e art. 668, I, do CPC. Deve-se iniciar a contagem do referido prazo a partir do conhecimento do credor quanto à escolha efetuada pelo inventariante, caso não tenha ocorrido prévio consenso.[1553] Deverá ser providenciada a confecção de auto de constrição específico quanto à reserva, a fim de que se formalize a depuração dos bens do patrimônio do espólio que seguirá em rumo da partilha. O "auto de reserva" será fundamental também para dar publicidade à medida, adaptando-se o disposto no art. 844 do CPC, com a indicação da qualificação daquele que ficará na posse e na administração dos bens reservados[1554] (em regra, o inventariante – art. 669).[1555]

11. Plataformas da remessa ("vias ordinárias")[1556]

Em razão do próprio pedido do credor, a expressão "vias ordinárias" é traduzida – comumente – como a propositura da "ação judicial" com o objetivo de compelir o espólio a efetuar o pagamento outrora postulado no bojo do inventário, mas que, por alguma motivação, não foi atendido pelo inventariante e/ou pelas "partes". O art. 1.997, § 2º, do CC faz alusão ge-

1552 No CPC atual, cabe ao credor a escolha dos bens a serem penhorados (art. 829, § 2º), diverso do que ocorria no texto original do CPC de 1973, que contemplava a fala em favor do devedor (executado), consoante se extraia da redação primitiva do seu art. 652. Desde a entrada em vigor da Lei n. 11.382/2006, que alterou o gabarito do art. 652 do CPC de 1973, a escolha acerca dos bens a serem objeto de penhora está na alçada do credor (exequente), sendo lícito que o devedor (executado) apresente contra postulação, cujo núcleo está delineado no texto do atual art. 805 do CPC. Tal quadro indica a importância de adaptação do art. 829, § 2º, do CPC, para a *habilitação de crédito*, evidenciando-se a importância de contraditório na forma acima desenhada. Vide os comentários aos arts. 642 e 646 desta obra.

1553 Vide comentários ao art. 668.

1554 No tema: CARLOS MAXIMILIANO, *Direito das Sucessões*, v. III, p. 358.

1555 O detalhamento da administração poderá ser plasmado no "auto de reserva" explicitando, por exemplo, a forma com que fará a prestação de contas sobre a administração dos bens, o fornecimento de informações acerca da própria manutenção destes e convocação para sobrepartilha, acaso a reserva seja desfeita (ou retorne saldo patrimonial desta em favor do espólio). Sobre bens reservados e sobrepartilha, confira-se: HUMBERTO THEODORO JÚNIOR, *Curso de Direito Processual Civil*. Procedimentos Especiais, v. II, p. 276; e HAMILTON DE MORAES BARROS, *Comentários ao Código de Processo Civil*, v. IX, p. 301.

1556 Fundamental a leitura dos comentários ao art. 612 acerca da interpretação que deve ser conferida "às vias ordinárias".

nérica à "ação de cobrança", não devendo se interpretar tal expressão de modo restrito, até porque, se o credor possui título executivo, poderá postular o pagamento por meio da execução forçada, sem prejuízo de outros caminhos, como a tutela monitória ou a própria "ação de cobrança" (procedimento padrão).

A competência para processar a *ação pela via ordinária* será analisada de acordo com as regras de organização judiciária local, presumindo-se, em situação vulgar, que esta terá trâmite no juízo cível comum.[1557] Diante da bússola temporal do art. 611 do CPC, a lógica seria que a remessa externa do pedido de pagamento o projetasse para via processual de picada acelerada, a fim de que a solução se operasse em tempo abreviado, antes do desfecho do inventário *causa mortis*.[1558] Dessa forma, é natural a lembrança dos Juizados Especiais Cíveis (Lei n. 9.099/95) para o deslinde externo da "cobrança" do credor contra o espólio. Ocorre que, apesar de as ações que envolvam os interesses do espólio não constarem do rol de exclusão da competência dos juizados especiais (art. 3º, § 2º), a partir da superfície do texto do art. 8º da Lei n. 9.099/95, que veda a presença de incapaz para figurar nas "ações judiciais" que seguem tal rito especial, fixou-se o entendimento de que o espólio somente será aceito como "parte nos Juizados Especiais Cíveis" se inexistir "interesse de incapaz".[1559] Considerando que é possível a participação do Ministério Público na ambiência da Lei n. 9.099/95 (art. 11), a simples presença de incapaz como interessado na herança não se afigura como óbice justificável. Tal raciocínio restritivo diminui a intuitiva conexão do art. 611 do CPC (e as técnicas de remessa do inventário *causa mortis*) com a superfície acelerada da legislação especial, já que o art. 2º da Lei n. 9.099/95 prevê que o processo nos Juizados Cíveis deve se

---

1557 De forma diferente, Arnaldo Rizzardo defende que a ação autônoma deve ser distribuída para o próprio juiz sucessório (*Direito das Sucessões*, p. 695). Embora possa se cogitar que as partes possam convencionar que, mediante negócio jurídico processual (art. 190 do CPC), a "cobrança" seja efetuada no juízo sucessório, há sério risco de descompassos na aceleração processual, pois o inventário está marcado pela meta temporal da parte final do art. 611 do CPC.

1558 A ideia é adequada ao ditame da parte final do art. 611 da codificação processual civil e ao também disposto nos arts. 651 e 653, pois a definição do tema antes do desfecho permitiria postar a resposta na deliberação final. Satisfazendo-se o pagamento, esta seria inserida como dívida atendida (art. 651, I), plasmando-se a extinção na obrigação na decisão de desfecho do inventário sucessório (art. 653, I, *a* e *b*). No caso de insucesso da postulação do credor, a eventual reserva efetuada em favor deste tornar-se-ia sem efeito, propiciando-se outro destino ao patrimônio, fato que evitaria a sobrepartilha posterior (art. 670).

1559 No sentido, confira-se o texto do Enunciado 148 do FONAJE: "Inexistindo interesse de incapazes, o Espólio pode ser parte nos Juizados Especiais Cíveis".

pautar, dentre outros critérios, pela "economia processual e celeridade, buscando, sempre que possível, a conciliação ou a transação".[1560-1561]

De toda sorte, a remessa para as "vias ordinárias" não está restrita à jurisdição estatal heterocompositiva.[1562] Preenchidos os requisitos do arts. 1º e 3º da Lei n. 9.307/96, é perfeitamente admissível que a pendenga seja resolvida em sede de arbitragem. Ademais, a remessa também terá espaço para plataforma autocompositiva, adaptando-se o disposto no art. 16 da Lei n. 13.140/2015, que prevê que "ainda que haja processo arbitral ou judicial em curso, as partes poderão submeter-se à mediação, hipótese em que requererão ao juiz ou árbitro a suspensão do processo por prazo suficiente para a solução consensual do litígio". Como o prazo previsto no art. 1.997, § 2º, do CC e no art. 668 do CPC possui natureza processual,[1563] não há óbice que sobre este seja lançado negócio jurídico processual (art. 190 do CPC), prorrogando-o, a fim de que se permita a instalação de ambiente autocompositivo sem atropelos

12. Prazo para "propositura da ação" e a perda da eficácia da tutela provisória e as suas consequências

Os assuntos foram abordados nos comentários ao art. 668.

Art. 644. O credor de dívida líquida e certa, ainda não vencida, pode requerer habilitação no inventário.

Parágrafo único. Concordando as partes com o pedido referido no *caput*, o juiz, ao julgar habilitado o crédito, mandará que se faça separação de bens para o futuro pagamento.

CPC de 1973 – art. 1.019

1560 É importante que a Lei n. 9.099/95 seja palco não apenas para o espólio figurar como réu, mas também como autor das ações judiciais, pois facilitaria a apreciação de determinadas pendengas mais simples e de valor mais baixo (art. 3º da Lei Especial). No âmbito dos Juizados Especiais Federais, parece que se firma posição mais flexível, ao menos para que o espólio figure com autor das ações. No sentido: STJ, 1ª Seção, CC 92.740/SC, j. 10/08/2008, *DJ* 22/09/2008; 1ª Seção, CC 97.520/SP, j. 26/11/2008, *DJ* 09/12/2008; 1ª Seção, CC 104.151/SP, j. 22/04/2009, *DJ* 04/05/2009.

1561 A ilustração acima, além do caráter provocativo na busca de novo olhar sobre a Lei n. 9.099/1995 e as possíveis ações judiciais com a participação do espólio, demonstra que a dimensão acerca da expressão "vias ordinárias" pode ser amplificada. No sentido, seguindo-se os ditames da referida, não se pode descartar que a arbitragem seja utilizada para a solução do litígio, caso o espólio e o credor assim se submetam, observando-se o disposto nos arts. 1º e 3º do citado diploma.

1562 No tema, vide os comentários ao art. 612.

1563 Vide os comentários ao art. 668 desta obra.

1. Abertura da sucessão e o vencimento das dívidas do falecido

A abertura da sucessão transfere o polo passivo das obrigações da herança para a figura do espólio (art. 1.792 do CC). O fato, contudo, não faz com que as dívidas do falecido se sujeitem à antecipação do pagamento.[1564] Com efeito, para que se configure a antecipação compulsória de pagamento, há a necessidade de que a situação concreta seja alcançada por previsão legal (arts. 333 e 1.425 do CC) ou por convenção prévia ao falecimento envolvendo o autor da herança e que, de forma clara, vincule seus sucessores.[1565] Não havendo encaixe nas situações narradas, não há alteração nos vencimentos previamente estabelecidos, pois a morte, isoladamente, não pode ser considerada como hipótese para tanto.

2. Possibilidade de habilitação de "dívida líquida e certa, ainda não vencida"

O art. 644 permite que o credor, munido de prova documentada acerca de obrigação pecuniária certa e líquida, ainda que "não vencida" (isto é, ainda não *exigível*), apresente postulação para que sejam separados de bens, a fim de garantir (futuro) pagamento a seu favor. Às claras, sob a análise da prova documentada a ser apresentada pelo credor, não há diferença abissal para a "habilitação de crédito" com esteio no art. 642, exceto no ponto que, na hipótese do art. 644, a dívida ainda não está vencida.[1566]

A mecânica do artigo comentado é indicativa de que há afinidade da regra legal com as previsões contidas nos arts. 130-135 do CC, dispositivos que permitem que o titular de direito sob condição ou termo pratique atos destinados a conservá-lo.[1567] A separação dos bens antes de vencida a dívida, às claras, evita que o credor de "dívida não vencida" seja colocado em segundo plano na liquidação da herança, garantindo, pois, o pagamento a seu favor,[1568-1569] inclusive com respeito à ordem de preferência. De outra banda, há

1564 Igualmente: Arthur Vasco Itabaiana de Oliveira, *Tratado de Direito das Sucessões*, p. 391; Maria Helena Diniz, *Curso de Direito Civil Brasileiro*, v. 6, p. 439-440; e Carlos Maximiliano, *Direito das Sucessões*, v. III, p. 346.

1565 Registre-se, assim, que há diferenciação em relação à falência, já que o art. 77 da Lei n. 11.101/2005 determina o vencimento antecipado das dívidas do devedor e dos sócios ilimitada e solidariamente responsáveis. O vencimento antecipado também não se aplica à recuperação judicial (art. 161, § 2º, da Lei n. 11.101/2005).

1566 Sobre a prova documentada do crédito, vide os comentários ao art. 642 desta obra.

1567 Sobre o tema (em aspecto geral): Rodrigo Mazzei, Noção geral do Direito de Sucessões no Código Civil: introdução do tema por 10 (dez) 'verbetes'. *Revista Jurídica*, v. 438, p. 12-13.

1568 Bem próximo: Paulo Cezar Pinheiro Carneiro, *Inventário e partilha judicial e extrajudicial*, p. 164.

1569 Não se pode confundir o interesse do pagamento com o interesse em salvaguardá-lo. Há situação de interesses nas duas situações, cada qual com seus detalhes próprios.

interesse do espólio no sentido, pois evita que a fase de liquidação dos pagamentos seja fracionada, criando-se contramarcha no fluxo procedimental do inventário. Daí por que, de forma correta, é necessária a anuência das partes em relação à separação de bens.[1570]

3. Oitiva das partes, pagamento antecipado, ordem de preferência e expropriação

Sem discrepar do art. 642, o parágrafo único do art. 644 indica que o juízo sucessório somente poderá "julgar habilitado o crédito" e determinar "que se faça separação de bens para o futuro pagamento" depois de ouvidas as "partes" interessadas. A definição acerca das "partes" que deverão ser intimadas no caso concreto para se manifestar sobre a postulação do credor com arrimo no art. 644 segue o mesmo critério para o art. 642, tendo em vista os interesses e os reflexos que o pagamento poderá acarretar nas suas respectivas esferas. Se o silêncio das partes pode ser tolerado, presumindo-se como anuência, a dicção do inventariante é obrigatória, diante das incumbências que lhe são postas.

Havendo concordância e saldo em dinheiro disponível, nada obsta que seja aplicada a regra do art. 642, § 2º, separando-se o numerário para o pagamento futuro, tão logo a obrigação se torne exigível. A partir de tal constatação, percebe-se que poderá ser efetuado o pagamento antecipado, situação interessante, na medida em que o procedimento permite a redução do valor que seria pago no vencimento. No particular, a legislação garante ao devedor desconto, valendo lembrar que o art. 77 da Lei n. 11.101/2005 prevê "o abatimento proporcional dos juros", situação repetida (e com mais ênfase) no art. 52, § 2º, do CDC.[1571] Se o credor e espólio chegarem a um consenso acerca do pagamento antecipado no sentido de reduzir o valor da dívida sem que tal acordo prejudique outros credores, não há justificativa plausível para se aguardar o vencimento da dívida e não gozar do desconto.

Em caso de dívida preferencial, ainda que não vencida, fixando-se a concordância quanto ao pagamento desta, afigura-se correto que o pagamento da obrigação deverá ficar garantido de forma prioritária em relação à dívida já vencida, mas que não é tratada como de natureza prioritária. Por exemplo, o falecido em vida parcelou a dívida decorrente das despesas do seu tratamento médico (cuja doença culminou com seu passamento), vencendo-se

---

Parecendo não concordar, confira-se: Francisco José Cahali, *Direito das Sucessões*, p. 373.

1570 No sentido: Pablo Stolze Gagliano e Rodolfo Pamplona Filho, *Manual de Direito Civil*, v. único, p. 1.655.

1571 Assunto tratado também na Resolução n. 3.516/2007 do Banco Central.

parcela em data posterior à abertura da sucessão. Trata-se de dívida que contém privilégio preferencial (art. 965, IV, do CC) e, por isso, merece ser respeitada no sentido, em relação a outras sem tal predicado, ainda que vencida. Assim, a separação de bens para pagamento de *dívidas ainda não vencidas* deve ser vista a partir do contexto global da liquidação da herança, de modo que o pagamento antecipado não deve ter o condão de prejudicar os demais credores. De toda sorte, o fato de a dívida não estar "vencida" não a faz perder características a ela vinculadas, dentre as quais a preferência. Note-se, pois, a importância de conjugar os arts. 130-134 do CC com o disposto no art. 644, pois a habilitação será o exercício de um ato concreto para *conservar* o crédito.

Em arremate, a interpretação do parágrafo único do art. 644 deve ser feita de modo inteligente, despegando-se de leitura impregnada pela literalidade. Com tal bússola, declarado habilitado o crédito e não possuindo o espólio numerário em caixa (art. 642, § 2º), deverá o juiz – ao determinar a separação dos bens – iniciar os atos de expropriação, intimando o credor e demais legitimados para manifestar interesse na adjudicação de determinado bem do acervo hereditário (art. 876), prosseguindo-se, em caso de resposta negativa, com a alienação (art. 880). Portanto, nada obsta que os atos de expropriação tenham início depois de proferida a decisão de habilitação, desde que o pagamento efetivo respeite o "vencimento da dívida".[1572]

Conclui-se, portanto, que a separação de bens prevista no art. 644 se diferencia da situação prevista no art. 642, § 2º, justamente pelo fato de que o pagamento não se dará de forma imediata, oposto ao que ocorre quando a dívida está "vencida e exigível". Tal fato, contudo, não cria distanciamento em relação aos mecanismos de pagamento que serão os mesmos e que devem ser adiantados na hipótese do art. 644, a fim de que não ocorra retardo temporal. Há, contudo, distinção da *separação* do art. 644 em relação à *reserva* de bens prevista no art. 643, pois está se notabiliza como uma formação de garantia até que controvérsia sobre o pagamento se encerre e não como uma técnica de viabilização de quitação da própria dívida.[1573]

1572 Com outras palavras, se não houver divergência quanto ao pagamento da dívida a vencer, em prol da eficiência e do farol de celeridade processual (parte final do art. 611), os mecanismos expropriatórios já poderão ser acionados tão logo a decisão positiva de habilitação seja proferida. No entanto, a satisfação da dívida aguardará seu vencimento, de modo que o eventual numerário resultado da expropriação (no caso de alienação do bem) ficará em poder do inventariante até a data do pagamento. Quando se tratar de pagamento ultimado por meio de entrega de bem ao credor, situações ocorrentes em caso de adjudicação (art. 876, *caput*) ou dação em pagamento (art. 642, § 4º), a titularidade patrimonial somente será transmitida – ao menos via de regra – depois de efetuado o efetivo pagamento, ou seja, deverá se respeitar a data de vencimento da dívida (exceto se algo diferente for pactuado).

1573 Próximo: Flávio Tartuce, *Direito Civil*: direito das sucessões, p. 634.

4. Impugnação das partes, remessa às "vias ordinárias" e possibilidade de reserva de bens

O art. 644 não traz qualquer traço acerca da possibilidade de impugnação pelo inventariante e/ou pelas partes. No particular, o dispositivo também restou omisso acerca de desdobramentos decorrentes da resistência ao credor, em que se destacam a técnicas de remessa (envio às "vias ordinárias") e a formação de reserva de bens. Em razão do quadro, é possível se adotar dois posicionamentos: (a) projetar de forma adaptada o disposto no art. 643 para o seio do art. 644, em caso de resistência no pagamento;[1574] (b) entender que a omissão legislativa revela que no âmbito do art. 644 há rejeição quanto às técnicas de remessa e de reserva interna.[1575] A primeira posição parece ser a mais adequada, adotando-se tal linha de pensar não apenas pela necessidade de interpretação sistemáticas dos arts. 642, 643 e 644, mas também pelas consequências práticas. Caso se afaste a técnica de reserva do art. 643 do art. 644 o credor poderá optar por apresentar a habilitação somente depois de vencida a dívida, para não correr o risco de que a resistência pura e simples seja suficiente para a não constituição da reserva.

Ainda que a parte inicial do art. 642 autorize que a postulação ("habilitação de crédito") possa ser apresentada até a "partilha" (= *decisão sobre o desfecho do inventário*),[1576] para a organização adequada e celeridade processual, é importante que as habilitações sejam apreciadas – tanto quanto possível – de forma conjunta, até porque o juiz poderá ter que decidir acerca da ordem de preferência nos pagamentos a partir da natureza das dívidas. O segundo entendimento acima destacado, portanto, desestimula o credor a ser diligente na apresentação do *pedido e habilitação*, criando ambiência para que este possa ser motivado a usar do limite temporal do art. 642 – situação que poderá conspirar para que siga a picada acelerada e sem contramarchas da parte final do art. 611. Ademais, há risco de que as "habilitações" sejam decididas sem que a melhor sequência de pagamento seja definida, fato que poderá demandar ajustes nem sempre simples de serem efetuados, já que terá que ser feito encaixe sobre uma superfície de prioridades já delimitada.

Dessa forma, a omissão do art. 644 não faz com que a reserva de bens não tenha que ser analisada pelo juízo sucessório, pois tal entendimento, inclusive, é contrário ao disposto nos arts. 297 do CPC e 2.021 do CC, uma vez que o poder

---

1574 No sentido: Daniel Amorim Assumpção Neves, *Novo Código de Processo Civil comentado*, p. 1.083; e Rodrigo Mazzei e Tiago Figueiredo Gonçalves, *Comentários ao Código de Processo Civil,* p. 901.

1575 No sentido (parecendo adotar tal linha): Ronnie Hebert Barros de Souza, *Comentários ao código de processo civil:* perspectiva da magistratura, p. 721.

1576 Vide comentários ao art. 642.

de cautela do julgador estará presente quando se faz a depuração de bens do espólio para salvaguardar debates que o envolvam.[1577] Logo, a omissão do dispositivo em comento deve ser preenchida pelos traços do art. 643, parágrafo único.[1578]

5. Resenha do procedimento

De forma bem resumida, pode-se dizer que o procedimento de habilitação atenderá às regras do art. 642. Assim, o requerimento formulado pelo credor será distribuído por dependência ao processo de inventário, sendo autuado em apenso aos autos desse. Antes de decidir, o juiz oportuniza a manifestação das partes, inclusive dos donatários e legatários em relação aos quais pode ocorrer a redução da liberalidade como decorrência da aprovação da dívida. No caso de discordância, o juízo sucessório fará a análise da reserva de bens, efetuando-se o envio externo com ou ser reserva de bens, a depender da situação concreta (parágrafo único do art. 643). No caso de concordância com a postulação do credor, o julgador declarará habilitado do crédito e determinará a *separação* dos bens, de acordo com a natureza da dívida. É possível se iniciar os atos de expropriação mesmo "antes de vencida a dívida", mas o pagamento só ocorrerá quando esta se tornar efetivamente exigível.

6. Natureza da decisão e recurso

Da mesma que ocorre no âmbito dos arts. 642 e 643, a decisão em que o juiz aprecia o pedido – para habilitar o crédito ou indeferir o pleito – possui natureza interlocutória, sendo desafiada por agravo de instrumento (art. 1.015, parágrafo único, do CPC).

7. Responsabilidade patrimonial do espólio e as dívidas futuras

É muito importante que as dívidas do espólio sejam liquidadas no curso do inventário, devendo se incluir, sempre quando possível, a totalidade das

1577 Na linha: RODRIGO MAZZEI E TIAGO FIGUEIREDO GONÇALVES, *Comentários ao Código de Processo Civil*, p. 901.

1578 Dessa forma, o juízo sucessório não determinará a reserva automaticamente a partir de qualquer pedido apresentado pelo credor com esteio no art. 644. Aplica-se, por certo, a mecânica tracejada no parágrafo único do art. 643, situação que faz com que o juiz tenha que examinar o calibre da prova do crédito apresentada pelo, ou seja, a "dívida não vencida" deverá estar plasmada em "documento que comprove suficientemente a obrigação". Sem que o credor traga quadro probatório documentado no sentido, não haverá o deferimento de reserva, situação que também será afastada se alguma das partes ou o próprio inventariante exibir prova de pagamento antecipado – "prova valiosa" de "quitação" (parte final do parágrafo único do art. 643 c/c com art. 1.997, § 1º, do CC). Vide comentários ao art. 643.

obrigações pecuniárias no sentido, inclusive as ainda não vencidas. Não é ocasional, portanto, a previsão do art. 644, ao permitir a liquidação da herança de forma mais completa.

A *responsabilidade patrimonial*[1579] aplicada à herança é um tema profundo e que, na prática, não tem merecido a importância que detém.[1580] Com efeito, a leitura conjunta dos arts. 391, 1.792 e 1.997, *caput*, do CC e dos arts. 789 e 796 do CPC, demonstra que a herança deve responder pelas dívidas do falecido e do espólio (efetuadas depois da abertura da sucessão),[1581] sendo o inventário sucessório o palco para que a liquidação das dívidas seja efetuada (parte inicial do art. 647 do CPC e art. 1.796 do CC).[1582] A premissa de que o "herdeiro não responde por encargos superiores às forças da herança" (art. 1.792 do CC) é indissociável da dicção de que a herança/espólio responde pelo pagamento das dívidas do falecido (art. 1.997, *caput,* do CC e art. 796 do CPC). Para tanto, é necessário que a liquidação da herança se opere de forma eficiente e transparente, evidenciando-se, de forma cristalina, a potência patrimonial do espólio frente às obrigações passivas que ele carrega. Isso porque os herdeiros somente serão contemplados se o desfecho da liquidação for positivo, ou seja, com o resultado líquido da operação que abaterá o valor das dívidas do patrimônio deixado pelo falecido (vide parte inicial do art. 647 do CPC). No sentido, a parte final do art. 1.796 do CC é de clareza solar no sentido, ao dispor que o inventário sucessório será instaurado "para fins de liquidação e, quando for o caso, de partilha da herança".

1579 Sobre contornos básicos da responsabilidade patrimonial, Rodrigo Mazzei e Sarah Merçon-Vargas definem que: "Ao falarmos em *responsabilidade patrimonial* não estamos a equiparando a existência de dívida ou a sua própria cobrança judicial, mas a uma *situação de sujeição do patrimônio de alguém em relação à expropriação executiva.* No sentido, afigura-se que há uma zona hibrida (*bifronte*), mesmo que com cargas não iguais, de direito material e direito processual quando se trata de responsabilidade patrimonial. Não é à toa que o tema acaba sendo tratado simultaneamente pelo CC/02 (art. 391) e pelo Código de Processo Civil (art. 789 do NCPC, em substituição ao art. 591 do CPC/73)" (*Comentários ao novo Código de Processo Civil*, p. 1.189).

1580 Na plataforma do inventário, há flagrante déficit de contraditório que prejudica o credor e que permite que os interessados na herança consigam alcançar resultado final que, por vezes, não reflete a saúde patrimonial do falecido. Sobre os problemas do contraditório em relação ao credor, vide comentários aos arts. 642 e 620 desta obra.

1581 Confira-se: Álvaro Villaça Azevedo, *Curso de Direito Civil*: direito das sucessões, p. 108.

1582 Correta a visão de Carlos Roberto Gonçalves: "(...) deve a herança, portanto, suportar a solução do passivo existente. O patrimônio transmissível aos herdeiros do finado, todavia, é apenas o saldo entre o seu ativo e o seu passivo, neste incluídos os impostos sucessórios. Por essa razão, para se apurar o monte que será objeto da sucessão, faz-se necessário, em primeiro lugar, apurar o montante das suas dívidas, para saldá-las. Se estas absorvem todo o ativo, os herdeiros nada recebem. São herdeiros sem herança" (*Direito Civil Brasileiro*, v. 7, p. 539).

O cenário posto permite interpretar corretamente a parte final dos arts. 1.997 do CC e 796 do CPC, que aduzem que os herdeiros só respondem pelas dívidas do falecido/espólio dentro das forças da herança e na proporção da parte que lhe coube. Tal lógica está ligada à ideia de que, na forma dos arts. 1.796 do CC e 647 (primeira parte) do CPC, todas as dívidas do falecido e do espólio devem ser pagas (ou ao menos garantidas) no âmbito do inventário *causa mortis*, de modo que os herdeiros deverão ser chamados apenas de forma *residual*, quando se demonstrar que ocorreu desfecho positivo e que estes receberam algum quinhão do *resultado líquido*. Com olhos em tal resultado, que reflete as forças da herança, é que se pode falar em responsabilidade patrimonial do herdeiro, pois este recebeu, ao fim do inventário sucessório, quinhão (ou a totalidade – em caso de adjudicação) patrimonial dimensionado de forma equivocada (justamente em razão de falha na liquidação da herança, que deixou de contemplar algum credor).

Sob o ângulo do credor, a situação cria dificuldade, pois, efetuada a partilha, não há entre os herdeiros solidariedade,[1583] fato que afeta – de certa forma – a noção primitiva de indivisibilidade da herança (art. 1.791 do CC).[1584] Assim, se a dívida, antes da partilha, deveria ser cobrada ao espólio, após a partilha, há fragmentação ocasionada pela divisão dos bens, compelindo ao credor ir buscar junto a cada um dos herdeiros a sua cota respectiva,[1585] na medida em que a dinâmica projetada pelos arts. 1.997 do CC e 796 do CPC afeta a unidade da responsabilidade patrimonial.[1586-1587]

Diante do *déficit* de contraditório que há em relação aos credores no inventário,[1588] ainda que de forma involuntária, a legislação abriu espaço para

1583 Igualmente: Francisco José Cahali, *Direito das Sucessões*, p. 375.

1584 Próximo: Álvaro Villaça Azevedo, *Curso de Direito Civil*: direito das sucessões, p. 108.

1585 Na dicção de Orlando Gomes: "Não se estabelece entre os herdeiros o *vínculo da solidariedade*. Se um deles não paga, o credor não pode se dirigir aos outros. Os herdeiros, numa palavra, são, após a partilha, devedores de obrigação fragmentada" (*Sucessões*, p. 299). Igualmente: Carlos Maximiliano, *Direito das Sucessões*, v. III, p. 340-342.

1586 No tema, Maria Beatriz Perez Câmara leciona que: "O art. 1.997 prevê dois momentos, um anterior e outro posterior à partilha, estatuindo que, enquanto a herança se mantém no estado de indivisão, porque nenhum dos herdeiros tem ainda direitos sobre bens certos e determinados, todos os bens hereditários respondem em conjunto. A partir da divisão da herança, passa a responder cada herdeiro, individualmente, pela satisfação de cada dívida daquele, mas apenas na proporção da parte que lhe coube na partilha, definindo os limites da responsabilidade individual através da parcela recebida" (*Direito das Sucessões*, p. 330).

1587 Há situações em que tal fragmentação não ocorre, destacando-se as hipóteses de obrigação indivisível ou em que houve anterior afetação sobre bem específico em relação à dívida. Igualmente: Francisco José Cahali, *Direito das Sucessões*, p. 376.

1588 No tema vide comentários aos arts. 620 e 642.

que os herdeiros possam optar por um "jogo de risco", deixando de convocar (e pagar) conscientemente tais credores, com intuito de obter quinhão patrimonial mais potente.[1589] Pior ainda, há situações em que não há sequer na herança forças para liquidar as dívidas, projetando-se desfecho negativo que redundaria em insolvência (art. 955 do CC), mas a superfície falha do inventário sucessório propicia que os herdeiros efetuem "partilha" sem prévia liquidação de dívidas. Com o desvio na aplicação de dispositivos legais, instala-se ambiência para se afastar o real desfecho do inventário e criar a falseada impressão de que há presença de herdeiros, na contramão do adágio "onde há dívidas, não há herdeiros".[1590]

Há, portanto, desvirtuado deslocamento da responsabilidade patrimonial para os herdeiros a partir de "aposta" efetuada por estes, situação que, por certo, não era a desejada pelos arts. 1.997, *caput*, do CC e do art. 796 do CPC. Sem rebuços, a leitura completa de tais dispositivos indica que, seguindo-se a lógica dos arts. 789 e 391 do CPC, a responsabilidade patrimonial das dívidas está focada no próprio devedor, sendo remetida aos herdeiros por *acidente*,[1591] isto é, nos casos em que se efetuou partilha (= apuração de resultado positivo) sem atender a credor, caracterizando-se o hipotético cenário de inventário sucessório com procedimento de liquidação defeituoso.[1592]

O resumo apertadíssimo demonstra a importância da liquidação da herança, sendo esta peça-chave do inventário sucessório (art. 1.796 do CC). A participação do credor no inventário *causa mortis* não pode ser colocada em segundo plano, pois tal postura inverte, inclusive, a lógica da responsabilidade patrimonial que pode ser extraída dos arts. 391, 1.792, 1.796 e 1.997, *caput*, do CC e dos arts. 647 (parte primeira) 789 e 796 do CPC.[1593]

1589 Não é raro que um ou mais herdeiros alienem rapidamente os bens recebidos por força da partilha, fato este que pode frustrar (ao menos em parte) o exercício dos direitos dos credores, caso algum herdeiro não mantenha na sua esfera jurídica patrimônio suficiente para salvaguardar o pagamento das dívidas.

1590 Carlos Maximiliano, *Direito das Sucessões*, v. III, p. 336.

1591 A fala de Paulo Lobo ratifica a concepção posta: "O herdeiro não é devedor em relação às dividas do *de cujus*. É titular dos bens herdados, os quais continuam respondendo por elas. Essa diferença é fundamental. Pesam sobre esses bens o encargo da garantia, que já existia antes da morte do *de cujus*" (*Direito Civil*: Sucessões, p. 304-305).

1592 Não se pode admitir a liquidação defeituosa como regra, invertendo-se a bússola dos arts. 1.997, *caput*, do CC e 796 do CPC. A lição de Hamilton de Moraes Barros ratifica o entendimento esposado, confira-se: "É regra de direito material que o patrimônio do devedor é a garantia dos credores. Respondem seus bens pelas dívidas. Tal situação não se altera pela morte de que deva, nem de quem é credor" (*Comentários ao Código de Processo Civil*, v. IX, p. 294).

1593 Em exemplo sobre o tema, vale conferir os comentários ao art. 610, especificamente no trecho em que se analisou o art. 27 da Resolução n. 35/2007 do CNJ. O

Art. 645. O legatário é parte legítima para manifestar-se sobre as dívidas do espólio:

I – quando toda a herança for dividida em legados;

II – quando o reconhecimento das dívidas importar redução dos legados.

CPC de 1973 – art. 1.020

1. Da imperiosa compreensão da dinâmica do cumprimento do legado

Sobre o bem objeto de legado, em princípio, não recai responsabilidade pela dívida do espólio.[1594] Todavia, a situação não retira do legatário o interesse jurídico para se manifestar sobre o reconhecimento de dívidas, pois o legado somente será cumprido se restar saldo positivo na liquidação da herança e a legítima (em caso de sucessão que traga herdeiros necessários) for respeitada. Ademais, pode ficar consignado, na disposição testamentária, alguma responsabilidade em relação ao pagamento de dívidas do falecido ou de entrega de "coisa de sua propriedade a outrem" (art. 1.913 do CC), situação que se voltará ao legatário concretamente a partir da aceitação do legado.[1595-1596]

2. A herança toda dividida em legados

Estando a herança toda dividida em legado, não resta embargo de que os legatários serão legitimados para se manifestar sobre as dívidas da herança (art. 645, I). Isso porque, em tal situação, deverá ser promovido o rateio das dívidas entre os legatários, observando-se a proporção do benefício de cada um, medida esta que será tomada a partir do valor (estimação) de cada legado.[1597]

De outra banda, quando a herança é dividida em legados, deve ser analisada a possibilidade de que o cumprimento dos legados seja antecipado, evitando-

citado dispositivo possui texto impreciso que tem permitido que o inventário sucessório extrajudicial seja ultimado sem o pagamento das dívidas do falecido/espólio, ou seja, sem fase de liquidação de dívidas.

1594 Daniel Amorim Assumpção Neves defende que: "O bem legado é retirado da herança, de forma que os legatários, ao menos em regra, não concorrem para o pagamento das dívidas do espólio, e bem por isso não têm qualquer interesse, inclusive jurídico, para se manifestar sobre tais dívidas. As exceções estão previstas no art. 645 do Novo CPC" (*Novo Código de Processo Civil comentado*, p. 1.083).

1595 Rosa Maria de Andrade Nery e Nelson Nery Junior afirmam que: "O legatário, embora sucessor a título singular, responde pelas dívidas e deve ser ouvido no inventário: a) quando a herança for insolvável; b) quando a herança for distribuída por inteiro em legados válidos (art. 645); c) quando a obrigação de atender o passivo lhe é imposta pelo testador" (*Instituições de Direito Civil*, v. 4, p. 857).

1596 Sobre a sistemática que envolve o cumprimento e o pagamento do legado, vale conferir Carlos Maximiliano, *Direito das Sucessões*, v. III, p. 338-340.

1597 No sentido: Carlos Maximiliano, *Direito das Sucessões*, v. III, p. 338.

-se que os frutos sejam enviados para a herança.[1598] Assim, no curso do inventário, poderá ser postulado ao juízo sucessório que sejam deferidos aos legatários os direitos de usar e fruir o bem específico que por testamento foi conferido a cada um deles, sabedores de que, ao término do inventário, a cada qual tocará os bens objeto do legado de cada um. Aplica-se ao caso a disposição do parágrafo único do art. 647 do CPC, tema que foi alvo do Enunciado nº 181 do FPPC.[1599]

A análise do legado na perspectiva não só do bem em si, mas dos frutos, permite perceber dimensão interessante que normalmente não é examinada. Se, de um lado, os frutos do legado serão, via de regra, entregues ao legatário de forma retroativa desde a abertura da sucessão (art. 1.923, § 2º, CC), o cumprimento do legado poderá ficar prejudicado pelas dívidas deixadas pelo falecido e/ou que foram contraídas por necessidade pelo espólio. Assim, para se evitar expropriação de bens que impeçam o cumprimento do legado, não se pode descartar a utilização dos frutos advindos destes para pagar os credores do espólio. Para tanto, o inventariante[1600] apresentará plano de pagamento de dívidas vinculadas à herança por meio da arrecadação dos frutos relacionados ao legado, pois tal medida preservará que se cumpra a maior vontade (pelo menos no plano da presunção) do testador, que é a própria entrega do legado. No particular, a partir da oitiva da totalidade dos legatários, poderá se definir a solução mais adequada que, inclusive, pode projetar o recebimento de frutos pelo credor depois da própria partilha.[1601]

1598 A distribuição completa da herança em legados cria uma situação curiosa, pois a herança é tratada como condomínio hereditário em que o legatário não é tratado como condômino, posição esta reservada exclusivamente aos herdeiros (arts. 1.784 e 1.791 do CC). Note-se, no entanto, que, no momento do cumprimento dos legados, os herdeiros (independentemente de cumularem a posição de legatários) ficam obrigados não apenas a entregar o bem objeto da disposição testamentária, mas também os frutos correspondentes, salvo se assim ficar excepcionado (art. 1.923, § 2º, CC)

1599 Enunciado nº 181 do FPPC: (arts. 645, I, 647, parágrafo único, 651) A previsão do parágrafo único do art. 647 é aplicável aos legatários na hipótese do inciso I do art. 645, desde que reservado patrimônio que garanta o pagamento do espólio. Com comentários ao texto do citado enunciado, confira-se: RODRIGO MAZZEI e LERIANE DRUMOND BENTO, *Comentários ao* Enunciado 181do FPPC. In: RAVI PEIXOTO (coord.), *Enunciados do FPPC Comentados*, p. 524-525). Vide os comentários ao art. 647 desta obra.

1600 Saliente-se que, se testador tiver distribuído toda a herança em legados, a inventariança será exercida pelo testamenteiro (art. 1.990 do CC).

1601 Em ilustração, nada obsta que um ou mais legatário(s) entregue(m) aos credores a posse dos bens que foram legados mediante anticrese (arts. 1.506 do CC). No tema (com ampla visão): RODRIGO MAZZEI e TIAGO FIGUEIREDO GONÇALVES, Inventário sucessório e liquidação da herança: importação das técnicas de expropriação executiva. In: ARAKEN DE ASSIS e GILBERTO GOMES BRUSCHI (coords.), *Processo de exe-*

Por fim, saliente-se que a situação prevista no art. 645, I, embora com alguma semelhança, não se confunde com aquela que está prevista no art. 2.014 do CC, que permite que o testador indique "os bens e valores que devem compor os quinhões hereditários, deliberando ele próprio a partilha, que prevalecerá, salvo se o valor dos bens não corresponder às quotas estabelecidas". No caso do dispositivo da lei civil, o autor da herança, por disposição testamentária, preenche os quinhões respectivos aos herdeiros, com objetivo de desenhar a partilha, através do encaixe dos bens que possui, observando-se, por óbvio, a valoração respectiva.[1602]

3. Reconhecimento das dívidas e redução dos legados

O art. 645, II, prevê a convocação do legatário para se manifestar sobre as habilitações de crédito, casos estas possam reduzir o legado. Na verdade, visão mais ampla, revela que o legatário será intimado para se manifestar sobre as dívidas do falecido/espólio não apenas no caso de *habilitação de crédito* apresentada pelo credor, mas também caso a dívida seja arrolada pelo inventariante. No sentido, o disposto no art. 626 que determina a citação do legatário, a fim de que este se manifeste sobre as primeiras declarações, sendo um dos itens de tal esboço a apresentação do quadro de credores e de dívidas – (art. 620, IV, *f*). Dessa forma, o art. 645, I, da codificação processual determina – de forma coerente ao art. 626 – a convocação do legatário para se manifestar sobre assunto que afeta a sua esfera jurídica e, de forma semelhante ao que ocorre em relação às primeiras declarações, é possível a apresentação de impugnação motivada, consoante se infere no art. 627, I, do CPC. Ratificando o acima aduzido, o legatário também deverá ser chamado para se manifestar nas hipóteses previstas no art. 619, notadamente no tema do inciso III (pagamento das dívidas do espólio). Em suma, em caso de sucessão aberta em que o autor da herança constituiu legados, o inventariante se submete a positiva do legatário acerca dos atos de administração que possam diminuir a potência da herança e/ou afetar o cumprimento do legado.

A manifestação do legatário está limitada aos interesses de sua posição jurídica, que é de titular de *direito eventual* (art. 130 do CC) quanto ao cumpri-

---

cução e cumprimento da sentença: temas atuais e controvertidos, v. 2, p. 571-574. Vide os comentários ao art. 642 desta obra.

1602 Com outras palavras, o art. 2.014 não contempla uma situação de distribuição da herança em legados, mas de partilha proposta pelo autor da herança a partir do dimensionamento dos quinhões dos herdeiros e o preenchimento observada à estimação dos bens de sua titularidade. Caso seja necessário atender dívidas pendentes, os herdeiros ficam obrigados a contribuir com recursos correspondentes ao seu quinhão, por óbvio com a limitação fixada no art. 1.792 do CC.

mento do legado, não lhe sendo lícito apresentar impugnações acercas de fatos que não lhe são afetos. De outro giro, como a impugnação às primeiras declarações sempre deve ser ofertada de forma fundamentada (art. 627, I), a mesma ideia há de ser projetada para o art. 645, I, não havendo razão para tratamento diferenciado. Seja como for, extrai-se do diálogo do art. 645, I, com os arts. 626 e 619, III, que a participação do legatário no curso do inventário é mais ampla do que se depreende da análise isolada do dispositivo comentado. No ponto, em breve ilustração, o legatário não deverá ser intimado apenas para se manifestar sobre o reconhecimento ou não das dívidas, mas da própria "forma do pagamento", pois a modulação no sentido, por si só, poderá criar ambiência para a redução dos legados. Basta pensar no interesse do legatário de que o bem *separado* para o pagamento (art. 642, § 2º e art. 644, parágrafo único) não seja aquele sobre o qual incide o seu legado. Em outro exemplo, a entrega de bens ao credor na forma de dação em pagamento ("adjudicação" – art. 642, § 4º) poderá ser feita de forma prejudicial ao legatário, caso o bem possua valor superior ao da dívida reconhecida e sua entrega ao credor crie diminuição patrimonial capaz de colocar em risco o cumprimento do legado.

4. Participação mais ampla do legatário como "parte" no inventário

A boa interpretação do art. 645 conduz ao raciocínio de que o legatário deverá ser chamado para se manifestar sobre qualquer tema que possa interferir no cumprimento do legado. Portanto, a sua participação, em hipótese alguma, ficará jungida a fase de liquidação propriamente dita, sendo certo que a convocação do legatário se impõe sempre que no curso do inventário ocorra algum ato que possa ter impacto no cumprimento do legado. Por exemplo, o legatário deverá ser ouvido acerca da arrecadação de bens em prol da herança, pois a força desta é fundamental para que o legado seja cumprido. Dessa forma, o legatário possui legitimidade para se manifestar acerca do dimensionamento da herança, sendo certo, pois, que o personagem deve ter conhecimento completo dos atos de arrecadação, facultando-lhe dialogar com o inventariante no sentido. Mais ainda, como a avaliação dos bens faz parte da etapa de arrecadação dos bens do espólio, já que a estimação que plasmará – em valores atuais à abertura da sucessão – a força do monte sucessório, ao legatário deverá ser concedida a possibilidade de acompanhar, com contraditório qualificado, toda a fase de avaliação dos bens (arts. 630-638).

A constatação demonstra que não se pode sitiar o legatário das manifestações fixadas no art. 645, pois há outros atos no curso do inventário sucessório que podem colocar em jogo o cumprimento do legado. Não há sentido em conceder legitimação para o legatário apenas se manifestar sobre o reconhecimento das dívidas, sem permitir que este participe ativamente da arrecadação e avaliação dos bens, haja vista que o cumprimento do legado se submete à aritmética que confronta as forças da herança com a depuração das dívidas desta. Conclui-se, assim, pela necessidade de amplificação interpretativa do disposto no art. 645, exegese facilmente alcançada quando se faz a conjugação do artigo em comento com o disposto no art. 626.

5. Dueto: legatário e testamenteiro

A participação do legatário no inventário atrai a atuação do testamenteiro, pois a missão do último é o cumprimento das disposições testamentárias, presumindo-se, assim, a entrega do legado. Tal conclusão pode ser facilmente tirada dos arts. 1.976 e 1.980 do CC, sendo certo que, seguindo o disposto no art. 1.984 da lei civil, na "falta de testamenteiro nomeado pelo testador, a execução testamentária compete a um dos cônjuges, e, em falta destes, ao herdeiro nomeado pelo juiz". Assim, embora nada conste no art. 645 acerca da intimação do testamenteiro, quando o legatário for convocado para se manifestar no inventário *causa mortis*, é intuitivo que se efetue a intimação do testamenteiro, pois este possui incumbência funcional que se espraia no legado.

6. Donatário

O tratamento da manifestação do donatário na aprovação das dívidas como o último parágrafo do art. 642 não foi uma solução topográfica muito técnica. Embora com diferenças pulsantes em relação ao legatário, o assunto ficaria posicionado mais adequadamente em dispositivo próprio ou até no contexto do art. 645. Diferente do legatário, o donatário não está submetido ao regime do *direito eventual/expectativo* (arts. 130-134 do CC), uma vez que a doação já ocorreu e já produz efeitos concretos.[1603] O problema é que tal ato de liberalidade poderá se submeter à redução, aplicando-se os ditames do art. 2.007 (e parágrafos) do CC. Note-se, pois, que o donatário tratado no § 5º do art. 642 não é o herdeiro necessário donatário, que se submete à conferência (colação – art. 639).[1604]

Tirando o legatário como modelo, o donatário trabalhará com um déficit no contraditório, pois, ao contrário do primeiro, não há indicação de que a citação do inventário sucessório lhe alcança (arts. 626), de modo que a convocação do segundo, seguindo-se os ditames legais, somente viria ocorrer no

1603 Com noções gerais sobre *direito expectativo*: Pontes de Miranda, *Tratado de Direito Privado*, Parte Geral, tomo V, p. 282-285. Sobre a base e alcance do art. 130 do CC, confira-se: Rodrigo Mazzei, Noção geral do Direito de Sucessões no Código Civil: introdução do tema por 10 (dez) 'verbetes'. *Revista Jurídica*, v. 438, p. 12-13.
1604 Vide os comentários ao art. 642 desta obra.

caso de necessidade de verificação de dívidas do falecido na época do ato de liberalidade (art. 2.007, § 1º, do CC). A solução afigura-se insegura, pois o donatário detém interesse não apenas no conhecimento e aprovação das dívidas no momento da doação, mas também da estimação do patrimônio do autor da herança em tal momento, uma vez que a redução trabalha com cálculo que envolve os dois valores. Diante da superfície permeável do art. 626,[1605] o donatário (na forma desenhada pelo art. 642, § 5º) poderá ser convocado no limiar do inventário, tal qual o legatário (em aproximação adaptada das figuras). Adotando-se tal zelo, o donatário não ficará limitado a se manifestar sobre as dívidas que podem reduzir o ato de liberalidade, já que poderá se manifestar sobre outros assuntos, desde que sejam relevantes para evidenciar se houve (ou não) excesso por parte do doador no momento da liberalidade.

7. Outras figuras que devem se manifestar sobre as dívidas do espólio

É inegável o inciso II do art. 645 não pode ser interpretado restritivamente, pois do seu diálogo com o art. 642, § 5º (que faz alusão ao donatário), extrai-se a conclusão de que será necessária a convocação de personagens outros quando o reconhecimento da dívida seja capaz de prejudicá-los. Em exemplo claro, diante da natureza concursal do inventário, é natural que o procedimento de habilitação de dívidas seja acompanhado por todos os credores, notadamente quando o reconhecimento de determinada dívida afetar o pagamento de outra (de titular diverso). É ingênuo pensar que o reconhecimento das dívidas pelas "partes" afetará tão somente o pagamento em si, pois é possível que o ato afete a própria estrutura patrimonial do acervo hereditário, na medida em que a *separação* de bens (arts. 642, § 2º, e 644, parágrafo único) quebra a indivisibilidade da herança (arts. 80, II, e 1.791 do CC), permitindo que bem específico seja destinado a determinado credor. Ademais, o reconhecimento das dívidas pode se efetuar não apenas em relação ao débito pecuniário em si, mas a sua própria natureza, criando-se ordem de preferência. No particular, as regras da Lei n. 11.101/2005 poderão ser importadas,[1606] permitindo que os credores se manifestem também acerca das pretensões de pagamentos de outras dívidas, caso as suas posições sejam colocadas em risco. Assim o fazendo, estar-se-á dando efetividade ao comando que está por trás dos arts. 645, II, e 642, § 5º, que é a convocação de personagens que poderão ser prejudicados com o reconhecimento das dívidas.[1607]

1605 Confira-se os comentários ao art. 626.

1606 Vide comentários aos arts. 642 e 618 desta obra.

1607 A diferença, como se percebe, é que o legatário e o donatário estão atrelados a atos de liberalidade, situação que não é íntima ao direito dos credores que, *grosso modo*, terão direito à participação para garantir que seus créditos sejam satisfeitos.

O art. 645, II, possui clara interseção com o *direito expectativo* (= *direito eventual*) e, assim sendo, é a concretização pontual da baliza prevista no art. 130-135 do CC, que permite que o titular de direito sob condição ou termo pratique atos de conservação do seu direito. Portanto, a convocação do legatário ou do credor (na forma proposta) propicia reação no sentido, não podendo ser vista apenas como ato de chamamento para consulta de reconhecimento ou não da dívida.

> **Art. 646.** Sem prejuízo do disposto no art. 860, é lícito aos herdeiros, ao separarem bens para o pagamento de dívidas, autorizar que o inventariante os indique à penhora no processo em que o espólio for executado.
>
> *CPC de 1973 – art. 1.021*

1. Penhora contra o espólio

A postulação de *habilitação de crédito* no bojo do inventário sucessório é *faculdade* do credor.[1608] Assim sendo, não há óbice para que ocorra a cobrança por "ação autônoma", situação que pode ensejar penhora de bens da herança, o que é absolutamente comum quando há processo de execução, sem prejuízo de tal ato de constrição ter origem em outra base (por exemplo, cumprimento de sentença de "ação condenatória"). Embora o art. 646 faça menção ao art. 860 (que trata da penhora de "direitos *no rosto dos autos*"),[1609] a parte final do dispositivo em comento trata de regra vinculada a processo judicial em que "o espólio for executado". Trata-se de regra bem específica, mas que ratifica (de alguma forma) o disposto no art. 619, I, no sentido de que qualquer tipo de alienação de bens da herança não poderá ser feito pelo inventariante sem prévia autorização dos "herdeiros" (= "partes").

2. Da necessidade de ajustar o art. 646 com o atual processo de execução

O art. 646 é um excelente exemplo de que os dispositivos que tratam do inventário *causa mortis* ficaram cristalizados ao longo das mudanças que o direito processual civil sofreu desde a entrada em vigor do CPC de 1973.

1608 Vide os comentários ao art. 642 desta obra.

1609 O art. 860, quando aplicado no inventário, está atrelado a execuções contra o herdeiro e/ou legatário, decorrentes de dívidas de titularidade destes. Em tais casos, efetua-se a penhora alcançando o quinhão hereditário do primeiro e o direito de receber o legado em relação ao segundo. A assertiva fica mais clara quando se observa, a partir do texto legal, que a penhora prevista no art. 860 tem como objeto "direito estiver sendo pleiteado em juízo", averbando-se esta "nos autos pertinentes ao direito e na ação correspondente à penhora, a fim de que esta seja efetivada nos bens que forem adjudicados ou que vierem a caber ao executado", ou seja, trata-se de constrição que busca o resultado de ação judicial. Vide comentários ao art. 642.

Com efeito, o texto do art. 646 do CPC atual praticamente repete a redação do art. 1.021 do CPC anterior, não se dando conta que o artigo revogado nasceu com íntima relação com o art. 652 da mesma codificação. A aferição é capital, pois o art. 652 (dispositivo inserido no âmbito do processo de execução) sofreu mutações desde que entrou em vigor em 1973, e não há, na codificação em vigor, artigo de lei com mesmo desenho procedimental. Isso porque, seguindo-se o texto original do art. 652 do CPC de 1973, ao devedor era reservado o direito de efetuar a indicação do bem a penhora, tendo este o prazo de 24 (vinte e quatro) horas depois de citado na execução para assim fazê-lo, caso não efetuasse o pagamento. Ocorre que a redação primitiva do art. 652 foi severamente alterada pela Lei n. 11.382/2006, excluindo do procedimento a faculdade que o devedor (que passou a ser tratado como "executado") tinha de ofertar bens à penhora, caso não efetuasse o pagamento. O novo gabarito do art. 652 (introduzido pela Lei n. 11.382/2006) fixou que, decorrido o prazo de pagamento (que foi alargado para três dias), deveria ser efetuada penhora de bens do executado, sendo tal procedimento efetuado pelo oficial de justiça que poderia estar guiado por prévia escolha do credor ("exequente"), na medida em que ficou facultado a este a indicação (= escolha) sobre os bens a serem penhorados (art. 652, §§ 1º e 2º).[1610] O derradeiro texto do art. 652 do CPC de 1973 foi em parte reproduzido pela codificação atual, bastando observar o disposto no art. 829 do CPC. Manteve-se o prazo para pagamento da dívida em três dias, assim como a diretriz de que a "penhora recairá sobre os bens indicados pelo exequente", permitindo, contudo, que o executado impugne a "constrição proposta", apresentado, para tanto, os bens para salvaguardar a execução (§ 2º do art. 829).

A análise sistêmica do art. 829 do CPC atual releva que tal dispositivo necessita ser dialogado com o art. 805 do mesmo diploma, que permite que o executado reaja em relação à forma com que a execução foi desenhada pelo exequente, com admissão de postulação no sentido, ofertando troca em relação às medidas executivas.[1611] Em tal situação, o executado deve não só demonstrar que a opção do exequente é gravosa, como também deverá apresentar solução concreta mais eficaz e menos onerosa, "sob pena de manutenção dos atos executivos já determinados".[1612]

1610 Sobre o impacto da alteração introduzida pela Lei n. 11.382/2006 no texto original do art. 652, confira-se: Daniel Amorim Assumpção Neves, *Reforma do CPC 2*, p. 231-246.

1611 Bem próximo: Conrado Paulino da Rosa e Marco Antônio Rodrigues, *Inventário e partilha*, p. 393.

1612 Em relação à mecânica de funcionamento do art. 805, confira-se: Rodrigo Mazzei e Sarah Merçon-Vargas. In: Helder Moroni Câmara (coord.), *Código de Processo Civil Comentado*, p. 976-977.

O cenário apresentado deixa evidenciado que o art. 646, muito embora com redação que praticamente repete o texto do revogado art. 1.021, não possui ambiência para aplicação na forma planejada quando o CPC de 1973 entrou em vigor. Como se viu, não cabe mais ao "devedor" (executado) a indicação dos bens que será objeto de penhora (texto original do art. 652 da codificação de setenta).[1613] A Lei n. 11.382/2006 alterou completamente o quadro, e através de nova redação ao art. 652, passou o bastão da escolha sobre os bens a serem penhorados para o exequente. O CPC de 2015 manteve a bússola da Lei n. 11.382/2006, explicitando, todavia, a possibilidade de contraposição por parte do executado em relação à definição dos bens a serem penhorados, admitindo postulação fundamentada, consoante combinação dos arts. 829, § 2º, e 805.

De forma resumida, o art. 1.021 do CPC de 1973 (idealizado para se comunicar com o art. 652, na sua redação original) criava espaço para que os herdeiros – na qualidade de condôminos da herança (art. 1.791 do CC) – pudessem deliberar não só quanto aos bens que seriam *separados* para o pagamento das dívidas, como também poderiam escolher os bens que deveriam ser indicados à penhora nos processos judiciais em que o espólio figurasse como executado. Nada obstante ainda se mantenha a dupla possibilidade, isto é, que os herdeiros possam previamente fazer a escolha dos bens que serão usados para viabilizar o pagamento das dívidas reconhecidas (*separação de bens*), assim como eleger rol de bens que devem ficar *reservados* para escorar eventuais constrições judiciais, é fundamental compreender que a segunda designação se submete a novo quadro de preferência na escolha dos bens que irão compor a penhora. Diferente do que ocorria na época da entrada em vigor do CPC de 1973, diminui-se o espaço para que a definição sobre os bens a serem penhorados seja iniciada a partir da indicação do devedor/executado, muito embora tal procedimento ainda seja mantido de forma residual em execuções especiais, em que se destaca a Lei n. 6.830/80 (execução fiscal).[1614-1615]

1613 Próximo: Daniel Amorim Assumpção, *Novo Código de Processo Civil comentado*, p. 1.084.

1614 Mesmo após a mudança efetuada pela Lei n. 11.302/2006, o texto do art. 8º da Lei n. 6.830/80 (execução fiscal) ainda mantém a sistemática de que o devedor/executado poderá indicar os bens a penhora, caso não efetue o pagamento.

1615 Sem prejuízo a inversão na indicação do bem a ser penhorado, consoante demonstrado no corpo do texto, há decisão do STJ no sentido de que, se espólio for intimado para pagar a dívida reconhecida em título executivo judicial, o inventariante, antes de efetuar o pagamento, deverá requerer a autorização dos "herdeiros" (= partes). Caberá ao inventariante efetuar a comprovação nos autos acerca da diligência, ficando o pagamento suspenso até o contraditório seja colhido (4ª Turma, EDcl no REsp 1.021.416/AM, j. 12/11/2013, *DJ* 10/12/2013). Sobre o pagamento de

3. Necessidade de renovada interpretação do art. 646

O item anterior demonstrou que há limitações para a aplicação da regra em comento. De toda sorte, deve ser buscada exegese do art. 646 ao direito processual atual. Com tal olhar, é perfeitamente possível encaixá-lo como guia para a realização de negócio jurídico processual (art. 190) envolvendo os herdeiros e condução do inventário pelo inventariante, a fim de definir os bens que serão preferencialmente objeto de *separação* (objetivando pagar as dívidas reconhecidas), assim como outros que, se necessário, poderão ser utilizados como alvo de *reserva* e/ou penhora.[1616] Por certo, a prévia definição dos bens em grupos facilitará a atuação do inventariante – e também do magistrado e de todos os envolvidos, já que trará perspectiva geral e organizada –, pois evita que se forme, para cada situação pontual, o incidente previsto no art. 619, I. Anote-se, por oportuno, que como o pagamento aos credores reclama o crivo judicial (art. 642, §§ 2º e 3º) não há qualquer vulneração do aludido negócio jurídico ao disposto no art. 1.793, § 3º, do CC, pois a determinação judicante – se positiva – dará eficácia à convenção.

Assim, admite-se as partes possam listar de forma antecipada – através de negócio processual – o(s) bem(s) que será(ão) *reservado(s),* a fim que estes escorem não apenas as penhoras (na forma sugerida no art. 646), mas também as eventuais remessas externas, tal como ocorre, em exemplo, por força do art. 643, parágrafo único.

De todo modo, exceto quando a legislação não codificada preveja tratamento diferente do fixado pelo CPC (como ocorre na Lei n. 6.830/80 – execução fiscal), como a indicação de bens por parte do espólio se submete à sistemática dos arts. 829, § 2º, e 805, a escolha efetuada pelas partes deve recair sobre bens que propiciem não apenas a execução menos onerosa na perspectiva do espólio e

---

dívidas reclamadas por meio de processos judiciais e as postulações externas de alienação de bens da herança, vide os comentários ao art. 619 desta obra.

1616 No particular, retroagindo ao que foi explicitado nos comentários ao art. 642, é capital perceber que há diferenças flagrantes entre a *separação* e a *reserva* de bens diante dos seus objetivos diversos. Reportando-se a tais comentários, quando os herdeiros efetuam a *separação* há escolha recairá sobre os bens que propiciaram o pagamento das dívidas reconhecidas, ao passo que na *reserva* a opção está na depuração de bens que serviram de *garantia* em debates judiciais. Feito o breve corte, as escolhas quanto à inclusão do grupo dos bens *separados* ou dos *reservados* deverão ser feitas não apenas a partir do desejo dos herdeiros acerca dos bens que projetam para a partilha, mas também pelas peculiaridades daqueles. Em rápida ilustração, bens que demandam maior custo de manutenção, riscos de deterioração/depreciação e perda de valor de mercado não devem ser reservados para garantir a discussão de ações judiciais, já que a sua conversão em dinheiro, provavelmente, será uma medida mais proveitosa para o espólio, fato que demonstra vocação para compor o grupo dos bens separados.

mais benéfica aos herdeiros, pois a eficácia (= *eficiência*) em favor do exequente também será analisada.[1617] No ponto, há de se ter cuidado especial ao formar bloco de bens que sejam adequados a contrapor as escolhas do credor, pois a oferta de bens por parte do espólio se efetuará em boa parte das vezes para afastar preferência exercitada pelo credor na escolha dos bens (arts. 829, § 2º, e 805).

Seção VIII
Da Partilha

Art. 647. Cumprido o disposto no art. 642, § 3º, o juiz facultará às partes que, no prazo comum de 15 (quinze) dias, formulem o pedido de quinhão, e, em seguida, proferirá a decisão de deliberação da partilha, resolvendo os pedidos das partes e designando os bens que devam constituir quinhão de cada herdeiro e legatário.

Parágrafo único. O juiz poderá, em decisão fundamentada, deferir antecipadamente a qualquer dos herdeiros o exercício dos direitos de usar e de fruir de determinado bem, com a condição de que, ao término do inventário, tal bem integre a cota desse herdeiro, cabendo a este, desde o deferimento, todos os ônus e bônus decorrentes do exercício daqueles direitos.

CPC de 1973 – art. 1.022

1. Dueto (e relação): *Do inventário e da partilha*

A partilha é um tema que se submete a *dupla regulação*, sendo tratada não apenas no CPC (arts. 647-658), mas também pelo CC (arts. 2.013-2.022).[1618]

1617 Fundamental a análise da mudança pretendida pelo executado na perspectiva do exequente e do embaraço que causará à execução. No sentido: Rodrigo Mazzei e Sarah Merçon-Vargas. In: Helder Moroni Câmara (coord.), *Código de Processo Civil Comentado*, p. 977.

1618 O CC prevê quatro espécies de partilhas, a saber: (a) instituída pelo autor da herança/testador (arts. 2.014 e 2.018); (b) amigável por acordo de vontade de pessoas capazes (art. 2.015); (c) judicial em decorrência de dissenso dos herdeiros na divisão (art. 2.016, parte inicial); (d) judicial em razão da presença de incapaz (art. 2.016, segunda parte). Ao se fazer a interpretação do art. 647, evidencia-se que o dispositivo em comento possui intimidade com a "partilha judicial" fixada na primeira parte do art. 2.016 do CC, ou seja, aquela que dependerá de efetiva deliberação do juízo sucessório, proferindo decisão adjudicada que substituirá a vontade das partes, tendo em vista que há divergência entre herdeiros. Bem próximo: Arruda Alvim, Araken de Assis e Eduardo Arruda Alvim, *Comentários ao Código de Processo Civil*, p. 1.498; e Clóvis do Couto e Silva, *Comentários ao Código de Processo Civil,* v. XI, tomo I, p. 373. Há no CC outros dispositivos importantes que tratam da partilha (ou de seu desdobramento) e que não estão posicionados em tal trecho, como é o caso dos arts. 817, 1.326, 1.489 (I e III), 1.675, 1.977, 2.001 e 2.027.

As duas codificações usam a expressão *Do inventário e da partilha* em evidente indicativo que a associação combinada (*inventário* + *partilha*) cria um dueto. Ocorre que a dupla não é indissociável, devendo se compreender que a *partilha* é apenas uma etapa contingencial do *inventário,* plasmando o seu desfecho positivo mais vulgar. A leitura da parte final do art. 1.796 do CC deixa evidente tal quadro, ao apontar que a partilha é um dos resultados possíveis da liquidação da herança, procedimento que se opera no âmbito do inventário *causa mortis.*[1619] De toda forma, não é incomum o uso da palavra *inventário* em seu sentido mais global, abrangendo, a *partilha.*

Em resenha apertada, na etapa do inventário, há a identificação dos legitimados (que podem se postar em diversas posições jurídicas, inclusive cumuladas[1620]) e, depois de efetuada a arrecadação (com avaliação) do patrimônio deixado, o inventariante deverá providenciar a liquidação da herança (fase em que as dívidas do espólio serão analisadas) com o mote de apuração do saldo patrimonial. Caso as dívidas superem a potência valorativa dos bens, estará configurada a insolvência do espólio (art. 955 do CC e art. 748 do CPC de 1973), cabendo ao inventariante, dentro das suas incumbências (art. 618, VIII do CPC atual), informar o fato ao juízo sucessório, a fim de que essa seja declarada judicialmente. O *desfecho (de saldo) negativo* do inventário, portanto, não permite que se efetue partilha ou adjudicação em favor de herdeiro(s), pois nessa hipótese o patrimônio do autor da herança se destinará aos seus credores, que o disputaram por meio das regras de concorrência e preferenciais. É possível também que, na arrecadação, não se vislumbre a existência de bens, nem de dívidas, ou ainda que esta indique que o patrimônio é suficiente apenas para cobrir os débitos deixados pelo falecido, de modo que não restará caracterizada a insolvência, tampouco haverá saldo a ser dividido ou adjudicado por herdeiro(s). Há, no confronto da arrecadação de bens com o quadro de dívidas, o *resultado zero*, ou seja, o desfecho não é *positivo* (não se aferiu saldo patrimonial ao final), mas também não caracterizou insolvência (= *desfecho negativo*).

1619 Vale conferir no sentido: Gerson Fischmann (*Comentários ao Código de Processo Civil*, v. 14, p. 153) e Pontes de Miranda, *Comentários ao Código de Processo Civil,* v. XIV, p. 192-193.

1620 O cenário acima indica a importância de que, desde as primeiras declarações, as partes sejam listadas de acordo com as suas posições jurídicas, pois a mesma pessoa poderá se posicionar com cúmulo no sentido, ou seja, agregar titularidades de mais de um direito sucessório, fato que propiciará repercussões concretas na partilha (já que afetará o desenho dos quinhões). Em exemplo, o cônjuge/companheiro sobrevivente que figura que simultaneamente no inventário como herdeiro legal dos bens particulares do falecido, herdeiro testamentário de cota da herança, legatário e meeiro (= condômino de bens comuns) – art. 1.829, I do CC. Vide comentários ao art. 620.

Não é ocasional que a cabeça do art. 647, logo na sua parte inicial, faça a alusão ao art. 642, § 3º (= *separação de bens,* como modalidade de pagamento aos credores do espólio), pois a partilha somente restará autorizada depois de apurada a "herança líquida", ou seja, de verificado que há *saldo positivo* entre a arrecadação de bens e o pagamento das dívidas, saldo este que será destinado ao(s) herdeiro(s)[1621] na proporção dos quinhões respectivos.[1622] Nem sempre tais quinhões são iguais, pois, em exemplo, determinado herdeiro legal (que já possui uma cota em razão do que determina a lei) poderá ter sido contemplado com outra cota através de deixa efetuada em testamento pelo autor da herança. Mais ainda, diante do quadro de concorrência fixado pelo legislador no caso de regime da comunhão parcial, em que os descendentes poderão ter quinhões em relação aos bens particulares e comuns e o cônjuge/companheiro sobrevivente apenas em relação aos últimos (art. 1.829, inciso I, do CC), o dimensionamento dos quinhões dependerá de cada bloco patrimonial (bens particulares e bens em comunhão).

A finalidade da partilha, portanto, está no encerramento do condomínio criado com a sucessão (arts. 1.784 e 1.791 do CC), através da divisão pelos respectivos condôminos (= herdeiros) dos bens remanescentes depois de efetuada a liquidação da herança.[1623] A partilha, portanto, é uma etapa subsequente, dependente e ocasional em relação à liquidação feita no inventário (como fase antecedente). Conclui-se que são duas etapas procedimentais distintas do processo sucessório em seu aspecto global,[1624] mas que apenas a primeira é

1621 Bem próximo: Gerson Fischmann *Comentários ao Código de Processo Civil*, v. 14, p. 154; e Euclides de Oliveira, *Comentários ao Código de Processo Civil*: perspectiva da magistratura, p. 722.

1622 Em havendo herdeiro único, não será necessária a divisão do saldo positivo, sendo este recebido integralmente pelo beneficiário singular (*herdeiro universal*), em adjudicação da *herança líquida*. No tema: Daniel Amorim Assumpção Neves, *Novo Código de Processo Civil comentado*, p. 1.085; Fernando da Fonseca Gajardoni, *Processo de conhecimento e cumprimento de sentença*: comentários ao CPC 2015, v. 2, p. 1.099; Euclides de Oliveira, *Comentários ao Código de Processo Civil:* perspectiva da magistratura, p. 723; Eduardo Cambi, Rogéria Dotti, Paulo Eduardo d'Arce Pinheiro, Sandro Gilbert Martins e Sandro Marcelo Kozikoski, *Curso de Processo Civil Completo,* p. 1.404; Ernane Fidélis dos Santos, *Manual de Direito Processual Civil*, v. 3, p. 109; e Umberto Bara Bresolin, *Código de Processo Civil anotado*, 2016, p. 902. Próximo: Sergio Shaione Fadel, *Código de Processo Civil*. Arts. 890 a 1.220, p. 179; e Pontes de Miranda, *Comentários ao Código de Processo Civil,* v. XIV, p. 191.

1623 Próximo: Sergio Shaione Fadel, *Código de Processo Civil*: Arts. 890 a 1.220, p. 179; e Pontes de Miranda, *Comentários ao Código de Processo Civil,* v. XIV, p. 191.

1624 Próximo: Hamilton de Moraes Barros, *Comentários ao Código de Processo Civil*, v. IX, p. 306-307; Gerson Fischmann, *Comentários ao Código de Processo Civil*, v. 14, p. 152-153; Euclides de Oliveira e Sebastião Amorim, *Inventário e partilha*: teoria

obrigatória, pois a partilha é uma fase que somente terá espaço caso se apure, repita-se, 'herança líquida' positiva que deve ser dividida por mais de um herdeiro. Qualquer que seja o resultado do inventário que não a existência de saldo patrimonial a ser dividido por coerdeiros, não se estará tratando de partilha sucessória propriamente dita.

2. Dimensionamento do quinhão na fase do inventário: ato prévio e necessário à etapa da partilha

A leitura da parte inicial do art. 647 não pode conduzir a ideia de que bastará que se supere a liquidação da herança para que seja possível se adentrar na etapa da partilha. Isso porque, para que os herdeiros possam formular o respectivo "pedido de quinhão", a referida cota terá que estar dimensionada no bojo do inventário (fase prévia), observando-se a sua posição jurídica e eventual cúmulo no sentido (até porque poderão ocorrer somas de cotas, como ocorre em relação ao quinhão advindo da sucessão legal com o decorrente de disposição testamentária). Assim, há de estar plasmada a dimensão percentual de cada cota hereditária, explicitando sua origem, pois a soma de todas deverá alcançar a totalidade do condomínio formado pela *herança líquida*, depurando-se em quinhões o total de 100% (cem por cento) representado pelo saldo a ser partilhado.

Somente com o prévio calibramento de cada cota hereditária será possível lançar, de forma eficiente, os pedidos de quinhão, pois estes, na bem da verdade, são as postulações dos herdeiros reclamando a atração de determinados bens para a sua cota, utilizando-se, para tanto, da dimensão do quinhão e do valor individual de cada peça componente do patrimônio da herança.[1625] O "pedido de quinhão" que está cravado no texto do art. 647, na realidade, é a

e prática, p. 392; Artur César de Souza, *Código de Processo Civil,* v. III, p. 1.554; Daniel Amorim Assumpção Neves, *Novo Código de Processo Civil comentado,* p. 1.084; Clóvis do Couto e Silva, *Comentários ao Código de Processo Civil,* v. XI, tomo I, p. 375-376; Pontes de Miranda, *Comentários ao Código de Processo Civil,* v. XIV, p. 192; e Rodrigo Ramina Lucca, *Breves comentários ao novo Código de Processo Civil,* p. 1.720. Parecendo concordar: Ricardo Alexandre da Silva e Eduardo Lamy, *Comentários ao Código de Processo Civil,* v. IX, p. 572; Teresa Arruda Alvim Wambier, Maria Lúcia Lins Conceição, Leonardo Ferres da Silva Ribeiro e Rogério Licastro Torres de Mello, *Primeiros Comentários ao novo Código de Processo Civil,* p. 991; Fábio Caldas de Araújo, *Curso de Processo Civil,* tomo III, p. 257; Luciano Vianna Araújo, *Comentários ao Código de Processo Civil,* v. 3, p. 245; e Humberto Theodoro Júnior, *Curso de Direito Processual Civil:* Procedimentos Especiais, v. II, p. 277.

1625 Parecendo concordar: Próximo: Luciano Vianna Araújo, *Comentários ao Código de Processo Civil,* v. 3, p. 245-246; e Luiz Rodrigues Wambier e Eduardo Talamini, *Curso Avançado de Processo Civil,* v. 4, p. 149.

escolha dos bens que farão o preenchimento da cota de cada herdeiro, de acordo com o dimensionamento já previamente fixado. Portanto, o juízo sucessório antes de iniciar a etapa prevista no art. 647, deverá verificar se os quinhões já estão dimensionados. Caso negativo, o juízo sucessório deverá proferir decisão de saneamento (e organização) do processo, trazendo para o inventário *causa mortis*, de forma adaptada, o disposto no art. 357 do CPC, a fim de que todas as cotas sejam definidas.[1626]

Feito o registro na acima, o dimensionamento dos quinhões poderá exigir atividade complexa, pois a sua delimitação e área de incidência não ocorre de forma simétrica, uma vez que será o caso concreto que ditará as regras a serem aplicadas a cada partilha. Em ilustrações no sentido: (a) a posição jurídica do herdeiro é relevante, pois este pode cumular herança decorrente da sucessão legal, com deixa fixada na sucessão testamentária; (b) no caso de bens sujeitos à colação, como estes são arrecadados para encaixe na parte da legítima, os quinhões dos herdeiros necessários poderão ter pouso em área patrimonial específica (legítima) e também geral (parte disponível);[1627] (c) na hipótese de formação de blocos patrimoniais distintos entre bens particulares e os em estado de comunhão, é importante destacar a presença da meação e dos condôminos (herdeiros), diferentemente do que ocorrerá em relação aos bens particulares em que todo o patrimônio foi remetido para a herança; (d) necessário verificar se há incidência de regras específicas de proteção dos quinhões (por exemplo, o art. 1.832 do CC garante ao cônjuge/companheiro herdeiro quinhão mínimo de um quarto da herança na concorrência com seus descendentes); (e) há de ser feita a análise daqueles que sucedem por cabeça ou por estirpe (art. 1.835 do CC), pois a situação reflete no calibre da cota; (f) o desenho dos quinhões terá que levar em conta a existência de bens afetados por direitos reais, como ocorre em relação ao direito de habitação (art. 1.831 do CC) e/ou a exclusão dos bens reservados para a discussão/pagamento com credores (art. 643, parágrafo único, do CPC).[1628]

Assim, o transporte (adaptado) do art. 357 do CPC poderá ser necessário na ultrapassagem da etapa do inventário para a fase da partilha, pois, se não

---

1626 Sem a prévia definição da dimensão dos quinhões de cada herdeiro antecedente à fase de cálculos dos impostos (arts. 637-638), não haverá a identificação dos responsáveis pelo pagamento do imposto de transmissão *causa mortis* (em regra, proporcional à própria titularidade cotas da herança). Próximo: Ernane Fidélis dos Santos, *Manual de Direito Processual Civil*, v. 3, p. 111.

1627 Próximo: Arruda Alvim, Araken de Assis e Eduardo Arruda Alvim, *Comentários ao Código de Processo Civil*, p. 1.498.

1628 O rol acima é puramente ilustrativo, pois outros assuntos poderão ser relevantes (por exemplo, o direito de preferência de determinados personagens na escolha de bens na partilha – vide os comentários ao arts. 648 e 649 desta obra).

restarem sedimentados os quinhões dos herdeiros (seja por consenso, seja por deliberação judicial), em ato de saneamento, o juízo sucessório deverá retornar ao ponto, adotando todas as providências para que os quinhões sejam dimensionados, fixando-se as cotas respectivas de cada um dos herdeiros.[1629] Sendo necessário lançar decisão a respeito, o juízo sucessório proferirá decisão interlocutória que, por essência, terá natureza de "sentença parcial", pois findará o procedimento de inventário (como fase antecedente à partilha).[1630] É intuitivo que tal decisão – com adaptações necessárias – fará coisa julgada material de forma semelhante à deliberação prevista no art. 356 da legislação processual, sendo, assim, *julgamento parcial especial*,[1631] pois finda uma etapa do procedimento e permite a abertura de outra fase, que terá finalidade distinta (divisão da herança, com as acomodações dos quinhões no patrimônio representado pela herança líquida).

Seja como for, deve-se rejeitar a ideia de que a definição dos quinhões em percentual será na etapa da partilha. Trata-se, pois, de tema que está intimamente ligado ao resultado das aferições das posições jurídicas das partes atraídas pela sucessão, vinculada, portanto, à fase de inventário, de modo que, se não houver o consenso dos interessados, deverá ser objeto de decisão interlocutória que definirá questão de mérito (dimensão do quinhão) que não poderá ser modificada na etapa da partilha.[1632] Assim, definindo-se o quinhão de cada herdeiro, restará na fase seguinte partilha efetuar as acomodações das cotas, a partir dos bens da herança líquida.

1629 Ainda que sem fazer alusão ao dimensionamento dos quinhões, SERGIO SHAIONE FADEL defende que a partilha deve ser o ato final, devendo se deliberar previamente sobre todas as questões anteriores que tenham a possibilidade de afetá-la (*Código de Processo Civil*: Arts. 890 a 1.220, p. 179).

1630 Não é por acaso que parte da doutrina enxerga que, ao final do inventário, quando o juízo sucessório define o cálculo do imposto, há julgamento de mérito e a natureza da decisão de encerramento da etapa deve ser vista como verdadeira sentença. No sentido: EUCLIDES DE OLIVEIRA e SEBASTIÃO AMORIM, *Inventário e partilha*: teoria e prática, p. 392-393.

1631 Em regra, o julgamento parcial de mérito resolve completamente o tema, não se revestindo de decisão que provoca nova etapa procedimental. No entanto, em determinadas hipóteses – por opção pragmática – o CPC atual adotou *modelo especial* de *julgamento parcial de mérito*, na forma acima, enviando para decisão a resolução de assuntos de mérito que se projetam para fases seguintes que, em análise mais aguda, podem ser vistas como novas ações. No sentido, confira-se o art. 603 (referente à ação de dissolução parcial de sociedade) e o art. 550, § 5º (ação de exigir contas).

1632 *Mutatis mutanti*, aplica-se inteligência que pode ser extraída do art. 509, § 4º, que prevê que, na fase de liquidação de sentença, não se pode modificar a decisão (sentença) que julgou a controvérsia.

3. Cooperação processual projetada à partilha e aos sujeitos do processo

A cooperação processual, segundo os ditames do art. 6º do CPC, vincula todos os sujeitos do processo. Ao se analisar a atuação de personagens presentes no inventário, tal premissa fica evidenciada, extraindo-se a importância de atuação embebida da cooperação, sem prejuízo das diferenças de interesses e funções exercidas no processo.[1633]

É inegável a importância do labor do inventariante ao longo do processo sucessório, pois sua condução permite que sejam resolvidas de forma antecedente à partilha questões que podem embaraçá-la. Com efeito, depois de apurado o saldo positivo da herança, é capital que o inventariante – em desfecho da fase de cálculo do imposto (arts. 637-638) – promova relatório completo na forma de "últimas declarações". Dentre outras informações, deverá estar devidamente estampado em tal relato: (a) identificação das partes, com as suas posições jurídicas; (b) bens que compõem a herança, devidamente avaliados (arts. 630-636) e encaixe em cada bloco patrimonial (se for o caso); (c) providências adotadas em relação à liquidação da herança; (d) existência de patrimônio da herança afetado (reserva de bens); (e) arrecadação dos frutos advindos da herança (art. 2.020 do CC); e (f) quinhões devidamente dimensionados.[1634]

A partir do quadro trazido pelo inventariante deverá ser efetuado contraditório, permitindo as partes se manifestem,[1635] a fim de que o relato seja aperfeiçoado. Para tanto, sem rebuços, as manifestações das partes devem se operar de forma fundamentada, explicitando os pontos de discordância, trazendo motivação (e, se for o caso, prova documentada) que arrime sua fala.

1633 Sobre cooperação processual, vide os comentários ao art. 612.

1634 Há informações outras que poderão ser relevantes no caso concreto, tal como a existência de crédito em favor de herdeiro que ficou para ser saldado na partilha, aumentando seu quinhão de forma proporcional ao crédito.

1635 Nada obstante a formulação de pedido de quinhão se voltar aos herdeiros, em regra, a intimação deverá ser geral e alcançar todos os atores do inventário, a fim de que cada um possa se manifestar (dentro da sua posição jurídica) e colaborar com o juízo sucessório para a melhor deliberação da partilha. No sentido, embora se espere que a meação já esteja previamente definida *quantitativamente* em relação aos bens deixados pelo falecido, nem sempre esta restará totalmente acomodada dentro do patrimônio deixado pelo falecido, sendo comum que se façam encaixes parciais antecipados sobre determinados bens, ficando saldo para ser embutido ao final, junto com os quinhões dos herdeiros. É importante que fique esclarecido não só os bens alcançados pela meação, mas a potência econômica que ela representa (dimensão *quantitativa*), pois poderá ocorrer preenchimento de área da herança (representada pela meação do falecido) pelo cônjuge/companheiro sobrevivente com créditos advindos de outro bem. Tal postura é adequada, pois permite a consolidação da titularidade em favor do "meeiro" como "coproprietário" e o exercício de preferência, que pode ser extraído de dispositivos do CPC, como o art. 843, parágrafo. Vide os comentários aos arts. 648 e 649.

Findo o contraditório, o juízo sucessório aferirá de forma retrospectiva se há assunto pendente a ser decidido (por exemplo, a falta de definição dos limites da meação[1636]) ou não tratado no relatório (em ilustração, omissão em relação às dívidas não pagas e que foram remetidas para as "vias ordinárias" com reserva de bens – art. 643, parágrafo único).[1637]

Sempre que se verificar que há providências que devem ser adotadas de forma prévia à definição dos quinhões e/ou seu encaixe no patrimônio atraído para a herança, deverá o juízo sucessório proferir decisão no sentido. Não se trata, pois, de *'saneamento'* em quadrante comum (= *resolução de questões processuais pendentes*), mas de decisão que determinará a adoção de providências necessárias à finalização do inventário, já que a partilha dependerá de antecedente definição de assunto(s) não resolvido(s). De outro giro, ficando evidenciado que as questões que se projetam para o pedido dos quinhões estão sedimentadas e resolvidas, bastando apenas a distribuição da herança (por meio dos encaixes respectivos das cotas), o juízo sucessório deverá proferir decisão de *organização*, definindo, sempre que possível, também em ato cooperativo, os horizontes que os herdeiros deverão observar na postulação dos quinhões. No sentido, em exemplos, o juízo sucessório explicitará o calibre do quinhão de cada herdeiro (a fim de que os pedidos observem tal dimensionamento) e as particularidades que determinados bens estão submetidos (por exemplo, o direito real de habitação e/ou eventual preferência em razão de cotitularidade).[1638]

1636 A depuração da meação ou de outro tipo de copropriedade deve ser feita antes da partilha, pois apenas a parte referente ao falecido poderá ser objeto de pedido de delimitação de quinhões. Próximo: PONTES DE MIRANDA, *Comentários ao Código de Processo Civil*, v. XIV, p. 192. Vide os comentários ao art. 642 desta obra.

1637 Em outra ilustração, na hipótese de sucessão em que a definição/separação dos bens particulares e em comunhão se faz necessária, será inviável que os herdeiros apresentem os seus pedidos de quinhão sem que esteja previamente fixada qual é a superfície efetiva da herança. Se o assunto não estiver decidido previamente, a discussão sobre a natureza dos bens (particulares ou em comunhão) será feita no âmbito da partilha, ou seja, haverá deslocamento indesejado de resolução de um tema que deveria ter sido decidido na fase de arrecadação. Tanto assim que somente será possível se fixar o cálculo do imposto depois de esclarecido quais os bens que fazem parte da herança, já que somente estes se submetem ao pagamento do imposto de transmissão *causa mortis*.

1638 Saliente-se que a convocação para apresentação de "pedido de quinhão" (art. 647) somente se justificará se partes não apresentarem partilha amigável, hipótese em que não há julgamento da partilha propriamente dito, mas de aferição acerca de elementos formais para a sua homologação. O detalhe demonstra que é recomendável que o juízo sucessório estimule o desfecho consensual antes de convocar os herdeiros para que formulem os seus "pedidos de quinhão". No sentido, em prestígio ao disposto no art. 3º, § 3º, do CPC, deve o juiz consultar as partes acerca da possibilidade de solução consensual, ofertando, inclusive, os recursos estatais dispo-

Nada obstante a convocação prevista no art. 647 envolva a apresentação de pedido individual do quinhão, ou seja, cada qual postulará o encaixe da sua cota dentro da superfície da herança, postura cooperativa autoriza que seja trazido não só o seu pleito particular, mas também esboço de partilha, de modo a alcançar os quinhões de outros interessados, levando-se em conta as regras de orientação dos arts. 648 e 649, as preferências e demarcações legais. A postura, inspirada no art. 6º da codificação, poderá ensejar a identificação não só das áreas de disputa, mas também as partes tidas como incontroversas que já poderão ser resolvidas, fato que provavelmente diminuirá a conflituosidade. Dessa forma, o juízo sucessório – ao convocar as partes para a finalidade do art. 647[1639] – deverá explicitar que a manifestação não se restringe ao pleito de quinhão individual, mas da própria projeção da partilha em seu aspecto global.

Das dicções apresentadas será necessário que se instale contraditório, permitindo-se às partes manifestação acerca das postulações. Às claras, o contraditório geral sobre as manifestações permitirá que o juízo sucessório – com o auxílio das partes – tenha melhores condições de deliberar sobre a partilha. Com efeito, a partir das manifestações das partes poderá se possível identificar áreas que admitem divisão imediata (pela falta de controvérsia), depurando-as de outras (em disputa e/ou que possuem vocação para a alienação, hipótese última que se caracterizará em caso de desinteresse geral).

4. Partilha antecipada: posição topográfica e legitimação

A previsão contida no parágrafo único do art. 647 do CPC merece ser aplaudida,[1640] relevando-se como uma das melhores alterações trazidas para a

níveis quando o Poder Judiciário local possuir estrutura no sentido. Com ideia próxima: Euclides de Oliveira, *Comentários ao Código de Processo Civil:* perspectiva da magistratura, p. 723.

1639 Seguindo-se o texto legal, assim, a convocação para cumprimento do art. 647 será efetuada no prazo comum de 15 (quinze) dias. O referido prazo que se submete ao art. 219 do CPC. Em se tratando de autos físicos, não se admite a carga (a exceção do disposto no art. 107, § 3º, do diploma processual). Igualmente: Luciano Vianna Araújo, *Comentários ao Código de Processo Civil*, v. 3, p. 245.

1640 Igualmente: Rosa Maria de Andrade Nery e Nelson Nery Junior, *Instituições de Direito Civil:* Família e Sucessões, v. 4, p. 866; Euclides de Oliveira, *Comentários ao Código de Processo Civil:* perspectiva da magistratura, p. 723; Dimas Messias de Carvalho, *Direito das sucessões*: inventário e partilha, p. 496; Bertha Steckert Rezende e Cristiano Imhof, *Comentários ao Código de Processo Civil*, p. 750; Rodrigo Ramina Lucca, *Breves comentários ao novo Código de Processo Civil*, p. 1.721; Fernando da Fonseca Gajardoni, *Processo de conhecimento e cumprimento de sentença:* comentários ao CPC 2015, v. 2, p. 1.100; Artur César de Souza, *Código de Processo Civil*, v. III, p. 1.558; e Cid Eduardo Brown da Silva, *Inventário no novo Código de Processo Civil* – arts. 610-673. In: Alexandre Ávalo Santana e Jose de

codificação atual no que se refere ao procedimento que envolve o inventário sucessório.[1641] Em suma, seguindo-se a literalidade do dispositivo, a previsão legal permite a *partilha antecipada* de determinado(s) bem(ns) em favor de herdeiro, conferindo-lhe a posse respectiva, a fim de que passe a *usar* e *fruir* do patrimônio individualizado até o desfecho do processo sucessório. Em coerência a entrega antecipada da posse, o beneficiário da tutela passará a responder com as despesas correspondentes ao(s) bem(ns), que deverá(ão), a seu turno, compor, ao final, o seu quinhão hereditário, ou seja, fará(ão) parte do preenchimento da cota necessário à deliberação da partilha.

A posição topográfica do parágrafo único do art. 647 pode gerar a falseada impressão de que a tutela prevista no dispositivo será analisada unicamente quando da formulação do pedido de quinhões, já que o tema está tratado no *caput* do artigo de lei correspondente. Não se deve, contudo, sitiar o parágrafo único do art. 647 à etapa da partilha e/ou aos pedidos de formulação de quinhões previstos na cabeça do dispositivo em comento, pois se trata de técnica que poderá ser invocada (e deferida) a qualquer momento[1642] (desde que antes do desfecho final).

O art. 647, parágrafo único, possui forte comunicação com o art. 2.020 do CC, tendo pujança para inibir seus efeitos. A aplicação do dispositivo do diploma civil, por vezes, cria embaraços desnecessários, pois trabalha com fórmula de créditos/débitos entre o possuidor e o espólio que pode ser eliminada, a partir da convicção de que, ao final, o bem sobre a posse do interessado fará parte do seu *quinhão respectivo*. A situação evidencia que a adoção da medida prevista no parágrafo único do art. 647 na fase inicial do inventário diminui o espaço de incidência do art. 2.020 do CC, ou seja, quanto antes se adote a providência, maior será a redução da aplicação do comando legal que determina o "encontro de contas" previsto na lei civil. Assim, a técnica prevista no parágrafo único do art. 647 se aplicada no início do inventário será importante para racionalizar o fluxo de créditos/débitos vin-

---

ANDRADE NETO (coords.), *Novo CPC*: análise doutrinária sobre o novo direito processual brasileiro, p. 539.

1641 Sobre a proposta e o processo legislativo que envolve o art. 647, parágrafo único, do CPC, confira-se: LUCIANO VIANNA ARAÚJO, *Comentários ao Código de Processo Civil*, v. 3, p. 248-250.

1642 Igualmente: LUCIANO VIANNA ARAÚJO (*Comentários ao Código de Processo Civil*, v. 3, p. 253); FERNANDO DA FONSECA GAJARDONI, *Processo de conhecimento e cumprimento de sentença:* comentários ao CPC 2015, v. 2, p. 1.101; RODRIGO RAMINA LUCCA, *Breves comentários ao novo Código de Processo Civil*, p. 1.721; FERNANDO DA FONSECA GAJARDONI, *Processo de conhecimento e cumprimento de sentença:* comentários ao CPC 2015, v. 2, p. 1.723; e RICARDO ALEXANDRE DA SILVA e EDUARDO LAMY, *Comentários ao Código de Processo Civil*, v. IX, p. 577.

culados aos bens do espólio, neutralizando, de forma pontual, a aplicação do art. 2.020 do CC.[1643]

No que se refere à legitimação para a postulação da antecipação da partilha, a interpretação literal do parágrafo único do art. 647 pode levar à impressão de o dispositivo aplica-se restritivamente aos herdeiros, tendo em vista que o texto legal faz alusão apenas a tal personagem.[1644] Tal exegese não prospera, pois há amplo leque de legitimação para a provocação da partilha antecipada.

O inventariante – na qualidade de administrador da herança –, a partir dos levantamentos efetuados a cada bem e a projeção das forças da herança, poderá apresentar pedido de antecipação da partilha que, ouvindo-se os interessados, será analisada pelo juízo sucessório.[1645] No sentido, abrindo-se a regra em comento, a partilha sucessória antecipada se torna uma grande ferramenta de gestão da inventariança, pois permite que este proponha a adoção de medidas que sedimentarão posições jurídicas no inventário, de simplificação na condução do condomínio hereditário e, muitas vezes, eliminando áreas com potencial conflituoso.[1646] Baseando-se em quadro fático plasmado em relatório, o inventariante poderá canalizar os bens de acordo com a correspondente situação possessória (art. 2.020 do CC), fato que evitará o dispêndio de despesas de conservação, que passam a ser suportados exclusivamente pelo possuidor.[1647] Dessa forma, em razão das suas funções, não se pode furtar do inventariante a legitimação para apresentar pedido de partilha antecipada, já que se trata de mecanismo que permite melhor gestão patrimonial da herança, evitando, por certo, conflitos indesejáveis, notadamente em caso de demora

1643 Próximo: Luciano Vianna Araújo, *Comentários ao Código de Processo Civil*, v. 3, p. 252.

1644 No sentido: Guilherme Rizzo Amaral, *Comentários às alterações do novo CPC*, p. 726.

1645 Igualmente: Felippe Borring Rocha, *Comentários ao novo Código de Processo Civil*, p. 973; Conrado Paulino da Rosa e Marco Antônio Rodrigues, *Inventário e partilha*, p. 401; e Fernando da Fonseca Gajardoni, *Processo de conhecimento e cumprimento de sentença*: comentários ao CPC 2015, v. 2, p. 1.101.

1646 Próximo: Rosa Maria de Andrade Nery e Nelson Nery Junior, *Instituições de Direito Civil:* Família e Sucessões, v. 4, p. 867; e Ricardo Alexandre da Silva e Eduardo Lamy, *Comentários ao Código de Processo* Civil, v. IX, p. 575.

1647 Em outro exemplo, o inventariante poderá propor que bens que tenham aptidão para a produção de frutos sejam, por meio de antecipação de partilha, entregues a determinado herdeiro que necessita de verbas para sua subsistência, ocasião comum quando este recebia alimentos do autor da herança antes de seu falecimento tendo o óbito alterou a situação fática. A medida terá efeito mais amplo do que a própria sucessão, pois evitará eventual conflito acerca da convocação de outros herdeiros para arcar com os alimentos, notadamente nos casos de vínculo familiar que assim o permita.

no encerramento do processo sucessório. A partir da legitimação funcional do inventariante, por certo, também não é possível se descartar a legitimidade do testamenteiro pleitear a antecipação da partilha, caso seu pedido esteja vinculado aos comandos postos nas disposições testamentárias (art. 1.980 do CC). Em ilustração, o cumprimento do legado pode ser perfeitamente postulado pelo testamenteiro, assim como a entrega de bens que compõem o quinhão do herdeiro (art. 2.014 do CC).

Analisando especificamente as partes, há vocação evidente para que o disposto no art. 647, parágrafo único, seja aplicado em relação à meação, pois a sua definição é medida que antecede ao pagamento das dívidas do espólio.[1648] A observância do fato é fundamental, pois não só abre o rol dos legitimados (pelo direito material) a requerer a partilha antecipada, como também ratifica que a técnica possui aplicação temporal flutuante. No particular, identificados os bens em comunhão, com a quantificação do calibre quantitativo da meação (seguindo-se os valores das estimações efetuadas do inventário *causa mortis*), o cônjuge/companheiro meeiro terá a preferência de encaixe patrimonial, pois tal personagem já detinha a posição de coproprietário antes mesmo da abertura da sucessão. Aplica-se, ao seu favor, a preferência para que consolide a titularidade em comunhão (*"copropriedade"*),[1649] em transporte (ainda que adaptado) dos ditames dos arts. 504 do CC e 843, § 1º, e 889, II, do CPC.[1650]

Também não há vedação legal para aplicação do art. 647, parágrafo único, em relação ao legatário.[1651] Muito pelo contrário, o que se extrai é a vinculação intuitiva da técnica a tal ator da sucessão. Todavia, há de se aplicar a regra legal em consonância com o disposto no art. 645. Com efeito, caso a herança seja toda definida em legados (art. 645, I), em regra, não haverá para os beneficiários da herança autonomia quanto à escolha dos bens

1648 Vide os comentários ao art. 642 desta obra.

1649 Bem próximo: Pontes de Miranda, *Comentários ao Código de Processo Civil,* v. XIV, p. 200.

1650 Vide os comentários aos arts. 648 e 649 desta obra.

1651 Confira-se: Fernanda Tartuce e Rodrigo Mazzei, Inventário e partilha no CPC/15: pontos de destaque na relação entre os direitos material e processual. In: Fernanda Tartuce, Rodrigo Mazzei e Sergio Barradas Carneiro (coords.), *Famílias e Sucessões*, p. 603-607. Igualmente: Fernando da Fonseca Gajardoni, *Processo de conhecimento e cumprimento de sentença*: comentários ao CPC 2015, v. 2, p. 1.101; Conrado Paulino da Rosa e Marco Antônio Rodrigues, *Inventário e partilha*, p. 401; Rodrigo Ramina Lucca, *Breves comentários ao novo Código de Processo Civil*, p. 1.722; Ricardo Alexandre da Silva e Eduardo Lamy, *Comentários ao Código de Processo* Civil, v. IX, p. 576-577; Daniel Amorim Assumpção Neves, *Novo Código de Processo Civil comentado*, p. 1.086; Luciano Vianna Araújo, *Comentários ao Código de Processo Civil*, v. 3, p. 252; e Felippe Borring Rocha, *Comentários ao novo Código de Processo Civil*, p. 973. Vide os comentários ao art. 642 desta obra.

que lhes serão destinados. No entanto, a partir da definição dos legados em disposição testamentária, o legatário pode apresentar preferências em relação aos bens que lhe foram designados, postulando, em exemplo, que determinado lhe seja entregue antecipadamente, sem prejuízo da retenção de outro até que se aguarde à liquidação completa da herança. Dessa forma, garantindo-se que o pagamento do legado não afetará a satisfação dos credores, não há óbice para que o cumprimento seja antecipado. O raciocínio aqui sintetizado foi consolidado no Enunciado 181 do FPPC,[1652] que fixou o entendimento de possibilitar o cumprimento antecipado do legado se ficar garantido o pagamento das dívidas do espólio.

Com a ideia acima fixada, permite-se dizer, então, que o legado poderá ser cumprido sempre que se vislumbrar de forma concreta que tal procedimento não prejudicará os credores. Assim, verificando-se que há na herança "forças suficientes" para que esta suplante as dívidas existentes e, de outra banda, inexistindo risco de que o legado invada a parte reservada aos herdeiros necessários (caso presentes na sucessão), não haverá obstáculo para o cumprimento antecipado do legado.[1653] No sentido, o tema também foi tratado pelo FPPC, consolidando-se a ideia mediante a edição do Enunciado 182.[1654]

Em arremate, deve ser permitido ao cessionário dos direitos atraídos pela sucessão que também postule a antecipação da partilha, observando-se à po-

---

1652 Enunciado 181 do FPPC: "A previsão do parágrafo único do art. 647 é aplicável aos legatários na hipótese do inciso I do art. 645, desde que reservado patrimônio que garanta o pagamento do espólio". Com comentários sobre o referido enunciado: Rodrigo Mazzei e Leriane Drumond Bento, Comentários aos Enunciados 181 e 182 do FPPC. In: Ravi Peixoto (coord.), *Enunciados do FPPC Comentados*, p. 524-525.

1653 Na perspectiva do espólio, o cumprimento do legado de forma antecipada é por deveras interessante, pois diminui o impacto do art. 1.923, § 2º, do CC dentro das obrigações da herança. Isso porque, no caso de legado de coisa certa existente na herança, o espólio terá que fazer a entrega não apenas do bem em si, mas também de todos os frutos produzidos pelo legado desde a morte do testador (exceto se dependente de condição suspensiva ou de termo inicial). Assim, em caso de demora no cumprimento de legado de coisa certa, pode ocorrer um cúmulo de créditos decorrentes dos frutos advindos do bem que poderão onerar o espólio e/ou criar conflito a respeito. Aqui, portanto, o art. 647, parágrafo único, neutraliza a aplicação do art. 1.923, § 2º, do CC em favor do legatário (e contra o espólio), de forma semelhante ao efeito que provoca em relação ao art. 2.020 do mesmo diploma (ainda que com outros personagens).

1654 Enunciado 182 do FPPC: "Aplica-se aos legatários o disposto no parágrafo único do art. 647, quando ficar evidenciado que os pagamentos do espólio não irão reduzir os legados". Sobre o tema: Rodrigo Mazzei e Leriane Drumond Bento, Comentários aos Enunciados 181 e 182 do FPPC. In: Ravi Peixoto (coord.), *Enunciados do FPPC Comentados*. Salvador: Juspodivm, 2018, p. 526.

sição jurídica e limites da esfera jurídica do direito que lhe foi cedido pelo cedente.[1655-1656]

5. Partilha antecipada: técnica especial (não excludente de outras)

A doutrina, no analisar da técnica prevista no art. 647, parágrafo único, tem se manifestado no sentido de tratar de tutela provisória de evidência especial, diante do vínculo à casuística ao direito sucessório.[1657] O entendimento afigura-se como coerente e merece que alguns dos seus detalhes sejam realçados e examinados.[1658]

As bases gerais da tutela de tutela de evidência estão previstas no CPC em seu art. 311, dispositivo em que foram fixadas as hipóteses distintas para o seu deferimento, conforme se infere dos seus quatro incisos: (a) se houver caracterização de abuso do direito de defesa ou manifesto propósito protelatório (inciso I); (b) se as alegações das partes puderem ser comprovadas (apenas) por documentos e a controvérsia já tiver sido alvo de julgamento por precedente (inciso II); (c) se tratar de pedido reipersecutório fundado em prova documental adequada do contrato de depósito (inciso III); (d) se a postulação estiver instruída como prova documentada convincente e a resposta contra ela apresentada não tiver gerado dúvida razoável (inciso IV).

1655 Próximo: Luciano Vianna Araújo, *Comentários ao Código de Processo Civil*, v. 3, p. 252.

1656 Não há, contudo, interesse para que o credor postule a partilha antecipada, pois a este a lei garante a possibilidade de ação autônoma para o exercício do seu direito.

1657 Ainda que com pequenas variações, confira-se no sentido: Luciano Vianna Araújo, *Comentários ao Código de Processo Civil*, v. 3, p. 253; Luiz Rodrigues Wambier e Eduardo Talamini, *Curso Avançado de Processo Civil*, v. 4, p. 149; Felippe Borring Rocha, *Comentários ao novo Código de Processo Civil*, p. 973; Daniel Amorim Assumpção Neves, *Novo Código de Processo Civil comentado*, p. 1.086; Conrado Paulino da Rosa e Marco Antônio Rodrigues, *Inventário e partilha*, p. 400; Fernando da Fonseca Gajardoni, *Processo de conhecimento e cumprimento de sentença:* comentários ao CPC 2015, v. 2, p. 1.100; e Ricardo Alexandre da Silva e Eduardo Lamy, *Comentários ao Código de Processo Civil*, v. IX, p. 576; Rodrigo Ramina Lucca, por sua vez, defende que há uma situação de hibridez entre a tutela provisória de evidência e de urgência, pois se ocorrer a oposição será necessário que se comprove os requisitos da última (*Breves comentários ao novo código de processo civil*, p. 1.722-1.723).

1658 Diante dos pontos de contato, deve-se admitir o transporte da técnica prevista no art. 647, parágrafo único, para as partilhas decorrentes de divórcio e de extinção da união estável. Embora o art. 731, parágrafo único, do CPC esteja atrelado a atos consensuais, nada impede, no processo litigioso em que se discute a partilha de bens, qualquer dos interessados que se poste em situação de condômino ou equiparada a este possa postular a partilha acerca de bens comuns, a fim de evitar que a comunhão seja mantida de forma indiscriminada, situação que pode aumentar o conflito.

A previsão do art. 647, parágrafo único, guarda intimidade com as situações previstas nos incisos I e IV do art. 311 (caracterização de abuso do direito de defesa ou manifesto propósito protelatório e postulação documentada que não foi combatida com resistência capaz de ter causado dúvida razoável). Há importância na constatação supra, pois é reveladora de que a técnica do art. 647, parágrafo único, reclama que seja colhido contraditório prévio, somente se justificando a decisão do juízo possessório depois de ouvidos os interessados na partilha.[1659]

Note-se, de outra banda, que a aproximação efetuada com os incisos I e IV do art. 311 se torna útil para identificar que, para o deferimento da tutela provisória do art. 647, parágrafo único, não é necessário que ocorra o consenso entre todos os interessados.[1660] Assim, o fato de ser apresentada resistência à "partilha antecipada" por um ou mais interessado(s) não impedirá o deferimento do pedido, caso o juízo sucessório se convença que a oposição está marcada pelo "abuso do direito de defesa ou manifesto propósito protelatório". Na verdade, fazendo análise mais aguda, bastará que fique evidenciado que o pedido é oportuno e que o opositor à partilha antecipada não apresentou fundamentos capazes de criar dúvida razoável acerca da adoção da medida e, o juízo sucessório, a par do material documentado presente no inventário *causa mortis,* se convenceu da necessidade de adoção da medida.

Dentro dos detalhes do art. 647, parágrafo único, haverá contraditório amplo, em que não se fixa a análise do pedido e da resposta no dueto inicial e contestação, comumente utilizado para efeito de aplicação do art. 311, I e IV. A natureza *multipolar* do inventário *causa mortis* formará contraditório sem polos definidos e com fundo mais amplo do que o interesse pessoal das partes, na medida em que, pela natureza da questão, há interesses múltiplos agregados no processo sucessório.[1661] Tal contraditório amplo e peculiar está previsto em outros momentos (vide, em exemplo, art. 619 e no art. 642, § 2º). É capital que sejam ouvidas não apenas as partes (entendendo-se estas como aquelas com vínculo material e que são afetadas pela partilha sucessória), mas também os atores funcionais, notadamente o inventariante. No sentido, registre que a existência de incapaz não constitui óbice ao deferimento do exercício de tais direitos, sendo, nesse caso, ouvido o Ministério Público.[1662]

1659 Igualmente: CONRADO PAULINO DA ROSA e MARCO ANTÔNIO RODRIGUES, *Inventário e partilha,* p. 400; e LUIZ RODRIGUES WAMBIER e EDUARDO TALAMINI, *Curso Avançado de Processo Civil,* v. 4, p. 149.

1660 Bem próximo: LUCIANO VIANNA ARAÚJO, *Comentários ao Código de Processo Civil,* v. 3, p. 253; e EUCLIDES DE OLIVEIRA, *Comentários ao Código de Processo Civil:* perspectiva da magistratura, p. 723.

1661 Vide os comentários ao art. 627 desta obra.

1662 Igualmente: FERNANDO DA FONSECA GAJARDONI, *Processo de conhecimento e cumprimento de sentença:* comentários ao CPC 2015, v. 2, p. 1.101.

É fundamental que as premissas acima fiquem fixadas, pois não se pode reduzir a técnica inserida no art. 647, parágrafo único, apenas aos casos de consenso geral, pois tal raciocínio diminui sobremaneira os horizontes da partilha antecipada.[1663] Há de se entender que se trata de tutela provisória especial, cuja raiz é a tutela de evidência prevista no art. 311, aplicando-se, com as devidas adaptações, os ditames lançados para os seus incisos I e IV, sendo, no particular, fundamental o respeito ao contraditório. Assim, ainda que o consenso geral seja desejável para a partilha antecipada, pois em tal caso bastará observar que a medida não causa embaraço aos credores da herança ou a outros terceiros, certo é que a existência de oposição, por si só, de um dos interessados não poderá ser vista como óbice à concessão da tutela provisória em voga.[1664]

Saliente-se que o disposto no art. 647, parágrafo único, não congestiona a aplicação de técnicas outras vinculadas às decisões judiciais. Assim, a tutela de evidência especial em análise não exclui – por exemplo – a postulação de tutela provisória de urgência no bojo do inventário, inclusive para efeito de antecipação de partilha.[1665] Em exemplo frisante, o herdeiro que recebia alimentos do falecido (antes do passamento) poderá postular a partilha antecipada com base no fundamento da urgência, pleiteando a posse de determinado(s) bem(ns) que produzam frutos, a fim de evitar que passe necessidade (diante da ruptura do fornecimento da verba alimentícia).

A técnica do julgamento parcial de mérito (art. 356 do CPC) poderá ser aplicada (fazendo-se ajustes) para resolver assuntos que envolvam a partilha. Basta pensar na hipótese (cada vez mais comum) em que o falecido deixa companheiro sobrevivo, mas antes do passamento não tinha efetuado partilha decorrente de casamento ou convivência anterior, que se encerrou por separação de fato. Dessa forma, para se viabilizar a arrecadação adequada dos bens que pertencem ao falecido, será necessário partilhar os bens *mancomunhão*[1666] com o ex-cônjuge ou ex-companheiro (cuja ruptura de relacionamento se operou por separação de fato), controvérsia esta que pode ser resolvida dentro do inventário *causa mortis* caso ocorra consenso entre as partes ou se a celeuma estiver acobertada por prova documentada, capaz de escorar decisão pelo juí-

1663 Parecendo concordar, Rosa Maria de Andrade Nery e Nelson Nery Junior que o instituto não pode ser rotulado de "usufruto provisório" (*Instituições de Direito Civil: Família e Sucessões*, v. 4, p. 866).

1664 Próximo (ainda que a decisão não examine todas as nuances da questão): STJ, REsp 1.738.656/RJ, 3ª Turma, j. 03/12/2019, *DJ* 05/12/2019.

1665 Parecendo concordar: Ricardo Alexandre da Silva e Eduardo Lamy, *Comentários ao Código de Processo Civil*, v. IX, p. 576.

1666 Vide os comentários ao art. 626 desta obra.

zo sucessório. Importa-se a técnica do art. 356, com os ajustes determinados pelo art. 612, para deliberar sobre a partilha que deveria ter sido resolvida em vida, pois, se assim não o fizer, não será possível arrecadar os bens que fazem parte da esfera pessoal do falecido.

6. Pagamento do imposto *causa mortis*

O momento do pagamento do imposto *causa mortis*, segundo o CPC, é projetado para o fim da etapa da partilha (art. 654). No caso de antecipação da partilha a lei é omissa, mas, considerando os seus limitados efeitos (exercício dos direitos e usar e fruir do bem), não alcançando os atos de disposição, o pagamento do imposto poderá ser postergado para o julgamento final. Caso a partilha antecipada seja deliberada (excepcionalmente) por julgamento parcial do mérito (art. 356), situação que pode ser postulada – em exemplo – pelo legatário que tem interesse em receber o bem na sua integralidade, ou seja, não apenas para exercitar os direitos de usar e fruir do legado, mas de incorporar também os atos de disponibilidade, necessário se fará o pagamento do imposto de transmissão *causa mortis*.

7. Natureza jurídica e recurso quanto à decisão proferida com base no *caput* do art. 647

Se o juízo sucessório decidir a partilha, julgando-a por sentença ou homologando-a, restará encerrado o inventário sucessório em seu aspecto global. Não restará dúvida que tal decisão se afina ao disposto no art. 203, § 1º, do CPC, devendo ser desafiada, se for o caso, por recurso de apelação. No entanto, quando o juízo sucessório, seguindo *caput* do art. 647, delibera acerca dos pedidos de quinhões formulados pelas partes e determina que estes sejam plasmados em esboço de partilha, para que, finalizada a empreitada, abrir contraditório que permita ajustes (arts. 651-652), restará evidenciado que o inventário sucessório não foi finalizado. O quadro demonstra que a decisão proferida com esteio na cabeça do art. 647 terá natureza interlocutória, sendo passível de ataque por agravo de instrumento (art. 1.015, parágrafo único, do CPC).[1667] O raciocínio decorre do fato de que o juízo sucessório ainda profe-

1667 Igualmente (ainda que com fundamentação variante): Felippe Borring Rocha, *Comentários ao novo Código de Processo Civil*, p. 972; Daniel Amorim Assumpção Neves, *Novo Código de Processo Civil comentado*, p. 1.086; Artur César de Souza, *Código de Processo Civil*, v. III, p. 1.557; Paulo Cezar Pinheiro Carneiro, *Inventário e partilha judicial e extrajudicial*, p. 72-173; Rodrigo Ramina Lucca, *Breves comentários ao novo Código de Processo Civil*, p. 1.721; Ricardo Alexandre da Silva e Eduardo Lamy, *Comentários ao Código de Processo Civil*, v. IX, p. 573-574; Luciano Vianna Araújo, *Comentários ao Código de Processo Civil*, v. 3, p. 248; Rosa Maria

rirá sentença e, antes de assim o fazer, deverá intimar as partes para juntar os comprovantes do pagamento do imposto *causa mortis* (caso não ainda não colacionados), bem assim a juntada dos documentos de regularização fiscal exigidos pelo art. 654.[1668]

No caso de partilha antecipada (art. 647, parágrafo único) ou de julgamento parcial do mérito (art. 356), a decisão do juízo sucessório será interlocutória, atraindo a aplicação do art. 1.015, parágrafo único, ou seja, restará autorizada a interposição de agravo de instrumento.

Art. 648. Na partilha, serão observadas as seguintes regras:

I – a máxima igualdade possível quanto ao valor, à natureza e à qualidade dos bens;

II – a prevenção de litígios futuros;

III – a máxima comodidade dos coerdeiros, do cônjuge ou do companheiro, se for o caso.

CPC de 1973 – sem dispositivo correspondente.[1669]

1. O dispositivo em resenha

O art. 648 é uma regra voltada ao julgador que *julga* a partilha (art. 2.016 do CC), sendo aplicável quando: (a) houver divergência entre as partes que reclame decisão adjudicada; (b) for constatada a presença de incapaz. Note-se

---

de Andrade Nery e Nelson Nery Junior, *Instituições de Direito Civil*: Família e Sucessões, v. 4, p. 864; Arruda Alvim, Araken de Assis e Eduardo Arruda Alvim, *Comentários ao Código de Processo Civil*, p. 1.499; e Umberto Bara Bresolin, *Código de Processo Civil anotado*, p. 902.

1668 Ratificando o acima dito, que a redação do *caput* do art. 647 faz expressa alusão à "decisão de deliberação da partilha", corrigindo a redação do revogado art. 1.022 do CPC de 1.973, que tratava da dicção judicial equivocadamente como "despacho". A retificação confirma a natureza de decisão interlocutória, consoante acima demonstrado, eliminando o forte debate acerca da recorribilidade do ato judicante. Sobre o debate doutrinário à época do CPC de 1973, em razão da nomenclatura utilizada na codificação revogada, confira-se (entre vários): Hamilton de Moraes Barros, *Comentários ao Código de Processo Civil*, v. IX, p. 310-311; Clóvis do Couto e Silva, *Comentários ao Código de Processo Civil*, v. XI, tomo I, p. 377-388; Alexandre de Paula, *Código de Processo Civil anotado*, v. IV, p. 3.757; e Gerson Fischmann, *Comentários ao Código de Processo Civil*, v. 14, p. 160-163.

1669 Embora sem correspondência direta no CPC de 1973, não se pode dizer que o texto do art. 648 é uma novidade absoluta, pois sua redação muito se assemelha ao que estava disposto no art. 505 do CPC de 1939. No entanto, considerando que o direito sucessório atual não é idêntico ao do período de vigência do CPC de 1939, o art. 648 sofre influxos diferenciados que não podem ser ignorados.

que, na segunda situação, caso a partilha seja consensual, mas contemple conjuntamente beneficiários capazes e incapazes, o julgamento (e, por conseguinte, a aplicação do art. 648) somente ocorrerá em relação aos quinhões dos incapazes. Dessa forma, se, em relação aos incapazes, estiver cumprido o previsto no art. 648, nada obsta que o juízo sucessório *julgue* e *homologue* partilha desigual,[1670] desde que a desproporção afete apenas os atores capazes.[1671] O art. 648 não se aplica, portanto, à partilha consensual prevista no art. 2.015 do CC, tendo em vista que nesta o desenho da distribuição dos quinhões é efetuado pelas partes (capazes), por meio de ato consensual.[1672]

Muito embora o dispositivo comentado se volte para o juízo sucessório (como destinatário final), em razão da necessária comunicação do art. 648 com o art. 647, as diretrizes nele fixadas deverão estar respeitadas nos pedidos de formulação de quinhões, pois postulação contrária a tais ditames será, certamente, rechaçada pelo julgador.

2. O rol orientador do art. 648 e a necessidade de observância de temas de direito material e da herança (em seu *plano quantitativo*)

O texto do art. 648 traz três critérios que devem ser observados na partilha litigiosa: (i) igualdade (inciso I), (ii) prevenção de litígios (inciso II) e (ii) comodidade (inciso III).[1673] Trata-se, em suma, de rol que contém diretrizes que devem ser seguidas na partilha. No entanto, é incorreto se pen-

---

1670 A situação pode gerar repercussões fiscais, como a cobrança do "imposto de torna" (reposição), a partir da presunção que na partilha desigual ocorreu um ato "*inter vivos*" de deslocamento (doação) de quinhão (Súmula 116 do STF). Tal fato, todavia, não é impeditivo da homologação da partilha.

1671 Toda "partilha litigiosa" será de natureza judicial, mas nem toda "partilha judicial" será litigiosa. Em suma, não há óbice para que se apresente judicialmente partilha consensual que envolva incapaz, bastando, pois, a preservação dos seus direitos na divisão e observadas as formalidades pertinentes, que envolvem a oitiva do Ministério Público. Assim, o art. 2.016 do CC deve ser corretamente interpretado, pois "partilha judicial" não é sinônimo de "partilha litigiosa". No particular, vale lembrar que o art. 725, VIII, admite a apresentação de pedido de homologação de autocomposição extrajudicial envolvendo incapaz, pouco importando a natureza ou o valor da questão. Em tal hipótese, aplica-se o procedimento de jurisdição voluntária, convocando-se o Ministério Público quando necessário (arts. 719 e 721), assim como a Fazenda Pública (art. 722).

1672 No tema: Rodrigo Mazzei e Sarah Merçon-Vargas, Partilha sucessória: disponibilidade da herança e o princípio da máxima igualdade possível. In: Fernanda Tartuce, Rodrigo Mazzei e Sergio Barradas Carneiro (coords.), *Famílias e Sucessões*, p. 697-712.

1673 Dentre vários, confira-se: Gustavo Tepedino, Ana Luiza Maia Nevares e Rose Melo Vencelau Meireles, *Direito das Sucessões*, p. 269-271.

sar em rigidez na aplicação de tais critérios, pois, além da fluidez principiológica que marca o texto do dispositivo, há temas que influenciam na partilha e que não estão, ao menos de forma expressa, contidos no cardápio de orientações do art. 648.[1674]

Antes de tudo, não se pode esquecer que a partilha se submete aplicação de regras de direito material que não poderão ser desprezadas no momento da divisão. No sentido, há de se destacar que embora o dispositivo comentado seja omisso, aplica-se na partilha regras de preferência na escolha de determinados bens em razão de posições jurídicas vinculadas ao patrimônio. Em exemplo, no caso de cônjuge/companheiro sobrevivente contemplado com o direito de habitação (art. 1.831 do CC) e que também figure como coerdeiro, é intuitiva que lhe seja conferida a preferência acerca do bem imóvel, pois a prelação permitirá a consolidação da propriedade em um titular.[1675] De outro turno, é capital estar atento ao fato que o direito sucessório nacional está atrelado à herança na perspectiva *quantitativa*, ou seja, o direito do herdeiro está atrelado ao valor monetário do seu quinhão em relação ao montante global da herança. Note-se, no sentido, que, mesmo nos atos em vida, a apuração da herança (em caráter prospectivo) é analisada sobre o enfoque das suas forças, ou seja, da valoração completa do patrimônio do seu titular. Tanto assim que, para aplicação dos arts. 549 e 2.007, § 1º, do CC, será irrelevante a natureza dos bens doados em excesso, mesmo que o doador reserve em seu patrimônio bens de natureza igualitária para os seus herdeiros, já que a apuração do desvio do ato de liberalidade está focada na análise (= *estimativa*) global do patrimônio do doador.[1676]

1674 Próximo: Arruda Alvim, Araken de Assis e Eduardo Arruda Alvim, *Comentários ao Código de Processo Civil*, p. 1.499.

1675 Conforme bem cravado por Cristiano Chaves de Farias e Nelson Rosenvald, "o ordenamento entende que a preferência é um estímulo à consolidação do direito de propriedade, com a unificação da titularidade" (*Direitos reais*, p. 611). O direito de preferência será analisado adiante com mais vagar.

1676 Em ilustração do acima dito, imagine situação hipotética em que o titular do patrimônio efetua doação de uma propriedade imobiliária ao seu sobrinho, reservando outras propriedades imobiliárias, a fim de não prejudicar seu sustento e os herdeiros necessários. O que interessará para efeito da análise de eventual vício no ato de liberalidade será a apuração do valor da doação proporcionalmente ao montante total do patrimônio do doador. Os arts. 549 e 2.007, § 1º, dialogam com o art. 1.846 do diploma civil e será necessária a *apuração quantitativa* do patrimônio do autor da liberalidade, estimando-se cada uma das propriedades imobiliárias para se aferir se aquela que foi objeto da doação possui, em valor percentual, encaixe que não viole o limite previsto em lei (50% por cento do patrimônio). Com outras palavras, todo patrimônio será avaliado para se estimar o valor patrimonial que pode ser alcançado pela doação. No exemplo, pouco importará se a doação envolve patrimônio de natureza diversa aos que ficaram na esfera patrimonial do autor do ato de liberalidade, pois não é natureza ou qualidade dos bens que norteia a análise de aplicação

Na apresentação de pedido de formulação de quinhões pelas partes, as cotas hereditárias concretizam os percentuais proporcionais individuais em relação correspondente ao valor total da herança. A projeção da partilha é que permite que os quinhões sejam representados por bens e/ou direitos, pois, a partir da estimação de cada item, o herdeiro buscará preencher sua cota hereditária (respeitada sua dimensão), isto é, os bens e/ou direitos são encaixados (levando-se em conta o seu valor) dentro da força valorativa do quinhão. A leitura do art. 2.014 do CC permite observar a mecânica de forma clara, pois o testador, partindo do valor total da herança, faz a partilha, levando em conta a proporcionalidade dos quinhões e os valores que os representam, para somente depois efetuar o preenchimento com bens e/ou direitos de montante compatível. A adoção de tal engenho é indiscutível, na medida em que a parte final do art. 2.014 dispõe que a partilha pelo testador somente não prevalecerá se houver algum equívoco na avaliação dos bens, fato que acaba por causar preenchimento equivocado dos quinhões.

O texto do art. 649 do CPC (amplificado pelo art. 2.019 do CC) ratifica o acima dito. Isso porque extrai-se, do citado dispositivo, que os quinhões devem ser preenchidos com a acomodação de bens e/ou direitos a partir da sua respectiva valoração, ou seja, o herdeiro deverá procurar bens e/ou direitos com valores que sejam correspondentes à sua cota hereditária, pois só assim haverá a perfeita *acomodação no seu quinhão.* Se assim não for possível, isto é, efetuado perfeito encaixe valorativo do bem e/ou direito dentro da dimensão da cota hereditária, será feita a alienação respectiva e os interessados receberão a herança com o fruto da "venda" na proporção dos seus quinhões. Tanto assim que, de forma expressa, visando evitar alienação externa, o § 1º do art. 2.109 do CC permite que o herdeiro possa requerer a adjudicação do bem, usando seu crédito na totalidade e complementando em dinheiro a diferença, observando-se o valor atualizado do bem. Portanto, a *quantificação da herança líquida*, definindo-se, não só o seu valor total, mas também a estimação individual de cada bem que a compõe, é medida estrutural para que se edifique a partilha. Com tal superfície devidamente quantificada, os quinhões (previamente dimensionados em percentual) restarão liquidados também em valores, permitindo a aplicação do art. 647.[1677]

---

dos arts. 549, 1.846 e 2.007, § 1º, do CC, mas tão somente o seu valor.

1677 Em exemplo simples, no caso de herança líquida no valor de R$ 2.000.000,00 (dois milhões de reais) a ser partilhada por quatro descendentes diretos do falecido, em que este efetuou deixa testamentárias de 30% da herança disponível para o filho mais velho e 20% para o filho caçula, será efetuado o dimensionamento dos quinhões em valores. Assim, fixando os quinhões em percentuais, os dois filhos não contemplados receberão 12,5% da herança, o mais velho 42,5% e o mais novo 32,5%. Tais

Conclui-se, com tal assertiva, que o art. 648 contempla rol de básico de orientações para a definição da partilha, havendo outras questões que poderão influenciar na sua organização e deliberação que não estão (ao menos de forma expressa) contidas na bandeja do dispositivo em comento.

3. Igualdade

O inciso I do art. 648 do CPC repete o disposto no art. 2.017 do CC, fixando-se nos dois dispositivos a necessidade de tratamento igualitário entre os coerdeiros (*princípio da máxima da igualdade*).[1678]

A igualdade na partilha não pode ser espelhada como a necessidade de se calibrar os quinhões com a mesma dimensão, pois a própria legislação permite que as cotas sejam fixadas em percentuais diferenciados. A noção a ser aplicada está na *igualdade material atrelada à partilha*, a fim de evitar que bens de maior liquidez (ou com propensão de boa evolução de mercado) fiquem exclusivamente com determinado(s) herdeiro(s), ao passo que outros sem os mesmos predicados sejam destinados a herdeiro(s) que está(ão) em semelhante posição jurídica.[1679] De toda sorte, a noção de isonomia contida no dispositivo há de ser recepcionada e aplicada *cum grano salis*, pois os protagonistas da

---

cotas devem ser transformadas em valores correspondentes, pois só assim conseguirão ser acomodadas nos bens da herança (observada a sua avaliação). Seguindo-se na ilustração, o valor dos quinhões dos herdeiros não contemplados em testamento será de R$ 250.000.00,00 (duzentos e cinquenta mil) cada, ao passo que a cota do herdeiro mais velho será de R$ 850.000.000 (oitocentos e cinquenta mil reais) e o mais jovem terá um quinhão no montante de R$ 650.000,00 (seiscentos e cinquenta mil reais). Somente depois de finalizadas as operações descritas, as partes terão a possibilidade de apresentar pedidos de encaixe dos seus quinhões nos bens que representam a herança, fazendo-o, repita-se, observando-se a valoração respectiva. Em continuidade da exemplificação acima, caso algum dos coerdeiros que teve seu quinhão avaliado em R$ 250.000,00 (duzentos e cinquenta mil reais) pretender que lhe seja destinado bem com valor superior ao calibre total da sua cota, será necessário que sua postulação indique que será efetuado suplemento financeiro para preencher a diferença do preço do bem avaliado. Hipoteticamente, se o bem pretendido foi avaliado em R$ 450.000,00 (quatrocentos e cinquenta mil reais) o herdeiro terá que aportar, em favor do espólio, a diferença do preço, ou seja, a quantia de R$ 200.000,00 (duzentos e mil reais).

1678 No sentido: Gustavo Tepedino, Ana Luiza Maia Nevares e Rose Melo Vencelau Meireles, *Direito das sucessões*, p. 270. Embora o dispositivo em comento se aluda à partilha do inventário *causa mortis*, o *princípio da máxima igualdade* também será aplicado a qualquer situação que exija partilha, como na hipótese de separação judicial. No sentido: STJ, 3ª Turma, REsp 605.217, j. 18/11/2010, *DJ* 07/12/2010.

1679 No sentido: Rodrigo Ramina Lucca, *Breves comentários ao novo Código de Processo Civil*, p. 1.723; e Daniel Amorim Assumpção Neves, *Novo Código de Processo Civil comentado*, p. 1.087.

partilha poderão estar em posições diferenciadas que quebram a ideia de igualdade rígida e absoluta. Por exemplo, em se tratando de herdeiros necessários, a colação envolve uma massa peculiar na arrecadação de bens (art. 1.847 do CC), situação que releva tratamento diverso em relação aos herdeiros outros que não se encaixem na gaveta do art. 1.845 do CC.

No plano da divisão física dos bens, a *máxima igualdade possível* não significa que todos os coerdeiros terão direito a receber cotas de todos os bens do espólio, pois tal concepção, além de ineficiente, contraria as diretrizes dos incisos II e III do art. 648 (prevenção de litígios e comodidade).[1680] O que o inciso I do art. 648 prega é que a divisão deve ser, o quanto possível, equitativa, seja com respeito ao valor, seja com respeito à natureza e qualidade dos bens. Em ilustração, em caso de herança representada aplicações financeiras, bens móveis e imóveis, salvo situações excepcionais, o juízo sucessório dividirá na proporção dos quinhões os depósitos em dinheiro para cada coerdeiro, sendo vedado disponibilizar apenas para um (ou pequeno grupo) os valores pecuniários, destinando para outros coerdeiros tão somente os bens móveis e imóveis. De igual modo, caso a herança seja composta por bens móveis e imóveis, o inciso I do art. 648 impedirá, salvo situação especialíssima, que o juízo sucessório distribua apenas bens móveis para determinados coerdeiros, reservando aos demais os bens imóveis, muito embora todos tenham manifestado interesse pelos últimos. Dessa forma, seguindo na ilustração, cada coerdeiro ficará com uma parte dos bens imóveis e móveis.[1681]

Ademais, a divisão física isonômica pode ser obstada em situações especiais previstas em lei. Por exemplo, o acervo de livros que formam uma biblioteca – embora divisível – poderá atrair a noção de universalidade, pois a cisão pode influenciar na perda de função (qualidade) e no valor do bem a ser partilhado (art. 87 do CC). Aplicando-se a *dimensão quantitativa da herança*, a diretriz da isonomia (recepcionada de forma eficiente) acenará na mantença do conjunto de bens, autorizando a licitação interna (e se for o caso externa), na forma dos arts. 649 do CPC e 2.019 do CC, para afastar a perda valorativa do bem.[1682] O ato de alienação que visa evitar a desvalorização de bem que compõe a

1680 Próximo: Dimas Messias de Carvalho, *Direito das sucessões*: inventário e partilha, p. 516-17; e Silvio de Salvo Venosa, *Direito das sucessões*, p. 398.

1681 Note-se que, dentro do grupo dos móveis, há bens que poderão ter características que levem a novo rateio isonômico. Por exemplo, no agrupamento de bens móveis, há veículos e obras de arte, justificando-se que – na dimensão dos quinhões – cada coerdeiro receba os dois tipos de bens móveis que estão para ser partilhados. Vide comentários ao art. 620.

1682 Bem próximo: Nelson Rosenvald e Felipe Braga Netto (*Código Civil comentado*, p. 2.038).

herança é ato que beneficia os coerdeiros em aspecto global, respeitando, por tal motivo, a diretriz isonômica da partilha, pois o quinhão de todos será atingido proporcionalmente pela sub-rogação pecuniária.

4. Prevenção de litígios futuros

A decisão que define a partilha necessita projetar prospectivamente os litígios que têm condão de provocar acerca dos bens, notadamente em relação às faculdades de usar e gozar correspondentes. A indivisão da titularidade – somente deverá prevalecer quando desejada pelos interessados ou no caso de impossibilidade física da cisão.[1683] Com tal farol, deve ser evitada partilha que estabeleça que os bens da herança permaneçam em condomínio, pois tal medida, na maioria das vezes, não é uma solução definitiva, não sendo incomum a necessidade de nova ação judicial com vistas a resolver a pendenga instaurada.[1684] Há, contudo, situações em que a formação de condomínios na partilha pode se tornar adequada, preservando a igualdade entre os coerdeiros e (razoável) comodidade. No entanto, mesmo em tais casos, não se pode esquecer que há diferenças na formação do condomínio por força da abertura da sucessão e aquele que decorre de decisão judicial assim determinando. Com efeito, em se tratando de condomínio criado pela *saisine* (arts. 1.784 e 1.791 do CC), cuja origem é *causa mortis,* a titularidade será ampla (abrangendo todos os bens) e alcançará todos os coerdeiros na proporção de seus quinhões. O quadro não se repete na partilha definida por decisão judicial, pois o juízo sucessório poderá depurar o condomínio geral, fixando (vários) condomínios menores em que apenas alguns coerdeiros serão os titulares, seguindo-se a dimensão de seus quinhões.[1685]

1683 No sentido: Luiz Paulo Vieira de Carvalho, *Direito das sucessões*, p. 1.099.

1684 Igualmente: Luciano Vianna Araújo, *Comentários ao Código de Processo Civil*, v. 3, p. 247; e Artur César de Souza, *Código de Processo Civil,* v. III, p. 1.557. A formação de condomínio entre os herdeiros na partilha, além de criar ambiência para litígios futuros, em boa parte das vezes, apenas posterga o conflito e a pendenga volta ao judiciário para disputas envolvendo a titularidade comum, inclusive com postulações de alienação compulsória (art. 730 do CPC). Extrai-se, da própria lei civil (arts. 1.848 e 2.013 do CC), a impossibilidade de o autor da herança firmar disposição testamentária no sentido de manter o estado de indivisão dos bens, pois tal medida conspiraria para a criação de litígios entre os herdeiros. Nas palavras de Washington de Barros Monteiro, *Curso de Direito Civil:* Direito de família e das sucessões, p. 269, a subsistência de condomínio é uma "sementeira de demandas, atritos e dissensões". Não é ocasional que Hamilton de Moraes Barros defendia a alienação de bens para se evitar a manutenção de condomínios provocados pela herança (*Comentários ao Código de Processo Civil*, v. IX, p. 311-312). Vide comentários ao art. 649.

1685 Por exemplo, na sucessão em que o falecido deixa 5 (cinco) imóveis a serem partilhados pelos seus 10 (dez) filhos, o condomínio gerado pela *saisine* fará com que

Com a anotação acima, andará bem o juízo sucessório que – na convocação cooperativa dos interessados para apresentação do pedido de quinhões (art. 647)[1686] – formule consulta expressa acerca da possibilidade de formações de condomínios, a fim de que as partes indiquem não apenas os bens que desejam ser alvejados por tal forma de acomodação de quinhões, como também listem os personagens com os quais não se oporia a formação de condomínio, apontando, outrossim, em ato de transparência, aqueles que não desejam compartilhar a titularidade.[1687]

Diante do exposto, para prevenir litígios, deve-se evitar ao máximo que o julgamento da partilha trilhe pela formação compulsória de condomínios entre os coerdeiros, notadamente se há ambiência de conflituosidade prévia.[1688] Em tal situação, considerando o caráter *quantitativo* da herança, a alienação dos bens e/ou direitos é a solução que se aplica, sub-rogando-se estes pelo produto obtido na operação (com partilha na proporção dos quinhões dos coerdeiros), especialmente quando os interessados (junto com o juízo sucessório)

---

todos os bens sejam agrupados de forma indivisível, de modo que cada um dos coerdeiros – de certa forma – é titular de cota referente a todos os bens deixados. Isso não significa que o juízo sucessório, ao definir a partilha, manterá o mesmo estado de indivisão geral (= todos os coerdeiros como titulares de cotas de todos os bens da herança), já que o que importa na partilha é a entrega a cada herdeiro de patrimônio correspondente a sua cota hereditária. Assim, na ilustração apresentada, imaginando que os quinhões são iguais e que os bens imóveis foram estimados com valor simétrico, a partilha poderia ser definida por meio da alocação das cotas hereditárias para formar 05 (cinco) condomínios novos, em que cada um dos bens teria como titular 02 (dois) coerdeiros. Em resenha, o condomínio criado pela abertura da sucessão tinha a titularidade de cada bem fracionada em 10 (dez) cotas, representando o número de coerdeiros, ao passo que a decisão quanto à partilha sucessória dissolveu tal condomínio e, em ato sequencial, criou 05 (cinco) novos condomínios, sendo cada um deles formado por 02 (dois) herdeiros.

1686 Sobre a cooperação e a convocação para a formulação dos pedidos de quinhões, vide os comentários ao art. 647 obra.

1687 Na formação e definição dos condomínios advindos da sucessão não se deve afastar a possibilidade de instituição de *multipropriedade* que, segundo a dicção do art. 1.358-C do CC, envolve "regime de condomínio em que cada um dos proprietários de um mesmo imóvel é titular de uma fração de tempo, à qual corresponde a faculdade de uso e gozo, com exclusividade, da totalidade do imóvel, a ser exercida pelos proprietários de forma alternada". Assim, os quinhões podem ser plasmados, nas suas proporções, dentro da dinâmica temporal, permitindo o uso e a fruição exclusiva em determinados períodos, facilitando a partilha quando as cotas são desiguais.

1688 Ademais, como bem lembrado por RODRIGO RAMINA LUCCA, devem ser evitadas partilhas que imponham criação de servidões, entrega de bens vizinhos a sucessores em conflitos, partilha das quotas da mesma sociedade a vários herdeiros etc. (*Breves comentários ao novo Código de Processo Civil*, p. 1.723). Igualmente: DANIEL AMORIM ASSUMPÇÃO NEVES, *Novo Código de Processo Civil comentado*, p. 1087.

definem regras no sentido, como é o caso da adoção da alienação por iniciativa particular (art. 880 do CPC).[1689]

5. Divisão cômoda

A divisão cômoda deve ser observada por diferentes aspectos na partilha. Inicialmente, deve ser pensada como o encaixe dimensionado do quinhão (em sua expressão quantitativa) em relação ao valor dos bens e/ou direitos que compõem a herança. A partir do percentual do quinhão, levando-se em conta a isonomia entre os coerdeiros, deverão ser buscados, para o melhor encaixe, os bens e/ou direitos que representem o valor da cota, de modo que, sempre que possível, o herdeiro tenha para si patrimônio que corresponda quantitativamente a sua parte da herança. A observância do detalhe evita não só a formação de condomínios indesejáveis, mas também que os coerdeiros tenham que efetuar aportes financeiros – por capital pessoal – para que determinados bens da herança lhe sejam destinados, situação que se aplica quando a escolha efetuada pelo herdeiro recai sobre bem de valor superior ao que foi estimado para o seu quinhão.

No entanto, a divisão cômoda não se limita apenas à análise de quantificação do quinhão, conectando-o valorativamente sobre bens da herança, pois é fundamental que tal concepção seja conciliada com os interesses específicos de cada herdeiro. Assim, se um herdeiro é fazendeiro, o imóvel rural – em princípio – deve tocar-lhe;[1690] se outro herdeiro é advogado, deve ser atribuída a ele a biblioteca jurídica do *de cujus*, que também tinha a advocacia por profissão; se um herdeiro já residia em imóvel alcançado pela herança antes da abertura da sucessão, deve este lhe ser direcionado.[1691] Dessa forma, a utilida-

1689 Tema tratado nos comentários ao art. 649.

1690 A destinação de imóvel rural para o único herdeiro que explora a atividade é intuitiva, notadamente quando este, antes da abertura da sucessão, já tinha despendido labor contínuo vinculado à propriedade. Se o valor do seu quinhão for suficiente para cobrir o valor da propriedade rural e os bens remanescentes tiverem aptidão para satisfazer os demais coerdeiros (que não se dedicam a exploração rural), não haverá justificativa para a formação de condomínio ou a alienação forçada do bem que compõe a herança.

1691 Em exemplo claro (e já utilizado), o cônjuge/companheiro sobrevivente que figura na sucessão como herdeiro e que se encaixa como beneficiário do direito real de habitação (art. 1.831 do CC) terá posição preferencial na partilha em relação ao bem que habita, pois, se o imóvel for a ele destinado, haverá consolidação da propriedade. Ao se deferir tal preferência, estar-se-á prestigiando a função social já desenhada pela legislação civil, reduzindo-se a ambiência para litígios futuros, já que consolidação em nome do cônjuge/companheiro sobrevivente permitirá a unificação da titularidade do imóvel apenas para um herdeiro.

de do bem em relação ao destinatário definido, adequando-se aos interesses do coerdeiro,[1692] deve ser considerada, até porque a postura prestigia a funcionalização do patrimônio (herança). Com tal bússola, a divisão cômoda evitará futuros litígios, pois os bens já estarão acomodados com pessoas que lhe darão função.

O inciso III do art. 648 poderá inspirar soluções para questões concretas. Por exemplo, na hipótese de herdeiro incapaz que recebia alimentos do falecido, a divisão cômoda poderá levar em consideração o fato e, assim o fazendo, destinar a este grupo de bens (compatíveis com o valor correspondente ao seu quinhão) que sejam suficientes para cobrir a verba alimentar que restou desfalcada com o passamento do alimentante. No sentido, visão ampla da divisão cômoda levará em conta não só o valor dos alimentos, mas também o período provável que estes deverão ser mantidos. No exemplo, a considerar o grau de parentesco do herdeiro incapaz e demais coerdeiros, a divisão cômoda destinando, ao primeiro, bens capazes de produzir frutos (por exemplo, aluguéis mensais) poderá evitar que seja postulada ação de alimentos com base no vínculo familiar (arts. 1.694-1.698 do CC), fato que demonstra, às claras, que a partilha evitou conflito futuro, ainda que de natureza indireta, provocada pela abertura da sucessão.

A resenha demonstra que o assunto é mais amplo do que aparenta, não se autorizando a interpretação restritiva do inciso III do art. 648 do CPC. E, mais ainda, revela que o dispositivo em voga acena no sentido de que há preferências que deverão ser consideradas na partilha, tema abordado em item seguinte.[1693]

6. Direito de preferência e a partilha

A legislação nacional não faz nenhuma alusão expressa acerca da existência (ou não) de direito de preferência aplicável na partilha sucessória. Diante do cenário, há, na doutrina, dicção que defende que não há no ordenamento jurídico nacional regras de preferência aplicáveis à partilha sucessória.[1694] No entanto, conforme alertado em itens anteriores, o art. 648 não adota rol impermeável e a boa exegese acerca da partilha em relação à "divisão cômoda" remete a ilustrações de funcionalização do bem alcançado pela herança.

1692 Próximo: Daniel Amorim Assumpção Neves, *Novo Código de Processo Civil comentado,* p. 1.087; e Rodrigo Ramina Lucca, *Breves comentários ao novo Código de Processo Civil,* p. 1.724.

1693 Vide, ainda, os comentários ao art. 649 desta obra no que toca o uso de direitos reais sobre coisas alheias, a fim de propiciar divisão mais cômoda.

1694 É a posição de Gustavo Tepedino, Ana Luiza Maia Nevares e Rose Melo Vencelau Meireles, *Direito das sucessões*, p. 272.

Diferente do direito brasileiro, o texto atual do Código Civil dos Franceses trata do tema diretamente (em especial os arts. 831, 831-1, 831-2, 831-3),[1695] prevendo determinadas preferências aplicáveis à partilha sucessória. Em apertada síntese, a legislação francesa em vigor trabalha com a existência de preferência de acordo com a posição pretérita do interessado na partilha em relação ao bem, analisando a funcionalização levada a cabo. No particular, os ditames legais visam privilegiar aquele que manterá as atividades de "empresas agrícola, comercial, industrial, artesanal ou liberal" que sejam alcançadas pela herança, conferindo preferência ao cônjuge sobrevivente ou herdeiro que "participa ou efetivamente participou" da atividade atrelada à empresa, analisando, em especial, a existência de titularidade anterior à abertura da sucessão (art. 831). A assertiva fica ratificada quando se extrai, da referida legislação, que, se a preferência não for exercida, permite-se que outro herdeiro possa postular tal direito, desde que se comprometa ao exercício da atividade (na forma detalhada no art. 831.1). Análise mais detida da codificação francesa releva que o diploma (em seu art. 831.2) adota posição ampliada da funcionalização do patrimônio vinculado à herança, uma vez que também fica garantido ao cônjuge sobrevivente ou herdeiro coproprietário na sucessão a preferência acerca: (a) do imóvel que serve de habitação, se aí existia a sua residência na altura da morte, preferencia esta que incluiu os móveis que o guarnecem; (b) do veículo do falecido se este for necessário para as necessidades da vida cotidiana; (c) dos direitos de ocupação vinculados ao exercício da profissão (com os bens móveis correspondentes), aplicando-se tal regra de forma abrangente, inclusive em caso de exploração de imóvel rural em que falecido detinha direitos no sentido (arrendamento, por exemplo).[1696-1697]

1695 É importante notar que o texto atual é diverso da redação original do *Code*. Em suma: (a) o art. 831 atual decorre de mudança inserida pela Lei n. 2006-728/2006; (b) o art. 831-1 decorre de alteração efetuada pela Portaria n. 2010-462/2010; (c) os arts. 831-2 e 831-3 foram modificados pela Lei n. 2015-177/2015. O texto original do art. 831 do Código de Napoleão era singelo e não continha os subsequentes arts. 831-1, 831-2 e 831-3. Confira-se o texto primitivo (em tradução livre) do art. 831: "Depois dessa retiradas, proceder-se-á, com o que resta da massa, a composição de tantos lotes iguais quantos são os herdeiros compartilhantes ou os troncos conpartilhantes". O tema da preferencia, ainda que de forma rudimentar, ficava reservado ao art. 832 que também sofreu mudanças por conta da Lei n. 2006-728 e da Portaria n. 2010-462.

1696 A importância decorrente da atividade agrícola é considerada tão importante que o art. 832 garante sua aplicação automática em favor daquele que está explorando a terra.

1697 Destaque-se que, nas disputas entre o cônjuge sobrevivente e os herdeiros, o art. 831.3 sinaliza em favor do primeiro, em determinados conflitos, como ocorre ao fixar a preferência automática acerca do imóvel que serve de habitação (art. 831.1,

O breve passeio no Código de Napoleão provoca necessária reflexão se, de fato, no direito brasileiro não há preferências que devem ser aplicadas à partilha sucessória. Consoante já alertado, não há nos trechos específicos que tratam da partilha sucessória, mas é fundamental perquirição mais ampliada, pois a interpretação solteira do art. 648 do CPC (que possui origem no art. 505 do CPC de 1939) não se afigura como suficiente para dar resposta às indagações que surgem a partir da reflexão proposta.

Com efeito, no caso de execução contra o espólio em que a expropriação alcance algum bem em comunhão com o cônjuge/companheiro sobrevivente, poderá este se valer de medidas para a preservação da sua meação, tendo, inclusive, direito de preferência na alienação judicial se o bem for indivisível, consoante expresso no art. 843, § 1º, do CPC. A anotação é relevante, pois, da leitura do citado dispositivo, percebe-se que a preferência não é fixada apenas ao companheiro/cônjuge meeiro, mas a qualquer coproprietário.[1698] Dessa forma, tratando-se de alienação judicial, há, na legislação processual, a fixação de direito de preferência, que pode alcançar perfeitamente o direito sucessório. Isso porque, ao se fazer a análise conjunta dos arts. 649 do CPC e 2.019 do CC, fica evidenciado que a alienação judicial é um mecanismo que faz parte do procedimento da partilha, permitindo que os interessados possam, por meio de lances, fazer a aquisição de bens que não couberam integralmente nos seus quinhões. No sentido, o texto do § 1º do art. 2.019 é enfático, cabendo ao interessado requerer a adjudicação do bem e, ato contínuo, repor ao espólio o valor pecuniário da diferença de forma atualizada.

Dessa forma, se o cônjuge/companheiro sobrevivente era cotitular do patrimônio por ter comunhão com o falecido antes da abertura da sucessão, a pre-

---

1º). De todo modo, em caso de pendenga envolvendo o exercício do direito de preferência, o art. 832.3 estabelece que o Poder Judiciário, ao decidir sobre o assunto, deverá levar em consideração a *aptidão* de cada um dos postulantes para *gerir os bens em disputa e neles permanecer,* destacando que, em caso de "empresa", é fundamental que se examine o tempo de participação pessoal do postulante na atividade exercida.

1698 Para efetivação do aludido direito de preferência, o CPC em vigor, por meio do seu art. 889, II, determina que o coproprietário de bem indivisível do qual tenha sido penhorada fração ideal deve ser cientificado – com pelo menos 05 (cinco) dias de antecedência – da data do certame para a alienação judicial. Análise mais detida indica que há uma série de dispositivos no CPC que possuem como mote a consolidação da propriedade, garantindo o exercício de tal direito não só ao coproprietário. Há evidente preocupação em conceder o direito de preferência a outros personagens, destacando-se os titulares de direitos reais sobre a coisa indivisível (confira-se, no sentido, o disposto nos arts. 791, 799, 804, 876, § 5º e 899). Sobre o tema, com mais vagar: Rodrigo Mazzei, Observações sobre a penhora envolvendo o direito de superfície (e outros direitos reais imobiliários) no Projeto do Código de Processo Civil. In: *Revista de Processo*, v. 228, p. 163-204).

ferência se impõe em favor de tal personagem, uma vez que os coerdeiros, antes da abertura da sucessão, não possuíam direito à aquisição dos bens, diferentemente do que ocorre em relação ao cônjuge/companheiro meeiro que, antes mesmo do passamento, já tinha titularidade sobre o bem. Na realidade, o direito à herança, na perspectiva do herdeiro, deve ser guiado, em regra, pelo critério *quantitativo*, interpretação esta que pode ser tirada, dentre outros dispositivos, dos arts. 549, 1.846, 2.007, § 1º, e 2.014, do CC. Com outras palavras, o grande foco da legislação, em relação aos herdeiros, está em garantir que cada um destes receba o valor correspondente ao seu quinhão e não propriamente determinado bem.[1699]

Os bens em estado de copropriedade carregam consigo os engenhos de preferência (*direito de aquisição*) que lhe são inerentes, visando consolidar a titularidade. Não é, pois, ocasional a previsão contida no art. 504 do CC que limita a alienação de coisa indivisível pelo condômino, fixando-se, na letra legal, mecanismos de preferência em favor do(s) coproprietário(s) para a aquisição do bem.

Sem prejuízo do acima exposto, não se pode esquecer que há comandos que definem critérios a serem aplicados caso a aquisição seja disputada por mais de um condômino. No particular, o art. 1.322 do CC trabalha com preferência interna em favor do condômino que tiver introduzido benfeitorias[1700] de maior valor no bem indivisível e, sucessivamente, caso não se vislumbre tal situação diferencial, a prelação se dará em favor do consorte que possuir o maior quinhão. A premissa seguida no citado dispositivo ratifica o que também está previsto no parágrafo único do art. 504 do diploma civil, no sentido de que, em caso de múltiplos condôminos, haverá preferência ao que "tiver benfeitorias de maior valor e, na falta de benfeitorias, o de quinhão maior". Trata-se de premissa que deve ser aplicada também nas alienações judiciais de coisa indivisível que está sob regime de condomínio, inexistindo justificativa para isolamento do mecanismo de preferência apenas para as alienações extrajudiciais.[1701] Logo, o engenho sobre preferências,

1699 O cenário é diferente quando o pano de fundo é a copropriedade (e, aqui no raciocínio posto, a meação), pois esta é analisada a partir dos bens do falecido com comunicação com outra pessoa por meio de ato *inter vivos*.

1700 Regra que deve se estender às acessões ou qualquer tipo de investimento de funcionalização do bem. A doutrina sinaliza no sentido, consoante pode se extrair do Enunciado n. 81 do CJF (I Jornada de Direito Civil): "O direito de retenção previsto no art. 1.219 do Código Civil, decorrente da realização de benfeitorias necessárias e úteis, também se aplica às acessões (construções e plantações) nas mesmas circunstâncias."

1701 O art. 1.118 do CPC de 1973 (aplicável às alienações judiciais) previa que a preferência em favor do condômino interno responsável pelas benfeitorias de maior porte e, sequencialmente, o de maior quinhão.

previsto nos arts. 504, parágrafo único, e 1.322 do CC, pode ser adaptado à partilha judicial.[1702]

As regras em destaque demonstram que há preferência em favor do condômino que "funcionalizou" o bem, na medida em que privilegia aquele que incorporou benfeitorias de maior estimação na coisa indivisível comum, situação que é natural daquele que se encontrava na posse efetiva do bem (ainda que em estado de composse). É evidente que a regra pode se voltar em favor do cônjuge/companheiro sobrevivente notadamente quando se trata de bens comuns com o falecido, pois, em tal situação, as benfeitorias introduzidas antes da abertura da sucessão se presumirão como se feitas por ambos.[1703] De toda sorte, mesmo nos casos em que não há introdução de benfeitorias na coisa comum, o critério sucessivo previsto nos arts. 1.322 e 504, parágrafo único, do CC, é favorável ao cônjuge/companheiro sobrevivente se o bem estiver alcançado pela meação, já que terá preferência o condômino que tiver "maior quinhão". Como a herança apenas alcançará a parte representada pela titularidade do falecido, o meeiro sobrevivente terá – no mínimo – quinhão de 50% (cinquenta por cento), dividindo-se a parte do autor da herança entre os seus coerdeiros. Trata-se, como se vê, de critério extremamente benéfico ao cônjuge/companheiro sobrevivente em relação aos bens que estavam em comunhão.

Os dispositivos trazidos para o debate demonstram que o sistema legal prevê preferências que podem ser transportadas para o direito sucessório, merecendo destacar: (a) há regras em favor da consolidação da titularidade daquele que possui algum direito real sobre o bem, notadamente em favor do coproprietário, pouco importando se a alienação é judicial ou extrajudicial (arts. 843, § 1º, do CPC e 504 do CC); (b) entre os condôminos há prelação em favor daquele que funcionalizou o bem em disputa, pois privilegia o condômino que introduziu benfeitorias de maior valor na coisa comum indivisível (arts. 1.322 e 504, parágrafo único, do CC); (c) o calibre do quinhão pode ser relevante na disputa entre condôminos acerca da coisa comum de natureza indivisível (arts. 1.322 e 504, parágrafo único, do CC).

Sem prejuízo dos fundamentos já tracejados, é inviável afastar a herança (ainda que na perspectiva da partilha), tema tratado expressamente no art. 5º, XXX, da CF, dos comandos constitucionais da dignidade da pessoa humana e função social da propriedade. As diretrizes da Carta Política devem ser recepcionadas na bandeja do inciso III do art. 648, fixando-se a noção de "má-

1702 Parecendo concordar, José Fernando Simão sustenta a aplicação do art. 1.322 no âmbito das alienações provocadas pelos arts. 649 do CPC e 2.019 do CC (*Código Civil comentado*, p. 1.552).

1703 Vide art. 1.660, IV, do CC.

xima comodidade" em espectro que leve em consideração a *função* do bem, a sua *adequação* em relação ao receptor e a *aptidão* deste para gerir e mantê-lo. Há, assim, um trinômio fluído *função-adequação-aptidão* que deverá ser lançado na partilha, com pesos flutuantes a partir dos casos concretos.

A herança não deve ser analisada monoliticamente, postura que pode forçar divisões que, embora "isonômicas", na prática, provocam efeitos nocivos à própria ideia de dimensão funcional dos bens, fato que abre espaço para litígios e a perda de valor do próprio patrimônio a ser partilhado. Por certo, não se pode pensar na partilha como palco de caprichos e exercício de direitos absolutos, pois tal postura é tida como ato ilícito, configurando-se como abuso de direito (arts. 187 e 1.228, § 2º, do CC). Ademais, há de ser lembrado que a preservação das atividades empresariais detém relevância que extrapola a órbita dos interessados na herança, pois alcança grupo externo aos direitos sucessórios, como é o caso dos eventuais empregados, clientes e fornecedores. O interesse no bom gerenciamento e manutenção da empresa está, portanto, associado à dimensão mais ampla da função social da propriedade (= *titularidade*).[1704]

A preferência em favor daqueles que possuem *aptidão* para dar *função adequada* aos bens e/ou direitos não causará prejuízo aos demais interessados na herança, notadamente em se tratando de coerdeiros, quando for feita a correta e respectiva avaliação.[1705] A quantificação dos bens e/ou direitos, estimando-se a sua potência financeira, permitirá a alocação adequada na partilha, sem prejuízo de eventual reposição (aporte de recursos pessoais do beneficiário) se assim for necessário (arts. 649 do CPC e 2.019 do CC). Em outros termos, a preferência não prejudica a partilha (muito menos os coerdeiros), desde que, observando-se a *quantitativa da herança*, seja efetuada a apuração adequada de cada bem componente do acervo hereditário, pois a postura, por meio da distribuição a partir da estimação patrimonial, evitará qualquer tipo de locupletamento.

Registre-se que a função social da propriedade e a dignidade da pessoa humana permeiam todo o sistema legal, não sendo ocasional a inserção de

1704 Conforme já anunciado no corpo do texto, no Código Civil dos Franceses, quando a herança envolve cotas societárias e atividades empresariais, há preferência aos coproprietários (cônjuge/companheiro sobrevivente ou herdeiros), na medida em que há presunção de aptidão destes para seu gerenciamento e manutenção. Importante que, tal como lançado na codificação napoleônica, a atividade empresarial deve receber conceituação ampla, englobando, em ilustração, as atividades de natureza rural.

1705 Sobre avaliação das cotas societárias, vide os comentários aos arts. 620 e 630 desta obra.

previsões inspiradas no dueto.[1706] Em ilustração, a usucapião especial agrária (art. 1.239 do CC) e a usucapião especial urbana (art. 1.240 do CC) estão atreladas à função social implementada no imóvel (seja no sentido de o possuidor torná-lo produtivo ou ter cravado nele sua moradia). No particular, em caso de óbito do possuidor antes de obtida a usucapião, apenas o cônjuge/companheiro sobrevivente ou herdeiro que anteriormente exerciam a posse qualificada sobre o imóvel (juntamente com o falecido) poderão efetuar a soma das posses, ou seja, a exercida antes do passamento em união com a posterior, mantida, depois da abertura da sucessão. Os efeitos da posse qualificada ditada pelos dispositivos são, portanto, exclusivos do cônjuge/companheiro e/ou herdeiros que, junto com o falecido, deram função social ao imóvel (seguindo desenho fixado em lei), não se estendendo a outras pessoas (mesmo que herdeiro) que não se encontravam no mesmo quadro fático.[1707] Portanto, não se afigura correto dizer que o cenário de funcionalização em relação ao imóvel (seguindo o exemplo posto) deverá ser desprezado, pois tal raciocínio conspira contra o ideário que marca a posse qualificada.

Dessa forma, a posse exercida pelo cônjuge/companheiro sobrevivente e/ou herdeiro(s) anterior à abertura da sucessão poderá demonstrar que determinado bem e/ou direito alcançado pela herança já está funcionalizado, não se justificando o desapossamento. Em tais casos, é natural que a partilha deve buscar comodidade que permita que o bem que já estava na posse do cônjuge/companheiro e/ou herdeiro com a finalidade de moradia (e/ou atividade produtiva) seja a ele destinado, diante da preferencial funcional que militará em

---

1706 Na legislação processual, o dueto ilumina as opções do legislador acerca da lista dos bens que são imunes à expropriação (arts. 832-833). No tema, confira-se: Rodrigo Mazzei e Sarah Merçon-Vargas, *Comentários ao novo Código de Processo Civil*, p. 1.189-1.190.

1707 Interpretando corretamente o art. 1.207 do CC (*sucessio possessionis*), tem-se que a contagem do prazo de usucapião vinculado à qualificada somente se aplicará ao sucessor universal nos casos de manutenção do quadro fático, ou seja, exercício funcional da posse. A transmissão por ato *inter vivos* (*accessio possessionis* – art. 1.243 do CC) não alcança a posse qualificada (mas apenas está na sua concepção vulgar), vedação esta que tem o fim de evitar a especulação imobiliária. A posse qualificada tem caráter personalíssimo e é inspirada em *premiação* em favor daquele que funcionalizou o bem na forma desenhada na legislação. O raciocino é corroborado pelo no Enunciado 317 do CJF (Jornadas de Direito Civil): "A accessio possessionis de que trata o art. 1.243, primeira parte, do Código Civil não encontra aplicabilidade relativamente aos arts. 1.239 e 1.240 do mesmo diploma legal, em face da normatividade do usucapião constitucional urbano e rural, arts. 183 e 191, respectivamente." No tema: Lucas de Abreu Barroso e Gustavo Elias Kállas Rezek, *Acessio possessionis* e usucapião constitucional agrário: inaplicabilidade do art. 1.243, primeira parte, do Código Civil. In: *Revista de Direito Privado*, v. 26, p. 113-124.

prol do possuidor. Isso não significa, contudo, que os demais interessados na herança poderão ser prejudicados, pois aquele que possui o direito de preferência se submete à avaliação efetuada no inventário e, caso a estimação do bem e/ou direito seja superior ao montante do seu quinhão, a aquisição fica condicionada a complementação do preço pelo pretendente. Assim, embora a legislação nacional não tenha fixado preferências específicas para a partilha sucessória, é inegável que há previsões legais que poderão ser aplicadas de forma adaptada, com respeito aos critérios gerais fixados nos incisos do art. 648.

7. Sorteio como técnica de partilha (art. 817 do CC)

A codificação civil, na parte que trata do *jogo* e da *aposta,* traz dispositivo (art. 817) que considera o *sorteio para dirimir questões ou dividir coisas comuns considera-se sistema de partilha ou processo de transação, conforme o caso.* A opção pelo sorteio terá bastante apelo quando o falecido deixa boa quantidade de bens que sejam semelhantes quanto à sua natureza e que podem ser agrupados em blocos correspondentes aos quinhões. Por exemplo, a herança contém quantitativo de obras de artes e joias que permite formar blocos com bens de igual natureza e valor, divisão esta que se faz a partir do número de coerdeiros.[1708] O sorteio também pode ser útil nas situações em que parte da partilha está acordada, não existindo conflito acerca da acomodação de alguns bens, mas não se obtém consenso para preenchimento completo dos quinhões, ou seja, falta ajuste de vontades para completá-los nos limites dimensionados no inventário sucessório. Os bens cuja acomodação não se chegou a um consenso poderão ser divididos em lotes, respeitadas as cotas hereditárias, efetuando-se sorteio para as devidas acomodações.

O sorteio aplicado à partilha sucessória está atrelado – na maioria das vezes – ao ajuste prévio de vontade das partes, que desenharão os lotes ou farão a separação de bens que se submeterão ao disposto no art. 817 do CC. É intuitivo, portanto, se pensar em negócio processual em que as partes traçarão

1708 Seguindo-se na ilustração, na hipótese de 04 (quatro) coerdeiros, far-se-ia a separação de 04 (quatro) blocos de obras de artes e a mesma quantidade de agrupamento em relação às joias. O valor de cada bloco em relação às obras de arte deverá ser igual, situação que se repete internamente no agrupamento das joias, sem que, necessariamente, a estimação dos blocos com as obras de arte seja o mesmo em relação ao das joias, pois se trata de bens de natureza distinta. Assim, na ilustração, a isonomia de valor está vinculada à natureza do bem, formando-se 04 (quatro) lotes de obras de arte com valoração igual e mais 04 (quatro) grupos compostos por joias com valor correspondente a tal tipo de bem (sem a necessidade de simetria com o valor do bloco primeiro das obras de arte). O mais importante é que o quinhão dos participantes do sorteio tenha espaço para ser preenchido pela soma dos lotes a serem sorteados. Vide os comentários ao art. 620 desta obra.

o gabarito do sorteio, de modo que o ajuste de vontades será fundamental para delimitar não só o objeto do sorteio, mas os seus regramentos específicos. Não se pode descartar, contudo, ao menos por hipótese, que o juízo sucessório – mediante prévio contraditório (arts. 6º e 10 do CPC) – alerte as partes que tenciona utilizar o critério do sorteio para definir a partilha. Em tal situação hipotética, o julgador deverá intimar as partes para que estas colaborem o máximo acerca da formação das bases do sorteio, indicando, em exemplo, os lotes adequados para tanto. A adoção de tal caminho deve ser, todavia, residual, depois de esgotadas as possibilidades de solução consensual e da inexistência de exercício de eventuais preferências aplicáveis à partilha.[1709]

Art. 649. Os bens insuscetíveis de divisão cômoda que não couberem na parte do cônjuge ou companheiro supérstite ou no quinhão de um só herdeiro serão licitados entre os interessados ou vendidos judicialmente, partilhando-se o valor apurado, salvo se houver acordo para que sejam adjudicados a todos.

CPC de 1973 – sem dispositivo correspondente.

1. O dispositivo em resenha

Apesar da falta de regra semelhante no CPC de 1973, o art. 649 reproduz dispositivo o art. 503 do CPC de 1939.[1710] Demais disso, o tema está coberto pelo art. 2.019 do CC,[1711] que, inclusive, é mais completo que o artigo de lei aqui comentado.[1712] A boa interpretação do art. 649 não se opera isolada, devendo ser suplementada pelo art. 2.019 do CC, assim como por importações

1709 Arruda Alvim, Araken de Assis e Eduardo Arruda Alvim fazem a seguinte sugestão: "Em casos mais tormentosos, o juiz poderá designar audiência, a fim de estimular o concerto, atribuir ao herdeiro A o quinhão pretendido pelo herdeiro B e vice-versa. Se as pretensões foram formuladas de modo equânime, ninguém pode recursar; se recusam, é porque, cada qual pretendeu beneficiar-se à custa do outro, e, neste caso, o juiz reabrirá o prazo para deduzam suas pretensões conforme o princípio da probidade principal. Esse expediente logrou vários adeptos nas varas especializadas em sucessões" (*Comentários ao Código de Processo Civil*, p. 1.499).

1710 Embora o citado dispositivo da codificação de 1939 não constasse de forma espelhada no CPC de 1973, a situação não causava grande embaraço na prática, já que o assunto se encontrava regulado na parte atrelada às alienações judiciais (arts. 1.117-1.119).

1711 No CC de 1916, o assunto era regulado pelo art. 1.777.

1712 De toda sorte, há um deslize no texto do art. 2.019 do CC que foi corrigido pelo art. 649 do CPC, pois a lei civil faz alusão apenas ao cônjuge sobrevivente, não fazendo menção ao companheiro nas mesmas condições. A legislação processual em vigor contempla o direito não apenas ao cônjuge supérstite, mas também ao companheiro, aplicando corretamente a dimensão isonômica que há de ser conferida na hipótese legal.

de regras atreladas à execução, notadamente em relação à adjudicação (art. 876-878 do CPC) e às inerentes à alienação (art. 879-903 do CPC).

Na fase de pedido de acomodação dos quinhões, o interessado (= cônjuge/companheiro e/ou herdeiro[1713]), titular de quinhão patrimonial cuja dimensão não cubra totalmente o valor do bem desejado, poderá postular a aquisição deste, mediante peculiar *adjudicação*. Em suma, o interessado deverá efetuar a complementação (= *reposição*) com dinheiro até que o valor do bem seja preenchido (observando-se estimação previamente efetuada, devidamente atualizada), consoante se extrai do art. 2.019, § 1º, do CC. Trata-se de operação representada pela "soma" entre o crédito representado pelo quinhão do interessado com o pagamento em dinheiro, sendo certo que o segundo visa cobrir completamente o valor do bem, evitando, assim, que ocorra qualquer prejuízo aos demais personagens do espólio.

Se efetuada postulação na forma acima, instaura-se concorrência interna. Com outras palavras, caso mais de uma pessoa postule a adjudicação de determinado bem, valendo-se da complementação do valor, deverá ser aberto processo de licitação (art. 2.019, § 2º, do CC). Com tal bússola, em regra, aquele que ofertar *lance de maior valor*[1714] – tendo como base a avaliação atualizada do bem – será declarado vencedor do certame, respeitando-se as preferências que podem ser extraídas da legislação.[1715]

A partir das bandejas dos arts. 649 do CPC e 2.019 do CC, a licitação interna admite algumas variantes. Por exemplo, poderá o herdeiro somar os créditos quinhões de origem diversa (sucessão legal + sucessão testamentária), assim como poderá o cônjuge/companheiro sobrevivente aglutinar na sua proposta os valores advindos da apuração da sua meação, somando-se com a estimação de quinhão hereditário.[1716] Nada impede também que alguns herdeiros, formando

---

1713 Há legitimidade também do cessionário, pois este se posta patrimonialmente como titular do quinhão. Próximo, confira-se: Pontes de Miranda, *Comentários ao Código de Processo Civil,* v. XIV, p. 212.

1714 A maior oferta nem sempre será a que traz depósito em dinheiro com maior calibre. Basta pensar na hipótese em que a disputa se opera entre dois herdeiros com quinhões com percentuais distintos, em que aquele que possui o de maior dimensão faz oferta com menor pagamento em espécie, mas que na soma com a estimação dos direitos hereditários alcança resultado mais alto do que a proposta do herdeiro cujo quinhão é inferior, ainda que a oferta envolva complementação em pecúnia superior. A melhor oferta será analisada pela junção do valor do quinhão do herdeiro e do depósito complementar, pois sua soma é que forma o valor do lance.

1715 Sobre preferências na partilha em seu aspecto mais amplo, vide os comentários ao art. 648 desta obra.

1716 Exemplo comum em caso de cônjuge/companheiro sobrevivente que estava submetido ao regime da comunhão parcial (art. 1.829, I, do CC), já que, em tal situ-

um grupo de interessados comuns na aquisição do bem, aglutinem os seus quinhões, somando-os com objetivo de adjudicá-lo, hipótese em que deverá ser admitida, sem rebuços, a complementação em dinheiro, caso as suas cotas hereditárias não sejam suficientes para preencher o valor do bem.[1717] O cenário ratifica a premissa defendida nos comentários ao art. 648 de que a herança deve ser analisada no *plano quantitativo*, já que o preenchimento dos quinhões e os lances serão efetuados de acordo com a avaliação dos bens e a dimensão patrimonial das cotas, levando-se em consideração sua estimação pecuniária.

O art. 649 demonstra, sem dúvida, a preocupação do legislador na formação de condomínios gerais compulsórios, pois tal situação, na maioria das vezes, apenas posterga os litígios futuros acerca da licitação do bem (art. 730 do CPC).

2. Licitação interna (*adjudicação*)

Seguindo as regras gerais aplicáveis aos condomínios (arts. 504 e 1.322 do CC e 843 do CPC),[1718] ainda que de forma não explícita, o art. 649 prevê que, antes de se efetuar a oferta externa dos bens da herança que são insuscetíveis de divisão cômoda, deverá ser permitida a aquisição pelos interessados internos (= cônjuge/companheiro sobrevivente e/ou herdeiros), abrindo-se licitação para tanto. O texto contido nos parágrafos do art. 2.019 do CC é mais evidente no sentido, indicando, inclusive, que a licitação interna será tratada como uma espécie de *adjudicação*. A referência feita pelo diploma civil à adjudicação é importante, uma vez que cria diálogo com os arts. 876-878 do CPC. Por certo, deverá ser feita a adaptação dos citados dispositivos, mas é possível se extrair importantes comandos contidos nas regras legais em voga. Dentre os pontos principais, tem-se que o pedido de adjudicação do cônjuge/companheiro sobrevivente e/ou de herdeiro deverá ofertar 'preço não inferior ao da avaliação', segundo valores atualizados e considerados para a partilha (art. 2.019, § 1º, do CC c/c art. 876, *caput*).[1719] Ademais, o pleito de adjudicação deverá

---

ação, este poderá ser titular de meação (bens em comunhão) e de herança (bens particulares). Não há obstáculo para que ocorra a soma de quinhões com natureza heterogênea (meação e herança).

1717 Próximos: Felippe Borring Rocha, *Comentários ao novo Código de Processo Civil*. p. 974; Fernando da Fonseca Gajardoni, *Processo de conhecimento e cumprimento de sentença:* comentários ao CPC 2015, v. 2, p. 1.104; e Rodrigo Ramina Lucca, *Breves comentários ao novo Código de Processo Civil*, p. 1.725.

1718 Próximo, José Fernando Simão sustenta a aplicação do art. 1.322 no âmbito das alienações provocadas pelos arts. 649 do CPC e 2.019 do CC (*Código Civil comentado*, p. 1.552). O tema foi amplamente debatido nos comentários ao art. 648.

1719 Sobre a possibilidade de adjudicação dos bens da herança, por meio do pagamento (sub-rogação) do valor correspondente à avaliação, vide os comentários ao art. 620 desta obra.

contemplar concretamente a oferta e, no sentido, aplicando-se o art. 876, § 4º, I, o "requerente da adjudicação depositará de imediato a diferença", verba esta que ficará à disposição do juízo sucessório. A exigência do depósito coibirá a especulação na licitação, assim como evita que se frustre o seu resultado útil, pois simplifica e dá efetividade ao concurso.

Para que a adjudicação seja estimulada, é importante que o juízo sucessório alerte as partes acerca da sua possibilidade, até porque a legislação não prevê o momento exato para a sua postulação no inventário sucessório. Apesar de intuitivo que as partes possam requerer a adjudicação quando intimadas para formularem seus pedidos de quinhões (art. 647, *caput*), os requerimentos poderão sofrer ajustes a partir daquilo que foi postulado pelas outras partes, razão pela qual é necessário o contraditório,[1720] pois vale dizer que o procedimento licitatório interno não conta com a presença apenas daqueles pretendentes que se manifestaram. Com efeito, havendo um requerimento, todos serão chamados a se manifestar sobre a adjudicação; havendo duas requisições, proceder-se-á licitação, a qual todos terão ciência e participação.[1721] A intimação acerca dos demais legitimados tem como objetivo possibilitar sua participação em eventual licitação do bem insuscetível de divisão cômoda.

Não é necessário, no entanto, a concordância com o pedido de adjudicação, pois a resistência – salvo questões formais que desautorizem o pleito – deve ser oposta mediante lance superior.[1722] Seguindo-se o modelo proposto, as intimações serão efetuadas na pessoa dos advogados (art. 876, §§ 1º-3º), fixando-se data para que se efetue concurso entre os interessados, realizando-se um "leilão interno", com adaptação do modelo previsto nos arts. 881-882 do CPC.[1723] Como se trata de certame voltado aos personagens atraídos pela herança (cônjuge/companheiro sobrevivente e/ou herdeiros), não há publicação de editais, sendo a publicidade efetuada apenas no âmbito interno dos legitimados para a adjudicação especialíssima, não sendo também necessária a figura do leiloeiro público. A coordenação do certame será efetuada por pessoa determinada pelo juízo sucessório para tanto, sem prejuízo de o próprio efetuar a colheita das ofertas.

1720 Vide os comentários ao art. 647 desta obra.

1721 No sentido: Pontes de Miranda, *Comentários ao Código de Processo Civil*, v. XIV, p. 216. Próximo: Ricardo Alexandre da Silva e Eduardo Lamy, *Comentários ao Código de Processo Civil*, v. IX, p. 582; e Rodrigo Ramina Lucca, *Breves comentários ao novo Código de Processo Civil*, p. 1.552).

1722 No mesmo sentido, Gerson Fischmann, *Comentários ao Código de Processo Civil*, v. 14, p. 160.

1723 O juízo sucessório deverá designar dia para que a licitação interna seja promovida, alertando os interessados que o lance vencedor deverá ser efetuado de forma imediata, a fim de preservar a isonomia no concurso e a celeridade do procedimento.

A importação (adaptada) dos arts. 876-878 do CPC não se dará apenas no plano procedimental, permitindo modulação no sentido para aplicação do art. 649. Isso porque a codificação processual fixou legitimação cadenciada que deverá ser respeitada na licitação (art. 876, §§ 5º-7º). No particular, há importante contribuição contida no art. 876, § 6º – que pode ser transportada para a adjudicação sucessória, ao se prever que "em caso de igualdade de oferta", segue-se a seguinte ordem preferencial: cônjuge/companheiro, descendente ou ascendente.[1724-1725] Demais disso, embora a legislação sucessória não seja explicita, há situações que colocam determinadas pessoas em posição de preferência na partilha,[1726] raciocínio que deve ser projetado também para a adjudicação de bens da herança. Dessa forma, as preferências na partilha devem ser conjugadas com as previsões contidas no art. 876, §§ 5º-7º, aplicando-se na adjudicação.[1727]

Merece apontamento que o pleito poderá ser realizado a qualquer momento, enquanto não tenha procedido a licitação externa (alienação), não ocorrendo qualquer tipo de preclusão,[1728] uma vez que preferível a adjudicação à venda.[1729] Mesmo que nenhuma parte manifeste interesse em adjudicar, remetendo-se o bem para alienação judicial, caso o procedimento não obtenha êxito, deverá ser reaberta a oportunidade para a adjudicação (art. 878 do CPC).

1724 Semelhante: Fernando da Fonseca Gajardoni, *Processo de conhecimento e cumprimento de sentença*: comentários ao CPC 2015, v. 2, p. 1.104.

1725 Na sucessão testamentária, é perfeitamente possível que determinada pessoa tenha a posição de herdeiro sem que possua vínculo de parentesco com o autor da herança. Em caso de disputa de herdeiro testamentário em tal contexto com pessoa(s) que possui(em) parentesco com o autor da herança, seguindo a exegese do art. 876, §§ 5º-7º, a preferência se voltará em favor daqueles com laço familiar mais próximo.

1726 Na acomodação dos quinhões (pouco importa se por partilha ou adjudicação) há de ser levada em consideração a *funcionalização do bem*. Vide os comentários ao art. 648 desta obra. No sentido, transportando a ideia em diálogo com o posicionamento já firmado, em caso de disputa com ofertas no mesmo valor, o cônjuge/companheiro e/ou herdeiros titulares de direitos reais sobre bens da herança terão a preferência na adjudicação respectiva (art. 876, § 5º), aplicando-se semelhante solução quando se tratar de bem representado por participação societária em que há pretérita titularidade do interessado (art. 876, § 7º).

1727 Sobre a possibilidade de ampliação da legitimação para adjudicação (tema previsto no art. 876, § 5º), vide comentários ao art. 620.

1728 Próximo: Carlos Aberto Dabus Maluf e Adriana Caldas do Rego Dabus Maluf, *Curso de direito das sucessões*, p. 575.

1729 Pontes de Miranda, *Comentários ao Código de Processo Civil*, v. XIV, p. 215, ao retomar as tradições luso-portuguesas "não se vende se alguém quer que se lhe adjudique; nem se dois ou mais pedem adjudicação, porque então se licita".

A existência de incapaz também não obsta a adjudicação, uma vez que este deverá ter seus interesses zelados pelos atores funcionais, convocando-se o Ministério Público.[1730]

Por fim, em caso de negativa do pedido de adjudicação ou licitação por parte do juízo sucessório, poderá o(s) requerente(s) insurgir-se através de agravo de instrumento (art. 1.015, parágrafo único, CPC).

3. Licitação externa (*alienação judicial*)

Caso os bens insuscetíveis de divisão cômoda não sejam adjudicados pelo cônjuge/companheiro sobrevivente e/ou herdeiros na forma explicitada no item anterior, o juízo sucessório deverá determinar a alienação judicial respectiva. A passagem da adjudicação para alienação judicial abre o leque de legitimados para a aquisição dos bens da herança insuscetíveis de divisão cômoda, pois terceiros que não possuem qualquer vínculo com o espólio poderão lançar ofertas de aquisição. Dessa forma, há uma sequência a ser respeitada e que é imposta pela legislação em diversos momentos (vide o disposto nos arts. 504, 1.322, 1.794, 2.021, § 1º, do CC e arts. 843 e 880 do CPC).[1731]

Os arts. 649 do CPC e 2.021 do CC fazem alusão à *venda judicial*. O pormenor merece destaque, pois, diferente do que ocorria no texto original do CPC de 1973, atualmente a alienação decorrente de expropriação judicial pode ser efetuada por meio de duas modalidades, a saber: (a) por iniciativa particular (art. 879, I) e (b) por leilão judicial (art. 879, II).[1732] No dueto de técnicas de alienação contidas no CPC, extrai-se, do art. 881, que o leilão judicial (seja eletrônico, seja presencial) somente se justificará se por qualquer motivo restar frustrada a alienação por iniciativa particular (art. 881).

Segundo dispõe o art. 880, a alienação por iniciativa particular deverá ser requerida pelo interessado, a fim de que seja efetuada a alienação por sua pró-

---

1730 Próximo: Euclides de Oliveira e Sebastião Amorim, *Inventário e partilha*: teoria e prática, p. 405; e Pontes de Miranda, *Comentários ao Código de Processo Civil,* v. XIV, p. 218.

1731 O art. 649 não possui texto primoroso no sentido, ao dispor que "serão licitados entre os interessados ou vendidos judicialmente". Em síntese, o dispositivo traz a conjunção alternativa "ou", situação que pode ensejar interpretação de que há duas opções sem preferência (adjudicação ou alienação judicial). Tal deslize redacional é corrigido pela aplicação conjunta do art. 2.021, § 1º, do CC e do art. 880 do CPC, que dispõem que a alienação judicial somente poderá ser determinada depois de se aferir que nenhum dos interessados apresentou proposta concreta de adjudicação do bem.

1732 Assim, embora com particularidades próprias, é inegável que o art. 879 contempla duas espécies de alienação judicial, uma vez que efetuadas sob comando e controle da jurisdição estatal.

pria iniciativa, por intermédio de corretor ou por meio de leiloeiro público credenciado perante o órgão judiciário. Trata-se de alienação com procedimento mais simplificado e que demanda que o juiz profira decisão moldando o gabarito a ser seguido, com a fixação "o prazo em que a alienação deve ser efetivada, a forma de publicidade, o preço mínimo, as condições de pagamento, as garantias e, se for o caso, a comissão de corretagem" (art. 880, § 1º).

É inegável que o inventário sucessório é um espaço fértil para a utilização da alienação por iniciativa particular, na medida em que é um procedimento que possui estrutura mais flexível, permitindo que o juiz fixe os contornos da operação de acordo com as peculiaridades da situação concreta. No particular, considerando a bússola temporal do art. 611 do CPC, poderá o juízo sucessório fixar cronograma, a fim de que a alienação seja efetuada em prazo mais curto e previsível. Não é incomum que, no curso do inventário, sejam feitas propostas para aquisição de bens que são objeto da herança e, caso estas se encaixem no gabarito fixado pelo juízo sucessório (art. 880, § 1º), não será necessário que se percorra todo circuito formal da alienação por meio de leilão judicial, em que a lei exige – por exemplo – a publicação de editais, situação que por vezes onera desnecessariamente o espólio. O quadro apresentado ratifica a importância acerca da decisão que deve ser proferida pelo juiz quando for determinada a alienação por iniciativa particular, já que o responsável por esta terá toda a sua atuação delimitada previamente. Não será diferente em se tratando no caso de inventário *causa mortis*, pois o juízo sucessório deverá observar cabalmente o disposto no art. 880, § 1º.

Saliente-se que a se prestigiar a alienação por iniciativa particular, há estímulo para soluções consensuais e/ou cooperativas, como a eleição prévia do profissional que ficará responsável pela alienação. Ademais, há bens insuscetíveis de divisão cômoda que possuem mercado muito restrito (por exemplo, determinadas propriedades utilizadas para uso industrial e rural), de modo que a condução por "corretor" especialista em tal tipo alienação poderá se justificar. Caso não seja adotada a alienação por iniciativa particular ou, por qualquer motivo, seu resultado seja infrutífero, restará a solução residual do leilão judicial (art. 881), preferindo-se que este se realize pelo meio eletrônico ao invés do vetusto procedimento presencial (art. 882).

Determinada a alienação judicial (qualquer que seja a modalidade), a possibilidade de adjudicação fica suspensa e o interessado terá que concorrer pela aquisição do bem nas mesmas condições que os terceiros, sem prejuízo de militar em seu favor a preferência e da possibilidade de usar do seu crédito apurado no inventário sucessório para dar o lance. Tal situação pode ser vantajosa – embora arriscada – caso o cônjuge/companheiro sobrevivente e/ou herdeiro apresente lance vencedor na alienação judicial que seja inferior ao valor da avaliação do bem e que não seja considerado vil, pois, na alienação judicial, os interessados na herança terão tratamento isonômico em relação aos terceiros, à exceção das regras de preferência que lhes são aplicáveis. Na hipótese de restar frustrada a alienação judicial, deverá ser renovada a possibilidade da adjudicação, reabrindo-se a oportunidade para sua postulação, autorizando-se nova avaliação para o mister (art. 878).

4. Distribuição proporcional do pagamento

Nem sempre os quinhões hereditários terão as mesmas dimensões, já que é perfeitamente admissível, a partir de variantes previstas em lei, que os interessados na adjudicação tenham cotas com calibres proporcionais diversos. Em assim sendo, é capital que o requerimento acerca do encaixe dos quinhões somente deverá ser lançado após seu prévio calibramento.[1733] Trata-se de detalhe fundamental, pois o art. 649 somente poderá ser efetivamente aplicado depois de sedimentado o dimensionamento dos quinhões (seja por consenso, seja por decisão judicial que os defina).

A prévia definição do percentual de cada quinhão é importante não apenas para se efetuar o lance, mas também para a distribuição do valor pecuniário obtido com o certame. Isso porque o produto recolhido em dinheiro (seja por licitação interna, seja por alienação judicial) deverá ser distribuído em proporção ao direito patrimonial de cada um dos atores do inventário *causa mortis*, sendo certo que, não raras vezes, as dimensões não serão iguais.

Note-se, por fim, que o pagamento do imposto *causa mortis* está atrelado ao valor do bem. Assim, afigura-se que, em caso de aquisição do bem em valor superior ao que consta na avaliação, deverá ser feita projeção do montante real da operação, pois haverá sub-rogação do bem por dinheiro.[1734] Vale observar, contudo, que o valor do excesso (ou seja, o pagamento que extrapola a estimação do bem) é tratado como proveniente de compra e venda, pois se trata de operação de caráter oneroso que aumenta o patrimônio do espólio em razão de ato *inter vivos*.[1735]

1733 Com outras palavras, não se pode pensar em encaixe de quinhão hereditário ou de direitos decorrentes da meação no esquadro valorativo dos bens sem que se apure – imune de dúvidas – a dimensão do direito patrimonial de cada um dos protagonistas da partilha. Vide os comentários ao art. 648 desta obra.

1734 Trata-se de projeção a mudança patrimonial, pois o direito nacional não tratou da sub-rogação dos bens da herança, tema capital e que foi alvo de regulação na legislação germânica. No sentido: Clóvis do Couto e Silva, *Comentários ao Código de Processo Civil*, v. XI, tomo I, p. 374-375.

1735 No sentido: Pontes de Miranda, *Comentários ao Código de Processo Civil*, v. XIV, p. 211-212. Parecendo concordar: Luciano Vianna Araújo, *Comentários ao Código de Processo Civil*, v. 3, p. 256.

5. Mantença do condomínio geral como última opção

O art. 649 do CPC (seguindo a linha do art. 2019 do CC) demonstra que o juízo sucessório andará mal se proferir decisão que imponha partilha com bens da herança postados em condomínio patrimonial compulsório.[1736] A trilha indicada pela legislação é a alienação judicial acerca dos bens em que não foi possível a acomodação dos quinhões, mormente nas situações de potencial conflito. Trata-se de interpretação conjugada do art. 648, II, com o art. 649, pois a decisão que delibera a partilha obrigatoriamente deve prever e evitar os litígios futuros.[1737]

6. Direito reais sobre coisas alheias e a comodidade almejada na partilha

Muito embora a solução pregada nos arts. 649 do CPC e 2.019 do CC seja a alienação dos bens da herança sem encaixe cômodo nos quinhões, o juízo sucessório poderá estimular que as partes se valham dos direitos reais sobre coisas alheias para que a partilha seja efetuada e atenda aos reclames dos incisos II e III do art. 648. Às claras, o manejo das variadas figuras de direitos reais permite ajustes múltiplos, funcionando como vetores para atender os reais anseios e necessidades dos envolvidos, pois, muitas vezes, a distribuição da propriedade na partilha e/ou a entrega de valores pecuniários advindos da alienação de bens não terão capacidade factual para tanto.

Em exemplo corriqueiro, o herdeiro incapaz pode ter maior interesse nos frutos advindos de determinados bens da herança do que a sua propriedade, na medida em que necessita dos rendimentos mensais (ou colheita) para a sua subsistência. A ilustração é relevante, pois nem sempre o quinhão do herdeiro terá pujança para cobrir o valor dos bens que produzem frutos e garantem a sua subsistência. Assim, no exemplo, ao invés de compelir o herdeiro incapaz a complementar o valor do bem com recursos próprios (na maioria das vezes, inexistentes), formar condomínio compulsório com outro coerdeiro (situação que diminui proporcionalmente a percepção de frutos) ou receber resultado pecuniário da alienação do bem, afigura-se como solução mais sensata (ao menos em abstrato) que seja conferido em favor de tal herdeiro o direito exclusivo de fruição do bem, o que pode ser feito, em exemplo, por meio da concessão do usufruto (art. 1.394 do CC). Seguindo na exemplificação, efetuando-se a estimação valorativa do quinhão do her-

1736 Bem próximo: Hamilton de Moraes Barros, *Comentários ao Código de Processo Civil*, v. IX, p. 311-312; Fernando da Fonseca Gajardoni, *Processo de conhecimento e cumprimento de sentença:* comentários ao CPC 2015, v. 2, p. 1.103; Artur César de Souza, *Código de Processo Civil*, v. III, p. 1.557; e Luciano Vianna Araújo, *Comentários ao Código de Processo Civil*, v. 3, p. 247.

1737 Vide os comentários ao art. 648 desta obra.

deiro incapaz, não há óbice para que seu hereditário (ou pelo menos parte dele) seja espelhado por meio da fixação de prazo correspondente para usufruir – com exclusividade e efeito *erga omnes* – de bem que compõe o acerco da herança. Sem dúvida, em muitos casos, o direito de fruição integral de determinados bens será muito mais útil ao herdeiro do que a concessão de cota de titularidade corpórea de bem da herança, situação evidenciada na ilustração posta.[1738]

O entendimento acima fixado em relação ao usufruto possui eco na jurisprudência[1739] e na doutrina,[1740] admitindo-se que os herdeiros possam se valer do instituto para efetuar ajustes necessários na "divisão dos bens", pois nem sempre é possível que a partilha contemple individualmente cada um dos herdeiros com um bem específico e que atenda as suas necessidades. Contudo, há de se buscar panorama mais amplo no cardápio dos direitos reais, pois há outras figuras que poderão ser extremamente úteis para acomodar os interesses na partilha.[1741] No particular, o direito de habitação convencional (art. 1.414 do CC) e o direito de uso (art. 1.412 do CC) – que, em certa medida, são variações tipificadas do usufruto (arts. 1.413 e 1.416 do CC) – poderão ser aplicadas na partilha. Isso porque a motivação para que o direito real seja constituído pode se limitar a acomodação de determinado herdeiro em relação à habitação em imóvel específico (= *direito de habitação*) ou permitir que determinado herdeiro obtenha frutos para se sejam aplicados em prol da família (= *direito de uso*). Com tal toada, abrindo-

1738 Em outro exemplo, imagine a hipótese em que determinado herdeiro que possui cota sucessória que preencheria 90% (noventa por cento) de bem específico. O preenchimento da cota faltante (10%) pode ser realizado com a concessão, no ato da partilha, dos direitos econômicos da fruição do bem por determinado tempo a um ou mais coerdeiro. Com outras palavras, no exemplo, os 10% (dez por cento) faltantes poderão ser preenchidos com a concessão de usufruto em favor de outro(s) coerdeiro(s), efetuando-se pagamento através dos direitos econômicos dos direitos e usar e fruir que são inerentes ao instituto do usufruto. A reposição do valor da cota hereditária não se opera em dinheiro (como previsto textualmente no art. 2019, § 1º, do CC), mas através de crédito que decorre da concessão do usufruto, estimando-se os o valor respectivo.

1739 No sentido: STJ, 4ª Turma, REsp 88.681/SP, j. 30/04/1998, *DJ* 22/06/1998.

1740 Com posição próxima em relação ao usufruto: Euclides de Oliveira e Sebastião Amorim, *Inventário e partilha*: teoria e prática, p. 402-403; Silvio de Salvo Venosa, *Código Civil interpretado*, p. 1.719; e Maria Berenice Dias, *Manual das sucessões*, p. 608.

1741 Na acomodação de quinhões pode ser convencionado condomínio adotando o gabarito da *multipropriedade* (vide art. 1.358-B/1.358-E do CC) Assim, os condôminos terão o uso e a fruição em determinados períodos, permitindo-se ajustes quando a partilha se encontra desigual e/ou encaixes de cotas desproporcionais, através de ajustes no do plano temporal (que não precisa ser igualitário).

-se o espectro dos direitos reais, a superfície (arts. 1.369 do CC) pode ser perfeitamente utilizada para auxiliar a resolver embaraços que surgem na partilha para enfileirar os quinhões, tendo em vista a possibilidade do instituto em cindir a propriedade – temporariamente – em prol do concessionário, a fim de que este possa efetuar implante (construção e/ou plantação) para seu uso próprio ou exploração econômica. Dentro das variações do direito de superfície, admite-se a *cisão*,[1742] ou seja, o destacamento de construção e/ou plantação que está pronta ou que necessita de introdução de benfeitorias.[1743]

Portanto, não se mostra viável que a partilha seja examinada apenas sobre o quadrante da divisão corpórea de bens, assumindo, no particular, os direitos reais sobre coisas alheias um importante papel na elaboração e concretização da dissolução patrimonial do condomínio hereditário com tal desfecho, inclusive para a diminuição das áreas de litígio e para criar ambiência de consensualidade.[1744]

Art. 650. Se um dos interessados for nascituro, o quinhão que lhe caberá será reservado em poder do inventariante até o seu nascimento.

CPC de 1973 – Sem dispositivo correspondente.

1. O dispositivo em resenha

O CC é peremptório em admitir como legitimados a suceder tanto as pessoas nascidas como as pessoas já *concebidas* no momento da abertura da sucessão (art. 1.798 do CC). Assim, não resta dúvida acerca da legitimação do nascituro para figurar no inventário sucessório. O inventariante será o

1742 No sentido: Rodrigo Mazzei, *Direito de superfície*, p. 332-337. O tema já foi alvo de debate e sedimentação doutrinária no CJF, fixando-se o entendimento através do Enunciado n. 250 da III Jornada de Direito Civil: Admite-se a constituição do direito de superfície por cisão.

1743 Assim, em exemplo, determinada propriedade rural poderá ser destinada na partilha a um herdeiro, mas o direito de superfície respectivo terá como beneficiário herdeiro outro, fixando-se na concessão o prazo de exploração do último. Note-se, no ponto, que há desdobramento da titularidade, fixando-se, para um herdeiro, a base imobiliária e, para outro, o implante, naquilo que se consagrou como "propriedade superficiária".

1744 A depender do desenho utilizado na acomodação da herança com instituição de direitos reais sobre coisa alheia haverá tributação própria (atrelada aos atos *inter vivos* que sejam efetuados). No entanto, tal situação não pode ser vista como capaz de inibir o uso de figuras de direitos reais sobre coisa alheia no bojo da partilha, tendo em vista que estas abrem possibilidades variadas aos herdeiros e, efetivamente, acabam por dar efetividade à divisão.

guardião dos "direitos hereditários" que se voltam ao nascituro, aguardando-se que a *condição* (*nascimento com vida*[1745]) seja – ou não – concretizada.[1746]

No caso de concepção atrelada diretamente ao autor da herança como genitor, o nascituro terá o *status* de herdeiro necessário (em razão da projeção de descendência), aplicando-se a este as proteções atreladas à legítima (art. 1.845-1.855 do CC).[1747] É possível que o nascituro seja chamado para suceder em situação jurídica outra que não a descendência direta do autor da herança, pois, em exemplo, nada obsta que se poste como herdeiro legítimo, com vínculo "colateral", em encaixe dos arts. 1.829, IV, e 1.840 do CC. Ademais, a legislação permite que o nascituro seja convocado para a sucessão como legatário ou herdeiro testamentário, caso seja beneficiado com ato de liberalidade no sentido pelo testador.[1748]

Qualquer que seja posição jurídica que justificou a sua convocação à sucessão, o nascituro será tratado como titular de *direito expectativo*[1749] (= *direito eventual* – art. 130 do CC), pois os direitos hereditários ao seu favor somente restarão consolidados com o seu *nascimento com vida* (= condição que deve ser implementada). Não ocorrendo tal fato, retroage-se à abertura da sucessão e os direitos hereditários alcançado pela reserva retornam ao condomínio hereditário para distribuição, observando-se as regras sobre vocação hereditária.[1750] O engenho acima é coerente com o disposto no art. 2º do CC, pois a herança estará salvaguarda até que se confirme (ou não) a personalidade civil do nascituro em seu aspecto patrimonial. A diferença entre *expectativa de direito* e *direito expectativo*, embora possa parecer sutil, se impõe e é relevante para a

---

1745 O nascimento pressupõe a vida, mas o legislador preferiu usar da expressão marcante *'nascimento com vida'*, presente no art. 2º do CC (e prestigiada no art. 1.800, § 3º).

1746 Confira-se: MARCO AURÉLIO BEZERRA DE MELO, *Código Civil comentado*, p. 319.

1747 A concepção, por si só, cria vínculo com o genitor, permitindo-se a postulação de alimentos gravídicos em prol do nascituro (e da sua mãe), consoante previsto na Lei n. 11.804/08. A situação invulgar parece desafiar a interpretação conferida ao art. 1.700 do CC, no sentido de que o alimentado somente pode postular as verbas alimentares vencidas antes do falecimento (vide: STJ, 2ª Seção do REsp 1.354.693/SP, j. 26/11/2014, *DJ* 20/02/2015). No tema, confira-se os comentários ao art. 642.

1748 A anotação se justifica, pois a leitura do art. 650 – ao se referir apenas a "quinhão" – pode dar a (falsa) impressão de que o nascituro somente figurará na qualidade de herdeiro, sem aventar a possibilidade de ser beneficiado por disposição testamentária na forma de legado.

1749 O assunto (*direito expectativo*) faz parte da doutrina de PONTES DE MIRANDA, *Tratado de Direito Privado*. Parte Geral, tomo V, p. 282-285. Ainda sobre o tema, confira-se RODRIGO MAZZEI, Noção geral do Direito de Sucessões no Código Civil: introdução do tema por 10 (dez) 'verbetes'. *Revista Jurídica*, v. 438, p. 12-13, 2014.

1750 Bem próximo: EUCLIDES DE OLIVEIRA, *Comentários ao Código de Processo Civil*: perspectiva da magistratura, p. 725.

posição jurídica do nascituro.[1751] Isso porque apenas ao titular de *direito expectativo* é garantido o exercício de atos conservativos do direito já conferido (mas que aguarda confirmação), consoante se infere da parte final do art. 130 do CC. Ademais, ao se vincular o nascituro ao *direito expectativo*, há uma aproximação ao disposto no art. 6º, § 2º (parte final), da LINDB, fato que fortalece sua posição jurídica.

A reserva preconizada pelo art. 650 deverá ser providenciada pelo inventariante tão logo tenha notícia da presença de nascituro vinculado à sucessão, sendo despiciendo comando judicial no sentido, ou seja, trata-se de medida que deve ser adotada de ofício pelo condutor da inventariança.[1752] Em adaptação ao disposto nos arts. 626 e 627, III, do CPC, a inclusão acerca do nascituro se submete ao contraditório das partes (ainda que diferido, no caso de inserção por ato do inventariante),[1753] contraditório este que se revela amplo, alcançando não só a legitimação para figurar no inventário, como também o dimensionamento da reserva em proporção ao direito hereditário do nascituro.[1754]

A presença do nascituro no inventário sucessório reclama a sua representação legal, sendo esta exercida em regra pelo(s) seu(s) genitor(es) (arts. 3º, 1.634 e 1.690 do CC). O Ministério Público será chamado obrigatoriamente para funcionar nos autos, pois, embora sem personalidade civil (art. 2º do CC),

1751 Não se trata de hipótese de *'expectativa de direito'*, pois nesse caso o direito não foi em nada constituído, diferente do que ocorre em relação ao '*direito expectativo*', situação última em que o direito está conferido, dependendo apenas de confirmação vinculada à ocorrência de condição ou termo. Caso assim não ocorra, em não sendo implementada a condição ou o termo, o *direito expectativo* não se consolida, retornando ao *status* original. A diferenciação entre *expectativa de direito* e *direito expectativo* não é uma anotação puramente acadêmica, mas fundamental para a compreensão dos contornos do art. 650 do CPC e seu vínculo com o art. 130 do CC. No ponto, o disposto no art. 650 não pode ser visto sem se aperceber que o dispositivo acaba por fazer às vezes, ainda que com outra arquitetura, da providência que se desejava com *procedimento cautelar específico* dos arts. 877-878 do CPC ("posse em nome do nascituro") no âmbito do inventário sucessório. Com alguns pontos de contato, confira-se: Pedro Alexandre Moreira, *Comentários ao Código de Processo Civil*, p. 905.

1752 Próximo: Luiz Gulherme Marinoni, Sérgio Cruz Arenhart e Daniel Mitidiero, *Novo Código de Processo Civil comentado*, p. 654.

1753 Artur César de Souza defende que o "pedido deve ser distribuído por dependência ao processo de inventário" (*Código de Processo Civil*, v. III, p. 1.569).

1754 Não se pode pensar que o desenho da reserva de "quinhão" será feito unilateralmente pelo inventariante, sendo indispensável a participação no sentido dos interessados na herança, notadamente o nascituro (que se manifestará por meio de representante legal).

a situação do nascituro se equipara a do incapaz (art.178, II, do CPC).[1755] Caso se verifique que há colisão de interesses entre o representante legal e o nascituro, com situação objetiva de concorrência na partilha, deverá ser aplicado o disposto no art. 671, II, do CPC, nomeando-se curador (ou *protutor especial*[1756]).[1757]

A mecânica aplicada ao art. 650 possui pontos de contato em relação ao que ocorre quanto à doação de bens ao nascituro, situação prevista de forma expressa no CC em seu art. 542. Dessa forma, é importante que o(s) representante(s) legal(ais) do nascituro seja(m) chamado(s) para aceitar(em) a herança em nome daquele, adaptando-se, no particular as regras do disposto nos arts. 1.804 e 1.807 do CC. Aproximando-se a hipótese do art. 650 do CPC à previsão do art. 542 do CC, de outra banda, fica evidenciada a necessidade de que se operem efeitos retroativos à abertura da sucessão[1758] (inclusive quanto aos frutos[1759]) e a possibilidade de retorno dos direitos sucessórios, tal qual ocorre na doação em favor do nascituro.

Em razão da posição jurídica conferida pelo art. 130 do CC em prol do nascituro, o(s) seu(s) representante(s) legal(ais) terá(ão) legitimidade para postular em relação à formação do quinhão, ou seja, participarem de contraditório não apenas atrelado à reserva de bens, mas a todos os atos que tenham correlação com os direitos hereditários conferidos (inclusive, desenho da partilha).

Por fim, merece ser interpretada adequadamente a parte final do art. 650, pois o fato de o nascituro *nascer com vida* no curso do inventário não significa que ocorrerá a imediata entrega dos seus direitos hereditários. Na verdade, o nascituro se submete ao mesmo procedimento de entrega de "quinhão" (e/ou de legado) a que os demais participantes do inventário – tratados como beneficiários da sucessão – estão atrelados. Assim, somente depois de efetuado o pagamento das dívidas, em caso de desfecho positivo, que será feita a entrega dos direitos hereditários. Caso o inventário se encerre antes da condição a que

---

1755 No sentido: Luiz Gulherme Marinoni, Sérgio Cruz Arenhart e Daniel Mitidiero, *Novo Código de Processo Civil comentado*, p. 654.

1756 Sobre o *protutor especial,* vide os comentários ao art. 671 desta obra.

1757 Há, pois, níveis de colisão que devem ser ponderados e que podem ter efeitos outros do que a designação prevista no art. 671, II, do CPC. Com efeito, é intuitivo que, se houver conflito de interesses entre o representante legal e o nascituro, deve-se evitar que o primeiro seja nomeado como inventariante, tendo em vista que a incumbência prevista no art. 650 poderá ficar maculada. No tema, vide os comentários aos arts. 617 e 671 desta obra.

1758 No sentido, Marco Aurélio Bezerra de Melo aduz que: "o nascimento com vida produzirá efeitos retroativos até o ato de liberalidade" e "se submete a uma condição suspensiva lógica, qual seja, nascer com vida" (*Código Civil comentado*, p. 319).

1759 Interpretação que se extrai a partir do disposto no art. 1.800, § 3º, do CC.

o nascituro está vinculado, seguindo-se a interpretação literal do art. 650,[1760] a reserva patrimonial ficará em poder do inventariante, a fim de que os bens que a compõem sejam alvo de sobrepartilha (art. 670 do CPC), entregando-os ao(s) representante(s) legal(ais) do nascituro em caso de *nascimento com vida* ou retornando ao condomínio hereditário se o fato for negativo no sentido.[1761]

2. Nascituro e inventário extrajudicial

A presença de nascituro impede inventário sucessório extrajudicial, interpretação esta que se dá a partir do disposto no art. 733 do CPC que traz vedação para a lavratura de escritura pública de divórcio consensual, de separação consensual e de extinção consensual de união estável com semelhante quadro.[1762]

3. O art. 650 e os "filhos não concebidos de pessoas indicadas" (art. 1.799, I, CC)

O art. 1.799, I, do CC, autoriza que em sucessão testamentária seja chamado a suceder os filhos ainda não concebidos de pessoas indicadas pelo testador, desde que vivas estas ao abrir-se a sucessão.[1763] O dispositivo está gabaritado pelo art. 1.800 do mesmo diploma que – no seu *caput* – prevê que os bens e/ou quinhão destinados por testamento a pessoa "ainda não concebida"

1760 Vide, em item adiante, a necessidade de interpretação conjunta do art. 650 com o art. 1.800 do CC, exegese que permite que os bens reservados ao nascituro fiquem sob administração dos seus representantes legais.

1761 Note-se que a entrega dos bens de forma definitiva ao titular do direito hereditário alterará o encaixe dos bens no acervo hereditário. Isso porque, enquanto os bens estiverem mantidos em estado provisório de "reserva", a titularidade patrimonial continua sendo do espólio. Com outras palavras, quando se efetua a "reserva", não há transferência ao titular do direito hereditário, situação que somente se consolidará, para efeito do art. 650, quando se tiver ciência de que a condição se concretizou ou de que esta resta impraticável de ocorrer. Parecendo concordar, Euclides de Oliveira afirma que a reserva está atrelada à "futura atribuição em partilha após o nascimento", *Comentários ao Código de Processo Civil*: perspectiva da magistratura, p. 724.

1762 Bem próximo: Christiano Cassettari, *Divórcio, extinção de união estável e inventário por escritura pública*: teoria e prática, p. 151; e Euclides de Oliveira, *Comentários ao Código de Processo Civil:* perspectiva da magistratura, p. 725. Vide os comentários ao art. 610 desta obra.

1763 Com o diálogo com o art. 1.799, I, do CC, há abertura do art. 650 que passa a atender também situação envolvendo pessoa ainda não concebida, algo que não está cogitado na legislação processual. Igualmente: Paulo Cezar Pinheiro Carneiro, *Inventário e partilha judicial e extrajudicial*, p. 174. No tema, confira-se também: Euclides de Oliveira, *Comentários ao Código de Processo Civil:* perspectiva da magistratura, p. 724-725.

deverão ser confiados, após a liquidação ou partilha, a curador nomeado pelo juiz. Fazendo-se a interpretação do art. 1.800 do CC com o art. 650 do CPC tem-se que, de forma semelhante ao nascituro, a entrega do produto da herança somente será efetivada na hipótese de desfecho positivo do inventário sucessório, isto é, em caso de partilha (ou adjudicação, no caso de a pessoa indicada ser beneficiária única). No caso do nascituro, a entrega futura far-se-á ao seu(s) representante(s) legal(ais), sendo que, na hipótese de pessoa "ainda não concebida", será necessária a nomeação pelo juiz de curador.

Chama atenção, contudo, que o texto do art. 1.800 do CC, ao menos em sua interpretação literal, indica que haverá a entrega dos "bens da herança" ao curador nomeado "após a liquidação ou partilha", ou seja, antes mesmo do nascimento efetivo do beneficiado com a disposição testamentária. A situação que destoa do disposto no art. 650 da legislação processual, pois a regra em comento, como já visto, dispõe que a entrega dos bens somente ocorrerá quando do seu *nascimento com vida*. O cenário provocou crítica doutrinária, apresentando-se posição no sentido de que a interpretação do art. 650 deve se operar em consonância com o disposto no art. 1.800 do CC, de modo que o representante legal ou curador do nascituro está apto a receber os direitos hereditários correspondentes ao fim do desfecho do inventário, ainda que não tenha ocorrido a condição[1764] (*nascimento com vida*).[1765] O raciocínio em voga afigura-se adequado, pois, havendo representação legal em favor do nascituro, há de se admitir que a administração dos direitos hereditários (já fixados em partilha) seja efetuada por tais pessoas, não havendo justificativa para a atuação do inventariante no sentido.

Como se trata de situação ainda não definitiva, sem rebuços, o juízo sucessório poderá exigir dos representantes legais do nascituro garantia em favor do espólio para que tal administração se opere ou, de outra banda, limitar os poderes acerca da disposição do patrimônio (com vedação de atos de alienação, em exemplo), sem prejuízo do imediato exercício das faculdades de *usar* e *gozar* (que poderão ser de grande importância para o nascituro, conferindo-lhe,

---

1764 Fazendo a leitura do art. 1.800, § 4º, do CC, a hipótese que envolve aquele que "não foi concebido" se submete a duas condições distintas para que seu direito sucessório seja efetivamente concretizado: (a) a concepção dentro do prazo de dois anos a contar da abertura da sucessão e (b) o *nascimento com vida*. Basta que uma das situações acima não ocorra para que os bens retornem ao condomínio hereditário, com foco nos herdeiros legítimos.

1765 No sentido: FELIPPE BORRING ROCHA, *Comentários ao novo Código de Processo Civil*, p. 974; LUCIANO VIANNA ARAÚJO, *Comentários ao Código de Processo Civil*, v. II, p. 257; e FERNANDO DA FONSECA GAJARDONI, *Processo de conhecimento e cumprimento de sentença*: comentários ao CPC 2015, v. 2, p. 1.105.

em ilustração, "moradia" e a percepção de frutos).[1766] A interpretação isonômica do art. 650 do CPC e do art. 1.800 do CC, em influxo inverso, permitirá que as medidas de salvaguarda propostas (caso sejam necessárias e adequadas ao caso presente) sejam aplicadas para "os filhos, ainda não concebidos, de pessoas indicadas pelo testador" (art. 1.799, I, do CC). O ponto nuclear do tema, portanto, infere-se na aplicação simétrica dos arts. 650 do CPC e do art. 1.800 do CC, não existindo motivo para interpretação mais rigorosa da legislação processual.

Em arremate, como a situação prevista no art. 1.799, I, do CC demanda disposição testamentária, mister se faz que o testamenteiro seja intimado (art. 626 do CPC), pois a este é confiada a incumbência de cumprir o testamento (arts. 1.976 e 1.980 do CC). Com tal norte, o testamenteiro terá legitimidade para postular e adotar medidas em prol dos "filhos, ainda não concebidos, de pessoas indicadas pelo testador", na forma da legislação em evidência.

4. A dimensão de "concepção": tema de direito material

O art. 650 – ao fazer alusão ao nascituro – não traz qualquer referência à forma de concepção ou de que esta deverá ter ocorrido necessariamente antes da abertura da sucessão.[1767] No particular, andou bem o legislador, pois questões guardam pertinência com o direito material,[1768] fugindo da plataforma do dispositivo comentado.

Os temas envolvem a concepção são pautas de debates nervosos. Dentro do cartel de questões analisadas, destaca-se a concepção advinda do uso de técnicas de reprodução assistida, projetando-se para esta à legitimação suces-

1766 As medidas sugeridas podem ser tiradas e adaptadas de disposições legais presentes no inventário sucessório. Com efeito, em relação à exigência de garantia, o art. 641, § 2º, prevê a *prestação de caução* por parte do herdeiro necessário beneficiado pela colação, a fim de que este possa receber seu quinhão hereditário (em caso de controvérsia envolvendo o recebimento dos bens ou a obrigação de conferir). No que se refere ao *exercício de usar e de fruir,* mas com limitação dos atos de disposição, basta consultar o disposto no art. 647, parágrafo único, para se verificar a presença de tal técnica, tratada como "partilha antecipada".

1767 Igualmente: Ricardo Alexandre da Silva e Eduardo Lamy, *Comentários ao Código de Processo Civil*, v. IX, p. 584-585.

1768 A não regulação no CC de alguns temas – como é o caso da concepção advinda da reprodução humana assistida – não foi por acaso. O legislador claramente optou por deixar determinados temas tidos como instáveis para a legislação não codificada, diante da própria volutividade dos assuntos e da inexistência de cenário seguro capaz de ensejar tratamento legal à época da confecção do diploma civil. No sentido, confira-se: Rodrigo Mazzei, Notas iniciais à leitura do novo código civil. In: Arruda Alvim e Thereza Alvim. (org.). *Comentários ao Código Civil Brasileiro, parte geral*, v. 1, p. LXII-LXVII.

sória (art. 1.798 do CC), matéria que deu ensejo à edição do Enunciado 267 do CJF.[1769] Como dito, há um rol de questões vinculadas à concepção, sendo muitos deles com possibilidade de impacto no direito sucessório.[1770]

1769 Enunciado 267 do CJF – "A regra do art. 1.798 do Código Civil deve ser estendida aos embriões formados mediante o uso de técnicas de reprodução assistida, abrangendo, assim, a vocação hereditária da pessoa humana a nascer cujos efeitos patrimoniais se submetem às regras previstas para a petição da herança".

1770 A discussão sobre o tema é complexa e possui variantes múltiplas. No sentido, em exemplificação, há vários enunciados do CJF em que o assunto faz parte da investigação doutrinária, confira-se: Enunciado n. 103: "O Código Civil reconhece, no art. 1.593, outras espécies de parentesco civil além daquele decorrente da adoção, acolhendo, assim, a noção de que há também parentesco civil no vínculo parental proveniente quer das técnicas de reprodução assistida heteróloga relativamente ao pai (ou mãe) que não contribuiu com seu material fecundante, quer da paternidade socioafetiva, fundada na posse do estado de filho"; Enunciado n. 104: "No âmbito das técnicas de reprodução assistida envolvendo o emprego de material fecundante de terceiros, o pressuposto fático da relação sexual é substituído pela vontade (ou eventualmente pelo risco da situação jurídica matrimonial) juridicamente qualificada, gerando presunção absoluta ou relativa de paternidade no que tange ao marido da mãe da criança concebida, dependendo da manifestação expressa (ou implícita) da vontade no curso do casamento"; Enunciado n. 105: "As expressões 'fecundação artificial', 'concepção artificial' e 'inseminação artificial' constantes, respectivamente, dos incs. III, IV e V do art. 1.597 deverão ser interpretadas como 'técnica de reprodução assistida'"; Enunciado n. 106: "Para que seja presumida a paternidade do marido falecido, será obrigatório que a mulher, ao se submeter a uma das técnicas de reprodução assistida com o material genético do falecido, esteja na condição de viúva, sendo obrigatória, ainda, a autorização escrita do marido para que se utilize seu material genético após sua morte"; Enunciado n. 111: "A adoção e a reprodução assistida heteróloga atribuem a condição de filho ao adotado e à criança resultante de técnica conceptiva heteróloga; porém, enquanto na adoção haverá o desligamento dos vínculos entre o adotado e seus parentes consanguíneos, na reprodução assistida heteróloga sequer será estabelecido o vínculo de parentesco entre a criança e o doador do material fecundante"; Enunciado n. 257: "As expressões 'fecundação artificial', 'concepção artificial' e 'inseminação artificial', constantes, respectivamente, dos incs. III, IV e V do art. 1.597 do Código Civil, devem ser interpretadas restritivamente, não abrangendo a utilização de óvulos doados e a gestação de substituição"; Enunciado n. 258: "Não cabe a ação prevista no art. 1.601 do Código Civil se a filiação tiver origem em procriação assistida heteróloga, autorizada pelo marido nos termos do inc. V do art. 1.597, cuja paternidade configura presunção absoluta"; Enunciado n. 570: "O reconhecimento de filho havido em união estável fruto de técnica de reprodução assistida heteróloga 'a parte' consentida expressamente pelo companheiro representa a formalização do vínculo jurídico de paternidade-filiação, cuja constituição se deu no momento do início da gravidez da companheira"; Enunciado n. 608: "É possível o registro de nascimento dos filhos de pessoas do mesmo sexo originários de reprodução assistida, diretamente no Cartório do Registro Civil, sendo dispensável a propositura de ação judicial, nos termos da regulamentação da Corregedoria local"; Enunciado n. 663:

O art. 650 não pode ser usado para desenhar (ou limitar) o conceito de concepção para efeito sucessório, pois o dispositivo deve ser compreendido apenas como técnica de proteção aos direitos do nascituro (e, por extensão, para a hipótese do art. 1.799, II, do CC), não estando no seu escopo a configuração de quadrante acerca de titular de direito sucessório. Assim, o art. 650 deverá ser aplicado de acordo com a situação concreta, respeitando os meandros fixados acerca do direito material sobre o tema.[1771] Em suma, o conceito de "concepção" decorre do direito material, estando fora da plataforma do art. 650.

Art. 651. O partidor organizará o esboço da partilha de acordo com a decisão judicial, observando nos pagamentos a seguinte ordem:

I – dívidas atendidas;

II – meação do cônjuge;

III – meação disponível;

IV – quinhões hereditários, a começar pelo coerdeiro mais velho.

CPC de 1973 – art. 1.023

1. Bases para a compreensão do dispositivo

O art. 651 faz parte de conjunto de dispositivos legais vinculados à partilha adjudicada, isto é, aquela definida pelo juízo sucessório por falta de composição amigável entre os interessados.[1772] De forma bem resumida, depois de convocar as partes para a apresentação de pedidos de quinhões, oportunizando contraditório, o juiz deverá decidir sobre a partilha, designando os bens correspondentes às cotas e resolvendo eventuais questões pendentes (tais como o encaixe da meação e o cumprimento dos legados). A leitura conjunta dos arts. 647, 651, 652, 653 e 654 indica que tal decisão terá natureza interlocutória, plasmando-se, em seguida, os seus efeitos concretos, por meio de desenho de "esboço".

O "esboço da partilha" deverá ser tracejado por figura invulgar ("o partidor"), seguindo a moldagem dos arts. 651 e 653, permitindo-se o contradi-

"É possível ao viúvo ou ao companheiro sobrevivente, o acesso à técnica de reprodução assistida póstuma – por meio da maternidade de substituição, desde que haja expresso consentimento manifestado em vida pela sua esposa ou companheira".

1771 É provável que a jurisprudência apresente posição antecedente à regulação específica do assunto pela legislação nacional.

1772 Em se tratando de adjudicação, ou seja, de herdeiro universal, não é necessário que se faça o esboço de partilha. Igualmente: Luciano Vianna Araújo, *Comentários ao Código de Processo Civil*, v. 3, p. 259.

tório para ajustes caso o desenho apresentado não reflita cabalmente a decisão interlocutória que definiu a partilha (art. 652). Somente depois de percorrido todo o rito acima, a partilha será "julgada" por sentença (art. 654). A interpretação conjunta dos arts. 651-652 permite extrair que o objetivo do esboço é de *saneamento*, pois permite ajustes (se necessários) até que a partilha seja definida por sentença. Inicialmente, aquilo que foi definido pelo juiz sucessório na decisão interlocutória (art. 647) será concretamente delineado por meio de "esboço" (art. 651), isto é, será lançado nos autos projetando a divisão. As partes, confrontando a decisão judicial e o esboço, poderão postular "reclamações" que, depois de contraditório, deverão ser decididas pelo juízo sucessório (art. 652),[1773] a fim de que o inventário *causa mortis* tenha desfecho através da sentença (art. 654).[1774]

Caso as partes apresentem partilha amigável, não caberá ao juízo sucessório a análise do preenchimento dos quinhões, exceto na hipótese de sucessão com presença de incapaz (art. 2.016, parte final, do CC). Não há na partilha amigável entre capazes (art. 2.015 do CC) a necessidade de projetar esboço, sendo de toda dispensável a presença do partidor, ao menos seguindo o desenho fixado no art. 651.[1775]

Registre-se que o art. 656 do CPC permite que sejam feitos ajustes na sentença que define a partilha, mesmo que a referida decisão já tenha transitado em julgado. Nos termos do referido dispositivo (adiante comentado), é possível que a partilha seja "emendada" mesmos autos do inventário, desde que todas as partes acordem no sentido e o objeto da correção seja *erro de fato na descrição dos bens* e *inexatidões materiais*. Com diferença pulsante em relação ao objeto dos arts. 651-652, o art. 656 trata de postulação de *saneamento* que, além de aplicável a qualquer tipo de partilha (amigável ou adjudicada), não se submete a prazo ou a procedimento rígido, sendo tratado como *emenda da partilha*, ou seja, *ato de correção específico da sentença de partilha* e não um ato

1773 As reclamações que podem ser feitas quanto ao esboço desenhado não se confundem com aquelas decorrentes de eventual insatisfação acerca da decisão interlocutória que definiu a partilha (art. 647). Os inconformismos acerca dos comandos decisórios em relação à partilha deverão ser manifestados por meio de recurso adequado (art. 1.015, parágrafo único). Na verdade, na forma posta, o que o art. 652 permite é a postulação de ajustes quando o "esboço" não reflete efetivamente aquilo que foi decidido pelo juízo sucessório. Vide os comentários ao art. 642 desta obra.

1774 Parecendo concordar: Luciano Vianna Araújo, *Comentários ao Código de Processo Civil*, v. 3, p. 258 e 260.

1775 Euclides de Oliveira entende que, nos casos de apresentação de partilha amigável pelas partes, o partidor trabalhará com outra função, qual seja, "a verificação do documento exigido pelas partes" (*Comentários ao Código de Processo Civil*: perspectiva da magistratura, 2020, p. 725).

prévio a esta, visando sua construção (ponto marcante do esboço previsto nos arts. 651-652).

2. A figura do partidor

O art. 651 faz expressa alusão ao "partidor", figura que é tratada pela legislação processual como auxiliar da justiça (art. 149 do CPC),[1776] muito embora – na prática – tal personagem seja de rara presença na estrutura da organização judiciária. A identificação da função do "partidor" revela que a necessidade de que o seu labor seja efetuado por pessoa imparcial e com condições de cumprir a tarefa que está prevista no art. 651.[1777]

Diante da "escassez" de auxiliares do juízo que desempenhem tal função específica, não é incomum que o labor seja efetuado por outros colaboradores judiciais, especialmente pelo escrivão vinculado ao inventário sucessório.[1778] Por certo, a função do partidor poderá ser desenvolvida por outras pessoas, desde que com capacidade de cumprir a tarefa e não se vislumbre situação de parcialidade capaz de criar ambiência de suspeita e/ou animosidade entre os interessados. Dessa forma, de forma ilustrativa, não há qualquer motivo para que o inventariante dativo não possa efetuar a tarefa prevista no art. 651, até porque a imparcialidade e capacidade profissional são requisitos ínsitos à sua designação pretérita.

Com olhar mais amplo, é até de certo modo incoerente não permitir que a tarefa do partidor seja efetuada pelo inventariante (de modo geral, e não apenas o dativo), já que se trata de ator a quem é conferida grande rol de incumbências (arts. 618-619), inclusive a apresentação das primeiras e últimas declarações. Dessa forma, se, durante todo o inventário *causa mortis*, o labor do inventariante foi exercido com excelência, gerindo a herança e apresentando as declarações que permitiram a decisão envolvendo a partilha, não se justifica – com todo respeito – o deslocamento da função para outra pessoa. Refor-

1776 Igualmente: Luciano Vianna Araújo *Comentários ao Código de Processo Civil*, v. 3, p. 258; e Fernando da Fonseca Gajardoni, *Processo de conhecimento e cumprimento de sentença:* comentários ao CPC 2015, v. 2, p. 1.105.

1777 Ricardo Alexandre da Silva e Eduardo Lamy defendem que "caso não haja acordo entre os herdeiros – ou mesmo na hipótese de requerimento destes – caberá ao magistrado nomeador curador judicial com o objetivo de estruturar o esboço da partilha, com fulcro no art. 651 do CPC/15" (*Comentários ao Código de Processo Civil*, v. IX, p. 585).

1778 Sobre o tema, Arruda Alvim, Araken de Assis e Eduardo Arruda Alvim se posicionam: "O partidor é órgão auxiliar do juízo. A existência do cargo depende de lei da organização judiciária. Mas, há previsão da função, que incumbe ao escrivão (ou ao distribuidor e contador) do foro" (*Comentários ao Código de Processo Civil*, p. 1.500).

ça tal raciocínio o fato de que o trabalho do inventariante – na qualidade de partidor – será desafiado por contraditório (art. 652), o que permite correções em caso de deslizes (ainda que involuntários).

Seja como for, decidindo sobre a partilha (art. 647), deverá o juízo sucessório designar de forma explícita a pessoa que funcionará como partidor, fixando-lhe prazo para que a tarefa seja cumprida.[1779] Tal postura conferirá transparência e criará ambiente mais seguro, permitindo, inclusive, se for o caso, a impugnação acerca da designação ou até permuta por nome obtido (e apresentado) em consenso pelas partes.

3. A deficiente redação do art. 651

O art. 651 repete o texto do art. 1.023 do CPC de 1973, com pequena modificação redacional, fazendo alusão à "decisão judicial", adjetivando a dicção judicial.[1780] A reprodução ao texto original do CPC revogado é tão marcante que o artigo de lei comete o deslize de apenas fazer referência à meação do cônjuge sobrevivente, sem alusão ao "companheiro" que se encontra na mesma situação,[1781] já que tal figura não era conhecida pelo direito nacional na entrada em vigor da codificação de 1973.

Não bastasse o esquecimento acima denunciado, há omissões no rol fixado no dispositivo em comento que podem comprometer o trabalho do partidor. De plano, não consta do rol do art. 651 a necessidade de descrição dos bens arrecadados (que deve estampar o valor da avaliação final de cada um deles). Analisando a listagem do art. 651, percebe-se que há um salto injustificado no seu inciso I (que apenas faz menção à obrigatoriedade de se apontar as "dívidas atendidas"). Tal opção está desconectada do disposto no art. 653, I, *b*, que indica a necessidade de a partilha plasmar "ativo, o passivo e o líquido partível, com as necessárias especificações". Como a partilha trabalha com os bens arrecadados (devidamente avaliados) que subsistiram depois da liquidação da herança (pagamento de dívidas – arts. 642-646), a falta de informa-

1779 O ideal é que a designação já ocorra no bojo da própria decisão proferida com esteio no art. 647.

1780 Na fala de SÉRGIO BERMUDES: "No art. 651, *caput*, acrescentou-se o adjetivo **judicial** ao substantivo **decisão**, e nada mais" (*CPC 2015*: inovações, v. 2, p. 109 – destaque presente no original).

1781 Também atento ao deslize: FERNANDO DA FONSECA GAJARDONI, *Processo de conhecimento e cumprimento de sentença*: comentários ao CPC 2015, v. 2, p. 1.106. De toda sorte, trata-se do único dispositivo constante do trecho do art. 610-673 que comente tal equívoco, diferente do CC, em que há alusão apenas ao cônjuge sobrevivente ("esquecendo-se" do companheiro supérstite) em vários artigos que tratam do direito sucessório. Em rápidos exemplos, confira-se o texto dos arts. 1.977, 1.984, 2.004, 2.012, 2.019 e 2.020 do CC.

ção no sentido poderá gerar dúvidas acerca do encaixe patrimonial dos quinhões, uma vez que as cotas (previamente dimensionadas) são preenchidas a partir do rol de bens e a sua respectiva estimação. Não se trata de omissão única, pois, da listagem prevista no art. 651, o legislador não se preocupou em explicitar o cumprimento dos legados[1782] e/ou da importação de bens (em representação valorativa) atrelados à colação, muito embora tais situações, caso verificadas no caso concreto, sejam relevantes no resultado final da partilha e tenham um campo específico de distribuição (art. 1.847 do CC).[1783]

O quadro acima demonstra que o texto do art. 651 não possui redação primorosa, sendo necessário esforço exegético para a sua correta interpretação e aplicação. De forma pragmática, o esboço de partilha terá como base as primeiras e últimas declarações, pois estas trazem o resumo do início e do fim do inventário *causa mortis* (arts. 620 e 636). A partir de tal estrutura, o "partidor" desenhará a partilha que foi decidida pelo juízo sucessório (art. 647), projetando tal decisão interlocutória para a sentença, isto é, servindo de plataforma para a deliberação judicial derradeira, que dará desfecho ao inventário (arts. 653-654).

4. Da ordem (organização) do esboço

É fundamental que o esboço seja organizado e siga ordem lógica. O conjunto de bens arrecadados com sua respectiva valoração (isto é, a estimação que foi levada em conta na partilha), será o primeiro item que deverá constar no esboço, pois a partilha somente alcançará aqueles que fizerem parte da herança líquida, ou seja, considerará o saldo que será destinado aos herdeiros. Feito isso, a confecção do esboço se submete ao reordenamento lógico dos incisos do art. 651, uma vez que a apuração e a entrega dos bens alcançados pela meação ao cônjuge/companheiro sobrevivente (incisos II e III) se operam antecedentemente ao pagamento de dívidas do espólio (inciso I). Isso porque, a parte destinada ao meeiro não faz parte da herança, não podendo, dessa forma, ser afetada pelas dívidas do espólio (exceto quando comuns). Logo, antes de iniciar a fase de liquidação da herança (pagamento de dívidas do espólio

1782 No ponto, o texto do art. 651 discrepa, no particular, em relação ao disposto no art. 653, tendo em vista que o último faz alusão ao cumprimento dos legados na partilha em seu inciso I, *a*.

1783 Na verdade, todas as situações relevantes ao inventário que afetem a legitimação sucessória e/ou a base de cálculo da herança deverão ser consignadas no esboço, podendo-se citar, em outros exemplos, a cessão de quinhão hereditário, a renúncia e os direitos advindos da representação ou de substituição testamentária. Próximo: Euclides de Oliveira, *Comentários ao Código de Processo Civil*: perspectiva da magistratura, p. 725.

– inciso I), a meação deverá estar devidamente dimensionada e, sempre que possível, entregue ao cônjuge/companheiro sobrevivente.[1784]

Dessa forma, o esboço restará iniciado pela arrecadação completa e valoração dos bens atraídos pela sucessão, pois tal base servirá como a plataforma de apuração do patrimônio efetivo do falecido. Na hipótese de cônjuge/companheiro sobrevivente meeiro, a meação respectiva será depurada (inciso II), remetendo para o espólio apenas a parte correspondente ao falecido (inciso III – "meação disponível"), a fim de ser somada, se for o caso, ao patrimônio que faz parte da herança com outra origem (por exemplo, bens particulares do falecido, que não se comunicaram com cônjuge/companheiro supérstite). Definida a base patrimonial da herança, deverá ser plasmado o rol de dívidas atendidas (inciso I).

Saliente-se que no trecho do *atendimento das dívidas* (art. 651, I), é importante que o esboço faça a expressa indicação e conexão da forma em que o "credor foi satisfeito", pois há variadas possibilidades no sentido. Efetuando-se a leitura dos arts. 619, II e III, 642 e 643, percebe-se que o atendimento das dívidas não ocorre apenas por meio de pagamento pecuniário, valendo-se o espólio de dinheiro disponível na herança. A legislação prevê, por exemplo, a *separação de bens* (art. 642, § 3º), procedimento que envolve a expropriação de bens da herança para obter recursos e efetuar o pagamento ao credor. De outra banda, o "atendimento ao credor" pode se efetuar mediante adjudicação de bens da herança, com a entrega destes ao credor (art. 642, § 4º), admitindo-se, ainda, a reserva de bens (art. 643, parágrafo único), hipótese em que, apesar da controvérsia acerca da dívida, o credor restará resguardado com a fixação de garantia patrimonial até que o desfecho do debate ocorra. O sintético quadro indica, portanto, que o "atendimento de dívidas" deve ser pormenorizado, com indicativo não só do valor, mas da forma com que ocorreu, trazendo todos os detalhes relevantes (tais como eventual desconto e o bem que propiciou o pagamento e/ou a reserva).[1785]

Note-se ainda que a expressão utilizada no inciso I do art. 651 ("dívidas atendidas") não é segura, já que há situações que devem ser contempladas na partilha (e, por conseguinte, espelhadas no esboço) que não são propriamente "dívidas", mas que merecem resolução antes de se designar os quinhões para os herdeiros. Por certo, o cumprimento dos legados (situação olvidada de contemplação nos incisos do dispositivo em comento) não pode ser tratado como uma "dívida" – ao menos em seu aspecto ortodoxo – mas deverá ser

---

1784 Vide os comentários ao art. 642 desta obra.

1785 Parecendo concordar: LUCIANO VIANNA ARAÚJO, *Comentários ao Código de Processo Civil*, v. 3, p. 258; e EUCLIDES DE OLIVEIRA, *Comentários ao Código de Processo Civil: perspectiva da magistratura*, p. 726.

resolvido antes da definição dos quinhões hereditários, pois estes são desenhados a partir da "herança líquida". Não suficiente, na falta de superfície de comunicação mais adequada, o direito real de habitação previsto no art. 1.831 do CC também reclama definição de forma antecedente à divisão dos quinhões, pois se trata de direito sobre coisa alheia que recairá sobre bem designado a um ou mais herdeiro.

Trazendo todas as informações acima e tendo como superfície a herança líquida, com espeque no inciso IV do art. 651, o esboço consignará os "quinhões hereditários" de forma discriminada, indicando a origem respectiva (de acordo com a posição jurídica), percentual específico (e somado, se for o caso),[1786] apresentando o encaixe que foi determinado judicialmente. O inciso IV do art. 651 prevê uma ordem sequenciada de organização na descrição dos quinhões, em que a listagem se inicia pela cota do herdeiro mais velho.[1787] Embora sem previsão expressa, quando há sucessão legal cumulada com sucessão testamentária, para uma melhor organização, sugere-se que o esboço inicie pelos herdeiros legítimos (seguindo-se a ordem de idade apontada no dispositivo comentado), para somente depois contemplar os herdeiros testamentários.[1788]

A ordem fixada no inciso IV do art. 651 deve ser vista, em verdade, como uma orientação para que o esboço seja traçado de forma organizada, situação que indica que não haverá vício de validade caso a ordem não seja seguida. Por cento, em situações justificadas, a orientação legal poderá ser afastada, pois

1786 O mesmo personagem pode assumir várias posições jurídicas no inventário sucessório, fato que criará direitos diversos que poderão ser reunidos na partilha (por exemplo: quinhão advindo da herança legítima somado com o proveniente de sucessão testamentária). O "partidor" deve estar atento às posições jurídicas, a fim de definir de forma clara os contornos do quinhão hereditário, indicando sua fonte, assim como outros direitos que também deverão constar da partilha, explicitando se efetuou reunião (ou não). Sobre posições jurídicas no inventário, vide os comentários ao art. 620 desta obra.

1787 Fique claro que não há não há qualquer preferência ao herdeiro mais velho na partilha. Na verdade, a legislação criou uma orientação organizacional envolvendo a partilha, de modo que o primeiro quinhão a ser descrito no esboço será do herdeiro mais velho – não havendo qualquer prejuízo aos mais novos, sem qualquer significado específico – seguindo-se, em sequência, as cotas das pessoas segundo uma curva descendente de idades. Em suma, apesar da referência ao início pelo coerdeiro mais velho, trata-se de critério que não muda a ordem de pagamento ou tratamento diferenciado, mas apenas corresponde a uma organização na partilha. Bem próximo: Luciano Vianna Araújo, *Comentários ao Código de Processo Civil*, v. 3, p. 259; Pablo Stolze Gagliano e Rodolfo Pamplona Filho, *Novo curso de Direito Civil*: direito das sucessões, p. 459; e Arruda Alvim, Araken de Assis e Eduardo Arruda Alvim, *Comentários ao Código de Processo Civil*, p. 1.500.

1788 Na linha: Pontes de Miranda, *Comentários ao Código de Processo Civil*, v. XIV, p. 224-225.

nem sempre será a forma mais adequada para a compreensão da divisão. Em exemplo frisante, herdeiro de menor idade poderá ter sido contemplado com quinhão maior do que outro de idade mais avançada, fruto do somatório do resultado da sua cota da sucessão legal com deixa decorrente da sucessão testamentária. Seguindo na ilustração, a organização pode ser efetuada começando pelo herdeiro de maior quinhão, seguindo-se pelos demais com observância na ordem decrescente de potência do quinhão. O que importa, em verdade, é que o esboço traga uma lógica organizacional que seja repetida na partilha e facilite a compreensão da divisão.

Embora não conste do rol do art. 651 (nada se localizando também no art. 653), afigura-se de ótimo tom que os bens destinados à sobrepartilha (prospectiva) sejam descritos (art. 669)[1789] no esboço (ainda que de forma sucinta),[1790] trazendo breve justificativa acerca da opção, ou seja, a motivação acerca da exclusão da arrecadação do inventário sucessório. O procedimento evitará não só a alegação de sonegação ou de labor deficiente do inventariante, como também definirá a guarda acerca dos bens até que a situação seja definida, uma vez que o texto do art. 669, parágrafo único, do CPC, exige um responsável no sentido.[1791]

Art. 652. Feito o esboço, as partes manifestar-se-ão sobre esse no prazo comum de 15 (quinze) dias, e, resolvidas as reclamações, a partilha será lançada nos autos.

CPC de 1973 – art. 1.024

1. Perfil básico e dinâmico do dispositivo

Para atender a dimensão do contraditório, após a apresentação do esboço, deve ser oportunizada manifestação às partes (= *interessados*),[1792] submetendo-se

1789 Vide os comentários aos arts. 669 e 670 desta obra.

1790 Contra, no sentido de que é desnecessária a consignação no esboço das informações vinculadas à sobrepartilha, confira-se: LUCIANO VIANNA ARAÚJO, *Comentários ao Código de Processo Civil*, v. 3, p. 259.

1791 Tal situação se torna muito clara quando ocorre a reserva de bem, hipótese em que determinado bem da herança fica "postado" – em forma de garantia – até que se resolva algum litígio interno ou externo, situações previstas, em exemplo, nos arts. 628, § 2º, e 643, parágrafo único, do CPC. Vale notar, no ponto específico, que o art. 655, I, reclama que, na partilha, seja indicado o inventariante, por meio da juntada do termo, evidenciando que a informação é relevante em caso de situação prospectiva alcançada pela sobrepartilha.

1792 Semelhante: LUCIANO VIANNA ARAÚJO, *Comentários ao Código de Processo Civil*, v. 3, p. 260.

ao prazo comum de 15 (quinze) dias.[1793] Apesar de o art. 652 fazer menção apenas às "partes", sobre o esboço devem ser ouvidos a Fazenda Pública,[1794] o inventariante (caso o resumo não tenha sido feito por este) e todo qualquer ator funcional, como é o caso do Ministério Público e do curador (quando estes atuarem no processo). Caso verificada a omissão na convocação, mormente quando se demonstra prejuízo concreto pela intenção de apresentar pleito de correção, deverá ser providenciada a intimação faltante, sob pena de nulidade.[1795]

Como se trata de "prazo comum", em caso de processo físico, os autos deverão permanecer em cartório, excetuando-se a possibilidade de "carga rápida" (art. 107, § 3º do CPC).[1796] Não se aplica a "dobra" prevista no art. 229 do CPC a tal prazo, mesmo que as partes estejam representadas por diferentes procuradores, com escritórios de advocacia distintos.[1797]

O interessado na correção pode oferecer "reclamação"[1798] sobre aspectos de ordem formal ou substancial concernentes ao esboço.[1799] É fundamental,

---

1793 O CPC de 2015 alterou o prazo da reclamação do art. 652 de 05 (cinco) para 15 (quinze) dias. A alteração está no pacote de regras que introduziram aumento dos prazos processuais aplicáveis ao inventário sucessório, criando ambiência para que o inventário *causa mortis* dificilmente tenha desfecho em 12 (doze) meses da sua abertura (parte final do art. 611). Vide os comentários ao art. 611 desta obra. O excessivo prazo do art. 652 é facilmente atestado quando este é comparado com a opção que está prevista no art. 357, § 1º, do CPC. Com efeito, em se tratando de *saneamento do processo*, as partes possuem o prazo de 05 (cinco) dias para apresentarem pedido de ajustes e correções, ao passo que terão estas 15 (quinze) dias para lançarem reclamações quanto ao esboço. Ainda que o alvo das postulações seja diverso, certamente há ponto de contato entre os arts. 652 e art. 357, § 1º, pois, nas duas situações, abre-se a oportunidade de que as partes lancem postulações de ajustes, contribuindo em prol de decisão mais segura.

1794 No sentido: Daniel Amorim Assumpção, *Novo Código de Processo Civil comentado*, p. 1.089; Arruda Alvim, Araken de Assis e Eduardo Arruda Alvim, *Comentários ao Código de Processo Civil*, p. 1.501; e Hamilton de Moraes Barros, *Comentários ao Código de Processo Civil*, v. IX, p. 320.

1795 No sentido: STJ, 4ª Turma, REsp 67.055/MG, j. 08/05/1996, *DJ* 24/06/1996. Igualmente, na doutrina: Arruda Alvim, Araken de Assis e Eduardo Arruda Alvim, *Comentários ao Código de Processo Civil*, p. 1.501.

1796 Igualmente: Luciano Vianna Araújo, *Comentários ao Código de Processo Civil*, v. 3, p. 260.

1797 Contra (entendendo pela aplicação do art. 229): J. E. Carreira Alvim, *Ação de inventário e partilha.*, p.199.

1798 Há crítica da doutrina acerca da nomenclatura, notadamente pelo fato de o CPC de 2015 trazer a "reclamação" como instituto próprio e com perfil diverso (art. 988). No sentido: Ricardo Alexandre da Silva e Eduardo Lamy, *Comentários ao Código de Processo Civil*, v. IX, p. 586.

1799 Próximo: Hamilton de Moraes Barros, *Comentários ao Código de Processo Civil*, v. IX, p. 320; e Luciano Vianna Araújo, *Comentários ao Código de Processo Civil*, v. 3, p. 260.

todavia, que a postulação demonstre que o resumo feito pelo partidor está desviado daquilo que consta da decisão envolvendo a partilha proferida pelo juízo sucessório (art. 647), assim como outros assuntos anteriores já sedimentados (por exemplo: dimensionamento dos quinhões e/ou estimações dos bens). É capital compreender o foco da reclamação, pois esta não ataca a decisão que define a partilha, mas tão somente possui finalidade de corrigir desvio do esboço, com indicação de ponto(s) que o partidor deixou de observar. Os comandos fixados na decisão interlocutória proferida com base no art. 647 devem ser atacados por meio de recurso próprio (agravo de instrumento – art. 1.015, parágrafo único, do CPC), estando sujeito à preclusão.

Projetando o art. 6º do CPC para o âmbito do art. 652, tem-se que a legislação facultou que os protagonistas do inventário sucessório possam *cooperar* para que a decisão de desfecho do inventário reflita efetivamente aquilo que foi previamente deliberado pelo juízo sucessório. É, assim, uma oportunidade de *saneamento* antecedente à prolação da sentença de partilha, em que há efetiva participação dos atores do inventário *causa mortis*. Defende-se aqui, portanto, que a manifestação (= reclamação) permitida pelo art. 652 tem natureza *cooperativa* à sentença da partilha, postulando-se *saneamentos* necessários ao esboço. Visando o contraditório qualificado (e que, de fato, se tenha espírito de cooperação geral – art. 6º), é fundamental que as partes tenham acesso ao teor das reclamações apresentadas, facultando-lhes resposta de abono ou de repulsa. Na falta de previsão legal, em regra o prazo será de cinco dias (art. 218, § 3º, do CPC), sem prejuízo de esse ser aumentado se necessário, seguindo-se o perfil do disposto no art. 139, VI, do CPC.

Por fim, para que a pequena etapa seja rompida com eficiência, é de bom tom que seja fixado calendário completo a respeito, inclusive data para que sejam resolvidas eventuais reclamações acerca do esboço. O calendário poderá, em tal hipótese, ser estimulado pelo julgador, intimando-se os interessados acerca de proposta no sentido, ouvindo-os a respeito, para retificações ou construção consensual (art. 191 do CPC).[1800]

2. Recorribilidade

Por certo, o esboço em si não é uma decisão judicial, mas tão somente o resultado do trabalho de uma auxiliar da justiça designado para empreitada específica. Daí por que não cabe recurso contra tal resumo, submetendo-se as impugnações à reclamação prevista no art. 652.

1800 Sobre a "calendarização de atos do inventário", vide os comentários aos arts. 635, 611 e 627 desta obra.

A questão elegante que se extrai do dispositivo comentado se infere na recorribilidade (ou não) do ato judicial que *resolve* as reclamações, determinando os ajustes postulados e/ou os afastando. Há posicionamento no sentido de que a manifestação do juízo sucessório, para manter o esboço ou mandar retificá-lo, não é recorrível de imediato.[1801] Tal entendimento parte da premissa de que as matérias que ensejam a reclamação não se sujeitam à preclusão e, assim, a insurgências do interessado com relação à retificação ou à manutenção do esboço poderão ser manifestadas em apelação contra a sentença que julgar a partilha (art. 654). Respeitosamente, discorda-se da referida posição, pois este posterga a solução do problema para o fim do inventário, ao revés de logo resolvê-lo. É preferível que a questão seja definida (e resolvida) antes de lançada a sentença de partilha, pois remeter a resolução de tema (por vezes simples) para a apelação pode comprometer – ainda que involuntariamente – o resultado útil do inventário, aumentando, inclusive, os custos do processo. Quando se faz a análise completa do procedimento que envolve a partilha, fica nítido que o legislador não almejou que a sentença que define a divisão não seja recorrida. A prévia apresentação do esboço (seguido de contraditório cooperativo) se insere como procedimento obrigatório justamente para antecipar eventuais reclamações, de modo a evitar que estas sejam lançadas contra a sentença de partilha.

Dessa forma, o ato do juízo sucessório que resolve as reclamações contra o esboço possui natureza decisória e, como tal, dentro da própria lógica do procedimento que envolve a partilha, é passível de impugnação recursal na forma do art. 1.015, parágrafo único, do CPC (agravo de instrumento).[1802]

Art. 653. A partilha constará:

I – de auto de orçamento, que mencionará:

a) os nomes do autor da herança, do inventariante, do cônjuge ou companheiro supérstite, dos herdeiros, dos legatários e dos credores admitidos;

b) o ativo, o passivo e o líquido partível, com as necessárias especificações;

c) o valor de cada quinhão;

II – de folha de pagamento para cada parte, declarando a quota a pagar-lhe, a razão do pagamento e a relação dos bens que lhe compõem o quinhão, as características que os individualizam e os ônus que os gravam.

1801 Na linha (dentre outros): Pontes de Miranda, *Comentários ao Código de Processo Civil*, v. XIV, p. 226; e Luciano Vianna Araújo, *Comentários ao Código de Processo Civil*, v. 3, p. 261.

1802 Igualmente: Arruda Alvim, Araken de Assis e Eduardo Arruda Alvim, *Comentários ao Código de Processo Civil*, p. 1.501; Ricardo Alexandre da Silva e Eduardo Lamy, *Comentários ao Código de Processo Civil*, v. IX, p. 587; e Umberto Bara Bresolin, *Código de Processo Civil anotado*, p. 906.

Parágrafo único. O auto e cada uma das folhas serão assinados pelo juiz e pelo escrivão.

CPC de 1973 – art. 1.025

1. Alcance do dispositivo e comunicação com o art. 655

O art. 653 necessita ser interpretado e aplicado com o art. 655, pois a partilha é peça capital para o "formal" respectivo, título que permitirá, de fato, alterações formais de titularidade em prol das partes presentes no inventário sucessório. Por tal passo, a estrutura ditada no art. 653 é aplicável não apenas às partilhas que são julgadas (= *decididas*) pelo juízo sucessório (art. 654 do CPC c/c art. 2.016 do CC), como também às partilhas amigáveis (art. 2015 do CC) levadas para a homologação judicial.

Por certo, no caso de falhas estruturais na partilha (ainda que amigável) haverá obstáculo para a circulação saudável da carta respectiva (art. 655), pois há exigências formais que não podem ser relativizadas. No ponto, não é incomum que os Cartórios de Registro de Imóveis se neguem a registrar formais advindos de partilhas que não contêm informações mínimas exigidas pelo art. 653.[1803] Portanto, é possível que o juízo sucessório deixe de homologar partilhas amigáveis que venham estruturadas sem a observância dos requisitos formais do art. 653. Em tal situação, o julgador deverá intimar as partes, indicando precisamente o ponto em deslize, em semelhança ao disposto no art. 321, parte final, do CPC.

2. Ajuste cronológico em relação ao art. 654

Não há encaixe cronológico perfeito entre os arts. 653 e 654, pois os dispositivos não guardam sequência perfeitamente lógica. É necessário, portanto, que se apresente interpretação que consiga aglutinar com coerência máxima os citados artigos do CPC.

Com efeito, o dispositivo comentado exige que conste da partilha o "auto de orçamento" (art. 653, I) e a "folha de pagamento" (art. 653, II). Há exigência de que tanto o auto de orçamento como cada uma das folhas de pagamento tenha a assinatura do juiz e do escrivão (art. 653, parágrafo único). Analisando as exigências supra, percebe-se que há contramão de fluxo em relação ao disposto no art. 654, na medida em que – segundo o citado dispositivo – a partilha somente será julgada depois de pago o imposto *causa mortis* e efetuada a comprovação de regularidade fiscal. Por questões práticas, é necessário que se faça ajuste cronológico entre os arts. 653 e 654, pois não se afigura

1803 Igualmente: Umberto Bara Bresolin, *Código de Processo Civil anotado*, p. 906.

correto que se exija que o juízo sucessório assine as folhas de pagamentos (que estão escoradas nas informações constantes no auto de orçamento) sem que o magistrado não tenha julgado a partilha. A providência fixada no parágrafo único do art. 653, por coerência, deve ser adotada depois de resolvida a partilha, pois a folha de pagamento é uma declaração que informa *a relação dos bens que compõem o quinhão, as características que os individualizam e os ônus que os gravam.*

Em se tratando de partilha amigável, situação em que o esboço do art. 651 não é obrigatório,[1804] as partes apresentarão ao juízo sucessório as informações que são reclamadas para compor o auto de orçamento, indicando, assim, a relação dos atores do inventário e as suas respectivas posições jurídicas (art. 653, I, *a*), o ativo, o passivo, a liquidação da herança e o saldo partível (art. 651, I, *b*) e, ao final, a representação de cada quinhão e direito adimplido pelo espólio (art. 653, I, *c*). Em anexo, projetando o pagamento conforme a partilha apresentada, as partes poderão apresentar, desde logo, as folhas respectivas que, seguindo o perfil do art. 653, II, indicarão os detalhes vinculados a cada beneficiário (cota correspondente/origem do direito, relação de bens que compõe o quinhão ou cobrem a obrigação, as características que os individualizam e os eventuais ônus que os gravam).[1805] Ocorrendo a homologação da partilha amigável, é intuitivo que o juízo sucessório lance sua assinatura, "página por página", passando esta a ocupar o espaço do "auto de orçamento".[1806] Com semelhante lógica, na hipótese de o pedido de partilha amigável vir acompanhado de folhas de pagamentos que espelhem o que foi acordado na divisão (e que sigam o modelo do art. 653, II), o juízo sucessório lançará sua assinatura (juntamente com escrivão) em respeito ao parágrafo único do dispositivo, conferindo os efeitos legais ali ditados.

3. Auto de orçamento

O art. 653, I, faz alusão ao "auto de orçamento", peça que – na bem da verdade – representa a projeção da partilha, sendo, por isso, tratado nos foros como *auto de partilha.*[1807] Não é raro que o esboço (art. 651) quando completo

---

1804 Vide os comentários ao art. 651 desta obra.

1805 Observe-se que as folhas de pagamento (art. 653, II) não são peças de apresentação prévia obrigatória pelas partes na partilha amigável, mas as informações que são exigidas no art. 653, I (e que fazem parte do auto de orçamento), são essenciais para que o juízo sucessório possa se debruçar sobre o pedido de homologação da partilha.

1806 A assinatura será feira pelo juiz e pelo escrivão (art. 653, parágrafo único).

1807 No sentido: Rodrigo Mazzei e Tiago Figueiredo Gonçalves, *Comentários ao Código de Processo Civil*, p. 909. Com referências sobre outra expressão ("mapa da partilha"), confira-se: Gerson Fischmann, *Comentários ao Código de Processo Civil*, v. 14, p. 166.

e sedimentado seja utilizado para a finalidade prevista no inciso I do dispositivo comentado.[1808] De toda sorte, com a designação de "auto de orçamento", há exigência de que na partilha sejam plasmadas informações consideradas como obrigatórias. As informações trazem identificações *subjetivas* (pessoas que de alguma forma estão ligadas ao inventário ou à abertura da sucessão) e *objetivas* (dados referentes ao patrimônio que foi inventariado e a sua respectiva liquidação).

No *plano subjetivo*, coerente com a transferência patrimonial gerada pela abertura da sucessão, a partilha deve ser iniciada pelo autor da herança, a fim de que suas informações (subjetivas e patrimoniais) sirvam de bússola para as demais descrições. No ponto, a descrição da pessoa do falecido deve seguir a modulagem que está traçada para as primeiras declarações (art. 620, I), ato inicial de projeção à partilha. Assim, caberá fazer a identificação do autor da herança, indicando seu nome, o estado civil, a idade, o domicílio, o dia e o lugar do falecimento, informando, por fim, se há deixa por testamento. Em sequência, deve ser consignado o nome do inventariante, com indicações – quando necessárias – sobre a sua atuação do profissional. Por exemplo, no caso de remoção de inventariante no curso do inventário sucessório, de inventariança conjunta e/ou compartilhada, de inventariança dativa e de designação de *protutor*,[1809] as informações respectivas deverão ser traçadas, valendo consignar, ainda, o período de atuação e se as contas foram devidamente aprovadas. Em casos de longa administração provisória (arts. 613-614 do CPC) é salutar que tal gestor seja também identificado, pois seu labor poderá ter tido repercussão no inventário. Ademais, no caso de sucessão testamentária, será fundamental que se tragam as informações acerca do testamenteiro (art. 1.976 do CC).[1810]

No que se refere ao rol das pessoas que – de alguma maneira – participaram do inventário ou da sucessão, tem-se que o inciso I do art. 653 deve ser visto como exemplificativo (postura coerente à dimensão permeável do rol do art. 626[1811]). Assim, devem ser incluídas no "auto de orçamento" (= auto de partilha) as informações vinculadas a todo e qualquer ator com papel relevante no inventário sucessório,[1812] como cessionário dos direitos hereditários (art.

1808 Luciano Vianna Araújo, *Comentários ao Código de Processo Civil*, v. 3, p. 261-162.

1809 Sobre inventariança conjunta, compartilhada, dativa e *protutor*, confira-se os comentários ao art. 617 desta obra.

1810 Igualmente: Euclides de Oliveira, *Comentários ao Código de Processo Civil*: perspectiva da magistratura, p. 726.

1811 Vide os comentários ao art. 626 desta obra.

1812 Próximo: Pontes de Miranda, *Comentários ao Código de Processo Civil*, v. XIV, p. 233. Parecendo concordar: Euclides de Oliveira, *Comentários ao Código de Processo Civil:* perspectiva da magistratura, p. 725.

1.793 do CC), o renunciante de direitos hereditários (art. 1.806 do CC) e do representado e seu(s) representante(s) em caso de direito de representação (arts. 1.851-1.856 do CC).

Com semelhante descrição em relação ao autor da herança, há de ser feita identificação completa de toda pessoa que figurar "auto de orçamento" (= auto de partilha), apontando, inclusive, a posição jurídica que assume no inventário sucessório, até porque poderão ocorrer cumulações no sentido que estarão espelhadas na partilha.[1813] Apesar de o dispositivo em voga apenas fazer menção à necessidade de identificação dos "credores admitidos", na verdade, toda e qualquer relação de crédito/débito que envolva o patrimônio da herança deverá ser consignada. A concepção trazida se torna relevante para as situações em que ao credor não foi admitido, mas obteve a reserva de bens (art. 643, parágrafo único). Reforça tal raciocínio o disposto no inciso II do art. 653, na medida em que na folha de pagamento devem estar plasmados todos os ônus que indicam sobre bens que fazem parte da herança. Portanto, aquele que se coloca como credor do espólio em pendenga judicial, com garantia em seu favor representada por bem do espólio, deverá também ser identificado no auto de partilha.[1814] Dessa forma, a identificação subjetiva no "auto de orçamento" não é tão simplista como está fixado no art. 653, I, *a*.

No *plano objetivo*, a partilha deve espelhar todo o ativo, o passivo e o líquido partível, com as necessárias especificações. Há, portanto, necessidade de traçar resenha descritiva da liquidação da herança, procedimento que se inicia com a arrecadação e estimação dos bens. No ponto, o texto das alíneas *a* e *b* do inciso I do art. 653 possuem comunicação, pois os "credores admitidos" são atores de relevo da fase de liquidação da herança.[1815] Em desfecho, o texto da alínea *c* do inciso I do art. 653 também merece interpretação ampliativa para alcançar a meação, caso esta ainda não tenha sido depurada da herança. De modo semelhante, em caso de legado, a partilha terá que consignar o seu cumprimento (ou a frustração no sentido). Assim, qualquer resultado de entrega de patrimônio que pertencia à herança ou por ela tenha sido atraída (como é o caso da meação) deverá constar da partilha, pois corresponde a

1813 Em exemplo já utilizado várias vezes ao longo dos comentários, o cônjuge/companheiro sobrevivente, a depender do regime de bens (art. 1.829, I, do CC), poderá cumular a posição de meeiro (bens comuns) com a de herdeiro (bens particulares). Vide os comentários ao art. 620 desta obra.

1814 Igualmente: Pontes de Miranda, *Comentários ao Código de Processo Civil*. v. XIV, p. 233-234; e Gerson Fischmann, *Comentários ao Código de Processo Civil*, v. 14, p. 166-167.

1815 Vide os comentários ao art. 642 desta obra.

informação acerca dos bens que, de alguma forma, foram trazidos para o inventário sucessório.[1816]

4. Folha de pagamento

O art. 653 exige ainda que sejam confeccionadas as folhas de pagamentos, atos documentados que são dirigidos especificamente a cada parte com a declaração da "quota" a ser paga e a relação respectiva de bens que lhe compõem o quinhão. Com outras palavras, nas folhas de pagamento há a descrição do pagamento, em consonância com o "quinhão" (= *direito aferido na partilha*), relacionando de forma discriminada os bens que o suportarão. Para tanto, é necessário que os bens sejam individualizados com o delineamento de todas as suas características particulares, indicações correspondentes a sua singularização, inclusive os ônus que os gravam (art. 653, II), em caso de presença no sentido. Assim, em exemplo, no caso de partilha em que o pagamento de quinhão hereditário se faz com determinado bem imóvel, será necessário que este seja perfeitamente identificado, com informações no sentido, tais como dimensão da área, existência de acessões, confinantes, avaliação correspondente, origem do título, dados do registro e ônus (caso presentes).

Cada interessado receberá sua respectiva folha de pagamento, com a representação identificada do seu "quinhão" (ou direito reconhecido no inventário sucessório), individualizado os bens, na forma acima posta, que os representam.[1817] No particular, as folhas de pagamento adotam importante papel (sem trocadilhos) para a especificação de "ônus" que venham a acompanhar determinados bens objeto da partilha. A nomenclatura "ônus" deve ser recepcionada de forma mais ampla, referindo-se também aos direitos reais incidentes sobre bens (por exemplo, servidão), identificando, por coerência, a pessoa que é titular do "direito" que está acoplado ao bem partilhado.[1818] O pormenor toma grande relevo na sucessão diante da presença do direito real de habitação (art. 1.831 do CC) e das possibilidades de inserção de outros direitos reais capazes de propiciar uma divisão mais isonômica (como é o caso do usufruto), inclusive para quitação de dívidas do espólio (em que a anticrese é um ótimo vetor no sentido).[1819]

1816 Com raciocínio semelhante: Arruda Alvim, Araken de Assis e Eduardo Arruda Alvim, *Comentários ao Código de Processo Civil*, p. 1.502.

1817 Semelhante: Gerson Fischmann, *Comentários ao Código de Processo Civil*, v. 14, p. 167.

1818 Próximo: Pontes de Miranda, *Comentários ao Código de Processo Civil*, v. XIV, p. 234-235; e Gerson Fischmann, *Comentários ao Código de Processo Civil*, v. 14, p. 167.

1819 Sobre a aplicação dos direitos reais no inventário e na partilha, vide os comentários ao arts. 642 e 649 desta obra.

Afirma-se – corretamente – que as folhas de pagamento funcionam com base para a elaboração do futuro formal de partilha.[1820] A questão que se coloca está na eficácia da declaração contida na folha de pagamento, tendo em vista que cria um vínculo obrigacional a ser cumprido. Interpretação ortodoxa, valendo-se da conjugação dos arts. 515, IV, e 655, do CPC, indicará que o beneficiário da folha de pagamento somente receberá os bens que lhe tocam depois do trânsito em julgado da sentença que definiu a partilha, juntamente com o formal respectivo. No entanto, caso o juiz conceda tutela provisória no bojo da sentença de partilha, não é desarrazoado conferir a tal decisão, devidamente espelhada em declaração de pagamento (representada pelas respectivas folhas), eficácia imediata, tendo em vista que eventual apelação teria efeito apenas devolutivo (art. 1.012, § 1º, IV, do CPC). No ponto, diante do amplo e refinado contraditório que é conferido até que seja proferida a sentença de partilha, consoante pode se inferir dos arts. 647 e 651, há ambiência para que seja proferida tutela provisória de evidência na decisão de desfecho do inventário sucessório.[1821]

No plano formal, do mesmo modo que ocorre em relação ao "auto de orçamento", é necessária a assinatura do juiz e do escrivão em cada uma das folhas de pagamento (art. 653, parágrafo único). A cautela parece reforçar a dimensão de conferir eficácia da folha de pagamento, pois seus contornos estarão devidamente conferidos pelo julgador e pelo escrivão.

Em razão da formalidade prevista no parágrafo único do art. 653, há na doutrina entendimento de que a falta de assinaturas importa em nulidade do ato,[1822] exigindo-se, para a validade respectiva, a presença das firmas tanto do juiz como do escrivão. No que se refere ao "auto de orçamento", não é raro que este sequer seja lançado nos autos, na medida em que o juízo sucessório aproveita o esboço do partidor já estabilizado (arts. 651 e 652). Tal situação, corriqueira na prática, indica que não se trata de uma "nulidade" inflexível, não devendo ser declarada se não se verificar prejuízo concreto.[1823] Para atender ao disposto em lei, notadamente em relação às folhas de pagamento – que

1820 No sentido: ARRUDA ALVIM, ARAKEN DE ASSIS e EDUARDO ARRUDA ALVIM, *Comentários ao Código de Processo Civil*, p. 1.502.

1821 A importação (de forma adaptada) da técnica prevista no art. 311 do CPC, em especial as situações inseridas nos incisos I e IV do dispositivo, permite a concessão de tutela provisória de evidência depois de encerrado o contraditório acerca da partilha que, frise-se, tem um contexto específico e amplo para o debate. Vide os comentários ao art. 655 desta obra.

1822 No sentido: GERSON FISCHMANN, *Comentários ao Código de Processo Civil*, v. 14, p. 167-168.

1823 Próximo: FERNANDO DA FONSECA GAJARDONI, *Processo de conhecimento e cumprimento de sentença:* comentários ao CPC 2015, v. 2, p. 1.108.

possuem finalidades pulsantes à concretização da partilha – deve-se admitir que a falta de assinatura seja sanada a qualquer tempo, mediante entrega das peças para que se colham as firmas e rubricas do juiz e do escrivão. A interpretação aqui conferida está conforme o disposto no art. 656, que permite o saneamento da partilha para superar erros de fato e inexatidões materiais, trazendo à baila também o art. 8º do CPC, regra que determina que a aplicação da lei processual deverá ser guiada pela *eficiência*.

5. Adjudicação pelo herdeiro universal

Em caso de herdeiro universal, ou seja, de herdeiro único, a regra é a dispensa do auto de orçamento e das folhas de pagamento, na medida em que ordinariamente haverá a adjudicação da herança, destinando-se esta apenas para uma pessoa.[1824] No entanto, é importante consignar que, mesmo em caso de herdeiro universal, é possível que ocorra litígio no curso do inventário que envolva bens deixados pelo falecido, criando-se incertezas acerca dos limites da herança (por exemplo, dimensionamento da meação do cônjuge/companheiro sobrevivente que não figura como herdeiro). Em tais situações, a herança a ser adjudicada pelo herdeiro universal somente será identificada com segurança depois de resolvida a pendenga. Dessa forma, embora não se trate de partilha entre herdeiros, haverá decisão com depuração patrimonial que justifica a aplicação (ainda que adaptada) do art. 653, pois será relevante a exteriorização das informações reclamadas no inciso I e dos pagamentos por meio das folhas descritas no inciso II. Por conseguinte, necessário também que se expeça formal de "partilha" (art. 655), que consignará o resultado da deliberação judicial destinando bens que não foram alcançados pelo herdeiro universal (por exemplo, os bens em meação e/ou cumprimento do legado).

Art. 654. Pago o imposto de transmissão a título de morte e juntada aos autos certidão ou informação negativa de dívida para com a Fazenda Pública, o juiz julgará por sentença a partilha.

Parágrafo único. A existência de dívida para com a Fazenda Pública não impedirá o julgamento da partilha, desde que o seu pagamento esteja devidamente garantido.[1825]

CPC de 1973 – art. 1.026

1824 No sentido: Clóvis do Couto e Silva, *Comentários ao Código de Processo Civil*, v. XI, tomo I, p. 385.

1825 A grande novidade está na inserção do parágrafo único, técnica que possibilita o *julgamento da partilha* mesmo se houver dívida do espólio com a Fazenda Pública, caso seja formalizada garantia para o seu pagamento (vide item adiante).

1. Do pagamento do imposto *causa mortis*

O pagamento do imposto *causa mortis* se impõe como ato preparatório à deliberação da partilha. No sentido, o texto do art. 654 não discrepa do comando geral previsto art. 192 do CTN, que dispõe que: "nenhuma sentença de julgamento de partilha ou adjudicação será proferida sem prova da quitação de todos os tributos relativos aos bens do espólio, ou às suas rendas".[1826]

Como o inventário sucessório se notabiliza como procedimento em que as fases de arrecadação e liquidação das obrigações são essenciais para o seu desfecho, é correto que o pagamento do imposto *causa mortis* – embora prévio à deliberação final – somente seja exigido em momento posterior à "liquidação da herança" (arts. 642-646).[1827] O disposto no art. 1.792 do CC (que ratificado pelos arts. 1.997 do CC e 796 do CPC) deve ser interpretado corretamente, pois são os bens da herança que respondem pelas dívidas do falecido, e os efeitos da *saisine* (arts. 1.784 e 1.791 do CC) criam titularidade para o herdeiro que é instável, a qual se corporifica em forma de quinhão e que necessita receber lapidação para que possa, de fato, em caso de apuração positiva, ser transferida ao patrimônio individual de cada coerdeiro. Portanto, somente depois de liquidada a herança, efetuando-se os pagamentos das dívidas (em seu aspecto amplo), é que será possível dimensionar a superfície patrimonial que restará transferida concretamente aos herdeiros, fixando-se, em tal momento, a correta base de cálculo do imposto *causa mortis* (= *herança liquida*).[1828] Assim, seguindo os trilhos normais, será elaborado o cálculo do imposto antes do julgamento da partilha.[1829]

1826 Igualmente: Daniel Amorim Assumpção Neves, *Novo Código de Processo Civil comentado*, p. 1.091.

1827 Não por acaso que o art. 647, em sua parte inicial, faz alusão ao art. 642, § 2º, pois, ao se cumprir tal comando, estar-se-á propiciando que o cálculo seja efetuado com olhos na *herança líquida*, permitindo o pagamento sobre a correta base de cálculo.

1828 No sentido: "ITCMD (...) Base de cálculo deve compreender apenas o patrimônio líquido a ser transferido aos herdeiros. Descabida a incidência sobre a totalidade da herança" (TJSP; 6ª Câmara de Direito Público, Apelação/Remessa Necessária 1069189-25.2019.8.26.0053, j. 22/04/2020, *DJ* 27/04/2020). Igualmente: TJMS, 3ª Câmara Cível, AC 01032832720038120001, j. 22/05/2019, *DJ*, 24/05/2019; TJMG, 6ª Câmara Cível, AC 1.0000.16.025635-0/001, j. 18/10/2016, *DJ* 19/10/2016; TJPR, AC 3372945 PR 0337294, *DJ* 07/03/2019. Registre-se que há decisões do STF no sentido (1ª Turma, AI 733.976, j. 11/12/2012, *DJ*, 06/02/2013; e Tribunal Pleno, RE 14.726 EI, j. 12/10/1950, *DJ* 16/11/1950). Na doutrina, confira-se (entre vários): José da Silva Pacheco, *Inventários e partilhas*: na sucessão legítima e testamentária, p. 493; Euclides de Oliveira e Sebastião Amorim, *Inventário e partilha:* teoria e prática, p. 386; e Carlos Alberto Dabus Maluf e Adriana Caldas do Rego Freitas Dabus Maluf, *Curso de Direito das Sucessões*, p. 538.

1829 Saliente-se que a etapa da elaboração de cálculos (arts. 630-636) somente se justifica depois de encerrada à liquidação da herança (arts. 642-646), ou seja, depois de refinada a base de cálculo do imposto *causa mortis*. Vide os comentários aos arts. 637 e 638 e desta obra.

Não é raro que o inventário tenha seu curso normal até o momento do pagamento do imposto, ocorrendo paralisação da marcha até que se efetive a correspondente comprovação, situação que é tratada como hipótese de "suspensão imprópria do processo".[1830] Uma das soluções que se apresenta para que a situação seja resolvida é a expropriação de bens do espólio para pagamento do imposto *causa mortis*, com apresentação de pedido no sentido, em adaptação ao disposto no art. 619, III, do CPC.[1831-1832]

2. O momento de pagamento do imposto *causa mortis* e a legislação local

Nem sempre há uma relação harmoniosa entre a legislação local com federal em se tratando de inventário sucessório, notadamente em relação ao tema do pagamento do imposto *causa mortis*.[1833] Exemplo frisante está no fato de que alguns diplomas estaduais que fixam prazo para recolhimento do ITCMD a partir da abertura da sucessão, ou seja, exigem o pagamento do tributo independentemente da instauração de inventário *causa mortis*. No sentido, o Estado de São Paulo que, em razão da do disposto nos arts. 15 e 17, § 1º, da Lei (estadual) n. 10.705/2000, exige que o pagamento do tributo de transmissão "a título de morte" seja recolhido no máximo em até 180 dias da abertura da sucessão, sob pena de incidência de mora (art. 20). Note-se, que, quando a referida norma estadual prevê que o "prazo de recolhimento do imposto não poderá ser superior a 180 (cento e oitenta) dias da abertura da sucessão" há, de forma indireta, fixação de prazo de natureza processual em relação ao inventário sucessório, invadindo o que já está regulado na legislação federal.[1834]

Com efeito, o art. 611 do CPC dispõe que o inventário deverá ser instaurado em dois meses depois de aberta a sucessão, tendo os interessados 12 meses para finalizar o processo sucessório. Assim, com a soma dos dois prazos

---

1830 No sentido: DANIEL AMORIM ASSUMPÇÃO NEVES, *Novo Código de Processo Civil comentado*, p. 1.091.

1831 Próximo: GERSON FISCHMANN, *Comentários ao Código de Processo Civil*, v. 14, p. 168.

1832 De toda sorte, seguindo o comumente traçado nas legislações locais, os responsáveis pelo pagamento do imposto *causa mortis* são o herdeiro (na dimensão de seu quinhão) e o legatário (em relação a base do legado). Assim, a operação de alienação de bens do espólio para pagamento do imposto *causa mortis* poderá ter compensação respectiva na partilha, pois se trata de adiantamento (ainda que atípico). Correto HAMILTON DE MORAES BARROS ao definir que: "O imposto de transmissão *causa mortis* está a cargo do herdeiro. Ele é calculado em função da condição individual de cada sucessor e em proporção aos bens que lhe caibam (*Comentários ao Código de Processo Civil*, v. IX, p. 324).

1833 Sobre o tema, vide os comentários ao art. 637 desta obra.

1834 Registre-se que a legislação de São Paulo não é a única a regular o tema. De forma próxima: (a) Minas Gerais – art. 13 da Lei n. 4.491/2003; (b) Acre – art. 18 da Lei (complementar) n. 271/2013.

(*prazo para instauração + prazo para término*) e cumprindo-se cabalmente o art. 611, há a projeção de que o inventário *causa mortis* poderá se encerrar em até 14 meses da abertura da sucessão. O § 1º do art. 17 da Lei n. 10.705/2000 – ao fixar 180 dias da abertura da sucessão como limite para recolhimento do ITCMD – atinge os prazos processuais, reduzindo-os se o inventário for instaurado observando-se o prazo de dois meses do art. 611, restando algo em torno quatro meses para que o inventário estivesse pronto para o julgamento da partilha, momento em que o ITCMD deve ser pago (art. 654). Fica evidente, portanto, que a lei estadual ilustrada – ainda que de forma involuntária – regulou não apenas o prazo para recolhimento do imposto, mas também prazo limite para que fases processuais do inventário sejam ultrapassadas, a fim de que se alcance a etapa do art. 654 (= *julgamento da partilha*), postura que demonstra não só o desrespeito ao calendário do art. 611, mas também a invasão constitucional em sede de competência legislativa (art. 22, I, da CF).

Não se diga que a legislação local pode prever o pagamento do imposto *causa mortis* independente da instauração de inventário sucessório, ou seja, que poderia a legislação fixar regra de recolhimento compulsório do ITCMD sem a necessidade de abertura do inventário *causa mortis*. Tal raciocínio é falso, pois o imposto *causa mortis* é devido sobre a *herança líquida*, ou seja, a sua base de cálculo leva em consideração o patrimônio deixado pelo falecido, depois de descontadas as suas dívidas. O ITCMD não pode estar vinculado ao patrimônio da abertura da sucessão (herança bruta), pois seu cálculo demanda, repita-se, a *liquidação da herança*, ou seja, incide sobre o resultado da confrontação da força patrimonial dos bens da herança com as dívidas respectivas, sendo tal procedimento liquidatório efetuado no ventre do inventário *causa mortis*.

A redação do art. 654 é coerente com a concepção do inventário *causa mortis* como processo obrigatório de *arrecadação* e *liquidação* da herança. A legitimação para instauração do inventário, fixada no art. 616 do CPC, demonstra claramente a natureza do processo sucessório em voga, pois no citado rol estão indicadas pessoas interessadas na *arrecadação* e *liquidação* da herança, incluindo-se, no particular, a Fazenda em seu inciso VIII. A legitimação da Fazenda, portanto, permite que esta instaure o inventário e possa, depois da liquidação da herança com desfecho positivo (partilha ou adjudicação), reclamar o pagamento do tributo correspondente à transferência patrimonial, inclusive com mora (caso ocorram atrasos).

Saliente-se que, se o texto do § 1º do art. 17 da Lei n. 10.705/2000 for levado a exponencial máximo, em interpretação inflexível e desapegada do CPC, a Fazenda Estadual se colocará em situação de risco tributário, pois se afastará da aplicação da Súmula 114 do STF, que definiu o entendimento de que o *imposto de transmissão causa mortis não é exigível antes da homologação do cálculo*. Dessa forma, o prazo prescricional/decadencial para a cobrança/lançamento do ITCMD passaria a contar da abertura da sucessão e não da homologação do cálculo do imposto *causa mortis*, situação que gerará grande insegurança à Fazenda Estadual. Seja como for, o texto da Súmula 114 do STF, ao ser aplicado no caso em exame, ratifica que não se pode falar em exigibilidade do ITCMD sem a sua apuração efetiva, fato que somente será efetuado ordinariamente com a instauração do inventário sucessório.

A apertada abordagem efetuada (e que utilizou como parâmetro de debate a realidade da legislação de São Paulo) demonstra a necessidade de respeito ao disposto no art. 654, não sendo possível que o diploma local invada a competência federal para tratar de temas processuais íntimos ao inventário sucessório, tais como o prazo para consecução de atos processuais e quebra da estrutura procedimental de arrecadação e liquidação que se extrai da legislação federal, notadamente do CPC em vigor.[1835]

3. Comprovação da regularidade fiscal e outras exigências

O art. 654 não apenas exige que se efetue o pagamento do imposto de transmissão *causa mortis* antes que se decida a partilha, como também determina que o espólio comprove a sua regularidade fiscal, por meio da *juntada aos autos da certidão ou informação negativa de dívida para com a Fazenda Pública*. A comprovação de regularidade fiscal está atrelada às exigências do CTN, de modo que deverá ser apresentada certidão de negativa de débito (art. 205) ou "certidão positiva com efeito negativo" (art. 206).[1836] De forma resumida,

---

1835 Não é por acaso que a jurisprudência do TJSP foi firme em afastar a aplicação do prazo fixado no art. 17, § 1º da Lei n. 10.705/2000. No sentido (entre vários): TJSP, 3ª Câmara de Direito Privado, AI 2105787-86.2020.8.26.0000; j. 23/06/2020, *DJ* 24/06/2020. Confira-se, ainda: TJSP, 3ª Câmara de Direito Privado, AI 2232784-17.2020.8.26.0000, j. 23/10/2020, *DJ* 23/10/2020; 3ª Vara Cível, AI 2170052-34.2019.8.26.0000, j. 21/01/2020, *DJ* 21/01/2020.

1836 Exemplo comum de dívida que propicia a expedição de certidão positiva com efeito negativo envolve a execução fiscal alvejada por embargos à execução. Em tal situação, caso o contribuinte apresente bem hábil a cobrir a totalidade do débito, efetuando-se penhora em favor da Fazenda, a referida constrição propiciará a expedição da certidão de "regularidade fiscal". No sentido: STJ, 1ª Turma, AgRg no AREsp 210.440/RS, j. 27/11/2012, *DJ* 04/12/2012; 1ª Turma, AgRg nos EDcl no Ag 1.077.186/RJ, *DJ* 20/04/2009. Não se pode limitar a hipótese aos embargos à execução, pois o CTN em seu artigo 151 prevê variadas situações de suspensão da exigibilidade do crédito tributário, dentre os quais está a concessão de tutela provisória (incisos IV e V) que, sem dúvida, pode ser concedida sem a necessidade de garantia. No tema, confira-se: Paulo Cezar Pinheiro Carneiro, *Inventário e partilha judicial e extrajudicial*, p. 178-179; Daniel Amorim Assumpção Neves, *Novo Código de Processo Civil comentado*, p. 1.091; Rodrigo Ramina Lucca, *Breves comentários ao novo Código de Processo Civil*, p. 1.729; e Luciano Vianna Araújo, *Comentários ao Código de Processo Civil*, v. 3, p. 263.

enquanto à primeira certidão espelha a inexistência de dívida com a Fazenda, a segunda indica que há "créditos não vencidos, em curso de cobrança executiva em que tenha sido efetivada a penhora, ou cuja exigibilidade esteja suspensa". Portanto, o art. 659 possui comunicação com os arts. 151, 205 e 206 do CTN, devendo-se considerar com situação de "regularidade fiscal" qualquer das hipóteses tratadas nos citados dispositivos, permitindo-se, assim, que seja proferida decisão acerca da deliberação da partilha.

O cenário criado em favor da Fazenda no âmbito do *inventário pelo procedimento padrão* indica que há pouco interesse prático para que ela habilite seu crédito no inventário sucessório, pois o art. 654 determina a regularização fiscal antes da deliberação da partilha.[1837]

Sem prejuízo do cumprimento disposto no art. 654, a legislação federal contempla exigências pontuais para determinados tipos de bens, devendo a comprovação de regularidade ser efetuada antes da partilha. Em exemplo, no que tange aos imóveis rurais o art. 22, § 2º, da Lei n. 4.947/66 exige que seja apresentado o certificado de cadastro expedido pelo órgão fundiário competente.[1838]

Saliente-se, em arremate, que os débitos tributários que não tenham relação direta com o espólio, quinhão ou transmissão não devem impedir o julgamento da partilha ,[1839] interpretação que pode ser extraída da parte final do art. 192 do CTN.

4. A "prestação de garantia"

O parágrafo único do art. 654 traz novidade (doutrinariamente aplaudida[1840] e repudiada[1841]) ao dispor que "a existência de dívida para com a Fazenda Públi-

---

1837 Pode-se imaginar interesse de habilitação para se evitar a prescrição (art. 202, IV, do CC). No tema, vide os comentários aos art. 642 desta obra.

1838 Com igual anotação: Silvio de Salvo Venosa, *Código Civil interpretado*, p. 1.719; Arruda Alvim, Araken de Assis e Eduardo Arruda Alvim, *Comentários ao Código de Processo Civil*, p. 1.502; e Ernane Fidélis dos Santos, *Manual de Direito Processual Civil*, v. 3, p.111.

1839 Igualmente: Rodrigo Ramina Lucca, *Breves comentários ao novo Código de Processo Civil*, p. 1.729.

1840 No sentido: Luciano Vianna Araújo, *Comentários ao Código de Processo Civil*, v. 3, p. 263; Euclides de Oliveira, *Comentários ao Código de Processo Civil:* perspectiva da magistratura, p. 727; Felippe Borring Rocha, *Comentários ao novo Código de Processo Civil*, p. 976-977; Pedro Alexandre Moreira, *Comentários ao Código de Processo Civil*, p. 909; e Rodrigo Ramina Lucca *Breves comentários ao novo Código de Processo Civil*, p. 1.729.

1841 Fernando da Fonseca Gajardoni sustenta que o parágrafo único do art. 654 é inconstitucional, pois, na sua visão, "disciplina, por lei ordinária, algo que constitucionalmente, é da reserva de lei complementar (art. 146 da CFC), excepcionando

ca não impedirá o julgamento da partilha, desde que o seu pagamento esteja devidamente garantido". Apesar da "boa intenção" do legislador, o texto legal não é claro e permite interpretações variadas, inclusive quanto à própria aplicação.

Inicialmente, há de se restringir a aplicação do dispositivo às dívidas fiscais com a Fazenda Federal, Município e Estado que não se confundem com o próprio imposto *causa mortis*, cujo pagamento se impõe e deve ser feito em favor do ente favorecido (art. 155, I, da CF) antes da partilha ou adjudicação. Assim, evidencia-se que o dispositivo está voltado para "os tributos relativos aos bens do espólio, ou às suas rendas" (parte final do art. 192 do CTN).[1842]

Feito o corte acima, é possível interpretar de forma restritiva o parágrafo único do art. 654, entendendo que este apenas alcança as ações judiciais em que o espólio apresentou garantia em favor da Fazenda, fato que autoriza a expedição de certidão positiva com efeito negativo. A aludida interpretação não pode ser vista como descabida diante da literalidade do *caput* do art. 654, que faz alusão à apresentação de "certidão ou informação negativa de dívida para com a Fazenda Pública", entendendo-se, assim, que a cabeça do dispositivo apenas contempla as "certidões negativas" previstas no art. 205 do CTN. Por conseguinte, o parágrafo único do art. 654 estaria preenchendo o vácuo em relação à possibilidade de apresentação de "certidão positiva com efeito negativo" que possui previsão no art. 206 do CTN e apresenta os "mesmos efeitos" da certidão negativa. Trata-se de exegese limitada, voltada à aplicação do art. 206 do CTN no inventário sucessório e que reconhece que os ditames do art. 151 do CTN também merecem ser recepcionados.

Afigura-se, contudo, que o parágrafo único do art. 654 merece interpretação mais ampla, capaz de permitir que a "garantia" posse ser efetuada no bojo do inventário sucessório.[1843] Como tal exegese, há de ser feito diálogo do dis-

o regramento do art. 192 do CTN" (*Processo de conhecimento e cumprimento de sentença:* comentários ao CPC 2015, v. 2, p. 1.110). A crítica não prospera, pois é pacífico que a regularidade fiscal seja comprovada por meio da expedição de "certidão positiva com efeito negativo" (art. 206 do CTN). Um dos exemplos clássicos que permite a expedição de tal certidão é a garantia judicial da dívida fiscal, ordinariamente ultimada por meio da penhora. No ponto, a reserva de bens efetuada nos autos do inventário (em aspecto geral) possui feição que se aproxima da figura do aresto, ou seja, é tratada como ato prévio à penhora (STJ, 3ª Turma, REsp 703.884/SC, j. 23/10/2007, *DJ* 08/11/2007). Assim, há alinhamento do art. 654, parágrafo único, com o art. 206 do CTN.

1842 Em exemplo, não é incomum que determinado imóvel urbano esteja acoimado de dívida do IPTU, fato este que embaraçaria a decisão da partilha sobre os demais bens da herança.

1843 No sentido: Luciano Vianna Araújo, defende que garantia pode ser prestada por meio de caução no próprio inventário (*Comentários ao Código de Processo Civil*, v. 3, p. 263-264).

positivo em voga com o disposto no art. 663 do CPC, que admite que, no caso de caso de arrolamento sumário, seja feita "reserva de bens" no ventre do inventário. Na adaptação do art. 663 para transporte à bandeja do parágrafo único do art. 654, fica evidenciado que é necessário o contraditório em relação ao fisco, a fim de que este se manifeste acerca da dívida apontada, assim como em relação à garantia em si, sendo possível apresentar impugnação ampla (tal como inadequação do bem apresentado para a garantia), e não apenas a sua estimação, afastando-se a literalidade do parágrafo único do art. 663.[1844]

No caso de se chegar ao consenso, é possível se adaptar o disposto nos arts. 2.021 do CC e 669, parágrafo único, do CPC, ficando o bem reservado na posse do inventariante até que o pagamento e/ou o debate sobre a dívida se encerre, caso não seja convencionado em contrário.[1845] Todavia, caso não ocorra consenso acerca da garantia, a solução mais adequada é a remessa externa (= *vias ordinárias*), pois a matéria do debate não é afeta diretamente ao direito sucessório, e trazer a discussão para o bojo do inventário poderá ocasionar não só o desvio do seu objeto, mas também o retardo do desfecho correspondente. No sentido, embora a controvérsia acerca do pagamento de dívidas seja eminentemente documentada, a opção do legislador foi no sentido de remessa para deslinde do conflito para fora do inventário se houver resistência do inventariante e/ou dos herdeiros em efetuar o pagamento (art. 643[1846]). Dessa forma, a mesma lógica há de ser aplicada em relação à garantia do pagamento da dívida quando a Fazenda (como credora) não concordar com a oferta efetuada pelo espólio.

De toda sorte, nos casos em que a resistência da Fazenda for injustificada, é possível que o próprio juízo sucessório determine que se faça a reserva, adaptando o disposto no parágrafo único do art. 643.[1847] Com efeito, se a postula-

---

1844 Vide os comentários ao art. 663 desta obra.

1845 O fato de o juízo sucessório decidir, deliberando sobre a partilha, não significa que o espólio foi dissolvido de fato, pois o reconhecimento de que há – concretamente – bem que deverá ser sobrepartilhado (ainda que para a entrega futura ao credor ou ato de expropriação) não extingue o espólio. No sentido (por todos): STJ, 1ª Turma, AgInt no REsp 1.684.828/PR, j. 30/11/2020, *DJ* 03/12/2020.

1846 Resumidamente, a remessa prevista às "vias ordinárias" que está tratada no art. 643 não é motivada pela dilação probatória. O que justifica o envio para debate externo é a resistência motivada dos interessados na herança em não efetuar o pagamento. No sentido: Gerson Fischmann, *Comentários ao Código de Processo Civil*, v. 14, p. 146; Paulo Cezar Pinheiro Carneiro, *Inventário e partilha judicial e extrajudicial*, p. 160-161; e Cristiano Chaves de Farias e Nelson Rosenvald, *Curso de Direito Civil:* Sucessões, v. 7, p. 566. Vide os comentários ao art. 642 desta obra.

1847 Parecendo concordar: Paulo Cezar Pinheiro Carneiro, *Inventário e partilha judicial e extrajudicial*, p. 179.

ção acerca da reserva for apresentada de forma documentada, indicando de forma clara que o bem está em condições de suportar o débito fiscal e a manifestação da Fazenda for evasiva, sem opor fundamentos que sejam capazes de gerar dúvida razoável, deve ser adaptada a técnica prevista no parágrafo único do art. 643 (que possui forte comunicação com o disposto no art. 311, IV) e permitir que o juízo sucessório delibere positivamente sobre a garantia.[1848] Não há que se falar em falta de competência do juízo que processa o inventário *causa mortis*, tendo em vista que o disposto no art. 612 não lhe traz qualquer restrição no sentido (a exceção de eventual dilação probatória que não a documentada). Caso o juízo sucessório determine a formalização de garantia em favor da Fazenda, em regra, o bem ficará na posse do inventariante,[1849] devendo constar de forma expressa, na deliberação sobre a partilha e o respectivo formal, a descrição do bem reservado.[1850] Diante da peculiaridade da situação, não se aplicará o comando fixado no art. 668, II, reservando-se o bem para sobrepartilha (art. 670) de forma assemelhada ao que ocorre em relação aos "bens litigiosos" e, portanto, a garantia remanescerá até que a dívida seja satisfeita ou extinta, salvaguardando-se, assim, os interesses da Fazenda.

Sem prejuízo de tudo aduzido, se, em relação à dívida, a Fazenda já tiver proposto ação judicial, poderá o espólio se valer do parágrafo único do art. 654 a fim de que, efetuando-se garantia no bojo do processo respectivo, seja obtida a certidão "positiva com efeito negativo" (art. 206 do CTN). A maior dificuldade, portanto, estará nos casos em que não há ação judicial em curso, impedindo que o espólio apresente a garantia para segurar o pagamento da dívida, e não ocorra consenso para que tal procedimento se faça no ventre do inventário sucessório.

Demais disso, como – ao juízo sucessório – interessa somente a demonstração de regularidade fiscal, que pode ser comprovada mediante exibição de "certidão positiva com efeito negativo", o espólio poderá promover ação judicial autônoma com o objetivo exclusivo de ofertar a garantia, formalizando-a com a finalidade de aplicação do art. 654, parágrafo único. Com efeito, formou-se o entendimento de que é permitindo ao contribuinte (tachado de devedor), "enquanto não promovida a execução fiscal, ajuizar ação cautelar para antecipar a prestação da garantia em juízo com o objetivo de obter a expedição de certidão positiva com efeito de negativa".[1851] Considerando que a

---

1848 Sobre a tutela provisória em voga, vide os comentários aos art. 643 desta obra.

1849 Sem prejuízo de deliberação consensual para que fique em poder de outro ator do inventário (por exemplo, determinado herdeiro).

1850 Bem próximo: Euclides de Oliveira, *Comentários ao Código de Processo Civil:* perspectiva da magistratura, p. 727.

1851 Confira-se: STJ, 1ª Seção, EREsp 205.815/MG, j. 14/03/2001, *DJ* 04/03/2002; 1ª Seção, EREsp 574.107/PR, 28/03/2007, *DJ* 07/05/2007; 1ª Seção, EDcl nos EREsp

regularidade fiscal é condição para o desfecho do inventário *causa mortis*, o art. 654, parágrafo único, pode ser invocado como o fundamento jurídico de tal ação autônoma a ser movida pelo espólio, apresentando este garantia suficiente e adequada para a expedição da certidão "positiva com efeito negativo".[1852] A ação autônoma permitirá que se formalize garantia em favor da Fazenda que, caso opte como ajuizar execução fiscal, estará resguardada com bem já constrito, bastando, pois, a conversão em penhora.

Conclui-se, assim, que o parágrafo único do art. 659, além de permitir interpretações variadas, parece também admitir caminhos diferentes para que seja formalizada a garantia em favor da Fazenda, a fim de que esta propicie a salvaguarda da dívida e a expedição de "certidão positiva com efeito negativo" (art. 206 do CTN).

5. A prestação de "garantia" e o hipossuficiente

Não é raro que a sucessão contemple pessoas hipossuficientes, fixando-se o conceito no particular na pessoa sem ou com recursos limitados. Com tal cenário, foi editado o Enunciado n. 71 do FPPC,[1853] que, interpretando o art. 654, parágrafo único, em conjunto com o art. 300, § 1º, do CPC, apresentou o entendimento de ser permitida a deliberação sobre partilha (ou adjudicação), dispensando a garantia prevista no parágrafo único do art. 654, se no processo em que se discute dívida para com a Fazenda a parte for hipossuficiente.[1854]

815.629/RS, j. 11/10/2006, *DJ* 12/02/2007; STJ, 2ª Turma, REsp 836.789/SC, j. 10/06/2007, *DJ* 27/06/2008. O assunto foi sedimentado no julgamento do REsp Repetitivo 1.123.669/RS (Tema 237, 1ª Seção, j. 09/10/2009, *DJ* 01/02/2010).

1852 Apesar de não ser comum, há situações em que o fundamento da ação judicial é a apresentação de garantia em favor de outra pessoa, a fim de que a normalidade da relação se opere. Em exemplo, a parte final do art. 477 do CC prevê que o contratante poderá apresentar garantia judicialmente se a contraparte recusar a dar fluxo contratual sob o fundamento de "falta de garantia do cumprimento". A ilustração acima demonstra que não se trata de *caução processual,* sendo inaplicável concepção de que a garantia terá como objetivo proteger o litigante de eventual efeito colateral do processo judicial. Trata-se aqui de prestação de garantia que salvaguarda o credor, retirando óbice de trânsito para o inventário sucessório. De toda sorte, ainda que com ela não se confunda, há pontos de contato com a ação cautelar de caução que era prevista nos arts. 826-838 do CPC de 1973.

1853 Enunciado n. 71 do FPPC: "Poderá ser dispensada a garantia mencionada no parágrafo único do art. 654, para efeito de julgamento da partilha, se a parte hipossuficiente não puder oferecê-la, aplicando-se por analogia o disposto no art. 300, § 1º".

1854 Com breve anotação sobre o referido enunciado, confira-se RODRIGO MAZZEI e LERIANE DRUMOND BENTO, Comentários aos Enunciados 181 e 182 do FPPC. In: RAVI PEIXOTO (coord.). *Enunciados do FPPC Comentados*, p. 522. Ainda no tema: FERNANDA TARTUCE e RODRIGO MAZZEI, Inventário e partilha no CPC/15: pontos

É importante compreender a concepção do enunciado, pois não foi extratizado nenhum tido de entendimento que isenta o espólio de pagar as suas dívidas fiscais, diferente do que ocorre em relação ao imposto de transmissão seguindo o gabarito da legislação local.[1855] Na verdade, o enunciado apenas prega que, em situações pontuais de evidente hipossuficiência (verificada concretamente), o juízo sucessório poderá dispensar a apresentação de bem em garantia para salvaguardar as dívidas fiscais. Note-se, no entanto, que as dívidas fiscais em tais casos acompanharão a herança, aplicando-se, com encaixes o disposto nos arts. 1.997 do CC e 796 do CPC, no sentido de que a partilha não absolve os herdeiros de pagar as dívidas em proporção da parte que na herança lhe coube. Em suma, excepcionalmente, poderá se autorizar a partilha (ou adjudicação) mesmo como dívidas fiscais, dispensando-se a formalização de garantia, tendo em vista a própria responsabilidade patrimonial contida nos arts. 1.997 do CC e 796 do CPC, e seguirá com o produto da partilha. Pode-se cogitar que, com o esteio nos arts. 139, IV, e 301, que o juízo sucessório faça consignar nos bens alcançados pela partilha a informação de dívida fiscal, salvaguardando os interesses de terceiros de boa-fé e da Fazenda.

Em arremate, o juízo sucessório antes de adotar tal medida excepcional, deverá intimar a Fazenda Pública respectiva, facultando-lhe manifestação a respeito. No ponto, é possível que a própria Fazenda, ao ser intimada, apresente dicção que não se oponha à partilha ou à adjudicação, apresentando manifestação que reconhece a prescrição da dívida ou que se trata de dívida de pequeno valor que se enquadra, por exemplo, em legislação que dispensa sua cobrança.

6. O momento do pagamento de imposto no arrolamento

Há uma sistemática própria em relação ao pagamento do imposto *causa mortis* no arrolamento, não se aplicando o disposto no art. 654.[1856]

---

de destaque na relação entre os direitos material e processual. In: Fernanda Tartuce, Rodrigo Mazzei e Sergio Barradas Carneiro (coords). *Famílias e Sucessões*, p. 601-603. Fernando da Fonseca Gajardoni entende que não é possível dispensar a garantia, mesmo em caso de hipossuficiência dos herdeiros, razão pela qual apresenta discordância ao texto do referido enunciado (*Processo de conhecimento e cumprimento de sentença*: comentários ao CPC 2015, v. 2, p. 1.110).

1855 Os diplomas locais possuem previsões que permitem a isenção do imposto *causa mortis* (muito embora o assunto seja tratado com muitas variações nas legislações estaduais). Mediante contraditório prévio junto à Fazenda, há entendimento de que a isenção poderá ser deliberada pelo juízo sucessório (sempre antes da decisão sobre a partilha). No sentido: STJ, 2ª Turma, REsp 238.161/SP, j. 12/09/2000, *DJ* 09/10/2000. Vide os comentários ao art. 637 desta obra.

1856 No sentido: STJ, 2ª Turma, AgInt no AREsp 1.374.548/DF, j. 12/02/2019, *DJ* 19/02/2019; 1ª Turma, REsp 1.704.359/DF, j. 28/08/2018, *DJ* 02/10/2018. Vide os comentários ao art. 659 desta obra.

7. Natureza da decisão que julga (definitivamente) a partilha

No aspecto formal, com decisão que encerra o processo sucessório há encaixe no disposto no art. 203, § 1º, ou seja, trata-se de sentença.[1857] Todavia, em razão da singularidade atrelada ao inventário *causa mortis,* é natural que a sua decisão que define a partilha ou a adjudicação possua peculiaridades. Com efeito, como, na grande maioria das vezes, a abertura da sucessão forma condomínio hereditário, diante da presença de mais de um herdeiro (art. 1.791 do CC), a decisão que delibera pela partilha terá caráter desconstitutivo, pois dissolverá o vínculo condominial provocado pela *saisine* (art. 1.784 do CC).[1858] Sob outra ótica, considerando que a decisão final que delibera sobre a partilha (ou adjudicação) confere nova situação patrimonial, é possível também se extrair da sentença respectiva a natureza constitutiva (positiva).[1859] Dessa forma, em boa parte dos casos, o inventário se encerrará com decisão (sentença) que terá simultaneamente efeito desconstitutivo (em relação ao condomínio) e constitutivo (no que se refere aos beneficiários com a herança).[1860] Por conseguinte, não é segura a afirmação de que a sentença proferida no inventário possui natureza declaratória,[1861] até porque na dinâmica natural do inventário

1857 Dentre vários: Ricardo Alexandre da Silva e Eduardo Lamy, *Comentários ao Código de Processo Civil*, v. IX, p. 589; Euclides de Oliveira e Sebastião Amorim, *Inventário e partilha*: teoria e prática, p. 407; e Gerson Fischmann, *Comentários ao Código de Processo Civil*, v. 14, p. 168.

1858 Igualmente: Rodrigo Ramina Lucca, *Breves comentários ao novo`Código de Processo Civil*, p. 1.729. No caso de adjudicação da herança pelo herdeiro universal, muito embora não se possa falar em condomínio hereditário na plataforma prevista no art. 1.791 do CC, no caso de presença de cônjuge/companheiro sobrevivente que amealhou patrimônio com o falecido em vida, deverá ser extinto tal condomínio que, apesar de base por ato *inter vivos,* foi atraído para sucessão. Correta a observação de Euclides de Oliveira e Sebastião Amorim: "(...) meação não é herança, mas parte do acervo patrimonial já pertencente ao meeiro" (*Inventário e partilha*: teoria e prática, p. 386). Assim, encerra-se com a partilha um condomínio entre meação e herança que, em vida, era composto pelo cônjuge/companheiro sobrevivente e o autor da herança.

1859 Próximo: Rodrigo Ramina Lucca, *Breves comentários ao novo Código de Processo Civil*, p. 1.729.

1860 Próximo: Fernando da Fonseca Gajardoni, *Processo de conhecimento e cumprimento de sentença:* comentários ao CPC 2015, v. 2, p. 1.110-1.111; e Felippe Borring Rocha, *Comentários ao novo Código de Processo Civil*, p. 977. Com análise da eficácia declaratória e executiva da sentença que define a partilha, confira-se: Pontes de Miranda, *Comentários ao Código de Processo Civil,* v. XIV, p. 244-253.

1861 Entendendo pela natureza declaratória da partilha: Conrado Paulino da Rosa e Marco Antônio Rodrigues, *Inventário e partilha*, p. 399; e Gustavo Tepedino, Ana Luiza Maia Nevares e Rose Melo Vencelau Meireles, *Direito das sucessões*, p. 268.

admitem-se variáveis capazes de alterar a titularidade que se projetou inicialmente com a abertura da sucessão.[1862]

8. Recurso

A decisão que delibera sobre a partilha ou a adjudicação, dando por encerrado o inventário sucessório, tem natureza jurídica de sentença. Pouco importa que no seu bojo seja declarado que há bens que submeterão à sobrepartilha, pois, em tal hipótese, será instaurado novo inventário (ainda que de natureza suplementar).[1863] Dessa forma, a apelação será o recurso cabível para atacar a decisão final que delibera a partilha ou a adjudicação (art. 1.009 do CPC).[1864] A apelação terá duplo efeito (devolutivo + suspensivo),[1865] situação de certa maneira contraditória com o previsto no art. 1.012, § 1º, I, segundo o qual o referido recurso que atacar a sentença que homologa divisão ou demarcação de terras.[1866] A contradição decorre da diretriz (de mão dupla) da aplicação das regras de condomínio à partilha (art. 1.791, parágrafo único, do CC) e da partilha à divisão do condomínio (art. 1.321 do CC).[1867]

1862 Próximo (e parecendo concordar): Gerson Fischmann, *Comentários ao Código de Processo Civil*, v. 14, p. 168-171; Arruda Alvim, Araken de Assis e Eduardo Arruda Alvim, *Comentários ao Código de Processo Civil*, p. 1.502; Daniel Amorim Assumpção Neves, *Novo Código de Processo Civil comentado*, p. 1.091; Sergio Shaione Fadel, *Código de Processo Civil*. Arts. 890 a 1.220, p. 184; Paulo Cezar Pinheiro Carneiro, *Inventário e partilha judicial e extrajudicial*, p. 180; e Artur César de Souza, *Código de Processo Civil*, v. III, p. 1.574.

1863 Vide os comentários ao art. 670 desta obra.

1864 Igualmente: Artur César de Souza, *Código de Processo Civil*, v. III, p. 1.575; Paulo Cezar Pinheiro Carneiro, *Inventário e partilha judicial e extrajudicial*, p. 180; Felippe Borring Rocha, *Comentários ao novo Código de Processo Civil*, p. 977; Bertha Steckert Rezende e Cristiano Imhof, *Comentários ao Código de Processo Civil*, p. 755; Fernando da Fonseca Gajardoni, *Processo de conhecimento e cumprimento de sentença*: comentários ao CPC 2015, v. 2, p. 1.111; Arruda Alvim, Araken de Assis e Eduardo Arruda Alvim, *Comentários ao Código de Processo Civil*, p. 1.502; Sergio Shaione Fadel, *Código de Processo Civil*. Arts. 890 a 1.220, p. 184; Ricardo Alexandre da Silva e Eduardo Lamy, *Comentários ao Código de Processo Civil*, v. IX, p. 589; Hamilton de Moraes Barros, *Comentários ao Código de Processo Civil*, Vol. IX, p. 324); Euclides de Oliveira e Sebastião Amorim, *Inventário e partilha*: teoria e prática, p. 407; e Rodrigo Ramina Lucca, *Breves comentários ao novo Código de Processo Civil*, p. 1.729.

1865 Igualmente: Ricardo Alexandre da Silva e Eduardo Lamy, *Comentários ao Código de Processo Civil,* v. IX, p. 589.

1866 Com observação semelhante: Clóvis do Couto e Silva, *Comentários ao Código de Processo Civil,* v. XI, tomo I, p. 387.

1867 Sobre a eficácia da sentença que julga a partilha, vide os comentários ao art. 655 desta obra.

Sem prejuízo da possibilidade da interposição da apelação, o legislador, de forma expressa, prevê que a parte poderá postular a emenda (art. 656), a anulação (art. 657) e a rescisão da partilha/adjudicação (art. 658), fixando-se as bases em artigos próprios.

Art. 655. Transitada em julgado a sentença mencionada no art. 654, receberá o herdeiro os bens que lhe tocarem e um formal de partilha, do qual constarão as seguintes peças:

I – termo de inventariante e título de herdeiros;

II – avaliação dos bens que constituíram o quinhão do herdeiro;

III – pagamento do quinhão hereditário;

IV – quitação dos impostos;

V – sentença.

Parágrafo único. O formal de partilha poderá ser substituído por certidão do pagamento do quinhão hereditário quando esse não exceder a 5 (cinco) vezes o salário-mínimo, caso em que se transcreverá nela a sentença de partilha transitada em julgado.

CPC de 1973 – art. 1.027

1. O formal de partilha: aspectos gerais

O formal de partilha é tratado como o título que – com o perdão da redundância – *formalmente* plasma as titularidades advindas da sucessão (como é o caso da herança e do legado) ou atraídas por esta (como ocorre em relação à meação do cônjuge/companheiro sobrevivente). Dessa forma, o formal de partilha não é "título" que enseja a titularidade, mas o ato documentado que a corporifica.[1868] Com outras palavras, o formal de partilha consigna as titularidades definidas no inventário sucessório, servindo como prova respectiva da sua aquisição em decorrência da sucessão *causa mortis*, ou ainda pelo reconhecimento de causa outra que necessitou ser averiguada no inventário (exemplo clássico da meação, que está escorada em ato *inter vivos*).

A legislação prevê que o formal de partilha deve ser registrado caso contemple bens e/ou direitos sobre imóveis, fixando-se, para tanto, algumas "formalidades" (vide arts. 167, I, "24", "25", art. 221, IV, e 222 da Lei n. 6.015/73). No particular, seguindo o disposto no art. 1.227 do CC, os direitos reais sobre imóveis constantes do formal de partilha somente restarão sedimen-

1868 No sentido: Nelson Nery Junior e Rosa Maria de Andrade Nery, *Comentários ao Código de Processo Civil*, p. 1.473; e Luciano Vianna Araújo, *Comentários ao Código de Processo Civil*, v. 2, p. 264.

tados em favor do seu beneficiário depois do registro no Cartório de Imóveis respectivo.[1869] Caso a partilha não contemple bens e/ou direitos submetidos ao Cartório de Registro de Imóveis, as transferências de titularidade poderão se processar mediante simples expedição de alvará.[1870] Situação frisante no sentido envolve os depósitos vinculados às instituições financeiras e os automóveis, pois, em tais casos, a expedição de alvará costuma obter resultado mais célere do que a alteração de titularidade mediante formal de partilha. A expedição do alvará não dispensa a confecção do formal de partilha, mas apenas o substitui como vetor de transferência de titularidade. O raciocínio aqui plasmado pode ser extraído do disposto no art. 659, § 2º, do CPC, regra que faz parte do conjunto de artigos que tratam do arrolamento sumário, não havendo justificativa plausível de exclusão na partilha obtida pelo inventário que tramitou pelo *rito comum*.

Embora o formal de partilha deva ser visto como peça única (que deverá ficar cravada nos autos do inventário sucessório), cada beneficiário receberá conjunto próprio, a fim de que providencie a apresentação para alterações de titularidade a seu favor e os eventuais registros necessários.

O art. 655 trabalha com uma realidade atrelada aos processos físicos, sendo necessário efetuar sua adequação à realidade digital do século XXI. Por certo, o manejo físico do formal de partilha, muitas vezes, cria quadro indesejado na transferência e/ou registro dos bens partilhados a seu favor, em razão da burocracia respectiva. Em ilustração, quando se tratar de bens imóveis localizados em mais de uma comarca ou circunscrição, o formal de partilha físico deverá ser apresentado serventia por serventia, cada uma com seu tempo respectivo para a análise e feitura da empreitada. Dessa forma, em prol da eficiência, deve ser adotada medida de comunicação digital e simultânea a todos aqueles que a exi-

1869 Não se pode confundir, porém, a titularidade decorrente da abertura da sucessão (art. 1.784 do CC) com a posterior que restar espelhada na partilha, pois a primeira decorre exclusivamente de *causa mortis*, ao passo que a segunda está atrelada também a uma série de atos *inter vivos* (ainda que efetuadas no inventário). Dessa forma, em exemplo, aberta a sucessão, o direito real de habitação previsto no art. 1.831 do CC se configurará sem a necessidade de registro, pois se trata de direito advindo exclusivamente de *causa mortis* e, portanto, não alcançado pelo art. 1.227 do diploma civil. Todavia, efetuada a partilha (que deve ser perfilada como ato de natureza *inter vivos*), o referido direito real, para ter eficácia *erga omnes*, deverá ser alvo de registro, até porque tal direito é renunciável. No sentido, confira-se o teor do Enunciado n. 271 do CJF (III Jornada de Direito Civil): "O cônjuge pode renunciar ao direito real de habitação nos autos do inventário ou por escritura pública, sem prejuízo de sua participação na herança".

1870 Igualmente: Luciano Vianna Araújo, *Comentários ao Código de Processo Civil*, v. 3, p. 263.

bição do formal de partilha se faz necessária,[1871] notadamente quando o registro se impõe (como na hipótese acima ilustrada envolvendo bens imóveis). De toda sorte, à míngua de sistema digital adequado, não se deve negar a possibilidade de entrega de mais de um formal de partilha ao beneficiário, arcando estes com os custos respectivos (se necessário for), pois tal medida permitirá a apresentação do documento a mais de um local, propiciando a análise de alteração/registro de titularidades de bens diversos no mesmo espaço de tempo.

2. Peças e informações obrigatórias

A leitura do art. 655 indica as peças que necessariamente devem acompanhar o formal de partilha. O texto do dispositivo, contudo, não é exato em relação às redações constantes dos arts. 651 e 653, faltando-lhe, por exemplo, alusão ao cumprimento dos legados e da meação. Buscando boa exegese do art. 655, é possível se dizer que o formal de partilha deverá plasmar tudo que constar das folhas de pagamento (art. 653, II). Note-se, de toda sorte, que há flagrante omissão no art. 655 ao deixar de exigir a juntada da certidão de trânsito em julgado (ou de que a decisão já possui eficácia), muito embora exigência possa ser presumida a partir da interpretação do seu inciso V, com o *caput* respectivo.[1872]

3. Termo de inventariante

O art. 655, I, exige que seja acostado ao formal de partilha o "termo de inventariante", que deverá vir acompanhado do compromisso, devidamente assinado. A medida se justifica, pois no termo de compromisso estarão expressos os poderes e eventuais limitações acerca da representação exercitada pelo inventariante (situação comum em caso de inventariança conjunta). Deve-se admitir a substituição do termo de inventariança por certidão indicando os dados do inventariante, a sua nomeação e limites da sua atuação (conforme constante do termo de compromisso). No caso de permuta de inventariante no curso do processo sucessório, é de bom tom que seja juntada documentação trazendo todo o ciclo de atuação de cada ator. Por óbvio, em caso de designação de mais de um inventariante, e/ou de *protutor* será necessário que os termos e compromissos de todos sejam anexados ao formal de partilha.[1873]

1871 No Estado de São Paulo, por exemplo, há sistema de protocolo eletrônico no cartório de Registro de Imóveis, de certidões/traslados digitais e de carta de "sentença notarial". Tal base permite que o formal de partilha seja alvo de registro mais célere e eficiente.

1872 Bem próximo: Arruda Alvim, Araken de Assis e Eduardo Arruda Alvim, *Comentários ao Código de Processo Civil*, p. 1.503.

1873 Vide os comentários ao art. 617 desta obra.

Na hipótese de presença de bens e/ou direitos reservados para sobrepartilha (art. 659, parágrafo único, do CPC, e no art. 2.021, parte final, do CC), deverão ser providenciados cópia da nova designação e o compromisso respectivo, notadamente se houver permuta na inventariança para tal finalidade, conforme autorizado na legislação.[1874]

4. Títulos dos herdeiros

O inciso I do art. 665 exige ainda que o formal de partilha traga informações documentadas sobre o "título dos herdeiros". Com efeito, ao fazer uso da nomenclatura "título dos herdeiros", percebe-se a existência de deslize na bandeja legal. Isso porque, embora a noção de "partilha" se volte aos "quinhões hereditários", o art. 655, I, deve ter alcance para outros protagonistas do inventário sucessório, embora com outra posição jurídica. Em ilustração, a meação terá que ser justificada pelo título correspondente, assim como o legado, muito embora tais temas não se confundam com as cotas (= *quinhões*) dos herdeiros.[1875] As informações sobre o "título" são relevantes para fins de identificação tributária, uma vez que, por exemplo, sobre a meação, não há imposto *causa mortis* e, em regra, o legatário será o responsável pelo pagamento dos tributos atrelados ao legado.

Apesar do art. 655, I, não ser claro, o dispositivo parece exigir que, em relação aos contemplados na partilha, sejam apresentadas não só informações, mas prova documentada correspondente à posição jurídica que foi aferida no inventário sucessório. Assim, em exemplo, no caso de herdeiro que é descendente direto do falecido, é necessário que o formal de partilha traga a respectiva certidão de nascimento.[1876]

1874 Vide os comentários aos arts. 669 e 670 desta obra.

1875 No sentido, note-se que a meação está tratada diretamente no art. 651, II, e o legado no art. 653, I, *a*.

1876 Dessa forma, em se tratando de cônjuge/companheiro sobrevivente sob o regime da comunhão parcial (art. 1.829, I, do CC) – diante da possibilidade de cumulação de mais de uma posição jurídica (meeiro dos bens em comunhão e/ou herdeiro dos bens particulares), é importante não só a comprovação do casamento (que traria o vínculo), mas a explicitação do patrimônio destinado a tal ator a partir das suas posições jurídicas. Seguindo em exemplificação, quando o bem partilhado decorrer de sucessão testamentária (seja quinhão, seja legado) será importante também que conste tal informação, que deverá estar escorada em documentação comprobatória (cópia do testamento ou certidão que indique a posição jurídica postada em disposição de última vontade). No caso do cessionário de direitos hereditários, em outra ilustração, será necessário que a cessão respectiva faça parte do formal de partilha.

5. Discriminação completa e avaliação dos bens

O texto do inciso II do art. 655 cria a falsa impressão de que no formal de partilha bastará que se apresente a lista de bens e/ou direitos que constituíram o quinhão do herdeiro, trazendo sua avaliação respectiva. Na verdade, é imprescindível que se faça a perfeita discriminação de cada um dos itens designados em partilha,[1877] notadamente quando o formal se submeter ao registro (como ocorre em relação aos imóveis) e/ou provocar transferência de titularidades (por exemplo, em caso de ativos financeiros). Assim, o zelo quanto à perfeita identificação dos bens exigido em relação às folhas de pagamento (art. 652, II) é aplicável ao formal de partilha.

No que se refere à avaliação propriamente dita, a valoração dos bens a ser estampada no formal deve ser exatamente aquela que foi considerada na partilha.

6. Pagamento do quinhão hereditário

No formal de partilha, há de estar plasmado o *pagamento efetuado ao herdeiro*, ou seja, deverá contemplar as informações sobre todas as folhas de pagamento (art. 653, II).[1878] Como já antecipado, o pagamento do "quinhão hereditário" no plano subjetivo não pode ser limitado à figura herdeiro, pois a partilha pode alcançar pessoas outras (por exemplo, o cônjuge/companheiro meeiro, o legatário e/ou o cessionário de direitos hereditários). Além disso, no plano objetivo, o pagamento do "quinhão" pode veicular direitos que não podem ser confundidos com a propriedade ou com posse, pois mesmo na perspectiva do "herdeiro" a herança pode envolver outras titularidades. Em

---

1877 Vale lembrar que a discriminação dos bens envolve a posição de titularidade específica destes, pois, em alguns casos, embora a identificação física do mesmo bem possa ser semelhante, não o será no plano jurídico. Por exemplo, em relação a determinado bem imóvel devidamente identificado, é possível que os direitos sejam variantes, a partir da situação concreta que o vinculava com o falecido. Com outras palavras, não basta que sobre determinado bem imóvel sejam informadas sua localização, dimensões, confinantes e matrícula imobiliária, pois este poderia estar na esfera jurídica do falecido sob diversos títulos (por exemplo, propriedade, direitos de aquisição por promessa ou posse). Assim, em ilustração, a propriedade de bem imóvel será descrita como tal, diferente das informações acerca dos direitos decorrentes de promessa de compra e venda (ainda que quitada) e dos direitos advindos de uma situação de posse. O imóvel pode ser ter a mesma base física, por isso, descrição que será semelhante. No entanto, é necessário que se identifique o *status* jurídico do bem, pois a transferência de titularidade efetuada pela partilha deve ser coerente com aquela que estava na esfera jurídica do falecido. Na exemplificação, em se tratando de imóvel que estava na posse do falecido, a perfeita identificação de tal situação jurídica indicará os limites do direito que foi conferido ao(s) herdeiro(s) na partilha. No tema, vide os comentários ao art. 630 e 620 desta obra.

1878 Semelhante: Antônio Cláudio da Costa Machado, *Código de processo civil interpretado*: artigo por artigo, parágrafo por parágrafo, p. 1.401.

exemplo frisante, o direito real de habitação previsto no art. 1.831 do CC não se encarta como "propriedade" ou "posse". Tal fato não afasta a necessidade de contemplação do direito na "partilha", de modo que o pagamento se efetue nos exatos trilhos do direito real em evidência. O direito real de habitação estará fora da concepção clássica de "quinhão" (até porque pode ser conferido ao cônjuge/companheiro sobrevivente que não ostenta a posição de herdeiro), mas tal direito deverá constar do "formal de partilha" para que seja registrado em favor do seu beneficiário.

7. Quitação dos impostos

Coerente com o disposto no art. 654, a prova documentada da quitação dos impostos vinculados à partilha deverá acompanhar o formal (art. 655, IV). Conectando os dispositivos, a comprovação do pagamento do imposto não se limitará ao tributo *causa mortis*, mas também contemplará a juntada de certidões de regularidade fiscal que autorizaram a sentença de partilha. A data da expedição das certidões, portanto, não está vinculada ao momento da confecção do formal de partilha, atrelando-se temporalmente ao julgamento da partilha, consoante se extrai do art. 654.

O art. 654 contém importante inovação acerca da possibilidade de oferta de bem, a fim de que a partilha seja julgada, garantindo o pagamento de eventual dívida para com a Fazenda Pública. Em tal situação, deverá o termo de garantia fazer parte do formal de partilha, explicitando-se a dívida fiscal que está sendo assegurada pelo patrimônio.[1879]

A partilha poderá contemplar direitos reais sobre coisa alheia, pouco importando se estes são de natureza legal (como é o caso do direito real de habitação previsto no art. 1.831 do CC) ou decorrentes de convenção entre as partes (situação que ocorre, em exemplo, quando se pactua usufruto de bem hereditário para compensar/equalizar as cotas hereditárias).[1880] O tratamento tributário dos direitos reais sobre coisa alheia não é o mesmo aplicável ao direito de propriedade. Os direitos reais reconhecidos ou convencionados na sentença de partilha devem ser analisados como operação própria, embora incidente sobre direito de propriedade reconhecido no inventário sucessório. Ademais, nos casos de partilha desigual, poderá ser exigida a comprovação do imposto de reposição (Súmula 116 do STF).

Por fim, caso tenha sido deferida a isenção do imposto *causa mortis*, ainda que pontual para determinado bem, deverá ser juntada cópia da decisão respectiva no formal de partilha.

1879 Vide comentários ao art. 654 desta obra.
1880 Vide comentários ao art. 649 desta obra.

8. Cópia da sentença

No inciso V do art. 655 consta exigência de que seja acostada a sentença que julgou ou homologou a partilha.[1881] Em razão do disposto no *caput* do art. 655, é necessário que também seja apresentada certidão de trânsito em julgado ou de eficácia imediata da sentença de partilha (por exemplo, em caso de concessão de tutela provisória do bojo da decisão).[1882] Observe-se, no ponto, que a regra legal aponta que o formal de partilha somente será confeccionado depois do trânsito em julgado, considerando-se tal situação ordinariamente como requisito à eficácia da partilha.

9. Sentença, apelação e os "meios de impugnação"

O amplo manejo do agravo de instrumento contra as decisões proferidas no curso do inventário sucessório (art. 1.015, parágrafo único, do CPC) diminui sobremaneira o espaço de matérias que sejam veiculadas na apelação contra a sentença que delibera sobre a partilha. Considerando que a apelação que ataca a sentença que examina a partilha não está no rol de exceção do § 1º art. 1.012, do CPC, entende-se que tal recurso terá em regra efeito suspensivo, seguindo-se a ordem geral do *caput* do dispositivo (vide item adiante). A partilha, mesmo depois de transitada em julgado a sentença, poderá ser corrigida em casos de erro de fato ou de descrição de dados relevantes à partilha. (art. 656). Por fim, o CPC expressamente regula ações autônomas para anular a partilha (art. 657) ou alcançar sua rescisão (art. 658), traçando as hipóteses para tanto.

10. Executividade e efeito suspensivo da apelação

O formal de partilha é tratado como título executivo judicial (art. 515, IV). Em homenagem ao *princípio da relatividade*, o texto legal corretamente limita a executividade do formal de partilha e sua certidão aos protagonistas do inventário,[1883] isto é, aqueles que participaram do processo sucessório.[1884]

1881 No primeiro caso, em se tratando de decisão adjudicada, é de bom tom que seja anexado o esboço sedimentado, isto é, o resumo feito pelo partidor depois de resolvidas as eventuais impugnações (arts. 671-672). Quando for o caso de sentença homologatória, além da própria decisão no sentido, o formal restará completo se carrear a convenção que foi apresentada em juízo para a homologação.

1882 Bem próximo: ARRUDA ALVIM, ARAKEN DE ASSIS e EDUARDO ARRUDA ALVIM, *Comentários ao Código de Processo Civil*, p. 1.503.

1883 A opção do legislador, contida no art. 515, IV, de fazer a nominação dos atores do inventário (*inventariante, aos herdeiros e aos sucessores a título singular ou universal)* não foi feliz, já que omite, em ilustração, a figura do cônjuge/companheiro sobrevivente que não figura como herdeiro, mas que pode ser alcançado pela partilha (por exemplo, no caso da meação e/ou do direito real de habitação – art. 1.831 do CC).

1884 Bem próximo: UMBERTO BARA BRESOLIN, *Código de Processo Civil anotado*, p. 908. Com análise ampla sobre princípio da relatividade, confira-se: RODRIGO MAZZEI,

Extrai-se do texto do *caput* do art. 655 que a entrega do formal somente se dará ao herdeiro (leia-se, *aquele que teve seu direito reconhecido no inventário*) depois do trânsito em julgado da sentença que julgar ou homologar a partilha. O contexto permite dizer que o apelo contra a sentença prevista no art. 654 do CPC terá efeito devolutivo e suspensivo.

Pois bem, a leitura conjunta do art. 655 com o art. 653 do mesmo diploma expõe a existência de cenário de contradição (ou, no mínimo, de quadro de incoerência). Isso porque, por força do art. 653, II, as folhas de pagamento devem ser expedidas em compasso com a sentença que aprecia a partilha (julgando-a ou homologando-a), no entanto, apesar de tal confecção (que é a base do formal de partilha), a peça prevista no art. 655 somente poderá ser providenciada – ao menos ordinariamente – após o trânsito em julgado da aludida sentença.[1885]

Com todo respeito, o enleio legislativo merece ser afastado, buscando-se, dentro do cardápio das técnicas processuais disponíveis, solução que seja adequada às premissas adotadas no CPC de 2015 (como é o caso da duração razoável do processo e da eficiência – arts. 4º e 8º). No sentido, é intuitiva a aplicação da técnica da tutela provisória de evidência escorada no resultado de contraditório qualificado, autorizando-se a importação adaptada da técnica prevista no art. 311, I e IV. Sem dúvida, a partilha é uma das figuras em que o CPC mais privilegia o contraditório. Em resenha muito apertada, o procedimento que envolve a partilha é iniciado com o pedido de formulação de quinhões (art. 647), postulação esta de ampla legitimação e que se submete a contraditório qualificado e específico. Diante da possibilidade de encaixes diferenciados dos "quinhões" e dos "direitos" a serem contemplados em partilha (art. 648), o contraditório se estende ao próprio desenho distributivo da decisão, sendo possível, inclusive, no curso da sua construção, alienações internas e externas que também são pautadas pelo contraditório (art. 649 do CPC c/c art. 2.019 do CC). Encerrado o amplo debate, o juiz proferirá decisão interlocutória – passível de ataque via agravo de instrumento (art. 1.015, parágrafo único, do CPC) – que será plasmada em esboço a ser elaborado pelo partidor (art. 651). Acerca do aludido esboço, abre-se novo contraditório, admitindo-se a apresentação de postulações para ajustes e correções de even-

---

Princípio da relatividade dos efeitos contratuais e as suas mitigações. In: Giselda Maria Fernandes Novaes Hironaka e Flávio Tartuce. *Direito Contratual*: temas atuais, p. 189-222.

1885 Há ambiência de sobreposição do formal de partilha em relação às folhas previstas no art. 653, II, tendo estas pouca (senão nenhuma) eficácia obrigacional entre os protagonistas da herança, pois o art. 655 posterga o cumprimento da partilha em razão de reter a expedição do formal somente depois do trânsito em julgado.

tuais desvios perpetrados pelo partidor, cabendo ao juiz do inventário julgar cada uma das "reclamações" (art. 652). Caso os reclamantes não concordem com a decisão do juízo sucessório acerca das reclamações apresentadas, é possível o aviamento de agravo de instrumento (art. 1.015, parágrafo único, do CPC), remetendo a discussão para o Tribunal de Justiça correspondente.

O roteiro tracejado demonstra que a partilha somente será julgada (art. 654) depois de passar por longo procedimento, em que fica claro que o contraditório se instala de forma pulsante, não apenas pelo fato de que os interessados podem se manifestar acerca de todas as etapas da partilha, mas também pela possibilidade ampla de apresentação de recurso sempre que o juízo sucessório definir qualquer questão. Olhar agudo acerca das manifestações permitidas revela que há abertura para que os interessados colaborem na construção da partilha mais de uma vez, ou seja, há espaço para contraditório cooperativo (art. 6º do CPC).

Diante do forte respeito ao contraditório no procedimento que envolve o julgamento da partilha, há espaço para importação da tutela de evidência prevista no art. 311, I e IV, podendo esta ser deferida no ventre da sentença, mediante prévio requerimento pela parte interessada. Em suma, a partir das manifestações apresentadas ao longo do procedimento atrelado à partilha, deve-se admitir que o interessado formule pleito de tutela de evidência quando ficar caracterizado que as postulações da contraparte são desprovidas de fundamentos (= *abuso no direito*) ou possuem manifesto propósito protelatório (temas tratados no art. 311, I). Saliente-se que todo o procedimento que envolve a partilha é de natureza *documentada*, de modo que há também adequação ao disposto no art. 311, IV, do referido diploma legal, pois o juízo sucessório estará proferindo decisão com base em prova documentada que não foi desafiada por alegação capaz de gerar dúvida razoável.

Como é de trivial sabença, no caso de concessão de tutela provisória (seja no curso do processo, seja no bojo da sentença), a apelação para impugná-la no assunto resolvido terá efeito apenas devolutivo (art. 1.012, § 1º, V). Resolve-se, assim, o embaraço denunciado (falta de eficácia imediata da sentença que decide a partilha), adotando-se técnica prevista no CPC (tutela de evidência), pois esta é aplicável para situações em que se confere amplo contraditório, situação marcante no procedimento que envolve a partilha até que esta seja decidida em sentença pelo juízo sucessório.

No caso da sentença que homologa a partilha sucessória amigável, há, no âmbito interno do § 1º art. 1.012 do CPC, previsão que, se feita abertura interpretativa, permite dizer que tal decisão "começa a produzir efeitos imediatamente após a sua publicação". Isso porque a sentença que "homologa divisão de terras" (art. 1.012, § 1º, I) traz situação assemelhada a que ocorre no inventário sucessório. Os pontos de contato entre a sentença de homologação da divisão com a homologatória da partilha podem ser tirados a partir da constatação de que são decisões que examinam pedidos consensuais de divisão de condomínio de bem imóvel. No sentido, vale lembrar que a herança é tratada como bem imóvel (art. 80, II, do CC) e que as relações entre os herdeiros são de natureza condominial, aplicando-se, por tal passo, as regras relativas ao condomínio (art. 1.791, parágrafo único, do CC). O vínculo da herança (e, por conseguinte, do inventário) é tamanho que as regras sobre partilha também são aplicadas ao condomínio (art. 1.321 do CC). Dessa forma, no plano sistêmico, não há justificativa para que a sentença de homologação da partilha sucessória seja tratada diferente da decisão homologatória prevista art. 1.012, § 1º, I, do CPC (homologação de divisão de terras).

De toda sorte, nada obstante o acima aduzido, nas partilhas amigáveis, a eficácia imediata da sentença poderá ser obtida por meio de inserção de cláusula (= *convenção processual*), em que todos os interessados, observando-se os ditames legais,[1886] apresentem renúncia expressa em relação ao prazo para o trânsito em julgado. No ponto, o CPC, por meio do art. 225, traz badeja processual que admite tal providência.

11. Substituição do formal por certidão

O parágrafo único art. 655 traz uma regra praticamente inócua ou, no mínimo, de parca aplicação, ao prever que o "formal de partilha poderá ser substituído por certidão do pagamento do quinhão hereditário quando esse não exceder a 05 (cinco) vezes o salário-mínimo, caso em que se transcreverá nela a sentença de partilha transitada em julgado". De partida, o dispositivo não deixa claro se o teto estabelecido se volta à totalidade da herança líquida ou aos "quinhões" individuais de cada contemplado na partilha. Mais coerente a segunda opção, pois o *caput* do art. 655 aduz que haverá a entrega de um formal para cada beneficiário. Assim, a interpretação mais adequada é de que não há a dispensa do formal de partilha propriamente dito, mas de que se fará a entrega de certidão de pagamento em substituição ao formal se a contemplação do beneficiário foi inferior ou igual a cinco salários-mínimos.

Seja como for, o disposto no parágrafo único art. 655 é dispensável caso importada a previsão contida no § 2º do art. 659 do diploma codificado e que foi talhada, pela posição topográfica, para aplicação nos inventários de curso pelo rito sumário. Do texto legal, extrai-se que lavrado o "formal de partilha ou elaborada a carta de adjudicação", em sequência lógica, "serão expedidos

1886 Vide os comentários ao art. 665 desta obra, especialmente no tocante aos negócios jurídicos processuais no curso do inventário sucessório.

os alvarás referentes aos bens e às rendas por ele abrangidos". A boa recepção do comando contido no § 2º do art. 659 cria ambiência para o cumprimento dos ditames do formal de partilha por meio da expedição de alvarás, situação que dispensaria, inclusive, a entrega de conjuntos para cada interessado (prevista no *caput* do art. 655). Com efeito, depois de confeccionado o formal de partilha, este será postado nos autos, a fim de que se operem os seus efeitos legais. Em sequência, sem a necessidade de entrega física de "formal de partilha" para cada interessado, o juízo sucessório determinará a expedição de alvarás referentes aos bens e às rendas por ele abrangidos, permitindo-se, assim, as transferências de titularidade correspondentes. A partir de tal ideia, por meio de comunicações eletrônicas do juízo sucessório (seguindo-se modulações legais), os alvarás dariam efetividade ao que foi decidido na sentença de partilha e que já está plasmado em formal.

Às claras, há de ser pensada uma fórmula mais eficiente de cumprimento da sentença da partilha, não podendo se desprezar no sentido – em pleno século XXI – os recursos tecnológicos. O desenho conferido ao formal de partilha no modelo posto no CPC de 2015 ainda releva o apego à documentação física e à forte burocracia, em flagrante falta de identidade com os processos no estágio atual.

Art. 656. A partilha, mesmo depois de transitada em julgado a sentença, pode ser emendada nos mesmos autos do inventário, convindo todas as partes, quando tenha havido erro de fato na descrição dos bens, podendo o juiz, de ofício ou a requerimento da parte, a qualquer tempo, corrigir-lhe as inexatidões materiais.

CPC de 1973 – art. 1.028

1. Aspectos gerais do dispositivo

O art. 656 prevê a possibilidade de *emenda da partilha,* alcançando tanto as sentenças proferidas (= decididas) pelo juízo sucessório (arts. 647 e 2.016 do CC) como as de natureza homologatória (art. 2.015 do CC).[1887] A *emenda* em voga poderá ser introduzida mesmo depois do trânsito em julgado da decisão que julga ou homologa a partilha e ocorrerá nos autos originais, sem criar nova relação processual (ou seja, não há a necessidade de instauração de novo processo). Assim, pousando na mesma relação processual em que foi proferida a decisão, formula-se requerimento em postulação simples ou determina-se a emenda de ofício, quando assim permite o dispositivo em voga. Há, no ponto,

1887 Igualmente: Fernando da Fonseca Gajardoni, *Processo de conhecimento e cumprimento de sentença:* comentários ao CPC 2015, v. 2, p. 1.106.

diferença em relação ao pedido de sobrepartilha (art. 670), já que, em tal situação, se instaura nova relação processual (ainda que repetindo os mesmos atores trazidos originalmente no inventário sucessório).[1888] Embora o dispositivo faça menção à sentença, não há óbice que o erro material ou de fato tenha que ser corrigido a partir de acórdão (por exemplo, quando se julga a apelação contra a sentença que definiu a partilha). Mesmo em tal situação, porém, o pedido de saneamento deverá ser apresentado ao juízo sucessório, pois a correção de erros materiais ou erro de fato não gera vinculação do órgão recursal que julgou eventual recurso.[1889]

Trata-se, da apertada resenha, de providência interna e atemporal que permite *saneamento* da sentença que julga ou homologa a partilha sucessória, por meio de correções que estão moduladas no dispositivo comentado. A regra legal é de grande importância prática, pois não é raro que seja necessário que a sentença de partilha seja emendada, com esclarecimento de informações truncadas e/ou preenchimento de dados faltantes, situações que criam embaraços no tráfego, inclusive, do formal respectivo, notadamente quando este se submete ao registro. Exemplo claro está na apresentação junto ao Cartório de Registro de Imóveis, uma vez que o registro imobiliário está atrelado a rígido regime de exigências formais. Assim, é importante que as emendas sejam providenciadas quando possível, antes da expedição do formal de partilha, evitando-se a necessidade de *dupla* retificação (sentença e o formal).[1890]

Por certo (e até em coerência do acima aduzido), caso deferida a emenda da partilha (qualquer que seja a hipótese), deverão ser extraídas cópias da postulação e da decisão que determinou o saneamento para compor o formal de partilha, em respeito ao disposto no art. 655.[1891]

2. Da comunicação do art. 656 com o art. 13 da Resolução n. 35/2007 do CNJ

Com foco no inventário extrajudicial, o art. 13 da Resolução n. 35/2007 do CNJ prevê que: "A escritura pública pode ser retificada desde que haja o

1888 Confira-se comentários ao art. 670 desta obra.
1889 Contra, defendendo que "devem os autos voltar ao tribunal para ser corrigido", confira-se: SÉRGIO SAHIONE FADEL, *Código de Processo Civil Comentado*, p. 187.
1890 Igualmente: ARRUDA ALVIM, ARAKEN DE ASSIS e EDUARDO ARRUDA ALVIM, *Comentários ao Código de Processo Civil*, p. 1.504; CONRADO PAULINO DA ROSA e MARCO ANTÔNIO RODRIGUES, *Inventário e partilha*, p. 407; LUCIANO VIANNA ARAÚJO, *Comentários ao Código de Processo Civil*, p. 265; e EUCLIDES DE OLIVEIRA, *Comentários ao Código de Processo Civil:* perspectiva da magistratura, p. 729.
1891 No sentido: LUCIANO VIANNA ARAÚJO, *Comentários ao Código de Processo Civil*, v. 3, p. 266.

consentimento de todos os interessados. Os erros materiais poderão ser corrigidos, de ofício ou mediante requerimento de qualquer das partes, ou de seu procurador, por averbação à margem do ato notarial ou, não havendo espaço, por escrituração própria lançada no livro das escrituras públicas e anotação remissiva". É facilmente perceptível que o texto do art. 13 da resolução em voga é mais abrangente do que o que está disposto no art. 656, pois o último faz alusão apenas ao "erro de fato na descrição dos bens", ao passo que a regra aplicada ao direito notarial admite retificação ampla, desde que todos os interessados compareçam no ato e, de forma uniforme, apresentem pedido consensual no sentido. Vale registrar que o texto do art. 13 possui alguma similitude com o disposto no art. 1.386.º do CPC de Portugal, uma vez que o dispositivo da legislação lusa, em sua parte final, admite o saneamento consensual de qualquer situação encartada como erro de fato.[1892]

Se efetuada a interpretação isolada (e literal) do art. 656, somente se admitirá o saneamento na partilha judicial acerca de erros de fato envolvendo a "descrição dos bens", criando-se limitação no espectro do dispositivo comentado. Com efeito, a leitura dos arts. 651 e 653 é indicativa de que há outros assuntos que não estão previstos no art. 656 e que poderão ser acometidos por erros de fato na sentença da partilha. Em exemplo, na partilha, poderá constar informação com erro de fato (inversão) em relação aos bens que tocam ao cônjuge/companheiro sobrevivente, indicando os bens herdados como os decorrentes da meação, e vice-versa, ou seja, os advindos da comunhão em vida como aqueles que foram adquiridos pela herança. A exemplificação demonstra erro de fato flagrante, sendo que este não se confunde propriamente com a "descrição dos bens", mas sim da origem dos bens que foram destinados ao cônjuge/companheiro sobrevivente, deslize este merece ajuste (até mesmo para se evitar repercussões tributárias).[1893]

1892 "Art. 1.386.º (Emenda da partilha por acordo). 1. A partilha, ainda depois de passar em julgado a sentença, pode ser emendada no mesmo inventário por acordo de todos os interessados ou dos seus representantes, se tiver havido erro de facto na descrição ou qualificação dos bens ou qualquer outro erro susceptível de viciar a vontade das partes. 2. O disposto neste artigo não obsta à aplicação do artigo 667.º"

1893 Às claras, vários erros de fato poderão ser perpetrados na sentença de partilha, os quais merecerão ser saneados, ilustrando-se, no sentido: (a) informação de que o cônjuge/companheiro sobrevivente é herdeiro quando, na verdade, é apenas meeiro; (b) indicação que o inventariante também funcionou como testamenteiro em inventário em que as funções foram exercidas por pessoas diversas; (c) designação de determinada pessoa como herdeira testamentária quando, em verdade, esta recebeu o bem individualizado na qualidade de legatária; (d) tratamento do representante (art. 1.851 do CC) e/ou do cessionário de direito hereditário (art. 1.793 do CC) como herdeiro do falecido.

A ilustração supra confirma que deve ser feita a conjugação do art. 656 com o art. 13 da Resolução n. 35/2007, simbiose que permitirá a correção de outros erros de fatos diversos da previsão única trazida no CPC que, repita-se, faz menção apenas à descrição dos fatos. Pensar diferente levaria ao raciocínio de que, pela via extrajudicial, seria possível buscar emendas com horizontes mais abrangentes do que pela via judicial, interpretação esta que não parece ser a mais adequada. Assim, seguindo o ponto comum do art. 656 e art. 13 da Resolução n. 35/2007, sendo apresentado pedido de correção de "erro de fato" e extraindo-se o consenso acerca do pleito, deverá ser determinado o saneamento almejado, sendo irrelevante que o objeto se cinja apenas à "descrição de bens".

O simples fato de que no inventário extrajudicial é exigida a presença de interessados capazes (art. 610, § 1º) não permite, por si só, afastar o art. 656 do CPC do art. 13 da Resolução n. 35/2007. Com efeito, no caso de postulação judicial que vise emendar partilha decidida ou homologada pelo juízo sucessório, havendo interessado "incapaz", deverá ser feita a oitiva, além do respectivo representante legal, das figuras de fiscalização aplicáveis à hipótese, dentre os quais se destaca o Ministério Público (art. 178, II).[1894] Assim, a exigência de participação apenas de interessados capazes no inventário extrajudicial, por si só, não pode conduzir à ideia de que a escritura pública terá espaço mais amplificado do que a emenda fixada no art. 656 para sanear a sentença da partilha, até porque há inventários judiciais com a presença apenas de interessados capazes (como é exigência, inclusive, para o arrolamento sumário – art. 659).

3. Erro de fato

Seguindo-se textualmente o disposto no art. 656, o erro de fato – para efeitos de emenda da partilha – guarda relação com aspectos descritivos dos bens inventariados e partilhados. Na doutrina, exemplifica-se com o "erro na descrição de um rebanho, sem a correta identificação das respectivas raças ou da quantidade e tipo de plantações existentes no campo; na descrição de joias ou de objetos de arte; no estado de determinado bem etc.".[1895] No entanto, conforme já anunciado no item anterior, a comunicação do art. 656 com o art. 13 da Resolução n. 35/2007 demonstra que o erro de fato não pode ser limitado apenas às descrições relativas ao patrimônio (bens), devendo ser admitido

1894 Bem próximo: Felippe Borring Rocha, *Comentários ao novo Código de Processo Civil*, p. 978.

1895 Paulo Cezar Pinheiro Carneiro, *Inventário e partilha:* judicial e extrajudicial, p. 184.

saneamento do vício a outras áreas da sentença de partilha, como é o caso de identificação da posição jurídica dos interessados na sucessão.[1896-1897]

A emenda decorrente de erro de fato fica subordinada à concordância das partes.[1898] Isso não significa que o requerimento de emenda deva ser formulado por todos interessados conjuntamente, mas, tão somente, que, uma vez formulado o requerimento por parte legitimada, a ele (requerimento) não haja controvérsia expressa pelos demais. Por evidente que, formulado o requerimento por apenas um ou por alguns dos interessados, necessária se faz a intimação dos demais, em atenção não só ao contraditório, como também a que se tenha por atendida a exigência de concordância de todos para a concretização da emenda. A intimação poderá ser feita na pessoa dos advogados das partes, caso estas ainda estejam em vigor.[1899]

O contraditório se estende às figuras funcionais do inventário sucessório, como é o caso do Ministério Público em caso de sucessão que envolva interesse de incapaz (art. 178, II).[1900] A intimação do inventariante se torna fundamental, importando-se a inteligência do art. 669, parágrafo único, pois, embora suas atribuições tenham se encerrado com o julgamento da partilha, permanece representação residual para providências que afetem – de alguma forma – a decisão do inventário, como é o caso de sobrepartilha e, por extensão, o saneamento previsto no art. 656 do diploma processual civil. Caso a emenda envolva tema tratado em sucessão testamentária, será necessária a oitiva do testamenteiro. No que se refere à Fazenda, somente se justificará sua intimação se ficar evidenciado que a emenda pode-lhe causar alguma mudança concreta (por exemplo, equívoco da distribuição de bens que gera nova carga fiscal ou alteração de contribuinte), pois, se o saneamento não possuir nenhum tipo de repercussão fiscal, não há como se criar a obrigatoriedade do contraditório.[1901]

1896 Em exemplo interessante, o STJ admitiu a correção de erro de fato em sentença de partilha que foi proferida quando o único procurador do inventariante se encontrava falecido, fato este que somente veio à tona posteriormente à prolação da sentença (STJ, 4ª Turma, REsp 10.271-0/SP, j. 04/08/1992, *DJ* 05/10/1992).

1897 Parecendo concordar: Euclides de Oliveira, *Comentários ao Código de Processo Civil:* perspectiva da magistratura, p. 729; e Arruda Alvim, Araken de Assis e Eduardo Arruda Alvim, *Comentários ao Código de Processo Civil*, p. 1.504.

1898 Igualmente (entre vários): Hamilton de Moraes Barros, *Comentários ao Código de Processo Civil*, v. IX, p. 327.

1899 No sentido: Felippe Borring Rocha, *Comentários ao novo Código de Processo Civil*, p. 978; e Luciano Vianna Araújo, *Comentários ao Código de Processo Civil*, v. 2, p. 266.

1900 Com a mesma linha: Luciano Vianna Araújo, *Comentários ao Código de Processo Civil*, v. 3, p. 266.

1901 Aparentemente contra, defendendo a intimação obrigatória da Fazenda, confira-se: Luciano Vianna Araújo, *Comentários ao Código de Processo Civil*, v. 3, p. 266.

4. Inexatidão material

No tocante à possibilidade de correção de inexatidão material, a regra em comento é correlata àquela extraída do art. 494, I, do CPC, que permite que o juízo sentenciante, mesmo depois de publicada a decisão, possa alterá-la para corrigir, de ofício ou a requerimento da parte, inexatidão material ou erro de cálculo. Conquanto ocorra a similaridade entre as disposições, o texto do art. 656, na sua literalidade, é ainda mais abrangente, uma vez que é expresso em admitir que essa correção da inexatidão material, para além de poder acontecer depois de publicada a sentença, pode se dar mesmo quando já ocorrido o seu trânsito em julgado, o que não consta do texto do art. 494, I.[1902] Tanto a doutrina quanto os tribunais, é verdade, construíram entendimento de que do texto do art. 494, I (ou, mais precisamente, de seu correspondente no CPC de 1973, o art. 463, I), se traduz em regra no sentido de a correção poder ocorrer inclusive posteriormente ao trânsito em julgado da decisão.[1903] Tem-se, então, a rigor, que os textos conduzem a semelhante regra.[1904]

O vício da inexatidão material é aquele cuja detecção se dá numa primeira vista, sem a necessidade de maior esforço ou atenção. A par disso, muito embora não afete a substância do ato decisório, reflete uma dissincronia entre o que se encontra redigido e o que se pretendeu exprimir. São exemplos fornecidos em doutrina: "erro na grafia de palavra que lhe desfigura o sentido e cria contradição no texto; omissão no nome de alguma parte; erro ou modificação involuntária do nome de alguma parte; resultado de operação aritmética em desacordo com as parcelas indicadas na própria sentença".[1905]

A leitura açodada do art. 656 pode levar à conclusão de que o contraditório para correção da inexatidão material é desnecessário, sendo possível o

1902 No sentido (com olhos no art. 463, I, do CPC de 1973): PONTES DE MIRANDA, *Comentários ao Código de Processo Civil*, v. XIV, p. 262.

1903 Confira-se: STJ, 2ª Turma, AgRg no AgRg no Ag 570.489/MG, j. 17/8/2006, *DJ* 12/09/2006; 2ª Turma, REsp 888.643/RJ, j. 04/08/2009, *DJ* 17/08/2009; 3ª Turma, REsp 1.294.294/RS, j. 06/05/2014, *DJ* 16/05/2014.

1904 Próximo: LUCIANO VIANNA ARAÚJO, *Comentários ao Código de Processo Civil*, v. 3, p. 266; EUCLIDES DE OLIVEIRA, *Comentários ao Código de Processo Civil:* perspectiva da magistratura, p. 728; e CONRADO PAULINO DA ROSA e MARCO ANTÔNIO RODRIGUES, *Inventário e partilha*, p. 407.

1905 No sentido: HUMBERTO THEODORO JÚNIOR, *Curso de direito processual civil*, v. I, p. 1.111. Sobre a configuração (e limites) do erro material: RODRIGO MAZZEI, *Embargos de declaração:* recurso de saneamento com função constitucional, p. 303-307. Na jurisprudência, bem didático: STJ, 3ª Turma, REsp 1.294.294/RS, j. 06/05/2014, *DJ* 16/05/2014. Sobre a extensão do conceito de erro material, confira-se: RODRIGO MAZZEI, *Breves comentários ao novo Código de Processo Civil*, p. 2.529-2.531.

juiz decidir no sentido exclusivamente a partir de postulação de interessado ou da sua constatação de ofício acerca do vício constante na sentença de partilha.[1906] Tal linha de conclusão não se afigura a mais inspirada, pois o contraditório se impõe em decorrência da adoção de modelo de processo transparente e cooperativo.[1907] De toda sorte, diferente do que ocorre em relação ao "erro de fato", diante de repercussão (ao menos em tese) de baixo grau, propiciado o contraditório aos interessados, não será necessária a obtenção da concordância geral reclamada para a correção do "erro material".

5. Ajustes outros fora do espectro do art. 656 e da bandeja da sobrepartilha (arts. 669-670)

Refoge ao espectro da emenda da partilha, disciplinada pelo art. 656, a inclusão de novo herdeiro, o qual deve invocar esta sua condição por demanda própria.[1908] Do mesmo bem, não se pode utilizar a hipótese de emenda para se proceder à inclusão de bem sonegado ou descoberto depois da partilha, devendo nestes casos o interessado se valer da sobrepartilha. A plataforma do art. 656 também não se afigura como a natural para que as partes postulem a alteração do dimensionamento e/ou preenchimento dos quinhões dos herdeiros.[1909-1910] Observe-se, contudo, que, nas ilustrações postas (inclusão de novo herdeiro, arrecadação de novo bem e alteração dos quinhões), se todas as partes forem capazes e estiverem concordes, não haverá óbice para que se realize nova partilha, formando-se novo título.

Muito embora a alteração para incluir novo bem esteja abrigada pelas bandejas dos arts. 669 e 670, a superfície dos dispositivos em voga é restrita, não agasalhando ajustes na partilha que visem incluir novo herdeiro ou dar nova configuração aos quinhões. A superfície limitada do art. 665 e dos arts. 669 e 670 não pode servir de óbice para o trânsito de postulações que buscam

---

1906 Parecendo adotar tal linha: Euclides de Oliveira, *Comentários ao Código de Processo Civil:* perspectiva da magistratura, p. 728.

1907 No mesmo sentido: Ricardo Alexandre da Silva e Eduardo Lamy, *Comentários ao Código de Processo Civil,* v. IX, p. 591.

1908 Igualmente: Arruda Alvim, Araken de Assis e Eduardo Arruda Alvim, *Comentários ao Código de Processo Civil*, p. 1.504; e Rodrigo Ramina Lucca, *Breves comentários ao novo Código de Processo Civil*, p. 1.731.

1909 Parecendo admitir: Ernane Fidélis Santos (*Comentários ao Código de Processo Civil,* v. VI, p. 427).

1910 Seguindo a linha, há julgado do STJ no sentido de que o art. 656 não se presta a fazer com que a parte busque a colação de bem que não constou da partilha julgada (4ª Turma, REsp 109.188/SP, j. 21/03/2002, *DJ* 26/08/2002). Frisa-se que o julgado tomou como parâmetro o correspondente do art. 656 do de 1973, qual seja, o art. 1.028.

ajustes outros, tais como postos nas ilustrações. A operacionalização de tais providências pode acontecer mediante procedimento de jurisdição voluntária, perante o próprio juízo que julgou a partilha anterior. Aliás, esse entendimento vem ao encontro das regras da máxima igualdade e da máxima comodidade, extraídas do art. 648, I e III, evitando provavelmente litígio futuro (tema do inciso II do mesmo dispositivo).

O entendimento acima plasmado indica que o procedimento detalhado nos arts. 719-724 do CPC (ao título de "jurisdição voluntária") pode suprir a lacuna prevista nos arts. 669-670, cuja base é objetiva apenas (inclusão de novos bens), nada trazendo acerca de ajustes que podem se tornar necessários depois de proferida a partilha, especialmente quando estes ocorrem de forma consensual, ou seja, a postulação atende aos interesses de todos os interessados. Não há sentido em tornar sem efeito todo o inventário se há a possibilidade de aproveitamento de atos respectivos, efetuando-se ajustes que são reclamados pela totalidade dos interessados, notadamente quando capazes. Há, de certa maneira, a amplificação dos arts. 669-670 para outras situações, notadamente no plano de modificações subjetivas, criando-se com apoio na superfície dos arts. 719-724, algo que pode ser visto como *sobrepartilha atípica*.[1911] Vale notar que a posição aqui firmada possui eco no art. 1.386.º do CPC de Portugal, que admite a emenda partilha acerca de erro de facto ou de "qualquer outro erro susceptível de viciar a vontade das partes". O direito processual luso exige, contudo, para tal saneamento, o "acordo de todos os interessados ou dos seus representantes", também necessário na proposta acima tracejada.[1912]

Nos casos de litigiosidade acerca do pleito de ajuste, notadamente nas hipóteses em que o objeto possui identidade com temas dos arts. 657 e 658 (por exemplo, inclusão de herdeiro contestada a título de erro de fato), não será hipótese de emenda pela via da jurisdição voluntária (que pressupõe a concordância geral). Em tais casos, restará o caminho da ação autônoma.[1913]

6. Recurso

No CPC de 1973, havia certa dúvida acerca do manejo do recurso contra a decisão judicial que deliberava sobre a emenda da partilha, pois esta não se encaixava com perfeição nos conceitos de sentença e de decisão interlocutória

1911 Parecendo concordar: ARRUDA ALVIM, ARAKEN DE ASSIS e EDUARDO ARRUDA ALVIM, *Comentários ao Código de Processo Civil*, p. 1.504.

1912 A inspiração no direito processual português para compor o saneamento da partilha, ainda que com outra abordagem, também é trazida por CLÓVIS DO COUTO E SILVA, *Comentários ao Código de Processo Civil*, v. XI, tomo I, p. 390.

1913 Próximo: ARRUDA ALVIM, ARAKEN DE ASSIS e EDUARDO ARRUDA ALVIM, *Comentários ao Código de Processo Civil*, p. 1.504.

que constavam do art. 162, §§ 1º e 2º, da codificação revogada.[1914] A questão parece superada no CPC em vigor que, em seu art. 203, § 2º, prevê os atos decisórios judiciais que não sejam encaixados no conceito de sentença (art. 203, § 1º) serão tratados como decisão interlocutória. Com tal norte, considerando que já há sentença proferida, dando por encerrado inventário, a decisão sobre o pedido de correção não envolve o julgamento desenhado no art. 203, § 1º, encartando-se, por conseguinte, em razão da opção legislativa, como decisão interlocutória. Em sendo tratada como tal, aplica-se o disposto no art. 1.015 do CPC. Importante que, no agravo de instrumento, seja demonstrado que a decisão judicial proferida com esteio no art. 655 causa algum tipo de prejuízo (ainda que formal), a fim de configurar o interesse recursal.[1915]

Art. 657. A partilha amigável, lavrada em instrumento público, reduzida a termo nos autos do inventário ou constante de escrito particular homologado pelo juiz, pode ser anulada por dolo, coação, erro essencial ou intervenção de incapaz, observado o disposto no § 4º do art. 966.

Parágrafo único. O direito à anulação de partilha amigável extingue-se em 1 (um) ano, contado esse prazo:

I – no caso de coação, do dia em que ela cessou;

II – no de erro ou dolo, do dia em que se realizou o ato;

III – quanto ao incapaz, do dia em que cessar a incapacidade.

CPC de 1973 – art. 1.029

1. Partilha amigável

Para a boa interpretação do art. 657, surge a inevitável indagação: o que se deve entender por partilha amigável para fins de admissão da ação anulatória? Em busca de resposta, afigura-se intuitiva a conexão do dispositivo com art. 2.015 do CC, pois o último dispõe sobre a *partilha amigável efetuada por escritura pública, termo nos autos do inventário, ou escrito particular homologado pelo juiz*, indicando-se, ainda, como protagonistas do ato, os herdeiros capazes. A simples remissão ao art. 2.015, contudo, não é suficiente para a compreensão do art. 657.

Como ponto de partilha, deve-se projetar a partilha sucessória amigável como a convenção efetuada pelos interessados, definindo, eles próprios, a dis-

1914 Sob a égide do CPC de 1973, entendendo pelo cabimento da apelação Arruda Alvim, Araken de Assis e Eduardo Arruda Alvim, *Comentários ao Código de Processo Civil*, p. 1.505. De modo diverso, Alexandre de Paula, trazendo julgado do TJSP (RT 102/181), acenava pelo cabimento do agravo de instrumento (*Código de Processo Civil anotado*, v. IV, p. 3.778).

1915 Próximo: Umberto Bara Bresolin, *Código de Processo Civil anotado*, p. 909.

tribuição e divisão dos bens arrecadados e que se submetem à entrega no inventário sucessório. Tal negócio jurídico poderá ser efetuado por instrumento público, ser reduzido a termo nos autos do inventário ou constar de escrito particular homologado pelo juiz. Dessa forma, excetuando as hipóteses de admissão de inventário extrajudicial (art. 610), a partilha amigável será levada para a "homologação judicial", proferindo-se *decisão de mérito por equiparação*.

Comumente, a partilha amigável é realizada pelo procedimento de arrolamento sumário (arts. 659 a 663), cuja regulamentação é especialmente voltada para a hipótese. Não se pode descurar, contudo, da possibilidade desta partilha amigável ocorrer também no procedimento do arrolamento comum (art. 664) ou ainda no procedimento padrão de inventário.[1916] Logo, não há de se restringir a ação anulatória às partilhas que são objeto de sentença homologatória no bojo do procedimento de arrolamento sumário.[1917] Ademais, não se deve confundir partilha amigável, que é negócio jurídico, com a proposta de partilha apresentada pelo inventariante, por algum herdeiro ou mesmo pelo partidor, e que, não sendo impugnada pelos demais interessados, ou, até mesmo, sendo por eles aceita, é acolhida pelo juiz. Neste caso, conquanto não exista insurgência a respeito da proposta de partilha, a decisão do juiz não é uma decisão homologatória. Trata-se de decisão de julgamento da partilha, que pode, inclusive, ter conclusão em sentido contrário à proposta apresentada e não impugnada expressamente ou aceita pelos demais interessados, atribuindo a cada herdeiro o quinhão que reputa correto.[1918]

Não há motivo para que a partilha decorrente do inventário extrajudicial (art. 610) seja afastada do espectro do art. 657. O texto atual do art. 2.027 do CC, definido pelo art. 1.068 do CPC, ratifica a ideia posta, uma vez que a redação firmada não possui mais qualquer aceno à partilha *julgada* (entendendo-se tal atividade como a homologação pelo juízo sucessório). Note-se, no ponto, que o art. 48 do CPC faz expressa menção à ação anulatória de partilha extrajudicial, fixando-se regras de competência para tanto.[1919]

1916 Acerca das modalidades de inventário (sob a ótica do procedimento), vide os comentários ao art. 659 desta obra.

1917 Assim também: Paulo Cezar Pinheiro Carneiro, *Inventário e partilha*: judicial e extrajudicial, p. 187.

1918 Igualmente: Paulo Cezar Pinheiro Carneiro, *Inventário e partilha*: judicial e extrajudicial, p. 187.

1919 Como é de trivial sabença, o CPC de 1973 (em sua versão original) não contemplava o inventário extrajudicial, figura que somente foi incluída no seu corpo por forma da Lei n. 11.441/2007 (alterando o então art. 982 da codificação), hoje presente no art. 610.

A partilha consensual não fica limitada apenas à textura do art. 2.015 do CC, sob pena de se afirmar (equivocadamente) que, se a sucessão envolver interessado incapaz, não poderá esta terminar em composição amigável. Trata-se, pois, de interpretação literal dos arts. 2.015 e 2.016 do CC que não prospera. Em síntese apertada, em se tratando de "partilha amigável" com a presença de incapaz, extrai-se, do art. 2016 do CC, que o juízo sucessório deverá adotar cautelas especiais, tratadas como o próprio "julgamento da partilha", que não são necessárias quando o negócio jurídico em voga apenas envolver pessoas capazes. Para a proteção do interesse de incapaz, há o "exame" do contexto da partilha sob a ótica deste, aferindo-se a ocorrência (ou não) de eventual prejuízo. Não por acaso, em tal cenário, o juízo sucessório intimará os atores funcionais que laboram em prol dos interesses do incapaz, destacando-se, no sentido, de forma ordinária, o Ministério Público (art. 178, II, do CPC). Logo, a partilha possui caráter judicial como forma de *proteção* ao incapaz, situação que não se confunde com o *conflito de interesses* que pode ocorrer entre os protagonistas da partilha (independentemente de sua capacidade civil), que remete ao juízo sucessório a proferir decisão que *substituirá a vontade das partes*.

A interpretação adequada do art. 2.016 do CC revela, em verdade, que o juízo sucessório terá que adotar medidas de controle para aferição e preservação dos interesses do incapaz, postura esta que se justifica pelo *déficit* na autonomia da vontade de tal personagem. Portanto, o art. 2.016 do CC não pode ser usado o como obstáculo à homologação de partilha sucessória que envolva incapaz, pois, se assim o for, com todo respeito, restaria, por coerência lógica, inviáveis outros negócios jurídicos consensuais que tenham a participação de incapaz, o que é absolutamente falso.[1920]

Ademais, é capital que os arts. 2.015 e 2016 do CC sejam harmonizados com as normas fundamentais do CPC, em que se destaca o art. 3º, § 3º, que estimula a autocomposição, sem fazer qualquer tipo de restrição ao incapaz (muito menos à partilha sucessória). Dessa forma, deve ser recepcionada com reserva qualquer afirmação no sentido de que não se admite partilha judicial consensual com presença de incapaz. Haveria, inclusive, grande contradição no âmbito do art. 657, uma vez que o inciso III do seu parágrafo único prevê que, se o autor da ação anulatória for incapaz, o prazo para propositura da ação anulatória se iniciará no dia que cessar a sua incapacidade. Ora, a previsão legal em voga indica, ao menos de forma implícita, que o incapaz pode ser

1920 No ponto, saliente-se que não é raro que partilhas amigáveis favoreçam ao incapaz, através de concessões dos demais interessados, fato que, na contramão, rejeitando-se a composição, estar-se-á prejudicando o personagem.

protagonista de composição consensual que resulte em partilha amigável, pois o dispositivo – a partir da legitimação de tal personagem – fixa o prazo para eventual propositura de ação anulatória.

Conclui-se que, se a partilha amigável contiver apenas partes capazes, o juízo sucessório fará a análise formal do negócio jurídico, analisando a aplicação das regras estruturais, de modo que, não havendo embaraços, chancelará a vontade das partes. Não há, em tal situação, por parte do órgão jurisdicional em emissão, propriamente juízo em torno do "mérito do processo"[1921] ou interferência na "autonomia da vontade" dos envolvidos. De forma diferenciada, caso a partilha amigável envolva incapaz, presume-se que há déficit na autonomia respectiva. Por isso, além da análise formal ordinária acerca do negócio jurídico, a atividade de controle do juízo sucessório é mais vertical, de tal sorte que analisará a representação do incapaz e o conteúdo da partilha, pois esta não pode causar prejuízo ao incapaz. Tal situação não faz com que a dicção do juiz se equipare à sentença de substituição da vontade das partes. O juízo sucessório examinará convenção construída pelos interessados e verificará a possibilidade de sua homologação, atitude que não pode ser igualada à imposição judicial feita pela decisão adjudicada (= *partilha julgada efetivamente*).[1922]

2. Da partilha amigável como objeto da ação anulatória

A ação anulatória de que cuidam os arts. 657 do CPC e 2.027 do CC tem por objeto a partilha proveniente da vontade das partes, enquanto negócio jurídico que é (e não a decisão que a homologa). O ato das partes, conquanto tenha sido "sentencializado" pela homologação,[1923] pode ser atacado diretamente por meio da ação anulatória.[1924]

Assim, é possível pensar na hipótese de existência de partilha amigável, a qual vem a ser objeto da ação anulatória, sem que tenha ainda sido proferida

1921 Próximo: Luciano Vianna Araújo, *Comentários ao Código de Processo Civil*, v. 3, p. 267-268.

1922 O pormenor exposto indica a necessidade de analisar, caso a partilha amigável tenha presença de incapaz, a perspectiva subjetiva de cada protagonista do ato, uma vez que a peculiaridade aplicada ao incapaz não deve ser transportada para análise em relação aos outros atores que ostentem capacidade plena, autonomia e ampla disponibilidade. No sentido, em exemplificação, vale lembrar que os prazos de decadência e prescrição aplicáveis ao incapaz não se aplicam aos demais protagonistas da relação jurídica. No sentido: STJ, 3ª Turma, REsp 1.670.364/RS, j. 04/06/2017, *DJ* 04/10/2017.

1923 Conforme José Carlos Barbosa Moreira, *Comentários ao Código de Processo Civil*, v. V, p. 160.

1924 Igualmente: Luiz Gulherme Marinoni, Sérgio Cruz Arenhart e Daniel Mitidiero, *Novo Código de Processo Civil comentado*, p. 656.

decisão de homologação da partilha no bojo do inventário. Desconsidera-se a decisão homologatória que envolve o ato jurídico da partilha amigável, independentemente, inclusive, de esta decisão estar revestida da autoridade da coisa julgada, como de fato pode vir a estar, para direcionar a impugnação diretamente contra ele. A consequência do acolhimento do pedido anulatório é a desconstituição do negócio jurídico celebrado entre as partes em torno da partilha. Dito de outro modo, a coisa julgada não é capaz de impedir que o ato jurídico objeto da decisão homologatória seja desconstituído, e, consequentemente, que a decisão por ela acobertada seja desconstruída.

O fato se justifica porque o vício que dá embasamento para a impugnação está presente no próprio negócio jurídico (= *partilha amigável*), e não no ato judicial homologatório. Tem-se aqui revelado realidade muitas vezes olvidada. Os planos do direito material e do direito processual, muito embora guardem comunicação íntima entre si, são distintos e autônomos. Ademais, a existência da relação jurídica processual, dentro de determinado espaço temporal, convive com a existência de outras tantas relações jurídicas, algumas das quais podem repercutir direta ou indiretamente sobre aquela relação processual. E mais, se alguma dessas relações jurídicas, como pode ocorrer com o negócio jurídico de partilha, repercute na relação jurídica processual a ponto de extingui-la, a coisa julgada que se forma em torno da decisão homologatória não tem força o bastante para apagar os vícios eventualmente presentes na relação de direito material, que pode, por isso, ser atacada com vistas a sua desconstituição.

A leitura dos incisos do parágrafo único do art. 657 confirma a assertiva acima, pois os prazos decadenciais são fixados a partir de dados fáticos que não estão diretamente interligados à sentença de homologação.[1925] Com efeito, em caso de coação, inicia-se a contagem do prazo decadencial no dia em que esta cessou (inciso I), sendo que, no caso de erro ou dolo, inicia-se do dia que o ato se realizou (inciso II) e, finalmente, se a partilha envolver interesse de incapaz, na data da cessão da incapacidade (inciso III). Nada obstante o texto legal, há julgados que conectam os vícios à decisão homologatória, fixando-se (com variações[1926]) o marco temporal da contagem do

1925 Parece ser esta também uma das fontes de inspiração do Enunciado n. 138 do FPPC, que sedimentou a ideia de que: "A partilha amigável extrajudicial e a partilha amigável judicial homologada por decisão ainda não transitada em julgado são impugnáveis por ação anulatória".

1926 Atentos também à posição jurisprudencial: Arruda Alvim, Araken de Assis e Eduardo Arruda Alvim, *Comentários ao Código de Processo Civil*, p. 1.507; e Gustavo Tepedino, Ana Luiza Maia Nevares e Rose Melo Vencelau Meireles, *Direito das sucessões*, p. 278.

prazo da dicção judicante da data que homologa a partilha[1927] e, de outra banda, do seu trânsito em julgado.[1928]

Por derradeiro, não se descarta a possibilidade de presença de vício que esteja voltado à própria homologação da partilha amigável, muito embora esta em si, como negócio jurídico independente da atividade judicial, possua higidez. Em ilustração, a homologação pode ter sido efetuada por juiz absolutamente incompetente ou, em outro exemplo, faltar na sentença homologatória a assinatura do magistrado. O quadro demonstra, de outro giro, a necessidade de se examinar a partilha em separado da sua homologação, postura que permitirá identificar não só vício ou defeito, mas também as respectivas ações impugnativas e as medidas (quando possível) para saneamento do ato/negócio.[1929]

3. Rol exemplificativo e o regime jurídico a ser aplicado

O artigo em comento possui rol que deve ser visto como exemplificativo.[1930] Isso porque, conquanto o texto do art. 657 aluda apenas ao dolo, à coação, ao erro essencial ou à intervenção de incapaz como vícios passíveis de serem invocados como fundamento para a ação anulatória de partilha, o texto do art. 2.027 do CC, cuja redação, ademais, fora dada pela própria codificação de 2.015 (art. 1.068), admite a anulação da partilha "pelos vícios e defeitos que invalidam, em geral, os negócios jurídicos". Há também no art. 966, § 4º, CPC, texto fluído que, corroborando com a redação do art. 2.027 do CC,

---

1927 No sentido: STJ, 4ª Turma, REsp 168.399/RS, j. 03/05/2001, *DJ* 13/08/2001. Igualmente: STJ, 4ª Turma, REsp 83.642/SP, j. 12/03/1996, *DJ* 29/04/1996.

1928 No sentido: STJ, 3ª Turma, REsp 209.707/CE, j. 09/11/2000, *DJ* 12/02/2001. Confira-se, ainda: 3ª Turma, REsp 279.177/SP, j. 04/04/2006, *DJ* 14/08/2006; 4ª Turma, REsp 796.700/MS, j. 26/02/2013, *DJ* 19/06/2013. Na doutrina: Umberto Bara Bresolin, *Código de Processo Civil anotado*, p. 910-911.

1929 Sobre o tema, ainda que com análise não idêntica, confira-se: Clóvis do Couto e Silva, *Comentários ao Código de Processo Civil*, v. XI, tomo I, p. 395-397.

1930 Igualmente: Fernando da Fonseca Gajardoni, *Processo de conhecimento e cumprimento de sentença:* comentários ao CPC 2015, v. 2, p. 1.116; Nelson Nery Junior e Rosa Maria de Andrade Nery, *Comentários ao Código de Processo Civil*, p. 1.475; Rodrigo Ramina Lucca, *Breves comentários ao novo Código de Processo Civil*, p. 1.732; Umberto Bara Bresolin, *Código de Processo Civil anotado*, p. 910; e Arruda Alvim, Araken de Assis e Eduardo Arruda Alvim, *Comentários ao Código de Processo Civil*, p. 1.505. Parecendo concordar: Teresa Arruda Alvim Wambier, Maria Lúcia Lins Conceição, Leonardo Ferres da Silva Ribeiro e Rogério Licastro Torres de Mello, *Primeiros Comentários ao novo Código de Processo Civil*, p. 997; e Artur César de Souza, *Código de Processo Civil*, v. III, p. 1.581. Contra (ao menos aparentemente), Euclides de Oliveira afirma que o espectro da ação prevista no art. 657 é "mesmo ampla que a regra geral do art. 171 do CC" (*Comentários ao Código de Processo Civil:* perspectiva da magistratura, p. 729).

aponta que a partilha amigável poderá ser anulada por hipóteses outras que não aquelas tratadas no corpo do art. 657. Dessa forma, em ilustração, embora não constem do dispositivo comentado, é perfeitamente possível que a ação anulatória de partilha amigável tenha como fundamento o estado de perigo e a lesão (figuras previstas, respectivamente, nos arts. 156 e 157 do CC), admitindo-se, por certo, também que a peça inicial alegue vício na partilha por não preenchimento da tríade de requisitos gerais previstos no art. 104 da codificação civil.

Atente-se que, no caso de partilha consensual contaminada com desvio ou vício tratado como de calibre máximo, assim entendido como aquele que cause a sua *nulidade absoluta* (arts. 166-167 do CC), não será hipótese de ação anulatória. Em tal hipótese, a ação terá natureza declaratória, fora do espectro constitutivo negativo da ação anunciada no art. 657, sequer se submetendo a qualquer prazo decadencial (art. 169 do CC). A anotação detém relevância, pois permite compreender que o art. 657 deve ser sempre conjugado com hipótese de *anulabilidade dos negócios jurídicos*,[1931] razão pela qual é intuitiva a sua conjugação com dispositivos que tratam do tema (como é o caso do disposto no art. 171 do CC). O regime aplicado à *anulabilidade dos negócios jurídicos* contido no CC não é importado, contudo, de forma completa, bastando observar, no sentido, a discrepância de prazos decadenciais entre o art. 178 do CC em relação aos especiais previstos nos incisos do parágrafo único do art. 657.

Não suficiente, a projeção do art. 657 ao regime de *anulabilidade dos negócios jurídicos* permite identificar a dimensão do inciso III do parágrafo único do dispositivo em comento, sendo certo que tal regra se volta apenas aos casos de incapacidade relativa.[1932] Não haveria sentido em se extrair do art. 657 conclusão no sentido de a incapacidade absoluta servir de fundamento para a anulação do ato de partilha, já que sabido se tratar de vício engendrador de nulidade que não se estabiliza pelo decurso do tempo (art. 166, I c/c art. 169 do CC). Tem-se, assim, que a incapacidade absoluta deverá fundamentar ação de cunho declaratório que, como já alertado, foge do gabarito do dispositivo em comento. Ainda

1931 Igualmente: Hamilton de Moraes Barros, *Comentários ao Código de Processo Civil*, v. IX, p. 329. A conexão com o regime de *anulabilidade* é relevante, pois, como bem lembra Clóvis do Couto e Silva, mesmo no plano dos negócios jurídicos consensuais, há "partilhas, anuláveis, nulas e ineficazes" (*Comentários ao Código de Processo Civil,* v. XI, tomo I, p. 394). A ação prevista no art. 657 possui trilho específico aplicado às partilhas anuláveis.

1932 No ponto: Pontes de Miranda, *Comentários ao Código de Processo Civil,* v. XIV, p. 268; e Humberto Theodoro Júnior, Partilha: nulidade, anulabilidade e rescindibilidade. In: *Revista de Processo,* v. 45, p. 7.

em relação ao incapaz, é de bom tom registrar que este poderá se valer da ação anulatória não apenas para arguir vício acerca da sua capacidade, mas também, como qualquer interessado, temas capazes de viciar a partilha amigável e que estejam inclusos como hipóteses de anulabilidade de negócios jurídicos.[1933]

A ação anulatória não se prestará para atacar a partilha amigável se o fundamento for a falta de participação do interessado no inventário sucessório judicial. Quando o interessado postula sua participação no inventário, mas seu pleito não é atendido, com decisão negativa no sentido, a legislação processual indica a ação rescisória como a postulação adequada (art. 658, III). De outra banda, em caso de inventário sucessório em que não houve a participação do herdeiro, não sendo feita a convocação respectiva (qualquer que seja o motivo), a partilha deve ser considerada como ineficaz em relação a este, entendendo-se, segundo a jurisprudência, que será hipótese para postulação por meio de ação de petição de herança (art. 1.824 do CC).[1934]

4. Competência

A competência para o processamento e julgamento da ação anulatória de partilha amigável, quer a realizada por escritura pública quer a homologada por decisão judicial, é do juízo de primeiro grau,[1935] sendo necessário observar a organização judiciária local, tendo em vista que o assunto é normalmente regrado por tal tipo de diploma. De toda sorte, algumas premissas gerais merecem ser postas, pois poderão ter utilidade quando a temática não se encontrar prevista na organização judiciária local.

A existência de recurso pendente contra a decisão que homologou a partilha amigável não firma a competência para o tribunal, assim como a competência não é atraída para o tribunal pela circunstância de o pronunciamento transitado em julgado ter sido proferido pelo tribunal no julgamento de recurso interposto contra a decisão homologatória.[1936]

Há traços de acessoriedade entre a ação anulatória e o inventário judicial no bojo do qual se teve apresentada a partilha amigável. Daí porque, em linha de princípio, a regra do art. 61 do CPC atrai a competência do juízo perante

1933 Assim, em exemplo, nada obsta que ação anulatória seja movida por herdeiro tido como incapaz, cujo fundamento para anulação da partilha envolve *erro essencial* acerca de bem objeto da partilha ou ainda acerca de coação sofrida por seu representante legal para assinar a convenção.

1934 Vide os comentários ao art. 658 desta obra.

1935 Por todos: Hamilton de Moraes Barros, *Comentários ao Código de Processo Civil*, v. IX, p. 330.

1936 Assim defendendo: Arruda Alvim, Araken de Assis e Eduardo Arruda Alvim, *Comentários ao Código de Processo Civil*, p. 1.506.

o qual fora apresentada a partilha amigável para a apreciação e julgamento da ação anulatória que visa a desconstituí-la.[1937-1938] A regra do art. 61 é aplicável mesmo quando já existente decisão final no processo dito primitivo. Se a ação anulatória é proposta quando ainda não encerrado o inventário judicial, o caso é de suspendê-lo, na medida em que a sentença dependerá do julgamento da ação anulatória.[1939-1940]

Quando se tratar de ação anulatória de partilha advinda de inventário extrajudicial, surge interessante situação acerca da competência. Com efeito, seguindo os ditames do art. 1º da Resolução n. 35/2007, a competência para instauração do inventário extrajudicial não se submete às regras fixadas no CPC, aplicando-se a dimensão do direito notarial de livre escolha pelos interessados.[1941] É importante, contudo, observar que a regra em voga é específica em relação ao próprio inventário, na medida em que este terá seu curso na serventia extrajudicial, situação que não ocorre no âmbito da ação anulatória em que há vinculo necessário com a jurisdição estatal. No particular, o art. 48 do CPC prevê que a ação de anulação de partilha extrajudicial deverá ser proposta no foro de domicílio do autor da herança, admitindo-se, variações,

1937 Próximo: RICARDO ALEXANDRE DA SILVA e EDUARDO LAMY, *Comentários ao Código de Processo Civil*, v. IX, p. 592; e EUCLIDES DE OLIVEIRA, *Comentários ao Código de Processo Civil*: perspectiva da magistratura, p. 729. A posição defendida no corpo dos comentários aponta que a competência será, *em linha de princípio*, do juízo do inventário. Caso o processo de inventário tramite perante juízo com competência especializada, v.g. uma vara especializada em órfãos e sucessões, é preciso verificar a lei de organização judiciária para se identificar o espectro de competência do juízo especializado. LUIZ GULHERME MARINONI, SÉRGIO CRUZ ARENHART e DANIEL MITIDIERO defendem, de modo diverso, que não há qualquer tipo de vinculação ao juízo onde se processou o inventário (*Novo Código de Processo Civil comentado*, p. 656). ARTUR CÉSAR DE SOUZA, por sua vez, afirma que a ação anulatória deve ser movida no domicílio do autor da herança (*Código de Processo Civil*, v. III, p. 1.579).

1938 No sentido (ainda que com variações): GUSTAVO TEPEDINO, ANA LUIZA MAIA NEVARES e ROSE MELO VENCELAU MEIRELES, *Direito das sucessões*, p. 277; PAULO CEZAR PINHEIRO CARNEIRO, *Inventário e partilha*: judicial e extrajudicial, p. 191; e JOSÉ CARLOS BARBOSA MOREIRA, *Comentários ao Código de Processo Civil*, v. V, p. 160.

1939 Conforme JOSÉ CARLOS BARBOSA MOREIRA, *Comentários ao Código de Processo Civil*, v. V, p. 164.

1940 O encaixe do art. 61 na forma posta é tecnicamente mais adequado do que a importação das regras de distribuição por dependência previstas no art. 286 do CPC, tendo em vista que, na maioria das vezes, a ação anulatória de partilha amigável judicial será apresentada quando já ocorrido o trânsito em julgado. No sentido, NELSON NERY JUNIOR e ROSA MARIA DE ANDRADE NERY trazem anotação de que *há descaracterização da conexão quando uma das causas já está julgada* (*Comentários ao Código de Processo Civil*, p. 1.475)

1941 Vide os comentários ao art. 610 desta obra.

no parágrafo único do citado dispositivo, em caso de inexatidão acerca do endereço domiciliar deste.[1942]

5. Prazo para a propositura da ação

De modo diverso do que ocorre em relação à anulação dos negócios jurídicos em geral, cujo prazo decadencial é quadrienal (art. 178, *caput*, do CC), o prazo para o exercício do direito à anulação da partilha é ânuo (art. 657, parágrafo único, c/c art. 2.027, parágrafo único, do CC).[1943] O prazo especial de um ano para o exercício do direito à anulação se aplica tanto à partilha amigável a ser submetida à homologação judicial (seja em arrolamento sumário, arrolamento comum ou inventário pelo procedimento padrão) como à decorrente de partilha amigável objeto de escritura pública (confeccionada extrajudicialmente). Dessa forma, o ambiente em que de realização da partilha amigável é absolutamente irrelevante para fins de definição do prazo especial de um ano, o qual toma, sim, em consideração, a natureza do ato material realizado, quer dizer, partilha sucessória.

O termo inicial desse prazo vai variar de acordo com o vício que se pretende invocar como causa para a anulação, independentemente de já ter ocorrido ou não homologação judicial ou o respectivo trânsito em julgado. Dito de outro modo, contagem do prazo se opera quer tenha ocorrido ou não o trânsito em julgado, o qual, vindo a ocorrer, ainda assim não obsta a proposi-

---

1942 É perfeitamente possível que litígio acerca da desconstituição de partilha sucessória efetuada por escritura pública tenha curso pela arbitragem, caso as partes capazes assim convencionem. Como os requisitos dos arts. 610 do CPC (que trata do inventário extrajudicial) e art. 2.015 do CC (partilha amigável) são compatíveis com as exigências insertas no art. 1º da Lei n. 9.307/96 (que regula a arbitragem), na medida em que tais dispositivos exigem para a lavratura do ato notarial a capacidade plena dos seus protagonistas, há espaço natural para que partilhas efetuadas com tal inspiração sejam resolvidas pela via arbitral. Sobre arbitragem e inventário extrajudicial, vide comentários ao art. 620.

1943 O prazo bem mais curto parece estar justificado pela natureza específica do negócio jurídico (partilha) e para a proteção de terceiros que possa a vir adquirir bens distribuídos na partilha. Isso porque, como a partilha sucessória se estabiliza em prazo bem menor em relação aos negócios jurídicos em geral, cria-se ambiente de segurança jurídica que impede – pela decadência – a propositura de ações que tragam causas de *anulabilidade*. De toda sorte, Outras modalidades de partilha, como a que decorre do divórcio ou dissolução da união estável, mesmo que submetidas ao crivo de decisão judicial homologatória, sujeitam-se ao prazo quadrienal de decadência para exercício do direito à anulação, previsto no art. 178 do CC. Assim também: Paulo Cezar Pinheiro Carneiro, *Inventário e partilha*: judicial e extrajudicial, p. 191.

tura da ação, desde que ainda existente prazo em curso.[1944] Por vezes, o termo inicial do prazo para a ação anulatória pode vir a ocorrer depois de já transitada em julgado a decisão homologatória, como quando o vício que fundamenta o pedido é a incapacidade relativa.[1945] Assim, no caso de coação, o prazo é contado do dia em que ela cessa; no caso de erro, dolo, lesão e estado de perigo, do dia em que realizado o ato; e, no caso da incapacidade, do dia em que é cessada.[1946]

O prazo para a propositura da ação anulatória pelo incapaz possui regime especial atrelado à cessação da sua incapacidade.[1947] Como se trata de regra

---

1944 Barbosa Moreira, comentando o art. 486 do CPC de 1973, passou a sustentar entendimento diferente a partir da 2ª edição de seu livro. Para o jurista, a ação anulatória seria cabível apenas enquanto não ocorrido o trânsito em julgado da decisão homologatória. Com o trânsito em julgado, deveria a parte se socorrer da ação rescisória. O autor reconhecia que esta conclusão esvaziava, em muito, o âmbito de cabimento da anulatória, em vista do prazo exíguo para sua propositura, mas enxergava em tal conclusão a única alternativa possível para compatibilizar a previsão da ação anulatória do art. 486 com a previsão da ação rescisória fundada no inciso VIII do art. 485, ambos do CPC de 1973. Na expressão do autor: "A admitir-se que, havendo em qualquer deles vício causador de invalidade, pudesse o ato homologado, em si, constituir objeto da ação anulatória do art. 486, mesmo após o trânsito em julgado da decisão que o homologou, ter-se-ia de concluir por uma injustificável superabundância de meios de impugnação: realmente, de um lado, caberia a ação rescisória contra a sentença de homologação, com suporte no art. 485, nº VIII; de outro, a ação anulatória do próprio ato homologado, nos termos do dispositivo ora sob exame." (*Comentários ao Código de Processo Civil*, v. V, 2011, p. 159). Influenciado por este entendimento, chegamos até a sustentar a mesma ideia em oportunidade anterior, a qual é aqui revisitada, confira-se: Rodrigo Mazzei e Leriane Drumond Bento. Enunciado 138. In: Ravi Peixoto (coord.). *Enunciados FPPC – Fórum Permanente de Processualistas Civis*, p 561.

1945 Remete-se aqui, mais uma vez, aos termos do Enunciado n. 138 do FPPC, citado em nota de rodapé anterior.

1946 Apesar da firmeza do texto legal, consoante já anunciado, há julgados do STJ que fixam o início da contagem do prazo decadencial à data da homologação da partilha (STJ, 4ª Turma, REsp 168.399/RS, j. 05/05/2001, *DJ* 13/08/2001; 4ª Turma, REsp 83.642/SP, j. 12/03/1996, *DJ* 29/04/1996) e à data do trânsito em julgado da referida decisão (3ª Turma , REsp 279.177/SP, j. 04/04/2006, *DJ* 14/08/2006; 4ª Turma, REsp 796.700/MS, j. 26/02/2013, *DJ* 19/06/2013; 3ª Turma, REsp 209.707/CE, j. 09/11/2000, *DJ* 12/02/2001). Assim, a jurisprudência tem conferido interpretação que não consta (ao menos no aspecto literal) no texto legal em comento. Na doutrina, analisando o tema: Arruda Alvim, Araken de Assis e Eduardo Arruda Alvim, *Comentários ao Código de Processo Civil*, p. 1.507; e Umberto Bara Bresolin, *Código de Processo Civil anotado*, p. 910-911.

1947 O gabarito que envolve a capacidade civil foi redesenhada pela Lei n. 13.146/2015, que instituiu o EPD (Estatuto da Pessoa com Deficiência). Dessa forma, para que a bandeja do art. 657, parágrafo único, III, seja utilizada é necessário que se faça conexão com os ditames da referida Lei. Sobre o EPD e o inventário sucessório, vide os comentários ao art. 610 desta obra.

específica e de caráter subjetivo, a postergação do prazo de decadência na forma do art. 657, parágrafo único, III, é aplicável apenas à ação anulatória a ser movida pelo incapaz, não podendo ser invocada por outro participante da partilha que não se enquadre na mesma condição subjetiva.[1948]

6. Legitimidade passiva

Todos aqueles que participaram da partilha amigável deverão ser citados da ação de anulação do aludido negócio jurídico.[1949] Diz-se, em razão da natureza constitutiva da decisão final, que há a formação de litisconsórcio necessário e unitário (arts. 114 e 116 do CPC).[1950] A afirmativa, todavia, merece a explicação de algumas peculiariedades.

Caso a ação anulatória que ataque a partilha amigável ainda não tenha sido homologada, o condomínio hereditário não estará extinto (arts. 1.791 e 2.023 do CC), restando íntegra a representação judicial pelo inventariante (art. 618, I, do CPC).[1951] A citação do inventariante, em tal contexto, se torna importante, pois este possui o dever funcional de administrar adequadamente o espólio, a fim de que ocorra regular extinção do condomínio hereditário, situação que não ocorrerá caso a partilha esteja acoimada de algum embaraço que leve à sua *anulabilidade* ou à própria *nulidade*. Nada obsta que inventariante, recebendo a citação em nome do espólio, venha a concordar com o pedido contido na ação que impugna a partilha amigável e, em prol dos interesses a ele confiados, integre o polo ativo da postulação, repudiando a partilha efetuada.[1952] De igual modo, será

1948 No sentido: STJ, 3ª Turma, REsp 1.670.364/RS, j. 04/06/2017, *DJ* 04/10/2017.

1949 No sentido: Bertha Steckert Rezende e Cristiano Imhof, *Comentários ao Código de Processo Civil*, p. 758; Luciano Vianna Araújo, *Comentários ao Código de Processo Civil*, v. 3, p. 267; e Felippe Borring Rocha, *Comentários ao novo Código de Processo Civil*, p. 979.

1950 Confira-se: Fernando da Fonseca Gajardoni, *Processo de conhecimento e cumprimento de sentença*: comentários ao CPC 2015, v. 2, p. 1.116; Umberto Bara Bresolin, *Código de Processo Civil anotado*, p. 910; e Daniel Amorim Assumpção Neves, *Novo Código de Processo Civil comentado*, p. 1.093.

1951 Mesmo na inventariança dativa, não há dispensa da citação do inventariante, uma vez que a exigência contida no art. 75, § 1º, do CPC, determina a intimação dos "sucessores" do autor da herança em ato de complementação à convocação do administrador da herança. Sobre inventariança dativa, vide os comentários ao art. 616 desta obra. Saliente-se que caso de sentença homologatória de partilha em que se projeta a sobrepartilha, designando-se, para tanto, pessoa para figurar como inventariante não há a extinção do espólio. Na linha: STJ, 4ª Turma, REsp 977.365/BA, j. 26/02/2008, *DJ* 10/03/2008. Vide os comentários aos arts. 669 e 670 desta obra.

1952 Por exemplo, em ação movida por herdeiro alegando erro substancial acerca de bem que fez parte da meação do cônjuge sobrevivente na partilha amigável, o inventariante corrobora com a versão fática apresentada na peça inicial.

dada ao espólio a possibilidade de purgar pela manutenção da partilha, com a apresentação de defesa que conteste o texto da petição inicial.

Note-se, ainda, que a dimensão móvel na participação das partes da ação anulatória é fundamental, pois há ambiência para deslocamentos e posicionamentos fluídos das partes citadas. Em ilustração didática, caso a coação tenha sido perpetrada de forma isolada por um herdeiro contra outra pessoa na mesma posição, sem que o fato seja de conhecimento dos demais coerdeiros, aqueles que não tinham ciência do fato terão que ser convocados para a ação de anulação da partilha amigável. Note-se, contudo, que a citação não fará com que todos os coerdeiros sejam tratados como parte adversa do autor da ação. Isso porque a boa tradução do art. 238 do CPC permite dizer que os coerdeiros que não participaram da coação (nem tendo dela notícia até a ação judicial) serão citados para integrar a relação processual, sendo-lhes facultado assumir posição no processo depois de elucidada a situação fática, que somente pode ocorrer depois de efetuada a dilação probatória. Dessa forma, a dimensão de "litisconsórcio necessário e unitário" advinda da ação descrita no art. 657 deve ser temperada com os ditames do art. 238, sendo necessária condução procedimental que contemple dinâmica na participação daqueles que são convocados para integrar a relação processual.[1953]

Por fim, certo é que a anulação da partilha poderá alcançar não só diretos hereditários propriamente ditos, mas também aqueles que necessitam ser reconhecidos e resolvidos no bojo do inventário sucessório, sendo a meação o exemplo mais claro no sentido. Assim, não se pode desprezar a necessidade de citação do cônjuge/companheiro meeiro sobrevivente para integrar a relação processual, na hipótese em que a (eventual) anulação da partilha tenha pujança para provocar novo encaixe cômodo dos quinhões hereditários, alcançando o posicionamento da meação. Assim, mesmo que a ação anulatória não afete

1953 As anotações acima, na bem da verdade, desnudam o papel mais relevante da citação nos processos judiciais, pois esta não é uma simples convocação para resposta, no sentido de trazer determinada pessoa para contrapor os fundamentos apresentados pelo requerente de ação judicial, sedimentando-a em polo passivo tão logo seja trazida ao processo. A citação, na forma do art. 238 do CPC, permite a integração na relação processual, admitindo-se, em tal ponto, a adoção de posições dinâmicas no curso do processo. No tema, trazendo o debate em aspecto geral, confira-se: Antonio do Passo Cabral, Despolarização do processo e "zonas de interesse": sobre a migração entre polos da demanda. In: Fredie Didier Jr. (org.), *Reconstruindo a Teoria Geral do Processo*. Com olhos mais voltados à tutela coletiva, mas com lições que podem aplicadas ao tema, confira-se, ainda: Rodrigo Mazzei (A intervenção móvel da pessoa jurídica na ação popular e ação de improbidade administrativa, *Revista Forense*, v. 400, p. 227-254). Vide, no sentido, os comentários ao art. 626 desta obra.

a quantificação da meação, caso se projete que a procedência do pedido pode alterar os desenhos e a redistribuição dos quinhões entre os coerdeiros, o cônjuge/companheiro sobrevivente deve ser citado, pois tal medida propiciará a melhor acomodação das cotas patrimoniais (arts. 649 do CPC e 2.019 do CC). No caso, a convocação – permitindo-lhe a sua integração na relação processual – não faz com que o cônjuge/companheiro sobrevivente seja visto como "réu" da ação anulatória, mas como interessado que poderá cooperar na nova distribuição das cotas patrimoniais.[1954]

7. Legitimidade ativa

A legitimidade ativa da ação anulatória é voltada para qualquer uma das partes – com fundamento em vício de anulabilidade vinculado à convenção – que demonstre ter sido prejudicada pela partilha sucessória.[1955] Assim sendo, admite-se que a ação anulatória seja encabeçada por interessado que participou da partilha amigável, mas que não é necessariamente sucessor do autor da herança (por exemplo, o cônjuge/companheiro sobrevivente que figura no inventário exclusivamente como meeiro).[1956]

Não se pode esquecer que é possível que terceiros – que não necessariamente pessoas contempladas ou com bens atraídos pela abertura da sucessão (vide situação do cônjuge/companheiro meeiro) – tenham interesse no desfecho do inventário e, por conseguinte, na divisão a ser efetuada na partilha, circunstância que pode autorizar a propositura de ação para sua desconstituição.

1954 Incorreto, portanto, o entendimento peremptório de que a "meeira não detém legitimidade para integrar o polo passivo de ação de petição de herança c/c anulação de partilha, haja vista que a execução do direito reconhecido em investigatória de paternidade poderá alcançar tão somente o quinhão destinado à herdeira, tendo a viúva apenas recolhido a meação a que tinha direito jure próprio" (STJ, 3ª Turma, REsp 331.781/MG, j. 16/12/2003, 19/04/2004).

1955 Dentre vários, confira-se: Fernando da Fonseca Gajardoni, *Processo de conhecimento e cumprimento de sentença:* comentários ao CPC 2015, v. 2, p. 1.116.

1956 Próximo: Bertha Steckert Rezende e Cristiano Imhof, *Comentários ao Código de Processo Civil*, p. 758; e Luciano Vianna Araújo, *Comentários ao Código de Processo Civil*, v. 3, p. 267. Parecendo concordar: Euclides de Oliveira, *Comentários ao Código de Processo Civil:* perspectiva da magistratura, p. 729. Não há dúvida de que o cônjuge/companheiro sobrevivente poderá mover ação para anular a partilha que definiu não só os quinhões hereditários, mas também a sua meação, alegando, em ilustração, vícios de vontade que contaminaram as suas escolhas (por exemplo, coação para reconhecer bens particulares ou erro substancial acerca de bem destinado a preencher quantitativamente sua meação). No tema, confira-se: STJ, 3ª Turma, REsp 59.594/MG, j. 08/05/2003, *DJ* 09/06/2003. Parecendo se posicionar contrariamente, confira-se: Daniel Amorim Assumpção Neves, *Novo Código de Processo Civil comentado*, p. 1.093.

Em exemplo, o art. 1.813 do CC permite que o credor do herdeiro aceite a herança, na proporção da dívida, caso o titular do direito hereditário renuncie a sua cota (regra esta que deve ser estendida ao legado[1957]). Ocorre que, nos inventários consensuais, é comum que a renúncia seja efetivada na própria partilha, situação, inclusive, que pode ser extraída no arrolamento sumário (art. 659) e no inventário extrajudicial (art. 610 c/c art. 17 da Resolução n. 35/2007). Na situação narrada, tendo sido lançada a renúncia na própria partilha, o credor ficou furtado de pleitear a aplicação do art. 1.813 do CC no curso do inventário, justificando pedido de desconstituição da partilha, para satisfação proporcional da dívida. A situação, *mutatis mutandis*, se encaixa como hipótese de fraude a credor, pois a renúncia (como ato de liberalidade) causa prejuízo a terceiro titular de crédito (art. 158 do CC). Em assim sendo, a ação do credor não se submete ao prazo geral de um ano fixado no art. 657 (também previsto no art. 2.017, parágrafo único, do CC), eis que se trata de personagem que não é tratado como interessado na herança, não tendo sequer participado da partilha. Aplica-se, no caso em tela, o disposto no art. 178, II, do CC, fixando-se o prazo decadencial em quatro anos.[1958]

Ainda na seara dos terceiros que podem ser prejudicados com a partilha amigável, tendo assim, legitimação para atacá-la, haverá situações em que o fundamento a ser utilizado será diverso daqueles que são abarcados pelo regime de *anulabilidade dos negócios jurídicos* e, portanto, sem aplicação dos ditames do art. 657. Por exemplo, a partilha amigável pode ser fruto de simulação entre os interessados na herança, situação tratada na legislação civil como de nulidade do negócio jurídico (art. 167 do CC). Ilustrando a exemplificação posta, imagine-se que, em partilha amigável, seja reconhecida a união estável inexistente entre determinada pessoa com o autor da herança, retroagindo-se tal relação à longínqua data, a fim de que a meação (construída pela simulação) prejudique credores do falecido e permita rateio patrimonial entre o (falso)

1957 Até porque a renúncia pode ser feita a partir de cada posição jurídica. Assim, o herdeiro beneficiário de legado, pode aceitá-lo e, sem prejuízo, renunciar à herança (e vice-versa). Igualmente, a aceitação da herança legítima não impede a renúncia da herança testamentária, não se vedando, outrossim, procedimento semelhante em sentido contrário (art. 1.808, § 1º e § 2º do CC).

1958 A bandeja do art. 657 pressupõe que o autor da ação tenha participado da partilha, tendo sido ele o próprio personagem alcançado pelo vício de vontade ou formal na partilha, situação inaplicável ao credor do herdeiro (ou legatário) que apresenta renúncia na partilha. Há no âmbito do STJ decisão que, ainda que examinado base fática diversa, ratifica o raciocínio posto, ou seja, que o prazo de 01 (um) ano aplica-se apenas aos que diretamente participaram da partilha (4ª Turma, REsp 1.551.430/ES, j. 21/09/2017, *DJ* 16/11/2017). Os votos do acórdão analisam o tema, inclusive, com diversas perspectivas.

companheiro sobrevivente e os herdeiros (partícipes da simulação). Não se trata, por certo, de hipótese de anulação da partilha, mas de nulidade desta pela simulação perpetrada, autorizando, inclusive, que o juízo sucessório adote as medidas previstas no art. 142 do CPC,[1959] negando-se por sentença a homologar a partilha apresentada, assim como, em caso de inventário extrajudicial, que o notário deixe de lavrar a escritura respectiva (art. 32 da Resolução n. 35/2007).[1960]

Caso a ação anulatória seja movida antes da homologação judicial da partilha, não há ainda a extinção do espólio (arts. 1.791 e 2.023 do CC) e, por tal passo, é intuitiva que este seja citado (na pessoa do inventariante, art. 618, I, do CPC). O detalhe é que, sem bússola voltada à legitimidade passiva, terá colorido diferenciado se, depois de citado, o espólio aderir ao polo ativo da ação anulatória, através de movimento dinâmico que deve ser permitido (*intervenção móvel* – vide item anterior).

Art. 658. É rescindível a partilha julgada por sentença:
I – nos casos mencionados no art. 657;
II – se feita com preterição de formalidades legais;
III – se preteriu herdeiro ou incluiu quem não o seja.

CPC de 1973 – art. 1.030

1. Noções gerais

Se no art. 657 o foco da ação autônoma (anulatória) é a própria partilha amigável, o art. 658 prevê ação rescisória voltada para a partilha *julgada* pelo juízo sucessório (= *aquela que foi alvo de deliberação e não de simples homologação da vontade das partes*), ou seja, há fluxo diverso, na medida em que o dispositivo ora em comento busca a desconstituição de decisão judicial. Com tal bússola, como a partilha está atrelada à decisão judicial, a desconstituição do ato decisório judicante ("sentença") – em regra – alcançará a partilha que nela foi deliberada. Embora com faróis distintos, não se pode negar a existência de pontos comuns entre a ações previstas nos arts. 657 e 658, uma vez que as duas possuem projeção constitutiva negativa, razão pela qual se submetem a contagem de prazos decadenciais (apesar de diferenciações de calibramento temporal[1961]).

1959 Confira-se: Rodrigo Mazzei e Sarah Merçon-Vargas, *Novo CPC anotado e comparado*, p. 176.
1960 Vide os comentários ao art. 610 desta obra.
1961 Note-se, contudo, que a ação anulatória possui prazo próprio (um ano - art. 657, parágrafo único, do CPC c/c art. 2.027 do CC), ao passo que a ação rescisória desenhada no art. 658 não discrepa do que está previsto no art. 966 do CPC.

É fundamental conjugar o cardápio de rescindibilidade previsto no art. 658 com o previsto no art. 966 (que contém as hipóteses gerais de cabimento da ação rescisória), pois, sem prejuízo das causas (especiais) de rescindibilidade enumeradas no artigo comentado, há de se considerar também cabível a rescisória com fundamento em todas as demais situações (de caráter geral) previstas no art. 966, as quais não ficam excluídas pela previsão daquelas situações específicas reguladas entre as disposições do inventário e partilha.[1962]

2. Ação rescisória e os "casos mencionados no art. 657"

No inciso I do art. 658, há uma remissão ao art. 657, admitindo-se a ação rescisória "nos casos mencionados do art. 657".[1963]

Com efeito, o inciso I do art. 658 pretendeu – ainda que de forma não clara – efetuar comunicação do art. 657 com o disposto no art. 966, III, que prevê a possibilidade de ação rescisória em caso de ocorrência de "dolo ou coação da parte vencedora em detrimento da parte vencida ou, ainda, de simulação ou colusão entre as partes, a fim de fraudar a lei". Inegável que a vontade das partes é fundamental no exame dos atos jurídicos, não se desprezando tal contexto quando estes são relevantes para a decisão judicial.[1964] Em exemplo, um herdeiro pode ter sido coagido a não postular o encaixe de seus quinhões sobre determinados bens, voltando sua postulação para outros (que não eram a sua escolha natural), em razão de ter recebido ameaça concreta de outro herdeiro. Há, pois, vício de vontade na postulação que contamina a decisão judicial que delibera sobre a partilha, fixando-se os quinhões em quadrante na contramarcha da real vontade de um interessado, postura esta causada por influência de outro participante do inventário sucessório, que o coagiu.[1965] Ao se fazer a interpretação tracejada, a partir da atual redação do art.

1962 Sobre o tema (de forma mais ampla): Rodrigo Mazzei e Tiago Figueiredo Gonçalves, Ação rescisória no processo de inventário e partilha: um primeiro esboço. In: Marcelo Navarro Ribeiro Dantas et al. (coord.). *Temas atuais de direito processual*: Estudos em Homenagem ao Professor Eduardo Arruda Alvim, p. 663-701.

1963 Além do diálogo com o art. 657, anote-se que a referência efetuada no art. 658 quanto às hipóteses de anulação de partilha suscita ainda o debate acerca do cabimento de ação rescisória para atacar decisão homologatória de partilha, assunto analisado adiante.

1964 Na linha: Arruda Alvim, Araken de Assis e Eduardo Arruda Alvim, *Comentários ao Código de Processo Civil*, p. 1.507.

1965 Justamente pelo quadro acima posto que o inciso III do art. 966 (repetindo a inteligência do art. 485, VIII, do CPC de 1973) possui seu farol voltado para a vontade das partes, de modo que, na ocorrência de vício com pujança que direcione o julgamento em favor de determinada parte (em detrimento de outra), permite a rescisão da decisão judicial. Tal linha de pensar afasta a equivocada compreensão de

2.017 do CC,[1966] abre-se espaço mais amplo (e não cogitado no texto original do CPC de 1973) acerca do cabimento da ação rescisória. Isso porque, demonstrado no curso do inventário *causa mortis* vício de vontade capaz de invalidar o negócio jurídico e que foi relevante para o julgamento da partilha, deve ser permitida a ação rescisória.[1967]

No que se refere ao inciso III do art. 657 (intervenção de incapaz), afigura-se que há comunicação do art. 658 com o disposto no inciso V do art. 966 do CPC, que prevê a ação rescisória por violação de norma jurídica. Sem rebuços, a capacidade é protegida por regime de normas que, uma vez não observada regra aplicável, ensejará (ao menos em tese) a violação de norma jurídica pela decisão judicial que delibera sobre a partilha. Observe-se, nessa toada, que a proteção em relação à aplicação das normas vinculadas ao incapaz está prevista no inciso II do art. 658, pois será admitida a ação rescisória quando pretérita formalidade legal tida como essencial.

3. Ação rescisória e a partilha feita com preterição de formalidades legais

No inciso II do art. 658 está prevista a possibilidade de ação rescisória contra decisão que julga a partilha preterindo formalidades legais. Trata-se, pois, de sobreposição envolvendo o art. 966, V, do CPC, que trata da ação rescisória por violação de norma jurídica.[1968] Para cabimento de ação rescisória sob o fundamento de preterição de formalidade (= *violação de norma jurídica*) poderá ser apontado tanto *error in procedendo* como *error in judicando*, não tendo a legislação processual nos arts. 658, II, e 966, V, efetuado qualquer delimitação ou discriminação a respeito.

Com efeito, o julgamento da partilha se submete à moldagem específica que deve ser seguida pelo juízo sucessório, uma vez que há comandos procedimentais envolvendo a partilha sucessória e ditames vinculados ao próprio

---

que o inciso I do art. 657 deve ser analisado sob a ótica do próprio julgador, isto é, o dolo, a coação, o erro essencial ou a incapacidade seriam apreciados com encaixe nos atos do juízo sucessório e/ou na sua atuação. Não se afigura inspirado tal pensamento, notadamente quando a menção ao art. 657 se volta para a intervenção de incapaz, pois tal análise é feita para as partes, jamais para o órgão judiciário, cujo controle se efetua com outra perspectiva (em que se destaca a sua competência e parcialidade – temas, inclusive, trabalhados nos incisos I e II do art. 966).

1966 Alteração promovida pelo CPC 2015 (art. 1.068).

1967 Em ilustração, embora o estado de perigo e a lesão não façam parte do texto do art. 657, não há como se negar que nele estão contidos, pois são vícios de vontade aptos a invalidar os negócios jurídicos (no caso a partilha sucessória). Vide os comentários ao art. 657 desta obra.

1968 No sentido: Eduardo Arruda Alvim, Daniel Willian Granado e Eduardo Aranha Fereira, *Direito processual civil*, p. 1.653.

conteúdo decisório. No plano procedimental, é necessário, por exemplo, o respeito a contraditório qualificado, vinculado não apenas a permitir o debate acerca do encaixe dos quinhões e suas acomodações (arts. 647, *caput*, 649, 650 e 651). O julgamento da partilha sem a observância do rito desenhado na legislação processual que, repita-se, exige o respeito a contraditório sequenciado, se caracterizará como *violação de formalidade legal* atrelada ao procedimento, encaixando-se o desvio como *error in procedendo*. De outra ponta, com olhos no julgamento propriamente dito da partilha, o juiz sucessório se submete ao cumprimento do disposto no art. 648. Ainda que a moldagem de alguns incisos tenha espaço para preenchimento no caso concreto, há comandos que limitam a decisão que envolve a partilha, não podendo o julgador desobedecê-los. Exemplo frisante está na necessidade de o juiz sucessório respeitar a igualdade dos herdeiros/interessados na herança quando da distribuição dos quinhões (art. 648, I, do CPC c/c art. 2.017 do CC), justificando-se a ação rescisória caso a decisão que delibere sobre a partilha viole as regras legais correspondentes. Na ilustração agora posta, não há deslize procedimental, mas do próprio julgamento da partilha, caracterizando-se como hipótese de *error in judicando*.[1969]

4. Ação rescisória e a preterição ou inclusão de herdeiro (parte)

No rol do art. 658, o inciso III traz, como causas de rescindibilidade, a preterição de herdeiro e a inclusão na partilha de quem não o seja. Análise detida da citada regra legal indica que o dispositivo aglutina duas situações diferentes, mas com tronco comum, qual seja, a *legitimação para figurar no inventário sucessório*.

A *legitimação para figurar no inventário sucessório* é tema estrutural do inventário *causa mortis*, que se espera que seja resolvido antes do seu desfecho (e, portanto, antecedente à partilha), a teor dos arts. 627, III, §§ 2º e 3º, e 628, §§ 1º e 2º. Em suma, apresentadas as primeiras declarações e efetuadas as convocações determinadas na legislação processual (arts. 620 e 626), abre-se prazo para manifestação que inclui a insurgência acerca de inclusão de pessoa na qualidade de "herdeiros" (arts 627, III, §§ 2º e 3º), permitindo-se, outrossim, que pessoas não listadas pelo inventariante postulem sua admissão no inventário (art. 628, §§ 1º e 2º), desde que demonstrem no seu pleito a legitimação para participar do inventário sucessório.[1970]

1969 Bem próximo: Arruda Alvim, Araken de Assis e Eduardo Arruda Alvim, *Comentários ao Código de Processo Civil*, p. 1.507.

1970 Note-se que apesar de o art. 627, III, possuir redação limitada, voltada apenas à inclusão de pessoa na qualidade de "herdeiro", a textura do art. 628, *caput*, é mais ampla. No ponto, basta observar que o último dispositivo faz alusão a *aquele que se julgar preterido*, ou seja, a qualquer pessoa que detenha legitimação para participar do

A partir do cenário posto, o debate e a definição judicial acerca da *legitimação para figurar no inventário sucessório* não será ordinariamente definida na sentença que julgar a partilha sucessória, uma vez que a análise do rito procedimental do inventário *causa mortis* indica que a questão provavelmente restará resolvida no curso do processo sucessório (ainda na *fase do inventário*), por meio de decisão interlocutória. Trata-se, pois, de opção lógica e que decorre do *policentrismo* que marca o inventário, pois é fundamental que se sedimente, desde o início do processo, não só a legitimação para participar do processo sucessório, como também a identificação da(s) posição(ões) jurídica(s) dos atores, diante da possibilidade de que a mesma pessoa possa participar da sucessão com mais de um título.[1971] Dentro da divisão *bifásica* do dueto *Do inventário e da partilha*, a definição dos legitimados (e, eventualmente, da sua posição jurídica) será feita na primeira fase (= *inventário*). Sem que tal assunto esteja sedimentado, é inviável que se adentre na segunda fase (= *partilha*, enquanto procedimento de desfecho), pois o pedido de quinhões (= *direitos a serem resolvidos na partilha*) depende do dimensionamento dos direitos de cada um dos interessados.[1972]

Registre-se, ainda, que nem sempre o juízo sucessório terá condições de decidir acerca da legitimação para a participação no inventário, pois, seguindo a esteira do disposto no art. 612, o debate se cingirá à produção de prova documentada.[1973] Em tais situações, por certo, não caberá ação rescisória, uma vez que não haverá decisão que deliberou sobre a inclusão ou exclusão de pessoa do inventário sucessório, restando os interesses da parte salvaguardados, diante da obrigatória reserva patrimonial que deverá ser constituída.

---

inventário como protagonista, seguindo-se, para tanto, como referência, o rol daqueles que necessariamente devem ser citados (cônjuge/companheiro sobrevivente, herdeiro e legatário). O deslize limitador do art. 627, III ora denunciado, é repetido pela na parte inicial do art. 658, III, já que há alusão exclusiva ao "herdeiro", sem referência às demais pessoas que também deveriam ser obrigatoriamente citadas do inventário sucessório. Curiosamente, a parte final do art. 658, III, abandona a fórmula de indicação restritiva, pois faz menção genérica de inclusão indevida de quem não tinha legitimação para figurar na partilha, postura abrangente que se assemelha ao que está posto no art. 628, *caput*, que também não se limita ao "herdeiro".

1971 Por exemplo, a depender do caso concreto, o cônjuge sobrevivente poderá ter legitimação decorrente da meação, da herança legítima/testamentária e do legado, colocando-o em posições jurídicas múltiplas. Sobre o tema, vide os comentários ao art. 620 desta obra.

1972 Vide os comentários ao art. 647 desta obra.

1973 Com tal norte, se, para decidir sobre a legitimação para participação no inventário, for necessária a produção de prova outra que não a documentada, aplica-se a técnica de remessa com reserva, enviando para as "vias ordinárias" o debate (arts. 627, § 3º, e 628, § 2º).

Dessa forma, comumente o objeto da rescisão se voltará para decisão interlocutória proferida no curso do inventário sucessório que sedimente a legitimação acerca da participação na sucessão (pouco importando se a resposta foi positiva ou negativa).[1974] Não se aplicará, ao menos em regra, a literalidade do art. 975 do CPC, que prevê que o prazo para o manejo da ação rescisória será contado do trânsito em julgado da última decisão proferida no processo. Pensar diferente, com todo respeito, despreza os eixos policêntricos e a multipolaridade que são ínsitos ao inventário *causa mortis*. Há, aqui, uma exceção, repita-se, ao art. 975 da codificação processual que está devidamente motivada pela estrutura procedimental do inventário sucessório.[1975]

5. Preterição de "herdeiro": ação rescisória, ação de petição de herança e outras postulações

Apesar de a redação do inciso III do art. 658 fazer alusão específica ao "herdeiro", a opção restritiva é equivocada, pois outros interessados no desfecho do inventário sucessório podem ser preteridos no julgamento da partilha. Com efeito, o legatário não é, pois, herdeiro, já que se posiciona como sucessor singular[1976] e, de outra banda, o cônjuge/companheiro sobrevivente não

---

1974 Embora raro, é possível que a sentença seja o ato judicial que delibere sobre a preterição ou inclusão indevida de pessoa no inventário. Registre-se, no ponto, que, em caso de sentença que defina a inclusão de determinada pessoa no inventário, será necessário que tal decisão contemple também o capítulo de distribuição patrimonial ao "incluído". Diante da sua natureza concentrada, o arrolamento comum (art. 664) é o ambiente mais propício para que tal invulgar situação ocorra, pois a tendência é que a legitimação para participar do inventário sucessório (e as suas consequências) seja alvo de análise e julgamento ainda na fase limiar do processo, por meio de decisão de natureza interlocutória. Vide os comentários aos arts. 627 e 628 desta obra.

1975 Não se desconhece que a jurisprudência do STJ fixou entendimento de que o início do prazo para o manejo da ação rescisória somente terá sua contagem iniciada depois de proferida a decisão final. O posicionamento foi sedimentado com a edição da Súmula 401 do STJ e os julgados posteriores não têm discrepado da referida orientação (no sentido, dentre vários: STJ, 2ª Turma, AgInt no AREsp 1701588/SP, j. 24/02/2021, *DJ* 26/02/2021). Ocorre que a Súmula 401 do STJ não trabalha com a dimensão fragmentada e de núcleos autônomos do inventário *causa mortis*, criando insegurança no transporte de tal posição sumular para o âmbito do processo sucessório. Mais ainda, a estrutura procedimental do inventário sucessório demonstra que o entendimento fixado na referida súmula não é adequado aos processos policêntricos e multipolares. Assim, não é possível transportar a Súmula 401 para o inventário *causa mortis*, de modo que, em respeito à natureza especialíssima de tal plataforma processual, o prazo para a ação rescisória deverá ser contato da data do trânsito em julgado da decisão interlocutória que decidir pela inclusão ou exclusão da parte no inventário *causa mortis*.

1976 Na linha: Rodrigo Ramina Lucca, *Breves comentários ao novo Código de Processo Civil*, p. 1.733.

precisa ostentar a posição de herdeiro para demonstrar interesse no inventário sucessório, até porque sua pretensão pode se limitar ao reconhecimento dos bens em comunhão, sendo certo que, em tal situação, a sua parte (meação) deverá ser depurada da herança. Na realidade, a interpretação da parte inicial do art. 658, III, deve ser feita observando a bandeja fluida do art. 626 e, portanto, a legitimação para a ação rescisória não é privativa do "herdeiro", mas de todos aqueles atores que devem ser citados para participar do inventário sucessório, já que qualquer deles pode ser preterido (ao menos abstratamente) na partilha.[1977]

Não caberá rescisória para as situações em que o interessado não tenha apresentado no inventário pedido de admissão antes do desfecho do processo ("partilha") ou que tenha sido incluído pelo inventariante (com posterior exclusão). Sem participação no inventário na forma supra, por certo, o juízo sucessório não terá efetuado qualquer aferição sobre a sua legitimidade e, por conseguinte, não haverá decisão que decida acerca sobre o tema. Se o sujeito deveria participar como protagonista do inventário e assim não ocorreu, ele é terceiro estranho ao processo, não sendo alcançado pela autoridade da coisa julgada, a qual não atinge terceiros para prejudicá-los (art. 506 do CPC). A sentença, ainda que delibere sobre o assunto, contra ele é ineficaz, sendo inapropriada a ação rescisória.[1978-1979] Para tais situações, indica-se – de modo geral – a "ação de petição de herança" (arts. 1.824-1.828 do CC). A causa de rescindibilidade de que cuida o dispositivo comentado se volta, portanto, para a pessoa cuja legitimidade foi negada no curso do inventário por meio de decisão proferida pelo juízo sucessório.[1980]

1977 Sobre a legitimação para figurar no inventário, vide os comentários ao art. 626 desta obra.

1978 Nesse sentido: Arruda Alvim, Anulação de partilha. In: *Soluções Práticas,* v. 3, p. 6.

1979 Nada obstante, vale registrar que o art. 967, IV, do CPC, possui redação que legitima para a ação rescisória "aquele que não foi ouvido no processo em que lhe era obrigatória a intervenção". Há de se ter atenção na exegese do texto legal, pois a regra não é voltada ao "litisconsorte necessário", mas para atender a situação daqueles cuja intervenção a lei prevê como obrigatória, mas que não foram intimados para se manifestar. É o caso da Comissão de Valores Mobiliários (art. 31 da Lei n. 6.385/76), pois esta deve ser *sempre intimada* nos processos que tenham matéria incluída na competência respectiva. No caso do inventário sucessório, a teor da parte final do texto do art. 626 do CPC, há atores funcionais que devem ser intimados para participar do inventário sucessório, destacando-se, de modo peculiar, o testamenteiro em caso de sucessão testamentária. O art. 967, IV, portanto, possui área restrita e não se sobrepõe ao art. 658, III. No tema, com olhar mais amplo, confira-se: Rodrigo Mazzei e Tiago Figueiredo Gonçalves, Primeiras linhas sobre a disciplina da ação rescisória no CPC/15. In: Lucas Buril de Macedo, Ravi Peixoto e Alexandre Freire (org.), *Processo nos tribunais e meios de impugnação às decisões judiciais*, v. 6, p. 257.

1980 No sentido: STJ, 3ª Turma, REsp 940.455/ES, j. 17/05/2011, *DJ* 23/05/2011. Seguindo tal linha, o Enunciado n. 183 do FPPC prevê: "A ação rescisória de par-

Note-se, no ponto, que a concepção da ação de petição de herança está ligada a natureza universal desta, ou seja, o herdeiro requer a própria herança, na proporção da sua cota respectiva, que incide sobre um todo monolítico.[1981] A titularidade sobre a herança advém da *saisine* (art. 1.784 do CC), devendo o herdeiro preterido ser tratado como um condômino que não foi ouvido (nem a ele destinada parte da divisão patrimonial). Trata-se de postulação que reclama a cota de bem indivisível (art. 1.791, do CC), cuja natureza é imóvel (art. 80, II, CC). Saliente-se, todavia, que a ação de petição de herança possui vocação para os casos em que ainda não houve o reconhecimento da situação jurídica subjetiva que coloca o seu autor com herdeiro e titular da herança. No detalhe, o texto do art. 1.824 do CC indica que, na referida ação, o herdeiro poderá postular "o reconhecimento de seu direito sucessório", pois, assim reconhecido, terá direito "a restituição da herança, ou de parte dela, contra quem, na qualidade de herdeiro, ou mesmo sem título, a possua."

Assim, na petição de herança, é natural que ocorra a "investigação" acerca da posição jurídica de herdeiro, pois tal reconhecimento é fundamental para o pleito de recebimento de quinhão da herança.[1982] A mesma situação não

---

tilha com fundamento na preterição de herdeiro, prevista no inc. III do art. 658, está vinculada à hipótese do art. 628, não se confundindo com a ação de petição de herança (art. 1.824 do Código Civil), cujo fundamento é o reconhecimento do direito sucessório e a restituição da herança por aquele que não participou, de qualquer forma, do processo de inventário e partilha." Com comentários ao citado enunciado, confira-se: Rodrigo Mazzei e Leriane Drumond Bento, Comentários ao Enunciado 183 do FPPC. In: Ravi Peixoto (coord). *Enunciados do FPPC Comentados*, p. 526-528; e Fernanda Tartuce e Rodrigo Mazzei, Inventário e partilha no Projeto de novo CPC: pontos de destaque na relação entre os direitos material e processual. In: *Revista Nacional de Direito de Família e Sucessões*, v. 1, p. 80-96. Bem próximo: Ernane Fidélis dos Santos, *Comentários ao Código de Processo Civil*, v. 6, p. 397; Hamilton de Moraes Barros, *Comentários ao Código de Processo Civil*, v. IX, p. 331; e Umberto Bara Bresolin, *Código de Processo Civil anotado*, p. 912.

1981 Em coerência com a legitimação aplicável à ação rescisória, há de se conferir ao cônjuge/companheiro sobrevivente e ao legatário que não foram citados do inventário sucessório, dele não tendo notícia, também o direito a postular por meio de ação autônoma a ineficácia da partilha, reclamando na postulação a entrega patrimonial a que fazem jus (meação ou legado, conforme a hipótese). Não se trata, por certo, de ação de petição de herança, pois os postulantes não se posicionam como "herdeiros" e as suas pretensões patrimoniais não serão de recebimento de quinhões hereditários, mas, com adaptações, é perfeitamente possível a importação adaptada da modulação fixada nos arts. 1.824-1.828 do CC, inclusive quanto aos terceiros de boa-fé.

1982 Não por mero acaso que a 3ª Turma do STJ tem proferido decisões reiteradas com esteio na teoria da *"actio nata"* em relação às ações de petição de herança. A partir do reconhecimento da qualidade de herdeiro, consolidando-se tal posição jurídica

ocorre em relação ao herdeiro já reconhecido, ou seja, aquele que ostenta tal posição desde a abertura da sucessão, sendo por isso obrigatória a sua participação no inventário sucessório, aplicando-se os ditames dos arts. 114, 238 e 626 do CPC. Não há, em relação ao herdeiro já reconhecido (por exemplo, filho devidamente registrado ou cônjuge que ostente certidão de casamento), a necessidade de que, na postulação advinda da sua preterição no inventário, seja confirmada a sua situação jurídica, pois esta já está previamente "reconhecida" por ato *inter vivos* que envolve o falecido. O quadro demonstra que, para tais pessoas (já com posição jurídica reconhecida), a ação de petição de herança, em sua modulação clássica, não possui encaixe perfeito.

Com outras palavras, o herdeiro já considerado como tal pelo autor da herança não necessita, repita-se, de nenhum tipo de reconhecimento judicial acerca da sua posição jurídica, de tal modo que a sua participação no inventário é necessária, fixando-se na lei que sua convocação é indispensável. Assim, a falta de citação de personagem obrigatório causa embaraço estrutural ao próprio inventário que definiu a sucessão do autor da herança, pois este deve ser tratado (equiparadamente) como "litisconsorte necessário" (arts. 114 e 626), uma vez que sua integração ao inventário sucessório é obrigatória (arts. 238).[1983] A sentença de partilha proferida em inventário sem sua convocação é, portanto, ineficaz, conferindo-se ao aludido herdeiro preterido, na defesa de seus interesses, outras formas de postulação que não a ação de petição de herança.

Como se trata de sentença com ineficácia patente, o herdeiro que não foi citado do inventário sucessório poderá apresentar dentro do próprio processo, por meio de simples petição, reclame acerca da decisão, a fim de que o vício seja declarado.[1984] Sob tal perspectiva, o pleito do herdeiro deverá ser alvo de manifestação dos demais interessados e, em caso de em caso de resposta positiva destes, de se admitir a correção da partilha, por meio de *sobrepartilha atípica*.[1985] Indo mais além, a partir da afirmação de que o herdeiro é "litisconsorte necessário" (ou figura afim), a falta de sua citação autorizará a propositura

---

(= *com o trânsito em julgado*), é que o "prazo prescricional" para reclamar a respectiva cota patrimonial passa a correr (vide, entre vários: STJ, 3ª Turma, AgInt no AREsp 1.260.418/MG, j. 20/04/2020, *DJ* 27/04/2020; 3ª Turma, REsp 1.368.677/MG, j. 05/12/2017, *DJ* 15/02/2018; 3ª Turma, REsp 1.605.483/MG, j. 23/02/2021, *DJ* 01/03/2021). Há, portanto, uma concepção (embora não explicitada nas decisões) de que a ação de petição de herança está atrelada ao "reconhecimento" de situação jurídica que permite a postulação da herança.

1983 Sobre a concepção de "litisconsorte necessário" e o inventário, vide os comentários ao art. 626 desta obra.

1984 Muito próximo: Arruda Alvim, Araken de Assis e Eduardo Arruda Alvim, *Comentários ao Código de Processo Civil*, p. 1.508.

1985 Vide os comentários ao art. 656 desta obra.

de ação para declarar a ineficácia da sentença definiu a partilha sucessória, ainda que a ineficácia seja parcial (art. 115, II, do CPC). Assim, há espaço para a propositura da chamada *querela nullitatis insanabilis*, tendo como fundamento a falta de citação para sua participação obrigatória no inventário *causa mortis*.[1986]

No plano pragmático, a exposição demonstra que a ação de petição de herança será o meio adequado para reclamar a cota de direito hereditário quando a situação jurídica do herdeiro não está perfeitamente definida como tal, sendo necessária decisão judicial para reconhecê-la. O texto do art. 1.824 do CC autoriza tal raciocínio, assim como a intuitiva cumulação de pedido de reconhecimento da qualidade de herdeiro que se faz em tal tipo de ação, em que o reconhecimento de filiação é a postulação mais comum, ainda que com variações (vínculo biológico ou afetivo).[1987] Em outra ponta, quando se trata de herdeiro com posição jurídica já reconhecida no momento da abertura da sucessão, mas cuja citação foi olvidada, seja de forma proposital ou não, a sentença proferida na partilha será ineficaz (arts. 114, 238 e 626 do CPC). Sem prejuízo da apresentação de pedido de saneamento no próprio inventário, admitindo-se até a emenda excepcional da partilha, o caminho mais habitual para declarar a ineficácia da sentença será a da ação declaratória (*querela nullitatis insanabilis*).[1988]

Seção IX
Do Arrolamento

Art. 659. A partilha amigável, celebrada entre partes capazes, nos termos da lei, será homologada de plano pelo juiz, com observância dos arts. 660 a 663.

§ 1º O disposto neste artigo aplica-se, também, ao pedido de adjudicação, quando houver herdeiro único.

§ 2º Transitada em julgado a sentença de homologação de partilha ou de adjudicação, será lavrado o formal de partilha ou elaborada a carta de adjudicação, e, em seguida, serão expedidos os alvarás referentes aos bens e às rendas por ele

1986 Quanto ao cabimento da *querela nullitatis insanabilis* por falta de citação de litisconsorte necessário, confira-se: STJ, 2ª Turma, REsp 1.105.944/SC, j. 14/12/2010, *DJ* 08/02/2011; STJ, 4ª Turma, REsp 977.662/DF, j. 22/05/2012, *DJ* 01/06/2012.

1987 O exemplo não é único, pois é perfeitamente possível se cogitar, por exemplo, a cumulação de pedido de reconhecimento de união estável com pleito de herança, na medida em que o companheiro, sob o regime da comunhão parcial, será considerado herdeiro do bloco dos bens particulares.

1988 No sentido: STJ, no REsp 1.857.852/SP (3ª Turma, j. 16/03/2021, *DJ* 22/03/2021), decidiu que o reconhecimento acerca do vício estrutural da falta de citação de parte que deve participar do inventário sucessório pode ser reconhecido tanto "em ação autônoma (querela nullitatis insanabilis)", como "também no próprio processo". Vide ainda: STJ, REsp 1.904.374/DF, 3ª Turma, j. 13/04/2021, *DJ* 15/04/2021.

abrangidos, intimando-se o fisco para lançamento administrativo do imposto de transmissão e de outros tributos porventura incidentes, conforme dispuser a legislação tributária, nos termos do § 2º do art. 662.

CPC de 1973 – art. 1.031

1. Noções procedimentais do "arrolamento sumário"

O CPC em vigor prevê o inventário e partilha por escritura pública (art. 610) e pela via judicial (art. 611-673), sendo moldado, para a segunda situação, um *procedimento padrão* (arts. 617-658), que possui como característica a fragmentação em várias etapas, tratado pela doutrina como *inventário solene*.[1989] Fugindo do gabarito comum (= *inventário solene*), há a previsão de dois procedimentos mais abreviados, denominados de "arrolamento sumário" (arts. 659-663) e de "arrolamento comum" (art. 664). Note-se, com tal observação, que os "arrolamentos sucessórios" (nas duas modalidades) devem ser tratados (sob a ótica global do CPC) como *procedimentos especiais*, uma vez que estes são encartados como "inventários" e suas marchas processuais não são simétricas às fixadas como *procedimento comum* da codificação processual. Sob outra visão, dentro do trecho dos arts. 610-673, os "arrolamentos sucessórios" possuem procedimentos próprios, diversos do adotado no inventário e partilha que seguem a trilha padrão (ou seja, solene). De tal análise, é possível se afirmar que cada uma das modalidades de arrolamentos sucessórios deve ser vista como *procedimento especial "especial"* (ou *duplamente especial*), pois se diferem do procedimento comum do CPC e do rito vulgar fixado para o inventário e partilha de natureza judicial.[1990] Dessa forma, ao se analisar o "arrolamento sumário", há de se ter atenção a sua posição singular procedimental, pois afastada não apenas do procedimento padrão fixado no CPC, mas também do caminho natural talhado para o inventário e a partilha sucessória.

A expressão "arrolamento sumário" (para representar o procedimento previsto nos arts. 659-663) está lançada de forma isolada no corpo art. 660 e merece crítica, pois não reflete exatamente a sua base estrutural, que é o *consenso geral dos interessados*.[1991] Melhor seria que se adotasse denominação que – de

---

1989 Próximo: Fernando da Fonseca Gajardoni, *Processo de conhecimento e cumprimento de sentença:* comentários ao CPC 2015, v. 2, p. 1.121; e Felippe Borring Rocha, *Comentários ao novo Código de Processo Civil*, p. 981.

1990 Muito próximo: Fredie Didier Jr, Antônio do Passo Cabral e Leonardo Carneiro da Cunha, *Por uma nova teoria dos procedimentos especiais*, p. 22-23.

1991 Na verdade, a nomenclatura usada estaria mais bem encaixada com a figura prevista no art. 664 (que possui estrutura de *processo concentrado contencioso*, típica dos *procedimentos sumários*). Vide os comentários ao art. 664 desta obra.

fato – identificasse a figura, tal como *arrolamento amigável* ou *inventário e partilha por consenso*, a fim de que sua essência ficasse demarcada.[1992]

Feito o registro, o arrolamento sumário (seguindo a expressão eleita pelo legislador) é um procedimento judicial disponibilizado aos interessados (em regra, com capacidade plena) quando há quadro consensual qualificado em toda a sucessão. Com efeito, quando se conjugam os arts. 659-660, percebe-se que o "o arrolamento sumário" pressupõe que todas as atividades do inventariante já estarão previamente efetuadas, sendo que seu resultado final está condensado em relação às partes interessadas. Depurando-se o procedimento do arrolamento em questão, espera-se a "homologação de plano" da "partilha" (art. 659), caso esta tenha sido apresentada em petição inicial, juntamente com (a) o resultado da eleição do inventariante (art. 660, I); (b) a arrecadação dos bens e o posicionamento jurídico das partes de acordo com seus títulos (art. 660, II) e (c) a avaliação dos bens do espólio (art. 660, II e III). O único ponto de todo procedimento em que se admite algum tipo de controvérsia se opera no plano externo, junto aos credores do espólio, acerca da definição da garantia de bens, caso as dívidas não sejam liquidadas (art. 663).[1993]

O arrolamento sumário não está atrelado apenas à sucessão legal, abarcando também a sucessão testamentária,[1994] situação que exigirá o prévio registro judicial do testamento (arts. 735-737 do CPC) e a intimação do testamenteiro acerca dos atos processuais.[1995] As partes deverão estar em consenso absoluto, como sói de

1992 Marcelo Abelha, ainda que com outro foco, também apresenta crítica à expressão "arrolamento sumário" (*Manual de Direito Processual Civil*, p. 837). Não é ocasional que na doutrina o arrolamento sumário seja tratado por alguns como de procedimento de jurisdição voluntária. Na linha: Ricardo Alexandre da Silva e Eduardo Lamy, *Comentários ao Código de Processo Civil*, v. IX, p. 598; Fernando da Fonseca Gajardoni, *Processo de conhecimento e cumprimento de sentença:* comentários ao CPC 2015, v. 2, p. 1.121; Conrado Paulino da Rosa e Marco Antônio Rodrigues, *Inventário e partilha*, p. 417; e Daniel Amorim Assumpção Neves, *Novo Código de Processo Civil comentado*, p. 1.096.

1993 Para que a existência de dívidas do espólio não impeça o desfecho do *arrolamento amigável* (= *inventário e partilha por consenso*), inseriu-se pequeno incidente procedimental, com a convocação do credor, a fim este se manifeste sobre a reserva de bens efetuada a seu favor (art. 663). Caso esta seja impugnada, notadamente em relação à valoração dos bens que a compõe, o juízo sucessório determinará que se faça avaliação judicial (art. 663, parágrafo único, e art. 660, III). Vide os comentários ao art. 663 desta obra.

1994 Igualmente: Fernando da Fonseca Gajardoni, *Processo de conhecimento e cumprimento de sentença*: comentários ao CPC 2015, v. 2, p. 1.120.

1995 Próximo: Conrado Paulino da Rosa e Marco Antônio Rodrigues, *Inventário e partilha*, p. 416; e Euclides de Oliveira e Sebastião Amorim, *Inventário e partilha*: teoria e prática, p. 421. A assertiva tomou mais força depois do posicionamento do STJ acerca da possibilidade do inventário extrajudicial em caso de sucessão testa-

correr na totalidade de situações abrigadas pelo arrolamento sumário, não podendo, portanto, pender debate sobre o testamento e o seu cumprimento (assim como sobre nenhuma outra questão alcançada pela sucessão legal).[1996]

Da apertada síntese, percebe-se que há diferenças pulsantes entre arrolamento sumário e o "arrolamento comum" (art. 664), uma vez que o último, além da presunção de ambiente contencioso, está deitado sobre linha procedimental mais detalha, ainda que seus atos sejam concentrados. Inegável também que, afora a diversidade de ambiência, há evidentes pontos de contato entre o arrolamento sumário e o inventário extrajudicial, pois ambos os institutos reclamam: (a) consensualidade geral e (b) inexistência de interessado incapaz. Em sendo assim, permite-se que sejam feitos transportes de regras aplicáveis ao inventário extrajudicial para o arrolamento sumário (naquilo que for compatível e pertinente), situação que faz com que a Resolução n. 35/2007 do CNJ possa ser usada como inspiração para preencher lacunas e elucidar dúvidas acerca do arrolamento sumário (tema tratado com mais vagar adiante).

2. Consensualidade geral (= *inexistência de conflito interno entre as partes*)

A conjugação dos arts. 659, 660 e 663 é indicativa na necessidade de concordância absoluta e irrestrita de todas as partes não apenas em relação aos termos da petição inicial do arrolamento sumário, mas também quanto aos seus desdobramentos subsequentes, em que se destacam os termos apresentados para que a partilha seja homologada. O detalhe merece relevo, pois, embora o foco legal esteja mais voltado para os temas da petição inicial (art. 660) e para a própria partilha (art. 659), é necessário consenso também acerca do reconhecimento de dívidas e da forma com que estas serão superadas no inventário, seja por meio de reserva de bens (art. 663), seja através do seu pagamento (art. 619, III). Por isso, no "arrolamento sumário", é vedado ao juiz proferir decisão adjudicada para dissipar litígios entre as partes (= *atores internos*). Daí, pois, a exigência em calibre máximo da consensualidade geral entre os interessados, admitindo-se, tão somente, decisões para resolver pendengas com os credores (art. 663).[1997]

---

mentária, desde que ocorra o consenso geral e o "testamento tenha sido previamente registrado judicialmente ou haja a expressa autorização do juízo competente". Confira-se: STJ, 4ª Turma, REsp 1.808.767/RJ, j. 15/10/2019, *DJ* 03/12/2019.

1996 Afigura-se admissível, caso a organização judiciária local preveja competência do mesmo juízo tanto para registro do testamento (arts. 735-737), como em relação ao curso de inventário judicial (art. 611), que as partes apresentem convenção processual que permita a união dos dois procedimentos, a fim de que fiquem reunidos "fisicamente" no mesmo processo judicial. Sobre o tema, vide os comentários ao art. 611 desta obra.

1997 Por exemplo, para definir o valor do bem destinado a reserva para pagamento de credores, em caso de disparidade de avaliações (art. 663), mas jamais no espectro

Muito embora cada sucessão possa contemplar particularidades, extrai-se dos arts. 659 e 660, que há temas obrigatórios no arrolamento sumário, de modo que as partes deverão apresentar, ao juízo sucessório, ato documentado (mesmo que no corpo de petição) acerca de seu consenso amplo sobre: (a) nomeação de inventariante; (b) arrecadação completa dos bens (inclusive os que se submetem à colação); (c) avaliação específica de cada um dos bens; (d) levantamento do passivo do espólio; (e) listagem dos interessados e atraídos pela sucessão, com indicação da sua posição jurídica e dimensionamento patrimonial respectivo;[1998] (f) partilha amigável, com a distribuição de bens e/ou direitos. Na hipótese de ficar acordada qualquer outra questão que repercuta na partilha, ainda que fora dos eixos dos assuntos obrigatórios, o consenso respectivo deverá também ser plasmado por escrito (em exemplo, reconhecimento de união estável do companheiro sobrevivente).[1999]

Caso o juízo sucessório perceba, concretamente, que há conflito de interesses interno no inventário, a conversão do procedimento se impõe.[2000] Na hipótese de o valor dos bens do espólio ultrapassar a 1.000 (um mil) salários mínimos, a conversão terá como destino o inventário padrão e, de forma diversa, se a estimação for inferior, o pouso será para o "arrolamento comum". Saliente-se que, antes da conversão, em respeito aos arts. 6º e 10 do CPC, deverá o juízo sucessório alertar as partes acerca da possibilidade, com a indi-

interno dos interessados. Tanto assim que, se no curso do arrolamento sumário houver discordância entre os próprios interessados (= *partes do inventário*) acerca do bem que será destinado à garantia em favor do credor e/ou aquele que deverá ser alienado para resgatar dívidas (ou pagar despesas) do espólio não poderá o juízo sucessório decidir sobre o tema, pois haverá litígio interno.

1998 No caso interessado com mais de um posicionamento (por exemplo, o cônjuge/companheiro sobrevivente meeiro e herdeiro) a situação deve ser plasmada na partilha. Sobre cumulação de posições jurídicas e seu dimensionamento na herança, vide respectivamente os comentários ao arts. 620 e 647.

1999 Igualmente: Luciano Vianna Araújo, *Comentários ao Código de Processo Civil*, v. 3, p. 280. O disposto nos arts. 18 e 19 da Resolução n. 35/2007 do CNJ ratifica o entendimento ilustrado. Em outro exemplo, admite-se que o cessionário de parte dos direitos hereditários possa compor o rol das partes do arrolamento sumário, bastando que os demais interessados reconheçam a validade e o alcance patrimonial da cessão, definindo, em consenso, com o cessionário, a parte que lhe tocará na partilha (vide art. 16 da Resolução n. 35/2007 do CNJ).

2000 Correta, portanto, a observação de Eduardo Arruda Alvim, Daniel William Granado e Eduardo Aranha Ferreira: "(...) a despeito de o arrolamento sumário situar-se, formalmente, entre os processos de jurisdição contenciosa, não há nem pode haver lide entre as partes" (*Direito processual civil*, p. 1.255). Em breve paralelo, o art. 32 da Resolução n. 35/2007 do CNJ prevê, no caso de inventário extrajudicial, que o tabelião poderá se negar a lavrar a escritura de inventário ou partilha em caso de dúvidas sobre a declaração de vontade de algum dos interessados.

cação dos motivos que justificam a medida. A prévia intimação, além de dissipar dúvidas acerca da existência de litígio interno, poderá permitir autocomposição sobre o ponto discordante ou até mesmo que as partes apresentem convenção processual para a conversão processual, evitando que o juízo sucessório profira decisão que afete à autonomia das partes, ponto marcante do procedimento especial em voga.

3. Capacidade das partes

A regra legal comentada faz expressa exigência à presença exclusiva de "partes capazes", expressão de caráter bem genérico, podendo alcançar todos os protagonistas da partilha. Às claras, o art. 659 possui comunicação com o rol do art. 626, dispositivo que traz cardápio fluído acerca dos personagens que devem ser citados para o processo sucessório.[2001] Assim, todo aquele cuja citação é necessária para participação no inventário sucessório, seguindo os ditames do art. 626, será tratado como "interessado" (= *parte*).[2002]

Sob outro aspecto, considerando que o arrolamento sumário projeta a partilha amigável, a capacidade exigida pelo art. 659 está voltada aos atos de disposição de direito material. Apesar de não estar explicitado no dispositivo, há aplicação restritiva ao conceito de capacidade, pois se não admite – como regra – que o incapaz seja assistido ou representado por aquele que detém tal possibilidade (por exemplo, pais, por tutor ou por curador). Há, no ponto, certa contradição da exigência em relação aos atos da vida civil em geral, pois o incapaz – fora do processo judicial – pode participar de atos dispositivos mediante a "representação legal" (sentido amplo).[2003] O pormenor é importante não só para reflexão acerca da interpretação que se confere ao art. 659, dando-lhe rigorosa (e, talvez, equivocada) exegese, mas também para apartar

2001 É fundamental lembrar que a listagem dos "interessados" não se limita apenas às figuras mencionadas expressamente pelo art. 626 (cônjuge/companheiro sobrevivente, herdeiro e legatário), pois a textura de tal dispositivo é permeável e atrai outras pessoas com posições jurídicas que não se encaixam com perfeição no elenco ali ditado (por exemplo, o cessionário de direitos hereditários – art. 1.793 do CC). Vide os comentários ao art. 626 desta obra.

2002 O art. 610 (que trata do inventário extrajudicial) se vale, inclusive, de tal nomenclatura ("interessados"). Assim, o art. 2.015 do CC, que trata da partilha amigável, possui redação limitada que não pode contaminar o art. 659, uma vez que a lei civil apenas exige – ao menos na literalidade de seu texto – a plena capacidade dos "herdeiros", nada sinalizando quanto a outros possíveis atores do inventário *causa mortis*.

2003 Parecendo perceber o problema (em aspecto amplo e não pontual do art. 659), confira-se: Pedro Henrique Nogueira, *Negócios Jurídicos Processuais*, p. 277; e Fredie Didier Jr., *Curso de Direito Processual Civil:* introdução ao Direito Processual Civil, Parte Geral e Processo de conhecimento, p. 507.

a capacidade exigida para atos de disposição material em relação à capacidade de estar em juízo (arts. 70-71 do CPC).[2004] A exigência acerca de capacidade material parece estar atrelada a não participação do Ministério Público (e outros atores funcionais de proteção ao incapaz) no procedimento do arrolamento sumário, premissa extraída da literal (e inflexível) leitura dos arts. 659-663 (vide item adiante).

A análise da capacidade exigida pelo art. 659 necessita ser compatibilizada com os ditames da Lei n. 13.146/2015 (Estatuto da Pessoa com Deficiência – EPD) que, através do art. 84, prevê que a "pessoa com deficiência tem assegurado o direito ao exercício de sua capacidade legal em igualdade de condições com as demais pessoas".[2005] Dessa forma, sob tal prisma, o art. 659 merece ser revisitado, pois há situações previstas na Lei n. 13.146/2005 que irão penetrar no núcleo do dispositivo em comento, destacando-se, no sentido, a situação do incapaz alcançado pela decisão apoiada (art. 84, § 3º, do EPD e art. 1.783-A do CC/02).[2006]

Ainda sobre a capacidade, saliente-se que não é incomum que, depois da abertura da sucessão ou mesmo no curso do processo judicial, ocorram alterações no *status* da capacidade das partes, havendo impacto imediato no inventário caso assim aconteça. Em ilustração, no caso de interessado incapaz em razão da idade (art. 5º, do CC), a emancipação (mesmo que posterior à abertura da sucessão ou à instauração do inventário *causa mortis*) muda o quadro atrelado à capacidade da parte, de modo a satisfazer o texto (rigoroso) do art. 659, autorizando-se não o acesso do arrolamento sumário, como também

2004 A anotação é oportuna, uma vez que, no que tange aos negócios jurídicos processuais (art. 190 do CPC), diante do seu objeto específico (= *regras de processo/procedimento*), não se pode deslocar a *severa exigência* do art. 659 quanto à capacidade, pois esta, repita-se, é intima ao *resultado* do "arrolamento sumário" (enquanto modalidade de inventário), ou seja, a partilha (que se notabiliza por ser um ato de *disposição* vinculado ao direito material). A afirmação aqui efetuada é corroborada pelo art. 665 do CPC, que permite convenção processual (por meio de negócio processual típico), com a participação de incapaz (devidamente assistido ou representado), mediante presença do Ministério Público. Vide os comentários ao art. 665 desta obra.

2005 O STJ no julgamento do REsp 1.927.423/SP, afirmou textualmente que a Lei n. 13.146/2015 objetiva garantir o exercício da capacidade das pessoas com deficiência física ou psíquica "em igualdade de condições com as demais pessoas" (STJ, 3ª Turma, j. 27/04/2021, *DJ* 04/05/2021).

2006 Parecendo também aqui concordar sobre a aplicação do EPD, confira-se: Pedro Henrique Nogueira (*Negócios Jurídicos Processuais*, p. 278) e Antonio do Passo Cabral, *Convenções processuais:* teoria geral dos negócios jurídicos processuais, p. 340-342, 402-404. Sobre os impactos do EDP no inventário, vide os comentários ao art. 610 desta obra.

eventual *conversão* para seu procedimento (no caso de inventário já em curso). Na outra ponta, na hipótese de incapacidade superveniente de algum dos interessados, o arrolamento sumário deve ser convertido para o *inventário solene* ou, caso se adeque aos trilhos do art. 664, para o arrolamento comum.[2007] Saliente-se, outrossim, que há entendimento doutrinário que realça a inaplicabilidade do arrolamento sumário quando houver interessado declarado ausente.[2008]

Não consta do texto do art. 659 (ou em qualquer outro dispositivo atrelado ao inventário) a exigência de "certidão negativa de incapacidade" relativa às partes. Trata-se, em suma, de certificação de que a pessoa não está alcançada por interdição, curatela e tutela, pois, caso assim ocorra, a certidão terá resultado positivo. Embora não seja obrigatória, deve ser facultado que o inventariante (e/ou às partes) apresente as referidas certidões em relação ao grupo de interessados vinculados ao inventário, pois a postura facilitará não só o acesso ao arrolamento sumário, como também plasmará documentadamente que foram adotadas cautelas de aferição no sentido.

4. O arrolamento sumário com presença de interessado incapaz

A abordagem feita no item anterior provoca a necessária reflexão acerca da existência (ou não) de vedação absoluta de processamento de arrolamento sumário com a presença de incapaz. Com olhos na problemática, Mário Roberto Carvalho de Faria afirma que, se o incapaz participar da sucessão como legatário e sendo possível que, imune de dúvida, seja delimitado o legado deixado ao seu favor,[2009] não há motivo para se vedar o trânsito do inventário pelo arrolamento sumário. De fato, se não há qualquer controvérsia quanto ao objeto do legado e o resultado do inventário importará na sua entrega (em sua completude máxima), não há qualquer justificativa lógica para que o incapaz – na qualidade de legatário – não possa participar de arrolamento sumário.[2010] No entanto, o debate não pode ficar sitiado apenas tal hipótese, devendo se ponderar a possibilidade de trânsito de inventário pelo arrolamento sumário

2007 Na linha: Rodrigo Ramina Lucca, *Breves comentários ao novo Código de Processo Civil*, p. 1.735.

2008 Com a referida posição: Euclides de Oliveira e Sebastião Amorim, *Inventário e partilha*: teoria e prática, p. 421.

2009 *Direito das Sucessões teoria e prática*, p. 258.

2010 A construção acima é bem segura, pois a figura do legatário não se envolve em ato dispositivo (partilha/divisão de bens) e o uso do procedimento abreviado do arrolamento sumário beneficiará o incapaz que se coloca em tal posição jurídica na sucessão, pois, ao menos em tese, o inventário se encerrará de forma mais célere. Assim, convocando-se o Ministério Público para o exercício da missão fixada no art. 178, II, do CPC, não há óbice que justifique o processamento de inventário pelo arrolamento sumário pelo simples fato de que há legatário sem capacidade plena.

em caso de presença de incapaz nas áreas de disposição jurídica, ou seja, em que há necessidade de exercício qualificado na autonomia da vontade, situação evidente que ocorre quando este se posicionar como "herdeiro". Isso porque, diferente do legado (em que a entrega patrimonial estará previamente desenhada e delimitada em disposição testamentária), em se tratando de herdeiro, haverá a necessidade de dimensionar o quinhão e, posteriormente, fazer o seu encaixe no patrimônio deixado pelo falecido, caso o inventário tenha desfecho positivo que reclame partilha.

A resposta à indagação lançada reclama a análise comparativa do procedimento do arrolamento sumário em relação ao que está desenhado para o inventário solene, pois aferição permite identificar que no âmbito do inventário pelo rito padrão há técnicas de proteção aplicáveis ao incapaz que não foram concebidas para o arrolamento sumário. De plano, o desenho procedimental dos arts. 659-663 não contempla a participação do Ministério Público. Não suficiente, em razão da presença exclusiva de protagonistas capazes, a atuação do juízo sucessório no arrolamento sumário não projeta o "julgamento da partilha" (art. 2.015 do CC), não cabendo emitir juízo de valor acerca de eventuais atos de disponibilidade das partes, diferente do que ocorre em inventário com o comparecimento de interessado em incapaz, uma vez que, em tal hipótese, deverá ser lançada decisão (ainda que homologatória) examinando se estão preservados os seus interesses (art. 2.016 do CC).[2011]

Do quadro acima posto, percebe-se que não se há qualquer embaraço em trazer o Ministério Público para o âmbito do arrolamento sumário, a fim de que funcione em prol dos interesses do incapaz, uma vez que tal ator funcional assim já o faz no arrolamento comum, procedimento especial de inventário que contempla expressamente sua presença (art. 664, § 1º). Ademais, a regra do art. 178, II, é impositiva, sendo aplicável em qualquer procedimento com presença de incapaz, inclusive em caso de jurisdição voluntária (art. 721 do CPC). No que se refere à mudança de postura do juízo sucessório quanto à decisão a ser proferida, o fato de que proferirá decisão examinado os "termos e conteúdo" da partilha não altera, em essência, a atividade judicante, até porque não julgará a partilha na sua completude, mas tão somente na parte que envolve a preservação dos interesses do incapaz.

A resenha tracejada é indicativa de que a presença de incapaz não traz obstáculos para que se adote o rito do arrolamento sumário, caso inexista qualquer tipo de controvérsia interna e a partilha preserve integralmente os direitos hereditários atrelados ao incapaz. Assim, de forma semelhante ao que ocorre no inventário pelo procedimento vulgar, deverá ser providenciada a convocação do

---

2011 Vide os comentários ao art. 657 desta obra.

Ministério Público, a fim que este possa fiscalizar os atos processuais, no intuito de proteger os interesses do incapaz, sobretudo nos termos finais da partilha. A partir da participação de incapaz no arrolamento sumário, o juízo sucessório analisará não só os aspectos formais da partilha (algo que inerente a sua atuação, até mesmo para a homologação daquela), mas também se a divisão condensada respeita e preserva os interesses do protagonista sem capacidade plena.[2012]

É interessante observar, com o panorama acima estampado, que os ajustes efetuados no procedimento do arrolamento sumário estão presentes do rito comum da "jurisdição voluntária" (arts. 719-725), pois a convocação do Ministério Público se impõe sempre que houver interesse de incapaz (art. 721) e o juízo sucessório pode proferir decisão outra que não a simplesmente homologatória (art. 723).[2013] Assim, não há justificativa plausível para que se negue a adaptação do procedimento do arrolamento sumário, inserindo-se neste todas as garantias protetivas ao incapaz, até porque, além de não desprezar as garantias do inventário em seu procedimento padrão, não há também qualquer desvio gritante ao rito geral da "jurisdição voluntária".

A breve exposição ratifica o entendimento de que o texto do art. 665 contém erro material ao fazer a remissão ao art. 664 (arrolamento comum), pois, em verdade, a projeção correta teria como destino o art. 659 (arrolamento sumário).[2014] Assim sendo, seguindo-se o previsto no art. 665, seriam necessários dois requisitos para a conversão: (a) consenso geral dos interessados acerca da participação do incapaz no arrolamento sumário e (b) concordância do Ministério Público. De toda sorte, mesmo que inexistente o aludido erro material no art. 665, não se extrai da legislação nenhum óbice ou prejuízo ao incapaz que impeça a conversão do inventário pelo rito padrão para o arrolamento sumário se presentes o acordo geral dos interessados e a convocação do Ministério Público. Para tanto, as partes devem apresentar petição inicial moldada aos termos do art. 660, outorgando poderes a profissional advogado (comum ou particular), sendo que os incapazes deverão estar devidamente assistidos ou representados (arts. 70-71 do CPC).[2015] Na referida peça proces-

---

2012 No tema, com fundamentos próximos: LUCIANO VIANNA ARAÚJO, *Comentários ao Código de Processo Civil*, v. 3, p. 287. Parecendo concordar também: DANIEL AMORIM ASSUMPÇÃO NEVES, *Novo Código de Processo Civil comentado*, p. 1.095.

2013 Apenas para ilustrar, de forma expressa, o art. 725, prevê hipóteses em que o juiz decidirá, em sede jurisdição voluntária (mesmo com a presença de incapaz): (a) alienação, arrendamento ou oneração de bens de crianças ou adolescentes, de órfãos e de interditos (inciso III); (b) alienação, locação e administração da coisa comum (inciso III); (c) alienação de quinhão em coisa comum (inciso V);

2014 Vide os comentários ao art. 665 desta obra.

2015 Bem próximo: LUCIANO VIANNA ARAÚJO, *Comentários ao Código de Processo Civil*, v. 3, p. 287.

sual deverá ser plasmado de forma clara não apenas o consenso acerca da presença do incapaz no arrolamento sumário, mas a todos os termos do inventário (arts. 659-660), devendo ter o cuidado de destacar – até para facilitar a fiscalização – que os interesses do incapaz estão preservados, fazendo demonstração apartada no sentido. Nos requerimentos finais, as partes postularão a adoção do rito do arrolamento sumário e a convocação do Ministério Público para se manifestar acerca de toda petição inicial, permitindo que o ator funcional examine e opine sobre a preservação dos interesses do incapaz.

5. Arrolamento sumário e a adjudicação (herdeiro universal)

O art. 659, em seu § 1º, dispõe no sentido de que o arrolamento sumário poderá ser aplicado quando houver herdeiro único (o chamado herdeiro universal). A presença de "herdeiro único" não significa que este será o personagem exclusivo do inventário, pois a abertura da sucessão pode atrair outras figuras para o processo judicial. No sentido, o cônjuge/companheiro sobrevivente cujo vínculo com o falecido se submetia ao regime da comunhão universal não será considerado como "herdeiro", mas terá direito à meação. Com tal posição jurídica, não há de se descartar que ocorra conflito entre o meeiro e o herdeiro universal acerca da delimitação da meação e, consequentemente, da herança.[2016] Dessa forma, se o herdeiro universal estiver em conflito com outras "partes do inventário" (cuja base de identificação dos atores está no art. 626), não será permitido que suas desavenças sejam resolvidas por decisão judicial "pacificadora". A *consensualidade geral* é exigida também no arrolamento com herdeiro único em caso de presença de outros interessados (como é o caso do cônjuge/companheiro sobrevivente que não figura como herdeiro).

Não consta no § 1º do art. 659 a exigência de que o "herdeiro universal" seja capaz. Nada obstante os fundamentos já trazidos no item anterior (suficientes para autorizar o arrolamento sumário com a presença de incapaz, adotando-se as medidas de proteção aos seus interesses), quando a sucessão

2016 Por exemplo, o meeiro afirma que determinado bem arrecadado pelo herdeiro universal não foi alcançado pela comunhão com o falecido, sendo de sua titularidade exclusiva, pois aquisição respectiva decorre de sub-rogação de outro bem que recebeu por herança/doação com cláusula de incomunicabilidade (art. 1.668, I, do CC). Em outra ilustração, admitindo-se o arrolamento sumário para sucessões com a presença de testamento, pode ocorrer litígio entre o herdeiro universal e o legatário acerca do cumprimento do legado (em ilustração, quando ocorre embate sobre o pagamento e quantificação dos frutos atrelados ao legado de coisa certa, negando-se o herdeiro universal a entregá-los na forma exigida pelo legatário – art. 1.923, § 2º, do CC).

apenas atrair herdeiro único, sem a presença de outras pessoas que possam ser vistas como interessadas (tais como o cônjuge/companheiro sobrevivente meeiro e/ou o legatário), o procedimento do inventário ocorrerá da forma extremamente simplória. Isso porque será feita a arrecadação/avaliação dos bens para a entrega dos bens (exclusivamente) ao herdeiro universal, não ocorrendo conflito algum de interesse, exceto se houver a necessidade de pagamento de alguma dívida deixada pelo falecido (art. 663).

O contexto peculiar permite que o herdeiro universal, mesmo o incapaz, possa postular que o inventário siga o procedimento do arrolamento sumário, pois, *a priori*, sendo este o "interessado único", não há conflito interno a ser resolvido. Em tal hipótese, deverá ser feita a adaptação procedimental, convocando-se o Ministério Público para funcionar (art. 178, II).[2017] Caso surja questão controvertida com credor (por exemplo, discordância acerca da avaliação dos bens destinados para a reserva), como não se trata de litígio interno entre os interessados, caberá ao juízo sucessório determinar que se faça a reserva adequada (art. 663), ouvindo-se o Ministério Público antes de decidir o incidente.

6. Arrolamento sumário × arrolamento comum

As duas espécies de arrolamento sucessório possuem procedimentos mais simples do que o aplicável ao inventário padrão, extraindo-se dos seus ritos a dimensão da celeridade processual. Tal ponto comum autoriza o transporte de técnicas nas áreas de compatibilidade, como ocorre em relação à importação pelo arrolamento comum das disposições do arrolamento sumário acerca do lançamento, do pagamento da taxa judiciária e do imposto sobre a transmissão sobre os bens do espólio (consoante expresso no art. 664, § 4º). Há, todavia, distinções de alta gama que apartam as figuras (e que justificam que cada uma tenha seu regramento próprio), a saber: (i) enquanto no arrolamento sumário o somatório do valor dos bens integrantes do espólio não encontra limite máximo, no arrolamento comum há um teto no sentido, qual seja, 1.000 (mil) salários-mínimos; (ii) no arrolamento sumário, a regra é de que todas as partes sejam capazes, requisito que não é exigido para o arrolamento comum; (iii) é indispensável que todas as partes estejam concordes quanto aos termos completos do inventário (notadamente a partilha), exigência que não se aplica ao arrolamento comum; (iv) embora seja concentrado, o arrolamento comum possui rito procedimental mais complexo em relação ao arrolamento sumário

2017 No mesmo sentido: Mário Roberto Carvalho de Faria, *Direito das Sucessões teoria e prática*, p. 258. Confira-se, ainda: Luciano Vianna Araújo, *Comentários ao Código de Processo Civil*, v. 3, p. 287.

(que pressupõe a apresentação de partilha desde o início, pretendendo, assim, que o procedimento se centre em *etapa única*).[2018]

7. Arrolamento sumário × inventário extrajudicial

Quando se comparam os requisitos reclamados para o arrolamento sumário (art. 659) com os exigidos para o inventário extrajudicial (art. 610), há boa identificação no sentido, pois, em regra, exigem-se, igualmente: (a) participação de interessados capazes e (b) consenso geral sobre os temas tanto do inventário quanto da partilha. No entanto, existem também diferenças relevantes entre o arrolamento sumário e o inventário extrajudicial que extrapolam a sua ambiência de trânsito, quadro que ratifica a necessidade de compreensão de que as partes possuem autonomia para decidir qual a melhor via.[2019] Dentre as diferenças mais relevantes, destacam-se os seguintes pontos: (i) a competência para a instauração do arrolamento sumário se submete ao disposto no art. 48 do CPC, ao passo que ao inventário extrajudicial não se aplica tal dispositivo, sendo "livre a escolha do tabelião de notas" (art. 8º da Lei n. 8.935/94);[2020] (ii) no arrolamento sumário, em regra, os bens do espólio são avaliados pelas partes (art. 662), situação que não ocorre no inventário extrajudicial, na medida em que em a Fazenda apresentará estimação no sentido quando efetuar o cálculo do imposto; (iii) o pagamento do imposto de transferência *causa mortis* ocorrerá necessariamente antes da lavratura da escritura no inventário extrajudicial, não havendo tal exigência expressa no arrolamento sumário (art. 659, *caput* e § 2º); (iv) ao final do arrolamento sumário, serão expedidos alvarás judiciais referentes aos bens e às rendas alcançados pelo formal de partilha ou elaborada a carta de adjudicação (§ 2º, art. 659), não havendo providência semelhante no inventário extrajudicial;[2021] (v) no inventário extrajudicial, as

2018 Próximo: Felippe Borring Rocha, *Comentários ao novo Código de Processo Civil*, p. 981; e Ricardo Alexandre da Silva e Eduardo Lamy, *Comentários ao Código de Processo Civil*, v. IX, p. 598.

2019 A facultatividade foi cravada no art. 2º da Resolução n. 35/2007 do CNJ (vide os comentários ao art. 610 desta obra). De toda sorte, há na doutrina entendimento contrário, no sentido de que, se presentes os requisitos do inventário extrajudicial, faltará aos interessados interesse de agir, por falta de necessidade da via judicial, confira-se: Alexandre Freitas Câmara, *Lições de Direito Processual Civil*, p. 418. Com a mesma ideia (ainda que voltada para o divórcio extrajudicial): André Franco e Marcos Catalan, Divórcio na esfera extrajudicial: faculdade ou dever das partes? In: Antônio Carlos Mathias Coltro e Mario Luiz Delgado (coords.). *Separação, Divórcio, Partilhas e Inventários extrajudiciais: questionamentos sobre a Lei n. 11.441/2007*, p.119-121.

2020 Vide art. 1º da Resolução n. 35/2007 do CNJ.

2021 No inventário extrajudicial, a escritura pública será a plataforma única para os atos de registro e de levantamento de importância depositada em instituições financeiras (§ 1º do art. 610). Vide, ainda, o art. 3º da Resolução n. 35/2007 do CNJ.

partes necessitam arcar com os custos com recursos próprios, inexistindo qualquer possibilidade de uso de verbas do espólio, menos ainda de alienação de bens do espólio para tal finalidade.[2022]

Ademais, como não há participação da Fazenda no curso do arrolamento sumário, aplicando-se o art. 662, não sendo "conhecidas ou apreciadas questões relativas ao lançamento, ao pagamento ou à quitação de taxas judiciárias e de tributos", há uma tendência de que a via judicial seja mais célere. No entanto, se for necessário requerer pedido de isenção do ITCMD, não será possível fazê-lo no âmbito do arrolamento sumário, justamente em razão da opção procedimental de contraditório diferido,[2023] isto é, somente depois de proferida a sentença da partilha.[2024]

2022 Quando as partes não possuem despesas para arcar com os custos (em sentido amplo) do inventário sucessório que contém patrimônio, a concessão da gratuidade das custas do inventário, por si só, não poderá resolver obstáculos financeiros para o eficiente do seu desfecho. Por vezes, o valor do imposto de transmissão *causa mortis* é elevado (correspondente em proporção ao patrimônio) e/ou há dívidas do espólio que devem ser pagas antecedentemente à partilha. Como no inventário extrajudicial não há a possibilidade de uso dos recursos do espólio, muito menos de autorização para alienação de bens que o compõem, para cobrir os tributos e as dívidas, é intuitivo que as partes deverão buscar a via judicial, apresentando ao juízo sucessório pedido para o ato extraordinário (arts. 619, I e III, do CPC). Nada obsta que tal requerimento seja feito em sede de arrolamento sumário, pois a não admissão apenas gerará mais atraso ao inventário *causa mortis*. Isso porque as partes, ao invés de apresentar o pedido já na petição inicial do arrolamento sumário, apresentando descrição justificada da autorização e destino das verbas, teriam que instaurar inventário pelo procedimento padrão e, posteriormente, depois de atendido o pleito, postularem a conversão para o arrolamento comum. Não se afigura, com todo respeito, necessário que se faça tal esforço, pois, além de perda de tempo de forma desnecessária, a instauração de inventário pelo procedimento padrão atrai a participação da Fazenda (art. 626), na contramão do art. 662.

2023 O tema foi sedimentado no STJ, por meio do julgamento do REsp 1.150.356/SP (1ª Seção, j. 09/08/2010, *DJ* 25/08/2010, tema repetitivo 391).

2024 O quadro apresentado no corpo do texto não é exaustivo, mas mostra a importância de se ponderar na escolha do arrolamento sumário ou do inventário extrajudicial. Aprofundando-se nos exemplos mais marcantes, a escolha da competência para a instauração (admitida no inventário extrajudicial) poderá repercutir na alíquota do pagamento de imposto de transferência *causa mortis* dos bens móveis, títulos e créditos da herança, pois, a teor do art. 155, § 1º, II, da CF o tributo sobre tal parte da herança será exigido de acordo com o local "onde se processar o inventário ou arrolamento" (diferente do que ocorre em relação aos bens imóveis, em que deve se observar a situação do bem – art. 155, § 1º, I, da CF). Como há variações de alíquotas em relação ao ITCMD, o inventário extrajudicial poderá ser deslocado para local outro não previsto na competência do art. 48 do CPC (aplicável ao arrolamento sumário), quando a herança contiver bens móveis, títulos e créditos em quilate representativo.

Portanto, há diferenças acentuadas entre o arrolamento sumário e o inventário extrajudicial, devendo as partes ponderar qual a via mais adequada para o caso, pois determinadas particularidades podem pesar na escolha. De todo modo, sem prejuízo das diferenças postas, a boa comunicação do arrolamento sumário com o inventário extrajudicial merece ser feita, naquilo que possível, para que se façam algumas suplementações, cobrindo trechos não tratados nos arts. 659-663, tais como a possibilidade da presença de cessionário no arrolamento judicial e de interessado que se tornou capaz por emancipação.[2025] Há de se ter atenção, vale o registro, também às falsas diferenças, destacando-se no tema o tratamento conferido aos credores do espólio, sendo certo que a estes não podem ser alijados de participarem do inventário extrajudicial (tema tratado nos comentários ao art. 663).

8. Arrolamento sumário e a conversão superveniente do procedimento

Não há nenhum óbice para que o inventário pelo procedimento padrão ou aquele de curso original pelo arrolamento comum sofram conversão para o arrolamento sumário ao longo de seu curso, isto é, que ocorra uma *conversão superveniente*.[2026] Interpretação restritiva do art. 659 apontará que tal medida somente será permitida se estiverem presentes – conjuntamente – os dois requisitos gerais do arrolamento sumário, a saber: (a) capacidade das partes e (b) ampla consensualidade. No entanto, considerando que a capacidade das partes não é óbice intransponível,[2027] a chave para a conversão para o arrolamento sumário é a ampla (e irrestrita) consensualidade, não podendo as partes divergir de nenhum ponto que envolva o inventário (tais como arrecadação, avaliação e reconhecimento de dívidas), assim como que se projete para a partilha (como por exemplo, a natureza/dimensão dos quinhões e seu encaixe nos bens da herança).

2025 Assuntos tratados, respectivamente, nos arts. 16 e 12 da Resolução n. 35/2007 do CNJ.

2026 A doutrina ilustra a hipótese com o inventário pelo procedimento padrão que se iniciou com presença de menor incapaz em razão da idade e que foi convertido em arrolamento sumário (tão logo superada a incapacidade pelo alcance da maioridade), apresentando-se partilha amigável. Na linha: Felippe Borring Rocha, *Comentários ao novo Código de Processo Civil*, p. 981; e Fernando da Fonseca Gajardoni, *Processo de conhecimento e cumprimento de sentença:* comentários ao CPC 2015, v. 2, p. 1.121.

2027 Dentro da posição fixada nos comentários, a incapacidade de interessados (como fato isolado) não criará obstáculo à conversão. Conforme abordado em item próprio, adotadas as medidas adequadas (em que se destaca a convocação do Ministério Público), mesmo com a presença de incapazes, é perfeitamente admissível a conversão do inventário *causa mortis* em arrolamento sumário. Dessa forma, seguindo a linha dos comentários, apenas o consenso amplo e absoluto entre os interessados – ainda que com presença de incapazes – deve ser tratado como requisito indissociável do arrolamento sumário e, portanto, indispensável à sua conversão.

Será necessária a *conversão inversa* sempre que se verificar que, em algum ponto (ainda que de forma solteira), há questão conflituosa entre as partes, reclamando decisão adjudicada do juízo sucessório. Assim sendo, surgindo situação superveniente, a conversão do arrolamento sumário se impõe, alterando-se o rito para o inventário de procedimento padrão se os bens do espólio forem superiores a 1.000 (um mil) salários mínimos e, caso ao contrário, sendo igual o inferior a tal patamar, o envio se fará para a bandeja procedimental do arrolamento comum (art. 664).[2028]

A incapacidade superveniente de algum dos interessados também pode provocar a *conversão inversa*.[2029] A alteração de procedimento em tal hipótese poderá ser evitada, caso o incapaz esteja devidamente representado e seja convocado o Ministério Público. Concordando todas as partes e o Ministério Público que o procedimento não prejudica o incapaz, o juízo sucessório enfrentará a partilha com aplicação do disposto no art. 2.016 do CC, ou seja, proferindo decisão que preserve os interesses do incapaz.

Toda e qualquer conversão de procedimento, caso determinada de ofício pelo juízo sucessório, deverá ser precedida de contraditório (arts. 6º e 10 do CPC), alertando-se as partes a respeito, pois estas podem adotar medidas capazes de superar o que fora cogitado pelo julgador (seja por meio de superação do litígio, seja pela adoção de medidas de proteção ao incapaz).

9. Pagamento do imposto de transmissão

O § 2º do art. 659 prevê que, transitada em julgado a sentença que homologar a partilha, será confeccionado o formal de partilha (ou da carta de adjudicação), expedindo-se, em seguida, os alvarás referentes aos bens e às rendas abrangidos. O mesmo dispositivo prevê que, somente depois de concretizados tais atos, se efetuará a intimação do "fisco para lançamento administrativo do imposto de transmissão e de outros tributos porventura incidentes". A ordem sequencial adotada no art. 659, § 2º, permite interpretar que a sentença poderá ser proferida sem a comprovação do pagamento do imposto de transmissão, pois a expedição do formal de partilha/carta de adjudicação e expedição de alvarás é antecedente ao lançamento do tributo. Há na doutrina posicionamento no sentido.[2030]

2028 Próximo, Luciano Vianna Araújo, *Comentários ao Código de Processo Civil*, v. 2, p. 279.

2029 Na linha: Rodrigo Ramina Lucca, *Breves comentários ao novo Código de Processo Civil*, p. 1.735.

2030 No sentido: Felippe Borring Rocha, *Comentários ao novo Código de Processo Civil*, p. 981; Ricardo Alexandre da Silva e Eduardo Lamy, *Comentários ao Código de Processo Civil*, v. IX, p. 599; e José Miguel Garcia Medina, *Novo de Código de Processo Civil Comentado*, p. 942.

A alteração em voga, sem dúvida, é dissonante com o disposto no art. 192 do CTN, que exige que qualquer sentença que envolva deliberação de partilha ou adjudicação somente poderá ser proferida depois de apresentada a "prova da quitação de todos os tributos relativos aos bens do espólio, ou às suas rendas". O conflito de normas pode ser resolvido pelo critério cronológico, a fim de prevalecer a disposição mais recente (fixada no CPC de 2015),[2031] mas para tanto há uma questão importante que precisa ser superada, a saber: a impossibilidade de lei ordinária dispor tema tributário geral, assunto reservado à lei complementar (art. 146, III, da CF).[2032] Com efeito, apesar do art. 192 do CTN estar posicionado no ventre de legislação recepcionada como *complementar*, a moldagem da regra legal possui afinidade com *norma de caráter processual*, e, via de talante, fora da reserva legal fixada na Constituição Federal (art. 146, III). Às claras, o art. 192 do CTN é um comando processual aos magistrados, no sentido de *vedar o julgamento de partilha ou adjudicação sem a comprovação da quitação de todos os tributos relativos aos bens do espólio, ou às suas rendas*, não podendo ser confundido com *norma geral em matéria de legislação tributária*. Dessa forma, embora deitado sob lei complementar, o art. 192 do CTN não está no espectro da reserva legal constitucional, razão pela qual nada obsta que seja alterado por lei ordinária (no caso o art. 659, § 2º, do CPC). [2033]

Diante da forte discussão sobre o assunto (sobretudo nos Tribunais de Justiça), o STJ – por meio da 1ª Seção – decidiu afetar o REsp 1.896.526/DF e o REsp 1.895.486/DF, trazendo-os para o ao regime de recursos especiais repetitivos (art. 1.036, § 5º, do CPC), fixando-se o debate no Tema 1.074. De todo modo, saliente-se que a questão parece estar sedimentada no âmbito do STJ que, por meio de reiterados julgados,[2034] entendeu pela higidez do art. 659,

2031 Posição defendida por Daniel Amorim Assumpção Neves, *Novo Código de Processo Civil comentado*, p. 1.097; e Humberto Theodoro Júnior, *Curso de Direito Processual Civil*. Procedimentos Especiais, v. II, p. 299.

2032 No sentido, Fernando da Fonseca Gajardoni afirma que o art. 659, § 2º, é "exceção, de duvidosa constitucionalidade (vide art. 146 da CF), à regra do art. 192 do CTN" (*Processo de conhecimento e cumprimento de sentença*: comentários ao CPC 2015, v. 2, p. 1.122).

2033 No sentido, a 2ª Turma do STF decidiu no RE 476227-ED que é possível a alteração por via de lei ordinária de assunto tratado por lei complementar, mas que não estava alcançada pela reserva constitucional do art. 148 (j. 18/09/2007, *DJ* 26/10/2007). Igualmente (e citando outros julgados do STF), confira-se: Luciano Vianna Araújo, A homologação da partilha amigável, a entrega do formal de partilha e o lançamento do imposto de transmissão *causa mortis* no arrolamento sumário, conforme o CPC/15 e a jurisprudência do Superior Tribunal de Justiça (Tema 1.074). In: Teresa Arruda Alvim et al. (coord.), *O CPC de 2015 visto pelo STJ*, p. 1.487-1.501.

2034 O reconhecimento foi feito de forma expressa nas decisões de afetação do REsp 1.896.526/DF e do REsp 1.895.486/DF, confira-se: "A matéria, por sua vez, é

§ 2º do CPC. No entanto, a deliberação sobre o tema, através de precedente formal (art. 927, III, do CPC), é oportuna, a fim de que se consolide entendimento sobre a questão.[2035-2036]

10. Comprovação da regularidade fiscal

Não consta no art. 659 (ou mesmo em nenhum outro dispositivo aplicável ao arrolamento sumário) a exigência da comprovação de regularidade fiscal prevista no art. 654 como requisito para que o juízo sucessório julgue a partilha apresentada pelos interessados. Ocorre que, ao se retornar à codificação anterior, a exigência poderia ser extraída do *caput* do art. 1.031, que dispunha no sentido de que a sentença de partilha somente poderia ser homologada em sede de arrolamento sumário "mediante a prova da quitação dos tributos relativos aos bens do espólio e às suas rendas". A postura adotada pelo legislador fez com que vozes da doutrina interpretassem a alteração na redação do *caput* do art. 659 (em relação ao superado 1.031) como uma opção do legislador de 2015, no sentido de dispensar a comprovação de regularidade fiscal

---

julgada pelo mérito, de modo convergente, pela 1ª e 2ª Turmas desta Corte, as quais manifestam o entendimento segundo o qual, no procedimento de arrolamento sumário, é desnecessária a comprovação da quitação do Imposto de Transmissão Causa Mortis e Doação – ITCMD como requisito para homologar a partilha ou expedir a carta de adjudicação (cf. 1ª T., REsp n. 1.704.359/DF, Rel. Min. Gurgel de Faria, j. 28.08.2018, *DJe* 02.10.2018; 1ª T., AgInt no REsp n. 1.676.354/DF, de minha relatoria, j. 18.03.2019, *DJe* 21.03.2019; 2ª T., AgInt no AREsp n. 1.298.980/DF, Rel. Min. Assusete Magalhães, j. 06.05.2020, *DJe* 12.05.2020; 2ª T., REsp n. 1.751.332/DF, Rel. Min. Mauro Campbell Marques, j. 25.09.2018, *DJe* 03.10.2018)".

2035 Preocupação que também faz parte da motivação constante na afetação do REsp 1.896.526/DF e o do REsp 1.895.486/DF, que narra que o tema está sendo discutido em vários Estados Federados, motivando o aviamento de bom número de recursos especiais.

2036 Como a discussão (embate entre o art. 659, § 2º do CPC e o art. 192 do CTN) tem como pano análise acerca do enquadramento na reserva fixada no art. 148, II, da CF, sem prejuízo à afetação efetuada pelo STJ na forma descrita, é bem provável que a palavra final seja dada pelo STF (por meio julgamento de recurso extraordinário ou de ação de controle concentrado de constitucionalidade) que debata e decida sobre nervoso (e importante) assunto vinculado ao arrolamento sumário. Há, no âmbito do próprio STJ, alguns julgados que sinalizam no sentido, confira-se: "o art. 659, § 2º, do CPC invadiu tema relacionado às garantias do crédito tributário, o que revela que a controvérsia possui fundamento constitucional, devendo ser resolvida por meio do Recurso Extraordinário interposto pelo ente público" (2ª Turma, REsp 1.832.054/DF, j. 01/10/2019, *DJ* 11/10/2019). Próximo: STJ, 2ª Turma, AgInt no AREsp 1.298.980/DF, j. 06/05/2020, *DJ* 12/05/2020. Registre-se que, em fevereiro de 2018, foi ajuizada ação direta de inconstitucionalidade (ADI n. 5.894/DF) em que se postula a declaração de inconstitucionalidade do art. 659, § 2º, do CPC.

no âmbito do arrolamento sumário.[2037] A interpretação é sedutora, mas há alguns pontos que precisam ser superados.

Em que pese a atual omissão no art. 659 (comparativamente ao art. 1.031 do CPC de 1973), há de se notar que o disposto no art. 654 (aplicado ao inventário sob o procedimento especial comum) exige – como requisito para que seja proferida sentença envolvendo partilha – que seja "juntada aos autos certidão ou informação negativa de dívida para com a Fazenda Pública". Note-se, com tal olhar, que o art. 667 determina a aplicação subsidiária dos regramentos do inventário sucessório padrão aos arrolamentos especiais, fazendo especial menção aos dispositivos vinculados às Seções VII e VIII (do Capítulo vinculado ao inventário e a partilha).[2038]

Ademais, o silêncio do art. 659 em relação à comprovação "da quitação de todos os tributos relativos aos bens do espólio, ou às suas rendas" pode ser preenchido pelo art. 192 do CTN. O citado dispositivo é enfático ao projetar sua aplicação a toda e qualquer sentença de partilha, interpretando-se que tal comando somente não se aplicará se a própria lei expressamente excepcionar, o que não é a hipótese em voga. Percebe-se, com tal pormenor, que o tema do art. 659, § 2º (pagamento do imposto de transmissão), não se confunde com o previsto no *caput* do mesmo dispositivo (tributos relativos aos bens do espólio, ou às suas rendas). Se, em relação ao § 2º do art. 659, o legislador foi expresso, o tema da cabeça do mesmo artigo de lei ficou sem previsão capaz de afastar o art. 192 do CTN.[2039]

2037 No sentido: Luciano Vianna Araújo, A homologação da partilha amigável, a entrega do formal de partilha e o lançamento do imposto de transmissão *causa mortis* no arrolamento sumário, conforme o CPC/15 e a jurisprudência do Superior Tribunal de Justiça (Tema 1.074). In: Teresa Arruda Alvim et al. (coord.), *O CPC de 2015 visto pelo STJ*, p. 1.487-1.501. Parecendo concordar: Daniel Amorim Assumpção Neves, *Novo Código de Processo Civil comentado*, p. 1.097.

2038 Quando se faz a análise do art. 654, tem-se que o citado dispositivo está justamente em trecho abrangido pelo art. 667, ou seja, a Seção VIII. A aplicação subsidiária do art. 654 toma mais força quando se verifica que a opção do *caput* do art. 659, alteração de redação por supressão de texto do dispositivo anterior, é diversa da medida adotada no art. 659, § 2º, que, imune de dúvidas, não exigiu o prévio recolhimento do ITCMD para que a sentença homologatória da partilha seja proferida. Parecendo concordar: Conrado Paulino da Rosa e Marco Antônio Rodrigues, *Inventário e partilha*, p. 416.

2039 Na linha acima tracejada, o STJ parece estar formando posicionamento de que a "prova da quitação dos tributos relativos aos bens do espólio e às suas rendas" (tema tratado no *caput* do art. 659) não se confunde com a inovação explicitada no art. 659, § 2º, da codificação em vigor acerca do pagamento do tributo de transmissão *causa mortis*. Assim, prevalecem dois entendimentos que não são antagônicos: (a) o magistrado deve exigir a comprovação de quitação dos tributos relativos aos bens do espólio e às suas rendas para homologar a partilha; (b) partes no âmbito do ar-

Portanto, as partes deverão providenciar a comprovação de regularidade fiscal do espólio junto às Fazendas Públicas de forma antecedente à partilha, aplicando-se, no particular, o disposto no art. 654 ao arrolamento sumário, até mesmo em razão da cobertura do art. 192 do CTN.[2040]

11. Aplicação "subsidiária" de disposições do inventário pelo procedimento padrão (art. 667 do CPC)

O tema foi amplamente exposto nos comentários ao art. 667, registrando-se, de toda sorte, o deslize do citado texto legal que faz alusão apenas ao transporte das regras das Seções VII e VIII do Capítulo quando, em verdade, há a importação ampla de regras. Não há, portanto, a comunicação restrita que é fixada no art. 667.[2041]

> **Art. 660.** Na petição de inventário, que se processará na forma de arrolamento sumário, independentemente da lavratura de termos de qualquer espécie, os herdeiros:
>
> **I** – requererão ao juiz a nomeação do inventariante que designarem;
>
> **II** – declararão os títulos dos herdeiros e os bens do espólio, observado o disposto no art. 630;
>
> **III** – atribuirão valor aos bens do espólio, para fins de partilha.
>
> *CPC de 1973 – art. 1.032*

1. Do erro material contido no inciso II do art. 660

O inciso II do art. 660 contém erro material evidente, pois faz remissão ao art. 630, quando, em verdade, a projeção correta é o art. 620. Em resenha, o inciso II do art. 660 ocupa o espaço das "primeiras declarações" do inventário padrão, pois exige que seja apresentada a listagem dos *herdeiros com os seus respectivos títulos* (= interessados e suas posições jurídicas) e a arrecadação dos bens do espólio. Ocorre que, ao invés de fazer a remissão correta, portanto, ao

rolamento sumário não precisam comprovar o pagamento do imposto *causa mortis* de forma antecedente a partilha. No sentido: STJ, 1ª Turma, AgInt no REsp 1.723.980/DF, j. 17/02/2020, *DJ* 19/02/2020; 1ª Turma, REsp 1.704.359/DF, j. 28/08/2018, *DJ* 02/10/2018; e 1ª Turma, AgInt no REsp 1.676.354/DF, j. 18/03/2019, *DJ* 21/3/2019.

2040 Com posição próxima, confira-se: Conrado Paulino da Rosa e Marco Antônio Rodrigues, *Inventário e partilha*, p. 418-420; e Fernando da Fonseca Gajardoni, *Processo de conhecimento e cumprimento de sentença*: comentários ao CPC 2015, v. 2, p. 1.122.

2041 Parecendo concordar: Eduardo Arruda Alvim, Daniel William Granado e Eduardo Aranha Ferreira, *Direito processual civil*, p. 1.257.

art. 620 (dispositivo que trata das primeiras declarações), de forma descuidada, o inciso II do art. 660 faz alusão ao art. 630, que se refere à nomeação judicial de *expert* para avaliar os bens do espólio. Sem dificuldade, percebe-se que o art. 630 é inaplicável no arrolamento sumário, uma vez que incompatível com o art. 661, que veda a avaliação judicial de bens do espólio, exceto se houve impugnação de credor no trilho restrito do art. 663.[2042]

O erro material merece ser destacado, pois não é o único quando o tema é arrolamento sucessório. Há também flagrante equívoco de remissão no texto do § 4º do art. 664 e ainda (provável) deslize material na plataforma do art. 665, quando faz menção ao art. 664 (ao invés do art. 659). Sem rebuços, os descuidos redacionais são indicativos da falta de cuidado com que a temática foi tratada no CPC.

2. Da petição inicial do arrolamento sumário: aspectos gerais

O art. 660 dispõe sobre os requisitos especiais da petição inicial atrelada ao arrolamento sumário. A leitura do dispositivo é indicativa da concentração de atos que se busca por este procedimento, pois, de forma diferente do que ocorre em relação ao inventário padrão e ao arrolamento comum, já na peça exordial se exige: (a) designação consensual do inventariante (inciso I), apresentação de "primeiras declarações" (inciso II e III) e a avaliação dos bens do espólio, mediante a indicação de seus valores (inciso III).

Sem prejuízo das suas peculiaridades, o art. 660 necessita de comunicação com o art. 319 do CPC, que prevê os requisitos gerais das petições iniciais. No diálogo com o art. 319, a petição inicial do arrolamento sumário deverá trazer a indicação do juízo correspondente (art. 319, I[2043]), identificação/qualificação das partes (art. 319, II) e valor da causa (art. 319, V[2044]). Diferente do que ocorrida no CPC de 1973 (art. 282, VII), não consta no art. 319 a exigência de requerimento de citação. Tal situação, em se tratando de inventário, há de ser observada aplicando-se o art. 626. No caso de arrolamento sumário,

---

2042 Também percebendo o erro material: Artur César de Souza, *Código de Processo Civil*, v. III, p. 1.595. A confirmação do erro material ocorre de forma incontestável quando se observa que no CPC de 1973, o dispositivo antecessor (art. 1.032, II), fazia referência ao art. 993 que tratava das "primeiras declarações" (atual art. 620). Com a análise no CPC de 1973, confira-se: Arruda Alvim, Araken de Assis e Eduardo Arruda Alvim, *Comentários ao Código de Processo Civil*, p. 1.511.

2043 O arrolamento sumário se submete à competência geral do art. 48 do CPC, estando atrelado às regras locais de organização judiciária acerca da delimitação do juízo que receberá as causas sucessórias.

2044 Considerando que normalmente a petição inicial já trará a relação dos bens do espólio avaliada, tem-se que o valor da causa deverá espelhar a estimação dos bens atraídos pelo inventário.

pressupõe-se o comparecimento espontâneo de todas as partes, presentes na petição inicial, fato que dispensa (na verdade, torna incompatível) a citação real. A petição inicial deverá ser subscrita por advogado (que não precisa ser comum a todas as partes).[2045]

O arrolamento sumário é apenas uma forma de procedimento do inventário, razão pela qual não há perda da sua característica de processo concursal. Tal situação, que já foi analisada diversas vezes ao longo dos comentários,[2046] faz com que a citação por edital prevista no art. 626, § 1º, se imponha também no arrolamento sumário.[2047] Em suma, citação por edital fixada no § 1º do art. 626 está atrelada ao inciso III do art. 259 do CPC, tendo a finalidade específica para convocar os "interessados incertos ou desconhecidos". Não se trata, portanto, de citação por edital voltada às pessoas devidamente identificadas, mas que estão em local "ignorado, incerto ou inacessível", pois esta situação é acobertada pelo art. 256, II, da atual codificação. O art. 626, § 1º (que se vincula ao art. 259, III), é um vetor para publicidade obrigatória do inventário sucessório diante da sua natureza concursal, em semelhança ao que ocorre com a falência (Lei n. 11.101/2005) e a insolvência (arts. 748-786-A do CPC de 1973, ainda aplicáveis conforme dispõe o art. 1.052 do CPC em vigor).[2048] Portanto, deverá constar, na petição inicial de arrolamento sumário, o pedido de citação por edital (art. 626, § 1º).

O art. 320 do CPC se aplica ao arrolamento sumário, cabendo às partes trazer toda a documentação comprobatória das declarações junto com a postulação inicial. Dentro das especificidades, a petição de instauração do inventário deve obrigatoriamente conter a certidão de óbito do autor da herança

---

2045 Igualmente: EDUARDO ARRUDA ALVIM, DANIEL WILLIAM GRANADO e EDUARDO ARANHA FERREIRA, *Direito processual civil*, p. 1.256.

2046 Vide os comentários ao art. 626 desta obra.

2047 Dentro do que foi defendido no trabalho, seria absurdo não se sustentar a necessidade de publicação do edital previsto no § 1º do art. 626 em relação ao inventário extrajudicial, dispensando a mesma convocação em sede de arrolamento sumário. Vide os comentários ao art. 610 desta obra.

2048 O referido edital terá como finalidade dar publicidade ao inventário, para propiciar a participação de interessados "incertos e desconhecidos". Em exemplo, é possível que o falecido tenha deixado herdeiro que não é conhecido dos demais, tendo o autor da herança ocultado o fato ao longo de sua vida. De outra banda, o edital, com noticiamento da abertura da sucessão, pode ensejar a localização de testamento particular, já que não é raro que este fique de posse de terceiro que não familiar do testador. Em outra ilustração comum, o edital terá importância fundamental para que eventuais credores não listados pelas partes tomem ciência do inventário, pois a habilitação de crédito (art. 642) não é providência vedada no arrolamento sumário, inclusive quanto às dívidas não vencidas (art. 644).

(art. 615, parágrafo único), não sendo diferente no arrolamento sumário.[2049] Por força do arts. 1º e 2º do Provimento n. 56/2016 do CNJ, deverá também ser apresentada certidão negativa acerca de testamento público ou cerrado.[2050] Em caso de presença de testamento, o respectivo instrumento deverá ser colacionado (art. 620, I), indicando-se as providências adotadas para seu registro (arts. 735-737), caso ainda não tenha sido efetuado.

Diante da natureza concentrada do arrolamento sumário, a técnica de controle inserida no art. 321 se aplica ao procedimento com máximo rigor, uma vez que, em regra, não haverá espaço entre a petição inicial e a sentença para que se efetuem saneamentos acerca de faltas ou deslizes na peça exordial. Dessa forma, o juízo sucessório deve recepcionar a petição inicial do arrolamento sumário com exame minucioso, a fim de que, caso verifique algum tipo de falha ou omissão, seja determinada a intimação das partes (e do inventariante, se no ponto a nomeação for possível), para que façam os ajustes (= emenda). A ordem judicial deve ser clara, "indicando com precisão o que deve ser corrigido ou completado". Diante da natureza obrigatória do inventário, o não atendimento do reclame judicial importará, em regra, na conversão do procedimento em inventário pelo rito padrão, não se cogitando – exceto em situações extraordinárias (tais como instauração de inventário sem prévio passamento do autor da herança) – em *indeferimento da petição inicial*, medida aplicável ordinariamente no procedimento com das ações judiciais em geral (art. 321, parágrafo único).

3. A petição inicial e a designação consensual de inventariante

A nomeação do inventariante é consensual, devendo estar estampada na petição inicial (art. 660, I). A eleição das partes não se submete ao rol de referência do art. 617 e, em regra, não poderá o juízo sucessório divergir e negar a escolha, exceto se a nomeação recair sob pessoa que não pode exercer a atribuição (por exemplo, se lhe faltar capacidade ou que não tiver a livre administração de seus bens, hipótese segunda em transporte ao disposto no art. 1.735, I, do CC).[2051] Nada obsta que a inventariança envolva pessoa alheia à herança ou que a nomeação seja plúrima, desde que a escolha seja fruto de consenso e exercício da autonomia livre das partes. A opção pela inventariança conjunta poderá, inclusive, ser fator determinante para se chegar ao con-

2049 O prazo para instauração do inventário sob o procedimento do arrolamento sumário é o mesmo do inventário tradicional, ou seja, 02 (dois) meses contados da abertura da sucessão (art. 611).

2050 Vide os comentários ao art. 615 desta obra.

2051 Vide os comentários ao art. 617 desta obra.

senso geral reclamando pelo art. 659, notadamente quando a sucessão envolve grupos em que seus interesses estão demarcados em blocos (situação comum quando o autor da herança deixa descendentes com núcleos familiares ou biológicos heterogêneos).[2052]

Da leitura *caput* do art. 659, é intuitivo que não é necessário que o inventariante preste compromisso, diante da dispensa da lavratura de qualquer termo.[2053] A petição inicial, devidamente protocolizada, fará as suas vezes, podendo ser requerida, para robustecer a situação, que o cartório expeça certidão indicando o(s) personagem(ns) que exerce(m) a inventariança.

4. A petição inicial e as declarações sobre os interessados e os bens do espólio

O inciso II do art. 660 determina que conste da petição inicial do arrolamento sumário a apresentação dos "títulos dos herdeiros" e dos "bens do espólio", sendo que os últimos deverão estar devidamente avaliados (art. 660, III). Trata-se de adaptação do disposto no art. 620, dispositivo que desenha o gabarito das "primeiras declarações". Como se presume que tais declarações serão as únicas apresentadas no inventário, o art. 660, de forma coerente, não se vale da expressão geral ("primeiras declarações"). Nada obstante o afastamento da nomenclatura, os seus aspectos formais devem ser cabalmente cumpridos, sendo assim necessário que se faça sadio diálogo com o art. 620 e a melhor exegese aplicada ao citado dispositivo.

Há de ser feita interpretação adequada à primeira parte do inciso II do art. 660, pois não bastará que se apresente a declaração dos "títulos dos herdeiros", mas, de maneira geral, de todo e qualquer interessado (= parte no inventário) e sua respectiva posição jurídica. Assim, as declarações subjetivas envolvem todos os personagens que são alcançados pelo rol permeável do art. 626 (herdeiro, cônjuge/companheiro sobrevivente, legatário, cessionário etc.), fazendo a sua perfeita identificação por "título". No caso de algum ator ostentar mais de uma posição jurídica, tal situação deverá ser evidenciada, efetuando-se declaração no sentido que elucide a questão e dimensione exatamente as áreas de participação, com os seus respectivos efeitos patrimoniais.[2054]

2052 Sobre nomeação conjunta, vide os comentários ao art. 617 desta obra.

2053 Igualmente: Rodrigo Ramina Lucca, *Breves comentários ao novo Código de Processo Civil*, p. 1.735.

2054 Em exemplo comum, no caso de cônjuge/companheiro sobrevivente que cumula as posições jurídicas de meeiro e herdeiro do falecido, a depuração de cada esfera terá repercussão própria (em ilustração, não incidirá imposto sobre a meação), muito embora os efeitos patrimoniais possam ser unidos para efeito de partilha, como é o caso de soma de quinhões com títulos diversos (meação + herança), para se

Além das declarações propriamente ditas acerca dos "interessados" e os seus "títulos" (= posições jurídicas"), as partes deverão anexar a documentação pessoal respectiva, pois esta – além de ter o fim de identificar cada personagem – será utilizada para justificar a presença das partes. O disposto no art. 319, II (aplicável à petição inicial em geral), e o previsto nos arts. 20-24 da Resolução n. 35/2007 do CNJ (atrelados ao inventário extrajudicial) são de grande valia não só para o preenchimento da superfície subjetiva as declarações reclamadas no inciso II do art. 660, mas também para nortear a documentação que deverá ser apresentada. Assim, os interessados (e respectivos cônjuges/companheiros, quando necessário)[2055] estarão identificados e qualificados, trazendo, no sentido, as seguintes informações mínimas: (a) os nomes e prenomes; (b) estado civil (inclusive existência de união estável); (c) regime de bens (com pacto antenupcial e seu registro imobiliário, caso seja a hipótese); (d) profissão; (e) número de inscrição no Cadastro de Pessoas Físicas (CPF) ou no Cadastro Nacional da Pessoa Jurídica (CNPJ);[2056] (f) o domicílio/residência; (g) o endereço eletrônico; (h) vínculo jurídico com o falecido ou com a sucessão que justifica a sua presença no inventário.[2057]

As declarações deverão – sempre que possível – estar lastreadas em documentação correspondente, sendo obrigatórias em determinadas situações. Em exemplo, quando a declaração envolver vínculo jurídico do personagem (parte interessada) com a sucessão, a prova documentada se impõe, de modo que: (a) o cônjuge sobrevivente trará a certidão de casamento; (b) o companheiro sobrevivo colacionará a escritura de união estável (ou documento de reconhecimento da convivência assinado pela outras partes, ainda que em texto dentro da própria petição); (c) os herdeiros legais ostentarão certidão comprobatória do vínculo de parentesco com o falecido; e (d) os herdeiros testamentários e/ou legatários a prova da contemplação.

A segunda parte do inciso II do art. 660 trabalha com o patrimônio do espólio, submetendo-se, assim, aos ditames do art. 620 sobre o tema. Fazendo-se tal correlação, é necessário que a arrecadação seja completa, incluindo-se, no particular, os bens que estão em nome de terceiros, mas que são atraídos

---

obter o encaixe e divisão mais cômoda (arts. 648, III, e 649). Sobre cumulação de posições jurídicas, vide os comentários ao art. 620.

2055 Sobre a participação do cônjuge ou do companheiro do "interessado" no inventário sucessório, vide os comentários ao art. 626 desta obra.

2056 A remissão ao CNPJ se faz necessária, pois a legislação admite que a pessoa jurídica já constituída possa figurar na sucessão como legatária e/ou herdeiro testamentária (art. 1.799, II, do CC).

2057 Outras informações e documentos adicionais – embora não obrigatórios – poderão ser trazidos (tais como número da cédula de identidade e certidão negativa de interdição ou curatela).

para sucessão, inclusive os que se submetem à colação. Em ato de boa-fé e de transparência (pilares da verdadeira consensualidade), em caso de opção envolvendo a sobrepartilha acerca de parte do patrimônio, a solução acordada deverá constar da petição inicial. A disposição de bens deve seguir os agrupamentos de bens definidos nas alíneas do inciso IV do art. 620, inclusive em relação à apresentação de "balanço de dívidas passivas e ativas".[2058] O detalhe facilitará a aplicação do disposto no art. 663, reservando-se, desde logo, bem com avaliação compatível com as dívidas. Aplicando-se, em empréstimo, as exigências documentais aplicáveis ao inventário à partilha extrajudicial (art. 22 da Resolução n. 35/2007 do CNJ), deverão as partes providenciar: (i) certidão de titularidade de bens imóveis e direitos a eles relativos; (ii) Certificado de Cadastro de Imóvel Rural – CCIR (se presente imóvel rural na arrecadação); (iii) documentação de comprovação da titularidade dos bens móveis e direitos (nas hipóteses em que esta está documentada).

5. A petição inicial e a avaliação dos bens

No caso de arrolamento sumário, as próprias partes são as responsáveis pela apresentação da estimação patrimonial dos bens, visando a homologação da partilha amigável, regra que se repete em caso de adjudicação (no caso de presença de herdeiro universal).[2059] Por certo, tal situação não permite a sedimentação de situações absurdas, de flagrante falta de realidade das avaliações, pois o processo judicial não pode ser palco de fraudes e/ou simulações.[2060] De toda sorte, os valores atribuídos aos bens do espólio na inicial de arrolamento são utilizados como referência apenas para fins de partilha e estabelecimento do quinhão de cada herdeiro, na medida em que, para o cálculo do imposto de transmissão as autoridades fazendárias, ao promoverem o lançamento administrativo, não ficarão vinculadas aos valores declarados (art. 662, § 2º).

O inciso III do art. 660 aponta que as partes atribuirão os valores aos "bens do espólio", ou seja, a totalidade do patrimônio sem o desconto de eventuais dívidas deixadas pelo falecido. Observe-se, em detalhe, que a meação do cônjuge/companheiro sobrevivente não está na titularidade do espólio e, como tal, deve ser excluída na sua proporção, da avaliação prevista no inciso III do art. 660. O pormenor é relevante, pois afetará no cálculo do

2058 Vide os comentários ao art. 620 desta obra.

2059 Na linha: Rodrigo Ramina Lucca, *Breves comentários ao novo Código de Processo Civil*, p. 1.735.

2060 No tema: Arruda Alvim, Araken de Assis e Eduardo Arruda Alvim, *Comentários ao Código de Processo Civil*, p. 1.511. Vide os comentários ao art. 661 desta obra.

valor da causa e, por conseguinte, o montante que será pago a título de "taxa judiciária".[2061]

6. A petição inicial e a partilha consensual

É intuitivo que, no arrolamento sumário, a partilha amigável será apresentada junto à petição inicial, pois o texto do art. 659 faz alusão à *homologação de plano*. Ocorre que não consta no art. 660 que a partilha é um item obrigatório da petição inicial. Na realidade, observando-se a dinâmica procedimental do arrolamento, as partes deverão apresentar – no mínimo – um esboço de partilha amigável, mesmo que esta não seja definitiva, tendo em vista que projetam atos que podem afetar o plano de divisão apresentado. Tal situação ocorrerá com maior frequência quando a herança contemplar dívidas, sendo necessário que se faça o pagamento ou a reserva de bens em favor o credor (art. 663).[2062-2063]

Sem prejuízo do acima dito, em situações justificadas, as partes poderão apresentar petição inicial (preenchendo os requisitos do art. 660), requerendo no mesmo ato prazo razoável para a apresentação da partilha (por exemplo, 30 dias). Tal providência pode se tornar necessária diante do exíguo prazo para a instauração do inventário sucessório (dois meses da abertura da sucessão – art. 611), algumas vezes insuficiente para que passe o período de nojo, de modo a propiciar que as partes adotem todas as medidas necessárias para a partilha amigável. Não se trata de concessão de prazo para que se obtenha o consenso,

2061 No sentido: STJ, 1ª Turma, REsp 469.613/SP, j. 16/05/2006, *DJ* 25/05/2006. Igualmente: 2ª Turma, REsp 343.718/SP, j. *DJ* 20/06/2005; 2ª Turma, REsp 252.850/SP, j. 20/11/2003, *DJ* 02/02/2004; e REsp 1ª Turma, 437.525/SP, j. 20/11/2003, *DJ* 09/12/2003.

2062 Observe-se que, no caso de pagamento da dívida, as partes poderão postular a alienação de bens, fato que, em alguns casos, haverá dificuldade de precisar o produto da venda e, por conseguinte, se haverá saldo em dinheiro para a partilha. No que se refere à reserva de bens, a discordância do credor quanto à avaliação do bem reservado poderá mudar o dimensionamento da afetação feita em garantia.

2063 A exemplificação acerca de ajustes no esboço da partilha em razão da presença de credor não é única, uma vez que, no caso de herança abrangida por sucessão testamentária, a partilha apresentada pelas partes terá que ser levada à análise do testamenteiro, a fim que este fiscalize o cumprimento do testamento. O ator funcional poderá não concordar com a partilha e solicitar ajustes, com objetivo de que as disposições testamentárias sejam respeitadas. O cenário ilustrativo demonstra que o esboço de partilha poderá ser alterado no curso do procedimento, admitindo-se, assim, retificação (desde que sempre consensuais). Bem próximo (trazendo quadro sinótico inclusive): Dimas Messias de Carvalho, *Direito das sucessões:* inventário e partilha, p. 407-408.

mas para que as partes possam apresentar partilha definitiva, trazendo a completa arrecadação e/ou avaliação adequada dos bens.[2064]

Não há grandes formalidades acerca da partilha que deve ser apresentada para fins de arrolamento sumário. O art. 2.015 do CC traz a dimensão básica acerca da partilha consensual, podendo esta ser efetuada por "escritura pública, termo nos autos do inventário, ou escrito particular", a fim de que, trazida ao Poder Judiciário por meio de petição, seja "homologada pelo juiz". Como a partilha será homologada em juízo, não é necessária (embora conveniente) a presença de advogado comparecendo em tal negócio jurídico, pois a hipótese prevista no art. 2.015 do CC não se confunde com o inventário e partilha extrajudicial com previsão no art. 610 do CPC.[2065] Seja como for, a partilha terá que ser apresentada ao juízo sucessório mediante ato postulatório veiculado por advogado, com efetiva capacidade postulatória. Em sendo assim e dentro da liberdade de forma, poderá a partilha ficar contida no próprio texto da postulação judicial, admitindo-se, com tal lógica, que seja um *tópico específico* da petição inicial, destacando-a dos demais itens.

A partilha deverá estar subscrita por todos os interessados. Caso assim não ocorra, o juízo sucessório deverá providenciar a oitiva da parte faltante. Não havendo resposta positiva de adesão à partilha, deverá ser determinada a conversão de rito, pois não se admite arrolamento sumário com resistência interna. A partilha sem a participação de todos interessados não terá estabilidade,[2066] não tendo eficácia em relação àquele que não participou.

Como já adiantado, a partilha deverá identificar cada um dos interessados na sua posição jurídica e na delimitação de seus direitos advindos da sucessão ou atraídos para o inventário. Caso ocorra algum tipo de renúncia de direitos, será necessária a outorga uxória do cônjuge (ou do companheiro) do interessado, exceto em se tratando de casamento/união estável sob o regime da "separação absoluta de bens". Mais ainda, se entre os herdeiros ficar configurada a partilha patrimonial desigual, além da presença do cônjuge (ou do companheiro) obrigatória (ressalvada a exceção acima apontada), haverá espaço para que a Fazenda Estadual exija o imposto de reposição (Súmula 116 do STF), já que se presume que há doação do herdeiro que recebeu patrimônio em valor

---

2064 Parecendo concordar, HUMBERTO THEODORO JÚNIOR defende que, no arrolamento sumário, a partilha será apresentada depois da nomeação do inventariante (*Curso de Direito Processual Civil.* Procedimentos Especiais, v. II, p. 298-299).

2065 Igualmente: HUMBERTO THEODORO JÚNIOR, *Curso de Direito Processual Civil.* Procedimentos Especiais, v. II, p. 299.

2066 RODRIGO RAMINA LUCCA afirma que será nula a homologação de partilha amigável que não seja requerida por todos os interessados (*Breves comentários ao novo Código de Processo Civil*, p. 1.735).

quantitativo inferior ao seu quinhão em favor daquele que recebeu proporcionalmente mais patrimônio do que a dimensão da sua cota.[2067]

7. A petição inicial e a partilha consensual e presença de credores

Existindo dívidas a serem saldadas pelo espólio, a petição inicial de arrolamento já deve trazer a indicação dos bens ou valores que serão empregados para saldá-las, e, em caso de afetação de bens, como esta será efetuada (art. 663). No caso último, deverá ser providenciado o endereço e identificação dos credores, a fim de que a notificação prevista no parágrafo único do art. 663 seja providenciada.

Deve ser admitida a importação de técnicas do inventário padrão para que as dívidas sejam saldadas. Assim, as partes – mediante consenso – poderão escolher o bem que sofrerá alienação, a fim de que o valor obtido com a operação seja sub-rogado em dinheiro e propicie o pagamento de credores e até de despesas inerentes ao próprio inventário (por exemplo, pagamento de honorários de advogados, custas judiciais e avaliadores). Trata-se, pois, de transporte adaptado do disposto no art. 619, I e III, para o arrolamento sumário.[2068]

Em anotação final, há de ficar claro que a apresentação de quadro de credores não deve ser vista apenas como um "tema acidental", mas que faz parte do arrolamento sumário como questão de natureza impositiva, com espaço obrigatório na petição inicial. Trata-se, pois, de processo concursal, em que os herdeiros somente terão direito a receber a "herança líquida", isto é, depois de pagas as dívidas deixadas pelo falecido e as que tenham sido contraídas pelo espólio. Desse modo, no caso de inexistência de dívidas, ou seja, quando não há presença de credores, tal situação fará parte das declarações que deverá constar da peça inicial. Não se pode esquecer, a teor do art. 653, II, que a partilha deve contemplar de forma expressa os credores atendidos e o passivo deixado pelo falecido. A omissão deliberada das partes em fazer alusão aos credores, deixando de cumprir o art. 663, não poderá ser abonada, criando-se

2067 Vide os comentários ao art. 626 desta obra.

2068 As partes (sempre por meio de deliberação interna sem controvérsia) podem se valer de toda e qualquer modalidade de pagamento para saldar as dívidas do espólio, medidas estas que devem ser prestigiadas, notadamente quando o consenso alcançar o credor. Dessa forma, apenas em ilustrações rápidas, as partes, de comum acordo com o credor, poderão efetuar o pagamento por meio de dação (adaptando, a técnica prevista no art. 642, § 4º, do CPC), ou, de outra banda, convencionarem anticrese de bens do espólio em favor do credor (art. 1.506 do CC), alterando-se, no particular, a natureza do vínculo de garantia projetado no art. 663. Sobre o tema, vide os comentários ao art. 663 desta obra.

situação para a aplicação da excepcional responsabilidade civil prevista nos arts. 1.997 do CC e 796 do CPC, no sentido de que, nada obstante a partilha, cada herdeiro responderá junto ao credor (dentro das forças da herança) na proporção do quinhão que lhe coube.

8. Da peça de conversão procedimental para o arrolamento sumário

No caso de conversão de procedimento, alterando-o para o rito do arrolamento sumário, as partes devem apresentar a postulação em conformidade com os ditames dos arts. 659 e 660. Assim, normalmente, as petições apresentadas no curso do inventário visando a aludida alteração deverão conter: (a) comprovação da capacidade dos interessados; (b) demonstração de consenso geral; (c) eleição do inventariante; (d) identificação das partes segundo as suas posições jurídicas; (e) bens que efetivamente foram arrecadados no inventário, já devidamente avaliados; e (f) esboço da partilha.

O pedido de conversão poderá ser deferido ainda que não seja possível apresentar todos os pontos acima já sedimentados, mas fique evidente que o desfecho do inventário poderá adotar o rito do arrolamento. Por exemplo, as partes não apresentam partilha totalmente definitiva em razão da necessidade de saldar dívidas, requerendo para tanto a alienação de determinado bem.[2069]

> **Art. 661.** Ressalvada a hipótese prevista no parágrafo único do art. 663, não se procederá à avaliação dos bens do espólio para nenhuma finalidade.
>
> *CPC de 1973 – art. 1.033*

1. Linhas mestras do dispositivo

O texto do art. 661 é impositivo: o arrolamento sumário não admite – em regra – avaliação judicial de bens do espólio.[2070] Por tal passo, as avaliações apresentadas no sentido – de forma consensual – pelas partes serão as usadas no curso arrolamento sumário. Trata-se, pois, de uma singularidade ínsita ao arrolamento sumário, sem eco no inventário pelo procedimento padrão (art.

2069 Em outra ilustração, seguindo a linha do defendido nos comentários ao art. 659, a conversão poderá ocorrer mesmo com a presença de incapaz, situação em que se convocará imediatamente o Ministério Público.

2070 O texto do art. 661 confirma a ocorrência de erro material na remissão feita no inciso II do art. 660. Isso porque se a avaliação judicial é exceção, não se justifica qualquer alusão ao art. 630 (feita no inciso II do art. 661), que trabalha com a nomeação para avaliação de todos os bens do espólio. Vide os comentários ao art. 660 desta obra.

630), no arrolamento comum (art. 664, § 1º) e no inventário extrajudicial (em que a avaliação será efetuada pela Fazenda Estadual). De toda sorte, a dispensa da avaliação judicial possui apenas efeito interno em relação às partes, tendo como foco principal a elaboração de partilha. No que se refere ao cálculo do imposto de transmissão *causa mortis*, as autoridades fazendárias – ao promoverem o lançamento administrativo – não ficam vinculadas aos valores declarados pelas partes no arrolamento sumário, ou seja, as avaliações respectivas não vinculam, em hipótese alguma, a Fazenda Estadual/Distrital, que terá o direito de, motivadamente, discordar das estimações (art. 662, § 2º).[2071]

O art. 5º do CPC é enfático ao dispor que *aquele que de qualquer forma participa do processo deve comportar-se de acordo com a boa-fé.* Tal comando impacta o disposto no art. 661, de modo que – apesar de a estimação sobre os bens ficar sob o domínio das partes – as avaliações patrimoniais devem estampar valores factíveis com a realidade, pois o processo judicial não posse ser palco de fraudes ou simulações[2072] (art. 142 do CPC). Não é por acaso que há, na doutrina, vozes que sustentam que, em relação aos bens imóveis, a avaliação respectiva não poderá ser inferior à estimação que consta no lançamento fiscal do mesmo ano do passamento.[2073] Assim, seguindo-se tal linha, o valor venal dos imóveis serve de parâmetro para a avaliação, aplicando-se a estimação respectiva constante do ITR em relação aos imóveis rurais e o IPTU no que se refere aos imóveis urbanos. Considerando que a partilha trabalha com o patrimônio do falecido, uma solução permitida é o uso da última declaração de imposto de renda do autor da herança, observando-se as avaliações patrimoniais ali postas. Seja como for, as avaliações lançadas terão repercussão tributária futura, notadamente em relação ao imposto de renda (a título de ganho de capital), fato indicativo de que grande abismo entre a estimação lançada no arrolamento sumário e a valoração real do bem poderá se voltar contra as partes que lançaram valores subestimados.[2074]

Em arremate, o art. 661 se aplica também no arrolamento sumário em caso de herdeiro universal, situação que, em regra, não há espaço divisão pa-

---

2071 Na linha (entre vários): Daniel Amorim Assumpção Neves, *Novo Código de Processo Civil comentado*, p. 1.098.

2072 Igualmente: Arruda Alvim, Araken de Assis e Eduardo Arruda Alvim, *Comentários ao Código de Processo Civil*, p. 1.511.

2073 No sentido: Carlos Roberto Gonçalves, *Direito Civil Brasileiro*, v. 7, p. 521; e Euclides de Oliveira e Sebastião Amorim, *Inventário e partilha*: teoria e prática, p. 425-426.

2074 No tema, sobre ganho de capital e bens da herança, confira-se: Euclides de Oliveira e Sebastião Amorim, *Inventário e partilha*: teoria e prática, p. 425.

trimonial (exceto no caso de *partilha subjetivamente heterogênea*[2075]), de modo que prevalece a avaliação do interessado único.

2. Exceção legal: credores do espólio

Há exceção à regra de não se proceder à avaliação dos bens do espólio no procedimento de arrolamento. A parte inicial do art. 661 deixa claro que o credor poderá impugnar a avaliação na hipótese do parágrafo único do art. 663. Com efeito, o credor – a ser noticiado da reserva patrimonial efetuada pela pelas partes para garantir a dívida do espólio – poderá, de forma justificada, impugnar os valores atribuídos pelas partes aos bens reservados para garantir/saldar a dívida existente. Em tal situação, restará configurada a *única controvérsia* admitida no ventre do inventário sucessório (*partes X credor do espólio*), hipótese em que será determinada a avaliação judicial, a fim de que se apure o real valor dos bens. A impugnação do credor não importará em reavaliação de todos os bens do espólio, pois a estimação judicial irá se restringir tão somente aos bens reservados pelas partes para garantir/saldar a dívida (art. 663).[2076]

Por fim, embora o art. 661 não faça menção expressa, em caso de habilitação do credor (art. 642 do CPC), o juiz poderá também determinar a avaliação dos bens para efeito de reserva, acaso a haja discordância motivada acerca da estimação.[2077]

Art. 662. No arrolamento, não serão conhecidas ou apreciadas questões relativas ao lançamento, ao pagamento ou à quitação de taxas judiciárias e de tributos incidentes sobre a transmissão da propriedade dos bens do espólio.

§ 1º A taxa judiciária, se devida, será calculada com base no valor atribuído pelos herdeiros, cabendo ao fisco, se apurar em processo administrativo valor diverso do estimado, exigir a eventual diferença pelos meios adequados ao lançamento de créditos tributários em geral.

§ 2º O imposto de transmissão será objeto de lançamento administrativo, conforme dispuser a legislação tributária, não ficando as autoridades fazendárias adstritas aos valores dos bens do espólio atribuídos pelos herdeiros.

CPC de 1973 – art. 1.034

2075 A presença de herdeiro universal não afasta a possibilidade de *partilha subjetivamente heterogênea*, isto é, situação peculiar que consiste na distribuição de bens arrecadados no inventário entre o herdeiro e outros interessados, que ostentam título diverso. É o caso de herança que contempla um só herdeiro, mas que atrai a presença no inventário de cônjuge/companheiro e/ou o legatário (que não figuram como herdeiros). Vide os comentários ao art. 659 desta obra.

2076 Com a observação: Rodrigo Mazzei e Tiago Figueiredo Gonçalves, *Comentários ao Código de Processo Civil*, p. 915.

2077 Vide os comentários ao art. 663 desta obra.

1. O dispositivo em resenha

O art. 662 prevê a participação da Fazenda Estadual/Distrital com contraditório *diferido* em relação ao processo judicial, efetuando-se sua convocação apenas depois de proferida a sentença de partilha ou de adjudicação. O dispositivo não regula como será feita a comunicação, aplicando-se, no particular, os ditames do art. 659, § 2º.[2078] Em suma, quando o *caput* do dispositivo comentado dispõe que "não serão conhecidas ou apreciadas questões relativas ao lançamento, ao pagamento ou à quitação de taxas judiciárias e de tributos incidentes sobre a transmissão da propriedade dos bens do espólio", deve-se compreender que não há dispensa da oitiva da Fazenda, mas de que esta não se manifestará internamente nos autos do inventário sucessório, fato que não impede que apresente discordância quanto aos temas tratados ao logo do art. 662. E, no ponto, o art. 659, § 2º, dispõe sobre o momento em que a Fazenda será convocada, a fim de que exerça manifestação ampla.

Às claras, o texto do art. 662 é coerente à opção legal fixada nos arts. 660, III, e 661, no sentido de que a avaliação fica a cargo das partes. Assim sendo, tem-se como inaplicáveis os ditames do arts. 630-638, pois estes são regramentos do inventário pelo rito padrão, que fazem parte das etapas para a avaliação de bens e o cálculo do imposto (fases em que há participação da Fazenda no ventre do processo sucessório).[2079]

Conclui-se, portanto, que a avaliação efetuada pelas partes apenas possui efeito interno aos protagonistas do inventário sucessório, projetando a partilha que consensualmente promoverão. As estimações apresentadas pelos interessados de forma amigável não vinculam – em hipótese alguma – a Fazenda que, repita-se, poderá impugná-las.[2080] A questão está postada de forma clara nas partes finais dos §§ 1º e 2º do art. 662 que, de forma direta, fixam que a Fazenda poderá exigir a "eventual diferença pelos meios adequados ao lançamento de créditos tributários em geral" e que as autoridades fazendárias *não estão adstritas aos valores dos bens do espólio atribuídos pelos interessados*.

2078 Próximo: Luciano Vianna Araújo, *Comentários ao Código de Processo Civil*, v. 3, p. 281-282.

2079 Nos arrolamentos sucessórios (arts. 662 e 664, § 4º) adotou-se sistema *bifásico* (judicial + administrativo), diferente do que ocorre no procedimento do inventário padrão, em que há uma etapa interna de cálculo para lançamento do imposto de transmissão (arts. 630-638). Por tal passo, diante da falta de contraditório interno no arrolamento sucessório, não é permitido que em tal ambiente o juiz decida sobre a isenção do imposto de transmissão *causa mortis*. No sentido: STJ, REsp 1.150.356/SP, 1ª Seção, j. 09/08/2010, *DJ* 25/08/2010 (tema repetitivo 391). Vide os comentários ao art. 637 desta obra.

2080 Vide os comentários ao art. 661 desta obra.

2. Taxa judiciária (despesas processuais)

O § 1º do art. 662 dispõe no sentido de que a taxa judiciária – quando devida – "será calculada com base no valor atribuído pelos herdeiros" (= partes). Caso o Fisco não concorde com a estimação, abrir-se-á processo administrativo (que respeitará o contraditório), de modo que, configurada que a avaliação original não foi adequada, a Fazenda poderá "exigir a eventual diferença pelos meios adequados ao lançamento de créditos tributários em geral" (por exemplo, execução fiscal com base em certidão de dívida ativa regularmente constituída[2081]). A disposição parece alcançar não apenas à taxa judiciária (em sentido mais estrito), mas também as despesas judiciais que estejam vinculadas ao valor dos bens do espólio, caso assim preveja o regimento de custas local.[2082]

Um ponto nervoso do § 1º do art. 662 envolve a análise da possibilidade de o juiz determinar a correção do valor da causa. Com efeito, o art. 292, § 3º, do CPC, prevê que o "juiz corrigirá, de ofício e por arbitramento, o valor da causa quando verificar que não corresponde ao conteúdo patrimonial em discussão ou ao proveito econômico perseguido pelo autor, caso em que se procederá ao recolhimento das custas correspondentes".[2083] Trazendo o dispositivo para o seio do art. 662, afigura-se que excepcionalmente poderá o juízo sucessório – através de decisão fundamentada – determinar a correção do valor da causa do arrolamento sumário, quando verificar ato de má-fé ou decorrente de erro material das partes nas estimações patrimoniais. O pormenor merece relevo, pois a avaliação das partes será colocada em xeque de forma indireta, pois o foco do art. 292, § 3º, é o "valor da causa" em si, e não a estimação pontual de cada bem. Todavia, o resultado (valor da causa do arrolamento sumário) restará equivocado se ocorrer nítido atropelo na valoração patrimonial de um ou mais bens inventariados e colocados sob o rito dos arts. 659-663.

Por certo, para efeito de partilha, é lícito que as partes poderão utilizar de dados fiscais relativos aos bens, não podendo, nesses casos, o juiz interferir, pois não restará configurado nenhum tipo de má-fé, uma vez que observada

---

2081 Na linha: DANIEL AMORIM ASSUMPÇÃO NEVES, *Novo Código de Processo Civil comentado*, v. 2, p. 1.099; e VIANNA ARAÚJO, *Comentários ao Código de Processo Civil*, v. 2, p. 281.

2082 Próximo: ARRUDA ALVIM, ARAKEN DE ASSIS e EDUARDO ARRUDA ALVIM, *Comentários ao Código de Processo Civil*, p. 1.512.

2083 A possibilidade de correção ao valor da causa pelo juiz, embora já admitida pela jurisprudência antes da vigência do CPC em vigor, não estava estampada no texto do art. 259 do CPC de 1973. No sentido (entre vários): STJ, 2ª Seção, EREsp 158.015/GO, j. 13/09/2006, *DJ* 26/10/2006; 2ª Seção, REsp1.234.002/RJ, j. 01/03/2011, *DJ* 17/03/2011.

estimação pretérita e já utilizada (ainda que com finalidade tributária). Logo, as avaliações em declarações de imposto de renda e valores venais de imóveis (fixados para a cobrança de IPTU e ITR) não devem ser desconsideradas. O que não pode ser admitida é a distorção dolosa de avaliação patrimonial, rebaixando valores de determinados bens, muitas vezes, na contramão dos dados trazidos pelas próprias partes. Trata-se, pois, não só de aplicação conjunta e adaptada dos arts. 5º e 293, § 3º, pois a atuação processual deve ser marcada por conduta proba, qualquer que seja a ambiência. Em relação ao erro material, com mais razão, deve o juízo sucessório interferir, pois, além de configurar lapso involuntário, pode ocorrer, a depender do deslize, reflexo na equalização da partilha, fato que abre espaço que, por acidente, ocorra pagamento de imposto equivocado, provocando a necessidade de retificação da partilha (art. 656).[2084]

Registre-se que as interferências do magistrado no valor da causa são invulgares, ou seja, somente se justificando em casos excepcionais, consoante acima posto. Com efeito, o arrolamento sumário é tratado como espécie de jurisdição voluntária,[2085] sendo possível, com tal característica, invocar o disposto no art. 723, parágrafo único, que prevê que o juiz – em tal tipo de jurisdição – "não é obrigado a observar critério de legalidade estrita". Demais disso, consoante está expresso no próprio texto § 1º do art. 662, a Fazenda terá a possibilidade de reclamar a diferença dos valores da taxa judiciária e das despesas processuais, fato que demonstra, sob outro aspecto, que o juízo sucessório não será o agente único de controle, situação que diferencia o quadro das hipóteses normais do art. 293, § 3º (já que, nos demais processos, a Fazenda não terá ciência da valoração das causas e estimações respectivas). Seja como for, mesmo nas situações excepcionais que autorizarem a intervenção do juiz responsável pelo arrolamento sumário, aplicar-se-á o disposto no art. 10 do CPC, sendo fundamental que a convocação para a correção de estimação se opere de forma fundamentada e clara, aplicando-se, no ponto, a parte final do art. 321, isto é, seja indicado "com precisão o que deve ser corrigido ou completado".

2084 Parecendo não concordar, embora sem analisar o tema no plano da excepcionalidade (posta no corpo do texto), confira-se: Fernando da Fonseca Gajardoni, *Processo de conhecimento e cumprimento de sentença:* comentários ao CPC 2015, v. 2, p. 1.127.

2085 No sentido (entre muitos): Ricardo Alexandre da Silva e Eduardo Lamy, *Comentários ao Código de Processo Civil*, v. IX, p. 598; Fernando da Fonseca Gajardoni, *Processo de conhecimento e cumprimento de sentença*: comentários ao CPC 2015, v. 2, p. 1.121, Conrado Paulino da Rosa e Marco Antônio Rodrigues, *Inventário e partilha*, p. 417; e Daniel Amorim Assumpção Neves, *Novo Código de Processo Civil comentado*, p. 1.096.

3. Imposto de transmissão

Embora o § 2º do art. 662 repita a redação do § 2º do art. 1.034 do CPC de 1973, há mudança radical no contexto em que ele acaba se inserindo. Isso porque, em relação à exigência do imposto de transmissão, a situação versada pelo § 2º do art. 662 está intimamente ligada ao disposto no art. 659, § 2º, do mesmo diploma, que sofreu alteração substancial em relação ao texto antecessor (art. 1.031, § 2º).[2086] Consoante já alertado, o art. 659, § 2º, não exige mais que o imposto de transmissão seja requisito para que o juízo sucessório julgue o arrolamento sumário, afastando, no ponto, a aplicação do art. 192 do CTN.[2087] Dessa forma, o imposto de transmissão *causa mortis* não será calculado (nem exigido) no bojo do arrolamento sumário, não estando, assim, o juízo sucessório com o dever de controlar o seu recolhimento. De toda sorte, ainda que se julgue a partilha sem o prévio pagamento do imposto de transmissão sucessória, a falta de recolhimento respectivo impedirá que se averbe o formal junto ao registro imobiliário (art. 143 da Lei n. 6.015/73).[2088] Ademais, em aspecto geral, os arts. 130 e 131, II, do CTN, dispõem o imposto de transmissão será alvo de sub-rogação, alcançando eventual adquirente, "salvo quando conste do título a prova de sua quitação". Assim, a não exigência do imposto de transmissão não impede o lançamento respectivo, sendo possível alcançar o adquirente de bem advindo da partilha.

Art. 663. A existência de credores do espólio não impedirá a homologação da partilha ou da adjudicação, se forem reservados bens suficientes para o pagamento da dívida.

Parágrafo único. A reserva de bens será realizada pelo valor estimado pelas partes, salvo se o credor, regularmente notificado, impugnar a estimativa, caso em que se promoverá a avaliação dos bens a serem reservados.

CPC de 1973 – art. 1.035

1. Bases de compreensão do dispositivo

Extrai-se do art. 663 que o arrolamento sumário pode se processar mesmo com a presença de credores do espólio. O dispositivo traça esboço do

2086 Parecendo concordar: Rodrigo Ramina Lucca, *Breves comentários ao novo Código de Processo Civil*, p. 1.736-1.737.

2087 Vide os comentários ao art. 659 desta obra.

2088 Sobre o tema, vale conferir: Euclides de Oliveira e Sebastião Amorim, *Inventário e partilha:* teoria e prática, p. 429. Igualmente: Felippe Borring Rocha, *Comentários ao novo Código de Processo Civil*, p. 983; Ricardo Alexandre da Silva e Eduardo Lamy, *Comentários ao Código de Processo Civil*, v. IX, p. 603; e Humberto Theodoro Júnior, *Curso de Direito Processual Civil*. Procedimentos Especiais, v. II, p. 299.

procedimento "incidental" para formalização de reserva de bens em favor do credor, caso a dívida não seja paga antes da partilha. Trata-se, sem dúvida, de previsão de *etapa acidental* que excepciona o perfil de rito concentrado do inventário especial estudado. O detalhe é importante, pois o art. 663 traz plataforma que não é perfeitamente simétrica à dimensão de "concordância ampla" do arrolamento sumário. Há previsão de área demarcada em que pode surgir debate, ainda que este não seja interno entre as partes tidas como "interessadas" (isto é, aquela cuja convocação por citação, seguindo o gabarito do art. 626, é obrigatória). A controvérsia somente poderá se operar com os credores do espólio, não sendo admitido no grupo interno dos "interessados" (herdeiros, cônjuge/companheiro sobrevivente, legatário etc.), qualquer embate, devendo a voz de tal conjunto ser uníssona.

2. Pagamento e garantia de dívidas no arrolamento sumário

Sem prejuízo do disposto no art. 663, nada impede quem, tendo no espólio recursos disponíveis, as dívidas sejam liquidadas mediante pagamento na base procedimental do arrolamento sumário. De forma semelhante, mesmo que sem "caixa em dinheiro", poderá o espólio junto com o credor chegar ao consenso acerca do pagamento da dívida, fazendo-o por meio de "transação" que envolva a entrega de determinado bem ao credor, que pode se efetuar, por exemplo, por dação em pagamento (seguindo o modelo da *adjudicação* prevista no art. 642, § 4º). A negociação, em outra ilustração, pode envolver a percepção pelo credor de frutos advindos de bens do espólio, admitindo-se, em ilustração, pactuação envolvendo anticrese (art. 1.506 do CC). Em outra exemplificação, nada obsta que as partes selecionem determinados bens para a alienação, a fim de o produto seja utilizado para o pagamento das dívidas, medida esta salutar, inclusive, quando, no acervo do espólio, estiverem presentes bens com risco de perecimento e deterioração. Em arremate, para demonstrar que as possibilidades de pagamento/garantia da dívida possuem horizontes amplíssimos, não há obstáculo para que, mediante acordo geral (incluindo o credor), esta seja assumida por algum dos herdeiros e, no mesmo ato, seja formalizada garantia real (hipoteca) com bem do espólio que será destinado na partilha a tal protagonista do inventário. A resenha exemplificativa demonstra que as partes, no arrolamento sumário, possuem alternativas para efetuar o efetivo pagamento da dívida (ou a sua garantia), devendo se ponderar acerca da solução que melhor atenda aos interesses das partes e do credor.[2089]

2089 Como as ilustrações envolvem atos de disposição de patrimônio do espólio, importando os ditames do art. 619, será fundamental a prévia autorização judicial ou, de outra banda, pactuação de negócio jurídico com o credor mediante condição (a

A formalização de "garantia" fixada no art. 663 ("reserva de bens", seguindo-se o texto legal), na maioria das vezes, não será a solução mais adequada para a resolução da dívida, pois, na verdade, seguindo-se os trilhos do dispositivo em comento, esta continuará pendente. Aqui, em detalhe, embora o art. 663 não faça alusão específica, a técnica de reserva é semelhante ao que ocorre no âmbito do art. 643, parágrafo único, destacando-se, em pulsante diferença, que, no caso do arrolamento sumário, a legislação trabalha com postulação expressa do espólio para a sua formalização, situação fora do contexto do dispositivo aplicado às habilitações em geral (cuja proposição é ofertada pelo credor e o pedido de garantia é inerente, caso não seja feito o pagamento pelo espólio). Ao se efetuar o diálogo entre o art. 663 e o art. 643, é natural a atração dos desdobramentos aplicados à técnica do último dispositivo. O transporte, todavia, há de ser feito com extrema cautela, sob pena de criar embaraços e importação de detalhamentos inaplicáveis ao art. 663. Em ilustração, se o translado for feito às cegas, efetuando-se a "garantia judicial" prevista no art. 663, o credor teria que propor a ação judicial para cobrar o espólio, em razão do disposto nos arts. 1.997, § 2º, do CC que prevê que – formalizada a reserva de bens – "o credor será obrigado a iniciar a ação de cobrança no prazo de trinta dias, sob pena de se tornar de nenhum efeito a providência indicada". Logo, o art. 663 seria o estopim para ação judicial (*cobrança pelo credor*) que, com todo respeito, seria desnecessária se a intenção das partes for o pagamento da dívida.[2090] De forma contraditória à dimensão "amigável" do arrolamento, estar-se-ia criando ambiência para litígio que, repita-se, não raras vezes é desnecessário.[2091]

Com tal olhar, o art. 663 deve ficar sitiado às situações em que há algum tipo de controvérsia entre o espólio e o credor quanto ao pagamento da dívida, servindo a reserva de bem voluntária para escorar os interesses do credor e afetar determinado(s) bem(ns) do espólio até que o litígio seja resolvido. Assim, fixando-se a garantia em bem(ns) específico(s), as partes terão a possibilidade de livre trânsito em relação ao patrimônio não alcançado pela reserva. Observe-se que o espólio, ao adotar tal conduta, cria delimitação de res-

---

obtenção da autorização do juízo sucessório ou homologação da partilha contemplando os interesses do credor). Vide os comentários ao art. 619 desta obra.

2090 Havendo interesse em pagar a dívida, a garantia prevista no art. 663 pode ser conjugada com a técnica da *separação de bens* (art. 642, §§ 2º e 3º), dando-se início a expropriação para se obter recursos capazes de satisfazer o credor.

2091 O texto do art. 668, I, do CPC, corrobora com o raciocínio posto, pois a propositura da *ação de cobrança* pelo credor somente é *obrigatória* (sob pena de perda da eficácia da garantia) quando o *credor não é admitido*. Não se trata, efetivamente, da mecânica do art. 663, em que se pressupõe a formalização de garantia por ato voluntário do espólio.

ponsabilização patrimonial, na medida em que o credor somente poderá avançar sobre o patrimônio dos herdeiros caso a garantia (depois de formalizada) se mostrar insuficiente (arts. 796 do CPC e 1.997, *caput*, do CC).

3. O requerimento do "pedido de reserva"

Seguindo o procedimento concentrado do arrolamento sumário, a indicação das dívidas do espólio, com a identificação dos seus respectivos credores, deverá ser feita na petição inicial do arrolamento sumário (art. 660, II, c/c art. 620, IV, *f*). No ponto, a perfeita identificação dos credores será capital para que a intimação seja efetuada de forma real. Demais disso, deverá ser feita a descrição completa do(s) bem(ns) escolhido(s) para a afetação ("reserva judicial"), apresentando-se a estimação correspondente. Não bastará, contudo, a simples descrição, sendo imperiosa a juntada de documentação que permita que o credor faça a análise da garantia ofertada (por exemplo, prova de sua titularidade, certidão de ônus e indicação da sua localização) e os elementos utilizados para a sua estimação (em ilustração, avaliação de *expert* ou tabelas públicas de estimação). Tais cautelas permitirão a ocorrência de contraditório mais eficiente e refinado na etapa.[2092]

Caso a dívida seja apurada depois da apresentação da petição inicial, mas antes da homologação judicial, nada obsta que a postulação seja feita por petição incidental nos autos do inventário, observando-se os detalhamentos acima postos.

4. Convocação do credor

O credor será convocado por meio de intimação pessoal (embora o dispositivo faça alusão a uma "notificação"[2093]). A legislação não cuidou do prazo para a referida manifestação, cabendo ao juízo sucessório defini-lo. Caso assim não proceda, a teor do art. 218, § 3º, do CPC, é intuitivo que o prazo será de cinco dias. Tal prazo, com o devido respeito, não se afigura como adequado, pois, nem sempre, o credor terá condições de em prazo curto apresentar impugnação motivada sobre a estimação do bem (trazendo, em exemplo, laudo de avaliação para lhe dar suporte). Ademais, o prazo curto poderá conspirar para que não ocorra solução amigável, não havendo espaço temporal suficiente para que se alcance algum tipo de consenso, tendo em vista que o credor se concentrará na análise da avaliação e na contratação de profissional para trazer

2092 É de bom tom, inclusive, que cópia de tal documentação seja anexada à *notificação* (*rectius*, intimação), pois a providência facilitará a resposta do credor.

2093 No sentido: Rodrigo Mazzei e Tiago Figueiredo Gonçalves, *Comentários ao Código de Processo Civil*, p. 915-916.

a sua resposta, uma vez que esta terá que ser feita por meio de advogado. Dessa forma, é razoável que seja fixado o prazo de 15 dias, fazendo a aplicação analógica do art. 627 do CPC (manifestação acerca das primeiras declarações).

Seja por meio de requerimento do espólio ou por determinação de ofício do juízo sucessório, é oportuno que fique consignado na intimação que o credor tem a faculdade de trazer proposta de autocomposição, apresentando-a por escrito, ou relatando-a ao oficial de justiça (caso a convocação se efetue por tal modalidade). Trata-se de adaptação do art. 154, VI, do CPC, com arejamento dos arts. 3º, § 3º, e 6º, do mesmo diploma.[2094] Dessa forma, buscando a máxima eficiência da intimação prevista no art. 663, parágrafo único, a convocação do credor não se deve limitar apenas a comunicá-lo da pretensão das partes acerca da formação da garantia, já que esta pode ser utilizada como vetor de estímulo para autocomposição, de modo que deve ficar expressamente plasmada a possibilidade de apresentação de proposta com tal finalidade, cabendo ao julgador assim alertá-lo (art. 6º).[2095]

5. Conteúdo da manifestação do credor

Quando se faz a leitura do art. 663, parágrafo único, há a impressão (equivocada) de que o credor apenas poderá se manifestar acerca da estimação dos bens. Tal interpretação não pode prosperar por diversos aspectos. Com efeito, a reserva de bens é uma espécie de constrição judicial que possui o objetivo garantir eventual pagamento da dívida e, como tal perfil, o credor não poder ser alijado de manifestação acerca do patrimônio que foi escolhido pelo devedor para a finalidade. Fazendo breve paralelo com a penhora, quando o executado faz indicação de bens com tal objetivo, é capital que o exequente seja ouvido, até porque a escolha no sentido está na sua alçada e não na órbita do primeiro (art. 798, II, *a* e *c*).[2096] Demais disso, a penhora possui rol

2094 Sobre o encaixe do art. 154, VI, como técnica de autocomposição, confira-se: Rodrigo Mazzei e Tiago Figueiredo Gonçalves, *Comentários ao Código de Processo Civil*, p. 246-247.

2095 A dicção do credor poderá alterar o curso da etapa, efetuando-se, por exemplo, desvio procedimental para que o patrimônio antes indicado para reserva seja expropriado, a fim de atender à proposta do credor, adaptando-se a técnica da *separação de bens* (art. 642, §§ 2º e 3º). Vide item seguinte.

2096 A redação do art. 663 reproduz o texto original do art. 1.035 do CPC de 1973. O detalhe é importante, pois o CPC atual não trabalha como a ordem subjetiva de preferência para a escolha de bens que estava contida no texto primitivo da codificação revogada (já que, no texto promulgado do CPC de 1973, quem detinha posição no sentido era o executado – arts. 614, 615, 652 e 655). De toda sorte, mesmo em tais condições, havia previsão expressa de contraditório em favor do exequente acerca da indicação feita pelo executado. Com efeito, o art. 656 do CPC

que dita ordem preferencial de bens (art. 835), não havendo justificativa qualquer para tratar o art. 663 como exceção às duas premissas acima.

Inaceitável, portanto, se pensar que o espólio (na qualidade de devedor) possa escolher, sem contraditório do credor, os bens que formarão a reserva de bens, diante da essência desta de garantia judicial, fato que faz com que seja necessário importar as técnicas sobre penhora (mesmo que de forma adaptada). Tal cenário fica muito mais reforçado no CPC, uma vez que o contraditório está no centro de pulsação aos procedimentos e abre espaço para a participação cooperativa das partes (art. 6º). Dessa forma, o credor, ao ser intimado, dever se manifestar não apenas sobre a avaliação do(s) bem(ens) que compõe(m) a reserva patrimonial feita pelo espólio, como também a respeito da sua adequação para a finalidade (garantia judicial).[2097] Em caso de impugnação quanto aos bens escolhidos pelo espólio, a resposta do credor deve ser motivada[2098] e, dentro de uma dimensão comunicativa e de participação, poderá apresentar soluções que possam ser aplicadas no caso concreto.[2099]

---

de 1973 (tanto no texto original quanto o reformado pela Lei n. 11.382/2006) permitia que o exequente impugnasse os bens escolhidos pelo executado para penhora, fixando, inclusive, motivações nos incisos do aludido dispositivo para que fosse feita a permuta, tais como: (a) falta de obediência da ordem legal; (b) indicação pelo executado de bens afastados do foro da execução; (c) seleção de bens com localização afastada do foro da execução; (d) nomeação de bens alcançados por anterior constrição (ou algum tipo de gravame); (e) indicação de bens com baixa liquidez. O rol do art. 656 tinha caráter exemplificativo, pois outras situações poderiam desaconselhar que se prestigiasse escolha do executado, como – em rápidos exemplos – a nomeação de bens sujeitos a perecimento/deterioração ou de valoração incompatível com a dívida (no caso de existir outros com melhor acoplagem estimativa).

2097 Como o incidente previsto no art. 663 tem como finalidade a formação de garantia judicial, poderá o credor trazer qualquer fundamentação que seja pertinente para a sua confecção, inclusive quanto ao dimensionamento. Assim, em exemplo, deverá se admitir manifestação que demonstre que o valor da dívida trazido pelo espólio não condiz com a realidade e, portanto, sendo necessário que a reserva seja ampliada. A manifestação com tal motivação não tem como foco provocar o pagamento, mas permitir que o juízo sucessório, por meio de análise em cognição sumária, determine que a modulação quantitativa da garantia. Parecendo concordar: Arruda Alvim, Araken de Assis e Eduardo Arruda Alvim, *Comentários ao Código de Processo Civil*, p. 1.513.

2098 Em ilustração, caso o foco da impugnação seja a avaliação dos bens, a impugnação da estimação deve ser motivada, a fim de que justifique que o juízo sucessório determine a avaliação judicial (art. 663, parágrafo único). Poderá trazer, no sentido, estimação documentada com outro resultado. Não bastará a discordância vazia, sem espeque capaz de criar dúvida razoável acerca da incorreção ou imprecisão da avaliação feita pelo espólio.

2099 Na sua manifestação, poderá o credor apresentar proposta de autocomposição, adaptando o disposto no art. 154, VI, como gabarito. Por certo, se a proposta pode

6. Contraditório em favor do espólio

No caso de insurgência do credor (qualquer que seja motivação[2100]), deverá ser concedida ao espólio (como proponente da reserva) a possibilidade de manifestação respectiva, até porque é admissível que o credor apresente solução que atenda aos anseios do espólio.[2101] O juízo sucessório deve estar atento aos fundamentos da impugnação, pois, além de fixar prazo compatível para manifestação, a atividade judicante estará centrada no conflito, observando-se o objeto restrito do incidente (*formalização de reserva de bens*). A "réplica" do espólio deverá ser fundamentada, pois caberá ao juízo sucessório decidir sobre o tema, fixando-se os pontos que deverão ser desvendados pelo *expert* acerca da viabilidade (ou não) do bem indicado para garantia e/ou sua valoração.

O contraditório em favor do espólio acerca da manifestação do credor será desnecessário quando este não apresentar qualquer tipo de impugnação ao esboço de reserva patrimonial que lhe foi apresentado. Em tal situação, o juízo sucessório determinará, desde logo, que o inventariante formalize a garantia judicial, a fim que o(s) bem(ns) antes indicado(s) para a reserva fiquem efetivamente afetados em favor do credor.

7. Da prova pericial e da atividade do juízo sucessório

Diante da natureza consensual do "arrolamento sumário", o juízo sucessório interfere muito pouco no curso do procedimento. Tanto é assim que a decisão final envolve a análise de partilha definida previamente pelas partes, cabendo ao julgador – em regra – somente analisar a possibilidade de sua "homologação" (art. 659). Em relação à formação de garantia, no entanto, há trecho específico em que o juízo sucessório poderá ser convocado para atuar em razão de conflito, litígio este pontual entre o espólio e o seu credor.

---

ser plasmada por oficial de justiça, não se pode existir qualquer tipo de óbice para que seja feita diretamente pela parte (no caso o credor). No sentido: RODRIGO MAZZEI e TIAGO FIGUEIREDO GONÇALVES, *Comentários ao Código de Processo Civil*, p. 246-247.

2100 Consoante demonstrado no item anterior, o credor pode impugnar o esboço de garantia com motivações variadas, e não apenas a discordância quanto à avaliação (por exemplo, necessidade de reforço de garantia ou de troca do bem que servirá de base para a reserva).

2101 Quando o credor trouxer alguma proposta de autocomposição (mormente se com objetivo de que o pagamento seja efetuado), o contraditório do espólio se impõe, aplicando-se o disposto no parágrafo único do art. 154 do CPC. Assim, o juízo sucessório intimará o espólio, para que se manifeste, "sem prejuízo do andamento regular do processo, entendendo-se o silêncio como recusa". Sobre o "incidente" do parágrafo único do art. 154, confira-se: RODRIGO MAZZEI e TIAGO FIGUEIREDO GONÇALVES, *Comentários ao Código de Processo Civil*, p. 246-247.

Quando o debate se fixar na própria estimação do bem e o material documentado já apresentado nos autos não permitir que o juízo sucessório profira decisão segura, o caminho natural será a designação de avaliador judicial (arts. 661 e 663, parágrafo único), a fim de que seja produzido laudo elucidativo acerca da valoração do bem. Saliente-se, todavia, que, mesmo nos casos de controvérsias outras que não apenas a valoração do bem (por exemplo, embates sobre garantia insuficiente ou inadequada), o juízo sucessório poderá designar *expert* para efetuar *exame*, *vistoria* e/ou *perícia simplificada* sobre o bem, caso seja necessário. Consoante já afirmado nos comentários traçados no art. 630, o *exame* e a *vistoria* do bem são pilares da avaliação (enquanto técnica pericial), uma vez que são atos que antecedem a estimação. Em suma, sem a análise das características e estado do bem, não será possível apurar a sua valoração respectiva. Assim, ao se admitir a avaliação judicial (art. 661), a legislação permite que outras modulações de prova pericial sejam deflagradas (desde que simplificadas).[2102]

Nada obsta que o juízo sucessório, antes de determinar a estimação por avaliador judicial, importe a técnica prevista no art. 510 do CPC, intimando-se as partes (espólio e credor), facultando-lhes a apresentação de avaliações técnicas (caso ainda não o tenham feito). Trata-se de providência que não discrepa do art. 612 e que, se tiver resposta das partes, poderá dispensar a nomeação de *expert* que, não raras vezes, cria despesa no sentido que poderia ser dispensada (ou ao menos minorada). Registre-se que, se mesmo nos casos em que as partes apresentam laudos técnicos, o juiz não se sentir seguro para decidir com base exclusiva em tal material, compelindo-o a designar "perito judicial" – art. 510 (parte final), o trabalho do *expert* nomeado será provavelmente facilitado, diante da existência de prévio acervo técnico trazido pelas partes. Tal situação faz com o labor da pessoa designada, em regra, seja mais reduzido, fato que acaba por repercutir, inclusive, nos valores cobrados para a empreitada.

8. Habilitação pelo credor

Apesar de o parágrafo único do art. 663, ao dispor sobre a convocação do credor, fazer parecer crer que somente as dívidas identificadas pelo espólio ensejam a reserva de bens, nada impede que o próprio credor tome a iniciativa de comparecer ao processo de arrolamento sumário para requerer a habili-

2102 O art. 872 do CPC – aplicável ao inventário sucessório por força do art. 631 – dispõe que a avaliação contemplará "vistoria" e "laudo" dos bens respectivos, sendo a estimação apenas a conclusão do trabalho do *expert*. Vide os comentários ao art. 630 desta obra.

tação de crédito, nos moldes dos arts. 642 a 646.[2103] Em tal situação, instaurado o incidente, e havendo discordância de qualquer dos interessados em relação à dívida do espólio, o juízo sucessório poderá – de ofício – determinar que seja efetuada a reserva de bens, desde que preenchidos os requisitos dos arts. 643, parágrafo único, do CPC e 1.997, § 2º, do CC.[2104]

9. Guarda e responsabilidade pelos bens reservados

Aplica-se, na reserva de bens disposta no art. 663, o disposto nos arts. 2.021 (parte final) do CC e 669, parágrafo único, do CPC, no sentido de que os bens ficarão sob a guarda e responsabilidade do inventariante, exceto se as partes convencionarem algo diverso. Os dispositivos fazem alusão à possibilidade de designação específica para a missão, apontando a possibilidade de nomeação de novo inventariante por decisão por maioria dos herdeiros. Nada obsta que as partes, seguindo-se o consenso geral do arrolamento sumário, designem mais de uma pessoa como responsável pela guarda dos bens em garantia, situação que pode se tornar relevante quando se efetuar mais de uma reserva de bens. Dividem-se, assim, as incumbências ditadas pelos arts. 2.021 (parte final) do CC e 669, parágrafo único, do CPC.

10. Transporte da técnica para os demais inventários judiciais

Não há nenhum tipo de obstáculo para que a técnica do art. 663 seja transportada para o inventário com procedimento padrão e para o arrolamento comum (art. 664). Em adaptação da técnica, caberá ao inventariante – ouvidos os interessados previamente – notificar o credor, comunicando-o da reserva de bens. Trata-se, com certeza, de postura ativa, que não só poderá tornar a liquidação da herança mais eficiente (já que tira o espólio da posição passiva), como também permite a melhor delimitação da responsabilidade patrimonial dos interessados, notadamente os herdeiros (arts. 796 do CPC e

---

2103 No sentido: Eduardo Arruda Alvim, Daniel William Granado e Eduardo Aranha Ferreira, *Direito processual civil*, p. 1.256; Rodrigo Ramina Lucca, *Breves comentários ao novo Código de Processo Civil*, p. 1.737-1.736; e Arruda Alvim, Araken de Assis e Eduardo Arruda Alvim, *Comentários ao Código de Processo Civil*, p. 1.513.

2104 Para que se propicie a habilitação de crédito, por certo, há de ser respeitada a regra impositiva do art. 626, § 1º, que determina a convocação por edital. A referida convocação é obrigatória, pois o inventário sucessório (qualquer que seja o seu procedimento) não perde sua natureza concursal. Por isso, o art. 626, § 1º, fazendo direta remissão ao inciso III do art. 259 do CPC, tem a finalidade de conferir publicidade acerca do inventário, a fim de que os "interessados incertos ou desconhecidos" possam dele participar, incluindo os credores. Vide os comentários ao arts. 626 e 660 desta obra.

1.997, *caput*, do CC), já que, efetuada reserva consensual com os credores, o risco de invasão patrimonial nos bens não alcançados pela garantia será bem diminuído.

11. Inventário extrajudicial e a necessidade de diálogo com o art. 663

O art. 27 da Resolução n. 35/2007 do CNJ permite que seja efetuado inventário extrajudicial com a presença de credores, já que sua redação (no ponto) é clara: "A existência de credores do espólio não impedirá a realização do inventário e partilha, ou adjudicação, por escritura pública". Ocorre que não há qualquer menção acerca de como ocorrerá a participação dos credores no inventário extrajudicial e, pior ainda, há a supressão de trechos do dispositivo do CPC de 1973 que lhe é íntimo (art. 1.035) e que hoje está repetido do art. 663. Em suma, o art. 27 da Resolução n. 35/2007 não prevê a necessidade de formalização de garantia em favor do credor, menos ainda a sua convocação para que se possa manifestar sobre a reserva de bens efetuada pelas partes. A resenha é indicativa de que há ambiência com insegurança, pois fica permitido que as partes possam trilhar pelo inventário extrajudicial mesmo com a presença de credores, mas não há comando algum, diverso do que ocorre no arrolamento sumário, acerca de como os interesses daqueles serão salvaguardados.[2105]

Não se pode esquecer que pagamento de dívidas ou a afetação de bens para garanti-las é medida necessária e inerente ao inventário, mesmo no âmbito extrajudicial, pois não pode ocorrer ato de transferência patrimonial em favor dos herdeiros, sem que antes tenha sido deflagrada a liquidação da herança.[2106] Note-se, com tal detalhe, que há sério risco de efetuar "partilha" dos bens do falecido quando este se encontrava em estado de insolvência, bastando

2105 Saliente-se que o tema transborda a análise do art. 27, pois não há na Resolução n. 35/2007 qualquer alusão à obrigatoriedade da convocação por edital (art. 626, § 1º), e o seu art. 1º dispõe que é "livre a escolha do tabelião de notas, não se aplicando as regras de competência do Código de Processo Civil", opções que furtam (ou pelo menos dificultam) a localização do inventário extrajudicial pelo credor. Vide os comentários ao art. 610 desta obra.

2106 Os herdeiros somente terão direito a receber os seus quinhões se a herança for considerada positiva, aferição esta que passa pela etapa de liquidação respectiva, em que o pagamento das dívidas é peça chave. Ademais, a responsabilidade patrimonial dos herdeiros deve ser vista como *ocasional*, pois os bens da herança que devem escorar o pagamento das dívidas do falecido/espólio. A premissa está contida nos arts. 796 do CPC e 1.997, *caput*, do CC, no sentido de que as dívidas do espólio devem ser pagas antes da partilha com os bens que estão na sua esfera, somente podendo se imputar responsabilidade aos herdeiros se a cobrança for feita depois de findo o inventário (com a partilha), respeitada as forças da herança (na proporção que a recebeu).

que a soma das dívidas já vencidas e a vencer deixadas supere o valor patrimonial de seus bens (art. 955 do CC, art. 618, VIII, do CPC e art. 748 do CPC de 1973).

Feita a anotação acima, a superfície vacilante do art. 27 da Resolução n. 35/2007 permite se chegar a várias conclusões,[2107] sem que se tenha convicção acerca do procedimento que deve ser adotado em relação aos credores do inventário extrajudicial. Dentre as interpretações possíveis, o art. 27 estaria autorizando o inventário extrajudicial sem a presença dos credores do espólio. Para tanto, as partes – mediante declaração expressa nos autos do inventário extrajudicial – assumiriam as dívidas do falecido na proporção da herança e dos quinhões recebidos. Assim, com tal postura, ficaria dispensado o pagamento das dívidas e/ou garantia antes da partilha e a responsabilidade patrimonial é repassada aos herdeiros, aplicando-se a parte final dos arts. 796 do CPC e 1.997, *caput*, do CC. Tal linha de pensar não se afigura a melhor, pois conspira com a lógica da boa-fé, na medida em que os herdeiros, ao invés de concentrarem esforços para saldar/garantir o pagamento das dívidas, apostariam em verdadeira "loteria" jurídica, mesmo nos casos de cenários de evidente ou provável insolvência do espólio. Ademais, tal raciocínio suprime do inventário extrajudicial a fase de liquidação da herança, etapa necessária e que faz parte do instituto, diante da sua natureza concursal. Saliente-se, por fim, que na prática tal entendimento afasta o transporte do art. 663 do CPC para o inventário extrajudicial. O posicionamento em voga não foi abonado pelo Tribunal de Justiça de São Paulo, decidindo o Conselho da Magistratura do Sodalício pela incidência do art. 663 no inventário *causa mortis* extrajudicial,[2108] sendo, pois, necessária a formalização de garantia em favor do credor, mesmo em se tratando de inventário extrajudicial.

2107 Para ilustrar, ROSA MARIA ANDRADE NERY e NELSON NERY JUNIOR afirmam que: "A existência de débitos do autor da herança, bem como de eventual direito de terceiros sobre o acervo hereditário, não impedem a lavratura da escritura amigável de inventário e partilha" (*Instituições de direito civil:* família e sucessões, v. 4, p. 827. Por sua vez, PAULO CEZAR PINHEIRO CARNEIRO sustenta que a reserva deverá ser feita, mas sem a necessidade de intervenção dos credores (*Inventário e partilha judicial e extrajudicial*, p. 261). DIMAS MESSIAS DE CARVALHO, com outra opinião, afirma que o art. 663 é aplicável no inventário extrajudicial (*Direito das sucessões*: inventário e partilha, p. 431).

2108 "Registro de imóveis. Sobrepartilha realizada por escritura pública. Reconhecimento de dívidas incontroversas pela meeira e herdeiros. Necessidade de reserva de bens e indicação do valor das dívidas. Incidência do artigo 663 do Código de Processo Civil no âmbito da partilha judicial e extrajudicial por se tratar de norma cogente" (TJSP, Conselho Superior da Magistratura, AC 1005161-58.2016.8.26.0019, j. 14/03/2019, *DJ* 20/03/2019).

De todo modo, mesmo que se adote posição pelo translado do art. 663 para o âmbito do inventário extrajudicial, o mal explicado art. 27 da Resolução n. 35/2007 continuará causando embaraço na sua interpretação. Com efeito, como o citado artigo não faz menção a qualquer tipo de convocação ao credor, permite-se interpretar que, na formalização da reserva, é dispensável a "notificação" prevista no parágrafo único do art. 663, cabendo aos herdeiros todo o procedimento sobre a reserva de bens (inclusive a avaliação). Assim, as partes na escritura apresentariam as dívidas e as respectivas garantias, sem a necessidade de dar ciência aos credores. Às claras, o engenho esboçado viola a dimensão da *relatividade dos negócios jurídicos*,[2109] e o credor não estaria vinculado à garantia que foi construída ao seu favor, uma vez que efetuada sem que sua vontade fosse colhida. Para que tal entendimento seja encaixado no art. 663, é essencial que seja conferido ao credor o conhecimento do fato (= formalização da garantia). Caso a ciência sobre a constituição de reserva patrimonial se opere em "contraditório diferido" (isto é, depois da lavratura da escritura de partilha), a eficácia da garantia é duvidosa. Isso porque, como a *reserva* foi confeccionada sem a participação do credor, o negócio jurídico ("garantia") não o vinculará, podendo, assim, optar pela constrição de outros bens da herança. Há, na ocasião, risco de alcance a terceiro de boa-fé que adquiriu bem de herdeiro advindo da partilha, já que a "reserva" supostamente satisfazia os interesses do credor e afastava o bem alienado da responsabilidade patrimonial pelas dívidas do espólio.

O cenário acima posto demonstra a infelicidade da redação do art. 27 da Resolução n. 35/2007, que, como se vê, enseja interpretações variadas, algumas censuráveis. A solução mais adequada, certamente, está na edificação de norma legal que trate do assunto, pois passou da hora – já faz muito tempo – para que o inventário extrajudicial seja regulado por legislação federal, pois a Resolução n. 35/2007 do CNJ foi confeccionada justamente em razão da existência de vácuo legislativo.[2110] De toda sorte, diante do quadro atual, não resta outra solução senão a aplicação da técnica do art. 663 no âmbito do inventário extrajudicial, adaptando-se o seu modelo. Assim, é obrigatório que seja declarado nos autos do inventário extrajudicial se há a presença de credores do espólio. Caso a resposta seja negativa, far-se-á declaração de inexistência de dívidas do espólio, declaração esta que será plasmada no bojo da escritura respectiva ao inventário extrajudicial. Diferentemente, caso se declare que há credores do espólio, é fundamental que os herdeiros efetuem a reserva de

2109 No tema, Rodrigo Mazzei, Princípio da relatividade dos efeitos contratuais e as suas mitigações. In: Giselda Maria Fernandes Novaes Hironaka e Flávio Tartuce (orgs.), *Direito Contratual*: temas atuais, p. 189-222.

2110 Vide os comentários ao art. 610 desta obra.

bens, dando-lhes ciência acerca da garantia efetuada, pois a concordância delimitará, em boa medida, a responsabilidade patrimonial em razão do patrimônio afetado. Caso não ocorra consenso sobre a garantia ou o pagamento, a solução que se afigura com mais natural é a remessa do inventário extrajudicial para o âmbito judicial, a fim de que este seja recebido como arrolamento sumário, postura que permitirá que o embate seja resolvido, por meio do incidente do art. 663.

A remessa judicial, todavia, não é obrigatória, podendo se cogitar a lavratura da escritura de inventário extrajudicial mesmo com dívidas não satisfeitas, desde que tal situação esteja absolutamente transparente e tenha sido feita a convocação dos credores, em respeito ao art. 663. Para tanto, na escritura pública, deverá constar cláusula específica acerca da existência das dívidas, indicando que estas não foram pagas e que a responsabilidade patrimonial alcança todos os bens objeto da partilha, pois a falta de afetação consensual não permite fazer a depuração das áreas de incidência dos arts. 796 do CPC e 1.997 do CC. A mesma cláusula indicará que foi feita comunicação aos credores, não se alcançando, todavia, consenso acerca dos bens destinados à garantia. A providência não impedirá o trâmite e desfecho do inventário sucessório, de outro giro, assegurará ao credor a adoção de medidas adequadas para receber seu crédito. A explicitação por meio da cláusula de transparência evitará que terceiro de boa-fé seja alcançado pelo enleio, pois os riscos das alienações e aquisições serão mensurados no caso concreto, a partir das informações cravadas na escritura do inventário extrajudicial.

O impreciso texto do art. 27 da Resolução n. 35/2007 cria o embaraço denunciado e, aplicando-se a inteligência do art. 32 da mesma resolução, o tabelião deverá se negar a lavrar a escritura do inventário e partilha extrajudicial sem que os interesses do credor estejam preservados, já que à sua atuação, tal como a do juízo sucessório no arrolamento sumário, aplicam-se os ditames do art. 663.

Por fim, dois pequenos comentários merecem destaque. Primeiro, o ideal é que as dívidas sejam pagas antes da partilha,[2111] pois, assim ocorrendo, haverá base de cálculo menor de incidência do imposto de transmissão, já que este deve ser calculado sobre a herança líquida, isto é, descontando-se o pagamento das dívidas.[2112] Além disso, quando for constituída garantia, deve-se

2111 No caso do inventário extrajudicial, o pagamento se dará com recursos próprios dos interessados que se sub-rogarão no valor correspondente.

2112 Não há que se falar em imposto *causa mortis* sobre o patrimônio do espólio consumido para pagar suas dívidas. Na linha (entre vários): José da Silva Pacheco, *Inventários e partilhas*: na sucessão legítima e testamentária, p. 493; e Carlos Alberto Dabus Maluf e Adriana Caldas do Rego Freitas Dabus Maluf, *Curso de Direito das Su-*

aplicar – em empréstimo – o disposto na parte final do art. 2.021 do CC e previsto no art. 669, parágrafo único do CPC, fixando-se no inventariante o guardião e responsável pelos bens dados em garantia, exceto se as partes deliberarem de modo diverso.

Art. 664. Quando o valor dos bens do espólio for igual ou inferior a 1.000 (mil) salários-mínimos, o inventário processar-se-á na forma de arrolamento, cabendo ao inventariante nomeado, independentemente da assinatura de termo de compromisso, apresentar, com suas declarações, a atribuição de valor aos bens do espólio e o plano da partilha.

§ 1º Se qualquer das partes ou o Ministério Público impugnar a estimativa, o juiz nomeará avaliador, que oferecerá laudo em 10 (dez) dias.

§ 2º Apresentado o laudo, o juiz, em audiência que designar, deliberará sobre a partilha, decidindo de plano todas as reclamações e mandando pagar as dívidas não impugnadas.

§ 3º Lavrar-se-á de tudo um só termo, assinado pelo juiz, pelo inventariante e pelas partes presentes ou por seus advogados.

§ 4º Aplicam-se a essa espécie de arrolamento, no que couber, as disposições do art. 672, relativamente ao lançamento, ao pagamento e à quitação da taxa judiciária e do imposto sobre a transmissão da propriedade dos bens do espólio.

§ 5º Provada a quitação dos tributos relativos aos bens do espólio e às suas rendas, o juiz julgará a partilha.

CPC de 1973 – art. 1.036

1. Do flagrante erro material (art. 664, § 4º)

De plano, merece destaque o flagrante erro material no § 4º do ar. 664, ao fazer remissão ao art. 672,[2113] pois trata-se de projeção ao art. 662 (disposi-

---

cessões, p. 538. Na jurisprudência: TJSP, 6ª Câmara de Direito Público, Apelação/Remessa Necessária 1069189-25.2019.8.26.0053, j. 22/04/2020, *DJ* 27/04/2020.

2113 Não se trata do único erro material contido no trecho que trata dos procedimentos acerca do arrolamento, pois há outro claro no bojo do art. 666, II (com remissão equivocada ao art. 630, quando a correta é ao art. 620), e um possível no texto do art. 665 (que faz alusão justamente ao art. 664, mas a lógica remete ao art. 659). Os erros materiais exteriorizam a falta de zelo que foi dispensada ao arrolamento comum que, inclusive, manteve a aglomerada regulamentação, fixando-se seu tratamento apenas em um dispositivo (art. 664), até porque o que está em sequência (art. 665) provavelmente foi postado equivocadamente (por conta da remissão com erro material) e, para piorar, causa embaraço da interpretação acerca de requisitos no arrolamento comum (tema de item adiante). Vide os comentários aos arts. 660 e 665 desta obra.

tivo atrelado ao arrolamento sumário), que dispõe no sentido de que "não serão conhecidas ou apreciadas questões relativas ao lançamento, ao pagamento ou à quitação de taxas judiciárias e de tributos incidentes sobre a transmissão da propriedade dos bens do espólio".[2114]

2. Arrolamento comum: presunção de simplicidade e seu teto valorativo

O procedimento de arrolamento comum é, em regra, aplicável a todo inventário em que o valor dos bens do espólio não alcance montante superior a 1.000 (mil) salários mínimos. Presume-se que os inventários sucessórios com encaixe na referida valoração patrimonial são mais simplórios (sucessões de "pequena monta"[2115]), colhendo-se a afirmação, por tal passo, que preenchido o patamar legal, o arrolamento comum se impõe de forma compulsória.[2116] A obrigatoriedade, todavia, é relativa, pois, se ficar evidenciado que a sucessão atrai conflitos variados, com fracionamento de litígios que são contrários ao perfil concentrado e oral do seu procedimento, o rito padrão (= *inventário solene*) deverá ser adotado. Em suma, a presunção adotada é falível, pois, mesmo quando os bens atrelados ao inventário são de baixa monta, há a possibilidade de fracionamento em múltiplos conflitos entre as partes, situação fática que impede, na prática, que seja adotado o arrolamento comum, justificando-se a sua conversão para o inventário pelo procedimento padrão.[2117]

2114 No sentido: Enunciado n. 131 do CJF – III Jornada de Processo Civil: "A remissão ao art. 672, feita no art. 664, § 4º, do CPC, consiste em erro material decorrente da renumeração de artigos durante a tramitação legislativa. A referência deve ser compreendida como sendo ao art. 662, norma que possui conteúdo integrativo adequado ao comando expresso e finalístico do art. 664, § 4º". Na doutrina, igualmente (dentre vários): José Miguel Garcia Medina, *Novo de Código de Processo Civil Comentado*, p. 944; Ricardo Alexandre da Silva e Eduardo Lamy, *Comentários ao Código de Processo Civil*, v. IX, p. 607; Artur César de Souza, *Código de Processo Civil*, v. II, p. 1.604; Felippe Borring Rocha, *Comentários ao novo Código de Processo Civil*, p. 985; Luciano Vianna Araújo, *Comentários ao Código de Processo Civil*, v. 3, p. 285; e Euclides de Oliveira e Sebastião Amorim, *Inventário e partilha*: teoria e prática. 25, p. 434.

2115 No sentido: Felippe Borring Rocha, *Comentários ao novo Código de Processo Civil*, p. 985.

2116 No sentido: Luiz Gulherme Marinoni, Sérgio Cruz Arenhart e Daniel Mitidiero, *Novo Código de Processo Civil comentado*, p. 661.

2117 O arrolamento sumário (diante da sua consensualidade – art. 659) não se submete a nenhum filtro (teto) valorativo, diferente do que ocorre no arrolamento comum, pelo fato de que as questões plasmadas na petição inicial já estão pacificadas pela totalidade dos interessados. Assim, os efeitos do policentrismo e da multipolaridade são mais agudos no arrolamento comum, pois, em tal procedimento, a projeção é de que há conflitos que deverão ser debelados pelo juízo sucessório, situação inexistente no arrolamento sumário (à exceção do incidente eventual previsto no art.

Sem dúvida, foi positiva a alteração inserida no CPC, alterando-se o critério utilizado para o cálculo do teto valorativo do arrolamento comum, ao se substituir as OTNs (que constavam no CPC de 1973) pelo salário mínimo.[2118] Isso porque a opção encartada no CPC em vigor trabalha com referencial de valor mais conhecido do cidadão e que é aplicado em várias outras situações dentro da codificação.[2119] O valor do salário mínimo, para fins de observância ou não do procedimento de arrolamento comum, é aquele vigente no Estado da Federação (ou Distrito Federal) em que instaurado o inventário *causa mortis,* devendo, ainda, ser levado em consideração o valor vigente ao tempo da abertura da sucessão.[2120]

O *caput* do art. 664, repetindo a fórmula contida no CPC de 1973, faz menção ao valor dos "bens do espólio", e não à estimação da herança em si.[2121] Para se manter coerência na aplicação da codificação, deve ser efetuada interpretação simétrica à conferida no art. 660, II (que trata da avaliação dos bens do espólio para efeito de partilha). Assim, o patrimônio que está sob a esfera jurídica do espólio entrará na estimação, sem efetuar o desconto das dívidas que eventualmente tenham sido deixadas pelo falecido. No ponto, muito embora postados em parte de área restrita da sucessão, os bens que se submetem à colação influenciam diretamente na partilha envolvendo os herdeiros necessários (art. 1.847 do CC). Com tal linha de raciocínio, o valor dos bens que se bens sujeitos à colação (art. 639 do CPC) deverá ser computado para a análise do teto previsto no art. 664. No que se refere à meação do cônjuge/companheiro sobrevivente, trata-se de parcela autônoma e que não se submete ao pagamento de dívidas (exclusivas) do falecido, razão pela qual não pode ser tratada como "bens do espólio".[2122] Note-se que tal exegese é aplicada para

---

663 – ajuste da reserva de bens em favor dos credores do espólio). Próximo: Rodrigo Ramina Lucca, *Breves comentários ao novo Código de Processo Civil*, p. 1.739; Felippe Borring Rocha, *Comentários ao novo Código de Processo Civil*, p. 984; e Ney Alves Veras, *Comentários ao Código de Processo Civil*, p. 765.

2118 Na linha: Euclides de Oliveira e Sebastião Amorim, *Inventário e partilha: teoria e prática*, p. 418; e Ricardo Alexandre da Silva e Eduardo Lamy, *Comentários ao Código de Processo Civil,* v. IX, p. 606-607.

2119 Em exemplo: art. 77, § 5º, art. 81, § 2º, art. 85, § 3º, art. 202, art. 234, § 2º, art. 258, art. 496, § 3º, art. 533, § 4º, art. 655, parágrafo único, art. 833, X, e § 2º e art. 968, § 2º.

2120 Igualmente: Luciano Vianna Araújo, *Comentários ao Código de Processo Civil*, v. 3, p. 284.

2121 Na linha, de forma incisiva: Luiz Gulherme Marinoni, Sérgio Cruz Arenhart e Daniel Mitidiero, *Novo Código de Processo Civil comentado,* p. 661. Fernando da Fonseca Gajardoni, vincula o teto do art. 664 ao *monte mor* (*Processo de conhecimento e cumprimento de sentença*: comentários ao CPC 2015, v. 2, p. 1.131).

2122 No mesmo sentido: Luciano Vianna Araújo, *Comentários ao Código de Processo Civil*, v. 3, p. 284.

o cálculo da taxa judiciária, definindo-se que esta "deve ser calculada sobre o valor dos bens deixados pelo *de cujus*, excluindo-se a meação do cônjuge supérstite".[2123] Assim, a mesma linha de raciocínio deve ser espelhada no arrolamento comum para fixação de seu teto, pois sobre tal valor que incidirá a "taxa judiciária", estando, assim, fora do âmbito do art. 664.

3. Procedimento sumário, concentrado e com fase oral

As *restrições cognitivas* do arrolamento comum são as mesmas aplicáveis ao inventário solene, já que os dois procedimentos são controlados pelo art. 612.[2124] Assim, quando se afirma que o arrolamento é um *procedimento de natureza sumária*, a assertiva está ligada ao seu aspecto *temporal*, já que se trata de rito que foi modulado para ser *mais célere* do que o inventário padrão,[2125] fixando-se gabarito com *proposital concentração* e *simplificação de atos*.[2126]

Depurando-se os atos fixados no *caput* do art. 664, fica evidenciado que o dispositivo concentra etapas apartadas no inventário de rito padrão, unificando as declarações do inventariante (arts. 620 e 636), a fase de avaliação (arts. 630-638) e os atos da partilha (arts. 647-652). Seguindo o perfil dos procedimentos de índole sumária (no *plano temporal*), o arrolamento comum prevê a realização de audiência, com objetivo de que – na presença das partes – o juízo sucessório possa decidir sobre "todas as reclamações" e determinar o pagamento das "dívidas não impugnadas" (art. 664, § 2º, em sua parte final). As deliberações, portanto, serão – em regra – tomadas em audiência (lavrando-se termo próprio – art. 664, § 3º), a fim de que, apresentada a comprovação da "quitação dos tributos relativos aos bens do espólio e às suas rendas", seja a partilha julgada (art. 664, § 5º). A audiência como palco central da resolução das controvérsias é, às claras, indicativo da dimensão oral do arrolamento comum.

Ao se retornar à redação original do CPC revogado, é inegável que a construção do arrolamento comum está ligada ao antigo *procedimento sumarís-*

2123 STJ, 2ª Turma, REsp 343.718/SP, j. 19/05/2005, *DJ* 20/06/2005. No mesmo sentido: STJ, 1ª Turma, REsp 469.613/SP, j. 16/05/2006, *DJ* 25/05/2006; 2ª Turma, RESp. 252.850/SP, j. 20/11/2003, *DJ* de 02.02.2004; e 1ª Turma, REsp 437.525/SP, j. 200/11/2003, *DJ* de 09/12/2003.

2124 Próximo: Luiz Gulherme Marinoni, Sérgio Cruz Arenhart e Daniel Mitidiero, *Novo Código de Processo Civil comentado*, p. 661.

2125 No antigo procedimento sumário (art. 275 do CPC de 1973), em exemplo, a *sumariedade* não estará atrelada à cognição, mas à compressão de atos para que o procedimento ganhe *celeridade*. Por todos, Araken de Assis, *Procedimento sumário*, p. 11.

2126 Semelhante: Artur César de Souza, *Código de Processo Civil*, v. III, p. 1.603-1.604. Em ilustração, no arrolamento comum o inventariante deve ser apresentar – em ato único – as declarações e o plano de partilha, decidindo-se, depois do contraditório, as eventuais controvérsias em audiência (art. 664, § 2º).

simo (arts. 275-281),[2127] procedimento este que, mais tarde, em sede de reforma processual (introduzida pela Lei n. 9.245/95), passou a ser nominado de *procedimento sumário*.[2128] No sentido, o procedimento em tela trabalhava com teto valorativo (art. 275, I, do CPC de 1973), isto é, com a presunção de que questões com baixo valor econômico serão mais singelas e, portanto, aptas a transitarem por plataformas mais simplificadas, em que a *concentração* de atos e a *etapa oral* são pilares do procedimento. Ocorre que o *procedimento sumaríssimo/sumário* não foi repetido no CPC em vigor,[2129] de modo que o arrolamento comum perdeu o referencial, já que poderia se buscar em tal procedimento soluções para subsidiar o aludido rito especial de inventário sucessório. Em exemplo, adaptando-se os §§ 4º e § 5º do (revogado) art. 277, poderia ser feita conversão do arrolamento comum em inventário padrão, caso se constatasse a presença de questões com complexidade e desafetas à natureza do procedimento (*concentrado* e *oral*).

Em razão da extinção do *procedimento sumaríssimo/sumário* codificado, deve ser feito diálogo com os *procedimentos externos* ao CPC em vigor (= leis especiais ou extravagantes) que possuam perfil semelhante (*sumariedade temporal, concentração de atos* e *etapa oral relevante*). Com tal bússola, é inevitável que se busque comunicação com a Lei n. 9.099/95, até porque esta tinha vínculo também com o extinto *procedimento sumário codificado* (art. 3º, I e II, da referida lei especial). A interlocução adaptada entre a Lei n. 9.009/95 (e diplomas semelhantes) com o texto do art. 664 é capital para o arrolamento comum, preenchendo espaços incompletos. Em ilustrações, aplicando-se, de forma ajustada, os arts. 27-29 da Lei n. 9.009/95, a audiência prevista no art. 664, § 2º, deverá ser realizada com brevidade (art. 27, parágrafo único), sendo permitidos os debates das partes (art. 28), inclusive manifestação sobre documentos (art. 29, parágrafo único). Há concentração de atos na audiência (art. 29, *caput*), admitindo-se a oitiva do avaliador nomeado pelo juízo (art. 35).[2130]

A presença de prévia etapa de concentração é uma característica marcante dos *processos sumários*, situação que permite que o juízo sucessório importe a técnica do art. 22 da Lei n. 9.009/95, harmonizando-as com o disposto nos

---

2127 Não é por acaso que o arrolamento comum também é tratado de *sumaríssimo* pela doutrina. No sentido: Luiz Gulherme Marinoni, Sérgio Cruz Arenhart e Daniel Mitidiero, *Novo Código de Processo Civil comentado*, p. 661. Parecendo concordar: Nelson Nery Junior e Rosa Maria de Andrade Nery, *Comentários ao Código de Processo civil*, p. 1.481-1.482.

2128 No tema: Paula Ambrozim Corrêa de Araujo, *Breves anotações sobre o procedimento sumário*, p. 12-19.

2129 Vide arts. 1.046, § 1º, e 1.049, parágrafo único, do CPC.

2130 No tema, vide os comentários ao art. 630 desta obra.

arts. 3º, § 3º; 139, V; 334 e 696 do CPC atual. Dessa forma, apresentadas as declarações completas pelo inventariante (art. 664), as partes interessadas serão convocadas para comparecimento à audiência/sessão de autocomposição, que poderá se realizar, caso necessário, "mediante o emprego dos recursos tecnológicos disponíveis de transmissão de sons e imagens em tempo real" (art. 22, § 2º, da Lei n. 9.099/95). Diante da natureza policêntrica do inventário, é fundamental que o mediador/conciliador esclareça às partes a possibilidade de depuração das áreas de litígio, uma vez que a autocomposição poderá ter resultado parcial (por exemplo, divisão dos depósitos em dinheiro ou destinação de bem específico para determinado herdeiro), sem prejuízo de outras questões ficarem controversas (por exemplo, discordância acerca da avaliação de alguns bens e sobre a necessidade de colação).[2131]

Como se vê, é fundamental que o arrolamento comum seja identificado como espécie de *procedimento sumário e concentrado*, em que foi prevista *fase oral* e que está voltado à jurisdição contenciosa. Tais realces, sem rebuços, o diferenciam dos demais ritos do inventário e, de outro giro, o aproxima de procedimentos com características assemelhadas.[2132] Abre-se diálogo para comunicações adaptadas e externas à codificação processual, postura que se torna necessária diante da extinção do procedimento sumário pelo CPC.

4. Instauração, nomeação do inventariante e citações

A instauração do arrolamento comum se submete ao prazo fixado no art. 611. A documentação necessária à abertura de qualquer inventário será exigi-

2131 O prosseguimento do inventário pelo arrolamento comum ficará submetido ao resultado da fase de autocomposição, de modo que, se esta for totalmente exitosa, o juízo sucessório homologará seu resultado, observando-se as formalidades (por exemplo, oitiva do Ministério Público em caso de presença de incapaz e/ou do testamenteiro se o falecido deixou testamento). Caso o consenso seja parcial, os temas incontroversos deverão ser sedimentados a partir do caso concreto, sendo remetidas as questões ainda litigiosas para os trilhos procedimentais do art. 664, §§ 1º e 2º, isto é, seja ofertada impugnação apenas quanto aos pontos em conflito.

2132 Com tal visão, há de se projetar, no arrolamento comum, as diretrizes basilares dos *procedimentos sumários*, destacando-se, no sentido: (a) a *imediatividade* (contato direito do juiz em relação às partes, seus advogados e à produção da prova); (b) *identidade física do juiz* (o julgador responsável pelo encerramento da audiência deverá julgar a controvérsia); (c) *concentração* (realização de atos aglutinados); (d) *celeridade* (os litígios devem ser resolvidos com compressão temporal, em curto espaço de tempo depois de apresentados ao Poder Judiciário); e (e) *oralidade* (as alegações das partes devem ser feitas, o quanto possível, diretamente de forma oral ao juiz da causa). Sobre os princípios que regem os *procedimentos sumários*, confira-se: PAULA AMBROZIM CORRÊA DE ARAUJO, *Breves anotações sobre o procedimento sumário*, p. 20.

da no arrolamento comum (art. 615), transportando-se, ainda, as regras sobre legitimação (art. 616) para o ventre do art. 664.

A designação do inventariante se faz por meio de nomeação pelo juízo sucessório, sem a necessidade, portanto, de consenso entre as partes. O rol de referência do art. 617 é de boa utilidade na empreitada, mas não impedirá que as partes repudiem a designação de forma fundamentada, importando-se, para tanto, a reclamação prevista no art. 627, II.[2133] Embora o trabalho do inventariante seja concentrado, a nomeação há de ser feita de forma criteriosa pelo juízo sucessório, pois seu o labor será capital para o desfecho célere do arrolamento comum. No plano formal, uma vez nomeado o inventariante, não é necessária a assinatura de termo de compromisso respectivo, devendo a parte escolhida pelo juízo sucessório apresentar as "declarações" no máximo 20 dias a contar da ciência da designação. O prazo acima assinalado advém do transporte do disposto no art. 620, diante da omissão do art. 664 no sentido.

Por fim, no arrolamento comum também é obrigatória a veiculação por edital prevista no art. 626, § 1º (que faz remissão ao art. 259, III). Isso porque, como todo e qualquer inventário, o arrolamento previsto no art. 664 possui natureza concursal, exigindo publicidade para alcançar os "interessados incertos ou desconhecidos".[2134]

5. Inexistência de vedação de participação de incapaz

O *caput* do art. 664 não faz qualquer alusão à capacidade das partes (ao contrário do disposto no art. 659), sendo irrelevante para o trânsito do arrolamento comum que todas as partes sejam capazes. É, como todo respeito, equivocada a interpretação do art. 665 de que o incapaz somente poderá participar do inventário pelo rito do arrolamento comum se todas as partes e o Ministério Público concordem no sentido.[2135] Com efeito, a referida interpre-

2133 Em exemplo, a reclamação poderá apontar que o inventariante designado cometeu desvio na administração provisória e/ou que se posta em quadro de grande conflito de interesses.

2134 Seguindo-se o modelo proposto nos comentários ao art. 626, a declaração do inventariante deverá ser reproduzida no edital, adaptando-se o disposto no art. 99, § 1º, da Lei 11.101/2005.

2135 Parecendo adotar tal posição: Artur César de Souza, *Código de Processo Civil*, v. III, p. 1.606; Luiz Gulherme Marinoni, Sérgio Cruz Arenhart e Daniel Mitidiero, *Novo Código de Processo Civil comentado*, p. 661; Ronaldo Alves de Andrade, *Comentários ao Código de Processo Civil*: perspectiva da magistratura, p. 734; Ricardo Alexandre da Silva e Eduardo Lamy, *Comentários ao Código de Processo Civil*, v. IX, p. 608; Fernando da Fonseca Gajardoni, *Processo de conhecimento e cumprimento de sentença*: comentários ao CPC 2015, v. 2, p. 1.1.31-1.132; e Luciano Vianna Araújo, *Comentários ao Código de Processo Civil*, v. 3, p. 283. De forma di-

tação não se dá conta de que a *consensualidade* não é requisito inerente ao arrolamento comum, inserindo-se, assim requisito não contido do art. 664. Além de esputar contrariamente à exegese que se aplicou durante anos em relação ao antecedente art. 1.036 do CPC de 1973,[2136] tal exegese pode causar prejuízo ao incapaz, furtando-lhe o acesso a procedimento de balada mais curta, que permite solução mais célere. Há evidente retrocesso caso se prevaleça a posição repudiada.[2137] O art. 665 não pode, pois, ser interpretado contra o incapaz, condicionando a "concordância de todos" (inclusive seus adversários nos conflitos) quanto à adoção do rito. Caso o procedimento do arrolamento comum não seja adequado ao incapaz, bastará que seu representante (em sentido amplo) e/ou o Ministério Público demonstrem a necessidade de conver-

---

versa, admitindo a presença de incapaz no arrolamento comum sem fazer alusão às amarras do art. 665, confira-se: Euclides de Oliveira e Sebastião Amorim, *Inventário e partilha: teoria e prática*, p. 433; Luiz Rodrigues Wambier e Eduardo Talamini, *Curso Avançado de Processo Civil*, v. 4, p. 151; Eduardo Arruda Alvim, Daniel William Granado e Eduardo Aranha Ferreira, *Direito processual civil*, p. 1.253; Dimas Messias de Carvalho, *Direito das sucessões*: inventário e partilha, p. 409-411; e Silvo Salvo de Venosa, *Direito Civil*: família e sucessões, p. 700. O tema está longamente tratado nos comentários ao art. 665, fixando-se posição acerca de interpretação adequada do dispositivo voltada à conversão procedimental e não em relação à criação de novo requisito (capacidade) ao arrolamento comum.

2136 Segundo Alexandre de Paula: "A hipótese que cuida o art. 1.036 é adotada quando, haja ou não acordo, haja ou não incapazes, o valor do monte não exceder a 2.000 ORTN, na data do óbito" (*Código de Processo Civil anotado*, v. IV, p. 3.802). Em igual sentido, Theotonio Negrão anotou sobre o "arrolamento comum" no CPC/73: "(...) decorre do valor de bens do espólio, haja ou não incapazes (RF 286/275)" (*Código de processo civil e legislação em vigor*, p. 536). Confira-se, ainda: Paulo Cezar Pinheiro Carneiro, *Comentários ao Código de Processo Civil*, v. IX, tomo I, p. 245; Antonio Cláudio da Costa Machado, *Código de Processo Civil Interpretado*, p. 1.414-1.415; Arruda Alvim, Araken de Assis e Eduardo Arruda Alvim, *Comentários ao Código de Processo Civil*, p. 1.514; e Gerson Fischmann, *Comentários ao Código de Processo Civil*, v. 14, p. 193. Sintético, mas adotando a linha: Ernane Fidélis dos Santos, *Manual de Direito Processual Civil*, v. 3, p. 115; e Hamilton de Moraes Barros, *Comentários ao Código de Processo Civil*, v. IX, p. 333. Cristiano Imhof colaciona julgamentos do TJSC, TJPR e TJSP no sentido (*Direito das Sucessões e inventários e partilhas*, p. 342-344).

2137 Basta imaginar que a parte que não concorda com adoção pelo rito do arrolamento comum possui interesses contrários aos do incapaz, beneficiando-se, em plano fático, com a demora do inventário *causa mortis*. Por exemplo, determinada parte está na posse fática de determinado bem que foi legado ao incapaz pelo autor da herança em testamento, sendo que a demora no cumprimento da obrigação junto ao legatário beneficia, na prática, ao primeiro, que continuará a usufruir do patrimônio. Não é plausível que a vontade do "antagônico" impeça a adoção de procedimento célere que resolva integralmente o inventário, de modo a permitir o cumprimento do legado constituído em favor do incapaz na forma ilustrada.

são para o procedimento padrão, a fim de que o assunto seja levado ao juízo sucessório que decidirá a respeito.

Observe-se que o art. 664, § 1º – de forma expressa, sem ressalvas ou qualquer remissão ao art. 665 – contempla a participação do Ministério Público, fato indicativo de que a presença do incapaz é natural a tal procedimento especial. É inadvertido, portanto, a criação de filtro que não está inserto no art. 664 e que não se demonstrou necessário (sequer havendo o debate) quando da égide do CPC de 1973.

6. Declarações do inventariante e a concentração de atos

As "declarações do inventariante" serão apresentadas de forma concentrada e com superfície abrangente. Além de plasmar todas as informações fixadas no art. 620 – em que se destacam o descritivo da abertura da sucessão, a identificação dos seus interessados (com os seus posicionamentos jurídicos) e a arrecadação de bens – caberá ao inventariante atribuir o valor dos bens do espólio e apresentar o "plano de partilha". Caberá também ao inventariante trazer a listagem de dívidas que devem ser pagas, pois, a teor do art. 664, § 2º, o juízo sucessório deverá mandar pagar aquelas não impugnadas. O cenário demonstra a opção de concentração, suprimindo-se etapas, a fim de que as questões (ainda que heterogêneas) sejam decididas de forma aglutinada no mesmo momento.

7. Convocação das partes para etapa de autocomposição

Apresentadas as "declarações", observando-se o disposto nos arts. 626, o caminho ortodoxo será o de citação das partes, facultando-lhes a manifestação (art. 627). No entanto, em trilha adequada à própria natureza do arrolamento comum, é perfeitamente admissível que juízo sucessório – por ato de ofício, a requerimento do inventariante ou de alguma parte que compareceu espontaneamente – determine que a convocação deflagre etapa de autocomposição. Dessa forma, o magistrado aplicando os arts. 3º, § 3º; 139, V; 334 e 696 do CPC, transportará técnica autocompositiva que é inerente aos *procedimentos de índole sumária, concentrada e com presença de fase oral*, tal como ocorre na Lei n. 9.009/95 (art. 22). Convocar-se-á o conciliador e/ou o mediador, marcando-se data para a sessão ou audiência que, em regra, será balizada pelo art. 696, diante da provável existência de vínculos familiares entre as partes.[2138]

2138 A concentração de atos promovida pelo art. 664, que exige a apresentação (inclusive do plano de partilha), permite que as zonas de conflito fiquem definidas no início do procedimento. Ademais, no arrolamento comum há a presunção de que as questões conflituosas são mais simples e menos numerosas do que ocorre no

8. Declarações do inventariante e o contraditório

As partes terão o prazo comum de 15 dias para se manifestarem sobre as "declarações" do inventariante (naquilo que é objeto de controvérsia ou que reclama algum tipo de ajuste). Aplicar-se-á, de forma adaptada, o disposto no art. 627, com o detalhe de que as áreas de diálogo são maiores, fato este facilmente perceptível quando se verifica que as partes terão que se manifestar também sobre o plano de partilha (situação não prevista no âmbito do inventário de rito solene). O detalhe necessita ser amplificado, pois a leitura cega do art. 664, § 2º, cria a falseada ideia de que as partes somente poderão impugnar as avaliações efetuadas pelo inventariante.[2139]

Apresentadas manifestações sobre as declarações do inventariante, caberá ao juízo sucessório providenciar o "contraditório geral", tanto na perspectiva dos interessados (a fim de propiciar que estas tenham ciência das manifestações das outras partes e possam apresentar considerações), como também sob a ótica do inventariante, pois este, além de ajustar as declarações, poderá produzir relatório que auxiliará a condução do arrolamento comum pelo juízo sucessório. Assim, o texto do art. 627 – que permite atuação cooperativa e exercício refinado do contraditório – deverá ser conjugado com o perfil acelerado do art. 664, sendo, por tal passo, de todo oportuno, que o juízo sucessório provoque a calendarização dos atos processuais. Para tanto, poderá formular cronograma ele próprio, dando ciência às partes, da sequência esboçada, cujo desfecho, em regra, será a audiência prevista no art. 662, § 2º.[2140]

9. Participação do Ministério Público e o Testamenteiro

O art. 664, § 1º, dispõe sobre a participação do Ministério Público no arrolamento comum, sendo necessária a boa comunicação do dispositivo com o art. 178. No que se refere ao testamenteiro, se o inventário contiver testamento a ser cumprido, considera-se indispensável a participação do testamen-

---

âmbito do inventário solene. Assim, não há incoerência da proposição em relação ao sustentado nos comentários ao art. 627 acerca do posicionamento da etapa de autocomposição.

2139 Quando se analisa a área coberta pelas declarações do inventariante (cabeça do art. 664) e a opção legal de que, em audiência, "todas as reclamações" serão decididas (art. 664, § 2º), extrai-se o real espectro da manifestação das partes que possui horizonte mais amplo do que o desenhado nos incisos do art. 627. No tema: EUCLIDES DE OLIVEIRA e SEBASTIÃO AMORIM, *Inventário e partilha*: teoria e prática, p. 435.

2140 O art. 191 não proíbe a proposição de calendário pelo magistrado que se não sofrer impugnação fundamentada das partes, prevalecerá. Trata-se, pois, de medida que está sob o âmbito do art. 139, II, e que, no arrolamento comum, possui boa superfície de aplicação, diante do farol da celeridade que ilumina o procedimento. Sobre "calendarização", vide os comentários aos arts. 611, 627 e 635 desta obra.

teiro, não sendo diferente em caso de arrolamento comum. Registre-se, todavia, que na hipótese de sucessão em que todos os interessados são capazes, o simples fato de que há testamento a ser cumprido no inventário não torna compulsória a convocação do Ministério Público. Sua presença somente é obrigatória no procedimento previsto nos arts. 735-737 do CPC, e, assim sendo, "registrado o testamento", não há qualquer obrigatoriedade de participação do Ministério Público no inventário (qualquer que seja a modalidade). Tanto assim que, providenciado o registro testamentário, as partes poderão optar pelo inventário extrajudicial,[2141] procedimento que não contempla a convocação do Ministério Público.

10. Impugnação à avaliação e (possíveis) desdobramentos do "incidente"

O art. 664, § 1º, prevê que, em caso de impugnação da estimação feita pelo inventariante em relação aos bens do espólio, o juiz nomeará avaliador,[2142] ator que terá o prazo de dez dias para apresentar laudo quanto aos bens com valores questionados. A legitimação para a impugnação das avaliações é ampla, alcançando qualquer interessado e os atores funcionais.[2143] Todavia, não será qualquer alegação das partes e/ ou dos atores funcionais que deflagrará a avaliação judicial, devendo ficar evidenciado mínimo de verossimilhança no sentido, sob pena de desprestígio à boa-fé processual (art. 5º do CPC).[2144] Os custos da avaliação serão suportados pelo espólio e, demonstrada a má-fé da parte que impugnou a estimação do inventariante, não se pode descartar a possibilidade de propositura de ação autônoma para o ressarcimento.

Na hipótese de bens que demandam avaliação técnica, dada a especificidade de sua natureza (por exemplo, obras de arte), o inventariante poderá apresentar e estimação provisória, a fim de atender ao art. 664 em seu *caput*, situação que não o impede de postular a designação judicial de avaliador ou a contratação de *expert* para avaliar adequadamente o bem de perfil especial. Aplica-se, em adaptação, o disposto no art. 22, III, *h*, da Lei n. 11.101/2005 (administrador judicial que declara "não ter condições técnicas para a tarefa" – avaliação).

2141 No sentido: STJ, 4ª Turma, REsp 1.808.767/RJ, j. 15/10/2019, *DJ* 03/12/2019. Vide os comentários ao art. 610 desta obra.

2142 Em semelhança ao que ocorre nos arts. 620, § 1º, 630 e 663, o dispositivo prevê a designação de *expert* para a avaliação de bens do espólio, situação que excepciona o filtro de cognição que está pousado no art. 612, que somente admite prova de natureza documentada no curso do inventário *causa mortis*. Vide os comentários aos arts. 612 e 630 desta obra.

2143 Muito embora o § 1º do art. 664 somente faça alusão ao Ministério Público, a legitimação é extensiva ao testamenteiro e ao curador nas hipóteses em que estes são convocados para participarem do arrolamento comum.

2144 Semelhante premissa se aplica em relação ao art. 663.

Não se pode perder de vista a *natureza oral* e concentrada do arrolamento comum, projetando-se atos sobre o "incidente sobre a avaliação" para resolução em audiência (art. 664, § 2º). Em exemplo, o juízo sucessório poderá, inclusive, determinar que o avaliador faça a vistoria dos bens, a fim de que em audiência, adaptando o art. 35 da Lei n. 9.009/95, apresente suas conclusões sobre a estimação. Concentrando-se o desenlace para do tema para a audiência, nada obsta que as partes juntem pareceres técnicos para serem apreciados pelo *expert*, debatendo-os durante a audiência.

Sem prejuízo ao previsto no art. 664, § 1º, adaptando o engenho do art. 510 do CPC, poderá o magistrado – antes de determinar a designação de avaliador judicial – facultar as partes que apresentem estimações por meio de pareceres técnicos. Tal medida poderá reduzir os custos da avaliação, dispensando-se a nomeação de *expert*, caso as partes tragam material elucidativo. Entendendo o juízo sucessório, ainda assim, pela necessidade de nomeação de avaliador, seu labor estará mais facilitado (e até reduzido) se as partes tiverem apresentado laudos na forma do art. 510. Assim, novamente importando o art. 35 da Lei n. 9.009/95, o avaliador designado poderá ser convocado para comparecer em audiência, trazendo informações acerca da estimação, a fim de que o assunto seja decidido, tal qual determina a parte final do § 2º do art. 664.

11. Audiência

As questões em aberto deverão ser analisadas e apreciadas em audiência quando se tratar de inventário pelo procedimento do arrolamento comum. Em exemplos, a discordância sobre a avaliação dos bens do espólio e o pagamento das dívidas reconhecidas são assuntos que deverão ser resolvidos em audiência.

Há críticas doutrinárias várias acerca da audiência prevista no arrolamento comum, afirmando-se, por exemplo, que bastariam as manifestações das partes por escrito, permitindo-se decisão do juízo sucessório, tão logo garantido o contraditório[2145] ou ainda que a audiência "não contribui para dar maior celeridade ao arrolamento simples".[2146] Nada obstante tais repúdios, a audiência anunciada no art. 664, § 2º, é apenas uma das peças (= *técnica*) atreladas ao mecanismo do procedimento especial em questão que, repita-se, possui como pilares a *aceleração processual* (sumariedade temporal), a *concentração de atos* e a *oralidade*. Dessa forma, o problema não está na audiência em si, mas na opção

2145 No assunto: Daniel Amorim Assumpção Neves, *Novo Código de Processo Civil comentado*, p. 1.101; e Humberto Theodoro Júnior, *Curso de Direito Processual Civil. Procedimentos Especiais*, v. II, p. 301.

2146 No sentido: Ricardo Alexandre da Silva e Eduardo Lamy, *Comentários ao Código de Processo Civil,* v. IX, p. 608.

procedimental que foi adotada para o arrolamento comum. Com tal visão, lançando o olhar em todo o procedimento e não apenas no ato solene em si (audiência), permite-se dizer que a técnica em questão deverá ser utilizada quando for efetivamente necessária no deslinde procedimental, sendo descartada quando sua realização não estiver justificada.[2147] A audiência poderá ser eficiente quando o juízo sucessório entender que a aproximação com as partes (*imediatividade*) permitirá avanço no arrolamento comum para o seu desfecho. Nesse caso, a audiência servirá de palco concentrado para que as deliberações pendentes (ou ao menos em bom número) sejam efetuadas na presença das partes.[2148]

O arrolamento comum permite que o juízo sucessório decida em momento único sobre vários assuntos, elegendo-se a audiência como palco para tanto, justamente para que as partes possam participar ativamente das deliberações. Dessa forma, o juízo sucessório, com arrimo no *dever de prevenção* (art. 6º do CPC),[2149] convocará as partes para a audiência, anunciando os temas que serão objeto de decisão no referido ato solene. A concentração de temas não afastará a ordem lógica da apreciação do juízo sucessório acerca dos pontos controversos, mas permitirá que todas as pendências sejam resolvidas em etapa única (audiência), tendo em vista que o procedimento do arrolamento comum não possui as fases estancadas do rito padrão do inventário.

É fundamental absorver a natureza singular da audiência prevista no art. 664, § 2º, pois esta não se revela como plataforma para a produção de provas, exceto naquilo que especificamente o procedimento aplicado ao inventário permite (juntada de documentos e atos atrelados à avaliação). Seu gabarito

---

2147 Parecendo concordar: Euclides de Oliveira e Sebastião Amorim, *Inventário e partilha*: teoria e prática, p. 436; Humberto Theodoro Júnior, *Curso de Direito Processual Civil*. Procedimentos Especiais, v. II, p. 301. Por exemplo, no caso de controvérsia solteira sobre a colação de determinado bem, se o herdeiro necessário donatário na sua manifestação trouxer escritura de doação com cláusula de dispensa (art. 2.005 do CC), a audiência poderá ter pouco valia, pois o único ponto conflituoso foi debelado por prova documentada. Bastará que se colha o contraditório acerca do material trazido, para autorizar decisão sobre o assunto.

2148 Em ilustração, quando as controvérsias envolvem a exclusão de bens da arrecadação e a alteração das avaliações efetuadas sobre os bens do espólio, a resolução dos temas poderá afetar todo o plano de partilha original. É importante que todos os assuntos sejam decididos conjuntamente, pois a modulação de incidentes apartados provavelmente ocasionará que as decisões sejam proferidas de forma fracionada, na contramão da celeridade desejada.

2149 A cooperação processual também se aplica na perspectiva de *deveres* do juiz. Fundamental a leitura de Miguel Teixeira de Sousa, que faz sistematização no sentido em: *esclarecimento*, *prevenção*, *consulta* e *auxílio* (*Estudos sobre o novo processo civil*, p. 62-67). Sobre dever de prevenção, vide os comentários ao art. 612 desta obra.

ímpar, todavia, não impede que se operem comunicações internas no CPC, pois o diálogo sadio lhe dá pujança e maior eficiência. No ponto, é inegável que há pontos de contato com a audiência prevista no art. 357, § 3º, pois também em tal situação se percebe a importância da *aproximação do juiz* em relação às partes e seus advogados, com o objetivo de definir as questões que envolvam o *saneamento* e a *organização processual*. No detalhe, as hipóteses tratadas nos arts. 664, § 2º, e art. 357, § 3º, não podem ser confundidas com as tradicionais "audiências de conciliação e/ou de instrução", já que seu escopo é a resolução de questões pendentes no processo.[2150] O diálogo comunicativo dos arts. 664, § 2º, 357, § 3º, demonstra que a realização de audiências no âmbito dos inventários judiciais não é vedada. A proibição – se assim pode ser dito – infere-se apenas quanto à *produção de alguns tipos de provas em audiência*, pois há filtro probatório aplicado aos procedimentos do inventário. Logo, a censura não é da audiência em si, mas da atividade que nela será desenvolvida, uma vez que, repita-se, algumas provas não poderão ser "produzidas" internamente no inventário sucessório. Feito tal esclarecimento, a presença de audiência no arrolamento comum, sem dúvida, reforça o entendimento de possibilidade de importação da técnica do art. 357, § 3º, para o inventário, pois tal ato não visa a "produção probatória", mas tão somente a organização processual e eventuais atos de saneamento.[2151]

Embora o art. 664, § 2º, não tenha feito qualquer menção ao disposto no art. 3º, § 3º, do CPC, o juízo sucessório – ao fazer a abertura da referida audiência – deverá consultar as partes acerca da possibilidade de autocomposição. No ponto, deve ser importado o comando do art. 359, sendo irrelevante que já se tenha deflagrado tentativa anterior. Aferindo-se a possibilidade de autocomposição, o juízo sucessório convocará profissional (conciliador e/ou mediador), a fim de que esta ocorra em ambiente adequado e com auxílio técnico. A participação do juiz na autocomposição se limita às situações de "negociações rasas" que versam sobre temas simplórios (por exemplo, ajustes valorativos na partilha) e que não colocam em xeque sua imparcialidade.[2152]

2150 Os pontos de toque entre as figuras desenhadas nos arts. 664, § 2º, 357, § 3º, são indicativos de que o juízo sucessório poderá se valer da audiência para buscar com os interessados todos os esclarecimentos necessários acerca dos pontos controvertidos e pendentes que necessitam ser deliberados. Como no arrolamento comum é da essência do procedimento a *concentração de atos*, uma vez obtidos os esclarecimentos, no mesmo ato solene, poderá o magistrado decidir sobre as questões, observando-se o resultado do *saneamento e organização compartilhada*.

2151 No assunto, vide os comentários ao art. 627 desta obra.

2152 Não é incomum que debates atrelados à autocomposição desnudem situações que são capazes de – ainda que de forma involuntária – influenciar no julgamento de ponto controverso. A interpretação do art. 166 do CPC confirma a assertiva aqui apresentada, pois o juiz deve ser afastado dos procedimentos de autocomposição

Por fim, tudo o que for deliberado na audiência deverá ser plasmado em termo único, ato documentado que será assinado pelo juiz, pelo inventariante, pelas partes presentes, seus advogados e pelos atores funcionais (como é o caso do Ministério Público se houver a presença de incapaz).

12. Credores

Nas declarações (art. 664) o inventariante trará a listagem das "dívidas ativas e passivas" (art. 620, IV, *f*). As partes nas suas manifestações poderão discordar (ainda que parcialmente) do quadro de "dívidas ativas e passivas", impugnação esta que deve ser feita de forma motivada. Trazendo o art. 619, III, para o arrolamento comum, a oposição dos interessados quanto ao pagamento de dívidas, por si só, não impedirá que a medida postulada pelo inventariante seja atendida pelo juízo sucessório, que decidirá o tema, inclusive quanto à formação de reserva (observado o quadro probatório documentado que lhe for apresentado[2153]). De toda sorte, ainda que se trate de dívida reconhecida por todos, para o seu pagamento, far-se-á necessária a autorização judicial (art. 619, III, c/ art. 664, § 2º).

Não há vedação quanto à possibilidade de habilitação de crédito, importando-se, no particular, o disposto no art. 642.[2154] Sendo reconhecida a dívida, o juízo sucessório determinará seu pagamento, admitindo-se, para tanto, todas as técnicas possíveis para que a dívida seja coberta (por exemplo, *separação de bens para expropriação* – art. 642, §§ 2º e 3º). Caso não ocorra a concordância quanto ao pagamento, aplicar-se-á o disposto no art. 643, parágrafo único, de modo que a reserva de bens somente será deferida se a dívida "constar de documento que comprove suficientemente a obrigação e a impugnação não se fundar em quitação".[2155]

13. Importação do art. 662: taxa judiciária e imposto de transmissão

Como já adiantado, há evidente erro material no § 4º do art. 664, ao se fazer remissão ao art. 672, pois a projeção correta é o art. 662. Fazendo a im-

que, seguindo a opção legislativa, serão conduzidos pelos mediadores e/ou conciliadores. Comentando o art. 166, confira-se: Rodrigo Mazzei e Sarah Merçon-Vargas, *Novo CPC anotado e comparado*, p. 176.

2153 Vide os comentários ao art. 643 desta obra.

2154 Saliente-se aqui, mais uma vez, a importância e obrigatoriedade do edital previsto no art. 626, § 1º, uma vez que, sem a publicidade externa, dificilmente o credor terá a possibilidade de efetuar a habilitação no ventre o inventário. Vide os comentários ao art. 626 desta obra.

2155 Semelhante: Rodrigo Ramina Lucca, *Breves comentários ao novo Código de Processo Civil*, p. 1.739; e Ney Alves Veras, *Comentários ao Código de Processo Civil*, p. 766.

portação adequada, por conseguinte, no arrolamento comum, "não serão conhecidas ou apreciadas questões relativas ao lançamento, ao pagamento ou à quitação de taxas judiciárias e de tributos incidentes sobre a transmissão da propriedade dos bens do espólio".[2156] O imposto de transmissão não será apurado internamente no arrolamento comum e a taxa judiciária (eventualmente recolhida a menor) poderá ser exigida pelo fisco na seara administrativa. Tal como ocorre no arrolamento sumário, as avaliações e valorações feitas pelas partes no curso do procedimento em nada vinculam a Fazenda. O quadro demonstra a impropriedade de se convocá-la para participar do arrolamento comum, pois as deliberações internas não afetam seus interesses fiscais.[2157] Sem presença da Fazenda no aludido procedimento judicial especial, não poderá o juízo sucessório decidir sobre a isenção de imposto de transmissão, sendo necessário que o tema seja resolvido em processo administrativo.[2158]

14. Quitação dos tributos relativos aos bens do espólio e às suas rendas

De forma expressa, o § 5º do art. 664 prevê que o juiz somente poderá julgar a partilha depois de provada a quitação dos tributos relativos aos bens do espólio e às suas rendas.[2159] Na verdade, não se trata de comprovação de "quitação" propriamente dita, mas de regularidade fiscal, admitindo-se, que as partes apresentem "certidão positiva com efeito negativo" (art. 206 do CTN).[2160] Os "tributos relativos aos bens do espólio e às suas rendas" não se confundem com o imposto de transmissão (tema último tratado no § 4º do art. 664, com a importação do regramento aplicável ao arrolamento sumário art. 662). A depuração faz crer que o legislador optou por dois regimes distintos, fixando-se a obrigatoriedade apenas na comprovação da regularidade fiscal "dos tributos relativos aos bens do espólio e às suas rendas", sem alcançar especificamente o imposto de transmissão (arts. 662 e 659, § 2º).[2161]

2156 Os comentários efetuados ao art. 662 analisando a ambiência do arrolamento sumário aplicam-se, em boa medida, em relação ao arrolamento comum.

2157 Próximo: Luciano Vianna Araújo, *Comentários ao Código de Processo Civil*, v. 3, p. 285; Rodrigo Ramina Lucca, *Breves comentários ao novo Código de Processo Civil*, p. 1.739; e Ricardo Alexandre da Silva e Eduardo Lamy, *Comentários ao Código de Processo Civil*, v. IX, p. 607. Diferente, parecendo sustentar que Fazenda deverá ser convocada para o arrolamento comum: Artur César de Souza, *Código de Processo Civil*, v. III, p. 1.605; e Ronaldo Alves de Andrade, *Comentários ao Código de Processo Civil*: perspectiva da magistratura, p. 734.

2158 No sentido: STJ, 1ª Seção, REsp1.150.356/SP, j. 09/08/2010, *DJ* 25/08/2010.

2159 No sentido: Rodrigo Ramina Lucca, *Breves comentários ao novo Código de Processo Civil*, p. 1.739.

2160 Vide os comentários ao art. 654 desta obra.

2161 No sentido: Felippe Borring Rocha, *Comentários ao novo Código de Processo Civil*, p. 984.

Art. 665. O inventário processar-se-á também na forma do art. 664, ainda que haja interessado incapaz, desde que concordem todas as partes e o Ministério Público.

CPC de 1973 – Dispositivo sem correspondente

1. Erro material na remissão do art. 665?

O art. 665 é um dispositivo novo (sem antecessor na codificação revogada), cuja redação não é segura. No sentido, quando o artigo comentado faz remissão ao art. 664 e alusão à figura do "interessado incapaz", a primeira impressão que fica é de erro material do texto legal na comunicação efetuada. Não há no art. 664 qualquer restrição à presença do incapaz no "arrolamento comum", sendo encontrada vedação no sentido apenas no âmbito do "arrolamento sumário" (art. 659). Dessa forma, a referência efetuada no art. 665 ao art. 664 não possui lógica, sendo intuitivo afirmar que ocorreu (mais um) deslize material de remissão legal no trecho do CPC aplicável aos arrolamentos sucessórios.[2162]

A correta referência efetuada no dispositivo comentado envolve, portanto, o art. 659 (que trata do "arrolamento sumário"). Corrigindo o referido erro material, o art. 665 permite "arrolamento sumário" com participação de interessado incapaz, desde que a inclusão de tal ator tenha a concordância de todas as partes e seja convocado o Ministério Público para atuar no processo, visando a preservação dos interesses do incapaz, notadamente quanto à partilha.[2163] Como resultado concreto do reconhecimento do aludido erro material,

---

2162 A existência de erro material da redação do art. 665 é reforçada quando se verifica que no corpo do § 4º do art. 664 há lapso semelhante (= *deslize manifesto em remissão legal*), pois o citado dispositivo faz referência ao art. 672, muito embora esteja claro que a comunicação desejada busca diálogo com o art. 662 (vide comentários ao art. 662). Mas não é só, outro (semelhante) erro flagrantemente material está presente no inciso II do art. 660, em que se faz equivocada projeção ao art. 630 quando, na realidade, o dispositivo em comunicação é o art. 620 (vide comentários ao art. 660). O quadro, sem rebuços, indica que o trecho legal destinado aos procedimentos especiais do inventário *causa mortis* não foi edificado com o zelo adequado, sendo perfeitamente admissível que tenha ocorrido de outro erro material (além dos contidos no § 4º do art. 664 e no inciso II do art. 660).

2163 Observe-se que o desenho acima posto é coerente com a dicção do art. 665 e a correção (= *mudança*) em relação à remissão ao art. 664, colocando em seu lugar o art. 659, não causaria nenhuma estranheza, confira-se o texto hipotético: *O inventário processar-se-á também na forma do art. 659, ainda que haja interessado incapaz, desde que concordem todas as partes e o Ministério Público.* A alteração na forma supra, inclusive, estaria de mãos dadas com a doutrina que vem admitindo o "arrolamento sumário" mesmo com a presença de menor incapaz, desde que seja convocado o

o art. 665 passará a permear o art. 659, permitindo a convocação do Ministério Público no arrolamento sumário com presença de incapaz (art. 178, II), postura que, sem dúvida, facilitará a solução consensual dos conflitos (tal qual projetado pelo art. 3º, § 3º, do CPC). Abre-se, pois, plataforma processual do art. 659 (que é marcada pela *consensualidade*) para a participação do incapaz, desde que cumpridas as formalidades ditadas no texto do art. 665.

Note-se que o erro material ora denunciado não foi notado pela doutrina que examinou a regra legal. Extrai-se, no particular, que a interpretação doutrinária buscou forçar uma conexão do art. 665 com o art. 664, ou seja, efetuou exegese com literalidade na (equivocada) remissão. Dessa forma, para não limitar os comentários à denúncia de possível erro material, notadamente diante das opiniões que se enfileiram acerca da interpretação do art. 665 conjugada com o art. 664, far-se-á nos itens seguintes abordagem também seguindo tal premissa.

2. Regra voltada à conversão de procedimento

Caso se entenda o dispositivo em análise não está acometido de nenhum lapso redacional (o que se discorda, consoante exposto no item anterior), é capital que se faça comunicação sadia entre os arts. 665 e 664, até mesmo para que não ocorram retrocessos ou contradições na legislação processual. Feita a advertência, deve-se buscar a melhor exegese aplicável ao art. 665 e sua relação com o "arrolamento comum".

Com as anotações acima, o art. 665 – ao fazer alusão que o inventário "também" será processado na forma do art. 664 – permite a aplicação do rito do "arrolamento comum" para hipóteses que não estão vulgarmente açambarcadas pelo seu raio de ação. Como a única exigência feita no texto do art. 664 para que o inventário siga o procedimento ali previsto (= *"arrolamento comum"*) envolve a estimativa de valor dos bens do espólio, não podendo a soma respectiva ser superior a de 1.000 (um mil) salários mínimos,[2164] conclui-se que o texto do art. 665 permite que as partes (mesmo com a presença de incapaz) possam se valer do dito procedimento especial, ainda que fora do teto valora-

Ministério Público para fiscalização e proteção deste. No tema: LUCIANO VIANNA ARAÚJO, *Comentários ao Código de Processo Civil*, v. 3, p. 287; e (ainda que não tão contundente) MÁRIO ROBERTO CARVALHO, *Direito das Sucessões teoria e prática*, p. 262 e p. 258. Tal posicionamento foi defendido nos comentários ao art. 659.

2164 Diz-se, por tal motivo, que o arrolamento comum é o procedimento voltado para os inventários considerados de baixo valor, fixando-se na legislação que estes serão aqueles de montante igual ou inferior a 1.000 (um mil) salários mínimos No sentido: FELIPPE BORRING ROCHA, *Comentários ao novo Código de Processo Civil*, 2016, p. 985. Vide comentários ao art. 664.

tivo correspondente, desde que efetuada a "convenção processual" que está desenhada no dispositivo comentado.

Em termos outros, conjugando o art. 665 com o art. 664, tem-se que o CPC de 2015 permitiu – de forma expressa – a migração para o procedimento do arrolamento comum, ou seja, foi inserida na codificação uma técnica de *conversão procedimental*. Assim, iniciado o inventário como "arrolamento comum", por estar dentro dos trilhos do art. 664, nenhuma providência outra terá que ser adotada, senão a verificação de que os bens do espólio estão no patamar legal. No entanto, caso assim não ocorra, ou seja, o valor patrimonial extrapole o limite tracejado no art. 664, é facultado às partes que efetuem a conversão do procedimento do inventário solene para o "arrolamento comum", desde que seja apresentada convenção processual gabaritada pelo art. 665. Em resenha, se todos os interessados ostentarem capacidade, o negócio processual envolverá – em regra – apenas as próprias partes, mas, no caso de presença de incapaz, será necessária a participação no Ministério Público (e, se for o caso, de outros atores funcionais que atuem ao seu favor, como é o caso do curador – art. 671, II).

Analisando a arquitetura acima, tem-se que o art. 665 não é de todo inovador. Com efeito, o art. 523 do CPC de 1939[2165] (dispositivo não repetido no CPC de 1973) autorizava a adoção do procedimento do inventário por arrolamento, extrapolando o seu teto valorativo, se as partes apresentassem convenção processual no sentido, *assinada por todos*. Conectando os dois dispositivos, a diferença entre o art. 523 da primeira codificação em relação ao art. 665 do CPC está unicamente no fato de que a codificação atual teria permitido a aludida conversão de procedimento com a presença de incapaz, desde que Ministério Público anua com a providência. Fora a análise da participação do incapaz na referida convenção processual, não há qualquer diferença abissal entre os arts. 523 e 665. Pode se cogitar – e há elementos concretos no sentido – que o art. 665 resgatou o art. 523 da nossa primeira codificação e lhe deu nova roupagem, incluindo o incapaz (escoltado pelo Ministério Público) para que este também tenha acesso à plataforma procedimental mais célere, pois a restrição poderia lhe ser prejudicial, uma vez que sempre lhe remeteria para rito mais lento.

Dessa forma, fixado o foco do dispositivo (= *conversão procedimental* por convenção processual), o art. 665 terá aplicação efetiva para mudança de procedimento do inventário em seu rito padrão para o "arrolamento comum" quando se verificar que, apesar de o valor dos bens extrapolarem 1.000 (um mil) salários mínimos, os assuntos a serem tratados pelo juízo sucessório são simples,

2165 "Art. 523. O processo dêste Capítulo será observado em inventário do valor superior a 70 (setenta) vêzes o maior salário mínimo regional se as partes forem capazes de transigir e nêles convierem em têrmo judicial, assinado por todos."

justificando-se o trânsito pelo procedimento abreviado e condensado previsto no art. 664. A conversão também terá ensejo em situações iniciadas por "arrolamento sumário", mas quando, no curso do procedimento, rompeu-se no cumprimento dos requisitos, faltando, por exemplo, consenso acerca dos bens que devem ser reservados ao credor (art. 663). O art. 665, em hipótese alguma, pode ser visto como plataforma que exija convenção processual obrigatória para se adote o arrolamento comum em caso de presença de incapaz na sucessão, pois as hipóteses com valor dos bens inferior a 1.000 (um mil) salários mínimos já estão naturalmente encaixadas em tal procedimento. Será necessário, com toda certeza, que no caso de sucessão em que a estimação de bens do espólio supere o limite do art. 664, seja apresentada a convenção reclamada no art. 665, sendo que, havendo presença de incapaz, o negócio jurídico em voga atrai a participação do Ministério Público (e outros eventuais atores funcionais).

Portanto, caso não reconhecida a existência de erro material no dispositivo (item inicial), há de se ser feita interpretação adequada do art. 665, a fim de que este não seja visto como letra morta ou alteração que provoca retrocesso (vide item seguinte)

3. Impossibilidade de ser criar (novo) requisito (capacidade do interessado) para o "arrolamento comum"

Não consta no *caput* (ou mesmo parágrafos) do art. 664 qualquer restrição à participação de incapaz em caso de "arrolamento comum". Muito pelo contrário, repetindo a fórmula que *já constava* do CPC de 1973 (art. 1.036, § 1º), no § 1º do art. 664 está prevista a atuação do Ministério Público no arrolamento comum, presumindo-se que sua participação decorre da simples presença do incapaz. No âmbito do CPC revogado, o tema já estava sedimentado, tanto na doutrina[2166] quanto na jurisprudência,[2167] acerca da possibilidade de

2166 No sentido, Theotonio Negrão anotou sobre o "arrolamento comum" no CPC de 1973: "(...) decorre do valor de bens do espólio, haja ou não incapazes (RF 286/275)" (*Código de processo civil e legislação em vigor*, p. 536. No mesmo sentido, Alexandre de Paula: "A hipótese que cuida o art. 1.036 é adotada quando, haja ou não acordo, haja ou não incapazes, o valor do monte não exceder a 2.000 ORTN, na data do óbito" (*Código de Processo Civil anotado*, v. VI, p. 3.802). Igualmente (dentre vários): Paulo Cezar Pinheiro carneiro, *Comentários ao Código de Processo Civil*, v. IX, tomo I, p. 245; Antonio Cláudio da Costa Machado, *Código de Processo Civil interpretado*, p. 1.414-1.415; Arruda Alvim, Araken de Assis e Eduardo Arruda Alvim, *Comentários ao Código de Processo Civil*, p. 1.514; e Gerson Fischmann, *Comentários ao Código de Processo Civil*, v. 14, p. 193. Sintético, mas adotando a linha: Ernane Fidélis dos Santos, *Manual de Direito Processual Civil*, v. 3, p. 115; e Hamilton de Moraes Barros, *Comentários ao Código de Processo Civil*, v. IX p. 333.

2167 No sentido, Cristiano Imhof – ao fazer anotações jurisprudenciais sobre o tema – traz julgamentos no sentido do TJSC, TJPR e TJSP (*Direito das Sucessões e inven-*

processamento do "arrolamento comum" com a participação de incapaz, uma vez que, além do silêncio da lei, a hipótese não se versava como potencialmente prejudicial a tal personagem, tendo em vista que todas as medidas protetivas a seu favor eram transportadas para o seio do procedimento especial.

Interessante salientar, de outra banda, que o "arrolamento comum" possui identidade com os procedimentos concentrados (e com etapa oral), sendo que, sob tal aspecto, o CPC de 1973 trabalhou, em seus arts. 275-281 com o "procedimento sumaríssimo" (que mais, tarde, em razão das mudanças efetuadas pela Lei n. 9.245/95, foi tratado como "procedimento sumário"[2168]). Não havia em tal procedimento obstáculo à participação de incapaz, sendo a restrição vinculada ao próprio objeto das questões, vedando-se o trânsito das "as ações relativas ao estado e à capacidade das pessoas" (art. 275, parágrafo único).[2169]

Feitas as considerações acima, não se afigura correta a interpretação de que o art. 665 inseriu no art. 664 um (novo) requisito para o "arrolamento comum". Com efeito, no sentido há entendimento de que os incapazes somente poderão participar do "arrolamento comum" se for providenciada convenção processual com a concordância de todos interessados e do Ministério Público, ou seja, projetando o art. 665 para o ventre do art. 664.[2170] A (equi-

---

tários e partilhas, p. 342-344).

2168 No tema: Paula Ambrozim Corrêa de Araujo, *Breves anotações sobre o procedimento sumário*, p. 12-19). Vide os comentários ao art. 664 desta obra.

2169 A restrição de participação de incapaz somente se operou no âmbito dos juizados especiais (art. 8º da Lei n. 9.099/90). Note-se, todavia, que tal proibição – além de fixada para ambiente estancado (Juizados especiais Cíveis) – não foi repetida no CPC de 1973 que, por meio da Lei n. 9.245/95, reafirmou tão somente vedação constante do parágrafo único do art. 275.

2170 Parecendo adotar tal posição: Artur César de Souza, *Código de Processo Civil*, v. III, p. 1.606; Luiz Gulherme Marinoni, Sérgio Cruz Arenhart e Daniel Mitidiero, *Novo Código de Processo Civil comentado*, p. 661; Ronaldo Alves de Andrade, *Comentários ao Código de Processo Civil:* perspectiva da magistratura, p. 734; Ricardo Alexandre da Silva e Eduardo Lamy, *Comentários ao Código de Processo Civil*, v. IX, p. 608; Fernando da Fonseca Gajardoni, *Processo de conhecimento e cumprimento de sentença:* comentários ao CPC 2015, v. 2, p. 1.1.31-1.132; e Luciano Vianna Araújo, *Comentários ao Código de Processo Civil*, v. 3, p. 283. Em contrapartida, posicionando-se no sentido de que o "arrolamento comum" possui aptidão para inventário com a presença de incapaz (mesmo depois da inserção do art. 665), confira-se: Euclides de Oliveira e Sebastião Amorim, *Inventário e partilha*: teoria e prática, p. 433; Luiz Rodrigues Wambier e Eduardo Talamini, *Curso Avançado de Processo Civil*, v. 4, p. 151; Eduardo Arruda Alvim, Daniel William Granado e Eduardo Aranha Ferreira, *Direito processual civil*, p. 1.253); Dimas Messias de Carvalho, *Direito das sucessões*: inventário e partilha, p. 409-411; Silvo Salvo de Venosa, *Direito Civil:* família e sucessões, p. 700; e Daniel Amorim Assumpção Neves, *Novo Código de Processo Civil comentado*, p. 1.101-1.102.

vocada) exegese – na prática – torna excepcional a participação de incapaz em inventário pelo rito do "arrolamento comum", uma vez que para tanto será necessário o preenchimento de requisito (convenção processual) que, repita-se, não está versado no art. 664. Tal posição é contrária não só ao texto do art. 664 e interpretação que se consolidou sobre seu antecessor (art. 1.036 do CPC de 1973), mas à própria dimensão da codificação processual em vigor que, por meio da flexibilização procedimental, busca conferir eficiência aos processos judiciais (art. 8º). Mais ainda, fere a dimensão do art. 665 de "também" (segundo dicção do próprio texto legal) incluir no procedimento do "arrolamento comum" situações que originalmente não estavam alcançadas pelo art. 664.

Em se tratando de partes capazes, é perfeitamente admissível que o procedimento padrão do inventário sucessório seja alterado para o do "arrolamento comum". Trata-se de medida que decorre da própria cláusula geral dos negócios jurídicos processuais (art. 190). Não é raro que o valor dos bens do espólio ultrapasse o teto legal, mas tal fato, por si só, não torna o inventário complexo, pois a controvérsia está sitiada em determinado(s) ponto(s) (por exemplo, a avaliação dos bens e/ou a necessidade de colação por herdeiro necessário). Em tais casos, por meio de convenção processual, as partes poderão remeter o inventário para os trilhos do "arrolamento comum", obtendo, assim, decisão final mais célere, diante da sumariedade procedimental que lhe é inerente.[2171] É perfeitamente possível, de modo semelhante, que a ocorra abertura da sucessão com a presença de interessado incapaz e o valor dos bens do espólio seja superior à alçada do art. 664. Tal quadro, todavia, não pode levar a contexto estático, presumindo-se que eventual conversão para o procedimento do "arrolamento comum", por si só, causará prejuízo ao incapaz. Às claras, a mudança pode ser operada sem prejudicá-lo e, muito pelo contrá-

2171 Em fluxo inverso, mesmo em sucessão cujo valor dos bens arrecadados esteja adequado ao teto do art. 664, deve-se conferir a possibilidade de se alterar o rito que se iniciou pelo "arrolamento comum" para o "procedimento comum" do inventário, pois nem sempre o rito concentrado será adequado ao caso concreto. Basta pensar em hipótese em que, após a manifestação das partes acerca das primeiras declarações apresentadas pelo inventariante, fica evidenciado que há vários pontos controversos (e com alta litigiosidade), justificando que cada pendenga seja isolada para tratamento apartado. Como a postura processual a ser adotada (fatiamento dos debates) colide a essência do "arrolamento comum" (que se notabiliza pela concentração de atos) será necessária a conversão para o inventário seguir seu "procedimento comum. Ainda que as partes não apresentem convenção processual no sentido, poderá o juízo sucessório assim fazê-lo mediante decisão fundamentada. Trata-se, pois, de aplicação do disposto no art. 139, II e VI, do CPC. Próximo: Nelson Nery Junior e Rosa Maria de Andrade Nery, *Comentários ao Código de Processo civil*, p. 1.481-1.482; e Ney Alves Veras, *Comentários ao Código de Processo Civil*, p. 766-767.

rio, pode ser até benéfica a este. Exemplo claro se opera quando o litígio envolve apenas interessados capazes, não adentrando na esfera jurídica do incapaz.[2172]

A interpretação equivocada do art. 665, sem rebuços, desprestigia o papel institucional do Ministério Público, na medida em que o vincula para convenções processuais em inventários de baixo valor. Não suficiente, a interpretação restritiva ao art. 665 acaba, ainda que sem perceber, ferindo ditames preconizados pela Lei n. 13.146/2015 (Estatuto da Pessoa com Deficiência), como, em exemplo, o seu art. 84, que prevê que a "pessoa com deficiência tem assegurado o direito ao exercício de sua capacidade legal em igualdade de condições com as demais pessoas". Ao incapaz (em sentido amplo da palavra) devem ser concedidas as mesmas possibilidades processuais das demais partes, não podendo ser cerceado de praticar determinados atos quando se verifica que há adequada representação legal e que seus interesses estão sendo preservados.[2173-2174]

A exposição demonstra – por diversos aspectos – a impossibilidade de limitação interpretativa do art. 665. Por certo, no caso de presença de incapaz no inventário, as mudanças de procedimento somente ocorrerão depois de ouvido o Ministério Público, sendo certo que, em se tratando de convenção processual no sentido, necessário se fará que este "concorde" com os termos

2172 Em ilustração, há discussão sobre colação entre os herdeiros necessários, mas o incapaz não faz parte de tal grupo, figurando apenas como legatário no inventário (por exemplo, os herdeiros necessários são os filhos do falecido e o legatário é um neto, ainda menor impúbere, beneficiado com cláusula testamentária no sentido). A rápida solução da pendenga entre os interessados capazes, certamente, beneficiária o incapaz que aguarda o cumprimento do legado. Ademais, há cautelas que podem ser adotadas e inclusas em convenções processuais, qualquer que seja o procedimento, para a proteção dos interesses do incapaz. Exemplo frisante está na herança que é composta na maior parte por dinheiro depositado em instituições financeiras, em que as partes efetuam a separação da cota do incapaz para pagamento integral em dinheiro, a fim de deixar o debate acerca da alocação dos quinhões de forma mista (dinheiro e outros bens) exclusivamente para os interessados capazes.

2173 Correta a lição de Pedro Henrique Nogueira ao repudiar a ideia de que o incapaz, devidamente representado e com as proteções legais (como é o caso da intervenção do Ministério Público), pode ser limitado a efetuar negócios jurídicos processuais: "Ademais, no ordenamento jurídico brasileiro, após a adesão do Brasil à Convenção Internacional sobre os Direitos das Pessoas com Deficiência e seu Protocolo Facultativo (Decreto nº 6.949/2009), incorporado com status de Emenda Constitucional após aprovação com quórum qualificado na forma do art. 5º, § 3º, da CF/88, as pessoas com deficiência passaram a gozar do direito de exercer suas capacidades legais em igualdade de condições com as demais pessoas em todos os aspectos da vida (art. 12, n. 2, reproduzido no art. 84, caput, da Lei nº 13.146/2015)." (*Negócios Jurídicos Processuais*, p. 278). Próximo: Antonio do Passo Cabral, *Convenções processuais*: teoria geral dos negócios jurídicos processuais, p.340-342, 402-404.

2174 Na linha: STJ, 3ª Turma, REsp 1.927.423/SP, j. 27/04/2021, *DJ* 04/05/2021.

desta, comando que pode ser extraído do art. 665. O que não se pode aceitar, com todo respeito, é diminuir o texto do dispositivo comentado, para se entender que o incapaz somente poderá participar de "arrolamento comum", observando-se o teto legal e mediante prévia concordância do Ministério Público. Não é lícito que se crie requisito que não consta no art. 664 (e que não estava presente no CPC de 1973), limitando, sobremaneira, a participação do incapaz ao "arrolamento comum", já que bastará que uma parte discordante para que o procedimento não seja aplicado.[2175]

Sem rebuços, havendo interpretação adequada ao art. 655 (com comunicação fluída ao art. 190), o dispositivo comentado poderá desempenhar importante papel no inventário *causa mortis,* pois permitirá a conversão procedimental para o "arrolamento comum" de inventários de valor acima do texto previsto no art. 664, mas que possuem questões (controvérsias) que podem ser solucionados por meio de procedimento concentrado.[2176]

4. Requisitos para conversão procedimental e a sua convenção respectiva

Para a aplicação do art. 665, é necessário que as partes apresentem convenção processual por escrito, que deverá estampar a concordância geral, isto é, a alteração procedimental deve ser assentida por todos. No caso de presença de incapaz, é necessária a participação do Ministério Público que, seguindo a letra legal, deverá "concordar" com os termos da convenção processual.[2177] Por

2175 A referida interpretação poderá, certamente, se voltar contra o incapaz, pois, em ilustração, se um herdeiro capaz se posicionar contrário à conversão, mesmo que o Ministério Público opine favoravelmente, o inventário terá que seguir o procedimento padrão, cujo curso será presumivelmente mais demorado. Cria-se, como se vê, ambiência que permitirá até a consecução de atos de torpeza de interessados capazes, pois, a partir da sua negativa de conversão, o incapaz será remetido aos ventos do inventário solene, situação que, repita-se, em regra, provocará um desfecho mais lento da sucessão.

2176 Diante do disposto nos arts. 664, § 2º, e 662, a sistemática de pagamento dos tributos é mais simples no arrolamento comum do que no inventário pelo procedimento padrão. O tema foi amplamente comentado por Raniel Fernandes de Ávila e Rodrigo Reis Mazzei. Direito sucessório e processo civil: o art. 665 do CPC/15 como um negócio jurídico processual típico no rito do inventário e da partilha. In: *Civilistica.* Rio de Janeiro, a. 10, n. 1, 2021. Disponível em: https://civilistica.emnuvens.com.br/redc/article/view/541. Acesso em: 22.11.2021. Próximo: Mário Roberto Carvalho de Faria (*Direito das Sucessões teoria e prática.* 5a. ed. Rio de Janeiro, Forense, 2019, p. 264).

2177 Apesar do art. 665 não fazer alusão expressa, é intuitivo que outros atores funcionais – caso laborem no inventário – sejam convocados para aquiescer com a convenção processual. Assim, em caso de inventário com sucessão testamentária, o testamenteiro deverá integrar a convenção processual, acaso esta possa interferir de alguma forma no cumprimento das disposições testamentárias. Em outro exemplo, haven-

certo, o inventariante – na qualidade de auxiliar do juízo – deverá se manifestar sobre a convenção processual, inclusive (e especialmente) em caso de inventariança dativa, situação em que funciona independentemente de interesse jurídico próprio relativo à sucessão.

As partes apresentarão a convenção processual para mudança de procedimento já devidamente assinada pelos interessados, sendo certo que, em caso de presença de incapaz no inventário, o juízo sucessório convocará o Ministério Público, a fim de que este se pronuncie a respeito.[2178] Tal mecânica vulgar não impede, contudo, que a proposição da convenção processual seja lançada isoladamente por uma parte, solicitando a adesão de outras e dos atos funcionais (quando presentes), a fim de que seja alcançado o consenso geral, devendo o juízo sucessório em tal hipótese determinar a oitiva de todos.

O Ministério Público sempre deverá se manifestar de forma fundamentada, notadamente quando adotar posição discordante aos termos da convenção, justificando os motivos do repúdio. Não se pode descartar que o Ministério Público apresente sugestões quanto à convenção, tendo farol a proteção dos interesses do incapaz, pois tal postura espelha labor ativo (art. 6º). Embora o art. 665 faça alusão expressa à "concordância" do Ministério Público, há de se ponderar acerca da prevalência de dicções desapegadas de juridicidade, não se revestindo, na prática, em melhor interesse do incapaz. Em situações tais, o texto do art. 665 há de ceder, sendo autorizado pelo juízo sucessório que se efetue convenção processual, afastando-se, de forma motivada, a fala ministerial, em prol da preservação do interesse do incapaz.[2179]

Em regra, o inventário sucessório será instaurado e a conversão de procedimento será feita no seu curso. Não é, pois, vedado às partes que entabulem convenção antes mesmo da abertura do inventário (através de *negócio jurídico "pré-processual"*[2180]), apresentado judicialmente a convenção de alteração do rito procedimental.[2181]

---

do incapaz e tendo sido nomeado curador (art. 671, II), este também deverá participar da convenção.

2178 É perfeitamente possível, em tal hipótese, que a convenção processual seja elaborada tendo como condição de eficácia a adesão ("concordância") pelo Ministério Público. *Mutatis mutandi*, é comum que as alienações feitas no curso do inventário contenham cláusula com eficácia atrelada à condição. Vide os comentários ao art. 619 desta obra.

2179 Concepção semelhante dever ser transportada para os demais atores funcionais (*verba gratia*, testamenteiro ou curador).

2180 Sobre os negócios pré-processuais, confira-se: Pedro Henrique Nogueira, *Negócios jurídicos processuais*, p. 270.

2181 Exemplificando, é possível que, antes da instauração do inventário, as partes firmem negócio jurídico prévio efetuando a escolha de nome para a inventariança (em adaptação ao art. 471 do CPC), e este, nas primeiras declarações (art. 644), reitere

Diante das peculiaridades do inventário *causa mortis*, o juiz exercerá controle – ainda que moderado e fundamentado – acerca da convenção processual que envolva a conversão de procedimento para o "arrolamento comum", podendo rejeitar aquelas que conspirem contra o célere desfecho do processo sucessório.[2182] O art. 665 deve ser interpretado em compasso com a boa gestão do inventário *causa mortis*, uma vez que o juiz possui rédeas capazes de frear alterações procedimentais que quebrem a cadência célere e fluída para o desfecho do processo sucessório.[2183]

5. O art. 665 (em diálogo com o art. 190): a construção de gabarito básico para as convenções processuais no inventário

Os comentários efetuados ao longo do livro demonstram que é inviável se pensar no inventário *causa mortis* sem a inserção de negócios processuais.[2184] Assim, o processo sucessório é, sem dúvida, ambiente fértil para a aplicação do art. 190 do CPC. O art. 665, como dispositivo que trabalha com o tema, assume papel importante no contexto, pois demonstra que o inventário sucessório não está infenso às convenções processuais. Mais ainda, permite que por meio de interpretação dialogada com o art. 190, seja afastado o "mito" de que o incapaz não pode ser ator de negócio jurídico processual, uma vez que a hipótese versada justamente prevê convenção típica (*conversão procedimental*) com a presença de incapaz.

---

a convenção firmada para que o inventário siga o procedimento do "arrolamento sumário". Assim, na ilustração, a convenção processual não será usada como vetor de alteração de rito, mas de adoção desde o início pelo arrolamento comum.

2182 No ponto, para o curso eficiente do inventário, o juízo sucessório está municiado com "técnicas de remessa" que, em síntese, permitem que seja feito o envio externo de determinadas questões, retirando-as do bojo do processo *causa mortis*, sob a motivação que o seu deslinde é incompatível com celeridade que deve ser observada no aludido procedimento. Os arts. 612 do CPC e 2.021 do CC (que tratam, respectivamente, do envio para as vias ordinárias de questões que demandam a produção de prova que não a documentada e da sobrepartilha prospectiva) são exemplos dessas técnicas.

2183 Considerando que o "arrolamento comum" possui procedimento mais compacto, presume-se que tal rito terá resultado mais rápido do que aquele que se submete ao procedimento padrão. Todavia, a conversão só se justificará se ficar evidenciado que as questões pendentes possuem encaixe no procedimento concentrado do art. 664, pois, se assim não ficar caracterizado, a alteração será ineficiente e, provavelmente, atrasará a marcha processual. Por exemplo, quando o inventário contiver boa quantidade de questões controversas e alta litigiosidade, a plataforma do art. 664 não será adequada, sendo hipótese de inventário pelo rito padrão.

2184 No sentido, sua aplicação é natural em determinados assuntos, tais como a eleição de inventariante (art. 617) e a escolha do pouso para a "remessa às vias ordinárias" (art. 612). Vide comentários aos arts. 617 e 612.

Com efeito, o art. 190 prevê, em seu *caput*, que apenas as partes "plenamente capazes" poderão efetuar negócios jurídicos processuais. A dicção legal nem sempre é compreendida de forma adequada, criando-se barreiras para que determinadas convenções processuais sejam admitidas, efetuando-se interpretação não adequada da regra legal em evidência. Sem delongas, a vedação que envolve o dispositivo está atrelada à impossibilidade de que o "incapaz", por si só, celebre negócio jurídico processual, proibição esta, contudo, que não se aplicará caso este esteja devidamente "representado" (sentido amplo), seguindo os ditames legais. Seria um verdadeiro *contrassenso* que se admitisse que o incapaz, representado na forma da lei, pudesse praticar atos da vida civil, mas que a mesma representação não fosse suficiente para participar de negócio jurídico processual.[2185]

No âmbito processual, a capacidade está regulada pelo trecho dos arts. 70-76 do CPC, extraindo-se do art. 71 que o "incapaz será representado ou assistido por seus pais, por tutor ou por curador, na forma da lei". Apesar de o art. 665 não fazer alusão ao preenchimento do art. 71, por certo, assim se impõe, pois se trata de providência que é inerente à capacidade de estar em juízo. Demais disso, o art. 665 exige a concordância geral das partes acerca da convenção processual, reclamando ainda, especificamente em relação ao incapaz, a participação "concorde" do Ministério Público. Perceba-se, com tal resenha, que o gabarito do art. 665, para representação e proteção dos interesses do incapaz, tem como pilares os arts. 71 e 178, II, da codificação processual.

Embora com temática restrita (*conversão procedimental*), é perfeitamente admissível que o módulo extraído do art. 665 seja projetado para hipóteses outras de convenções processuais no inventário *causa mortis* com a presença de incapaz. Com outras palavras, a interpretação harmônica dos arts. 190 e 665 permite a extração de modulação formal básica a ser exigida para convenções processuais no âmbito do inventário sucessório com a participação de incapaz, a saber: (a) assistência ou representação para suprir a falta de capacidade de estar em juízo (art. 71); (b) presença do Ministério Público (art. 178, II).

2185 No sentido, Fredie Didier Jr. afirma que: "*Incapazes não podem celebrar negócios processuais sozinhos.* Mas se estiver devidamente representado, não há qualquer impedimento para que o incapaz celebre um negócio processual" (*Curso de Direito Processual Civil*: introdução ao Direito Processual Civil, Parte Geral e Processo de conhecimento, p. 507). Pedro Henrique Nogueira também ratifica a assertiva ao lecionar que: "Os absolutamente incapazes, de per si, não podem participar de negócio jurídico pré-processual ou processual. Nada obstante, como acontece com os atos em geral, o absolutamente incapaz será representado, assim como o relativamente incapaz, assistido na prática dos atos jurídicos. A representação e assistência, portanto, suprem a incapacidade absoluta ou relativa, conforme o caso. Isso não pode ser olvidado" (*Negócios Jurídicos Processuais*, p. 277).

Assim, há espaço livre para que as partes (interessados) do inventário *causa mortis* possam celebrar convenções processuais, mesmo que alguma delas (ou até mais de uma) se poste como incapaz (por exemplo, menores ou portadores de enfermidades incapacitantes), desde que falta de capacidade de estar em juízo pela representação ou assistência seja suprida e seja cumprido o art. 178, III, ouvindo-se o Ministério Público. Como ressalta ANTONIO DO PASSO CABRAL, não se pode desconsiderar que as convenções processuais podem desenhar procedimento mais favorável aos vulneráveis, e, portanto, não faria sentido negar validade a estas pela simples presença de incapaz, porque, a pretexto de protegê-lo, negar efeitos à regra da convenção seria fazer incidir norma menos protetiva.[2186]

O art. 665 trabalha com situação que pressupõe a existência de processo judicial, alcançando, assim, uma parte do art. 190, já que tal regra permite também que o negócio jurídico processual de forma antecedente, ou seja, desapegado na presença concreta de processo em curso. No particular, quando se tratar de negócio jurídico ("processual") antecedente,[2187] ou seja, antes da instauração do inventário sucessório (por exemplo, fruto da fase das tratativas prévias dos herdeiros acerca da nomeação consensual do inventariante), ainda que o incapaz tenha sido *representado* ou *assistido* adequadamente, na forma da lei, o exame da convenção – quando apresentada nos autos do inventário – passará pelo crivo do Ministério Público. A mecânica do art. 655 é adaptada, a fim de que se opere (de forma *diferida*) a oitiva do Ministério Público.

Durante os comentários, vários exemplos foram colacionados. Apenas em ilustração, tendo como pano de fundo a inventariança, podem-se cogitar negócios processuais variados e não apenas a nomeação solteira do inventariante, consoante se poderia extrair do art. 617. Em breves ilustrações, é perfeitamente admissível que as partes, mediante convenções, possam deliberar sobre: (1) o exercício conjunto ou compartilhado da inventariança, fixando-se, inclusive, áreas de atuação (em semelhança do que ocorre com o testamenteiro – art. 1.976 do CC); (2) prazos ou rodízio no exercício da inventariança; (3) a nomeação de *protutor* ou grupo de pessoas específicas (formando um "Conselho Fiscal") para acompanhar e fiscalizar os trabalhos do inventariante; (4) os procedimentos a serem adotados pelo inventariante em caso de atos extraordinários (art. 619), moldando-se a forma das comunicações e das manifestações; (5) delimitação de poderes do inventariante (indicando matérias que devem

---

2186 *Convenções processuais*: teoria geral dos negócios jurídicos processuais, p. 340-342 e 402-404. Próximo: ROBSON RENAULT GODINHO, *Comentários ao Código de Processo Civil*, v. XIV, p. 94.

2187 PEDRO HENRIQUE NOGUEIRA sustenta que os negócios jurídicos processuais antecedentes são, em verdade, *negócios jurídicos sobre o processo*, não se aplicando regimes jurídicos iguais (*Negócios Jurídicos Processuais*, p. 270).

ser submetidas à votação dos interessados, com a fixação de *quorum* respectivo); (6) periodicidade e forma da prestação de contas; (7) cognição e ônus probatório no caso de requerimento para a remoção de inventariante (arts. 622-625); (8) responsabilidade quanto ao pagamento dos honorários do inventariante judicial ou dativo.

Fora do âmbito da inventariança, no curso do inventário *causa mortis*, há situações variadas que podem dar ensejo a convenções processuais, por exemplo: (a) *registro do testamento* (arts. 735-737) no bojo do inventário *causa mortis*; (b) destino de pouso da técnica de remessa (art. 612); (c) sequenciamento da dilação probatória, ônus e custo das questões litigiosas; (d) nomeação de avaliadores; (e) fixação de critérios para avaliação dos bens; (f) legitimações extraordinárias (por exemplo, o legatário para atuar processualmente como o herdeiro); (g) transporte do procedimento do art. 664 para resolução específica de determinada controvérsia do inventário assentado no procedimento padrão (por exemplo, avaliação de bens).

Como já dito, o cardápio exemplificativo é variado, não se esgotando acima as ilustrações, pois a realidade é rica, viva e dinâmica.

6. As convenções processuais "típicas" do inventário e o art. 665

Há de se ter cautela na comunicação do art. 665 com algumas convenções típicas aplicáveis ao inventário *causa mortis*. Em exemplo, o parágrafo único do art. 669 do CPC e o art. 2.022 (parte final) do CC dispõem no sentido de que, em caso de sobrepartilha, os bens correspondentes ficarão "sob a guarda e a administração do mesmo ou de diverso inventariante, a consentimento da maioria dos herdeiros". É possível extrair, dos textos legais, que é admitida a troca do inventariante para efeito de sobrepartilha, mediante manifestação de vontade dos herdeiros. A permuta em questão possui, como se vê, traços de convenção processual, na medida em que resulta na alteração de designação anterior para a inventariança. Sem prejuízo dos comentários efetuados no art. 669, interessa aqui perceber que a "convenção processual" em voga (troca de inventariante) pode ser feita sem a necessidade do *consenso geral* preconizado pelo art. 665, pois o assunto foi tratado isoladamente de forma especial.

Trazendo outra ilustração (e certamente mais polêmica) envolve a nomeação do inventariante, uma vez que, pelo comando fixado no art. 1.791, parágrafo único, do CC, as regras sobre condomínio devem ser aplicadas à sucessão (e, portanto, ao inventário). Em assim sendo, extrai-se do art. 1.323 que a escolha do administrador do condomínio se submete a decisão por maioria, ou seja, não reclama votação unânime. Em coerência ao que foi defendido nos comentários ao art. 617, em caso de negócio processual para escolha do inventariante, exceto se as partes expressamente assim convencionarem, não será necessária a concordância de todos os interessados, já que a lei civil se satisfaz com a maioria. Note-se, em ratificação ao que ora foi dito, que o texto do art. 1.323 do está simétrico ao disposto no art. 669, parágrafo único, do CPC e ao art. 2.021 (parte final) do CC, pois a deliberação da maioria deve ser suficiente tanto para trocar o inventariante, quanto para nomeá-lo.

Conclui-se, assim, que o art. 665 traça gabarito básico acerca das convenções processuais, cuja modulação será aplicada no inventário sucessório nos espaços em que a legislação não cuidou de trazer *convenções especiais*. Em tais casos, deverá prevalecer o desenho peculiar fixado para as "convenções típicas", cujo art. 669, parágrafo único, pode ser tirado como exemplo no sentido.

Art. 666. Independerá de inventário ou de arrolamento o pagamento dos valores previstos na Lei nº 6.858, de 24 de novembro de 1980.

CPC de 1973 – art. 1.037

1. Breve anotação histórica do dispositivo

A remissão à Lei n. 6.858/80 (ou qualquer diploma com conteúdo semelhante) não consta no texto original do art. 1.037 do CPC de 1973. Com efeito, a Lei n. 6.858/80 fez parte de medidas advindas do Ministério da Desburocratização (que foi mantido entre os anos de 1979-1986), e seu objetivo era diminuir o impacto da estrutura burocrática na economia e vida social do povo brasileiro. Com tal escopo, o diploma dispôs que determinadas verbas de titularidade de pessoa natural falecida deveriam ser pagas aos seus dependentes habilitados (ou, na sua falta, aos seus sucessores) independentemente de inventário ou arrolamento.[2188] A Lei n. 6.858/80 recebeu a regulamentação pelo Decreto n. 85.845/81, e, mais tarde, recebeu remissão expressa no CPC de 1973 (Lei n. 7.019/82, que alterou o texto do art. 1.037 do código revogado).

O reconhecimento de que o inventário *causa mortis* é marcado por complexidades é a maior justificativa para que a Lei n. 6.858/80 entrasse em vigor, passando a prever via abreviada para que determinadas verbas fossem recepcionadas pelos legitimados (dependentes habilitados ou, na sua falta, aos seus

2188 A Lei n. 7.019/82 foi anunciada como uma intervenção legislativa cujo objetivo era "simplificar o processo de homologação judicial da partilha amigável e da partilha de bens de pequeno valor", missão esta que foi feita por meio da alteração redacional do trecho dos arts. 1.031-1.038 do CPC de 1973, consoante se infere do art. 1º da aludida lei. Sobre a elaboração legislativa, voltada especificamente à Lei n. 7.019/82, confira-se: ALEXANDRE DE PAULA, *Código de Processo Civil anotado*, v. IV, p. 3.803.

sucessores), independentemente de passar pelas trilhas habituais do inventário (mesmo que na forma de arrolamento).[2189]

2. Panorama geral e principais temas

A partir da leitura da Lei n. 6.858/80 e do Decreto n. 85.845/81, percebe-se que o alvo maior do art. 666 é o recebimento de créditos de titularidade do falecido que não foram por recepcionados em vida. Os arts. 1º e 2º da Lei n. 6.858/80 (ratificados pelas disposições do Decreto n. 85.845/81) definem as verbas alcançadas pela legislação em voga, a saber: (a) os valores devidos pelos empregadores aos empregados;[2190] (b) as verbas devidas a título de Fundo de Garantia do Tempo de Serviço e do Fundo de Participação PIS-PASEP e não recebidas em vida pelo *de cujus;*[2191] (c) restituições pecuniárias relativas ao Imposto de Renda e outros tributos, recolhidos por pessoa física;[2192-2193] (d) os saldos bancários e de contas de cadernetas de poupança e fundos de investimento de valor até 500 (quinhentas) Obrigações Reajustáveis do Tesouro Nacional (ORTN), caso não existam outros bens a inventariar.[2194] Do quadro posto, extrai-se que os valores tratados nas letras (a), (b) e (c) são créditos que, *a priori*, estão abarcados pelo art. 666 e, portanto, sem se sujeitar ao ambiente do inventário *causa mortis* (ou algum tipo de arrolamento). Em relação aos valores indicados na letra (d), há de ser feita uma análise quantitativa no caso concreto, mediante arrecadação do patrimônio do falecido, pois só estarão atraídos para a superfície do art. 666 se o seu montante não superar o teto fi-

---

2189 Como há demarcações acerca das áreas alcançadas pela Lei n. 6.858/80, a referida legislação reconhece – ainda que de forma implícita – que a instauração do inventário *causa mortis* é obrigatória, ainda que a projeção do seu desfecho seja *zero* ou *negativo*. Vide os comentários ao art. 611 desta obra.

2190 Art. 1º, parágrafo único, I e II, do Decreto n. 85.845/81.

2191 Art. 1º, parágrafo único, III, do Decreto n. 85.845/81.

2192 Art. 1º, parágrafo único, IV, do Decreto n. 85.845/81.

2193 O fisco tem editado algumas instruções normativas para tratar do assunto. Ocorre que nem sempre os atos normativos estão, de fato, alinhados ao texto legal. No sentido, a Instrução Normativa RFB 1.717, de 17 de julho de 2017, na contramão do art. 1º, parágrafo único, do Decreto n. 85.845/81, prevê que, se o falecido deixar bens a inventariar, o pagamento não poderá se efetuar de forma administrativa. Em suma, a referida instrução normativa (em seu art. 15) faz uma conjugação das hipóteses dos incisos IV e V, do art. 1º, parágrafo único, do Decreto n. 85.845/81, que não está autorizada no texto legal. Como se vê, além do direito sucessório não ficar imune aos abusos das regulações administrativas, tais regramentos conspiram contra caráter assistencial (de presumível natureza alimentar) da Lei n. 6.858/80, esputando contra construção história da legislação, que surge como medida de "desburocratização". Sobre a edição de instruções normativas da Secretaria da Receita Federal: Fábio Caldas de Araújo, *Curso de Processo Civil*, tomo III, p. 275.

2194 Art. 1º, parágrafo único, V, do Decreto n. 85.845/81.

xado na Lei n. 6.858/80 e no Decreto n. 85.845/81 e inexistirem outros bens a inventariar.

O contexto apresentado permite, ainda, firmar outras conclusões: (i) as rubricas descritas nas letras (a), (b) e (c) não possuem nenhum teto valorativo, sendo também despicienda qualquer análise quanto à existência de outros bens a inventariar; (ii) somente as verbas indicadas na letra (d) é que se submetem à análise da potência pecuniária e à necessidade de aferição da existência de bens sujeitos ao inventário; (iii) os créditos atrelados às letras (a), (b) e (c) não serão computados na conta da hipótese da letra (d), não se considerando com "bens a inventariar" ou "os saldos bancários e de contas de cadernetas de poupança e fundos de investimento".[2195] Com tais advertências, mostra-se plenamente justificável a exigência do art. 4º do Decreto nº 85.845/81, no sentido de que os interessados deverão apresentar declaração específica de que o falecido não deixou bens a inventariar e que a soma dos saldos da conta bancária, da caderneta de poupança ou conta de fundo de investimento não exorbitam o limite fixado na Lei n. 6.858/80. Tal declaração,[2196] como se vê, está restrita aos valores postos acima na letra (d), ou seja, as parcelas tratadas no art. 2º, parte final, da Lei n. 6.858/80, e no art. 1º, parágrafo único, V, do Decreto n. 85.845/81, sem qualquer liame com as rubricas valores das letras (a), (b) e (c), ou seja, as previstas nos arts. 1º e 2º, primeira parte, da Lei n. 6.858/80 e no, art. 1º, parágrafo único, I-IV, do Decreto n. 85.845/81.

O art. 2º da Lei n. 6.858/80, ao fazer referência aos "aos saldos bancários e de contas de cadernetas de poupança e fundos de investimento", traça alçada valorativa de até 500 (quinhentas) Obrigações Reajustáveis do Tesouro Nacional (ORTN). Ocorre que tal índice foi extinto pelo Decreto-lei n. 2.284/86. O mesmo problema (vinculação à ORTN) acometia o art. 1.036 do CPC de 1973, que tratava do texto atrelado ao arrolamento comum, fixando-se, em tal caso, que tal procedimento especial deveria ser aplicado para as sucessões cujo valor dos bens do espólio fosse igual ou inferior a 2.000 (duas mil) ORTN. Com tal cenário, a mudança efetuada no art. 664 (que substituiu o art. 1.036 do CPC de 1973) pode ser usada como parâmetro para preenchimento do 2º da Lei n. 6.858/80. No sentido, considerando que o art. 664 substituiu 2.000 (duas mil) ORTN por 1.000 (mil) salários-mínimos, ao se efetuar a mesma proporção para a Lei n. 6.858/80, ou seja, 25% (500 quinhentas OTN), o art. 666 estaria vinculado ao teto de 250 (duzentos e cinquenta) salários-mínimos.

2195 No sentido: TJMG, 8ª Câmara Cível, AC 1.0000.19.084131-2/001, j. 04/02/2020, *DJ* 07/02/2020.

2196 No caso de declaração falsa, os declarantes estão sujeitos às sanções penais advindas das informações nela prestadas, consoante disposto nos parágrafos do art. 4º do Decreto n. 85.845/81.

A solução é adequada, pois mantém coerência entre os arts. 666 e 664, embora com a extinção do referencial monetário pretérito (ORTN).[2197]

Na hipótese de o falecido deixar dependentes habilitados perante a previdência (ou figura afim) o recebimento das rubricas previstas em lei se efetuará sem a necessidade de alvará judicial (arts. 1º e 5º do Decreto n. 85.845/81). Bastará que os dependentes – já previamente habilitados – apresentem a documentação respectiva (arts. 2º e 3º do Decreto n. 85.845/81). Fica, pois, evidenciado que os receptores prioritários são os *dependentes habilitados* e não os herdeiros do falecido, situação de capital relevância para análise da legitimação. Em suma, os herdeiros - seguindo-se regras de vocação sucessória (art. 1.829 do CC) – somente terão legitimidade para postular em caso de inexistência de dependentes já habilitados (art. 5º do Decreto n. 85.845/81). No ponto, é possível que o falecido deixe dependente habilitado que não se afigura com herdeiro propriamente dito, situação que ocorre no caso de menor tutelado ou sob a guarda daquele que veio a óbito.[2198]

O art. 5º do Decreto n. 85.845/81 aponta que o alvará judicial está atrelado aos herdeiros (*legitimados residuais*), pois, tratando-se de dependente devidamente habilitado, o recebimento das verbas deve ocorrer sem intervenção judicial.[2199] Todavia, não é raro que ocorra resistência ou serôdia no pagamento, situação que pode justificar o pedido de alvará dos dependentes habilitados para superar o óbice do recebimento.[2200] Caso necessário, o pedido judicial de

---

2197 Bem próximo: Fernando da Fonseca Gajardoni, *Processo de conhecimento e cumprimento de sentença*: comentários ao CPC 2015, v. 2, p. 1.133. Não se desconhece que a decisão proferida pelo STJ (em regime de recurso repetitivo – Tema 395) no REsp 1.168.625/MG (1ª Seção, j. 09/06/2010, *DJ* 01/07/2010) em que foi estipulada fórmula para se calcular em reais o valor antes representado por OTN, procedimento este que faz uma série de conversões até chegar a moeda nacional (*ORTN--> OTN--> BTN --> UFIR--> REAIS*). Ocorre que tal decisão está vinculada à definição do valor de alçada do recurso previsto no art. 34 da Lei n. 6.830/80 (Lei da Execução Fiscal), não se examinando o tema sob a ótica do direito sucessório. A solução apontada no corpo do texto, além de ser extremamente mais simples, mantém coesão entre o art. 666 e o art. 664, possibilitando quadro mais harmônico, razão pela qual o julgamento do REsp 1.168.625/MG não deve ser aplicado no âmbito da Lei n. 6.858/80.

2198 Bem próximo: Gerson Fischmann, *Comentários ao Código de Processo Civil*, v. 14, p. 200.

2199 Igualmente: Luciano Vianna Araújo, *Comentários ao Código de Processo Civil*, v. 2, p. 288.

2200 A maioria dos casos de retenção do pagamento se opera sob a justificativa de necessidade de determinação judicial sobre a legitimidade e/ou rol de dependentes ou herdeiros. A prática de exigência de alvará judicial, como bem lembra Fabio Caldas de Araújo, é comum nas instituições financeiras e de seguro para evitar que o pagamento não se efetue na pessoa correta, o que transfere a responsabilidade de

alvará terá curso escorado nos arts. 719-725 do CPC, tendo nítida natureza de jurisdição voluntária (sem seu sentido clássico). A observação é relevante, pois, a depender do motivo alegado para a resistência do pagamento, é possível que se verifique que o pedido de alvará não é a postulação adequada, sendo hipótese de ação judicial de natureza contenciosa para resolver a controvérsia (= *oposição ao pagamento*).[2201]

Ainda que nem todas as verbas traçadas na Lei n. 6.858/80 possam ser tratadas como herança propriamente dita (por exemplo, o saldo do FGTS), deve ser admitida a importação ajustada de regras de direito sucessório para a hipótese, destacando-se, no particular, a possibilidade de renúncia do crédito (art. 1.806 do CC) e a necessidade de partilha igualitária (art. 648 do CPC c/c art. 2.017 do CC), regras estas que ficam mais evidenciadas quando os beneficiários forem os herdeiros do falecido.

O aviamento do alvará judicial – autorizado pela Lei n. 6.858/80 – poderá ser requerido no bojo de inventário já instaurado, pois tal medida evitará que tenha que ser manejada postulação independente. As verbas, todavia, serão encaixadas de forma apartada, já que a própria legislação as separa da herança. Seria contraditório usar o texto da Lei n. 6.858/80 como fundamento para impedir tal possibilidade, pois a inspiração legislativa para sua edição foi a facilitação do recebimento de determinadas verbas (que se presumem alimentares).[2202] Entendimento contrário viola a eficiência e até a própria noção de cumulação prevista no art. 672 do CPC, pois não é incomum que

---

apuração ao Poder Judiciário (*Curso de Processo Civil,* tomo III, p. 275). Semelhante: ARRUDA ALVIM, ARAKEN DE ASSIS e EDUARDO ARRUDA ALVIM (*Comentários ao Código de Processo Civil*, p. 1.515). Sobre o interesse de agir no pedido autônomo de alvará, confira-se: No sentido: PAULO CEZAR PINHEIRO CARNEIRO, *Inventário e partilha judicial e extrajudicial*, p. 219. Na jurisprudência: TJ-SP, 9ª Câmara de Direito Privado, AC 1001939-97.2018.8.26.0638, j. 15/03/2012, *DJ* 09/12/2019.

2201 No sentido: JEFFERSON CARÚS GUEDES, *Comentários ao Código de Processo Civil*, v. IX, p. 201. Por exemplo, o responsável pelo pagamento indica, para os dependentes habilitados, que não há saldo creditório do falecido, pois este antes do óbito efetuou o levantamento total da verba. A resolução do impasse colocada em ilustração extrapola os limites a que o art. 666 se submete e, como gizado, deverá ser resolvida em ação autônoma. É possível que o motivo da resistência ao pagamento – firmada em controvérsia que transborde a jurisdição voluntária – somente venha a ser conhecida no bojo do procedimento de alvará, fato este que pode ocorrer a partir de manifestação daquele que foi apontado como o responsável pelo pagamento. Em tal situação, o juiz deverá ouvir os postulantes, facultando-o, quando possível, a retificação da peça processual, a fim de adequar ao trilho do debate suscitado.

2202 Admitindo a cumulação: ALEXANDRE DE PAULA, *Código de Processo Civil anotado*, v. IV, p. 3.803-3.804, e FÁBIO CALDAS DE ARAÚJO, *Curso de Processo Civil,* tomo III, p. 272.

as verbas previstas na Lei n. 6.858/80 sejam utilizadas para auxiliar no custeio do inventário *causa mortis*. Na hipótese de o "pedido de alvará" ser lançado internamente do inventário *causa mortis*, haverá legitimação do inventariante para a postulação.

O art. 666 somente faz alusão à Lei n. 6.858/80, deixando de trabalhar, ao menos de forma expressa, com a Lei n. 8.213/91, que dispõe sobre os planos de previdência social. A omissão é relevante (e poderia ter sido coberta pelo CPC atual), pois o art. 112 prevê que o valor não recebido em vida pelo segurado será pago aos seus dependentes sem que seja necessário instaurar inventário *causa mortis*. Assim, necessário que se faça diálogo com a Lei n. 8.213/91, conferindo-lhe interpretação harmônica ao que é efetuado em relação à Lei n. 6.858/80.[2203]

3. Alvará judicial: competência e a natureza de jurisdição voluntária

Seguindo o entendimento fixado na Súmula 161 do STJ,[2204] o pleito de alvará judicial (arts. 719-745) com espeque na Lei n. 6.858/80 deverá ser apresentado na justiça estadual, tendo em vista a natureza sucessória do pleito. Pouco importa, portanto, que os créditos buscados tenham origem em recursos federais, a serem pagos por entes respectivos (como é o caso do PIS/PASEP, FGTS, saldo de imposto de renda ou de benefício previdenciário). Tal inteli-

2203 Na interpretação da Lei n. 8.213/91, a jurisprudência assentou o entendimento de que o art. 112 açambarca não apenas os saldos já existentes (consolidados), mas aqueles que estão sendo constituídos (= *reconhecidos pela via judicial*), de modo que os saldos previdenciários decorrentes do produto positivo de ações judiciais não se submetem ao inventário *causa mortis* (qualquer que seja a modalidade). Na linha: TRF 5ª Região, 3ª Turma, AC 142558 98.05.35009-6, j. 29/10/1989, *DJ* 26/02/1999. Do STJ, vide os seguintes julgados: 5ª Turma, AgRg no REsp 521.121/SE, j. 17/02/2004, *DJ* 22/03/2004; 6ª Turma, REsp 163.128/RS, j. 21/11/1999, *DJ* 29/11/1999; 6ª Turma, AgRg no REsp 521.843/AL, j. 07/10/2003, *DJ* 10/11/2003. A anotação se faz necessária, pois há aparente tratamento diferenciado em relação às verbas trabalhistas previstas no art. 1º da Lei n. 6.858/1980 (= *valores devidos pelos empregadores aos empregados*), tendo em vista que há posição mais restritiva, aplicando-se a via descrita no art. 666 apenas para o saldo de salário propriamente dito, sem a possibilidade de manejo do alvará judicial para recebimento das rubricas trabalhistas obtidas por meio de reclamatória trabalhista. No tema: STJ, 4ª Turma, AgInt no AREsp 1.561.551/SP, j. 22/06/2020, *DJ* 30/06/2020 (com a mesma linha: 4ª Turma, REsp 1.155.832/PB, j. 18/02/2014, *DJ* 15/08/2014; 2ª Seção, CC 108.166/PE, j. 17/04/2010, *DJ* 30/04/2010; 2ª Seção, CC 95.176/RS, j. 26/11/2008, *DJ* 09/12/2008; 3ª Turma, REsp 603.926/BA, j. 16/09/2004, *DJ* 06/12/2004 – o último julgado consta do Informativo 221 do STJ).

2204 Súmula 161 do STJ: "É da competência da justiça estadual autorizar o levantamento dos valores relativos ao PIS / PASEP e FGTS, em decorrência do falecimento do titular da conta".

gência abarca, portanto, os créditos advindos não só da Lei n. 6.858/80, mas também da Lei n. 8.213/91.[2205]

No âmbito da justiça estadual deverá ser observado o disposto no art. 48 do CPC, que define a competência para a instauração do inventário *causa mortis*. No caso de controvérsia em relação à própria obrigação (ou ao crédito almejado), será necessária a propositura de ação própria, que seguirá as regras de competência ao litígio, e não ao direito sucessório.[2206] Na hipótese de caso de litígio entre os titulares para recebimento dos créditos, ocorrendo, por exemplo, debate acerca da existência de união estável ou de filiação, não se admite que tais assuntos sejam decididos no bojo do "pedido de alvará", pois sua cognição é limitada. Em tais situações, seguindo-se a ilustração, as controvérsias atinentes às posições jurídicas (que permitiriam o recebimento das verbas alcançadas pelas Leis ns. 6.858/80 e 8.213/91) deverão ser elucidas em ação própria.

A Resolução n. 35/2007 do CNJ, em seu art. 14, admite a lavratura de escritura pública para recebimento das verbas previstas na Lei n. 6.858/80, hipótese em que a escolha do Tabelionato, segundo dita o art. 1º da dita resolução, não se submete ao art. 48 do CPC (tema tratado adiante).

4. Credores, certidões negativas e ITCMD

Não há, no procedimento autorizado pelo art. 666, a convocação de credores, presumindo-se, assim, que tais verbas serão recebidas pelos beneficiários sem a *liquidação* que faz parte do inventário *causa mortis* (arts. 642-646), presente também de forma especial nos arrolamentos sumário (art. 663) e comum (art. 664, § 2º). A justificativa parece estar firmada na natureza dos créditos a serem percebidos, tendo em vista que são presumivelmente para a subsistência dos interessados.[2207]

A supressão de fase de liquidação na Lei n. 6.858/80 e no Decreto n. 85.845/81 leva conclusão intuitiva de que suas verbas são alcançadas pela im-

2205 Caso o pedido seja lançado em juízo incompetente, a solução mais adequada é a remessa para aquele que detém competência. Tal decisão deve preceder de prévia oitiva dos interessados (art. 10 do CPC), até porque estes poderão postular a desistência do pedido, renovando-o em seguida perante o juízo competente, se assim for mais ágil e não demandar custos elevados. Próximo: Fábio Caldas de Araújo, *Curso de Processo Civil,* tomo III, p. 276.

2206 No sentido: Jefferson Carús Guedes, *Comentários ao Código de Processo Civil*, v. XI, p. 201. Na jurisprudência, confira-se: TJMG, 9ª Câmara Cível, AC 1.0000.20.027847-1/001, j. 12/08/2020, *DJ* 17/08/2020.

2207 Igualmente: Paulo Cezar Pinheiro Carneiro, *Inventário e partilha judicial e extrajudicial*, p. 218-219. Com linha próxima: Fernando da Fonseca Gajardoni, *Processo de conhecimento e cumprimento de sentença:* comentários ao CPC 2015, v. 2, p. 1.132.

penhorabilidade, ratificando a presunção de se trata de valores destinados à subsistência dos beneficiários (notadamente os dependentes já habilitados). Não se trata de presunção absoluta, por certo, mas que vigorará em favor dos beneficiários dos valores que estão açambarcados pela Lei n. 6.858/80 e pelo Decreto n. 85.845/81. Em exemplo, a presunção afirmada poderá ser afastada a partir do exame do caso concreto, pois o credor pode estar reclamando o pagamento, por exemplo, de verba alimentar, de modo que o confronto de posições jurídicas pode autorizar a penhora de verba tratada, *a priori*, como impenhorável.[2208] Ademais, o art. 187 do CC poderá desafiar a célula da impenhorabilidade, pois o dispositivo, ao contemplar a cláusula geral do abuso de direito, permite correções no sentido. [2209]

De outra banda, a natureza da verba indica também que é inaplicável o disposto no art. 654, no que se refere à necessidade de exibição de certidões negativas em nome do falecido, a fim de que os dependentes e/ou herdeiros possam receber as verbas alcançadas pelo art. 666. A exigência conspiraria contra a própria dimensão assistencial e natureza alimentar em prol dos dependentes (e, na sua falta, dos herdeiros do falecido). No particular, deve ser importada a inteligência contida no inciso I do parágrafo único do art. 19 da Lei 11.033/2004, no sentido de não ser necessária a apresentação certidões negativas quando se tratar de levantamento de precatório de *natureza alimentar* (inciso I).

No que se refere ao ITCMD, antes de tudo, há que se observar a legislação local, pois, a partir do desenho desta, é que a questão deverá ser enfrentada. No entanto, a legislação regional não pode fechar os olhos para objetivo da Lei n. 6.858/80 e para os ditames regulamentadores do Decreto n. 85.845/81, extraindo-se de tais textos que são verbas presumivelmente dirigidas à subsistência dos interessados. Com efeito, os textos da Lei n. 6.858/80 e do Decreto n. 85.845/81 estão não só recepcionados, mas protegidos pela CF, em seu art. 1º, III, que traz a dignidade da pessoa humana como farol de toda legislação nacional. Dessa forma, sem a possibilidade de exauriente análise caso a caso (até diante da diversidade de diplomas locais), mister que a legislação estadual e distrital esteja adequada aos termos acima, não podendo desprezar, assim, a comunicação da Lei n. 6.858/80 e do Decreto n. 85.845/81, a fim de impor o ITCMD sob verbas voltadas à subsistência.

2208 Seguindo na ilustração, a própria legislação (art. 833, § 2º, do CPC) prevê a possibilidade de verbas tidas como alimentares (remunerações em geral) serem alcançadas pela penhora a partir de reclame também de natureza alimentar. No tema, confira-se: Rodrigo Mazzei e Sarah Merçon-Vargas, *Comentários ao novo Código de Processo Civil*, p. 1.194-1.195.

2209 No tema: Rodrigo Mazzei e Sarah Merçon-Vargas, *Comentários ao novo Código de Processo Civil*, p. 1.189-1.190.

5. Possibilidade de projeção do art. 666 para outras situações

Há outros valores que não se submetem ao inventário *causa mortis* e que poderão ser recebidos sem qualquer intervenção judicial, destacando-se no particular aqueles de natureza securitária (art. 794 do CC). A exemplificação é oportuna, pois não é incomum que as apólices de seguro (em seu aspecto global) não contenham a indicação expressa dos beneficiários do valor correspondente.[2210] Em tais casos, os ditames da Lei n. 6.858/80 podem ser aplicados, notadamente para que o alvará judicial defina os beneficiários do seguro e as quotas respectivas.[2211]

Entendimento próximo pode ser aplicado para o recebimento do seguro obrigatório de *danos pessoais causados por veículos automotores terrestres* (DPVAT), regulado pela Lei n. 6.194/74. Todavia, somente haverá efetivo interesse e adequação do alvará judicial se o pagamento não se der na via administrativa e a negativa de pagamento não for uma oposição qualificada (como, por exemplo, alegação de prescrição), pois os trilhos dos arts. 719-741 do CPC estão vinculados à jurisdição voluntária, espaço com teatro reduzido para controvérsias.[2212] Ainda que com peculiaridades, o raciocínio pode ser projetado, em regra, para planos de previdência privada complementar. No sentido, o art. 79 da Lei n. 11.196/2005 prevê que, em caso de morte do titular, os beneficiários poderão resgatar as quotas ou receber o benefício, procedimento este que ocorrerá sem a necessidade de qualquer intervenção judicial, muito menos instauração de processo sucessório.[2213]

2210 A situação poderá ensejar a aplicação do art. 792 do CC, que prevê: "Na falta de indicação da pessoa ou beneficiário, ou se por qualquer motivo não prevalecer a que for feita, o capital segurado será pago por metade ao cônjuge não separado judicialmente, e o restante aos herdeiros do segurado, obedecida a ordem da vocação hereditária. Parágrafo único. Na falta das pessoas indicadas neste artigo, serão beneficiários os que provarem que a morte do segurado os privou dos meios necessários à subsistência".

2211 No sentido: TJSP, 6ª Câmara de Direito Privado, AC 0006496-41.2010.8.26.0666, j. 02/12/2013, *DJ* 02/12/2013.

2212 No sentido: TJMG, 15ª Câmara Cível, AC 1.0209.06.055693-0/001, j. 23/03/2017, *DJ* 31/03/2017.

2213 Há julgados no STJ entendendo que o Plano de Previdência Privada (VGBL) possui natureza jurídica de contrato de seguro de vida e não pode ser enquadrado como herança. No sentido: STJ, 4ª Turma, AgInt nos EDcl no AREsp 947.006/SP, j. 15/05/2018, *DJ* 21/05/2018 (o julgado em voga cita, com o mesmo entendimento, as seguintes decisões do STJ: 4ª Turma, REsp 1.132.925/SP, j. 03/10/2013, *DJ* 06/11/2013; 4ª Turma, REsp 803.299/PR, j. 05/11/2013, *DJ* 03/04/2014). A posição em voga não é de toda sedimentada, colhendo-se decisões no sentido de que "o valor existente em plano de previdência complementar aberta, antes de sua conversão em renda e pensionamento ao titular, possui natureza de aplicação e investimento" e, portanto, atraído pela herança. No sentido: STJ, 3ª Turma, REsp

6. Inventário extrajudicial

O recebimento dos créditos alcançados pelo art. 666 pode ser feito mediante escritura pública, consoante preceitua o art. 14 da Resolução n. 35/2007 do CNJ. Para tanto, em coerência com o art. 610 (e respectivos parágrafos) da legislação processual, todos os interessados deverão ser *capazes* e vigorar entre eles a *ampla consensualidade*.[2214] Com olhos na capacidade, a presença de beneficiário menor impede que seja lavrada a escritura pública, já que as quotas atribuídas a este deverão ficar depositadas em caderneta de poupança, rendendo juros e correção monetária, e só serão disponíveis após o menor completar 18 anos, salvo autorização do juiz (art. 1º, § 1º, Lei n. 6.858/80). No mais, aplicam-se à capacidade os comentários efetuados ao art. 610, inclusive em relação ao EPD. Em relação à competência, aplica-se o disposto no art. 1º da Resolução n. 35/2007, não se submetendo às regras de competência judicial.[2215]

A escritura deverá conter, de modo assemelhado à partilha, a divisão das verbas entre os beneficiários, caso exista mais de um, seguindo-se o que está desenhado no *caput* do art. 1º da Lei n. 6.858/80. Portanto, preenchidos os requisitos para a instauração do inventário extrajudicial, não há óbice para que seja lavrada escritura pública (que terá os efeitos e a pujança definida no § 2º do art. 610 do CPC) para alcançar os valores previstos na Lei n. 6.858/80 e no Decreto n. 85.845/81.

Em arremate, apesar de o art. 14 da Resolução n. 35/2007 do CNJ fazer remissão expressa apenas à Lei n. 6.858/80, o objeto da escritura poderá alcançar as verbas previstas no art. 112 da Lei n. 8.213/91. Não há nenhum sentido em efetuar tal descarte, devendo a interpretação literal do art. 14 da Resolução n. 35/2007 do CNJ ceder à realidade legislativa.

Art. 667. Aplicam-se subsidiariamente a esta Seção as disposições das Seções VII e VIII deste Capítulo.

CPC de 1973 – art. 1.038

1. Da breve comparação com o art. 1.038 do CPC de 1973

O art. 667 não repete o art. 1.038 do CPC de 1973, pois o dispositivo revogado previa a *aplicação subsidiária* de todas as disposições das seções ante-

1.880.056/SE, j. 16/03/2021, *DJ* 22/03/2021; 3ª Turma, REsp 1.726.577-SP, j. 14/09/2021, *DJ* 01/10/2021.

2214 Igualmente: Fernando da Fonseca Gajardoni, *Processo de conhecimento e cumprimento de sentença*: comentários ao CPC 2015, v. 2, p. 1.133. Próximo: Fábio Caldas de Araújo, *Curso de Processo Civil*, tomo III, p. 273.

2215 Vide os comentários ao art. 610 desta obra.

cedentes, bem como as da seção subsequente aos procedimentos de arrolamento sumário. De modo bem mais restrito, o dispositivo comentado faz alusão apenas às seções que trabalham com o pagamento das dívidas (Seção VII – arts. 642-646) e a partilha (Seção VII – arts. 647-658). No ponto, o art. 667 não buscou comunicação com disposições de caráter geral do inventário *causa mortis*, ou seja, às Seções I (*Disposições Gerais*) e X (*Disposições Comuns a Todas as Seções*). A alteração efetuada é despropositada e cria a falsa dimensão de que a Seção IX (que trata *Do Arrolamento*) possui comunicação limitada com os dispositivos postados nas Seções VII e VIII.

Observe-se, de outra banda, que a Seção IX trabalha com três assuntos distintos, a saber: (a) arrolamento sumário (arts. 659-663), (b) arrolamento comum (arts. 664-665) e (c) verbas que serão recebidas sem a necessidade de instauração de inventário ou arrolamento (art. 666). Assim, o trecho aglutina institutos com peculiaridades, de modo que a comunicação com as regras do inventário pelo *rito comum especial* não se opera da mesma forma.[2216] Logo, o art. 667 não enxerga a diversidade interna da Seção IX, espaço topográfico da qual faz parte.

Às claras, o texto do art. 667 não é preciso, sendo certo que a redação do art. 1.038 do CPC de 1973 – embora longe da perfeição – era mais adequada.[2217]

2. Das disposições gerais e comuns (Seções I e X) e os arrolamentos

O CPC atual – repetindo a fórmula do CPC de 1973 – faz a cisão das disposições mais permeáveis (em tese, aplicáveis à totalidade das modalidades de inventário sucessório), fixando-as em dois polos geográficos distintos, a saber: (a) arts. 610-614 – Seção I (*Disposições gerais*) e (b) arts. 668-673 – Seção X (*Disposições Comuns a Todas as Seções*). Com tal corte, tem-se que na Seção I estão previstos os seguintes assuntos: (i) inventário extrajudicial (art. 610); (ii) prazos de instauração e encerramento do inventário sucessório (art. 611); (iii) natureza documentada do processo sucessório (art. 612); e (iv) atuação do administrador provisório. Bem adiante, no desfecho do Capítulo VI (*Do Inventário e Da Partilha*), há o encerramento das disposições sobre o processo sucessório com a inserção da Seção X que regula os seguintes temas: (v) cessação de eficácia de tutela provisória (art. 668), sobrepartilha (art. 669-670),

2216 Sobre as variações procedimentais do inventário, vide os comentários ao art. 659 desta obra.

2217 Em sentido próximo, com crítica ao texto do art. 667, confira-se: Luciano Vianna Araújo, *Comentários ao Código de Processo Civil*, v. 3, p. 289; Ricardo Alexandre da Silva e Eduardo Lamy, *Comentários ao Código de Processo Civil*, v. IX, p. 610; e Felippe Borring Rocha, *Comentários ao novo Código de Processo Civil*, p. 986.

nomeação de curador especial (art. 671) e cumulação de inventários (art. 672-673).[2218]

O quadro resenhado permite aferir que há regramentos inseridos tanto na Seção I quanto na Seção IX que se aplicam às duas espécies de arrolamento, sendo que alguns dispositivos se voltam apenas a uma modalidade. Em rápidos exemplos, os prazos fixados para instauração e término (art. 611), a natureza documentada (art. 612) e a possibilidade de sobrepartilha (art. 669-670) possuem campo livre a qualquer forma de arrolamento.[2219] Caso se faça interpretação restritiva da participação do incapaz no arrolamento sumário, o art. 671 somente terá aplicação para o arrolamento comum.[2220]

3. Das Seções II, III, IV, V e VI e os arrolamentos

Como já dito, se o texto do art. 667 for interpretado literalmente há exclusão dos comandos inseridos nas Seções II, III, IV, V e VI no âmbito do arrolamento sucessório. Tal premissa é, contudo, falseada.

A Seção II – *Da Legitimidade para Requerer o Inventário* (arts. 615-616) – consoante anunciado pela própria nomenclatura – está atrelada à legitimação para abertura do inventário, esperando-se que o administrador provisório assim o faça em razão da presunção de que está na posse da herança (art. 615). Sem prejuízo a tal expectativa, considerando os interesses que a sucessão aberta desperta, a legitimação alcança outros personagens (art. 616). Sem dúvida, os dispositivos que tratam do tema são aplicáveis aos modelos de arrolamento sumário e comum, não existindo qualquer diferenciação no sentido em relação ao inventário solene.

Em relação à Seção III – *Do inventariante e das Primeiras Declarações* (arts. 617- 625) extrai-se que o foco dos seus dispositivos está todo voltado ao inventariante, figura que deverá estar presente tanto no arrolamento sumário

---

2218 Da análise dos assuntos tratados nos dispositivos que constam das Seções I e X, fica a impressão de que a divisão em dois grupos está norteada por questões temáticas, em que os dispositivos inseridos na Seção I possuem foco na abertura do inventário *causa mortis*, ao passo que os posicionados na Seção X estão atrelados às disposições comuns que se aplicam depois da instauração do processo sucessório. Tal divisão, todavia, não é segura, pois o art. 612 é uma técnica aplicável no curso do inventário sucessório.

2219 Embora possa se pensar de forma intuitiva que a cumulação de inventários (art. 672-673) esteja fora do âmbito dos arrolamentos, tal raciocínio, seguindo-se a letra da lei, não é correto. Para que arrolamento sumário contemple cumulação de inventários que todos os interessados da sucessão plúrima sejam capazes e estejam acordes na forma do art. 659. No que se refere ao arrolamento comum, o que se extrai da legislação é que a cumulação não poderá romper o teto do art. 664.

2220 Vide os comentários aos arts. 659 e 664 desta obra.

quanto no arrolamento comum. A designação judicial prevista no art. 617 não se aplica ao artigo sumário, tendo em vista que em tal procedimento a nomeação do inventariante deve ser feita consensualmente pelos interessados (art. 660, I), situação que não é obrigatória no arrolamento comum (art. 664).[2221] A parte da Seção III que trata das incumbências do inventariante (arts. 618-620) projeta de forma assemelhada às duas modalidades de arrolamento.[2222] Por fim, os dispositivos que tratam da remoção do inventariante (arts. 621-625) não têm campo no arrolamento sumário diante da ambiência de *consensualidade* que deve vigorar (inclusive em relação ao inventariante), situação que não se espelha no arrolamento comum, já que, em tal procedimento, se admite que controvérsias sejam levadas para que o juiz decida (art. 664, § 2º).

Seguindo-se em avanço cronológico, a Seção IV -- *Das Citações e das Impugnações* (arts. 626-629) – trabalha com regramentos vinculados à participação das partes no inventário, determinado as convocações (art. 626) para o exercício do contraditório. O legislador, com tal bússola, talhou regramentos envolvendo incidentes sobre arrecadação de bens (art. 627, I); permuta do inventariante (art. 627, II); inclusão de herdeiro (art. 627, III); e preterição de interessado (art. 628), fechando a Seção IV com a participação (colaborativa) da Fazenda para a avaliação dos bens (art. 629). Traçado o resumo acerca da Seção IV, não resta dúvida na aplicação do art. 626 (ainda que com ajustes[2223]) a toda espécie de arrolamento, pois se trata regra que prima pelo contraditório. No sentido, não se pode esquecer da obrigatoriedade da convocação por edital prevista no art. 626, § 1º, aplicável a qualquer tipo de inventário.[2224] No entanto, as disposições que tratam dos incidentes processuais, sob a ótica de controvérsias internas ao inventário, são desafetas do arrolamento sumário, pois este não admite que ocorram conflitos entre os interessados (art. 659). Em relação ao arrolamento comum, a estrutura procedimental alongada dos arts. 627 e 628 necessita de ajustes, pois tal rito é marcado pela sumariedade e concentração (art. 664, § 2º).[2225] Como nos arrolamentos (seja sumário, seja

---

2221 Há pequenos detalhes que devem ser observados, pois, no arrolamento comum, não é necessário que se assine o compromisso da inventariança (arts. 617, parágrafo único), conforme art. 664, *caput*.

2222 O art. 620 possui encaixe adaptado nos procedimentos especiais de inventário, pois o dispositivo em voga traça gabarito básico das declarações que deverão ser feitas pelo inventariante, notadamente em relação à identificação dos interessados na sucessão e à arrecadação patrimonial, a saber: (a) arrolamento sumário – art. 660, II; (b) arrolamento comum – art. 664, parte final.

2223 Por exemplo, não é necessária a intimação da Fazenda (arts. 662 e 664, § 4º).

2224 Vide os comentários ao art. 626 desta obra.

2225 O § 1º do art. 664 admite reclamação sobre as estimativas do inventariante e o § 2º do mesmo artigo, de forma fluída, indica que o juiz deve decidir sobre *todas as re-*

comum) as avaliações são efetuadas pelas partes, a regra do art. 629 não possui encaixe das modalidades especiais de inventário.[2226]

As disposições atinentes à Seção VI – *Das Colações* (art. 639-641), muito embora com posição topológica inadequada,[2227] são atraídas para o mesmo momento procedimental da Seção IV, a fim de que eventuais controvérsias acerca da colação sejam resolvidas no mesmo sítio processual. No *plano material*, não se pode negar que as regras de colação de natureza *heterotópica* e *bifrontes* devem ser recepcionadas no arrolamento sumário, até mesmo diante de áreas de superação dos arts. 639-641 da codificação processual em relação aos dispositivos do CC que tratam do tema.[2228] Assim, mesmo que a arrecadação e a partilha no arrolamento sumário sejam feitas de forma amigável, os ditames materiais sobre a colação são projetados para aplicação em tal procedimento. Os incidentes envolvendo controvérsias sobre a colação estarão, contudo, fora do âmbito do arrolamento sumário, mas não totalmente do arrolamento comum, pois as técnicas compatíveis com o rito abreviado podem ser importadas (por exemplo, a prestação de caução para entrega do quinhão do herdeiro necessário – art. 641, § 2º).

Por fim, como a Fazenda Pública não participa da avaliação dos bens do espólio nos arrolamentos sucessórios (arts. 660, III, 662, 664, *caput*, e 664, § 2º), os dispositivos da Seção V, não são afetos a qualquer espécie de arrolamento.[2229] Pode ocorrer, todavia, diálogo acidental, extraindo-se de artigos constantes da Seção V apoio para auxílio interpretativo. No sentido, quando for necessária a avaliação judicial no arrolamento sumário (arts. 661 e 663) ou comum (art. 664, § 1º), algumas regras explicadas na Seção V poderão ser importadas (embora sem participação da Fazenda na estimação), destacando-se,

clamações. Assim, as manifestações/impugnações sobre arrecadações de bens (art. 627, I), nomeação do inventariante (art. 627, II), inclusão de herdeiro (art. 627, III) e preterição de interessado (art. 628) são cabíveis no arrolamento comum, importando da Seção IV o desenho básico para o deslinde respectivo. Efetuam-se, todavia, as adaptações necessárias, diante no caráter sumário e concentrado do procedimento. Tanto assim que as técnicas de reserva dos arts. 627, § 3º, 628, § 2º e 641, § 2º, que fazem parte das Seções IV e V, poderão ser aplicadas no arrolamento comum.

2226 Com a interpretação renovada do art. 629, entendendo-se que se trata de regra que envolve a Fazenda Municipal e/ou Federal, cuja missão é subsidiar as avaliações de bens de raiz de natureza urbana e rural respectivamente, é admissível a convocação para auxiliar as partes na estimação. Sobre a necessidade de interpretação adequada do dispositivo, vide os comentários ao art. 629 desta obra.

2227 Sobre a posição topográfica inadequada da Seção VI, vide os comentários ao art. 639 desta obra.

2228 Vide os comentários ao art. 639 desta obra.

2229 O contraditório da Fazenda ocorre posteriormente, sendo garantido ao fisco o lançamento tributário, caso discorde da avaliação dos bens (art. 659, § 2º).

no sentido, o respeito aos ditames dos arts. 872-873 (que consta do texto do art. 631) e a dispensa da expedição de carta precatória para avaliação em relação aos bens fora da comarca em que corre o inventário, na hipótese de estes possuírem pequeno valor ou forem de conhecimento do avaliador (art. 632).

4. Das Seções VII e VIII e sua projeção nos arrolamentos

O art. 667 faz alusão expressa à aplicação "subsidiária" das disposições das Seções VII e VIII no bojo dos arrolamentos sucessórios. Sem prejuízo da sinalização legal, a importação deve ser cuidadosa e adaptada, pois há dispositivos que não se amoldam no procedimento do arrolamento, notadamente na modalidade sumária.

Em relação à Seção VII – *Do Pagamento das Dívidas* (arts. 642-646), a dívida pecuniária deverá estar plasmada em ato documentado que represente obrigação *certa* e *líquida*, admitindo-se não só a já vencida (art. 642), mas também aquela ainda não *exigível* (art. 644). Embora se presuma que o pagamento se efetuará com verbas que já estão na titularidade e posse do espólio, os dispositivos que tratam do pagamento de dívidas permitem a liquidação por meio de rubricas advindas de alienação de bem atrelado à herança, sem prejuízo de operações outras como a dação em pagamento/adjudicação ou até de operações mistas, bastando, pois, a eficiente aplicação dos parágrafos do art. 642.[2230] No sentido, em ilustração, o art. 663 vinculado ao arrolamento sumário pode receber leitura arejada, a fim de que a reserva de bens não seja a solução única caso se verifique a presença de credores. Na verdade, ao importar as regras da Seção VII, o caminho adotado no art. 663 e seu parágrafo único (reserva de bens) será *residual*, buscando-se, prioritariamente, que a dívida seja paga, fim de que o patrimônio a ser partilhado ou adjudicado não tenha nenhum tipo de oneração.[2231] Não há óbice, de outra banda, para o translado ajustado dos dispositivos constantes da Seção VII para o arrolamento comum, pois o pagamento de dívidas faz parte do concentrado procedimento (art. 664, § 2º).

No que se refere à Seção VIII – *Da Partilha* (arts. 647-658) há incidência mais ampla de aplicação ao arrolamento comum, com menor espectro de transporte ao arrolamento sumário, fato este que se justifica, mais uma vez, pela impossibilidade de se projetar controvérsias internas entre os interessados

2230 Vide os comentários ao art. 642 desta obra.

2231 Outros regramentos previstos na Seção VII (que não se referem ao pagamento propriamente dito) podem ser também transladados. Por exemplo, as disposições que determinam que o inventariante efetuará reserva de bens correspondentes aos valores das dívidas caso estas não forem pagas (art. 643, parágrafo único).

para resolução no processo judicial. Com efeito, seguindo o próprio perfil desenhado no art. 659, a partilha aplicada ao arrolamento sumário será sempre consensual, situação que descarta a importação de regras que envolvam controvérsias (por exemplo, o encaixe dos quinhões efetuado pelo juízo sucessório – o *caput* do art. 647). De modo diverso, como o arrolamento comum trabalha com a projeção de que a partilha será efetuada por *decisão adjudicada,* o transporte dos ditames dos arts. 647-658 ocorre de forma mais fluida.

5. Importação ampla (art. 318)

O art. 318 do CPC transporta os regramentos gerais (ainda que com adaptações) para os *procedimentos especiais* vários, não sendo diferente no caso de inventário sucessório (em suas modalidades procedimentais). No sentido, em ilustração simplória, há importação do sistema de intimações (arts. 269-275). Ademais, consoante demonstrado ao longo dos comentários, é perfeitamente possível que os arrolamentos sucessórios tenham pouso de regramento advindo de outro procedimento especial (seja este codificado ou não), pois é incorreto se pensar que as importações estão limitadas às técnicas do inventário solene e do procedimento comum ditado pelo CPC.[2232]

2232 Dentro do CPC, em ilustração, as técnicas de apuração de haveres previstas nos art. 604-609 poderão ser transportadas para os arrolamentos sucessórios, permitindo-se, em ilustração, que, no arrolamento comum, estas indiquem a direção a ser seguida pelo avaliador (art. 664, § 1º) ou que os interessados, em consenso, usem os critérios estipulados no contrato social (art. 606) para apresentar a avaliação patrimonial das quotas (a fim de cumprir o art. 660, III) – vide comentários ao art. 620. Pode-se cogitar, em outro exemplo, que o credor postule o pagamento de dívida no arrolamento comum o fazendo através de "prova oral documentada", importando-se para tanto técnica que está inserida no âmbito das disposições acerca da ação monitória (art. 700, § 1º). Fora do corpo da codificação, a Lei n. 11.101/2005 (que trata da recuperação judicial e da falência) é uma base de importação e exportação de alta gama, alcançando as duas modalidades de arrolamento. Por exemplo, para a convocação editalícia (art. 626, § 1º), a declaração do inventariante deverá constar no texto do edital, adaptando-se o disposto no art. 99, § 1º, da Lei n. 11.101/2005 (vide os comentários ao art. 626 desta obra). Em outra exemplificação, no arrolamento comum, o juiz – ao determinar a ordem de pagamento das dívidas (arts. 664, § 2º) – poderá enfrentar situação que demanda a classificação de créditos, hipótese que autoriza a importação dos arts. 83-84 da Lei n. 11.101/2005. Sobre o traslado de técnicas processuais, confira-se: Rodrigo Mazzei e Tiago Figueiredo Gonçalves, Ensaio sobre o processo de execução e o cumprimento da sentença como bases de importação e exportação no transporte de técnicas processuais. In: Araken de Assis e Gilberto Gomes Bruschi (coords.). *Processo de execução e cumprimento da sentença*: temas atuais e controvertidos, p. 27-32; e Fredie Didier Jr, Antônio do Passo Cabral e Leonardo Carneiro da Cunha, *Por uma nova teoria dos procedimentos especiais*, p. 77-95.

6. Exportação de técnicas

A Seção IX – *Do arrolamento* (arts. 659-667) não pode ser vista como espaço puramente receptor, uma vez que contém dispositivos que podem ser *exportados* para o inventário padrão. Em exemplo frisante, a técnica de reserva do arrolamento sumário (art. 663) poderá ser translada tanto para o inventário solene quanto para o arrolamento sumário, permitindo, assim, que inventariante adote postura ativa em relação à formação de garantia em favor do credor reconhecido.[2233-2234]

Ainda que não seja um transporte de técnicas propriamente dito, o texto do art. 665 (se bem interpretado) permite que seja retirado gabarito geral para as convenções processuais com a presença de incapaz. Para tanto, será necessária não só a representação legal do incapaz, mas a participação do Ministério Público.[2235]

7. A figura do art. 666 e as suas comunicações

O art. 667, ao fazer remissão a toda Seção IX, acaba por abarcar a previsão do art. 666, que traz hipóteses que não podem ser consideradas como modalidades de inventário *causa mortis*. No entanto, mesmo na plataforma do art. 666, é possível – em pontos bem específicos – a possibilidade de importar regras aplicáveis ao inventário sucessório. No sentido, consoante comentários ao art. 666, quando se tratar de *legitimado residual*, isto é, quando não houver dependente previdenciário habilitado do falecido e forem chamados os seus herdeiros para receber as verbas alcançadas pela Lei n. 6.858/90, será necessário que se faça partilha sucessória igualitária (art. 648 do CPC c/c art. 2.017 do CC), admitindo-se, no âmbito do alvará judicial, a renúncia do crédito (art. 1.806 do CC), situações que importam regramentos gerais da sucessão aplicáveis ao inventário.

Ao se fazer a aproximação da postulação traçada no art. 666 com o inventário sucessório, é intuitiva o transporte adaptado de comandos específicos dos arrolamentos, citando-se, em ilustração, que a arrecadação e a valoração dos créditos (e/ou bens, se assim se admitir) serão feitas pelos interessados, assim como não deverão ser conhecidas questões relativas ao lançamento, ao pagamento ou à quitação de taxas judiciárias e de tributos (arts. 662 e 664, § 4º).

2233 Vide os comentários ao art. 663 desta obra.

2234 A boa interpretação do art. 663 permite, de outra banda, cobrir a omissão contida no parágrafo único do art. 654 acerca da necessidade de contraditório em relação à Fazenda Pública quando da constituição da garantia. A parte final do art. 663, que prevê não só a oitiva do credor em tal situação, como também a possibilidade de avaliação por perito se ocorrer divergência sobre o valor do bem a ser afetado.

2235 Vide os comentários ao art. 665 desta obra.

Seção X
Disposições Comuns a Todas as Seções

Art. 668. Cessa a eficácia da tutela provisória prevista nas Seções deste Capítulo:

I – se a ação não for proposta em 30 (trinta) dias contados da data em que da decisão foi intimado o impugnante, o herdeiro excluído ou o credor não admitido;

II – se o juiz extinguir o processo de inventário com ou sem resolução de mérito.

CPC de 1973 – art. 1.039

1. Noções gerais sobre o dispositivo

O art. 668 está atrelado à "cessação da eficácia da tutela provisória" deferida no inventário judicial sucessório. Da premissa, tem-se que o dispositivo não contempla plataforma de sistematização geral da tutela provisória, mas tão somente regramentos aplicáveis à perda da eficácia desta.

Embora o texto do inciso I do art. 668 não seja claro, tem-se que a primeira bandeja do dispositivo envolve a "técnica de remessa às vias ordinárias" conjugada com a reserva de bens (= *tutela provisória patrimonial que visa assegurar o resultado útil da controvérsia enviada para fora do inventário* causa mortis).[2236] O detalhe é importante, uma vez que o juízo sucessório poderá determinar a remessa externa despida de tutela provisória no sentido acima (isto é, sem a formação de reserva de bens). No sentido, o art. 643, parágrafo único, indica a possibilidade, pois tal dispositivo deixa claro que a ordem de remessa não acarreta, obrigatoriamente, a concessão de tutela provisória, sendo necessária a aferição de elementos que a justifiquem. A tutela provisória que trabalha com a reserva de bens, em regra somente poderá ser concedida depois de efetuado o contraditório, extraindo-se de tal detalhe sua intimidade com a tutela de evidência (art. 311, I e IV).[2237]

Em relação ao inciso II do art. 668, há previsão genérica de que o encerramento do inventário sucessório – por "decisão com ou sem resolução de mérito" – provocará a cessação da eficácia da tutela provisória anteriormente deferida pelo juízo sucessório. Diante da possibilidade de *sobrepartilha* e da necessidade de interação entre o juízo sucessório e o juiz externo (receptor da técnica de remessa "às vias ordinárias"), a interpretação do inciso II do artigo em comento não é tão singela quanto aparenta.

2236 O inciso I do art. 668 alcança hipóteses variadas de remessa externa "às vias ordinárias", diferente do que ocorre no § 2º do art. 1.997 do CC (restrito à tutela provisória concedida em favor do credor, formando-se reserva patrimonial). Vide os comentários aos arts. 642 e 643 desta obra.

2237 Vide os comentários ao art. 643 desta obra.

2. A amplitude do inciso I do art. 668

O inciso I do art. 668 ordinariamente estará vinculado à tutela provisória de reserva de bens, adotando o juízo sucessório a medida em razão da remessa externa ("vias ordinárias") de algum litígio interno (= *incidente*) que foi deflagrado no ventre do inventário sucessório. Dentre as peculiaridades da referida tutela provisória, vale observar que, apesar de reclamar prévio contraditório, a sua concessão não exige postulação específica pelos interessados, ou seja, o juízo sucessório poderá *ex officio* determinar que seja efetuada a reserva de bens, visando salvaguardar o debate projetado para fora do inventário sucessório (as "vias ordinárias").[2238]

Na perspectiva das partes a tutela provisória de reserva possui *natureza acautelatória*,[2239] uma vez que, se for deferida, não se antecipa os efeitos da "ação principal" (= *postulação que deverá ser apresentada externamente*), adotando-se, na verdade, medida conservativa até que o conflito seja solucionado. Como se trata de *tutela provisória cautelar*, o art. 668, I (tal como o art. 1.997, § 2º, do CC), prevê que o beneficiado com a reserva patrimonial terá o prazo de 30 dias para "propor ação nas vias ordinárias", sob pena de ineficácia, seguindo-se a linha dos arts. 308 (*caput*) e 309, I, do CPC.

É intuitivo que o inciso I do art. 668, ao fazer expressa alusão ao "impugnante", ao "herdeiro excluído" e "ao credor não admitido", possui comunicação direta com os arts. 627, § 3º, 628, § 2º, e 643, parágrafo único.[2240] O diálogo do artigo em comento não se limita, contudo, a tais hipóteses legais, sendo certo que a determinação pelo juízo sucessório de reserva patrimonial em decorrência da técnica de remessa poderá ocorrer em situações que não estão alcançadas por tais regras legais. No sentido, em exemplo claro, o art. 641, § 2º, prevê que a possibilidade de remessa externa, específica, vinculada à colação, cuja "reserva" é formada pela retenção do quinhão do herdeiro que

2238 No sentido: HAMILTON DE MORAES BARROS, *Comentários ao Código de Processo Civil*, v. IX, p. 344-345; CLÓVIS DO COUTO E SILVA, *Comentários ao Código de Processo Civil*, v. XI, tomo I, p. 411; GERSON FISCHMANN, *Comentários ao Código de Processo Civil*, v. 14, p. 201; e ARRUDA ALVIM, ARAKEN DE ASSIS e EDUARDO ARRUDA ALVIM, *Comentários ao Código de Processo Civil*, p. 1.517. Sobre as tutelas cautelares decretadas de ofício pelo juiz, confira-se (por todos): OVÍDIO BAPTISTA DA SILVA, *Comentários ao Código de Processo Civil*, p. 108 e seguintes.

2239 No mesmo sentido, identificando a tutela provisória em voga com feição *cautelar*, confira-se: ARRUDA ALVIM, ARAKEN DE ASSIS e EDUARDO ARRUDA ALVIM, *Comentários ao Código de Processo Civil*, p. 1.515.

2240 De toda sorte, o inciso I do art. 668 possui redação mais adequada do que o revogado art. 1.039, I, do CPC de 1973, que fazia alusão apenas a situações previstas no art. 1.000, parágrafo único, art. 1.001 e art. 1.018, criando embaraço interpretativo maior;

negou o recebimento de bens ou a obrigação de conferência. Sem rebuços, a tutela provisória envolvendo a reserva de bens não pode ficar enclausurada nas hipóteses especificadas na lei, pois corresponde a providência atrelada ao *poder geral de cautela* do juízo sucessório quando este se utiliza da técnica de remessa.

Há, pois, várias situações de litígios internos patrimoniais que poderão propiciar a remessa externa, afigurando-se imperiosa a reserva de bens. Por exemplo, a análise acerca da natureza dos bens (em comunhão ou particulares) é tema que afeta a arrecadação sucessória e os interesses do cônjuge/companheiro sobrevivente. Em relação a tal discussão, a prova acerca da sub-rogação de bens particulares (art. 1.659, I e II, do CC) raramente é feita no ventre do inventário, situação que reclamará a aplicação do art. 612 do CPC. Sendo necessária a projeção do embate para fora do ventre o inventário *causa mortis*, a reserva de bens se impõe para garantir o resultado útil da discussão, de modo que o juiz (por ato de ofício) determinará que se dimensione o equivalente ao patrimônio afetado pela controvérsia de forma semelhante ao que ocorre em relação à colação (art. 641, § 2º), pois não há justificativa para não se adotar o mesmo caminho.[2241]

Saliente-se que o assunto versado no art. 650, apesar de contemplar hipótese de reserva de bens, está fora do âmbito do art. 668, I. Isso porque o art. 650 determina a reserva patrimonial em favor de nascituro interessado na herança, providência esta que, embora tenha de traços de tutela acautelatória, se dará no bojo do inventário, sem a necessidade de propositura de ação externa.[2242] Assim, o art. 668, I, se aplica apenas às questões que não podem ser resolvidas internamente ao inventário sucessório, efetuando-se a remessa externa, situação que está evidenciada nas ilustrações dos arts. 627, § 3º, 628, § 2º, 641, § 2º e 643, parágrafo único (sem prejuízo de outras situações não listadas na legislação).

2241 Em outra exemplificação, não é incomum que os herdeiros descendentes da pessoa falecida reconheçam a existência de união estável deste com o companheiro sobrevivente, mas o ponto discordante está na data de início da relação de convivência, debate que este que afeta a arrecadação. Com efeito, quanto mais pretérita for definida a data do início da convivência, maior será o espectro temporal de alcance da comunhão patrimonial dos companheiros em caso de relação sem prévia pactuação de regime de bens (art. 1.725 do CC). A remessa da discussão para definir a data de início da comunhão deverá ser feita com a reserva de bens proporcional ao resultado patrimonial da controvérsia, próximo da ilustração trazida no corpo do texto.

2242 Outro exemplo de não submissão ao inciso I do art. 668 está na técnica prevista no parágrafo único do art. 647 (= *partilha antecipada*) que, mesmo se notabilizando como uma tutela provisória típica do inventário *causa mortis*, possui toda dinâmica interna ao processo sucessório. Sobre a inaplicabilidade do art. 668 à partilha antecipada (art. 647, parágrafo único), confira-se: Luciano Vianna Araújo, *Comentários ao Código de Processo Civil*, v. 3, p. 291.

3. Prazo para *propositura da ação*

A fixação de prazo para a *propositura de ação*[2243] se justifica, pois é necessário que o litígio interno seja decidido, não existindo motivo para que seja determinada a reserva de bens, mantendo-se tal garantia patrimonial, se o interessado na solução da controvérsia não adota medida adequada para que o conflito seja resolvido adequadamente. A admissão de quadro diverso propiciaria não apenas embaraço para o desfecho do inventário sucessório,[2244] mas, de forma mais grave, conspiraria contra a segurança jurídica que deve nortear as relações processuais, colocando a parte prejudicada com a tutela provisória à mercê da favorecida com a sua concessão.[2245]

Seguindo-se o definido nos itens anteriores, apesar de o art. 668 usar no seu *caput* a expressão geral "tutela provisória", a superfície do dispositivo comentado possui diálogo franco mais restrito, pois sua moldagem é afeta às tutelas provisórias de *natureza cautelar.* Tanto assim que o prazo previsto no inciso I do art. 668 é simétrico (e deve se comunicar) com o disposto nos arts. 308 e 309, I, do CPC em vigor.

Feitas as anotações acima, o art. 308, na primeira parte do seu *caput*, dispõe que a contagem do prazo somente poderá ocorrer *depois de efetivada a tutela cautelar.*[2246] O detalhe é fundamental, pois a leitura do inciso I do art. 668 pode conceber a incorreta ideia de que a fluência do prazo tem a contagem iniciada a partir da própria deliberação judicial acerca da necessidade de remessa do "litígio interno" para as "vias ordinárias". No entanto, trazendo o art. 308 para a interpretação adequada do dispositivo comentado, enquanto não providenciada esta (= garantia patrimonial), isto é, *efetivada a tutela provisória*, não se iniciará a fluência do prazo do descrito no inciso I do art. 668.

Pensar de forma divergente, simplesmente a partir da dicção literal da regra legal, gera uma série de inconvenientes que colocam em xeque a própria noção de *tutela provisória cautelar.* De plano, a tutela provisória só perde a eficácia se for efetivada, pois não há como se retirar eficácia daquilo que não se

---

2243 Sobre a concepção da expressão *propositura da ação*, vide os comentários ao art. 612 (ao abordar a dimensão das "vias ordinárias").

2244 Igualmente: Rodrigo Ramina Lucca, *Breves comentários ao novo Código de Processo Civil*, p. 1.742.

2245 Correta a lição de Daniel Mitidieiro: "Sendo a tutela cautelar uma tutela referível à tutela satisfativa, violaria o *direito fundamental à segurança do demandado* a sua eficácia temporalmente indefinida, sem que tivesse o autor o ônus de propor também a ação para obtenção da tutela satisfativa" (*Breves comentários ao novo Código de Processo Civil*, p. 880.

2246 No tema: Jose Miguel Garcia Medina, *Novo Código de Processo Civil comentado*, p. 495.

concretizou. Ademais, restaria configurada uma situação anômala de tutela provisória patrimonial, pois esta estaria concretizada sem que, na prática, não tivesse afetado nenhum bem para salvaguardar a controvérsia.[2247]

O início da contagem do prazo do inciso I do art. 668, portanto, em simetria e coerência, deve ser contado somente após a efetivação da reserva de bens, com a intimação do interessado acerca da constituição da garantia que ficará na posse e administração do inventariante até o desfecho da controvérsia.[2248] Em termos práticos, proferindo-se decisão, o inventariante será intimado para o seu cumprimento, efetuando-se a reserva de bens. Assim ocorrendo, isto é, *efetivada* a reserva de bens pelo inventariante, o interessado será intimado, fluindo-se daí não só o prazo para adotar a providência reclamada pelo inciso I do art. 668 (iluminado pelos arts. 308 e 309, I), como também eventual impugnação acerca da escolha efetuada pelo inventariante (por exemplo, dimensionamento patrimonial equivocado frente ao calibre da controvérsia[2249]), postulação esta que deve se efetuar no bojo do inventário para posterior deliberação do juiz.[2250]

2247 Não suficiente, é perfeitamente possível que surja controvérsia interna sobre determinada questão (por exemplo, disputa sobre a qualidade de herdeiro – art. 627, § 3º), mas no caso concreto seja inviável que se efetue a reserva de bens para salvaguardar os resultados patrimoniais da disputa, pois o acervo hereditário traz consigo um quantitativo de dívidas superior aos bens deixados pelo falecido, configurando-se situação de insolvência (art. 955 do CC). Ora, se os bens não podem ser destinados para a garantia patrimonial, via de talante, não será efetivada a tutela provisória, situação que demonstra que a interpretação do inciso I do art. 668 vinculada apenas à intimação quanto à decisão de remessa externa (sem a análise da efetivação da reserva de bens) não é o melhor caminho a ser adotado.

2248 Contra, seguindo a literalidade do texto legal e sem justificar outro motivo para afastar o art. 668, I, do art. 308, confira-se: LUIZ GULHERME MARINONI, SÉRGIO CRUZ ARENHART e DANIEL MITIDIERO, *Novo Código de Processo Civil comentado*, p. 662; RODRIGO RAMINA LUCCA, *Breves comentários ao novo Código de Processo Civil*, p. 1.742; e FERNANDO DA FONSECA GAJARDONI, *Processo de conhecimento e cumprimento de sentença:* comentários ao CPC 2015, v. 2, p. 1.136; e ARRUDA ALVIM, ARAKEN DE ASSIS e EDUARDO ARRUDA ALVIM, *Comentários ao Código de Processo Civil*, p. 1.516. Enxergando o problema, mas sem propor uma melhor interpretação ao art. 668, I, confira-se: FELIPPE BORRING ROCHA, *Comentários ao novo Código de Processo Civil*, p. 986.

2249 Em outro exemplo, o inventariante poderá efetuar a reserva utilizando patrimônio sem aptidão adequada para servir de garantia, escolhendo, em ilustração, bens de fácil dissipação. Vide os comentários ao art. 642.

2250 Aplica-se, por empréstimo, o procedimento de impugnação previsto no art. 627 (aplicável às primeiras declarações). Não se pode pensar que a reserva de bens se dará de forma unilateral, sem contraditório ao interessado, pois este se aplica até mesmo nos casos de afetação voluntária em favor dos credores (hipótese permitida no arrolamento sumário – art. 663). Vide comentários aos arts. 627 e 628.

Conclui-se que reserva de bens (como ato constritivo) deverá estar constituída e formalizada nos autos, intimando-se o seu interessado para lhe dar ciência da efetivação da medida. Somente depois de tais providências (ainda que a reserva tenha sido parcial), restará iniciada a contagem do prazo do fixado no inciso I do art. 668 para perda da eficácia da tutela provisória, ou seja, seguindo-se a semelhante concepção aplicada no art. 308.[2251]

Em arremate, aplica-se na contagem o disposto no art. 219 (sequência com dias úteis), pois se trata de *prazo processual*.[2252] O cômputo se iniciará com a intimação da efetivação da tutela provisória, efetuando-se a exclusão do dia da intimação, mas incluindo o dia derradeiro (art. 224 do CPC). Todos os ditames que incidem sobre os prazos processuais serão aplicados para efeito do prazo do inciso I do art. 668, tal qual se aplicam no âmbito do art. 308,[2253]

2251 Comentando o art. 308, DANIEL AMORIM ASSUMPÇÃO NEVES leciona no sentido que: "em respeito ao princípio do *contraditório*, o prazo só se inicia após a inicia após a intimação da parte que a medida foi devidamente cumprida", ainda que a efetivação seja parcial, pois já existirá "tutela cautelar a proteger a parte" (*Novo Código de Processo Civil comentado*, p. 524). Há acórdão do STJ que definiu que tal prazo "previsto no art. 308 do CPC/15 para formulação do pedido principal se inicia na data em que for totalmente efetivada a tutela cautelar" (3ª Turma, REsp 1.954.457 GO, j. 09/11/2021, *DJ* 11/11/2021).

2252 O inciso I do art. 668 não pode ser apartado das técnicas gerais dos arts. 308 e 309, I, e o simples fato de que se trata de ato processual externo não justifica tratamento diverso. Saliente-se, no sentido, que os embargos à execução também são apresentados através de peça autônoma ao processo de execução (art. 914, § 1º) e nem por isso a natureza do seu prazo não é considerada como processual e, portanto, dentro do esquadro de aplicação do art. 219. Parecendo concordar (ainda eu com outros fundamentos): LEONARDO CARNEIRO DA CUNHA, *Comentários ao Código de Processo Civil*, v. III, p. 143. Adotando a comunicação do art. 219 com o art. 668, I, há reformulação de posicionamento anterior, efetuado de trabalho conjunto com TIAGO FIGUEIREDO GONÇALVES (*Comentários ao Código de Processo Civil*, p. 919).

2253 A lição de EDUARDO CAMBI, ROGÉRIA DOTTI, PAULO EDUARDO D'ARCE PINHEIRO, SANDRO GILBERT MARTINS e SANDRO MARCELO KOZIKOSKI – que ratifica a linha adotada no corpo dos comentários – merece ser plasmada: "O prazo do art. 308, *caput*, do NCPC é de *natureza processual*, não podendo ser tomado como se *caráter substancial* (*decadencial*). Sendo um prazo de natureza processual, sua contagem segue as regras aplicáveis a qualquer ato processual, isto é, além e ser necessário excluir o dia do início e o incluir o final (NCPC, art. 224), somente serão contatos em dias úteis (NCPC, art. 219) e estarão sujeitos às causas de suspensão do processo, tal como o recesso forense (NCPC, art. 220), as férias forenses (NCPC, art. 214), entre outras (NCPC, art. 313)" (*Curso de Processo Civil Completo*, p. 339). Bem próximo, confira-se: ANTÔNIO PEREIRA GAIO, Apontamentos para a Tutela Provisória (urgência e evidência) no novo Código de Processo Civil brasileiro. *In*: *Revista de Processo*, n.254, p. 215.

sendo que para este seja satisfeito bastará o protocolo oficial da petição inicial (ou peça afim) dentro do prazo legal[2254] (art. 312 do CPC).

4. Juízo sucessório e as "vias ordinárias"

Ao definir remessa pela remessa externa – qualquer que seja a hipótese – o juiz sucessório decidirá sobre a tutela provisória de reserva de bens, mas, pelo engenho da técnica, não poderá mais deliberar sobre a questão conflituosa em si, ficando a competência desta sob a esfera do condutor da "via ordinária". Na outra ponta, aquele que receber a ação vinculada (art. 668, I) não poderá reexaminar a tutela provisória deferida pelo juízo do inventário.[2255] O cenário demonstra que há depuração anômala que seria ao menos amenizada se houvesse a concentração do inventário e da ação autônoma no mesmo juízo ("as vias ordinárias"), ainda que fisicamente separadas por processos distintos.

Com tal quadro, é fundamental que se pondere antes da remessa "às vias ordinárias" o local de pouso do "litígio interno". No sentido, vale lembrar que a parte inicial do art. 612 do CPC é peremptória no sentido de que o juiz sucessório tem competência para decidir todas as questões que envolvem o inventário, competência esta que fica bloqueada parcialmente quando determinado assunto reclama a produção de prova outra que não a documentada. A ponderação, de acordo com o caso concreto, poderá ensejar que os interessados (os protagonistas do litígio interno) lancem mão de convenções processuais para a manutenção do juízo sucessório em casos em que tal medida se torna mais eficiente. Assim, sem tirar de mira a necessidade de que os litígios sejam remetidos para discussão em ambiente próprio, apartado do inventário, desobstruindo-se os trâmites do processo sucessório, os debates expulsos do bojo do inventário poderiam ter curso no juízo da sucessão (ainda que como ações autônomas).[2256] Com tal medida, a condução e o desfecho das questões que envolvem o inventário se dariam pelo juízo sucessório, nada obstante o fatiamento e a depuração das questões que podem atrasar o desfecho em relação às partes que podem ser decididas internamente. A medida facilitaria, inclusive, a eventual sobrepartilha (art. 670), uma vez que a competência para esta será do juízo sucessório.[2257]

2254 Igualmente: Arruda Alvim, Araken de Assis e Eduardo Arruda Alvim, *Comentários ao Código de Processo Civil*, p. 1.516; e Paulo Cezar Pinheiro Carneiro, *Inventário e partilha judicial e extrajudicial*, p. 227.

2255 O pormenor foi percebido por Paulo Cezar Pinheiro Carneiro, *Inventário e partilha judicial e extrajudicial*, p. 225-226.

2256 No tema: Caio de Sá Dal'Col e João Roberto de Sá Dal'Col, *A (des)necessidade da remessa de "suposta" questão dependente de prova às vias ordinárias*. Famílias e Sucessões, p. 616-618. Vide os comentários ao art. 612 desta obra.

2257 Não há qualquer tipo de ilegalidade em tais convenções processuais, até porque o deslocamento de competência provocado pela técnica de remessa é contingencial,

Conforme sustentado nos comentários ao art. 612, a expressão "vias ordinárias" não pode ser utilizada como sinônimo de *ação judicial contenciosa*, ou seja, não é recomendado fixar linha de raciocínio única no sentido de que o litígio que justificou a remessa somente poderá ser resolvido por decisão adjudicada proveniente da jurisdição estatal. A dimensão de *justiça multiportas*, que pode ser extraída do completo contexto do art. 3º do CPC, não permite a interpretação restritiva. Assim, semelhante abertura que deve ser efetuada na expressão "vias ordinárias" dever ser conferida no inciso I do art. 668 em relação à concepção de *ação proposta* que consta no dispositivo.[2258]

Por fim, diante da situação peculiar provocada pela técnica de reserva, é capital que ocorra boa interação entre o juízo sucessório e o receptor da garantia, notadamente quando se tratar de órgãos distintos.[2259] Isso porque a garantia será ultimada no juízo do inventário, mas o desfecho da controvérsia será definido por outro "julgador". A depender do caso concreto, a comuni-

---

situação que fica clara quando se lê o texto do art. 612. E, no pormenor, é de trivial sabença que o juízo sucessório não se limita a analisar e julgar inventários *causa mortis*, pois há uma série de ações judiciais com ampla cognição que lhe são submetidas, tais como anulação de testamento, reconhecimento de indignidade e deserdação e ação de sonegados. Aliás, o último exemplo é deverás interessante, pois a análise da obrigação de conferir (colação) originariamente se fará no inventário sucessório, mas poderá ser remetida para "as vias ordinárias" (art. 641, § 2º) ou distribuída autonomamente (depois de encerrado o inventário). Não há, portanto, embaraços de competência que não permitam a fixação do juízo sucessório para examinar as ações que estão guardadas na gaveta do inciso I, do art. 668, notadamente quando a situação for alvo de convenção processual.

2258 Não se pode afastar, por exemplo, postulação junto à jurisdição arbitral, pois, preenchidos os requisitos do art. 1º da Lei n. 9307/96, em alguns casos a arbitragem restará mais adequada para a resolução de litígios internos entre os interessados na herança, notadamente quando envolverem questões que reclamam conhecimentos técnicos específicos (comuns quanto à sucessão envolve participações societárias) e/ou solução mais célere. Abrindo-se ainda mais o leque, a submissão voluntária do litígio para tratamento autocompositivo poderá ser encartada como *propositura de ação*, pois a Lei n. 13.140/2015, por meio do seu art. 16, § 2º, evidencia que a tutela provisória não possui incompatibilidade com a mediação ou com a conciliação, admitindo-se sua concessão mesmo com a suspensão do processo (foco do litígio). Cite-se ainda para o mesmo fim a ação autônoma de provas (art. 381 do CPC), tendo em vista a possibilidade do seu uso para produzir material probatório documentado para municiar a decisão do juiz sucessório, superando-se o óbice do art. 612 quando este for o motivo da remessa. Por certo, os exemplos aqui citados estarão mais amparados na bandeja do inciso I do art. 668 quando o tema for alvo de convenção processual, definindo-se os termos que a eficácia da tutela provisória deve perdurar. Vide os comentários ao art. 612 desta obra.

2259 Com ideia semelhante: PAULO CEZAR PINHEIRO CARNEIRO, *Inventário e partilha judicial e extrajudicial*, p. 228-229.

cação será inevitável, pois as funções e competências não se confundem, estando cada qual com uma demarcação própria.[2260]

5. Consequências da perda da eficácia da tutela provisória

Há de se analisar as consequências da cessação da eficácia das tutelas provisórias vinculadas ao inciso I do art. 668. Certamente, a consequência mais pujante está no retorno do bem para o espólio, devendo o inventariante efetuar a sobrepartilha respectiva (art. 670).[2261] De outro giro, conjugando-se o art. 668 com regramentos gerais da tutela provisória, há outras repercussões práticas, dentre quais, ficará vedada que a mesma tutela seja deferida, salvo sob novo fundamento (art. 309, parágrafo único, do diploma processual). As restrições acerca da tutela provisória, contudo, não podem obstar que se postule o próprio pedido principal, já que tal raciocínio levaria à conclusão da sobreposição da técnica acautelatória sobre o próprio direito material, encampação que não se admite.[2262] Destaque-se, ainda na temática, que a supressão da eficácia da tutela provisória não se dará de forma automática pelo simples decurso de prazo, pois demanda decisão judicial (passível de recurso).[2263]

A "revogação" ou "cessação da eficácia" da tutela provisória propicia a formulação de pedido de indenizatório (art. 668, I, c/c art. 302).[2264] No pon-

---

2260 O tema foi tratado adiante de forma breve (vide o seguinte tópico: *Julgamento de improcedência ou extinção sem julgamento de mérito da "ação externa"*) e analisado nos comentários ao art. 628, em que se demonstrou a possibilidade (e adequação) da consecução de atos 'concertados' (art. 69 do CPC).

2261 Semelhante: Luciano Vianna Araújo, *Comentários ao Código de Processo Civil*, v. 3, p. 291; e Rodrigo Ramina Lucca, *Breves comentários ao novo Código de Processo Civil*, p. 1.741.

2262 Com linha semelhante: STJ, 4ª Turma, REsp 401.531/RJ, *DJ* 08/03/2010. Próximo: Luiz Guilherme Marinoni, Sérgio Cruz Arenhart e Daniel Mitidiero, *Novo Código de Processo Civil comentado*, p. 662; e Paulo Cezar Pinheiro Carneiro, *Inventário e partilha judicial e extrajudicial*, p. 227.

2263 Igualmente: Paulo Cezar Pinheiro Carneiro, *Inventário e partilha judicial e extrajudicial*, p. 227.

2264 Trata-se de premissa que é aplicada a todo aquele que se beneficia de constrição judicial (em sentido amplo) que incide em patrimônio alheio e, ao final ou no curso da ação, há a desconstituição da "garantia". No sentido, além do disposto no art. 302, o assunto também está tratado no CPC em seus arts. 495, § 5º (hipoteca judiciária) e art. 776 (execução). No tema, confira-se: Rodrigo Mazzei e Bruno Pereira Marques, Primeiras linhas sobre a responsabilidade pelos danos decorrentes da efetivação de tutelas de urgência em caso de "insucesso final" da ação de improbidade administrativa. In: *Revista Jurídica*, v. jun-14, p. 9-44. Em exemplo para aplicação do art. 302, o espólio pode comprovar a efetiva perda da chance envolvendo a alienação de bem reservado em condições excepcionais (como a permuta imobiliária com incorporadora de terreno alcançado pela garantia por unidades a construir).

to, deve ser esclarecido que a tutela provisória – embora possa ser deferida de ofício pelo juízo sucessório – está vinculada a postulação apresentada pelo interessado inventário *causa mortis*, fato que atrai a sua responsabilidade pelos prejuízos advindos da decisão judicial.

6. Possibilidade de importação das técnicas (gerais) de tutela provisória

Nada obstante a presença de tutelas provisórias especiais (abordadas ao longo dos comentários), não há óbice para manejo da tutela provisória (como técnica geral), com finalidade *acautelatória* ou de *antecipação*[2265] (art. 318 do CPC) e nos esquadros de *urgência* ou de *evidência*. Exemplo frisante no sentido pode ser tirado da concessão da tutela provisória no curso do incidente de remoção do inventariante,[2266] pois não se pode descartar que no curso do procedimento surja situação emergencial que, aliado ao material já colhido, justifique a providência (art. 300) ou ainda que a defesa do inventariante não consiga gerar dúvida razoável (art. 311, IV).[2267]

De toda sorte, o juízo do inventário somente terá competência para a concessão de tutela provisória sobre situações em que ele próprio poderia originalmente julgar a questão controvertida. A conclusão se extrai da interpretação do art. 612 que fixa competência de bom calibre ao juízo sucessório, mas sempre com mira em questões que são afetas ao inventário *causa mortis*, de modo

2265 Próximo: Luciano Vianna Araújo, *Comentários ao Código de Processo Civil*, v. 3, p. 289-290; Fernando da Fonseca Gajardoni, *Processo de conhecimento e cumprimento de sentença*: comentários ao CPC 2015, v. 2, p. 1.135; e Conrado Paulino da Rosa e Marco Antônio Rodrigues, *Inventário e partilha*, p. 325.

2266 Vide os comentários ao art. 622 desta obra.

2267 Paulo Cezar Pinheiro Carneiro traz vários exemplos de tutela provisória (*cautelar* e *antecipatória*) que podem ser postulados no âmbito do inventário, confira-se: (...) "poderá o juízo do inventário determinar que a administração de uma empresa fique a cargo de um executivo, ou de um herdeiro mais habilitado e não do inventariante, enquanto não julgada a partilha. Do mesmo modo, poderá determinar o depósito em juízo de determinadas importâncias ao espólio; proibir acesso de herdeiro á residência do falecido etc. (...) poderá o juízo do inventário outorgar, desde logo, presentes os requisitos legais, parte de renda de imóveis para herdeiro necessitado, que não possa esperar o término do inventário. Aliás, a todo momento, na prática, acontece em inventários a antecipação dos efeitos da sentença da partilha – por exemplo, naqueles casos em que determinados bens são vendidos no curso do inventário e o produto da venda é distribuído, desde logo, para os herdeiros, mediante a reserva de um percentual para atender o pagamento dos impostos" (*Inventário e partilha judicial e extrajudicial*, p. 226). Ainda no tema (muito embora com confecção sob a égide do CPC de 1973), vale conferir as exemplificações de Benedito Silvério Ribeiro (*Cautelares em Família e Sucessões*, p. 165-194) sobre tutelas cautelares que podem ter espaço no direito sucessório, encartando-se em suas ilustrações algumas hipóteses afetas ao inventário.

que não poderá decidir sobre assuntos que não poderão ser *julgados* (com decisão final) no inventário, muito embora com prova documentada satisfatória. Com tal bússola, não caberá ao juízo sucessório, por exemplo, deferir tutela provisória acerca de debate que envolve a anulação de testamento deixado pelo falecido, pois tal assunto reclama ação própria, com controvérsia que foge aos trilhos do inventário sucessório. Em tais situações, a análise e a deliberação da tutela provisória ficarão a cargo do juízo com competência para examinar e proferir decisão de mérito sobre a pendenga.[2268]

7. O impreciso inciso II do art. 668

O lacônico texto do inciso II não é feliz, recebendo críticas justificadas da doutrina.[2269] A extinção do inventário com resolução de mérito, em coerência com a concepção adotada nos comentários, ocorrerá sempre que for lançada decisão de encerramento do processo sucessório, em resposta a sua instauração e o trânsito por suas fases. Não se pode limitar a resolução de mérito do inventário ao *desfecho positivo* (partilha ou adjudicação), pois este é apenas um dos resultados possíveis após o percurso que se faz necessário sobre as etapas do processo sucessório.[2270] Assim, em exemplo, inventário com *desfecho zero* em que se apurou a existência de dívidas do falecido, efetuando-se a quitação integral destas na fase liquidatória, a partir dos bens que foram arrecadados, há de ser considerada decisão com *resolução de mérito*. Igualmente, a decisão proferida no processo sucessório acerca da inexistência de bens e de dívidas, resultando em *desfecho zero*, também há de ser equiparada à resolução de mérito, até mesmo em razão da finalidade prevista no art. 1.792, parte final, do CC. Diferentemente, no que se refere ao inventário com *desfecho negativo*, isto é, apuração no curso do processo sucessório de que o falecido deixou mais dívidas do que patrimônio, não há decisão final sobre a sucessão nos padrões acima, pois o ato decisório será a declaração de insolvência (art. 618, VIII, do CPC e 955 do CC), que possui procedimento próprio[2271] (arts. 748 e 752 do CPC de 1973, em vigor por força do art. 1.052 do CPC de 2015).[2272]

2268 No sentido: Paulo Cezar Pinheiro Carneiro, *Inventário e partilha judicial e extrajudicial*, p. 225.

2269 No sentido: Conrado Paulino da Rosa e Marco Antônio Rodrigues, *Inventário e partilha*, p. 328; e Daniel Amorim Assumpção Neves, *Novo Código de Processo Civil comentado*, p. 1.103-1.104.

2270 Com abordagem sobre os desfechos possíveis do inventário (positivo, zero e negativo), vide os comentários aos arts. 618 e 610 desta obra.

2271 Próximo: Hamilton de Moraes Barros, *Comentários ao Código de Processo Civil*, v. IX, p. 345; Clóvis do Couto e Silva, *Comentários ao Código de Processo Civil*, v. XI, tomo I, p. 411-412; e Gerson Fischmann, *Comentários ao Código de Processo Civil*, v. 14, p. 203.

2272 As assertivas postas acima demonstram que não se pode reduzir a resolução do mérito do inventário apenas às hipóteses de *saldo positivo* que abre espaço para deci-

Traçado o quadro acima, o que se pode entender do inciso II do art. 668 – quando dispõe que *cessará a tutela provisória quando o inventário tiver resolução de mérito* – é que, se a questão litigiosa que envolve a reserva de bens tiver sido resolvida de forma antecedente ao desfecho do inventário, não restará mais a necessidade de se manter a tutela provisória. Com tal ideia, a partir do resultado externo da controvérsia e do resultado da liquidação da herança, deverá ser definido no bojo do inventário o destino da reserva dos bens. Como se vê, trata-se de regra confusa e de pouca utilidade no particular.

De outra banda, a extinção do inventário sem resolução do mérito é uma situação excepcional, que somente deve ser admitida em casos pontuais.[2273] Por exemplo, depois de instaurado o inventário e, no seu curso, for determinada a reserva de bens em razão de litígio interno entre interessados na herança, vem a se descobrir a existência de outro inventário já encerrado, com desfecho sobre os bens devidamente sedimentado, inclusive aqueles definidos em garantia e projetados para sobrepartilha. A situação extraordinária justificará a extinção do segundo inventário sem a resolução de mérito, a partir da existência de "coisa julgada".[2274]

Percebe-se, do breve cenário apresentado, que o art. 668, II, do CPC, não trata – na verdade – da situação mais comum que é o desfecho do inventário sucessório sem que a questão controvertida que está em debate externo tenha tido seu desfecho. A solução do vulgar problema não se faz a partir do truncado texto do inciso II, do art. 668, devendo-se mirar o olhar no art. 669,

---

são envolvendo partilha, pois, mesmo nos casos em que o resultado da liquidação for *zero*, notadamente quando há pagamento de credores, o inventário sucessório passou por todas as etapas e o julgamento será de resolução de mérito (ainda que sem partilhar bens entre os herdeiros). Contra, entendendo que inexistindo bens a partilhar, será hipótese de julgamento sem resolução do mérito do inventário sucessório, confira-se: ARRUDA ALVIM, ARAKEN DE ASSIS e EDUARDO ARRUDA ALVIM, *Comentários ao Código de Processo Civil*, p. 1.516. GERSON FISCHMANN, por sua vez, afirma que "juiz não julga o mérito do inventário: julga a partilha" (*Comentários ao Código de Processo Civil*, v. 14, p. 203).

2273 Trata-se de *processo* obrigatório (vide comentários ao art. 611) e, tanto assim que, o inventário sucessório não deve ser extinto por abandono da causa. Caso se constate morosidade injustificada, o juiz promoverá a substituição do inventariante, nomeando-se figura dativa se necessário for. Igualmente: FÁBIO CALDAS DE ARAÚJO, *Curso de Processo Civil,* tomo III, p. 279; e RODRIGO RAMINA LUCCA, *Breves comentários ao novo Código de Processo Civil*, p. 1.742.

2274 Exemplificação apresentada por PAULO CEZAR PINHEIRO CARNEIRO, *Inventário e partilha judicial e extrajudicial*, p. 228. Ou ainda, conforme ilustrado por FÁBIO CALDAS DE ARAÚJO, no caso de inventário instaurado por declaração de morte presumida, mas que, posteriormente, antes de do desfecho do inventário, há comprovação de que o autor da herança não veio a óbito (*Curso de Processo Civil*, tomo III, p. 279).

parágrafo único, do CPC, e na parte final do art. 2.021 do CC. Isso porque os bens reservados encartam-se no conceito de bens litigiosos e, com tal bússola, deverão ser deslocados para sobrepartilha, ficando na posse e administração do inventariante, até que a controvérsia seja resolvida.[2275] Com outras palavras, o juiz poderá julgar o inventário, deliberando acerca da partilha (se for o caso), sem trazer para tal decisão os bens reservados, pois estes deverão ser alvo de posterior deliberação em sede de sobrepartilha (art. 2.021 do CC c/c art. 670 do CPC).[2276]

Assim, *a priori*, o desfecho do inventário nas condições acima (= *sua extinção com resolução de mérito*) não prejudicará a tutela provisória (= *reserva de bens vinculada a litígio ainda não resolvido*). Será necessário que se mantenha a eficácia da tutela provisória que determinou a reserva de bens (e outras acessórias que eventualmente tenham sido adotadas em apoio, tais como publicidade da afetação).[2277] A decisão de desfecho do inventário deverá consignar os bens que estão reservados (com posse e administração a cargo do inventariante), comunicando tal fato ao juízo em que tramita a controvérsia entre as partes (em regra, interessados na herança). A medida é de suma importância, pois espólio não se dissolveu, havendo labor do inventariante na conservação dos bens, devendo se aguardar o desfecho do litígio externo para eventual sobre partilha.[2278]

8. Julgamento de improcedência ou extinção sem julgamento de mérito da "ação externa"

Embora não conste no dispositivo comentado, haverá a cessação da eficácia da tutela provisória quando o "processo externo" tiver seu pedido julga-

2275 Vide os comentários ao art. 669 desta obra.

2276 Bem próximo: Paulo Cezar Pinheiro Carneiro, *Inventário e partilha judicial e extrajudicial*, p. 228.

2277 No mesmo sentido: Arruda Alvim, Araken de Assis e Eduardo Arruda Alvim, *Comentários ao Código de Processo Civil*, p. 1.516; Conrado Paulino da Rosa e Marco Antônio Rodrigues, *Inventário e partilha*, p. 328; Gerson Fischmann, *Comentários ao Código de Processo Civil*, v. 14, p. 203; e Artur César de Souza, *Código de Processo Civil*, v. III, p. 1.610.

2278 No sentido: "Encerrado o inventário, mas ainda havendo bens a partilhar, não se pode concluir pela extinção da figura do espólio" (STJ, 4ª Turma, REsp 977.365/BA, j. 28/02/2003, *DJ* 10/03/2008). Igualmente: STJ, 3ª Turma, REsp 284.669/SP, j. 10/04/2001, *DJ* 13/08/2001. Semelhante: STJ, 2ª Turma, REsp 1.172.305/PR, j. 16/03/2010, *DJ* 24/03/2010. No particular, em caso de sobrepartilha o juízo sucessório detém competência para decidir acerca da destinação dos bens reservados, notadamente se estes retornem para distribuição entre protagonistas da herança (art. 670). Parecendo concordar: Daniel Amorim Assumpção Neves, *Novo Código de Processo Civil comentado*, p. 1.103; e Rodrigo Ramina Lucca, *Breves comentários ao novo Código de Processo Civil*, p. 1.742.

do improcedente ou extinto sem resolução de mérito. Aplica-se, com os devidos ajustes, o disposto no art. 309, III, que prevê que cessará a eficácia da tutela provisória se "o juiz julgar improcedente o pedido principal formulado pelo autor ou extinguir o processo sem resolução de mérito".[2279]

Há, contudo, um detalhe que precisa ser enaltecido. Em regra, somente se deve considerar o julgamento externo como causa de cessação da eficácia da tutela provisória de reserva de bens após o trânsito em julgado. A conclusão decorre não apenas da interpretação das dicções dos arts. 627, § 3º, 628, § 2º e 641, § 2º, que projetam a ideia de julgamento definitivo ao fazerem alusão, respectivamente, às expressões "julgamento da ação", "até que se decida o litígio" e "enquanto pender a demanda", mas também da necessidade de iteração segura entre o juízo do inventário e o palco de resolução externo da controvérsia.[2280] Em síntese, uma vez decidido internamente no inventário sucessório sobre a reserva de bens, o assunto ficará na esfera decisória de tal juízo, que aguardará o desfecho da "ação externa". Como a tutela provisória não foi concedida pelo julgador da ação que corre pelas "vias ordinárias", não cabe a este deliberar acerca do destino da reserva patrimonial, até porque esta será eventualmente entregue ou sobrepartilhada no juízo sucessório. Assim, as decisões proferidas externamente ao juízo sucessório devem ser comunicadas no inventário, a fim de que em tal ambiente seja definido o destino da reserva de bens preteritamente determinada.

Art. 669. São sujeitos à sobrepartilha os bens:

I – sonegados;

II – da herança descobertos após a partilha;

III – litigiosos, assim como os de liquidação difícil ou morosa;

IV – situados em lugar remoto da sede do juízo onde se processa o inventário.

Parágrafo único. Os bens mencionados nos incisos III e IV serão reservados à sobrepartilha sob a guarda e a administração do mesmo ou de diverso inventariante, a consentimento da maioria dos herdeiros.

CPC de 1973 – art. 1.040

2279 Correta a observação de Jose Miguel Garcia Medina no sentido de que o "art. 668 do CPC/2015, embora específico às tutelas concedidas no procedimento de inventário, é menos minucioso que o art. 309 do CPC/2015" (*Novo Código de Processo Civil Comentado*, p. 945). Vide ainda: Paulo Cezar Pinheiro Carneiro, *Inventário e partilha judicial e extrajudicial*, p. 228-229, Rodrigo Mazzei e Tiago Figueiredo Gonçalves, *Comentários ao Código de Processo Civil*, p. 919; e Artur César de Souza, *Código de Processo Civil*, v. III, p. 919.

2280 Próximo: Paulo Cezar Pinheiro Carneiro, *Inventário e partilha judicial e extrajudicial*, p. 228-229.

1. Breves noções sobre a sobrepartilha no CPC de 2015

O art. 669 possui redação próxima à postada no art. 1.040 do CPC de 1973. A sobrepartilha não está tratada apenas no CPC, sendo também regulada no CC (arts. 2.021 e 2.022).[2281] De modo vulgar, a concepção de sobrepartilha está atrelada a nova distribuição de bens e/ou direitos do espólio[2282] que não foram objeto de partilha anterior, ocorrida em inventário *causa mortis* já encerrado. Não se pode, contudo, apenas analisar a temática sob tal faceta, pois, em aspecto procedimental, a sobrepartilha é um *inventário de natureza suplementar*, com autonomia (ainda que relativa), submetendo-se todas as fases de um processo sucessório (art. 670 do CPC).[2283]

A sobrepartilha não é figura exclusivamente finalística voltada aos herdeiros, pois, em exemplo, a localização de bens e/ou direitos não arrolados no inventário poderá beneficiar o cônjuge/companheiro sobrevivente em caso de verificação de que aqueles se submeteram ao regime de comunhão patrimonial em vida, reservando-se a meação ao supérstite. Ademais, a sobrepartilha aloca o bem no acervo hereditário, efetuando-se nova liquidação, ato que é anterior à própria noção de "partilha", de modo que, se o inventário primitivo teve desfecho *negativo*, a arrecadação de bens provocada alcançada pelo art. 669 terá que primeiro atender aos credores que não tiveram suas dívidas satisfeitas (parte inicial do art. 649 do CPC c/c art. 1.796 do CC).[2284]

Há outras situações que poderão ensejar a sobrepartilha e que não estão perfeitamente encaixadas no art. 669 (e também não contempladas pelos arts. 2.021-2.022 do CC). Em exemplo, o art. 650 do CPC prevê que se um dos interessados for nascituro, o quinhão que lhe caberá será reservado em poder do inventariante até o seu nascimento. Nada impede que a partilha se efetue antes da data prevista para o nascimento, de modo que o quinhão ficará reservado com o inventariante aguardando-se o desfecho fático. Em caso de frustrado o nascimento (com vida) do nascituro, o quinhão antes reservado deve-

---

2281 O CPC encaixa a sobrepartilha na Seção X (*Disposições Comuns a Todas as Seções*) do Capítulo VI (*Do Inventário e Da Partilha*), considerando-a, assim, como instituto comum a qualquer modalidade de inventário, ao passo que o CC trata do assunto no trecho específico sobre *partilha* (Capítulo V do Título *Do Inventário e Da partilha*).

2282 Embora os arts. 669-670 do CPC e 2.021-2.022 do CC só façam alusão a "bens", a sobrepartilha alcança todas as titularidades patrimoniais atraídas pela sucessão, ou seja, outros direitos patrimoniais que não são propriamente bens (por exemplo, direitos que envolvem créditos ou lucros pecuniários).

2283 No ponto, há necessidade de designação de inventariante (que poderá ser pessoa diversa daquela designada no inventário original), conclusão que pode se extrair do disposto no parágrafo único do art. 669. Sobre os aspectos da sobrepartilha como *inventário suplementar*, vide comentários ao art. 670.

2284 Vide os comentários ao art. 670 desta obra.

rá ser redistribuído, observando-se as posições jurídicas das partes, dando ensejo à sobrepartilha.[2285] Assim, apesar da ampla moldagem do art. 669, caberá sobrepartilha em qualquer situação em que se vislumbrar a existência de bens e/ou créditos (cuja arrecadação se submete ao regime da herança) e que não foram trazidos em inventário sucessório pretérito.[2286]

2. Necessidade de sistematização (*sobrepartilha prospectiva × sobrepartilha retrospectiva*)

Apesar de o art. 669 não seguir a ordem sequenciada dos arts. 2.021 e 2.022 do CC, não há discrepância nos diplomas acerca das hipóteses que ensejam a sobrepartilha, a saber: (a) *bens situados em lugar remoto da sede do juízo onde se processa o inventário* (arts. 669, IV, do CPC e 2.021 do CC); (b) *bens litigiosos, assim como os de liquidação difícil ou morosa* (arts. 669, III, do CPC e 2.021 do CC); (c) *bens sonegados* (arts. 669, I, do CPC e 2.022 do CC); (d) *bens da herança sejam descobertos após a partilha* (arts. 669, II, do CPC e 2.022 do CC). Para o presente texto, adota-se a ordem que consta no CC (mais didática), que faz a depuração em dois grupos: (i) *aferição da sobrepartilha no curso do inventário* (art. 2.021 do CC), tendo esta, portanto, análise *prospectiva;* (ii) *invocação da sobre partilha depois de encerrado o inventário* (art. 2.022 do CC), fato que aloca o exame quanto à sobrepartilha com olhar *retrospectivo*.

3. A sobrepartilha prospectiva

Usando o art. 2.021 do CC como bússola, as principais hipóteses em que a sobrepartilha será analisada em *plano prospectivo* envolve a presença de patrimônio: (a) *em situação remota do lugar do inventário* (b) *litigioso* e/ou (c) *de morosa ou difícil liquidação.*

2285 No sentido: Luciano Vianna Araújo, *Comentários ao Código de Processo Civil*, v. 2, p. 257.

2286 Semelhante: Arruda Alvim, Araken de Assis e Eduardo Arruda Alvim, *Comentários ao Código de Processo Civil*, p. 1.518. Na jurisprudência: STJ, 3ª Turma, AgRg no REsp 1.151.143/RJ, j. 04/09/2012, *DJ* 10/09/2012. Registre-se que o CPC de 1973 previa outra situação de *sobrepartilha*, fixada no parágrafo único do art. 1.045. Em suma, o dispositivo trazia a possibilidade de incluir, no inventário do cônjuge remanescente (ou seja, aquele que faleceu por último), os bens que não foram arrecadados no inventário do cônjuge que veio a óbito primeiramente. Há na doutrina crítica quanto à exclusão do dispositivo. Confira-se, no sentido: Ricardo Alexandre da Silva e Eduardo Lamy, *Comentários ao Código de Processo Civil*, v. IX, p. 615-616; Felippe Borring Rocha, *Comentários ao novo Código de Processo Civil*, p. 987; e Fernando da Fonseca Gajardoni, *Processo de conhecimento e cumprimento de sentença*: comentários ao CPC 2015, v. 2, p. 1.138. Paulo Cezar Pinheiro Carneiro parece defender que a revogação do art. 1.045, parágrafo único, do CPC de 1973 não impede tal sobrepartilha peculiar (*Inventário e partilha judicial e extrajudicial*, p. 339-240).

Com efeito, a partir do gabarito posto, a *sobrepartilha prospectiva* possui espaço quando se constar que há risco de que a arrecadação de determinado bem e/ou direito venha a atrasar demasiadamente o curso do inventário sucessório.[2287] A *sobrepartilha prospectiva*, de outro turno, também restará autorizada pela *incerteza* quanto à arrecadação, tendo em vista a situação peculiar em que se encontram determinados bens e/ou direitos.[2288] O patrimônio não arrecadado no inventário em curso é projetado para *inventário suplementar* (art. 670 do CPC).[2289] Assim, mesmo com desfecho do inventário original, não há extinção do espólio quando ocorrer a *sobrepartilha prospectiva*,[2290] pois ainda há (potencial) patrimônio em condomínio (art. 1.791 do CC), embora este tenha sido afastado da arrecadação primitiva, a fim de que o processo sucessório não perdesse velocidade processual e/ou eficiência. A expectativa de *inventário suplementar* gerada pela *sobrepartilha prospectiva*, na forma desenhada, justifica a designação de inventariante para administração e adoção das medidas atinentes à arrecadação dos bens e/ou direitos que foram excluídos dos trilhos do

---

2287 O inventário sucessório é um procedimento que não deve ser alongado. Tanto assim que a parte final do art. 611 prevê o prazo de 12 (doze) meses para o seu desfecho. vide comentários ao art. 611.

2288 José Fernando Simão se refere aos bens alcançados pelo art. 2.021 do CC como os "problemáticos" e que "não devem impedir a partilha dos demais bens, pois a celeridade interessa aos herdeiros e reduz o risco de litígios" (*Código Civil Comentado*, p. 1.552). Direto no assunto, Silvio Venosa: "Muito útil, pois, essa possibilidade legal que permite que não se retarde a partilha dos bens incontroversos e de fácil divisão" (*Código Civil Interpretado*, p. 1.723). Próximo: Gustavo Tepedino, Ana Luiza Maia Nevares e Rose Melo Vencelau Meireles, *Fundamentos do direito civil*, v. VII, p. 274.

2289 Quando se projeta bem de arrecadação incerta à sobrepartilha, busca-se evitar que o mesmo seja atribuído desde logo ao quinhão de um (ou alguns) herdeiro(s), que pode(m) depois vir a perdê-lo no processo que o tem por objeto direito material, o que poderia abrir discussão sobre a necessidade de, em atenção ao princípio da igualdade da partilha, exigir dos demais herdeiros a indenização em virtude da evicção (art. 2.024, do CC). De toda sorte, ainda que com dificuldades da avaliação (pela falta de elementos exatos para seu dimensionamento em muitas vezes), não se pode descartar que tais bens possam ser alocados no quinhão de um ou mais herdeiros, desde que estes assumam expressamente o risco por tal opção. Próximo: Pontes de Miranda, *Comentários ao Código de Processo Civil*, v. XIV, p. 302; e Rodrigo Ramina Lucca, *Breves comentários ao novo Código de Processo Civil*, p. 1.744. Para que os efeitos do art. 2.024 do CC não se voltem contra os demais interessados, é fundamental que se lance convenção acerca da modulação da evicção, hipótese permitida pelo art. 448 da lei civil que prevê que as partes podem, "por cláusula expressa, reforçar, diminuir ou excluir a responsabilidade pela evicção". No mesmo sentido: Paulo Cezar Pinheiro Carneiro, *Inventário e partilha judicial e extrajudicial*, p. 231-232.

2290 No sentido: STJ, 4ª Turma, REsp 977.365/BA, j. 26/02/2008, *DJ* 10/03/2008. Vide item adiante que tratou especificamente o tema.

inventário primitivo (art. 669, parágrafo único, do CPC e art. 2.021, parte final, do CC).

A parte final do art. 2.021 do CC pode gerar a impressão de que a *sobrepartilha prospectiva* somente será adotada se houver consenso dos interessados, em que prevalecerá a vontade da maioria.[2291] Tal interpretação, porém, não prospera, pois o dispositivo em voga contempla *técnica processual de organização*, para que não ocorra perda de cadência no inventário sucessório.[2292] Assim, a *sobrepartilha prospectiva* poderá ser deflagrada não apenas por convenção das partes,[2293] mas também por decisão judicial, como *técnica processual* atrelada à organização do inventário sucessório.

Quando se tratar de controvérsia interna, isto é que envolva aqueles que participam do inventário e o espólio, a aplicação do art. 2.021 do CC merece cuidado especial, pois há espaço para que seja efetuada a reserva de bens respectiva ao dimensionamento patrimonial da pendenga, reserva esta que deverá ser mantida até que o litígio interno seja resolvido (em nova plataforma – "vias ordinárias"). A referida providência está prevista expressamente para alguns casos de conflitos internos, podendo-se citar no sentido (dentro do CPC): (a) debate sobre inclusão de herdeiro (art. 627, III), (b) preterição de interessado (art. 628); (c) controvérsia sobre a colação (art. 641); e (d) dívidas com credores (art. 643). Em tais casos, feita a reserva, o inventário terá fluxo processual liberado para o seu desfecho e, caso de decisão final favorável ao espólio, os

---

2291 Parece ser esta a posição de Euclides de Oliveira, *Código Civil Comentado*, v. XXVIII, p. 227. Registre-se que a redação do parágrafo único do art. 669 esclarece que a decisão por maioria se refere à designação do inventariante, não estando atrelada à adoção (ou não) da sobrepartilha.

2292 É inegável que a *sobrepartilha prospectiva* guarda boa identidade com a técnica prevista no art. 612, que, afora as exceções previstas em lei, determina que os conflitos que reclamam a produção de provas outras que não a documentada deverão ser debelados externamente ao inventário *causa mortis*. Em suma, tanto o art. 2.021 do CC quanto o art. 612 do CPC são técnicas que trabalham para a liberação do fluxo interno do inventário sucessório, remetendo para fora do seu âmbito controvérsias que consumiriam tempo incompatível para a sua resolução (art. 611). Vide os comentários ao art. 612 desta obra.

2293 Próximo: Paulo Cezar Pinheiro Carneiro, *Inventário e partilha judicial e extrajudicial*, p. 230; Silvio Venosa, *Código Civil Interpretado*, p. 1.723; e Maria Berenice Dias, *Manual das Sucessões*, p. 611. Não se trata, todavia, de "mero interesse dos herdeiros", como defende Luciano Vianna Araújo, *Comentários ao Código de Processo Civil*, v. 3, p. 292. Há de ficar configurada concretamente situação que justifique o fatiamento do inventário, pois a *sobrepartilha prospectiva* é uma técnica que quebra, de certa maneira, a unicidade sucessória. A dinâmica traçada é indicativa de que a análise sobre a *sobrepartilha prospectiva* é assunto afeto à atividade do inventariante, que, vislumbrando a aplicação do art. 2.021 do CC, deverá trazer o tema para conhecimento e opinamento das partes.

bens reservados perdem a sua afetação, submetendo-se à sobrepartilha.[2294]

Como se vê acima, o litígio interno desenha forma diferenciada de *sobrepartilha prospectiva*, pois há a arrecadação do bem (diferente das outras situações tratadas no art. 2.021 do CC), mas a entrega deste fica suspensa até que ocorra desfecho do assunto nas "vias ordinárias".

Portanto, a compreensão da sobrepartilha na moldagem *prospectiva* permite dimensionar a figura como *técnica processual* em prol da celeridade e organização procedimental. Com outras palavras, a sobrepartilha em tal contexto não é uma *figura acidental*, mas sim como técnica de caráter *estratégico*,[2295] estando vinculada à organização processual do inventário *causa mortis*.[2296] Tal visão fica mais evidenciada quando a *sobrepartilha prospectiva* é interpretada sob o manto de *normas fundamentais* do CPC em vigor, dentre as quais se destacam o art. 4º (que trabalha com a duração razoável do processo) e o art. 8º (que prevê que as normas processuais serão aplicadas à luz da *eficiência*). Diante das variantes questões que envolvem a arrecadação e liquidação da herança, é fundamental que se utilize a sobrepartilha como técnica processual de organização do processo, pois seu manejo adequado permitirá que o processo sucessório tenha desfecho mais eficiente e célere.[2297]

4. *Sobrepartilha retrospectiva*

O art. 669, I e II, do CPC, comunica-se com o art. 2.022 do CC, ao prever que serão objeto de sobrepartilha: (a) *os bens sonegados* e (b) *os bens da herança que se tiver ciência após a partilha.*

Em relação aos bens sonegados, há intima relação com o art. 1.992 do CC, que descreve não só a conduta que caracteriza a sonegação, mas também

2294 Próximo: LUCIANO VIANNA ARAÚJO, *Comentários ao Código de Processo Civil*, v. 2, p. 292.

2295 Como destaca RODRIGO RAMINA LUCCA: "Permite-se que bens conhecidos e facilmente partilhados assim o sejam rapidamente, deixando aqueles de difícil divisão para um momento posterior" (*Breves comentários ao novo Código de Processo Civil*, p. 1.743).

2296 Como a aceleração processual e o desfecho do inventário são de interesse geral, há fértil terreno para que sejam efetuadas convenções processuais envolvendo a sobrepartilha.

2297 As matrizes do *just in time* (JIT), no sentido de que há boa cadência temporal entre o início e o desfecho, estão ligadas à organização da sequência de atos em que deve ser eliminado o tempo improdutivo. Esta visão merece ser adotada nos processos judiciais, notadamente quando estes carregam complexidades internas como ocorre no inventário *causa mortis*. Sobre a aplicação do JIT no plano processual, confira-se: RODRIGO MAZZEI (*Aspectos panorâmicos do 'tempo' na 'realização do direito'*. In: BRUNO FREIRE E SILVA e RODRIGO MAZZEI (coords)*Reforma do Judiciário*: análise interdisciplinar do primeiro ano de vigência, p. 523-524.

o âmbito patrimonial que alcança (incluindo os bens sujeitos à colação) e a sanção respectiva. A depuração do dispositivo da lei civil nas partes acima destacadas se faz necessária, diante das influências que projeta na sobrepartilha. No que se refere aos bens da herança "descobertos após a partilha", estes devem ser entendidos como aqueles de que se tenha "ciência após a partilha" (arts. 2.022 do CC). O momento temporal das situações narradas indica que a *sobrepartilha retrospectiva* é uma *solução residual*, pois o inventariante não poderá retificar, no bojo do inventário findo, a arrecadação dos bens, pois tal medida deve ser feita antes da "partilha", isto é, o desfecho final do inventário (art. 636, parte final).

Como se percebe do quadro, o ponto mais marcante da *sobrepartilha retrospectiva* é a localização (= *descoberta*) de bens e/ou de direitos que deveriam ter sido alvo de arrecadação sucessória originalmente. Assim, em regra imperava quadro de desconhecimento acerca da existência de material que deveria ter sido arrecadado, situação que ocasionou omissão patrimonial na liquidação da herança, e, sequencialmente, na partilha ou adjudicação respectiva. Em tais situações, a sobrepartilha é *acidental*, diferente do que ocorre na *sobrepartilha prospectiva* em que há uma (possível) projeção da sua ocorrência.

5. Bens com localização remota

A primeira hipótese que enseja a *sobrepartilha prospectiva* é a presença de bens com localização remota em relação ao local do inventário. A motivação da regra está no fato de que o inventário *causa mortis* trabalha com o juízo universal, concentrando em apenas um local o trâmite do processo sucessório. Com tal norte, no caso de bens localizados em grandes distâncias em relação ao juízo da sucessão, a arrecadação poderá ser trabalhosa, presumindo-se que esta demandará deslocamentos e tarefas que consumirão tempo precioso e que colocará em risco o cumprimento da bússola inserida na parte final do art. 611 do CPC.[2298]

Por certo, o simples fato de determinado bem-estar localizado distante do foro do inventário, por si só, não o levará para a sobrepartilha. O que deve ficar configurado é a concreta dificuldade de inventariar bens de posiciona-

2298 Nos casos de inventário extrajudicial, diante da ampla liberdade quanto à competência para sua instauração, é possível se inverter a lógica e fazer abertura do processo sucessório no local em que estão localizados os bens remotos. Assim, a dificuldade que levaria à sobrepartilha pode ser justificada para que os interessados instaurem o inventário extrajudicial fora do local que ordinariamente optariam, pois, como já abordado nos comentários ao art. 610, as regras de competência aplicáveis ao inventário judicial não se aplicam ao inventário extrajudicial. Vide os comentários ao art. 610 desta obra.

mento distante, demonstrando-se que a inclusão destes no inventário pode ocasionar atraso na marcha processual rumo à partilha dos demais.[2299] Em tempos atuais, a hipótese examinada de forma isolada perde bastante espaço, tendo em vista a agilidade nas comunicações e da fluidez cada vez maior aplicada nas operações patrimoniais (como é o caso de depósitos em dinheiro e aplicações financeiras).[2300] Ademais, aplicando-se soluções previstas na legislação, com suas devidas adaptações, o juízo sucessório poderá se valer do auxílio e até da cooperação jurisdicional (arts. 67-69 do CPC).

Anote-se, por fim, que legislação nacional não permite encaixar os bens postados em território estrangeiro como hipótese alcançada pelo inciso IV do art. 669 ou pelo *caput* do art. 2.022 do CC. O disposto no art. 23, II, do CPC (devidamente conjugado com regras insertas na LINDB) indica que o inventário *causa mortis* que tramita sobre a jurisdição brasileira somente poderá alcançar os bens cravados no território nacional. Dessa forma, em relação a bens no exterior, não há de que se falar em sobrepartilha, uma vez que não há jurisdição nacional para tanto.

6. Bens litigiosos

Tanto o art. 2.021 do CC, quanto o inciso III do art. 699 são lacônicos ao fazerem alusão aos "bens litigiosos". A carência de delimitação nas regras legais permite interpretação ampla, capaz de comportar não apenas os *litígios externos*, em que o espólio debaterá com terceiro acerca da titularidade ou arrecadação de determinado bem,[2301] assim como em relação aos *litígios internos* em que a controvérsia se instala entre participantes do inventário, estando estes em disputa que afeta a superfície da massa hereditária e/ou o dimensionamento dos quinhões.

Sem dúvida, os *litígios externos* terão tratamento mais simples no manejo da sobrepartilha, pois estes envolvem a disputa patrimonial entre o espólio e terceiro que não participa do inventário. Em se resolvendo o litígio favoravelmente ao espólio, o resultado da pendenga (mesmo que resolvida de forma extrajudicial) será alvo de arrecadação, a fim de que o produto seja inserido no inventário. Assim, valendo-se de *visão prospectiva da sobrepartilha*, o bem que está sob disputa de titularidade não será incluso – ao menos em regra – na

2299 Igualmente: Rodrigo Ramina Lucca, *Breves comentários ao novo Código de Processo Civil*, p. 1.647.

2300 No mesmo sentido: Euclides de Oliveira, *Código Civil comentado*, v. XXVIII, p. 226.

2301 Por exemplo, os que estão sendo disputados em ações possessórias e reivindicatórias. No sentido: Euclides de Oliveira, *Código Civil Comentado*, v. XXVIII, p. 227.

arrecadação inventário, aguardando-se a resolução da controvérsia para trazê-lo ao juízo sucessório. O bem será arrecadado para o inventário original somente se o litígio se encerrar favoravelmente ao espólio antes do desfecho do processo sucessório, pois se este já tiver se encerrado antes da solução positiva do conflito, será hipótese de sobrepartilha (= *inventário suplementar* – art. 670). [2302]

A dimensão da sobrepartilha, todavia, não é a mesma quando o *litígio é de natureza interna*, isto é, quando envolve controvérsia de atores que participam do inventário. Em tais casos, presentes os requisitos, será determinada a reserva de bens respectiva à controvérsia,[2303] com o objetivo de que, depois de resolvida a pendenga, o patrimônio seja entregue a quem quer de direito. Nos casos em que a disputa for julgada contra o espólio, em regra, os bens reservados serão adjudicados ou expropriados pelo interessado, ao passo que, se assim não ocorrer e por qualquer motivo a garantia seja tornada sem efeito ou diminuída, os bens reservados retomam à posição inicial de arrecadação. Por certo, a reserva será dimensionada em projeção à pujança patrimonial de cada conflito, que deverá ser analisado no caso concerto.

O CPC em vigor contempla exemplos de litígios em que a mecânica acima desenhada pode ser facilmente conferida (vide arts. 627, § 3º; 628, § 2º; 641, § 2º, 643, parágrafo único), pois ocorrendo disputas internas que não possam ser resolvidas no bojo do inventário, efetua-se a reserva dos bens no ventre inventário e, em se seguida, será efetuada a remessa da controvérsia para ambiente externo.[2304] As hipóteses fixadas no CPC são ilustrativas, admitindo-se, portanto, a adoção da técnica de remessa + reserva para outros conflitos entre os personagens que participam do processo sucessório. No sentido, de modo exemplificativo, não é invulgar a formação de controvérsias sobre as seguintes situações: (a) fixação da data da separação de fato entre o falecido e o cônjuge/companheiro sobrevivente, pois o marco será utilizado para a e cessação da comunhão; (b) definição da data de início da união estável (desprovida de escritura pública ou de ato documentado semelhante) com o companheiro sobrevivente, já que a aferição será usada para fixar os bens alcançados pela comunhão em vida; (c) análise da ocorrência (ou não) da sub-rogação do patrimônio pessoal do falecido e/ou do cônjuge/companheiro sobrevivente, a fim de que os bens sejam corretamente posicionados na arrecadação; (d)

2302 Se, por acidente (= *contrariando as expectativas* que justificaram a projeção de *sobrepartilha*), a controvérsia sobre o bem se resolver antes do desfecho do inventário *causa mortis*, bastará que se faça a retificação da arrecadação por parte do inventariante (art. 636, parte final).

2303 Sobre a reserva e seus requisitos, vide comentários ao art. 612.

2304 Sobre a formação da reserva patrimonial, vide os comentários aos arts. 612 e 627 desta obra.

fixação das dívidas do falecido e/ou do cônjuge/companheiro sobrevivente como de natureza comum ou pessoal; (e) recebimento de frutos por herdeiros e pelo cônjuge sobrevivente depois da abertura da sucessão, efetuando-se a reposição patrimonial ao espólio.

7. Bens de liquidação morosa ou difícil

A legislação faz a indicação genérica de que os bens de liquidação morosa ou difícil se submetem à *sobrepartilha prospectiva*.[2305]

Liquidação morosa deve ser entendida como aquela que possui processo *lento* de arrecadação e quantificação valorativa do bem, fato que não justificaria tal espera, diante da projeção temporal da parte final do art. 611. Dessa forma, pode-se tirar, em exemplo, que o falecido possui direito a receber parcela indenizatória cujo valor ainda não foi definido, não restando outro caminho senão a liquidação judicial.[2306] Como não há certeza da dimensão do crédito e a cadência temporal para que este seja fixado é incerta, há presunção de delonga temporal, de modo que o art. 2.021 do CC permite que somente se efetue a arrecadação depois liquidação efetiva do crédito, até porque, sem base de cálculo, haverá dificuldade no recolhimento do ITCMD respectivo.

A legislação faz alusão também à liquidação difícil. Ao que parece, o texto legal quis firmar a ideia de *liquidação complexa*, no sentido de que o dimensionamento valorativo de determinados bens se submete a dados intricados e que, por isso, não permitem uma avaliação segura em curto espaço de tempo. Em ilustração, o autor da herança – em ato *intervivos* –, ao se desligar de empresa em que tinha participação social, teve a seu favor conferido o direito ao recebimento de percentual sobre os lucros futuros da pessoa jurídica, cujos ciclos de apuração reclamam a análise de desempenho empresarial. Trazer para dentro do inventário *causa mortis* a apuração de tais valores, ainda que a liquidação seja amigável, permite que a complexidade da apuração, que se projeta demorada, crie obstáculo para a imediata destinação dos bens e/ou dos créditos que já podem ser partilhados imediatamente.

2305 O texto da lei não é claro, criando a possibilidade de mais de uma interpretação da expressão "bens de liquidação morosa ou difícil". Por exemplo, Mauro Antonini defende que os bens em local remoto e os bens litigiosos são exemplos de "bens de liquidação morosa ou difícil" (*Código Civil comentado*, p. 2.365), posição dotada por Patrícia Mara dos Santos Tomás, *Código Civil interpretado*, p. 1.638. Parecendo concordar: Gerson Fischmann, *Comentários ao Código de Processo Civil*, v. 14, p. 205.

2306 Correta a dicção de Euclides de Oliveira: "Não se pode prejudicar o líquido pelo ilíquido" (*Código Civil comentado*, v. XXVIII, p. 227).

8. Bens sonegados

O art. 1.992 do CC prevê que a sonegação de bens no direito sucessório se caracteriza como conduta do herdeiro que: (1) não descreve bens da herança que estão em seu poder; (2) que possui conhecimento de bens que estão na posse de terceiros; (3) quando os omite da colação; e (4) quando deixa de efetuar a restituição respectiva. Configurada qualquer das condutas descritas no art. 1.992 e proferida decisão no sentido em postulação própria (art. 1.994), o herdeiro sonegador perderá todo o direito afeto ao bem sonegado. Na sonegação de bens há engenho singular na sobrepartilha, pois, em regra, a parte que o herdeiro sonegador faria jus será dividida entre os demais herdeiros proporcionalmente, seguindo-se o desenho de quinhão projetado pela vocação hereditária.[2307]

Quando o herdeiro sonegador não descreve bens da herança que estão em seu poder, que estão na posse de terceiros, ou não efetua a restituição destes, a pena de sonegados beneficiará a todos os herdeiros, no entanto, quando se tratar de sonegação decorrente da colação, a perda do direito aplicada ao sonegador será específica à legítima. Isso porque os bens que se sujeitam à conferência (colação) são arrecadados para parte específica da herança que está apenas na esfera patrimonial dos herdeiros necessários (art. 1.845-1.847 CC), fato que gerará o encaixe do bem sonegado em tal trecho específico da herança.[2308]

Os detalhamentos envolvendo a colação são indicativos de que, se o debate acerca da sonegação surgir no curso do inventário, isto é, antes do seu desfecho, de forma diversa do que está traçado no art. 2.022 do CC, estar-se-á diante de "litígio interno", sendo passível de aplicação da *sobrepartilha prospectiva*. Em tal situação, não sendo o conflito resolvido internamente ao inventário (art. 641, § 2º), haverá a remessa para debate externo, com superfície para a formação de reserva patrimonial correspondente à pendenga.

9. Bem descoberto depois da partilha

Eventualmente pode acontecer o desconhecimento geral dos interessados acerca de determinado bem e/ou direito que deveria ter sido arrecadado no

2307 Não se trata de hipótese de "morte civil", situação prevista no art. 1.816 do CC, que permite que os descendentes do herdeiro excluído da sucessão possam herdar no lugar do herdeiro sonegador como se este morto fosse. De todo modo, há entendimento doutrinário de que a sanção é personalíssima e não poderia ser estendida aos herdeiros se o herdeiro apontado como sonegador morrer no curso da ação escorada no art. 1.992 do CC. No sentido: Carlos Maximiliano, *Direito das Sucessões*, v. III, p. 390; e Orlando Gomes, *Sucessões*, p. 305; Mauro Antonini, *Código Civil Comentado*, p. 2.327.

2308 No tema, confira os comentários ao art. 640 desta obra.

inventário. Há diferença evidente em relação à sonegação, pois, no caso tratado no item anterior, ao menos um personagem da sucessão (o herdeiro sonegador) tinha conhecimento da necessidade de arrecadação patrimonial do bem sonegado. Portanto, a premissa do inciso II do art. 669 é da falta de ciência geral acerca do bem e/ou direito, tanto assim, que o texto legal faz alusão aos bens da herança "descobertos após a partilha". Em exemplo, não é de todo raro que alguns bens móveis (por exemplo, joias e pedras preciosas) e documentação indicativa de titularidade de créditos e/ou bens do falecido, por vezes, fiquem escondidos em cofres, cuja descoberta somente ocorre em data posterior ao encerramento do inventário sucessório.[2309]

10. *Sobrepartilha prospectiva*: manutenção do espólio e designação de inventariante

O parágrafo único do art. 669 determina que, nos casos de bens litigiosos, de difícil/morosa liquidação ou situados em lugar remoto da sede do juízo onde se processa o inventário, estes ficarão sob a guarda de inventariante. A referida previsão também está contida na parte final do art. 2.021 do CC, fato que demonstra a sua afinidade com a *sobrepartilha prospectiva*. A solução legal – ao prever a manutenção da inventariança (ainda que com previsão que permite a troca do seu protagonista) – indica que, nas hipóteses de *sobrepartilha prospectiva*, não ocorre a extinção total dos efeitos da *saisine* e da noção de condomínio aplicado à herança (arts. 1.784 e 1.791, parágrafo único, do CC).[2310] O espólio, especificamente em relação aos bens e/ou direitos projetados para *sobrepartilha*, sobrevive e ficará latente, aguardando-se o desfecho da arrecadação, da liquidação e/ou das controvérsias que as envolvem.[2311] A manutenção do espólio é que justifica a designação de pessoa que represente a herança e adote medidas em nome do condomínio hereditário residual (representado pelos bens e direitos que foram depurados para *sobrepartilha*).

Não haveria lógica na nomeação de inventariante se o espólio fosse declarado extinto por completo. A assertiva demonstra a importância de que, na

---

2309 Em outra ilustração, o falecido pode ter deixado bens na posse de terceiros, pessoas estas que vêm tomar conhecimento da morte do autor da herança depois do fim do inventário, situação que faz com que a restituição seja plasmada em sobrepartilha.

2310 Próximo: Dimas Messias de Carvalho, *Direito das sucessões*: inventário e partilha, p. 520.

2311 Próximo: Daniel Amorim Assumpção Neves, *Novo Código de Processo Civil comentado*, p. 1.105. No sentido: "Encerrado o inventário, mas ainda havendo bens a partilhar, não se pode concluir pela extinção da figura do espólio" (STJ, 4ª Turma, REsp 977.365/BA, j. 28/02/2008, *DJ* 10/03/2008). Seguindo semelhante linha: STJ, 3ª Turma, REsp 284.669/SP, j. 10/04/2001, *DJ* 13/08/2001; e STJ, 2ª Turma, REsp 1.172.305/PR, j. 16/03/2010, *DJ* 24/03/2010.

decisão de desfecho do inventário (notadamente em caso de partilha), fique consignada a existência de bens e/ou direitos que poderão ser alvo de sobrepartilha, identificando-os de forma mais precisa possível. Assim, de forma ilustrada, em caso de bens litigiosos, deverá constar no bojo do inventário não só as controvérsias, mas a individualização dos bens que estas abarcam e as ações judiciais eventualmente já em curso. No que se refere aos bens sem liquidação, também deverá ser feita menção a estes, com indicativo das providências que foram adotadas. Tais informações são relevantes, pois o espólio somente se encerrará quando ocorrer a derradeira sobrepartilha ou, de outra banda, se for declarada a renúncia ou a impossibilidade jurídica da arrecadação (por exemplo, sucumbência na ação judicial em que se disputava determinado bem).[2312]

A projeção das incumbências do inventariante (arts. 618-619) são devidamente plasmadas, com os devidos ajustes, no parágrafo único do art. 669 do mesmo diploma. No particular, sem a identificação mínima daquilo que remanesce no patrimônio do espólio, restará inviável, por exemplo, que se aplique o disposto no inciso VII do art. 618, em que se pressupõe uma prestação de contas anual, conjugando-se tal dispositivo com o art. 611.[2313]

No que tange à designação do inventariante, os textos do parágrafo único do art. 669 do CPC e do art. 2.021 (parte final) do CC não possuem uma redação fluida. A interpretação que parece mais adequada aponta no sentido de que aquele que exerceu a inventariança se manterá na função, com a ressalva que tal continuidade poderá ser interrompida se as partes, por maioria, decidirem efetuar sua troca. Ademais, caso seja de interesse da pessoa que exerceu a inventariança, a função poderá ser redistribuída a novo ator, não sendo permitido furtar do inventariante o direito de se afastar do encargo ao fim do inventário original. Dessa forma, a permuta da inventariança deve ser sopesada em caso de *sobrepartilha prospectiva*, presumindo-se que, se nada for decidido em contrário, haverá a manutenção do mesmo inventariante. Em caso de troca de ator funcional, o novo inventariante deverá prestar novo compromisso (art. 617, parágrafo único).

A permuta na inventariança, caso efetuada mediante convenção das partes, possui semelhança com a eleição consensual para a escolha do protagonista para atuar como inventariante, razão pela qual deve ser vista como espécie de negócio jurídico processual.[2314] Para que ocorra o referido processo eletivo,

---

2312 Parecendo concordar: ARRUDA ALVIM, ARAKEN DE ASSIS e EDUARDO ARRUDA ALVIM, *Comentários ao Código de Processo Civil*, p. 1.517; e DIMAS MESSIAS DE CARVALHO, *Direito das sucessões:* inventário e partilha, p. 520.

2313 Vide os comentários ao art. 618 desta obra.

2314 LUCIANO VIANNA ARAÚJO entende que o art. 669, parágrafo único, sugere a presença de *negócio jurídico processual típico* (*Comentários ao Código de Processo Civil*, v. 3, p. 293).

a expressão *"maioria dos herdeiros"* que consta no parágrafo único do art. 669 do CPC (e na parte final do art. 2.021 CC) não foi posta na legislação de forma segura, pois os textos legais não esclarecem como a votação deve ser contabilizada. Deverá se usar maioria simples ou maioria absoluta? E ainda, a maioria será apurada por critério quantitativo (= *fixado pelo número de votantes*) ou por modelagem qualitativa (= *determinada pelo peso dos votos*)?[2315]

A importação das regras de condomínio (arts. 1.791, parágrafo único, e 1.321, do CC), embora tenha alguma utilidade, não resolve a questão de forma plena. Com efeito, ainda que o art. 1.323 do CC aponte para a ideia de que as deliberações sobre nomeação de administrador se resolverão por "maioria simples", o art. 1.325 – que está na subseção que trata da administração do condomínio – prevê que a "maioria será calculada pelo valor dos quinhões", dispondo seu § 1º que as deliberações serão "tomadas por maioria absoluta". O contexto sugere que, para deliberação acerca da troca do inventariante, permutando-se de personagem especificamente para sobrepartilha, deverá ser respeitada a vontade da maioria absoluta levando-se em conta os quinhões fixados na partilha (isto é, *maioria qualitativa*). Ocorre que os quinhões podem ter natureza heterogênea e alcançar figura que não é tida como herdeiro, mas que possui interesse direto na sobrepartilha. Exemplo claro está no cônjuge sobrevivente que tinha com o falecido vínculo pelo regime da comunhão universal, de modo que, em regra, metade da arrecadação da sobrepartilha lhe será dirigida.[2316] Assim, os quinhões nem sempre terão a mesma natureza, situação que poderá reclamar a análise judicial.[2317]

Em razão do movediço e complexo quadro, o juiz poderá ser chamado na designação e, de forma próxima ao que ocorre no art. 617, ter à sua mão a caneta para a resolução da controvérsia. Na decisão, o juízo sucessório – ainda

---

Sobre negócios jurídicos processuais no inventário sucessório, vide os comentários ao art. 665 desta obra.

2315 Sobre o tema, Gustavo Tepedino, Ana Luiza Maia Nevares e Rose Melo Vencelau Meireles defendem que: "Não esclarece o legislador se a maioria é quantitativa ou qualitativa, mas deve se entender por este último critério" (*Fundamentos do direito civil*, v. VII, p. 274).

2316 Não se afigura inspirada a posição de Clóvis do Couto e Silva que faz a interpretação literal do parágrafo único do art. 1.040 do CPC de 1973 (substituído pelo art. 669, ora comentado) e entende o cônjuge sobrevivente não participa da votação do inventariante (*Comentários ao Código de Processo Civil,* v. XI, tomo I, p. 416).

2317 O art. 1.325 do CC reconhece que o dimensionamento dos quinhões poderá ser dificultoso, ao prever em seus §§ 2º e 3º respectivamente: "2º Não sendo possível alcançar maioria absoluta, decidirá o juiz, a requerimento de qualquer condômino, ouvidos os outros. § 3 º Havendo dúvida quanto ao valor do quinhão, será este avaliado judicialmente".

que leve em conta o rol de referência (art. 617) – deverá definir como inventariante aquele que possui as melhores condições para exercer o cargo em relação à sobrepartilha.[2318]

11. Sobrepartilha extrajudicial

Atendidos os requisitos do art. 610, §1º, do CPC, não há nenhum óbice para que a sobrepartilha seja feita extrajudicialmente, ainda que o inventário, que já teve o desfecho encerrado, tenha transitado na via judicial.[2319] Não há também óbice contrário, ou seja, de sobrepartilha pela via judicial em caso de pretérita partilha por escritura pública.

Diante das noções de *sobrepartilha prospectiva*, deve-se admitir a escritura pública com partilha parcial, quando não seja possível ou viável partilhar todos os bens deixados pelo autor da herança, adaptando-se a regra do art. 2.021 ao inventário extrajudicial. Por ser vedada a sonegação de bens no rol inventariado, deve-se justificar a não inclusão de determinado bem que se deixe para sobrepartilha. Com a lavratura da escritura pública de sobrepartilha, o tabelião deverá agir conforme a natureza da partilha inicial para que se proceda à anotação nesta: (i) se judicial, fazer a devida comunicação ao juízo; ou (ii) se extrajudicial, comunicar ao cartório.[2320]

Art. 670. Na sobrepartilha dos bens, observar-se-á o processo de inventário e de partilha.

Parágrafo único. A sobrepartilha correrá nos autos do inventário do autor da herança.

CPC de 1973 – art. 1.041

1. As balizas e a dinâmica procedimental da sobrepartilha

Embora o parágrafo único do art. 670 disponha que a sobrepartilha "correrá nos autos" do processo sucessório anterior, trata-se de nova relação jurí-

2318 Sobre a nomeação judicial do inventariante, vide os comentários ao art. 617 desta obra.

2319 Eventual dúvida foi no sentido foi afastada pelo texto art. 25. da Resolução n. 35/2007 do CNJ, que dispõe: "É admissível a sobrepartilha por escritura pública, ainda que referente a inventário e partilha judiciais já findos, mesmo que o herdeiro, hoje maior e capaz, fosse menor ou incapaz ao tempo do óbito ou do processo judicial." Na doutrina (entre vários): Marcelo Abelha, *Manual de Direito Processual Civil*, p. 846; e Euclides de Oliveira e Sebastião Amorim, *Inventário e partilha*: teoria e prática, p. 457; e Daniel Amorim Assumpção Neves, *Novo Código de Processo Civil comentado*, p. 1.105.

2320 Vide os comentários ao art. 610 desta obra.

dica. Com efeito, a *sobrepartilha* não pode ser vista como ato de desfecho de processo sucessório anterior, pois, na realidade, a figura se notabiliza como *inventário causa mortis suplementar*, submetendo-se, com os devidos ajustes, ao mesmo gabarito legal.[2321]

Como as regras aplicáveis ao inventário *causa mortis* são lançadas à sobrepartilha, ainda que com adaptações, admite-se a adoção de qualquer do modelo procedimental, desde que compatível no caso concreto. Dessa forma, além do procedimento do inventário solene, a sobrepartilha poderá ter curso pelo rito do *arrolamento sumário* (caso preenchidos os requisitos do art. 659), como também pela plataforma do *arrolamento comum* (desde que o patrimônio a ser arrecadado deverá seja igual ou inferior a mil salários mínimos – art. 664). Satisfeitos os ditames do art. 610, § 1º, admite-se a sobrepartilha extrajudicial, pouco importando se o desfecho primitivo foi efetuado na via judicial.[2322]

O parágrafo único do art. 670 aponta pela necessidade de desarquivamento dos autos do inventário original, tendo em vista que a sobrepartilha tem os trilhos assentados nos mesmos autos,[2323] ainda que com a autonomia acima demarcada.

Há diferenças procedimentais em relação à forma com que a sobrepartilha se desenvolverá, diferenças estas que se darão a partir do modelo *prospectivo* ou *retrospectivo*. Ora, em se tratando de *sobrepartilha prospectiva*, não há a extinção do espólio, razão pela qual a figura do inventariante ainda se faz presente (art. 669, parágrafo único). O pormenor é relevante, pois a situação pode alargar a legitimação para abertura do procedimento fixado no art. 670. Isso porque, em regra, a legitimidade para requerer a sobrepartilha está voltada aos atores que constam no rol do art. 616 da codificação processual,[2324] isto é, aqueles que poderiam instaurar o inventário primitivo. Ocorre que não se deve negar a

2321 Tanto assim que será necessário que se apresente petição inicial apontando os fundamentos que ensejam a sobrepartilha e as informações acerca do patrimônio (bens e/ou direitos) que merece ser inventariado, a fim de que se faça nova liquidação sucessória, com a distribuição respectiva (observando-se as posições jurídicas das partes). Bem próximo: Gerson Fischmann, *Comentários ao Código de Processo Civil*, v. 14, p. 206.

2322 No sentido: Luciano Vianna Araújo, *Comentários ao Código de Processo Civil*, v. 3, p. 293; e Fernando da Fonseca Gajardoni, *Processo de conhecimento e cumprimento de sentença:* comentários ao CPC 2015, v. 2, p. 1.139. Vide os comentários ao art. 669 desta obra.

2323 No sentido: Ricardo Alexandre da Silva e Eduardo Lamy, *Comentários ao Código de Processo Civil*, v. IX, p. 618; e Silvio Venosa, *Código Civil interpretado*, p. 1.723.

2324 No sentido (entre vários): Fernando da Fonseca Gajardoni, *Processo de conhecimento e cumprimento de sentença*: comentários ao CPC 2015, v. 2, p. 1.139; e Rodrigo Ramina Lucca, *Breves comentários ao novo Código de Processo Civil*, p. 1.745.

legitimação do inventariante designado para atuar na sobrepartilha, pois tal restrição é contrária ao exercício do encargo especialíssimo. Assim, aquele que for designado previamente como inventariante para a sobrepartilha (art. 669, parágrafo único) terá legitimação para a respectiva instauração, mesmo que não se encontre dentro das figuras do rol de legitimados do inventário original.[2325]

Coerente com o acima dito, em caso de *sobrepartilha prospectiva* – provavelmente – não será necessária a designação de inventariante, situação diversa quando a *sobrepartilha* for *retrospectiva*, pois na última hipótese o espólio restará extinto e não terá nenhuma pessoa ocupando a inventariança.[2326] Assim, a postulação de *sobrepartilha* deverá apontar a existência de inventariante, identificando-o em caso positivo. Em não remanescendo pessoa na função ou deixando as partes de apresentar um nome de consenso para o encargo, caberá ao juiz efetuar a nomeação, designação esta que levará em conta o rol de referência (art. 617) para a escolha daquele com os melhores predicados para o exercício funcional e tarefas atinentes à sobrepartilha.[2327]

A petição inicial deverá estar moldada ao procedimento adotado,[2328] devendo ser requerida a citação dos interessados, a fim de que estes integrem a relação jurídica (art. 238 do CPC), facultando-lhes a apresentação de manifestação sobre do pedido, declarações e conteúdo vinculados à sobrepartilha.[2329-2330]

2325 A assertiva confirma a linha dos comentários ao art. 618, no sentido de que o rol de incumbências ali descrito é puramente *exemplificativo*.

2326 Por praxe, na *sobrepartilha retrospectiva*, costuma-se reconduzir o inventariante anterior, exceto quando demonstrado algum motivo que inviabilize a medida (por exemplo, falecimento da pessoa que anteriormente ocupou o cargo) ou que esta seja desaconselhável (em ilustração, o antigo inventariante está acometido de doença grave ou em posição de litígio com algum interessado na herança).

2327 Sobre a nomeação judicial do inventariante, vide os comentários ao art. 617 desta obra.

2328 Não se trata de simples requerimento incidental, seguindo de pedido de desarquivamento, mas de postulação afinada ao gabarito de petição inicial. No sentido: Pontes de Miranda, *Comentários ao Código de Processo Civil*, v. XIV, p. 303-304.

2329 Próximo: Dimas Messias de Carvalho, *Direito das sucessões:* inventário e partilha, p. 520; Pontes de Miranda, *Comentários ao Código de Processo Civil*, v. XIV, p. 303-304; Gerson Fischmann, *Comentários ao Código de Processo Civil*, v. 14, p. 207; Hamilton de Moraes Barros, *Comentários ao Código de Processo Civil*, v. IX, p. 346-345; e Euclides de Oliveira e Sebastião Amorim, *Inventário e partilha: teoria e prática*, p. 280.

2330 Como se trata de nova relação processual distinta da anterior, torna-se necessária a apresentação de nova procuração outorgando poderes aos advogados dos interessados. Tal lógica não se aplicará se o mandato fizer menção à continuidade do trabalho do advogado para eventual sobrepartilha, espelhando o que está disposto no parágrafo único do art. 669 em relação ao inventariante. De forma diversa (entendendo ser possível aproveitar a procuração original para a sobrepartilha): Fábio Caldas de Araújo, *Curso de Processo Civil*, tomo III, p. 280.

No ponto, o inventariante deverá apresentar peça com moldagem semelhante às primeiras declarações (art. 620), de modo que permita a perfeita identificação do patrimônio e dos beneficiários, pois, em alguns casos, os bens e/ou direitos trazidos em sede de sobrepartilha adentrarão na esfera jurídica apenas de determinadas pessoas, situação clara quando se trata de bem sonegado e vinculado à colação (já que este interessa aos herdeiros necessários).

Em se tratando de sobrepartilha judicial, a competência é a do mesmo foro em que tramitou o inventário e partilha. Todavia, a partir das próprias variações permitidas na lei (art. 48, parágrafo único, do CPC), não se pode descartar que a sobrepartilha seja apresentada em juízo diverso do processo original, desde que a opção esteja dentro do cartel legal, com justificação da escolha. Exemplo no sentido pode ser tirado em relação aos bens situados em local remoto (art. 669, IV), pois a manutenção do juízo onde se processou o inventário original restabelecerá a mesma dificuldade que anteriormente originou a *sobrepartilha prospectiva*. Considerando que as bandejas do art. 48 permitem a fixação de foro sucessório a partir da localização de bens da herança, o deslocamento da competência pode eficiente para o desfecho mais célere da sobrepartilha.

Diferente do que ocorre em relação ao inventário *causa mortis*, não há prazo para a instauração do procedimento de *sobrepartilha*, devendo tal fato ocorrer quando os bens e/ou direitos se encontrem aptos a serem levados à efetiva arrecadação sucessória. No entanto, depois de sua instauração, aplicar-se-á o prazo do art. 611 à sobrepartilha, ou seja, os interessados terão 12 meses para finalizar o inventário suplementar. O detalhe demonstra a importância de se iniciar a sobrepartilha com os bens e/ou direitos em condições de arrecadação e distribuição, não sendo necessários os unir a outros ainda não aptos para tanto, pois, como bem destacado na parte final do art. 2.021 do CC, será possível que se apresentem quantas sobrepartilhas forem necessárias.

Não obstante se tratar de procedimento autônomo, a sobrepartilha possui natureza suplementar do inventário sucessório original. Há, pois, um aspecto de continuidade em que o inventário primitivo será mantido como referencial, já que nele foram adotadas decisões relevantes acerca da sucessão, como a definição das posições jurídicas de cada um dos interessados e o desenho quantitativo dos quinhões. Dessa forma, apresentadas as "primeiras declarações" vinculadas à sobrepartilha, não poderão ser renovados os debates já sedimentados no inventário anterior, tais como a posição jurídica dos interessados. Haverá limitação nas manifestações das partes, cujo mote – dado aos próprios trilhos da sobrepartilha – se cingirá a nova arrecadação efetuada, assim como os bens e/ou direitos que dela fazem parte. Proceder-se-á a avaliação, abrindo-se nova fase de liquidação que permitirá que eventual credor se valha do patrimônio trazido para reclamar o pagamento de dívida ainda aberta (arts. 642-643). Somente depois de ultrapassadas tais etapas, que deve ser proferida decisão.[2331]

A data de instauração do inventário original é aproveitada pela sobrepartilha, não se podendo falar em mora por pagamento tardio do ITCMD,[2332] pois os bens não foram anteriormente arrecadados e transferidos aos interessados em decorrência de fatos alheios a estes. No ponto, o ITCMD somente poderá ser exigido, a teor do art. 654 do CPC, quando os bens estão aptos à partilha e/ou adjudicação.

Caso surja – no curso da sobrepartilha – ponto controverso que reclame a produção de prova que não a documentada (ou fora das exceções legais), o conflito não poderá ser resolvido internamente, impondo-se a remessa externa (art. 612).[2333]

2. Sobrepartilha extrajudicial em caso de inventário judicial e vice-versa

A sobrepartilha por escritura pública pode ser feita mesmo que o inventário anterior tenha tido trâmite judicial (tema tratado no art. 25 da Resolução n. 35/2007 do CNJ). Também deve-se admitir sobrepartilha judicial na hipótese de pretérito inventário extrajudicial, pois a opção primitiva não vincula a sobrepartilha.[2334]

3. "Prescrição" e a sobrepartilha

A sobrepartilha em si não se submete a qualquer prazo extintivo, sendo certo que a prescrição e a decadência são incompatíveis com a própria natureza do inventário *causa mortis*.[2335] Na realidade, tais situações devem ser analisadas dentro da intimidade de cada hipótese que enseja a sobrepartilha, jamais sobre a perspectiva intima da instauração do *procedimento de sobrepartilha sucessória*. A anotação é relevante, pois não é raro que se faça apontamento genérico, vinculando prescrição à sobrepartilha,[2336] criando-se a falsa impressão de

---

2331 Próximo: Luciano Vianna Araújo, *Comentários ao Código de Processo Civil*, v. 3, p. 293.

2332 Igualmente: Luciano Vianna Araújo, *Comentários ao Código de Processo Civil*, v. 3, p. 292.

2333 Igualmente: Paulo Cezar Pinheiro Carneiro, *Inventário e partilha judicial e extrajudicial*, p. 233.

2334 Vide os comentários aos arts. 610 e 669 desta obra.

2335 O art. 31 da Resolução n. 35/2007 do CNJ ratifica o acima dito, pois o inventário poderá ser instaurado a qualquer tempo, aplicando-se a mesma lógica à sobrepartilha.

2336 No julgamento do AgInt no AREsp 225.534/PR, a 4ª Turma do STJ fez a seguinte alusão na ementa: "prescrição para o ajuizamento da ação de sobrepartilha" (j. 08/11/2016, *DJ* 16/11/2016). Na doutrina há também tal nonemclatura, confira-se:

que decorreu prazo vinculado a esta, quando este se vincula a própria questão que seria o seu alvo. Em ilustração do acima dito, para a análise da prescrição acerca da arrecadação dos bens sonegados (art. 669, I) o foco não está no prazo em si para apresentar o pedido de *sobrepartilha,* mas de postulação para o reconhecimento e a condenação do herdeiro sonegador (art. 1.992 do CC).[2337]

Portanto, prescrição ou decadência deverão ser analisadas, conforme o caso, com olhos no fundamento que pode ensejar a sobrepartilha, sendo certo que – com tal visão – há variantes atreladas a cada hipótese.

4. Recurso

Caberá agravo de instrumento contra as decisões interlocutórias proferidas no curso da sobrepartilha (art. 1.015, parágrafo único, do CPC), conclusão intuitiva diante da natureza jurídica de tais dicções judiciais.[2338] Não se deve admitir, contudo, agravo de instrumento contra a decisão que apenas recebe a postulação inicial envolvendo a sobrepartilha (seja para determinar o desarquivamento dos autos para tal finalidade, seja para convocar interessados para se manifestar sobre o pedido).[2339] Isso porque se refere a ato judicial (ainda que com conteúdo decisório) sem estabilidade e que permite a devida impugnação junto ao próprio juiz.[2340]

A sentença que julgar a sobrepartilha, dando por encerrado o procedimento, poderá ser atacada por apelação.

Rodrigo Ramina Lucca, *Breves comentários ao novo Código de Processo Civil*, p. 1.743-1.744; Fernando da Fonseca Gajardoni, *Processo de conhecimento e cumprimento de sentença:* comentários ao CPC 2015, v. 2, p. 1.138; Luiz Gulherme Marinoni, Sérgio Cruz Arenhart e Daniel Mitidiero, *Novo Código de Processo Civil comentado*, p. 663; e Ricardo Alexandre da Silva e Eduardo Lamy, *Comentários ao Código de Processo Civil,* v. IX, p. 616.

2337 Da jurisprudência tem-se que o prazo aplicável é de 10 (dez) anos (art. 205 do CC), mas a análise dos julgados indica que as questões nervosas estão na fixação do marco inicial para a contagem do prazo e na vinculação à própria sobrepartilha e não a ação de sonegados. No tema (entre vários), confira-se: STJ, 3ª Turma, REsp 1.196.946/RS, j. 18/08/2014, *DJ* 05/9/2014; REsp 1.698.732/MG, 3ª Turma, j. 12/05/2020, *DJ*e 18/05/2020; STJ, 3ª Turma, AgInt nos EDcl no REsp 1723801/DF, j. 18/02/2019, *DJ*e 20/02/2019.

2338 No sentido: Ricardo Alexandre da Silva e Eduardo Lamy, *Comentários ao Código de Processo Civil,* v. IX, p. 617.

2339 Igualmente: Pontes de Miranda, *Comentários ao Código de Processo Civil,* v. XIV, Rio de Janeiro: Forense, 1977, p. 301.

2340 A afirmação ratifica a necessidade de se distinguir *sobrepartilha* enquanto *procedimento* (= *inventário suplementar*) da figura como *técnica de organização processual,* remetendo determinadas questões para fora de inventário sucessório (*sobrepartilha prospectiva*). Vide os comentários ao art. 669.

5. Sobrepartilha × retificação (art. 656) e rescisão de partilha (art. 658)

Em regra, a sobrepartilha será representada por outra "partilha" (= *outro desfecho, complementar, provocado por novo inventário suplementar*). Assim, não há identidade da figura prevista nos arts. 669-670 com a previsão contida no art. 656 da codificação processual, em que se assentou a possibilidade de retificação da partilha, mesmo após o trânsito em julgado da decisão que a homologou ou sobre ela decidiu. Em suma, a base do art. 656 contempla o *saneamento da partilha* e não uma "partilha" provocada por inventário suplementar.[2341] Demais disso, considerando que a sobrepartilha preserva o(s) inventário(s) pretérito(s), tendo, pois, essência complementar, não é possível confundir o instituto com a rescisão da partilha, tema do art. 657. Sem rebuços, a rescisão da partilha tem o fito de rompê-la, isto, é "desconstituí-la" nos casos previstos nos incisos do art. 658, ou seja, sua mecânica não está ligada a ato de suplementação característico da sobrepartilha.[2342]

6. Sobrepartilha × alvará

Depois de encerrado o inventário o espólio poderá ser chamado para cumprir obrigações que vinculavam o falecido, mas que não eram de conhecimento dos herdeiros. Por exemplo, depois de finalizado o inventário *causa mortis*, os herdeiros são convocados para assinar escritura pública de venda de imóvel, decorrente de pretérita promessa de compra e venda quitada e com preço recebido integralmente pelo autor da herança antes do seu óbito. A ilustração não se afina com sobrepartilha, pois não há arrecadação de bens, mas o cumprimento de obrigação do espólio com terceiros. No exemplo, não ficando mais nenhuma pessoa postada como inventariante, a solução que se apresenta mais adequada é o pedido de alvará judicial, a fim de que seja credenciada pessoa para que, em nome do espólio, faça as vezes de representante residual.[2343] Na exemplificação posta, o pedido de alvará buscará a designação judicial de pessoa para assinar a escritura definitiva de compra e venda, sendo que, se todos os interessados forem capazes, semelhante representação poderá ser obtida pela via extrajudicial por meio de escritura pública.

2341 De toda sorte, o art. 13 da Resolução n. 35/2007 do CNJ abre a interpretação do art. 656, ampliando as hipóteses de retificação da partilha, fato que permite que seja analisada a existência de ponto de toque com a sobrepartilha. Vide comentários ao art. 656.

2342 No sentido: STJ, 3ª Turma, REsp 95.452/BA, j. 26/06/1996, *DJ* 26/08/1996.

2343 Próximo: Paulo Cezar Pinheiro Carneiro, *Inventário e partilha judicial e extrajudicial*, p. 234.

Art. 671. O juiz nomeará curador especial:

I – ao ausente, se não o tiver;

II – ao incapaz, se concorrer na partilha com o seu representante, desde que exista colisão de interesses.

CPC de 1973 – art. 1.042

1. Curador especial: comunicação do art. 671 com o art. 72 do CPC

Antes de tudo, merece registro que o art. 671 não prevê nenhuma espécie de *curatela*, de modo a restringir administração do patrimônio ou de regência da vida de determinadas pessoas, alcançando os atos da vida civil do curatelado.[2344] Na verdade, o dispositivo trata de *curadoria*, ao prever a nomeação de curador *ad litem* (também tratado como *curador provisório*), que habilita determinada pessoa a exercer em favor de alguém atos específicos em processo judicial.[2345] Dessa forma, no caso de nomeação em favor de incapaz, não há mudança externa ao processo em relação à representação, mantendo-se o representante para os demais atos da vida civil.[2346]

É necessário que se faça diálogo do dispositivo comentado com o art. 72 do CPC, pois o aludido dispositivo funciona como *técnica geral* para nomeação do curador especial, ao passo que o art. 671 ocupa o espaço como *técnica especial* para o mesmo assunto (com foco no inventário *causa mortis*).[2347] Da simbio-

---

2344 A *curatela* está plasmada no adágio "*curatela est potestas administrandi bona et rem familiarem euorum quibus rebus suis superesse nequeunt*" ('curatela é o poder de administrar os bens e negócios de família dos que estão impossibilitados de gerir os seus negócios'). No tema, confira-se: Rodrigo Mazzei, Curatela. In: Caetano Lagrasta Neto e José Fernando Simão (coords.). *Dicionário de Direito de Família*, p. 255-260.

2345 Ordinariamente, o *curador especial* é nomeado para evitar que seja proferida decisão maculada de vício pela não observância do contraditório adequado. No sentido: Bruno Vasconcellos Carrilho Lopes, *Comentários ao Código de Processo Civil*, v. II, p. 28. Justamente por tal motivo que lhe conferem a qualificação de *"ad litem"*, pois esta é uma expressão latina que significa *"para efeitos de julgamento"*. Correta, portanto, a vinculação da nomeação do curador ao cenário de "paridade de armas", pois a designação (junto com os contornos que atrai) visa criar panorama processual da máxima igualdade possível para a hipótese. No sentido: Luiz Gulherme Marinoni, Sérgio Cruz Arenhart e Daniel Mitidiero, *Novo Código de Processo Civil comentado*, p. 154; e Felippe Borring Rocha, *Comentários ao novo Código de Processo Civil*, p. 988.

2346 Igualmente: Gerson Fischmann, *Comentários ao Código de Processo Civil*, v. 14, p. 209; Hamilton de Moraes Barros, *Comentários ao Código de Processo Civil*, v. IX, p. 350; Artur César de Souza, *Código de Processo Civil*, v. III, p. 1.617; Luciano Vianna Araújo, *Comentários ao Código de Processo Civil*, v. 3, p. 294; e Clóvis do Couto e Silva, *Comentários ao Código de Processo Civil*, v. XI, tomo I, p. 417.

2347 Próximo: Teresa Arruda Alvim Wambier, Maria Lúcia Lins Conceição, Leonardo Ferres da Silva Ribeiro e Rogério Licastro Torres de Mello, *Primeiros comentários ao novo Código de Processo Civil*, p. 1.007.

se proposta, é possível projetar, com mais precisão, as situações que justificarão a presença do *curador especial* no inventário *causa mortis*, a saber: (a) presença de interessado na herança que foi citado por edital ou com hora certa (art. 72, II, c/c art. 671, I); (b) concorrência na herança (com colisão de interesses) entre o incapaz e seu representante legal (art. 72, I, c/c art. 671, II). Ademais, a reunião das técnicas em voga permite vislumbrar que há áreas em aberto no art. 671, sendo intuitiva a complementação a partir do art. 72, diante do seu corpo mais completo. O cenário comunicativo entre os dispositivos sugere algumas importações, que podem ser assim resumidas: (i) a *curadoria* somente durará até que a incapacidade se encerre (art. 671, II) ou até a constituição de advogado pelo interessado citado por edital ou com hora certa (art. 671, I), (ii) a curadoria será exercida pela Defensoria Pública. Os preenchimentos, como se vê, seguem premissas gerais da *curadoria provisória*, no sentido de que (I) trata-se de atuação *precária* que deve se encerrar tão logo não se vislumbre mais motivo; e (II) há uma escolha prévia acerca daquele que exercerá a função.

A proteção dos interesses do incapaz, por meio da designação efetuada pelo dipositivo em comento, não se limita à figura do herdeiro, mas a toda e qualquer parte que deve ser citada, ou seja, alcançada pela plataforma fluida do art. 626.[2348]

2. "Ausente" na sucessão

A redação do inciso I do art. 671 não é adequada, pois expressamente faz alusão à figura do "ausente", quando na realidade está tratando do interessado na herança que foi citado por edital ou com hora certa (art. 72, inciso II). O "ausente", segundo a lei civil (arts. 22-39 do CC), somente pode ser declarado por decisão judicial, ou seja, reclama processo judicial próprio.[2349] No ponto, o disposto nos arts. 22 e 24 do CC dispõem que a nomeação de curador em favor do "ausente" se efetua na fase inicial de tal processo e, assim sendo, caso seja chamado à sucessão de outrem, na qualidade de interessado na herança,

2348 Assim, em exemplo, se surgir disputa sucessória entre incapaz e seu representante legal que envolva a redução dos legados que foram testados ao primeiro, restará autorizada a aplicação do art. 671, II, em prol do legatário incapaz No sentido: Pontes de Miranda, *Comentários ao Código de Processo Civil*, v. XIV, p. 307. Sobre a fluidez do art. 626 (e seu rol), vide os comentários ao aludido dispositivo.

2349 A declaração de ausência está atrelada à prévia decisão judicial que, em ação autônoma e específica, declara o desaparecimento de determinada pessoa do seu domicílio e, visando a preservação de seus interesses patrimoniais, nomeia curador para administração respectiva (art. 22-25). Não sendo encontrado o "ausente", mediante novas postulações, poderá ser aberta a sua sucessão provisória (arts. 26-36) e, posteriormente, mantendo-se o quadro de desaparecimento, a sucessão definitiva (arts. 37-39).

não há justificativa para a nomeação da *curadoria* prevista no art. 671, I. Ora, se já há curador designado com poderes fixados pelo juiz responsável pelo "processo de ausência", não há qualquer razão de se efetuar nomeação no sentido, notadamente em razão da presunção que milita em prol de tal ator funcional que, inclusive, se submete a filtro na escolha (art. 25). Somente poderia se justificar a nomeação de um curador ao "ausente" com esteio no inciso I do art. 671 se a designação prevista nos arts. 22 do CC não tivesse ocorrido ainda, qualquer que seja o motivo. Não há, portanto, identidade da figura do "ausente" tratada nos arts. 22-39 do CC com a previsão contida no art. 671, I.[2350]

Ao se retornar ao inciso II do art. 72 da codificação processual, tem-se que a legislação contempla a nomeação de curador para o *réu preso revel* e ao *réu revel* citado por edital ou com hora certa, enquanto não for constituído advogado. Embora o dispositivo faça alusão apenas ao réu, certo é que a citação é ato de convocação que inclui os *interessados na relação jurídica* (parte final do art. 238 do CPC).[2351] A harmonização dos arts. 72, II, 238 e 626 permite dizer que a aplicação do art. 671, I, se volta a todas as partes em que foi frustrada a citação real no inventário sucessório (art. 626) e que acabaram sendo citados por *edital ou com hora certa,* não tendo apresentado manifestação *às primeiras*

2350 Igualmente: Paulo Cezar Pinheiro Carneiro, *Inventário e partilha judicial e extrajudicial*, p. 234-235; Arruda Alvim, Araken de Assis e Eduardo Arruda Alvim, *Comentários ao Código de Processo Civil*, p. 1.520; e Rodrigo Mazzei e Tiago Figueiredo Gonçalves, *Comentários ao Código de Processo Civil*, p. 920-921. Com outra posição, entendendo que o "ausente" do art. 671, I, do CPC é a figura prevista no art. 22 do CC, confira-se: Artur César de Souza, *Código de Processo Civil,* v. III, p. 1.617; e Rodrigo Ramina Lucca, *Breves comentários ao novo Código de Processo Civil*, p. 1.746; Ricardo Alexandre da Silva e Eduardo Lamy, *Comentários ao Código de Processo Civil,* v. IX, p. 619; e Fernando da Fonseca Gajardoni, *Processo de conhecimento e cumprimento de sentença:* comentários ao CPC 2015, v. 2, p. 1.140. Parecendo aderir à segunda tese: Teresa Arruda Alvim Wambier, Maria Lúcia Lins Conceição, Leonardo Ferres da Silva Ribeiro e Rogério Licastro Torres de Mello, *Primeiros Comentários ao novo Código de Processo Civil*, p. 1.007; Felippe Borring Rocha, *Comentários ao novo Código de Processo Civil*, p. 988; e Gerson Fischmann, *Comentários ao Código de Processo Civil*, v. 14, p. 209.

2351 A figura do réu revel citado por edital ou com hora certa deve ser traduzida como o interessado na herança, que foi citado em tais condições e não apresentou manifestação às primeiras declarações. Isso porque, no inventário, ao menos na fase fixada para a citação (e manifestação sobre as primeiras declarações), não se deve transportar os conceitos fechados de réu e de revelia, próprios de um modelo de jurisdição padrão contenciosa. Próximo: Ricardo Alexandre da Silva e Eduardo Lamy, *Comentários ao Código de Processo Civil,* v. IX, p. 620; e Felippe Borring Rocha, Comentários ao novo Código de Processo Civil, p. 988. Como já dito várias vezes ao longo dos comentários, tais conceitos não são afetos ao procedimento verdadeiramente especial do inventário sucessório, marcado por variações policêntricas e de multipolaridade.

declarações. Logo, não será necessária a nomeação de curador para defender os interessados incertos (ou seja, aqueles desconhecidos quanto à existência e não ao paradeiro), pois a citação que lhes é designada na parte final do § 1º do art. 626 não se confunde com a convocação obrigatória dos personagens tratados no *caput* do dispositivo e cuja existência já é conhecida.[2352]

Em síntese conclusiva, o termo "ausente" está empregado no inciso I do art. 671 de maneira atécnica, pois não foi utilizado para tratar da pessoa desaparecida de seu domicílio, em relação a qual, após a tramitação de regular processo jurisdicional, é declarada a ausência por sentença. Refere-se, sim, a alguns dos personagens abarcados pela plataforma permeável do art. 626 e que não compareceu ao inventário judicial, mesmo após citação editalícia ou com hora certa, encaixando-se, de alguma forma, na previsão do art. 72, II, do CPC.

3. Colisão de interesse de incapaz e seu representante: mudança do texto legal e necessidade de análise da redação fixada e de possíveis reflexos

O texto do inciso II do art. 671 é diferente do que constava no inciso II do art. 1.042 do CPC de 1973, pois o texto revogado, seguindo-se a interpretação literal, determinava a necessidade de nomeação de curador toda vez que o incapaz[2353] concorresse na partilha com o seu representante. O CPC atual introduziu mudança na redação da regra para explicitar que a designação se justificará se for verificada "colisão de interesses" entre o incapaz e o seu representante. Em suma, não basta a concorrência sucessória envolvendo as figuras, pois a lei exige a configuração de um conflito de interesses. A alteração, com todo respeito, não foi clara e abre flancos para discussões variadas.

Antes de examinar internamente o dispositivo comentado, embora o inciso II do art. 671 não faça alusão específica à situação, o grande palco para análise do dispositivo em comento está na concorrência sucessória que foi inserida no art. 1.829, I, do CC, que permite que o cônjuge/companheiro sobrevivente concorra com o seu descendente em relação aos bens particulares deixados pelo falecido em determinados regimes de bens, em que se destaca o da comunhão parcial.[2354] Percebe-se, sem rebuços, que o tema do inciso II do

2352 Próximo: Fernando da Fonseca Gajardoni, *Processo de conhecimento e cumprimento de sentença: comentários ao CPC 2015*, v. 2, p. 1.140.

2353 Nos comentários ao art. 610, há abordagem, ainda que em resenha, sobre a atual dimensão da incapacidade depois da entrada em vigor da Lei n. 13.146/2015, conhecida como a Lei Brasileira de Inclusão da Pessoa com Deficiência (Estatuto da Pessoa com Deficiência – EPD).

2354 Diante da omissão do art. 1.829, I, tem-se se entendido que o cônjuge remanescente casado sobre o regime da separação convencional de bens seja considerado herdeiro dos bens particulares do cônjuge falecido. No sentido (entre vários): STJ, 3ª

art. 671 possui importância maior em relação ao seu antecedente legal, pois o art. 1.829, I, do CC criou um horizonte não cogitado na codificação processual revogada quando da sua confecção.[2355]

As diferenças de contexto entre as codificações não se submetem apenas à presença do art. 1.829, I, do CC, mas a uma série de mudanças legislativas ocorridas depois da entrada em vigor do CPC de 1973. No sentido, não se pode desprezar a permuta do regime de bens da comunhão universal para o da comunhão parcial como o "regime comum" dos casamentos (art. 50, "7", da Lei n. 6.515/77 – Lei de Divórcio). A alteração em voga criou quadro ordinário de necessidade na depuração dos bens particulares e dos em comunhão, já que a arrecadação sucessória e a análise da "meação" se vinculam à da natureza do bem.[2356] Com efeito, a exclusão dos bens particulares do cônjuge sobrevivente e a definição de bens que se submetem à meação criam, em certos inventários, conflitos com os descendentes comuns, pois arrecadação no sentido provoca a diminuição da área da herança. Como se vê, a área abstrata de controvérsia sobre os bens particulares e os em comunhão não foi criada pelo art. 1.829, I, que trabalha apenas com a concorrência sucessória a partir do reconhecimento do cônjuge/companheiro como herdeiro em disputa de espaço com os descendentes e ascendentes. Assim, é incorreto se pensar que os conflitos de interesse entre o incapaz e o seu representante poderão ocorrer apenas no âmbito da sua concorrência sucessória, já que o posicionamento dos bens como particulares ou como comuns gera efeitos na herança (e áreas de colisão de interesses), situação que ficou mais evidenciada após o diploma de 2002, mas que já se vislumbrada ao final da década de 70.[2357]

Sem prejuízo das advertências acima, o texto do inciso II do art. 671 – ao fazer alusão apenas à "partilha" – pode dar a falsa impressão de que o conflito

---

Turma, REsp 1.830.753/RJ, j. 03/12/2019, *DJ* 06/12/2019. Embora com pouco uso, o regime de participação final nos aquestos se equipararia ao da comunhão parcial de bens na sucessão (vide, no sentido, Enunciado n. 270 do CJF – III Jornada de Direito Civil).

2355 Como não havia previsão semelhante no CC de 1916, o inciso II do art. 1.042 do CPC de 1973 (cujo texto permaneceu inalterado durante toda sua vigência) não cogitava a concorrência supra que possui âmbito vertical na perspectiva dos seus protagonistas, já que possibilita que o descendente (filho) concorra com seu ascendente direto (pai ou mãe, que era cônjuge/companheiro do autor da herança). Próximo: Luciano Vianna Araújo, *Comentários ao Código de Processo Civil*, v. 2, p. 294.

2356 Diferentemente, antes da mudança, a definição do patrimônio voltado ao cônjuge sobrevivente era de fácil aferição, na medida em que, aplicando o regime comum da comunhão universal, não era necessária a divisão entre bens particulares e em comunhão.

2357 Com resenha sobre o tema (mudança de panorama legal), vide os comentários ao art. 617 desta obra.

de interesses decorrente da concorrência somente se dará no desfecho do inventário *causa mortis*, ou seja, basicamente na divisão dos bens ou na fixação dos quinhões.[2358] A premissa é falsa, pois as controvérsias entre o incapaz e seu representante podem ocorrer em todas as fases do inventário sucessório. Por exemplo, na arrecadação, o cônjuge sobrevivente afirma que determinado bem em nome do falecido está alcançado pela comunhão, razão pela qual metade (sua meação) deve ser destacada na herança, indicando, ainda, que outro bem específico que está em seu nome pessoal não possui comunicação com a herança, pois se trata de bem particular. Assim, seguindo na ilustração, a pretensão do cônjuge sobrevivente em relação à arrecadação causa efeito aos seus descendentes, pois, caso a postura prevaleça, a herança terá sua potência diminuída em relação ao bem que afirma ser exclusivamente de sua titularidade, pois este terá que ser excluído do acervo hereditário. Em relação ao bem que afirma ter direito próprio por comunhão em vida com o falecido, caso o cônjuge sobrevivente tenha deixado mais de um descendente, a alegação da "meação" prejudicará tal grupo, pois este não herdará sobre a totalidade do bem particular, mas o quinhão da meação respectiva ao falecido, efetuando-se divisão apenas sobre tal área patrimonial.[2359-2360]

As rápidas exemplificações demonstram que não se pode fixar a dimensão da colisão de interesses entre o incapaz e seu representante a partir de uma análise incauta de que o fato somente poderá surgir com visão topológica atrelada à *partilha*. O art. 671, II, deve ser aplicado com espectro mais amplo. A técnica geral do art. 72, I, do CPC penetra dentro da técnica especial do art. 671, II, fixando-lhe horizonte correto, pois no inventário *causa mortis* deverá ser nomeado curador para atuar em prol do incapaz na hipótese de colisão de interesses com seu representante legal e não apenas na "partilha" ou nos casos de "concorrência sucessória".

2358 Ainda que se siga à risca a dimensão dos quinhões, na partilha, há espaços para conflitos como a acomodação dos quinhões e os critérios de avaliação que foram seguidos.

2359 Na ilustração, se o bem fosse considerado particular, no caso de o autor da herança deixar dois descendentes, a partilha será feita utilizando-se a regra do art. 1.832 do CC, de modo que cada um, feita a liquidação da herança, teria direito ao equivalente a 1/3 do bem, reservando-se igual proporção ao cônjuge sobrevivente (regime da comunhão parcial). Todavia, se o bem for imputado como comum, será reservada a metade (1/2) para o cônjuge sobrevivente e os descendentes se submeterão a divisão da outra metade, situação que na prática lhes conferirá o proporcional a 1/4 sobre o bem.

2360 Saliente-se, ainda, de forma ilustrativa, que a colação – que também está vinculada à arrecadação – é área sensível (e fértil) para controvérsias entre o cônjuge/companheiro sobrevivente e os seus descendentes comuns com o falecido, pois a obrigação de conferir não é mais limitada aos últimos, a teor dos arts. 545 e 2.003 do CC. Sobre o tema, vide os comentários ao art. 639 desta obra.

4. Colisão de interesses: análise *prospectiva* (arts. 1.742 e 1.745 do CC)

Há afirmação doutrinária de que o texto do inciso II do art. 671 é o resultado de construção jurisprudencial, no sentido de que é necessária não apenas a concorrência entre o incapaz e o seu representante legal, mas também da efetiva configuração da colisão de interesses destes.[2361] Não se trata, contudo, de *recodificação* de regra legal a partir de tese edificada nos Tribunais, pois o que se depreende de fato é que a mudança redacional no inciso II do art. 671 teve a finalidade de adequação ao comando do inciso I do art. 72 (que substituiu o art. 9º, I, do CPC de 1973), a fim de que a técnica especial postada no trecho do procedimento inventário *causa mortis* não destoasse da técnica geral de nomeação de curador. Isso porque na codificação revogada a redação do inciso II do art. 1.042 não fazia alusão à necessidade da existência de *interesses colidentes*, reclamada no art. 9º, I (em sua parte final), e repetida no art. 72, I, do CPC em vigor.

2361 Fazendo tal leitura, confira-se: Ricardo Alexandre da Silva e Eduardo Lamy, *Comentários ao Código de Processo Civil*, v. IX, p. 619-220; Fernando da Fonseca Gajardoni, *Processo de conhecimento e cumprimento de sentença*: comentários ao CPC 2015, v. 2, p. 1.140; Felippe Borring Rocha, *Comentários ao novo Código de Processo Civil*, p. 988; Luciano Vianna Araújo, *Comentários ao Código de Processo Civil*, v. 3, p. 294; e Rodrigo Ramina Lucca, *Breves comentários ao novo Código de Processo Civil*, p. 1.746. A análise dos acórdãos citados pela doutrina, examinando suas *circunstâncias fáticas + fundamentos decisórios*, indica que os julgamentos estavam fora do eixo do art. 1.042, II, do CPC de 1973 e sem, portanto, projeção para o atual art. 671, II. A aferição (caso a caso) dos julgados do STJ a respeito fugiria ao espoco dos comentários, mas é salutar pequena resenha dos "precedentes" daquele Tribunal que são usualmente referenciados na doutrina, pois, repita-se, não possuem esquadro para aplicação do art. 671, II. Confira-se: (a) REsp 11.668/SP – envolve ação de petição de herança, em que se discute prazo prescricional da ação (4ª Turma, j. 18/02/1992, *DJ* 16/03/1992); (b) RESp. 33.858-3/SP – exame de ação de investigação de paternidade cumulada com petição de herança, cujo mote da discussão está nos efeitos da decisão (3ª Turma, j. 28/11/2005, *DJ* 05/06/1996); (c) REsp 34.377-3/SP – apesar de fazer menção na ementa de que a nomeação de curador especial "supõe a existência de conflito de interesses entre o incapaz e seu representante", o assunto decidido envolve ação de investigação de paternidade e o andamento processual que foi conferido pelo representante do incapaz, sem nenhum vínculo a tema de inventário sucessório (3ª Turma, j. 09/09/1997, *DJ* 13/10/1997); (d) REsp 139.237/MG – trabalha com inventário sucessório, mas não há concorrência sucessória do representante legal com os incapazes (3ª Turma, j. 15/02/2001, *DJ* 02/04/2001); (e) REsp 114.310/SP – o debate está atrelado à prescrição da ação de preterição de herdeiro (4ª Turma, j. 17/10/2002, *DJ* 17/02/2003), (f) REsp 886.124/DF – trata de ação negatória de paternidade (3ª Turma, j. 20/09/2007, *DJ* 19/11/2007). O contexto demonstra que apenas o decidido no REsp 139.237/MG estava vinculado ao efetivo debate do art. 1.042, II, do CPC de 1973, mas pelo teor do voto não se encontrou encaixe na norma pela falta de concorrência.

O cerne da questão que envolve o inciso II do art. 671, como todo respeito, não se finca na análise solitária da sua mudança redacional, sendo certo que o foco está na aferição do direito material vigente que ampliou as áreas de potencial conflito entre o incapaz e seu representante legal no processo sucessório, fato que justifica imprimir nova interpretação ao dispositivo comentado.

De modo geral, consoante longamente abordado nos comentários ao art. 617, a colisão de interesses no âmbito do inventário sucessório é aferida no *plano retrospectivo*. No particular, raramente a análise dos conflitos de interesses e sua potencialidade para causar danos internos ao inventário *causa mortis* é feita de forma antecedente. Sem dúvida, a partir das posições jurídicas (em que se permite vislumbrar situações objetivas de conflito, como é o caso da concorrência sucessória) e das postulações (de onde se extrai pretensões patrimoniais próprias que afetam à herança e/outros interessados, como ocorre na definição de bens particulares e em comunhão), é possível se vislumbrar previamente as áreas de colisão de interesses antes mesmo que as controvérsias sejam carregadas concretamente de litigiosidade e que sejam perpetrados atos que desestabilizem o curso do inventário *causa mortis*. O cenário plasmado é bem evidente quando da nomeação do inventariante, pois, de um modo geral, não há uma preocupação profilática em efetuar nomeação de pessoa longe das áreas de conflito. A análise sobre a colisão de conflitos acaba sendo feita posteriormente à designação, abrindo espaço para que se crie palco de guerra no inventário sucessório e a condução inadequada na administração da herança.[2362]

Na maioria das vezes em que a colisão de interesses é aferida de forma *retrospectiva* (= *a partir de atitudes já adotadas no inventário*) já há ilícito concretizado, situação absolutamente indesejável, até porque raras vezes este será reparado a contento no bojo do processo sucessório. Com tal norte, afigura-se a necessidade de aplicar o art. 671, II, *em análise prospectiva*, no sentido de que o juiz decida sobre a questão tão logo tome conhecimento da existência de potencial zona de colisão de interesses entre o incapaz e seu representante. Com outras palavras, o juízo sucessório não deve aguardar que o ilícito decorrente da colisão de interesses se concretize para a nomeação desenhada no dispositivo comentado, pois a aferição *prospectiva* de áreas de risco, por si só, é suficiente para designação de ator que se encaixe para elidir os ilícitos que podem ser perpetrados na colisão dos interesses patrimoniais pessoais do incapaz e do seu representante legal.

A aferição visão *prospectiva* das áreas de conflito (repita-se, defendida também para nomeação do inventariante nos comentários ao art. 617) não é um raciocínio puramente intuitivo, sendo extraída do art. 1.735 do CC. O

2362 Vide os comentários ao art. 617 desta obra.

citado dispositivo, que trata da designação dos tutores, dentre outras vedações, não permite, em seu inciso II, que a nomeação de tutor recaia sobre pessoa que possui *conflito patrimonial* com o tutelado, seja por se "acharem constituídos em obrigação para com o menor, ou tiverem que fazer valer direitos contra este". O transporte restrição do dispositivo para o ventre do art. 671, II, indica que a representação do incapaz não poderá ser efetuada livremente pelo seu representante, caso fique evidenciada potencial situação de conflito.

Embora seja habitual que a representação dos incapazes seja exercida por pelo menos um dos seus genitores, notadamente quando se trata de incapacidade decorrente da idade do representado (arts. 3º-4º do CC), tal situação não é única, pois a tutela e a curatela também trabalham com designação de representante ao incapaz, sendo que em tais casos a representação é exercitada por leque de pessoas bem mais amplo. Dessa forma, não se permite que o art. 671, II, seja fechado apenas para a representação exercida pelos pais do incapaz, pois a tutela e curatela são institutos que se vinculam também à representação do incapaz, e a legitimação para representação recebe outro exame subjetivo no cartel de legitimados.

Com tal bússola, deve ser feito o translado adaptado do art. 1.735 do CC para pouso no art. 671, II, do CPC. Assim, ainda que não se afaste a representação legal do incapaz, deve ser adotada medida preventiva em favor deste, a fim de que não seja prejudicado no embate de interesses patrimoniais com seu representante. No sentido, o instituto da tutela possibilita a nomeação de *protutor*, figura esta que exerce basicamente papel de fiscal da atuação do tutor (art. 1.742 do CC).[2363] Dessa forma, não há o transporte solitário do art. 1.735, mas também de regra legal que lhe dá suporte, permitindo ambiência de equilíbrio e segurança.

2363 O *protutor* é uma figura que ampla previsão no direito estrangeiro, mas somente foi trazida para a codificação civil no diploma de 2.002, inexistindo sua presença no texto do CC de 2016. A legislação nacional optou por desenho com vinculação exclusiva à fiscalização de atos para auxiliar o juiz. No sentido, Zeno Veloso pontifica: "Nosso art. 1.742 só atribuiu ao protutor a função de fiscalizar os atos praticados pelo tutor, complementando a fiscalização natural, que é a do juiz, não lhe conferindo outras atribuições que constam em Códigos de outros países. Entre nós, portanto, o protutor não é um auxiliar ou coadjuvante do tutor, mas pura e simplesmente, deve vigiar a atuação deste" (*Código Civil comentado*, v. XVII, p. 183. No tema, bem próximo: Rodrigo da Cunha Pereira, *Comentários ao novo Código civil*, v. XX, p. 351-352; e Nagib Slabi Filho, *Comentários ao Código Civil Brasileiro*, v. XV, p. 537-538. O trabalho do *protutor* não está restrito à tutela, sendo admitida, inclusive, a exportação para a curatela (de acordo com previsão expressa do art. 1.781 do CC). Nos comentários ao art. 617 demonstrou-se a viabilidade de sua projeção para a inventariança.

Observe-se, por deveras relevante, que a designação do *protutor sucessório* é medida mais eficiente e menos radical do que a nomeação do curador. Isso porque, quando efetuada a designação prevista no art. 72, I (que se projeta para o art. 671, II), a representação do incapaz será efetuada pelo curador especial, esvaziando a atuação do representante legal no processo. Dessa forma, ainda que com limitações de direito material, atos processuais ficarão a cargo do curador especial, não podendo mais o representante legal postular no processo em favor do incapaz.[2364] A atuação do *protutor sucessório* no inventário não retira a representação legal, mas apenas adiciona figura que irá efetuar a *fiscalização* de atos para a preservação dos interesses do incapaz, ou seja, trata de medida de calibragem de menor peso do que aquela que está plasmada da legislação processual. O pormenor é de alta relevância, pois a análise *prospectiva* de que há *conflito de interesses*[2365] permitirá que o ilícito seja evitado e, mais ainda, fixará uma atuação singular do *curador especial* (na verdade, um *protutor sucessório*) que não esvaziará a representação original do representante legal.

Somente se justificará nomeação de *curador especial* nos moldes do art. 72, I (= *interpretação literal do art. 671, II*), no caso de ato já consumado (ou, ao menos, com fortíssimos indícios) envolvendo conduta do representante contra o incapaz. A ideia do *protutor sucessório*, adaptada à regra do art. 671, II, é justamente inibir a ocorrência de atuação ilícita do representante do incapaz em detrimento ao seu representado.

Não se alegue que o papel de *protutor sucessório* poderá sempre ser exercido pelo Ministério Público, já que este atua no inventário *causa mortis* na proteção dos interesses do incapaz (art. 178, II). Tal linha de pensar, além de indicar a inutilidade absoluta do art. 671, II, gera a inevitável conclusão de que o curador especial e o Ministério Público possuem funções sobrepostas na

---

2364 Sobre a atuação do curador especial, confira-se: Arruda Alvim, Araken de Assis e Eduardo Arruda Alvim, *Comentários ao Código de Processo Civil*, p. 20-22.

2365 A análise prospectiva trabalha com *presunção objetiva* de colisão de conflitos, não sendo necessário se analisar pontualmente se esta ocorreu no caso concreto. Tal concepção vai ao encontro do entendimento de Sergio Shaione Fadel de que há uma *presunção absoluta* que não deve ser afastada, sob pena de colocar os interesses do incapaz em risco (*Código de Processo Civil*. Arts. 890 a 1.220, p. 203). Com tais premissas, a fala de Luiz Guilherme Marinoni, Sérgio Cruz Arenhart e Daniel Mitidiero sobre o art. 72, I, do CPC/15 merece pouso na superfície do inciso II do art. 671: "Há colisão de interesses quando o ganho da causa pelo menor puder influir negativamente na esfera jurídica (ou moral) dos representantes. Basta o mais leve choque ou a possibilidade de choque. Há dever de nomeação pelo juiz" (*Novo Código de Processo Civil comentado*, p. 155). Bem próximo: Bruno Vasconcellos Carrilho Lopes, *Comentários ao Código de Processo Civil*, v. II, p. 27.

defesa dos interesses do incapaz, o que é falso.[2366] Com efeito, o Ministério Público exerce o controle geral de proteção dos incapazes no inventário *causa mortis*, fazendo-o em seu aspecto global no processo. Não se pode deslocar o Ministério Público para função pontual e sitiada em relação específica (dentro das várias possíveis) no processo policêntrico sucessório, sob pena do seu labor se tornar ineficiente e lento, fato que conspirará contra a diretriz de celeridade fixada na parte final do art. 611 do CPC.[2367] Tanto assim que, se existir outras relações de conflito entre incapazes e seus representantes no mesmo inventário, a providência determinada no art. 671, II, deverá ser adotada para todas as hipóteses, fato que poderá importar a designação de mais de um *protutor sucessório*.

Caso não seja adotado o modelo proposto, com importação dos arts. 1.735 e 1.742 para a superfície do art. 671, II, o dispositivo presente no CPC 2015 terá apenas aplicação *retrospectiva*, pois somente restará autorizada a nomeação de "curador" quando já se verificar o ilícito (ou, ao menos indícios fortemente concretos). O remédio será mais amargo e aumentará a conflituosidade, pois redundará no afastamento da representação original, situação de alta gravidade e que poderá ter repercussões futuras na relação entre o representado (incapaz) e o representante. Ademais, o modelo de aplicação retrospectiva do art. 671, II, transfere para o Ministério Público a função de *produtor sucessório*, cabendo a este desenhar todas as áreas de conflitos entre os incapazes e os seus representantes, relatando-as ao juiz e ao inventariante. Assim, as dicções do Ministério Público sofrem alargamento, pois necessitará (como *protutor*) dialogar com o inventariante, relatando a atuação do representante do incapaz.

Admitindo-se a nomeação do *protutor sucessório* em encaixe à badeja do inciso II, do art. 671, deverão ser feitos alguns ajustes na importação. Com

2366 Ademais, o entendimento abre espaço, ainda que de modo transviado, para que o Ministério Público exerça (ou no mínimo compartilhe) a representação judicial do incapaz, o que só se admite em situações especialíssimas. No ponto: "A representação judicial dos incapazes não é de ser exercida por membro do Ministério Público, salvo se existir norma local nesse sentido. Em processos em que figurem pessoas incapazes, a atuação do Ministério Público só é obrigatória como fiscal da lei" (STJ, 3ª Turma, REsp 67.278/SP, j. 30/09/1999, *DJ* 17/12/1999).

2367 Análise mais detida permite observar que o *protutor* será uma figura que auxiliará, inclusive, o Ministério Público, pois o primeiro deverá relatar ao órgão ministerial todos os atos de fiscalização e as conclusões que obteve na sua missão. Assim, em havendo incorreção do representante legal, poderá o Ministério Público com a legitimação conferida pelo art. 178, II, do CPC, adotar medidas para o saneamento da situação, inclusive postular a nomeação de curador especial para cessar a representação desviada que está sendo feita em prejuízo do incapaz. Não há, assim, concorrência de funções, pois o *protutor* tem atuação restrita à fiscalização e o respectivo relato de determinada área de conflito, ao passo que o Ministério Público tem atuação bem mais ampla, incluindo, no sentido, poderes postulatórios.

efeito, em relação à designação, a regra do parágrafo único do art. 72, que vincula o exercício da curadoria à Defensoria Pública, poderá ceder se, no juízo, estiverem disponíveis profissionais especialistas em direito sucessório, pois a função demandará conhecimento específico. Assim, a função pode ser feita por inventariante judicial ou por pessoa a ser designada pelo juiz, transportando-se o disposto nos incisos VII e VIII do art. 617 do CPC. No que tange à remuneração, como se trata de labor específico e natureza fiscalizatória, os honorários devem ser fixados a partir de tal realidade, seguindo-se a dimensão do § 1º do art. 1.752, que prevê que sua remuneração deve ser fixada em valor módico.

Em desfecho, o art. 671, II, ratifica a ideia de que as pessoas que estão em zonas de conflito no inventário devem ser descartadas para a designação judicial de inventariante, pois a existência de direitos próprios e particulares em áreas de disputas com outros interessados na herança pode acirrar a animosidade e criar instabilidades indesejadas na condução do processo sucessório. De toda sorte, a existência de áreas de conflito não impedirá a nomeação consensual do inventariante, sendo admissível, no sentido, a designação amigável de *protutor*, cuja análise passará pelo crivo do juízo sucessório e do Ministério Público, a fim de que a escolha seja (ou não) estabilizada.

Art. 672. É lícita a cumulação de inventários para a partilha de heranças de pessoas diversas quando houver:

I – identidade de pessoas entre as quais devam ser repartidos os bens;

II – heranças deixadas pelos dois cônjuges ou companheiros;

III – dependência de uma das partilhas em relação à outra.

Parágrafo único. No caso previsto no inciso III, se a dependência for parcial, por haver outros bens, o juiz pode ordenar a tramitação separada, se melhor convier ao interesse das partes ou à celeridade processual.

Art. 673. Nos casos previstos no art. 672, inciso II, prevalecerão as primeiras declarações, assim como o laudo de avaliação, salvo se alterado o valor dos bens.

CPC de 1973 – arts. 1.043, 1.044 e 1.045

1. Noções gerais sobre a cumulação de inventários

Os dispositivos tratam da cumulação de inventários de pessoas diversas, possibilidade cravada em lei em prestígio aos princípios da economia processual, da duração razoável do processo (art. 5º, LXXVIII, da CF e art. 4º do CPC) e da eficiência (art. 8º do CPC).[2368] Com a junção de inventários cria-

2368 No sentido (com algumas variações): LUCIANO VIANNA ARAÚJO, *Comentários ao Código de Processo Civil*, v. 3, p. 295, RODRIGO MAZZEI e TIAGO FIGUEIREDO GON-

-se ambiente para que não ocorra a repetição de atos processuais, reduzindo os custos e de tempo de tramitação dos inventários. Tais benefícios podem ser percebidos mais facilmente quando os inventários forem abertos ao mesmo tempo em peça comum (= *processo único*), pois em relação à *cumulação incidental*, as vantagens serão maiores ou menores a depender do estágio em que se encontrar o inventário originário.

O art. 672 traz hipóteses independentes que permitem a reunião de inventários, sendo, assim, inviável exegese no sentido de que o dispositivo contempla lista de requisitos *cumulativos* para que os processos sucessórios sejam unidos, pois tal interpretação mutilaria o alcance da norma legal.[2369] O art. 673 (que faz referência expressa ao inciso II do art. 672), por sua vez, prevê que na cumulação de inventário deve ser admitido o aproveitamento das primeiras declarações e do laudo de avaliação, sem prejuízo de outros atos também praticados no primeiro inventário.[2370]

A cumulação de inventários poderá ocorrer desde o início, por meio de postulação única (*cumulação originária*) ou de forma incidental (*cumulação superveniente*), sendo que, em tal situação, deverá ocorrer, por certo, antes da decisão final sobre o seu desfecho.[2371] A cumulação originária será o palco natural de sucessões abertas em período próximo ou com verificação de comoriência, apresentando os inventários em peça única, de forma simultânea e aglutinada.[2372]

É incorreto pensar que a cumulação somente será admitida nos casos em

---

çalves, *Comentários ao Código de Processo Civil*, p. 921; e Daniel Amorim Assumpção Neves, *Novo Código de Processo Civil comentado*, p. 1.106-1.107..

2369 Esta parece ser a posição de Daniel Amorim Assumpção Neves, pois o autor, ao comentar o art. 672, sustenta que a cumulação deve ocorrer "desde que preenchidos os três requisitos consagrados no dispositivo legal" (*Novo Código de Processo Civil comentado*, p. 1.106).

2370 O legislador poderia ter concentrado no art. 672 todas as questões que contemplam a cumulação de inventários, postura esta que não foi adotada. Não há justificativa plausível para que o tema do art. 673 seja tratado em apartado. No sentido, há assunto específico do inciso III do art. 672 que foi tratado como parágrafo. Logo, ainda que se fixe aplicação do art. 673 apenas à hipótese do inciso II do art. 672, não se mostra inspirada sua alocação em separado.

2371 Igualmente: Fernando da Fonseca Gajardoni, *Processo de conhecimento e cumprimento de sentença*: comentários ao CPC 2015, v. 2, p. 1.142; Artur César de Souza, *Código de Processo Civil*, v. III, p. 1.620; Arruda Alvim, Araken de Assis e Eduardo Arruda Alvim, *Comentários ao Código de Processo Civil*, p. 1.520, Luiz Gulherme Marinoni, Sérgio Cruz Arenhart e Daniel Mitidiero, *Novo Código de Processo Civil comentado*, p. 664; e Luciano Vianna Araújo, *Comentários ao Código de Processo Civil*, v. 2, 2017, p. 295.

2372 Próximo: Arruda Alvim, Araken de Assis e Eduardo Arruda Alvim, *Comentários ao Código de Processo Civil*, p. 1.521.

que se presume que o *desfecho será positivo* (partilha ou adjudicação), pois não há óbice para que inventários com *desfecho zero* também sejam alvo de cumulação.[2373] Não se deve aceitar, contudo, a cumulação de inventários em que um deles será remetido ao processo de insolvência (art. 618, VIII, do CPC), pois haverá quebra da unidade procedimental. Assim, a projeção do *desfecho negativo* – em regra – afastará a cumulação de inventários sucessórios.[2374]

Como se sabe, o inventário sucessório se submete ao disposto no art. 48 do CPC que, com variações, prevê o domicílio do autor da herança como o competente para a instauração do inventário sucessório.[2375] Tal comando merece temperamento na cumulação de inventários, pois nem sempre haverá coincidência acerca do foro a ser eleito para os processos sucessórios, diante da realidade factual de cada um dos falecidos. Como se trata de competência territorial, há alguma liberdade na cumulação de inventários,[2376] notadamente em caso de cumulação originária, admitindo-se opção que se justifique como mais célere e eficiente (arts. 4º e 8º do CPC). No caso de cumulação incidental, é intuitivo que os inventários subsequentes sejam encartados no primeiro já em curso.[2377]

A postulação acerca da cumulação deverá ser apresentada de forma fundamentada, apresentando-se as suas justificativas e o esquadro a alguma das hipóteses previstas no art. 672. O zelo facilitará a dialética com o juiz e outros interessados na herança, pois se trata pleito que se submete ao controle judicial e que deverá ser atendido quando se verificar que a cumulação propicia economia processual, a duração razoável do processo e a eficiência.

Em relação à inventariança, o CPC em vigor não repetiu (expressamente) a determinação que estava contida no art. 1.043, § 1º, do CPC de 1973, no sentido de que a inventariança abarcará os inventários cumulados. Todavia, até

2373 Sobre os possíveis desfechos do inventário (tema tratado ao longo do livro), vide os comentários aos arts. 610 e 618 desta obra.

2374 Não se pode descartar, todavia, a cumulação de inventários em que fique evidenciado que todos terão *desfecho negativo*. A separação dos processos será analisada pelo juízo competente para processar e decidir sobre a insolvência, pois o labor do juízo sucessório se encerra na verificação da situação fática prevista no art. 748 do CPC de 1973 (que continua em vigor por força do art. 1.052 do CPC atual). Sobre o desfecho negativo do inventário, vide os comentários ao art. 618 desta obra.

2375 No tema, vide os comentários ao art. 616 desta obra.

2376 Segundo dispõem os arts. 62 e 63 do CPC, apenas a competência determinada em razão da matéria, da pessoa ou da função que é inderrogável por convenção das partes.

2377 Próximo: Arruda Alvim, Araken de Assis e Eduardo Arruda Alvim, *Comentários ao Código de Processo Civil*, p. 1.521; e Sergio Shaione Fadel, *Código de Processo Civil*. Arts. 890 a 1.220, p. 205.

mesmo diante do escopo da cumulação de inventários, afigura-se como lógica que ocorra a concentração na inventariança, sendo desnecessária a designação de mais de um inventariante,[2378] notadamente quando há consenso a respeito.[2379] De todo modo, com destaque para as situações de junção incidental, há de se ter atenção acerca da existência de eventual conflito patrimonial (ou pessoal) do inventariante já designado com os interessados do inventário posterior, pois tal situação pode justificar a permuta na inventariança.[2380] Anote-se, ainda, que, em razão da reunião dos inventários, o descumprimento das incumbências do inventariante em relação a um dos inventários poderá provocar a substituição também no outro.[2381]

A supressão do § 2º do art. 1.043 do CPC de 1973, que previa que a distribuição do segundo inventário deveria ser feita por dependência, com posicionamento em "apenso ao primeiro", indica que a cumulação poderá ser feita internamente, mediante peça única, sem a formalidade do *apensamento*.[2382] Tal possibilidade de aglutinação em peça única, todavia, poderá ceder quando, por situações peculiares, se verificar que reunião feita desta forma pode causar tumultuária, fato que será mais comum em processos físicos. Aplica-se, pois, o disposto no art. 139, II, no sentido de que o juiz deve "velar pela duração razoável do processo", determinando as medidas necessárias para tal, dentre as quais o uso de divisão por apenso, se for mais adequado e eficiente para o mister.

O parágrafo único do art. 672, na sua parte final, prevê que o juiz poderá negar o pedido de cumulação, ordenando a tramitação separada, caso entenda (e demonstre de forma fundamentada) que a solução não atenderá ao melhor interesse das partes ou coloca em jogo a celeridade processual. Contudo, o dispositivo faz menção apenas à hipótese do inciso III do art. 672, criando-se ambiência para interpretação de que, nos casos dos incisos I e II do

2378 No sentido: Dimas Messias de Carvalho, *Direito das sucessões:* inventário e partilha, p. 421; Arruda Alvim, Araken de Assis e Eduardo Arruda Alvim, *Comentários ao Código de Processo Civil*, p. 1.521; Pontes de Miranda, *Comentários ao Código de Processo Civil*, v. XIV, p. 310; e Rodrigo Ramina Lucca, *Breves comentários ao novo Código de Processo Civil*, p. 1.747.

2379 Sem prejuízo do acima dito, não há óbice para que ocorra a nomeação de mais de inventariante, pois tal situação pode se dar, inclusive, em inventário uno, isto é, sem cumulação. Vide os comentários ao art. 617 desta obra.

2380 Próximo: Pontes de Miranda, *Comentários ao Código de Processo Civil,* v. XIV, p. 310. Vide os comentários ao art. 617 desta obra.

2381 Bem semelhante: Rodrigo Ramina Lucca, *Breves comentários ao novo Código de Processo Civil*, p. 1.747.

2382 No sentido: Luciano Vianna Araújo, *Comentários ao Código de Processo Civil*, v. 3, p. 296; e Felippe Borring Rocha, *Comentários ao novo Código de Processo Civil*, p. 989.

dispositivo, restaria vedado ao juiz proferir decisão de bloqueio da cumulação. Tal linha de raciocínio não prospera, pois as regras de cumulação não podem ser vistas como *absolutas*.[2383]

A despeito da unificação de processos, com variações a partir das hipóteses dos incisos do art. 672, as providências sobre a arrecadação, o posicionamento dos interessados e a liquidação será feita de forma individual para cada inventário, muito embora fiquem cravadas nos mesmos autos, com comunicações quando necessário (por exemplo, situação do inciso III do art. 672). O desfecho do inventário será procedido mediante decisão una, projetando, igualmente, formal de partilha também em peça unitária.[2384]

O parágrafo único do art. 1.045 do CPC de 1973 previa a possibilidade de, no inventário a que se proceder por morte do cônjuge supérstite, descrever e partilhar bens omitidos no inventário do cônjuge pré-morto, evitando-se, assim, a sobrepartilha autônoma. A regra tinha aplicação restrita às situações em que não era mais possível a cumulação incidental, pois, se o primeiro inventário ainda não tinha se encerrado, o inventariante poderia emendar, aditar ou completar as primeiras declarações (art. 1.011 do CPC de 1973; atual art. 636). Portanto, o art. 1.045, parágrafo único, do diploma revogado não tratava propriamente de cumulação de inventários, mas de uma forma diferenciada de *sobrepartilha* que aproveitava o eixo do inventário do cônjuge/companheiro que faleceu por último.[2385] A exclusão da hipótese não foi bem recebida pela doutrina, colhendo-se contundente crítica.[2386]

2383 No caso do inciso I, do art. 672, é perfeitamente possível, por exemplo, que o primeiro inventário tenha que ser decidido logo, pelo fato de já estar maduro para tal, de modo que o inventário superveniente atrasará injustificadamente o desfecho do primeiro, pois reclamará a arrecadação e liquidação de dívidas que não estão arroladas no inventário originário. Em relação ao inciso II do art. 672, além da exemplificação anterior, um dos inventários pode contemplar debate interno que não se transmite ao outro, resultando a resolução da controvérsia em paralisação indevida de um dos inventários. Dessa forma, não se pode interpretar que há *direito absoluto* nas cumulações descritas nos incisos I e II, do art. 672, razão pela qual a regra de controle disposta no parágrafo único do dispositivo se aplica também a tais hipóteses Igualmente: Paulo Cezar Pinheiro Carneiro, *Inventário e partilha judicial e extrajudicial*, p. 236.

2384 Bem próximo: Euclides de Oliveira e Sebastião Amorim, *Inventário e partilha:* teoria e prática, p. 294.

2385 Próximo: Arruda Alvim, Araken de Assis e Eduardo Arruda Alvim, *Comentários ao Código de Processo Civil*, p. 1.521.

2386 No sentido: Ricardo Alexandre da Silva e Eduardo Lamy, *Comentários ao Código de Processo Civil,* v. IX, p. 615-616; Felippe Borring Rocha, *Comentários ao novo Código de Processo Civil*, p. 987; e Fernando da Fonseca Gajardoni, *Processo de conhecimento e cumprimento de sentença: comentários ao CPC 2015*, v. 2, p. 1.138. Paulo Cezar Pinheiro Carneiro parece adotar posição de que ainda é possível efe-

2. Facultatividade da cumulação

O *caput* do art. 672, ao dispor que "É lícita a cumulação de inventários", indica que a junção não é obrigatória. Com tal leitura, colhe-se posição doutrinária no sentido que a cumulação de inventários é uma faculdade das partes, que deverá ser postulada através de petição escrita e fundamentada.[2387] A aplicação do art. 672 merece ser conjugada com o § 3º do art. 55 do CPC, que determina, de forma geral, que os processos deverão ser reunidos para julgamento conjunto sempre que haja "risco de prolação de decisões conflitantes ou contraditórias caso decididos separadamente". Assim, em situações em que há situações de conflito que necessitam ser definidas de forma isonômica, a cumulação (ou no mínimo, a reunião) de inventários deverá ser determinada, a fim de evitar decisões diversas acerca de questões comuns nervosas. Tal situação, contudo, não retira a concepção de *facultatividade* da cumulação, que pode ser extraída do dispositivo comentando em encaixe à lógica do ordenamento legal.[2388]

3. Da possibilidade de cumulação de mais de dois inventários

A cumulação de inventários não está vinculada apenas ao dueto de processos, isto é, tão somente ao cenário de duas sucessões abertas. É possível, em determinadas situações, que o cúmulo seja mais amplo. Em momento algum, restringiu-se a cumulação a apenas dois inventários, tal como uma leitura isolada do art. 1.043 do CPC de 1973 deixava transparecer ao dispor que, fa-

---

tuar a *sobrepartilha especial* prevista no art. 1.045, parágrafo único, do CPC (*Inventário e partilha judicial e extrajudicial*, p. 240), entendimento que também é esboçado por Ricardo Alexandre da Silva e Eduardo Lamy, *Comentários ao Código de Processo Civil*, v. IX, p. 615-616.

2387 Na linha: Conrado Paulino da Rosa e Marco Antônio Rodrigues, *Inventário e partilha*, p. 337; Arruda Alvim, Araken de Assis e Eduardo Arruda Alvim, *Comentários ao Código de Processo Civil*, p. 1.521; Luciano Vianna Araújo, *Comentários ao Código de Processo Civil*, v. 2, p. 297; Sergio Shaione Fadel, *Código de Processo Civil*. Arts. 890 a 1.220, p. 204-205; e Euclides de Oliveira e Sebastião Amorim, *Inventário e partilha:* teoria e prática, p. 294. Em sentido contrário, Rodrigo Ramina Lucca defende que "apesar da expressão 'é lícita a cumulação' presente no caput do art. 672, é de se concluir que a cumulação de inventários é uma imposição legal. Se assim não fosse, não haveria razão para estabelecer uma exceção expressa à cumulação de inventários em caso de dependência meramente parcial (parágrafo único)" (*Breves comentários ao novo Código de Processo Civil*, p. 1.747). Semelhante: Felippe Borring Rocha, *Comentários ao novo Código de Processo Civil*, p. 989.

2388 O tema não é estável na jurisprudência, decidindo-se sem uma definição exta de critérios. No sentido, entendendo ser facultativa a cumulação: TJRJ, 6ª Câmara Cível, AC 00280409120178190001, j. 15/05/2019, *DJ* 15/05/2019; TJES, 1ª Câmara Cível, AC 00055215020188080048, j. 9/07/2019, *DJ*, 22/07/2019. Em sentido inverso, pela obrigatoriedade da cumulação: TJRJ, 4ª Câmara Cível, AC 0000711-62.2017.8.19.0209, j. 06/12/2017, *DJ* 11/12/2017.

lecido o cônjuge supérstite, "as duas heranças serão cumulativamente inventariadas e partilhadas".

Por mais que, num primeiro momento, pareça difícil cogitar que a cumulação de mais de dois inventários privilegie os princípios da efetividade, da economia processual e da razoável duração do processo, a prática revela que é possível a ocorrência de casos em que esta medida seja viável.[2389] Note-se que não é incomum que os herdeiros deixem para inventariar os bens que compõem a herança de seus pais, ambos já falecidos, apenas quando sentirem a necessidade de alienarem algum bem imóvel, passando-se anos dos falecimentos até que os herdeiros se encontrem nesta situação. Diante disso, pode ser que, com o passar dos anos, algum destes herdeiros venha a falecer sem deixar outros bens a inventariar que não aqueles integrantes da referida herança.[2390] Nesse caso, a cumulação dos três inventários não pode ser descartada. Portanto, não há qualquer óbice à cumulação de mais de dois inventários, salvo quando houver prejuízo à celeridade e eficiência processual.[2391]

4. Da aplicabilidade do art. 672 aos inventários extrajudiciais

Sem prejuízo de falta de tratamento específico na específico na Resolução n. 35/2007 do CNJ acerca da possibilidade de cumulação de inventários na via extrajudicial, não há óbice que impeça tal medida, desde que obedecidos os contornos gerais do art. 672 e os requisitos fixados no art. 610 do CPC.[2392]

2389 Exemplo frisante está na instauração de inventários por ascendentes (herdeiros únicos) de seus descendentes, pois, em tal situação, há espaço para aplicação do disposto no art. 672, inciso I, independentemente da quantidade de falecidos. Em outra ilustração, pode-se pensar em sinistro no qual a mãe (casada ou em união estável) faleça antes de seus dois filhos menores e estes, em curto espaço de tempo, também venham a falecer em razão de complicações decorrentes do mesmo acidente. Nesse caso, com a morte de sua genitora, os filhos menores se tornariam herdeiros da herança deixada por aquela, ao passo que, com a morte destes, o genitor comum poderia se encontrar na posição de herdeiro universal. É instintivo que, neste caso, também será viável a cumulação de todos os três inventários.

2390 Reitera-se que a inexistência de outros bens a inventariar não é condição para que se cumulem os inventários. No entanto, para fins didáticos, optou-se por descrever hipótese de inegável vantagem na cumulação de mais de dois inventários. Com o mesmo objetivo, levou-se em consideração que todos os herdeiros do herdeiro falecido eram conhecidos e vivos.

2391 Ainda que com algumas variações, confira-se: TJPR, 12ª Câmara Cível, AI 00462752520198160000, j. 06/02/2020, *DJ* 06/02/2020; TJRJ, 12ª Câmara Cível, AI 00630267420178190000, j. 16/04/2019, *DJ* 16/04/2019.

2392 No sentido: Christiano Cassettari, *Separação, divórcio e inventário por escritura pública*: teoria e prática, p. 219. Na jurisprudência: TJPR, 12ª Câmara Cível, AC 1702863-0, 12ª Câmara Cível, j. 07/02/2018, *DJ* 26/02/2018.

Com todo respeito, exigir que as partes tenham que buscar a jurisdição estatal para efetuar a cumulação de inventários seria contrário ao incentivo à desjudicialização, à dimensão de *justiça multiportas* e ao tratamento adequado dos conflitos.

5. Identidade de pessoas entre as quais devam ser repartidos os bens

O texto contido no inciso I do art. 672, ao fazer alusão à *repartição de bens* e *às pessoas*, demonstra que não há limitação da aplicação do dispositivo apenas em relação aos herdeiros. Na realidade, a identidade subjetiva está ligada às pessoas que, de alguma forma, aguardam o desfecho do condomínio hereditário, situação que credencia no sentido a figura do cônjuge/companheiro em qualquer posição jurídica (por exemplo, herdeiro e/ou meeiro). Embora com campo mais amplo na sucessão legal, não se pode descartar que a cumulação seja postulada em caso de sucessão testamentária ou mista, ou seja, com cumulação das duas modalidades de sucessão.[2393] A análise da cumulação com tais referenciais terá de ser feita no caso concreto,[2394] com esquadro da situação fática apresentada ao art. 672, I, e os bônus ou possíveis reveses sob a ótica da economia processual, da duração razoável do processo e da eficiência.

6. Heranças deixadas pelos dois cônjuges ou companheiros

A segunda hipótese, passível de ocorrer com mais frequência, trata da cumulação de inventários de cônjuges/companheiros que vem a falecer. O foco do inciso II do art. 672 não mira nos interessados na herança (hipótese do inciso I do dispositivo), tendo foco nos *autores da herança*, isto é, aqueles que vêm a óbito. A perspectiva subjetiva é bem diversa, pois o vínculo está *entre os*

2393 Próximo: Luciano Vianna Araújo, *Comentários ao Código de Processo Civil*, v. 3, p. 296.

2394 Em exemplificação, imagine a situação de dois irmãos filhos de pais comuns que não se encontram casados, nem em união estável. Aberto o inventário do pai, tempos depois vem a mãe a falecer. Se não tiver ocorrido o desfecho do primeiro inventário é possível que o segundo seja cumulado, pois, em não havendo testamento que mude radicalmente o contexto (com a presença de novos e heterogêneos personagens), os herdeiros legais serão os mesmos, justificando-se a cumulação. Com outra ilustração, pense-se no caso de filhos, já órfãos de mãe, que figuram, agora, como herdeiros necessários no inventário do pai. Se, no curso deste inventário, seus avós maternos falecem, considerando que, no caso, a mãe dos referidos herdeiros era filha única, o inventário dos avôs poderá ser processado em conjunto com o inventário do pai. O foco na exemplificação está nos herdeiros que são comuns (irmãos) que herdam do seu pai (genitor comum) e também se beneficiam das heranças dos avôs maternos. A simulação última indica a possibilidade de aplicação da regra envolvendo o direito de representação (art. 1.851 do CC).

falecidos, e não mais entre os que possuem interesse no desfecho do inventário *causa mortis*. Seguindo-se tal bússola, a ausência de identidade entre os interessados na sucessão não constitui óbice à cumulação dos inventários dos cônjuges/companheiros, porquanto, no inciso II, ora em análise, a condição para a reunião dos processos é o vínculo de casamento ou união estável que existia entre os cônjuges ou companheiros, e não a identidade das partes.[2395] Dessa forma, é possível a cumulação de inventários de cônjuges/companheiros mesmo que estes não tenham herdeiros comuns, ou seja, há presença heterogênea de pessoas como interessados na herança, a partir da chave de identidade fixada no inciso II do art. 672, qual seja: falecimento de pessoas casadas ou em regime de união estável e a instauração de inventários respectivos.

O inciso II do art. 672 não exige – como fazia o CPC de 1973 – que os cônjuges ou companheiros se coloquem na posição de "meeiros", situação que evidencia que o dispositivo alcança às situações de abertura de sucessão sem discriminar qualquer regime de bens.[2396]

Nos casos em que houver o falecimento do cônjuge/companheiro supérstite no curso do inventário de seu cônjuge/companheiro, é possível inventariar e partilhar bens que não constaram das primeiras declarações do inventário que já estava em curso. A lógica de tal raciocínio está na segunda parte do art. 636, que permite que o inventariante emende, adite ou complete as primeiras declarações. Ora, se é possível efetuar o saneamento das primeiras declarações no inventário singular, com mais razão deve-se admitir quando se efetuar a cumulação de inventários.[2397] Tal situação, todavia, não impede que sejam reservados para sobrepartilha bens que não foram arrolados nas primeiras declarações do inventário primitivo, na forma do art. 2.021 do CC, pois não há nenhuma regra que afaste a sobrepartilha em relação a inventários cumulados.

Conectando o disposto do art. 673 na cumulação prevista no inciso II do art. 672, deverá ser feita a avaliação de descrição de novos bens que não integravam o primeiro espólio. No que se refere aos bens já avaliados e que constam também do segundo inventário, há de se observar se houve alteração da sua estimativa. Com efeito, o longo espaço de tempo entre o início do primeiro inventário e o do segundo, assim como outros eventuais outros fatores que possam determinar alterações relevantes nos valores dos bens do espólio, po-

---

2395 No sentido: José Maria Leoni Lopes de Oliveira, *Direito Civil*: sucessões, p. 737.

2396 Igualmente: Luciano Vianna Araújo, *Comentários ao Código de Processo Civil*, v. 3, p. 296; e Arruda Alvim, Araken de Assis e Eduardo Arruda Alvim, *Comentários ao Código de Processo Civil*, p. 1.521.

2397 Próximo: Paulo Cezar Pinheiro Carneiro, *Inventário e partilha judicial e extrajudicial*, p. 239.

derão justificar a realização de nova avaliação.[2398] As razões para a mudança de estimação podem ser variadas e deverão ser observadas caso a caso, pois nem sempre a mudança de valoração dos bens se dá por fatos externos, como é o caso de aquecimento do mercado (ou até de recessão). Pode acontecer, em ilustração, que a valorização decorra dos esforços do segundo falecido, que inseriu no bem uma série de melhoramentos depois da abertura da sucessão do primeiro inventário. Assim, a motivação acerca da nova avaliação deve ser explicitada, diante dos efeitos que o resultado que a segunda estimação pode provocar dentro das arrecadações dos inventários.[2399]

A exigência de nova avaliação não deve ser vista como fruto de exigência fiscal, mas de equalização na partilha entre os interessados. Tanto assim que, se determinado bem na reavaliação receber estimação mais alta, tal situação não redundará em complementação de ITCMD já recolhido em vinculação à avaliação pretérita, muito menos de repetição se a nova estimação do bem for inferior.[2400] No plano fiscal, a avaliação se aplicará apenas para o lançamento de imposto ainda não recolhido, de modo que comumente alcançará o segundo inventário. De modo diverso, em prestígio ao caráter isonômico que vige para o desfecho do inventário, a nova avaliação será aplicada nas duas sucessões que foram aglutinadas em único processo sucessório.[2401] Dessa forma, a nova avaliação decorre na necessidade de aplicação dos arts. 648, I, do CPC e do art. 2.017 do CC, pois a estimação simétrica evita que ocorram desigualdades nos inventários, capazes de causar prejuízos e incongruências de arrecadação e de divisão de quinhões em caso de desfecho positivo.[2402]

7. Dependência de uma das partilhas em relação à outra

A última hipótese de cumulação de inventários está atrelada à dependência de uma das partilhas em relação à outra. Na verdade, o inciso III do art. 672 prevê a possibilidade de cumulação a partir da aferição de que o desfecho de um inventário possui repercussão concreta em outro. Por exemplo, durante a tramitação do inventário, um dos herdeiros que concorre à herança vem a falecer, devendo ser sucedido no processo pelo seu espólio. Nesse caso, tem-

---

2398 Semelhante: Artur César de Souza, *Código de Processo Civil*, v. III, p. 1.620.

2399 Parecendo concordar: Fernando da Fonseca Gajardoni, *Processo de conhecimento e cumprimento de sentença*: comentários ao CPC 2015, v. 2, p. 1.142.

2400 Igualmente: Paulo Cezar Pinheiro Carneiro, *Inventário e partilha judicial e extrajudicial*, p. 239.

2401 Igualmente: Luciano Vianna Araújo, *Comentários ao Código de Processo Civil*, v. 3, p. 298; e Artur César de Souza, *Código de Processo Civil*, v. III, p. 1.620.

2402 Próximo: Hamilton de Moraes Barros, *Comentários ao Código de Processo Civil*, v. IX, p. 355.

-se configurada a dependência de uma "partilha" em relação à outra, que autoriza os sucessores do "herdeiro falecido" a instaurarem seu o inventário juntamente com o que ele concorria à sucessão originária.

Diferentemente do que dispunha da codificação revogada (art. 1.044), para o CPC atual não é condição para a cumulação que o herdeiro falecido não possua outros bens a partilhar. No entanto, a abertura feita pelo CPC em vigor deve ser recebida com atenção, devendo ser aferida, no caso concreto, se o acervo hereditário trazido pelo inventário incidental causará algum tipo de embaraço no processamento daquele que já estava em curso, pois a cumulação não pode prejudicar o trâmite ordinário do inventário já instaurado. Tanto assim, que o parágrafo único do art. 672 prevê se a dependência for parcial, ou seja, havendo bens que compõem o segundo inventário e que não arrecadados no inventário originário, o juiz pode ordenar a tramitação separada, se melhor convier ao interesse das partes ou à celeridade processual.[2403] O comando do parágrafo único do art. 672 merece interpretação mais adequada, não se limitando a analisar a arrecadação de novos bens do segundo inventário. Por certo, obstáculos no trâmite célere do inventário originário podem ser provocados por fatores outros que não apenas a arrecadação de bens vinculados apenas ao segundo inventário. Ilusório, portanto, se imaginar que a arrecadação mais ampla do inventário superveniente é o único incidente capaz que criar embaraços na marcha do inventário originário. Por exemplo, ainda que com os mesmos bens, o segundo inventário pode demandar uma fase de liquidação mais alongada em razão da grande quantidade de credores, com a necessidade de aplicação de técnicas de pagamento e abertura de concurso de credores para se decidir preferências.[2404]

Conclui-se que o parágrafo único do art. 672 deve ser lido em consonância com o disposto no art. 139, II, do mesmo diploma processual, fato que abre os horizontes do dispositivo e permite o melhor controle da cumulação. Assim sendo, não é correto sitiar o parágrafo único do art. 672 apenas para a hipótese prevista em seu inciso III, pois, como regra de organização e controle processual, também se projeta para os incisos I e II do dispositivo.[2405]

2403 No sentido: Eduardo Talamini e Luiz Rodrigues Wambier, *Curso avançado de processo civil:* procedimentos especiais e juizados especiais, p. 152.

2404 Na ilustração, melhor que se encerre o primeiro inventário se este estiver apto para tanto, remetendo-se o quinhão respectivo para o inventário posterior. A liquidação complexa do segundo inventário não deve obstar o andamento do primeiro, até porque prejudicará aqueles que não possuem nenhum interesse no inventário sucessório incidental. Vide os comentários ao art. 642.

2405 Bem próximo: Paulo Cezar Pinheiro Carneiro, *Inventário e partilha judicial e extrajudicial*, p. 236.

8. Recurso

A decisão que delibera sobre a cumulação de inventários é passível de ataque por agravo de instrumento (art. 1.015, parágrafo único, do CPC).[2406]

2406 Igualmente: Luciano Vianna Araújo, *Comentários ao Código de Processo Civil*, v. 3, p. 297.

REFERÊNCIAS BIBLIOGRÁFICAS

ABDO, Helena. In: WAMBIER, Teresa Arruda Alvim; DIDIER JR., Fredie; TALAMINI, Eduardo; DANTAS, Bruno Dantas (coords.). *Breves comentários ao novo Código de Processo Civil (artigos 247 a 259)*. 3. ed. São Paulo: Revista dos Tribunais, 2016.

ABELHA, Marcelo. *Manual de direito processual civil*. 6. ed. Forense: Rio de Janeiro, 2016.

ABELHA, Marcelo. *Manual de execução civil*. 5. ed. rev. e atual. Rio de Janeiro: Forense, 2015.

ALVIM, Arruda Alvim. *Anulação de partilha*: soluções práticas. São Paulo: Revista dos Tribunais, 2011. v. 3.

ALVIM, Arruda. Mandado de segurança. In: ALVIM, Arruda. *Mandado de segurança e direito público*. São Paulo: Revista dos Tribunais, 1995.

ALVIM, Arruda; ASSIS, Araken; ALVIM, Eduardo Arruda. *Comentários ao Código de Processo Civil*. Rio de Janeiro: GZ Editora, 2012.

ALVIM, Eduardo Arruda; GRANADO, Daniel William; FERREIRA, Eduardo Aranha. *Direito processual civil*. 6. ed. São Paulo: Saraiva Educação, 2019.

ALVIM, J. E. Carreira. *Ação de inventário e partilha*. 2. ed. Curitiba: Juruá, 2016.

ALVIM, Teresa Arruada; CONCEIÇÃO, Maria Lúcia Lins; RIBEIRO; Leonardo Ferres da Silva; MELLO, Rogerio Licastro Torres de. In: WAMBIER, Teresa Arruda Alvim [et al.] (coord.). *Primeiros comentários ao novo Código de Processo Civil artigo por artigo*. São Paulo: Revista dos Tribunais, 2015.

AMARAL, Guilherme Rizzo. *Comentários às alterações do novo CPC*. São Paulo: Revista dos Tribunais, 2015.

AMORIM, José Roberto Neves. *Código Civil comentado*. Coordenação Cezar Peluso. 7. ed. Barueri: Manole, 2013.

ANDRADE, Ronaldo Alves de. In: SANTOS, Silas Silva; CUNHA, Fernando Antônio Maia da; CARVALHO FILHO, Milton Paulo de; RIGOLIN, Antonio Rigolin (coord.). *Comentários ao Código de Processo Civil*: perspectiva da magistratura. 2. ed. São Paulo: Thompsom Reuters, 2020.

ANTUNES, Thiago Caversan. Produção antecipada da prova em caráter incidental. In: FUGA, Bruno Augusto Sampaio; RODRIGUES, Daniel Colnagno; ANTUNES, Thiago Caversan (orgs.). *Da produção antecipada da prova:* questões relevantes e aspectos polêmicos. 3. ed. Londrina: Thoth, 2021.

ANTONINI, Mauro. In: PELUSO, Cezar (coord.). *Código Civil comentado*. 7. ed. Barueri, SP: Manole, 2013.

ARAÚJO, Fábio Caldas de. *Curso de processo civil*. Tomo III: procedimentos especiais. São Paulo: Malheiros, 2018.

ARAÚJO, Luciano Vianna. Capítulo VI: Do inventário e partilha (arts. 610 a 673). In: BUENO, Cassio Scarpinella (coord.). *Comentários ao Código de Processo Civil.* São Paulo: Saraiva, 2017.

ARAÚJO, Luciano Vianna. A homologação da partilha amigável, a entrega do formal de partilha e o lançamento do imposto de transmissão *causa mortis* no arrolamento sumário, conforme o CPC/15 e a jurisprudência do Superior Tribunal de Justiça (Tema 1.074). In: ALVIM, Teresa Arruda; KUNINA, Sérgio Luiz; OLIVEIRA, Pedro Miranda; FREIRE, Alexandre. *O CPC de 2015 visto pelo STJ.* São Paulo: Thomson Reuters Brasil, 2021. p. 1487-1501.

ARAUJO, Paula Ambrozim Corrêa de. *Breves anotações sobre o procedimento sumário.* Vitória: ICE, 2004.

ASCENSÃO, José de Oliveira. *A tipicidade dos direitos reais.* Lisboa: Petrony, 1968.

ASCENSÃO, José de Oliveira. *Direito civil:* sucessões. 5. ed. Coimbra: Coimbra Editora, 2000.

ÁVILA, Raniel Fernandes de; MAZZEI, Rodrigo Reis. Direito sucessório e processo civil: o art. 665 do CPC/15 como um negócio jurídico processual típico no rito do inventário e da partilha. In: *Civilistica.com.* Rio de Janeiro, ano 10, n. 1, 2021. Disponível em: <http://civilistica.com/direito-sucessorio-e-processo-civil/>. Data de acesso: 25 set. 2021.

AZEVEDO, Álvaro Villaça. *Curso de direito civil:* direito das sucessões. São Paulo: Saraiva Educação, 2019.

BACCHIEGA, Marcus Vinícius. In: SANTOS, Silas Silva; CUNHA, Fernando Antônio Maia da; CARVALHO FILHO, Milton Paulo de; RIGOLIN, Antonio Rigolin (coord.). *Comentários ao Código de Processo Civil:* perspectiva da magistratura. 2. ed. São Paulo: Thompsom Reuters, 2020.

BARROS, Hamilton de Moraes. *Comentários ao Código de Processo Civil.* 2. ed. Rio de Janeiro: Forense, 1988. v. IX.

BARROS, Hamilton de Moraes. *Comentários ao Código de Processo Civil.* 2. ed. Rio de Janeiro: Forense, 1988. v. XI.

BARROSO, Lucas de Abreu; REZEK, Gustavo Elias. *Acessio possessionis* e usucapião constitucional agrário: inaplicabilidade do art. 1.243, primeira parte, do Código Civil. *Revista de Direito Privado,* v. 26, p. 113-124, 2006.

BERMUDES, Sérgio. *CPC de 2015*: inovações. Rio de Janeiro: GZ Editora, 2016. v. 2.

BENDUZI, Ricardo. MARINONI, Luiz Guilherme (dir.); ARENHART, Sérgio Cruz; MITIDIERO, Daniel (coords.). *Comentários ao Código de Processo Civil. Volume II (artigos 70-183).* São Paulo: Revista dos Tribunais, 2016.

BITTENCOURT, Bianca Da Rosa; BITTENCOURT, Daniele Da Rosa. Da situação jurídica do animal no ambiente sucessório. In: CACHAPUZ, Rozane Da Rosa (coord.). *Do acesso à justiça no direito das famílias e das sucessões.* Londrina: Thoth, 2021. v. II.

BONDIOLI, Luis Guilherme Aidar. In: CABRAL, Antonio do Passo; CRAMER, Ronaldo (coords.). *Comentários ao novo Código de Processo Civil (Artigos 871 a 909).* 2. ed. Rio de Janeiro: Forense, 2016. p. 1.239-1.280.

BRESOLIN, Umberto Bara. In: TUCCI, José Rogério Cruz e; FERREIRA FILHO, Manoel Caetano; APRIGLIANO, Ricardo de Carvalho; DOTTI, Rogéria Fagundes;

MARTINS, Sandro Gilbert (coords.). *Código de Processo Civil anotado.* Seção VIII – Da partilha. Rio de Janeiro: LMJ Mundo Jurídico, 2016. p. 935-948.

BRITO, Anne Lacerda de. *Repensando o inventário judicial*: do quadro legal à realidade. Dissertação-Mestrado em Direito. Programa de Pós-Graduação em Direito Processual. Universidade Federal do Espírito Santo, Vitória, 2018.

BUENO, Cassio Scarpinella. *Novo Código de Processo Civil anotado.* 2. ed. São Paulo: Saraiva, 2015.

BUENO, Cassio Scarpinella. *Curso sistematizado de direito processual civil.* 10. ed., rev., atual. e ampl. São Paulo, Saraiva, 2020. v. 2.

CABRAL, Antonio do Passo. *Convenções processuais:* teoria geral dos negócios jurídicos processuais. 3. ed. Salvador: Juspodivm, 2020.

CABRAL, Antonio do Passo. Despolarização do processo e 'zonas de interesse': sobre a migração entre polos da demanda. In: DIDIER JR., Fredie. *Reconstruindo a Teoria Geral do Processo.* Salvador: Juspodivm, 2012.

CABRAL, Antonio do Passo. *Juiz natural e eficiência processual: flexibilização, delegação e coordenação de competências no Processo Civil.* São Paulo: Thomsom Reuters, 2020.

CAHALI, Cláudia Elisabete Schwerz. Seção VI – Das colações e Seção VII – Do pagamento das dívidas. In: TUCCI, José Rogério Cruz e; FERREIRA FILHO, Manoel Caetano; APRIGLIANO, Ricardo de Carvalho; DOTTI, Rogéria Fagundes; MARTINS, Sandro Gilbert (coords.). *Código de Processo Civil anotado.* Rio de Janeiro: LMJ Mundo Jurídico, 2016.

CAHALI, Francisco José; AZEVEDO, Renato Santos Piccolomini de. Capítulo VI – Do inventário e da partilha. In: TUCCI, José Rogério Cruz e; FERREIRA FILHO, Manoel Caetano; APRIGLIANO, Ricardo de Carvalho; DOTTI, Rogéria Fagundes; MARTINS, Sandro Gilbert (coords.). *Código de Processo Civil anotado.* Rio de Janeiro: LMJ Mundo Jurídico, 2016. p. 982-919.

CAHALI, Francisco José; HERANCE FILHO, Antonio; ROSA, Karin Regina Rick; FERREIRA, Paulo Roberto Gaiger. *Escrituras Públicas:* separação, divórcio, inventário e partilhas consensuais: análise civil, processual civil, tributária e notarial. São Paulo: Revista dos Tribunais, 2007.

CAHALI, Francisco José; HIRONAKA, Giselda Maria Fernandes Novaes. *Direito das sucessões.* 3. ed. São Paulo: Revista dos Tribunais, 2007.

CAHALI, Yussef Said. *Honorários advocatícios.* 3. ed. São Paulo: Revista dos Tribunais, 1997.

CÂMARA, Alexandre Freitas. *Lições de direito processual civil.* 15. ed. rev. e atual. Rio de Janeiro: Lumen Juris, 2009.

CÂMARA, Maria Beatriz Perez. *Direito das sucessões.* Paulo Cezar Pinheiro Carneiro (coord.). Rio de Janeiro: Freitas Bastos, 2004.

CAMBI, Eduardo; DOTTI, Rogéria; PINHEIRO, Paulo Eduardo d'Arce; MARTINS, Sandro Gilbert; KOZIKOSKI, Sandro Marcelo. *Curso de Processo Civil completo.* 2. ed. São Paulo: Thomson Reuters, São Paulo, 2019.

CARLOS, Hélio Antunes. *O microssistema de autocomposição.* Rio de Janeiro: Processo, 2021.

CARNEIRO, Paulo Cezar Pinheiro. *Inventário e partilha judicial e extrajudicial*. Rio de Janeiro: Forense, 2019.

CARVALHO, Dimas Messias de. *Direito das sucessões*: inventário e partilha. 5. ed. São Paulo: Saraiva Educação, 2018.

CARVALHO, Luiz Paulo Vieira de. *Direito das sucessões*. 4. ed. São Paulo: Atlas, 2019.

CARVALHO FILHO, Milton Paulo de. In: GODOY, Cláudio Luiz Bueno de [et al.]; PELUZO, Cezar (coord.). *Código Civil comentado*: doutrina e jurisprudência. 4. ed. Barueri, SP: Manole, 2010.

CARVALHO NETO, Inácio de; FUGIE; Érika Harumi. *Novo Código Civil comparado e comentado*. Direito das sucessões. 2. ed. Curitiba: Juruá, 2003. v. VII.

CARVALHO NETTO, José Rodrigues de. *Da ação monitória:* um ponto de vista sobre a Lei 9.079 de 14 de julho de 1995. São Paulo: Revista dos Tribunais, 2001.

CASSETTARI, Christiano. Divórcio, extinção de união estável e inventário por escritura pública: teoria e prática. 9. ed. São Paulo: Atlas, 2018.

CASTRO FILHO, José Olympio de. *Comentários ao Código de Processo Civil*. v. X (arts. 1.103 a 1.220). 6. ed. Rio de Janeiro: Forense, 2007.

CUNHA, Leonardo Carneiro Da. *A Fazenda Pública em juízo*. 18. ed. Rio de Janeiro: Forense, 2021.

DA CUNHA BRAZ, Miryã Bregonci; BUFULIN, Augusto Passamani. Aspectos jurídicos sobre a controvertida multa nas ações tardias de inventário. *Revista de Direito de Família e Sucessão*. p. 18-34, v. 6, 2020.

DAL'COL, Caio de Sá; DAL'COL, João Roberto de Sá. A (des)necessidade da remessa de "suposta" questão dependente de prova às vias ordinárias. In: TARTUCE, Fernanda; MAZZEI, Rodrigo; CARNEIRO, Rodrigo Barradas (coords.). *Famílias e sucessões*. Salvador: JusPodivm, 2016. p. 611-624.

DA SILVA, Ricardo Alexandre; LAMY, Eduardo. In: ARENHART, Sergio Cruz; MITIDIERO, Daniel (coord.); MARINONI, Luiz Guilherme (dir.). *Comentários ao Código de Processo Civil*. v. IX – arts. 539 ao 673. São Paulo: Revista dos Tribunais, 2017.

DELGADO, Mário Luiz. *Código Civil comentado*. São Paulo: Saraiva, 2019.

DELGADO, Mário Luiz. Arbitragem no direito de família e das sucessões: possibilidades e casuística. *Revista Jurídica: órgão nacional de doutrina, jurisprudência, legislação e crítica judiciária*, v. 71, n. 523, p. 10-45.

DELORRE, Luiz. *Processo de conhecimento e cumprimento de sentença:* comentários ao CPC 2015. 2. ed. Rio de Janeiro: Forense, 2018. v. 2.

DIAS, Maria Berenice. *Direito das sucessões*. 5. ed. São Paulo: Revista dos Tribunais, 2018.

DIAS, Maria Berenice. *Manual das sucessões*. 3. ed. São Paulo: Revista dos Tribunais, 2013.

DIDIER JR., Fredie. *Cooperação judiciária nacional:* esboço de uma teoria para o direito brasileiro – arts. 67-69. Salvador: Juspodivm, 2020.

DIDIER JR., Fredie. *Curso de direito processual civil:* introdução ao direito processual civil, parte geral e processo de conhecimento. 23. Ed. Salvador: Juspodivm, 2021.

DIDIER JR., Fredie. *Curso de direito processual civil*. 21. ed. Salvador: Juspodivm, 2019. v. 1.

DIDIER JR., Fredie; BRAGA, Paula Sarno; OLIVEIRA, Rafael Alexandria de. *Curso de direito processual:* teoria da prova, direito probatório, decisão, precedente, coisa julgada e tutela provisória. 14. ed. Salvador: Juspodivm, 2019.

DIDIER JR., Fredie; CABRAL, Antônio do Passo; CUNHA, Leonardo Carneiro da. *Por uma nova teoria dos procedimentos especiais*. Salvador: JusPodivm, 2018.

DINAMARCO, Cândido Rangel. *Instituições de direito processual civil*. 6. ed. São Paulo: Malheiros: 2009. v. I.

DINIZ, Maria Helena. *Curso de direito civil brasileiro*. v. 6: direito das sucessões. 31. ed. São Paulo: Saraiva, 2017.

DOTTI, Rogéria Fagundes. *Tutela da evidência*: probabilidade, defesa frágil e o dever de antecipar a tempo. São Paulo: Thomson Reuters Brasil, 2020.

FADEL, Sergio Sahione. *Código de Processo Civil comentado*. Rio de Janeiro: José Konfino Editor, 1974.

FARIA, Mário Roberto Carvalho de. *Direito das sucessões*: teoria e prática. 9. ed. Rio de Janeiro: Forense, 2019.

FARIAS, Cristiano Chaves de. O cumprimento de testamento no novo Código de Processo Civil e a possibilidade de adaptação procedimental (cláusula geral negocial) do inventário. In: TARTUCE, Fernanda; MAZZEI, Rodrigo; CARNEIRO, Sergio Barradas (coords.). *Famílias e sucessões*. Salvador: Juspodivm, 2016.

FARIAS, Cristiano Chaves de; ROSENVALD, Nelson. *Curso de Direito Civil*: sucessões. 2. ed. Salvador: Juspodivm, 2016. v. 7.

FARIS, Cristiano Chaves de; ROSENVALD, Nelson. *Direitos reais*. 9. ed. Salvador: Juspodivm, 2013.

FERREIRA, William Santos. Arts. 369 a 380. In: WAMBIER, Teresa Arruda Alvim; DIDIER JR., Fredie; TALAMINI, Eduardo; DANTAS, Bruno (coords.). *Breves comentários ao novo Código de Processo Civil*. 3. ed. São Paulo: Revista dos Tribunais, 2015. p. 993-1.024.

FIGUEIREDO, Luciano; FIGUEIREDO, Roberto. *Manual de direito civil*. Volume único. 2. ed. Salvador: Juspodivm, 2021.

FISCHMANN, Gerson. *Comentários ao Código de Processo Civil*. São Paulo: Revista dos Tribunais, 2000. v. 14.

FRANCO, André; CATALAN, Marcos. Separação e divórcio na esfera extrajudicial – faculdade ou dever das partes? In: COLTRO, Antônio Carlos Martins; DELGADO, Mário Luiz (coords.). *Separação, divórcio, partilhas e inventários extrajudiciais*. Questionamentos sobre a lei 11.441/2007. São Paulo: Método, 2007.

FONSECA, Geraldo. *Reforma da Lei de recuperação judicial e falência:* comentada e comparada. Rio de Janeiro: Forense, 2021.

GAGLIANO, Pablo Stolze; PAMPLONA FILHO, Rodolfo. *Manual de Direito Civil*. Volume único. São Paulo: Saraiva, 2017.

GAGLIANO, Pablo Stolze; PAMPLONA FILHO, Rodolfo. *Novo curso de direito civil*: direito das sucessões. 6. ed. rev. e atual. São Paulo: Saraiva, 2019. v. 7.

GAJARDONI, Fernando da Fonseca. *Processo de conhecimento e cumprimento de sentença*: comentários ao CPC de 2015. In: GAJARDONI, Fernando da Fonseca [et al.]. 2. ed. Rio de Janeiro: Forense; São Paulo: Método, 2018. v. 2.

GAJARDONI, Fernando da Fonseca; DELLORE, Luiz; ROQUE, Andre Vasconcelos; OLIVEIRA JR., Zulmar Duarte de. *Teoria Geral do Processo:* parte geral: comentários ao CPC de 2015. 3. ed. Rio de Janeiro: Forense, São Paulo: Método, 2019.

GALDINO, Flávio. Arts. 42 a 66. In: CABRAL, Antônio do Passo; CRAMER, Ronaldo (coords.). *Comentários ao novo Código de Processo Civil*. 2. ed. Rio de Janeiro: Forense, 2015. p. 88-116.

GODINHO, Robson Renault. *Comentários ao Código de Processo Civil (arts. 719-770)*: dos procedimentos de jurisdição voluntária. São Paulo: Saraiva, 2018. v. IV.

GOMES, Orlando. *Sucessões*. 12. ed. Mario Roberto Carvalho de Faria (atualizado). Rio de Janeiro: Forense, 2004.

GONÇALVES, Carlos Roberto. *Direito Civil Brasileiro:* Direito das Sucessões. 11. ed. São Paulo: Saraiva, 2017. v. 7.

GONÇALVES NETO, Alfredo de Assis. *Direito de empresa:* comentários aos artigos 966 a 1.195 do Código civil. 9. ed. rev., atual. e ampl. São Paulo: Revista dos Tribunais, 2019.

GOZZO, Débora; VENOSA, Silvio Salvo. In: ALVIM, Arruda; ALVIM, Thereza (coord.). *Comentários ao Código Civil Brasileiro. Volume XVI. Arts. 1.784 a 1.911.* Rio de Janeiro: Forense: 2004.

GUEDES, Jefferson Carús. *Comentários ao Código de Processo Civil*. São Paulo: Revista dos Tribunais, 2016. v. XI.

GURGEL, J. do Amaral. *Do inventário amigável*. Saraiva: São Paulo, 1932.

HIRONAKA, Giselda Maria Fernandes Novaes. *Comentários ao Código Civil*. v. 20 (artigos 1.784 a 1.856): Do direito das sucessões: da sucessão em geral; da sucessão legítima. AZEVEDO, Antonio Junqueira de (coord.). São Paulo: Saraiva, 2003.

IMHOF, Cristiano. *Direito das sucessões*: inventários e partilhas. 2. ed. São Paulo: Atlas, 2014.

LEITE, Eduardo de Oliveira. *Comentários ao novo Código Civil*: direito das sucessões. 4. ed. Rio de Janeiro: Forense, 2004. v. XXI.

LESSA NETO, João Luiz. *Produção autônoma de provas e o processo comparado:* Brasil, Estados Unidos e Inglaterra. Londrina: Thoth, 2021.

LIPPMANN, Rafael Knorr. In: WAMBIER, Teresa Arruda Alvim et al. (coord.). *Breves comentários ao novo Código de Processo Civil (Arts. 610 a 641)*. 3. ed. São Paulo: Revista dos Tribunais, 2016. p. 1.515-1.540.

LÔBO, Paulo. *Direito civil*: sucessões. 3. ed. São Paulo: Saraiva, 2016.

LOPES, Bruno Vasconcellos Carrilho. *Comentários ao Código de Processo Civil*. v. II. Arts. 70-118. 2. ed. São Paulo: Saraiva, 2018.

LUCCA, Rodrigo Rammina de. In: WAMBIER, Teresa Arruda Alvim; DIDIER, Fredie; TALAMINI, Eduardo; DANTAS, Bruno (coords.). *Breves comentários ao novo Código de Processo Civil*. 3. ed. São Paulo: Revista dos Tribunais, 2016.

LUCCA, Rodrigo Rammina de. Seção IX – Do arrolamento e Seção X – Disposições comuns a todas as seções. In: TUCCI, José Rogério Cruz e; FERREIRA FILHO, Manoel Caetano; APRIGLIANO, Ricardo de Carvalho; DOTTI, Rogéria Fagundes; MARTINS, Sandro Gilbert (coords.). *Código de Processo Civil anotado*. Rio de Janeiro: LMJ Mundo Jurídico, 2016. p. 948-963.

LUCON, Paulo Henrique dos Santos. In: WAMBIER, Teresa Arruda Alvim; DIDIER, Fredie; TALAMINI, Eduardo; DANTAS, Bruno (coords.). *Breves comentários ao novo Código de Processo Civil*. 3. ed. São Paulo: Revista dos Tribunais, 2016.

MACEDO, Elaine Harzheim. *Do procedimento monitório*. São Paulo: Revista dos Tribunais, 1999.

MACHADO, Antônio Cláudio da Costa. *Código de Processo Civil interpretado*: artigo por artigo, parágrafo por parágrafo. 8. ed. Barueri: Manole, 2009.

MACHADO, Marcelo Pacheco. Arts. 249 a 259. In: TUCCI, José Rogério Cruz e; FERREIRA FILHO, Manoel Caetano; APRIGLIANO, Ricardo de Carvalho; DOTTI, Rogéria Fagundes; MARTINS, Sandro Gilbert (coords.). *Código de Processo Civil anotado*. Rio de Janeiro: LMJ Mundo Jurídico, 2016. p. 386-398.

MALUF, Carlos Alberto Dabus; MALUF, Adriana Caldas do Rego Freitas Dabus. *Curso de direito das sucessões*. São Paulo: Saraiva, 2013.

MARCATO, Antonio Carlos. *Procedimentos especiais*. 16. ed. São Paulo: Atlas, 2016.

MARINONI, Luiz Guilherme Marinoni; ARENHART, Sergio Cruz. *Manual do processo de conhecimento*. 3. ed. São Paulo: Revista dos Tribunais, 2004.

MARINONI, Luiz Guilherme; ARENHART, Sergio Cruz. *Novo curso de processo civil*: tutela dos direitos mediante procedimentos diferenciados. 3. ed. rev. atual. e ampl. São Paulo: Revista dos Tribunais, 2017. v. 3.

MARINONI, Luiz Guilherme Marinoni; ARENHART, Sergio Cruz; MITIDIERO, Daniel. *Novo Código de Processo Civil comentado*. São Paulo: Revista dos Tribunais, 2015.

MARX NETO, Edgard Audomar; BRITO, Laura Souza Lima e. A colação e o novo Código de Processo Civil. *Revista de Direito Civil Contemporâneo*, v. 10, São Paulo: RT, 2017.

MAXIMILIANO, Carlos. *Direito das sucessões*. 4. ed. Rio de Janeiro: Livraria Freitas Bastos, 1958. v. III.

MAZEAUD, Henri; MAZEAUD, Leon. *Traité théorique et pratique de la responsabilité civile, délictuelle et contractuelle*. 3. ed. Paris: [s.n.], 1938.

MAZZEI, Rodrigo. A intervenção móvel da pessoa jurídica na ação popular e ação de improbidade administrativa (artigos 6º, 3º da LAP e 17 3º da LIA). *Revista Jurídica*, Porto Alegre, v. 61, n. 425, mar. 2013.

MAZZEI, Rodrigo. Algumas notas sobre o ("dispensável") art. 232 do Código Civil. In: DIDIER JR., Fredie; MAZZEI, Rodrigo Reis (org.). *Prova, exame médico e presunção:* o art. 232 do Código Civil. Salvador: Juspodivm, 2006. p. 259-269.

MAZZEI, Rodrigo. *Aspectos panorâmicos do 'tempo' na 'realização do direito'*. In: SILVA, Bruno Freire; MAZZEI, Rodrigo (coord.). *Reforma do Judiciário*: análise interdisciplinar do primeiro ano de vigência. Curitiba: Juruá, 2006.

MAZZEI, Rodrigo. Breve esboço sobre a sistematização da posse no direito brasileiro atual. In: CARDOSO, Luiza Tosta; PUPO, Thais Milani Del (org.). *Estudos sobre Direito Processual:* a interação entre o Código de Processo Civil e o Ordenamento Jurídico. Belo Horizonte: Dialética, 2020. v. 1, p. 25-47.

MAZZEI, Rodrigo. In: WAMBIER, Teresa Arruda Alvim; DIDIER, Fredie; TALAMINI, Eduardo; DANTAS, Bruno (coords.). *Breves comentários ao novo Código de Processo Civil*. 3. ed. São Paulo: Revista dos Tribunais, 2016.

MAZZEI, Rodrigo. *Código de Processo Civil do Espírito Santo:* texto legal e breve notícia histórica. Vila Velha: Eppur Si Muove, 2014.

MAZZEI, Rodrigo. *Código de Processo Civil e Commercial do Estado do Espírito Santo*. Londrina: Thoth, 2020.

MAZZEI, Rodrigo. Curatela. In: LAGRASTA NETO, Caetano; SIMÃO, José Fernando (coords.). *Dicionário de Direito de Família*. São Paulo: Atlas, 2015.

MAZZEI, Rodrigo. *Direito de superfície*. Salvador: Juspodivm, 2013.

MAZZEI, Rodrigo. Embargos de declaração e agravo interno no Projeto de CPC (Substitutivo de lavra do Deputado Paulo Teixeira): algumas sugestões para ratificações do texto projetado. In: WAMBIER, Teresa Arruda Alvim (coord.). *Revista de Processo*, v. 221, p. 245-290, 2013.

MAZZEI, Rodrigo. *Embargos de declaração:* recurso de saneamento com função constitucional. Londrina: Thoth, 2021.

MAZZEI, Rodrigo. Exemplo de litisconsórcio-necessário simples: desapropriação e o direito de superfície (art. 1.376). In: MAZZEI, Rodrigo (org.). *Questões processuais no novo Código Civil*. Vitória: Manole, 2006. p. 430-453.

MAZZEI, Rodrigo. Inventário extrajudicial e as alterações introduzidas pela Resolução nº 452/2022 do CNJ: primeiras impressões e algumas reflexões necessárias. *Revista Magister de Direito Civil e Processual Civil*, Porto Alegre, v. 18, n. 109, p. 23-46, jul.-ago, 2022.

MAZZEI, Rodrigo. *Mandado de injunção*. In: DIDIER JR., Fredie (org.). *Ações constitucionais*. 6. ed. Salvador: Juspodivm, 2012.

MAZZEI, Rodrigo. Noção geral do direito de sucessões no Código Civil: introdução do tema por 10 (dez) 'verbetes'. *Revista Jurídica*, Porto Alegre, v. 438, 2014.

MAZZEI, Rodrigo. Notas iniciais à leitura do novo Código Civil. In: ALVIM, Arruda; ALVIM, Thereza (org.). *Comentários ao Código Civil Brasileiro*: parte geral. Rio de Janeiro: Forense, 2005, v. 1.

MAZZEI, Rodrigo. Observações sobre a penhora envolvendo o direito de superfície (e outros direitos reais imobiliários) no Projeto do Código de Processo Civil. *Revista de Processo*, v. 228, p. 163-204, 2014.

MAZZEI, Rodrigo. Os embargos de declaração e a possibilidade de efeito suspensivo provocado (tutela provisória recursal. In: DANTAS, Bruno; BUENO, Cássio Sacarpinella; CAHALI, Claudia Elisabete Schwerz; NOLACOS, Rita Dias (coords.). *Questões relevantes sobre recursos, ações de impugnação e mecanismos de uniformização da jurisprudência*. São Paulo: Revista dos Tribunais, 2017. p. 237-248.

MAZZEI, Rodrigo. Princípio da relatividade dos efeitos contratuais e as suas mitigações. In: HIRONAKA, Giselda Maria Fernandes Novaes; TARTUCE, Flávio. *Direito contratual*: temas atuais. São Paulo: Método, 2009. p. 189-222.

MAZZEI, Rodrigo. *Reforma do CPC 2*. São Paulo: Revista dos Tribunais, 2007.

MAZZEI, Rodrigo; BENTO, Leriane Drumond. Comentários ao Enunciado 183 do FPPC. In: PEIXOTO, Ravi (coord.). *Enunciados do FPPC Comentados*. Salvador: Juspodivm, 2018.

MAZZEI, Rodrigo; CHAGAS, Barbara Seccato Ruis. Métodos ou tratamentos adequados de conflitos? In: JAYME, Fernando Gonzaga; MAIA, Renata C. Vieira; REZENDE, Ester Camila Gomes Norato; FIGUEIREDO, Helena Lanna (org.). *Inovações e modificações do Código de Processo Civil*: avanços, desafios e perspectivas. Belo Horizonte: Del Rey, 2017. v. 1.

MAZZEI, Rodrigo; FREIRE, Deborah Azevedo. Instauração do inventário *causa mortis*: breves (mas não óbvias) anotações a partir do regime jurídico emergencial e transitório das Relações Jurídicas de Direito Privado (RJET) no período da pandemia do coronavírus – COVID-19. *Revista Nacional de Direito de Família e Sucessões*, Porto Alegre, v. 6, n. 35, mar./abr. 2020.

MAZZEI, Rodrigo; FREIRE, Deborah Azevedo. Nomeação do inventariante: critérios para (interpretar) e aplicar o art. 617 do CPC. In: JOBIM, Marco Félix; PEREIRA, Rafael Caselli (org.). *Fundamentos objetivos e o novo processo civil brasileiro*. Londrina, PR: Thoth, 2021. Capítulo 20, p. 453-478.

MAZZEI, Rodrigo; GONÇALVES, Tiago Figueiredo. In: STRECK, Lênio Luiz; NUNES, Dierle; CUNHA, Leonardo Carneiro da (coord.). *Comentários ao Código de Processo Civil*. 2. ed. São Paulo: Saraiva, 2017.

MAZZEI, Rodrigo; GONÇALVES, Tiago Figueiredo. Ensaio sobre o processo de execução e o cumprimento da sentença como bases de importação e exportação no transporte de técnicas processuais. In: ASSIS, Araken de; BRUSCHI, Gilberto Gomes (coords.). *Processo de execução e cumprimento da sentença: temas atuais e controvertidos*. São Paulo: Revista dos Tribunais, 2020.

MAZZEI, Rodrigo; GONÇALVES, Tiago Figueiredo. Inventário sucessório e liquidação da herança: importação das técnicas de expropriação executiva. In: ASSIS, Araken de; BRUSCHI, Gilberto Gomes (coords.). *Processo de execução e cumprimento da sentença*: temas atuais e controvertidos. São Paulo: Revista dos Tribunais, 2021. v. 2.

MAZZEI, Rodrigo; GONÇALVES, Tiago Figueiredo. Primeiras linhas sobre a disciplina da ação rescisória no CPC/15. In: MACEDO, Lucas Buril de; PEIXOTO, Ravi; FREIRE, Alexandre; DIDIER JR., Fredie (org.). *Coleção novo CPC*; doutrina selecionada. Processo nos tribunais e meios de impugnação às decisões judiciais. 2. ed. Salvador: Juspodivm, 2016.

MAZZEI, Rodrigo; GONÇALVES, Tiago Figueiredo. Ação rescisória no processo de inventário e partilha: um primeiro esboço. In: DANTAS, Marcelo Navarro Ribeiro et al. (coord.). *Temas atuais de direito processual*: Estudos em Homenagem ao Professor Eduardo Arruda Alvim. São Paulo: Revistas dos Tribunais, 2021, p. 663-701.

MAZZEI, Rodrigo; MARQUES, Bruno. *Primeiras linhas sobre a responsabilidade pelos danos decorrentes da efetivação de tutelas de urgência em caso de "insucesso final" da ação de improbidade administrativa*. Porto Alegre: Revista Jurídica, p. 944, jun. 2014.

MAZZEI, Rodrigo Reis; MARTINS, Rodrigo Sanz. O direito de laje e sua previsão autônoma em relação ao direito de superfície: breve ensaio sobre a opção legislativa e o diálogo necessário entre as figuras. In: ABELHA, André (coord.). *Estudos de direito imobiliário:* homenagem a Sylvio Capanema de Souza. São Paulo: IBRADIM, 2020.

MAZZEI, Rodrigo; MERÇON-VARGAS, Sarah. Comentários aos arts. 682 a 686 do Código de Processo Civil. In: CÂMARA, Helder Moroni (org.). *Comentários ao Código de Processo Civil*. São Paulo: Almedina, 2016. v. 1, p. 840-849.

MAZZEI, Rodrigo; MERÇON-VARGAS, Sarah. Comentários aos arts. 139-187. In: FERNANDES, Simone Diogo Carvalho (org.). *Novo CPC anotado e comparado*. 2. ed. São Paulo: Saraiva, 2016.

MAZZEI, Rodrigo; MERÇON-VARGAS, Sarah. Partilha sucessória: disponibilidade da herança e princípio da máxima igualdade possível no CPC/15. In: TARTUCE, Fernanda; MAZZEI, Rodrigo; CARNEIRO, Sérgio Barradas Carneiro (coord.). *Famílias e sucessões*. Salvador: Juspodivm, 2016.

MAZZEI, Rodrigo; NOGUEIRA; Pedro Henrique. In: ALVIM, Angélica Arruda; ASSIS, Araken de; ALVIM, Eduardo Arruda; LEITE, George Salomão (coords.). *Comentários ao Código de Processo Civil*. São Paulo: Saraiva, 2016.

MAZZEI, Rodrigo; PINHO, Fernanda Bissoli. O balanço do estabelecimento e a apuração de haveres no inventário causa mortis: necessidade de adequada interpretação do artigo 620, § 1º, do CPC. *Revista Nacional de Direito de Família e Sucessões*, p. 7, ed. 42. maio/jun. 2021.

MAZZEI, Rodrigo; ROSADO, Marcelo da Rocha. A cláusula geral da efetivação e as medidas indutivas no CPC/15. In: TALAMINI, Eduardo; MINAMI, Marcos Youji (coords.). *Medidas executivas atípicas*. Salvador: Juspodivm, 2018.

MAZZEI, Rodrigo; SANT'ANNA, João Maurício Brambati. Inventário e partilha extrajudiciais quando da existência de testamento: um estudo exploratório das disciplinas internas das corregedorias dos Tribunais de Justiça brasileiros. *Revista Nacional de Direito de Famílias e Sucessões*. No prelo.

MAZZEI, Rodrigo; SERPA, Lucas. Hipoteca judiciária: breves noções e sua nova roupagem. *Revista Jurídica*, v. 445, p. 37-60, Porto Alegre, 2014.

MAZZEI, Rodrigo Reis; TARTUCE, Fernanda. Inventário e partilha no Projeto de novo CPC: pontos de destaque na relação entre os direitos material e processual. *Revista Nacional de Direito de Família e Sucessões*, v. 1, p. 80-96, 2014.

MEDINA, José Miguel Garcia. *Direito Processual Civil Moderno*. 2. ed. São Paulo: Revista dos Tribunais, 2018.

MEDINA, José Miguel Garcia. *Novo de Código de Processo Civil comentado*. 3. ed. São Paulo: Revista dos Tribunais, 2015.

MEDINA, José Miguel Garcia; ARAÚJO, Fábio Caldas de. *Código Civil comentado*: com jurisprudência selecionada e enunciados das Jornadas do STJ sobre o Código civil. 4. ed. rev., atual. e ampl. São Paulo: Revista dos Tribunais, 2021.

MELO, Marco Aurelio Bezerra de. *Código Civil Comentado:* doutrina e jurisprudência. Rio de Janeiro: Forense, 2019.

MIRANDA, Flávia Poyares. Artigos 626 ao 638. In: SANTOS, Silas Silva; CUNHA, Fernando Antônio Maia da; CARVALHO FILHO, Milton Paulo de; RIGOLIN, Antonio (coord.). *Comentários ao Código de Processo Civil:* perspectiva da magistratura. 2. ed. São Paulo: Thompsom Reuters, 2020. p. 710-717.

MONTEIRO, Washington de Barros. *Curso de direito civil:* direito de família e das sucessões. 35. ed. São Paulo: Saraiva, 1997.

MONTEIRO, Washington de Barros; PINTO, Ana Cristina de Barros Monteiro França. *Curso de direito civil.* 37. ed. São Paulo: Saraiva, 2009. v. 6.

MOREIRA, Alexandre. In: STRECK, Lenio Luiz; NUNES, Dierle; CUNHA, Leonardo Carneiro da (coords.). *Comentários ao Código de Processo Civil.* 2. ed. São Paulo: Saraiva, 2017.

MOREIRA, José Carlos Barbosa. *Comentários ao Código de Processo Civil*: vol. V: arts. 476 a 565. Rio de Janeiro: Forense, 2011.

MOREIRA, Pedro Alexandre. In: STRECK, Lenio Luiz; NUNES, Dierle; CUNHA, Leonardo Carneiro da (coords.). *Comentários ao Código de Processo Civil.* 2. ed. São Paulo: Saraiva, 2017.

NAVES, Cândido. *Comentários ao Código de Processo Civil*. Rio de Janeiro: Forense, 1941.

NEGRÃO, Theotonio. *Código de Processo Civil e legislação em vigor*. 22. ed. São Paulo: Malheiros, 1992.

NERY JUNIOR, Nelson; NERY, Rosa Maria de Andrade. *Instituições de direito civil:* família e sucessões. 2. ed. São Paulo: Revista dos Tribunais, 2019. v. 4.

NERY JUNIOR, Nelson; NERY, Rosa Maria de Andrade. *Comentários ao Código de Processo Civil*. São Paulo: Revista dos Tribunais, 2015.

NEVARES, Ana Luisa Maia. As inovações do Código de Processo Civil de 2015 no direito das sucessões. *Revista IBDFAM: família e sucessões*, v. 13, jan./fev. 20106. Belo Horizonte: IBDFAM, 2016. Bimestral.

NEVES, Daniel Amorim Assumpção. *Novo Código de Processo Civil comentado*. 2. ed. Salvador: Juspodivm, 2017.

NEVES, Daniel Amorim Assumpção. In: GOUVÊA, José Roberto Ferreira; BONDIOLI, Luis Guilherme; NAVES, João Francisco (coord.). *Comentários ao Código de Processo Civil*. Volume XVII (arts. 824-875). São Paulo: Saraiva, 2018.

NEVES, Daniel Amorim Assumpção. In: CABRAL, Antonio do Passo; CRAMER, Ronaldo (coords.). *Comentários ao novo Código de Processo Civil*. 2. ed. Rio de Janeiro: Forense, 2016.

NOGUEIRA, Pedro Henrique. *Negócios jurídicos processuais*. 4. ed. Salvador: Juspodivm, 2020.

NUNES, Dierle; RODRIGUES, Larissa Holanda Andrade. O contraditório e sua implementação pelo design: design thinking, legal design e visual law como abordagens de implementação efetiva da influência. In: NUNES, Dierle; LUCOS, Paulo Henrique dos Santos; WOLKART, Erick Navarro (coords.). *Inteligência artificial e Direito Processual*: os impactos da virada tecnológica no Direito Processual. Salvador: JusPodivm, 2020.

OLIVEIRA, Arthur Vasco Itabaiana. *Tratado de direito das sucessões*. 5. ed. Rio de Janeiro: Freitas Bastos, 1987.

OLIVEIRA, Carlos Eduardo Elias de. *Contrato de cessão de meação*: cabimento, forma e registro. Disponível em: <https://www.migalhas.com.br/coluna/migalhas-contratuais/337013/contrato-de-cessao-de-meacao--cabimento--forma-e-registro>. Acesso em: 14 out. 2021.

OLIVEIRA, Euclides de. *Código Civil comentado*. São Paulo: Atlas, 2004. v. XX.

OLIVEIRA, Euclides de. Artigos 610 a 629. In: ALVIM, Angélica Arruda; ASSIS, Araken de; ALVIM, Eduardo Arruda Alvim; LEITE, George Salomão (coords). *Comentários ao Código de Processo Civil*. São Paulo: Saraiva, 2016.

OLIVEIRA, Euclides de. In: SANTOS, Silas Silva; CUNHA, Fernando Antônio Maia da; CARVALHO FILHO, Milton Paulo de; RIGOLIN, Antonio Rigolin (coord.). *Comentários ao Código de Processo Civil:* perspectiva da magistratura. 2. ed. São Paulo: Thompsom Reuters, 2020.

OLIVEIRA, Euclides de; AMORIM, Sebastião. *Inventário e partilha:* teoria e prática. São Paulo: Saraiva, 2018.

OLIVEIRA, José Maria Leoni Lopes de. *Direito civil:* sucessões. Rio de Janeiro: Forense, 2018.

OLIVEIRA, Michelle Ivair Cavalcanti de. *Ações de família no CPC/2015*: definição e técnicas. Dissertação – Mestrado em Direito Processual. Orientação Rodrigo Mazzei.

Programa de Pós-Graduação em Direito Processual, Universidade Federal do Espírito Santo, Vitória, 2019.

OLIVEIRA, Moisés Mileib. In: STRECK, Lenio Luiz; NUNES, Dierle; CUNHA, Leonardo Carneiro da Cunha (coords.). *Comentários ao Código de Processo Civil*. Arts. 617 a 625. 2. ed. São Paulo: Saraiva, 2017. p. 856-862.

OLIVEIRA JUNIOR, Zulmar Duarte de. In: ALVIM, Angélica Arruda; ASSIS, Araken de; ALVIM, Eduardo Arruda; LEITE, George Salomão (coords.). *Comentários ao Código de Processo Civil*. São Paulo: Saraiva, 2016.

PACHECO, José da Silva. *Inventários e partilhas*: na sucessão legítima e testamentária. 20. ed. Rio de Janeiro: Forense, 2018.

PAULA, Alexandre de. *Código de Processo Civil anotado*. 6. ed. São Paulo: Revista dos Tribunais, 1994. v. IV.

PEGHINI, Cesar. *Elementos de direito de família e sucessões*. Rio de Janeiro: Autografia, 2018.

PENTEADO, Luciano Camargo. *Manual de Direito Civil*: sucessões. São Paulo: Revista dos Tribunais, 2014.

PEREIRA, Caio Mário da Silva. *Instituições de direito civil*. Direito das sucessões. 15. ed. Rio de Janeiro: Forense, 2004. v. VI.

PEREIRA, Rodrigo da Cunha. *Comentários ao novo Código Civil*. Rio de Janeiro: Forense, 2004. v. XX.

PEREIRA, Rafael Caselli Pereira. *A multa judicial (astreinte) e o CPC/2015*. 2. ed. Porto Alegre: Livraria do Advogado, 2018.

PONTES DE MIRANDA, Francisco Cavalcanti. *Comentários ao Código de Processo Civil*. Rio de Janeiro: Forense, 1977. t. IX.

PONTES DE MIRANDA, Francisco Cavalcanti. *Comentários ao Código de Processo Civil*. Rio de Janeiro: Forense, 1977. t. XIV.

PONTES DE MIRANDA. *Tratado de Direito Privado*. Parte Geral. Rio de Janeiro: Borsoi, 1955. t. V.

PORTO, Mônica Monteiro. *Código de Processo Civil comentado*. Helder Moroni Câmara (coord.). São Paulo: Almedina, 2016.

REZENDE, Astolpho de. *Manual do Código Civil Brasileiro*: v. XX. Paulo Lacerda (coord.). Rio de Janeiro: Jacinto Ribeiro dos Santos Editor, 1939.

REZENDE, Bertha Steckert Rezende; IMHOF, Cristiano. In: ALVIM, Angélica Arruda; ASSIS, Araken de; ALVIM, Eduardo Arruda; LEITE, George Salomão (coords.). *Comentários ao Código de Processo Civil*. São Paulo: Saraiva, 2016.

RIZZARDO, Arnaldo. *Direito das sucessões*. 2. ed. Rio de Janeiro: Forense, 2005.

ROCHA, Felippe Borring. Capítulo VI (arts. 610 a 673). In: CABRAL, Antônio do Passo; CRAMER, Ronaldo (coords.). *Comentários ao Novo Código de Processo Civil*. 2. ed. Rio de Janeiro: Forense, 2016.

ROCHA, Felippe Borring. Seção IV – Das citações e das impugnações e Seção V – Da avaliação e do cálculo do imposto. In: TUCCI, José Rogério Cruz e; FERREIRA FILHO, Manoel Caetano; APRIGLIANO, Ricardo de Carvalho; DOTTI, Rogéria Fagundes; MARTINS, Sandro Gilbert (coords.). *Código de Processo Civil anotado*. Rio de Janeiro: LMJ Mundo Jurídico, 2016. p. 919-929.

ROCHA, José de Moura. *Comentários ao Código de Processo Civil.* 2. ed. São Paulo: Revista dos Tribunais, 1976. v. IX.

RODRIGUES, Marco Antonio. Em busca do inventário mais eficiente: como conhecer no inventário questões que não precisem de prova não documental. *Revista IBDFam – Família e Sucessões*, n. 42, p. 88-89, ano 2021.

RODRIGUES, Silvio. *Direito Civil:* direito das sucessões. 19. ed. São Paulo: Saraiva, 1988. v. 7.

ROSA, Conrado Paulino da; RODRIGUES, Marco Antônio. *Inventário e partilha.* 2. ed. Salvador: Juspodivm, 2019.

ROSENVALD, Nelson; BRAGA NETTO, Felipe. *Código Civil comentado.* 2. ed. Salvador: Juspodim, 2021.

SANTANA, Irapuã. Artigos 248 a 259. In: ALVIM, Angélica Arruda; ASSIS, Araken de; ALVIM, Eduardo Arruda; LEITE, Georges Salomão (coords). *Comentários ao Código de Processo Civil.* São Paulo: Saraiva, 2016. p. 320-327.

SANTOS, J. M. Carvalho. *Código Civil Brasileiro interpretado.* 11. ed. Rio de Janeiro: Livraria Freitas Bastos, 1981. v. XXIV.

SANTOS, Ernane Fidélis dos. *Ação monitória.* Belo Horizonte: Del Rey, 2000.

SANTOS, Ernane Fidélis dos. *Comentários ao Código de Processo Civil*: vol. VI (arts. 890 a 1.102). Rio de Janeiro: Forense, 1978.

SANTOS, Ernane Fidélis dos. *Manual de direito processual civil, volume 3:* procedimentos especiais codificados e da legislação esparsa, jurisdição contenciosa e jurisdição voluntária, processo nos tribunais e juizados especiais. 15. ed. São Paulo: Saraiva, 2017.

SCHREIBER, Anderson. *Manual de direito civil contemporâneo.* 2. ed. São Paulo: Saraiva Educação, 2019.

SICA, Heitor Vitor Mendonça. In: WAMBIER, Teresa Arruda Alvim; DIDIER JR., Fredie; TALAMINI, Eduardo; DANTAS, Bruno (coords.). *Breves comentários ao novo Código de Processo Civil.* 3. ed., São Paulo: Revista dos Tribunais, 2016.

SILVA, Cid Eduardo Brown da. Inventário no novo Código de Processo Civil – arts. 610-673. In: SANTANA, Alexandre Ávalo; ANDRADE NETO, Jose de (coords.). *Novo CPC:* análise doutrinária sobre o novo direito processual brasileiro. Campo Grande: Contemplar, 2016.

SILVA, Clóvis do Couto e. *Comentários ao Código de Processo Civil.* Vol. XI. Tomo I. Arts. 890-1.045. São Paulo: Revista dos Tribunais, 1977.

SILVA, Ovídio A. Baptista da. *Comentários ao Código de Processo Civil.* Porto Alegre: 1985. v. XI.

SIMÃO, José Fernando. In: SCHREIBER, Anderson; TARTUCE, Flávio; SIMÃO, José Fernando; MELO, Marco Aurélio Bezerra de; DELGADO, Mário Luiz. *Código Civil comentado: doutrina e jurisprudência.* Rio de Janeiro: Forense, 2019.

SLABI FILHO, Nagib. *Comentários ao Código Civil Brasileiro.* Rio de janeiro: Forense, 2005. v. XV.

SOUSA, Miguel Teixeira de. *Estudos sobre o novo processo civil.* 2. ed. Lisboa: Lex, 1997.

SOUZA, Artur César de. *Código de Processo Civil.* São Paulo: Almedina, 2015. v. III.

SOUZA, José Augusto Garcia de. Arts. 236 a 274. In: CABRAL, Antônio do Passo; CRAMER, Ronaldo (coords.). *Comentários ao novo Código de Processo Civil.* 2. ed. Rio de Janeiro: Forense, 2015.

SOUZA, Ronnie Hebert Barros de. In: SANTOS, Silas Silva; CUNHA, Fernando Antônio Maia da; CARVALHO FILHO, Milton Paulo de; RIGOLIN, Antonio Rigolin (coord.). *Comentários ao código de processo civil: perspectiva da magistratura.* 2. ed. São Paulo: Thompsom Reuters, 2020.

STEFANI, Marcos. Artigos 176 a 181. In: WAMBIER, Teresa Arruda Alvim; DIDIER JR., Fredie; TALAMINI, Eduardo; DANTAS, Bruno (coords.). *Breves comentários ao novo Código de Processo Civil.* 3. ed. São Paulo: Revista dos Tribunais, 2016,

TALAMINI, Eduardo. In: CABRAL, Antonio do Passo; CRAMER, Ronaldo (coords.). *Comentários ao novo Código de Processo Civil.* 2. ed. Rio de Janeiro: Forense, 2016.

TALAMINI, Eduardo. *Tutela monitória:* a ação monitória – Lei 9.079/95. 2. ed. São Paulo: Revista dos Tribunais, 2001.

TALAMINI, Eduardo. *Tutela relativa aos deveres de fazer e não fazer e sua extensão aos deveres de entrega de coisa.* São Paulo: Revista dos Tribunais, 2003.

TARTUCE, Fernanda. *Igualdade e vulnerabilidade no Processo Civil Brasileiro.* Rio de Janeiro, Forense, 2012.

TARTUCE, Fernanda; MAZZEI, Rodrigo. *Inventário e partilha no CPC/15: pontos de destaque na relação entre os direitos material e processual.* In: TARTUCE, Fernanda; MAZZEI, Rodrigo; CARNEIRO, Sergio Barradas (coords.). *Famílias e sucessões.* Salvador, Juspodivm 2016.

TARTUCE, Fernanda; MAZZEI, Rodrigo. Inventário e partilha no Projeto de novo CPC: pontos de destaque na relação entre os direitos material e processual. *Revista Nacional de Direito de Família e Sucessões,* v. 1, 2014.

TARTUCE, Flávio. *Código Civil comentado.* Rio de Janeiro: Forense, 2019.

TARTUCE, Flávio. *Direito Civil*: direito das sucessões. 12. ed., rev., atual. e ampl. Rio de Janeiro: Forense, 2019.

TARTUCE, Flávio. *Manual de direito civil.* Volume único. 7. ed. São Paulo: Método, 2017.

TARTUCE, Flávio. Livro IV: Do direito de família. In: SCHREIBER, Anderson; TARTUCE, Flávio; SIMÃO, José Fernando; MELO, Marco Aurélio Bezerra de; DELGADO, Mário Luiz. *Código Civil comentado* – doutrina e jurisprudência. Rio de Janeiro: Forense, 2019.

TEMER, Sofia. *Participação no processo civil:* repensando litisconsórcio, intervenção de terceiros e outras formas de atuação. Salvador: JusPodivm, 2020.

TEPEDINO, Gustavo; NEVARES, Ana Luiza Maia; MEIRELES, Rose Melo Venceslau. *Fundamentos de direito civil:* direito das sucessões. Rio de Janeiro: Forense, 2020. v. 7.

THEODORO JR., Humberto. *A insolvência civil*: execução por quantia certa contra devedor insolvente. Rio de Janeiro: Forense, 1980.

THEODORO JÚNIOR, Humberto. *Curso de direito processual civil:* procedimentos especiais. 50. ed. Rio de Janeiro: Forense, 2016. v. II.

THEODORO JÚNIOR, Humberto. *Curso de Direito Processual Civil.* Volume I: teoria geral do direito processual civil, processo de conhecimento, procedimento comum. 59. ed. ed. rev., atual. e ampl. Forense: Rio de Janeiro, 2018.

THEODORO JR., Humberto. Partilha: nulidade, anulabilidade e rescindibilidade. *Revista de Processo,* v. 45, São Paulo: RT online, jan./mar. 1987.

TOMÁS, Patrícia Mara dos Santos. In: MACHADO, Costa; CHINELLATO, Silmara Juy (coord.). *Código Civil interpretado*. 3. ed. Barueri: Manole, 2010.

TUCCI, José Rogério Cruz e. *Da ação monitória*. 3. ed. São Paulo: Revista dos Tribunais, 2001.

VASCONCELOS, Ronaldo. *Comentários ao Código de Processo Civil*. v. 3 (arts. 539 a 925). BUENO, Cassio Scarpinella (coord.). São Paulo: Saraiva, 2017.

VELOSO, Zeno. *Condição, termo e encargo*. São Paulo: Malheiros, 1997.

VELOSO, Zeno. In: AZEVEDO, Antônio Junqueira de (coord.). *Comentários ao Código Civil:* parte especial: do direito das sucessões: arts. 1.857 a 2.027. São Paulo, Saraiva, 2003. v. 21.

VENOSA, Silvio de Salvo. *Código Civil interpretado*. 4. ed. São Paulo: Atlas, 2019.

VICENTINI, Danielle Regina Bartelli; SAGATI, Lucas Matheus Marques. Herança digital: o direito sucessório dos bens armazenados virtualmente. In: BERTOLAZO, Ivana Nobre; NAKAYAMA, Juliana Kiyosen (orgs.). *Direito de família:* contexto jurídico das novas famílias do século XXI. Londrina: Thoth, 2019.

VIDIGAL, Luiz Eulálio de Bueno. Decisões definitivas no processo de inventário. *Revista da Faculdade de Direito*, Universidade de São Paulo, ano 1944, n. 39, p. 178-187.

WAMBIER, Luiz Rodrigues; TALAMINI, Eduardo. *Curso avançado de processo civil*: procedimentos especiais e juizados especiais. 16. ed. reform. e ampl. de acordo com o novo CPC. São Paulo: Thomson Reuters Brasil, 2018. v. 4.

WAMBIER, Teresa Arruda Alvim; CONCEIÇÃO, Maria Lúcia Lins; RIBEIRO, Leonardo Ferres da Silva; MELLO, Rogério Licastro Torres de. *Primeiros Comentários ao novo Código de Processo Civil*. São Paulo: Revista dos Tribunais, 2015.

WALD, Arnoldo. FONSECA, Priscila M. P. Corrêa da. *Direito civil*. Direito de família. 18. ed. São Paulo: Saraiva, 2013. v. 5.

ZANETI JR., Hermes; CABRAL, Trícia Navarro Xavier. *Grandes temas do Novo CPC* – justiça multiportas: mediação, conciliação, arbitragem e outros meios de solução adequada dos conflitos. Salvador: Juspodivm, 2016. v. 9.